南通师范高等专科学校建校120周年纪念文集

主编　丁兆雄　朱嘉耀

师范的样子

第一卷
通师记忆

本卷主编　朱嘉耀

编　　者　沈行恬　张静秋　陈艺鸣
　　　　　都　樾　殷淑萍　杨峰霞

南京大学出版社

图书在版编目(CIP)数据

师范的样子. 第一卷，通师记忆 / 丁兆雄，朱嘉耀主编. -- 南京 ：南京大学出版社，2022.11
ISBN 978-7-305-25890-9

Ⅰ. ①师… Ⅱ. ①丁… ②朱… Ⅲ. ①南通师范高等专科学校—校史 Ⅳ. ①G659.285.33

中国版本图书馆 CIP 数据核字(2022)第 214626 号

出版发行 南京大学出版社
社　　址 南京市汉口路 22 号　　邮　编 210093
出 版 人 金鑫荣

书　　名 师范的样子(第一卷　通师记忆)
主　　编 丁兆雄　朱嘉耀
本卷主编 朱嘉耀
责任编辑 钱梦菊　　编辑热线 025-83592146

照　　排 南京南琳图文制作有限公司
印　　刷 徐州绪权印刷有限公司
开　　本 787×960　1/16　印张 67.25　字数 1127 千
版　　次 2022 年 11 月第 1 版　2022 年 11 月第 1 次印刷
ISBN 978-7-305-25890-9
总 定 价 276.00 元

网址：http://www.njupco.com
官方微博：http://weibo.com/njupco
官方微信号：njupress
销售咨询热线：(025) 83594756

南通师范高等专科学校建校 120 周年纪念文集

编 委 会

通州民立师范学校全校景（1907年）

通州师范学校校门（二十世纪三十年代）

南通县立女子师范学校南院校门（二十世纪三十年代）

私立通州师范侨校全景（二十世纪四十年代初）

江苏省南通师范学校校门（1976年）

江苏省南通师范学校校门（1990年）

南通师范高等专科学校校门（2014年）

南通师范高等专科学校开发区校区全景

总　序

刘　锋　朱月萍

2022年是南通师范高等专科学校建校120周年的华诞之年。穿越历史的风云和时光的隧道,这所开中国近代师范教育先河的世纪学校,已经整整走过两个甲子的辉煌历程,现推出《通师记忆》《如师如歌》《海师故事》三本校友文集以作纪念。这是我们的校友深情回忆学校的文字镌刻,也是学校120年风华岁月的历史积淀;是爱校如家的历代校友的情感表达,也是与国同行的百年师范精勤办学的成果展示。正是这份感恩的爱,让通师高专容光焕发、斗志昂扬;也正是这份赞美的情,让通师高专枝繁叶茂、大树常青。

120年弦歌不辍,通师高专做出了师范的样子。从列强环伺欲飘摇的危难时刻到只争朝夕谋发展的盛世中国,从烽火连年弦歌响的战争岁月到勠力同心谋复兴的强国征程,通师高专始终和祖国母亲的命运紧紧联系在一起,肩负"化育童蒙、智民兴邦"之重任,为社会源源不断地培养优质师资,输送优秀人才,她是我国中等师范教育的先行者和推动者,也是中国师范文化的创造者和守护者。从创办初期的"四分天下"到新时期的"四源汇流",从20世纪几所师范"各具特色"到21世纪初合并升格"多元发展",通师高专在融汇中壮大,在聚合中攀升,始终坚守师范教育初心,始终秉承"开风气之先"传统,在中国师范教育改革的各个阶段上先行先试,形成了"祈通中西、沉毅勇为、坚苦自立、砥砺自新"的文化特质,凝聚为"志诚报国、厚德树人、开放包容、精业求真"的师范精神。尤其是改革开放以来,首创五年制师范学制，首倡人格化师范理念，率先探索卓越乡村教师定向培养的南通样本，率先构筑辐射全国的教师研修高地，创造了诸多“全国第一”，为我国师范教育的改革作出了原创性贡献。

120 载非凡历程，广大校友铭记着师范的样子。翻开厚厚的三本文集，满满的都是校友们爱国爱校的情怀、感念恩师的情愫、怀念青春的情缘和祝福母校的情感。能得英才而教，我们的老师很幸运；能受良师之诲，我们的学子很幸福。我们欣喜地看到，百年师范的精神特质已经深深融入了历代学子的灵魂和血脉，成为学子们身上独有的人文胎记，成为学子们立身处世、修德创业、成才报国的精神支撑和人生信仰。校友们通过回忆不同年代师范的故事，以及故事背后的故事，让我们清晰地看到一代代昂首行进的师范人所做出的卓越贡献和不懈努力，这是一份不可多得的宝贵资料，为学校厚重的办学历史增添了新的注脚，也为研究优秀师范文化带来了新的视角，更为新时代的师范人才培养提供了宝贵借鉴。学校和校友的互哺共生，这应该就是师范最好的样子。

春华秋实犹未尽，壮怀激越数今朝。120 载物换星移，我们已经站上新的起点，此时此刻，我们应该永远铭记以张謇、沙元炳、梁孝熊等为代表的一批创校先贤勇立时代潮头的开拓之功，我们应该永远铭记一代又一代师范人为学校发展拓路前行的建设伟绩，我们应该永远铭记学校绵延至今、闪烁着教育真谛的校风、校训和学校精神。在新时代教师教育的春风里，让我们齐心协力，进一步凝聚立德树人的智慧力量，努力书写卓越教师培养新的篇章，展现百年师范新的时代担当；让我们携起手来，共同为学校发展献计出力，努力开创学校高质量发展新的局面，实现学校跨越式发展新的蓝图，让我们共同期待通师高专未来腾飞的样子！

回溯历史，激励当下，观照未来。借此建校 120 周年之际，为进一步梳理历史传统，总结办学经验，展示办学成果；进一步激发内生动力，鼓舞师生奋进，创新师范文化；进一步加强学术交流，集聚发展资源，扩大社会影响，由通师高专原党委书记丁兆雄教授、原江苏省南通师范学校朱嘉耀老校长领衔主编的南通师范高等专科学校建校120周年纪念文集《师范的样子》即将付梓。在文集编纂、出版过程中,原江苏省海门师范学校党委书记、江苏第二师范学院分院管理办公室原主任黄正平研究员为研制编辑方案、联络出版事宜,不辞辛劳,往返奔波,出谋划策;通师高专教育发展基金会理事、昆山超动力教育投资管理发展有限公司董事长陈森校友,杭州大磊营造集团董事长石磊校友,甘肃通试科技有限公司董事长黄剑校友,南通建工上海公司第六分公司总经理黄聪校友捐助了出版资金,在此谨表示特别的感谢!同时,向为文集组织、编辑和出版付出辛劳的各位学校同仁致以诚挚的感谢,向热心赐稿并持续关心学校发展的各级领导和各位校友致以崇高的敬意!

2022年9月10日

通师人心中的南通师范
（代 序）

朱嘉耀

1976年底我有幸来南通师范工作，成了一名通师人。在工作中逐渐体会、了解通师的历史传统、学校精神和文化特质。通师不仅是记载于《世界教育大事典》中创立于我国师范教育滥觞之时最早的民立师范学校，更是一所敢为人先、"因时而变"、"随事而制"、走在时代教育前列的师范学校；是一所不仅肩负传道、授业、解惑之任，而且是负起涵育师情、铸造师魂之责的师范学校；还是一所在办学过程中不一味因袭，代有所光，在教育理念与实践上都堪为"师范"的学校。

承接着张謇先生留下的丰厚的教育遗赠和一代代前辈创造的教育业绩，所有的通师人在自豪的同时也背负着巨大的压力：如何不负前人，创造新的历史。在"文化大革命"的严冬过去，教育的春天到来后，通师人迸发出的心声是：将第一所师范办成第一流师范，创造新的辉煌！

20世纪80年代伊始，通师人突破了知识本位的樊篱，举起了"知识与能力并重"的旗帜，打破了必修课的一统天下，进行了以必修课为主干，实行必修课与选修课结合，课内与课外结合，课堂教学与教育实践结合的课程改革，打开了教师职业教育的空间。继而在课程体系基本建构，教育工艺得到改善后，通师人又提出了"文化育人"的口号，将改革指向学校精神建设和学生文化——人文素养的涵育。在致力于物态文化建设的同时，着力建构课程文化、活动文化、管理文化，强化了干部群体、教师群体和学生群体的精神建设。在进行教育教学改革的同时，通师人敏锐地意识到，随着社会与经济的发展，对教师素养必然会提出新的要求，于是学制改革成了新的追求。1984年通师率先开展举办五年制师范教育的实验，开启了我国小学教师学历提升的篇章。对五年制师范教育，通师人不仅致力于学历教育的专科水平，还关注这一教育的价值方向，倡导“人格化师范教育”。它以教师职业认知品质和职业人文品质的协调发展以及与教师个体独特性相融合的圆整的职业人格为旨归，以整合的教育模式来达成。人格化师范教育在实践中砥砺前行，受到多方关注，取得了可喜的进展。

新一代通师人不负韶华，踏浪而行，没有辜负前人的期待和自身担当的使命，创造了新的业绩。为回望历史，追踪履痕，缅怀前贤，砥砺今人，梳理并激扬通师办学的传统、学校精神和文化积淀，给通师人和关注通师的教育人留下珍贵的记忆，我们从建校119周年前始，历时一年多，编纂了一部《通师记忆》。一年多来，通师人的文稿纷至沓来，上至一百零四岁的张謇孙女张柔武女士，下至甫入教坛的新秀，更有教育名家、学者、专家和以“五朵金花”为代表的一代教坛群英，在新时代中成长起来的一众教育家培养对象、特级教师，以及在教育与各项事业中书写自己人生的通师人，他们怀着对共同拥有的那片教育热土的深情，奉献出了一份份珍藏在心底的记忆。近百位通师人130余篇文章和40余篇散见于媒体、存之于典籍中的文献，汇成了一部70多万字的《通师记忆》。这里仅在编印的文稿中撷取了从中华人民共和国成立到21世纪初50多年间的校友们回忆在母校学习、生活和成长的66篇文稿和原江苏省教委副主任周德藩先生特为《通师记忆》撰写的《南通师范：师范教育应有的样子》，由南京大学出版社正式出版。

在这一篇篇从记忆里流淌出来的文字中，我们可以听到有着通师基因的人们发自肺腑的对母校，对哺之、育之、教之、诲之的师长满怀深情的感恩之歌；可以读到他们在三元桥下、易家桥旁菁菁校园里，启智、赋能、锻铸师魂，拔节而生、振羽起飞的故事；可以看到他们用从通师这“梦开始的地方”获取的智慧、能量和情怀，在各自的领域里描绘出的美好的人生画卷；还可以感受到通师教育因时而进的有力的脉动和一以贯之且不断光大的坚苦自立、奋发进取的通师精神。

这是通师人心中的南通师范！

目录

二、淬炼师能

三、感念师恩

四、岁月印迹

一、学成师范

南通师范：师范教育应有的样子

周德藩

今年是南通师范高等专科学校建校120周年。学校的同志联系我，希望对学校发展提点期望。我在江苏省教委工作有12年多，作为教师出身的行政领导，对于教师的成长、教师教育体系的构建、教师成长平台的搭建格外关注，尤其关注中师教育。以南通师范为个案，我回顾了江苏30多年来的师范教育，感慨颇多。

中师教育为我国教师教育发展做出了巨大贡献，培养了一大批优秀教师、骨干教师、校长，还有一大批党政干部。在江苏的特级教师和教育名家中，师范毕业生一直占有很高的比例。中等师范的这种培养模式，对人的素质的全面提高确实产生了很大的作用。

正是这些回忆让我深思：师范教育应该是什么样子的？

南通基础教育优势的源头在师范教育

20世纪90年代初，时任国家教委副主任柳斌经常到江苏视察指导工作。他曾对我讲："全国的基础教育得看江苏。"我对他说："江苏的基础教育得看南通。"后来这句话广为流传。江苏的基础教育要看南通，为什么要看南通？南通教育的优势在于教师的优势，而教师的优势在于师范教育。

1902年张謇先生本着"父实业，母教育"的理念创办通州师范学校（南通师范前身），是我国最早的独立师范学校，也是我国中师教育的起点之一。张謇先生还有句话叫作"师范为教育之母"，在创建通师后提出了每16方里建一所小学的设想，在江海大地书写了普及教育的最初篇章，当得起领风气之先。新中国成立后，南通师范学校有了新的发展，为南通培养了大批优秀的基础教育教师。20 世纪八九十年代，南通师范被誉为“中等师范教育改革的一面旗帜”。

不仅是南通师范学校办得好，当时的南通师范专科学校还实行单独提前招生，遴选优秀高中毕业生读师范专业。记得时任南通市教育局局长李炎跟我说：“我们宁愿少一点高考升学率，也必须要留一批优秀的高中毕业生到师专去学习，毕业后充实到南通的教师队伍中间去。”据说当时提前招生没有考进南通师专的人，后来参加高考，还有考上清华、北大或南大的。所以南通的师范生源一直都特别优秀。在 1990 年省教委的一次党组会上，我曾明确提出学习南通，所有师专都要单独提前招生。

南通师范学校培养了一大批优秀的小学教师，南通师专提前招生培养了一批优秀的初中教师，再加上南通的高考升学率一直比较高，考上高等师范院校的人多，所以高中师资比较充裕，这样南通基础教育的师资优势就建立起来了。后来也有人到南通学习，简单化地认为南通是在“死揪”。我说那你们为什么“揪”不过南通呢，根本的问题还在于教师。

南通师范是师范教育应有的样子

1985 年 5 月，党中央、国务院在北京召开了改革开放以来的第一次全国教育工作会议，邓小平同志在会上发表重要讲话，要求各级领导要像抓好经济工作那样抓好教育工作。1986 年 4 月，全国人大通过了《中华人民共和国义务教育法》，标志着我国正式确立了九年义务教育制度，对教师的数量、质量也都提出了更高的要求，自然而然促进了师范教育的发展。南通师范和全省其他中等师范学校一样，进入了一个发展的黄金时期。

我一直非常赞赏当时国家教委师范司对江苏中等师范改革发展工作的指导，特别是那个时候师范司司长金长泽、副司长孟吉平，他们的指导建议是非常有前瞻性的。首先抓中师的标准化建设，随后抓中师的规范化管理，再进一步推进中师课程改革，提出优化学科必修课，开设选修课，强化课外活动和教育实践。在这样的培养模式下，中师毕业的学生综合素质和职业能力都非常强，适应了当时基础教育对教师的需求。

当时分管教育的副省长杨泳沂同志曾经提了一个口号，要求各级各类学校特别是基础教育学校都要学中师，并组织中小学管理者去学习师范教育的办学模式和它的教育实践。1989 年我们在对全省中小学普遍调查基础上出台了学校常规管理 28 条，这个规范化管理的模板就是中等师范。

南通师范是当时江苏 38 所中等师范中的办校模范。我任省教委副主任期间，曾经多次到访南通师范，在校园里跟学生、老师和学校领导交流的场景，至今历历在目。给我印象深刻的还不是正式考察，而是随访。我到南通往往住在文峰饭店，不止一次趁早晚有空时漫步到隔河相望的通师探访。校园里井井有条，而且有浓郁的师范气息，教学楼走廊里一字排开的是练字的小黑板，粉笔字工整美观，画廊里陈列着师范生各种作品，入耳的有书声、琴声，处处显示着师范的教育文化。而碰到的师范生都能礼貌地招呼、应答，主动地介绍学校情况，一个个落落大方，展现出良好的素质。我心里想，这正是培养教师的师范教育应有的样子啊！

素质教育不是一句口号，也不仅是一个简单的教育理念，而应该是一个实实在在的行动。我曾经给中小学校长讲："扫好地，写好字，读好书，做好操，唱好歌，做到这'五个好'，那就是素质教育。"古人说"一屋不扫何以扫天下"，从扫地开始学做人；从每个人把字写好、书读好开始学会学习；从做好操开始学会健体；从唱歌、绘画开始学会审美。做到这个"五好"，就是全面贯彻教育方针的具体实践。在这些方面，中等师范教育为中小学生做了示范，同时中等师范毕业生也为我们中小学实施素质教育提供了师资的保证。毫不夸张地讲，当时素质教育的样式，就是中等师范的那个样式。反观当下的素质教育，不少概念和理论，其实当时中师教育已经在做了。

南通师范更是其中的先行者，学校不仅在日常的教育教学活动中突出师范性，同时从教学基本功训练到教师行为规范都渗透着教师职业素养的培养，还通过校园文化活动、教育实践活动不断丰富师范生的专业素养。我曾经对南通师范朱嘉耀校长说，你们搞的便是真素质教育。

1993 年 11 月，"江苏省中师校园文化建设研讨会"在南通师范举行，我出席了这次会议。当时恰逢通师第三届艺术节，我们还观摩了艺术节部分活动，参加了学生们的"校园文化建设讨论会"。通师学生开朗、活跃，有底蕴、有朝气，这更加深了我对通师学生的印象。

1994 年 12 月在通师召开的"江苏省加强中等师范学校建设座谈会"上，我就江苏省中师标准化、现代化建设谈了我的想法。会议期间我们一同考察了南通师范的建设与办学情况。南通师范一直以"师范性"为核心建设校园文化，学生时刻都浸润在教师文化之下，潜移默化地增长教师专业自觉。校园里“百师壁”等师范文化主题鲜明的人文景观给我们留下了十分深刻的印象。

南通师范是生长性师范教育

我认为，一所办得好的学校，既要有优良的传统、深厚的教育积淀，还得根据社会发展主动变革教育，适应社会期求。南通师范就是这样一所学校。它不只是中师教育的起点，还是中师改革的关键试点。1984 年，南通师范敏锐地感到社会发展对教师有了更高的期求，主动向教育厅请缨，提出培养专科水平小学教师的申请，经省政府批准，率先开展了“五年制师范教育”的研究，并开展了“五年制师范教育”的培养试点（后一年晓庄师范和无锡师范等学校，进行了“三二分段”培养试点）。对于这一开创性试验，南通师范付出了巨大的努力，从培养目标的设立、课程设置的不断调适到教育模式的建构，使得这种学制不断走向成熟，在实践和研究两方面都取得了进展。

随着教育的发展，特别是江苏教育现代化目标的提出，对师资的要求越来越高。时间到了 20 世纪 90 年代，五年制师范和“三二分段”培养的学生也开始毕业了，这些师范毕业生都深受欢迎。而在我的认识当中，小学教师，包括幼儿园教师，还是要从初中毕业生中招生，然后进入“五年制师范”的学习当中，年纪越轻，跟小孩子感情越容易拉近，这对于培养师范生的职业感情，对于改善整个教育的生态都是有益的。这样，我们就提出要推广和扩大五年制师范和“三二分段”培养，逐步实现三级师范向两级师范过渡，即从原来中师、师专和本科三个层级，发展为专科和本科两个层级的师范教育。我印象中这是江苏首先提出来的，而且可能就是在南通提出来的。怎么过渡呢？当时我们的想法就是把中师提升为专科层次，但是不用师专这个名称，而叫高等师范学校。我个人觉得师专跟高等师范学校还是有区别，师范学校强调综合素质和职业能力，一定是全科教育。初中毕业生接受 5 年的师范教育，甚至再增加 2 年的学时达到本科层次，仍然坚持全科式的教育，这样可能会更适应小学教育的需要。我甚至设想，在江苏 13 个大市各建一所招收初中毕业生的五年制师范学校，培养小学教师和幼儿园教师。

1995 年 3 月，时任国务院副总理李岚清到江苏视察了南通师范，当时朱嘉耀校长向李岚清副总理一行汇报了学校办学和教育改革的情况,省长郑斯林、副省长王荣炳和我在场陪同。我记得那天首先听了南通师范的全面汇报,后来又观看了五年制师范生的展示汇报。时至今日,南通师范教学楼间草坪上学生进行职业能力汇报的场面我还记得很清楚。李岚清同志看了以后非常激动,对通师“五年制师范教育”给予高度肯定,还特别说了一句话:“古人有一句话叫‘后生可畏’,我要把它改改,应当说‘后生可喜’,我希望南通师范这所历史十分悠久的师范学校能够为基础教育培养更多更好的老师。”

1996 年 6 月,省教委在南通师范召开了一次论证会,对南通师范学校的“五年制师范教育”及其课程进行论证,专家们高度评价通师的探索和实践。我与当时省教委分管高等教育的葛锁网副主任对五年制师范改革试验的意义和取得的成绩给予充分的肯定,我还从推广“五年制师范教育”的角度强调了论证会的重要性。这次论证增加了我们坚持办“五年制师范教育”的底气。因为我们看到了,南通师范这种在学生最适宜根植教育情怀、最适宜进行职业基础训练的十五六岁起就系统进行的师范教育,是真正的生长性师范教育。在这里不仅师范生在充分成长,他们通过新的学制养成了作为教师的良好的德性、教育的情怀和知性、教师的学养,具有了更高专业水平;而且学校也在生长中,已由一所中师生长为能肩负起培养专科水平小学教师的师范学校,显示出了发展的潜质。当年秋季南通师范全面转轨,全员招收五年制普师生。这在一定程度上为南通师范的升格提前做了准备。

但是中师向高等师范学校升格的过程,是很漫长甚至是非常艰难的。办五年制、“三二分段”,就得有招生计划,没有招生计划就不能动。因为扩招,江苏被教育部点名批评,我们 1994、1997 年两次前往教育部做检讨。直到 1998 年以后,全国高校扩招,三级师范向两级师范过渡的步伐开始加快。我们甚至举办了专门的研究生课程班和管理干部培训班,为中师升格做好教师队伍和管理队伍的准备。不过中师升格为高师过程艰难,后来采用的合并或者兼并的方法效果也并不理想。中师合并到师专,师范传统就被弱化;师范学院变成综合性大学,师范性就被淡化。一个被弱化,一个被淡化,不利于师范教育的发展,不利于师资的培养。前几年师范大学兴起的对师范性的讨论,是否也是他们对师范性被淡化的一种反思。而南通师范和海门师范、如皋师范汇流而成今天的南通师范高等专科学校,则为江苏师范教育的发展留下了一系根脉。

我们究竟需要什么样的师范教育

改革开放以来，南通师范总能抓住改革时机，踏准关键节点，在中等师范教育的培养模式、训练体系、课程方案和学制设置上都扮演了开拓者、先行者乃至引领者的角色。南通师范已经走过了120年的路程，我们需要了解南通师范一路走来的风雨历程，汲取教育教学改革历程中的先进经验，正确理解南通师范发展的重大事件和关键节点，这对开启南通师范高等专科学校未来发展新篇十分必要，甚至对于整个江苏师范教育的走向都将产生重要的影响。

我对南通师范高等专科学校未来的发展寄予三点希望：

一是做“首重师范”传统的坚守者。中师教育是一段历史，是一种教师教育层次，是一种教师培养模式，也可以说是一种精神。中师教育的特点、经验、价值到底是什么，应该很好地研究总结一下。“首重师范”是南通师范的精神基因，中师教育是南通师范的教育本源，希望现代教师教育体系能够继承教师养成教育的优良传统。

二是做新时代教育教学改革的排头兵。在分管师范教育期间，我曾经说过：“每到关键时候，我们都会来通师，而且每次来都会看到新的进展、新的经验。”一直以来，南通师范都是教育教学改革的排头兵。我记得1999年9月，省教委就批准南通师范为江苏省师范生素质教育基地，以深化师范教育改革，全面推进素质教育。如今，教师地位逐步提高，师范的生源在不断好转。教育部等部门最近颁布的《新时代基础教育强师计划》，提出要建成一批国家师范教育基地，形成一批可复制可推广的教师队伍建设改革经验。南通师范可以充分发挥自身优势，建设打造国家级师范教育基地。

三是做先进师范教育理念的倡导者。一个国家、一个民族要有核心价值理念，其重要性是不言而喻的。教育要想先进、强大，也必须有自己的核心价值理念。师范教育的核心价值理念是什么？南通师范的老校长朱嘉耀曾明确提出“人格化师范教育”。1999年5月省教委评选首届江苏省树勋师范教育科研奖，南通师范的“人格化师范教育”研究获得了一等奖。我一直主张，从初中毕业生中选招师范生，更有利于培养学生的职业情感、职业人格，这样的毕业生更能胜任教育教学任务、改善教育教学生态。教师只有高学历是不够的，师范教育需要先进理念的引领和指导。

记得王湛同志从教育部回江苏省任副省长时，曾对我说，江苏宝贵的中师资源不能流失。在王湛同志的关心下，未升格的中师都挂靠到了江苏教育学院名下，继续举办五年制师范教育。后来，江苏教育学院改为江苏第二师范学院，尚未升格为师专的中师又划归江苏联合联业技术学院管理，继续为培养小学和幼儿园教师做贡献。

我又想起张怀西副省长管教育的时候，我向他汇报师资工作，当我说到师资数量不足、结构不合理、质量不高、教师待遇低等问题，他立刻打断我，他说这四点只有教育工资待遇这一条应由政府解决，其他都是教育行政主管部门自身需要解决的问题。

张怀西副省长的话至今仍在我的耳边回响，教育主管部门的领导，是该认真思考师范教育走过的路，认真审视教师教育的自身责任。我以为用再大的力气，用再多的资源，用再有力的政策向教师教育倾斜都不为过，只有这样才能赢得教师，不仅赢得幼儿园教师、小学教师、中学教师，也包括大学教师；只有这样才有赢得教育的未来、民族的未来！

作者简介：周德藩，曾任江苏省教育委员会副主任、江苏教育学院院长、江苏省教育学会会长、中国陶行知研究会副会长、国家教育发展中心研究员、国家教育督学。

我与通师的不解之缘

张柔武

我是通师的老教师，曾在校执教近33年。

1984年，南通作为国务院批准首批对外开放的沿海城市，市委以统战工作的需要，任命我为市政协副主席，并创办中国致公党南通组织。因此，我只能忍痛辞职离校。

我对通师有感情，因为我经历了两个不同制度的社会，是校方撑持我踏上了光明大道。

我出生于1919年农历4月份。1926年春季，祖父张謇借博物苑内游艺室作为幼稚园，收纳七足岁和六足岁的融弟，还有祖父友人杨家、吕家的三四个孩子，由两位老师教导。我们开始接受教育，老师订有课程表，每天都有参观的课程。老师带着我们参观，走一段，停一下，介绍起来，花卉、仙鹤、小猴等都能看到。进南馆看矿石、大瓷瓶、大陶罐，还有大铜炮和古代武将的模型。老师告诉我们，博物苑是祖父办的，是为南通师范上学的叔叔阿姨们办的，供他们做实验。所以，从幼年我就知道祖父办了师范学校。

1932年春季，祖母命非姐和我，由崇英女中转学到女子师范，祖母说："你们应当进祖父办的学校。"转学后，我并不觉得好，首先是对校训"勤俭温和，服习家政"的意义不能理解，为何到校学"家政"？同时，校长罗玉衡终日拉长了脸，对学生毫无亲切之感。音乐老师曾淑瑾建议我去考音专，说我有音乐天赋，可是祖母不允许，祖母说："你祖父办了这么多事业，需要继承的接班人，你以后要分工管理师范学校的，不可去学音乐。"幸亏非姐帮助劝说了父亲，父亲说："好吧，就让我家有一个艺术种子吧。"

1935年6月，我考取了杭州国立音专。学校环境好，学习条件并不很好，要三个人合用一架钢琴。我曾于天未明时三点钟点烛练琴。1936年春季，非姐高中毕业了，我俩准备去美国留学。祖母说："两个女孩远行，不放心，还是就近去日本吧。"不料7月7日发生了卢沟桥事件，我俩不愿留于敌国。1937年2月，我去上海国立音专报名上课。暑假也不停课，李惟宁教授非常热心于教学。可是在8月13日，日机轰炸了上海华界，我校与姐姐就学的沪江大学都被炸毁。我俩只好避难回通，而南通也遭炸，祖母、母亲们都已避难去了海门。1938年3月12日，我家人去上海避难，3月17日，日军进驻我家"濠南别业"，占为司令部。

当年，马茹同学介绍我去参加"上海市职业妇女俱乐部"，我参加了"歌咏组"和"文艺组"。冯华钗同学又介绍我参加"青年会合唱团"，团员陈鹿了解到，英国人办的"民主电台"可以对外播放，联系好后，我们以歌声宣传、控诉日帝侵华的兽行。文艺组方毓清约我在我家出版"妇女界"。可恨的特务于1939年在俱乐部前，暗杀了俱乐部负责人茅丽英校长，这是我亲眼所见，此后俱乐部停办了。

1945年抗战胜利了，反动分子从山上下来抢果子，1946年"3·18"惨案发生了，人们处于不安的日子里。南通解放后，我回"濠南别业"老家了，家被破坏得不成形，我只好住到"濠阳小筑"去。

眼见同学们都忙于工作，我也不甘心闲在家，一心想找工作服务于新社会。当见到工商银行招工的广告后，去报名应考，听说考取了，但是收不到通知，请人去打听，对方直爽回答"不收张家人"，我听说后很生气，这是对我不信任。一天，非姐的战友，也是通师的副教导主任王颂旋同志来说，南通现在缺少音乐教师，问我愿不愿当教师，我喜出望外，正好可以发挥自己所长，太适合了，于是向他表示，愿意到通师。经他引见了张梅庵校长，并上了一堂试教课，张校长、教导主任都很认可。次日便接受了聘书，我从家里带了一架钢琴到校用于教学，以保证教学质量。为此，张校长在教工会议上还表扬了我。

张校长治校有方，学校政治气氛很浓，校方向所有的教职员都发了一套《毛泽东选集》及毛泽东主席所著的哲学思想书籍。得到后，我如饥似渴地通读，并且重点地学习《矛盾论》《实践论》《为人民服务》和《毛泽东选集》内的《分析社会的各阶级》一文。与此同时，结合学习党的教育思想、教学大纲和文艺路线，这样使我脑清心明，有了底线。在教学选材时加强思想性、时代性，范唱时做到声情并茂，注重实践。这样，既培养学生向又红又专的方向努力，我自己在教学时也得到了人生观和世界观的改造。1955年，我被教育局指定为市音乐学科组长，我热情地组织交流。1956年省教育厅吴贻芳、吴天石两位厅长来通考察，当接见我时，问我有没有什么要求，我回答："未上过师范学院，未学过教育学、心理学，如有机会，希望补课。"两个月后，便收到教育厅批准我于1957年去南京师范学院进修一年的通知。进修一年后回校，我的热情更加高涨，学校正提倡教改，我与钱惠球同志合作，改造教具得到二等奖。

1959年，市统战部通知我去南京参加各界人士培训班一期。那年读文件过多，我得了"神经官能症"。1965年，市统战部通知我去"上海华东社会主义学院"学习，那时落实知识分子政策，生活条件较好，大多学员都是有名望的专家、教授，唯独来自南通的我和樊祥华校长都是中教。1988年通师评我为高级讲师。1993年总工会大会上，徐虎副市长向我颁发"市职业妇女委员会名誉副会长"的聘书，我竟能得到这份荣誉，读红书，受益终生。感谢党对我的教育和勉励，也感谢通师为我创造了这个机遇。

21世纪以来，通师校庆百年华诞时，盛会上校方安排我在合唱《同唱一首歌》时担任领唱；校庆110周年时，校方安排我去校做重温校歌的讲座。祖父非常重视教育、培训人才，在校歌内，将"民智兮国牢"连唱三遍，并且是逐句升高音阶，祖父将保卫国家重任寄托在学生肩上。2021年11月朱月萍校长、都樾副校长来和我谈明年学校120周年校庆如何举办，他们邀请我明年校庆时一定要到场。他们很有风度，在他们的领导下，一定能把120周年校庆盛典办得很好。

通师高专音乐舞蹈学院院长黄忠是20世纪80年代留校的优秀毕业生，保送大学深造后又回校任教，他尊老敬老，2017年我曾在聚会上清唱《我爱你，中国》，后来我麻烦他为我加伴奏，他毫不推辞，真的在视频上做到了。2020年5月25日，学校以"为一个人的演出"为题，为我个人举办了一场"民乐音乐会"，并由我在合唱《唱支山歌给党听》时领唱。这场音乐会由他指挥，张露老师弹伴奏，校方刘锋书记、朱月萍校长都到场。在校受到了这般高待遇，我太感动了，永远铭记在心头。

2021年11月，通师高专美术学院院长朱敏和吴伟、徐贵明两位教师来看我，吴伟同志要我在《师魂颂》上题词，徐贵明同志送我一枚已刻好名字的印章，真是新朋老友都有情。各届的校友，昔日的同事、同仁，以及社会上认识和不认识的人对我都非常关心，希望我健康长寿，市政协黄巍东主席曾对我说："你长寿是社会的骄傲。"看来我的健康还担负着社会责任。好吧，我自己一定注意保养，争取延年益寿，争取能去学校参加 120 周年校庆典礼活动。

学校与我难舍难分，是有着历史渊源的。今祝贺通师高专以习近平总书记对祖父的点赞为动力，工作更上一层楼，培养出更多高精尖的人才来，以答谢总书记对南通的厚爱和期待。

作者简介：张柔武，张謇孙女。曾先后肄业于南通女师、杭州国立艺专、日本国立音专、上海国立音专。1951 年任通师音乐教师，1955 年任南通市音乐教研组组长，1974 年回通师工作。1984 年起先后任南通市政协副秘书长、副主席，江苏省政协常委，中国致公党妇女委员会委员、致公党南通市工委负责人，南通市慈善会副会长、红十字会副会长等职。高级讲师。

母校，我扬帆启航的港湾

张育新

伫立在岁月的长风中，回眸找寻过往的足迹，流星般的往事，转瞬即逝，唯有三年师范生活在我脑海中留下深刻的印记。岁月悠悠，时光荏苒，记忆就像关不住的闸门，尘封的往事如潮水般倾泻而出，又如脱缰的野马，在脑海中肆意奔跑。岁月更迭，时代变迁，总无法忘怀教师生涯的起点、梦想启航的港湾、我的母校——南通师范。

对于教师的懵懂认识，还是缘于苏联电影《乡村女教师》。影片中感人的情节、生动的画面，让教师成了我心中的圣者。我在梦中仰望，忍不住呢喃，将来我如果能成为瓦尔瓦娜那样的教师该多好啊！20 世纪 50 年代初是一个值得铭记的年份。在那金色的 9 月，我怀揣梦想走进了南通女子师范（现通师）的怀抱，那年我 15 岁。

记得第一次踏进校园，我看到那明亮宽敞的教室、干净整洁的宿舍、晴雨两用的操场，还有校园后面那一汪令人心醉的碧水，新鲜的感觉冲走我当时徘徊在心底深处的陌生。我兴奋地向师一（乙班）教室走去，迎面走来一位女老师，她看看我，严肃地说："小姑娘，你是跟姐姐来玩儿的吧？快回去，这里是师范学校。"我心里一下子紧张起来，低头说："我没有姐姐，我是来上学的。"老师笑了，"你这么瘦小，我还以为是小学生呢，叫什么名字？"她看了看注册单，摸着我的头说："这名字谁替你取的？挺好，极富寓意。好好学习，将来当一名好老师。""好老师？是不是就像瓦尔瓦娜那样？"一颗"当一名好老师"的美好的种子就这样播在我的心田。师范课程丰富多样，文化课和普高相同，专业课彰显特色，18 门功课，压力不小。我们专心读书，不敢旁骛。在这座古朴的校园里，我结识了许多可亲可敬的老师，有知识渊博的老先生，也有朝气蓬勃的年轻人。他们奉献爱心，诲人不倦。难忘啊，思维缜密、教学严谨的数学吴韵篁老师；妙语连珠、画技高超的美术刘一飞老师；博学多才、聪慧睿智的物理施燮元老师；能歌善舞、寓教于乐的音乐莫嘉平老师……印象最深的要数语文老师方敦繁。她刚大学毕业，年轻、漂亮。课上常用那纯正、甜美的女中音，给我们朗读美文。标准的发音、优雅的音色把我们带进美妙的意境中。有一次她为我们范读李清照的《如梦令》，出神入化的诵读让我们听得如痴如醉。我们仿佛看见那位“不徒俯视巾帼，直欲压倒须眉”的女词人正向我们姗姗走来……她精心推荐，让我们广泛阅读中外名著，课外还指导我们排练话剧《卓娅和舒拉》。是老师润物无声的指引、身体力行的领航，让我们沐浴在语言的春风中，徜徉在人类文化的殿堂里，快乐地享受着这种圣洁的精神、语文的滋养。这为我以后的语文教学打下了坚实的基础。

师范三年，是我人生经历中无忧无虑的青春岁月，那些充满着欢声笑语的多彩生活让我记忆犹新。曾记得图书馆里常常座无虚席，那些经典的文学作品让我们爱不释手；体育课上我们奔跑着，跳跃着，汗水湿透我们的头发和衣背；音乐室里传出了悠扬悦耳的琴声；舞蹈房里留下我们刻苦练功的身影……特别是那段实习的日子里，教育理论要变为教学实践，虚拟的课堂将变成真正的面对。我尝到了备课的艰辛、上课的不易。第一次站在三尺讲台，几十双明亮的眸子望着我，那纯真、热情、渴求的眼神，我至今难忘。我欣喜地体会到了初为人师的快乐，起初对教师的那点懵懂认识，开始清晰起来，渐渐地我懂得了“怀爱为师，厚德为范”的道理，懂得了当好老师不仅要有丰厚的文化底蕴，更要具备全面良好的素质。只有这样学生才会“亲其师，信其道”，才能做学生喜爱的好老师。

毕业了，我们怀着对母校的眷恋纷纷请老师赠言写寄语。教历史的史友兰老师是一位博古通今、学贯中西且书法造诣很深的老先生。他挥笔给我写了“自强不息”四个大字，颜筋柳骨，遒劲有力。他还告诉我此语出自《周易》“天行健，君子以自强不息”。我揣摩其意，先生告诫，只有持之以恒的努力和付出才能成就一个强大的自我。从此“自强不息”深深铭刻在我的心中。

带着虔诚与期盼，我踌躇满志地走进城中小学，校园中忙碌穿梭的师者，显露出一种特有气质，自信、沉稳、睿智……一种浓烈的教育氛围让我感动和兴奋。老校长说：“城中小学的每一位老师都是一首诗、一幅画。”强烈的震撼让我产生了努力向上的冲动,我勉励自己:一定要融入这“诗”与“画”中,要成为其中和谐的一分子。初涉教坛的我要灵活地驾驭课堂,做一名好老师,谈何容易。于是我认真遍读教学书籍,勤写教学笔记,每天临帖两页……虽然辛苦,但充实而快乐。然而教学并非一帆风顺,生活也让我经受着考验。记得工作不久,学校让我接一个“乱”班,第一次考试就给了我一记“杀威棒”,全班语文平均分“57”。面对同年级的老师,我低着头伤心地哭了。心想,拼命也要把这个班带好。我孜孜以求努力提高课堂效率,拜访家长,送教上门。我只有一个想法,让孩子们一天比一天有进步。我牢记师训,驰而不息在自己选定的路上坚定地走着。一来二去,家长、街坊看到我都亲切地称我“小辫子老师”。努力总会有收获。一节节公开教研课打磨着、锤炼着我的专业素质;一次次外出听课学习充实着、积淀着我的教学底蕴。“勤勉睿智,厚积人生”成为我成长中的格言。我把这班孩子带到六年级,升学考试中,49 名学生近一半的孩子以优异的成绩迈入重点中学的大门。

爱学生是教师职业素养的第一要素。一个从外地转来的孩子,拼音基础差,语文总不及格。我利用晚上的时间把他带到家里补课,终于达到了及格的水平。有一个孩子家庭经济困难,学校包场看电影,五分钱一张票,他却连连摇头。看着孩子红红的眼圈,我把票塞给他,跟他耳语:“张老师请客。”学生家长出差,孩子没人照顾,我干脆把他带到家中和我儿子睡。一星期后,家长来接,抱着孩子哭了,连声道谢。

学生时代我就喜爱文学、歌舞、运动、画画,这为我后来的职业生涯提供了方便。我曾自兼班级乒乓球队教练,带领班队夺得校乒赛冠军。辅导学生编排的歌舞节目多次在市内获奖。我把“布袋木偶”“桌上游戏”“自制幻灯片”引进课堂,学生兴趣盎然。教《詹天佑》一课时,我寥寥几笔在黑板上勾画出“高山深涧”的险峻,使课文中“平面”的语言顿时成了“立体”的形象。这一切都得益于母校全面的素质教育,扎实的功底让我在教学中有了挥洒自如的本领。

在多年的从教生涯中,我和历届学生结下了深厚的师生情谊。一位我曾经教过的学生,几十年后重返校园,为的是获取一张在母校和老师的合影留作纪念;一位在外地工作的学生获悉我得了类风湿性关节炎,特地为我在南京联系医院,每周托人为我带来治病的药;我 50 岁生日时,部分学生,每人烧一道菜到我家里向我祝贺。最难忘的是2019年，我教的首届学生精心策划了“入学六十年”的纪念活动。他们请我在母校教室为他们上一课，我欣然答应。那天我们都戴上红领巾，往日站在台上的那个“小辫子老师”，如今已是耄耋老人，而当年那些天真活泼的孩子如今也已年近古稀。我们同唱《让我们荡起双桨》，歌声把我们带进那青葱的岁月、美好的时光……有什么比得到如此真心的回报而更幸福的事呢，每每想起，我激动的心情真难于言表。

在教育园地里，我是一名普通的耕耘者。我常想要当一名好老师，要有信仰——热爱事业，有心灵——热爱学生，有头脑——善于思考，有担当——勇于创新。1958年开始，我进行了5轮大循环教改实验。在识字、阅读、听说、作文等方面进行广泛的探索。20世纪80年代，在语文课堂教学中开设了听说课、游戏课、朗读欣赏课、观察与表达训练课。要上好新课型需要付出数倍于一般课型的劳动，它无现成的经验可借鉴，无现成的教材可使用，一切都要在创造和探索中进行。作为一名执教多年的教师，我在教学上既有“轻车”可驾，也有“熟路”可就，这样完全可以少花精力也不担风险。但为教学改革的千秋大业，我甘做一名探索者，在任何情况下都要“自强不息”，路虽崎岖，但定要走下去。从“小学生语文能力整体和谐发展”到“小学语文立体组合教学模式”的形成，我整整花了20多年时间，为优化语文教学流程，提高课堂教学效率，开拓了一条新路，逐步形成了自己“灵活扎实”的教学风格，从而也使自己的教改实验由过去的经验型上升为科研型，教学科研登上了新台阶。

20世纪80年代初，以李吉林老师为主要代表的我市5位小语女教师经常出现在教学交流和展示的舞台上，被同行们亲切地誉为“五朵金花”。我也荣幸地成为其中一员。我十分珍惜领导和同行们给我的这份殊荣、这份关爱，也深感肩上的责任与担当。我更加努力用心地将更多的研究课例力求完美地奉献给市内外同行，为“五朵金花”这个由南通百姓和同行加冕的特殊“美团”增光添彩。1985年，我被江苏省政府授予“特级教师”的荣誉称号，这是对我的鼓励，也是鞭策。我从中汲取了继续前进的力量，对自己提出了三点要求：教育改革的步子不能停，谦逊认真的态度不能变，自强不息的精神不能丢。让师德、师心、师情、师艺完美地结合，继续努力做一名好老师。

当我步入中年时，学校来了一批有朝气、有底蕴、有抱负的年轻人。学校把带徒的任务交给了我。年轻人是学校的希望，是教育的未来，带领他们立大志、修大德、创大业，完成“立德树人”的根本任务，我责无旁贷。我给自己立下带徒的六个大字：真心，毫不保留；用心，竭心全力；贴心，亦师亦友。记得小陈去仪征参加省青年教师语文大赛，虽然准备充分，但她仍顾虑重重。我安慰她：“只要吃透教材，方法自然而来。”年仅23岁的小陈在省比赛中获得一等奖。小沈上公开课几次试教不成功，我拉着她的手走进教室：“来，我上给你看。”小徐参加全省会课，心中没底，我亲自给她设计活动教具，鼓励她说：“成功是属于有充分准备的人，你一定行。”她执教的《曼谷的小象》在徐州会议一炮打响。当外地邀请我去上课时，我都带她们过去，让她们经受锻炼。一位老前辈听了小沈上的《我爱故乡的杨梅》后评价：“这堂课灵活、扎实，教者的驾驭能力超过了她的年龄。”扬中市教委的领导听了小陶上的《刻舟求剑》，当场写下了评语：“此课如行云流水”……看着她们的成长，我深感“后生可喜，后生可畏”。如今她们不仅是各校语文学科的领头羊，还是学校管理的强者。她们撑起崇川教育的一片晴空，“青出于蓝而胜于蓝”，这就是传承，更是超越。

暮年回首，怡然自得。43年的教学生涯，我在南通教育园地里留下了一行淡淡的脚印，我要深深地感谢母校的培养，感恩老师的教诲。这里是我三尺讲台的起点、梦想启航的港湾。如今的南通师范挺拔魁梧，桃李满园。欣逢母校120年华诞，衷心祝愿母校秉承历史，继往开来，在教育事业无限广袤的时空中熠熠生辉，绽放出更加绚丽的光彩！

作者简介：张育新，南通女师1949级初中、1952级普师校友。中学高级教师、特级教师。任教于南通市城中小学。南通市小语界“五朵金花”之一，曾被评为江苏省劳动模范、全国优秀教师。

殷殷之情　皓首难忘

亓浦香

1952 年至 2022 年，时空跨度整整 70 年！

70 年前，我还是一个稚气未脱的"女娃娃"。南通中学初中毕业后，服从祖国需要，由学校统一分配来到闻名遐迩的南通女师。当年国家急需百万教师，亟待培养，以解燃眉之急。这样，我们来自南通各市县的 98 名品学兼优的女生，怀着报效国家和憧憬教育的情怀，集结到了心目中最神圣的教师的摇篮——南通女师，走进了速师班，开启了为期一年的师范专业学习。

一切都恍如昨天。宽敞明亮的教室、高大通透的晴雨操场、清雅幽静的花园、高高的秋千架、小而清净的练琴房，耳边响起的是悠扬的歌声，眼前走过的是一个个青春的倩影。想到我们将在这个环境成长为一名人民教师，心里压抑不住激动。而更令我们感怀的，不只是国家给予食宿全包的待遇，学校领导还对我们关怀备至，安排周详。宿舍里有生活指导李钟南老师无微不至的照顾，小礼堂是我们的专用饭厅，每天荤素搭配，营养可口。上午大课间时，还加餐点心。更不用说学习上，有一大批非常有经验的优秀老师担任我们的各科教学：于文绮老师（语文）、李昌权老师（数学）、袁哲老师（教育学）、吴雪梅老师（心理学）、刘一飞老师（美术）、汪淑和老师（音乐）、徐竞良老师（体育）、陆锦华老师（班主任兼教政治）……现在一想起这些亲切的名字，脑海中仍能清晰地浮现出他们的音容笑貌，回响起他们的谆谆教诲。为了在短时间内提高教学效率，学以致用，老师们动脑筋自编自印教材，认真、精当地为我们授业解惑，切切实实地给予悉心辅导。他们处处为人师表，工作兢兢业业，班主任陆锦华老师如同一个知心姐姐，与我们平等相处，经常与我们亲切地促膝谈心。于文绮老师语文功底深厚，上课生动感人，讲课绘声绘色，朗读声情并茂，引领我们进入课文的境界之中。历久难忘的这些教育情境，成了我们的一笔教育财富。

为了做好我们的专业思想工作，学校领导充分利用各种场合，安排多种机会向我们进行专业思想教育，给我们以人生的启迪。

曾记得，校长范北强先生为我们题词：学习，学习，再学习！永远和人民中最进步的部分一齐向前！

副校长吴韵篁先生题词：教，然后知困，惟不断学习可以克服之！

教导主任姜龙章先生题词：学而不厌，诲人不倦，一切为了祖国！

真是字字掷地有声，句句语重心长！饱含着前辈、导师们对我们小辈的期望与厚爱！至今犹记，没齿难忘！

一年365天，在这温暖友爱的大家庭，我们每天的学习生活都是那么的紧张、忙碌而又充实。每一个日子，都熠熠闪光。母校为我们奠定了牢固扎实全面发展的根基。我们也积累必备的、丰富的文化科学和教育理论知识。老师们博大的仁爱之心、高尚的师德、严谨的治学态度，也成了我们的精神动力。扑腾着渐丰的羽翼，胸怀着教育理想，我们告别了母校这个摇篮，投身到国家最需要的地方，走上了三尺讲台，谱写青春华章，书写漫漫的教育人生。

1953年暑假，我们98位同学全部分配至市、县小学任教，在教育实践中逐渐由教育战线上的新兵成长为中流砥柱。他们都成为教学骨干、学校的台柱，都是中学高级教师、小学高级教师，许多人当上了校长或教导主任。随着时代发展的需要，有些同学调入了高校，有些同学调入政府、人大、妇联，成了重要部门的女干部。尽管岗位不同、职务不一，但大家有着共同的人生坐标：勇于进取，勤于学习，善于创新，乐于奉献！这都是母校给予我们的养分，打下了我们这代人的精神底色。

2002年，母校百年华诞，正值我们毕业50年。我们组织两班师生重返校园，畅叙情谊。当年风华正茂、意气风发的老师，多数已先后作古，硕果尚存的也已入杖朝之年，而我们这些当年的青葱少女也已是两鬓染霜。大家在再相见又不敢相认中欣喜相逢，勾起不尽的遐想。半个世纪，在历史的长河中是短暂的，而在人生的旅途上却是漫长的。我们从各自坎坷的历程中走到今天，确实艰辛，但也幸运！50年后，我们赶上了春光明媚的好时光！

我们在母校流连，在师生畅叙中回味，感动于师生情深，感恩于母校情挚，痴迷于教育的圣殿，迷恋于学子的成长……回望人生之路，我们将火热的青春，无私地奉献给祖国的下一代！我们不负众望！青丝可以变成白发，红心却始终没变。党没有忘记我们！人民没有忘记我们！人民代表，政协委员，省、市社会主义积极分子，优秀教师，优秀辅导员，特级教师，优秀共产党员，优秀知识分子，中青年专业技术拔尖人才……给予我们的诸多殊荣，确实凝结着我们不懈的努力，但追根溯源它归功于党和人民的培养，也归属于我们的母校的教育，归属于我们的老师！面对母校领导、老师，我们毫无愧色地说："53届同学没有辜负母校的期望！永远铭记老师的栽培！"

曾经的我们是时代的"脊梁骨"，如今的我们正渐渐老去，但大家在不同的岗位奉献，岁月永远值得铭记！

我——当年的花季少女，如今也已是"80后"奶奶之辈。

回顾走过的70年，漫长却又单一：除了站讲台，就是编教材；除了当教师，就是搞教研，与教育结下了不解之缘。如今，仍进课堂，且乐此不疲。岁月也厚爱我，蒙领导和同事们抬爱，当上了劳模，评上了中学高级教师，荣获了"江苏省小学语文特级教师"的称号。

70个寒来暑往，冬去春来，在取得一点成绩的同时，令我刻骨铭心的感受是，小学教师的工作平凡而普通，但要成为一名出色的好教师，要付出非常多的努力！青年时代的憧憬，中年时代的奋斗，如今步入老年，内心才有了一种比较深沉的信心和力量。回观我的专业发展：五十年代的启蒙认识阶段，六七十年代的探索实践阶段，八九十年代的实验成熟阶段。为了教育，我付出了青春年华；为了教育，我献出了毕生精力！

70年来，生活在学生中间，生活在青年教师中间，有过激动，有过喜悦，更多的是幸福。无论是普通班，还是实验班；无论是全部留级生班还是跳级生班，我都全力以赴，倾注了全部的爱。尤其是1985年，我从条件优越的南通师范来到郊区小学工作。条件差，工作苦，每天在奔波忙碌中度过。在农村这块广袤的大地上，那翘首盼甘霖的禾苗，让我看到了农村孩子对教育的饥渴；那迎风伫立的小树，让我看到了农村教师根植大地的实在。我渐渐地也深深地感受到，教育不分地域，学生没有优下，郊区老师在困难的条件下做着第一等的工作，更值得我敬佩！我将全部的热情和干劲投入这片希望的土地上。读写贯通，以读促写；课内外结合，开展实践活动；辅导特殊学生，到郊区学生家家访……在这片贫瘠的土地上，我播撒着爱的种子。没想到，辛勤的耕耘收获了丰厚的回报。我们的学生获得了南通市普通话冠军！

获得了南通市小学生作文竞赛团体冠军！在1988年市区毕业会考中，我们学生的阅读、作文总评，居南通市榜首！领奖台上，他们高举奖杯，笑得格外灿烂！这一切，令我慰藉，让我倍感温馨！我的心中溢满了自豪：母校，我没有辜负您的期望！

自20世纪80年代至今，我与青年教师有了更多的交往。步入耄耋之年，仍从未离开校园。我精神矍铄地走进课堂，与青年教师共同切磋儿童教育，一起研讨语文教学。

无论是随堂课的点评，还是公开课的推敲；无论是课改的研究，还是论文的商讨，我们两代人，乃至隔代之人总是赤诚相待，推心置腹。当他们屡屡获奖，当他们评上特级教师、正高，评上学科带头人、劳模……都会和我分享成功的喜悦。我为有这样的年轻朋友而兴奋！为他们生长在当今新时代而庆幸！更为有这么多优秀的接班人而骄傲！从他们身上，我找回了青春年华，汲取了继续前行的动力！

我这一辈子，因为有了学生，生活更充实；因为有了年轻的同行者，生命更阳光。教师是我一生钟爱的事业，我也一直行走在修炼、前行的道路上，义无反顾地服务于小学教育事业，不负韶华，不负时代使命，为小学教育奋斗终生！在母校即将迎来建校120周年之际，回顾我们的速师班，回忆我们敬爱的老师，回望我和我的同学无怨无悔的人生，我心潮澎湃，有感而发：

母校音容心底藏，
栽培恩泽永难忘。
欣看桃李繁枝果，
仰望大厦栋梁材。
昔日师生常入梦，
今朝师徒情义长。
百廿华诞举金樽，
教育兴邦创辉煌！

在结束拙文时，我的耳畔仿佛又响起了我们曾无数次引吭高唱的《校歌》：

“同学们来呀，相亲相爱团结一条心。

搞好学习，练好身体，携着手儿向前进。
苏北南通女师就是我们温暖可爱的大家庭，
就是我们温暖可爱的大家庭……”
它动听而悠长！

作者简介：亓浦香，南通女师1952级速成班校友。中学高级教师、特级教师。曾先后任教于南通市实验小学、通师三附、南通师范、文亮小学，后任市港闸区教育局教研员。南通市小语界“五朵金花”之一，曾被评为江苏省优秀教师、优秀教育工作者。

美梦成真在通师

丁立松

“美梦”在这里有两层意思：一是我学美术的愿望终于在通师得以实现；二是美术家的梦想在通师逐步变为了现实。

时间过得真快，不知不觉离开母校已63年了。63年，真是弹指一挥间！可母校——江苏省南通师范学校一直在我心中。母校在我心中一直是一方知识的圣地、文化艺术的乐园！66年前的我，一个乡下的孩子憧憬着当画家的美梦撞入了母校的怀抱，吮吸着母校给予的知识乳汁，快乐地茁壮地成长，短短三年时间，成长为朝气蓬勃的青年。1958年4月，我怀着母校的嘱咐和期望，激情满怀地奔向了启东县的教育岗位。从此，在启东深深地扎下了根。

63年来，遵循母校的教诲为社会做了点事：20世纪50年代末在启东大同乡从深入各个初级社调查摸排生源开始，白手起家创办了一所农业中学——大同公社农业中学；80年代初迎着改革开放的春风克服了种种困难，排除了重重障碍，创办了中国第一个版画院——成为启东一张亮丽的文化名牌的启东版画院。63年来，我本人成为一名真正的而且是专职的版画家，又通过不懈的努力，成为享受国务院特殊津贴的水印版画专家，并被中国版画家协会表彰为“五六十年代优秀版画家”，授予了终身成就奖——鲁迅版画奖。

我是一名著名版画家了，这与母校的教育和培养密不可分。

1955年，我一进母校，优美的环境就吸引了我，三面环水，西边隔水是人民公园；东边临水是三元桥、文峰塔，塔上的风铃不时随风发出叮叮当当的悦耳铃声；北边是荷花池；南边远远望去是淡蓝起伏的五山。校园内矗立着三棵高大的银杏树，向人们诉说着母校的悠久历史。教室、宿舍、饭堂由东边的一线走廊连接，雨天不需打伞穿胶鞋。母校处在山清水秀中，景色宜人！而且学习与生活都很方便，令我从心底里喜爱。更为高兴的是美术设施完备，有画室，陈列着许多石膏像，画架画板应有尽有，星期日开放，让我们爱好美术的同学尽情沉浸在这美的学习和享受中。图书馆图书丰富，阅览室各种杂志新颖多彩，令人目不暇接，下午课余，同学们都喜欢涌向阅览室，尽情阅读自己喜欢的杂志。我开始学习木刻就是从图书馆借到一本怎样刻木刻的书，从临刻了四幅名家作品走上了版画艺术之路。

美术教师罗国华老师勤奋忘我的精神为同学们树立了榜样，他一本速写夹从不离身，走到哪里画到哪里。我们爱好美术的同学，都效仿着，个个速写本也不离身。罗老师更把我当作自己的兄弟一样看待。那时，他的宿舍在我们学生宿舍楼的底层，不知从哪天起，我每天晚自修课后就去他的宿舍，在他书橱里找我喜欢或感兴趣的美术书籍，要看上一个半小时才回自己的宿舍，第二天继续。除了星期六罗师母来之外，几乎长年累月这样，遇到不理解的问题随时请教罗老师，我与罗老师结下了深厚的师生之情。

星期天，罗老师总是约我们几个爱好美术的同学去野外写生，一是看罗老师画油画，二是我们画水彩或速写。1957 年初，罗老师加了工资，买了辆自行车。他把这个喜讯告诉了我，说有了自行车，星期天可以带我去郊外写生。果真，好几次，我坐上罗老师的自行车后座去郊外写生，记得有一次我还画过农民打稻子的水彩画。

我是班上的美术课代表，又是学校美术兴趣组的组长。1957 年春假，我策划组织了美术兴趣组的一些同学去狼山写生一周。由罗老师事先与南通农校商议好，我们吃住就在农校。大家兴致很高，画了不少水彩风景和速写。回校后，我决定向全校师生做个汇报展览，特地请张梅安校长为展览题词。张校长题写的“画林”不仅令展览大为增色，更给汇报展增加了分量。这次展览引起了师生们广泛的热议和好评。

我的班主任蔡文元老师 1956 年寒假回上海家中过春节时，专门为我买了一个水彩画调色盒。其他班的同学都是在南通长桥下一家小店里购买的白铁皮敲成的土制品。他们都很羡慕我，说：“你们的班主任多好啊！”

那时，实行劳卫制，下午上完课都到操场上锻炼身体，跑步的，跳高、跳远的，掷标枪、铁饼、铅球的，打球的，等等，操场上洋溢着勃勃生气！每学期还要举办运动会，我就画过两幅水彩画，一幅是同学们修筑跑道的记忆画，一幅是学校召开运动会的速写。虽然画的不怎么样，但从侧面生动地反映了母校的精神风貌。

母校的老师教学认真而且水平很高，使我们学子受益终身。教语文的刘秉镕老师，他朗读孙犁的《白洋淀》精彩生动，至今我仍记忆犹新。教心理学、教育学的姜龙章老师，关于注意力的分配与注意力的转移，如何在教学实际中进行运用，讲得生动令人信服，令我受益匪浅。其他还有王炯、李亲仁老师的数学课都很精彩。母校的老师真正做到为人师表，爱生敬业，永远铭刻在我的心中！

毕业时，我向班主任施维老师提出，要求分配到启东或是崇明，看看大海，画画大海，开阔开阔心胸。没有想到我的这一愿望竟然实现了，我太感谢施维老师了！巧的是，启东有一些木刻爱好者，且曾是母校学子的李汉平于1959年发起组建了“木屑花”业余木刻组。1960年5月，我参观他们作品展览时被邀请加入木刻组，我犹如孤雁入群。我版画艺术能有今天的成就与启东“木屑花”组织分不开，这也自然归功于施维老师。施老师，太谢谢您了！

在母校三年，我初步学会了美术创作，走上了版画之路。1956年开始陆续有漫画、速写在《江海报》《南通市报》发表。1958年又开始发表木刻作品。现在，我成了一名享有盛誉的著名版画家。饮水思源，所有这一切都是母校培养的结果。欣闻明年将是母校建校120周年，在这喜庆之际，我将自己一生创作的数百幅版画作品，出版的拙著7部及购藏的画册、书籍、杂志等捐赠给母校。这是通师莘莘学子真诚的一点心意，且为母校120周年大庆留个纪念吧！

作者简介：丁立松，南通师范1955级普师校友。著名版画家。曾任启东版画院院长，曾获“鲁迅版画奖”。享受国务院政府特殊津贴。

流水心境　师魂传承

——从母校通师到一附小

杨秀兰

一

1954年，我在唐闸敬儒中学的高中只读了一个月，就因体检时查出患有浸润型肺结核而休学(不保留学籍)。为此我伤心极了，哭了许久。在家休养不到一年，看到通师速师班的招生公告，我不顾母亲的反对，执意报了名。考试合格后，我成了一名师范生，终于可以实现儿时的梦想了。因病休学后，很长一段时间没有进入校园，没有进入课堂了，非常神往，现在终于如愿以偿。我十分珍惜这失而复得的学习机会，不遗余力、如饥似渴地沉浸在浓浓的学习氛围中。我们的学习教材，是通师的老师们将普通师范生三年时间内该学完的专业课程(包括心理学、教育学以及音、体、美等技能训练等)进行浓缩、提炼编写而成的。我们的任课老师有陆文蔚、曹祖清、戚豫章、陈香谷等，可谓名师荟萃、学者云集！老师们渊博知识的传授、深入浅出的讲解和循循善诱的辅导给我们留下了不可磨灭的印记，是我们以后几十年的职业生涯中的崇高典范。

二

这届速师班的同学，学习都非常勤奋刻苦。每天起床哨声响起时，青春跃动的操场、优雅的荷花池畔，处处可见我们晨读的身影。同学们常常为了一个难题或探讨，或争论。记得教我们汉语语法的陆文蔚老师，清晨在校园散步时，闻声走到跟前，倾听我们的提问，耐心地给我们讲解，见大家已然明白才离去。当年师范生提倡一专多能、又红又专，下午课后，我们见缝插针地去琴房练琴。我们都是零起点，张柔武老师便耐心地手把手教我们，并在乐谱上标上指法。经过不断苦练，琴房里原先断断续续的琴声，也逐渐变得连贯、悠扬，节奏也欢快了起来。张老师继续鼓励道："你们已能弹奏儿童歌曲了，以后工作中还可以边教边学，教学相长，做一名合格的音乐老师，不成问题。"晚自修时，秦同书记常来巡视，看我们在黑板上练粉笔字，并加以评点。他语重心长地说："你们争分夺秒的学习态度，很让老师们欣慰。记住勤能补拙。粉笔字、钢笔字、毛笔字是教师的基本功，一定要练好。"班主任戚豫章老师对我们的培养更是倾注了心血。为了培养我们的自治能力，他要求我们一日三餐都要轮流值厨，负责将食堂分配好的饭菜，搬到班级就餐的桌上。值厨的同学，擦桌子，摆碗筷，将饭菜均匀地盛到同学们的餐盒里。一下课，同学们就能吃上热乎乎的饭菜了。干这些活，虽有一些累，但是每个同学都很珍惜这难能可贵的机会，为同学服务，其乐无穷。速师班的学期较短，难以安排去附小实习。戚老师就让其他任课老师为我们创设模拟课堂，教我们备课，设计作业，制作教具，再轮流互换角色上课。后来我们推选了5名教案设计得好的同学上课（我也在其中）。老师和其他同学，还有附小的教导主任和老师，都配合我们当学生。老师们的良苦用心感人肺腑，我们上的课也得到不少的赞誉。我们就是在这和谐、融洽的氛围里互相勉励，刻苦钻研，在一年时间里迅速成才。速师班结业后，同学们都在各自的岗位上，努力地工作，也取得了一定的成绩。有的当上了校长、教导主任；有的当上了幼儿园园长；有的当上了教研室主任；还有一些成长为优秀教师，深得家长和学生的喜爱；我也当上了特级教师。在通师的学习期间，老师们敬业博爱的师德、宽广精深的底蕴、诲人不倦的耐心、无微不至的关怀……一切的一切，无不让我们倾倒，让我们肃然起敬。

三

1956年我在速师班学习期间，以各科全优的成绩结业，并获得一枚南通师范优秀毕业生的奖章。那时，我满怀豪情，立志要做一名人类灵魂的工程师，要像苏联乡村女教师瓦尔瓦娜一样桃李天下。当我接到由人事局签发的去通师一附报到的介绍信时，我又很害怕。因为通师一附是一所由张謇先生创办的，有着优良传统的小学，我一个刚从学校毕业的女孩，能适应那儿的要求吗？于是，我怀着忐忑不安的心情，请同学周美玲陪我来一附报到。一附校门口的一对石狮、两扇黑漆大门、高高的门槛，那威严的氛围真让人望而生畏。我怯生生地刚跨进门槛，就被一位老工友郭寿给拦住了。他问我来干什么，我告诉他是来报到的。他误以为我是前来报名高年级入学的女生，连声说："来晚了，来晚了，今天报名的时间过了，明天再来吧。"当我从口袋里掏出盖有红印章的介绍信给他看时，他才恍然大悟，知道我是新来的老师，连忙领着我去了校长室（第二天，这件趣事在校园内传开了，大家亲热地叫我"小羊羔"）。慈祥和蔼的吴志仪校长热情地握住我的手，连声说："欢迎，欢迎！"她给我倒茶，让我坐下，仔细地询问我生活上的要求，还安排了宿舍，亲自介绍我认识同年级的王蕴琴老师，要我在工作中好好地向她学习。吴校长的体贴与关怀让一颗悬着的心踏实了下来，我暗下决心要与前辈一起在启秀园里，在三尺讲台上，不吝时间、不吝精力、不吝年华去追求、去奋斗，去实现美好的理想。

那时，学校有许多年轻老师，大多住校。每天早晨天刚亮，大家就起来跑步、打球锻炼身体，从不间断。我想，几十年来，我很少生病，可能和那时的锻炼有关。我和许多年轻人一样充满朝气，充满理想。我一头扎进学生中间，像他们的大姐姐一样。谁生病了，我会自己掏腰包，买水果去探望。谁的家境贫寒，我会给他买鞋袜，买铅笔、本子。谁学习有困难，我会放学后或是利用寒暑假帮他补课。课间、课后，我和他们一起玩耍、做游戏、跳集体舞。在北京工作的哥哥也常常寄一些孩子活动时用的球、棋、书等，所以我们班课间活动的内容总是丰富多彩。

大概是年轻，精力充沛，再加上住校的关系，工作的时间就显得比较宽裕，可以从容地备课、批改作业。星期天或是假期，我总是泡在书店里。买书，我是从不吝啬的。我喜欢买教育教学方面的书，也喜欢买小说、散文集。有时兜里没钱，不能买回来时，我就站在书柜旁看，几天就能把一本书看完。因为常去书店，那里的营业员都认识我，我站在那儿看书，从来没人来赶我。在那"书海"里，我认识了教育厅厅长吴天石，语言学专家叶圣陶、张志公，认识了优秀教师斯霞、王兰。

四

那段岁月里，教学之外的生活也是多姿多彩的。周六、周日晚上，只要有空，我就去参加文化宫业余话剧组活动。业余话剧组的成员，有教师、干部、工人等。“年轻”真是一种财富，不知那时哪来的那股积极性，哪来的用不完的精力。每次活动都要到深夜，不是对台词、排练，就是演出。我们的观众是普通的工人、农民、学生。我们的演出从来不收费。我记得那时演出总是成功的，特别是到农村演出，农民兄弟有的爬到树上，有的骑在墙头，那场面要比现在的专业剧团壮观多了。也许是在业余剧团里的表现还不错，1959 年市人事局将我调到市歌舞话剧团工作。可我却不想去剧团，因为我热爱教师这一行，表演话剧只是业余爱好。老校长顾警吾也舍不得我走。可是当时特别强调要服从分配。赖了 3 个月，还是离开学校去剧团报到了。

剧团的生活很艰苦，睡觉打地铺。每天清晨 5 点就得起来练功，踢腿、下腰、跑圆场、吊嗓子。练功得从小开始，对于二十一二岁的我来说已是很不容易。我常常练得腰酸腿疼。但我很要强，从不在别人面前哼哼，每天总比别人早到练功房一小时，为的是使自己在舞台上的形象更美。剧团要求每个演员成为多面手，既要能唱歌，又要能跳舞，还要能表演话剧。去外地巡回演出时，还要自己背行李。由于我工作努力，不怕吃苦，常得到领导的夸奖。春节评比时，剧团里唯一的一等奖给了我。可是，由于我家庭社会关系“复杂”，不到一年，就离开剧团，又回到了一附小。

在剧团的时间虽然很短，但生活得很充实。去福建、上海，去城市、乡村，去部队、学校，演出了节目，也接触了社会，学到了许多书本上学不到的知识，锻炼了对生活挫折的忍耐能力和对艰苦环境的适应能力。团长和团员们的敬业精神，也给我留下了深深的印象。我深深地认识到，这种敬业精神，和我即将回归的教育工作岗位所追求、所必备的品格，是相同的、一致的。

我又回到了亲爱的启秀园。领导和同事们张开双臂迎接我。我那受伤的心灵，在这儿得到了安抚。老师们关心我，领导器重我。一个人真正得到人们信任时，是会释放出无穷的潜力的。当时学校将没有受过学前教育的孩子编在一个班里，吴校长把这个班的孩子交给了我，她说：“你要在洁白的纸上画出最美的图画来。”顽皮的孩子调到我班上，校长又启发我要“一把钥匙，开一把锁”，做好矛盾的转化工作。成绩差的孩子调到我班上，我耐心辅导、补习，不让他们掉队。那时学校每周都有接待外省市教育团体的任务，教学任务一个接着一个，我从不推诿，每次都能圆满地完成任务。当然，要代表学校上好公开课，绝不是轻而易举的事。记得那些日子，我每天都睡得很晚，分析教材，设计教案，制作教具，一点也不含糊。那时母校通师的曹振东老师、羌以任老师、刘秉镕老师都给予我很多指导和帮助，我的教学风格就是在那时初步形成的。

五

附小与通师的党员同属一个支部，所以联系相当紧密。记得秦同书记大约一个月就会来附小参加我们的政治学习或做报告。总感觉他对附小老师的思想动态很了解，讲话很有针对性，有时还会找老师个别谈话。记得有一次秦书记找我谈话，鼓励我放下包袱，积极工作，为党的教育事业做出贡献。谈话以后我觉得轻松了许多，丢掉了自卑，重拾了自信。

通师的老师常来附小蹲点，王炯、曹振东、施维等老师亲自执教数学、语文、音乐等课，以获得第一手教学实践资料。真是“近水楼台先得月”啊，他们上课时，一附的老师都会在教室后面或窗台边凝听，近距离目睹老师的教学风采。他们超前的教育理念、生动风趣的教学语言和独具匠心的作业设计，让我们大开眼界，受益匪浅。教育学、心理学的施老师、蒋老师，常在我班随堂听课，少则一学期，多则一年。所好那时年轻，精力充沛。他们还常常借阅我的教育随笔，作为教育理论的佐证。附小是母校学生的实习基地，我除了每年都有辅导实习的任务以外，还有许多见习公开课要上，而且不止上一两堂，而是一本教材示范教学的全过程。往往是三节或四节课，两天连上，让见习的师范生可以看到教学内容和基础训练是如何合理地安排在几节课里的，为他们提供范例、参考。

记得有一次在通师大礼堂上《小蝌蚪找妈妈》一课时，听课的老师除了通师学生，还有外省市的老师。课上，突然有一个小朋友提问：“青蛙有没有耳朵?”我一时无法准确地给出答案，于是我鼓励大家课后寻找答案，明天课上再讨论。下了课，曹振东老师带我到图书馆找到有关动物的书籍，得到了答案。第二天上课时，小朋友争先恐后地要求发言，有个平时爱看书的小朋友还在纸上画了一只青蛙，用箭头标明了眼睛的位置，他清楚地讲述："青蛙有耳朵，长在眼睛旁边，看上去是一个小洞，它有耳膜，但没有耳壳。"另一个小朋友还就青蛙的眼睛为什么是凸出来的，作了科学的解释，他说："青蛙没有后颈，眼睛凸出来视力范围就大了，有180度，是人视力范围的3倍。"我对他们的钻研精神给予了肯定，小朋友们的好奇心和求知欲得到了满足，都舒心地笑了。

当时刘秉镕、曹振东两位老师正指导我进行"培养低年级学生语文自学能力"的课程研究，而"建立亲密无间的平等的师生关系，激发儿童的求知欲，培养儿童的自学兴趣，养成自学习惯"正是我们研究的方向之一。那时候，我们班大多数同学都有市少儿图书馆的借书证，书看完了就自己去更换。每天的早自习，就是他们最开心的时候，可以看各自喜爱的书籍。他们阅读的积极性很高，获取知识的途径也拓展了，每个同学每学期看的书，少则十本，多则上百本。同学们的求知欲和兴趣始终处于兴奋状态，对他们的自学能力的提高起到了推动作用。在教改实践中，我始终都能得到母校老师的指导与帮助。原南通师范学校校长朱嘉耀为我从教四十年题词："职业人格的楷模，教学艺术的风范，儿童心路的导师，芳华久远的金花。"

岁月悠悠，往事历历，在几十年的教师生涯中，我常常想起，自己的进步与成长，哪一点离得开组织的教育和培养？哪一点离得开母校老师的帮助和提携？每当我回想起秦同、吴志仪、顾警吾、卢建廷、胡道清等各位领导对我的教导和帮助；每当我翻开教案或论文的手稿，看到老师修改的笔迹，心里总是充满了感激之情，是老师用心血浇灌了我，是老师默默无闻、甘当人梯，才使我得以成长。师爱永念，师恩难忘。一代代、一辈辈的教育人相继从校园离去，又有一代代、一辈辈的教育人走上三尺讲台，在校园里孕育了万紫千红的春天，奏响了远大抱负的乐章。前赴后继，不断传承，教育才得到发展，社会才得以进步，祖国才得以繁荣。

如今我已80多岁了，能够欢庆母校建校120周年是我晚年的一大幸事。衷心祝愿我们的母校永远朝气蓬勃，生机无限，永远向前。

作者简介：杨秀兰，南通师范1956级速师班校友。中学高级教师、特级教师。任教于通师一附。南通市小语界"五朵金花"之一，曾被评为江苏省劳动模范、江苏省三八红旗手、全国优秀教师。

感恩母校赋予使命、力量和智慧

陈锡珍

那是60多年前的事了。1957年暑假中的一天,接到师范学校录取通知书的我却泪流满面,是喜悦之极,激动不已?还是稍有遗憾?说不清楚。

记得那年,我是南通中学优秀的初中毕业生,同时也是靠着助学金坚持读完3年初中的贫困学子。那年中考,南通地区除了普中招生,仅有师范学校招收不多的普师学生。思前想后,我只好放弃考大学,学成后从医的梦想,报考了享受国家全额助学金的师范学校。

就这样,我将初愿和梦想深藏心底,踏进了神圣的教育殿堂"南通师范"。经"坚苦自立,忠实不欺"校训润泽,寻根读史,惊喜感慨不已:南通师范是先贤伟人张謇先生为实现强国之梦,怀满腔热忱创建的,是中华之首举……从此,我倍感幸福自豪。

我爱简朴庄严、美丽和谐的通师校园:朴素的青灰色教学楼、宽阔的操场、绿荫的跑道、清香的荷池……悠悠护城河环绕,巍巍文峰古塔相望,拱形三元石桥将河一边的师长们的宿舍、生活区和河另一边学子们的学习区连为一体。我更为师长们骄傲:他们德行完美、学识丰富、尽心敬业、善教有方。

在静寂的校园,常见到敬爱的张梅安校长缓步前行的身影;在庄严的典礼和隆重的集会,常聆听张梅安校长的报告和训词。正是句句真言,字字千钧。

记忆中,最初任教我们语文的是年轻热情的胡永昌老师。他不仅文本教材教得好,还精心指导我们的课外阅读。是他为我们推荐了俄罗斯著名作家、诺贝尔文学奖获得者肖洛霍夫的长篇小说《静静的顿河》,为我们深情朗读,展现哥萨克文化和风格,启发我们学习语言大师的表达和审美品质。

从此，我们重视且爱上了课外阅读和积累，开展阅读展示、读后感交流。而后继任的是年近花甲、儒雅慈祥的陈香谷老先生。他是中华经典之作教学的高手，教学古诗词、文言文时，很少听到他的讲解，只看到他双目微闭，而回响在我们耳畔的，却是抑扬顿挫的诵读声。老先生那陶醉、悠然之态，那妙不可言的诵读吟唱，立马把我们带进诗词古文的美妙意境。坐在讲台下的我们，竟也情不自禁地轻轻地和着老先生吟诵。待到晚自修时，同学们仍在兴致勃勃地讨论着、品味着、诵读着。

担任教育学课程的是令人十分敬佩的曹祖清老师。我记住了他曾经反复提醒过我们：教育理论、法则都应该是科学的，是教育者一定要学习并遵从的，但更重要的是合理运用，正确解决实际问题。所以，曹老师的课程作业就不是背记理论或抄写笔记了，而常常是一张纸片，上面呈现的是教育中的现象或问题，要求你分析并提出建议。我们高兴地拿下这份作业，翻阅书本，到图书馆查阅资料，甚至是实地调查。每当拿回作业纸，见到曹老师批上了鲜红的“5”分，那份自信和快乐不可言表。

学习之余，我常常到校园后边的荷池写生。我喜欢清香扑鼻的绿荷，喜欢池边的劲松和柔柳。一次，图画老师刘一飞先生看到，他鼓励我说：“对你们来说，学绘画是一门必修的功课，实际上它更是一门艺术，陶情养性。你们是普师班的学生，将来到小学可能是什么都要教的全能老师。而画就是有色彩和形象的文字，是最富有想象力的文字，孩子们喜欢它，它对各科教学都派得上用处……好好画吧。”敬爱的音乐课老师张柔武先生，更厚爱我这个“五音不全”的学生。记得结业考试前，老师用《信天游》这首经典民歌给予我个别辅导，诲之不倦……

“德高为师，身正为范。德优者才能怀远，才大者才能博见。”所谓名校非大楼也，有大师之谓也。恩师们“为经师，更为人师”，他们高明善教，让学生如沐春风，仰沾时雨之化。

那是个物质匮乏的时代。然而，学校为着我们的健康成长倾注全力。三年生活无忧的我，倍加珍惜，自强不息。进课堂，我是刻苦勤奋的学生；出课堂，我是尽职的团支部委员，是学校红十字会热忱的工作者，为团组织思想建设，为宣传和营造平安、健康、和谐、美丽的校园出力……

感恩母校，以开拓之胸怀、创新之举措、包容之姿态，坚持全面职业素质教育。“坚苦自立，忠实不欺”，熠熠生辉的校训，铭刻于学子心田，流淌于学子的血脉，铸成生命的底色！

感恩母校，赋予我教育生命、力量和智慧！

1960 年，我以优异的成绩普师结业。经母校推荐，如愿入职南通市实验小学。“小草报得三春晖”，学子无以回报国家和人民，回报母校的恩典，唯坚信教育是薪火相传的事业，不仅是匡正个体的标尺，更是国家发展强大的基石。为此，艰苦自立、忠实奉献，坚守“立德树人”的初心，专注于小学语文教学 30 余年，直至 90 年代末退休，谢绝民办校高薪聘请，仍心系“勤敬园”奉献余热，无怨无悔地把芳华、智慧和爱奉献给教育事业，奉献给一座百年小学，奉献给了孩子。60 个春和秋，乐此不疲！

20 世纪 60 年代初，刚踏上教学岗位，我就完成了我国首届小学五年一贯制改革实验。80 年代后，从学制改革—语文学科教法改革—综合整体改革—素质教育研究，孜孜不倦地探索拓展改革之路，成果瞩目。主持的南通市“八五”重点规划课题“主体性教育实验”及“小学生交往教育研究”具有开创性意义，获得教育专家朱小蔓教授高度评价，被誉为江苏省素质教育十大模式之一。撰写的论文 30 余篇发表或获奖，为全国各地同行、专家上了近百堂汇报课或研讨课，并赴安徽、广西等地讲学，谢绝报酬，1989 年荣获“民族团结进步”嘉奖。

我尊重孩子，因材施教，“朴实、严谨、灵动”的教风，深得学生和家长的赞誉，桃李满天下；我言传身教，悉心带出了特级教师、骨干教师、优秀的教育科研者和管理者。

退休后，我仍深入课堂，和青年教师研究核心素养时代，面对统编教材，小语教学该怎样立足教育原点——人，着眼于儿童生命的成长和发展，做好“语・文・人”。我的思考和实践《语・文・人》深受老师们的欢迎，人手一册，并发表于《教师教育与发展研究》和《教育研究与评论》。

立足于基础教育平凡的工作，我的付出和努力也获得国家和人民的高度认可：荣获江苏省小学语文特级教师称号、中学高级教师职称，曾被评为全国教育系统劳动模范，荣获“人民教师奖章”，两次获江苏省表彰，被授予“优秀教育工作者奖章”和“江苏省立功奖章”，8 次被评为南通市劳动模范，并荣获市“青年专业拔尖人才”称号，获得市人民科技奖励基金。

2020 年 9 月 10 日南通市政府召开庆祝第 36 个教师节大会，表彰 11 届“感动南通・教育人物（群体）”，我竟再获殊荣，耄耋之年，感动南通：

“她是享誉南通教育界的五朵金花之一，一辈子专注一件事——小学语文教学，建树颇丰。她德艺双馨，退休后依然守望教育，手书13 000余字《语·文·人》，为青年教师授业解惑。2020年新冠疫情期间，她给师生写下9 000字书信《心灵深处有风景——从庄子的生命哲学和人生智慧体悟教育之道》，传播正能量……”

（摘自“感动·人物”颁奖词）

值此敬爱的母校120年华诞，学生仅将深藏于心底60余年的幸福经历、感受和感动，书写点滴，以表达学子对敬爱的母校，对恩重如山的师长们真诚的感谢和由衷的祝福。祝愿敬爱的母校坚定“师范乃教育之母”的信念，在新时代改革创新中，创一流师范教育，乐育英才，弦歌不辍，再创辉煌！

作者简介：陈锡珍，南通师范1957级普师校友。中学高级教师、特级教师。任教于南通市实验小学。南通市小语界“五朵金花”之一，曾被授予“省优秀教育工作者奖章”“江苏省立功奖章”“人民教师奖章”，曾被评为全国教育系统劳动模范。

母校教我寻找人生的位置与意义

成尚荣

我是1959年考进南通师范学校的。之所以考中师，毋庸讳言，是因为家里贫寒，中师生可以免交学费，还可以吃饭不交钱。清清楚楚记得那天发榜，看了好几遍，终于知道自己榜上有名。从此，我成了中师生，能不能成为未来的人民教师，当时还是十分模糊的。

中师一年级时，发生的故事很多，其中有两件小事令我记忆犹新，一直存在我的心里。一件是邵磐世老师教普通话。她的普通话特别好，一次走过传达室，听她和教育局的哪位打电话，她说“教育局”的“局”（jú），好标准，好好听啊！一次邵老师给我们上汉语拼音课，她做了一次小测验：把“nán tōng shī fàn（南通师范）”的汉字写出来，结果有的写成了“拿碗吃饭”，那当然是可笑的，当时哄堂大笑声至今还响在耳畔。错误也是一种资源。我一直记着并思考着，如果说“饭碗”，南通师范学校给了我们一只什么样的“饭碗”？我们吃上了什么？怎么才能吃上饭？其实，这是一个颇有哲学意义的笑话，可以说，南通师范就是从那个时候，开启了我关于人生意义的摸索和思考。

另一件事，是刘志唐老师（曾任通师一附小的教导主任）给我们上教育学课。一次上课时，她示范教师如何在课堂里站好自己的位置。她在学生座位的行间走着，说：“教师不能站在教室里一点都不动，那太呆板，应该在行间来回走动，眼睛左顾右盼，但又不能太频繁，更不能乱动，否则会影响学生的注意力。”这一教导我也至今难忘，并身体力行。同样，也由此及彼：怎么给教师准确定位？进而，怎么在自己的人生旅途中定好位置？找准自己的位置多么重要。

我能有这样的想象与思维，自认为还是相当不错的，而这样的思维训练，南通师范好像没有直接教过我，但是在深处，南通师范又是教给我的。她的教是悄悄的，不是刻意的，更不是张扬的，这恰恰折射出了智慧的特质，也恰恰体现了教育的智慧。

我的脑海里至今还浮现着几个情景，可以串联着关于人生位置、人生意义的思考的线索。

程敷玮老师教我们中师一、二年级语文。一次教了课文，内容是革命斗争的，同学写了剧本，在音乐教室里排练。程老师请羌以任老师给我们排练。羌老师是个不动手只动嘴的导演，只半倚着钢琴，指点我们的站位。他说，每个人在舞台上都有自己的位置，要找准，不能乱站、乱动。这个戏，后来在学校礼堂里演出了，我是其中一个角色，演的是一个贫苦人，受压迫者。演出时，我始终记着我的位置，但是内心却是燃烧着，相信总有一天会改变这个社会、这个世界，也会改变自己。当时我的内部语言是：人生位置是自己探索后形成的，是自己创造的。

中师三年级时，我和几个同学创办班报。班报要有一个名字，不知是谁的主意，取名为“学步”——大概是我想出来的吧。的确，写文章，约稿、编稿、设计版面、抄写、美化，等等，是个学习的过程，好比是学步。印象中“学步”办得是不错的，就是那个时候，我萌生了一个想法：将来总有一篇文章要登在新华日报上。不知道是什么时候，我给自己取了个笔名：“苦行者”。一天，教我中师三年级语文的陈蓉秀老师对我说：“怎么取这么个名字？人生要勤奋，要刻苦，但不应该是苦行僧，应当追寻快乐，创造幸福。”陈老师的话让我记住了一辈子。至今，“苦行者”“苦行僧”早就抛弃了，但一直没忘掉“勤奋”“刻苦”，永远在“学步”，只有这样，才能找寻人生的位置和人生的意义。

一次班会课，陈老师主讲，讲着讲着，她满怀深情地说：“有的人死了，他还活着；有的人活着，他已经死了……”本以为她在讲话，后来听出来，她是在朗诵臧克家纪念鲁迅逝世的诗《有的人》。就这么着，陈老师没拿任何纸，朗诵了全诗。当时，我们一片惊愕，一片寂静，心理翻腾着浪花。是陈老师的文化积淀、朗诵的才情感染了我们，征服了我们，是陈老师给我们上了人生最难以忘怀的一堂课：该做一个什么样的人？这个大大的问号后来演变为一个重重的感叹号。从通师毕业后，直到现在，我成了耄耋老人，都铭记不忘，母校的教诲已镌刻在我的心灵深处。

时间再往前推一两年。大概是1960年，学校食堂里吃的米饭越来越少，而喝粥的顿数越来越多，甚至有时喝的是米汤。记得学校叫我们利用星期天去打树叶子，送到学校食堂，磨碎，和着一些粮食，或煮或蒸，叫作“瓜菜代”。我们常出去找有绿叶的树，用长竹子把叶子打下来，装在袋子里。那情景现在还一直在我眼前晃动，总是抹不去。我们这一代中师生吃过大苦头，过过非常艰苦的日子，但正是这样的生存状态磨炼了我们的意志，肚子永远是饿的，永远是向往着食堂的饭香。不过，我们的精神状态是饱满的，我们朗诵，我们唱歌，我们开着充满理想的班会，我们还演戏，在操场上永远青春勃发，生龙活虎。我们深深知道，个人的命运和祖国的命运紧密相连，为着建国10多年的新中国，我们毫无怨言，热爱党，热爱毛主席，热爱社会主义，深知国家的锅里有，我们每个人才会有一只可靠的“饭碗”。

我是学生会的干部，有时候会参加一些社会活动。有一天，学校通知我到舰队去，和解放军联欢。那舰艇停在长江里，一大早赶过去，参观军舰，和战士交谈。从未有过的体验冲击着我的心灵，热爱解放军的情感、保卫祖国的信心，在心中回荡。晚上回到学校，我直接进教室上晚自习。那天有堂数学课，是丁老师教的，他给我留下的印象特别深，因为他的课上得特别简洁、干净，毫不含糊，而且教给你解题的思路和方法。就是那堂晚自习，我把那天落下的课，按丁老师以往教给我们的办法，反复自学教材，理清其中的逻辑关系，推动我的思维一步步向前，终于学懂了，学会了，有说不出的愉悦。现在回想起来，杜威说的那句话真好：“学习就是要学会思维。”

实事求是地说，中师的三年，处在国家特殊困难时期，上课也不是很正常，外语学的是俄语，虽然我学得特别有兴趣，成绩也挺好，可是只学了一个学期，就停止了，从此，不懂外语成了我永远的心痛。但是，南通师范教给我人生的法宝：校训——坚苦自立、忠实不欺。校训给了我不竭的精神泉源，让我去寻找人生的位置，获取那只“碗”——坚苦自立是只宝碗。“拿碗吃饭”，那只“碗”里盛满了生命的意义、创造的智慧、朴实的品格、勤奋刻苦的精神。我走在人生之路上，找准自己的位置是不懈的追求；走在教育生涯里，我是丰富的，前途是光明的，做一个精神灿烂的人，正是母校教给我最宝贵的财富。做一个会思维、有想象、能创新的人，正是母校给我打下的底子，虽不厚实，却鲜活；虽有缺漏，却塑造着我完整的人格。

也许，这是我对“人格师范”的真切体验。

作者简介：成尚荣，南通师范 1959 级普师校友。研究员。原江苏省教科所所长、国家督学、教育部基础教育课程改革专家、中小学教材审查专家、中国教育学会学术委员会顾问、国家基础教育成果评审委员会委员。

三元桥畔是知津

——回忆在通师的那些日子

唐铁生

三元桥，南通名桥之一，相传始建于明代万历进士张元芳，原是一座三孔石拱桥。据传，当年通州学子科举屡试不第，官员仕途亦多有曲折，皆因通城此处地势较低。张元芳为破此风水，先后在此建一塔一桥，塔名“文峰”，桥名“三元”，借此“抬升”此处地势，期冀从此通州学子文运昌盛，官员仕途顺畅。清代南通名士保大章有诗云：“三元桥畔是知津，小住鱼床作比邻。塔影倒悬明月里，扁舟一叶一诗人。”更是诗化了桥塔比肩、相映生辉的神韵。

我的母校——江苏省南通师范学校就坐落在三元桥畔。当年，“恰同学少年，风华正茂”，多少个清晨或黄昏，我和同学们站在高高的三元桥上，背倚三面环水的校园，远眺薄雾缭绕的五山，谈笑风生于绿水青山间。晨光里、夕阳下的三元桥犹如“初月出云，长虹饮涧”，在那厚实的桥面上，留下了我们多少青春的足迹！

62 年前，我走进通师的大门，从此开始了历时 3 年的师范学习生活。这三年，恰逢国家不幸，连遭天灾人祸，物资奇缺，史称“三年经济困难时期”。身处这一特殊年代，我们义无反顾地与国家同呼吸、共患难，在母校的怀抱里度过了一段生活清苦却又充实快乐的时光。

记忆中，最艰苦的要数 1960 至 1961 这两年间。那两年，我们的课本、作业本，用的都是土黄色的再造纸，纸面粗糙得像“砂皮”，钢笔尖划在上面，往往被“硌”得迸出许多墨水点，写的字也常常“飞”得面目全非。至于日用品也是限量供应，例如肥皂，每人每月仅供应半块。最要命的是一日三餐总有吃不饱的感觉……

犹如一位奶水不足的母亲无时不在心疼着她嗷嗷待哺的儿女，学校千方百计地为我们寻找着“奶水”。在食堂后面的荷花池里养鱼，结合劳动教育组织学生在“十边地”种菜。当时，我们班分得的地块在学校大门南面(后来“映红楼”酒店一带)。几个来自农村的同学成了我们这些“城里娃”的师傅。我们跟他们学翻地垒畦，学菜秧移栽，学挑粪施肥……他们干农活的本领让我佩服得五体投地。有一次，我们在河边“围垦”出一块烂泥地，准备种茨菰。根据“师傅”们的指导，我们先把大粪施到烂泥里作底肥，为了让肥料和烂泥充分拌和，我和几个同学毫不犹豫地光脚跳进施了大粪的烂泥潭里使劲地踩踏……汗水换来了蔬菜丰收，也让我们的饭桌上，除了“每日一盆天天见”的“碎粉丝咸菜汤”(当时能有此菜下饭已很不容易)外，多了一些别的蔬菜。

那时候国家号召搞“瓜菜代”。“瓜菜”不言而喻，“代”的内涵就丰富多了。为了更多地获得粮食的“代用品”，生物老师指导我们培植“小球藻”，据说这种东西营养丰富，可以添加到食物里，聊以充饥。我们还拿着生物老师提供的“样品”到野外采集一些可食用的树叶和野草，洗净剁碎后交给学校统一加工成“叶蛋白”。这种经过磨碾、过滤、沉淀后获得的青绿色的粉状物，可以掺进米、面里煮稀饭、做馍头、做炸糕。在那段日子里，我们的饭堂里总是弥漫着煎熬中草药的气味。咀嚼着那些略带苦涩的掺进了“叶蛋白”的稀饭、馍头、炸糕，不知为什么，我总会情不自禁地想起一位自己艰难度日，却对成长中的儿女尽其所能、百倍呵护的慈爱的母亲。

那个年代的通师，物质生活的确是清苦的，但精神生活是富足的！暂时的困难丝毫掩盖不了母校的风韵和光彩！

“德高为师，身正为范”，立德树人，是通师教育的光荣传统。通师历来十分重视对学生的思想教育。记得进校后的第一学期，我们几乎每周的周末都要听半天政治报告，帮助我们确立和巩固“专业思想”。在此后的日子里，听政治报告几成我们每周必修的课程。秦同书记的报告幽默风趣，却总能引发我们的“头脑风暴”，让我们在轻松的气氛中去思考一个严肃的问题：“是要我革命，还是我要革命?”重病缠身的老校长张梅庵先生被人扶着走上讲台，人生哲理娓娓道来，倾心吐胆语重心长，大师风骨令我们为之倾倒和景仰。唐泽民、陈乃林等学兄学姐们的演讲总是那么激情澎湃，神采飞扬，常常让我们听得热血沸腾，扼腕抵掌。此外，一些别开生面的思想教育活动也让我们受益匪浅，例如学校为了倡导认真刻苦的学风，进一步增强我们学习的自觉性、主动性，举办了老校友吴韵篁先生当年在校的学习笔记和作业展览，同学们参观后深受教育，触动很大。在那个年代，身处通师校园，与你相伴的总是满满的正能量。正因为如此，那几年才能从通师的校园里走出诸如成尚荣、张兴华这样的优秀人才。也是从那时起，终身从教，永远忠诚于党和人民教育事业的信念，在我心中油然而生，至今不渝！

当时，党中央依据国内外形势，做出了“全民皆兵”的决策，号令一下，通师师生热烈响应，大家踊跃报名参加民兵。军事训练立即如火如荼地在校园里展开。“公共科目”是训练刺杀（白刃格斗）。教官让我们先操练刺杀的分解动作，然后进行合成训练。我们手持“步枪”（一种特制的枪形木棍），列队等候教官的口令。“预备用——枪！”教官一声令下，我们立即“刷”的一下平端起手中的“枪”，“突刺——刺！”“杀！”“突刺——刺！”“杀！杀！杀！”顿时，操场上杀声震天，我们人人竭尽全力地完成着刺杀的全套动作，个个威武得像正在和敌人拼杀的勇士。“专业科目”训练则分组进行。最令人向往的是跳伞队。学校阅览室东边，高高的银杏树上装起了吊索和滑轮，吊着一个固定张开的“降落伞”，跳伞队的同学们经过一段时间的理论学习和动作训练后，就在此进行“实战”操练：先放下“降落伞”，将学员挂在伞下，再连人带伞拉到半空，教官一声令下，“刷”的一声，“降落伞”就“脱钩”而下，“伞兵”们则按照规范做着动作，随“伞”着陆。这样的重复训练虽略显枯燥但极富刺激性，让我们很是羡慕。后来听说他们还真的在南通体育场（今通大启秀校区体育场）乘直升机低空跳了一次伞，可惜因为“保密”，我们未能有机会到现场观看。我和一些同学分在“海军灯光通讯”组，灯光通讯的电码和无线电通信电码相似，要背要记，训练内容单调枯燥，且只能“纸上谈兵”（登舰操演的机会几乎是零），但为了“练好本领，保卫祖国”，大家仍学得认认真真，津津有味。最幸运的要数学兄赵宗普，他是烈士子女，1960 年，光荣地代表我市民兵赴京参加了全国民兵代表大会，受到党和国家领导人的接见，并获得中央军委奖授的一支 56 式半自动步枪（这种新型步枪至今仍为我三军仪仗队的配枪）。记得那天全校师生集合在操场上欢迎赵宗普同学赴京归来，他站在操场司令台上，胸佩红花，肩背钢枪，立正敬礼，好不威风！

在那个年代，通师绝大多数同学都懂得要刻苦认真地学习。即使是星期天，也有很多人流连于教室、琴房、阅览室，读书、练琴、完成作业。那时，学校阅览室是我和许多同学最爱去的地方。每天晚饭后，离上晚自修还有一段较长的时间，这时，阅览室里总是座无虚席、鸦雀无声，我们忘情地徜徉在书报杂志的海洋里。记得一位酷爱美术的胡姓学兄，几乎每天必到。他总是轻手轻脚地“游弋”于阅览桌之间，悄悄地以我们为“模特”，不知画下了多少姿态各异的痴迷的阅读者的人物素描。阅览室是我取之不竭的文学宝库，三年中，我在那里摘抄了许多诗歌、散文、名人金句，累积成厚厚几本。

在通师，我最喜欢的功课是语文。陈香谷、陈云谷、程德一、程敷玮、于文绮、羌以任、曹振东、邵磐世、莫惠昌、罗玉芬……当年通师语文学科的先生们灿若群星，为学生们所敬仰。读师三时，程德一先生教授我班语文。先生当时 50 岁上下，慈眉善目，端庄优雅，讲起课来不疾不徐，润物无声，让我们如坐春风。一次，她让我们把杜甫的《闻官军收河南河北》一诗改写成现代文，我突发奇想，用心地把它改写成了一首现代诗。先生阅后大为赞赏，在全班同学面前夸我此举颇有“郭沫若之风”。我深知这是先生对我的勉励，很不好意思，心里却是暖暖的。1961 年，为迎国庆，学校举办征文活动。其时，我从报上读到一则关于河南某地人民开山挖河、兴修水利的新闻报道，从中获得灵感，产生了创作的冲动，经过酝酿构思，写出了一首长篇叙事诗《幸福河之歌》，投入征文集稿箱。几天后，羌以任先生把我叫到他的办公室，对我说：“诗稿基础还好，但要修改，至于哪些地方要修改，怎么改，请阁下自己去动脑筋。”于是，我立刻脑洞大开，对全诗认真做了一番修改后再去见先生。先生细看一番后笑曰：“改得还可以，但最需要改的地方却没改好。何处？开山挖河的场面！”“你开过山挖过河吗？”先生又问。我摇摇头。“这就不能怪你了。看来这一处你是没法子改了。就这样吧！”先生言罢哈哈大笑。我在先生的笑声中怅然离去，心想这次征文活动自己肯定是没戏了。又过了几天，评选结果公布，我的《幸福河之歌》竟名列榜首，为全校唯一的特等奖。30 多年后，先生已在市教科所所长任上。一次，我们师生在闲聊中忆及此事，先生又笑了：“你那首诗当时我们认为已经达到可以发表的水平，逼你修改，其实主要是想让你明白一些道理！”我当然明白先生当年的良苦用心，对先生更平添了一份敬意。

尽管物资匮乏，生活清苦，通师的校园里却总是洋溢着我们的青春气息和欢声笑语。学校和各班的文艺活动异常活跃。那时，我是班上的文娱委员，为了助力同学们发展特长、活跃身心，我策划举办了“三独”晚会。吹拉弹唱，相声舞蹈，同学们个个踊跃登台，大显身手，各美其美。老师们也应邀加入其中，音乐老师周振南先生即兴高歌一曲，班主任朱膺善先生也为大家奉献了一段京剧（昆曲）清唱，把晚会推向了高潮。多年后同学聚会，这难忘的一幕仍然是大家津津乐道的话题。每年的12月31日，学校都要举办“迎新晚会”。其时，师生员工济济一堂，通宵达旦，其乐融融，节目之丰富，表演之精彩，气氛之热烈，堪比当今的春晚。邻班的袁钟秀、朱炳星等同学表演的彝族舞蹈《快乐的啰嗦》吸睛无数。那活泼欢快的旋律、飘逸洒脱的舞姿，令我至今难忘。而我班创编的歌舞《各族人民歌颂毛主席》则完全可以与之媲美。这个节目由本班女同学丁祝莲任艺术指导。“丁导”指定我扮演“维吾尔族小伙”，其间要跳一段“麻雀步”，这动作对我来说难度较大，也很费体力。我刻苦拼命地练习，总算达到了“丁导”的要求。谁知化妆时，“丁导”递给我一双半高筒胶鞋，说皮靴一时找不到，只好用它代替。因为胶鞋底摩擦力较大，表演时跳着跳着，我一下子坐到地板上，引来台下一阵哄笑。我随即用力“蹦”起来继续表演，台下又立刻爆起热烈的掌声。虽说这个歌舞节目最后的整体表演效果不错，但我这“台上一跌”让自己觉得多少有点遗憾。如今，祝莲同学早已离我们而去，我还常常忆起她。那时候，通师师生关系十分融洽，师生同台演出屡见不鲜。记得有一次，高年级的学兄学姐们表演一出以苏区人民革命斗争为题材的小歌剧（剧名好像是《凤凰花开》），张柔武先生（张謇先生嫡孙女，时任通师音乐老师）摘下金丝眼镜，穿上补丁衣裳，裹着青布头巾，出演一位红军家属大妈。她在台上很投入地演唱了一段“花腔女高音”，激起了全场热烈的掌声。那时候我们也“追星”，学兄季永和因为独唱一首歌（歌名记不清了，好像是《老司机》），学兄张兴华因为朗诵魏巍的散文《夏日三题》，都曾受到我们这些学弟学妹们的热捧。时至今日，要是遇到兴华兄，话题之一必为当年他朗诵《夏日三题》。

……

离开母校整整60年了！光阴荏苒，岁月风干了我们多少记忆，但三年的通师生活和当年雄踞在晨光里、夕阳下的那座高高的石拱桥，却常常闪烁在眼前……

我们老了，母校却风韵依旧！愿母校永远年轻！

作者简介：唐铁生，南通师范 1959 级普师校友。中学高级教师、特级教师。曾任教通师四附(今城中小学)、跃龙桥小学等校，后任南通市教育局教研室小语教研员。

深情忆通师　幸福满心田

张　怡

日月如梭，光阴似箭，转眼从南通师范毕业40年了。

我于1979年9月考入南通师范招收的首届幼师班。那时国家刚刚走向改革开放，百事待举，百废待兴。幼儿园教师断层严重，人数紧缺，但首届幼师班的招生计划还是很紧，我以超过重点高中的分数被通师录取，因为我和不少同学一样，生活的艰辛让我们选择了三年后就能自食其力的中专。不过那时还没有面试，我们高矮胖瘦、性格兴趣相差很大，许多同学对将来要从事的幼儿教育工作也没有太多的了解。

如何让我们将来成为合格的幼儿园教师？进了通师，学校开展了各种各样的教育活动来开拓我们的视野，启迪我们的心灵，把我们从应试教育的模式中解放出来。还记得城中小学幼儿园张绍琴主任受邀到学校为我们现身说法，让我们知道当一名老师是那样的快乐，教师真是阳光下最神圣的职业。渐渐地，我们对未来的职业生涯有了美好和清晰的憧憬！

南通师范为我们打开了崭新的一扇门，只有16岁的我们如饥似渴地学习各种教育教学理论，起早带晚习练各项技能技巧。最难的当数弹琴唱歌跳舞了，我们有的五音不全，有的手太小，时年64岁的张柔武老师因材施教，精心选刻乐曲逐渐引导，让我们这些从未接触过风琴的孩子喜爱上弹琴。张老师常常晨间到校让我们还琴，她戴着老花眼镜，眼睛往上瞪着我们，纠正我们弹琴的形象至今定格在我们心中！我们这班来自南通市内的30名同学，有郊区的，有城里的，有聪明神气的，有憨厚老实的，可是班主任程嘉铭老师对我们一视同仁，严格要求一丝不苟。她亭亭玉立，款款走路，是我们心目中的女神。我们大大咧咧，遇到开心的事就开怀大笑，她殷殷教导女孩子要矜持点，要我们好好学习前人的文雅大方！难忘的还有心理学老师姜龙章。第一次上心理学课时，我被老师的讲课深深吸引了，课后还追着老师说心理学怎么这样神奇，胆汁质、多血质、黏液质、抑郁质的四种人多么形象，我就是那第一种人啊！现在想来，在老师眼里我真是又幼稚又可爱的吧？由此，我与年已花甲的姜老师结下忘年之交。当时，我在学校中为和同学不能如愿相处感到十分苦恼，有次周末就到姜老师家倾诉。说话间恰巧遇上断电，老师点燃蜡烛站在我面前，他问我看到了什么，我说看到烛光，他说再看你身后，我说看到黑暗还有自己的影子。他说是啊，只要向前看，就会看到光明！老师又请我摸摸他们家的老方桌，问我什么感觉。我说它的棱角已磨圆了。他说："这张桌子新的时候也是方棱方角的，多少年被人们磨啊磨，棱角就不分清了，你们还年轻，就像这张桌子新的时候，没有关系的，经历多了就圆通了。"老师望着我渐渐舒展的眉头，又深情地说："冰，水为之，特坚固，然遇到火会怎样？记住你用火热的心去对待别人，一定会融化冰冷的心。"我恍然大悟！多少年来，姜老师的这番话语我一直铭记在心并努力践行！顾银珠老师是我们后来的班主任，她像母亲般关怀我们，又像大姐姐与我们打成一片，一直关心着我们每一位同学的成长，是我们的知心老师！通师三年，老师们将满腔的爱倾注给我们，每当回忆都会潸然泪下。徐劭老师是我们的儿童文学老师，他毕业于北京大学，平时不苟言笑，但满腹才华让我们肃然起敬。记得中秋节前，有个同学买的月饼不知怎么掉下来滚到讲台前，我们正哄堂大笑。徐老师走了进来，笑声戛然而止。徐老师并没有批评我们不守课堂纪律，而是漫不经意地说："不要紧的，我是个热水瓶，外面冷的，里面却是热的。"我们屏住的笑一下子又笑开了，同学赶忙把月饼拣回。临近毕业，同学们纷纷互相留言、赠纪念品给老师，表达自己对同学和老师的情意。失去母亲不久的我一直悲痛未却，家里也拿不出像样的东西作为礼物，不免落落寡欢。徐老师把我叫到办公室，我忐忑不安地来到徐老师办公室，他拿出一本大日记本和一支钢笔对我说："你喜欢写作，毕业后不要停止，要坚持写下去。"我惊呆了：亲爱的老师，学生没有礼品赠送您，您却送给我珍贵的礼物！毕业 20 年同学聚会，提起您时同学们眼睛里充满笑意地说："徐老师就是会看人呢！"几十年来他们可知，无论遇到什么困难，我都记得老师的话，面向光明；无论遇到什么人，我都记得老师的话，心要像火一样！

由于严重的咽喉炎，在教育领域工作 10 年的我不得不转行到区委老干部局。报到那天,我站在友谊桥上,面对濠河号啕大哭,对不起老师们,我如此热爱教师这个职业,以后我却再也不是教师了!痛哭过后我到老干部局报到,不可思议的是,失声几个月的我居然能说出话来了!

到了老干部局,起初一向忙碌的我从紧张的节奏中松弛下来,很有些不适应。我想,新的岗位有新的要求,工作对象虽然从五六岁的幼儿转到七八十岁的老干部,我要把对孩子的细心热心用到老干部工作中来。很快,我的工作态度和能力得到了局领导的表扬鼓励。学会面对各种人和处理各种事是机关的必修课,我虚心请教,不断思悟,除了满腔热情,我还身体力行,真心实意为老干部做事。酷暑我将西瓜挂车上送到不能来领的老干部家,严冬将工资送到行动不便的老干部手中,刻钢板为老干部印养生学习资料,到家中与老干部了解情况、聊天谈心,现在回想当初自己骑自行车带张兰老书记去医院检查真是有点后怕呢。不过,这些都是我乐意做的。

这里也是人生大课堂,在从事老干部工作的20多年中,我先后送走了200多名老干部。到病房看望,到殡仪馆送别,我的心灵不断地受着冲击——生命如此短暂,岁月不会重来,我必须更好地为老干部服务,让他们的生命在晚年不留或少留遗憾。老干部工作让我倍加珍惜人们的情感。

我怀着一颗真挚的心用饱满的热情为老干部服务,兢兢业业做好每一件事情,得到了老干部们的欢迎和肯定。感谢各级领导和老干部,是他们的信任支持、理解肯定,让我在老干部局的岗位中不断成长,还当上了崇川区委老干部局局长。2016年12月又走进人民大会堂,获得"全国老干部工作优秀工作者"的殊荣,受到中组部、人社部的联合表彰。感谢我的母校,她的教育浸润我的身心,让我在人生路上不管遇到什么困难都勇往直前,让我始终保持火热的心奉献社会,初心不改!

谨以此篇献给母校!献给我们敬爱的老师们!尤其是几十年来一直与我们密切往来的104岁的张柔武老师及我们的班主任程嘉铭老师和顾银珠老师!

上苍有灵,也请我们的姜龙章老师、徐劭老师、沈丕成老师收下学生的感恩!

作者简介:张怡,南通师范1979级幼师校友。曾任南通市崇川区委老干部局局长。全国老干部工作优秀工作者。

梦想，从这里启航

——贺母校南通师范 120 年华诞

陈　萍

假期的小清闲，滋长了心中的怀旧与浪漫。随手翻动影集，一张泛黄的合影锁住了我的视线。中师毕业照上，那一抹抹笑容在我的凝视中渐渐鲜活、温暖了起来。这种暖意恍惚间退却了老照片的斑驳与陈旧，给相纸承载的记忆着了色。那些年，身着校服的我们是一片明丽的海蓝色，几道与众不同的色彩镶嵌其中，显得如此醒目！

前排中间点缀着干干净净的浅灰色，那是师范一年级的班主任罗玉芬老师。40 多岁的她留着齐耳短发，整齐梳向一侧的刘海用一支黑色小发卡固定住。小巧的瓜子脸，配上精致的五官，显得十分秀气。她身穿一件洗得干干净净的浅灰色小方领外套，脚上是一双同样浆洗得很干净的浅灰色带襻布鞋。衣如其人，罗老师是我记忆中最为兢兢业业、严谨治学的老师。她习惯在上一堂课的下课铃刚响不久就早早地走进教室，与我们聊会儿家常。她给我们上的第一课是郭沫若的《石榴》，那播音员般标准的普通话，那条分缕析的讲解，那绵密的板书，以及那整齐划一的蝇头小楷，至今还深深地烙印在我的心底。

罗老师的教学不止步于语文书，她把自己对文学，尤其是诗歌的热爱也移植进课堂，感染着我们。晨读走进教室，迎接我们的总是黑板上美丽的诗歌和在一旁笑眯眯地等待着我们的罗老师。那天，罗老师为我们带来李清照的《声声慢》："寻寻觅觅，冷冷清清，凄凄惨惨戚戚。乍暖还寒时候，最难将息……"她把李清照的婉约柔情、愁肠百转之态演绎得入木三分，让我们感受到古典文学的温婉柔美，情动天地。师范第一年，我们背下了许多课外名篇：陆游的《钗头凤》、徐志摩的《再别康桥》、戴望舒的《雨巷》……在罗老师的引领下，我们在文学的美妙天地里沉醉不知归路。

课上是老师，课后是妈妈，罗老师之于我绝对是母亲般的存在。我从小体弱多病，特别是脾胃虚弱、食欲不振，为此不知看过多少医生，喝过多少苦药，并不见效，中学毕业时体重只有72斤，这也成了唯一支持我上师范的妈妈的理由（孩子身体不好，上学离家近好照顾）。可开学两个月不到，我的体重就增加了10余斤，脸上有了红晕，身体也渐渐好了起来，这全归功于罗老师。刚开学那会儿，我每餐只打一两饭、一个蔬菜，罗老师知道后把我拉到身边，亲切地说："人是铁，饭是钢，身体健康才能胜任教师工作。"并给我下达了指标：每顿米饭不能少于二两，荤素搭配要齐全。不仅如此，她还让全班同学一起监督，达不到要求随时反馈给她。虽然每当此时，我都会因别人的目光而不好意思，但心里还是倍感温暖，喜滋滋地享受着被老师关注的特权。我爱静，喜欢看书学习，特别排斥运动。有段时间，罗老师天一亮就来学校，陪我一起在操场上跑步锻炼。在罗老师的"逼迫"下，我的运动量、饭量同步增长，脾胃虚弱的毛病也不治而愈了。看到我不仅很快适应了住宿生活，而且常年的老毛病也不见了，爸爸妈妈终于放心了。罗老师也会心地笑了，嘴角露出一对浅浅的、十分迷人的梨涡……

浅笑未散，暖意犹存，右边的大红色飘带领衬衫跃入眼帘。这抹红是那样的绚烂夺目，能驾驭它的唯有中师二年级的班主任——生物老师陈丽美。要是用柔情似水来形容罗玉芬老师的话，那么，陈老师绝对是热情似火。她说话的语速非常快，走路步子带风，每时每刻都是那么精力充沛，给周遭的人带来活力与激情。陈老师的出场同样令人记忆犹新。上课铃响过一阵后，走廊里远远地传来了急促的脚步声，伴随着"我来晚了，我来晚了"的自我责备，陈老师直接冲到了讲台上开始了她连珠炮式的讲课。与罗老师相比，陈老师略微矮一点、胖一点，圆圆的娃娃脸上最出挑的就是那双忽闪忽闪的大眼睛。她身穿一件时下最流行的大红色飘带领衬衫，配上黑裤子、黑皮鞋，倒也蛮时尚。不知是匆忙中没来得及仔细梳理，还是发质粗糙不易打理，一头刘海齐眉的短发显得略微蓬乱。陈老师自己争分夺秒地讲课，也绝不允许我们浪费一分一秒。她摒弃了"举手"发言这一课堂固定模式，要求我们直接站起来回答问题。刚开始，大家的思维都跟不上趟，反应总比陈老师慢几拍，她就直接点名。见那同学磨磨蹭蹭站起来，支支吾吾了半天还没说到正题，陈老师耐不住性子了，直接把答案一股脑儿全倒了出来。

只要是生物课必定拖堂。每当下课铃响起，陈老师总是嘴里念叨着“来不及了，来不及了”，手里继续着她的写写画画，仿佛要把所有的知识一下子全都教给我们。跟罗老师一样，陈老师的板书也没有留白，她总是用娴熟的简笔画见缝插针地画满花草树木、鸟兽鱼虫……虽不及罗老师的板书那么整齐划一，倒也有一种凌乱的、自带节奏的美！

最有趣的是课堂出游，虽然当时素质教育的大旗尚未亮起，但陈老师早已在践行着这一先进理念了。她的课不囿于课堂，而是将我们带进更为广阔的自然世界。有一回，陈老师带我们去人民公园踏青，她一口气把园里的100多种植物介绍了个遍。当她走到公园最深处的草坪，一转身发现我们都不见了。“人呢？快过来呀！”随着陈老师的一声呼唤，我们这才稀稀拉拉地从树丛里、凉亭下走了出来。这样的热情与活力让正值青春的我们都自叹不如。在陈老师的引领下，我从“两耳不闻窗外事”的书呆子，渐渐变成了一个会欣赏自然之美的人，我的世界从此缤纷了起来。

缤纷的色彩丰富了我的世界，而黑白则是永恒的经典，就如同数学一样“泾渭分明”。合照前排的男老师是师范三年级的班主任、数学教学法老师周庆康。第一次露面，他是踏着铃声准点进课堂的。他身穿一件熨烫得很服帖的白衬衫，衣领及袖口处的扣子紧扣着，黑色的长裤上系着一根崭新的皮带，显得很精神。脚上的黑皮鞋一尘不染。微带自然卷的头发一丝不苟地向后梳着，一幅严谨干练的样子。周老师平日里不苟言笑，但一走进课堂，尤其是讲到用算术方法解小学数学思考题时，他就异常兴奋，滔滔不绝。他的课有时像一段幽默风趣的小品，妙语连珠，让我们在轻松愉快、忍俊不禁中获取知识；有时又像一部扣人心弦的故事片，巧布疑阵，创设“山穷水尽疑无路”的情境，因势利导，打开“柳暗花明又一村”的境界，使我们在孜孜以求、欲罢不能中寻求真理。在他严密的语言引导下，我们走进了神奇的数学天地。

别以为周老师只是课上得好，做起班主任来不如细心的女老师，其实不然。一天晚上10点左右，突然发生了强烈的地震，正在准备第二天实习课的我们慌不择路地四散而逃。大约一刻钟左右，周老师就赶到了学校，淡定指挥，迅速将我班同学领至空旷的大操场。一番嘱咐和安顿后，周老师来到了我面前，即便是伸手不见五指的黑夜，即便是面对着满操场嘈杂的人群，他还是察觉出一向胆小的我脸上的惊恐与泪水："是不是想家了？"我微微点了点头。周老师吩咐同学们在操场上原地休息，听候学校喇叭里的统一指挥。随即推起自行车送我回家（当时，我班同学绝大部分来自县区，我是唯一一个住在六桥以内的）。为了安抚我紧张的情绪，周老师一路上寻找不同的话题与我聊天，从学习、生活到未来的工作，一对师生那晚的交流比一年的总和还要多。将我安全送到家，周老师又匆匆地赶回学校……爸爸妈妈十分感慨：周老师一定是在发现地震后第一时间自发赶到学校的（那时候，通讯非常落后，除了单位，一般人家没有电话，更别说手机了，周老师不可能是接到通知后再去学校的），遇到这样心系学生的好老师，你真幸运！

毕业前的那堂班会课，周老师细致而周全地跟我们交代了很多，仿佛送别即将远行的儿女的慈父，那情深意长的殷殷叮咛，至今仍在耳旁回响："不想当特级教师，就不能算是一位好老师。"我将老师的临别赠言当作座右铭，激励自己在成为优秀教师的道路上不断前行。新世纪的第一个春天，33 岁的我终于实现了心中的目标，成为"江苏省特级教师"中最年轻的一员。我思忖，要是没有周老师的那番临别赠言化为辛勤耕耘、警惕懈怠的动力，至今，"特级教师"之于我仍是一个遥远而陌生的称号。

那片海蓝那些年，那时的我们翻腾着青春的浪花，紧紧追随着片片五彩的风帆，期待着向梦想的彼岸远航……

作者简介：陈萍，南通师范 1981 级普师校友。中学高级教师、特级教师。现任教南通市城中小学。曾被评为全国教育系统劳动模范、江苏省新长征突击手。

穿越时空走向你

王笑梅

母校120年校庆将近，关于母校的种种回忆，如潮水一般，慢慢涌来。绵绵的回忆从时间的维度打开，沿着长长的时光隧道……心的速度放慢，时间的流向放慢，时间以回忆状态重回。在重回的图像记忆中，打开心灵的闸门，聆听来自时间的声音，触摸细节流动的纹理，感受穿越时空的呼吸……

“活”的教育　点亮梦想的色彩

很多人评价：通师的教育，一个字——“活”！

我是母校1981级的学生，是“文化大革命”后恢复初中生入师范的第一届。同届几乎所有同学都是当地中考的最高分掐尖而来，每个同学心底都暗藏着大学梦。刚进校时，很多同学“人”在师范的校园，“心”却不甘地惦念着高中。有同学课桌里偷偷藏着高中的数理化课本，有同学随身带着半导体录音机苦读英语……对我们这群“专业思想”不太巩固的孩子，母校的老师们倾注了全部的心血和智慧，满怀着包容、关爱与期待，用“活”的教育素材、润物无声的教育艺术，引导感化着我们。

读师范的年龄，正是追星的年龄。不经意间，当时闪耀在南通教坛的明星——南通教育的“五朵金花”李吉林、杨秀兰、张育新、亓浦香、陈锡珍先后走进了通师的校园，走进了学校的讲坛，开启了和我们的对话。五朵金花，无一例外的都是通师的校友；五朵金花所在的学校，都处在通师校园两公里半径内；五朵金花的教育人生，无一不在诉说着教育人的坚定信仰与不懈追寻。

记得李吉林老师第一次给我们做报告，是在通师的大礼堂。李老师给我们讲她与教育的情缘，讲她的情境教学，讲她出访日本讲学的见闻感想。两个小时的报告，带给我们无尽的心灵震撼，留给我们一连串的惊叹，激起我们无限的遐想。一名小学老师，居然可以漂洋过海，去日本讲学，这对从没有走出过南通的我们，是多大的奇迹啊。李老师为了自己喜欢的事业，放弃了好多令人羡慕的职业，潜心于三尺讲台。李老师从一年级到六年级的大循环教学，将懵懂无知的幼童培养成聪慧独立的少年，赢得了孩子们一辈子的崇敬，教师是个多么令人敬重的崇高职业啊！李老师的报告，向我们诠释了什么是理想信念，什么是职业尊严，什么是人生价值，什么是事业追寻。

同样难忘的是那次篝火晚会。那是二年级暑期开学不久的一个夜晚，月朗风清，全校的同学们聚集在操场上，围着篝火尽情舞蹈歌唱。忽然间，一个不高的身影向同学们中间走来。主持人激动地宣布："此时此刻向我们走来的是刚刚参加了党的十二大会议回通的党代表、通师二附的周琪书记，让我们用掌声欢迎她为我们讲话！"太大的惊喜，我们仿佛从梦中醒来。在红红火苗的映照下，周琪书记开始了激情演讲，她的声音清脆洪亮、铿锵坚定，为我们带来了党的嘱托和召唤，点燃着我们年轻的激情，蓬勃着我们青春的热望，传递给我们忠诚党的教育事业的信心与力量。

母校就是这样，用一个个鲜活的教育情境、一个个活生生的名师典范，感染感召着青春年少的我们。三年专业思想的熏染，培塑着我们的理想，坚定着我们的信仰，为我们奉献教育、终身从教埋下了最坚实、最久远的根基。

"活"的课程　活泼泼的青春

记得进入师范那年，我们十五六岁，大多来自农村初中，字写不好，普通话说不好，不敢在人前讲话，没有兴趣特长。面对能力基础薄弱的我们，学校用心开设课程，老师们耐心细心指导。练字、画画、弹琴、阅读，是我们每天课后必修的功课。音乐课每课必练视唱，形体课教基本的站姿，体育课练步伐学习喊口令。

印象最深的是练"说话"，即练习站在讲台上对众人讲话的本领。每天晚自修开始的前十分钟，是雷打不动的全班同学学说话练胆量的时间。以学号为顺序，每天一个，依次到讲台前对全班同学进行讲述。记得第一轮讲述，很多同学站在讲台上还没张口脸已经红了，也有的刚开口讲了几句话，就接不下去了……但是经过几个轮回后，大家的说话情态发生了很大的改变，讲述的内容也在发生变化。记得我第一次讲是从流行杂志《随便翻翻》上选趣闻，后来开始从《十万个为什么》里选择内容讲科普，再后来分享自己阅读经典书籍的感受，到最后学着讲影评、讲时事，胆子越练越大，思路也越练越活。

师范的三年，我先后参加了十多个兴趣小组——美术、手风琴、合唱团、集体舞、鼓号队等。周末去文峰公园、狼山写生，练习画水墨画；课余参加学校合唱团，感受四个声部的和谐乐章；参加学校运动队，亮相首届中专生运动会并创女子跳高新纪录……母校丰富的课程，让我们完成了一名优秀师范生"说写弹唱，琴棋书画"的能力构建。

通师也以活动丰富著称。周三下午是我们班团支部活动的时间，班主任邵胜年老师充分放手，从活动主题到活动内容到组织形式、活动地点都由我们自己来决定。刚入校时，我们最喜欢到人民公园划船。垂柳依依，碧波荡漾，坐在船上的我们，有随心荡舟的自由，也有奋力划桨的振奋；有隔船拉歌的热闹，亦有桥洞下避阳的惬意；有穿过桥洞的神奇，亦有拍浪惊鱼入船的惊喜……后来，我们自主设计的活动越来越丰富：去人民公园，认识公园里的花草树木，做标本，做笔记；从狼山的后山徒步攀爬，交流登上山顶的独特路线；在狼山脚下组织野炊，分头采购食品、借炊具、与山下村民协商地点；到长江边踏浪听涛观渔火；凌晨两点起床，从通师易家桥老校区出发，夜行军赶到军山看日出；到学校旁边的工厂车间实习，连续三个小时站立车床边，听机器隆隆，看棉纱穿梭……1982 年，读师范二年级的我们，恰逢母校八十校庆，同学们参与文化设计，环境布置，做导引，做讲解，我们成为校庆活动的主力军。

多彩的活动、真实的任务情境锻炼了我们的设计力、策划力、组织力和凝聚力，化作了当下我们开发课程的实力与底气，并蓄积为创造精彩未来的竞争力。

"活"的教学　活跃的思想

记得刚入校时，教我们语文的是敬爱的刘秉镕老师。刘老师的语文课永远那么凝练精美，课堂语言干净得像洗过一样。他总是讲在经典处，练在关键点，评在精要处。下课铃响，他的课一定会恰到好处地戛然而止。刘老师的每一节课都堪比公开课，事实上他的每一节课也是名副其实的公开课。因为每逢刘老师上课，我们教室的后面总是坐着一排听课的老师，印象中有罗玉芬、夏莲、吕乃娟等老师，她们后来都成为非常优秀的语文名师。很多年后我才知道，当时的通师语文学科组在全南通市可谓声名赫赫。

师范二年级，我们开始学习教育学，教这门课的李庆明老师从来不会按部就班讲教材，而是在课前发很多很多的讲义，补充大量的资料让我们进行比较性阅读。同学们很喜欢这样的学习，不用死背原理、啃记概念，而是以大量的阅读作为支撑，通过比较阅读来多方了解，具体感知，自主质疑，深度思考，主动建构，并在实际的场景中进行运用。现在想来，李老师当年创新的学习方式正是当下倡导的"研究性学习"的萌芽。

贾真老师教授的心理学也很有意思，有一次她把期中考试改成逐一对我们进行情境题的面试。记得那个午后，在第一幢教学楼底楼的大办公室，贾老师坐在办公桌后笑盈盈地问我："你觉得我们教学中应该努力唤起孩子的有意注意还是无意注意?"我很努力很认真地回答："有意注意。"贾老师笑了，一种友善温暖的笑，一种意味深长的笑，一种带着儿童般狡黠的笑。很奇怪，时隔40年，我依然能够清晰地忆起贾老师的这道试题和这抹微笑。其实，在近40年的教学生涯中，我脑海里一定不止一次地闪现过这道试题和这抹微笑。站在儿童的视野，贴近儿童的感受，尊重儿童的认知规律，贾老师的面试题给了我深刻的教育哲学启蒙。

"活"的教学催生出"活"的理念，老师们"大胆变革，不断创新"的思想浸润在我们的脑海里，流淌在我们的血脉中，成为植根在我们心中的根基性素养。

"活"的生活　源源不断的生命能量

师范的三年里，我们双休日都很少回家，大家全天候浸泡在学校不大的空间里，每条路、每棵树、每间屋都有我们的故事，每个空间、每段时间都有精彩的回忆——

出　操

清晨，学校大广播里响起嘹亮的《运动员进行曲》，同学们陆陆续续集中到操场上。很自然的，几乎每个人手上都捧着一本书，大家在等待集中的时间里争分夺秒地阅读。等广播操的序曲响起，才恋恋不舍地把手中的书放在了脚下的草地上。放眼望去，满操场一本本排列整齐的白色“书阵”，映衬着一张张青春的脸庞、活力动感的身姿，这成了校园独特的风景。操场上的“书阵”，成为很多年后我们的校园回忆，每每想起，便有一种无尽的动力：莫负时光，读书趁年华！

睡　觉

母校校园里，矗立着一幢有红色尖屋顶的标志性楼房，造型有点老，年代也很久远，当年是我们的宿舍楼。每晚统一熄灯后，生活老师刘兰桂老师就开始了夜巡。躺在床上谈兴正浓的我们，耳边传来熟悉的声音——“408，睡觉了！”宿舍内说话声骤停，听着脚步逐渐远去，我们又情不自禁开始热聊，先是压着声音，低低地细语，然后又止不住开始叽叽喳喳。“408，睡觉了！”——提醒再次响起，依然是刚才的语调，依然是刚才的音高，依然是刚才的友善和关切。很多年后，我们依然忘不了刘老师妈妈般的提醒——“408，睡觉了！”那声爱的叮咛，遥远而亲切！

运　动

学校东侧是一个大的运动场，运动场西侧有一个很小的器械活动区，有秋千、爬杆、单双杠、云梯等。印象最深的是那座荡桥。荡桥的桥面是一块宽约 40 厘米，长 3～4 米的钢板，用铁索牢牢地挂在顶部的铁架上。

玩荡桥是个高难度的运动。因为它永远在晃动，需根据晃动的节奏、晃动的幅度、晃动的速度，预判晃动的轨迹，在桥抵达最低点的瞬间跳上去，迅速平衡好身体，然后随着荡桥晃动的方向顺势加入身体的摆动，脚上使劲蹬出力量，让荡桥增到更大的晃动幅度。这考验着我们的胆量与灵活度。

长长的荡桥上，有时集聚着十几个同学，遇上胆大的一起顺势用力，桥就在半空中飞起来，最惊险的时候似乎已经达到 60°的倾斜。我们既慌张又刺激，提起来的心儿随着荡桥一起飞了起来。

当我敲击这些文字的时候，我的身体似乎已经登上了晃动的荡桥，我的心也已经飞回到 40 年前的青草地，整个人随时光一起往回流动，去抓握正浮现在眼前的青春。

“在变化中顺势而上，在动态中把握平衡，在合力中迎风飞扬。”在变革的时代，作为校长的我，每一天都面对着一份不确定，每一个明天都带着一份挑战，“荡桥哲学”引领我带领学校危中求机，穿越困难，迎风而上，勇攀高峰。当然，“荡桥智慧”也将启迪引领我在这充满变化的时代去创造具有无限希望的未来。

“长桥外，濠河边，荷叶碧连天，春风拂柳铃声响，读书好时光。”穿越时空走近你，走近青春的回忆，走近长桥外濠河边的荷池，走近最美的读书好时光。今天，当我怀揣着众多学术荣誉与光环走向40年前的自己，我发现：师范三年的读书好时光，积淀和埋藏着我所不了解的能量，在日后日复一日的静默中涌动出来，浮现出各种样貌与色彩——那是活泼的生命样貌，那是绚丽的生命色彩。

作者简介：王笑梅，南通师范1981级普师校友。正高级教师、特级教师。现任南通市通州区实验小学校长、书记，通州区教体局党组成员。曾被评为全国优秀教师、全国名校长、江苏省先进工作者、江苏省人民教育家培养对象、江苏省“333高层次人才工程”培养对象、江苏省“最美教师”。

诗书漫卷　青春做伴

陈　彤

一只饭盒，一床棉被，一丝牵挂。穿过静谧的段家坝，拐入尘土飞扬、夏蝉如鸣的城山路，到了南通师范学校。1981 年的夏天，我 15 岁，身高 1 米 5。

一下子成了有国家户口的孩子，每月十多元的生活费，化解了家庭的窘境。没有了生活压力，身体的每个细胞，心灵的角角落落慢慢舒张开来。学校给我们安排了完全有别于初中的课程，最有魅力的老师，加之朝夕相处的是 40 个各个地区选拔出的优秀孩子，温暖呼吸，迅速成长。

语音课阴阳上去，轻重缓急；心理学鞭辟入里，睿智达观；古诗文平平仄仄，掌故逸闻；儿童文学纯情浪漫，忍俊不禁；生物课显微切片，细胞分裂；美术课应物象形，高古空灵。人文地理，风雅颂，赋比兴，写字画画，舞蹈形体，各种知识技能春风化雨般扑面而来，洗刷浸淫我们年少的身心，如醉如痴，如画如诗。

半村半郭的校园，规模不是很大，却是树木葱茏，意蕴盎然，低桥静水自成一派。凉亭里荷塘边经常会遇到散步小憩的老师们，看似风轻云淡漫、不经心的交谈，往往能让你体会到他们博大瑰丽的心灵，见识到什么是笑谈鸿儒、豪气干云。一个小小的肯定，一抹浅浅的微笑，说不定就会为你铺上以后发展的基石，晕上人生的底色。

课外兴趣小组是青年教师和同学们最喜欢的舞台。犁社、春泥社、哲学小组、美学小组、文学、英语、诗歌、朗诵、舞蹈、民乐、声乐等遍布了学校的角落。思考，争论，辩驳，唇枪舌剑，和平时课堂的和风细雨、润物无声形成了强烈对比。神话戏曲骈文偈语，诗经易经道德经，老子庄子韩非子，朱光潜王朝闻李泽厚，培根尼采凯尔郭恺尔。曲径通幽的中国古典园林，豪横雄奇的古罗马城池。明理,引据,思辨,渐渐有了些学术研究的雏形。

我喜欢画画,一直是班级美术课代表,收发作业,课前课后和老师同学们沟通,经常出入美术学科办公室,看到老师的作品,算是最初接触到的美术文化。编辑刻印自学小报刊头,设计班级黑板报,橱窗里展出自己的作品,极大地增强了自己学习的信心,班主任陈丽美老师送了两幅他父亲(著名画家陈定九先生)的水彩作品给我,我如获至宝。色调虽已发黄,笔触却仍恣意率真,张力十足,让我彻底沦陷。一次次徜徉在狼山南郊、文峰公园、长江沿岸,忘情写生,悉心研习,废画百张,终有所获。

三年级时,省城新来的胡朋老师教我们美术。胡老师出生在一个优渥的军人家庭,长得像维吾尔族小伙,俊朗矫健,走在人群里显得卓尔不凡,中国书法、美式英语、西洋拳击样样精通,还会下围棋、打乒乓。他的办公室挂着一幅自制的美术史线路图,呈一棵大树形状,自根至干至蔓至叶。从文艺复兴三杰到后期印象派,从阿尔塔米拉壁画到俄罗斯巡回画派,从安格尔到德拉克洛瓦,直到现当代的野兽派、达达主义及大地艺术。这幅 20 世纪 80 年代见到的最早的思维导图一直印在我的脑海,对记忆思维的发展非常有效果。胡老师到了假期也不会着急回家,陪我们泡在画室,吃稀饭啃馒头,自掏腰包为我们几个囤积了大量的铅画纸及水粉颜料,还为我们讲解示范。画头像,练色彩,学创作,不到一年的磨炼,我的色彩感觉和造型能力大为精进。完美的熏陶、正确的方向,为我以后能考入美院奠定了扎实的基础。

转眼到了 1984 年夏天,尘土飞扬的城山路悄悄发生了变化,沙石路铺上了柏油。杨柳快速生长,樱树夹竹桃红白相间,梧桐已然成合抱之势。蝉声依然如鸣,小小少年已是十八九岁,心智身体也磅礴起来。毕业那天同学们聚在东门汽车站,依依惜别,一个个踏上开往家乡的汽车,融入广阔的江海大地,为以后几十年农村教育的辉煌撒出第一把火种。是的,莫愁前路无知己,天下谁人不识君?

我被派遣到芦泾港小学。学校没有围墙,四周是丛丛芦苇荡,小河蜿蜒,随着江水涨涨落落,微风拂过,水鸟翱翔。和孩子们在江堤上嬉戏玩闹,颂童谣,念古诗,扯着嗓子唱歌不着边际,捏住蜡笔涂画夸张任性。校长军队复员,整日和老乡咪着黄酒,鱼水深情。老师们自助式教学,野趣横生,笑料频出。这段行走旷野、倾听流水的日子一直珍藏在内心的某个角落,难以湮灭。那班抹着鼻涕、背着布包、趿着拖鞋的小孩现在也应该为人父为人母了，也不知江堤边那个浅笑明眸的姑娘后来嫁到了哪里。

经过两年乡村小学磨炼，四年本科的潜心学习，1990 年我回到母校成了美术学科的新教师。

走上新讲台约一个月后，朱嘉耀校长推门进了课堂。校长穿一件深色衬衫，皮肤白皙，目光冷峻。那是一堂美术字训练课，我调整气息，佯装镇定，大脑迅速运转。导入，讲解，分析，示范，小结。从活字印刷到美术字在三大革命运动中的作用再到间架结构。“上紧下松，横细竖粗”，“点如水滴撇如刀，方头角尾捺如帚”，尽量兼顾文化传承和实用技巧。由于没有备课笔记，校长不置可否地走了，留下一个颀长的背影，让我忐忑了好长一段时间。

学科的氛围平和舒缓，恬淡自然，没有职称之别，没有功利之心。老师们从内心出发，读书画画，耳根清净，氤氲着一丝“乌托邦”式的田园调性。

罗国华老师仍喜欢戴一顶阔檐布帽，背着画夹，拎着水壶，上黄山，下江南，不时地给我们呈现一幅幅黛山绿水的田园风光；张发其老师衣着朴素，风风火火，沉湎于繁重的教育教学活动；刘棣老师温文尔雅，埋头自制教具，秀朗镜片掩不住双眼慈善而聪慧的光芒；郑保明老师忙着校内外的雕塑壁画，精神炯烁满面红光；吴镜荣老师齐耳短发，讲起课来大大咧咧，音色洪亮；燕妮姐秀外慧中，衣袂飘飘，身边一直围绕着活泼可爱的幼师学生。朱敏、戴晓红、花瑶茹老师也加入进来，他们默默耕耘，为人师，为人范，在自己擅长的领域潜心探索，成绩斐然。

朱校长特别关注美术学科的发展。每到周三业务学习的时候，他会悄然而至，看看老师的范画，瞅瞅学生的作业，和我们商讨专业课程的改革方略。西画基础课的加强，乡土美术教材的开发，民族艺术的传承，陶艺、雕塑、平面、立体设计等新课程的增加，领导关心，老师同学们努力，很快，美术学院的基本架构顺势成型。磨炼教学技艺，探求美术文化，提升专业水平是大家努力的方向。濠河边几枝芦苇，秋风中荷塘边的枯莲，不经意地插入一只土色陶罐，便是画室里野荡而风雅的风景，平时不穿的大头皮鞋配上斑驳磨损的帆布背包亦可成为不拘一格的创作素材。仨俩相约画室，郊外写生训练，熟悉绘画之道，触摸境象之意，捕捉珍贵瞬息；去民间拜访手作匠人，体验蓝印艺术的奥妙；学习郭氏风筝轻盈灵动的装饰风格以及大道至简的构建形式。到了暑假，去青海，去敦煌，感受草原涯岸的凛冽和横山如卷的风光，极目骋怀，寄兴会远；去皖南，游水乡，意会那明月前身流水今日的淡远，蒙养心中最初的甜蜜。

学校是有底气向全社会开放的。教育部领导、兄弟师范的老师甚至是学生家长经常会来观摩交流。但凡有大型活动，师生们会铆足干劲，构思创意，遴选材料，揣摩工艺。古风犹存的壁挂，竹木纤维精巧缜密；拙朴凝重的陶艺，大气内敛琳琅温厚；饱含诗意的水墨，轻描淡写素以为绚。另外，教学挂图、儿童装饰画、面具头饰设计更是弥漫着稚子童心的天真无邪，惹人爱怜。每次展示的作品都是盛开在心灵深处弥足珍贵的绚丽花朵，凝聚着老师们的辛劳，寄托着孩子们的梦想，也装点了师范教育的春天。

那是 20 世纪的 90 年代，简单而纯情，梦幻而热烈。理想的灯塔引领着职业之舟，人性的光辉普照着成长之路，人格的魅力澎湃着生命的河流，诗书漫卷，青春做伴。

时光悄无声息，如水般流去。随着年龄增大，地球的转速似乎也缓慢了许多。主校区南迁，城山路的校园变得有些颓然冷清。静谧的小荷塘，偶有翠鸟掠过，溅起小小水花，泛着圈圈涟漪。南北甬道的虬柏越发深沉，更显法度庄严。图书馆前的广玉兰依然傲立，教学楼拐角的绣球应着节气按时绽放。天地悠悠，四时明理。偶尔会遇到罗玉芬、施维、贾真、陈曾瑞等老师及木工五候、海候、花工和儿。隔些时日总会和庆明兄、炳生兄闲聊小饮，回忆那段积尘时光和年轻的过往，回忆通师的山高水远，瓜瓞绵长。

作者简介：陈彤，南通师范 1981 级普师校友。1990 年南京师范大学美术系油画专业毕业，入职南通师范。现为南通师范高等专科学校美术学院副教授。

又到丹桂飘香时

王　毅

又到了一年的秋季，又到了丹桂飘香时。37年来，只要一闻到秋天桂花的香味，我就条件反射地想起了母校南通师范，我就特别想念当年的老师、同学，往事历历在目。

1981年8月30日，我从农村跨进了母校南通师范学校的大门，我站在学校门口一会儿向这边看看，一会儿朝那边看看，不知道校门原来朝东，不知道学校门前那条街通向哪里，因为我是第一次来南通，一切都在茫然之中。

10月中旬，母校的校园里逐渐弥漫起一股香味，这味道特别特别好闻，只要人们经过教学楼前的花园，所有人都会放慢脚步，都会深深呼吸。我真恨自己的肺活量太小，仿佛自私得要把空气中的香味都吸进来，不留一点点给其他人。这香味我在农村从来没有闻到过，后来我看到树上挂的介绍植物的铭牌，才知道那是桂花树，才知道那是桂花树上金黄色小花蕊所散发出的香味。从此，我便爱上了母校的桂花树，便爱上了桂花的香味！

我从小就喜欢画画，但是在农村我从没上过正宗的美术课，更没有美术专业老师。我一进母校一有空就像跟屁虫一样会出现在美术老师的面前，而且我特别喜欢帮老师做事，美术学科5个老师都很喜欢我，我就像吸桂花的香味一样吸收他们所教的知识。星期天，城里的同学都回家了，我就一个人在充满桂花香的花园里画菊花的速写。天气很冷，我穿上军大衣，一天能待上8个小时，中午都不休息，整个人都被浸泡在花的香味中。一个月下来，我的菊花的线描画终于有了点模样。人物速写太难画了，之前从来没画过，一开始画得像一个个怪物一样。为了锻炼胆量，我和几个小伙伴坐到公园濠河边去画，抓人物的动态，纸撕了一张又一张。功夫不负有心人，第一学期结束时，学校举办速写大赛，我居然拿了第一名。又因为我设计美化的班级黑板报每次评比都是年级最高分，进校一个月就当上了学生会宣传部副部长。

我一生最庆幸的就是遇上了罗国华老师，他是著名的水彩画、中国山水画画家。罗国华老师中等身材、小眯眼，但他对色彩很敏感，一顶灰色鸭舌帽是他的标配。罗老师祖籍常州，在母校当了几十年的老师，他的水彩画色彩丰富，层次感极强，水色淋漓，气象万千；他对中国泼墨山水画也有非常高的造诣，是中国美术家协会会员。他经常给我们几个喜欢画画的同学开小灶，从基础素描开始，星期天还带我们到母校对面文峰大饭店后面的小河边画"满面桃花始春风"的景色；11 月他又带我们去狼山风景区捕捉"霜叶红于二月花"的精彩。最使我难忘的是 1983 年暑假，罗老师带我去安徽黄山写生，因为他是画家，他上山吃饭、住宿，宾馆居然还给他免费，我也跟在后面沾光。记得当时，黄山还有一个叫朱峰的画家专门接待我们，并陪伴我们画云海、奇松、怪石，他还陪过刘海粟大师多次上山。我的专业是普师，未来是教语文数学之类的，是罗老师点燃了我当画家的梦想，是跟在他后面做跟屁虫我才看到了达成梦想的希望，后来在工作第 4 年我终于考入了南京师范大学美术学院。

到了三年级，我们普师班艺术要分科了，班里的同学一半学美术一半学音乐，那时我校还没有音乐专业，我的男高音是音乐家施维老师的最爱，我们 5 人男声小合唱还经常去南通电台录音，学校大型节日活动我是大合唱指挥，运动会我又是鼓乐队指挥，有重要音乐听课活动，施老师还把我插到其他班试唱。我分科二选一，到底是学美术还是学音乐呢？这个问题竟成了两个老教师争论的焦点，最后他们两个吵到了朱嘉耀校长那里，校长解决的方法既简单又迅速，他宣布我是本届唯一一个两科都学的学生，最终才平息了这件事情。

三年就要毕业了，课程越来越重，寒假同学们都回家了。我一个人在母校的宿舍里看书、写论文，原来在农村没书看，而现在有看不完的书。李庆明老师年轻帅气、满腹经纶，他是我们学生的追随者，如今，他已是中国教育界最活跃的教育家之一了。李老师把课本内容压缩得很紧，让我们以自学为主，课外教我们学写教育论文，拓宽我们的知识面，培养我们的教育科研能力，还为我们二十几个同学开设了系统的"美学"课程。李泽厚《美的历程》让我沉醉，朱光潜《美的本质》让我们争论不休，王朝闻的《艺术美学》让我更深刻地理解了艺术美的内涵。现在我书柜里的教育学、美学、哲学的书都是那个时期买的，无论搬家到哪里我都当宝贝一样，一本都没少。

一次，窗外下着雪，我发现学校西北角的图书馆正建了一半，厚厚的白雪盖在红色的墙头上，像人家在晒被子。灰色的天空映衬着整个建筑，一切仿佛都冻得凝固了，只有小雪松在风中摇曳，只有夹着雪花的风在唱歌；塔吊、脚手架、红墙白雪，预示着明年春天知识的种子将在这里发芽，这是多美的一幅图画呀！我连忙搬来画架，把所有的颜色揣在怀里，只要一挤出来，画画的速度慢了一点就冻住了，两个小时下来，一幅水彩画终于完成了。当年在母校的这种疯狂、这种对知识的渴望，现在的小孩真无法理解。我收获了一张特别特别完美的水彩画，同时我的手和脚也收获了幸福的冻疮。这幅《雪景图》后来在江苏省中师生画展巡展中得了一等奖，正因为这幅画，我没被分配到小学当老师，而被分配到如皋师范做美术教师了！

又到了秋天丹桂飘香时，又到了我特别思念母校的季节，无论我走到哪里，母校的味道都将永远伴随我。经常有人问我："你为什么忘不掉母校的香味，以至于你那么痴迷，在老家建的小别墅的花园里都栽满了桂花树，还被你命名为'桂花园'？"一直到现在我才有了答案：是母校"坚苦自立，忠实不欺"的校训"香味"激励我们健康成长；是母校老师的"香味"像母亲呵护孩子一样引领我们走上人生正确的方向；更重要的是那年年都有的绵绵不绝的师生之间的"香味"，那是我们一生的爱与思念的味道！

作者简介：王毅，南通师范1981级普师校友。曾任如皋师范学校美术教师，现任江苏水绘美居国际软装公司董事长。

通师忆旧

张志强

从 1981 年 8 月底到南通师范学校报到读书，到 1990 年 9 月初到南京大学报到去读研究生，我在通师整整 9 年。16 岁到 25 岁，正是人生中最美好的青葱岁月。这 9 年中，我从一个学生，变为一名教师；从一个懵懂少年，成长为略知学理的青年；从一所百年名校，移到另一所百年名校。

人生充满着偶然。

我原先并没有报考师范的打算。从小到大，用现在的行话来说，我应该属于我们那一带的学霸，不但数理成绩好，语文也不错。数理化竞赛能获奖，作文竞赛也能获奖。20 世纪 70 年代末的中国，即使如经济还算发达的南通地区，电视仍未普及。自然，对外面世界的认识所知也有限。如果要买书的话，也只有县城才有新华书店。每学期开学语文教材发下后，我都会从头到尾先读一遍。那时，街上卖东西还没有塑料袋，都是用纸袋装。为了挣点零花钱，大人就让我们将家里的一些书籍拆开来做成纸袋卖给店家装货。自己在糊纸袋的过程中，顺带也看看相关内容。自己至今还对柳宗元的《封建论》、冯友兰的《论孔丘》等印象颇深。当时虽然没有读懂，但仍记得《封建论》的封面是蓝色，《论孔丘》是绛红色。中华书局的活页文选，更是令我印象深刻。

初中毕业那年，我已提前获得了南通县中录取的机会。先严那时在外地工作，周末回来时与我一起选了读高中寄宿需要的伙食套餐。我印象最深的是，他说最低档估计是给女生的，最高档是给大个子的，我们就选个中档吧。这个中档的费用，我印象中大约是每月 15 元。但我记不清为什么又参加了中考。中考成绩出来后，超过了中专的录取分数线。那时，国家从中考中录取优秀的学生进入中专（因是初中毕业后考取，俗称小中专，以别于高中毕业后考取的中专)，不但每月有助学金，而且毕业后是国家干部的身份，因此小中专的含金量、竞争难度要远远大于最好的高中。若干年后我曾遇到某高校的同乡领导，聊起来后他说他当年想考中专但未能考上。

中师是中专之一，只是毕业后主要从事小学教育。我那时的人生规划中，根本没有做教师的打算。但先严是通师1960年的毕业生。他从通师毕业后直接进了教育局工作，一年后转到县政府部门工作，没有做过一天的教师。我们家没有任何社会关系，他的经历使他认为读师范不一定会做教师；如果读师范，不但减轻了家里的经济负担，而且也落实了工作，而将来考大学还不知会是什么情况。于是，阴差阳错之中，就进入了南通师范。现在想来，先严的考虑自有他的道理。我估算他那时每月工资应该在60元上下。当时我奶奶80多岁，身体不是很好，常常要喊医生来家看病。母亲的收入很低，哥哥高二，妹妹小学五年级。先严的负担其实很重。

虽然先严毕业于南通师范，但我此前对学校并不了解，入学后才知道，这所学校是近代中国最早的民办师范学校，创办人张謇是晚清的状元，也是著名的实业家。国学大师王国维、朱东润都曾在这里当过教师，也培育出了袁翰青院士等著名科学家。通师在中师系统中名声卓著。因此，通师的师资，当然也好于高中。我们是“文化大革命”后学校招收的第一届从初中毕业生中录取的普师班学生，因而学校对我们充满期待。

进校后第一年是罗玉芬老师担任语文老师兼班主任，她不但语音语调标准，为人也正直热情，帮我们打下了较好的语文基础。第二年是教生物的陈丽美老师担任班主任，她风风火火，快言快语，带我们多识“鸟兽草木之名”。第三年是教数学的周庆康老师担任班主任，他教的数学我早已忘记，但他挂在嘴边的“人生不如意事常八九”，较早对我们进行了挫折教育，成为我遭受挫折时一直进行自我安慰的心理来源。其他的老师，如教哲学的邵胜年，每次课上的滔滔思辨，让我的理论思辨有了提升。教化学的田明珠老师，让我的理工科思维在通师的大环境中没有丢弃。教心理学的李庆明老师，整天跟我们混在一起，从他那里，囫囵吞枣地看了《美的历程》等书，知道了儒道互补、魏晋风度、俄狄浦斯情结与弗洛伊德。教历史的曹炳生，让我对中国历史与世界历史有了不一样的认识。当然印象最深的是王亦群老师，他在三年级时给我们上古代文学课，抑扬顿挫地背诵每篇古文，他讲解并背诵《郑伯克段于鄢》中的“多行不义，必自毙”时，我至今仍记得他的神情，也让我从此深信正义永不会缺席。

入学后，每月按时发放的9元菜票、30斤饭票、2元零花钱让别人很羡慕。那时通师刚工作的年轻教师工资在50元左右，这个11元在当时是不错的收入了。我现在从住处到仙林校区上课，地铁的单程票价是6元，往返一趟就需要12元，等于花光了当时一个月的助学金，想想这世界变化真快。我们同学中间的许多人，原来都没有做老师，尤其是当小学老师的人生规划，因此大家进入师范后，依然埋头于数理化与语文外语的学习，准备毕业工作满两年后再考大学。有一回与某老师闲聊，问到将来的打算时，我说毕业后再考大学吧。后来不知怎么被校方知道了，遭到了校方不点名的大会批评。我从小到大都是校方大会的表扬对象，第一次被大会批评，虽然是匿名，也让我压力很大。现在想来，或许是当时自己的多虑。因为那时，同班、同届的许多同学都在做着两年之后的高考梦。各人根据自己的特长在准备着，校方也不可能不知道。我记得大会之后，校方加强了专业思想教育，举措之一是砍掉了英语课，以便断了我们的这个"非分之想"。毫无疑问，没有外语的加持，就像小鸟被剪断了翅膀，高考必将失败。于是大家只能采取私下里自学的方式。那时的我，每晚必去二里路外的南通市图书馆样本部，为的是看一本高三英语的讲解。那本书是湖北教育出版社出版的，外面买不到，学校图书馆没有，市图书馆不外借。那时自行车仍属于奢侈品，我每晚都是走路过去，边看边抄，前后大约抄了5个作业本。这个抄本我一直保存着，只是到南京后才不知去向。

我的留校也纯属偶然。当时学校恢复招生不久，缺各类人才。1984年7月毕业时学校忽然通知我留校工作。一开始我对这个决定有点抵触，因为留校工作意味着两年后就不能报考大学。但因为是到图书馆工作，自然有点心动。想想平时要借书多难，将来自己可以坐拥书城。后来读到复旦蔡尚思的文章，说图书馆是"太上学堂"；读到西人的文章，说图书馆是"没有围墙的大学"。回头想来，自己当时同意留校图书馆工作，自然有书的诱惑在内。

图书馆显然不是我想象中的天天读书，而是采购、分类、编目、借书、还书，等等，工作简单枯燥。但在做这些工作时，一些教师经常来借还的书，经手时，自己觉得这书有意思，我便会在手边翻一下。尤其是将还的书回架时，如果发现某书有趣，在手边翻翻的话，一方面降低了工作的枯燥感，另一方面也无形之间扩大了自己的知识面。尤其是后来从事采购工作,某老师推荐要买某本书,等这本书到后你自然要翻翻看他为什么要推荐购买。通过新书征订目录,不但了解了将要出版哪些新书,而且对学术动态也有了把握。正是图书馆的六年熏陶,慢慢打下了我学问的底子。

当然,更重要的还有前辈与同辈的指点。王亦群老师常常来图书馆借书,我也经常向他推荐一些新到的书籍。当时大家中午在教工食堂吃饭,都喜欢围坐在王老师的周围,因为边吃饭边能听王老师讲故事。慢慢地,与王老师就越来越熟。此后,我也常常晚上到王老师府上去聊天,听他讲一些学界轶事,尤其是他的老师朱东润的一些轶事,如朱先生在通师的故事、写的自传等。我留校工作那年,王老师 58 岁。他早年毕业于无锡国专,虽经历坎坷,但从未释卷,正进入人生大彻大悟的巅峰时段。与他聊天,犹如饮甘醇的美酒,回味无穷。他把自己对人生的感悟都传给了我。开始他还建议我研究版本学,说图书馆有得天独厚的条件。但因为版本学强调实践,犹如中医的望闻问切。另一位老师说,通师图书馆虽有不少线装书,但善本太少。此后虽没有研究版本学,但版本的意义、价值与作用已悄然萌发于心。在我的成长中,王老师变成了我的导师,引导着我一步一步地前行。

曹炳生老师比我大 3 岁,我们三年级时他从江苏师院(现苏州大学)分配来校工作。他喜欢来图书馆,因此我留校后也与之交往甚多。当时他单身,加上又是同乡,除非下雨,否则我们每晚饭后都会沿着校门口的人行道散步,边走边聊,无形中也增加了不少学识。

李庆明老师属于外向型性格,自然混得也熟。他那时还未结婚,住东大街的父母家,有时去他家聊天,到饭点了自然就在他家蹭饭。闲聊中也知道了许多的事情。比如现在中华书局的掌门人徐俊,我最初就是从他那里知道这个名字的。以至于很多年之后我第一次见到徐总,误以为他也是南通人。

在通师工作的六年中,还有许许多多的老师给予过我指导与帮助,与我结下了深厚的友情。现在虽然回南通的次数比较少,但彼此在微信上还有互动。

通师的传统之一是大量的优秀毕业生留校当了老师。我在图书馆工作,属于广义上的老师,虽然也开开选修课之类的,但不属于上课教师的编制。学校呢,当然不准我去报考大学。闲暇之余,我也先后在职读完了中文本科课程,拿到了学士学位,并同时修读了中央电大(现开放大学)的图书馆学专业课程,并获得了江苏省优秀毕业生的称号。但我自己一直想摆脱图书馆的工作,理想是在通师做一个上课的教师。王亦群老师对我的这一想法鼓励有加,而且也去与校领导做了沟通。但考虑到留校人员的稳定性,校领导否决了这一建议。怎么办?我只好去考研究生。考研,校方开始也不同意,后来又是王老师找校领导沟通,才有了只准考一次的机会。

我最初想考中国现当代文学。恰巧南师大的某位教授到南通做讲座。听完后我跟他聊了一下我的想法,他的意思,现在想考中国现当代文学的人很多,竞争非常激烈。同届3班的杨丽娟同学那时已在华师大政教系读书,她说认识华师大历史系一位如东的刘教授。我到沪上出差时,专门去刘教授家拜访了一下。虽然刘教授对我的知识面很认可,但我很担心自己将来从事文学史研究不是很有优势。同班朱卫同学考到南师大教育系,已大四了。他寄来了南师和南大的研究生招生简章。在南大的招生简章上,我看到图书馆学下有编辑出版研究方向,就有点心动。但我那时对南大在国内的地位不够了解,就像现在许多人还不了解南大一样。王亦群老师说,这是一个好学校,值得考。这一句话,奠定了我与南大的缘分。

因为只有一次考研机会,加上先严也不是很支持,我的压力颇大。先严认为,你现在已有了稳定的工作,而且学校对你也很看重;读完研究生,还要重找工作。那正是一个"造原子弹的不如卖茶叶蛋"的时代,加上如果考不上,还可能会被人看笑话,自然压力很大。王亦群老师不但以"人生当不断进步"鼓励我,而且在考试前夕特意送来了一盒春节时一位考上社科院研究生并已留京工作的他昔日的通师学生回通探望他时带给他的伴手礼茯苓饼,并特别说:"希望这饼也给你带来一个好的兆头。"

1990年的研究生入学考试因为某些原因延后两月,让我平白多出了两个月的复习时间,这或许也是人生的偶然。或许也正是这个茯苓饼带来的好运,考完后,我感觉专业课还行,但英语有点没把握,不知能否及格。成绩出来后,我南大的朋友打电报告诉了我成绩:英语62分、政治72分、图书馆学基础80分、目录学84分、图书分类编目72分,总分370分,并说肯定能上线。我最担心的英语及格了,从而保全了我从小到大没有不及格考试科目的历史。此后,我顺利地通过了研究生的面试,进入了南京大学文献情报学系(现信息管理学院)。毕业后,我再次留校任教,开启了新的人生征程。

多年之后，当我读何炳棣的《读史阅世六十年》，对他参加庚款留美考试时说的“尽人事，听天命”，更有了切身的体会。

很长一段时间内，我们那一届同学（至少我自己）对通师是有怨气的。尤其是我们从通师毕业那年，正是初中同学高中毕业考大学之时。看着原来不如自己的小伙伴们进入了复旦、中科大等高校，心理自然是失落的。再就是毕业后两到三年之间，原来通师的同学，也先后考上了厦门大学、华东师大、南京师大等高校，同样会带来心理的波动。如果不读通师，我们这群当年小学初中的学霸，应该在高中阶段也不会很差，自然会考上大学，从而拥有不一样的前途。同届及下几届中我的许多同学及学弟学妹，无论是学习能力还是组织能力都出类拔萃，如果有不同的选择，或许就是不一样的人生。而到了通师后，如果通师开明点，任我们发展，我们可能也会有更广的人生。但是，现在回头来看，学校有学校的理由，校方需要维护学校的专业特色与办学定位，而我们需要更好的发展前景。正如忠孝有时不能两全一样，不同的角色，自然是不同的思路。我的许多同学至今仍在小学和初高中工作，有的已成长为特级教师，我对他们充满敬意。但我们这届乃至以后，也有许许多多的同学考上了大学或研究生，有的换跑道离开了教育，在不同的岗位上也都取得了不菲的成绩，同样发着光与热，在为社会做着贡献。

“不惑”之后，我有时会想在南通的 9 年对我意味着什么？人生的偶然让我与通师相遇，通师也在我生命中打下了深深的烙印，成为我人生中坚实的基石。我在 2001 年出版的读书随笔集《面壁斋研书录》的自序《面壁十年结书缘》中曾说：“回想我的求学历程，我从心底感谢图书馆对我的熏陶：它一方面开拓了我的视野，让我在工作的同时接触到了大量各学科的文献，打下了坚实的知识基础；另一方面，它又让我摸索到了学习的方法，拥有了一个点铁成金的手指头。乃至于现在，我常常告诫我的学生，学会方法比掌握知识更重要。”这当然是实话，但还可以补充。

首先，它引导了我现在的研究方向。我从读研究生开始到现在，一直从事出版研究。而我之所以报考了南京大学图书馆学编辑出版方向的研究生，原因在于我曾在通师图书馆工作，天天与书籍打交道。我对书籍的热爱，以及工作与这一专业的关联，是我考研顺利成功的重要因素，也是我后来职业发展顺利的重要原因之一。通师当年对我的厚爱，让我留校图书馆工作，使我在“太上学堂”中掌握了许许多多的知识，奠定了我今日的基础。

尤其是在图书馆工作期间，对各种版本的接触，让我有了清晰的版本意识，也为我后来科研的顺利开展打下了基础。

其次，通师的素质教育，培养了我多方面的技能。作为国内中等师范的领先者，通师的课程设计、课外活动等都非常出色。演讲、板书、美术、音乐训练等，都潜移默化地在我们的生命中产生影响。在大学里，我的教学还不错，获得过校百门优质课程、省一流课程等美誉，这也是通师给我打下的基础。尤其是“给学生一杯水，教师首先要有一桶水”的理念，时时在我脑海中闪现，提醒我认真对待每一次课。

最后，亦师亦友的关系、转益多师的教导，让我较好地融入学术圈。我当时不愿留校还有一个心理阴影，觉得留校后那些老师永远是老师，自己永远出不了头。而事实上，从属于父母辈的王亦群、罗玉芬等老师，到只比我大三四岁或八九岁的曹炳生、李庆明、赵峥、张静秋等老师，大家关系都很融洽。尤其是与曹炳生、李庆明、赵峥等人，就像多年父子成兄弟一样，早变成了亦师亦友的关系。我在南大指导的博士生、硕士生，有的年龄比我大，通师的这一体验，使我很顺利地处理好了这种师生关系。学术界常常出现门户之争，而王亦群老师的一句“转益多师”，让我终身受益。

此外，在通师时养成的晚饭后散步习惯，我保留至今。去年疫情期间，每天晚上不能下楼散步，令我如五爪抓心。而王亦群老师教导我的“酒可以喝一点，但烟不要抽”，更成为我生活的指南。

南通师范创办于1902年，其前身通州民立师范学校是中国第一所私立师范学校。而南京大学也创办于1902年，其前身同样是师范的三江师范学堂。2002年百年校庆时，我当时认为，从百年之后历史来看，两校之间的差距越来越大：南大已是国内高校翘楚，而通师偏于一隅，裹足不前。现在想想颇为狂简。南大自有南大的优点，通师也不输南大，在培养基础教育师资方面，通师仍是翘楚。尤其是在朱嘉耀校长任上，通师大力推行五年制大专班，培育大专学历的小学教师，开全国之先河。两校的宗旨不同、定位不一，但都为社会做出了杰出的贡献。

今年也是南大120周年生日。在去年5月南大120周年校庆第一号启事发出后，我转发朋友圈时，也为自己做过一个盘点：为南大培养了120名以上的博硕士，以南大之名发表了120篇以上高质量学术论文。但我的第一篇学术论文却是在通师完成的。自己未给通师任何回报，感觉亏欠通师许多。作为曾经的通师人，在预祝南大百廿校庆的同时，我也祝百廿通师百尺竿头，再创辉煌。

作者简介：张志强，南通师范1981级普师校友，毕业后曾留校工作。博士、教授、博导。现任南京大学出版研究院常务副院长、信息管理学院出版科学系主任。曾获国家“百千万人才工程国家级人选暨有突出贡献中青年专家”、江苏省“六大人才高峰科技创新团队带头人”等荣誉称号。享受国务院政府特殊津贴。

通师——我精神的故乡

朱　丽

1982年,15岁的我走进通师,开启了影响我一生的中师生涯。通师校园的角角落落,记录了我从出生到18岁的这段人生里最生动、最明亮的样子。至今虽已时隔30多年,但是每每回忆起那段时光,心中充盈的仍是满满的兴奋和感激,周边的空气似乎也即刻氤氲起奶酪和蜂蜜的香甜气息,让人感觉好舒爽,心儿也仿佛变得轻盈欲飞。

通师的校园生活,一改初中时教室、食堂、宿舍三点一线的单一模式。晨曦微露,我便起床,随着体育班的同学一起到校外跑步,出校门往南,到易家桥、灰堆坝往东,一直跑到通棉二厂再折回,虽大汗淋漓,却神清气爽;课余饭后,几个好友相邀,荡一荡秋千,走一走浪桥,任尖叫声、欢笑声肆意飘荡,仿佛又回到那无忧无虑的童年;晚上作业做完,到阅览室读读报纸,翻翻杂志,看得最多的要数《青年文摘》和《读者文摘》了,碰到喜欢的句段随手摘录下来,不是"冲浪"胜似"冲浪"。从阅览室回宿舍,迎面清风徐来,耳畔琴声缭绕,看荷塘里,灯光、月影相伴,荷叶、流水相随,让人情不自禁地轻吟起"田田的叶子""舞女的裙""如梵婀铃上奏着的名曲"。

在通师,我们生平第一次跟着生物老师去野外认识紫荆、麦冬、小叶黄杨、大叶黄杨等许多植物;第一次做枫叶书签,解剖鲫鱼,数鲫鱼的心跳;第一次登上舞台去演讲,去参加按答题器抢答的知识竞赛;第一次在一片星辉下,围着熊熊燃烧的篝火欢唱、舞蹈,听出席中国共产党第十二次全国代表大会的党代表和我们分享大会盛况;第一次听说"美学",认识简·爱、葛朗台、哈姆雷特、安娜·卡列尼娜,知道"一千个读者就有一千个哈姆雷特",知道"一部《红楼梦》,经学家看见《易》,道学家看见淫,才子看见缠绵"。而常常挂在嘴边的,则是《钢铁是怎样炼成的》这本书中的一段经典名言——人的一生应当这样度过：当他回首往事时，不会因为虚度年华而悔恨，也不会因为碌碌无为而羞愧；在临死的时候，他能够说："我的整个生命和全部精力，都已经献给了世界上最壮丽的事业——为人类的解放而斗争。"

通师生活，对于我来说，就犹如一朵硕大无朋的绣球，每一片花瓣的笑靥上都盛满了欢欣和美好。而其中最宽大最明亮的两片，该属我的班主任周庆康老师和李刚老师！

记得刚进校不久，也许是过于自我放松的缘故，数学课上学习的一些三角函数公式没有及时去背。一天，周庆康老师在黑板上出了几道题让同学去做，没想到，他也把我叫了上去。由于没记住公式，当时作为班级学习委员的我只好尴尬地站在黑板前不知所措。也正是从这时候起，我那撒野的心被收了回来，以后再也不敢对学习有所懈怠了。后来，我竟然做了班长，做了学习部长。难以想象，如果没有那次的"悬崖勒马"，我的中师学习会是怎样的结果，我此后的教育人生又会怎样。而如今，从教30多年的我，只要想到这件事，就会默默地提醒自己要像周老师那样，善于发现学生身上的问题，而又不露痕迹地加以引导和纠正，促进其走上自我发展之路。这也是一位好老师必须具备的专业素养。

周庆康老师在生活上也非常关心我们。晚自修时，他常常在家里吃完晚饭后再来学校看看我们。当时班上的同学大多来自农村，家庭经济条件不太好。一次学校举行集体舞比赛，女同学身着统一的湖蓝色校服套装，可是缺少统一的长袜，周老师就想办法帮我们女同学买便宜的长筒袜。至今，在我记忆的长河里，那粉色的、细腻丝滑的长筒袜，还时不时地闪烁荡漾着。因为这是我，也是我们班大多数女同学平生拥有的第一双长筒袜。特别有趣的是，周老师为了做通我们的工作，让男女同学跳集体舞时能放开、不拘谨，他给我们讲了他上学时学跳舞的情形，边讲边演示，举起一把椅子当作舞伴在教室里旋转起来，嘴里还很有节奏地喊着"一、二、三，二、二、三"，逗得我们大家哈哈大笑，那份紧张和拘束也随着笑声烟消云散。

比起周庆康老师，李刚老师要显得含蓄些。虽然平时话语不多，但是对我们的关心却是无微不至。晚自修时间，抓着大家练"三字一话"。有些县区来的男同学普通话说不准，"n""l"不分，平舌翘舌搞不清，李老师就在班上成立了几个学习互助小组，采用"人盯人"战术帮助大家一一过关。为了丰富大家的课余生活，李老师利用星期天带着大家去文化宫学溜冰，去马鞍山、长江边搞团建。为了更好地照顾女同学，他还把他的夫人请过来一起帮忙。当时，我们年少无知，现在想起来，李老师给予我们的这种深沉博大的爱，应该就是“大音希声，大象无形”的最朴素最自然的写照吧。

清晰地记得，临毕业分配前，李老师把我喊到教室前的走廊上，问我是去读三二分段还是参加工作。出于家庭经济的考虑，我毫不犹豫地选择了参加工作，同时壮着胆子说出自己的想法，希望能分配到唐闸一工小或二工小。结果，拿报到通知时，却意外地发现自己被分配在了城区通师一附。当时除了惊喜和下决心要好好工作外，其他也没有多想什么。可随着时光的流转和自己阅历的增加，我愈来愈深刻地体会到这是多么的弥足珍贵！一个农村里走出来的小姑娘，一个没有任何背景的单亲家庭的孩子，能够在通师上学时加入中国共产党，能够分配到多少师范毕业生梦寐以求的学校工作，这是我多大的幸运和福分啊！李老师给我的毕业赠言是“爱的果实还是爱”，而我从李老师这儿感受和学习到的，又怎一个“爱”字了得？

斗转星移，时光飞逝。不知不觉，在寒来暑往中，我也由原来那个稚气未脱的小姑娘变成头发花白的中年教师，但那已融入骨髓和血脉的东西却历久弥坚。我始终牢记着李老师的这句赠言——“爱的果实还是爱”。我怀揣着爱，播种着爱，也收获着爱。同时，对“爱”的理解和感悟也与日俱增。

师爱无价，师恩如山！我庆幸，我遇见了通师！现在，每当有机会向外省市教育同仁介绍学校办学时，我都会自豪地介绍我的母校——江苏省南通师范学校，一个引领风气之先的中师学校，一个培养了无数优秀师资的教师摇篮，一个激荡着无数青春梦想的诗意栖居地，一个一提起她就让我感到无比温暖又肃然起敬的伊甸乐园。如果说要寻找我的精神故乡的话，毋庸置疑，通师一定是！那自由、清新的空气，那“致广大而尽精微”的智慧，已然成为我时刻的牵挂与一生的信仰。

作者简介：朱丽，南通师范1982级普师校友。中小学高级教师。曾任通师一附校长、崇川区教体局总工委书记，现任通师二附党总支书记、校长。曾被评为全国师德先进个人。

那年的我，那些花儿

姜　敏

著名作家张爱玲在她的《倾城之恋》里写道，“你现在的气质里，藏着你走过的路、读过的书以及爱过的人。”

人生半百有余，基本上已经过了热闹的年纪，心情逐渐平静，时常回首走过的路，总觉得最绚烂的是青春，那个属于我的八十年代。从 1982 到 1985 年，我的豆蔻青春、花样年华有幸在南通师范学校，在一个以坚苦自立、忠实不欺为圭臬的诗书校园里度过。这段岁月，绘就了我人生的鲜明底色，并最终影响着我成为今天的自己。

参加工作近 40 年，我从来不敢懈怠，师范毕业后在拥有百年历史的名校海门实验小学工作，从普通的语文老师做起，先后担任过校教工团支部书记、少先队大队辅导员、校长助理、副校长，直至成为学校校长，前后近 20 个春秋，走得踏实且从容。后来离开学校，辗转区妇联、区总工会，主持单位全面工作，所在单位创下了连续十四年被评为市级优秀部门的纪录，本人也年年获市委、市政府嘉奖，四次荣立三等功，荣获全国妇联系统先进工作者、全国巾帼建功标兵、江苏省优秀妇联干部、南通市三八红旗手等荣誉。

身边的朋友说，在学校里工作需要责任心，这能理解，但出了学校进了机关，工作上就用不着这么辛苦。可是，刻进骨子里、溶进血液里的东西怎么能够改变呢？因为一日不学、一日无为就觉得有些失落，因为一日不努力、一日不尽力就觉得心里有些什么亏欠。

这一切都归功于通师三年的影响，不长的三年却给予我人生最为丰厚的回报。这三年教会了我们做一名优秀人民教师的必备素质；教懂了我们“坚苦自立，忠实不欺”校训里蕴含的深义，无艰苦不自立，志存高远，执着信念，厚德抱朴，求真向善；教出了我们做人做事必须恪守不渝的规矩标准、价值信念和行为方式，影响至远，受益终身。

那年的我，还有那些花儿，春风沉醉，春华秋实。我们现在的样子都能在当年找到根基。

那年的我有些新奇。考入通师才 16 岁的年纪，对一切都还是懵懵懂懂的，在那个交通并不发达的年代，大多数农村孩子是第一次离家到那么远的地方，第一次来到南通市区，尽管实际的路程也不超过百把公里。百年通师有百年通师的模样，简朴的校门，蓊郁的树木，走在其间，人整个儿不由自主地安静下来。冷不丁的，有歌声从音乐楼里传来，唱着那个时代最为流行的《在希望的田野上》，顿觉得周围清爽明亮，枝叶葳蕤，人与世界都焕发出蓬勃生机，充满力量。

会弹琴，能唱歌，是师范生看家本领之一。学校的琴房条件并不优越，人多琴少。要练上一会儿风琴，必须要动足脑筋去“抢”，那风琴是双脚踩踏的那种，一旦抢占到位置，没个半天时辰是不会轻易下来的。钢笔字、毛笔字、粉笔字和普通话，就是常说的“三字一话”，那更要拳不离手、曲不离口……师范就是师范，不是高中学校或其他什么学校，有自己的职业要求，没有扎实的基本功，做不了一个合格的人民教师。刚开始接触基本功训练，总是有些新奇，可也像是打开了一扇窗，青春的季节因此有了音乐，有了色彩，姹紫嫣红，婀娜多姿。

那年的我有些幸运。喜欢读书的我，通师图书馆里的丰富藏书让我如获至宝，对于喜欢的书，非一口气读完不可，甚至是上课的时候也不放过。我读的书很杂，一次读《福尔摩斯探案集》，上课的时候也忍不住拿出来读，竟读得入了神，老师走到跟前都没有觉察到。老师轻轻地叩了下桌子，面对惊慌失措的我，并没有动手收缴，眼光里是善意的提醒和关爱，写满温暖。为鼓励学生学好功课的同时激发同学发挥专长，学校实施一个大胆的改革措施——免考政策，对某门学科成绩优秀的可以予以免于考试的待遇。我是这一政策的受益者，物理学科于我没有任何的违和感，电路图、力学等驾轻就熟，手到擒来。能够免考是一种肯定、信任和荣誉。同学当中有谁哪一门功课可以免考的话，都是可以拿出来炫耀的。当然获得免考，意味着这门功课还真不能掉链子，否则会很没面子。就这样，免考后的物理学科，我一直都学得很好。

那时的我们正是长身体的时候，一个月的伙食费 15 元左右，饭堂里的肉包子、黄芽菜上面铺个狮子头可谓是大餐，吃上去特别的香，饭堂师傅总是笑眯眯的，打饭打菜，勺子里总是满满的。宿管阿姨什么都管，很细很严，我们不敢偷懒，对宿舍打扫、洗漱用品的摆放都一丝不苟。通师的管理是宽松的，能让每个人的天性不受约束地发展，注重主体自我激励，学生的个性得到尊重；通师的管理又是严谨的，习惯养成教育常抓不懈，细而又细。我是多么的幸运，爱读书的我读了不少的书，各门功课基本上在没有什么压力的情况下学得轻松还很优秀，生活各方面都被照顾得井井有条，以至于青春的意识里有自我的觉醒、个性的飞扬，更让自己的人格得到健康养成和升华。

那年的我有些"追星"。论校园面积，通师不大，论建筑，无华丽之外表，但是通师的校园藏龙卧虎，不经意间对面走来的老师，都是学富五车、满腹经纶的。有咬文嚼字、字正腔圆的语音罗老师，意气风发、出口成章的心理学李老师，造诣极深、才华横溢的文学王老师，还有以"小绵羊"为譬喻，善把深奥道理鞭辟入里、娓娓道来的哲学卢老师。教音乐的老师个个艺术范儿十足，有举止潇洒、风度翩翩的张老师，还有一旦投入就如痴如醉，把手风琴拉得行云流水的施老师。当然还有个子不高，戴副大黑框眼镜，略带嘶哑嗓音，总是面挂微笑，免考我物理的侯老师。还有在三年师范生活中给予我们学习和生活各方面无微不至关心照顾，倾注父母般慈爱的两位班主任——王老师和潘老师……他们如同电影镜头般在眼前浮现，不会因为时间流逝而模糊，反而愈加清晰亲切。他们是经师更是人师，一个个不用宣扬自带气场，组成庞大的导师阵营，是最为闪亮的明星团队。作为培养老师的老师，他们言传身教，以身作则，举手投足，为人师表。我们称呼他们老师，可更愿意尊称他们为先生。他们骨子里的敬业奉献、温文尔雅，让人如沐春风、如浴甘霖。

当年，通师的校长是胡锦江先生，副校长是朱嘉耀先生，他们极富思想和改革精神，在充满生机、万物萌发的20世纪80年代初期，通师的教育理念、师资队伍和办学水平得到了长足发展。南通师范学校的创办者张謇的嫡孙女张柔武先生退休后，被学校聘为音乐班的指导老师，不仅继续发挥着她的音乐专才为师范教育作贡献，同时以她为媒，讲述着张謇先生的爱国故事，精神火炬代代传承。

我是学生党员，1985年毕业那年的6月份入的党，那年19岁。

在满是好奇的年纪与通师邂逅结缘，如此的幸运和幸福。还有我的那些同学们，那些花儿，在最美的年华得到了最艳丽的绽放。我们班的蒋同学好像普通话与他故意过不去，再怎么学就是改不了方言乡音，可是他学数学特别有天赋，被推荐到南通籍著名数学家杨乐的门下接受指点。隔壁班的刘同学刻的一手好钢板（在垫着钢板的蜡纸上写字用于印刷），毕业时被直接推荐到省教育厅工作。至于那个时期历年走出来的毕业生，后来他们走了什么样的路，又取得怎样的发展，我想是星光闪耀、无比璀璨。那个时期通师就拥有自己的音乐节、体育节、科技节，那盛大的场面，那生龙活虎的身影，以及展示奇思妙想、挥洒梦想激情的时光，应该是挥之不去的共同记忆，也正是这些平台和契机，成为性格培塑、人格完善、特长培养、全面发展的重要催化剂和强引擎。

朱嘉耀老校长如今年过八旬，对师范教育一直牵挂于怀，始终关注着从通师走出去的孩子们。他不无深情地说，80 年代那几届进入通师学习的，都是掐尖录取的，在通师所受的教育和多方面的发展，是学校文化内涵和教育精神的重要组成部分。其实这何尝又不是我们生命中最为闪亮、最为宝贵的组成部分呢？

文化的特性，作家梁晓声把它分为四个方面：植根于内心的修养，无需提醒的自觉，以约束为前提的自由，为别人着想的善良。通师的文化已经浸濡和深深地影响了她的学子们。我至今都在践行，不敢忘却。

什么是素质？就是把所受教育中的知识、文化等都忘记了，剩下的就是素质。

以至于那年的我，那些花儿，到今天依然鲜活而年轻。

作者简介：姜敏，南通师范 1982 级普师校友。曾任海门市实验小学校长，海门市妇联、总工会主席等职。现任海门区人大专职常委。曾被评为江苏省优秀德育工作者、全国巾帼建功标兵、全国妇联系统先进工作者。

通师操场　梦开始的地方

马　俊

1982年初秋，我怀揣南通师范学校的录取通知书，跨过美丽如画的三元桥，沿着柳绿掩映的城山路，徒步走进了通师的校园。学校大门朝东，进大门沿教师办公楼有一条东西走向的入口通道，通道南侧是一面学校宣传长廊，记得那一期的长廊上是用五彩的粉笔描绘的“欢迎新同学报到”专题板报，长廊的南边就是陪伴我们三年的通师操场。

晨曦中　奋斗的操场

清晨，天刚蒙蒙亮，大地一片寂静，我们体育班的同学穿上蓝色带有两条白杠的运动服(那时条件差，大部分同学仅此一套运动服)从操场西南角的生活区奔向操场，沿着操场熟悉的跑道，一圈、两圈……五圈……十圈……慢步跑、加速跑、变速跑……三年，我们以这样的方式开启每一天的学校生活。冬天的早晨，寒气刺骨，喘出来的热气还会在眉毛和胡须上凝结成晶莹剔透的一串串小水珠。遇到大雾天，伸手不见五指，偶尔在不知不觉中相撞在一起，吓彼此一大跳，不时换来会心的“咯咯”一笑。操场虽然不是我们体育班专用的，但清晨的操场上留住的更多的是体育班同学矫健的身影。每每太阳东升，鸟儿欢歌，学生会广播晨曲奏响的时候，才能看到其他校友锻炼的身影。而那时，我们的晨练已经进入高峰了。有时训练结束早，回到宿舍区，还能听到生活指导刘兰桂老师“起床啦，起床啦”的动员令。

我们82级体育班，据说是通师八十年历史上第一届体育专业师范班，全班20名同学都来自市郊，14名男生，6名女生。我们20名同学中，部分是受父母之命，为了能尽快“拿上豆腐票”，通过中考提前批次录入母校的。

那时，能被母校录取，就是我们最大的快乐和收获。但是，当我们一起走上母校的操场开始体育专业学习的时候，那份刚入学的快乐就遭到无情的碾压，危机感在一部分同学中油然而生。我们几个来自农村中小学的同学，没有接受过任何体育专业技术的训练，可以说是无一技之长。而另一部分同学，有的来自足球专业队，有的来自市少体校游泳队，有的来自排球传统项目学校……他们的专业技能和水平高人一筹，只要一进操场就能娴熟地踢足球，打排球，并和学校老师打比赛，体现出特别高的技战术水平和运动能力，一下子就拉开了我们在专业上的差距。那时候，我们不仅在心理上对他们崇拜、仰慕，同时，又不得不接受自己从初中时的"优等生"到通师专业课程"一般生"的角色转换，在母校的操场上，我们第一次品尝到人生失落的滋味。

正是在这片不断奋斗的操场上，陈锡明、王子丽和何其均等老师以及专业基础好的同学给了我们莫大的关心和帮助，他们精准地示范，耐心地讲解，使我们一步一步掌握各项运动的技术要领，热情的话语不断激励我们前行。通师有一句老话："要给学生一滴水，自己就要有一桶水。"为了做好一个称职的教师，我们默默下定决心，自己可以输在起跑线上，但绝不能倒在终点道上。那时留给我们的唯一选择，就是在通师的这片操场上忘我训练，奋斗、拼搏。

夕阳下　放飞的操场

夕阳西下，结束了下午两节课的师生们，陆续来到操场，放飞自己的翅膀。因为没有升学考试的压力，这时所有的同学都可以按照自己的兴趣与志向，去学习自己的专业，发展自己的特长，踢足球、打篮球、练速度、练力量，各取所需。

记得下午操场上最常见的活动是排球比赛。同学间比赛，师生间比赛，排球运动成为母校操场上一道亮丽的风景线。从初入校的我们到母校的老师，包括热爱排球的校领导，记得嘉耀校长也经常活跃在排球场上，排球成了通师最热门的球类运动。通师排球热的形成，我想有两个原因，一是那个年代，正是中国女排实现"三连冠"的年代，女排精神鼓舞人心；另一个重要原因，可能跟我们的班主任潘毓岩老师的推动分不开。据说，潘老师是与袁伟民同期的国家男排队员，他是一个很好的二传手，是排球场上不可或缺的灵魂人物，正因为有了很好的二传手组织的有效的防守和进攻，通师的排球运动也更有活力和趣味。

我们这些入校时专业课程起点较低的同学，也充分利用这个放飞自己的时段，在全面发展的要求下，选择更适合自己的项目在操场上砥砺前行，努力形成自己的专业特长和拳头优势。

记得入学的下半学期，班级的专业状况就发生了一定的改观，形成了"各有优势，多元发展"的趋势，几乎所有人都能拿出自己的优势项目，跳高有顾军，跳远有钱国强，投掷有顾志勇、黄永祥，中长跑有冯国林、季金礼……每个同学独自在放飞的操场上得到成长乃至爆发。

记得我在操场上选择最多的是西侧的百米直道。在这条人生的跑道上，我练高抬腿，提高自己的频率；我练后蹬跑，扩大自己的步幅；我从起跑、加速跑、途中跑再到冲刺，反复锤炼自己的技战术能力。

在这条直道上，我先后收获了三届校运会百米冠军和南通市大(中)专院校田径运动会百米冠军，形成了自己的专业优势，获得了立足之本，增强了竞争能力。

在这条直道上，我还收获了同学间纯真的友谊。记得二年级的时候，由于超量的训练，导致体能下降，动作变形，在直道上做高抬腿练习时，腿一软，左脚的钉鞋踩上右侧支撑腿的大脚趾，受伤流血。在我受伤期间，张健、顾军、冯国林等同学主动照顾我的饮食起居，背我到课堂上课。我们市郊的同学平时住校，周六下午可以回家，周日晚自修前再到校上课。为了不让父母知道，我周末没有回家，特别记得那个周末，张健和顾军同学为了照顾我主动选择放弃回家而留下陪我。至今，我心里还留有那份温暖。

操场的东南角，有一幢音乐楼，记得楼名是著名音乐教育家贺绿汀先生题写的。每到那个放飞的时段，那些热爱音乐艺术的学子们，就会汇聚到音乐楼，刻苦练习钢琴、风琴、手风琴等乐器，他们弹拉出一串串音符，伴随着操场上运动健儿的节奏，构成了一部充满烂漫情怀的音响诗画，许多作品的旋律成为我们在操场上克服困难、勇往直前的精神动力。那时候，听得最多的是《年轻的朋友来相会》，最鼓舞人心的旋律是《在希望的田野上》，在音乐的熏陶与陪伴下，我们快乐地在希望的跑道上继续前行。

星光里 多彩的操场

当明月缓缓升起爬上树梢时，同学有的进入了教室，有的进入了图书馆，操场恢复了往日的平静，夏天的星空下偶尔能听到蝉儿的歌唱。那时候，没有什么霓虹灯，操场上一排白炽灯闪烁着单调的光芒。然而，夜幕下的操场也曾演绎过多彩的故事。

1982 年通师 80 年校庆，我们一进学校就投入了校庆筹备工作和各项活动中。校庆那天晚上，操场上举行篝火晚会，节目精彩纷呈，我记得有两个最受全体同学喜爱，一个就是我们班的“纵向跳马”，我们 14 个男生，鱼贯而跳，高、飘、快，惊险刺激，博得阵阵惊叹声和热烈掌声；另一个是耿新荣老师和张雅玲老师的芭蕾舞《天鹅湖》，翩翩起舞，夺众眼球，那时对外开放不久，西方艺术在我们这座小城市还很小众，那优雅的舞会至今未忘，那是我记得的母校最美好的夜晚。

1983 年深秋某天夜里闹地震，我在学校其他同学的惊呼声中醒来，赶到操场上的时候，已是人头攒动，惊恐万状。我们在恐惧中迅速镇定下来，在老师的带领下，怀着惴惴不安的心情，冒着风险，从健身房把一块块体操海绵垫搬出来，摊在操场上，让同学们坐一坐，当作临时避难所。半夜里，紧张夹杂着凉风，着装单薄的同学瑟瑟发抖。在生活指导刘兰桂老师的带领下，我们带着一份恐惧，快步爬上女生宿舍楼二、三、四层，把她们的衣服抱下来，交给她们御寒，缓解紧张的心情。就是在那晚的操场上，我们第一次学会了社会担当，使青春记忆变得更丰满。

第三个难忘的夜晚是在 1985 年盛夏。我们毕业了，聚餐结束以后，李庆明老师牵着我的手，又来到星光下的操场上，他放声大哭，当时我有点不知所措，但很快产生了情感共鸣。我知道那是一种不舍，是一种至深的师情！在操场上，我人生中第一次感受到真情流露和深入肺腑的感动。庆明老师是一个充满激情、喜欢挑战的青年老师，平时爱在直道上来个 100 米跑。由于我在竞赛速度上的优势，我们彼此自然成为跑道上的对手和伙伴，切磋切磋技艺，练练基本功，免不了还要大战一回，自然结下了深厚的友谊。在长期的相处中，他给了我很多帮助，教会了我一目十行的阅读方法，教会了我使用中国人民大学资料选刊(那时候没有互联网)，开阔了我的眼界，让我学到了许多先进的教育理念，为我后来从事体育教研工作拓展了视野。由于工作地点不在一处，毕业后我们很少相聚。2006年，我随袁瑞良副市长去深圳，在兴东机场我临时起意，想去深圳中央教育科学研究所南山附属学校（“央校”）看看李老师，在机场大厅买了文蛤粉等土特产带到深圳。

在深圳酒店里，我给李老师打了多个电话，因为那时深圳正是招生旺季，为避免“打招呼”，李老师对深圳市内的电话一律不接（这是后来知道的），我们错过了一次他乡会面的机会，使久驻心中的那份挚情又多了一份遗憾。

踏上母校的操场将近40年了，母校的那一轮朝阳、那一抹晚霞和那一片星空，随着时间的流逝，记忆已不再那么清晰了，但母校在我成长的道路上给予的教育和启迪，使我受益终生。

在这里，我要感谢已故班主任潘毓岩老师，是他开创性地将上海体育学院体育系的课程与通师生源的实际有效结合，建设了南通师范体育专业课程，填补了课程体系的空白；是他给我们聘请了林莉和李菊等知名运动员的启蒙教练担任我们专业课程的老师，有效提高了我们的运动能力和知识水平；是他以言传身教为我们树立了一个体育老师的师表；是他以能力提升为中心的教育理念，影响了我们治学、治教乃至我后来的从政思路……

在这里，我还要感谢王子丽老师，她始终关注着我们的成长，设法为我们提供发展的舞台。1990年底，在南通市教育学会论文报告会上，我根据自己参加江苏省和南通市优秀课比赛获得一等奖的教学案例在大会上做了论文交流，受到大会的一致好评，获得当年论文一等奖。我刚走下报告会讲台，子丽老师就给了我高度的评价和鼓舞，并诚恳地邀请我回母校讲学，为我提供了一个更高层次交流学习锻炼的平台。

在这里，我也要感谢胡永昌老师，他告诉我们“学问是一根苦藤上结出的两个甜果”这个治学治事的道理，养成了我坚定乐观的意志品质。

在这里，我也要感谢罗玉芬老师，她用母亲般的爱关心鼓励我们，细心到把我的姓名建议由骏马的“骏”改成了俊俏的“俊”，我沿用至今不舍改变。

在这里，我也要感谢曹炳生老师，他提倡“魏晋风骨”的人格追求，影响到我一生的价值取向，我身处职场多年，始终坚守淡泊和率真。

从母校的操场出发，我们82届体育班的全体同学，如今已成为所在行业的精英、骨干。我们有14位同学坚守教育事业，任杰、丁玉霞等同学在教育岗位上创造了骄人的成绩，也有一些同学在教育岗位上默默奉献了一辈子，现已到龄退休了。钱国强和殷明琴两位同学转战商场，成为我们班仅有的两个商海骄子。张健、严美华、顾斌和我，因工作需要走上了行政岗位，分别在基层组织治理、社会法制建设以及经济、城市发展岗位上担当起时代赋予的职责，努力向人民交出一份满意的答卷。

以母校为起点，工作以后我在其他高校相继读完了大专和本科课程，但回头看看自己走过的路，最有感情、最难忘怀的还是母校通师。每每从城山路走过，我总要看看自己的母校，透过镂空的围墙，看看自己梦开始的地方——那片曾经充满生机的通师操场。

作者简介：马俊，南通师范1982级体育班校友。曾任港闸区教育局教研室教研员，港闸区政协第八、九届副主席。现任崇川区政协副主席。

少年春衫薄

黄凯锋

那样久远的事了。

1983 年我考入南通师范普师(1)班,开始三年的中师生活。1986 年毕业后被保送到苏州大学读政教系。1990 年回母校工作,成为一名教师。1992 年考入中国人民大学哲学系,1998 年博士毕业到上海社会科学院工作至今。如果站在人群中还算不太差,一定是青涩岁月里在母校打下的基础。

对着墙角苦练翘舌音的日子,因指甲没有剪短在琴房被"修理"的日子,素描作业羞于见人的日子,实习课上紧张到"湿身"的日子,现在想来,日日是好日。经过时间的沉淀,那些苦恼、酸涩、尴尬和落寞,竟然点滴汇涓成最好的时光。

对美丽中文的强烈感知就来自通师。如今在读的青春年少可能不一定认识和了解王亦群老先生,但他对于我有不寻常的意义。离开南通去读大学,王老告诉我"墨痕淡处是江流"的意境。30 多年,很少回母校,"相见亦无事,不来常思君",绚烂即平淡。我的语文老师陈蓉秀,现旅居法国,她在遣词造句方面的要求和对母语的身心俱往之爱令人印象深刻。我不是她最满意的学生,但她当时正值盛年,是我心目中语文老师的经典样貌。

对历史意识的初体认也来自通师。文本与叙述、价值与事实、规律与创造,今天我能说出个一二三,要感谢曹炳生老师课堂内外的点拨和启示。通过他,我了解了随便翻翻和做学问的天壤之别。会喝酒,不一定就会打醉拳。学者风范与人间情怀的契合需要踩碎红尘的绵密功夫。学高为师,身正为范。近年曾有机会在上海见到曹老师,相谈甚好。近日看到央视四套就南通张謇主题对曹老师的采访,备感亲切。亦师亦友是我向往的境界。

对自然科学的由衷敬畏也来自通师。圆圆胖胖的数学老师、浓眉大眼的化学老师、长身玉立的生物老师、神采飞扬的物理老师……一一飞来眼底。好像是另一个世界的神秘逻辑，由老师们信手拈来，考验着少年人的心智和想象力。杜威说，非人格的、非人文的科学结论被用于指导那些在设计手段和目的方面受到情感与欲望影响的人类行为过程时，人文科学和非人文科学的分裂将消失。我实在不敢这样乐观。感念当时老师们包容我的不长进。如今去读麻省理工的教授阿兰·莱特《爱因斯坦的梦》，仍然不可救药的云山雾罩，仍然吃力。

对做事亦做人的规范意识也来自通师。我的班主任董克新老师带我们83级普师(1)班三年，知识的掌握、能力的培养、实践的历练、心性的濡染，同其脉息，受益良多。为了组织安排好班集体的一次外出活动，他甚至把师母也动员起来帮助解决交通问题。

当然，还有朱嘉耀校长馈赠珍贵书籍，陈艺鸣老师诚邀小聚，李庆明老师耳提面命，贾真老师之心灵盛宴，这个单子一直可以开下去，且容我细细品味，慢慢沉醉。

2016年，我们83级普师(1)班毕业30年相聚。是依然怒放的生命，也甘愿做一枚果，经过风霜雨雪的考验，有望饱满而甜美。

早已不再是少年，但心里的某个角落，还是常驻属于母校的二八韶华。

作者简介：黄凯锋，南通师范1983级普师校友。博士、研究员、博士生导师。现任上海社会科学院中国马克思主义研究所所长、中国辩证唯物主义研究会价值论专业委员会副会长。

母校有多么好

张洪涛

“若是一个人忘记在学校所学一切内容，留下来的东西便是教育。”我没有考据这是哪位名人说的话，城山路24号，是母校的原地址，更是我心灵深处的坐标。我的记性不怎么好，忆起通师，好多细节内容都模糊了，但认真回想，撩动心弦的、给我留下最初最深印象的有这么三个“好”。

第一个好，说起来有点低端了，居然是——吃得好。

我是1983年的初秋踏入南通师范学校的大门的。我们班的同学大部分来自农村。我的家境更为一般。当时考师范，真实的想法有“跳出龙(农)门”，以及上学不要学费和生活费、三年毕业包分配等诱人的条件，这些都是给予我的“雪中送炭”。

15岁的少年人生第一次开始了寄宿生活。从生活委员那里领到了饭票与菜票。没等早起的铃声响起，就一骨碌地下了床，在几个宿舍合用的洗漱间简单刷牙、洗脸之后，短时间的晨练，然后就兴冲冲地往食堂去。按时早起，是学校严格的作息纪律要求，然而于我而言，为了赶着去食堂也许是另一重要的因素。

当时，食堂的早餐算得上是丰富了。有葱花卷、馒头、油条、包子等点心，偶尔还有我特别钟爱的火饺。小菜有炒萝卜干、咸鸭蛋、腐乳，主食有黏稠的大米粥，有时还有面条，拌上猪油，这种美味不容言说。我从来不曾享受过这样丰盛的早饭，尽管早餐的消费很低，不足两毛钱，但已经是这么“奢侈”了，长身体的时候，满足了胃的需求，我们每天的开始就“元气满满”，精力旺盛。学习与运动，自然就充满了活力，效率也高。上午的几节课上好，最吸引我的固然还是食堂。中午的菜肴也是丰富的，红烧肉、狮子头、炒精片、炒腰花，这些“大荤”是我的最爱。只是中午就餐时的队伍有点长，等不及的对策就是“同伴合作”了，一人排队打饭，一人排队打菜，双管齐下，也就能“领先一筹”了。能比别的同学早一点吃上饭，大快朵颐，心里又多了一份美滋滋。晚餐的菜肴数量与中午相当，品种与花样却不同。吃过晚餐，在宿舍里聊一会儿，在如画的校园里溜达一会儿，以“三字一话”为主要训练内容的晚自习就开始了。

每个月的生活费是够用的，有多的，还可以到校门口的小卖部去买点茶食，周末带回家，和年迈的爷爷、奶奶分享，他们都说，孙子孝顺，有出息了。在那个基本温饱的年代，茶食成了我每次回家的荣耀。我记不清刚入校时候的体重了，那时肯定是偏瘦的。入校两个月不到，父亲对我说：“伢儿脸圆了，个子高了。”母亲说：“油水足了，屁股养得圆滚滚的。”说这番话的时候，他们满脸的笑，脸色似乎也红润了起来。后来，入职之后，我在策划、带领学生活动时，开展的很多活动，如花生美食街、豆子美食街、农家乐、螃蟹节、我是小厨师、瓜果大变样等，都是和“吃”有关的，这些活动，最受孩子们的欢迎。我明白，谁在童年不是个“小吃货”呢？画饼不能充饥，教育要满足需要，首先要满足生存的需要，进而是美好生活的需要。我是农民的孩子，想法和农民一样朴素，因为吃得好，我一下子就喜欢上了学校，三年的时光，每天都快乐。

第二个好，说起来就满心欢愉，那就是母校的老师好。

《三字经》中有言：“为人子，方少时。亲师友，习礼仪。”那时候，虽涉世未深，但就像小时候看露天电影一样，对于屏幕上出现的人物会凭着直觉喊出“好人、坏人”之类的话，进入师范，感觉到身边都是好人。岁月缱绻，值得一生回味。

我们的老师好！后来才知道，当初教我们的大部分老师也是刚从学生时代过来，大学毕业到通师执教。首任班主任王晖老师给我留下的印象最为深刻。我是我们班的首任班长，和王老师的接触还是比较多的。王老师老家是时称南通县姜灶的，他曾在农村务过工，后来上的大学，因此，看上去年龄比其他老师稍长。初见王老师，同学们都说他的长相有点像外国人。他中等个子，面庞消瘦，鼻梁较挺。眼睛陷入较深，瞳色有点蓝，两腮有胡须，但刮得很干净。他的普通话略有川东口音，教我们“文选”“写作”课。上课时一板一眼，不乏激情，课如其人，清清爽爽。让我们叫绝的是他的偶露一手，他能左右手同时开弓，在黑板上写出两行对称的字，或草或楷，潇洒自如。他的作业批改相当细致，我们的作文，每篇都有眉批和总批，单是看他的钢笔书法，也就颇有启发了。我从初中开始，就对写作比较感兴趣，在通师里写的第一篇课堂作文是《我的父亲》，没有什么文采，选了几件真实的事例，写父亲没日没夜的劳作，写父亲作为家庭顶梁柱的担当，王老师大为赞赏，讲评的时候让我在班级读自己的作文，我读不下去了，王老师就帮我往下读，读罢，他说："文章就要这样写，和农民种田一样，踏踏实实的，不玩玄虚，用真情，做真人。"老师的话鼓励了我，我对写作越发有了热情。好多时候，在音乐楼练习弹琴的时候，想到了一件感动的事情，就合上了"脚踏琴"的琴盖，"刷刷刷"地写了起来。普师二年级的时候，我参加南通师范学校首届"金牛奖"作文比赛，写了一篇题为《大米草》的作文，主要记叙的是童年时代在江滩上快乐玩耍的情景，居然获得了全校一等奖，我的名字被刻在了"金牛奖"奖杯的底座上，也因这篇作文的获奖，我还当上了学校"春泥"文学社的社长，风光了一阵子。只是，当音乐老师让我们"还琴"的时候，我连简单的曲谱都弹不起来，音乐很勉强地得了个 3 分，选科时候"被迫"选了美术。后来同学聚会的时候，这个事例，成了同学们的笑谈。只可惜，我们毕业之后，王老师英年早逝，此情只可追忆。

上师范的时候，正是调皮的年纪，我们的老师是宽容的，是能够读懂我们的。那时有很风靡的武打连续剧《射雕英雄传》，有琼瑶的言情剧，学校里看不了，胆大的同学就溜出去看。晚上，学校传达室的大门关了，就翻墙而入，被逮个正着之后，这类错误极有可能是要"严惩"的。教导处的老师很是发火，交给班主任处理，班主任却没有发火，让我们写检讨，要详细写出事情的经过，要求要像小说一样写得跌宕起伏，我敢说，如果同学们还留着那些检讨的话，一定是相当优秀的文章了。我们不知道班主任是怎么向上级汇报处理结果的，只是我们写了"小说"之后，再也没有在晚自修期间擅自外出看电视了。后来，也就有了在学校的大礼堂看电视，看全了《排球女将》这部连续剧，深感学校真具人文关怀。

记忆犹新的还有，我们当时对体育运动是浑身充满了荷尔蒙，老师们和我们一起玩"三大球"，我爆发力弱，耐力还算可以，体育老师何其均让我练中长跑，他陪着我们在操场上一圈圈地跑，跑了之后，我才知道，我的耐力比老师差远了，还需要苦练。于是，我就和另外一个同学相约再早一点起来，天还没有亮的时候，我们从城山路 24 号出发，跑到狼山再返回，往返将近

14 公里，倒也从没有感觉累。我们班在校运会上团体总分总是全校最高，班级篮球队、排球队甚至还敢叫板当时比我们高一个年级的体育班，虽没有赢过，但体育班也不敢轻视我们，与我们比赛时还是相当重视的。我们上普师三年级的时候，体育班毕业的钱国强留校当老师，执教我们班级，他说："你们班体育很厉害，有人才！"他每堂体育课的保留节目就是在课结束整队放松时，让我们放声大笑，于是，整个操场都是我们的笑声。

当时还有一些住在学校宿舍的老师，校门北侧一排红瓦平房，小小的空间，我们也不管老师是否许可，就到了老师的宿舍，随意地坐下，听老师们侃大山，听得津津有味，真的发现，老师们聊天都是那样有智慧。当时，老师们的教法是灵活的，形体课的贴墙笔直站立、哲学课的正反方辩论赛、生物课上的自制植物标本、美术课上的户外写生……他们的言传身教总是在诠释着"教师"的内涵和意义，都让我们觉得学习的形式是多种多样的，学习也是无处不在的，在这样的环境里，我们都乐学好学。

第三个好，说起来就更加亲切了，那就是母校的学友好。

纯真年代，上了师范，我们没有竞争的压力，没有多少学业的负担。但因为当时大家都是初中时代的"学霸"。都是以高分考入师范的，已经养成了较为良好的学习习惯，大家都不会"躺平"，轻松愉悦的氛围中，学业水平倒也始终是优秀的。我是首任班长，后来有陆国强被民选为班长，吕国强竞选为班长，我们几个人的领导能力还挺强，差不多能够做到班级"自治"。

最有意思的是下了晚自习回到宿舍里的各种姿态。一个宿舍 12 个同学，各个县市区的都有。我们不怎么练说普通话，一个劲儿地向县区的同学讨教怎么用如东话、启东话、如皋话等地方言朗读课文。县区的同学也很"好学"，学说南通话，语言是民族文化的根，毕业的时候，我们居然学会了"多种"语言，后来，我们教到了"新市民"子女，与这班孩子语言交流竟然就毫无障碍了。晚上 9 点 30 之后，宿舍歇灯，生活老师查房，我们就装出一下子的安静，其实，怎么睡得着呢？借着走廊透进来的光，我发现王俊荣同学在打坐，姿势很标准；褚俊同学的被窝里有光，一定是他打着手电在看金庸小说。我闭目养神，迷迷糊糊地半睡，薄薄的被子上突然感应到一阵"鞭打"，惊醒，原来是对面上铺的李晓东同学在用挂蚊帐的细竹子"抽"我，还"警告"我："等大家睡了，你再睡，你打呼的声音太响了。"我只有"忍气吞声"，学会了"知趣"，学会了不影响别人，学会了不给别人添麻烦。待室友发出轻微的呼声后，我就可以放心大胆地打呼了。工作以后，我每天都睡得晚，不知道是不是念师范的时候给“逼”成的。每个星期天的晚上，宿舍里是充满香气的，休息日，大部分同学会回家，然后从家里带来些类似于烂花豆、白蒲茶干、茶叶蛋、黄桥烧饼等土特产，大家分享着、说笑着，其乐融融。周日晚上的梦，最香！写这些不登大雅之堂的琐碎事，也许会让你见笑，但这些的的确确是我特别记得的。

师范三年，除了正常的上课之外，我们自主开展了许多活动。教育有一个极为重要的任务就是把一个人潜藏着的天赋发掘出来。我们是受益者。我们自办了班级小报《银杏》，写稿、编排、刻蜡板、油印、装订、派送，班级同学各司其职，“流水作业”，干得不亦乐乎；我们一起搞班级文艺晚会，一台老式的录音机放出了天籁般的悦耳音乐，然后再去其他班级联谊，班级的文艺积极分子忙碌极了；我们一起去郊游，紫琅山下、扬子江边，留下我们快乐的身影；我们分成几个小组到各校实习，一个人试讲的时候，其他人都嗲声嗲气地扮演着小学生，故意回答错误，让试讲的同学下不了台，我们美其名曰：这是高级互帮互助。

毕业之后，我们集体聚过几次，有的同学已经做了爷爷、奶奶，有的同学在政府部门担任要职，十来个同学做了校长、副校长，但相聚的时候，大家还是和以前一样，有说有笑，自嘲互嘲，嬉笑怒骂皆成文章，个性没有因为多了几道皱纹、多了几根白发而改变，真是“归来还是少年”。我想：这和师范三年的教育是有关的。“坚苦自立，忠实不欺”的八字校训已经印刻到我们的血脉里。

母校有多么好，可以罗列的当然还有很多，尽管我的记性不好。

“狼之山，青迢迢，江淮之水朝宗遥。风云开张师范校，兴我国民此其兆。民智兮国牢，民智兮国牢，校有誉兮千龄始朝。”此刻，遥远的校歌又在耳畔响起，我的老家在狼山，听歌读词，亲切温柔而又激情浩荡。岁月如歌，歌声的熏风中，我们即将迎来母校 120 年的华诞。教育的情怀再一次地激荡着我们的教育理想，唯愿再次伫立在“百师壁”前，重温老校长朱嘉耀先生为之撰写的序言：“师者文明之所依、人才之所出者也。集古今百家师字，镌之于石者，以示我校师生仰师尊、闳师德、立师志、成师业之愿也。”再做一次通师的学生，再一次地出发，薪火相传！

作者简介：张洪涛，南通师范1983级普师校友。中小学高级教师。曾任职于通师二附、崇川学校，现任南通市实验小学总支书记、校长。曾多次荣获全国、省、市教育行政部门现场教学竞赛一等奖。

来自岁月的礼物

——五年通师生活的馈赠

戚韵东

沿着南通护城河濠河往东南方向走，在高大绿色树木的掩映中，江苏省南通师范学校庄重典雅的校门呈现在人们面前。这所百年老校，古朴温润中充溢着时代的朝气，稳健严谨中彰显出创新的活力。

我们，一群来自南通、苏州和扬州三个地区共40位初中毕业的学生，幸运地成为我国小学教师教育学制改革最先的试验班，第一期五年制师范生。学校明确告诉我们："立足当前，面向未来，优化课程结构，强化专业素养。我们培养的是小学老师，开办的是小学教育专业，达到的是专科文化程度，适应的是二十一世纪需要。"坚守这一办学理念，在南通师范学校进行的一项深度教学改革，使我们有幸踏着改革的步伐迈向教育人生。

五年的时间看似漫长，特别是对于我们这一群刚满16岁的孩子，第一次远离家乡和父母，很想家。但很快，丰富的课程让我们每一天的生活充实而快乐。说起课程，那可是一个多彩的世界，在宽广的通识课程外，有学科类课程：现代文学、古代文学、文学概论、外国文学、儿童文学、逻辑、美学、初等代数、高等数学、初等数论，有教育类课程：教育学、心理学、教材教法、教育统计，还有吸引人的音乐、美术、口语训练、形体训练、计算机技术、电化教育等艺术和教育技艺类课程，此外还有劳技课、选修课、讲座课，更有几乎贯穿大半个学程的教育实践活动，让我们一次次地走进一附小、二附小、城中小学、文亮小学，教育参观、见习、长短期实习。这些课程将普适性、专业性、学术性、技术性和实践性相融汇，不仅为我们打下了从事小学教育的知识基础，而且锻铸我们的教育技艺与能力，从表达能力、思辨能力到教学能力、教育研究能力。这就是三十多年前通师探索专科程度小学教师培养的岁月，时光荏苒，但历久弥新。

走出通师，我们在小学教师岗位上努力付出，脱颖而出，一切源于通师对人的整体培养的理念，源于通师老师营造的学术研究氛围，源于通师创造的极其辽阔的学习视野，更源于每一个通师人内心对成为一名优秀的小学教师的坚定信念。

这份信念，来自王亦群老师讲《古代文学作品选》，课堂上，王老师旁征博引，一个个历史典故信手拈来、口若悬河，一幅幅书法式板书行云流水、潇洒自如，古风吟诵，荡气回肠，穿越历史，观照现代，我们完全被王亦群老师带到了一个无限丰富、阔大的文化海洋。王老师博览群书、学养深厚，为我们展现了一个丰富、迷人的精神世界。这份信念，来自曹炳生老师的历史课，它能够直接触及你的理智与心灵，每一次的讲课就像在跟学生讨论，他从不拿真理来说教，而是和我们一起提出问题，吸引我们一起进行思考。他不太提倡学生记笔记，经常说："我的话不用记，不一定对。"其实在他的课堂里经常推荐阅读书目，让学生自己解决。仔细想来，这就是为师的最高智慧。是啊，老师的智慧应该就是开拓道路，照亮前方。这份信念，来自张静秋老师现代文学课的气息，每天，我都非常期待听到她在课堂上的朗诵、讲解，温婉有韵味，博学又亲和，如三月的和风，像小溪的流水，教室立即飘满了她那芳香的音韵，这样的课堂令人沉醉、舒展，这样的课堂，温暖而有力量。这份信念，来自孙国春老师对教学的一种坚定和自信，高等数学本身就是一门很难学的课程，尤其对我们初中毕业的学生来说，基础薄弱、能力不强，渐渐地，我们喜欢上了这门学科，现在想想，孙国春老师一定在课后花了大量的时间用心研究我们的学情，我记得他挺会讲故事的，挺会树榜样的，更会用他那份对高等数学的热爱带领着我们去触摸它，感受它的神奇，每当我想起孙老师，总能想起他那双坚定自信的眼睛。这份信念，来自动力满满的统计学老师范建老师，范老师整天笑眯眯的，很有亲和力，他的到来也给我们的班级带来了一股向上的活力，他经常会拿出一身绝活，或美声高歌一曲，或学一个青蛙跳，或者头扎围巾演一个小品，或者来一段华尔兹，他是一个灵魂特别有趣的老师。一位老师就是一门课程，一门课程背后更有每一位老师对学生的倾囊相授和美好期待。神采飞扬的美学老师陈建新、严谨不苟的逻辑学老师刘秉镕、率直亲和的说话课老师夏莲、功底深厚的美术老师罗国华、潇洒帅气的音乐老师罗新民……一批有着浓厚情怀、深厚学养、雄厚实力的老师陪伴着我们慢慢成长、成熟。

走进通师校园，扑面而来的都是橱窗里同学们的书法作品、绘画作品、诗歌散文、优秀影评，有学长们正在出的黑板报，广播里传来同学们的朗诵声，还有运动场上激烈的排球、篮球比赛……每天同学们都驻足流连，这是无声的浸润和影响，这也是苦练内功的召唤和彰显。

在通师，最难忘的是日日苦练的内功和全面发展的素养提升机制。每天可以在灯火通明的图书馆读书、写作，在拾级而上的阶梯教室参加歌唱比赛、演讲比赛。每天晚上，你还可以到你的师弟师妹班，帮助他们练习三字一话等七项基本功，还可以到南通城闲逛，尽情享受青春岁月的无限浪漫。

最令人难忘的是我们利用晚自习时间，走进师弟师妹们的教室。我们拿出《说话》教材，有模有样地领着他们大声朗读："扁担长，板凳宽，扁担没有板凳宽，板凳没有扁担长。扁担绑在板凳上，板凳不让扁担绑在板凳上。"有趣的绕口令锻炼了我们的口舌，连接了我们的情感，就这样，每周我们都使出自己的十八般武艺，在彼此的学练中练就了一身的好功夫。

当好一名小学老师，全面的素养和一身的功夫真的很重要。我的一身功夫都是在通师学的。当年我是班级的排球队主力队员，乒乓球也是我的最爱，朗诵、演讲、唱歌样样喜欢，我还因为钢笔字写得好，经常帮我的好朋友寄信、写信封。1989 年毕业后的第一年，我就面向全县上公开课，朗诵的课文《周总理，你在哪里》让在场听课的老师感动、流泪，每年的教师主题演讲都能获得第一名的好成绩。1994 年，我调到南京市琅琊路小学，每年的 11 月是我们学校的排球月，我能连续垫球上千个，令全校同学、老师赞叹不已，我们学校也因此有一大批热爱排球的孩子，都说要刻苦训练，一定要和戚老师比一比。

我还有一项功夫，就是能够非常熟练地说出大千世界的花花草草的名称，这都是通师的班主任兼生物老师陈丽美老师教会我们的。当时，为了帮助我们学好"植物"这一章节，她带着我们走遍了通师的角角落落，去认识各种花草树木，于是，那一段时间，我们几乎每天为一下子报出通师校园里花草树木的名字而欢呼雀跃，现在回想起来，一切还是那么美好。"戚老师，这是什么树？""这是广玉兰。""这是紫薇，这是紫荆……"孩子们发现了各种极为微妙的色彩的变幻，聆听了那来自大自然深处的美妙的乐音，他们幻想、惊奇、喜悦，他们创作诗歌，也编写童话，为能够生活在这个世界里而感到巨大的幸福。我想，当一种教育能够让我们如此热爱生活，热爱这个世界，这种教育就是世界上最美好的教育，也是真正的教育。当一个老师能够帮助孩子用自己的眼睛和心灵发现生活的美，感受到世界的永恒，这样的老师才是真正的教师，也是最优秀的教师。陈丽美老师，就是我在通师里遇见的最美丽的老师！

读书，不间断地读书，跟书籍结下终身的友谊，这是一种追求，也是一种信仰。李庆明老师曾经推荐我阅读了一本书，保尔·郎格朗的《终身教育》。郎格朗在谈到终身教育的重要意义时，把教育当前的第一责任作了这样的明确：组织适当的结构与方法，帮助人在一生中保持他学习和训练的连续性。这里所说的"适当的结构和方法"指的就是学生一生学习所必须形成的能力，而这有赖于教师在教学中就训练学生具备这种自主寻求知识的能力。

通师的五年学习生活，给了我太多学习的能量，让我一直葆有持续学习的习惯与力量，更让我不断在思考，我将以怎样的一种生命姿态去面对学习，努力寻找属于自己的句子，回到生命关怀的价值取向上。2009 年，在《人民教育》上，我发表了《快乐学语文——我的教育教学叙事》一文，提出了"快乐学语文"的教学主张，就是希望在快乐的语文学习经历中，追寻成长的幸福。我愿意带领着孩子们快乐地学习语文，愿意像我的老师给予我那样，给予我的学生一段味美多汁的时光，我更愿意成为孩子们快乐学语文历程中的亲密伙伴，与他们携手走向快乐的生活。

2010 年，通师朱嘉耀校长在《江苏教育研究》主办的《教育家》刊物上为我的语文教学探索进行了深度的剖析，全面提升与总结，他在《戚韵东的语文教育路》这篇文章中写道："戚韵东的成长是一条心灵之旅，又是她从圆整的教师职业人格出发，在持续的教育探索研究中不断攀升的成功之旅。"朱校长的文章里闪耀着理性的光芒，引领着我教育之路前行的方向，成为我不断追求卓越的动力之源。如今，南京市琅琊路小学的教学改革成果获得了国家级基础教育教学成果一等奖，成立了"江苏省小主人教育研究所"，出版了《快乐的儿童教育》《快乐做主人：一种教师专业发展的定义》等十多本学术著作。这些成果虽然是在琅小校园里诞生的，但似乎又是从通师校园里长出来的。因为，通师就是一所有浓厚的学术氛围和强劲的改革精神的学校，她赋予了一代又一代的通师学子研究的力量和改革的勇气。

从通师毕业已经32年了，五年的通师生活离我那么远，但又那么近，草在结它的种子，风在摇它的叶子，一切都是那么静谧、美好。如今，我仍行走在小学校园里，一年又一年，桃李满天下，教学硕果丰，这就是来自岁月的礼物，来自五年通师的馈赠。

感恩，我的通师！

作者简介：戚韵东，南通师范1984级五普校友。正高级教师、特级教师。现任南京琅琊路小学校长、党总支书记。曾被评为江苏省有突出贡献的中青年专家、江苏省人民教育家培养对象、江苏省“333”高层次人才培养对象、江苏省“三八”红旗手、江苏省新长征突击手。享受国务院政府特殊津贴。

让小草放飞梦想

冯桂群

如果有人问我:你最幸福的学习时光是何时?我会毫不犹豫地回答:通师五年。为什么?因为,她将我彻底从自卑和压抑中拯救出来。

我似乎从小就不太自信,更准确地说,是相当自卑。依稀记得五六岁时,我时常会坐在自家土屋的东墙边,一边晒着冬日的暖阳,一边看着墙东边的小河发呆,脑袋里还时不时地冒出古怪的问题:为什么世上会有我?为什么那个漂亮的女孩不是我?为什么周围的大人总会不怀好意地说我是抱养的?——敏感的我打小就感觉矮人一等,总在不停追问自己——貌不如人,家不如人,生不如人,活的劲头在哪里?

上幼儿园时,一位开明的下放知青朱老师教我们识字、唱歌和跳舞等,她总是将最难唱的歌让我唱,还让我在演出活动中上台报幕,我成了幼儿园的小红人。幼儿园的认可,让与生俱来的自卑稍稍减退了一点。到了小学,我虽然一直是班长,可这要命的自卑感固执地把控着我,我依旧少言寡语,主动举手发言似乎比要了我的命更难受。当时,我的语文老师常说,女孩子到了初中,成绩肯定会掉下来。记得一次语文考试,题目中要求填写"无价之宝"中"之"的含义,我凭直觉填写了"的"。事后,这位老师质疑我是不是抄了谁的,尽管当时全班就我一人写对。老师对包括我在内的女孩们的负面评价,让我内心的自卑又加重了些。也大约在那时,我的生母内疚地告诉我,当时家里是富农,成分不好,我又是生下的第四个女孩,她便狠心让我父亲把刚出生的我放在水桶上踩稻草"过河",即当时人们不以为然的溺婴。但因为父亲胆小,幸运的我没被溺死,生下饿了 3 天后的我,被现在的家收养。命贱如草的我,活下来了。——我终于知道为什么我的自卑是与生俱来的了。

自此以后，我内心的倔强也被暗暗地激发出来——女孩就注定不如男孩？凭什么？是笨吗？那就笨鸟先飞嘛！初中三年，是我笨鸟先飞的三年，也是一鸣惊人的三年，更是胆战心惊、"压力山大"的三年。初一时，我从如东石屏的一个乡村中学转到镇上的丰利中学。刚入新学校，我连英语老师讲到了哪里都找不到，还被老师恨铁不成钢地用手指戳了脑袋。但就在那个学期末的一次"看音标写单词"竞赛中，我竟然获得了全校第一名，让众人大跌眼镜。之后，我成了副班长，也蝉联了初中三年考试的第一名。可是，最后的中考我只排到第三。当时的我，已经快被全年级第一的排名给压垮了。虽然每次大考前我都给自己做心理调适——山外青山楼外楼，考不好没关系，从头再来嘛！但考不到第一可能带来的残酷评价，是我无论如何都不能接受的——女孩一谈恋爱，成绩就会下滑！我不敢让自己的成绩下滑，因为这意味着谈恋爱了，犯了道德上的大错。因为第一名，和我同班的最要好的朋友因嫉妒而不再理我。我在失去友情、担心成绩下滑的煎熬中咬牙苦撑了三年。这是我人生的至暗时刻，不仅心苦，身体也出了状况，尤其是眼睛红肿到针刺般疼痛，我不知道我还能坚持多久……

幸好，我上通师了，获得了心灵的重生——卸下了所有的压抑！这里，没有排名，没有分数的高下，没有频繁考试的压力，没有考不好的低人一等和流言蜚语。有的是尽情地发展自己的兴趣爱好，彰显自己独特的个性，所谓八仙过海、各显神通。在通师，人人要练习各项教学基本功，如：粉笔字、毛笔字、钢笔字，素描、写生、水彩画、普通话、朗诵、说话、写作、唱歌、弹琴、体操、舞蹈、打排球、投篮、长跑等，真是十八般武艺，样样可学。我最喜欢的是唱歌和跑步，我曾在通师运动会上拿过 800 米的第三名，还在元旦的才艺比赛中获得歌咏比赛的第二名。让我想不到的是，作为选修理科的女生，我竟有幸在通师毕业会演中，跟我们的班长廖伟根合作表演了声情并茂的诗歌朗诵。更有幸在毕业前夕的一次联欢会上，我当众唱的歌曲《小草》，得到了校长朱嘉耀的高度认可，他欣慰地说："5 年的学习生活，让冯桂群这样内向的农村女孩彻底地脱胎换骨了！"当时的场景，至今仍历历在目，歌曲《小草》的旋律也一直萦绕在我的心头，那份鼓励和赞赏也一直铭刻在我的心窝，成为我取之不竭的自信和动力。

幸好，我上通师了，获得了心灵的重生——遇到了如父如母的恩师们！最让我心怀感激的，是跟朱校长一样，兢兢业业教导我们成人成才的老师们——慈母般的罗玉芬老师，慈父般的李刚校长、周庆康老师，似兄如父的吴剑锋老师，犹如学长并才华横溢的李庆明老师，朴素低调却获全国数学大奖的孙国春老师，满腹经纶又口若悬河的王亦群、夏莲、贾真、曹炳生老师等。尤其记得，1986 年冬，我的母亲突然病逝，年仅 17 岁的我几乎被这一噩耗击垮。我在《纪念养母徐善珍》一文中这样写道："当时的我，整个人仿佛掉进了一个冰窟窿，心完全被悲伤冻住了，所有的欢声笑语都与我毫无关系，我只想问去了另一个世界的妈妈一句话——您为什么如此狠心地抛下我和妹妹不管？"那段时间，我的身体日渐消瘦，头发大把大把地掉落，最后只能扎出一条细细的马尾辫。当时教我们文学的罗玉芬老师爱怜地说："想开些吧，你的辫子已细得如一条老鼠尾巴了！"在罗老师和班主任吴剑峰老师的嘘寒问暖以及同学们积极鼓励下，我在一年后勇敢地走出人生的彻寒冰窟，并用自己全部的哀伤和真情写了一篇怀念母亲的文章，此文被罗玉芬老师的爱人打了全班最高分 80 分，这是我学生时代得分最高的一次，老师的评语是——感人心者莫乎于情！我的思母之情感动了作文老师，而老师和同学们的关爱之情则化解了我的丧母之痛，治愈了我年轻而忧伤的心灵，并伴随我走向更温情的教育人生。在通师学习期间，我和同学们还多次有幸到通师二附听教育大家李吉林老师的语文课，在通师大礼堂亲耳聆听李老师给我们做学术报告，讲国家领导人接见她的幸福场景，这些都让我们强烈感受到了小学课堂的魅力和教学研究的魔力，使我们对未来的教育人生充满了期待和憧憬。

幸好，我上通师了，获得了心灵的重生——学到了过硬的本领！在通师，我养成了写日记、写反思、摘录文献的习惯，这为我日后坚持写教学反思，提出"学行思写"的备课流程，以及出版专著《数学三动课堂：指向核心素养》等，打下了扎实的基本功。在通师，我写过一篇如何在学物理中化错增智的论文，此文荣获通师理科论文评比二等奖，这让打小就把"作文"当作"榨文"的我，对写作有了一份自信和底气。同时，我还有幸参加了由李庆明老师组织的梨社，在阅读、交流和写作中探讨教育、哲学和人生中的问题，并写过一篇有关老子的小文章，展示在通师的学生写作橱窗里，这算是我写作中的第一次"发表"，特别有成就感。我还按古文老师王亦群的建议，在通师图书馆里广泛阅读教育类杂志，同时将相关杂志的投稿地址一一记录下来，我曾尝试投稿到《小学数学教师》编辑部并有幸收到了编辑的回信。工作的第二年，我就在《江苏教育》上发表了一篇教学随笔，这都与在通师受到良好的教育和熏陶有极大的关系。在通师，我还有幸牢牢地抓住了当时被视为人才飞翔翅膀的学科——英语和电脑，课余主动自学高中英语，与同学黄锡英相约在晚自修后到团委小屋背诵英语单词，积极报名学习 BASIC 语言，并成为当时兴趣组里坚持学到毕业的唯一一名女生，还参加了相关的编程竞赛并获奖。这些，为我工作后报名参加英语大专和本科的自学考试，参加通大的同等学力硕士研究生学习，辅导学生多次参加省市级的“信息学(计算机)奥林匹克”编程比赛并荣奖省级团体二等奖和市级团体一等奖等，奠定了坚实的认知基础和能力基石。

更幸运的是，我在通师毕业后，又获得了第二次心灵的重生——再次与当年的恩师们相遇和相聚！1990 年通师毕业后，我被分配到如东县马塘小学工作；2006 年，我有幸调入曾经实习过两次，由著名实业家张謇先生创办的学校——通师一附。正如歌曲《小草》中唱到的那样，“没有花香，没有树高，我是一棵无人知道的小草”，我一直扎根教学一线，坚守小草的坚韧与顽强，在“学行思写”中享受着教学与教研的乐趣，用李吉林老师的创新精神默默地激励自己做个教学骨干，仅此而已，不敢有更高的追求与梦想。毕竟，李吉林老师那样的大师是我们心中的太阳，追寻太阳是可望而不可即的事，做个生长在太阳光下的小草，也挺有诗情画意的。想不到，幸运之神再次敲开了我的人生之门——2010 年，在多轮选拔后，我成为南通崇川区首批名师培养共同体成员，而我的导师竟然是通师的孙国春教授，我当时又惊又喜，仿佛一下子又穿越回通师求学的美好时光！2010 年至 2015 年间，师父孙国春校长无论多忙，每年至少来听我上 2 节公开课，同时还指导我做课题、撰写论文，同时告诫我：写文章要立足实践和创新，不能只追求数量，更要追求质量！在师父的鼓励和帮助下，那五年我在核心期刊上共发表文章 5 篇，有一项省级课题成果获省一等奖，市级课题“小学数学三动课堂的实践研究”也成功结题。2016 年的一次市级研讨活动中，郭毅浩局长当众宣布要组织评选“市特级教师”，以激励南通教师更好地献身教育事业，培育更多人才。当时的我眼前一亮，似乎看到了追寻教育大师李吉林背影的一线曙光。于是，我在 2017 年的暑期，将研究了 20 多年的“三动课堂”课题成果整理成专著《数学三动课堂：指向核心素养》，师父为这本书写了一篇用词精准、观点精炼、思想精深的序，让我这个局内人对自己研究的课题看得更透、把握更准、思考更深。2018 年，有关“三动课堂”的研究课题成功申报省十三五规划课题；2020 年，“三动课堂”的课题成果获江苏省第五届教育科学成果评比二等奖。

此外，自 2009 年起，我还被聘为“通师五年制定向生实践指导老师”，并在通师数理系顾新辉副书记等人的安排下，先后辅导师范生史婷婷、蔡李平和夏延春荣获录像课或微课评比全国一等奖；自 2014 年我成为校、区级名师工作室领衔人以来，我的班主任，即通师教务处的吴剑峰主任，多次安排通师数理系的学生前来参加我工作室开展的研讨活动，我也于 2015 年成为“通师兼职副教授”；在师父孙国春校长的关心下，我于 2018 年成为通师小学教育研究所研究员，2019 年成为省高校“青蓝工程”优秀团队成员；在陆红兵局长、杨金萍副局长、孙国春校长、束必权主任、吴剑峰主任、陆胜利校长、朱丽校长、陆晖书记、徐芳校长、薛慧校长、严清团长以及李济元主任等的关怀与指导下，我在 2014 年到 2021 年这八年间，带领团队成员成功开展教学展示活动和读书沙龙活动近 30 次，名师校园行活动和课题研究活动等 20 多次，参与老师共执教市、区级公开课或作讲座约 208 节次。到 2021 年底，我领衔的工作室中先后有 1 人次获评省特级教师，4 人次获评市学科带头人，1 人次获评市骨干教师，4 人次获评区学科带头人，10 人次获评区骨干教师，8 人次获评区教坛新秀。我也在 2018 年到 2021 年这短短四年间，先后获评国家级优课奖、市基本功比赛一等奖，先后荣获全国优秀教师、正高级教师和省特级教师称号，实现了专业成长的新飞跃，成为眺望明亮远方的最幸运的一棵“小草”。

通师，这座让小草焕发生机、萌发梦想的美丽花园和家园，她根治了我的自卑，激发我的潜力，给了我成长的方向、动力和支撑，使我在专业成长之路上翻开了崭新的一页。我将永远铭记母校的恩情与教诲，永葆小草心、青竹魂和大树梦，永远行走在成为“大先生”的追寻之路上！

作者简介：冯桂群，南通师范 1985 级五普校友。正高级教师、特级教师。现任教通师一附。曾被评为全国优秀教师，曾获国家级优课奖、江苏省教育科研成果二等奖。

86五普，我的精神原乡

——写在母校120周年校庆之际

李　勤

一般来说，人有三个故乡：地理故乡、心理家乡和精神原乡。

地理和心理故乡，通常是童年曾经生活过的地方，是让我们初尝人情冷暖、困顿坎坷，折成童年记忆伴随各自一生的地方，是那个成年之后，梦中依然会反反复复去到的地方，是每每返乡，一踏上那片土地就觉得分外切近、踏实，想要赤足漫步或肆意奔跑的地方。

精神原乡，是除故乡以外，可以抚慰精神、安放灵魂、让生命觉醒的地方。或许身在其间时我们并未深刻地觉察，但随着年岁渐增，与生命的对视、回眸的概率愈多、愈久，这份精神源泉的力量愈见清晰，愈见丰沛，愈见珍贵。

我的地理、心理故乡均在无锡洛社，一个坐落于古运河之畔，有着1600多年悠久历史的江南名镇；而我的精神原乡，则是在江苏省南通师范学校，中国师范教育的三大源头之一，也是中国第一所独立设置的师范学校。

1984年，经江苏省人民政府批准，南通师范在全国率先开启五年制师范教育试验。1986年，通师五年制大专班（以下简称“86五普班”）首次面向无锡招生。那年夏天，朱嘉耀校长亲自带队来无锡招生面试，那时的我并不知道他是校长，只是清晰地记得他与我单独交流许久，目光宽厚、谈吐儒雅。很幸运，当年14周岁的我被通师录取。我们班40位同学，12位男生，28位女生，分别来自南京、无锡（含一市三县）、南通（含一市六县）三地。几乎一半以上同学都来自农村，淳朴，友善，向上。通师五年，“86五普”早已成为我精神和心理意义上的家。

我的原生家庭，因父亲的早逝而历经风雨飘摇。“幸福的童年治愈一生，不幸的童年需要一生去治愈。”我是何其庆幸，如果说当年报考师范完全是迫于生计（中考分数高出江苏省天一中学 40 多分）、心有不甘，但亲历 30 余载切身的教育生涯，再度回首与沉淀，我是如此感念我的母校、我的老师、我的同学们！通师五年，润物无声地为我播下了多么珍贵的精神“种子”，不仅让我完成了“治愈”，而且改变了我的生命走向、精神格局和生命质地。其间，有三颗“种子”尤让人珍视，它已融入我的生命，化作淙淙流淌的精神源头，让我终身受益。它们分别是：“人文的种子”“诗性的种子”和“写作的种子”。

人文的种子：师者大爱

初入通师的我，是个“细竹竿”“豆芽菜”（身高 158 厘米，体重 35 公斤），更是棵细腻、敏感、极度缺乏安全感的“含羞草”。从小学到初中，虽然一路成绩领先，年年“三好”甚至“标兵”，但当时出身农门、家境贫寒的学子，都有深深的“先天”缺陷——普通话，带着乡音；音乐、美术、体育，甚至英语课，极少接受过专业老师的授课；阅读史几乎为“空白”，除了教科书和小学时代寥寥几本《儿童文学》《少年文艺》，初中时代几本言情或武侠小说，阅读之旅一片贫瘠。

那时的我们，青春年少，“自负”与“自卑”皆而有之，颇有些“眼高手低”：一方面觉得成绩好报考师范有些“埋没”，另一方面在师范开设的各类课程中发现了自己的诸多“短腿”，加之专业思想不太稳固，当年的“86 五普班”并不是一帮乖乖学生，如今想起来也给老师们惹过不少“麻烦”，比如我们的就寝纪律、男生的寝室卫生，以及琴房练琴时不屑风琴，与音乐班的同学抢钢琴，甚至为毕业证书究竟敲什么章去向学校要说法等，但是老师们从未对“叛逆期”的我们怒不可遏，更未“上纲上线”“斥之棍棒”，而是给予我们最大的爱与包容、关怀与尊重、唤醒与引领，并身先垂范、顺势而导、因人而异。

清晰地记得，为解决“钢琴之争”，音乐老师施维将我们和音乐班的同学都带到了阶梯教室，为我们上了一课，没有任何批评，没有任何说教，而是为我们上了一堂手风琴演奏课，他用风琴演奏模拟海浪，模拟火车的隆隆和汽笛声，那种惟妙惟肖、那种琴人合一，让我们瞬间震撼！那堂课，彻底扭转了我们对风琴的“不屑”，风琴是基础，五线谱比简谱能发挥更大的作用等，自那堂课开始就在心里深深地扎下了根。在规定时间内练琴、还琴，还琴质量高的可以额外奖励，加练钢琴，多么智慧而又润泽的教育！永远记得，慈父一般、专业水准一流的施维老师！

清晰地记得，英语老师黄卫菊，教我们时应该才毕业不久，大眼睛，偏于后脑右侧扎个马尾辫，带着腼腆的微笑，乍一看，是一个比我们大不了几岁的“邻家大姐姐”。第一节英语课便是全英文授课，这对仅有初中两年半英语底子的我们来说，一下子有点懵。黄老师让我们用英语作一段自我介绍，那一次，我做了回“勇者”，自告奋勇上了台（当时的三年制普师都不开英语，唯独在五普班有这样的“优待”，所以分外珍惜）。后来，黄老师为我们每个人取了英文名字，每个人拿到自己的名字都忍不住去查词典。我的名字是“Grace”，一查，是“优美”“优雅”之意，甚是喜欢，一直沿用至今。询问周边的同学，发现每一个名字都有很好的寓意，更为可贵的是，这些名字似乎是为我们“量身定做”，名字与我们的个性竟然极为匹配！黄老师的这份用心，以及她那泛着两个酒窝的甜甜的笑，一直在我的记忆深处，如此温暖和美好。

到了三年级，我们的英语改为胡长俊老师执教。胡老师老家苏州木渎，南师大校友，长相俊朗，风趣幽默，外冷内热，是我们的良师益友。除了课堂上给我们讲《许国璋英语》《新概念英语》，胡老师更是在课后甚至在他家里无偿为我们几个英语爱好者开设英语微班课程，他为我们精选入门读物、时刊短文及狄更斯的两本口袋书：一本是 *David Copperfield*（《大卫·科波菲尔》），另一本是 *The Great Expectations*（《远大前程》），读译析三结合，从发音到语法到词汇量积累再到进阶阅读，一一无私授受。就连这些教材与读物，也是胡老师自掏腰包，无偿赠送于我们的。师恩难报，每每忆起这段往事，我总是对自己说，我们现在能做的，就是以师为师，真心对我们的学生好。尽自己最大的力量，做好“师爱”的代际传承！

86 五普，教过我们的每一位老师，都让我们深深感念：一年级的班主任董克新、二至四年级班主任张静秋、五年级班主任郑翠英，语基老师刘秉镕、古代文学老师王亦群、历史老师曹炳生、政治老师卢志新、化学老师陆军、物理老师高志泉、体育老师钱国强、美术老师刘棣、生物老师严建萍、教育学心理学老师贾真和李庆明、现代文学李刚、高等代数赵如全副校长，等等，每一位老师为我们上课的样子，某个瞬间的举手投足，随着键盘敲打竟然又一一在眼前复现！尤其是我们的班主任——张静秋老师，她与 86 五普的每一位学子，都结下了深深的师生情谊，乃至于她的先生范启文，都号称我们的“副班主任”，对我们班的每一位同学，姓甚名谁，各自秉性，如数家珍。

难相忘，我们在食堂里把餐桌拼起来缝被子，有的同学不会，张静秋老师就过来帮忙；葛红军胃不好，有一阵子吃不了学校的饭菜，张老师就在家里煮好易消化的饭菜，送到宿舍；一天晚上，吴卓君突发疾病，吓坏了同学们，又是张老师及时赶到，嘱顾振华和龚大忠轮流背负，一路跑到通大附院……

难相忘，每每有人“状告”我们班常规执行不尽如人意，只要不是什么原则性问题，张老师总会像“护犊子”似的替我们挡上一挡，然后嘱我们下不为例；难相忘，1990 年中国女排参加世锦赛，我们大半个班的同学涌到张老师家，床上、凳上、地板上，坐着、站着、叫着、跳着、欢呼着、遗憾着，各色表情看比赛，全然忘我地把张老师家当成了自己的家，甚至比在自己家更无拘无束！

更难相忘，当我遭遇生活狂澜，情感背负重压，于战战兢兢中度日，看不到未来在哪里的那些个时刻，张老师向我伸出的援手，有时是一种倾听，有时是一种疏导，有时是一封信，有时是一张明信片。我记得她给我的信，极少用问号和感叹号，在那些逗号、句号以及给我的纾解性文字之间，总是时不时透露着平和、淡定、从容和温暖的力量，一如她的为人处世，一如她给我们授课，真诚、博学、平和、不争，但自有一种让人信赖和信服的力量，在源源不断地支撑着你。

1990 年 6 月 28 日，我写下一首诗《给我尊敬的你》，虽然它至今仍安静地躺在我的日记本里，从来未曾寄出，但是这份感激与尊敬，从未褪色，反倒愈久弥深，请允许我摘几句，献给我敬爱的张老师：

那儿不是磁场
却有着圣洁的皈依
没有星的炫目
却有海的宽容
微风起时

有个比小拇指还小的小孩
轻轻地落在你的衣襟
只为倾听
一种语言
一种你才有的语言
虔诚合起的掌
管它叫
深沉
细语飘洒
那个比小拇指还小的小孩
擎着巨大的阳伞
躲在你的衣袖
只为攫住
一种笑容
一种你才有的笑容
虔诚合十的掌
管它叫
平和……

如今,三十几年过去,当年通师一号教学楼过道里那面镜子上方的“为人师表今日始”七个白色大字始终在我心里光华熠熠。我们毕业后,通师校园里又添了一景——“百师壁”,以各种字体篆刻一百个“师”字,通师的“师者大爱”,当之无愧!在爱里,一切都得到丰足,一切都得到治愈。

今天,当我也已成为校长数年,当我把“聚贤成社,洛泽童年”作为无锡市洛社中心小学办学理念的核心表达,便是想接过这“爱”的接力棒,汇聚和培塑德才兼修、知行合一的贤师与成长共同体,以如水的教育,润泽每一个独一无二的童年。

诗性的种子:信念如炬

当年在通师,听李庆明老师讲教育哲学、教育美学,其实连“一知半解”

都称不上。李庆明老师有好些个“铁粉”，比如我们班的肖长卿、87 五普的王颖等，他们跟着李老师狂热地读哲学。而当时的我，实在不懂为什么“儿童”也是个神圣的词，只是记下了皮亚杰、马斯洛、弗洛伊德等李老师常挂在嘴边的名字，以及类似于“人充满劳绩，但还诗意地栖居在大地上”之类的零星话语。

但是，当年不经意间记下的某个词、某句话，当它遇上合适的土壤与机缘，它就会在某个瞬间突然“苏醒”，让你拥有“原来，你早就在这里！”的惊喜。说“一句话的伟力”一点儿也不夸张，比如对荷尔德林的那句“诗意地栖居”，以此来回味当年的通师生活，或以此来关照我的当下及未来生活，它都如此“适用”和“趁手”。

20 世纪 80 年代，人们的物质生活还普遍贫苦。贫穷限制了孩子（尤其是农村孩子）的视野和想象力。但通师的课程及社团活动为我们打开了一个全新的广阔世界：形体课上，身体的舒展、优美与挺拔唤醒了精气神的舒展、优美与挺拔；语基课上，多年“r”“l”不分、前后鼻音不分的我以及“n”“l”不分的南京同学找到了发音的诀窍和规律；美术课上，去校外写生、看《美术鉴赏》片成为我们特别期待的事；生物课上，我们测血型，解剖癞蛤蟆，还在严老师带领下，到人民公园去认识了上百种植物；体育课上，单双杆、跳山羊、长跑，灵巧性和耐力型的运动我似乎都还尚可（除了力量型的投掷不见什么长进），而且，将晨读与晨练相结合，是我们当时的时尚；校园里、濠河边、通往文峰公园的树林里（学校对岸），都是我们晨读与晨练的绝佳所在。我们参加实践活动：为图书馆整理图书，为图书编目；我们在院墙外种下的紫藤、在五号楼后植下的草皮，几年前去看时还是郁郁青青；我们参加军训，从队列行进到内务整理到半夜远程拉练，每一招每一式我们都认真以待，印象深刻，纪律意识、执行意识、团队意识显著增强。我们组建广播室：主题策划、组稿、播音、精选每周一曲，听当时最流行的歌曲；《再回首》《特别的爱给特别的你》《恋曲 1990》等音乐响起，同学们在各自的教室练字、阅读或干自己喜欢的事，是何等喜悦与充实！我们开展“三字一画一话”基本功训练：钢笔字、毛笔字、粉笔字、简笔画、普通话一样不落，在练字、练画（话）及过关考核、参与竞赛中，我们练就的，不仅是字和画，更有安静的心性、执着的品性和拾级而上的自信。

当时的通师，除了实施“知能并重”的“通才教育”，还有一个最可贵之处，就是从不为人设定上限。老师们总是帮着我们一起，去发现自己的兴趣与特长所在，鼓励我们去挖掘和实现各自的无限可能性。而且，老师们自身就是最佳的榜样，“其身正，不令而行。”老师们身上所散发的学术魅力、人格魅力等“诗性光芒”，使他们身后有了一批批追随者、效仿者和孜孜以求者。

如王亦群先生，就是我们心目中“终身学习”“博学多知”的典范。第一次注意到他，是我们在五号楼下的草坪上打排球，忽闻一声呵斥，回头看见一位颀长清瘦的老者，状如老农，然而目光如炬，我们自知理亏，遂一哄而散，老人亦背手徐步而去。后来才得知这是一位老师，专授古代文学，学养极为丰厚。又几次相遇，见他口中总是念念有词，甚是奇怪，细听发现他竟然是在背诵古诗文，不觉肃然起敬。四年级时他成了我们的古文老师，记得一次讲韩愈：“韩愈，郡望昌黎，所谓‘郡望’，就是世居某郡，为当地所景望……”老先生陶醉地晃着头，那浓浓的如海口音念出抑扬顿挫的语调，此情此景恍如昨日。张静秋老师曾在课上说过，与王先生相比，她的学识只是九牛一毛。这既是张老师的自谦之语，也是对王老先生的敬仰之情。在我们的学生时代，王老师被尊称为“活书橱”，而且爱生如子，正是受他深刻影响，我们班蒋红梅、吴卓君等一批同学深深痴迷古代文学，蒋红梅更是毕业不久就考上了古典文学的研究生。

再如李庆明老师，给我们授课时就是“哲学狂人”，他的教育激情、学术热情及对钟爱书籍的痴情，常常一次又一次地震撼到我们，诚如他自己所说，“书瘾发作的劲头绝不逊于烟棍、酒鬼，所以最能心领神会约翰·费里尔《书痴》里的那句话：‘一旦染上书瘾，何其汹涌的欲望，如许无尽的折磨便紧紧攫住那悲惨的人儿’。”他笑言自己就是那“悲惨的人儿”。那哪是“悲惨”？那绝对是沉浸其间的逍遥惬意、超然神会！虽然那时坐在课堂听课或是随一帮同学去他家“头脑风暴”，我更多的只是一个“吃瓜听众”，完全跟不上趟，但是当我自己在教育田野摸爬滚打多年之后，就像忽然开了窍：2000年，我在江苏教育学院脱产读本科时再度听到李老师讲课，就一下子有了诸多的共鸣；2020年，我主持的省语文名师工作室专题研修，李老师给我校六年级的孩子上语言哲学课《奇妙的声音》，并以“回到话语之乡”为主题，组织我和祝禧老师的工作室成员开展语文教学沙龙。“人用语言命名万物，人用语言创造世界。语言具有一种拯救的力量，是存在的家园，也是人类的精神寄托和指引，我们应当珍爱、敬畏语言，并用它来传递真理、表达思想、赞美人生……”离开通师已经超过 30 年，能再度做回李老师的学生，而且，是渐渐能够“跟上趟”“对上话”的学生，这种感觉该是多么奇妙！最近几年，读李老师的文章，读李老师的教育人生，读李老师“释放天性、体验温情、回归生活、提升智慧、筑建家园”为核心的“田园教育”主张，读他的身体力行、初心不改和其志弥坚。默默地紧随其后，哪怕是只学到一招半式，我都会谨记李老师所言：“做一棵会思想的芦苇”，校长，要做学校办学顶层设计、教育理念、管理风格、课程模式、教学行为等方面均有哲学致思的“哲学王”。

当把教育做成“迷恋人成长的事业”，而且是终其一生、九死而不悔的事业，虽然“充满劳绩”但始终“含笑守望”的事业，这不是教育人最美好的“诗意栖居”吗？

写作的种子：文字有光

人有两个自我，一个是内在的精神自我，一个是外在的肉身自我。普鲁斯特说，当人写作的时候，进行写作的不是日常生活中的那个他，而是“另一个自我”。

写作，就是独自面对自我，与自己灵魂的亲切交谈，而这种交谈，能使灵魂变得深邃，使生命境界得以提升。

在通师时，我给自己取了个笔名，叫“含笑”。并以《自画像》为题，写了一首小诗：

胸前挂着
一串钥匙
说是为了
开心
其实心头的锁
早已
郁结千年
可眼中的眷眷
因了
细雨的缠绵

竟一如
青青的长藤
枯了总还
再绿……

其实我的写作，称不上真正的“写作”。我只是以笔代言，那时的我，太需要用文字来“平复心境”和“自我救赎”。出身农门，又在生计线上徘徊，且家庭动荡不安的我，与音乐、舞蹈、美术什么，几乎都是绝缘的，像个“丑小鸭”一般，怯怯地打量着这个世界，一旦风雨来袭，就会躲回我那个心灵的角落。

何其庆幸，再度深深地感激通师的人文情怀，感激老师们的师者仁心，或许是受王亦群、张静秋和陈建新等老师的影响吧，我一度地迷上了古诗词，也参加了文学社，四五年级选科时又选择了文科。于是，我有更多的机缘去阅读，有更多的机缘去书写，也有更多的机缘去发现内在的自己和成长中的自己。用文字梳理思绪、思想、情感，用文字观察、记录、审视生活，用文字舒缓、平复、安放心灵，用文字积累、沉淀、回味生命的意义，渐渐成为我的一种习惯。

我至今保留着在通师时的《艺蘅馆词选——新会梁启超女公子梁令娴选钞》，从甲卷唐五代词到乙卷北宋词，再到丙卷南宋词、丁卷清朝及近人词，从南唐后主李煜、韦庄、冯延巳，到北宋晏殊、范仲淹、柳永、欧阳修、晏几道、秦观、周邦彦，再到南宋辛弃疾、张履信、姜夔，清代纳兰性德、龚自珍等，右栏词选摘抄，左栏简要批注，其间既有对词“清空”“意趣”“用事”“咏物”“赋情”之感悟，又有由词及人对词人命运、情思之感怀。

摘录自古典诗词起，后又涉及现当代文学及外国文学，其中摘录占相当大比重的是诗歌。想必是我童年时期文学阅读实在匮乏缺失，到通师恰好有机缘恶补。阅读、摘抄和书写让我的视野与心灵渐益打开，隐隐约约觉得，在“小我”以及“小我悲苦”之外，还有着极其广阔的、值得热爱、值得探索、值得深情依恋的世界。

以笔代言、以笔思考、以笔积淀的力量如此之大，是我远远不曾预知的。如今回忆起来，我在通师时获“巳午之交的钟声”作文比赛、“红烛奖”命题作文比赛、江苏省中师政治学科首届年会论文二等奖，和“凯特杯”海内外当代青年诗歌新人大赛优胜者等称号，以及 7 次获评南通师范三好学生、优秀学生干部，1989 年获评南通市级三好学生，1991 年作为通师二附小实习生代表上汇报课等，应该就是大量读写给予我的馈赠了。

以笔代言的习惯，我至今保留。而且，它给予我的馈赠也更加源源不断。行文至此，若要将通师给予我的精神财富再作浓缩，它就是三个字："爱""诗"和"写"。

爱，让生命治愈和安放；诗，让生命哲思并躬耕；写，让生命觉醒且存档。

感念通师，感念我的 86 五普！三个字，三颗种子，我一辈子的精神源泉，一辈子的至尊珍藏！

"师范是教育之母。"深深地祝福我的母校，永远地以你为豪！120 周年华诞之际，愿和您一起，唱响我们的校歌——

狼之山，青迢迢，江淮之水，朝宗遥。
风云开张师范校，兴我国民此其兆，
民智兮国牢，民智兮国牢，民智兮国牢，
校有誉兮千龄始朝。

作者简介：李勤，南通师范 1986 级五普校友。正高级教师、特级教师。现任无锡市洛社中心小学校长。曾被评为江苏省人民教育家培养对象、江苏省"333"工程高层次人才培养对象，担任江苏省教育学会小语专委会学术委员、江苏省小学语文名师工作室主持人。

母亲的通师情

刘燕妮

记得2010年5月，南通师范高等专科学校举行了隆重的首届定向师范生素质发展汇报展演，我的母亲李吉林老师作为特邀嘉宾，与众多的省市领导、教育专家一同观看了定向生在“成长的摇篮”等四个篇章中，现场展示的书写、朗诵、绘画、演唱、舞蹈等多项职业技能。看着演出，母亲情不自禁地流下了兴奋的泪水，在随后的发言中，她激动地说：“看着你们这样的朝气蓬勃，我真羡慕呀，不由地想到50多年前在师范就读的自己。那时，我心里常想着一句话：我要当一个好老师，我必须努力学习，因为我将是小学教师。小学看似小，其实很大，小学看似浅，其实很深。我坚信老师的爱能够产生智慧，能够产生力量，我由衷地感恩当年的师范老师对我的教诲和培育，是他们培养了我作为小学教师应该具备的才情和能力。”

母亲激情洋溢的话语间夹杂着哽咽，全场不断地报以热烈的掌声。

这次汇报展演，我作为静态展示的负责人，也全程参与了汇报活动。在现场，我凝听着母亲的话语，倍感她对师范生的殷切厚望，更能理解她对通师的浓浓深情。

在和母亲生活的几十年中，母亲时常和我聊起她在师范学习与生活的那段美好而难忘的时光。

20世纪50年代，母亲就读于南通女子师范学校（1958年南通女子师范学校与南通师范学校合并），那时在师范任教的都是底蕴深厚、博才多艺的老师。有王冠华、于文绮、胡体之、李传椿、史友兰和任哲维等多位语文老师，他们都给母亲留下了深刻的印象。每次提起老师们母亲都是赞不绝口，称赞他们精通古诗词，文笔优美，擅于文学创作；夸奖他们擅长书法，字写得漂亮，让自己终身受益；赞扬老师讲起课来绘声绘色、旁征博引，使课堂充满了生趣。母亲在《母校对我的影响是一辈子的》一文中这样写道:“他们是我的恩师,他们热情地称赞我的习作,鼓励我搞文学创作,激励我不断向上。让我这个失去父亲的穷孩子,也对生活怀着满腔的热情,敢于向往美好的未来。现在想起来,这种殷切的期待终究产生了‘期待效应’,在我的同学纷纷走进大学,而我为了照顾母亲跨进小学大门的日子里,我没有气馁,不管道路怎么弯弯曲曲,我只知道一个劲儿地往前走。”

母亲在师范的学习不仅是课堂的学习,课外活动更是丰富多彩,她常和我说起在师范时学弹琴、练书法、打排球的情景,还美美地回忆起她在操场上荡秋千的趣事。她说:“那时我能把秋千荡得很高很高,一直把秋千荡平,能看见校园围墙外的房屋、田野,甚至能看到路边的青草,那时好像秋千把我带到了天上,我成了天使。”每次说到此时,母亲脸上总是洋溢着青春的笑容,好像又回到了学生时代。

在母亲就读师范的那个贫穷年代,学校给予了她无微不至的全方位的关怀。母亲没有忘记,在师范就读时,每天的早餐除了稀饭、馒头外,还能吃到鸡蛋、豆浆和炒花生,学校保证了她们长身体时必需的营养。这让母亲这样的穷孩子倍感温暖,铭记在心。

在母亲的记忆里,师范是学习的殿堂、欢乐的天地,但绝不是世外桃源,学生们的成长与祖国前进的步伐始终联系在一起。在师范,爱国主义教育从没有停歇,各种形式的讲演、热情洋溢的诗歌朗诵,让学生们的心和时代脉搏一起跳动。革命之情、爱国之心,一次次在她们的胸中强化、升腾。母亲多次回想起:他们打着腰鼓去迎接志愿军归来的热血沸腾的场面,每当那时她也会兴奋地唱起《中国人民志愿军军歌》等革命歌曲……

每每回忆起师范,母亲都会骄傲地说:我上师范时,学校就已经推行德智体美劳的教育理念,注重我们的全面发展,那也都是素质教育呀。

母亲毕生奋斗于她所钟爱的教育事业,用她的才情与智慧创设的情境教育,成为中国基础教育的里程碑,获得首届国家级基础教育教学成果特等奖。2019 年 6 月 23 日的《中共中央国务院关于深化教育教学改革全面提高义务教育质量的意见》中,其中专门指出:“融合运用传统与现代手段,重视情境教学。”母亲的专著《情境教育三部曲》(英文版)由世界著名出版社德国斯普林格出版社出版,让情境教育走向了世界。我想,这些成就都与她在师范就读时,所受到的素质教育、人文关怀和学术滋养是分不开的,同时,也是她用一生心血书写的回报辛勤培育她的母校及老师的一份完美答卷。

几十年过去了，母亲对母校的往事依然记忆犹新，对母校的老师依然深怀感激。她在素质汇报展演讲话的最后再次强调："通师是我的母校，我对通师有着深深的情结，我感谢母校，感谢我的老师，我也希望所有的定向生永远不要忘记母校，不要忘记培育你们的老师。"

我知道母亲这些发自肺腑的话语，绝非应景的客套话，也绝不是场面上的应酬之语。因为她对师范老师浓浓的情意一直存于心中。

多年前，母亲曾经的语文老师李传椿先生约母亲去他后来工作的泰兴县教师进修学校讲学，母亲欣然从命。报告前，大礼堂坐满了听众，母亲建议主持人将李传椿先生请到主席台上就座。她想：让老师听着自己的学生汇报长大后学习、工作的心得，老师该是何等的欣慰啊！她没有忘记李老师对她这个家境贫寒的学生给予的更多的爱怜。她曾写道："我对老师的感激随着岁月的流逝、自己的成熟，感受得愈加深切。"

母亲对师范老师的感恩之情，一直延续着，并体现在细节当中。多少年来，她对现任的通师老师也是敬重有加，不管是同辈还是晚辈从不直呼其名，都以老师相称。贾真和张静秋既是我父亲的嫡亲学生，又是我的好闺蜜，但母亲还是尊敬地称呼他们贾老师、张老师。她觉得她们更是通师的好老师，对通师的老师就必须尊称。

在母亲心目中，通师是师范生的殿堂、培养小学教师最佳的摇篮，只有在这个充满生机的氛围中才能造就出好老师。

母亲对通师的深深情意也影响了我对职业的选择。1987 年我从南京师范大学美术系毕业，那时全省只有南师大和南京艺术学院两所大学有美术专业的毕业生，毕业时我可以有多个更好的选择。但母亲觉得南通师范是最好的，我知道母亲是钟情于通师。就这样我选择了母亲认为最好的工作单位，在通师工作了 34 年。我没有辜负母亲的殷切期望，从工作的第一天起，就努力学习不断进取，专业水平和业务能力都得到了很好的发展。

几十年间，我和母亲朝夕相伴，她时常询问我学校的情况，她会为学校取得的成绩而高兴，为学校发展中遇到的困惑而焦虑。我也会主动告诉她学校的一些趣闻、学校的重大事件，言谈中我都能感受到母亲对通师的牵挂。当我告诉她：学校开始招收优秀初中毕业生，定向培养小学教师的消息时，她无比欣喜地说："太好了，这以后我们学校又可以进到优秀的毕业生啦，学校发展少不了优秀教师呀，这下又看到了希望。”

在此之后，定向生培养工作中留下了母亲的身影，她多次来到学校参与定向生的工作，观看定向生的基本功汇报，和他们促膝座谈，百忙中接受定向生的采访，给定向生留下了深刻的印象。首届定向生耿晓佳同学曾在“追寻李吉林老师的足迹”笔记中这样写道：“我无法估测一个小学老师能创造多少奇迹，但李老师鲜活的实例证明，启蒙老师同样可以做出非凡的创举，我永远相信李老师的话：‘爱能产生智慧，爱能改变人生。’李老师写下真理，放飞希望，无悔地坚守在三尺讲台上，为语文而奋斗，让我对心中的小学老师有了崭新的诠释。”我想，母亲给学生们留下的印象，也如同当年师范老师留给母亲的印象那样，是刻骨铭心影响一生的。

母亲一直关心着通师的发展，把通师请她做的每一件事都视为自己的重要工作，认真对待，真情投入。

有次在家中，我隐约听到母亲在电话里美言着通师。出于好奇，等她放下电话后我问：“刚才打电话的是谁啊？”她神秘而认真地说：“我不认识，是教育部打过来的，询问通师国家级培训的事情。这个电话非常重要，我必须尽力为通师争取呀。”几天后，我得知学校正在联合江苏情境教育研究所共同申报国家级小学语文骨干教师培训基地，在所有申报的学校中只有通师一所是中专学校，其他都是师范大学，那个电话是匿名寻访电话，其重要性不言而喻。在这关键时刻母亲对通师的鼎力相助也正是她对母校的真情厚爱的具体表现。

在大家共同努力下，学校终于申报成功，成为国家级小学语文培训基地。随后全国各地的学员一批批来到通师，学校都会邀请母亲来给学员们上课。接到任务的母亲更是分外认真，做好充分准备，有时还在讲课前夕起大早再次修改教案。母亲精益求精的精彩讲课受到学员们的一致好评，给大家留下了深刻的印象。随后的几年中，国家级培训接连不断，母亲来通师上课的次数也随之增加。但她已年近八十，身体也不如以前，每次下课回家都是筋疲力尽，有时一句话都不想说，中饭也不想吃了。她那疲惫的样子，让我非常的心疼，我便说：“看你累成这样，以后就别上课去了。”但母亲却说：“通师请我给国培班上课，我怎能不去。”无奈，我向徐汝成处长述说了母亲每次回家后的状态，建议他不要请母亲来上课。徐处长表示非常理解，说：“以后我们就让学员到二附去，省得李老师来回走，李老师的课上得太好了，学员们都盼着听呢，他们都是奔着李老师来的呀。”

是啊，几十年来，母亲与通师已经紧紧地联系在一起了。

母亲在《南通女师我的摇篮》一文中这样写道：“每当有人问我毕业于何校时，我会骄傲地告诉他：‘我是南通女师毕业的。’因为我对母校怀有深厚的情感，就像婴儿眷恋摇篮、眷恋母亲一样！”

母亲对通师浓浓的情、对通师学子真诚的爱都深深地珍藏着。母亲去世后，我整理遗物时，在她保存不多的讲稿、发言稿和重要材料中，发现了几份不同年份的她在定向生基本功汇报会上的发言稿，以及她在定向生毕业宣誓大会上题为《送给明天的老师一个字：爱》的发言稿。许多年来，母亲在各种场合有过无数次的发言，做过数不清的讲座，但她并没有完整地保存讲稿，而这几份有关定向生的发言稿她却视如珍宝永远地收藏着。同时，我还在她保存的材料中，发现了刊有我的论文的《课程·教材·教法》杂志。我手捧杂志，似乎又看到了母亲意外发现《课程·教材·教法》上也发表了我的文章时，那无比喜悦的笑容。此时，我意识到，我不仅仅是她的女儿，我也是通师的老师，那一刻我泪流满面。

亲爱的母亲、敬爱的李老师虽然离我们而去，但她对通师的深厚情谊，将伴随着南通师范的百廿历史永远长存！

作者简介：刘燕妮，李吉林老师之女。1987 年起担任南通师范美术教师，中国美术家协会会员、教授。

苏北大地上的“青春圆舞曲”

潘杨华

一

1987—1992 年，我在江苏省南通师范学校(时名)求学五年，系改革开放以后通师在全国首创五年制普师班的第四届学生，我们自己戏称“黄埔四期”。

与此前和此后通师历届“黄埔生”不同的是，我们那一届系首次面向苏中苏北招生，其中南通市、盐城市、淮阴市(今淮安市和宿迁市)各招生 10 人，徐州市、连云港市各招生 5 人，因此我们班同学遍布苏北各地，最远的来自徐州的沛县和丰县。

入学通师的我们，正值豆蔻年华，兴趣广泛，精力充沛，求知若渴。平常在学校不是泡在图书馆、琴房，就是活跃在运动场。周末通常逛书店，或到濠河、狼山一带写生、采风。教学楼的橱窗内，时不时会有各类社团成员的习作、书画展览，显示出令人艳羡的“基本功”。

记得四年级暑假前夕，我不满足于日常零打碎敲的学习实践，想趁着青春年少，整一点大动作。而且那时班级同学之间数年朝夕相处，亲如兄妹，凝结了深厚的友情，于是我决定利用假期，一一实地走访同学家，在苏北大地上谱写一曲属于我的“青春圆舞曲”。

二

我的最初计划是骑自行车，从学校出发，经如皋、海安、东台、大丰到盐城，然后从盐城转涟水、宿迁、徐州，再从徐州转连云港，经淮安折返盐城，最后把自行车架在车顶，坐汽车回南通。

20 世纪 90 年代，我的同学家基本上没有固定电话，更没有手机、导航。为了确保行程顺利，我行前做了详细攻略，一一记录了将要探访的同学家的详细地址、门牌号码和交通路线，注明了桥梁、配电站、纪念碑等标志性建筑。

正式启程后，每到一处我即提前向将要去的同学写信预告，然后按图索骥，逐一实施，遇到岔路或者拿不准的时候，借助在通师培养的人际交往能力，不吝反复询问路人，最后总是圆满解决了问题。

就这样，从 1991 年 7 月 5 日出发，到 8 月 5 日结束，前后历时一个月，我成功到访 18 位同学和校友家，只是因为天气、体力等原因，到盐城后改为了公共交通，留下一点遗憾。

记得出发时携带的全部家当：28 大杠自行车一辆、旅行包一只、雨伞一把、雨衣一件、太阳帽一顶、修车工具一袋、地图两张、速写本一本、随身衣物若干。走完全程，花费竟然不到百元，主要是车票支出，其他吃住全在同学家里，至今仍觉得无比温馨和感动。

三

当然，人在旅途，难免意外，也正是各种曲折坎坷，才让如今的记忆更加醇厚，且弥足珍贵，可以说我创作的这首苏北大地上的“青春圆舞曲”，不时婉转萦回、高潮迭起。

首先，一出发即天不作美，南通地区连续几天阴沉沉的，从电视上了解到苏皖一带已经暴雨成灾。第一站到如皋，同学 W 陪我同行，他是如皋人，正好回家。到如皋以后，同学 W 的父亲担心危险，曾劝我返回，但是在通师养成的一股子不服输劲头，让我坚决不轻言放弃。

第四天大早，我独自离开海安 Q 同学家，前往东台，经过富安、安丰镇时，四周浓云涌动，狂风大作。天像倒扣下来的一只铁锅，头顶上黑乎乎的，只有天边微露一丝亮光。路上行人稀少，感觉自己像被闷在巨钵里，不由得让人心生害怕。

一路看到不少农田淹没在水里，有些地方水已经漫过房舍。当时雨如倾盆，又如瓢泼，我虽然穿着雨衣，但雨水还是顺着脖颈一个劲往里钻。好在夏天，衣服淋湿一点没有关系。由于前不着村，后不着店，我只得紧蹬前行，好不容易找到一处避了一阵。

7 月 12 日，辞别东台，独自向大丰新团乡进发时，发现到处白茫茫一片，树木半浸在水里。不时有舟行河道，渡船在岸边和村庄之间摆渡，接送那些被雨水困住的老百姓。第二天，游大丰县城时，发现汽车站有积水。在十字街，南行遇水，东折见水，北上蹚水，可见水势之盛况。

直到 7 月 14 日，到达盐城，寻到同学 Y 家时，还能看到他们的宿舍楼底留有不少沙袋，系前几天堵水之用，墙壁上并有残留的水浸痕迹。

后来上网搜索，才发现我的此次苏北之行，遇到的是中国历史上第一次呼吁国际社会援助的自然灾害。水灾覆盖中国 18 个省、市、自治区，其中灾情最严重、损失最大的是安徽和江苏两省，时称“华东水灾”。灾后海内外捐款捐物达 23 亿元，帮助很多困难群众渡过了难关。

四

除了遇到史无前例的水灾，我的苏北之行，还发生一个令人后怕的“插曲”——我差点“交待”在宿迁市龙河乡的一个大池塘里。

那是 7 月 22 日，我已经来到宿迁市同学 H 的家里，并且见到提前接我信、得知行程的同学 Z。于是，在与 Z 同游宿迁项王故里之后，又欣然骑车下乡，探访 Z 的家。

记得路上经过一条又窄又长的乡间小道，两旁草荡几人高，密不透风，人在其中，如处风箱，视线只限于路面和天空。当时前后十几里空无一人，我想如果有盗贼从草荡中窜出“劫道”，我们绝对是束手无策，颇让人想起《水浒传》里的情景。

Z 的家龙河乡地处苏皖边界，当时经济相对落后，村中鸡、鸭、鹅成群，院前屋后随意乱逛。当地两餐制，在上午九时和下午三时左右，其余时间多在田间劳作。饭食也简单，待客用鸡蛋已是盛情，平常多煎饼，少米饭。Z 的三哥脑子活络，干个体户，建有瓦房，条件较好，我们住宿其处。

只是晚饭后洗澡成了问题，因为没有室内浴室，只有一个室外天然大池塘（当地人称“汪”），北端容男客，南端容女客，大“汪”朝天，各占一边，当地人习以为常。

我在水中会几下狗刨，不知道那天为什么一下子游离岸边数十米，等到想回头时已力不从心，身子扑腾一阵后开始下沉。Z水性一般，仅能自保，无力助我，被迫大呼“救命”。周围有一大圈人，并有七八岁孩童，均怀疑我们在导演“狼来了”，无人理睬。

等到我身体完全沉下去的时候，万幸脚已经触到河底。于是自力更生，身子一点一点往岸边挪，终于撑到塘边，爬上岸来，腹中已是半饱。上岸后大口吐水，好半天才缓过劲来。这次历险，足堪载入我的人生史册，古人云“阴沟里翻船”，想来所指就是如此。

值得一提的是，我的这位师范同学，在校时即刻苦自学，立志读研，三年后如愿考取武汉大学刘纲纪教授的硕士，毕业后又三年考取北京大学张祥龙教授的博士，如今在中山大学哲学系任教授、博导，有专著多本行世，成为国内现象学的翘楚和我们的楷模。

五

不过，此行也有特别令人振奋和舒心的时刻，有一天我马不停蹄，竟然创造“奇迹”——从早到晚跑了四家同学。

7月24日大早，我离开宿迁同学H家，顺道游览了黄河故道，然后奔赴徐州。宿迁到徐州的车次很多，并不用车站内候车，路边招手即上车，两个小时已到铜山，见窗外开始群山连绵。

在徐州西站下车后，按照原先计划去寻市区同学L家。沿着中山北路，到庆云桥立交，坐2路车到徐州北站下车，再去寻北站小学。走着走着，忽听有人叫我，蓦然回首，同学L正在不远处笑吟吟地看着我。后来知道，她已经收到我信，确定要来，但不知准确时间。害她昨天白等一天，今天又等，看到一个背影像我，一喊果然是的。

L极其能干，不多时即端上来“四菜一汤”。我大快朵颐之后，下午又去寻徐州市的另一个同学G家，两家相距不远。在G家里闲聊了一阵，又欣喜地看到风尘仆仆的沛县同学S，原来他接到我的书信，上午就到了城里，先找到L家，后又赶了过来。

S急邀我下乡，随即我们几分钟吃好饭，赶紧骑车到徐州北站购火车票，离发车还有半小时。又到L家放好自行车，再步行匆匆入站，已经开始检票，于是进站、上车，在沉沉暮色之中继续赶路。

当时坐的还是老式绿皮火车，速度比较慢，咣当咣当，一路响个不停。记得是6站路，到了沛县的张寨乡，下车又步行一个多小时，终于在夜静更深之际到达S家。

如今，中国从普速时代跃入高铁时代，苏北交通也今非昔比，前面所说的W同学后来转入行政，曾经一度担任如皋市交通运输局局长，绿皮车的体验已经一去不复返了。

六

从小学、初中，到师范、研究生，以及后来工作中的各类进修，我的同学并不算少，但是通师时的同学情谊，远超其他各个阶段。任何时候，拨打通师同学电话，不用任何寒暄，就可以直奔主题，也不用客套礼节，即可以随时挂断。

毕业十年、二十年，我们班级都曾经聚于母校，共话短长；最近毕业三十年，又重返城山路，再聚濠河边，席间见到W、Q、Y等同学，谈起我当年的苏北之行时，很多细节历历在目，恍如昨天。

20世纪末，生活节奏慢，社会风气正，贫富悬殊小，人与人之间交往真诚，关系单纯，当年我如此“放肆”地跑到同学家里，想吃就吃，想睡就睡，谁也没有觉得有什么别扭。摆在如今，即使是同学，交往也多安排在茶社、饭店，恐怕再也难以有我“登堂入室”的“自由”了。

工作后我又了解到，通师不少校友当年在校有社会骑行经历，有的结伴骑游南通周边欣赏风景，有的呼朋引伴带着一批同学骑回乡下老家，还有的风餐露宿从南通一路骑到北京，乃至更远的地方。一位现在北京国家机关担任司局级领导的校友指出，这种现象的出现，与母校独特的教育理念和文化氛围是分不开的。

通师办学理念先进，开放自主，学校管理宽松包容，学生培养颇得“文明其精神，野蛮其体魄”之精髓，并且鼓励“风声雨声读书声，声声入耳；家事国事天下事，事事关心”，很多校友在这样的环境熏陶下，人生立意高远，眼界格局开阔，无论后来在什么样的岗位，经历什么样的变故，多能成就一番事业。

我的“青春圆舞曲”，之所以浪漫流畅，追根溯源，是通师让我们这批同学结缘，是共同的师范生活、青葱岁月，让我们增添了美好而悠长的回忆，彼此之间凝结了难以比拟的深厚情谊，母校这块热土时时令我怀念，让我心存感激。

时光荏苒，如今我已经年过半百，但是骑行的兴趣不辍。我退休后的首要心愿，是重游故地，用车轮丈量那片熟悉而陌生的土地，再次一一造访当年的老同学家，把盏言欢，畅谈过往，祝福未来，我憧憬着这一天早日到来！

作者简介：潘杨华，南通师范1987级五普校友。现任南京市教育局机关党委专职副书记、机关纪委书记。

有一道深刻记忆叫通师

金　勤

时光总是匆匆，中师毕业已经三十年了。前段时间，国内疫情控制比较稳定，班上有同学提出了毕业三十年回校相聚的设想，其中最具建设性的一种相聚模式就是欢聚时再来一次基本功汇报。比如谁创作首诗全班朗诵；谁写首歌，唱的唱，伴奏的伴奏，伴舞的伴舞；谁现场创作书画作品现场义卖，得款资助贫困学生……对此，不少同学纷纷赞同。这种欢聚方式构想的底气源自当年班上同学大多是多才多艺，且爱心满满。这也让我的思绪在短时间内被拉回到了三十年前，拉回到中师学习的那段通师记忆里……

1988年9月，我和一群尚不熟悉的小伙伴们跨入了江苏省南通师范学校的大门。记得我们刚进校的时候，学校才18个班，我所在的88级普师专业也就两个班。按照每班平均40人计算（普师班人数算多的），全校最多也就七八百名学生。走在校园里，似乎每张面孔都有种熟悉的感觉。现在想来，之所以容易记住学校大多学生的面孔，一是因为学生人数少，二是那时年轻记忆力好；而更为重要的原因，则是通师的活动多。诸如普通话、演讲、作文、篮球、田径、拔河、宿舍布置、黑板报设计、硬笔软笔书法、绘画、演唱、钢琴、手风琴、二胡等才艺、学科知识等各类比赛、竞赛以及演出接连不断，层出不穷。还有各种兴趣小组、学生社团，诸如文学社、记者团、书道社……小荷尖尖，百花争艳，可以毫不夸张地说，进入通师后，专业思想的巩固、文化知识的学习、基本技能的培训以及教育实践活动实战演练等，成为学校对我们进行全方位培养的四大法宝。手握四大法宝的学校，面对一批批超过重点高中录取线几十分考进来的学生，有的是各种办法喂饱、喂好他们。在那个方兴未艾的时期，通师以其独特的视角孕育了一波又一波教育人，除了知识能力的传授，还特别注重品格情怀的滋养。

时至今日，某位老同学，还是每天坚持清晨早起练字，然后将作品上传朋友圈。无论是酷暑还是寒冬，能做到雷打不动地更新作品，这种毅力非常人能及。他发布在微信朋友圈里那饱满有力的一幅幅作品，好友们纷纷点赞留言，恐怕只有我们这些老同学才最能明白他对书法执着的热爱，其实源自通师时代兴趣的养成。那时，学校有个社团“启秀书道社”，成员来自各年级各班。先是学生毛遂自荐报名，或由班级推选；然后指导老师再从中筛选。被书道社录取的同学，每周二下午第 3 节课后集中活动。而我们班这位同学便是书道社最勤奋的学员之一。

书道社的活动，或现场书写，由书法老师带着高年级学长学姐当面指点；或将学员上次课提交的作业逐一点评；或精选书法大家的作品进行赏析，抑或是为迎接某项比赛现场泼墨创作……总之，启秀书道社活动的那间教室里，四下笔墨纸砚，随处翰墨飘香。那几位自带艺术气息的指导老师才华横溢且和善温良。书道社学员求知的面孔勤奋灵动，虽稚嫩却也执着。书法兴趣的形成还带动了动手能力和创造能力的提升，我们捣鼓各种材料制作成笔，也是创意无限。当年很多书道社成员把节省下来的饭钱毫不吝啬地用来购买各种石头、刻刀、字帖以及笔墨纸砚，每天临摹字帖，看到书法老师写字用的是兔子尾巴做的笔，也就纷纷效仿，去自制各种硬笔和软笔。有同学学写瘦金体的时候，也专程从家里的鹅身上拔几根鹅毛，鹅毛的管子再蘸上墨，写出来的字也特有感觉。另外，鹅毛还可以在绘中国画的时候发挥作用。仔细想来，我们这些正值最旺盛的求知年华的青年，志趣相近，又遇到了一位位满腹教育情怀的师长，实在是件幸运的事。

毕业后的若干年，我翻看那时拍的一张书道社兴趣组的合影，找寻通师的记忆。那是全国中师校长会议在南通师范召开期间，包括教育部师范司司长在内的一众领导与通师启秀书道社师生的合影，照片里的很多人现在已名扬书画篆刻界。这当中，除了走上书法篆刻专业之路的外，还有不少人，他们在繁忙的工作之余，把练字当作凝神静思的休憩方式，其中就包括前文提到的那位我们班的老同学——他一直延续、提升在通师养成的爱好，并将其融入自己生命之中，可谓真正的书画人。

从通师走出的在书法篆刻界成名成家的人，毕竟只是小的群体。当年中师生进入学校后，“三字一话”是步入实习大门的关卡，因此，通师生无论是否对书法感兴趣，都必须把粉笔字、钢笔字和毛笔字写好，这是硬性的规定、必备的技能。三字中，粉笔字作用最大。在那个“一本书、一块黑板、一支粉笔”教学的年代，漂亮工整的板书，往往成为激发学生学习兴趣、提升学生学业成绩的利器。于是，每到午休或晚间，抑或是清晨，通师教室黑板前总是站着几位抬臂练字的同学，个儿高的同学要学会半蹲着在黑板最下方部位书写练习，身高不够的女同学，则常常踮着脚抬起手臂尽其所高地在黑板上端练习板书。久而久之，能在黑板上合适部位写出漂亮工整板书的已经不算什么了，在其因身高所限而貌似书写艰难的区域，仍能轻松地写出工整漂亮字儿的，那才叫厉害。

今天的校园里依然能看到很多师范生在练习粉笔字。和当年不同的是，每个学生都配发了光滑醒目的长方形小黑板，他们把小黑板平放在桌上，一笔一画地书写，那种抢大黑板练字的热闹场景，已经难得再现了。新建的教学楼里现代化教学设备齐全，教室后墙上已经没有黑板了。在我们那个年代，后墙黑板是专门用来制作黑板报的。一周一期，半月一期，最长一月一期。老通师的黑板报是重要的文化展示基地。专用的板报体文字，有扁扁的魏碑体，也有像印刷字儿一样的楷体，等等。标题往往会用其他显眼的彩色大号字和画面点缀，整幅板报就如同一幅幅美术作品，设计精美，制作精良。各期板报由班上同学轮组制作，分工协作，或拟稿选材，或设计书写，或绘画点缀。每到大型活动学校评比时，就会派出班级最强阵容来制作黑板报。那个时期，低年级的同学常常到高年级的同学教室里观摩学习，高年级也会派出高手辅导低年级的黑板报制作。学校最高水平的板报（其实不止板报）往往来自五普四或者五普五（大专班四、五两个年级），普三（普通师范三年级）的水平也达到一定高度，但是一般超不过五普四或者五普五，毕竟他们是五年制的大专班。自打我们跨入中师大门以后，就知道当年的C楼是“大神”学长学姐聚集的地方，他们均以全县前几名的成绩考入五年制的普师，俗称大专班。这是通师在全国率先试点初中起点五年制师范教育。一进学校大门，就会跃入眼帘的代表学校文化形象的A楼两侧的黑板报，一般也是由大专班高年级板报精英和教务处老师亲自设计制作，每当来学校参观的各代表团人员被黑板报深深吸引，欣赏之后频频点头称赞时，同学们心里也会油然而生出一种自豪感，那就是一种独特的中师校园文化。而这种板报文化，其实骨子里就是一种通师学生必备的黑板报技能。它结合了书写、绘画、文学创作、采编制作、造型设计等多种形式，是通师生综合素养能力的一种展现。于是，在毕业季的基本功汇报活动中，就会由领导老师当场临时确定板报的主题，在短暂的一个小时内制作完成。从素材搜寻到内容创作，再到书写、美编等，长长的大黑板上就会出现一幅即兴创作的内容丰富、精彩炫目的黑板报，这是属于我们那个年代中师生的一项基本技能，是最难忘的中师技艺，就如同今天的老师必须熟练掌握电脑操作，熟稔课件制作一样。

老通师的记忆多多，回味浓浓。前些日子，我与另一个同学在异乡相见。她回忆说，在老通师校园的角角落落里，她最美的回忆就来源于学校东南角的琴房。那一排六角形窗户里，时不时飘来阵阵悠扬的钢琴声。多少次捧着书本从钢琴教室旁边经过，总会羡慕地向音乐教室或者旁边的琴房里投去一瞥，望着音乐班同学娴熟地敲着键盘，听着幼师班同学快乐地自弹自唱，听者的心灵似乎也受到了音乐的洗礼，手也随之痒痒，总是设法在音乐班或幼师班同学下课赶着去上课，新一波练习钢琴的同学还没到来的档口钻进钢琴房，过把钢琴瘾。

我也有同感，在 20 世纪 80 年代末我们普师班同学要练琴，就只能踩着有点漏气的风琴，断断续续地发出沙哑的声音。即便如此，在那个物质相对匮乏的年代，踩着风琴练着老师新教的曲子，对于很多喜爱音乐的同学来讲依然是其乐无穷，乐此不疲。于是当年的城山路有了一道最美的风景，那就是从城山路 24 号的音乐楼旁大树下经过的时候，你能欣赏到悠扬的琴声。在诸多通师生活的美好回忆中，一定包含着老师催着还琴时的紧张，以及这紧张练习中从生疏到熟练演奏的陶醉。若干年后，我的这位同学时常在工作辛劳之时，在学校里或者在家里优雅地弹着钢琴，这就成了一种生活的点缀，一种性情的陶冶。她最喜欢弹的曲子，还是当年通师俞剑儿老师教我们的几首钢琴曲:《致爱丽丝》《水边的阿狄丽娜》……

回忆起来，通师的学习生活着实教会了我们太多太多。直到今天，在我们的身上依然烙有浓浓的中师印记。举个例子，我们这群从通师出来的人，如果到植物园里跑步，就会时不时地看看叶子的色与形，常常会区分浅绿、墨绿、葱绿，椭圆形、心形、扇形；还会听听鸟的叫声，分辨杜鹃、麻雀、斑鸠……这些深深刻印在脑海深处的潜意识习惯，都是在通师几年的教学中养成的。除了较为全面深入的书本知识，还有鲜活生动的文化常识；除了必备的专业素养，还有基本的职业技能；除了丰富的教育理念，还有浓浓的教育情怀……

写到这里的时候，又是一年的教师节了。想起了在通师求学时的每一位老师，想起了现在在教育岗位耕耘的已经不算年轻的每一位通师的同学，想起了三十年前那段美好的通师时光……通师记忆又鲜活了许多。我电脑屏幕选用的是通师高专新校区的地标建筑图景，古朴而富有活力，如同我们热爱着的这所一百二十年的古老而又年轻的学校……

作者简介：金勤，南通师范1988级普师校友。1995年入职南通师范。现任南通师范高等专科学校马克思主义学院教师、北京市炜衡（南通）律师事务所兼职执业律师。

此心安处是吾乡

吴建英

1990 年至 1993 年，我在南通师范学校读书。

时值韶华，青春芳华，其间所见、所闻、所历、所感，印象深刻，历久弥新，温暖、影响着我。东坡词曰："此心安处是吾乡。"我想说，通师是我永远的故乡，有太多美好的记忆在那里定格，令我难忘，令我恋念。

高远的境界　师范的精神

20 世纪 90 年代初的通师校园，美丽雅致，深深吸引着从农村小镇走出的我。

我尤喜教学楼后一湾池塘，曲径小桥，绿意盎然，亭台依池而建，假山石凳凭栏而落。春来水波荡漾，盛夏荷花摇曳，金秋丹桂飘香，隆冬白雪皑皑，我们见证了池塘的四季轮回。大伙儿经常三五成群，或坐在池边看风景，或在亭里桥上嬉戏、读书、弹琴、写生，树旁书声琅琅，花下裙袂飘飘……一派恬静与安然，池塘成了我们心中的百草园。通师的美景熏陶着我们，看着花开花落、草长草衰，三年悄然而过。

走在校园，一不留神，就会撞见历史、撞见文化，张謇像、思源亭……特别是 A 楼底楼廊厅"百师壁"，匠心独运，黑色大理石壁上镌刻着篆、隶、楷、草各体"师"字。上有序言："师者文明之所依，人才之所出者也。集古今百家师字，镌之于石者，以示我校师生仰师尊、闳师德、立师志、成师业之愿也。"每每默念，即将为师的崇高感油然而生，"学高为师，身正为范"之道就这样扎根于心。

我最爱去的是校园最北边的图书馆。之所以爱去，主要受语文老师朱谦祥先生的影响。他给我们上的第一课，就是讲王国维的“人生三重境界”，告诉我们，古今中外，凡有所大成就、大事业、大学问的人必经千锤百炼，方能抵达人生的高远境界。我还清晰记得，他讲时那炯炯的目光。朱老师的语文课，更多的是鼓励我们多读书，培养自己作为教师的高贵气质。不知不觉中，图书馆就成了我们心中的圣地。

通师的图书馆，文史哲自然科学，应有尽有。三年里，我充分利用课余时间游弋于书海中。文学阅读，是首选。钱穆说，“文学即人生，人生即文学。”读文学，就是读人生。《红与黑》《安娜·卡列尼娜》《百年孤独》《追忆似水年华》等书对我人生观的形成都有影响。此外，在老师引领下，还囫囵吞枣读了一些《人间词话》《诗论》之类的书。现在想来，这些书，为我日后“中国风·母语美”语文教育研究播下了种子。那时，通师一批读书爱好者在老师影响下，兴起读美学、哲学的热潮，我也跟随着略有涉及。老实说，有的书我读不懂，有的书只能浅尝一二，但作者天才式的思维，却让我发现一道灵魂的光亮，可惜我并没有循此走进去。三年的师范阅读，使我养成静心读书的习惯。

三年中，对我影响最深的，就是通师的“大师们”。老师带我们到校史馆，给我们讲曾在通师任教的王国维、朱东润、陈师曾、徐昂……那一个个响当当、灿烂夺目的名字，让我产生无比的崇敬。

那时的通师，名师荟萃，可用灿若群星来形容。朱嘉耀校长，鲜少能见，但私下里大家一致公认，他是我们见过的最有儒雅气质、最具民国风范的先生。有时在校园偶遇，我们鞠躬问好，他满目慈爱，点头微笑。我们忍不住会停下脚步，看他擦肩而过的背影。当时，通师“国宝级老师”王亦群、刘秉镕两位老先生还在学校。非常有幸，我听过两次王亦群先生讲古代文学，掌故逸闻，信手拈来，知人论世，如数家珍，以文带史，点石成金，把晦涩难懂的古代文学讲得如话家常而又精辟深刻，激发了我们对古代文化的兴趣。

此外，印象深刻的，还有贾真老师，给我们上心理学，旁征博引，鞭辟入里，妙语连珠，侃侃而谈。她的眼睛虽小却能做到顾盼神飞，是我心中的智慧女神。陈艺鸣老师，高瘦白净，典型的知识分子形象，听说他知识渊博，讲课激情飞扬，可惜，他不曾教过我。但有幸在基本功考核时，他做过我的考官，针对他的提问，我谈了想法，不想他很认真地和我探讨，并对我点头赞赏，给了我极大的鼓励。在通师，我们最怕的是邵胜年主任，他对我们关爱有加但又非常严格，只要有错，必定指正。他说，师范生更应严以律己，才能成为人师。

通师的“才子才女”教师很多，李庆明、曹炳生、李刚、王建维、张静秋、夏莲、赵晓梅、陈建新、陈洪、梅云霞……他们德、才、情无不兼备，“民间”流传着他们的风雅轶事，令我们心向往之。老师们注重耳提面命、言传身教，他们或博学多识，或睿智幽默，或潇洒自如，或认真严谨，或亲切温暖……各有所长，各具魅力。他们的人格气质陶冶着我们的人格气质，高远的境界、师范的精神、学术的追求和风细雨般感化着我们，影响着我们，让我们在后来自己的教学生涯中，注重树立自己的人格力量。毕业之后，这些老师大多没再谋面，但时光阡陌上，他们一直未曾走远。

活泼的生命　有趣的灵魂

进入通师，感受最深的，没了应试压力，少了众多约束，空气中都弥漫着活泼泼、欣欣然的气息。学校有各种社团，田径队、器乐队、舞蹈队、绘画组、书法组……老师鼓励我们做自己喜欢的事。大家广泛参与，各自被兴趣牵引着，找寻着自己愿意驻足的喜好。傍晚时分走在校园，随处都可听到二胡、琵琶、风琴等的合奏和毫无顾忌地“啊啊”练唱声，教室里大家全神贯注练习“三字一话”，画室里有人练习石膏模型木炭画……那光景宛如在艺术学校。

我自小酷爱书画，然而书画的启蒙无非是儿时跟着小人书描摹仕女图。真正接触书画，还是上了通师以后的事儿。我进通师的第一年，班主任是刚从大学毕业的美术老师——陈彤先生，高大魁梧，爱穿米色的长风衣、笨重的马丁靴，走路不紧不慢，话语不多，偶尔一笑，温暖平和。在他的指导下，我们学习速写、素描、水粉画等。他指导很认真，经常一笔一画示范，毫不含糊。我们画的轮廓不准时，他就用人体解剖学和透视学的原理帮助纠正错误。当时，我对绘画极其痴迷，有空便练，乐此不疲。之后，又幸得朱敏老师、刘燕妮老师的点拨、鼓励，沉醉其中，还画了大量的服装设计效果图、漫画。毕业前夕，在通师橱窗里办了个人画展。练书法，也是我所喜爱的。我很享受习写的过程，在一笔一画中，在书写的节奏中，在黑墨与白纸之间，内心顿感安静与丰盈。因为擅长书画，我成了学生会宣传部的一员，出黑板报，蜡纸刻写“每周一歌”印发给全校学生，做广播“七彩通师”栏目的编辑……不亦乐乎！

此外，我还对生物充满兴趣。教生物的吴剑锋老师是海门人，和我同说通东方言。他让我担任生物课代表，偶尔会让我帮他誊写论文，誊写中我居然也悟出点写论文的门道。我参加吴老师的生物兴趣组，春暖花开或秋意盎然时，他常带我们去树木葱茏、彩蝶纷飞的文峰公园，赏蝴蝶、捉昆虫，认识各种植物，还做叶脉书签，培育豆芽之类，感受大自然的神奇有趣。这种拓展性课程的开展，使我们真切感受到“纸上得来终觉浅，绝知此事要躬行”的道理。

不仅如此，我还加入舞蹈组，学跳孔雀舞、新疆舞等，至今还记得跳民间舞要三道弯才美，并为自己在形体课韵律操考核中获得 A＋等第而暗自骄傲；加入朗诵组，在许迅老师的指导下，练习诵读的语调、气息、情感、停顿等，让声音富有感染力；加入乐器组，学拉二胡，在吱呀吱呀声中自我陶醉……

通师的活动也异常多，种种活动总让人怦然心动。我们在夜晚的篝火晚会上跳集体舞、尽情欢唱；在激烈的运动会上为自己的队员拍疼了手掌，喊破了嗓子；在骑车踏青、夜爬军山时获得体能的锻炼和诗意的山林之乐；在见习、实习中实地感悟教育的真谛，练习做一个好教师……

通师为我们搭建各种平台，不断提升我们的综合素养，培育我们“活泼的生命，有趣的灵魂”。那时，每个通师生似乎都“身怀绝技”。工作之后，我真切感受到，那些技艺，竟成为我最靓的一面，也成为孩子们喜欢我的理由。一个老师，如果有十八般武艺，给学生多种崇拜的理由，教师的魅力也就真正实现了。

岁月悠悠去，往事历历留。通师三年，是我人生中最美好的时光。回忆恰似一杯醇酒，耐人回味无穷，正如有首歌中所唱：“从来不需要想起，永远也不会忘记。”因为通师，已成为我永远的故乡。

作者简介：吴建英，南通师范 1990 级普师校友。正高级教师、特级教师。现任海门东洲小学教育集团总校校长。曾被评为江苏省人民教育家培养对象、江苏省“333 工程”培养对象、全国优秀教师。曾获江苏省基础教育成果一等奖、国家基础教育教学成果二等奖。

通师的力量

沈　蓉

1992 年，母校 90 校庆的时候，我还是一名普师二年级的学生；2002 年百年华诞，我是南通市城中小学老师；2012 年 110 校庆的时候，我是南通市实验小学的校长；今年通师即将迎来 120 岁生日，而我已经在南通市城中小学做了 5 年的校长。这 30 年，母校的发展催促着我的进步，总有一个身影在助力着我的成长。

最近，读了法国著名导演让・雷诺阿的自传，其中有一段话感触很深：

> 我们这么引以为豪的个性，实际上是由种种复杂的因素形成的。比如上幼儿园的时候在那里遇到的小朋友，第一次读的小说的主人公，有时甚至从表兄乌瑾饲养的那条猎犬那里得到了启发。我们并不是光凭自己就能生活得很充实……我从自己的记忆之中，找到了许许多多曾经使我得以有今日的力量，以及与这种力量有关的人和发生的事。

是啊，关于通师的记忆就是这样一种力量。

1990 年的时候，我满脑子都是大学梦。没想到造化弄人，初三那年，父亲查出白血病，为减轻家庭负担，只好被迫选择上了通师。为了这个选择，相当长的一段时间里，我心里对母亲心生怨恨。

"上帝为你关上一扇门，一定会为你打开一扇窗的。"这颗"教育梦"的种子在通师求学的三年里播种、生根、发芽并茁壮成长。现在回过头来想想，那一年，在我家庭遭受变故的时候，是通师给了一个茫然失措的女孩一种可能。在人生的第一个十字路口，我朝着她的方向行走，才走成了我现在的样子。

我在小学做了17年的校长，经常有人问我，一所学校的教育力量，来源于哪些方面？我会毫不犹豫地回答：好同伴、好校长、好教师。20世纪90年代的通师，我就是在那里感受到了这些“力量”。

好同伴

英国教育家约翰·纽曼在一次讲演中讲道：“如果让我必须在那种由老师管着、选够学分就能毕业的大学和那种没有教授、考试，让年轻人在一起共同生活、互相学习三年的大学中选择一种，我将毫不犹豫地选择后者……”为什么呢？我想，这就是同伴的力量。当年的通师，中考后提前招生，录取分数线远超当时的重点高中，如果再能录取五年制大专，那真是万里挑一的人中龙凤！

当许多聪明、求知欲强、富有同情心而又目光敏锐的年轻人聚到一起，即使没有人教，他们也能互相学习、互相交流，了解到新的思想和看法，看到新鲜事物并且掌握独到的行为判断力。

这些优秀的同学当中许多还是“身怀绝技”的：坐在我后座的周鸿（现为凤凰教育出版社主任编辑）屡屡发表诗作，后来还与同学郭小平、徐飞一起出版了诗集《少年的风景》；隔壁班那个剪着童花头、大眼睛忽闪忽闪的美丽少女吴建英（现为人民教育家培养对象、江苏省特级教师），“每周一歌”歌纸上娟秀的字体和灵动的插画至今令人印象深刻；长发飘飘的少年郭小平（现为《南通日报》副总编），一首情诗《从A楼到C楼》令多少文艺小女生为之痴狂；一张嘴就能震惊四座的凌静（现为南通电台著名主持人）；进师范后才开始学钢琴，仅用两年时间，竟能把《土耳其进行曲》弹得出神入化的唐建法……

身边的榜样也将我引入了艺术的殿堂，通师三年，我学过钢琴、吉他、琵琶、朗诵、演唱、形体等，也许在艺术技能这方面我永远只是个三脚猫，但正是这些仰望、追求和体验的过程，给予我一双审美的眼睛。没有像他们“术有专攻”，却成了个“万金油”，在通往艺术的路上，我遇见了一个不同的“自己”。

这些经历告诉我：纵有多少策略、路径和方法，美的教育最基本的方法就是多给孩子接触美好事物、美好景象的机会。在学校管理中要不经意地将艺术教育，漫入、散入、伸入学生的日常生活。我任校长的学校，每月都有“达人秀”，每学期都有电影周、博物馆研学活动，每年都会为毕业班的学生举办书画展、个人演唱会、舞蹈专场等。现在我的这些教育理念，都有当年通师的影子。

好校长

当代著名教育学家顾明远先生说：“校长之于学校，犹如灵魂之于躯体。”朱嘉耀先生就是当年通师的灵魂人物。

朱校长是当之无愧校长界的“天花板”，而且是颜值和才华均在线的那种。在通师迎新会上，第一次见到他，一身灰色西服，气宇轩昂，皮肤白皙，五官立体，高冷而严肃。所有老师、学生见了他都是毕恭毕敬的样子。

可能，通师的师生对“敬畏”一词的理解，第一个想到的就是“朱校长”。有一次，全省中师校长现场会在通师举行，基本功汇报彩排结束后，朱校长一句话没说，“拂袖而去”。当时，科学馆四楼报告厅的气氛凝固得令人窒息。那天，包括老师在内的演职人员，都没有心思去吃饭，修改方案、打磨细节，晚上诚惶诚恐地再次邀请朱校长来审查。而现场，大家都在观察他的表情。到临近结束的时候，当时的教导处主任王晖老师兴冲冲地到后台告诉我们“朱校长笑了”，大家一片欢呼。那次的演出，我们获得了与会领导的一致好评。

当然，我们对朱校长的“敬畏”，不仅仅是因为他不苟言笑的“高冷”，而是一种由敬而生的尊重，是一种唯恐懈怠冒犯的谨慎。而正是由于这样的“敬畏”，我们不停地奔跑，不敢懈怠。

当时，通师在朱校长的倡导下在搞“人格化师范教育的研究与实践”。其实，那时的我们对“人格化师范教育”理解得还不够深入，我个人最片面的解释是，所谓“人格化”，就是朱校长的人格力量在我们成才成长路上“春风化雨、润物无声”。

敬佩朱校长，还有一个重要原因，就是他对人才不拘一格的态度。那些年，很多有才华的中师生因为他改变了人生轨迹。他们或被推荐继续去大学深造，毕业之后再回母校效力；或被留在学校，边工作边读书，最终找到了更好的自己。我同学周鸿当年是小有名气的校园诗人，毕业时朱校长看中他的才华，直接将其留校，学校良好的学术氛围，激励他自学成才，最后考上南大中文系研究生；当年我们同届的赵男男，以通州第一的成绩考入通师，只知道她是妥妥的学霸。想不到，毕业分配到通师二附以后，朱校长识才用才，将她调回母校任职，还安排她去江苏师范大学深造硕士研究生……这些超常规的用人做法，无论是在过去还是当下，一定都是阻力重重的。是什么力量支撑着他冲破层层障碍，我不得知。但作为一名校长，我从中获得的启示是：在成为领导之前，成功与你自己的成长有关；在成为领导之后，成功只与别人的成长有关。

好教师

曾任清华大学校长的梅贻琦先生说："学校犹水也，师生犹鱼也，其行动犹游泳也，大鱼前导，小鱼尾随，是从游也。"这句话的意思是：学校这片水，是师生一展游泳技能之所，其中，老师应该是导游者，学生则是从游者。学生们从老师这里学到的不仅是知识，更是品德、人格。

李晓斌老师是我通师一年级的班主任，教政治。那时候他刚刚结婚不久，就住在学校南边的教工宿舍。他的"马克思主义哲学"，讲得一板一眼。他教了我们短短的一年就考上开发区的公务员，后来在开发区管委会副主任的位置上退休。他应该算得上是我人生中的第一个伯乐。直到现在我都记得，报名那天，在看过我的学籍表之后，他毫不犹豫地直接任命我当上了班长。这对于一个从"易家桥中学"考进通师的学生来讲，比起那些"名校"生，真是一个莫大的信任与鼓励！现在回想，如果当时李老师也搞个竞选什么的，胆小、害羞的我也许就会错过这样一个锻炼机会。人们经常说，梦想有多大，舞台就有多大！我觉得反之亦然，舞台有多大，也决定了你的梦能走多远！李老师可能到现在都不知道，当年他的一纸任命，种下了一粒种子，成就了一个人。

吴剑锋老师是我在通师接触比较多的老师，他教生物。进通师之前，我刚刚拿了全国初中生生物大赛的一等奖。我初中的生物老师和吴老师是邻居，我还没进校，她就狠狠地在吴老师的面前把我夸赞了一番，结果我理所当然地成为了生物课代表。如果要让我评选印象最深的课堂，我一定会把票投给吴老师。我很喜欢吴老师的课，在他的课上，我第一次解剖了鲫鱼，第一次检验出自己的血型，第一次独立制作出美丽的叶脉书签……吴老师还经常会把课堂搬到对河的文峰公园，带着我们一边赏景，一边认识植物。他的考试形式也很特别，让我们把野外采集回来的植物插入瓶中，编上号，放在实验室里，然后把我们一个一个放进去，能在规定时间内写出三十个植物名称的即得满分。现在看来，这些教学方法不过是采用了体验式学习、情境教学法、无纸化考试，并不算稀奇。但这些全部发生在三十年前，他那时就有这么先进的理念，并且还付诸了实践，很了不起。他后来被评为通师教授也就不足为怪啦！

通师的老师中必须要提及的是我的"师父"李庆明老师。李老师以博学多才、精力旺盛著称，在教育哲学和情境教育研究方面很有建树，后来搞海永教改实验，创立"都市田园教育"，是全国知名的特级教师、教育专家。李老师的个人才能、教育研究方向和极具传奇色彩的教改实践，给我带来了许多震撼、启迪与引领。我担任校长之后，探究的游戏文化、情趣教育与南通味教育文化，都由此受益，并作出了自己个性化的探索与实践。

历史往往在很久以前就已埋下了种子，人的生命也是一样。现在，我越来越强烈地感受到，我的今天，极大地得益于昨天，特别是通师的那三年，正是那些与文学、艺术、哲学、体育、生活技能共舞的通师记忆，让我成为一个充满审美期待和生活热情的人。而这恰是教育人最基本也最核心的能力，更是教育管理者新意不断、创思长流的力量。

写到这里，想起一句话：路过我们生命的每个人，都参与了我们，并最终构成了我们本身。

作者简介：沈蓉，南通师范1990级普师校友。中小学高级教师。现任南通市城中小学教育集团党委书记、总校长，城中小学党总支书记、校长。曾被评为江苏省首批教育家型校长培养对象、江苏省青年岗位能手。

92224，我的幸运数字

陈锦霞

“92224”，在大家眼里，也许是一串最普通不过的数字，于我而言，却是常常脱口而出的“常用密码”，或是数次在惊喜间又不期而遇的“幸运数字”，更是一段珍存于内心的美好回忆。

92224，是我在南通师范学校学生时代的学号。1992年，被邻居戏谑为“鲤鱼跳龙门”的农村小丫走出了一直未离开过的乡村，走进了南通师范学校，有了一个专属于我的学号，开启了一段对于我来说是人生意义上一个重要转折点的难忘时光。

母校即将迎来120周年校庆，幸运的是，我在学校上学的时候，经历过一次隆重的校庆系列活动。犹记得通师校庆月期间，学校组织“金牛奖”主题征文，我写好一篇文章，交给当时教授我们语文的陈裕英老师。现在我绞尽脑汁回忆，仍然想不起当时我具体写了什么内容，只记得是工工整整地誊写在作文本上的一篇小作。不过我清晰地记得几个画面：第一个画面是有一天，陈老师忽然把我喊出教室，在过道前她停下来，我还有点忐忑是否自己作业表现不佳，或是犯了什么小错误。只见陈老师的一双大眼睛弯弯的，有着掩藏不住的笑意，她说：“看了你写的作文……”她忽然小露严肃，“哎，是自己写的吧，一定要原创啊。”我不明所以地下意识点头：“是的是的，自己写的。”陈老师说，“我准备把这篇作文送上去，试试参评学校的金牛奖征文，这个奖项至今还没有幼师生入选过咧，我看你这次有希望。”现在想来，当时的我有多么不谙世事，陈老师说完，我就安静地回教室了，内心丝毫未起波澜，似乎这是一件寻常事。第二个画面是在这之后，我作为金牛奖十佳征文作者之一，多次被召集到教师办公室，和五年制大专班、普师班的师哥师姐们一起，聆听关于修改参评作文的指导，几次下来，我环顾其他的获奖者，陡然觉得不平静了,自己“腰板儿都直了一些”,后知后觉发现这个金牛奖还是挺牛的,虽然我仅是三等奖。聆听老师对作文的修改意见过程中,我没有多少犯怵,有的是初生牛犊不怕虎的冲劲,因为每次老师都会给出非常具体的指导意见,我当时就想,照着改就是,“谁怕”。一次参评金牛奖让我获得了一张证书,我记得的第三个画面是这张已泛黄的证书我保存至今,数次整理资料时我都会小心地把它抚平,细心放好。拿出证书,其内容是用繁体字手写的笔迹:“陈锦霞同学,获一九九三年度‘金牛奖’征文竞赛三等奖。落款是:南通师范学校,一九九三年十一月。”我是著名的马大哈,丢失过不少东西,也丢过获奖证书,但是这张证书我一直珍存,或许我想以此留住通师带给我的,且是印证我成长的一段回忆。

在幼师二年级,我们的课程表上多了“学前儿童心理学”这门课,任课的是女神谢玉萍老师。同学们都清楚地记得第一次上这门课时的场景。上课铃声已经响了一分钟有余,谢老师还未到教室来,这很不合常情,记忆中通师的老师们很少有迟到的,何况还是第一课呢。我们一帮女娃开始按捺不住了,教室里有了窃窃私语。“哎呀,谢老师也不守时嘛”,有人打趣道。忽然间,“嚓、嚓、嚓、嚓”,一阵明快又干脆的脚步声传来,然后是一位穿着深色风衣外套的老师从后门进入。当时个子高高的我坐在最后,就靠近教室后门口,只感觉谢老师的风衣在我们身边带起一阵风,然后我们都鸦雀无声,目光追随谢老师优雅而略带严肃地走到讲台前。谢老师不说话,环顾了一圈后,开始了她的开场白:“刚才上课前,同学们也许在想,心理学是一门什么样的学科,上这门课的老师又是什么样的。上课铃声响起,你们期待的一定是老师按时走进教室门,但是你们期待的没有看到。当老师从后门走进来,而且不说一句话,你们也许会想,这位老师的出场方式有点特别呀。”谢老师画风一转,“对,这些都是心理活动。今天开始,我将和大家一起,开启心理学学科的学习。”也许,我不能完全准确地再现谢老师当时的上课开场白,但是对我们所有同学来说,这个场景至今记忆犹新。

我们同学常常在聚会时回忆起师范时光,聊老师是我们永远的话题,同学们对每位老师的特点都是如数家珍,讲起来有着不同的故事。讲授卫生学的姚召南老师用亲和与专业把我们一下子镇住;教授历史课时,从头到尾不看讲义,能准确说出“请打开教材第×××页”的都樾老师;体育课上爱蹦蹦跳跳,和我们打成一片的顾银珠老师;有着一头标志卷发,像邻家大姐姐一样讲授教学法的彭云老师；在开学时穿着一袭飘逸长裙，不厌其烦带着我楼上楼下跑宿舍的班主任钱志群老师；美术课上往往让我们不由开起小差，欣赏有着艺术气息穿着的刘燕妮老师；数学课上声音温柔，把枯燥的数学讲得娓娓道来的顾志峰老师；琴房里陪伴我们还琴，从来不怒，却让我们"望而生畏"的李淑英老师；还有舞蹈课上永远激情四射的姜建成老师，等等。

如今回忆老师们的形象，我们仿佛又回到学校，坐在教室里，听老师谈古论今，引经据典地讲学。当走出校门成为一名教师，我们才发现在讲台上口若悬河、笃定从容是多么牛的一件事情。我有多个学生从通师走出，或者正在通师上学，我说，有机会学习很幸运，你要珍惜，记住，你要让每一天都是新的。

通师的三年，记忆深刻的还有见习和实习经历。记得学校每次安排见习活动都是特别精心的组织，第一次见习观摩张卫红老师上课，执教的是《大班：美丽的伞》。我们看到张老师搜集了很多款式不一的伞具，把活动室装扮得美轮美奂。活动中有一个环节，邀请孩子们做小小模特儿展示美丽的伞，只见张老师带头，手持一把伞，在音乐伴奏下就婀娜地走开了。后来谢玉萍老师在点评时说，你们看张老师也不年轻，也不是拥有模特身材，但是在课堂上，她就是那么自信，这个舞台就是我的，在这样的情绪感召下，孩子们自然而然地跟着音乐享受这个舞台，这就是教师的专业素质。谢老师特别指出，你们要学习的，不仅仅是这节集体教学的环节设计，还要看到这节课传递的背后的东西。

我记得在南通师范第二附属幼儿园、第一附属幼儿园分别实习，两所幼儿园都非常严格，我们同学四个人一组，轮流当班组织一日活动，要设计好一日活动所有环节，具体准备做些什么，还要准备好所有的教学具。同学们每次完成一天的实习带班后，都有累趴的感觉，而心里一下都觉得轻松了，想总算结束了，但是没过一天，又会惊呼："又要轮到我啦"，赶紧准备起来。然而，在同学聚会的时候，每每回忆实习时光，我们都没有一点点抱怨，只言："那时候的严格好，确实学到很多，锻炼了不少。"这是通师一贯的实习要求，我们在工作之后才发现，做一名指导老师，放手、管住嘴也不是一件容易的事，指导老师走出来介入帮着实习生解决一个问题很容易，但是这样不放手，实习老师得到的锻炼会打折扣。我们还清楚记得，每天的一日活动结束后，指导老师会就着他们的笔记本上密密麻麻的几页记录，用温和的话语和我们说很久，我们也记了很多。通师的老师们用常规要求在传达一些理念，我们当时或许理解不深，但是有行动才有内化，重要的是，在宽严有度、乐教好学的氛围里，我们都没有虚度那段青春。

在师范三年级的实习期间，幸运的我有机会在实习展示活动中上一节汇报课。一附幼儿园指导老师通知我后，同学们很讶异，觉得这个结果超出她们的很多预想。后来回忆，我记得在一次带班时，指导老师喊来朱美华园长、赵霞园长和另外一位老师，大概那时他们就在考核吧。

我一如往日的平静，只想着接下来该怎么做，其实工作后不久，我就发觉到这机会对我的成长来说，有多么的重要。在指导老师的陪伴下，我选择执教一节数学活动作为汇报内容。记得在双休日，我在一附幼儿园教室里备课，朱美华园长、赵霞园长特地赶过来陪伴我，园长身后的小丫头陪着她妈妈来加班了。当时我因为课的环节定不下来，还很不懂事地把纠结情绪表露出来，园长看着我的脸色，声音轻柔地说："没关系，我们好好准备，不要有压力，你是新手，锻炼一下。"因为众多指导老师的倾情助力，后来我这课上得还算不错。

我们遇到的人，经过的事，都或多或少有所选择地流淌在我们的血液里。在母校，我们把很多东西镌刻在我们的内心，近乎贪婪地汲取。母校的老师们用他们的专业、他们的智慧、他们的魅力告诉我们，要成为一名教师，要珍惜的不仅仅是这三年获取的知识和能力，更是学校给予的一种品质、一种信念、一种精神。

我们每一位同学，走出校门都各有所获，也都想用自己的方式告诉自己，告诉大家：我是通师毕业生。

写此文过程中，因几个细节的推敲，我与同学在微信上联系，一句"在不"轻叩门，没有寒暄，没有客套，直截了当把问题敲进聊天框，同学们都是直接回复，没有繁文缛节，特别随意，特别舒服。有同学兴奋地留言，你一定要做代言人，把某某事情都写进去，这些我们都印象太深刻了。我想，这也是母校带给我的一个福利：因为一段岁月，我们有了一段共度的难忘时光；因为一同走过，我们从此随时在线。感谢当初努力的我，有机会走进南通师范学校；感谢今天的我，依然满怀激情，甚至数度饱含热泪敲下这一段不成熟的文字。

因为有了 92224 这个普通不过的，而对我来说却是幸运的数字，我成了一名普普通通的幼儿园教师，在享受不普通的教育过程中慢慢成长，如今正努力做好每一件普普通通的事情，希望通过自己的努力，陪伴孩子们成就不普通的未来人生！感谢南通师范带给我对“如何做好一个人，做好一名教师”的持续思考。

作者简介：陈锦霞，南通师范 1992 级幼师校友。中小学高级教师。现任如东县宾东幼儿园副园长。曾获江苏省教学成果二等奖。

通师，梦开始的地方

吴旭春

明代诗人祝允明曾经酣醉后放言："人生若无梦，终世无鸿荒。"人生须有梦，桃花源与乌托邦不是梦，徐志摩在夕阳的康河上撑一支长篙也是为了寻梦，《文苑》可以说是五普五(2)班同学追赶缪斯的梦。

——张静秋：93 级五普(2)班班刊《文苑》序言

每一个从通师走出来的学生，都会为自己打上"通师人"的标签，将通师的印记深深地烙在心里，作为心底的精神家园。因为通师，是梦开始的地方。

29 年前，15 岁的我从小县城走进了通师的大门，成为 93 级五普(2)班的一员，开启了人生的寻梦之旅。

精致谨严的学习生活

通师校园不大，却很精致。走进教学区，首先迎来的是 A 楼过道的百师壁，从历代经典书法碑帖中所集的百余个"师"字镌刻于一整面墙上，极为震撼，崇高感、荣誉感、责任感交织在一起。丰富、多变而厚重的书法让从小县城走出来的我大为震惊，我与书法的一世情缘从第一眼见到百师壁的那刻就开始了。随后是正对 A 楼过道的大镜子，每天进入教室之前在此处正衣冠。

穿过 A 楼、B 楼，后面是一片荷池，荷池边洒满了年少时的浪漫。沿着九曲小桥穿过荷池，便是阶梯教室和图书馆。在阶梯教室里我们曾以无比崇拜的心情近距离接触了很多大师，聆听了很多学者、专家的讲座，打开了心中一扇又一扇窗户。以至于我留校工作之后，每次走进阶梯教室，心里的崇敬之情仍然油然而生。图书馆阅览室是最爱去的地方，每周一次的图书借阅时间也是最开心的，每周我都提前制订好借阅计划，以满足一周的阅读口粮，从不会让借书证上的借阅指标浪费。

与普通高校相比，通师的学习生活是“紧”的，谨严而有序。早晨六点宿舍区大喇叭传出的高雅音乐便会把我们叫醒，洗漱过后集中晨跑1千米左右，吃完早饭便去教室开始晨读。晨读以普通话、朗诵、即兴演讲等基本功训练项目为主。结束了一天的课程之后，吃完晚饭便去教室上晚自习。七点至七点半是每天雷打不动的基本功训练时间，可以练字、练普通话、练形体操，由高年级的师兄师姐们进行辅导。七点半至九点期间可以在教室自习，也可以去阅览室看书，去琴房练琴。除了周末，周一至周五学生不允许出校门，非休息时间学生也不允许待在宿舍区。这种近似于半军事化的管理，使我们养成了高度的自律意识、良好的学习习惯。工作之后，我也始终以严谨的态度对待学习、对待生活。

无限的寻梦空间

通师的人才培养模式，概括为一个字，就是“活”。教得活，学得活，给了学生无限的寻梦空间与发展可能。

从一年级进校开始，各式各样的兴趣小组便让我们眼花缭乱。写作、书法、中国画、笛子、朗诵、声乐等，每学期都有数十个兴趣小组可供自由选择。在通师的几年学习中，我始终选择的是书法兴趣组，朱谦祥、徐贵明、陈萍几位老师都先后教过我书法，正是他们把我引入了书法的道路。到了高年级，学校强调“一专多能”的培养，又开设了特长班，进一步强化学生们的特长训练。通师以“知能并重”为旗帜，课内教学活动与课外教学活动相结合，重视学生的兴趣和特长的发挥，这给学生的发展提供了很多的可能。通师毕业生中，除了在教育界取得诸多成就的教师外，还有很多在其他各行各业都取得突出成就的优秀校友，这与通师这种开放式的培养理念有着很大的关系。如南通书法圈中丘石主席、李志丹老师、姜雄烽老师等，都是受益于通师的这种培养模式，校友们每谈及此，皆感恩母校。

从A楼通往B楼的过道，有两片橱窗，那是学生们展示自己特长的“展厅”。橱窗所在的位置是进出教学区的必经之路，虽然简陋，展示区域也极小，但在学生心目中却具有极其神圣的地位。很多优秀学子的作品展示都从这一片小小的橱窗开始，展览品种繁多，有诗歌、散文、绘画、书法、手工等。我人生中的第一次书法个展便是在这片橱窗里举行。那时的展览非常简朴，没有开幕式，没有花篮，没有摄影，没有报道，没有喷绘，展标都是手写，海报也是手绘，但是却能深入人心。

通师经常举办的各种教学技艺展示也是培养能力的好机会。我就读期间印象最深的有两次活动。一次是二年级时，时任国务院副总理李岚清来通，第一个参观的学校便是通师。学校组织了丰富的教学技艺展示，有朗诵、钢琴、合唱、书法等，很有创意地将展示活动安排在室外校园里，和精致的校景融为一体，更添自然人文情怀，我参与了粉笔字的展示，李岚清观看后称赞通师的学生“后生可喜”。第二次是三年级时，时任国家教委副主任柳斌来视察通师，学校也组织了大型教学技艺展示活动，我也现场展示了书法作品。每次技能展示活动的准备和开展，都能使我们得到跨越式的提升，既有专业技能的提升，也有组织活动能力的提升，这是在课堂之外极佳的培养方式。

活动多是通师的一大特色。学校常规性、定期举办的黑板报比赛、宿舍美化大赛、教室美化评比、广播操大赛、合唱比赛等，这些看似业余之事，老师、学生们都以非常认真的心态去对待。在老师和学生们心中，这些“余事”和期中考试、期末考试同样重要，都使出浑身解数，充分发挥自己的一技之长，努力为班级争得荣誉，丝毫不觉得是在浪费时间。现在回想，这些“余事”无一不体现人才培养之“活”，恰是“五育并举”“综合育人”的最佳体现。丰富多彩的课外活动着实提升了我们各方面的能力，使我们受益至今。能作为通师的学生，实乃我们人生中最大的幸事。

每届学生毕业之前的基本功汇报应当是五年学习生活当中最重要的一件事了，是教师职业技能、专业特长这些方面的综合展示，也是对通师学习生活的一个总结。我们班非常幸运地遇到了李庆明老师，担任基本功汇报的总策划、总导演。李庆明老师具有哲人敏锐的思维、不循常规的开拓能力、超强的胆识和魄力、导演的天赋和演员般的表演能力，美声、钢琴、书画无所不精，他大刀阔斧地对以往基本功汇报的程式套路进行改革，策划导演了各种新颖前卫的节目，有吉他弹唱、现代舞、说唱等，这些看似和传统基本功汇报不沾边的节目，却盘活了我们的思维，开阔了我们的视野。

在演员的选用上，李老师也是不拘一格。话剧《雷雨》是汇报演出的重头戏，周朴园是主角，戏份足。李老师出人意料地选班上的童士忠同学来出演。童士忠是我们这届公认的才子，喜读书，诗词文章俱佳，思想深邃。但欠缺的是普通话严重不准、五音不全。李老师却看中他清瘦的气质与周朴园比较相合，力排众议，选他担任男一号演周朴园。李老师请了市话剧团的专业演员来辅导念台词时的发音和吐字方法等各种技巧。那段时间，下了晚自修，几个演员就找大教室排练，常常到夜里十二点才回寝室睡觉。不久，童士忠的吐词、语调等有了很大提高，普通话水平不知不觉就上去了。基本功汇报上话剧的演出非常成功。

作为师范生的基本功汇报，小朋友的节目是不可少的。李老师并没有选用传统的教学能力展示，而是策划了时尚的小朋友英文说唱节目，请姚燕同学担任指挥。从二附请了三位小男生，姚燕每天下午奔赴二附和小朋友一起排练，练说唱、练英语、练动作、练节奏，在一两个月的排练中，有笑有泪，如何与小朋友相处、如何了解小朋友的心理、如何解决小朋友间的矛盾等方面，都得到了充分的锻炼。汇报演出时，小朋友们的表现在现场掀起了高潮。现在想起，这其实是绝好的项目驱动式的教育实践环节。

24年过去了，每次同学聚会大家都会回忆基本功汇报期间的各种美好，还会一起朗诵当时演出的主题诗《播种者之歌》，仿佛就在昨天。

“开风气之先”的教学改革

1984年，通师在全国率先开办“五年一贯制”师范大专班，起初每届招收一个班。我们是首届双轨制大专班，招收两个班，每个班40位同学。

我们班是非常幸运的。三年级的时候，学校进行小学教育五年制大专班的教学改革，从我们这届同轨的两个班中选择了我们2班作为实验班。改革的力度非常大，很多创新的做法在20世纪90年代中期是非常新颖的，即使放到现在，仍然有先进之处。

在课程教学上采用开放的模式，聘请了很多小学语文、数学等科目的一线特级教师、优秀教师，以及教育局教研员来为我们授课。比如请李吉林弟子、语文特级教师、情境教育研究专家、通师二附的施建平老师，为我们教授“小学语文教材分析”课程；请数学特级教师、海安教育局教研室的陈今晨老师教授“小学数学教材分析”课程；请教育专家、海安教育局副局长柳夕浪老师讲教学法……他们在讲课中引用了很多生动的教学案例以及他们教学中的经验体会，将很多先进前沿的教学理念与方法介绍给我们，让我们大开眼界。在课程中也增加了很多见习、实践环节，到小学去听特级教师、专家们亲自上的很多精彩的示范课，将理论转化为生动的实践。

很多令人崇拜的偶像级的专家、老师走进我们的教室，为我们全程授课，和我们近距离地交流，拉近了我们和基础教育教学、研究的距离，这些看似枯燥的教学理论不再是纸上谈兵，而是实实在在的、触手可摸的、丰富生动的。

近些年来的本科教育、职业教育都推行“双师制”，将行业导师比例作为各类教学评估的硬性指标；教育部这几年推行的师范专业认证，也对基础教育一线兼职教师的比例提出硬性要求。而早在二十多年前的1995年，通师大专班便已经着力于这方面的改革，我们成为最早一批受惠的学生。

通师秉承着“开风气之先”的传统，不断改革，在中师领域创造了很多全国第一，成为全国中师教育教学改革的先行者。我们以母校为荣！

可敬可爱的恩师们

通师最令人难忘的，是可敬可爱的恩师们！“所谓大学者，非谓有大楼之谓也，有大师之谓也。”通师初创之时，便有王国维、陈师曾、朱东润等一批大师汇聚于此，积淀了丰厚的文化底蕴。而在我们就读的五年期间，通师的一位位恩师犹如一盏盏明灯，指引着我们寻梦的方向。

我们刚进校一年级时的班主任是顾娟老师，那时顾老师刚参加工作不久，温柔如水，对幼稚懵懂的我们既细心又充满耐心，让我们很快适应了少年离家的生活。

二年级开始都樾老师担任我们班主任，直至毕业。当时通师没有设置专职辅导员，班上大大小小事务均由班主任进行处理，每周一下午是定期的由班主任主持的班会课时间和打扫卫生时间。都老师同时还教授我们历史课，因此都老师和我们几乎是朝夕相处。

都老师为人谦逊、严谨，透露着儒雅、醇和、淡定的气质。他对待学术很严谨，对待名利又很淡然。在和我们相处时，他始终没有老师的架子，如兄长般地与我们细心交流，循循善诱。同学们的矛盾、困惑、彷徨、烦恼，总能在他的悉心开导下化解，他总能给我们一股温暖而坚实的力量，支持着我们每个同学。到了周末，我们几个同学也经常去都老师家蹭饭，欣赏他的藏书和藏品，听他讲学术、谈人生，闲谈之余他也会和我们聊些烹饪知识。和都老师在一起时的我们，是自由的、放松的、无拘无束的。

春风化雨，润物无声。都老师真诚、平和、不争的人格魅力不知不觉中转化了我们，以至于毕业时，很多老师都说我们身上带有了浓厚的都老师的影子和印记。

有这样的班主任，我们何其有幸！

有些老师，注定会影响你的一生，比如张静秋老师。我们一年级刚入校，张静秋老师教授我们"文选与写作"课。张老师如同她的名字一样，博学、娴雅、亲和、温婉，课堂上以温柔细腻的语调或吟诵古诗文，或讲人生哲理，和风细雨般感化着我们，无论是唐诗宋词，抑或是现代散文，在张老师的讲解下，都是十分亲切感人，意蕴生动，直抵人心，激起了我们对传统文化浓厚的学习兴趣。

面对十五六岁刚离开家的我们，张老师把我们当成她的孩子，从学习到生活，衣食住行方方面面都无微不至地关心我们，让我们时刻感受到慈母般的关怀。可惜张老师只教授了我们一年，便去南师大读研深造，当时得知这一消息，全班同学都陷入深深的失落之中。张老师在读研期间只要回校总会来看望我们，记得有次听说张老师回来了，全班同学都坐在教室里，静静地又满是焦急地盼着她走进教室，那一刻大家犹如留守儿童得知母亲即将回家般的激动。

三年后张老师学成归来，我们已经从幼稚变得成熟，从低年级变成高年级了。虽然不再为我们授课，但她一如既往地关心着我们，教导着我们。五年级时，她在为我们班的班刊《文苑》所写的序言中说：

"五年前，揣着理想之梦的他们走进九秩通师校园——选择了天底下最光辉的事业，自然成为追梦的人。于是，苦苦地追求，深深地希冀——希冀热血写铸挚爱的诗行，生命的回声浑圆响亮。……我真诚期盼他们有更多的美丽的梦，并深情祝愿他们美梦成真！"

在我们毕业10年、20年的聚会上，张老师还能准确地叫出我们每个人的名字，记着我们每个人的秉性、上学时的糗事。

毕业之后我留校在教务处工作，张老师是教务处主任，身份又转变为我的领导，但对我慈母般的关心与引导还是一如既往。我读研离开通师时，张老师和她先生范老师订制几套毛笔赠予我，以勉励我努力前行，我一直珍藏至今。

张老师是我追梦路上的引路人。

李庆明老师三年级开始教授我们教育类课程。李老师是通师"四怪"（王亦群、李庆明、曹炳生、陈建新四位老师）之一，是传奇式的人物。帅气、博学、多才多艺，充满激情，极富感染力与号召力，颇具国际范，历届学生中皆有众多的追随者与仰慕者。李老师对我们的教导是全方位的，哲学、教育、文学、美术、音乐，无所不通。记得有次李老师在二附给我们开设示范课《十里长街送总理》，课程伊始，他饱含悲怆的朗诵便让我们彻底破防了，完全融入课文情境当中，以至数天之后我们都还沉浸在情绪里无法自拔。他的这节课让我们深刻理解了什么是情境式教育，也让我们知道了基本功对师范生来说是多么重要。

李老师特别喜欢带着我们熬夜。谈哲学、改教案、磨课、排练，每每到后半夜，我们一个个都东倒西歪，李老师依然精神抖擞、慷慨激昂，这时他会以一曲美声《我的太阳》，让我们重新振奋起来。惊奇的是每次熬了通宵，第二天他还能激情充沛地继续给我们上课，如同永动机一般，不需要休息。我们见到他的每时每刻，他都是激情澎湃的。

李老师的书特别多，书橱、地上堆的全是书，而且品类繁杂。我们经常去他家借书，他也丝毫不吝啬，有求必应。李老师喜好音乐、电影，家里除了书之外，便是无数的CD和电影碟片。我们学习、排练累了，李老师便会给我们放上一部经典影片，担当我们的电影启蒙老师。

李老师如同光一样，照亮了我们。

通师名师荟萃。博学清高的曹炳生老师教授我们文化史，幽默倜傥的陈建新老师教授我们美学，宽厚洒脱的王建维老师教授我们现当代文学，睿智谦和的贾真老师教授我们心理学，严厉认真的罗义老师教授我们高等数学，笃实严谨的陈艺鸣老师教授我们逻辑学，真诚豪爽的薛继民老师教授我们微格教学……每一位老师都有独特的魅力，都用自己的方式引导着我们前行。

“有梦想，有机会，有奋斗，一切美好的东西都能够创造出来。”通师，在我们最美的年华里为我们编织了多彩的梦想。感谢通师！感谢恩师们！

作者简介：吴旭春，南通师范 1993 级五普校友。毕业后曾留校工作。教授、硕导。现任南通大学艺术学院副院长。

通师往事，那青翠的记忆

蒋保华

稚趣盎然而又欢乐无忧的初中生活转瞬即逝，我以优异的成绩开启了新的人生史篇——成为南通师范的学子。

第一次跻身都市，编织梦遐；第一次负笈求学，遥望远山；第一次委身宿舍，品味孤独；第一次鸡立鹤群，感受平凡……

精致典雅的校园

在学长的带领下，我穿过悠长的廊道，轻步迈进五普(1)班的教室，顿觉豁然开朗：遒劲俊逸的书法、挥洒淋漓的国画、别致优雅的壁挂、美轮美奂的板报……浓郁的文化气息中，涌动着通师学子的灵性与浪漫。

简单的新生注册后，我便独自徜徉于精美的校园。教学楼畔是方池塘，我信步于九曲石桥，醉心于荷香亭影。拾级而上，青草匝地，繁花似锦，旁边便是阶梯教室与图书馆了。端坐于这片思与诗的精神圣园，心如止水，澄澈致远。

辗转于教学楼前，曲径通幽至与之缀连的教师办公楼。偌大的厅堂，一厢是百师壁，呈现千百年来师形师心师意师韵；一厢是通告栏，展示一周内活动演出、通知布告。再前是令人心驰神往的橱窗天地。诗歌散文、摄影绘画、琴舞流韵、竞技风采，令几多师生家长，驻足流连，颔首点赞。

缘道而行，视界敞亮起来。400米跑道的环形操场，绿草如茵，高手如云。这边足球赛得紧张热烈，那边篮球比得惊心动魄；这边凌空抽脚一射，那边禁区外脱手远投。场外翘首东望之人群，凝神静气；场内尖叫鼓掌之声响，此起彼伏。

行至廊道尽头,天籁飞逝而降,荡气回肠。校园东南之隅华贵的音乐楼,恰与西北之角寂静的图书馆,彼此遥相呼应,共同守望着通师学子的心灵成长。

右折斗行,便是食堂与宿舍。斯是陋室,惟吾德馨。六人相拥斗室,彼此取暖,共修学业。硬件简朴洁净,美化也精巧大方。水仙卵石、剪纸油画、球星影帝、海报艺照……亦庄亦谐,妙趣横生。

游览完毕,我欣然一笑。这景这境,不也正是自己所渴盼拥有的读书天堂吗?在美好的青春季节,在充满劳绩的大地上,有一个可以诗意地栖居的智慧圣殿,不断让自己的灵魂走向开阔与深刻,不也正是自己梦寐以求的吗?

智趣盎然的课堂

早就听闻通师有"四怪":温文方正的古文老师王亦群,博学儒雅的哲学老师李庆明,风流倜傥的美学老师陈建新,治学严谨的历史老师曹炳生。

王亦群,雅号"东北活字典"。据闻,他对古代文学作品熟稔于心,融会贯通。你任意抽选冷词怪句,他都能脱口而出全部篇章,对其解读考证亦是出神入化。我才疏学浅,每有所问,答案一概翔实精彩,从未难倒先生。后来常看到学长围聚问询、寻幽探微,都是满载而归,一脸满足。王老师上课之前,总是板书几首诗词,或横幅,或竖款;或正楷,或行草。诗词的神采韵味,皆被坚实圆通的线条诠释殆尽。尔后,口占七绝,抑扬顿挫之间,斐然文采喷薄而出;慷慨激昂之处,家仇国恨一泻千里。至今,仍能清晰记得教材扉页,临摹先生抄录之句:"酒债寻常行处有,人生七十古来稀(杜甫)""智者之虑,必杂于利害(孙子)"……王老师虽年逾六十,却面色红润,笑容可掬,精神矍铄。听其讲授,如沐春风,大有孔子《侍坐》之遗风。左手捧书(他从不看书,却又从不离书,似乎唯有如此,形象才得饱满完美),右手捏笔,口若悬河,汪洋恣肆。每吟诵咏叹一句,则解释注疏数言。虽是古文,却被赋予现代质感,丝毫不觉时空隔膜。经由先生阅读、阐述、涵泳、拓展,古人之音容笑貌,喜怒哀乐,跃然纸上,可亲可爱。及至铃声响作,先生戛然而止,余音绕梁;我们神游其中,超然物外。少顷,猛然初醒,恍若隔世。先生并不急于离开,任由学子絮叨喧哗。此时,再见先生,仍是一脸安详神定,便觉其是天外来仙，遗世独立。若有学子前往攀谈款洽，便得告诫：趁早自学考试，趁早考研读博。大有张爱玲之“出名要早啊”的意味。

李庆明，戏称“李行知”“李疯子”。李老师英俊潇洒，令无数青春靓女为之倾倒迷恋，回眸频频，也令无数俊男自叹弗如，心生嫉妒；李老师才气万丈，令无数高傲才女文思泉涌，情意缠绵，也令无数才子顶礼膜拜，一路追随。毕业文艺汇报演出彩排之时，身为总策划师的李老师，从影院后门姗姗来迟，款款而前。新潮平顶发式，浅色休闲西装，近乎“诡秘”的微笑……一改平时刻意端庄严肃打扮。蓦然之间，合唱遽然而止，赞叹不绝——“哇！帅呆了！”指挥手悬半空，回眸凝视良久。

腹有诗书气自华，李老师学术射猎广泛（大学主修美学，后又自修哲学，钟情教育研究），艺术造诣高超（芭蕾舞蹈、钢琴演奏、美声独唱、书法国画无不精通），文学修养深厚（所撰《李吉林与情境教育》是论著，也是诗篇），与外在儒雅气质相得益彰。他教授儿童教育哲学，改写并引领我的人生走向。

李老师在阶梯教室上大课（两个文科班共同聆听）。作为本科目的课代表，我提早坐在首排，翔实记录笔记。上课伊始，便是苏格拉底式的对话。“哲学是什么？”未问之前，我们似乎看到它存在的影像，也似乎明确其内在的含义。遽然诘问，我们分明感到虚无空荡，一片茫然。在疑义相与析的顿悟后，我们的灵府开始了敞亮之思：是对人类智慧的爱，是对世界本原的认识，是对自我存在的追问，是对作为意志和表象世界的认识……李老师笑容可掬地肯定着我们的种种观点，在不断追问中逼迫我们打开思维的视野，拥抱更为广阔的世界。最后，他提醒我们，人类诸多对本原的认识，根本没有标准答案，我们永远在思考和追索的路上。须臾之间，全场凝然一气，内心被强烈地震撼了：问题没有标准答案?!

尽管我们满脸狐疑，这种思维范式与探究路径却留存心间，滋养着我的教育研究兴趣。在他的影响下，我开始了哲合忍耶般的追求，总是在独自一人时，凝眸面对着混沌的视野，走向内心的澄澈。从渴望无限的帕斯卡尔、寻找梦中的蓝花的诺瓦利斯、仿佛孤独的枞树的克尔凯郭尔到没有意志的意志哲学家叔本华、生命的梦与醉的尼采、思想家与诗人的瓦雷里、幽暗与通明之间的萨特……追随着他们的原始追忆，聆听着他们的“不可言说”，期待着无蔽的瞬息，生命在提问和觉醒中“颠狂”。

李老师倡导欲仁爱智、健全人格。在其课堂，有辩论，有对话；有传授，有讲座(桑新民、杨启亮等专家学者,走进我们课堂);有教育,有哲学;有科学,有艺术。更令人心生感念与怀想的是,他常常带来一摞书籍,任由我们借阅品读(由此,我们相识苏霍姆林斯基、马卡连柯、阿莫纳什维利、杜威、罗梭等);常常带来一叠影碟,连续播放欣赏(由此,我们知晓《死亡诗社》《天堂电影院》《铁钩船长》《教父》等)。期末考试形式也是别具一格,颇得"民心"——以一篇论文定等第,祛除了太多无用陈述性知识的死记硬背,聚精会神于智慧潜能的开发与学术修养的修炼。

曾多次去过李老师的家园。书房里,东厢临壁满排书橱,藏书颇丰,门类繁杂,令人艳羡垂涎,感慨万千。东南方角,卧立硕大书台,文稿书报重叠有致。遥想无数日夜"李疯子"在此展卷拈管,行云流水。卧室东墙依然是满排橱柜,其内置放无以计数的影像碟片,更是令人屏气而观,交口称誉。书生侠气,指点江山,洞悉教育,岂是数日之功能致乎?

曹炳生,"四怪"中最能忍耐寂寞,内敛孤傲之人。每次上课他必携带大量讲稿。报纸大小的旧黄稿纸上,密密麻麻的蝇头小字,生动诠释着胡适先生倡导的"大胆假设,小心求证"的严谨治学精神。铃声一响,他便曲肘俯首,支于讲台之上开始讲读,免去了师生问好的诸多仪式,直切恢宏的历史画面。他的课堂一如平静的海面,波澜不惊,宠辱偕忘。在其海面之下,风起云涌,波翻涛滚。

曹老师治史从不随俗逐流,亦不拘囿于正史。他广泛涉猎野史轶闻,历史小说,记忆温故,海外名作。因此,历史人物穿越时空隧道,走进当下世界,其音容笑貌恍若眼前,清晰可辨,亲切可闻。跟随曹老师,我们走进《万历十五年》,与古怪的模范官僚海瑞对话;走进《统一与分裂》,感受分合的宿命轮回与扬弃途径;走进《晚清七十年》,领略那段青黄不接、动荡飘摇的暗淡岁月……

陈建新,"四怪"之中生活得最春风得意、圆润通透之师。我选修他的数学美学。听其上课,如赏京剧,字正腔圆,荡气回肠;手舞足蹈,激情四溢。或是飞入云霄,俯瞰大地万千气象;或是沉匿海底,聆听大海汹涌波涛。乏味单调之数字,在他的文化美学的诠释与铺陈中,波澜壮阔,韵味隽永。单是一联"一叶孤舟,坐了二三个骚客,启用四桨五帆,经过六滩七湾,历尽八颠九簸,可叹十分来迟;十年寒窗,进了九八家书院,抛却七情六欲,苦读五经四书,考了三番两次,今天一定得中"就足以让我们神魂颠倒了。人生苦短，生命无疆，美轮美奂，得无酒神狄奥尼索斯之韵乎？美在何处？美在阿堵。昂首凝视座座直指蓝天白云的欧式建筑，凝神聆听与命运荒诞部分勇猛搏斗的贝多芬之魂……

通师生活所遇老师众多，可忆可评、可亲可敬、可圈可点者亦多。博学亲和的导师张静秋，睿智通达的历史老师都樾，贤惠娇美的英语老师尹晓云，质朴善良的数学老师沈红霞，自负睿智的化学老师陆军，勤奋刻苦的生物老师吴剑峰，书生意气的现代文学老师冒键，狂放不羁的写作老师邢晔，端庄美丽的外国文学老师黄仲英，刚正务实的逻辑老师陈艺鸣……每一个老师的背后，总写满悠长浪漫的故事；每一个老师的言行，都留下潜移默化的影响。

融会贯通地阅读

一直以来，信奉学者赵鑫珊的治学心得：力争做个磨盘，上盘是文科，底盘是理科，中心轴是哲学，推磨的动力是对世界的好奇、同情和悲愤。自小喜爱拥抱自然家园，探究未知世界，常常翻阅《十万个为什么》以及科普书刊，醉心于自然数理的节奏原则。初中文理科目难分伯仲，自觉日后为师文科方面更需"加钙"，卒选之。幸哉通师文科，仍需修学数理化生逻，未曾造成智识偏颇。

通师老师各具风采，自成一家，然亦有其共性：绝对自信。从不苛求阅读，也不设定禁区，学生却能在点化或渲染之后，读得天马行空，如饥似渴；读得纵横交错，融会贯通。

余生痴愚，天性顽劣，整个基础教育阶段学习，可谓中规中矩，未出教科书半步之外。即使偶或得到《牛虻》《普通一兵》之类，还是儿童缩减读本。当然，这还得藏匿偷读，师长是极力反对如此"不务正业"的。因此，造成了儿童时代阅读的偏废与心灵成长的贫瘠。

真正的心灵阅读，自是从问学师范开始。

那天傍晚，细雨霏霏，濠河之畔的泰华书店内，人头攒动，川流不息。我排在悠长的队伍后面，翘首等待着心仪许久的《文化苦旅》。购买书籍在等待之中衍变成心灵的仪式，一种对文化的拜谒，对名家的渴慕，对文学的虔诚，对阅读的敬重，对自我的发现。

一本薄书，一腔热忱；一席盛宴，一场洗礼。从未涵泳过文学经典的我，读得酣畅淋漓，乐不思蜀。跟随余秋雨徜徉于中华民族浩瀚的历史文化长河间，行进在炎黄子孙狂放高傲的气节人格事件里。山水风物、文化灵魂、历史命运、文人本色……在历史的深邃荒凉、风景的清新婉约之中，领略中国文人的艰难心路，感受世态人情的冷暖辛酸。

还是一个傍晚，灿烂的斜阳在书页间跃动，清幽的荷香在灵魂深处弥漫。此时正在阶梯教室，阅读坚守"清洁的精神"的张承志的《黑骏马》。辽阔壮美的大草原，苍劲凄凉的草原民歌，古朴善良的美丽姑娘，哀怨婉丽的爱情故事……生命不能承受之轻的感伤悲情纷至沓来，让我好生压抑窒息，自我视野的生命竟是如此轻盈苍白。残缺懵懂的青春夙愿何其令人激动不已，何其美好得永生难忘，可终究飘逝而去。我唏嘘喟叹，懵懂沉思。

阅读是浪漫的心灵远游，是美丽的心智场景，也是痛苦的内心挣扎，是残酷的人性拷问。记忆中这两次深刻的阅读事件，逼迫我从幼稚无忧的阅读童年，跌跌撞撞地闯进玄妙幽远的成人世界，直抵内心的柔软与精神的博雅。

心灵的窗扉一旦打开，习习东风便相拥而至。人性在阅读中觉醒，情愫在感受中细腻，人格在反思中完善。现在想来，王亦群和王建维两位尊师不经意地推荐，却成了我阅读心路上的指明灯。从契合当下的成长心境与人生阅历的现代文学经典开始，走上迢迢悠远的纸上天堂。一路走来，沁人心脾的《金蔷薇》，赏心悦目的《镜与灯》，成了我《时间的玫瑰》，成了我《声音的诗学》，我常《在黑暗中相逢》，也常《因幸福而哭泣》。

在文学阅读中，我《跟随勇敢者的心》，体验《少年维特之烦恼》，体验《约翰·克里斯朵夫》之精神苦闷；我《守望灵魂》，在《瓦尔登湖》畔享受成熟的恬静，在《复活》边缘感悟人类相爱的真谛；我《收藏精神》，在《铁屋的呐喊》声中聆听鲁迅的"国民性"批判，在《落地的麦子不死》中凝视那一挥手的苍凉……

在哲学阅读中，我进行《思想操练》。周国平的《尼采——在世纪的转折点上》，令我几乎眩晕得醉生梦死，一个世纪之末的漂泊者，一个摧毁上帝构筑的权力意志者，投射出一束曙光于我的内心，敦促我去发现真实"自我"，去独立地探寻生活的意义。

刘小枫的《沉重的肉身——现代性伦理的叙事纬语》是与杜拉斯的《情

人》、昆德拉的《生命不能承受之轻》以及基斯洛夫斯基的影碟《红》《白》《蓝》同时互文阅读的。在爱的碎片的惊鸿一瞥间，在永不消散的生存雾霭中的小路上，在一片秋天枯叶上的湿润经脉里，感受身体的沉重与虚幻，灵魂的脆弱与真实，追问转眼即逝的爱情存在的理由。耳畔一次次响起但丁的诗句："既然我只能用迈向天堂之歌来呼唤你，就让我们在天堂相遇。"有了圣灵，才会在心里叹息。

一次次中午，斜坐于琴房斗室，在理查德·克莱德曼舒缓悠扬的钢琴乐曲中，我仰望哲学美学的天空，瞻仰存在的星辰，恪守心中的道律。康德、叔本华、黑格尔、胡塞尔、伽达默尔、舍斯托夫、利奥塔、齐格蒙特·鲍曼、罗兰·巴特、李泽厚、宗白华、张志扬、叶秀山……标识自我思想地图的坐标点很是艰难，我在，我思。

一次次晚自修，端坐于敞亮静寂的阅览室，游弋于古代文学作品的抑扬顿挫间。轻轻推开时空之门，追随前人的深浅脚印，聆听他们的低声絮语，观赏智慧的群星闪耀。从周振甫的《诗词例话》《文章例话》到钱钟书的《谈艺录》《管锥编》；从王国维的《人间词话》到王力的《诗词格律》；从南怀瑾的《论语别裁》到陈寅恪的《柳如是别传》……

一次次深夜，蹲坐在路灯下，或是盥洗室水池旁，埋首于《世界简明发展史》的风起云涌的历史际幻中，浸沉在葛兆光的《中国思想史》的波澜壮阔的思想变革中。于我一介书生，只能坐而论道，吟鞭西指，醉里挑灯，或作《书斋的革命》。阅读顾准、殷海光、遇罗克、储安平、王芸生；阅读史景迁、唐德刚、黄仁宇、葛剑雄；阅读《今天》《记忆》……其景其境，恰如里尔克之《阅读》："我埋头阅读。读了很久，自从斜雨抽打窗户的时候。我没有听见雨声，阅读时全神贯注。我看着每一行字，如同沉思的皱纹，时间或是停止前进，或是倒流。"

一次次凌晨，踯躅于食堂最先亮起的荧光灯下，忘乎所以地"最高声、最快速、最清晰"地疯狂背诵着英语。我特别感恩美丽聪颖的英语老师黄卫菊，她对我的青眼相待，鼎力襄助与提携，给了我莫大的鼓舞和无穷的力量。其课一如其人，口语表达行云流水，宛若山间小溪千折万转，汩汩而来；天文地理随口而至，恰似屋后小园繁花似锦，争奇斗妍；教育艺术点染心间，有如春风小雨润物无声，潜移默化。自从与她生命相遇之后，我的英语学习兴趣与日俱增，口语表达亦是一日千里。在她的挈领引导之下，我们《走遍美国》,生活于一家祖孙四代的美国中产家庭,体验平淡天然、丰富多彩的日常生活;也在她的鞭策指导下,我自修完英版《赴美英语指南》,全面了解美国社会、文化、经济、教育等概况。现在想来,在她的英语课堂里,始终洋溢着自由开放的气息,闪烁着智慧创新的光芒,并永葆一个信念:英语学习只是“A Piece of Cake”!

阅读是生命的呼吸,是为了获取生活的乐趣、责任与力量。当我的灵魂在通师得以“复活”之后,就再也没有停止过阅读。每日阅读着自身及周遭的世界,俾以了解自身真实的存在,顿悟生命丰盈的意义,让空洞贫乏的心灵运动获得充分的更新。在通师五年里,奠定了我未来一生的精神底子,尤其是“独立之精神,自由之思想”成为我追求学术精神与价值取向的终身信条。

虔诚灵性地写作

阅读与写作,本是一对孪生兄弟,是知识分子安身立命的左右道途。遗憾的是,在我整个基础教育阶段,竟是断裂不堪,“老死不相往来”。清楚记得小学曾经抄袭一文,歌颂班级劳动委员亲手掏洗便池的“伟大人格”,获得老师的褒扬,也骗取了高分。此文一路复制,直至中考仍不厌其烦,不出左右。至今想来,汗颜之至,可笑至极!

在通师所写的第一篇作文内容,早已不复记清,但其事件却永远镌刻在我青春的记忆里。当我拿到批阅后的作文本,惴惴不安地打开时,空气顿时凝固了!才华横溢的邢晔老师,在我的文章下面画上条条横线,并附上问号,竟达三十六个之多!

三十六个问号,三百六十五天拷问!如何“天堑变通途”?如何使真诚地写作也成为自己快乐的精神旅行,成为自己安身立命的存在?所谓写作,就是为生存找一个乃至一万个精神上的理由,以便生活不只是一个生物过程,更是一个充实、旺盛、快乐和镇静的精神过程。

由此,我开始了用文字温暖心灵,以写作会晤心灵的迢迢征程。在得知室友虎子家境贫寒、家徒四壁、父丧兄傻之后,我与之彻夜长谈,掩面而泣。黯然销魂之后,创作“呕心沥血”之作——《黑色小屋》,小说虽以虎子为原型,却染上了我贫苦交加的童年生活之影。用心凝铸之文,被文学老师判定为抄袭之作，内心愤然，而后又不禁乐之。

文字有了体温，便闪烁着生命的光泽；有了真情，便彰显着人性的美丽。1997 香港回归前夕，创作处女诗作《新婚之夜》，悲歌慷慨英帝清朝，激情颂歌新生社会；散步小憩，邂逅伉俪老人恩爱如初，挽手而行，感慨外祖母离世之后，外祖父衰老剧速，创作小说《秤砣》……

自始，我同时抓住了阅读与写作两个世界，成为生命的自由摆渡者。在那本属于天真与浪漫的青春季节，我没有流连小桥流水般的缠绵悱恻，没有留恋吟啸徐行的狂放不羁，而是坐拥书城，走向内心的澄澈与言说的快慰！

异彩纷呈的活动

通师学子有着鲜明的精神气象：狂傲。有幸成为通师学子，也颇蘸染狂态与傲气，盖因心灵得以自由舒展，潜能得以尽情开发，性情得以任意张扬！既能坐拥书城，苦学勤修，宁静致远；又能诗词书画，吹拉弹唱，学以致用。

课外活动异彩纷呈，新样迭出。每晚自修，设若你有闲情雅致，不妨神游校园：或是个人演唱专场，或是乐队倾情奉献；或是诗歌朗诵比赛，或是英语沙龙交流；或是凝神素描油画，或是对月吟诗作赋……

在通师，我们拒绝循规蹈矩，总是渴望在身体的律动中自由地飞翔，渴望在心灵的汪洋恣肆中拥抱更为深远的人生境界！

余生来自乡野村里，自幼缺乏艺术的熏陶与审美的教育。面临狂飙而来的生命之风，我在惴惴不安之余，间或也附庸风雅几回。曾与钱友华、邱卫强等表演法制小品《送礼》，与施婕等表演课本剧《小二黑结婚》。改写剧本、揣摩台词、设计动作、选择服饰、营造氛围……颇是艰难困苦，尤以一群力求尽善尽美者聚集商榷，更是几欲字字珠玑，一笑一颦恰到好处。表演自是大获成功，然而“他听得耳热，我唱得心痛”。

百年老树压枝低，通师是全国第一所中等师范学校，时任校长朱嘉耀率先施行五年一贯制试验，提出“人格化师范教育”的美好蓝图。悠久厚重的文化积淀，醇实敦厚的教育艺术，共同创造了我们亮丽而润泽的青春。无怪乎原国务院副总理李岚清欣赏了我们的文艺演出后感慨：后生可喜！

余生可喜,在极具“可读写”性的青春年少时期,喜逢通师,喜逢通师的老师同学们!

作者简介:蒋保华,南通师范1994级五普校友。现任《江苏教育》副主编、江苏省教育学会高中专业委员会副秘书长。曾获江苏省教学成果一等奖。

舒展灵性　健全人格

——于母校南通师范学校求学琐忆

刘卫锋

1994 年至 1999 年，我在江苏省南通师范学校大专班求学。从初次踏进城山路 24 号至今，已经 27 个年头了，但在通师的求学经历，还是那么清晰。有许多人，许多事，留在记忆的深处。

校园不大，但充满自由民主的气息，给我们营造了成长的良好环境。

过硬的基本功是一名合格师范生的必备能力。刚一进校，训练基本功就成为我们的必修课，“三字一话”是那时的标配。每人发到一块小黑板，供我们勤练粉笔字。毛笔字、硬笔字和普通话，也都有专门的教科书和课程安排。此外，学校还特别鼓励学生发展特长。我们的专业是小学教育，虽然后来我学了文科，但是小学各科教学都要胜任。“一专多能”是我们经常听到的教诲。而那些光彩照人的学长们，或在各种活动中崭露头角，或以优秀的作品成为校园明星，或以不为一般人所知的某项特长成就一段传奇……都对“一专多能”这四个字做着生动的诠释与表达，自然也强烈地激励着我们不断进步。

学校的活动很丰富。印象最深的活动有李岚清副总理来校视察，学校组织师生在 C 楼前举办基本功汇报演出。朗诵、书法、绘画、篆刻等现场表演，技惊四座，有学长将篆刻作品赠送给李岚清副总理，总理即席讲话，说“后生可喜”。这四个字连同总理身着风衣手持话筒勉励有加的情境，迄今如在眼前，可见当时的感触与震动非同一般。那时，我们是作为入学不久的新生观摩活动的，近距离地感受学长们的过硬基本功和卓越特长，以及总理重教兴邦的领导风范，堪称我们走进师范的一次人生大课。

至于在科学馆观摩的毕业班汇报演出，每一届都在创新中发展，精彩纷呈。李庆明老师经常是特约策划人或导演，不断激发年轻学子的创造活力，因此那些汇报演出总是给人耳目一新的冲击力，把一届届学子的风采淋漓尽致地展现出来。有好几次，李吉林老师也应邀到场，发表热情洋溢的励志讲话。她笑容可掬，和学校发给我们的《小学语文情境教学》封面上范曾为她作的肖像画一样亲切温婉。

在一次次活动观摩中，我们被感动，被触动，心向往之，也带来创造的激情。于是，在学校组织的各种经常性活动中，我们也开始展示班级群体和个人的风采。朗诵比赛、歌咏比赛、演讲比赛，运动会、艺术节……处处活跃着我们青春的身影。现在想来，这就是母校活动育人、实践育人的良苦用心吧。激发主动，鼓励展示，在做中学与思，促进学生素养的全面发展，正是母校师范教育成就学子的重要路径。

得益于母校的这一风气，我们在实践中锻炼、提高。1996 年 12 月，我们班策划组织了题为“蕴藉真味　寄意温厚——高雅校园文化之构建”的汇报展示活动，我结合若干世界名画的幻灯片作美术赏析，同学们展示了书法、绘画、剪纸等作品，表演了舞蹈、朗诵，进行了校园文化访谈等，活动得到莅临现场指导的市教育局领导和学校周见一书记的一致好评。1998 年 5 月，我和三位同学一起制作学校第四届艺术节吉祥物“真真”展陈，用泡沫板裁出头戴小红帽、手拉手风琴的小鸭形象，然后在表面覆纸并上色，粘贴于两米乘三米的展板，摆在百师壁前，接受师生们的检阅，成为艺术节期间的一道靓丽风景线。

1999 年 3 月至 6 月，我所在的 94 级文科 2 班举行了班级毕业汇报系列展示活动，我是总策划之一，除了参与制作此次活动的主题宣传板，还综合运用白板纸、即时贴等材料，为自己和同学们的橱窗作品展制作标题。为张小琴同学题为《生活・反思》的作文展制作的标题是立体的纸艺，用即时贴做成一面黑底白砖缝的墙，开一扇五边形的窗，窗台上放着青花瓷风格的折纸纸杯，里面插着两枝迎春花，颇有诗意。为同学秦劼的油画展制作的标题则简洁明快，黑与白的底色作黄金分割，名字居于白色之上，“油画展”三个字跨界而居，最下方则是五个汉字的拼音横列，整个风格和油画作品较为统一。此外，还先后为学校布置“青春奋蹄——金牛杯获奖征文作品展”“优秀生风采——李伯蕴奖学金获得者简介”等橱窗陈列，均获好评，我也在这一次次锻炼中不断发展着自己的审美素养和动手操作能力。

1998 年 11 月，我策划制作了“追寻伟人的足迹”系列公益美术展板，在宽两米长三米的展板上，临习了毛泽东主席的书法作品《清平乐·六盘山》和中国画《楷模——周恩来》。从裱糊画心宣纸，到创作书法和绘画，再到完成整个版面的装裱，打印标签，都是自力更生。国画《楷模——周恩来》描绘的是周恩来总理背靠病床上的棉被在案几上批阅文件的感人场景，题款我抄录了总理的早年诗作“大江歌罢掉头东，邃密群科济世穷。面壁十年图破壁，难酬蹈海亦英雄”，以抒青年壮志。两幅作品摆在 A 楼过道的百师壁前，吸引了众人的目光。标签上的那个小小的名字，也成为学弟学妹们眼里的一个新传奇，以至于声名在外，有一些班级邀请我为他们的活动制作宣传海报。我留存有一本影集，是 97 英语班在 1999 年 1 月赠送给我的，他们在赠言中写道：“你匠心独运，用大海般蔚蓝的流行色，设计制作的自由女神，为我们的活动奏响了第一乐章。我们心存感激。海报得到师生们的赞赏，使我们更信心百倍地推出节目……唯有将四十颗感激之心寄托于这份小小的礼物……”

记得 A 楼二楼会议室的墙壁上有书法作品，上书“立己立人”“达己达人”。其时，并不十分明白其中的深意。现在回想起母校的那些人、那些事，也渐渐有了深深地体会。

健全人格，丰满人性，母校的教育让我们受益终身。

学生的发展，凝结着师长们的殷切希望，学校领导和老师总是不吝褒扬与激励，我不止一次地看到学校领导、老师为班级展览或者学生个展手写的序言，那些灵动的文字，洒脱的书法，充满了温暖，我自己就曾领受这份恩情。我在校期间举办过画展、作文展和速写展，当我拿着一叠速写作品复印件到校长室请朱嘉耀校长作序时，他一口答应，让我过几天去取。几天后，朱校长的序言写好了，两张学校抬头的信笺纸上，书法俊逸，饱含着校长对艺术的理解和对后学的勉励：

刘卫锋同学将一叠速写稿送到桌前，请我写几句话。对同学们不管是诉之文字的，还是表现为音符的、色彩的，还是制作的成果，我都是饶有兴趣的。这几年来也为同学们所办的刊物、展览写过序，题过字，并且也都是欣然应命，欣然命笔的。对于刘卫锋同学的要求,我自亦欣然允诺。

待处理好手头的事,翻开他的画稿,则不由聚精会神地看了起来。无论是寻常巷陌、古刹殿堂、园内的花树、溪边的泊舟,还是为名胜古迹造像,为乡风民俗留照,都颇可细加品味。这倒不仅仅因其构图、造型、用笔都已有点功力;也还因为浸渍在这些速写中的一种人文情致:对自然与社会的敏感与关怀,和能够把摄入的外部形态与内心情绪表现出来的欲望与能力。如果说前者在现代社会显得甚为可贵的话,那么后者对于一个非专业的年轻学生来说实非易事。

我希望刘卫锋同学的是:不要淡化、泯灭对自然和社会敏锐的关切,不断强化审美、表现美、创造美的能力,保持并发扬这种人文情怀。这是生命质量的极为重要的变量,更是以人为对象的职业——教师的极为重要的品质。我也愿将这些话说给刘卫锋的同学们。

朱嘉耀

一九九八年十一月廿五日

十多年后,我的速写南通系列作品被省市媒体专题报道,在地方报纸开设专栏,并结集成册,作为南通的城市文创作品对外交流。我曾寻绎自己艺路的源流,除了早年的家庭教育引导我培养了书画的兴趣,来自师范时期的专业历练和艺术思想启蒙则是将兴趣上升为审美品质的重要滋养。母校的师长们,正是以自己的人格魅力与人文关怀,濡染着我们一批批学子,敏锐关切自然与社会,涵养人文情怀,发展审美与创造能力。

当然,所有的这些能力与素养,无疑都指向我们的未来职业——教师。过硬的基本功,是教师安身立命的看家本领,而对教育的理解,对理想的儿童教育的追求,则是更为深刻的教育哲学。对此,母校号召我们“博见精思,强学力行”。师长们更是身体力行,通过各种方式引领垂范。

课堂,因为有了名师的加持,分外精彩。记得一次李庆明老师在科学馆上一堂公开课,我们班在李老师的引领下,每个人都大量阅读,甚至还到李老师在南园的家里,捧回了许多专业书籍“啃”得津津有味。上课那天,朱嘉耀校长陪同着许多领导和专家前来观摩。整堂课充满了思辨的色彩,师生的问答也充满了机锋。我也回答了一个问题，陈述自己的哲思，似乎有些超越同龄人的深刻，我偷眼望了一眼朱校长，他正颔首微笑。而日常的课堂，老师们也是各展风采，使我们如沐春风。王笑菁老师旁征博引，口吐莲花，洒脱自如；黄仲英老师教授外国文学，结合自己的英伦探亲经历，为我们剖析人性的光明与幽暗；沈红霞老师教授数学，思维缜密，条理清晰；冒键老师引导我们专题研究，发布心得；梅云霞老师教授儿童文学，鼓励我们在赏析之余尝试创作……贾真老师教授心理学，理论联系实际，洞悉世事人情。一次她布置了一项开放性作业，让我们就某个话题谈个人观点，我广泛阅读，深入思考，洋洋洒洒写了一大篇。上课时，她特别提到这份非同一般的作业，并且说要让大家看看作者是谁，于是点出我的名字，我在掌声中站了起来，因为激动，脸上烫烫的。我想她一定是认得我的，只不过用这种特别隆重的方式表示对我的肯定与鼓励。她用这种方式启发了我，教育的核心秘籍在于唤醒与激励。陈彤老师教我们美术，他有艺术家的深邃与潇洒，课堂上注重实践，点拨精到。课后，他牺牲休息日，陪我们到江边写生，指导我们画下大江的宏阔和码头的雄奇，引导我们在师法自然中感受艺术的真谛。在美术兴趣组，郑保明老师的图案设计让我感悟概括和精炼之美，罗国华老师的国画辅导让我体悟传统笔墨的神韵……众多的老师，以他们的道德文章，成为我们进步的引路人。

到了高年级，我对教育学更为感兴趣，李庆明、薛继民等老师关于阅读专著的建议让我获益匪浅，他们都曾借给我教育名家的著作，这让我较早地打下了教育科研的基础，并在 1997 年 12 月 27 日的《中国教育报》的“教育科学”版上发表了我的生平第一篇教育短论《特色学校建设刍议》，当时我还是师范四年级的学生。记得那是《中国教育报》和天津市教育科学研究院举办的“素质教育与特色学校建设的理论与实践”征文比赛，我从学校为班级订阅的《中国教育报》上看到征文启事后，就下定决心一试，为此狠下了一番苦功，跑阅览室浏览报纸杂志，专题阅读；到图书馆借阅书籍，开拓视野……花了挺长时间写成一文应征，最后获得全国二等奖并在《中国教育报》刊发！文章刊发后，学校政教处的夏莲主任看到了，特意让人捎信给我，求证是否为我所作——因为报纸上除了单位和姓名，并没有作者的身份介绍。当得知确为我的文章后，大家都觉得很欣慰。这次获奖和发表，对当时还是一名师范生的我来说，无疑是一个巨大的鼓舞，使我充满信心地在教育教学研究之路上越走越远，不断感受思想的力量，体验创新的快乐。后来，我到了学校工作岗位上，勤于实践，笔耕不辍，发表了数百篇论文、案例和随笔。我想，这与母校的及早培养、师长的熏陶奖掖是密不可分的。当时，朱嘉耀校长等校领导倡导“人格化师范教育”，我虽懵懵懂懂未知其详，但是置身其中，确是万千受益者之一。

我感念1990年代的中等师范教育，尤其感恩中国师范教育的三大源头之一——南通师范学校博雅教育的办学主张、包容会通的学术氛围和强学力行的学习风气。

作者简介：刘卫锋，南通师范1994级五普校友。中小学高级教师。现任南通市教育局人事处副处长。曾获江苏省教学成果二等奖。

22年前，我在这里读书

吴海丽

2021年10月3日，一个凉风习习的秋夜，我漫步走进南通师范高等专科学校，随着背后电动大门的徐徐合拢，闹市的喧嚣瞬间被内心隔离，迎面扑来的是一个静谧而又迷人的世界。

这个置身于闹市的学校，在许多人的记忆里，它还有一个可爱的代名词"城山路24号"。

这是我的母校，我对这里的一草一木永不忘怀。从1994年入学到1999年毕业，5年的校园生活给了我许多美好的回忆，它是我的整个青春，它将我从学生变成老师。27年过去了，我已是华发暗生的中年女士，但是，只要想起母校，想起曾在这里度过的青葱岁月，我就忍不住内心的雀跃，一瞬间恍若时光倒流，自己又成了当年那个十六七岁的女孩。

1994年9月，当我背着行囊走进学校大门时，笑眯眯迎接我，为我引路，悉心嘱咐日常注意事项的是班主任沈红霞老师。沈老师带着初为人师的羞涩，对我们这群大多从县区甚至是农村来的学生满是耐心、爱心。多年后的现在，想起沈老师，我依然记得那镜片后闪烁的宛若星辰的目光，那么灼灼，那么热情，却又那么温柔。

此时此刻，前排教学楼灯火通明，有学生在上晚自习。夜色中，操场上散步的身影依稀可见，球场上散落着几只被人遗忘的篮球，在远处城市的灯光中模糊成黑色的剪影，悠扬的旋律穿过琴房直抵耳畔，一切似乎都还是当年的模样。体育馆后，思源亭畔，综合楼大厅，三五个孩子正在排练舞蹈……那铿锵而又不失柔软的口令"一二一"瞬间勾起了我的回忆：我们也曾为了迎接某个节日的到来，辛勤排练过大合唱、诗朗诵；也曾为了毕业汇报，通宵达旦地苦做准备。

我不善歌舞亦不善吟诵，既无主持的天赋，也无出众的才华，所以在数个大合唱、诗朗诵的汇报演出中，我只是背景墙里默默无闻的一员。但是，我能画那么几笔：水墨画拿不出手，工笔画尚能见人；油画不擅长，线条素描尚可过关。大家都想在毕业汇报上争奇斗艳，我可以做什么呢？我递上的作品是一幅长约 3 米宽约 1 米的水粉画，确切地说，这是一幅超大的教学挂图，画上描摹的是一个生机盎然的森林世界：老鼠米奇在滑草，小兔姊妹在捕蝶……虽然人物形象皆有借鉴，但情境却全是自己巧心构思。或许是因为这幅色彩缤纷的作品体量大，或许是因为满溢出画纸的童趣，也或许是为了褒奖我在这幅作品上花费的时日与心血，在毕业汇报展出时，它被挂在了展厅入口处的墙壁上。如今想来，显然并不是因为自己画技有多出色和高超，而是布展老师和同学对我的殷殷鼓励。

思绪万千中，操场看台上传来几声人语，原来是几个年轻的孩子在晚风中纳凉，他们或低头盯着手机，或几人凑在一起小声说着什么，最引人注目的是那几个托着脑袋默默望着夜空的孩子，他们是在想什么呢？黑夜中看不清脸庞，却似乎听到了他们炙热的心跳，这蓬勃的跳跃里，有迷茫，有憧憬，亦有青春的向往。

信步往北，学校西北方向是记忆中的花园。这花园不大，有一方小小的池塘，从南蜿蜒至北，跨过几个石墩，便到了池上的小亭。这小亭不精致亦不婉约，不古朴亦不厚重，但这小亭却是藤蔓的最好家园，春天布满新绿，夏天洒下绿荫，冬天，落尽叶子后的枝干遒劲而又妖娆，最美的自然是凌霄花盛开的季节，那钻出枝叶的喇叭，红得是那么火热而又深沉，不媚亦不俗。

驻足河畔，侧耳，草丛里的虫儿，一声高一声低，时有时无，河面偶尔发出的声响总是氤氲出一圈又一圈的涟漪。在这涟漪漾出的波光里，我看到了当年和同学一起在池边画素描的场景，听到了和小伙伴一起兴致勃勃拿着竹竿偷莲的喧哗，这喧哗中还有某个同学因为身子伸得太长重心不稳跌落荷池引起的惊呼……因为暑假，我们总是错过荷花盛开的时节，9 月开学时，满池的荷花往往只剩下寥落的几朵，但这几朵加上那花落后鼓起的莲蓬，依然引得无数人为之驻足流连。因为太过喜爱，我曾小试牛刀为其著文，题为《采莲》，这是我在《江海晚报》发表的第一篇文章，是我对学校荷池的全部美好记忆。可如今，那如伞盖的荷叶呢？那亭亭的荷花呢？因为想念这小小的池塘，我曾在好几个夏夜来到这里。望着那光光的水面，我很企盼在夜色中，仍能捕捉其美妙的身影。但我知道，岁月已悄然更迭，物是人非，但念想却可以永远地存留在心里。

这么一想，刚刚还有些失落的心陡然间开朗了起来。

拐个弯，折回，向南，右拐，便来到宿舍区。“一年级的时候，我曾在这个二楼住过！”“三年级的时候，寝室搬到了三楼！”我正在宿舍门口指指点点自言自语时，值班室里探出一个人，她打量了我一番问我是谁，我想了一下，笑着回答：“22年前，我是这里的学生。”

作者简介：吴海丽，南通师范1994级五普校友。现任通师二附语文教师。中小学高级教师。曾获江苏省教学成果奖。

一程遇见　一生为念

严　靓

世间一切，都是遇见，就像冷遇见暖，有了雨；春遇到冬，有了岁月；天遇见地，有了永恒；人遇见了人，有了生命。遇见是一切的开始。“漫步林荫小道，感受鸟语花香，教学楼里的读书声，声声入耳；琴房里的乐曲声，丝丝入心……”这是我与通师温馨美好的初遇。

时间定格在了1999年，我在如皋师范三年的中师生涯画上了句号。在三二分段志愿表上，我毫不犹豫地选择了通师。当年中考的一分之差，曾让我与它擦肩而过。可心中对它的那份向往与念想从未停止。时光从不负执着，终于在那个生机盎然、热烈奔放的夏天，我置身于通师校园，心中盛满了愿望实现的欢喜和对未来的美好憧憬。

我开始了新的征程，一切都是新的。学校、老师、同学亦是如此。通师校园，古今诗意，美丽雅致。走在校园幽静的长廊中，似乎能感受到这座百年老校的传统文化气息穿梭流动，厚重深邃，浓醇饱满。偌大的厅堂，一厢是百师壁，集古今一百位书法大家所写之“师”，饱含百年来的师形师心师意师韵。伫立于此，即将为师的崇高感便油然而生。越过悠长的甬道，来到古朴静穆的教学楼前，教学楼畔的池塘边有开得正好的鸢尾花，多年后它们还依然盛开在我的脑海里。信步于九曲石桥，醉心于荷香亭影；驻足于橱窗天地，浸润在浓郁的文化气息中，诗歌散文、摄影绘画、琴舞流韵、竞技风采……弥漫着莘莘学子的青春与活力，散发出师范人骨子里独有的那番浪漫与热情。

当年的三二分段大专班，除我们一个普师班外，还有一个音乐班，两个班加起来总共才八十来人，同学们分别来自三所师范学校——通师、海师和如师。学校为我们配备了一流的师资，这些老师或儒雅俊逸风度翩翩，或博学睿智幽默风趣，或温婉优雅才貌双全，或平易近人亦师亦友……教美学的陈建新老师，印象中的他，发型始终一丝不乱，一身西装，一副眼镜，儒雅又绅士。在他的课堂，我们充分感受到了美学的无限魅力和审美的柔性力量。也让我牢牢记住了这句话：一个师范生，一位将来的老师，如果缺乏基本的审美能力，就很难说他是一个文明的人，更难设想以后他能教育出具有审美能力的学生。班主任朱谦祥老师，人如其名，谦谦君子，温润如玉。在陪伴我们的两年时光里，始终不变的是他那和蔼的笑容，温和的话语。他写得一手好字，常常是在不经意间，行云流水，矫若惊龙般的粉笔字便出现在我们眼前，惊叹之余仿佛也感觉到某种力量直抵心灵。最记得当年在黑板上，他为我们书写的曾国藩老先生的话：人之气质，由于天生，本难改变，唯读书则可以变化气质。这个场景，我时常回味，因为它成了我遨游书海的动力：有时一个人捧着一本书，走在食堂旁的小树林里，看阳光斑斑驳驳地照进树丛，光影迷离中，走进书里那些唯美的画面，一切喧嚣消失，所有荒芜隐退，充溢心田的只有无尽的美好和清澈。我徜徉在那些"乱花渐欲迷人眼"的书籍杂志中，如饥似渴。就像打开了一个全新的宝藏，每天都能拥抱新奇，饮尽甘洌醇厚。

"陌上清秋处，岁月宜静美"，忆起当年的古代文学老师张静秋，我的脑海里便浮现出这句话。她满腹诗书，是我心中当之无愧的才女，是我的女神。第一次听她的课，强大的气场便把我深深吸引住了。她讲课行云流水，娓娓道来，若朗月清风般，她带着我们沉浸在古典文学的海洋里，旁征博引，透露着哲学的思辨和智慧，让我们不自觉地被中国古代博大精深的文学艺术魅力所征服。尤记得她在讲到苏轼、欧阳修等文学大师时，会特别强调他们身上所具有的豁达开朗的人生态度以及在面对人生挫折时的思想境地，以此来让我们感悟人生真谛；她带我们走进李清照，《声声慢》中的"寻寻觅觅，冷冷清清，凄凄惨惨戚戚。乍暖还寒时候，最难将息"，让我们领略李清照的婉约柔情、愁肠百转之态，从此我便特别留意李清照的词，常"沉醉不知归路"。后来我成为老师，每当我向学生讲解古文诗词时，脑海中时常浮现出的一幕幕就是张老师上课的情景，时不时还会模仿她上课的语气。学生们听得入神，他们不知道，其实他们的老师也只是想追慕一下自己的老师而已。

当年的通师真谓是精英荟萃，有幸在师范两年历经很多位优秀的"大咖”：曹炳生、赵晓梅、梅云霞、陈艺鸣……各有所长，各具魅力。只惜两年时光匆匆，总觉得自己未能充分利用这个资源环境抓紧时间学习到更多的知识。每次一想到此，心中就遗憾愧疚。我多想能时光倒流，回到过去，重新变回当年那个小迷妹，再次聆听这些恩师们的智慧，感受他们的风采啊！

时常回味的还有通师的校园生活。学校成立了很多兴趣小组，生物、化学、篮球、足球、排球、合唱、演讲、器乐……自由选择；篮球赛、排球赛、健美操比赛、舞蹈比赛、校园十佳歌手……应有尽有；毕业季，学校还为毕业生开设各种专场展览和演出，校园一派活泼繁忙的景象。丰富的文化体验，充实的课余生活，使年轻、好奇的心灵在校园里碰撞，一时青春燃烧，激情涌动。还记得入校第一年，那天下晚自习，我一眼便被学校长廊处摆放的一张健美操比赛的海报吸引住了，那鲜明的色彩和动人的广告语仿佛在召唤着我，似乎唤醒了我沉寂多年的“文艺细胞”，顿时就让我萌生要报名参加的念头。回到宿舍一说，立马得到了小伙伴们的支持——她们决定和我一起参赛。于是我又凭着好人缘，拉拢了隔壁宿舍另几个伙伴，这样一共十二个人，我们开始了每天的健美操排练。没有专门的教练，我就凭着以前参加健美操比赛时的记忆和在电视上看到的健美操动作自己编排，和小伙伴互相抠细节。下午的活动课、晚自习后，操场上、后花园，都留下了我们排练的身影。大家同心协力，只为在比赛场上能够最美地绽放，为班级争光。一次次的排练，让我明白坚持精神的可贵，也第一次体会到团队协作是多么的重要。比赛那天，我们的队伍以出色的发挥和青春靓丽的形象给评委们留下了深刻的印象，获得了年级组一等奖。那张奖状我一直珍藏到现在。

后来的毕业演出，我和小伙伴带着新排练的舞蹈又一次站在了学校礼堂的舞台上，伴着《wannabe》充满动感的旋律，灯光忽明忽暗，我们将优美的舞姿和灿烂的色彩融为一体，和着音乐的节奏配合得天衣无缝，博得了掌声一片。还记得演出结束，李刚校长走到我身边，他满眼慈爱，浑厚的男低音在我耳边响起：“你是音乐班的吗？”“李校长，我是三二大专普师班的。”“跳得真不错！”这场景已然深深烙在了我的脑海里，再也抹不去了。时间匆匆流逝，重拾记忆的碎片，心中无比感恩，是母校一次次给予了我圆梦的舞台。在这样的舞台上我尽情锻炼自己、展示自己、成就自己。也让我领悟：心有多大，舞台就有多大。

遇见仿佛是一种神奇的安排，是一切不期而遇的开始。岁月缱绻，葳蕤生香。因为与通师的相遇，我的大专生活，那若竹笋拔节的岁月，充实生动与温暖美好的主题充满了我的记忆。回忆可以让我重温那段清浅而惊艳的时光，我常陷落其中。学校的“勤能兼修”教育理念，恩师们的言传身教、诲人不倦，同学们的深深关爱、手足情谊，都在时光的长河中化作永恒。从此，我的人生烙上了通师的印记，无法抹去。

作者简介：严靓，南通师范 1999 级“三二分段”大专班校友。小学一级教师。现任南通市虹桥小学学生处主任。

二、淬炼师能

我与“基本功汇报”的情缘

谢玉萍

1980 年 8 月，我走进了南通市城山路 24 号南通师范学校的大门，开始了与学前教育结缘的人生旅程。三年后，我留校任教，在这所占地面积不到 60 亩的校园里，一走就是 41 年。

每当静心漫步于熟悉的校园，每到一处，眼前的景物总能开启我记忆的闸门，唤起我学生时代以及从教时光的美好回忆。

1982 年，金秋十月，丹桂飘香。广西南宁民族师范学校及南宁幼儿师范学校的领导来我校进行为期两周的考察，学校领导非常重视，决定安排一场展示我校学生素养的活动。当时，分管教学工作的副校长朱嘉耀具体负责这项工作，他提议并经研究决定：由我们班组织一场以节目形式来展示各科基本技能技艺的活动，并正式命名为“基本功汇报”。于是，朱校长就找班主任姚召南老师商量此事，同时也集中了一部分老师的力量一起投入这场汇报的准备工作中。

姚老师把这个任务交给了班长袁丽铭和时任团支部书记的我，记得当时姚老师提了两个要求：一是四十个同学要全部参加，二是基本功项目要全部展示。那个年代，除了课上学到的一些文化知识、专业知识和一些弹、唱、说、跳、画的基本功，其余可看、可听、可借鉴的东西几乎没有。我们几个班委先凑在一起商量，最后决定主要用老师上课教的内容拼拼凑凑整一台节目，再结合班级同学的个性特长增加点有趣的内容。就这样，在大家你一言、我一语，叽叽喳喳的吵闹声中出炉了一份我们自认为很不错的节目单，节目类型主要有集体诗朗诵、风琴齐奏、手风琴齐奏、独唱、女生小组唱、讲故事表演、儿童韵律表演、儿童打击乐演奏、大合唱。

姚老师将计划告知全班同学并作了总动员，同学们个个跃跃欲试，记得堪称班级幽默大师的陈素萍、陶晶这两位同学还自告奋勇报名演双簧。节目敲定，班主任便带着节目单向校领导做汇报，我们诚惶诚恐，就担心校领导把哪个节目给拿掉，没想到的是，校领导不但没删减节目，而且还增加了一个节目——致欢迎词。得到校领导肯定的我们精气神更足了，接下来的日子也就成了我们中师生活最充实、最难忘的时光。

欢迎词由朱校长亲自撰写，节目负责人分配让我担任领诵，我既高兴又紧张，虽说自己有一定的朗诵基础，可站在舞台上领诵还是头一回。我一遍一遍地记台词，一遍一遍地琢磨着怎么走上台，做什么动作，和集体怎么配合……彩排那一天，校领导和各科老师都来了，提了不少的意见，留给我记忆最深的是，音乐老师李淑英和舞蹈老师程桂荣提了一大堆新的要求，她们对我说："走上台时，眼睛要看着观众，面带微笑，从容转身，丁字步站立，把站把杆的感觉拿出来；朗诵时你的眼里要有光，眼光要有穿透力，仿佛透过那堵墙能看到马路上的来往车辆。"接着，她们又对全班说："朗诵和唱歌一样，可不能扯着嗓子喊，要有气息的走动和共鸣。"她们边讲边示范。那一刻，我才明白：舞台上的朗诵还有那么多的讲究。渴望成功的我，下决心一定要好好练。

后来，我曾多次参加过校级、市级的演讲比赛，且都获得一等奖。学习期间，也随团市委演讲团到南通大市内的不少单位做演讲，台上的我总能从容自信，这一切都得益于这次欢迎词的排练，让我习得了舞台感。

为了不影响上课，所有节目的排练时间都安排在课后及早、晚自修的基本功训练课上。晨读，我们练朗诵、练合唱；中午和晚饭的时间，为了能抢占琴房练琴，班上同学自发两两搭档，一个先去排队买饭，另一个等下课铃一响就直奔琴房，然后，两人轮换。那段时间，琴房总被我们班"霸占"，即便是在教学区熄灯后，也总能听到从琴房里飘出的优美整齐的旋律，那是风琴齐奏的同学在"盲弹"；舞蹈房不空，就在教室排，桌子一拉，小凳子一摆，儿童歌曲一放，教室便成了儿童律动表演的舞台；寝室也成了双簧表演排练的专用场所；胆小的同学在同伴的鼓励下，对着镜子反复练习，寻找自信。那段时间，同学更加忙碌，师生更加亲近，班级更加凝聚。

基本功汇报的地点在教学楼 A 楼三楼最东边的公共教室，没有豪华的舞台，没有精美的服饰，没有音响设备，一切简简单单、朴朴实实。来宾们被我们的热情所感动，南宁幼师的女校长是位幼教专家，她和前来一同参加观摩的领导对汇报活动给予了高度的评价，对全班的基本功水平给予了充分肯定，认为这场基本功汇报比较全面地反映了幼师生的基本素养，展现了班级的精神风貌，对这种首创的，以一个班用节目表演形式展示各科技能技艺的模式大加赞赏。

忆往事，自豪感油然而生，可以说，是我们班——1980级幼师班的这场"基本功汇报"开创了南通师范历史上"基本功汇报"的先河。

随后，全国中等师范学校之间的走动开始频繁，全国、全省的中师校长会议也是一个接一个。1986年10月13日，由江苏省教委师教处主办的江苏省第一期中等师范学校校长研讨班在我校举行，参加研讨班的有全省22所老中师校长或主持工作的副校长及广西、浙江、江西等省部分中师校长，研讨活动历时三周，以通师为考察研讨现场，全面考察学校工作。

这期间，学校安排了一个幼师班、一个普师班进行基本功汇报，普师班汇报地点还是A楼三楼最东边的公共教室，幼师班汇报的地点在原大礼堂北侧的体操房兼舞蹈教室的大平房里，承担汇报任务的是徐莉老师带领的1984级幼师(1)班。

时任省教委副主任吴椿和师教处处长吴大年在朱校长的陪同下参加了这场汇报活动，我也有幸观摩了这场汇报。汇报的内容除朗诵、大合唱、小组唱、讲故事、民族舞串烧等传统的节目外，舞台上还出现了融音乐、舞蹈、语言为一体的童话剧，美术、书法基本功也开始在台上亮相，一幅幅精美的作品都是由同学们事先选用各种各样的材料制作成型，然后再拿去裱画店装帧、套框而来。舞台上，当同学们和着音乐的节奏，捧着剪纸、儿童画、水彩画、布贴画、农作物贴画、手工泥人等作品走向观众时，如果没有旁白解说，观众还真以为是买来的艺术品呢。同学们还自制书签，并将钢笔字、毛笔字书写其上，作为礼物赠送来宾留作纪念……节目的丰富多样反映了课程教学内容的丰富性和学生的创造性。

这次活动给省教委领导和校长们留下了很深的印象，他们对此次汇报活动给予了高度的评价。吴大年处长多年后在一篇文章中回忆道："那天下午，在短短的两小时时间里，同学们唱歌、跳舞、弹琴……所有的同学都动起来了，每个人几乎都要参加两到三个项目。汇报会是由同学自己主持的，组织得极好。我全神贯注地看着，心里在想，这些同学毕业后将是多么出色的幼儿教师，在她们培育下的幼儿将是多么的幸福。"

就这样，南通师范学校的"基本功汇报"这一特色活动在全省乃至全国中师范围内传开了，不管大大小小的活动，只要是在南通举行，领导、来宾最喜欢看的就是基本功汇报。

活动的成功不仅使学校的知名度大大提升，也极大地激发了在校学生学习与活动的热情。每到毕业季，每个班都会自发组织汇报活动，并主动邀请学校领导、任课老师及学弟学妹们前往观摩，每次活动也总能激起台下学弟学妹们表演的欲望，他们盼望毕业季的到来，因为，到那时将会有一场盛宴与他们美好相遇。不知不觉，"基本功汇报"活动就这样很自然地一届一届往后延续……

我作为班主任组织"基本功汇报"活动，已经是1987年外出进修毕业回校任教后的事情了。经过两年的专业理论学习，我开始真正理解朱嘉耀校长一直倡导的"基本功汇报活动本身就是教学活动，是活动课，是大综合课"的理念，更明白了他为什么一直坚持让每届学生都要以班级为单位作毕业展示的目的。当作为一名"组织者"沉浸于活动之中时，我也慢慢学会了从教育的角度重新审视"基本功汇报"活动，并逐步有了比较系统的思考，就其教育价值和组织方式等也有了新的认识。基本功汇报活动，其实就是一门具有班级特色的综合活动课程。课程的目标是：展示、检测教育技能；提高组织能力、综合能力和创造能力；养成团队合作、公平竞争的意识；巩固专业思想，涵育教育素养；课程的内容是：弹、跳、说、唱、画及专业理论课程所习得的教育技能；课程的组织方式是：以各项基本功为中心进行组合串接；课程的实施是：以"节目表演"的方式展开；观摩者的认可度则是对课程的最好评价。

在课程理念的支撑下，我将基本功汇报组织的全过程视为课程建设的过程，结合自己当年基本功"汇报者"的体验及借鉴前几届基本功汇报的成功经验，尽量打造这项班级综合性活动课程的特色：第一，学生主体，即视学生为活动的主体，活动的主题由学生确定，节目的内容由学生自选，就连节目的排练也是由学生先行组织，待成熟到一定程度再邀请老师前来审核指导；第二，面向全体，即全体同学都参加其中，每个人都能登台亮相，在舞台上都有属于自己的位置；第三，全面展示，即汇报的内容要全面反映通过所有技能课程和专业理论课程学习所获得的全部教育技能；第四，走向综合，即将各种教育技能进行有机结合，综合展示，如模拟上课就是反映学生综合素质的最好方式；第五，借力整合，一是将课堂教学与课外活动整合，基本功汇报准备期间，有些课堂教学的任务就会临时调整与汇报内容相关的技能训练，表面看来，似乎冲击了正常的教学秩序，深层分析，正是由于这种课内课外的相互打通，才真正实现了课堂教学向课外活动延伸、课外活动向课堂教学渗透这一课程整合的目标，这种融通，丰富了教学内容，使课堂教学更具有活动性与实践性；二是充分利用校内外人力、物力资源服务于汇报活动，我们外请少年宫的教师辅导童话剧，到歌舞剧院租借服装，跟着外聘老师学做舞美设计，资源的整合，丰富了活动内容，拓展了活动的形式，提高了汇报活动的专业性和艺术性；第六，彰显特长，展示活动大多数以集体表演为主，也鼓励有专长的同学独立展示，促进其朝"一专多能"的方向发展。课程建设的过程既见证了同学们的成长，也让我着实体验到与学生共生共长的幸福。

基本功汇报留给学生的记忆是深刻而美好的，对他们后续专业发展的影响是持续而深远的，毕业再相遇，大家少不了对当年基本功汇报的满满回忆。90届幼师(1)班班长徐鑫焱说："基本功汇报是通师毕业生的盛宴，即将走上工作岗位的同学依托这个舞台，全方位展示扎实的弹、唱、说、跳、画等幼儿教师必备的基本功，完成了一名师范生到幼儿教师的精彩蜕变，为今后胜任幼儿教育保教工作，成为全能型的教师打下扎实的基础。"同班同学张红明说："基本功汇报至今仍是我心中最美好的回忆。我参加了小组唱、舞蹈，现在想想其实那时唱得不咋样，跳得也不咋样，但那会儿就感觉自己唱得很好，跳得很棒，感觉自己已经很专业了。毕业后，我在学校任乐队指导老师也很有信心。"王燕同学说："我因为有了主持基本功汇报的经历，工作后主持了多项活动，对我后来主持的《幼儿园亲子艺术活动研究》的课题研究也有一定的帮助。"

2012年，我转到了学校学前教育专业的领导岗位，每次基本功汇报观摩结束，我都会被学生盛情邀请到舞台上担任活动点评。和学生们站在同一舞台，望着台上一张张幸福的脸庞和台下一双双渴求的目光，感谢、感动、不舍与担当……各种感受交织而来。感谢所有老师在汇报过程中对学生的全程陪伴；感动于一个个绚烂生命的美丽绽放；不舍的是，每次的汇报都意味着同学们即将振动翅膀独自飞翔……飞吧，同学们！母校是你们梦想启航的地方，也是继续助推你们专业成长的摇篮，精心实施与开发课程，涵育你们的专业素养是我们的责任与担当。

从基本功汇报活动的“汇报者”“观摩者”到“组织者”“点评者”，我与“基本功汇报”的情缘延绵不断，一次又一次升华。

作者简介：谢玉萍，南通师范 1980 级幼师校友。毕业后留校工作。曾任政教处副主任、科研处副处长、学前教育系主任，现任南通师范高等专科学校学前教育第一学院党支部书记、教授。

一次设计　终身受益

杜金荣

每当我从三元桥走进城山路，透过镂空的栅栏，看到母校通师老校区里那熟悉的教室、操场、宿舍楼、礼堂，还有那校训“坚苦自立，忠实不欺”……心中的亲切感油然而生，思绪仿佛重新回到了四十余年前的青葱岁月。

1980 年 9 月，作为南通师范学校招收的最后一批高中毕业生中的一员，我跨入通师校门，开始了两年普师班的学习。

我从小喜欢写写画画，有些书画基础。入学不久，我就参加了学校美术兴趣小组的学习，先后得到罗国华、陈正晨、郑保明、胡鹏等老师的精心辅导，中国画、水彩画、装饰画、油画等画法技巧都有了进步。那时的午饭后，别的同学午休了，而我却拉个同学当模特，让他坐在寝室的床边或条凳上，进行人物头像或半身像的素描写生；晚自修的时候，经常进行石膏像的素描练习；课余时间里还不间断地临摹一些名作，提升自己的绘画技巧。

1982 年 5 月，就在我们这一届快要毕业的时候，迎来了母校 80 年华诞，学校准备举行 80 周年校庆活动。其中庆祝大会的会徽设计制作自然落到有着装饰美术优势的郑保明老师身上了，而我又是郑老师最喜欢的学生，因此，郑老师把这次非常难得的机会给了我，正好检测一下我的装饰美术的学习效果。

当我接到这项重要而光荣的任务时，既激动又紧张，担心自己的设计水平和制作能力不够要求，不能较好完成这次任务。郑老师似乎看出了我的心思，不断鼓励我，并耐心指导我创作，他说：“一个成功的会徽要简洁明了，主题要突出，立意要准确，构思要独特，构图要优美，形象要生动；而且适宜放大缩小，适合各种材料的制作。”围绕这些要求，紧扣 80 周年主题，我开始了创作。我将“通师、教书、育人、园丁、八十”等相关元素形成不同组合，构成不同图案，在一个星期内拿出了多个设计方案，不同元素赋予不同寓意，简洁明快，一目了然。经过送审、修改、完善，学校领导最后确定了我的设计方案。

接下来是制作会徽。母校的礼堂很大，经过现场丈量，会徽至少要将四整张铅画纸拼制而成。这么大尺寸的会徽，怎么放大，选用什么材料，怎么制作，又怎么安全悬挂到礼堂的舞台中央呢？难题还真的不少！然而，这些困难没有难倒我们。在经验丰富的郑保明老师直接指挥下，我们请来了学校的木工师傅，用木龙骨制作固定出会徽的基本外形后，将三夹板敷到一面，锯掉多余部分，接着我们在三夹板的正面裱上铅画纸，等纸干透之后，按设计稿小样放大的比例，点对点轻轻地画出格子线，然后再按比例一对一、不走样地描绘出会徽图案，经反复校样确认放大的图样精准无误后，开始填色……当看到制作完成的会徽高高地、安稳地悬挂到礼堂舞台中央位置时，校庆筹备组的老师们给出了高度评价，而我心里一直悬挂的石头也终于落地了。

自从有了这次母校 80 年校庆会徽设计制作的经历之后，我对平面设计着了迷，课余时间几乎全都用在设计创作上了，毕业前，还向《南通市报》(现在的《南通日报》)投了几张设计稿。7 月初，我们毕业了。没想到，刚走出母校大门，我的处女作刊头设计《古塔远眺》就在 1982 年 7 月 15 日的《南通市报》第 4 版《濠滨》副刊版面上发表了，当第一眼看到自己的作品登上了散发着油墨香味的报纸时，激动的心情难于言表。从此，更加激发了我的创作热情，之后的 8 年里，相继在《人民日报》《中国教育报》《中国青年报》《新华日报》等全国 20 多家知名报刊发表了刊头设计近千幅。

1986 年我调进城中小学后，与有着同样兴趣爱好的 86 届学妹徐萍、学弟袁爱均，以刊头设计为主，经常交流创作体会，切磋绘制技法，《南通日报》的版面几乎每半月都能看到我们的作品；平面设计还帮助徐萍促进了美术课堂教学水平的提高，她在全省小学美术课堂教学比赛中斩获了一等奖。

1988 年 7 月 20 日，《南通日报》编辑部、南通市美术家协会为我在南通市文化宫举办了“杜金荣刊头画展”，《南通日报》、南通电视台次日的报道称“举办这样的画展在我市还是第一次”。1990 年 1 月起我被聘请担任小学美术课本(江苏版)编委，参加了多册教材的编写工作。1994 年 1 月进入南通日报社工作后，我又将平面设计的个人优势运用到版面版式及公益广告设计上，屡屡收获。

一次设计，影响一生。回顾这四十余年的平面设计历程，每当取得进步，我就想起了那次母校 80 年校庆的会徽设计，想起了母校那些诲人不倦、甘做绿叶的老师们，是母校、是母校老师们的无私奉献成就了我们今天的美好人生，让我终身受益！

作者简介：杜金荣，南通师范 1980 级普师校友。现任南通日报社（集团）董事会（总经理）办公室副主任（主持工作）、编辑。曾被评为中国报刊广告经营先进工作者。

基本功是这样炼成的

祝　禧

1981年,作为“文化大革命”后第一批初中毕业考入南通师范的新生,我们踏上了三年的师范生学习之旅。虽然同学们个个都是当地学校的佼佼者,录取师范学校的分数要比省重点中学分数线高20多分,但进入师范学校后的我们,面临着的不是学习的成绩问题,而是许多陌生的从未涉及过的如何做好一个老师的挑战。因为农村户籍想成为城镇户籍的我们对为什么要做老师,如何做老师一点准备也没有。十七八岁的我们,幸运地遇上了许许多多好老师,让我们从一个个稚气未脱的少年,成长为有着强烈的教育之心和扎实的基本功的一代青年。至今回想起师范学校的生活,内心依然充满温暖和感恩,感谢那些才华横溢、爱生如子的老师们,是他们帮助我们打下了扎实的基本功。

我师范一年级的班主任是罗玉芬老师。罗老师一头短发,脸上常带着微笑。她教我们语文,普通话特别标准,我们十分佩服。罗老师指导我们从“三字一话”基本功练起,人人都要过关。记得我的小学老师上课都用方言,要是我们将来带着一口标准的普通话走进教室,该有多么厉害呀！罗老师开始纠正我们各种彩色普通话。晚上我们拿着散发着油墨芳香的讲义,从“四是四,十是十”开始念起。最难改的是平翘舌音、前后鼻音、n和l分辨不清。教室里时不时有同学被罗老师叫到广播台,把讲义上的儿歌绕口令读给全校同学听,老师及时纠正。就这样,我们每个人都把普通话说得漂漂亮亮的。这在当年是通师的一大亮点。罗老师说,把话说好的同时,还要把字练好。她指导我们写大楷和钢笔字,每天要写20分钟。我学写的是柳公权字体,当时我的字很丑,瘦瘦长长的,罗老师天天给我们打分,看我们的字进步了多少。她总说,字如人,把字练好,做堂堂正正的中国人。经过三年的磨炼,我的字也有模有样了。现在看到新入职的老师把字写得歪七倒八时,总会忍不住说一句,好好练字去。

二年级,陈丽美老师成了我们的班主任。陈老师是一位矮矮胖胖的中年女老师,走路说话风风火火的,特别热情。陈老师常常把我们的学习和生活的热情点燃。学校经常有客人来参观学习,我们班级经常会积极地打扫卫生。陈老师说,我们不是光会读书的学生,我们应该是全面发展的学生。我们常跟着陈老师把大道走廊,打扫得干干净净,这些成了我们班的荣耀。那时我们每天要评文明卫生宿舍,我的403宿舍共有八位女同学,大家每天都会去看评比栏里是否被扣分了。这种严谨的规范的管理,培养了我们工作做事的严谨态度,一辈子受益。

三年级的班主任是周庆康老师。周老师是小学数学教材教法老师,每天都穿得很得体。周老师说,作为一个师范生,你的样貌、外在的气质也很重要。夜课时平易近人的周老师总是陪我们一起度过。他经常会坐到同学桌旁,询问大家的学习和生活情况。到了三年级,我们要去一附小实习。周老师会教我们如何认真备课上课,来不得半点马虎。一次偶然的机会,周老师听了我的数学实习课,表扬了我。在兄弟师范学校老师来通师考察时,周老师推荐我上数学公开课。我自小数学不如语文,数学公开课怎么能上好呢?“别着急,大家一起帮助你备课”,周老师安慰我。那时我不会编应用题,从语言到内容都异常别扭,周老师让我在全班同学面前上课,大家给我出点子,想办法。三年级下学期,在全省中等师范学校工作会议上,我又上了一节数学公开课《四则混合运算》,两次公开课都很成功。记得周老师帮助我一句句话、一道道题、一次次应答地琢磨过去,锻炼了我的勇气和胆量,磨砺了我严谨踏实的教学品质。尤其是让我养成了特别留心观察生活,寻找生活中可以成为教学内容的资源的习惯,这些都成为我的宝贵经验。我们在一次次的磨砺和实践中锻炼着教学的基本功,逐步地走向成熟。

中师生因为不需要参加高考,学校生活轻松而丰富。学习的课程除了语文、数学以外,还有音、体、美、自然、历史、政治等多门学科,以及教育学、心理学、教材教法等专业课。多才多艺、全面发展是我们不断努力的方向。

音乐老师张雅玲刚从师范大学毕业,教我们弹琴。我这只“丑小鸭”触摸到了琴键,接触到了小蝌蚪般的五线谱,会唱许多世界名曲的视唱段落。记得当我们坐在小小的练琴房里弹琴,再坐到漂亮的张老师身边还课时,心儿总是怦怦怦地跳，手还微微地颤抖。在漂亮的老师面前，学生总是会那么紧张的吧？工作后的我，还担任过二年级的音乐课，用风琴教学生唱歌。至今都喜欢听古典名曲，被我称作师范里打下的“童子功”。

罗国华老师是我们的美术老师，我们的美术课大部分时间在室外练习写生。我们拿着画夹坐在校园一角，用不同的表现手法把树啊花呀画个遍。晚上拿着老师发下来的动物素描，跟着临摹。我从小画画技术就不好，所以分外的仔细，学得特别认真，每一次临摹都毕恭毕敬的，居然多次得了五分。走上工作岗位，用简笔画的地方太多了，没有这样的练习，怎么能成为学生喜欢的好老师呢？

在我的记忆中，通师的老师，各有各的本领，各有各的“绝活”。因为教学技艺的精湛，有着许多的美名，也影响了一大批同学。

印象最深，也是令全体同学都不会忘记的是李庆明老师。当年通师的课堂分外活泼，尤以李老师的课堂为代表。李老师讲教育学、心理学，从不直接就教材讲教材，他总是让我们举生活中的许许多多的例子，来诠释什么是心理。每次上课，李老师喊学号请同学站起来回答问题。每当此时，我的手心里总是捏了把汗，担心站起来说不出而出洋相。然而真的站起来了，李老师用鼓励的眼神和及时的语言暗示，帮助我们明白了一个个的概念。渐渐地，我们知道课堂怎么样生动起来，如何去联系自己的生活经验来厘清和理解概念。对于理论，对于教育现象中的问题，也就逐渐清晰明朗起来。我们从李老师的身上学到了如何把热情投入自己的教学中；如何热爱自己的学生，帮助他们成长；如何博览群书，让自己成为“最富有的人”。快毕业前，学校组织我们去无锡考察学习。李老师特地为我们上了“什么是美”的大课。他用大量的图片告诉我们怎么去欣赏苏州园林；怎么去欣赏以丑为美的石头；怎么去欣赏小河尽头的芦苇丛；怎么去欣赏空窗漏窗花窗；天人合一是什么意思。李老师的博雅，成了我们效仿的榜样。后来，我有机会从李庆明老师的学生再度成为弟子，跟随李老师研习教育教学，李老师帮助我提出了“文化语文”的主张，指导我把学校建成“图书馆”，让每一个学生热爱阅读。李老师成为我终身成长的恩师。

我最敬仰的朱嘉耀校长说，一个真正的小学老师，应当什么都会，什么都能，除了“三字一话”，还要有底蕴，多读书，多实践。学校图书馆成了我们必须去的地方。许多兴趣小组成立了。以“美学”“古典文学”等为研究项目的自学小组，吸引了大批同学。崇尚实践的我参加生物兴趣小组，跟着老师到南通水厂、植物园去学习，认识许多植物。在实验室自己动手做实验，探究“鬼火”到底是怎么回事；自己做碳酸饮料，测血型，至今仍会派上用场。

通师的老师还有很多，他们将我们这群十七八岁的孩子培养成一代优秀的教师，让我们具备了既能从容地游走于教学技艺的功底，又能够跃起到哲学、艺术、美学的领域去思想的能力。让我们拥有“八爪鱼”的本领，触角能伸向教育教学的四面八方。这是朱嘉耀校长关于师范生的人格与素养的培育，在我们这些师范生身上体现出的精神之气。

如今，我们从通师毕业快四十年了，我谨记恩师教导，在深爱的小学教育领域里不辍耕耘，从教学技艺的不断完善到“文化语文”教学主张的提出；从严谨求实的教学品质的涵养到一堂堂公开教学、报告讲座的影响力；从一篇篇文章、一本本著作的出版到省级、国家级教学成果奖的获得；从一批批学生爱阅读、爱艺术、爱实践的种子的播撒到各个领域里一朵朵美丽花儿的绽放，无不与当年师范学校打下的扎实的基本功有关。

感谢南通师范学校的老师们，给当年懵懂的我们播下人生最珍贵最健康的种子，让我们得以在小学教育领域里，永葆初心，健康茁壮地成长。

作者简介：祝禧，南通师范1981级普师校友。正高级教师、特级教师。曾任海门市东洲小学教育管理集团总校长，现任南通市中南新世纪学校校长。曾被评为江苏省人民教育家培养对象、全国优秀教师、全国科研型教师，曾获江苏省教学成果一等奖。

35 年前的“项目化学习”

李伟忠

近年来，教育界普遍关注“项目化学习”。“项目化学习”，即学生通过完成与真实生活密切相关的项目进行学习，是一种充分选择和利用最优化的资源，在实践体验、内心吸收、探索创新中获得较为完整而具体的知识，形成专门的技能并获得发展的实践活动。

读懂“项目化学习”的真义，我想起了 35 年前在南通师范的一段学习生活。

遇到问题

1986 年国庆假，我从老家吕四背了一袋煮熟的梭子蟹来到学校宿舍，分发给同学们吃。

大家津津有味地品尝了梭子蟹的鲜美。吃完之后，看着满满的一堆蟹壳，一位同学感慨地说：“扔了怪可惜的。把蟹壳做成标本就更有意思了。”

动手实践

如何制作梭子蟹标本呢？我们向班主任吴剑锋老师请教。吴老师教我们生物，他介绍了两种制作标本的方法：一种比较简单，将梭子蟹浸泡在福尔马林溶液中便可；一种较为复杂，去除梭子蟹的内脏与蟹肉，做成干标本。他建议我们做干标本。

生的（或活的）的梭子蟹的肉往往粘连在外壳上，不易取出。我将梭子蟹煮熟，熟练地剥开蟹壳（背甲），去除内脏，再慢慢地取出胸甲中的蟹肉。

取蟹脚中的肉，要费些功夫。步足还稍微好弄点，我用剪刀将关节处的膜戳破，然后把小镊子伸进去将蟹肉夹出或捅出。最不好弄的就是螯足了，得从可动指上方的膜那里伸进去取肉，每次只能取出一点点。没有专业工具，我就剪一根细铅丝，将头部扳弯，小心地勾取和刮取螯足中的肉。取完之后，将蟹壳放至清水中清洗。沥掉水后，放在阳光下曝晒。完全晒干后，我把蟹壳的各个部件再进行重组，摆好姿势，用 502 胶水黏合在一起。为了美观和长久保存，我还用透明的油漆刷了一遍。这样，梭子蟹的标本就完成了。

吴老师端详着我的“作品”，不住地点头：“不错！不错！”他又引导我写上规范的标签。

尝试研究

那时，学校开设了许多兴趣组，学生可以根据自己的爱好自行选择参与。我记得，新建选择了“无线电”，他领回元件后还自己动手安装成功了收音机；大智和卫丰选择了“影评”，他们观影之后撰写的影评还获得了南通市的奖项。

我选择“小论文撰写”，指导老师是教我们化学的陆军老师。陆老师个子不高，给我们上化学课时总是穿白大褂，很帅气。陆老师提示我们，小论文的选题最好来自日常生活。我想到了同学们吃梭子蟹后剩下的一大堆蟹壳，扔掉挺可惜，是否可以利用呢？陆老师认真听了我的想法，微笑着说：“这个课题有研究的价值。”然后给我介绍了研究的路径。

我从学校图书馆中找到一些资料：虾、蟹等甲壳类水产加工下脚料中尚含有许多有用成分，虾头中含有丰富的蛋白质、脂肪、氨基酸以及人体所必需的多种微量元素，可以制作虾味汤料、调味料等营养补充剂等。虾壳、蟹壳中含甲壳质（20%～30%）、蛋白质（30%～40%）、碳酸钙和磷酸钙（30%～50%）及色素若干。综合利用，不但可获得天然色素、蛋白质和钙等营养物质，还可生产甲壳质和壳聚糖以及它们的衍生物，用于化工、医药、食品、化妆品、环保等领域。

我从利用的现状、利用的价值和利用的方法三个方面撰写一篇小论文《浅谈虾壳、蟹壳的合理利用》，获得了学校科技小论文评比的二等奖。

学会迁移

有两位老师教我们美术。一位是罗国华老师，他早年师从著名美术教育家吕凤子、乌叔养、谢孝思等先生。罗老师真积力久，中国画、水彩画造诣颇深。另一位是张发其老师，擅长工艺美术，教我们《图案》等。那时，学校经常举办“学生美术作品展”，将学生的优秀作业在学校过道的橱窗里展出一段时间。

那日，听罗老师评鉴齐白石的《虾》后，我突发奇想：我也来作一幅《虾》。其实是想用浮雕的形式(制作标本的方法)完成一件工艺作品。

我挑来十几只大个的硬壳河虾。在水中一煮，虾身全都蜷缩起来，没有了游动时的样子。于是，我找来几根竹签，用线将河虾绑在竹签上，固定成各种姿态。煮熟后，用小剪刀小心翼翼地沿着虾的背脊线将河虾的头胸甲、胸部体节、腹部体节对剖。有了制作梭子蟹标本的经验，取虾肉就驾轻就熟了。仿照齐白石《虾》的构图，我把几只“半面虾”摆在墨绿色的植绒纸上。张老师围着植绒纸转了一圈，点评道：“有创意！造型不错，色彩和比例还可以改进。”说完，他指了指虾和背景，又比画了一下。

我仔细打量着我的“作品”：红色的虾和墨绿色的背景，色彩搭配缺少美感；虾的大小都一样，没有变化，不够灵动。经过几次调整，再加上一些装饰，我的作品《虾》终于在学校的橱窗中展出了。

从吃蟹、做标本、写小论文、创作工艺作品的过程，就是“项目化学习”：有真实的驱动性问题，在情境中展开对问题的持续性探究，运用工具和资源促进问题解决，产生一定的学习成果。

这，发生在35年前的南通师范。

作者简介：李伟忠，南通师范1985级五普校友。正高级教师、江苏省特级教师。曾任启东县实验小学副校长，现为上海市静安区教育学院小学语文教研员。曾被评为江苏省先进德育工作者、上海市“德育之星”。

梦里春泥深几尺

郭小平

1989 年我进通师读五年制普师班时，创办 5 年的春泥文学社已在学校社团里鼎鼎有名。当时入社的门槛似乎比较高，一般不接纳新生申请，老生入社也得有写作老师的推荐才行，通常一个班仅一两个佼佼者成为社员。入学伊始，学校给我们新生人手发了一套小 32 开本的学生文集：《种子的梦——南通师范学生优秀习作选》《春华秋实——南通师范八十年代校友教育论文选》《小径履痕——南通师范学生优秀小论文选》，3 本册子书名均由南通籍书画家范曾题写。其中《种子的梦》全书有 120 多页，内有"小说·散文""诗歌""儿童文学""评论"4 辑，作者大多为春泥文学社社员。时任江苏省作协常务理事、中国作协会员、南通籍著名诗人沙白老师为《种子的梦》作序，序言虽短，但堪称经典，兹录于此：

> 新芽是稚嫩的，纤弱的，但也是最富生命力的。所有的大树、名花、劲草……，无一不是由新芽成长起来的。
>
> 差不多每一位成名的小说家、散文家、诗人都可以追溯到自己的中学时代，中学时代的第一篇小说、第一篇散文、第一首诗。中学时代是萌芽的时代。
>
> 但是，墨水浇灌的花木，从来都是花朵艳丽而成长艰难。须要辛勤，更需要毅力。当然，也离不开土壤、阳光、雨露。
>
> 收集在这里的虽然都还是新芽，我期待从中长出大树、名花、劲草……
>
> 1989 年 3 月 31 日

现在回想起来,《种子的梦》给我的影响非常巨大,某种意义上要超过任何一本名著。实话说,在入学通师之前,作为一个农家少年的我,除了初中时代从同学那儿借阅过几本武侠小说,几乎没看过什么课外书,更别提什么中外名著了。文学素养的贫乏,自然也导致文字水平幼稚。刚进通师的第一个学期,我的习作本经常被批得满是红叉,其中一个主要原因,竟是不会正确运用标点符号。看着《种子的梦》里面充满朝气又略装老成的一篇篇文字,我感到新鲜,又感到亲切,同时还感到有一种神奇的力量在暗暗召唤着我,似乎在说"你努力努力,也可以达到这样的写作水平"。

要提高自己的文字水平,必须发奋读书和写作,除此之外没有捷径。教了我们5年文科(包括写作课、现当代文学课、古代文学课)的张静秋老师,提醒我们新生要多读现当代名家的代表作,尤其要精读民国以来的现代作家名篇。通师西北角荷塘边的图书馆楼,在我心中宛如"文学书籍海洋":在供学生借阅书籍的一楼二楼,中外名著应有尽有,甚至还有《追忆似水年华》这样的煌煌译著;三楼是可容纳一两百人的期刊阅览室,各类文史哲杂志琳琅满目,其中不乏《人民文学》《诗刊》《散文》《十月》《钟山》《青春》《雨花》等国内文学期刊。由于写作梦想在心中萌芽,我几乎每个晚自修都泡在图书馆阅览室,如饥似渴地阅读文学期刊,摘抄自认为写得特别好的诗文片段。我清清楚楚记得初读到余光中名篇《听听那冷雨》的情景,文章一开头就给我触电般的震撼:"惊蛰一过,春寒加剧。先是料料峭峭,继而雨季开始,时而淋淋漓漓,时而淅淅沥沥,天潮潮地湿湿,即连在梦里,也似乎把伞撑着。而就凭一把伞,躲过一阵潇潇的冷雨,也躲不过整个雨季。连思想也都是潮润润的。每天回家,曲折穿过金门街到厦门街迷宫式的长巷短巷,雨里风里,走入霏霏令人更想入非非。想这样子的台北凄凄切切完全是黑白片的味道,想整个中国整部中国的历史无非是一张黑白片子,片头到片尾,一直是这样下着雨的……"余大师出神入化且诗韵流动的魅力文字,一下子让我顶礼膜拜。抄录这篇散文,我花了两个晚自修时间。此后,凡在书店看到余光中的新著,即便囊中再羞涩,我也要想办法买进。

"春泥"的兴盛,跟通师试点开办全国首个五年制普师班大有关系。那些从全省各地初中毕业生中"掐尖"过来的师兄师姐,芳华初绽,才情显露,"春泥"社员多是他们当中的佼佼者。"春泥"的指导老师是由语文学科老师轮流担任的,大概是两三年一换。"通师三怪"之一的陈建新老师当时是"春泥”指导老师，他到我们班讲美学课，也常夸夸文学社的才子才女。被他夸得最狠的一个已毕业的女社员徐艳，后来不断考研考博，最终成为复旦大学中文系教授。

大概在师范二年级时，因为张静秋老师的厚爱举荐，我作为89级五普(2)班的唯一代表加入春泥文学社，当时的文学社指导老师，已经换成了高高瘦瘦的陈艺鸣老师。文学社社长是85级五普班的王智师兄，他是南通市郊人，英俊面善，忠厚待人，写出的诗歌却有熔岩爆流般的热情。王师兄还喜欢跟曹炳生、李庆明等老师一起钻研哲学和美学。我跟他聊过几次，总是受益良多。王智很快毕业了，春泥文学社社长由87级五普班的马德全接任。马师兄来自徐州丰县，个头高大，风风火火。他组织能力强，喜欢拉着我们几个社员干活儿，连续几届校园“红烛杯”作文大赛都是他从头到尾张罗，从征稿、评选到油印《春泥》刊物，总是办得井井有条。马师兄班上的女同学薛红霞，盐城人，曾在春泥文学社主办的校园“红烛杯”作文大赛中夺魁。每年“红烛杯”获奖者的习作专辑张贴在教学楼走廊橱窗里，总引来不少师生驻足欣赏。薛师姐后来考了研，毕业后去了CCTV，现在是央视资深制片人。

二十世纪八九十年代的通师办学目标是“从全国第一所迈向全国第一流”，校方培养优秀学生的标准是四个字——“一专多能”，倡导所有的孩子都要多才多艺。几个任课老师对我们讲，如果做不到“多能”，就要努力做到“一专”。我因痴迷“诗人梦”耗费诸多学习时间，一些科目几乎靠老师送分才勉强及格，自然也做不到“多能”，只能把写诗当作“一专”奋斗目标。而证明写作是自己专长，起码要有习作发表。加入春泥文学社不久，我开始狂热写诗，并向外面的报刊投稿，在历经一次次失败之后，终于有了收获：最先是在陕西的《教师报》上发表了一首大约二十行的小诗，后来又在市内外的报刊上陆续发表了一些习作。就这样，我逐步在春泥文学社乃至校园里有了一些虚名。

马德全师兄毕业后，我接任了春泥文学社的社长。这个时期的“春泥”，涌现了一个孜孜不倦写校园诗歌的小圈子，除了我之外，还有三年制普师班的徐飞、周鸿和比我小两届的五年制普师班韦海波师弟等。仿佛是缪斯女神眷顾，那两年我们的运气真是不错：1993年，我在当时的《诗刊》杂志发了一组诗歌，开了春泥社员在国家级文学核心期刊发稿之先河。这年春，我还以一组校园诗歌《南方:永远的合唱》,在上海《少年文艺》杂志创刊40周年的"全国作文诗歌大赛"中获得了二等奖,与全国另外8名获奖者一道被邀请至《少年文艺》杂志社做客。"诗弟"们的成绩同样漂亮:徐飞的散文诗情感真挚细腻,充满思辨哲理,得到著名作家、中国散文诗学会会长柯蓝的肯定,成为中国散文诗学会年龄最小的会员。周鸿少年老成,诗作以乡土题材为主,诗情汪洋恣肆却又厚重大气,屡屡在《星星》《散文诗》等文学期刊发表并在全国获奖,表现出不一般的写作天赋。韦海波除了写诗,更忙碌于当年校园乐队"穿山甲",他当时司职贝斯手,在阶梯教室的几场演出都大获成功。

由于社员发表诗文蔚然成风,通师的朱嘉耀校长、教务处主任王晖(后任副校长)等领导也空前重视春泥文学社的活动,支持我们与兄弟学校文学社搞小型笔会,请校外知名的作家诗人来校指导交流。1993年上半年,学校让我、周鸿和徐飞精选近几年作品,合集出一本校园诗集。诗集以我一首诗歌习作的题目《少年风景》而命名,虽是内部编印的"南通师范校园文化丛书",但学校的态度认真得宛如出版教材,专门安排通师美术系老师、青年画家陈彤,用心地为我们3个作者每人画了一幅肖像素描。张静秋老师又登门去请中国作家协会会员、南通师专的中国古典文学教授徐应佩老先生,为此书写了一篇文采斐然的精彩序言。徐先生不吝溢美之词,褒扬我们的诗作充满"朝气、锐气、灵气",详细列举我们仨代表诗作之可取章句,盛赞"少年风景以今天新时代的少年情怀吟唱,是可以给广大青少年以生活启示和美的享受的。我们完全可以相信,这三位青年朋友会继续努力,写出更多更好的富有时代气息、生活情味、适合我们民族传统审美习惯的诗篇……"当年10月,当那本浅绿色封面、足足有150页的《少年风景》诗集正式面世时,我非常自豪激动,觉得学校给春泥文学社尤其是我们仨礼遇太高了。那时,徐飞刚刚保送就读扬州师范学院中文系本科,周鸿则留校在学校教务处工作。《少年风景》印了有数千册之多,通师不少学生包括此后的新生也分发到这本诗集。他们读到《少年风景》的情形,想必跟我当初读到《种子的梦》那样新鲜好奇。

1994年夏,我毕业告别母校,先是辗转多个学校任教,1998年底又调到了刚刚创刊的江海晚报。常年忙碌的记者生涯,让我曾经灼热的诗人梦在现实中渐趋于无。但只要跟通师人谈起母校,谈起春泥文学社,我心里有一种特别的感恩，觉得能上通师是何等的幸运。从“春泥”汲取的养分，一直滋润着我的文字、我的人生。前些年我出差南京，顺便拜晤潘杨华师兄。他一见我来，立马召集已是南外校领导的徐飞和供职江苏教育出版社的南大文学博士周鸿赶来。当晚聚叙，我们仨在毕业20年后再次“同框”合影，大家笑道：从少年风景到中年风景，归来，依旧是城山路24号易家桥畔的少年！

作者简介：郭小平，南通师范1989级五普校友。现任《南通日报》社编委、《江海晚报》副总编、主任记者。曾被评为江苏省“333”高层次人才培养对象。

无论岁月如何变迁……

赵男男

无论岁月如何变迁，高大茂盛的梧桐树掩映着的城山路 24 号校园，在我记忆中都永远清晰如当年。我的青春从那里开始。

1990 年初秋，我坐着如蜗牛般的公共汽车在父亲的陪伴下来到了南通师范学校报到，开始了所谓的城市生活。“一年土、二年洋、三年不认爹和娘”，这句话说的是在城乡差距大的那个年代孩子融入新生活的变化之快。在我看来，是通俗地道出十五六岁的我们在通师极其快速地完成了青春期的华丽蜕变和成长。通师是有这样的魔力的。我录取的是第 7 届五年制普师大专班，40 个学生分别来自本省南京、苏州、常州、南通四地，都是以高于普通高中和三年制普师班的分数慕名而来的。入学之后，最大的挑战就是适应通师“一专多能”的目标要求。有一段时间，这几乎成为我的梦魇。虽然五普班的学生文化课成绩很好，可是如何定位自己的“专”，又如何打造自己的“多能”，对于刚从农村出来还没接触所谓“素质教育”的我来说，更是个巨大问题，“拔剑四顾心茫然”啊！日复一日，安排得满满当当的“三字一话”训练、从识五线谱开始的音乐课、从练把杆开始的形体课、从用画夹素描开始的美术课……一项项、一课课，为我开启了苦练“基本功”的新天地。记忆中特别深刻的是慈祥和蔼的罗玉芬老师，她总是不厌其烦地纠正我们的普通话发音，使我心生惭愧又每每奋起加紧练习。五普班前两年开设的知识课大都和高中一致，也有更具特色和超越了高中难度的。班主任严建萍老师教我们生物，带着我们在校园里和周边的城山路、人民公园实地考察，徜徉在美景中去认识每一棵树、每一朵花、每一种草。虽然现在已经忘记了不少，但想来仍觉无限有趣快乐。学校专门为五普班开设的英语课满足了我可以继续学习英语的愿望。那本《客居英国》的教材是我们课堂情境演绎的不变台本，用蹩拙的英语表演常常在课堂上给我们带来放肆的欢乐。在众多的学生社团中，书法兴趣组让我找到了乐趣。从临摹颜、柳开始，慢慢了解了王羲之、褚遂良、米芾、黄庭坚等书法大家的点滴，进而沉浸其中流连忘返。时光从指间流过，每日从百师壁前来回走过，那各个不同的“师”字都在给我们以无声的训示：身正为师，德高为范。我们所有习得的知识、基本功和各种特长都以此为旨归。

“风云开张师范校”，通师是张謇先生创办的全国第一所师范学校，胡适先生评价“他独立开辟了无数新路，做了三十年的开路先锋”。通师与生俱来就带着开风气之先的使命。我所上的五年制大专班就是在朱嘉耀校长的力推下，率先在全国师范教育进行大专制小学教师培养的试点。瘦高清癯、德高望重的王亦群老师从给我们上古典文学的第一堂课起，就告诉我们，要有对知识的更高追求，不能仅仅止步于大专学历，未来社会对学历的要求会更高。这个在现在已是常识的看法，当时对我们来说，却是振聋发聩的告诫。在王老师的鼓励下，我们许多同学从二年级开始就报名参加国家级社会自学考试，向本科学历进军。我于毕业后不久就拿到了南师大的本科文凭。

从 20 世纪 80 年代中期起，通师率先培养大专学历的小学教师，同时又带动催生了一大批教育界最早的本科学历小学教师，是新时期师范教育发展创新开拓的一面旗帜。记得是毕业前一年，1994 年江苏省培养专科程度小学教师试验工作座谈会暨国家哲学社会科学“八五”重点课题“师范教育改革与教师队伍建设”第四子课题课题组研讨会在通师举行。为了真实地反映和展示通师五年制教育教学改革的理念和成果，本着不甘平庸、锐意创新的精神，学校设计了在内容和形式上都独具一格的组合节目“教育茶座”。“茶座”以“五年制师范教育漫谈会”为开篇，邀请执教于省内各地小学的本校部分五年制毕业生校友，回校汇报和交流，结合一线教育教学的实际情况，总结经验，反思得失。再以歌舞、器乐、美工、书画等才艺表演，全面展示了通师五年制师范生扎实过硬教学基本功和多姿多彩的艺术素养，令人陶然欣然，回味不已。最后压轴的是一场别开生面的“大专辩论赛”。这场辩论赛，沿用了前一年刚刚结束的国际大专辩论赛“狮城舌战”的竞赛形式和规则，以期通过较高规格的辩论，来全方位、深层次地展示我校五年制师范生所具有的知识结构和学术素养。

我很幸运，和另外九位五普班高年级的同学入选了辩论队。

虽然“狮城舌战”风靡全球华语界，促使“辩论”迅速成为一种时尚性、观赏性极强的竞赛形式，社会关注度空前，辩论之风一时席卷国内大学。但对一所中等师范学校来说，难度之大，不言而喻。然而，正如老师们鼓励我们所说的那样：丰富的知识储备、强大的心理素质、犀利的论辩技巧、敏捷的逻辑思维和得体的语言表达，这些现在看似还不足，但你们在通师也学习好几年了，已经打下了一定的基础，只要你们勤奋刻苦，完全有可能在较短的时间内，通过科学合理的强化训练，将其成为强项！关键是你们有没有这个信心？老师的一席话，说得我们热血沸腾！

半“脱产”的集训开始了。办公楼二楼的大会议室成了我们的集训基地。陈建新、陈艺鸣两位老师担任辩论队总指导。校内其他优秀教师几乎都对我们进行过专业辅导，甚至已经离开通师在市教科所任职的李庆明老师也回校为我们开讲座。众多“大神”轮番上阵，为我们进行内容最广泛最凝练、形式最多样的知识“恶补”。陈建新老师的美学、陈艺鸣老师的逻辑学、薛继民老师的教育学、贾真老师的心理学、王亦群老师的古典文学、曹炳生老师的世界史、夏莲老师的语言表达艺术……称之为“饕餮大餐”毫不为过。老师们除了讲授、答疑，还根据我们各自情况开了很多指定书目供阅读提高。我和辩友们如饥似渴，夙兴夜寐，常常一日三餐在会议室完成，甚至有时彻夜不眠，实在困倦了，就在会议室和衣而卧，或趴桌上小憩。这段时间的学习效率之高、涉猎内容之广泛、钻研问题之深入、留下记忆之深刻前所未有。各位指导老师只要有时间就会到大会议室，或询问学习进展，或释疑解惑，或嘘寒问暖，或出题相考，或以美食相赠。朱嘉耀校长也会隔三差五地到会议室来巡视一番，微笑而不语，偶尔颔首。

除了广泛阅读，全面积累，我们还在老师的指导下有选择、有目的地赏析辩题辩词和观摩辩手对辩。例如，辩题《温饱是谈道德的必要条件》（正方）和《温饱不是谈道德的条件》（反方），论辩双方都围绕必要条件展开攻防，剑桥大学一辩的辩词无懈可击，给我们留下深刻印象。又如辩题《艾滋病是医学问题，不是社会问题》（正方）和《艾滋病是社会问题，不是医学问题》（反方），反方复旦大学处于辩题本身不利的逆境中，居然在大谈社会伦理的掩护下，“少谈甚至不谈医学问题”，利用“证明过少”的逻辑谬误作为论辩技巧，最终险胜正方！最精彩的是决赛，给我们的震撼和启迪是长久的、可持续的:“人性本恶还是人性本善”常常在夜深人静时拷问我们的灵魂;晨曦微露把队友从沉睡中唤醒时总来一句“黑夜给了我黑色的眼睛,我却用它寻找光明”;深夜或黎明时分走在空荡荡的校园回宿舍时,我们会仰望天空齐诵:“世界上唯有两样东西能让我们的内心受到深深的震撼,一是我们头顶浩瀚灿烂的星空,一是我们心中崇高的道德法则”……

纸上得来终觉浅。老师安排我们进行全覆盖的实战练兵:分成两个辩论队,以《美是客观的》(正方)和《美是主观的》(反方)为辩题,从准备到开赛,背靠背,全方位,指导老师之间也互不通气。这场实弹对抗,准备很辛苦,论辩很艰难。因为不仅涉及了哲学、美学、文学、艺术、心理学、民俗文化等方方面面,而且为了保证辩论的质量,双方都得尽可能地提升理论性、学术性,以及思辨的逻辑性、深刻性。时至今日,我已经回忆不起来本队是赢了还是输了,只记得很累、很累!但又很充实!

鲸吞牛嚼、备战练兵……在不长的时间里,一步步超负荷艰难跋涉过来,收获巨大,终身受益,反而把正式比赛看淡了……

1994年12月4日,“教育茶座”开张待客。从侃侃而谈的坐而论道,到技惊四座的才艺表演,最后,我们辩论队上场,针锋相对,唇枪舌剑。辩题的时代烙印比较明显:振兴经济,才能发展教育(正方);发展教育,才能振兴经济(反方)。辩题的核心是上层建筑和经济基础的关系问题。其实大家都明白,这两者之间是相辅相成的。正方和反方都能找到许多有利于己方的论据,最终分出胜负的,就是说服力,即说服观众和评委的能力、技巧及效果。(毕业若干年之后,偶然读到两位法国著名辩护律师让—德尼·布勒丹和蒂埃里·雷维合著的《说服——关于雄辩的对话》一书,不由得心有戚戚焉。)

说来也奇怪,这场大家都非常重视的辩论赛,最终的结果我却没了印象,可能是因为在我心中论辩双方的成功展示和一路拼搏的丰硕收获已远远超越了胜负。唯有评委之一、南通师范学院徐景熙教授的评点记忆犹存,大意是:更为可贵的是,尽管是校内汇报,但双方完全摒弃了表演性,是背靠背各自准备辩题,互不通气,就是说,没有经过彩排,没有事先对台词,是现场真刀真枪进行对决的。

辩论赛获得成功之后不久,我满怀不舍,从通师毕业,分配到了二附小。

有些离别是为了更好的重逢。我是幸运的,离开通师,任教二附小两年后,朱嘉耀校长亲自联系了他的母校徐州师范大学,选送了我和另外一名通师毕业生去进行一年的研究生进修。完成进修学习后，我又回到城山路24号，成为通师教师队伍中的一位新人。昔日的老师成为我教学的师父，陈建新老师、陈艺鸣老师等语文学科的前辈，言传身教，倾囊相授，提携后辈。记得我执教的第一堂公开课是苏轼的《念奴娇 赤壁怀古》，后来又选上过姜夔的《扬州慢 淮左名都》。每次从选题到做课件，陈建新老师都悉心指点，同事们都无私帮助。说实话，选择古诗词并且运用多媒体上公开课在那时是有一定的探索性的，陈老师认为作为通师毕业出去深造回来的教师，要体现通师教育的功底和特色。他的勉励给了我极大的勇气和自信。再回通师工作，其实是我在学校接受教育培养的延伸和拓展。除了教学，学校还让我担任学校教工团支部书记、校团委副书记。在学校改革发展的大潮中，学校非常注重给年轻人压担子，促使其全面锻炼提升，很多年轻的同事和我一样都在滚滚潮流中朝着人生新的目标不断向前。

转眼离开通师已二十多年了，经常也因各种原因和母校的领导老师相见，关注关于母校的讯息，仿佛就未曾离开。去年年底，看到学校创办人张謇先生的嫡孙女、曾经的通师音乐教师张柔武先生撰文《这座城，属于奋斗者》。前不久，104岁的张柔武先生又重回母校，深情演唱《唱支山歌给党听》。读其文，听其歌，总潸然泪下，心潮难平。这，就是岁月如歌。这，就是百年风华。

作者简介：赵男男，南通师范1990级五普校友。曾担任南通师范语文教师、团委副书记，现任南通市科技局党组书记、局长。

第一次毕业论文答辩

姜卫华

前些日子，母校通师的老师联系我，让写篇当年毕业论文答辩的回忆文章。第一反应是很意外，这次论文答辩在通师历史长河中算是一朵小小的浪花，时隔多年竟然还会被提起。同时又感到，以自己的亲身经历见证、记录母校发展历程，是我所应该做的，于是便答应了下来。

这段时间一直惦记着这事，一有空闲就去搜寻记忆中的点点滴滴。1997 年，差不多也是现在这个时候，正是万物向荣、满目葱翠的季节，我们满怀着对社会、对职业、对生活的无限憧憬即将从通师毕业。我已准备回老家海门工作，但最后一两个月时间里发生的一些事，改变了我的职业生涯和人生轨迹。在努力回忆这段往事中，通过与其他亲历者交流，查找相关的一些资料，越来越清晰感到这次论文答辩也是改变我的"一些事"之一。

组织 1997 届毕业生论文答辩，是通师自 1984 年创办"五年制"大专班以来的第一次，也开启了新时期我国教育界大专学历毕业生撰写毕业论文并进行答辩的先例。五年级的最后一个学期，我们比往届毕业生多了一项撰写毕业论文的任务，大家可以根据自己的兴趣自由选题，没有具体的限制性要求。那段时间，无论在教室、宿舍还是食堂，都在想着选题写论文的事。因为没有先例，大家心里没底，既有点紧张焦虑的气氛，又有点大显身手的气势。正是没有这个先例，学校也非常重视，指派王亦群、李庆明、孙国春、张静秋、曹炳生、贾真等资深教师给予具体指导，我们可以就自己的选题请教这些相关专业的老师。尽管提交毕业论文的要求是最后一个学期才提出的，但五年来学校课堂教学和学生自学结合得很好，在老师们的指导和影响下，大家谈不上博览群书，确也读了不少各方面的书，并在读书中有自己的思考，有问题的话可以随时向老师请教，和老师交流。因此，写毕业论文总体上是有基础和氛围的。

我的论文选题是研究初唐诗人王绩的诗歌艺术。对于选择古代文学方向，没有什么出人意料的，其他同学都知道我喜欢古代文学，而且从四年级开始就打算毕业后边工作边准备考这个专业的硕士研究生，把古代文学作为毕业论文选题方向是理所当然的事。但为什么把王绩作为研究对象，是很偶然的。那段时间经常跑图书馆借书，在书架上随手翻到一本薄薄的、已经泛黄的小册子，是上海古籍出版社在 20 世纪 70 年代末出版的一套丛书《唐诗小集》中的《王绩诗注》，由复旦大学王国安教授作注。当时有个念头一闪而过，是不是可以研究一下王绩的诗歌呢？对于王绩这位诗人的名字，因为其《野望》几乎出现在所有古代文学作品选而并不陌生，但是研究他的论著很少，对于其经历、其作品风格所知不多。那段时间我正在读许总的《唐诗史》，其中印象很深的是，书中用了一节的篇幅来专门论述王绩，并没有像其他文学史著作那样三言两语一带而过。王绩虽然没有张若虚"孤篇压全唐"那么大的影响，但《唐诗史》的作者给予了他在初唐诗坛上应有地位和重新评价。这让我眼睛一亮，也启发和指引了我的论文选题方向。

我把初步想法和王亦群老师作了交流。王老师说，研究冷僻的诗人及其作品，虽然现有研究资料少，但束缚的框框也少，在充分占有史料的基础上，深入研究挖掘下去会有收获的。有王老师的支持和鼓励，坚定了我沿着这个想法走下去的信心。那时，对于研究古代文学来说，我尚且属于门外汉，更何况拿"四十五十，而无闻焉"的诗人做文章(王绩《自撰墓志》)。所谓初生牛犊不怕虎，靠的就是那股"大无畏"的劲道和老师给予的莫大鼓励。此后近个把月的时间，在王亦群、张静秋、曹炳生等老师的指导下，尽可能查阅了一些资料，写了近 3 000 字的初稿。又经诸位老师指点、修改，总算完成了这篇小论文，并申请了参加论文答辩。

那时还没有现在这么普及电脑和打印机，都用稿纸誊写论文。过了一段时间，李庆明老师通知我准备论文答辩，并用学校文印室的四通打字机打印了我的论文，这是我第一次见到自己写的铅字。参加公开论文答辩的，还有陆红兵、张齐华、胡溢华三位同学，他们的论文选题分别是教育学、小学数学、小学语文方面的，在同学们的论文中皆具有代表性。

论文答辩的前一天是端午节，晚上下了一场透雨，使逐渐炎热起来的天气更加潮湿闷热。夜自习时，李庆明老师把我叫到办公室，王亦群、张静秋、曹炳生三位老师也都在，曹老师交代了一下答辩的事，又问了几个问题，鼓励了一番，算是演练，也是动员。

答辩是6月10日上午8点半开始的，主持答辩的有南师大教科院院长、博士生导师杨启亮教授，著名特级教师、中国教育学会副会长李吉林老师，南通师专中文系周溶泉和姜光斗教授，著名特级教师张兴华老师等近10位专家学者。我们四人被分为两组，我和陆红兵一组，杨启亮、周溶泉、姜光斗等几位教授专家主持我们这一组答辩。杨教授当时还不到五十岁，已经在中国传统教育与教学思想、域外课程与教学论的前沿理论以及当代课程与教学改革实践的融会贯通上作出很多原创性贡献。作为博士生导师，主持几个大专生的毕业论文答辩，有点杀鸡用了牛刀的感觉。周教授是文艺评论专家，在古代文学和现当代文学领域皆有造诣。（最近才得知，周教授已于2006年因突发心脏病去世，一面之师，令人扼腕叹息。）姜教授长期从事中国古典文学教学和研究工作，研究方向是唐代文学、中国古典美学以及佛教文化对中国古典文学的影响。答辩共进行了两个半小时。面对几位主持人和几十位旁听师生，我和陆红兵开始有点紧张，进入状态后便全神贯注，时而奋笔速记，时而承问作答，时而掩卷思索。作为中等师范学校的大专生毕业论文答辩，或多或少引起了大学教授的兴趣，三位教授接连提了几个问题，诸如“唐代有名的诗人很多，你为什么去选择王绩作为研究对象?”“你认为王绩和老庄之间有什么联系?”等。我论文所涉及的内容，正是在姜教授所研究的领域内，他提问很认真、很仔细。不过现在看来，三位教授都是手下留情的。事后得知，《江苏教育报》还对这次论文答辩做了专门报道。前不久妻子帮我找到了那期报纸，仔细读来，恍如昨日。

组织这次论文答辩，对于通师来说，绝非是为了标新立异。20世纪90年代，在推行素质教育的时代背景下，人的全面充分发展成为基础教育的核心理念。为进一步提高未来教师的现代职业素质，推动基础教育的改革发展，通师致力于“人格化师范教育”研究和实践，聚焦未来教师职业人格和个性全面、充分、圆整的发展。朱嘉耀校长是通师教育走向人格化的倡导者和推动者。在实施人格化师范教育过程中，学校鼓励学有余力的学生参加本、专科自学考试，同时“愿为诸子得经师人师”（张謇语），在五年制大专班尝试推行导师制，对学有专攻的学生给予针对性指导。在推进人格化师范教育实践中，那一时期的学生可以说是接受了真正的素质教育。在学好课堂教学内容的同时，学校充分提供机会和条件，学生可以根据自己的情况选一特长予以专攻，从文理选修到文史哲艺兴趣发展，学生的人格和个性得到充分舒展。这次毕业论文答辩，既是“人格化师范教育”阶段性成果的一个展示，也是那个时期通师致力于改革发展的鲜活而微小的一个注脚。一个伟大时代的来临，其实得力于广大普通平凡之人在兢兢业业地做好自己应该做的事情；而当每一个人都把自己的工作做好之时，一个伟大的时代也必将来临。对那个时期的通师以及通师的老师来说，又何尝不是这样？在通师学习的五年，正值人格化师范教育深入推进之时，正是因为他们的先知力行和勤勉敬业，让我们有幸经历了通师发展的又一鼎盛时代，沐浴了这一黄金时期的春风雨露。

100 多年前，通师创办人张謇先生曾在学校题有一联：“强勉学问，强勉行道；其所凭依，其所自为。”回想起这次论文答辩，不得不提及那些以学问之身、行道之心推动通师不断前行的老师们。在论文写作和答辩过程中，我和王亦群老师有了更多接触交流的机会，能够当面得到他的教诲。朱嘉耀老校长说王老师“善诱人”，不止于课堂上的言教，更在于他的身教，还善于发现学生的学习兴趣、发展性向，从而诱导激发，使学生在学业上有新目标，学历上有高追求。正是王老师的“善诱人”，在这次论文答辩的催化下，我毕业后于 1999 年拿到了自考本科文凭，2000 年又考取了南师大古代文学专业的硕士研究生。硕士毕业论文选题时，我从这次论文答辩受到启发，拟把唐代大历时期江南诗人诗歌艺术作为研究对象。我跟王老师谈了我的想法，再次得到了他有力的支持和指点。研究生毕业工作后，在南京、南通与王老师有过几次小聚，把酒交谈甚欢。我一直认为，自己肯定不是王老师诸多学生中最聪明、最受器重的一个，但肯定是受王老师之益最大的学生之一，也是从内心深处最敬重、最感激王老师的学生之一。转眼间，王老师已离开我们八年了。“经师人师桃园杏坛范永存”（朱嘉耀撰）、“无冕导师育硕士博士桃李沐春风”（陈艺鸣撰），这是对王老师恰如其分的评说，也是为人师者的巅峰。经师易得，人师难遇，时常想起，满是怀念。

答辩过后不久，朱嘉耀校长找我谈话，说学校决定让我留校工作，这使我有机会在图书馆边工作边自学了三年。在这第一次答辩后，我又经历了自考本科和硕士毕业两次论文答辩。当年参加答辩的其他同学，有的已成为著名特级教师，有的在其他岗位上不断取得新的成就。我们都因为一所学校、一种理念、一位老师、一次答辩,坚定和成全了自己的选择。叔本华说,人生的前40年是一本书的正文。我们的正文,是从通师开始浓墨重彩书写的。

作者简介:姜卫华,南通师范1992级五普校友。现任职于全国人大教科文卫委员会、江苏省人民政府办公厅。

雪泥鸿爪

——忆在通师的海永支教生活

陈　霞

我是通师97级五普三班的学生，班上的同学毕业于南通市区和下辖县区各地初中，大家读师范有不同的原因。同学中有出身教师世家；有单纯表现为对教师工作的向往；也有原本一心想考高中读大学，中考因几分之差而选择来读师范的。那时候懵懂之中或许了解了师范意味着职业的定向，林林总总，让我们汇聚到一起，当年我们一级一共招了七个班，是史上人数最多的一级。经过高压的初三，进入师范入读，学业压力似乎暂时松了口气，和升入高中面临繁重学习任务的同学相比有些暗自窃喜。甚而是惊喜，我们接受了真正的素质教育，诸如音体美这些在中学被称为副科的学科重新取得了重要地位，譬如从会被安排在上午这个时段上课可见一斑，这样我们除了学科课程，素质教育全面同步发展。高中同学非常羡慕我们师范的学习生活，学得轻松又有收获。我在师范重拾了从小学开始的剪纸，又不自量力在师范三年级音美对选中选择了音乐，虽然在日后工作中没有发挥出作用，但伴随我作为个人爱好一直保留下来。

整个通师阶段经历了很多难忘的事，让我印象最深刻的就是去海永参加支教，这是最难忘的一次实习。首先地点和前两次在城中名校不同，海永在崇明岛，那时候交通往来不便，主要靠坐摆渡船。其次，前两次实习都是以实习生的角色为主，海永的实习除了李庆明老师作为总指导总教练，我们的身份是实验学校的老师，日常的教育教学工作主要靠前两次实习经验积累和摸索。当然同期支教的同学在实习中有明确分工，最后每个人也必须上一堂公开课来作为实习工作汇报。一期六位同学，两两搭班分别担任一、

三、五三个年级三个班的包班教师。我和同学戴年明是一年级一个班级的搭班教师。李庆明老师是我们学校的名师，和古代文学的王亦群老师、美学的陈建新老师、逻辑的陈艺鸣老师和历史的曹炳生老师等在通师享有几大名师的美誉，其实还有心理学的贾真老师、化学的陆军老师等许多老师都是非常好的老师，幸运的是我在通师都聆听过几位老师的课，感受到他们不同的风采。

通师素来有良好的学风、开明的风气，学校领导非常支持课堂内外的教育改革，李庆明老师于 1999 年创办海永实验学校的初衷是深感城乡教育的不均衡，乡村教育一直在做垫脚石，而田园教育对城市教育弊端的纠偏乃至乡村教育本身的价值有待挖掘。在时任校领导的支持下，确定选择了海永小学这所乡村小学开展田园教育的实验。我第一个学期是申请了海永的兴趣组老师，作为剪纸老师，每周末去辅导兴趣班的学生，第二个学期成为常驻的实验班老师。我上的汇报课是《田野里的瓜儿比赛》，听课名可能学科特点体现得不那么明显，实际是一堂低年级的情境说话课，培养低年级学生的口头语言表达能力。对于我来说，虽然不是第一次给孩子们上课，经历过四年级下学期和五年级上学期的两次实习，但在被我们戏称为魔鬼式教练的李老师这里显然没那么容易过关。教案写了好几遍，先后向二附的唐颖颖老师(李吉林老师的高徒)、海门实小的周益民老师等几位名师求教，甚至还得到了李吉林老师的指点，但真正上课，还是达不到李老师的要求。首先是教态表达上，记得第一次组内试教，李老师听完就一脸严肃地给我指出很多问题:语音语调，课堂教态。首先是语言表达不过关，他直接演示了给低年级的儿童上课应该用怎样的语音语调，儿童化的充满童趣的表达方式，而不是成人的言说表达方式。语言表达和口语交际是不一样的，语言表达旨在引发儿童的表达欲望，重在启发引导而非表达训练！所以一堂情境说话课关键是情境创设促发儿童语言表达的整体性，而不是一堂课分成情境表演和语言训练两个部分。说起来容易做起来难，我对课堂的驾驭能力和教学执念，使我难以很好地理解内化李老师的指导，甚至在他的“打击”下一度怀疑自己能否上好这堂课。沮丧伴随着我，我也记不清究竟是哪一次的课才真正找到了些许感觉！这中间我们在组内反复试教，在同期支教的小伙伴戴年明、吴鸽和彭海军等同学间的互相鼓励和打气下，在江北的南通市区和海门城区的学校，以及岛上的崇明本地的学校借班反复上课。入师范第一堂师德课是李吉林老师给我们上的，情境教育光听，光看文章是远远不够的，纸上得来终觉浅，绝知此事要躬行！海永的这堂课深深地教育了我，课堂是教师最好的学习场域，由课堂延伸出的学习是无止境的，教师的教必须和学生的学联系，以学定教，教学相长亦无止境。在最后的汇报课之前，又是一个不眠之夜，李老师和我们一起梳理了汇报课的所有工作，提醒我们注意好形象、上课的服装，这个时候他深情地鼓励我们不要担心，毫无负担地去上完这堂课。其实我们心里是没有底的，因为李老师的要求实在是太高了，但是这堂课经过反复打磨，对于我自己来说是拿得出手的最好水平了。所幸听课的专家抱着对支教教师的宽容，对我们的课报以了肯定。我们在课题论证会上，见到了李吉林老师、朱小蔓老师等“大名人”、高校的大教授，还有通师二附、海门东洲小学和海门实验小学等单位的领导和名师们！我们这些“小老师”得到了极大的鼓舞，对于一名未来教师来说，在就职之初得到这样规格的锻炼是多么的幸运，而这背后和我们通师敬爱的师长、可亲的师兄师姐是分不开的。最重要的是我们的指导老师李庆明，对于他来说，培养了许多学生，是喜乐师生缘。但是对于我来说，从李老师身上看到的是我们的老师甘为人梯，竭尽自身能量来扶持学生弟子的可贵的无私的品格。这本身就是一种教育的力量，无数个感动的瞬间，在我的心里留下深深的烙印。

在这里仅仅举两例。一是“化缘”。李老师的教研之路可能以他自己也未曾想到的方式展开。乡村教育的困难超出了他的想象，让乡村娃享受和城里孩一样的条件不能是一句空话。改善办学条件需要物力、人力和财力。老师运用自己多年给附属学校做教研辅导和讲座的人脉积累，请求他们给乡村学校提供一些帮助和支持，诸如更新后闲置的电脑、乐器，书本纸笔等只要能用得上的，全部想法运到海永。在物质上因陋就简，记得当时也曾在老师指导下自刻钢板油印试卷。在资源上则是尽力而为，比如布置教室，请来通师教务处的老师和美术优长的同学，手把手教我们怎样用塑料膜塑封美术作品；开设舞蹈美术兴趣班则请来通师音乐班的学生做老师。海永四年，他把自己本不高的收入全部投入实验。二是对学生“放手”。李老师不仅仅是我们的实习指导老师，还是教研方法和写作的领路人。作为一位优秀老师，除了会上课，还要擅思考，会总结反思，这把我引向了研究性项目化学习的雏形，例如田园式乡村学校教育实践的开题报告撰写。“连跑带跳连猜带蒙”，一边阅读文献，尤其对“马哲”思想几乎是囫囵吞枣，一边先把字码出来，逻辑思路一定非常浅陋，但李老师就是这样放手让我们去做。

除了上课、教研这些核心活动，整个汇报活动在李老师的带领下也是一丝不苟的。内容涉及的流程反复确认，在工作安排上细化制定到每个分工组，在迎接来宾的时候都派上了用场！

难以想象，当时没有学校的支持，海永的实验几乎寸步难行。而这和通师开风气之先，大胆改革的一贯传统分不开，从朱嘉耀校长的“师范生人格化培养”到李刚校长的“未来教师研究性实践素质的培养”，一以贯之。

毕业留校科研处工作后，时任科研处处长的张静秋老师（也曾是我们的古代文学老师）说到，学校给海永的实验一路开绿灯，从人财物上均给予支持，还记得我的班主任陈建新老师以及师母陈裕英老师，鼓励我大胆去支教，不要因为影响毕业就业等无谓的担心而失去支教机会，要好好珍惜难得的锻炼机会。这么些这么好的老师基于自身的阅历和远见，对教师职业的体悟与使命，以自身为托举，甘为人梯，在试图让我们走得更远和更好的道路上一直无私努力，这本身就是值得不断书写的师德赞歌。二十年前的实验对于我们来说是一次难忘的、深受磨炼的实习，支教经历虽然稚嫩，但是背后是我们基础课老师和学段专业课老师专业指导的凝集。这是一种特别的汇报，从事教育工作的人都知道著名的皮格马利翁效应，作为一名学生感觉到老师把我们每个学生都当作可塑之材之时，常常会产生奇妙的教育作用。因材施教、一视同仁是老师们自己的践行，对学生而言更是最好的身教。还记得百师壁前无数次合影，突然悟到教者应不拘一格，每阶段汇报是对上一阶段的总结，制定下一阶段的目标，获得下一阶段更努力的动力。一想到这就愈加想念老师的好，想到赵晓梅老师的“腹有诗书气自华”，张静秋老师教我遇事采取利弊分析法，出差专门帮我去买教育理论书籍，王亦群先生带我去图书馆查找书籍资料，读研初依然保持通信。我何其有幸，在价值观和人生观确立之初获得他们无私的指导，感念至此。

一晃将近二十年，离开学校也十多年了，从青葱岁月到人到中年，在工作和亲子教育上每遇困难终获勇气。感激我们的指导老师李庆明，感恩通师岁月和海永磨炼，想念一起支教的同学。

一直没有合适的场合表达对母校师长的感激，仅以此小文纪念，无尽的感恩，师恩难忘，愿母校蓬勃发展，老师们一切安好！

作者简介：陈霞，南通师范 1997 级五普校友，毕业后曾留校工作。现任职于上海市教育科学研究院，担任《教育发展研究》杂志责任编辑。

海永日记

——一堂课的细碎点滴

杨银萍

有教育家曾说过:“教师的成长从每一节课开始!”在南通师范教育基地海永支教时,我的语文教研课《秋天的怀念》有幸得到李庆明老师的指导,这堂课的细碎点滴对一位教师的成长之路来说,无一不泛着光。

“海永”——一方绿洲,在水一隅,记忆里的海永总带着淡淡的苇香,又是一个苇叶飘香的四月,打开记忆的闸门,回忆像潮水一般涌出……

3月12日　星期三

教案的初稿是完成了,可是这堂课对于教师的要求的确如周老师(全国著名小语特级教师周益民,他参与了这堂课的指导)所说,是对教师素质的全面挑战。晚上,李老师让我当场把课文中的一段文字朗诵给他听,刚读了几句,“这怎么行?”我的朗诵显然他十分不满意,拿过教案,他张口就来一段深情的朗诵。李老师耐心地给我纠正发音方法,可是我一张嘴就老出错,面对他,我最后一个字也读不出了,为了不给我压力,李老师让我一个人在教室里练,我一直练到夜里十二点半。

3月18日　星期二

昨天李老师突然通知我准备星期四去东洲小学试教,并且南通电视台做全线跟踪拍摄。接到这样的任务,我显得有些恐慌,大概暴风雨的日子要来临了！其实我们既害怕这样的日子的到来，同时又十分渴望它的到来，正因为暴风雨般的冲击和洗礼，我们才会成长。同伴们也给我鼓劲、加油，叫我不要紧张，好好抓住这次锻炼的机会。由于有许多的课前准备工作还没有完成，今天我先要回南通。到南通已经是晚上八点多了，首先摆在面前的工作是画教学挂图、录制配乐磁带和教案的进一步修改。我们准备分头工作，我自行修改教案，易焕乾帮忙画教学挂图，李老师则帮我录制配乐范读磁带。教案修改好了，我对着电脑试讲，熟记教案。李老师去取教学挂图，挂图拿回来了，有许多不尽人意的地方。李老师是一个追求完美的人，他决定重新再画一幅，此时已经是半夜十二点。为了留下更多的时间给我熟悉教案，他亲自操刀，看那架势，没想到李老师还有这一手！忙完了挂图，接下来是录制磁带，待所有的工作完成了，已经是凌晨。一夜未眠！

跟电视台约好早上七点在电视台门口一起出发，我先到了电视台，忙活了一晚上，脑子里嗡嗡的像糨糊一样搅成一团，站在清晨的冷风里，看着街上来来往往的车辆，今天的太阳依旧灿烂。

七点钟准时出发，坐在摩托车上，李老师叮嘱我回忆教案，一路的思绪并不像我们的行程路线那么清晰而又明确。到了东洲小学，祝禧校长和吴建英老师已经帮我落实好试教班级，为了缓解我的紧张情绪，首先给了一堂课让我熟悉学生，跟孩子交流感情，在那么多陌生眼睛的注视之下，我真感到有些局促不安。

可是课不会因为我的担心而终止。课上到一半，李老师突然跑上讲台，瞪着我，用南通话说了一句："再这样莫名其妙地对着学生微笑，你不要上了！"我当时根本不知道该怎样做，只是机械地板着脸上完了这堂课，怎样结束的已经记不清楚了。

中午过后，我们一行人从临江回到了海永，南通电视台摄制人员也跟随过来。一路上，李老师一言不发，看似平静的表面不知道待会儿会有怎样的狂风暴雨，真正的洗礼即将开始！一直怀着忐忑不安的心情，可就在顾师傅已经准备好晚饭的时候，李老师突然召集我们到二年级教室开会，点评我这堂课的表现，李老师用了一个词：冷漠！冷漠？我觉得自己怎样都不是一个冷漠的人，《秋天的怀念》是一篇非常感人的文章，我的课被冠以"冷漠"这个词语，看来试讲是一塌糊涂！想想李老师为了这堂课一夜未睡，亲自画教学挂图，录制磁带，而我却是这番表现，他肯定是失望透了！

晚饭过后，李老师开始让我试教，可无论怎样我都无法进入情境，“冷漠”一词一直在脑子里闪现，我开始怀疑自己了，自信心受到强烈的打击。李老师一开始还耐心地进行指导，或许是因为一夜未睡，他显得十分疲倦，要了一杯咖啡，可恍惚中我却倒了杯开水递了过去。趁着倒水的空当，任晖主任喊住了我：“我觉得李老师让你上这堂课太为难你了，实在不行，你可以选择放弃！”“啊？”“当然了，如果李老师动怒的话，或许可以将你的情绪激发出来，让你马上进入课文的情境！”我知道任晖主任的用意，但从没有想到放弃，虽然今天表现非常不理想，但是面对困难和挑战，选择逃离和放弃不是我的做法。电视台的一位工作人员也替我着急，建议我可以从自己的情感经验出发来理解这篇文章。可是情况却越来越糟糕，课文中母亲的那种焦虑、担忧和恐慌，我一直不能很好地把握。“母亲扑过来抓住我的手，忍住哭声说……”李老师范读，我还是不能很好地把握。他愤怒了，冲我瞪着眼睛，一边读一边就猛地拽住我的胳膊，嘶吼道：“你知不知道母亲看到儿子快要死了！”不知道是被李老师吓的，还是被母亲近乎绝望的爱震撼了，我眼睛湿润了，但泪水并没有掉下来……回到宿舍已经是凌晨。

3月20日　星期四

教师资格的认定需要体检，我和顾凡因为要试教，还没去做，所以清早我们与李老师以及电视台的人一起从海太汽渡乘船回南通。船误点了，我们只能在码头上等。此时，李老师一个人站在长满芦苇的江边，望着滚滚的江水发呆。今天老师显得比较沉默，是不是在担心我这堂课和这次的活动呢？我开始动摇了，如果因为我一个人的原因而影响了整个活动，太对不起李老师和这么多一起辛苦的同伴们了，不能因为我这颗“老鼠屎”而坏了一锅粥！

船终于到了，我们开始准备上船。我坐的是李老师的摩托车，趁李老师推车时，我对他说：“李老师，这堂课我要是老上不好怎么办？你还是换人吧！”虽然我声音很小，李老师还是听见了，他费解地朝我看了一眼，安慰我：“没关系！练练总会好的！这么好的锻炼机会不应该放弃！”这番话让我心里挺感激的，我暗暗下决心：一定要上好这堂课！

3月22日　星期日

今天顾程带回来一盘磁带，这是李老师、通师二附小的任美琴老师、东洲小学电脑老师忙了好一阵，帮我把教研课的配乐范读事先录制好。怎样才能使自己的朗诵水平得到提高，感染人呢？我突然意识到，要感染人，得先感染自己！于是想到一个办法，对着录音机练，将自己的朗诵录下来，然后放给自己听，找出问题，再对照范读磁带，找出差距。就这样，我一个人在"李公馆"对着录音机拎着嗓子练了一天。接下来的几天，只要嘴巴空着，我就会把教案拿出来练习，以至于吃饭或洗脸时，我会发神经似的冲着同伴们来一句："咱娘儿俩在一块儿要好好儿活，好好儿活……"弄得他们莫名其妙，次数多了，后来不等我开口他们就会冲着我喊："咱娘儿俩在一块儿要好好儿活，好好儿活……"每次李老师打电话过来，如果是我接的，他的第一句话就是："请你像演员一样跟我说话！"我马上声音提高八度跟他说话。

3月25日　星期二

明天就要进行第二次试教了。虽然经过几天的练习有了一点进步，我仍然不敢掉以轻心。这次如果再像上次那样，李老师肯定不会只是瞪眼睛、拽胳膊那么简单了！为了更好地准备明天的试教，我联系了海永小学本部的王学强老师，在五年级先自己试教一回。下午第二课，没课的同伴们也都来听试教了，这堂课我激情澎湃，非常投入，但是孩子似乎还未完全进入情境，体悟得还不深。听了王老师和其他人的建议，我细细地总结出现的问题，并做了适当的调整。主任对我说，母子俩的对话那一段处理得不错，特别是听了我的范读，挺感动的，不管怎样，有进步了，事情似乎在向着好的方向在发展，对明天，我充满了信心。

3月26日　星期三

上午第三课，在东洲小学实验部五(2)班进行了李老师在场的第二次试教，整堂课下来，我觉得自己的状态和孩子的反应还行，同伴顾凡和魏霞也听了试讲，觉得我这堂课挺动情的，课结束后，李老师还是没有发表任何意见，走到楼梯口遇到一位熟识的老师，那位老师问李老师："今天试教得怎样?""还远着呢!"李老师随口应道。这完全出乎我的意料，本来以为那么多天的辛苦努力可以受到肯定，非但没有肯定，一句"还远着呢"就给定性了，心里真不是滋味，李老师并没有看到我的表情变化，径直走到楼下吴建英老师的办公室，就开始进行"批斗"了。他说，今天的主要问题是教师表现得太慷慨激昂，完全像朗诵表演，这样反而拉大了教师与学生的距离，学生在仰望教师，甚至是在看教师表演。李老师说："课堂应该是教师与学生的共同探讨、体会和感悟。课堂不是教师一个人的舞台，孩子只是一个观赏者而不是参与者，这是你这堂课最致命的地方!"

回到南通，我根据李老师的建议对教案进行了修改，准备明天再次试教。李老师让我一个人在科研处试讲，虽然明白了问题的所在，可是对于明天的试教我根本没有信心，一个人坐在那里发呆一直到学校晚自修结束。

3月27日　星期四

今天的太阳和昨天一样，从东方升起，然而我只求它赶快落下。对今天的试教，我不奢望有突破，前两次的失败经验已经让我有免疫力了，我曾经跟同伴李铭萱开玩笑说："我已经准备好一副厚皮囊接受魔鬼教练的训练!"(皮厚!)她还预祝我练就一副坚不可摧的金刚不坏之身。但在不断的否定、毁灭与重新铸造中，此刻的我已经不知道原本身上的哪些东西可以保留，哪些应该毫不吝啬地摒弃，我像一只迷困在团团缠绕的茧中的蛹，已经找不到一个可以重新起飞的窗口。

上午第二课在东洲小学实验部六(2)试教，或许原本就不抱有希望，反而显得比较放松，心态端正。在不经意间，我意外地收获了一次真诚的感动，当播放完配乐范读，请学生谈感受时，一位女同学竟然哽咽得说不出话来。我们在场的每一位都受到了感染，一直到最后，我们几乎都是噙着泪水上完这一课的。这一课中并没有教师和学生之分，有的只是共同的体验和感悟，我能感受到当时的空气中到处涌动着真诚与感动。这一课给我的震动是巨大的，只是角色的稍稍转换，就取得了惊人的效果，真诚的力量是无穷的！李老师像往常一样，在课结束后及时进行了总结。只是这次李老师似乎眼睛里多了一些以前没有的激动，后来才知道，李老师听课时也流泪了。今天的收获在很大程度上要感谢那位女同学，是因为她，我才冲破了冷漠的防线，勇于真诚地交流，表达内心的感动。

下午李老师开着摩托送我去三厂汽车站，我从那里坐车到临江赶下午的潮水回海永。

经过漫长的等待，终于登上渡船，我在船舱中找了个空位置坐了下来，这时，才感觉到浑身酸痛，筋疲力尽……

“呜——”睡梦中被一阵汽笛的鸣叫惊醒，同船的乡民告诉我快到了！看看表，已经是八点多了，受涨潮时间的影响，渡船很晚才到海永乡。从下午两点到现在，真是一段难熬的旅程，不过还好，有惊无险。同伴们肯定想不到我今天还可以回到海永，应该没有人来接我！海永的夜出奇的黑，黑得伸手不见五指，只听得见农家的狗吠。船还没有靠定，对岸的人和船上的人已经借着灯光叽叽喳喳叫唤。“大杨——”岸上人群后面有个人正骑着自行车冲我挥手呢！定睛一看，原来是“猴子”（顾程由于太瘦，人又精灵聪慧，被我们戏称为“猴子”）！上了岸，他接过我的包，载着我朝学校方向骑去。到了农民街，主任也来了！一路说笑来到学校，我心里装满了感动，今天虽然遇事不顺却收获了这么多的真诚。

4月2日 星期三

今天我又接到一个重大的任务，不久海门实小将举行一个新课程改革现场活动，我的教研课将作为其中的一堂示范课。为了更好地完成这次任务，李老师打算让我在海门实小再进行一次试教，听听周益民老师的意见。下午试教在实小五(1)班进行，这次要求从服装、道具上重新定位，考虑到我的形象与课的要求的差距，要求着装要相对成熟一点，李老师建议我可以戴一副眼镜。全部道具准备就绪，可是今天并没有因为充分的准备而取得预料的成功，李老师十分严厉地指出了问题所在，并且要我认识到这次示范课的重要性，吴建英老师还特地将她自己的一套裙子借给我，回到海永，我又一次认真反思了今天的试教。

4月9日　星期三

今天是我正式在海门实小上课的日子，到了实小，周老师给我安排了一个房间让我一个人先进行试讲，酝酿情绪。李老师不放心，又给我讲了一遍需要注意的情况，检查好准备工作，正要跨出门时，我的手机不识时务地响了，“怎么搞的？现在还有心思接电话！”李老师喝道，我马上关机，把手机交给小杨，李老师又嘱咐了我几句，才放心地走了。对着窗外，我开始做最后一次试讲，经过那么多次试讲与试教，今天我反而显得比较自信和从容，没有李老师那么紧张。

“咚咚咚……”一阵敲门声，又是李老师！进门一阵数落：“时间都快到了！你怎么还不去？”他帮我拿教学挂图，拎录音机，我们一前一后朝上课的教室走去。一路上，李老师或许是因为担心表现出少有的啰唆(事后李老师还跟其他人笑言，等到离教室门口还有七八十米时，就打算不再数落我了)。到了多功能教室，里面已经是黑压压坐满了人，李老师又嘱咐我不要紧张，然后跑前跑后帮我试话筒，我想只有把这堂课上好，李老师心中的那块石头才能落下，望着下面黑压压的一片，整了整思绪，做好最后的准备。

上课铃响了，这堂课在很多人的期待中开始了，也在李老师万般担忧中画上圆满的句号。今天的这堂课不仅感动了每一个孩子，也感动了在场的许多专家和听课老师，大家终于可以松一口气了！

4月18日　星期五

今天在海永小学六(1)班与孩子最后又一起品读了《秋天的怀念》这篇感人至深的文章。

到此为止，我的教学故事算是结束了，这一次的经历，将是我人生中永远值得珍藏的记忆。亲情活动不仅是对孩子情感的熏陶和洗礼，更是对我自身的一次洗礼。我感谢一切所赋予我的，不管是欢笑还是泪水，成功还是失败。

作者简介：杨银萍，南通师范1998级普师校友。现任南通市通州区实验小学教师。

难忘的“赛飑”

——学生刊编辑琐记

韩美华

至今深深地记得，2000 年 9 月，暑气渐渐淡去，树荫依然凝翠。带着淳朴的乡土气息，心里“突突”如小鹿一般的我，跨进了我的母校——江苏省南通师范学校。

那时的我刚满十六岁，第一次走出家乡，来到外边的世界。初见母校，目之所及，匆匆而行的学子，温文尔雅的老师，传承师韵的百师壁，生机盎然的玉兰树。一切的一切，那样和谐亲切，那样氤氲厚重，那样令人神往……

我们快乐地学习生活。除了英语专业的专业课，我对绘画、书法、朗诵等都颇感兴趣，对文学创作更是痴迷，我接连参加了校内外多项作文竞赛，都取得了不错的成绩。

2002 年初秋的一天，几位同学齐聚在团委都樾老师的办公室里，拘谨且安静。特别是我，作为一名英语专业的学生，“混迹”在一帮中文专业的师兄师姐当中，更是有点忐忑。都老师语带笑意，告诉大家学校准备创办一本学生校刊。原定第一期的责任编辑陆伟玲同学，因为要去海门棉种场支教，无法参加编辑工作了，暂时需要一个同学代替她。都老师环顾了一下到场的同学，就在那一刻，命运的“金手指”点中了我——由我担任第一期校刊的责任编辑，后来又成为编辑部的第一任主编。

因为是创刊，一切都要从零开始。从校刊的取名、封面设计、栏目的设置到征稿、校对、印刷，一桩桩一件件，事无巨细，而我当时才十八岁啊！我们的初创组只有五位同学，其中一位是大我两届的学姐丁丽。我向她求助：“姐姐，取名的事情就拜托你了！”她拍拍我的肩膀，温和地说：“别担心，这事就交给我吧!”

多方考虑下,最终我们通师的第一本学生校刊取名为“赛飏”,取“振翅于赛场,奋志兮飞飏”之意。《赛飏》是一本完全由学生自主管理、组稿、编辑的学生刊物,每季度发行一期。办刊的宗旨正如沈行恬副校长在刊首语中所说:“它是一本学生自己办的刊物,让它来反映同学们的心灵之声,记录同学们的成才之路,探讨我们对人生、社会、教育、未来的关怀,成为同学们自我对照的镜子,相互交流的平台、共同成长的乐园。”当时的王晖副校长欣然为校刊题词,学生会宣传部部长易焕乾同学为校刊设计了封面。

2002年,电脑刚刚开始普及,Photoshop绘图软件在我印象中还只是一个新名词,而易焕乾已经通过自学掌握了。为了表示诚意,或者也想着偷师学艺,我陪着易焕乾同学在微机房里,设计修改封面。封面几易其稿,纠结的时候就只能愣在电脑前冥思苦想,那一刻的时间是静止的。终于我们设计出了第一期学生校刊的封面——充满活力的绿色背景,展翅高飞的雄鹰,象征着通师学子“欲与天公试比高”的朝气和热情。

编辑部成员平时的课程都很紧张,所以这些工作都只能在业余时间完成。我们经常要熬大夜打稿子、校对、排版、撰写活动策划。一开始,我们打字速度很慢,精心设置的栏目却因为没有合适的稿件而被迫搁浅,甚至有时候还会遇到同学的不理解,委屈上来的时候,难免会情绪低落。

记得有一期稿件的责任编辑是幼师班的一位同学,在组稿的过程中与其他人发生了一点分歧,她很难过。在开例会的时候,我让大家都一起说一说自己的委屈,在倾诉中,每个人的眼中都噙满了泪水。但擦干泪水后,我们的情绪得到了纾解,也理解了彼此的不容易。

每每完成当期的编辑事务,已是深夜,和编辑部的小伙伴们行走在通师校园里,万籁俱寂,冬夜凛冽的风吹在我们的脸上,忍不住就会打几个喷嚏。仰望星空,会发现此时的夜空那么的高远,而星空下的我们显得那么孤独。在孤独迷惘的时候,我们也曾不止一次地问自己,我们应该怎样继续?

面对业务上的盲区、技术上的欠缺、人手的严重不足,我们在短暂的迷惘后,并没有踌躇不前,而是坚定了办好《赛飏》的信念。是什么支撑着我们坚持了下来?

因为我们正青春,因为我们热爱!

通师给了我们自由发展的空间,她包容万物的胸襟,让我们涌起了不断学习的勇气和激情，我们感恩于老师的欣赏，感恩于同学之间的无私相助，让我们在求学生涯的最后一站，收获了志同道合的友情和发自内心的热爱，而唯有热爱，可抵岁月漫长。

“这是一个阵地，一个平台，要充分利用好它的宣传作用。你们干得很好，要继续加油啊!”沈校长的期盼和鼓励犹在耳畔。

凭着一股“初生牛犊不怕虎”的闯劲儿和韧劲儿，我尝试放开手脚，广泛发动群众，将版块细化到编辑部每一个同学，让他们自行组稿，并安排交换阅稿、审稿，这样的做法大大地调动了所有人的工作积极性。整个编辑部仿佛打了鸡血一般，人人都誓将自己的才华发挥到极致，大家集思广益，最终敲定校刊栏目：学生工作、我爱我家、老生回眸、赛飏人物、校园视点、淡墨池边、英语广场、思路花语、社团采风、心理茶座、通师要闻，从多个角度，涵盖了学生学习生活的各个方面。

每一期的校刊编辑出版后，我们都会召开例会，总结经验，分析得失，并及时予以调整。我们在学校设置了投稿信箱，在校刊上刊发了征稿启事，与学校学生会多个部门合作，加大校刊的宣传力度。我们有不少版块已经将触角伸到了校外，如“老生回眸”和“心理茶座”这两个专栏。印象深刻的是有一期专访，采访的是通师毕业的优秀校友——南通日报的记者冯启榕学姐。

我们还创办了“五十弦”文学社，吸引了一大批喜爱文学的同学，这也极大地丰富了校刊的稿件资源。我们组织过剧本创作并拍摄过“微电影”，这在当时都堪称前卫。我们都不专业，但是借由通师给我们的这个平台以及学校领导对我们的关怀信任，让我们在几年的摸爬滚打中，学到了许多课本中没有的知识。

“狼之山青迢迢，江淮之水朝宗遥。风云开张师范校，兴我国民此其兆。民智兮国牢，民智兮国牢，民智兮国牢。校有誉兮千龄始朝。”蜿蜒千里的长江，在入海口处，岿然挺立着一座青山——狼山。每一期校刊的稿件准备好后，都要去海门日报印务中心排版印刷，必经之路上，一定会和狼山来一次不期而遇。

2004 年初夏的某一天，我们在海门日报印务中心经过紧张而漫长的校稿之后，品尝了海门的特色羊肉，心满意足地踏着欢快的音乐声往回赶。出租车载着我、都老师还有另外两名同学，晃晃悠悠地颠簸在回学校的路上。

突然，正前方出现了一幕瑰丽的景色，金色浑圆的太阳掩映在狼山山麓的古寺后，霞光漫天，而群山为幕，环抱着这一切，那一刻，我们所有人都沉醉了。

时隔十八年，当年的情景还历历在目。是啊，十八年来，我一直难忘这段经历，《赛飚》编辑部的往事一直如水一样滋养着我。让我在未来的时光，无论是逆境还是顺境，都秉承着母校留给我的精神底气——"坚苦自立，忠实不欺"；也让我将这种精神潜移默化地传承在我的教育生活中，形成了严谨教学、与时俱进、公平公正对待每一位学生的教学风格。

当年发生在编辑部的故事还远远不止这些，许多人和事已模糊，而永远不会忘记的就是那颗滚烫的初心。《赛飚》扎根于百年通师的丰沃土壤中，从通师的文化传承中汲取营养，而这本学生刊物又将这种文化精神传达给了通师的每一位学子。2005 年我从通师毕业，更多优秀的学弟学妹接过了《赛飚》的接力棒，将编辑部"努力、进取、奋发、创新"的精神传承了下来。

悠悠岁月，往事如昨。欢庆亲爱的母校一百二十华诞！

初心不改，奋志飞飚！祝福亲爱的母亲前程更加辉煌！

作者简介：韩美华，南通师范 2000 级英语班校友。现任如皋市实验小学教师。

三、感念师恩

遥远的剪影

——忆念几位六十多年前的老师

罗玉芬

1956年，师二年级时，传统的语文课分科，分为汉语和文学两门课程。陆文蔚老师教我们汉语。陆老师教风严谨，上他的课我们格外认真，一点小差也不能开。要是有点走神了，陆老师就会蹙起浓眉，但又很客气地叫你站起回答问题。答对了，会表扬一番；答错了，也不批评，仍然客气地请你坐下。其实这样的“礼遇”让学生心里感到不是滋味，因而以后再也不敢走神了。

另一位让学生丝毫不敢走神的是王炯老师。他教立体几何，比较难，抽象思维要求高。怎么作补助线，怎么推导求证，稍一走神，就断链子了。

教我们文学课(师一时还叫“语文”)的，先后有三位老师。师一是刘秉镕老师，师二是童德芬老师，师三是程德一老师。

刘秉镕老师的范读、讲析和板书，还有作文评讲时的点评，使我们终身受益。

童德芬老师教文学，第一篇就是《关关雎鸠》。童老师上课，始终是温文尔雅，讲析井井有条，板书一丝不苟。她是学生心目中的女神老师。

程德一老师和蔼可亲。她讲课像与你拉家常，学生与老师没有距离，学得快乐轻松。

自然而然的，上这三位老师的课，当然就不是“不敢”走神，而是“不肯”走神了。

还有一位大家都很佩服的，就是教我们教育学、心理学的姜龙章老师。听他的课，总觉得下课铃打早了。他往往通过丰富的有趣的实例，将那些严谨而“枯燥”的理论诠释得清清整楚。他讲话抑扬顿挫，轻重缓急都很有讲究，眼神、肢体语言等，全方位派上用场。大家都很喜欢上他的课。

另外，田元德老师的小语教学法也极受同学们欢迎。

还有，教历史的姬步周老师，他的幽默风趣，往往让课堂的气氛变得轻松活跃。印象最深的是一次课堂小插曲：操场上传来的“一、二、一”，分散了几位座位靠窗口同学的注意力。姬老师没有直接批评，而是换了个话题：“我曾经把名字改作‘姬式先’，你们知道为什么吗？”大家一听都感兴趣。“因为‘姬步周’听起来像是‘齐步走’，学生会不会跟在我后面喊‘一、二、一’？”大家都笑了，那几位开小差的同学也感到不好意思。

光阴荏苒，白驹过隙。以上回忆怀念的几位老师，都已作古。但愿敬爱的老师们在另一个世界里，还能听到我这年近九十的老学生的心声：此生不忘师恩——来世还做你们的学生！

作者简介：罗玉芬，南通师范1955级普师校友。高级讲师。毕业后保送江苏教育学院，1960年回南通师范任教，曾任教务处主任。曾被评为南通市社会主义建设青年积极分子、南通市劳动模范、南通市优秀教师、江苏省优秀教育工作者。

师恩难忘

张兴华

1957年，注定是个不能忘却的年头。这一年我初中毕业，即以22:1的比例考取了全国第一所师范学校——南通师范学校，预约并开启了我的教育人生。通师三年，师而范之，卓越岁月，我从一个小镇来的懵懂青葱少年，成长为一名意气风发、素质全面的青年老师，进而走上教育人生漫漫长路，太多的事值得回忆，太多的人值得眷恋。

在通师，最大的幸事便是遇见了一批影响和指引人生的良师、经师。

曹祖清老师。记得在通师读书时，心理学是最不受欢迎的功课，大家把心理学戏称为"玄学"，云里雾里听不懂。可是，从师二开始，我却对心理学情有所钟了，原因是新任心理学课的曹祖清老师的讲课——曹老师常常把抽象的心理学概念讲得生动有趣，什么"我们第一次见面以后，在脑子里就有了你我"啊(这就是表象)，什么"把黑色当背景是一个花瓶，把白色当背景，又是两张脸的两可图"啊(这是选择性知觉)……我专注地听曹老师讲心理学，听不懂的，课后再请教曹老师。渐渐地，对心理学点点滴滴的直接兴趣，积淀为稳定的间接兴趣。就这样，我获得了心理学系统的基础知识。或许是曹老师觉察到我身上的教学素养吧，实习阶段，就选我在实习学校上了一堂实习汇报课，课文是《乌鸦喝水》。我设计了一幅乌鸦喝水的情境图，帮助学生对照着理解课文，并组织了分角色表情朗读，效果很好。曹老师评了我的课，肯定和赞许了我的教学方法，并说我顺应了儿童具体形象思维的心理特点，用画图情境帮助学生理解课文，效果很好。当时我除了受鼓舞以外，还第一次知道有个"儿童心理"的问题，知道教学要顺应"儿童心理"才能成功。人嘛，成功以后总想着再次成功。我隐隐觉得，这"儿童心理"对教学是有用的。可"儿童心理"到底是什么呢？儿童都有着怎样的心理特点呢？

教学如何顺应儿童的心理特点？……这些问题一直被带到了我的工作岗位上。经过几十年的学习探索实践，我终于成了“小学数学教学心理的探索者、建构者、实践者”(成尚荣先生语)——是曹祖清老师影响和指引了我的教育人生。如今他已仙逝，我难忘师恩。

施维老师。我从小喜爱音乐、戏剧，一首新歌拿到手，就能“音”熟能详地唱出来。施维老师在音乐教学中发现了我的音乐素养，便给予我更多的关注，并以更严格的标准锤炼我。例如，舒伯特的《鳟鱼》节奏复杂、旋律优美、调式多变，他要求我们正确视唱。《莫斯科郊外的晚上》升、降半音及其引起的美妙乐感，非常难把握和体验，他让我们练唱……在他的指导下，我竟一一过关，且沉浸在十分美妙的音乐意境中。从此，见歌便能熟唱，成为我的“独门秘籍”。为了我的进步，施老师举荐我参加了南通市中学生合唱团、南通市艺术团，接受著名音乐家吕远等的培训。在他的辅导下我在全市的音乐会、演唱会上演唱过《大火烧来了》(电影《红霞》插曲)、《新人新事出在咱新国家》(与同学赵宝珠男女声对唱)、《歌唱咱光荣的八大员》(与同学季允和、赵宝珠、周秉章、闵乃章、瞿祖伯、李定、陈沫君男女声小合唱，施维老师手风琴伴奏)。施维老师还和我、季允和排练并演出了男声三重唱《色楞格河之歌》。有一张剧照，施老师拉着手风琴居中，我是男中音，季允和是男高音，两人在他左右，三人动情地演绎着当时很少有人尝试的三重唱。剧照上我和季允和是精神世界得到极大满足的幸福少年，这张剧照我珍藏了很长时间。

施维老师还是我们的班主任，当时他很年轻，只比我们大五六岁，他没有拘泥于师道尊严，经常和我们打成一片，打球、唱歌、谈心，说起话来温和细雨，俨然就是我们的大哥哥。听说施老师身体仍然健朗，还能喝酒，我特别高兴，在心中深深祝愿“大哥哥”福如东海、寿比南山。

邵磐世老师。她出生于南通市的一个语音世家，对语音有很深的造诣和素养。她虽然不专职上我们班课，但偶尔一次的上课就让我们受益匪浅。她那一口纯正的普通话字正腔圆，嗓音优美婉转。她朗读、讲话时如淡淡泉水缓缓流进我们的心田，飘然出世，又如颗颗珍珠滚动在晶盘上，发出天籁般的乐声，自此，我和同学们真正感受到了语音、语调的魅力。

20世纪50年代，在我出生的古镇上，很少有人讲普通话，中心小学的教师大多也用土语讲课。可我的小资家庭因为常来往于上海、南通等，哥哥姐姐都能说普通话，我从小也就有些语言（语音）天赋，普通话在家里说得最好，竟猴子称大王般地自以为是起来。乃至遇到邵磐世老师，听了她的讲课后，便自觉“如诗般的话语”到底是什么样的，从此收起我的自以为是，更加踏踏实实地练习起来。但是邵老师却发现了我潜藏的语音素养，特别地关注我，常常专门找机会纠正我的发音，亲授拼音要领……并举荐我为通师广播台的播音员。在她的关心和指导下，我的普通话水平和播音水平有了很快的提高。不出两年，我便成了通师广播台的首席播音员，并引起隔河相望的南通市人民广播电台领导的注意，还几番被抽调去电台播音。毕业分配，我一直想到电台做播音员，邵老师极力推荐我，可最后未能遂愿。为此，我难过了好几年，但经邵老师培育的普通话语音水平在以后的中小学语文教学中却发挥了特殊的作用。我以指导学生朗读为切入，上过《狼和小羊》《乌鸦喝水》《过草地》等公开课，都获得好评。我还在全校师生大会上朗诵散文诗《夏日三题》，全场报以赞许的掌声。更重要的是，我教学风格中的一个特点——“用心说话”“以情倾诉”的人文和哲学修养，离不开扎实的语音、语调基础和灵敏的语音、语调感受，这一切都是邵老师辅导、培育和激励的结果，是她带领我踏进了如此美妙的语音境界，师恩难忘！

田元德老师。那时我们刚进通师，田老师上我们第一节汉语课。记得他讲的第一句话是：“同学们，我叫田元德，是个右派分子。”我们惊愕了，这位老师开口竟自报“臭”门！但又隐隐觉得他坦诚中有几分可爱，竟对这个右派分子恨不起来。田老师接着便讲开了词性，从实词讲到虚词，特别是讲到副词、连词、介词、助词这些概念比较抽象的虚词，他仍然是口若悬河，精准而幽默，把我们原来的模糊认识一下子廓清了。这时，我们甚至对他产生了几分尊敬。

接着上我们汉语的是王洁儒老师，他讲课的风格竟和田老师一样，也是口若悬河、精准幽默。他讲语法，具体内容记不很清了，只记得他讲的是复杂谓语，兼语式和连动式分得很清。后来，他用上届毕业考试的一道试题考我们，分析句子成分：南通师范历史悠久。他告诉我们，上届考试不少同学上当，作了“南通师范历史/悠久”的分析。我却一反众议，分析为“南通师范/历史悠久”，深得王老师的赞许。

1982 年我二进通师，在江苏省小学语文教学研究班，又遇到了一位饱学的经师——朱嘉耀老师，后升任校长并首创培养专科程度小学教师的五年一贯制大专。他既作班主任(与施维老师一样的大哥哥)又教汉语。印象特别深刻的是,他在课上对毛主席著作《为人民服务》从头到尾逐词逐句地作语法分析,其语法修养真是罕见,也给我这位语法喜爱者以"更上一层楼"的引领。

还有童德芬老师、胡永昌老师、刘秉镕老师、王亦群老师、羌以任老师、王炯老师、徐利祖老师、王均愚老师、王旭初老师、王育李老师……在各学科教学中都各领风骚,也有不少引领我教育人生的故事,恕不一一甜忆了。短短的三年时光,是我此生最难磨灭的记忆;母校师长们传授给我的学识精神,让我终身受用。南通师范,群星璀璨,师之范之,桃李芬芳,心中丰碑,永辉永煌。

作者简介:张兴华,南通师范1957级普师校友。中学高级教师、特级教师,全国知名苏派教育名家、小学数学教育专家。曾任海门实验小学校长,曾被评为江苏省有突出贡献的中青年专家、全国优秀教师。享受国务院政府特殊津贴。

一位工农兵学员回忆母校老师

范　建

1970 年 6 月，中央发文批准《北京大学、清华大学关于招生(试点)的请示报告》。文件废除了历来实行的高校统一考试择优录取的招生办法，改以“群众推荐、领导批准和学校复审相结合的办法”招收“工农兵学员”。自此，全国各地大中专院校陆续开始招生。1973 年 3 月，通师招收首届工农兵学员 100 人，学制 2 年。《南通师范学校史》“大事纪年”篇中 1973 年部分记有“南通市教育局批准，从专区各县选拔插队知青(高、初中毕业生)35 人到通师学习，学制两年。其后又选拔第二批专区各县下乡、插场知青及在本市郊区的知青 65 名入学”，我在第一批中。

当时老三届知青已插队插场第五年了。上述第一批 35 人约占专区六县南通插队知青总数的 0.5%(插队县区的南通知青约 7 000 人)。我是 1968 届初中毕业生，到如皋插队时不满 16 岁。因干活卖力，考前也曾短暂复习和自学，我幸运地经老乡推荐并顺利通过了招生考试，于 1973 年 10 月被录取为通师首届工农兵学员，时年 20 岁。考试方式除笔试一篇作文(具体内容我忘了)外另有面试，要求讲述插队期间的生活经历以考察语言表达能力，还要求考生分组抢答诸如重力加速度、勾股定律和因式分解之类的数理题。我的面试老师是曹振东。

此时学校由工宣队主政。10 月下旬举行的入学典礼上，工宣队称我们是“接受贫下中农再教育”后有觉悟的革命青年，从此应担负起“上管改”的重任，即代表贫下中农上师范、管师范、改造师范。现在的年轻人听说这种事情会觉得不可思议，但当年是十分严肃的。入学典礼还提及之前的 8 月中旬《人民日报》高度赞扬的辽宁知青“白卷英雄”张铁生。回想当时场面，师生似乎都很淡定。我猜想老师们经历过之前的风风雨雨，对各种政治活动有心理准备;而我们这些新生还没完全适应环境,来不及仔细思考新身份的意义。

我所在的73级师一(2)班首任班主任是赵振雯老师,30多岁,温文尔雅,执教数学。当时的课程侧重小学教育的专业应用,代数与算术是混在一起教的。开学后不久的一堂数学课上她讲到“零做除数无意义”,我凭一知半解提出反对意见,坚持认为商是无穷大,这就是零做除数的意义。赵老师解释此处的所谓“意义”是相对概念,相对的是乘除互为逆运算的法则,当除数是零时与商相乘无法还原被除数,所以无意义。这一解释给予我非常重要的启迪:数学概念具有相对性。在此之前我对数学的理解仅达算术水平,在此之后我渐渐理解了建立在相对概念基础上的初等数学。后来多年,在进修和读研过程中,随着经验和知识的拓展,我更深入地领悟到认知中的所有概念都是相对的!

第一学期印象深刻的还有施夑元老师执教的农基课。因那个时期中小学通行“工基农基”(即工业基础和农业基础)课,师范也不例外,物理化学内容均整合其中。当年的施老师年近五十,是新中国初期复旦大学物理系的高才生,通师少有的能兼教物理、化学和英语的全能教师,曾于1956年获市政府首次颁发的“优秀教师”荣誉证书。我班同学至今记得施老师操着启海口音讲述“氢原子、氧原子”,“氧”字的发声要拖得长一点。

在讲述内燃机章节之前,施老师从段家坝附近生产队借来一台手扶拖拉机。当时因怡桥东侧原校址已被晶体管厂占用,通师就在位于段家坝的临时校址办学。得知我插队时开过手扶拖拉机,课前施老师遂让我在操场驾驶演示了一番。然后施老师将我叫到办公室,问我是否知道内燃机原理。我说柴油机有点懂。施老师跟我讨论后就将这堂课交由我来上,并预先指导我使用内燃机模型教具。课后我颇为自豪了好一阵。

为撰写本文,十多天前我看望了年已97岁的施老师,与其聊起这堂课。老人家依旧思维清晰。当我说到手扶拖拉机时,施老师不无得意地告诉我,这台手扶拖拉机就是他本人从生产队的田里直接开到学校操场的。我提起毕业时他送给我的那本汇集数理化公式的理科手册,他说这个想不起来了。我说当年我是他的课代表;他说好像不是,应该是张煜民同学。我说好吧,听老师的。他笑起来,话题转到我带给他的蝈蝈。这是一只鸣声响亮的蝈蝈,我把它挂在壁橱拉手上。施老师很高兴,说是听到蝈蝈鸣叫会有置身草地的感觉。他还给我看“优秀共产党员”荣誉证书，告诉我退休后在校办厂服务，80 岁入了党。我被老师纯情爽朗的笑容深深感染，预约 3 年后邀同学一起庆贺他的百岁生日。

1974 年春第二学期开始，班主任是政治学科王成训老师。后来我对自然唯物主义、历史唯物主义和辩证法的理解就是从王老师的讲课开始的。这学期的数学课是陶耕培老师执教的，当时我们就听说他是南通数学界的天才级人物。在数学课上，陶老师强调“要给学生一杯水，自己须有一桶水”，并力求在当时学制所限的较短时间内教给我们“打开数学大门的钥匙”。我记得陶老师还请语文老师刘秉镕给我们讲过三段论推理。刘老师讲的那几句跟几何证明不相干的话却给我留下了深刻记忆：“语法管通不通，修辞管好不好，逻辑管对不对。”

20 世纪 80 年代我在通师二附小学任副校长，曾与已调任市一中校长的陶老师一起去连云港出席省教委的一个会议，还看望了在当地执教的我班同学陈素霞。宾馆里我聊起关于上述“钥匙”的故事，陶老师笑笑没说什么。他给我的印象始终是睿智而沉稳的。

1974 年 9 月第二学年开始，班主任是陈容秀老师，40 来岁，执教语文，胖胖的圆脸，上课普通话带少许福建口音。日前几位同学帮我回忆陈老师，都觉得她给我们留下的最生动的印象是全神贯注、声情并茂地范读课文。读《沁园春·雪》时她抑扬顿挫地陶醉其中，有同学认为应该读得更加铿锵有力一点，她回答说各人体会不尽相同，朗读是跟作者交流，读出你的真实感受就行。这个“朗读是跟作者交流”的说法着实令我茅塞顿开。

这学年先后两个学期我们分别在城区和郊区的小学实习了两次，陈老师最操劳的是第二次实习。当时我们分散住宿在七八个农村学校，陈老师每星期都到各校去一两趟了解情况，还要听课讲评。有一次她骑自行车前往实习学校，途中连人带车滚到一个干涸的灌溉渠里，幸亏长得胖而没受伤。近年陈老师多次参加我班同学聚会，我说当年很多女生都追求我，可惜我眼花缭乱没抓住。陈老师一句顶回：“你就吹吧！”

实习前王炯老师给我们上过数学教学法的课，我印象极深的是讲长度单位。他特别强调要让学生有感性认识，并演示给我们看，用左手拇指和食指比画说“一厘米大约就是煮熟的一粒米这么长”，这“一粒米”跟“一厘米”谐音；然后他张开两指说“两指分开就大约是一分米”，“分开”又跟“一分米”

关联。后来我在小学执教数学,每讲到长度单位就清晰地回忆起这个细节。

王老师的普通话夹杂着浓重的南通方言口音。有一次课后我歪着嘴闭起一只眼模仿他讲课的腔调,他马上歪着嘴闭起一只眼说:“范建啊范建啊,你又做鬼脸。”笑得我合不拢嘴。我学他用左手比画长度单位,问他是不是左撇子,他回答:“你没见我右手拿着粉笔?”

1986年我调入母校通师。第一年校长没给我排课,我就开讲座并撰写了一篇关于小学数学教学法的文章,王炯老师帮我修改并推荐发表在校刊上。第二年王老师突发肺癌去世。第三年我将王老师推荐的那篇文章再作修改,然后投稿首届全国中等师范学校青年教师论文评比,获一等奖。从校长手中接过获奖证书时我深深怀念恩师王炯。

王老师去世后,学校将其长子王泊泓从某小企业调入通师校办厂以照顾师母。日前我与泊泓微信私聊时谈及此节,泊泓说老爸去世后校长书记对他很照应。他还特别提到要感谢罗玉芬老师,因为之前他所在的公司老总不肯放人,正好该老总是罗老师的老同学,罗老师遂亲自前往说情才使调动得以成功。聊天的次日我拜访罗老师,罗老师说一点也不记得此事了,还取出两盘水果等我吃完才让我离开。

跟泊泓私聊时我忆起当年入学后得到的信息:通师当年有内部政策规定不得招收本校教工子女。这个政策可能是为了避嫌吧,以防连累到只招南通知青的政策落实。因我与泊泓插队时就有私交,遂问泊泓是否听说过此事。泊泓说当年通师招生时他也报名的,没被录取;但关于不招教工子女的政策他没听说过。除泊泓外,施燮元老师的女儿施亚南也插队县区,亦无缘被通师录取。几十年了,每念及此,总不胜唏嘘。

两学年的四个学期中唯一自始至终教我们的是体育老师潘毓岩,高个儿,年近40,当时是南通体育界数一数二的“大佬”。1974年夏天潘老师组建校游泳队,师范部和高中部共报名36人,我在其中。潘老师带我们到城山河,要求我们从易家桥到三元桥游一个来回(当时河水清澈见底,来回约一千米),先上岸的12人被选中;然后选中的再游一个来回,我是第一名,遂被任命为游泳队队长。我班同学向潘老师借来杠铃,使用后随手扔在教室南边的院子里。有一天上课时,我隔窗看到潘老师冒雨扛起杠铃绕过教室穿过北操场走进器械室。之后我以为潘老师会责怪我们,但没有。还有一次,潘老师与我们一起在学校后面那块蚕豆田里劳动,我们鼓动他跟食堂那个又高又壮的陆师傅摔跤。那时我还是班上的排球队队长，下午课毕潘老师训练我们翻滚救球，青年教师陈锡明当他的助手，我时常摔得膝盖手肘流血。多年后我独自骑行川藏线，在海拔 4 000 米的无人区遇暴风雨，道路被冲刷得坑坑洼洼，石块裸露，我连续摔得膝盖手肘血淋淋但骨头没受伤。那时我非常感念潘老师和陈老师当年的翻滚训练。毕业前夕，潘老师推荐我班俞志强、张煜民和我 3 人到中学执教体育，后因市教育局规定全体首届工农兵学员都必须去小学而没有举荐成功。30 多年后的 2007 年 5 月潘老师去世，时年 73 岁，我们 3 人一同前往吊唁以寄哀思。今日写到此，心中再鞠躬。

给我留下深刻印象的还有语文老师胡永昌、历史老师李致中、地理老师强玉英、音乐老师张柔武、美术老师罗国华、书法老师邹泰等，篇幅有限不细述了。第二学年学校还曾安排我们到电机厂劳动两星期，我被安排在翻砂车间。

1975 年我们毕业。母校老师的生动形象至今仍深深印刻在我的记忆中，老师们传授的知识也成了我认知结构的重要基石。在后来的改革开放过程中，全社会从农耕文明迅速朝工业文明发展，我们这届学员在教育和其他岗位上也有长足的进步，而起步便是通师难忘的两年。

作者简介：范建，南通师范 1973 级普师校友。1986 年调入南通师范任教，曾任教科室副主任。后调至南通中学，曾任学校中外合资企业中方董事兼副总经理、校党政办管理干部等职。

回忆刘秉镕老师

陈艺鸣

刘秉镕老师，个子不高，貌不惊人，却是通师“本土”名宿，语文学科响当当的“掌门人”。出身小康之家的刘老师，自幼受到良好的教育，曾在南通最早和最好的城北小学（现实验小学）读高小，六年级时自任主编，创办油印文学小报《青锋》，受到全校欢迎。毕业时全县会考，名列前茅，考入了南通商益初级中学，班主任就是后来的省文联副主席、南通师范学校校长张梅安。1938 年 3 月南通沦陷，他转赴上海租界内的民立中学求学。该校许多课程使用的是英语原版教材。在这里，他阅读了许多中外文学名著和进步书籍，看了不少外国原版电影。1943 年高中毕业，又考取了复旦大学经济系，后因战争形势巨变而被迫辍学。1951 年春，经苏南公学校长吴天石（后任江苏省教育厅厅长）推荐，已经参加工作的他应聘崇英中学（南通市一中前身）。从初二教到高三，未及送走毕业班，又被通师校长张梅安想方设法“挖”过去了。

1978 年 4 月，我们 77 级大专班入学的时候，刘老师是通师语文学科组长，亲自教我们文科班现代汉语。这一教就是两年：三学期汉语，一学期逻辑。也就是说，从入学到毕业，刘老师一直在耳提面命、诲人不倦地陪伴着我们。这实在是我们的幸运。刘老师平时不苟言笑却又和蔼可亲，讲课极其严谨认真，每个环节都抓得具体细致，教学效果很好。当时高校普遍“教材荒”，后来流行的“黄廖本”《现代汉语》尚未编写出版，刘老师手头也无成型教材，全凭过硬的学问功底系统而深刻地讲授。语音、汉字、词汇、语法、修辞，后来还有逻辑，面面俱到，合理分布。虽然既无课本又无讲义，但是我们却学得比较深入和扎实，因为刘老师特别注重理解和运用的课内外训练。印象最深的是，每次讲完课，立即发下一份试卷，规定当天完成。于是，一个下午加上晚自修，整整半天，都花在这“开卷考试”上了。全班同学讨论热烈，争论不休，各执己见，独立完成，最后评分，从七十几到九十几，参差不齐。记得关于“翘起大拇指”用的究竟是何辞格的问题，就让大家好一阵琢磨。至于单句成分，以及多重复句的层次划分，更是“让我欢喜让我忧”，绞尽脑汁而又引人入胜，“痛苦并快乐着”。相比之下，连下了狠心在课堂上带我们啃《离骚》“硬骨头”的班主任严迪昌老师，都觉得自己还是“心太软”了，赞叹道：“刘老扎实严格的训练，对你们是很有好处的。这也是师范教学的特点。”严老师此前教过大学，教过高中，他的感慨的确是经验之谈。果不其然，毕业后，我从初中教到高中，在那个时期，语法问题一直是教学和考试的重点和难点，而我的感觉是：在刘老师那儿我们已经爬过了高山，眼下则都是平地。再后来，我曾数次参编省级和国家级的《汉语》《现代汉语》教材，参加省级国家汉语考试试卷命题，都能胜任，也是得益于当初刘老师给我们打下的坚实基础。

在普通中学任教 6 年后，1988 年我调到母校通师。此时人称“语文全才”的刘老师，已是特级教师、省劳模、全国优秀教育工作者、全国五一劳动奖章获得者，还兼任着江苏省中师语文中心组组长。全校、全市、全省，乃至全国，认识刘老师的，都尊称其为“刘老”。这些年里，刘老师领导和主持通师语文学科及省中师语文界积极开展师范教育教学改革，首创“说话训练”等师资技能课程，主编了《说话教程》《语文基础知识》《文选与写作》（六册）等师范教材，在省内和国内产生了重要的影响。

1982 年至 1984 年，通师受省教委委托，由刘老师具体负责，连续举办了 5 期全省小学语文教学研究班，培养了 100 多名小学骨干教师。该班被誉为“特级教师的黄埔军校”。在省中师语文中心组组长任内，刘老师每年都主持开展形式多样的创新开拓专题活动，有力地推动了全省师范语文教育教学的改革进程。1992 年 1 月至 1993 年 8 月，在省教委师资处领导下，为培养教学骨干，语文中心组举办了省中师语文青年教师教学研究班，由刘秉镕、叶树明和陆维忠等老师负责。我有幸成为研究班学员。

1993 年省语文中心组换届，刘老师退休了，由通师朱嘉耀校长接任中心组组长。但省内外师范语文教育教学教研的各种活动，刘老师还是应邀参加，不辞劳苦。

刘老师于 1988 年就办了退休手续，此后受返聘继续教学至 1995 年。

在刘老师收拾好东西准备离开办公室之际，我和张静秋等弟子在他身旁依依不舍，心里难过。刘老师安慰我们说："没关系的，我会常来看你们的。"刘老师走了，把他的"五普"大专班逻辑课交给了我。刘老师的逻辑课也是通师语文学科的一块"牌子"，我接手之后，兢兢业业，须臾不敢懈怠，生恐对不起刘老师的托付。这一接，就连续教了22年，直至2017年我也退休。在前不久的一次活动中，几位通师校友相聚，姚国均同学听说我教逻辑，就回忆当年："刘老师上逻辑课真厉害，一句多余的话都没有，让人佩服！"接着对我说："你要是能上得像刘老师那样就好了。"我一时没忍住，应声答道："老同学啦，我也就不谦虚了。这逻辑课啊，我后来上得比刘老师更受学生欢迎呢。"——这倒不是我狂妄自大，"欺师灭祖"，而是在我看来，唯其如此，青出于蓝，才是对刘老师殷殷教诲的最好报答，刘老师也一定会高兴的。

其实，这层意思源出于刘老师的另一位学生。1992年，我应约写一篇刘老师的人物通讯，为此采访了几位刘老师的学生。其中一位特级教师所言甚为中肯："人们都说，青出于蓝而胜于蓝；可是蓝毕竟是青之根本，是不会被忘记的。"这句话被我引用在《人生没有终点站——特级教师刘秉镕速写》里。该文发表于《南通教育学院学报》1992年第2期。1994年，省教委师教处张行处长主编出版了《当代师范群英采风》(学苑出版社)，我写的《忠诚执着　冲澹深粹——记全国五一劳动奖章获得者、特级教师刘秉镕》入选其中。写作中，我先后采访了南通市著名的5位特级教师"五朵金花"。她们在成长过程中都得到过刘秉镕老师的指点和帮助。杨秀兰老师说："刘老最大的特点就是淡泊名利，总是无私地牺牲，甘做无名英雄。"亓浦香老师曾和刘老同赴桂林讲学，她回忆道："按说刘老是高级讲师，又是特级教师，地位和知名度都很高。可他却非常谦和，一点都不摆架子，而是处处尊重别人。就是帮你备课，也只着重帮助研究教材、深入挖掘。至于具体教法，虽然他也提供自己的意见，但总是点到即止，从不强加于人，让你自己斟酌决定。"李吉林老师快人快语，开口便说自己50年代就有幸成为刘老的学生："刘老学识渊博，经验丰富，但丝毫没有学阀、学霸的架子。总是有求必应，孜孜不倦，倾囊相授……"宽容厚道，克己助人，甘为蓝草，甘为枕石——这就是刘老师的秉性和品格。

2013年11月9日早晨，忽接小学同窗好友、刘老师的女婿龚永明来电，惊悉噩耗：刘老师因病逝世，永远离开了我们！悲伤之余，即约学科同仁赶赴灵堂哀悼。怀着沉痛和崇敬的心情，奉上挽联（及横批）一幅：

留泽杏坛

秉持厚德有口皆碑淡泊致远　镕铸爱心无愧师表桃李成蹊

作者简介：陈艺鸣，南通师范1977级专科班（扬州师范学院南通市师资专科班）语文班校友。1988年调入南通师范任教，副教授。曾任江苏省中师语文中心组秘书、南通高等师范学校学术委员会委员。

回忆王炯老师

——写于母校 120 周年校庆之际

许泉生

放下了扁担锄头，拿起了钢笔书本，1978 年 8 月，我考入南通师范普师专业。普通师范，顾名思义，普通课程都要学习，包含数学、物理、化学、语文、历史、地理、美术、音乐，等等，各科都开设。作为知青考上来的我，在这么多的课程中最害怕的就是数学。数学这门课里，又对几何尤为头疼。不怕大家见笑，年逾花甲的我，现在做的噩梦大部分就是几何考试，而且往往是因找不到辅助线，急得心跳加快后终于惊醒。而教我们几何的，偏偏就是以严厉、严谨、严格著称的王炯老师。

王炯老师上课讲的是一口流利的“狼山牌”普通话，几何图形上的“角”他都念的是“guǒ”，如“三角(guǒ)形”“锐角(guǒ)”“钝角(guǒ)”，以至于有的同学跟着他学舌，“三角(guǒ)”长、“三角(guǒ)”短的。王炯老师长着一副清瘦的面孔，一直眯着眼睛，给人一种难以接近却又是个普通老头儿的感觉。

其实，王炯老师是一位在数学教学工作中非常优秀的名师。他从 1950 年开始长期从事师范数学教学，1956 年起任南通师范学校教导副主任。他数学理论基础厚实，精通中等数学，教学得法，深受学生喜爱。几何教学更是他的拿手好戏，曾以“王几何”享誉南通教育界。早在 1956 年，就出席了江苏省优秀教师代表会议，获省优秀教师称号。1986 年被评为全国教育系统劳动模范，获人民教师奖章，曾任南通市五届政协委员、市数学学会理事长、中国数学学会会员。

王炯老师获得了这么多的荣誉是名副其实的。记得我们刚入校不久，我们班有一位同学想难为一下王老师，探一探王老师的水平到底有多高。不知他从何处找了道几何难题，让王老师在课堂上解答。王炯老师眯着眼睛看了他一会儿，然后拿起粉笔在黑板上一步步地求证出来。做完题后，他对同学们说："老师也不是每道题目都能很快地做出来，重要的是要有正确的解题思路，用对方法，认真细致脚踏实地地去做。"王老师意味深长地告诫大家："将来你们走向社会，走上工作岗位也要这样去做。只要把握好方向找准目标，踏踏实实勤勤恳恳地去做，就一定能得到进步和成长，做题和做人做事其实都是一样的。"

王炯老师的教诲一直深深地刻在我的心上，对我走好人生之路起了非常重要的作用。

作者简介：许泉生，南通师范 1977 级普师校友。曾任教于通师一附，历任南通团市委统战部副部长、市青联秘书长、崇川区政府商贸局局长、崇川区人大办公室主任（党组成员）等职。

我的老师张柔武

花瑶茹

张柔武老师生于 1919 年，今年是 103 岁。

我 16 岁进通师，张老师是我的音乐老师，幼师班音乐是普修，音乐老师要教声乐、琴法、乐理等所有课程。

声乐和琴法都没有教材，学习的内容是老师根据学生的情况量身定做，琴谱歌谱都是每节新课发一张。我们其他的考试卷子是文印室印的，唯有张老师的是自己刻，字迹看得出来，老师的字和其他人不同，窄窄瘦瘦的。因为文印室老师不太懂五线谱，错误颇多，她觉得纠正也要花时间，不如自己做，减轻文印室负担。那时候老师已经是政协委员了，经常出去开会，工作很忙，刻蜡板的事，没有交给别人过。

学生们练琴是在风琴上练习，学校没有钢琴。我们平时在小风琴上练习，熟练后到老师家里去还琴。老师家里有一架老式钢琴，琴键都是黄黄的、松松的，但那是钢琴呀，音色很好，手感和风琴就是不一样。只有我们班的孩子才有弹钢琴的机会！

老师出差开会期间，我们的音乐课临时由其他老师代课，等老师回来后，她会重新补上她的课，对于学生来讲，是上了双份的音乐课了，音乐上吃了双食，自然基本功要好一点。那时候也不兴进一步考大学，也没有检验学生基本功的渠道，到底学到什么程度，自己也不清楚。有一年的通俗歌曲大奖赛，我跟着电视里看，发现评委们考选手的内容，我都懂，其中有一个摹唱环节，感觉特别简单，但很多选手在这个环节栽跟头，考不出来的、唱错的、唱不完整的，我觉得很奇怪。

回想我们在学校三年，视唱练耳这一部分，狠狠被老师训练过。老师对我们的要求，也是极其的高。每天练习，每天唱，考试的要求还特别高。

第一学期期末考视唱，随机抽取书上200条当中的两条，这两条还要是“生谱”，这个词是我发明的，就是老师一定要抽到你前面没有准备过的，看你的识谱速度。这个考试我印象深刻，我一共被查了8条，老师才勉强让我过关，老师的理由是我每一条唱得都太熟练太流畅了，一听就是“唱过的”，不是“生”的。恰恰相反，这8条当中，绝大多数是“生”的，只是这个视唱我们每日练习，很熟练。

这个试考得我万分委屈，心里很难过。30年后有机会和老师聊天，提到这个事，她说：“我知道你进通师是第一名，第一名就要更好一点，考试也要更难一点！”

年轻的时候老师对我严要求，年纪大了老师同样也对我严要求。2015年我作为访问学者到南艺脱产学习一年，临行和老师告别，老师吩咐我：“你不要瞎玩呀，要用点儿功！多画点画！回来向我交作业！”

我领了任务去西双版纳写生，顶着40℃的高温，在大太阳下画速写，整整画了两大本，回来给老师交作业！

老师完全退休之后，我时不时去看她，陪她聊聊天，看看有没有什么事情可以顺手做了。聊天的内容涉题广泛，我是有好奇心的，该问的问，不该问的也瞎问。我的老家住在芦泾港，那个地方离陈葆初的大庄园不远，经常有一些老人家八卦张家的事，花边新闻不少，添油加酱的也多，我也拿这些去问老师，这个事是怎么回事？那个事是怎么回事？老师每次一一作答，缓缓叙述。虽是闲聊，老师有时候缜密的思维甚至比写在书上还精彩。比如，有一次，我问老师：民间传说陈葆初送给张府的丫头李复初，有点儿什么故事？老师说，李复初初到张府，工作是给祖父“伺奉衣衫”。等读老师的书《濒濠岁华》，写的是“协助保姆徐妈妈照顾祖父的衣着饮食”。老师说，李虽是风尘女子，终究是清贫人家的孩子，生活上很节俭，以后和她的关系也相处得很好。

老师的记忆力让我很吃惊。2012年南通大雪，我去看老师，看到窗外的雪景，老师想起她第一次去日本留学，也是一个大雪的天，雪都掩到脚脖子。她和姐姐两人在宿白下车，眼睛能看到住地，因为雪太大走不过去，需要打出租，出租车收了一毛五分钱，那时候中国的一块钱，是日本的三块钱，最不可思议的是，老师告诉我，那是1937年的几月几日，星期几！

天哪，94岁的老师，回想起18岁那年去日本留学的事情，还记得周几！

这些资料被研究张謇的学者羡慕得直掉眼珠子，他们调侃说："你这才叫一手资料！"

我对跳舞感兴趣，经常拿跳舞的话题问老师："您在上海滩十里洋场，到百乐门跳舞，是怎么去的？谁带你去的？"老师告诉我，到百乐门跳舞，女眷不可以自己去的，必须要有男士带。第一次去百乐门跳舞，是表哥带的，女士都是穿上旗袍，由黄包车夫拉到门口，男士引带，才可以进入。那时候的旗袍，不像电视里的那样，下摆的叉开一定是膝盖以下，旗袍的袖子，倒是有露臂的，但是袖口收得非常紧，包住大臂。十六铺的旗袍店，都是量身定做，臂围是最重要的数据。跳舞的两个人，不是粘在一起，要有一臂的距离。我心里想，一个人一臂，两个人就是两臂，够不着，咋跳啊？老师站起来比画，还转了个圈。一比画我就清楚了，实际上是男生半臂距离女生半臂距离，加起来一臂距离，跳舞刚刚好。

那时候老师已经98岁了，大家看过百岁老师唱歌，鲜有人看到老师跳舞。老师说，年轻的时候，她很喜欢跳舞的，也跳得很好。当然，华尔兹，尤其是上海滩上的华尔兹，有几个年轻人能抵抗得了它的魅力？

我们幼师班有这位老张老师，还有一位小张老师。小张老师是那种张老师看上第一眼就喜欢上的孩子，小张老师第一天到通师报到，没有地方住，是张老师把她领回家住了一个星期。后来小张老师调到深圳，中间至少有25年没有任何联系，可是她们俩都相互爱着对方。2009年小张专程从深圳回南通看老张，中午饭是老张亲自做的"菜饭"，里面加了香喷喷的猪油。午餐时分，小张弹琴，两人齐唱《我爱你中国》，画面定格在美声、美味、美景当中，我至今难忘！

小张是老张的小朋友，钱惠珠是张老师的老朋友。

钱老师是张老师的同事，于通师短暂的教学后调到南京工作，半个世纪多来，她们一直联系不断，张老师过生日，钱老师都要到南通来祝寿。

钱老师始终以张老师为榜样，努力在专业上更上一层楼，她说她自己的专业没有张老师好，张老师就是她的目标，每日坚持练琴。现在，钱老师已经九十多高龄，也住进了护理院，她们偶尔的交流，还是专业。钱老师把琴带到护理院，只是现在练琴的目的，是和张老师打牌的目的一样，预防老年痴呆，让生活变得有质量。

写到这里，忽然想起100年校庆的时候，老师和一群小朋友唱《同一首歌》。看到老师牵着小朋友缓缓走上舞台，我的眼泪哗哗流出来，不仅仅是我，老师的歌感动了所有人。

转眼就是120年校庆，期待再次听到老师的同一首歌！

作者简介：花瑶茹，南通师范1982级幼师校友。南通师范高等专科学校美术学院副教授。

师之范

吴彩霞

回忆师范生活，脑中立即浮现几位让我印象深刻的老师，观照目前自己的教育状态，惊异地发现，这些老师对我的教育生涯产生了极大的影响。

她——让我铸成了“大爱天下”的教育情怀

进入师范，第一个接触的应该是班主任夏莲老师，她给我的第一印象是清瘦、漂亮、严格。也许因为年幼离开家庭，班主任老师总是对我们严格要求，希望我们能够尽快养成良好的学习与生活习惯，因此，班级里会有这样那样的规则，当时印象最深刻的就是“无论走到哪里都必须讲普通话”，老师会安排同学进行随时随地的检查。寝室的卫生也是每天检查、打分、公布，我们都很害怕夏老师。

就是这样一位让人敬畏的班主任，在一次事件中让我看到了她温柔慈爱的一面。那是一天晚上，同学们都睡得正香，不知什么原因，床突然摇动起来，刚开始大家没意识到什么，但是后来床又开始摇晃，这时候有人叫起来：“地震了。”啊？我们一个个都吓蒙了，不知怎么办才好，只听得外面一团乱，有人大叫：“快走啊，离开宿舍”，“地震了，快跑”，于是，我们迷迷糊糊不顾一切地向外冲。我们的宿舍在四楼，一层一层地向下奔跑，看到有的同学鞋跑掉了，但不敢回头去拿，只好赤着脚向下冲。我们随着人流一直跑到操场的空地上，一个个吓得不知所措，眼睛盯着宿舍大楼，生怕会倒下来。此时已经有人在哭，操场上一片混乱，我和同学们都挤在一起，互相议论着：“这怎么办呀，房子会不会塌呀，我们会不会死啊。”恐惧感突然笼罩全身，操场上的哭声变大了。

"孩子们不要慌,没事的。"黑夜中传来温柔的抚慰声,循声望去,是夏莲老师! 原来,她得知地震一事,第一时间从家里赶过来了。看到她我们突然感觉有了救星,一个个扑向她,有几个哭得厉害的已经紧紧地抱住了夏老师。夏老师轻轻地拍拍她们,不停地安慰着:"不哭,不哭,一会儿就会过去的。"此时的我们心开始安定下来,夏老师俨然就是我们所有人的妈妈,我们一下感觉到了妈妈的温暖和慈爱,内心很是感动。老师家里也有孩子和家人,可是,在这个危险时刻她想到的却是我们,这就是伟大的师爱呀。

从那以后,我看夏老师的眼光不一样了,从她身上不只看到了"严师",还看到了"慈母"。后来,每逢过节我们不回家的孩子就会得到夏老师的特别优待。她会给我们送好吃的,有时还带我们去她家吃饭,第一次吃荠菜馅的汤圆就是在夏老师家,现在回味,那种清香还依稀记得。

夏老师的大爱一直影响着我,我工作之后对待孩子们也总是"爱严有度",孩子们是既喜欢我,又敬畏我。

她——让我形成了"积极体验式学习"的教育主张

一提起学习,那时候最喜欢上的几门课之一就是生物课,因为生物课堂是让我们最开心的课堂。我们可以在动手操作、亲身体验中学习,生物知识就在这些操作中深深地印在脑海里。

我们的生物老师叫陈丽美,个子不高,非常和善,脸上总是带着微笑。记得生物课很少在教室里面上,而是走出教室,走进实验室或者大自然。

印象深刻的是老师为了让我们理解鱼的生理结构,给我们带来了好几条鲫鱼,让我们先观察鱼的外形特征,然后让我们进行解剖。我根本没有接触过"杀鱼"这件事,在老师的演示下我们饶有兴趣地进行尝试,剖开鱼的腹部,我们看到了它的内部结构,比如鱼鳔、肾脏、腮、脑、肝、胆、肠等,对鱼的认识变得立体、全方位。

那时候学校河东边的文峰公园是我们常去的地方,陈老师总是带着我们到那里去认识各种植物,大叶黄杨、小叶黄杨、女贞、十大功劳、针叶松、阔叶松等等树名我们都记得非常牢固。

除了观察植物以外,陈老师还带领我们进行植物嫁接,将一个小小的树枝插进一棵树上。老师告诉我们,嫁接是植物的人工繁殖方法之一,就是把一株植物的枝或芽，嫁接到另一株植物的茎或根上，使接在一起的两个部分长成一个完整的植株。嫁接的方式分为枝接和芽接。嫁接是利用植物受伤后具有愈伤的机能来进行的。这样的实践不仅让我们明白了嫁接的原理，更知道了如何嫁接，在后续观察嫁接后植物生长的过程中，我们明白了怎样的嫁接方法才是最合适的。

陈老师的教学方法，我们非常喜欢，工作之后和孩子们一起学习时，我也总是用这样的方法，让孩子们“玩中学、学中玩”，现在想起来，我的“积极体验式学习”的教育主张应该源自总是让我们在实践操作中学习的陈老师呢。

她们——让我养成了“大健康”的生活方式

师范生活中让我印象深刻的老师还有很多，最后想提到的是我们的体育老师顾银珠和王子丽，两位老师风格不同，但我们都很喜欢。顾老师优雅随和一些，她的身材很好，体操跳得很美，特别记得她跳彩带舞，很飘逸，很轻盈。王老师更健硕机敏一些，说话声音响亮，走路挺有力量，一直给人很健康、能量很足的感觉。

在两位体育老师的影响下，我们有几个同学爱上了锻炼，我们相约每天早晨一起绕城跑步，即使是冬天，我们也不落下，手冷我们就戴着手套跑步。有时候老师也会陪着我们一起跑步，老师的带领给了我们无穷的鼓励。在她们的带动下，同学们锻炼的劲头更足了，大家相互影响，相互支持。一日复一日的跑步不仅强健了我们的身体，也锻炼了我们的意志，更重要的是养成了我们积极锻炼身体的好习惯。

到目前为止，我每天都会坚持锻炼，无论刮风下雨都不间断，朋友们常常说：“你这样坚持，好有毅力啊。”我说：“我没有坚持，我感觉锻炼这件事对我来说像呼吸一样自然，不需要通过意志的控制来进行。”

由于对锻炼的喜爱，工作中我会常常带着幼儿园的孩子们进行锻炼。我每天跟孩子们一起跑步、玩体能游戏等，对幼儿园健康领域也特别感兴趣，在这一领域也小有研究。我还拓展心理健康这一块，目前涉入心理咨询领域，以更好地促进自己以及孩子们的身心健康成长。我的“大健康”（身心健康）的生活方式应该源于两位美丽的体育老师。

写到这里，我猛然想起“师范”两个字的含义，在中国古文献中，所谓“师范”，意为“可以师法的模范”。西汉杨雄在《发言・字行》中说：“务学不如务求师。师者，人之模范也。”我的老师们就是我的模范，是他们影响了我的一生。由此我也想到，作为人师的我，也要做好“人之模范”，让我的教育影响到孩子们的一生，让他们在我的影响下健康茁壮成长，成为新一代具有健全人格的人！

作者简介：吴彩霞，南通师范 1983 级幼师校友。正高级教师、特级教师。现任如皋师范附属小学幼儿园副园长。

前尘往事忆恩师

黄美华

1984年,我来到南通师范学校音乐班学习,这是全省专门培养小学音乐教师的第一届中师音乐班。在这个班,我遇到了很多老师,值得一辈子铭记。

施维老师是我们的班主任,我用“好”字来形容他。施老师是一位标准的“好好先生”,别人有求于他,他总是用连续的“好好好”来应承,很少听到他拒绝。20世纪80年代初期,琼瑶小说开始盛行,同学们都被小说中的痴男怨女迷得神魂颠倒。每当拿到一本新小说,大家就会躲在被窝里打着手电看通宵。当然,第二天班级出操人数就会锐减。政教处的邵主任经常操着他那很有特色的普通话,挨个到寝室敲门:“203(sa)寝室三(sa)个(gu)。”查实没有出操的人数,邵主任会找施老师告状。对于邵主任的“严厉批评”,施老师总是赔着笑脸“打招呼”,保证严肃教育。看到施老师的笑脸,邵主任的脾气就发不出来了,就像重重的拳头打在软软的棉花上,事情也就轻松地解决了。班会课上,施老师会批评那些同学,但总是和风细雨,从不给学生“难堪”,但效果还是挺好的,大家会收敛很多。琼瑶小说带来的另一个危害,就是学生“早恋”。学校严抓“早恋”,查实会给予记过处分。对于学校的做法,施老师认为没有错。他常说,这是小孩之间的“好感”,就像“过家家”一样,不算数的。他像家长那样关注着学生“情感”的变化,用苦口婆心的劝说保护着他的学生躲过“处分”。当然,这些轰轰烈烈的“校园恋情”,大多数都“无疾而终”,留在心中的只是一段回忆罢了。

施老师既是音乐班的班主任,也是学校音乐学科组长。当时,学校没有那么多专业课教师,很多课程都是施老师亲自上阵。施老师擅长拉手风琴,他的“狼山牌”普通话为“枯燥”的手风琴课带来了欢声笑语。直到现在,我们和施老师见面，都会笑着用一句“把这个小 di 子（指手风琴的放气键钮）往里一 ken（音为第二声，意为按下去）”和他打招呼。施老师善于学习，将当时先进的教学理念和优秀教师介绍给我们。在视唱练耳课上，施老师将法国音乐教师巴里斯创造的节奏读法用到我们的学习中，两个八分音符读作“da-de”，四个十六分音符读作“da-fa-de-fe”，新奇的读法拓宽了学生的视野，提高了我们学习乐理的兴趣。施老师把当时已经很有名气的刘德昌老师请来给我们上教法课。刘老师风趣幽默，为了讲“歌唱的高位置”，他会从地上跳到凳子上，再从凳子上跳到桌子上，刘老师的课让我们哈哈大笑，同时也让大家体验到音乐课可以上得如此生动有趣。当年在晓庄师范任教的费承铿教授的即兴伴奏堪称一绝，施老师就请费老师来给我们上即兴伴奏课。费老师用脚踏的风琴弹出的伴奏效果让我们深深陶醉，让大家看到了音乐世界的另一种绚烂。多年后，我在省教材编写组与费老师重逢，谈及这段音乐学习经历，仍觉受益无穷，影响深远。

朱秀文老师是一个会写“24 行总谱”的人，我用“帅”字来形容他。他曾是市歌舞团专业作曲和指挥，调到我们学校来当音乐理论课老师。稍有些花白的大背头，梳理得一丝不苟，剪裁合身的青灰色条纹西装，将朱老师瘦削的身体衬托得笔挺。演出的时候，他又换上雪白的西装，手捏一根精致的指挥棒，细腻而流畅的指挥动作、投入的表情、兴奋得放光的眼神，让学生特别迷恋，不知不觉地跟着他遨游音乐世界。朱老师是个全才，音乐方面的知识懂得很多。他来了之后，按照正规音乐学院的课程配置为我们开设了作曲、和声、合唱、指挥、配器、民乐合奏等课程，所有课程的讲义都是他一个人精心编辑、钢板刻写、油墨印刷，然后发给我们装订成册。我们从这些散发着油墨芳香的讲义中，逐步深入音乐内部，探究音乐的奥秘。朱老师的和声讲得非常通透，为我们打下了良好的理论基础。以后，同学们在进修大专和本科时，再次遇到让多数人头疼的和声学，都说是小菜一碟，甚至还能指出大学老师板书中的错误。和声和作曲都是有作业的，虽然，我们班只有 20 位同学，但是每次的作业也是一大摞，尤其是和声、作品分析和歌曲创作等作业，朱老师会点着香烟，皱着眉头坐在办公室一笔一画地修改。他常常从我们稚嫩的作曲作业中苦苦寻找每一个细小的闪光点，然后用红色的圆圈告诉我们，可以此为音乐动机发展下去，变成一首好的音乐作品。在他的慧眼里，在他的鼓励中，我们班每一位同学都有合唱作品被选中，结集成册，就像朱老师给我们印的讲义一样。我的那本用牛皮纸包了封面，至今珍藏着。

李淑英老师是我的声乐老师，我用“雅”字来形容她。她说话轻声细语，走路文文雅雅，她和她的先生高老师在一起，常常一副小鸟依人的模样，成了众人羡慕的“神仙眷侣”。那时候，每人一周一节声乐小课。李老师身体不好，经常生病。我记得，当时对李老师说得最多的一句话是：“李老师，今天您的身体怎样，可以给我上课吗?”李老师一生病，就会调课，但从不缺课。李老师说话声音很小，但一唱起歌来，声音就特别洪亮，这让我们这群初出茅庐的学生特别羡慕，希望早日将老师的本领学到手。李老师能针对每个学生的具体情况，练声选曲。我考入音乐班的时候，没有什么音乐基础，唯一可以炫耀的音乐经历，就是在中学合唱比赛中担任领唱。我知道，那是纯“本色出演”，没有经过任何专业训练。在参加音乐班专业考试时，我的变声期还没有过，高音唱不上去，只好选了一首女中音演唱的歌曲“春雨密，春雨稠，我在郊外走”。上声乐课时，继续用“中音”的感觉来唱歌，自以为唱得不错，可以蒙混过关。李老师一眼就看出我是个“假中音”，开始慢慢给我做扩展音域的练习。声乐的入门很慢，一年级和二年级的时候我没有找到唱“美声”的基本方法，自己很着急。李老师很有耐心，就用“打比方”让我体悟唱歌的位置与气息……慢慢地，我找到了唱歌的窍门，到毕业的时候，我居然能唱一些带“花腔”的歌曲。1987 年，我们班在文化宫举办毕业音乐会，我担任独唱，演唱了苏联歌曲《蜻蜓姑娘》。当年，南通大饭店试营业，张柔武老师带我和几位同学去“开眼界”，我在南通市第一架三角钢琴的伴奏下表演了独唱。

蒋励澄老师是我的钢琴老师，我用“直”字来形容她。她的个性很直率，有什么就说什么，从不会拐弯抹角，有时会让你下不来台。我的钢琴是“零基础”，蒋老师教起来格外严格，她让我从《车尔尼 599》开始，几乎一条不落地往下弹。那时候，钢琴也是一人一节小课，蒋老师把所有的劲儿都用在教学上，没有练好，就不下课。在蒋老师的严格教育下，我的钢琴水平有了明显提升。二年级的时候，我被选入学校女子排球队，体育学科组长潘老师做我们的总教头。在潘教练的严格训练和体育班男生的有效陪练下，我们女排以南通市中专校第一名的成绩出线，将要参加省中专女子排球比赛。参加省赛，意味着要面对更加强大的对手，我们的训练也因此增加了很多时间。长时间打排球，让我的十根手指变得异常粗硬，影响了弹琴。蒋老师知道是学校的活动，但她对我依然不放松要求，亲自指导我每天训练结束后，用热水浸泡双手，恢复手指的柔软性。有几次训练到很晚，琴房也到了关闭的时间。为了能练到钢琴，我会爬上二楼琴房，点着蜡烛，把当天的钢琴作业完成。蒋老师知道了这个事情，她紧张得不停地拍着胸口说，这个行为太危险了，太危险了。随后，她把自己的琴房借给我，让我只要有时间可以随时去练琴。就这样，在蒋老师的关心和帮助下，我没有因为打球落下弹琴，还获得了向往已久的5分。

日月如梭，光阴荏苒，一晃从音乐班毕业已经30多年了，母校的一切依然清晰，仿佛永远定格在那段激情燃烧的青葱岁月。难忘母校，这里是学子精神生活的乐土，这里是学子纯洁记忆中的圣地。难忘母校诲人不倦的老师，是你们用知识、用智慧滋养着莘莘学子，让懵懂少年实现了向“学高为师，身正为范”的教师的华丽蜕变。

作者简介：黄美华，南通师范1984级音乐班校友。正高级教师、特级教师。现任教通师二附。曾被评为江苏省人民教育家培养对象、江苏省基础教育指导委员会音乐学科委员、全国劳动模范、国家“万人计划”教学名师。曾获江苏省基础教育教学成果特等奖。

回忆戚豫章先生

李志丹

我于 1985 年至 1988 年就读于南通师范普师专业，毕业后又留校工作了十多年，在南通师范的学习和工作期间，有幸遇到了不少德高望重的好老师，沿袭学校的传统，我至今一直尊称他们为“先生”，戚豫章先生便是其中一位。岁月蹉跎，记忆的相册已然蒙上了一层厚厚的尘埃，许多人和事都已经开始变得模糊，但是，与豫章先生二十年的师生情谊里，却有不少永远无法忘怀的情境。

初识先生

南通师范向来重视学生的素质教育，尊重学生的个性化发展，学校聘请校内外名师，开辟了文学、艺术、科学等各种类别的第二课堂供学生选择学习。师范一年级时，我在众多的兴趣小组中选择了书法篆刻组。教授我们书法篆刻的正是戚豫章先生，学校还给先生配了一名助教——徐贵明老师。我记得，每逢周二下午第二节课以后，各兴趣组集中学习，当时书法篆刻组的教室设在教学楼 C 楼的三楼东首。豫章先生清瘦而有精神，他总是一手拎着包，一手夹着香烟，不慌不忙，准时走进教室，先挂上课堂示范的作品，再检视一遍座位上的同学，然后开始授课。

豫章先生除指导我们楷书外，还给兴趣组的每个同学准备了一本复印的篆书字帖《吴大澂篆书孝经》。之所以选择这本字帖作为兴趣组入门教材，多年后听先生聊起，才知道他的一番良苦用心：一是学习书法篆刻必须要学习篆书、认识篆书，了解古文字的演变、构成；二是对于没有任何书法基础的学生来讲，大篆的象形意趣更浓，线条写起来更容易上手；三是吴大澂是清代著名的文字学家，对大篆的选字结字非常严谨，在大篆资料匮乏的年代，不失为最佳的范本；四是篆书内容为儒家经典《孝经》，学书的同时还能研习经典；五是字帖中每个篆字旁边有蝇头小楷标注，方便初学者识读。每次上课，先生总是先讲解一通，再让我们临习字帖，除了在我们临习时进行个别指导，上完课，先生都会集中面批同学们的临习之作，一边讲解，一边示范。也就是从那时起，我学会了篆书的一笔一画，知道了六书——汉字的六种造字方法，了解到一点汉字的演变，还买了本当时根本看不懂的天书——许慎的《说文解字》。

1988 年 6 月，全省中师深化教育改革研讨会在南通师范召开，为展示学校第二课堂的教学成果，学校临时决定让书法篆刻组的同学给每位与会人员赶制一枚印章，留给书法篆刻组的时间只有一天。当时在书法篆刻兴趣组坚持学习下来并且刻过印章的主要是几个男生，都还是初学者，面对这样一个“急难险重”的突击任务，豫章先生一口应允下来，当天下午便组织我们几个学生在教学楼 A 楼二楼教务室集中。先分配任务，再提要求，每位同学领到三到四枚不等的篆刻任务，连夜赶制。每个环节，先生都会边示范，边讲解，而我们边模仿，边琢磨。第一步印石处理，先用粗砂磨平，再用细砂磨光滑；第二步进行印章设计，印章设计讲究篆法、章法，初学汉印、浙派印章要平直简朴，什么叫满白，为什么要留红留白，什么是呼应，什么时候需要增减笔画，两字、三字姓名印一般如何设计，朱文白文分别要注意什么等；第三步篆字反写上石，我们每个人都准备了一块小镜子，用淡墨写完初稿后通过镜面校正印稿，最后用浓墨勾出正稿；第四步奏刀刻石；第五步钤印和修改，由于我们还是初学，修改基本上由先生操刀，一边修改，一边还要告诉我们为什么这样改，既能体现用笔，又要体现用刀；最后一步是在印章的左侧刻上边款。印象深刻的是，当我们在刻第二方印章时，已基本熟悉刀石的特性，先生偶然听到几声干脆利落的刀走石崩声音，高兴地说：“听这个声音，就知道上了正道了。”

二楼教务室的门朝北，正对着天桥的过道，南窗外，学校操场一览无余。那天夜里，教务室灯火通明，豫章先生、贵明老师和我们一起熬夜作战，实在累了，先生就背靠着藤椅打个盹儿。第二天一早，当三十几枚刻好的印章和红色拓片装入锦盒，我们每个人都收获满满，乐在其中。多年后谈起这件事，我才明白，先生是把握了机会，让学生在压力和任务中学习，从而获得质的飞跃。

1980年代中后期，南通师范在朱嘉耀校长的率领下，开全国之先河，创办了全国首个五年制师范大专班，在国内有了一定的影响，因此，接二连三地承接了全国、全省的中师会议。印象最深的是时任国务院副总理的李岚清同志亲临南通师范学校，观摩了学生基本功汇报表演，肯定了南通师范的办学经验。而其中，豫章先生领衔的书法篆刻兴趣组也发挥了很大的作用，不仅逢会必有书法现场表演，重要会议还有制作印章、举办学生书法展览等重大任务。1989年秋天，全国中师会议在南通师范召开，书法篆刻组的任务是举办一个学生书法展，展览地点安排在教学楼A楼三楼过道西边的教室。教室早已收拾妥当，成为简易的展厅，就等学生的作品上墙。我们计算了一下，挂满展厅大概需要三十幅左右的作品，于是豫章先生根据学生各自擅长的书体，分解任务，规定好字体和作品尺寸，真、草、隶、篆各体兼顾，让学生先拿出初稿，先生再从内容到形式、落款、用印等一一指点。由于准备的时间比较充分，兴趣组的许多学生通过那次反复打磨展览作品，水平一下子提高了许多，除了写颜、柳、欧、褚等唐楷的以外，还有写甲骨、金文、汉隶、魏碑的，有写二王行书、邓石如或吴让之小篆的，还有写吴昌硕石鼓文的，展厅布置下来，效果不错，好评如潮。印象较深的有周梁同学写的大字隶书条屏、金勤同学的大字草书中堂、祁松同学的唐楷条屏、瞿茂森同学的张迁碑隶书条屏等，都写得有模有样。回望那些年，校园里墨香四溢，书法练习已经成了许多师范生的日课。

在兴趣组跟随豫章先生学习了三年左右的时间，我也从多方面了解到先生的一些“底细”。他是学校的一名退休老师，早年在通师初中部、女子师范做过美术教师，是吴昌硕传人王个簃的入室弟子，听学校一些熟悉他的老先生们介绍，豫章先生在20世纪50年代也曾经是南通美术界骨干力量、活跃分子，倜傥风流，不拘成规，1981年退休后在学校兼任书法篆刻兴趣组教师。在那些兴趣组的课堂上，先生还时常跟我们提起一些名人，一些是他敬佩的老师，一些则是他的挚友，如葛懋修、王个簃、丁吉甫、叶胥原、陈冠球、黄稚松、尤无曲、耿颂九、刘子美、黄幼松、季修甫等，让我们深切感受到南通城浓厚的艺术氛围和人文气息，也让我们更加敬佩眼前这位书法篆刻老师。也就是从那时起，在我心底埋下了一颗学习书法篆刻的种子，因为仰慕产生了学习的兴趣，因为兴趣而一生乐此不疲。我相信那颗种子的力量，一定会孕育成材,会开花结果。

登堂入室

1988年8月,我师范毕业后留在学校教务处工作,也成为学校书法篆刻兴趣组的助教,因此,跟随豫章先生学习的机会就更多了。这份机遇,求之难得,可谓幸甚至哉。全国、全省中师会议后,学校更加重视书法篆刻组的活动,书法篆刻组也成为学校第二课堂的一张名片。后来,我提议为书法篆刻组起个社名,先生联想到学校北边有座启秀桥,于是给书法篆刻组命名为"启秀书道社",寓意兴趣组能启发后起之秀。为勉励兴趣组的学生,先生还专门拜托南通名宿黄稚松先生为书道社题写了贺诗。那次我跟随着先生去黄家取贺诗,第一次走进位于南通城东北营的文化世家——黄氏三松堂,豫章先生对书法兴趣组的热心以及对黄稚松、李巽仪二老的敬重都溢于言表,彼情彼景,三十多年后的今天仍然历历在目。

我跟随先生做了多年的书法篆刻兴趣组的助教,也因此,便有了"登堂入室"的机会。豫章先生的家位于南大街255号,望仙桥边上,从南大街正门进去后穿过一条十几米长的狭窄弄堂,眼前会豁然开朗。先生的寓所是一幢旧式三开间大平房,先生的书房"不足惜斋"原先在东厢房,两块寿山石大印(其一为刘伯年所刻"生活中来")摆在写字台的一角,特别显眼。写字台的东侧墙上挂着一幅题款"神仙福寿"的梅花水仙图;屋前一个大院子,院子里种着各种花草,一丛翠竹,一棵雪松。听先生讲,那棵雪松是他从宜兴丁蜀农场带回的树苗长大的。院子东边是朝西的厨房,一条鹅卵石小径通往南边的附房,那两间朝北的附房后来成为先生的工作室"粪兔";院子西边有间亭子房,门朝东,里边挂着一幅先生母亲的油画像,亭子房北窗下是叶胥原先生题写的"日有庭"砖刻。

到南大街255号望仙桥寓所拜访豫章先生的学生很多,从40—50年代的学生开始,到我们这批80年代的学生,再到后来90年代的学生,都或多或少踏进过这个闹中取静的院子,但大多数人都吃过"闭门羹"。后来大家才明白,并非先生拒客,而是正(西)门距离先生的书房太远,敲门声基本听不见。先生家有扇北门,紧挨着先生的寓所,位于一个不小的天井里,但要从望仙桥路口经南通医学院西围墙外的一条小弄子进去,北门上一副对联虽然年年换新，但内容一直未变："入座皆为求字客，敲门都是问寒人。"找到这副对联，再敲几下门，喊两声，先生便会应了。

豫章先生书画资料收藏甚富，对于我这个如饥似渴的初学者来讲，每次去先生家都能饱尝一顿饕餮大餐，可以仔细欣赏房间里挂的字画和印屏。先生有空时，还会跟我讲述每一张字画的来历和趣事，如：他指着写字桌玻璃台板下的一张山水画说，那时刘海粟和王个簃二位先生同期办画展，同样去帮忙，个老很大气，让自己随便挑一张作品留作纪念，刘老则只肯给一张印刷品，上面签个名；先生有一回赠送了两张乾隆纸给尤（无曲）老，尤老感激之余，也忍痛割爱了一张山水精品作为回赠；先生家有葛懋修（竹溪）的几屏水墨画册页，他告诉我，那是葛老去城北时，途经先生家歇脚时画的；有一张《文竹兰花图》，图中的文竹盆景写生是先生在上海个簃先生寓所画的，画面下的两支粉彩兰花则是个簃先生的补笔，这幅小品能启发人画面如何搭配，后来先生题了长跋记录了此事……

先生家的房屋是旧式的土木结构，木门木板多，门板背面、木板上用圆头图钉钉着的多是先生自己所画所写，有的还是初稿，有的看似画成，但尚未落款盖印。人们都说中国画画起来很快，但是我见先生有时一张画要画上几个月。有一年初冬，先生突发奇想，要用中国画表现前人未画之残荷，还要画出残荷不畏寒冬摧折的傲骨。为此，先生数次到通师和公园的荷花池写生，然后开始构思，"不足惜斋"的门板上可谓数易其稿，从冬天画到初春，从初春画到端午，仍未见残荷大作收工。无论是绘画创作，还是书法和篆刻创作，先生都有一个原则：不抄袭旧作，每件作品必须要创出新意。先生常常引用白石老人的话："三思难下笔，一技几成家"，大概就是讲的这个道理吧。

豫章先生从小爱好篆刻艺术，曾搜读古今印谱，专心临摹，后师从王个簃先生，经其悉心指点，宗法秦汉，又汲取浙派、吴派等诸派精髓，刀法苍浑，古意盎然，毕见笔意；章法灵巧，清雅奇趣，常常妙处生花。上海叶潞渊先生对他的印章评价甚高，在"治印学者"印拓下评曰："篆法刻法颇近浙派，在陈曼生赵次闲之间，好极！"豫章先生晚年人印俱老，强调运刀如笔，治印当随时代，作品不拘古法，浑穆苍劲，如"大匠引绳"等作品斩钉截铁，朱白分明，大气磅礴，毕见其治印功力与刀笔技巧，更饱含怀念恩师的感情，卓然独立，有大家风度。

豫章先生的书法创作，真草隶篆无一不能，而于篆书用力最多。20世纪80年代开始，因书法教学需要，从殷商甲骨到两周钟鼎彝器铭文，从秦篆到汉代隶书碑刻、竹简、章草，从北魏、东晋、唐代的楷书、草书到晚清碑学兴起后的篆书、隶书等，他几乎临遍了整个中国书法史的重要碑帖，并进行创作示范。在诸体中，常常抓住篆书象形指事的造字特点，创作出极具个性的草篆，用笔奇崛高古，章法趣味横生。

那些年，在豫章先生的指导下，我对篆书、隶书、楷书也进行了系统性学习和训练，打下了比较扎实的书法功底，临摹了一些汉印和明清流派印谱的经典之作，并尝试创作了一些篆刻作品。现在看来那些书法篆刻习作仍属幼稚，但每次都能得到先生的鼓励和指导，不知不觉中，我对书法、篆刻和绘画的理解和实践也有了质的飞跃，从一个艺术世界的门外汉，到一个艺术爱好者，继而能够登堂入室走进艺术世界，是因为有豫章先生这样的热心引路人。

忘年之交

因为经常去豫章先生的寓所，我与先生也越来越熟悉，我们从一般师生关系变成了正式师徒关系，继而成为忘年之交，对这位可敬可爱、风趣幽默的老先生也越来越全面理解。

豫章先生常常提起他自20世纪80年代以来的一些爱徒，脸上总是洋溢起一份得意之情，而那些爱徒后来都成了先生的忘年之交。我听到先生经常挂在嘴边的故事有好几件：陈斌怎么考浙美、薛梅怎么调皮、丘石怎么举办第一次个展等，虽然有时只有寥寥数句，但足以表达其爱徒如子、乐为人梯的殷殷之情。先生总是能激发年轻人从事艺术创作的热情，指导年轻人走上艺术殿堂。80年代初，他鼓励陈斌、马侃、邓建荣、薛梅举办了“丑小鸭书画展”，指导未满20岁的丘石举办个展，还为他们聘请艺术界前辈进行指导，邀请新闻媒体进行宣传，培育新苗可谓不遗余力。1986年10月，在豫章先生等人的关心和策划下，南通印社在原南通县金沙镇成立，首任社长便是南通师范84届毕业生丘石（邱国明）。

在艺术的道路上，豫章先生总能勇猛精进，永葆一颗年轻的心，总是有着源源不断的创造力和生命力。先生和他钟爱的艺术也似乎成了忘年之交。

1998 年重阳节，南通师范、个簃艺术馆、沈寿艺术馆共同为豫章先生举办篆刻书画展，全面展示了先生篆刻书画创作成果，其中名家题签、鉴批篆刻作品印屏 13 条，书法教学举例作品 30 幅，书法临作 29 幅，书法创作 30 幅，国画 58 幅，展览轰动一时，大有“不鸣则已，一鸣惊人”之势。后来有几个县区文化机构还专门邀请先生把展览办到了县城。那次展览的前言是朱嘉耀校长亲自拟定并题写的，也是对豫章先生最好的评价：“豫章先生视篆刻书画为生命，以美术教育为价值，矻矻终日，乐不知倦。……莘莘学子岂止习其书画金石之道，更可范其追求不息之精神。”一个热爱艺术和艺术教育并视其为自己生命的人，既珍惜时间，又何惧岁月的流逝，先生有几枚自制的常用印：“只争朝夕”“八十大可为”“有艺传世不虚生”等，表达了先生对艺术和艺术教育的初心：生命不止，追求不息。

豫章先生有一枚“八十学齐”印章，旨在勉励自己在艺术上力求变法。其实早在 1990 年左右，先生就力图在书画篆刻上变法，实现自我蜕变。比如在工具上能别出心裁，常常使用自制的兔尾笔进行书画创作。兔尾原材料基本上由通州袁灶陈楫提供，将一根旧筷子的头削尖，穿在兔尾巴上，再用细线略加捆扎，制成兔尾笔，用来写字，有时也用来画画。并专门治印一枚“豫章兔尾书”，但凡兔尾书法都会钤上此印。兔子尾巴很软，笔性不易把握，没有几十年功底难以驾驭。豫章先生试用了几天后便能驾轻就熟，运笔自如，不仅写行草篆隶，还写用笔严谨的楷书，中锋运笔，笔笔到位，轻重缓急，处理得当，骨力雄劲，自然拙朴。除了用兔尾笔写字，先生还用兔尾笔画画，曾见先生用兔尾所绘四尺整张的《松柏图》，用笔奇拙，枯笔润墨，更增松柏几分威严。用兔尾写字，自然会将兔尾泡在水里和墨汁里，天气稍暖，若不及时清洗，常常有兔尾腐烂变质的情况，让来访的门客搞不清是什么味道，先生总会笑着解释一番，顺便将自己的兔尾书做一番广告。兔尾笔可以看作是原始毛笔的一种形式，是书写工具的回归自然，虽不能普及，也可能不适合其他人，但不失为一种个性化书写的创举，符合先生“生活艺术”和“艺术生活”的艺术观。

在豫章先生生命的最后几年，他一直想将自己毕生的印章结集成册，并选择个簃先生在 1983 年中秋节为他题写的“戚豫章印稿”作为封面题签。我一直在为他的印集做扫描整理的工作，因此，更能深切体会先生一生的篆刻创作经历。从1958年开始，豫章先生经历了22年的人生低谷，尽管有如此可惜的际遇，但我仍能从他的篆刻作品中感受到，先生始终深怀一颗拳拳的爱党爱国爱校之心。他经常教育学生，笔墨当随时代。这种艺术观和情感也体现在他的篆刻作品中，略举数例：1987年中秋之夜，先生刻制一枚“铁铸南疆月更圆”，以怀念对越自卫反击战的英勇战士。1990年，第十一届亚运会在北京召开，先生以此为主题，创作了一组篆刻，并装裱成印屏，寄往北京亚运会组委会。其中一枚朱文印“亚洲雄风狮子吼”设计得尤为生动形象，前面六字分为两列平均安排，最后一个“吼”字单列，“吼”字的口字旁顶破印面的左上角，“吼”字的最后一笔如狮子尾巴顶天立地，让观者精神振奋。1997年香港回归之日，豫章先生连夜刻制巨印“百年梦圆”以表内心之喜。1985年5月17通师校庆日，先生借张梅安先生在学生毕业典礼上引用的前人诗句，专门刻制了一朱一白两方印：“相期云汉高飞鹤，莫忘江湖同队鱼”，与校友共勉。2002年，通师百年校庆，先生精心设计了“南通师范百年校庆纪念”印章，其中“百年”二字为白文，其余为朱文分列两边，朱白相间，寓圆于方，十分精妙。

戚豫章先生于2006年4月18日因病逝世。他曾经在篆刻书画展的个人简历中这样写道：

“戚豫章，别名米玉夫，南通市人，1921年生，幼从季华伯父习字，入学后经丁吉甫启蒙，继得海门黄祖谦、无锡宋云荪二师指点，艺事日进，曹勋阁、仇森之先生乐为引荐，拜海门王个簃先生为师，蒙赐印文曰缶老再传弟子。曾于女子师范、南通师范长期从事美术教育工作。抗战胜利，在南京举办个人艺展。1958年前，在省市各种美展屡有作品展出。1981年退休，以书画自娱，欢度晚年。”

2011年4月17日，在南通市书协主席丘石、副秘书长徐贵明、篆刻家姜熊烽、画家锥石等先生的弟子和友人的关心支持下，《戚豫章印稿》刊印面世，终于了却了先生的生前遗愿，我心中始终梗着的那块石头也落了下来。

豫章先生被南通书画界公认为是一位视书画篆刻艺术为生命的美术教育家，亲炙或影响了一大批书画篆刻艺术家，其中不少已经成为当下的中坚力量，我所了解到的从南通师范走出去的书画篆刻家就有保彬、丁立松、王云楷、徐志楠、徐贤、丘石、徐贵明、冯宗兵、吴旭春、蔡卫东、杨发勇、姜雄烽、曹银虎、瞿茂森、陶建、周梁、锥石，等等，他们或在篆刻领域，或在书法领域，或在绘画领域，都有所建树，有的从事艺术教育，有的成为市、县书画协会的会员或掌门人，有的成为西泠印社、中国书协、中国美协等国家级艺术协会会员或社员。先生的艺术生命得以延续，他在九泉之下也一定会感到欣慰的。

我相信，随着时间的推移，随着豫章先生更多篆刻、书法、绘画作品直接面向读者，先生的艺术创作观和艺术教育观必将给我们带来更多启发，先生"生命不止，奋斗不息""热心育苗，甘为人梯"的精神则会永远激励和鞭策一代又一代的通师人。

作者简介：李志丹，南通师范1985级普师校友，毕业后曾留校工作。中学高级教师。现任南通市教育考试院副院长。

信　任

——教师馈赠给学生的最好礼物

任卫兵

在谈及“课程”的意义时，有专家给出了这样的隐喻：课程好比是馈赠给学生们一件幸福的礼物。不言而喻，课程学习需要勤奋、刻苦，但除此之外，它还应当是幸福、快乐的，它们完整地构成了课程的表情。经一番努力获得的礼物，是最值得珍惜、回味的。同时，课程学习也不是教师单方面赠送给学生的，而是师生共同创造出来的产物，所谓“送人玫瑰，手留余香”。由课程的这一隐喻，我想到什么才是教师馈赠给学生的最好礼物呢？回想起自己在百年师范——江苏省南通师范学校学习的经历，我以为“信任”，一个教师对学生的充分信任，可能是若干年后学生心中最念念不忘的东西，它应当是教师馈赠给学生的最好礼物。

在进入师范学校学习前，我曾参加过一次县里组织的全国“华罗庚”金杯赛。在那次竞赛中，我没能捧得奖杯，但却获得了一张大大的“优秀”奖状。当时的校长勉励我，说我是全县唯一的获奖者。带着这份“荣耀”，我进入率先在全省范围内招生的南通师范学校大专班学习。在新生“自我介绍”时，我没有其他可抖露的，但一次华杯的获奖经历却是其他同学所没有的。凭着这一点的与众不同，我进入了班主任尤其是数学老师的视线。从那以后，我开始担任班级的数学课代表，而且一做就是五年。

从此，我成了王炯、许定明、赵如全、周庆康、范建等数学老师们的“小跟班”。王炯老师是我们的第一任数学老师，他治学严谨，教风朴实，是师范院校里少有的几位数学大师之一。印象中，王炯老师教我们解析几何，由于我们一班学生刚从初中直升上来，数学仅停留在初等代数的水平，因此听起王炯老师的课来显得特别吃力。那时也没有什么多媒体设备，仅凭王老师在课上比画、板书，班上很多同学还是很难跟上王老师的思维和节奏。为了尽到课代表的职责，每逢王老师的课，我总是格外认真，生怕中间掉了哪一环节，这样课后其他同学作业有困难，我就能及时地帮助解答了。到最后，王老师在课上就几乎只对着我们前面的几个同学在讲了，而课后我再对着其他的同学讲。就在这"一听一讲"中，我的逻辑思维、表达能力也慢慢得到了提高。只是在感性思维方面，我还是比较欠缺。记得王炯老师的家在人民公园附近，周末的时候我们也会去王老师的家中转悠。依稀记得王老师家的墙壁上挂了很多的黑白老照片，至于照片上有哪些人物当时也没有太留意，这其中有没有出生南通的杨乐院士的照片，王老师与杨乐院士有没有什么交集，这些问题都没有办法搞清楚了……今年年初，在参加南通数学会的换届会议时，从现任秘书长所作的报告中得知王炯老师曾是南通数学会的第一至第三届的理事长，而我现在也成了数学会的一位理事，只是这些渊源，王老师已无从知晓了。

来自南通中学的许定明老师是我们的第二任数学老师，许老师待人亲和，他的教学注重理性之余又不失幽默之风，"你个小萝卜头"是他对我们的常用称呼。因为身体原因，许定明老师教了我们不长时间就请假了。接替许定明老师课务的赵如全老师来自南通一中，或许是需要两校兼课的缘故，赵老师常常把批改学生作业的任务交给我来完成。那时，赵老师教授"微积分"这门课，厚厚的一本教材后面附有练习题的参考答案，充分信任我们的赵老师也没有要求我们把答案部分撕掉。那时候，班上有两三个男同学也和我一样对数学比较感兴趣，每次赵老师一布置好作业，我们几个就争相完成作业，有时连午饭也顾不上。遇到一些比较难解答的题目，我们也不好意思给赵老师添麻烦，就自己对着答案一步步地进行倒推，常常在倒推几步后思路一下就变得豁然开朗。或许赵老师也没意识到，在被老师充分信任的学生眼里，参考答案非但不会助长学生的懒惰心理，反而会成为触发学生思维的"导火索"和"催化剂"。走上工作岗位后，我也曾试着保留学生练习册后面的参考答案，但很快家长那边就传来负面的反馈信息。看来，同样的方法由于对象不同，效果也会大相径庭。

范建老师教我们"教育统计"这门课。范老师是南通本地人，来自南通城内赫赫有名的范氏家族，在以国学见长的范氏子侄中，范老师可能是为数不多的理科教师之一。范老师与我们接触的时间不长，我对他的了解也较少，印象最深的是范老师指导我们怎样进行校园测绘。范老师先在教室里把操作要领和基本的注意点讲清楚，之后就让我们分组到校园里实地进行测绘了。到校园测绘，一方面使我们暂时远离了课堂，身心获得了舒展，另一方面还让我们获得了不少生活上的便利。那时的生活条件比较差，学校食堂供应的包子、面条等常常供不应求，午餐、晚餐时间稍微跑得慢了一些，食堂窗口前就已经排了很长的队伍。有好几次好不容易轮到自己了，但包子、面条却已经卖完了。而每逢上范老师的测绘课（其实就是后来的综合实践课），我们就可以早早地在食堂等候，真正地享受一把"自助餐"的感觉了。只是当时囊中羞涩，即使范老师给我们提供了很多次的便利，但我们还是不能够任意地消费。

周庆康是我们的"小学数学教材教法"课的老师，同时担任我们四、五年级时的班主任。周老师性格儒雅，说话谦和，听他的课有一种如沐春风之感。周老师一旦认定某个学生是可塑之才，就会在课上接连不断地让这个学生回答问题。在与周老师相处的两年时间里，我们从来没有机会看到他不修边幅的样子，尤其在冬天里他那一顶礼帽搭上一条围巾几乎成了他的标配。周老师的教材教法课，除了带我们一起分析教材教法外，还常常把我们带到市区的教研活动现场，让我们近距离地参与听课、评课，直观地感受教学方法在课堂中的运用。上师范五年级时，学校安排我们到通师一附实习，这时候的周老师不再像"老母鸡"似的护着我们了，而是把我们直接交给了实习指导老师。一开始我还以为周老师是偷懒，多年后当我自己也成为实习指导老师时，我才明白了周老师的用意。试想在实习现场，如果一辈子研究教材教法的周老师与实习指导老师在某些方面有不同的看法，那么作为实习生的我们究竟该听谁的呢？所谓"在岸上是不大容易学会游泳的"，周老师在我们进校实习时更多地退居幕后，实则是一种"放手"，这是一种管理的智慧。

终于到了实习汇报的阶段，我作为数学组的唯一代表执教汇报课《角的分类》。为了准备这节课，我用上了"洪荒之力"。我改进了王炯老师过于理性的教法，课堂上多次应用了"活动角"；我借鉴了许定明老师幽默风趣的特点，课前用一则谜语引出研究的内容；我继承了范建老师注重实践的教学传统，第一次在教学中采用了小组合作的学习方式，让学生自主选择可以把各种不同的角分成几类；我活学了赵如全老师“把学生推到前台”的“懒人”做法，让学生自主创编“大于 90°的角一定是钝角”之类的判断练习……正式汇报那天，实习学校的“师傅们”来了，师范学校的“师弟师妹们”来了，久未露面的周庆康老师也来了。整节课我上得十分投入，教学效果也很好。当我整理好教具四处寻找周老师时，实习指导老师告诉我周老师已带着一群师范生回学校去了。本想当面听听周老师对我这节课的看法，没想到却一直不曾有机会。

2012 年，我所工作的学校组织了一次“重返母校”的活动。当天，我见到了不少的老面孔，周老师也来了。当我满怀热情，走上前去与周老师打招呼时，出乎意外的是周老师竟然认不出我了。尽管此时离我从师范毕业已经 22 年了，但作为跟随周老师两年时间的课代表，周老师怎么会对我没有什么印象了呢？事后我才得知，周老师那时正遭受老年痴呆症的困扰。在愧疚、遗憾之余，我只能在心里默默地祝福周老师余生健康、快乐！

回想在南通师范五年的数学学习经历，是老师们对我的极大信任，让我对数学学习有了浓厚的兴趣，有了挑战自己的勇气，更有了主动学习的愿望和冲劲；是老师们对我的充分信任，让我有了主人翁的意识，有了“我的学习我做主”的担当，更有了“长大要做像你们那样的老师”的志向和决心。信任，是教师馈赠给学生们的最好礼物。我将把这一“礼物”传递到我的每一届学生的手中。

作者简介：任卫兵，南通师范 1985 级五普校友。正高级教师、特级教师。现任通州区教师发展中心教科室研究员。

忆芳华岁月　念拳拳师恩

曹爱东

我是通师87级五普班学生，从1987年至1992年在通师就读五年。通师五年是我人生中的重要时段，我在这黄金年华中遇到众多好老师，接受了良好的师范教育，塑造了一个全新的自己。

年华似水，岁月如诗。穿越三十年时光，我愈发觉得通师教育经历弥足珍贵，愈发感念师恩浩荡，教泽流芳。

一

通师五年，先后有三位老师担任过我的班主任。

严建萍老师是一、二年级时的班主任。她工作认真，脾气好，说话轻言细语，像慈母一样关心我们这些十五六岁的孩子。刚入师范时，我们每人每月30斤饭票和23元菜票，那时正值长身体，男生们一天一斤口粮根本不够吃。严老师了解情况后，动员女生将吃不完的饭票收集起来，贴补给饭量大的男生。为了增进同学间相互了解，严老师组织全班同学到长江边举行了一次野炊活动。我记得自己买了一瓶海安的糯米陈酒，拉上淮阴的周岭峰和丁亚东以及徐州的高勇，我们四人偷偷爬上马鞍山顶，面对滔滔长江，跪拜发誓，饮酒为盟，结为兄弟。后来被严老师知道，本以为她要批评和制止，哪知她轻描淡写地说，多处几个朋友是好事啊！

通师当时有一门课程"植物"，由严老师任教。她带我们走出教室，到校园和学校对面的文峰公园认识自然界中的各种植物。期末考试特有意思，她用实践操作考试取代传统书面考试，在一间大教室中放置不多不少正好100种花草树木，花草插在瓶子中，树木折枝摆在桌上，要求根据植物编号写出具体名称，这种考试方法让我们认识了好多植物。直到现在，我保持着对花草树木的热爱，能准确说出上百种花草树木的名称，正是得益于那时接受的教育和打下的基础。

胡长俊老师是三年级时的班主任。胡老师清瘦干练，风趣幽默，常常与学生打成一片。他倡导班级自治，放手让学生自主管理班级，我在胡老师的鼓励下走上班长的工作岗位。班长要督促打扫宿舍卫生，还要管好晚自修纪律，一旦被学校扣分，胡老师就找我谈话。那时，我体会到在师范里做班长与初中大不一样，以前做班长只要学习好就行，师范做班长要真正管理好班级，为大家服务。我做班长那一年，因胡老师思想解放开明，支持我带领班委一起组织了许多有意义的集体活动，像学跳交谊舞，组织假面舞会，举办 20 岁生日联欢会，自编自印诗集等。那一年，我们 87 级五普班在全校活动中大放异彩，夺得全校篮球冠军，全校体育运动会总分第一名。

到了四五年级，孙国春老师担任我的班主任。孙老师一接手我们班，首先组织全班同学民主选举班长。我满怀期待却因得票不是第一而没有被选上。我的失落和痛苦被孙老师看出来，他找到我说，选举前他已经做了调查和了解，我在三年级时干得不错，成绩也突出，是班主任的好帮手，但是做工作容易得罪人，不少同学认可我的工作成绩但不选我，要好好反思工作方法，打好群众基础。这件事对我的影响很大，尤其工作以后走上领导岗位，我常回忆起孙老师的这些话语。

孙老师工作细致，考虑问题周密，这与他任教高等数学，养成的数学思维品质有关。他经常给我们讲数学思维的重要性，培养我们用数学观点去思考问题和解决问题的能力，说话、做事、写文章都要求注重内在逻辑和层次。那时，我们进入大专阶段，大家有思想，有个性，孙老师对同学间矛盾和情感纠结做了不少思想疏导工作。

我工作以后一直保持与孙老师的联系，他曾多次到如东看望实习生，我们有了更多的交流。最令学生们敬佩的是孙老师虽然从政，但一直坚守教学和研究岗位，2018 年底获得国家级教学成果一等奖，受到习总书记的接见，还评上正高二级教授，他是我终身学习的榜样。

二

在通师上的第一节英语课具有戏剧性。上课铃响后，一位个子不高、皮肤白皙、长得很漂亮的小女生闯进了我们班教室。我还以为她走错了教室，只见她走上讲台，面带微笑，叽里呱啦地讲了好长一段话，我全然没有听懂(初中时候的我没有一点英语听力基础)。突然，她话音一转，改为普通话说："我叫黄卫菊，是你们的英语老师，刚才讲了一个故事，哪位同学用英语复述一遍?"在一阵沉默后，她就近指着坐在最前排的小个子同学朱刚来回答。朱刚站起来断断续续说了几句语，然后黄老师又让朱刚读了一段英文，惊奇地问："啊? 你学过法语吗?"朱刚是我的饭友，我知道他来自宿迁农村，从来没学过法语，可能黄老师奇怪的是他的语音语调。不过，黄老师可能没想到，这位朱刚同学工作后果真开始自学法语，专门研究法国哲学家德里达、列维纳斯等，还翻译了不少法语书籍，走上了研究西方哲学之路。

任教我们语文的第一位老师叫黄仲英。黄老师五十多岁，临近退休，是一位慈祥可亲的老教师。记得有一次语文课上，她让我朗读通师自编语文教材《文选》中的《归帆》这篇课文，我一开口就把课文题目"归帆"中的"帆"念成长长的后鼻音"fang"，引得全班同学哄堂大笑。黄老师连忙说："你们别笑！让他再读一遍。"然后，黄老师纠正了我的读音，让我跟着她练习几遍后方才正确。她问我是哪里人，我说是如东人，她说如东方言中常常前鼻音和后鼻音不分，这不是什么大问题，好好练习，注意区分就行。那段时间，我非常喜欢演员孙道临给电影《王子复仇记》中哈姆雷特的一段配音，常常把哈姆雷特与母亲对话的语气语调用入课文的诵读过程中，深得黄老师的赞赏，她还夸我音色很好。作为语文老师，黄老师特别注重我们"三字一话"的训练，她说："'三字一话'是师范生的基本技能，是教师从业的基本功，是你们的看家本领。师范时期一定要把字写得工整美观，把普通话说标准。"她让我们每天早晨练习普通话，晚自修练字，练就扎实的基本功。

当年，我们五普班开设一门课程"教育学原理"，由学生戏称"通师三怪"之一的李庆明老师任教。李老师不到三十岁，英俊潇洒，时常身穿一件浅色西服，会唱美声，乒乓球打得很好，吸引了不少学生粉丝。每次上课，李老师总是缓步走进教室，站在讲台上先是一言不发，用左手推一推眼镜，微微低头，用一双犀利的眼睛环顾四周，向台下学生露出“诡秘”的微笑。然后，他把讲台往后挪一下，用他自己的话说“生怕把吐沫喷在前排学生脸上”。李老师上课从来不用教材，全用自编的讲稿《教育哲学》，这些都是他自己的研究成果，包括古今中外的教育哲学思想。这就苦了我们学生，原来靠死记硬背考上师范的方法不灵了，不得不在课上开始学记笔记，却因常常跟不上李老师的讲授速度而着急万分。到了期末考试，好的听课笔记成为同学间的抢手货，大家相互传阅补抄录，以备考试之用，原来的那本教材《教育学原理》反而无人问津。

李老师在通师组建了一个叫“犁社”的学生社团，主要成员是大专班一些喜欢哲学和其他人文社会科学的学生。每周活动一次，基本上都是李老师给大家讲课，介绍当时一些最新的现代思潮，比如尼采哲学、存在主义、现象学等。我们班的朱刚、王颖等都是“犁社”积极分子，由李老师指引走上哲学研究之路。尤其是我的饭友朱刚同学，读书尤为用功，在李老师的引导下，课余时间全部花在哲学书籍的阅读上。工作后，朱刚同学凭借在通师形成的兴趣和打下的基础，遁入哲学之门，自我奋发，成为通师历史上第一个北大博士生，目前任中山大学哲学系教授，成为我们这届学生的翘楚。

李老师离开通师后，投入教育改革实验，先后在深圳、宁波等地多所学校担任总校长，他是教育理想主义者，更是教育理想的践行者。30 年来，我与李老师断断续续有联系，我曾经带老师去他任校长的宁波滨海国际合作学校参观学习，他也曾受我邀请多次来如东讲学，他的教育哲学思想对我的办学实践影响很大。记得 2014 年底，我邀请李老师来如东实验小学做了一场关于儿童立场的讲座。李老师还是当年的那个李老师，讲座诗意灵动，激情澎湃，富含哲思。情到深处，还用美声放歌一曲，站在舞台上潸然泪下，久久不能释怀，令全场教师无不感动。

三

朱伟成是我们的体育老师，个子不高，一身腱子肉，擅长体操和田径。同学们都喜欢朱老师上的体育课，学跳马、拉吊环、撑双杠、练三级跳远等，都是我们从来没有接触过的运动项目，大家觉得非常有趣。特别是组织男生集体学背越式跳高，尽管朱老师指导我们身体在空中过杆时要挺腰，但大家还是像秤砣一样摔在厚厚的棉垫上，一个个样子很滑稽。丁加华同学一米八的大个子，在空中挺腰过杆像一条飞鱼一样，至今想来忍俊不禁。记得学校运动会上有个110米跨栏的项目，全班没有人报名，我就自告奋勇参加比赛。由于跨栏没有学过，我找到朱老师，请他指导。朱老师说："110米跨栏和100米短跑一样，步数和节奏非常重要，碰到栏时不能跳过去，而是抬高前腿跨过去，后腿自然侧平带过去。"经过朱老师的指导，我掌握了跨栏的技巧，竟然以第二名的成绩打破了校运会记录。那年，我同时获校运会男子铅球第一名，被朱老师选进学校田径队，我们班的唐骏和顾亚东同时入选。朱老师组织我们集训了一个月，记得当年学校操场边有个联合器械训练房，在那里朱老师对我们进行了一对一的力量训练指导。集训结束后，朱老师根据我的先天条件，确定我主攻铅球、铁饼和标枪投掷三项，后来参加了全市中专生运动会，尽管都没有进入前六名，但我很感谢朱老师带我赴市参赛的经历。

我在通师五年，虽然不是学音乐专业，却是一个不折不扣的音乐狂热分子。我自学吉他，学唱美声，参加学校民乐队和合唱团，还基本弹遍《理查德·克莱德曼钢琴曲》，这其中与三位音乐老师有着密切的关系。

第一位音乐老师叫田建凤，皮肤白皙，端庄优雅。上师范前，我基本没有接受过音乐训练，在农村读小学和初中时，音乐课就是跟着老师或听录音机学唱歌曲，没学过乐理知识，连简谱也看不懂。进入师范后，音乐课首先要认识五线谱，许多同学与我一样看着像蝌蚪般的音符就头疼，视唱时往往先数第几根线，然后想唱什么音，方才唱出音高，要是改变一下调式，那就更难唱准。

每节音乐课一开始，田老师首先要抽取几位学生"还课"，把课本中视唱部分逐条唱给大家听。不知什么原因，每次"还课"，田老师头一个就点我的名字。这就苦了我，只要有音乐课，我就要比别的同学多花几倍的时间用来练习五线谱的视唱，教室走廊拐弯处和校园曲桥，都留下了我清晨练唱的身影。也正是因为田老师的严格要求，我的音乐潜力得以挖掘，首先是音准非常好，稍微变化我都能感受到，后来自学吉他，从来不用校音器。其次，我声音洪亮，共鸣好，唱歌有些天赋。后来，我回家问过母亲，才知道我遗传了早早过世的外公的基因。

第二位音乐老师叫罗新民，身材魁梧，四方脸，说起话来浑厚低沉，充满磁性。上课一亮嗓子，迷人的美声男中音就把我们给镇住了。他说美声唱法是高雅的艺术，演唱时一定要打开喉咙，有一种打哈欠时发声的感觉。课后，我们班一批男生就开始练起了美声，“咪啊嘛啊”开始“吊嗓子”。有回课后，他把我留了下来，说：“上课练声和唱歌时，你发出的声音特别大，说明你的胸腔共鸣和口腔共鸣都很好，但是仅有胸腔共鸣和口腔共鸣还是不够的。唱好歌曲还要有颅腔共鸣，这样声音位置才高，尤其唱到高音时仿佛一根钢丝直插云霄。”然后，他一边让我唱歌，一边摸住我的喉结，让我保持喉部放松，纠正了喉结上移的错误唱法。在罗老师的指导下，我的美声唱法提高很快，能够演唱《祖国，慈祥的母亲》等难度较大的曲目。后来，我还用美声唱法自学了施光南的《多情的土地》，由同学殷雅竹钢琴伴奏，参加了全校声乐比赛。当年，通师有一支出色的师生合唱团，我经罗老师推荐成为后排男高音成员之一。罗老师作为领唱，带领我们参加很多比赛和演出。那首《四渡赤水出奇兵》，一开始浑厚的男中音“战士双脚走天下”，仿佛还在我耳边回荡，至今也能脱口而出。

第三位音乐老师叫朱秀文，睿智儒雅，身姿潇洒。他是南通有名的作曲家和指挥家，我们到了四、五年级大专阶段，才终于得到他的亲自教学和指点。我能引起他的注意是在一次作曲课上，他在黑板上随手写了一段旋律，我全凭听觉大胆提出把其中一个“so”音改为“mi”音，他问我理由，我说一部歌曲除了关注声部上下的和声外，还要考虑旋律行进中的和声进程，将“so”音改为“mi”音，进入下一节小调更加自然。没想到，他欣然接受，并让我到学校图书馆找找关于音乐对位的书籍进一步学习。由于朱老师的鼓励，我在作曲上花了不少工夫，布置的作业完成得十分认真，给歌曲谱写的钢琴伴奏作业被打上了“可喜可贺”的评语。我的作曲作业是给我的小学母校“曹埠小学”以及初中母校“惕安中学”分别谱写的校歌，得到了朱老师的肯定和指导，两所学校一直沿用至今。

朱老师在音乐课上还指导我们学指挥，他说指挥不是音乐班学生的功课，所有小学老师都要学点，以后有用处。我至今清晰记得当年他让我们全班同学站起来，跟随他指挥的场景。因为我在校合唱团，朱老师是我们的指挥，所以我对朱老师又有了更多的了解。那时，由朱嘉耀校长作词、朱秀文老师作曲《光辉的职业》这首歌曲，属于学校合唱团的保留曲目，“溪流湍急愿作桥，高山险峻甘为梯。大海无边鼓风帆，碧血映桃李，丹心向未来。啊！

教师，教师，我们赞颂你、歌唱你，太阳底下，最光辉的职业……”朱老师的指挥出神入化，眼神和双手似乎有种魔力，紧紧抓住我们的心，我们的情感随着他的手势上下起伏。这首歌激越的旋律、欢快的节奏，至今仍回响在耳畔，荡漾在心头……

后来，经过朱老师的推荐，我接受了学校铜管乐长号的吹奏训练，参加了学校民族乐团的演出。由于有了以上这些经历，我工作以后对铜管乐队尤为感兴趣，先后在马塘小学和如东实验小学两所学校组建了当时全市规模最大的学生铜管乐队，在省市比赛中屡屡获奖，这是受朱老师的教育和影响。可惜朱老师英年早逝，留下无尽的遗憾。

三十年转瞬间，通师教育经历是我一生永远的财富。有人说，我们这批人没上高中、没考大学是损失，可我觉得在通师才是接受了真正的素质教育，我遇到这么多好老师是幸运的，他们的言传身教，让我受用一生。

怀念通师！感谢恩师！

作者简介：曹爱东，南通师范 1987 级五普校友。中小学高级教师。现任如东县实验小学校长。曾被评为全国科研型校长、全国优秀少先队辅导员、江苏省科研先进个人。

一位88级普师生回忆母校老师

陆玉辉

2021年9月,在通师一附教育集团共庆第37个教师节活动中,我和几位通师同学一起登台戴上了大红花,接受从教30年的荣誉表彰。我们都是1991年毕业于南通师范学校普师班,这一届通师有两个普师班、一个五普班、一个幼师班和一个体育班。

33年前走进通师时,我们都还是少不更事的懵懂少年。那时的南通城并不大,坐上4路车,在人民路上从东到西也就大约二十多分钟的路程。如果要绕城一圈,乘上6路车,大概也只要三十多分钟。6路车的终点站是段家坝,段家坝北边不远就是城山路24号,我们的母校——江苏省南通师范学校,就坐落在这里。

三十多年前的通师校园,花香鸟语,弥漫着书香,连空气都是甜的。我这么说不仅是因为偏爱母校,也不仅是因为那春有桃红柳绿、夏有荷花映池的优美环境,更是因为那里生活着一群令我终生难忘并潜移默化影响我一生的老师。每每想起,心中便充满了无限的暖意和感恩之情。

我们的第一任班主任是教了我们两年物理的陈国钧老师。他长着一副标准的国字脸,气宇轩昂,一个"理科男",却又是个热情开朗、情商很高的暖男。他只比我们大10岁左右,和我们的关系亦师亦友。在教物理时总是让我们先自学并提出疑惑,然后在课堂上进行讨论和交流。陈老师很关爱学生,经常和我们聊天,感觉他对我们每一个同学都很了解。他在班务管理中,会先和我们说清楚要求和班级建设目标,然后放手让我们进行自主管理,出现问题时他会积极地和我们沟通,并妥善处理,给了我们比较宽松的学习氛围。

第二任班主任是一直教我们语文的陈艺鸣老师。当年的陈老师戴着一副大框眼镜，身材颀长，清秀儒雅，书生气十足。他讲课幽默生动，旁征博引，通俗易懂，很受大家欢迎。在他的影响下，原先对语文不太感兴趣的我很快爱上了阅读，开启了我人生意义上真正的阅读时光。毕业以后，多种机缘，我和陈老师一直保持联系。

一年级给我们上语文基础知识语音课的是李刚老师。李老师当时担任学校教务处主任，为人谦和，丝毫没有官架子。他的普通话很标准，听说在上大学时，就是学校播音员。李老师嗓音浑厚，阳刚有力，听他讲课，也是一种享受。

上说话训练课的陈裕英老师，也是我们很敬重的一位老师。那时候我们有很多同学来自农村，普通话有严重的方言乡音。自卑、羞涩的我们，站在讲台上朗读、说话都惶恐不安，不敢抬头看人。陈裕英老师一直鼓励着我们："你讲得很好，普通话标准，内容翔实，语言表达很清晰，条理性很强，越来越有进步啦！"她对学生的宽容、鼓励和尊重，使我们的信心倍增。虽然陈裕英老师现已离世，但她永远留在我们的记忆深处。

教育学老师范建，风趣、幽默又健谈。他上课时眼睛总看着前方，一大堆翔实、生动、鲜活的教育案例在他的回忆和思索中娓娓道来，让我们觉得教育学这门课真是太有用了。那些教育教学事例中所遇到种种现象和问题的处理方式令我们折服，虽然具体内容是什么已经记不清楚了，但这份感觉依旧还在。

化学老师潘承仁戴着厚厚的近视眼镜，课上时间长了，调皮的男同学会在课堂上做些小动作，他似乎也看不见。潘老师上课很认真，尤其是他给我们增加了很多动手实验、亲身实践的机会。化学课上的操作演示和分组实验，对当时来自农村的很多同学非常有吸引力。形象直观的实验活动大大提高了我们对化学的学习兴趣，以至于化学课他讲了什么并没有太在意，但实验的操作过程却记忆犹新。

数学老师徐汝成，是兄弟班级88级普师(1)班的班主任，教我们两个班的数学。那时候的徐老师还很年轻，黝黑干练，思维清晰缜密，上课相当有激情，边解题边在黑板上板书。虽然课堂教学容量很大，但好在徐老师非常关注数学知识点之间的内在联系，然后又总会适时地把这些知识点梳理统整起来，穿点成线，连线成网，帮助我们建构数学知识体系，这使我们感觉学数学不累，课后也能很快地完成作业。

生物老师严建萍,严谨严肃,一丝不苟。一只手擦黑板,另一只手不时推一下眼镜,是她每节课的常规动作。她带我们走遍校园,走进公园,认识了上百种植物,她对每种植物的生长特点、外观特征、种类归属,如数家珍,有问必答。此情此景,至今历历在目。

小数教学法老师周庆康,个子不高,尽管他性情温和,但我却很怕上他的教法课,因为没法偷懒。教法课的很多内容是对小学数学解题思路的探讨,周老师往往会抛出一道题或一类题,让我们先进行讨论,然后再喊我们轮流上去讲解。明明觉得做起来不难的题,讲起来有时还是会有困难,这就逼着我们上课不能眯眼走神和偷看闲书了。现在想来,周老师的课堂不就是和市教育局提出的课堂教学十二字要求"限时讲授,小组合作(研讨),踊跃展示"一脉相通的嘛!

普师三年级时,我随班到一附小实习。第一次实习肯定是极其认真的,但也很茫然。所学知识开始用于实践了,可到底怎么才能上好课呢,心中始终没谱。记得我要执教的第一节课是四年级的数学课《运算律》,备课时我反复思考,觉得学校数理等科老师平时给我们上课的教学方式值得模仿。于是,课堂教学中的重点、难点部分,我就采用了让学生通过自主学习—动手实践—提出问题—小组研讨—全班交流的方式进行突破,从而使学生在合作探究中充分体验并经历了知识形成的过程。这节课的教学理念受到我们教育学老师范建、班主任陈艺鸣和附小实习指导老师的一致认可。在实习结束前,我被推荐为实习生代表,在通师一附上了一节数学汇报展示课,受到肯定和赞扬。

毕业分配到一附小工作以后,我的教育教学思想继续得益于母校传统理念的传承与人文精神的影响。我也始终把为人师表、身正为范、热爱工作、关爱学生放在最重要的位置。2016 年初,我有幸成为崇川区名师培养共同体培养对象,又特别幸运地成为通师副校长孙国春教授的徒弟。在孙校长的悉心指导下,我主持的江苏省中小学教学研究室第十一期课题《小学数学课堂有效对话的策略化研究》于 2019 年 4 月结题;主持的南通市教育科学十三五规划课题《"核心问题"引领下小学数学课堂教学的实践与研究》于 2020 年 7 月结题;主持的江苏省教育科学十三五规划课题《指向家国情怀陶养的项目化课程群建设研究》于 2020 年开题,并在系统研究的过程中。这些都是和母校的培养、恩师的扶持分不开的。

我在通师求学期间所遇到的老师众多,他们各具风采,自成一家,可评可忆,可圈可点,可亲可敬。每一位老师的背后,都有着温馨有趣的故事;每一位老师的言行,都给我们留下了难以抹去的影响。而他们亦有共性,那就是因为底气十足所以充满自信。

三年的通师生活,时间不长而影响深远。现在想来,我们那时候所受到的确实是真正的以人为本的素质教育。当时学校课程没有主课和副课之分,各门功课都具有同等重要的地位,学生对各门功课的学习态度,都是同样的重视,无法厚此薄彼。短短三年的培养和历练,绝大多数同学不仅学到了广博的文化知识,同时还养成了较强的说话、写作、音乐、美术、书法、体育和组织管理等多方面的综合能力和才华。学有专长、业务水平高的人很多,组织领导能力强的也不少;而综合素质则普遍较高,大家形象地自谑为"万金油"。

因对母校素质教育的认可,我积极动员自己的孩子初中毕业后报考通师。2012年7月,女儿也有幸考入南通师范高等专科学校五年制文理综合定向班,成为一名师范生。同班或同届的好几位同学的孩子都先后考入通师定向班,通师成为我们两代人共同的母校。

通师的创办人张謇先生曾说:"办一县事,要有一省之眼光;办一省事,要有一国之眼光;办一国事,要有世界的眼光。"张謇先生的办学理念和实践,是对这句话最直观的诠释。从事教育工作三十多年来,我一直提醒自己:教学生要有大格局,做老师更应有大格局。想天下事,怀草木情;站在高处,研究细处,这样课堂所教才会更深邃,儿童所学、所得才会更广阔。

通师悠久厚重的文化积淀和笃实领先的教育理念,给予了我们润泽而亮丽的青春。我们从青涩少年走进通师,又从通师成长走出独立为师,这其中的过程是我们永志不忘的记忆。感恩我们所遇到的各位良师,怀念美好的通师生活。

作者简介:陆玉辉,南通师范1988级普师校友。中学高级教师。现任南通市朝晖小学教科室主任。

百师壁前忆师恩

孙晓玲

南通师范学校是我的母校，由伟大的爱国实业家、教育家张謇先生建于1902年，与南洋公学师范院、京师大学堂师范馆并称为中国师范教育的三大源头。20世纪80年代，学校在全国最早创设培养专科程度小学教师的五年制师范，又开教育之先河。1991年，我考入南通师范第八届五普班，走进这所历史悠久的学府，开始了影响我一生的求学生活。

当年的通师校园并不大，但胜在精致，被誉为"盆景式的校园"。教学区入门处，一面墙上镌刻着百余个形态各异、熠熠生辉的"师"字，这就是通师一景——百师壁。这些"师"字，或潇洒，或端庄，或豪放，或温婉，各有各的风采，各有各的意趣。每每看到它，我总会想起通师的那些师长们，虽各具特色，却都在举手投足、一言一行间，传授着为人之道、为学之道、为师之道。

我在通师认识的第一位老师，是我第一任班主任黄卫菊老师。记得入学那天，我去得较早，走进教室，看见第一排座位上坐着个女生，个子不高，扎着麻花辫，显得娇小可爱。我以为是班上的同学，就和她闲聊起来，还告诉她我是本地人，有什么要帮忙的不要客气。等到见面会开始了，我才发现她竟是我的班主任。她表扬了我的乐于助人，还邀请我担任班长，让我帮助外地的同学更快地适应学校生活。她很善于发现每个人的优点，从不强硬地命令。直到今天，我依然还记得她笑眯眯的，用亮闪闪的眼睛看人时的样子。

其后认识的老师虽各有所长，但和善、民主、默默护你周全的作风却是如出一辙。五年级时，学校安排我们外出活动，开展社会考察，同学们商量着正好顺路，把班上江南同学所在的城市都践行采风一番。班主任赵春宇老师知道了，并没有因怕担风险而强行干预，而是叫上古汉语老师陈艺鸣，一路呵护我们顺利往返。陈洪老师教我们历史，和我们在一起的时间并不长，但毕业十多年后，和我在高铁站偶遇，他脱口就叫出我的名字……立学先立德，老师们的言传身教，让我离开通师二十多年，待人处事还皆有他们的影子。

那时，因为没有升学的压力，学校开设课程的宗旨就是培养人的全面发展，让我们在20世纪，就享受到了真正的素质教育。更值得惊喜的是，执教的老师多是“大神”级的，教我们古代文学的王亦群老先生就是通师一宝。而王老只教五普班，我们为之得意了好久。

王老家学渊源，是泰州学派创始人王艮后人，弱冠之年成为朱东润先生的入室弟子。王老教我们的时候已经60多岁了，精神矍铄，走楼梯总是一跨两三级。他总在上课铃打响前来到教室，师生问好后，鞠一躬才开始讲课。老先生古文功底相当了得，堪比活字典，常常由一点生发开去，旁征博引，典籍掌故信手拈来。他语重心长地劝诫我们：眼光需放长远，切勿囿于当下，趁年轻，勿懈怠。我将王老的话记在心上，有意识地把喜欢的诗文多读多背。渐渐地，那些原本佶屈聱牙的文字，在不断诵读中传递出雅正的美、闪现出现实的光。有一段日子，王老带我们学《诗经》，仿佛几千年的文化史汩汩流淌在他的心间。讲到兴起，老先生还会背着双手，在教室来回踱步，用略带泰州口音的普通话，亦歌亦咏，如醉如痴。教室里的我们，个个眼冒星光，被惊得瞠目结舌，人人奋笔疾书，恨不得把每句话都记录下来。有一次课间，我好奇地问他怎么能记得这么多。王老并未回答，反而调皮地朝我眨眨眼，对我说：“你名字里有个‘玲’字，你知道有个叫王令的诗人吗?”不等我作答，他便轻轻吟出一句来：“独有诗心在，时时一自哦。”见我不解，又说：“诗都是生活，《诗经》更是源头，多读就会懂的。”后来，我知道了王令，也了解到王老并不平坦的经历，他和王令都曾“叹苍生而泪垂”，但王老有坚韧之劲，用诗文自解，用诗文抗争，终于守得云开见月明。这是诗的力量，还是人的力量呢？当年的我并未得解，但将王老“多读就会懂”的话却牢记心间。历经世事，才后知后觉王老哪只是教我读诗，分明是为我拓开前行的路，点亮人生的灯。2021年，南通市教研室想做一个读整本《诗经》的实验，教研员第一时间联系了我。我凭着跟王老学习的那些积累，就答应下来。其后，在江苏省第四届统编版教材研讨会上，我上了一堂《诗经》阅读交流课，引导学生立足生活，到《诗经》中去寻找启迪，就像王老当年教我那样。课堂很精彩，江苏省教研室的李亮博士用“惊艳”来夸奖，并激励我在教改中进一步发挥作用。那一刻，透过光阴，我仿佛又看见了王老慈祥而顽皮的笑颜。

美术老师朱敏，大学毕业就来教我们，为了提高我们的审美能力，他每周会找一个晚自习来放那种手拉的幻灯片，结合中西方艺术史，教我们欣赏各种艺术作品。每逢个簃艺术馆有展览，他总想尽办法带我们去参观。提到朱老师，总会记起一个令人莞尔的小插曲：当年和我们一起进校的还有两位美术老师，传闻其中一个叫朱敏的会来教我们，是个十足的美女，大家都期待早点一睹芳颜。美术课上果真遇见美女，还没来得及赞叹，却听她介绍自己姓花。直至后来见到身材瘦削、长发及肩的朱敏老师，才恍然大悟——我们将他和花瑶茹老师张冠李戴了。我们在座位上挤眉弄眼、窃窃私语，再看到讲台上的朱敏老师一脸蒙圈的样子，更加忍俊不禁了。因此，虽是初识，犹如故人。大家对朱老师有着一份自然的亲近，他对我们也颇为和善。可是尽管如此，作为“手残党”的我，对美术课还是有些发怵。真正体会绘画的妙用是在四年级实习的时候。那个年代没有什么电教手段，导师要求我们画挂图帮助学生理解。对此，我甚是烦恼，因为我教的是《黄山奇石》，那奇石可多得很呢。朱老师听我抱怨，便问：“你有没有想过画简笔画？”我说：“指导老师要求画挂图！”“试试看，说不定她就同意了呢。”朱老师坚持。是呀，大道至简，何必囿于形式。我调整了教学设计，在教学中边讲边画，效果竟出奇的好。我像程咬金学会了三板斧，从此上课总想画着试试：讲课文，画环境山水景物；讲作文，画人物动作神情；复习课也要勾勒个思维导图……2014 年是马年，我将对艺术的喜爱融入了课程开发，执教了一堂题为《古诗文中的马》的文化阅读课。时任国家语委副主任、教育部语言文字应用管理司司长姚喜双听了我的课后，给予了很高的评价，说这堂课“不仅关注学生的智力提升，还关注情商培养，并且将爱国主义恰如其分地融合在课堂教学中，为社会主义核心价值观的培养开辟了一条有效路径”。现在想来，这样的学习理念，可能就是在那些个晚自习里，朱老师拉着手动的幻灯片，慢慢播撒到我们生命里的吧。

英语老师胡长俊见我们英语基础较好，就带我们读原版名著。当时做课本的是哈代的《还乡》。遇到特别难的复合句，他会洋洋洒洒地将句段抄写在黑板上，一层一层地分析句子结构；关键词则按意思和用法一项项讲，常常将两面黑板都画得满满当当。后来，我参加研究生考试，英语没花太大气力，日常还能说上几句，都是那时候打下的基础。

毕业前夕的基本功汇报，又引得教育部官员来考察。薛继民老师辅导我做说课展示。为了展现学校教育的真实水平，将由客人现场出题。薛老师带着我充分准备，从说课稿的撰写，到说课时的神态语气，到板书设计，一遍遍地练。体态健硕的他，每天训练结束，上衣几乎全都透湿。

这就是我的老师们，为了我们的成长，他们率先垂范，身体力行，告诉我们什么叫"智民兴国，立己达人"，什么叫"沉毅勇为，自强不息"，什么叫"中西贯通，知行并进"。他们，是校训"坚苦自立、忠实不欺"的具象诠释，是校歌"铺路作石子，护花化春泥"的时代演绎。他们的言传身教，已化为心中的信仰，永远照耀和滋养着我们前行。能遇到这些好老师，我的人生何其幸运！

现在想来，在通师学习的五年，是我最博学的时代，感觉能够"上知天文，下晓地理"，俯仰"多识鸟兽草木之名"，而且写得千字文，解得数理化，做得逻辑推理，编得"人机对话"……特长、爱好也一个没有落下。给予我们这份成长和活力的，是通师那些敬业的老师们，他们是我们生命拔节最要感激的人。

弹指一挥间，我毕业离开母校南通师范已经整整 25 个年头了。现在的通师，发生了翻天覆地的变化，从一个校区扩至三个校区，从城山路 24 号分迁至育贤路 2 号，从"南通师范学校"升格为"南通师范高等专科学校"。学校驶上了改革发展的快车道，让每一个通师学生都为之雀跃，为之自豪。

2022 年，学校迎来了建校 120 周年，我能想象那四方来贺的盛况：百师壁前，必将是群贤毕至，胜友云集；无数卓越的通师人又将为母校增添新的荣耀。作为普通人的我，未必能躬逢其盛，但也要向母校献上最真诚的祝福，向师长们献上最真挚的感谢。

"苔花如米小，也学牡丹开"，沐浴母校恩泽成长起来的我，愿永远追随母校的"引路人"和"大先生"们，在百廿通师徐徐展开的教育宏图里，满怀激情和梦想，迈向更加美好的未来。

作者简介：孙晓玲，南通师范 1991 级五普校友。中学高级教师。现任通师二附教育集团办公室主任。

四、岁月印迹

六十四年前的女师生活

吕乃娟

岁月匆匆，时光荏苒。从南通师范学校退休转眼已有20余年，几乎每年都有机会参加往届毕业生们组织的返校聚会，看着他们神采奕奕，听着他们欢声笑语，我也会常常被他们带进青葱岁月，想起我魂牵梦萦的母校，忆起我可亲可敬的老师。

1955年，我初中毕业，考入了南通女子师范学校（1958年，女子师范学校和南通师范学校合并）。坐落在城南段家坝的女师，是由大实业家张謇先生一手创办的。学校的面积不算很大，但设施齐全，环境优美，房屋一律是砖木结构，两层的小楼前后有连廊相接。学校里前有亭台，后有荷塘，跟现在的学校相比，虽称不上气派，但在当时那个年代，也甚是玲珑有致，别具一格呢。

学校分招普师和幼师两个专业，共有12个班级，约有来自一市六县共800多个姐妹，她们操着不同的口音，整天活跃在校园里，尽情享受着老师们的呵护，徜徉在知识的海洋。

刚进学校时我才是一个15岁的傻姑娘，啥也不懂，很是自卑。幸亏遇到了我的老师和同学们，在这样一个充满爱、快乐和积极向上的大家庭里，我渐渐找回了自信。我所在的班级是普一甲班，班长赵雅生，有着一口浓浓的海门腔，她总是很热心地为班级服务，组织着班级大小活动；我的同桌陈丽美同学，她为人活泼大方，性格爽直。虽然她的父亲是当时我们学校的总务主任兼美术老师，但她并不骄纵，经常帮助同学们学习普通话，矫正发音，偶尔还会带上三两好友去她家改善一下伙食。我们白天在教室里安静学习，一到晚上回了寝室就热闹得不行。哪个家庭会有这么多好姐妹？平日相处，虽偶有摩擦，但那段时光更多的是被浓浓的友情包裹。生活在这样一个集体，能不幸福吗？

姐妹情可贵，师恩更是难忘。当时的女师，可谓汇集了一大批教育界的精英，他们各有所长，各显特色。李致中老师，我们的班主任兼教授地理。他又高又瘦，带着一副深度眼镜，透着厚厚的镜片朝里望去，眼珠显得特别大，很是滑稽。李老师一讲起课来，总是滔滔不绝，眉飞色舞，他一边讲还会在黑板上一边画图，把我们一会儿带到东南，一会儿带到西北。当介绍到中国地大物博、物产丰富时，脸上总是写满骄傲的神情。更要介绍对我影响最大的三位语文老师：顾永悌老师教我们古典文学，他的要求很严，朗读、欣赏、默写一样都不能少；史友兰老师文学功底很深，他的字算得上是笔酣墨饱，笔走龙蛇，扎扎实实在我们班圈了一大批铁粉；于文绮老师教授语音，我们班同学的普通话基础普遍较差，多亏于老师是一个慢性子的人，她不急不躁，讲起话来轻声细语，把我们班同学的发音终于带上了正轨。正是这些老师们的言传身教，当我后来被保送上大学（江苏教育学院）深造时，也毫不犹豫地填写了中文的志愿。现在想来，女师的那段求学经历就已经奠定了我的人生走向。所以，我永远怀念并感恩女师的那段时光，感谢它给过我光和热，让我更有力量和勇气走过坎坷；让我也更愿意相信理想，永远热爱生活。

敬爱的老师，是你们给我知识，教育我成长，也是你们把我带进了教师的队伍。一日为师，终身为师，师恩如山啊！如今，我已年迈，再也不能为教育事业做出贡献，但看到我的学生们在不同的岗位成长，也很欣慰。也许这就是一种传承，一种发展吧。祝愿通师教书育人的精神不断发扬光大！

作者简介：吕乃娟，南通女师1955级普师校友，毕业后保送江苏教育学院，1971年调入南通师范担任语文教师。高级讲师。

“末代”女师记忆片段

胡　梅

我们是1955年秋季入学的。当年南通女师招收了普师和幼师各两个班，我们是普师甲班。

记忆中的南通女师环境优雅。教学楼都是木质结构的。室内、走廊都是铺的木地板。楼栋之间有空中过道，前后相连。学校有一片桃园，长的是观赏性的桃花，株型矮，分枝多，春天满树是花，色彩十分艳丽，令人心旷神怡。

女师的老师对学生都很亲和，教学水平很高。时任总务主任的陈定久老师，教我们班的劳作课，他个儿不高，长得很敦实。对学生和蔼可亲，就像是我们家里的爷爷。指导我们做手工，不厌其烦。他还让我们把做成的手工品放在讲台上展览交流，认真进行点评，大家都觉得很有成就感，激发了我们浓厚的学习兴趣。还有李致中老师教授我们地理课，他高高的个儿，带着一副深度的近视眼镜。他上课从不带课本，也不带地图，这些都在他的心里。他对中国地理熟透于胸，讲到哪里，就能在黑板上画到哪里，而且还结合当地的特点和风土人情，绘声绘色，所以我们印象深刻。课后不需要复习，也能回答出他的提问。

1958年4月，我们三年级快毕业了，因当时形势需要，急缺教师，女师4个毕业班（普师幼师各两个）近200人提前离校，分赴本地7个县（含崇明县）实习。我们离校不久，大约是4月末5月初，女师与通师合并了。从此，通师成了我们的母校。我们实习结束后，也没有回校举行毕业典礼，大多数同学由各县教育局分配到农村中学和小学任教。

虽然我们的毕业证书是通师发的，但实际上我们的学习都是在两校合并前的女师完成的，我们应该是女师最后一届毕业生。在女师学习的三年，是幸福的三年、充实的三年、成长的三年，难忘的三年。老师不仅教给我们知识，也给我们树立了为人师表的榜样。

作者简介：胡梅，南通女师 1955 级普师校友。小学高级教师。曾任海安县实验小学副校长、海安县教育局教研室副主任。曾被评为全国优秀教师。

忆通师的初中生活

陈爱华

1967 年 9 月我和我们“四附”(即“南通师范第四附属小学”,后更名“为南通市城中小学”)的一群“七年级”校友,终于按照划片入学的规定,进入了通师初中部(原来是“城中民中”被通师接管,下面简称“通师附中”),开始了我们的初中生活。

相 聚

来到宽敞明亮的教室感觉与小学不一样。这种“不一样”主要有三个原因:一是校舍不同——我们的校舍在人民公园的东岸,校园和周边的环境都很优美。二是同学组合有变化——在该班的同学中既有原来小学的同班同学,也有小学邻班同学。关键是有些同学都是小学里的名人,比如张小平(少先队大队长、三好生)、刘学征(少先队大队委、三好生、乒乓球高手,还写得一手好字)、徐培建(少先队大队委、三好生,画得一手好画和美术字)……他们平时都是我们心中的女神、男神,而现在就在同一个班上,一起学习,真是让人高兴!再加上同学们一年多未见,现在相聚在一起开始新的学习生活,大家都非常兴奋。三是学校人员的组成也与以往不同。校园里来往的人员和教室里在座的人员中,不仅有学生和老师,而且有时还有工人师傅(工宣队的代表)和解放军叔叔(军宣队的代表)。他们在课间常常与我们交谈,了解我们的学习情况,与我们的关系较为融洽。

学　习

我们班的班主任是陈丽美老师——一位声音清亮，充满活力与魅力的女老师。她还教我们“农业基础”课。当时学校进行了教学改革，强调理论与实践相结合。她不仅教我们各种农作物的知识，而且在每年的夏收夏种、秋收秋种的季节，带我们到郊区农村学农，通过参加具体的农业劳动，深化我们对学过的农业知识的了解。为了活跃我们田间休息的氛围，与贫下中农打成一片，陈老师带头表演节目，一曲“茫茫九派流中国……”的毛主席诗词歌曲的美声唱法，不仅让我们领略了毛主席诗词波澜壮阔的豪迈情怀，同时也感悟美声演唱的穿透力与优美婉转的音乐魅力。在陈老师的感召和动员下，我也大着胆子，首次在陌生场合，为贫下中农和同学们学唱了革命样板戏选段——《红灯记》中李铁梅的“做人要做这样的人”。这不仅博得了一片掌声，也为我以后敢于在陌生场合演讲，直至后来当老师讲课打下了基础。

强玉英老师——一位和蔼可亲的女老师。她是我们班的副班主任，她平时关心我们的学习和生活，有时还邀请我们去她家做客。她还教我们政史地，让我们了解历史的发展和有关的地理知识。

赵振雯老师——一位温文尔雅的女老师，教我们数学。在赵老师循循善诱的教导下，我们了解了几何与代数，同时感悟到几何的巧妙之美和代数计算之精确。

罗玉芬老师——一位气质柔美温婉的女老师，教我们语文。在罗老师轻声细语和耐心的讲解中，我们了解了诗词的浪漫与精妙，感受到绕口令对于训练卷舌音和平舌音转换的奇妙性。比如，罗老师在课堂上说过的一个绕口令：“三哥三嫂子，借你三斗三升酸枣子，等我明年树上打下酸枣子，再还你三斗三升酸枣子”，仍然让我记忆犹新。另外，罗老师还诠释了散文的情怀和杂文的犀利。

吴天真老师——一位服饰得体的女老师，教我们英语。她不厌其烦一遍遍教我们如何正确地发音，不仅教会了我们英文的26个字母，还教了国际音标，在此基础上，教我们一些简单句的表达及其相关语法。

邱轶老师——一位儒雅而富有艺术气质的男老师，教我们音乐。邱老师弹得一手好钢琴，在他的琴声和歌声中，我们感悟着音乐的旋律、节拍与魅力。此外,他还教我们如何正确发音,如何注意音准。最让我们全面感受音乐魅力的还是他在联欢会上演唱的毛主席诗词歌曲《沁园春·长沙》,那深情演绎的美声男高音令人震撼。

施维老师——一位具有感召力和音乐气息的男老师。他拉得一手技艺娴熟的手风琴,再配上他嘹亮、催人奋进的歌声,至今仍然在耳旁回荡。

还有其他老师,在此不一一列举。正是在这些老师辛勤的教导和培养下,我们的初中学习生活是那样的丰富多彩。

藤圈舞

记得在那个年代,每逢节日都会举行全市的庆祝游行。为此,我们通师附中在参加庆祝游行中,组织了三个表演方阵:藤圈舞表演方阵(身高≥160的女生)、腰鼓表演方阵(身高<160的女生)和乐鼓表演方阵(男生与女生)。根据身高,我被划到藤圈表演方阵中。平时,体育老师除了给我们上体育课以外,还教我们如何进行形体训练。每到节日到来之前,我们要排练藤圈舞。施老师则是教练兼手风琴伴奏。我们训练藤圈舞不仅要随着手风琴的音乐节奏表演相应的形体动作,还需要大声歌唱。有时我们跳累了,歌唱的声音比较微弱,不能烘托节日所需要的气氛,这样就达不到表演的效果。施老师见状,不是责备或者训斥我们,而是用他激越的琴声和激昂的歌声激励我们,让我们精神振奋,表演效果明显提高。这时,施老师便露出会心的微笑。

除了施老师的琴声和歌声的激励,其他两个方阵训练时的鼓声及其表演对我们藤圈舞的训练也有激励作用。比如,腰鼓表演方阵“咚叭——咚叭——咚咚咚叭——咚叭——”那铿锵有力并富有强烈节奏感的鼓声,听了的确让人振奋;乐鼓方阵发出的“咚咚咚——咚咚咚——咚咚嗒嗒咚——”那富有美感和整齐划一的鼓声和表演,每每让我们刮目相看。我们方阵的同学们也相互鼓励,千万不能输给那两个方阵,因而练得更加起劲。

为了增强藤圈舞表演的美感,我们还用红纸剪成须须,缠绕在藤圈上。虽然比较费劲,但是为了表演成功,大家都毫无怨言地干着。另外,藤圈舞在游行表演时,不仅要注意听清音乐节奏,注意队列整齐,同时还要保持与其他方阵的距离。因此,参加藤圈舞方阵(也包括其他两个方阵)的表演是对我们身心的全面陶冶,是对意志力的磨砺,也是对团队精神的培养。虽然已经过去了许多年，但是这段经历仍然历历在目，让我难以忘怀！

学装订

记得在那个年代，学校除了正常上文化课程以外，还安排一定的时间学工、学农、学军。前面提到了学农，下面主要谈谈学工。

我们通师附中学工挂靠的单位是南通市韬奋印刷厂。我们学工的主要项目之一是装订《毛主席语录》。在这以前我跟着母亲学习了缝制衣服，也看了许多的书，而装订书从来没有学过，也没有见过。我们到了厂里的装订车间，看到每个工作台上都井然有序地堆放着需要装订的《毛主席语录》，在师傅的指导下，开始学习书的装订。装订书使用的是特制的蜡线，将书的每一叠（一开纸制成的 32 开为一叠）分别按照前后次序排列依次装订，其关键技术是一叠装订好以后，要连接下一叠，因而必须在叠与叠的连接处打一个扣，将每叠的位置固定。我笨手笨脚，学得很慢，装订速度也很慢。而我们班有一位卢姓男生，学习装订非常快，他掌握了装订的关键技术要领之后，装订速度遥遥领先，达到中等熟练工水平，其装订质量经师傅验收都合格。这是我们大家梦寐以求的既快又好，在他的手中实现了。另外一个装订快手是一位戈姓女生。她虽然没有卢姓男生那样快，但也让我们其他同学望尘莫及。过了几天，我才慢慢掌握了装订技术要领，装订速度和质量有所提高，但就速度而言，也只达到中等偏下水平。对此我感慨万千，尽管我学习数理化的速度不算慢，学习唱歌也觉得比较容易，但是动手能力似乎是低于平均水平。只有勤学苦练，才有望达标。

几十年过去了，真是弹指一挥间！而美丽的通师校园，具有学术造诣和敬业精神，又充满爱心的通师老师们，性格各异、各有所长的同学们，让我的初中生活充满了诗意和美好，为我日后的学习和工作奠定了基础。感恩母校！感恩老师们和同学们！

作者简介：陈爱华，南通师范 1969 级初中部校友。博士、教授。现任东南大学人文学院博导、科学技术伦理学研究所所长，兼任中国社会科学院应用伦理学中心客座研究员、江苏省道德发展研究院研究员、中国逻辑学学会常务理事、江苏省逻辑学会监事会主席等职。

一张四十九年前的毕业证书

陆　遥

一张49年前的通师毕业证书，亲切而又陌生，熟悉而又新鲜，不由让人产生了“子在川上曰”的感慨——

毕业证书　　　　　　　　　　　　　　　　　　　　　　　编号：1

学生陆平英系江苏省南通市人，现年十九岁，于一九七二年二月入本校师范部学习，已按照教学计划完成全部学业，成绩合格，准予毕业。

（照片）

南通市师范学校革命委员会（公章）

一九七三年十二月

如果不是仅仅将其当作个人学历证明的一页故纸，而是以此为视点，对当时的经历做些扩展及考据性的回顾，那么，这张证书所关联的那段历史经纬的某些片段细节，或许能浮现得稍微具体一些。

第一是“一九七二年二月”这个时间节点。

1968年6月“省革会”下发文件规定：“今年中等师范学校暂停招生，其师资、校舍、设备可用于普及小学和发展初中”；1971年6月19日，国务院发出了《关于大专院校放暑假和招生工作的通知》，指出各高校的招生问题，由各地按实际情况，根据需要和可能酌情处理；1972年2月，江苏省高等学校恢复招生。在这个大背景下，经上级批准，通师直接从本地高、初中应届毕业生中招收了300名（高中毕业170名、初中毕业130名）师范生；1972年1月5日报到，10日举行开学典礼。实际入学时间，早于毕业证书所记。

一个稍微有点意味的横向比较是："南京大学在停止招生六年之后，于1972年4月28日，迎来了'文化大革命'后的第一批学生——工农兵学员。"所谓"有点意味"，指的并不是晚于通师两三个月，而是南大招收的是"工农兵学员"。当时规定，工农兵学员必须通过"群众推荐、领导批准和学校复查相结合"的办法招收；招生对象是"政治思想好、身体健康、具有三年以上实践经验，年龄在20岁左右，有相当于初中以上文化程度的工人、贫下中农、解放军战士和青年干部"，"有丰富实践经验的工人、贫下中农，不受年龄和文化程度的限制"，同时也"注意招收上山下乡和回乡知识青年"。与之相比，通师这批入学新生没有当过哪怕一天的工人、农民、解放军，没有丁点儿"实践经验"，却直接从中学校门迈进师范校门，毕业后分配工作，即成为国家干部。这是多么幸运的事！

我亦有幸成为这批"幸运儿"的一员。当时我在市六中初中毕业，于自己毫不知情之中，被选拔推荐上了。后来知道，虽然没有经过招生考试，但是条件还是很严格的：必须是出身好、表现好、学习好。"出身好"是政审第一关，最重要。按当时的标准，我的"出身"应该是好的——父亲是工人，母亲是农民，姐姐是解放军。我本人是学生干部。我们这批同学中，基本情况都差不多，工农子弟和干部子弟都占了一定的比例。入学以后才知道，其实除了政审，选拔还是很重视"学习好"的。回顾起来，也许就是因为早于南大几个月，在"工农兵学员"模式正式出台之前，通师才得以直接从初高中选拔录取新生。

第二是"师范部"这个名称。

"师范部"是相对于"初中部"而言的。"文化大革命"前期，师范停止招生，根据上级指示"发展初中"，临时转轨办初中。1971年，通师共有15个初中班级。我们入学后，学校重新制订两个办学方案：《一年制师范班办学方案》(高中毕业入学)和《二年制师范班办学方案》(初中毕业)。前者学制一年，入学即分文、理科各两个班。后者学制二年，第一年不分专业，第二学年开始再分专业。我是初中毕业，我分在3班(共三个班)。一年级课程主要有政治、语文、数学、工业基础知识(物理)等，还要学工、学农。到了第二年，可以选修音乐、美术、体育和英语了。记得英语和体育是分为专业班级的，同学自愿报名，学校再考核选定。因为很喜欢先后给我们上语文课的罗玉芬和陈荣秀两位老师，进而喜欢上了语文，也想成为像她们一样的语文老师，所以我没有另选专业，只是选修了音乐课。重新分班后，我在师二(1)班。原来班上有的同学进了体育班，如顾明青、顾勇等；有的去了英语班，如陈克萍、党美云、刘伶、张娟娟、陆刘华等。这些专业班同学，毕业后大多分配到了中学。

第三是“南通市师范学校”这个校名。

我们入学之时，“江苏省南通师范学校”的校名未改。毕业前一个月，学校接到了“市革会”下发的《关于更改全市中等学校名称的通知》，要求学校更名为“南通市师范学校”，规定更名单位一律使用新公章。次月，我们这届二年制师范生毕业，毕业证书上加盖的正是一枚新的“南通市师范学校”红色公章。(1979 年又恢复了“江苏省南通师范学校”的原校名)

第四是照片上的钢印。

49 年之后，翻出这张纸张略微泛黄的证书，仔细察看，却发现照片上的钢印，与落款公章“南通市师范学校”并不一致，赫然依旧是“江蘇省南通師範學校”！呵呵，这个不起眼、容易被忽略的细节，推敲起来，客观上还真是有点意味深长：从 1953 年至 2005 年，校址、校名变来变去，而这钢印却岿然不动，一直用了半个多世纪！这钢印，真够“硬”！①

最后是第二个时间节点“一九七三年十二月”。

这是我们的毕业时间。往前推进两个月，即 10 月，通师招收了第一批 35 名“工农兵学员”，他们是来自南通专区所属各县的下乡知识青年，经过了选拔推荐、层层过关而录取入学。由于工农兵学员是“新生事物”，条件严格，名额极少，因此他们是另一种意义上的“幸运儿”。即将毕业的我们，不经意间，成了肩负“上、管、改”使命的工农兵学员入学通师的历史见证者。这一批学员，后来又增加了 65 名。至 1976 年，通师共录取了 4 届工农兵学员，共 200 多名。

---

① 由此而引发了兴趣，故于题外关注了一下母校毕业证书上的“钢印小史”：2005 年 7 月 11 日南通师范学校与海门师范学校建制撤销，合并为南通高等师范学校，增挂江苏教育学院南通分院校牌，“江苏省南通师范学校”钢印封存，2006 年至 2012 年，毕业证书加盖“江苏教育学院”钢印；2013 年至 2018 年，中考招生(五年制)毕业证书加盖“江苏第二师范学院(江苏教育学院升格)”钢印；2014 至 2018 年高考招生(三年制)毕业证书加盖“南通师范高等专科学校”钢印；2019 年以后一概使用“南通师范高等专科学校”钢印。

49年过去，睹物感怀，这张凝聚着恩师心血和母校期盼的毕业证书，赋予了我"国家干部"的身份，让我走上了在母校就开始憧憬、向往和热爱的三尺讲台，一站就是38年，直至退休……

作者简介：陆遥(陆平英)，南通师范1972级普师校友。曾任南通中学教师。

相逢是首歌

——通师 78 届政文班毕业四十年师生聚会记

周涌泉

乐声响起，“相逢是首歌，同行是你和我”，在温婉动人的歌声中，巨幅屏幕上映现出南通师范学校的校门和教学楼的影像，一群朝气蓬勃的学子相互簇拥着迎面走来。多么熟悉、多么亲切的场景啊！在一片“哦”的欢呼声和掌声中，主持人陈兴强、祁金妹同学走上了舞台，热情地向大家招呼：“尊敬的朱老师，亲爱的同学们，大家下午好！”随着主持人的宣告，通师 76 级政文班毕业四十年师生聚会的帷幕在“星海天大酒店”宴会大厅徐徐拉开，时在 2018 年 11 月 17 日下午。

78 届政文班是时代大背景下的最后一批工农兵学员，他们全部来自南通市郊区七个公社。招生计划是 1976 年的，实际入学时间是 1977 年 2 月，学制两年。当年通师从郊区招录了 100 名学生，分入政文班、数理班、农化班。政文班是大班，有学生 50 名，男、女各半。又分为 5 个小组，每组 10 人，5 男 5 女。50 名学生中，有插队知青，有回乡知青。年龄上以 20 岁居多，大的 23 岁，小的 19 岁，均为未婚。

“现在请老班长点名……”主持人一声呼唤，班长周涌泉走上舞台，他身后是巨幅银屏，教学楼前三楼的教室在望，台前端坐的是昔日同窗，仿佛回到那往日时光，他满脸含笑：“我再当一回班长，现在开始点名……”

一张张放大了的免冠寸照(杨加勇同学从朱老师珍藏的学生相册和通师档案中翻拍而来)在大屏幕上翻过，一个个青葱而纯朴的形象重又映现在大家的眼前。你看，大凡女生，几乎无例外地梳着两根或长或短的辫子，自带一份清丽和纯真；所有男生理着一式的短发，显出一股质朴和敦厚。班长热情地呼唤着一个个同学的姓名，随即便有同学应声站起，一边大声应着“到”，一边左转右转再后转，不停地向大家挥手致意，成熟而自信的脸庞无不舒展着灿烂的笑容。

学号排首的是“诗人”毛瑞娟。在入学不久班上第一次活动中她即朗诵了自创的《三尺讲台》，让人记忆犹新。本次聚会上她亦乘兴创作诗一首《弹指四十聚星海》。政文班的同学比较“文”，平常不愿显山露水，不愿出头，但真临到台面还是颇有几位能拿得出、敢拿出来的，“诗人”便是其中之一。“施节红！”施节红在屏幕上刚一露脸，台下已是一片叫声。施节红出生于南通城里一个教育世家，语文基础好：普通话说得好，文章写得好，考试成绩好，人品也好。班上有几个学得吃力的，农村的学生也比较多，不论是谁，她没有看不起的，因而同学都认可她，尤其是女同学，乐意跟她交往。施节红是班干部，懂得关心同学。有天深夜，一位女生腹痛难忍，施节红知道后，招呼副班长秦德华和另一位男生用自行车载着那位女生去医院，直到看好病，腹部也不痛了，才和他们返回学校。节假日里，施节红乐于到乡下看望同学，也有顺便到男生家里要两根丝瓜秧的，惹得同学母亲眉开眼笑，以为是……施节红则落落大方，一笑了之。在她的身上较多地体现了政文班一众女同学的淳朴、友善、大度和乐于助人的品质。施节红虽身在国外，但仍关心着班级，关注着老师和同学，正是她的提议，建起了班级微信群，使大家有了一个联络、交流的平台。

学号 26～50 是男生，38 号是秦德华。前面一位同学的照片刚刚翻过，秦德华便站了起来，微笑着向老师、同学挥手。秦德华是初中毕业底子，为了弥补不足，赶超学得好的同学，表现出了异常的勤奋。每天早上总是第一个进教室，滴水成冰的冬天如此，高温酷暑的夏日亦如此，晚上又总是最后一个才离开，是班上“管钥匙的人”，他自己则说是“笨鸟先飞”。秦德华不仅学习勤奋，而且敦厚朴实，乐于助人，任劳任怨。凡有艰难险重的事，同学们常常会想到他，他也定然不会辜负期望，他是全班公认的“老黄牛”。像秦德华这样乐于负重的同学，班上还有好几位。

政文班学得最好的，喏，就是屏幕上的这位小伙子——眼前这位留着胡子正挥手致意的许建平。说许建平学得好，应该没人有意见。许建平不仅天分高，而且勤奋，但他从不自满，早晚自习不迟到不早退，听课专注，笔记认真。许建平尚且如此，其他个别自我感觉好的要骄要傲也骄傲不起来，要不认真也不得不认真。同学间暗暗对标，脚踏实地，苦读勤练，蔚成一股良好的学风。提到许建平，年级师生无人不知，某种程度上，许建平、宋小敏、秦德华和一众同学星月交辉，展现了政文班的风采，多维度地堆垒了政文班的高度。毕业后，许建平到通中当了老师，评上了特级教师，当了分管教学的校长，成了市职称评审专家组成员。

通师两年，同学相处也都融洽、和谐，城市的和农村的无隔阂，男、女生之间无纠纷，即使偶有误会，红红脸，也就一阵风消散过去，彼此都很珍视友谊。你邀我约、你来我往也是常事。狼山的杨加勇请许建平、周涌泉去吃桃子，四五位男生骑着自行车呼啸而至。陆建国请同学去他家“戏戏”，七八位同学坐下来就吃饭。春夏之际，黄海的大黄鱼上市，许建平拎了一大挎儿篮子金黄发亮的大黄鱼去金苏疆家烧煮，十来位同学推杯换盏。临毕业了，王燕南还在家里摆了两桌。女生们则相约到乡下吃芦穄，挖芋头，交换布料，到局长的千金家蹭饭，炒蚕豆、花生、饼干，大家分享……毕业四十年里，同学间的这种交往亦延绵不断，你来我往，你呼他应，似乎在向人们昭示着76政文班还在，小组还在，师生间的友谊还在，并且还在发展加深。临到某人有事，帮出主意的、帮找关系的、帮办事的都有。值此聚会，体育委员陈兴强、祁金妹自发聚拢有关同学，积极策划，招待酒饭。更有同学捐款2万元，但坚决不肯扬名！

“相逢是首歌，同行是你和我。心儿是年轻的太阳，真诚也活泼……”舒缓的节奏诉说着昨日的相遇，唤起了人们温馨的回忆，同窗两年，友情如歌。

“点名”过后，陈兴强接过话筒：“四十年前，我们有缘走到一起，成为同学。最为有幸的是，我们成了尊敬的朱老师的学生……”

随着一浪一浪热烈的掌声，朱老师精神矍铄、步履稳健、面带微笑地走上了台。邵永萍代表全体同学向朱老师敬献了一捧鲜花。

望着大厅里满座的学生，满面春风的朱老师格外高兴，他说：“76级政文班是我调回南通接手的第一个班，也是我工作以来第一次担任班主任。整整两年，你们完成了从受教育者、学生到教育者、老师的蜕变，而我也完成了第一个师范教育的全过程……”

1976年底，朱老师从徐州师院调回家乡，不久便担任了我们的班主任。年轻的朱老师身材颀伟，俊朗而儒雅，给我们以美好的第一印象。时光荏苒，岁月不居，而今老师早已是全国师范类学校著名校长、享受国务院政府特殊津贴的教育专家了。工作的历练，学养的沉淀，也让老师更著儒者风范了！

我们班呼之为“政文班”，所谓“文”，“中文、语文”也。朱老师既是我们的班主任，也是我们的中文主讲老师。朱老师大体按照大学中文专业的课程设置为我们规划了中专两年的学业，搭建中文专业基本框架，打下学科基础。那时候百废待兴，没有教材，朱老师自己编，自己刻印；缺少任课老师，朱老师自己顶，一天讲六节课是常事。

说起来我们都是知青，但学历有高有低，有的高中毕业，有的初中毕业，个别的小学还没上完。即便是高中毕业，七零、七一、七二届的与七三、七四届的也是不能相提并论的。总体而言，其学力的参差不等是非常明显的。

今天想来要教好我们这班学生，说起来可能轻巧，但真正做起来却是非常困难的。要使学得好的要听，不排斥，学力不足的听得懂，能接受；考试结果既不使有些人分数太高，自足，又不使有些人不及格，自馁，朱老师可谓费尽了心思，抓得也紧。讲得耐心，练得多，小考多，以练以考促学习。都说“教学相长”，老师的辛勤教学，学生都看在眼里，面对困难和欲上一层楼而不能的煎熬，同学们表现了异常的坚韧和刻苦，有的除坚持早、晚自修，中午也不休息，真恨不得悬梁刺股、囊萤映雪，整个班级保持着一股较强的求知欲和勤奋进取的态势，互相帮助，携手共进。两年过去，最终 50 位同学均得以顺利毕业，这不能不说是一个奇迹！

朱老师的为人立世，也为我们垂范。老师从不随意表扬，也不轻易批评，不特别地喜欢哪一个，更不歧视哪一个。身教重于言教，不言自威。老师一直默默地呵护着我们，临毕业为分配方案还在和市教育局政治处的同志“讨价还价”，尽其所能为我们争取分到一所好学校。

我们离校后，朱老师接手了恢复高考后的第二届中文大专班，这些学生的学力差不多一般齐了，老师也再无如面临我们这班学生教学上的困顿了，然而付出越多，那份师生之情也就越深。以后的日子里，每当再次见到朱老师，我们总是感到无比温暖；老师看到我们，也总是格外亲切！

教我们中文的还有刘秉镕老师、罗玉芬老师等。刘老师个子不高，讲课的声音也不高，不疾不徐，仿佛有一种穿透力。刘老师的板书给我们留下了深刻的印象。有的老师板书是“刷字”，速度飞快而字体俊丽；有的是“写字”，一笔不苟而字体工整。刘老师是“画字”，速度不快而切法度，自成一体，颇见功力，从中亦可窥出其旧学功底的深厚。刘老师曾给我们教授议论文、形式逻辑。讲课的思路清晰，话语不多，但条分缕析，阐释得十分清楚。如他讲鲁迅先生的《友邦惊诧论》，丝丝入扣，将“国将不国”的逻辑关系推理得滴水不漏，令人叹服。

罗玉芬老师教授语音，即汉语拼音。语音是语文老师很重要的一项基本功。入学不久我们便有了这门课程。在小学一、二年级的时候我们就学过汉语拼音，由于多年“不用”，同学们大都“还”给了老师，有的甚至忘得一干二净，以至于课堂上有同学将拼音字母视作英语字母来读，引发哄堂大笑。罗老师的语音音准腔正，极富感染力。面对我们这班几乎从头学起的学生，不厌其烦，一个字母一个字母地教发音，一个同学一个同学地对口型。到了连拼环节，反复示范，循循善诱，一堂课从头到尾都是“微笑教学”，其亲切和蔼的形象令人难忘，真不愧为师之楷模！

政文班之“政”，政治也。教授我们政治的是邵胜年老师。邵老师是北外高才生，学的尼泊尔语。他的政治课同样讲得非常精彩。邵老师一教就是两年，真不记得还有哪位老师插讲过。邵老师给我们系统地讲授了政治经济学、马克思主义哲学、科学社会主义、中共党史等，使我们受益匪浅，尤其是那些改行从政的同学，更能感受到邵老师的帮助。至今师生相聚，谈起邵老师教授的唯物辩证法等，仍有同学信手拈来，并加以引申发挥，津津乐道，引发我们久远而亲切的回忆。邵老师很随和，和同学们都合得来，也只大我们几岁，既是老师又是兄长。

按中专两年的学制，我们这一届通师学生应该是 1978 年底毕业分配，据说当年的分配计划用完了，因此到 1979 年 1 月我们才到所分配的学校报到。我们像开春的游鱼，游离了蛰伏的温潭，游入了社会的大河、大江、大海。当初 50 位同学全都分在学校当教师，大半在中学，小半在小学。不久便陆续有同学离开了教育系统，前后约十几位。无论是坚守教育岗位的，还是进入党政司法机关的，在通师养成的学习习惯和实际工作的要求，使我们绝大多数人都坚持了继续学习，或参加函授，或脱产半脱产，或被选送到高校深造，绝大部分同学获得了大专以上学历，其中近半同学获得了本科学历，也有几位取得了研究生学历。老实说，由于在通师打下的基础，参加入学考试也好，入学后的科目考试也罢，我们都没吃亏，好多内容我们在通师学过，反复口诵手书过，多次考过。通师两年所学，为我们走上工作岗位奠定了良好的学识基础，这实在是我们人生的第一桶金！

“相逢是首歌，歌手是你和我。心儿是永远的琴弦，坚定也执着……”优美的旋律，叩启了甜美的纪念，而那些不绝如缕的记忆又如同这歌声撞击着心扉。

袁旭芬说：“盼这一天就像小时候盼儿童节！”许多同学亦是怀着同样的心情参加了聚会。50位同学，4位英年早逝，3位因特殊原因未能参加，43位同学参加了聚会，满满4大桌。会喝的不会喝的，都敬老师的酒，都挨着桌子一位位地敬同学，端着酒杯，拉着手，搂着腰，搭着肩……叙说着校园往事，交流着别后情形，沉浸在欢乐之中。杨加勇同学跑前跑后、攀高蹲地，寻找着最佳角度，摄下了许多难忘瞬间。

酒过三巡，祁金妹说：“K歌啦！”她带头献歌，唱完《梨花颂》，许建平和她唱，袁旭芬唱，李衡唱，周宁、邵永萍、马锦生、金苏疆……一一放开了歌喉！陆玉萍拿着手机急急地来到朱老师身边：“施节红从美国来了视频，要和朱老师和同学说话！”顷刻间许多同学围了过来，看着几十年未见的施节红：“胖了！胖了！”连声地叫着：“施节红，施节红。”施节红委托班长和陈兴强唱《送别》献给老师和同学，随着“长亭外，古道边，芳草碧连天……”歌起，她对老师、对同学的一往情深，对故土的思念尽在歌声里了。

有唱歌的，就有跳舞的。宋小敏既像开玩笑，又似认真地对邵涌泉说：“你唱我就跳！”“真的?”“真的！”“你当我不会唱！”邵涌泉毫不客气地一把接过爱看热闹的同学早已伸过来的话筒，开口就唱：“只是因为在人群里多看了你一眼，再也没能忘掉你容颜……”宋小敏也应声起舞，立马蹦到台上跑起了碎步，举手投足之间尽显当年“小红花”的不凡功力！她是1957年的，应该六十开外了吧，还能跳出杨丽萍孔雀舞的高难动作，令人钦佩不已。宋小敏，人如其名，“小而敏”，聪明过人，能歌善舞，能说会道(今天代表同学致辞，张口就说了十来分钟)，组织活动能力强，很能干。通中教师、团委书记干得好，市财政局办公室主任干得好，下海创办“金典财务”干得好。邵涌泉的歌也唱得好，同学们一“鼓励”，这位原市司法局、市中级人民法院、市法制办的领导干部更是放开了歌喉。他俩的歌舞是那么的默契、融洽，可称男女同学和谐的缩影。但谁能想到76级政文班25位女生、25位男生竟没有成为一对的？借用刘秉镕老师授课时的一句话：莫名惊诧！当初陶校长在年级学生大会上宣布纪律时曾明确“在校期间不允许谈恋爱”！但别的班为什么有成双捉对的？仅此“莫名惊诧”，客官，你就可以想见76级政文班同学求学之忘我认真、心无旁骛；遵纪之严实，敦厚自律了。也正因为拥有了这样的潜质，走上社会后，同学们的工作质量也许有高下之别，但工作态度绝无问题，面对种种诱惑，拒腐不沾，本心不改，筚路蓝缕而不堕志，事业有成而无异心，到了退休年龄，人人平安着落，个个载誉而归！这也应该算是给予老师们辛勤培育的最好回报吧！

爱唱的抢了话筒，爱跳的还在跳……

大堂经理来说了：“楼上地铁工人提意见了，这么晚了还在闹！”

唉……曲有终了，聚有散时。宋小敏还在台上，趁便抢了祁金妹的“饭碗”，挥舞双手打起了节拍。台下，会唱的放开了歌喉，不会唱的，拿出了歌纸……

“你曾对我说，相逢是首歌。分别是明天的路，思念是生命的火……”

歌声袅袅，温婉而甜蜜，使人不忍离去。

作者简介：周涌泉，南通师范1976级政文班校友。曾任南通市第六中学教师、南通市港闸区委组织部常务副部长兼编制办主任、区委常委兼统战部部长。

行走在通师

张静秋

在理想温暖情怀的年纪，想走的是岐黄之路。世事纷纭，“文化大革命”年代先下乡插队，再走进纺织厂，都是时代之手的拨弄。三中全会后国运昌盛带来诸多个体生命史的拐点，也使我缘结南通师范学校，走上杏坛执教。三十八年的光阴，行走在通师，木铎金声中一路摘香。

彼岸山青　星光点亮暗夜

1977 年恢复高考，扬州师院南通市师资专科班录取 40 名学生，分成文、理科两个班，委托通师承办。1978 年 4 月 7 日，蒙蒙细雨中我走进通师报到入学，成为 77 级大专文科班学生。我们班 20 人高考前分别是工人、职员、木匠、民办教师、插队知青等，无应届高中生；其中年龄最大的老三届已是两个孩子的父亲，年龄最小的才 19 岁。同窗中大多数人的高考分数都可以上不错的本科院校，却先因政审问题几与录取擦肩而过，后又因扩招而“起死回生”。所以，“另册”中的我们走进通师时感情是复杂的，失落与兴奋纠缠，沮丧与庆幸同在。

那时的通师，1976 年初从段家坝搬迁至城山路 24 号，校园才初具规模。教学区到宿舍区道路两旁的松树才一米多高，A 楼教室后面的那排水杉刚种下，图书阅览室仅一间教室大，会议室座席是长条凳，食堂八人一桌，两只脸盆盛着菜，大家站着就餐……一切都十分简单简陋，教师队伍也在恢复元气与吸纳重建之中。但学校对我们的培养却用心筹谋，几管齐下，没有简而化之。一是利用资源。但凡有如南大陈瘦竹先生、华师大钱谷融先生、南师大吴调公先生、省作协高晓声先生等名人名师来通讲学的机会，都无一错过,安排我们聆听学习。二是外聘延请。如聘请南通作协主席张松林、古文字专家陈双桥、南通医学院教授张庭栖、港务局书法家鲍金华等,给我们开设文艺理论、古代汉语、哲学与书法课;三是调配优秀教师担任我们主干课程的教学。如严迪昌、刘锬、徐劭老师为任教我们77级大专文科班调入通师,刘秉镕、曹振东、胡永昌、王承源等都是通师的资深老师。如此安排调度,使我们一走进通师即有幸受教于一批学高身正的老师,我们笃学立志,勤奋进取,也得益于他们的悉心教诲。

回思静想那一位位老师的风采,那一门门课的风景,畴昔浓淡纷至沓来……刘秉镕老师的现代汉语课最为严谨,上课铃一响,他就笑眯眯地直奔主题,从无一句题外话。每单元必有小测验,教、考、评环环相扣,还让我们最早见识了口试与笔试结合的考试形式。胡永昌老师在文艺理论课上详细分析《安娜·卡列尼娜》与《复活》,引导我们进行典型与非典型化的讨论,师生之间援疑质理、热烈论辩的情形犹在眼前。徐劭老师的写作课,将理论讲授、写作训练与职业能力培养结合,安排我们早早"下水",批改通师初中部学生的作文。刘锬老师在课堂上昂首吟诵"我是一条天狗,我要把日来吞了,我要把月来吞了……",至今仍是我们同窗之间的温馨回忆,我们对现代文学最初的系统了解也都来自刘老师。教导主任曹振东老师执教中学语文教学法,他微笑着眯着眼睛入境地朗读"毛主席对着黄河笑、笑、笑"的样子,一直镌刻在我脑海里。严迪昌老师讲授古代文学,抽丝剥茧,鞭辟入里,从屈原、庄子、陶渊明到李白、杜甫、苏轼、龚自珍,拓宽了我们逼仄的视野,开启了我们睿思的大门。"亦余心之所善兮,虽九死其尤未悔","穷年忧黎元,叹息肠内热","宁可枝头抱香死,何曾吹落北风中"的熏陶,使我们摆脱小我之囿,举首仰望星空。严老师还兼任班主任,他最早感觉到我们入学时的失落、沮丧与茫然,对境遇各异的我们循循告诫,"人都在种种如意与不如意之顿挫中前行,唯一可自许的是要有胸怀和追求。"严老师在班会上告诉我们,列为发达行列的江苏,一万人中仅有6.5名大学生,农村和工厂还出现新文盲;作为未来中学教师的我们任重道远,"士不可以不弘毅"……

在老师们的亲炙下,我们很快摆脱茫然四顾、无所适从,大家黾勉惜时,争先嗜学。有"五更鸡"清晨在校外河畔背古文学外语;有"夜猫子"熄灯后在被窝里打着手电背诵《唐诗三百首》;寒冬腊月,满手冻疮的同窗临池不辍,坚持用毛笔誊写作文;酷暑盛夏,我们将课桌搬到教室外借风驱热,蝉鸣蛙声中讨论剩余价值、教育理论，时至子夜仍意犹未尽。那时候，学完《离骚》《国殇》后，我们热血沸腾，举办诗歌创作与朗诵会，每位同窗都踊跃上台激情洋溢地朗诵自己的创作；那时候，我们班的“月旦评”多是对国家形势的关注、伤痕文学的讨论、电影戏剧的品评、老师课上所讲内容的回味；那时候，同窗们创作热情高涨，如陈艺鸣的谍战小说《黄昏》、单汾的伤痕小说《栀子花开》、张健的散文《君山土》、吴盈的独幕话剧《鸡飞蛋打》、王志国的文学评论《红楼晴雯》等，班上争相传阅。短短的四学期，老师诲人不倦，金针度人，我们学而不厌，“恶补不息”。那段短暂而美好的通师岁月不仅奠定了我们从教之路的知识基础，还重新燃起我们追求理想人格的热情。

时间再贪婪，也难以吞噬刻骨铭心的记忆细节。翻开笔记，当年记下的老师们的片言只语墨迹犹在，那些至今看来质朴无华的语言也正是那个时代南通师范经师人师的精神写照：“年轻人不可无所事事，要有真才实学”（刘秉镕老师）；“你们的时间太宝贵了，暑期要突击薄弱环节。你们即将面临的中学教学是现实主义的，字词句章的讲授不是浪漫主义的”（刘锬老师）；“为人师表，最不能嘴尖皮厚腹中空”（徐劭老师）；“学习是需要意志的，坚定的意志是人生财富。有了它，尽管风雨如晦，可以只取一瓢饮”（严迪昌老师）；“学文科学不好历史，许多东西会一辈子莫名其妙”（王承源老师）；“吸收知识不能混沌一团，只知其然不知其所以然”（胡永昌老师）；“学习是需要意志的，坚定的意志是人生财富。有了它，尽管风雨如晦，可以只取一瓢饮”（严迪昌老师）……光阴淌过，星散星聚。如今老师们有的早已驾鹤西去，有的也已至耄耋之年，他们给予我的谆谆教诲却如暗夜的星光，耿耿璨璨，让我行走在校园小径上，领略彼岸山青。

梅径蕊香　春秋着意横斜

1980 年 2 月 22 日，我揣着毕业分配通知书至通师党政办公室报到。当日谢铮书记找我谈话，要我改行执教教育心理学。也许是业师们的熏陶使我执着于偏爱中国文学，于是不知天高地厚的我不假思索地当场表态：如果不能教语文，我愿改派他校。命运再次眷顾，我如愿成为通师语文教师。

其时通师语文教革组已经改称语文学科，大小两间办公室在 A 楼二楼西侧。严迪昌、刘锬老师在我入职后不久即调入高校，学科里有教过我的刘秉镕、徐劭、胡永昌、沈光耀老师，还有王亦群、朱嘉耀、陈容秀、王洁儒、罗玉芬、吕乃娟、程嘉铭、朱国珍、夏莲、孔晓明、乐国华老师，学科组长是刘秉镕、胡永昌两位先生。

在学科大家庭里，单身住校的我很快就享受到同事们的关怀：在陈容秀老师家品尝福建炒河粉，到朱国珍老师家大嚼包头烙饼，还有王亦群老师家的明前龙井、程嘉铭老师的《傅雷家书》……尤其记得一次骑自行车上班摔了跤，衬衫被机油玷污，心里懊恼，谁知刘秉镕老师下午上班竟然带来汽油，慈父般的教我搓擦油污，心头的温暖至今仍在。不经意间，我也知道了语文学科零零散散的轶事传说：20 世纪 50 年代的通师有“文科赶师专，理科赛普中”的目标，语文学科当仁不让；张梅安校长常常将青年教师批改完的作文本抱走，送回的作文本里夹着的小条子写满针对性指导意见；国学基础深厚的张校长与学科里的陈云谷、陈香谷先生，每周都给青年教师开小灶上进修课，经常抽查备课笔记，随堂听课，点评板书；老先生们以身垂范，手不释卷，作文批改都是蝇头小楷；学科里的老教师王洁儒会时不时地考一考新来的老师……吾生也晚，无缘聆听张校长与“二谷”先生的教诲，但王洁儒老师的“考一考”却亲历过多回。隔三岔五王老师会笑眯眯地问：“小张呀，有个成语 boguiyunjue（波诡云谲）怎么写的啊”，“小张啊，屈原的生辰后人怎么知道的呀”……就这样，享受着学科老师的关爱，倾听着学科的经典传说，经受着日常的“突然考试”，我的执教开始起步。

开学伊始初进课堂，学科即指定严迪昌老师听课指导。严老师听课后惯常一言不发，无形中给我压力。一段时间后，严老师很随意地与我闲聊，说上课如同写文章，要注意起承转合，突出重点，化解难点；一堂课忌讳平铺直叙，但最忌讳的是有硬伤；上课要自信，自信源于功底，功底则在课外……最后，严老师说，他的任务完成了。但我并没有如释重负，因为校领导也把新教师的成长抓得很紧，谢铮书记虽然工作繁忙，仍听了我整整一学期的随堂课。一次课上我板书“牡丹”之“牡”，将“土”的两横写得差不多长短，课后交流时谢书记指着“牡”字说，“不要小看一笔一画，不注意小问题往往会出大问题……”其境其语念兹在兹，不仅促使我养成板书一丝不苟的习惯，也让我在之后的学习与工作中多多得益。80 年代初，最让青年教师紧张的是教务处朱嘉耀主任听课，因为朱主任是行家里手又不苟言笑。清楚地记得那天的课是上午的 1～2 节，讲说明文《书籍的变迁》。课间我夹着课本、备课笔记和一叠作业本回办公室，正捧着茶杯喝水，程嘉铭老师进来说，“小张你快点到教室去，我看见朱先生进你教室要听随堂课了”，我急匆匆抓起课本快步进了教室。铃响了，拿起课本脑际一片空白：备课笔记急忙中落在办公桌上了。好在凭着自己对教案的粗略记忆，虽有慌乱还是按部就班地完成了教学。可能是要缓解我的紧张，课上朱主任没有着意盯着黑板看，课后也没有与忐忑的我交流。但这堂课给我的教益也非常特别，自此以后上任何一堂课，我都尽力做到成竹在胸，课上无须依赖备课笔记。

1981 年，南通师范成为江苏省重点师范，此后学校的发展与改革如春潮涌动、波涛争流。1984 年开始培养专科程度小学教师的五年制大专班试验，1988 年通师推进的多渠道、开放式教学体制成为全国师范教学改革范式之一，1992 年通师五年一贯制培养具有大专程度的小学教师的模式被国家教委确认……在改革浪潮中，课堂教学改革一直是不变的立足点，语文学科的老师也迎涛弄潮走在教学改革的前沿。80 年代初，是刘秉镕老师最先去通师一附上试验课《朱德的扁担》，笑容可掬地与小学生互动；是朱嘉耀老师在大专班上示范课，讲布封的《马》，在甲骨文、钟鼎文到篆、隶、楷的文字变迁中将“马”引入，破题即别开生面；是罗玉芬老师在学校八十校庆时上观摩课《樱花赞》，学科老师群策群力反复研讨，罗老师精打细磨多次试教，使我亲见一堂优质课的孵化过程。

随着通师教学改革的推进，兄弟师范来校参观交流络绎不绝，上级行政部门也经常来校视导考察，听课观摩遂成为家常便饭。作为语文学科的青年教师，自然有了很多拔节成长的机会。那时没有电话手机可以即时联系，常常是下午下班前教务处通知，次日上公开课；晨读时教务处告知，说某某师范来人，上午第三节听随堂课……就这样，随堂听课时不时翩然而至，观摩课也常常接踵而来；就这样，自己日渐养成随时准备开课、即时梳理教学得失的习惯，也逐渐形成教书育人是本职、好好上课为天职的信条。

春秋横斜，梅径蕊香。多年来，先后任教通师设立的中学部初三(1)班、幼培班、体育班、幼师班、五年制普师大专班、三二分段大专班、江苏教院自考本科班、南师大函授本科班，执教过“文选与写作”“说话训练”“现代汉语”“大学语文”“中外文学精读”“古代文学”“古代文学史”等课程。记不清上过多少观摩课、被听过多少随堂课，记得承担过一些较为重要的公开课，如为 13 所中师校长视导组开课《羌村三首》，参加南通市市直学校赛课执教《与妻书》，省教委五年制师范课程论证会执教《晚明小品》，国家教委师范司马立司长来校考察执教《魏晋南北朝山水诗》等；曾在南通大学、南京师范大学、南京大学的讲台上执教过大学文科课程，也曾受江苏省教育厅师资处委派代表南通师范去西藏、山西等地培训师资上课讲学……一路行来，从浮躁青涩到从容成熟，之所以还能差强人意不负众望，都受益于通师语文学科的雕琢砥砺。几十年来春来秋往，偶尔也有过懒惰倦怠，但学科前辈们的身影总是使我蓦然警醒，促我在梅香清溢中前行。

老树春深　落红濡沃草碧

1997 年夏，完成三年的读研攻硕学业之后，挥别南师大，回归母校，我任职于教务处，继续行走在绿意蓊郁的通师。

其时学校居安思危，为应对中师教育的危机，朱嘉耀校长提出江苏省教育科学“九五”重点课题“人格化师范教育研究”，以圆整的教师职业人格为现代师范教育的价值方向，揭开通师教育教学改革的新篇章。在学校事业发展与推进教育目标实施的关键时期，教务处主要承担人格化师范教育教学改革的试验——课堂教学模式的探索。要求在课堂教学中，既注重理论知识的传授与操作能力的培养相结合，又注重讲授专业知识与人文教育相结合，强调学术性、技术性、人文性的融合，由此教务处连续几年组织了一系列大型教学研究活动。

教学改革试验于 1997 年下半年预备启动，12 月组织学科摸底性试验课。1998 年 2 月课题全面推开，全校研讨，各学科组建课题组；4 月第一阶段开设 53 节学科汇报课，同时组织 31 个教学课件展示；6 月第二阶段开设 13 节校级观摩课；11 月全国中师校长研讨班来通师考察，李庆明、陈建新、陈艺鸣、罗义、徐汝成、黄忠、沙向红、陈越、李志丹等 9 位优秀老师的示范课，都有意识渗透人格化师范教育观念，运用现代化教学手段，受到广泛好评；12 月徐飞、周淑平、邢晔、陈志刚、戴建新、顾新辉、梁燕等 19 位青年教师开设《教坛新秀》汇报课。1999 年教务处将人格化师范教育课堂模式的构建与青蓝工程的推进结合，旨在促进青年教师尽快成长。4 月组织《教海拾贝》20 节青年教师试验课；10 月开设《教海探骊》18 节汇报课；12 月组织 13 节《教海撷珠》——“一三五”工程主题观摩课。自主备课、集体讨论、说课试讲、跨学科听课、探讨交流、精准点评，已经成为基本流程。老教师上示范课，青年教师上试验课，全校教师逐渐将运用现代化教学手段，注重课堂知识容量、学术含量与人文精神的渗透，作为人格化师范教育课堂教学的自觉追求。

1999年6月，省教委对全省中师进行办学条件标准化评估，各校都将之视为与自身发展休戚相关的重要考核。硬件、汇报、活动、案头材料等都可预先准备，最难把握的是随机听课，评估规定优课率必须达到70%。为万无一失，教务处既自我加压又基于自信，对各学科提出优课率必须达到80%的要求。因为在多年一贯对课堂教学的研磨之中，全校课堂教学这根弦一直紧绷着。如涵盖政治、教育、语文、数学、理化生、外语、音乐、计算机学科的一批三年内进校的年轻教师韦海波、谢利民、姜道春、刘建国、黄娟、杨建红、赵男男、翁隽婴、施一蓓、周淑平、曹建全、王兴东、王耀凌、曹均平、戴建新、钱小燕、许冬云、丁海峰、陆颖、杨美娟，在之前的系列教学活动中都得到多次锻炼，他们的自我磨课和学科的针对性帮扶也已成为常态。所以6月17日评估组随机抽课时，身为教务主任的我，也许有点紧张但毫不发怯。结果不出所料，评估组随机抽取12堂课，优课率83%。省教委评估组认为，“通师以评促建，以评促改，积极探索现代教育教学体系，逐步形成自己的教育教学特色和校园管理体系，称通师为旗帜，一点不过分。”

回想起来，自己在主持教务处工作期间，一直将大道至简奉为圭臬，自认为抓好课堂教学乃是教务处工作千头万绪中的繁中之简、重中之重。因为课堂教学质量直接关乎培养目标的达成，提高课堂教学质量既是教师专业成长的必由之径，也是教师队伍建设的抓手。那一时期，各学科都有老师参加全国、全省赛课，也正是日常课堂的锤炼，使他们的出征成绩不俗甚至惊艳。1999年11月，省中师语文中心组组织38所师范语文教学模式课大赛。通师语文教学在省内一向处于领衔地位，这次赛课不仅是向省内同行汇报与学习的好机会，更可以借此展示通师人格化师范教育课堂教学的新风采。其时朱嘉耀校长为中心组组长，陈艺鸣老师为中心组秘书，我为中心组成员，显而易见这堂课志在必得。经教务处研究，决定由周淑平老师带着普里什文的散文《杨花》参赛。我部署指导，语文学科陈建新、陈艺鸣两位组长集思广益，我们针对重点难点亮点、方法手段模式反复研磨，备课过程充满煎熬。虽然周老师素质全面，有着一手漂亮的粉笔字，还是国家级普通话测试员，但也感到压力很大……赛课时，周老师轻柔地朗读美文，“静悄悄的，杨花濛濛飞舞，一夜之间就铺满了各处的道路和小河……”，投影仪上《杨花》课件打开：广袤的森林、腐烂的黄叶、飘洒的杨絮、芊绵的碧草，三维动画结合文字，伴随周老师的讲授切换，优化了教学结构，呈现出唯美的意境。周老师的课充分体现了通师人格化师范教育的课堂教学特色，先在通盐片预赛中以一等奖脱颖而出，继而在复赛中又以一等奖第一名的成绩为学校争得荣誉。同样值得骄傲的是，《杨花》课件的制作者是当时五普四年级文科班学生吴剑锋。如果说周淑平老师的课代表通师教师的水平，吴剑锋同学制作的课件则展示了通师学生的风采。

改革大潮中崛起的通师，以培养学生一专多能、全面和谐的职业人格为目标，非常重视学生的特长发展。教务处也将其作为工作重点，一以贯之。在五普专科段计算机课程课堂教学中所习得的知识，奠定吴剑锋、佘友军、章晓勇等一群学生的电脑基础，激发他们废寝忘食地钻研学习。那时起步不久的学生机房配置低，软件的使用受到局限，为保护学生特长发展的内驱力，电脑特长班的李志丹老师不但“开小灶”讲解指导，还在下班后留下自己办公室的钥匙，使电脑迷们有机会在 486 电脑上实践操作。这样的爱护和信任，这样亦师亦友的情谊，使吴剑锋成了电脑高手，能采用当时国际上很先进的 Photshop、Authorware、3DS 等软件，完成《杨花》课件的制作，为周老师的讲授锦上添花。不久前和吴剑锋趣谈往事，他说当年课件制作等同攻关，仅素材收集之不易今天就难以想象，那时生成一分钟的三维动画要好几个小时才能完成，曾经熬到三更半夜搞得硬盘罢了工……如今，吴剑锋已是南通市教育局体卫艺处副处长，佘友军成为江苏省小教界信息化教育教学专家，早已是系统分析师的章晓勇也在南通市教育考试院独当一面，负责信息化工作，他们一直津津乐道当年的特长发展，念念难忘那时的学习生活。他们忘不了机房、琴房、体操房、游泳馆、陈列室、科学馆、微格教室，忘不了导师制、特长班、兴趣组、选修课、论文答辩、科技与人文讲座，忘不了艺术节、辩论会、学伶剧社、杏坛读书节、春泥文学社、翠微书印社、东润读书会，忘不了绿叶英语角、基本功汇报、金钥匙科技竞赛、桃李杯数学竞赛、金牛杯征文大赛，忘不了“绿苑牧秋”“经年风景”“叩响心扉”“托起朝阳”“走进美的世界”等专题活动，更让他们忘不了的是落红护花的许许多多老师对他们的濡沃与托举……

同样，我又怎能忘得了那些在教务处工作的日子？回忆起来，在自己的生命中，那真可以称之为峥嵘岁月啊。那些时光里，有主管教务处的王晖副校长的指导帮扶，有严建萍、孙国春两位同道的倾力合作，有自己不辱使命的竭诚努力。那些时光里，我们几位同行者，以坦荡纯真的标格、和衷共济的气度、大雅扶轮的担当、认真踏实的作为，在辛苦忙碌中耕耘，在木铎声声中收获着行走于通师的诗意。

2015 年 7 月 2 日，梅子雨中结束了供职通师三十六春的一切事务。百师壁前骋望，天空没有翅膀的痕迹，鸟儿已经飞过。于学校，木铎发聩，祈愿她骨血长存，老树春深更着花。于自己，寒枝雀静，如北岛所言，一切都是没有结局的开始，一切都是稍纵即逝的追寻……

作者简介：张静秋，南通师范 1977 级大专班（扬州师院南通市师资专科班）语文班校友。副教授、特级教师。1980 年入职南通师范，先后担任教务处主任、南通高等师范学校科研处处长。曾被评为全国优秀教师、江苏省中等师范学校学科带头人。

忆七七级、七八级通师大专班

沈行恬

1977年,停止了11年的高考恢复了。恢复高考就像改革开放的第一声春雷,震动了中国社会的方方面面,它不仅改变了许多年轻人的命运,而且改变了整个国家和民族的命运。经历过那个特殊年代的人,都知道当时百业待兴,人才奇缺,各级政府和各地学校纷纷迅速挖掘潜力,积极创造条件,尽快、尽量地培养国家所需的各种人才。在南通,中小学教师的紧缺成为制约教育改革发展的瓶颈,经过上级批准、多方协调、学校努力,通师在保质保量办好三年制普师、幼师的同时,积极承担了举办"扬州师范学院南通市师资专科班"的光荣任务。

"扬州师范学院南通市师资专科班"学制两年,主要目标是培养南通市区(1983年江苏省实行市管县体制之前,市区与县区分属市政府、地区专员公署管辖,南通市区所辖区域与今崇川区大致相当)初中教师。经江苏省高校招生委员会批准,77级录取文科、理科学生共40名,78级录取语文、数理、英语、史地专业学生共169名。虽然只举办了两届,而且是以挂靠扬师的名义,通师却给予了极高的重视,做出了最大的努力,收到了良好的效果,因此同学们也乐意自认是"通师大专班"的。

通师有着张謇先生力倡的"坚苦自立,忠实不欺"的精神气脉,向来有主动服务社会需要、自觉调适办学策略的优良传统。举办大专班,课程计划怎么定?教材怎么办?学校对标初中教师的培养,借鉴师范专科学校的课程设置和教学计划,根据当时的教育实际和两年制专科要求,积极探索有别于驾轻就熟、得心应手的三年制普师、幼师培养模式的教育教学途径,课程结构基本上与专科甚至本科相仿。以我所在的语文班为例,主干课程有古代文学、古代汉语、现代文学、现代汉语、文艺理论、形式逻辑、写作等,其他基础课、公共课则适当保持了普通中师宽基础、重能力、强素质的成功做法。

在资料缺、需求大、时间紧的困难面前，学校千方百计落实教材选订、编写工作。当时全国文教战线任务繁重，高校教材成为各大学高度重视、合作攻关的大事。记得开学时，我们78级语文班发的古代文学教材是由安徽大学、南京大学、吉林大学、杭州大学及若干师大师院等十三所院校中文系协作编写的《中国古代文学作品选》(上、下)。撰写此稿时我翻开一看，版权页赫然注明：1979年2月第一版第一次印刷——我们是1978年底进校，先是入学教育，来年寒假后各科教学正式展开，发到这套新书那真是透着最新鲜油墨香气的“知识味”啊！课本开篇是《诗经》节选——《七月》《伐檀》《硕鼠》《氓》《采薇》。虽说之后自己备了一本《诗经全译》(金启华，江苏古籍出版社)，也时不时翻看、查检，但要说印象最深的，恐怕还是朱嘉耀老师教过的这几首吧，还有他补充的《关雎》《无衣》。其他科目教材有江苏省四所师范学院联合编写的《现代汉语》、扬州师范学院的《现代文学》及《现代作家和作品》、江苏省五院校的《文艺学简论》、扬州师范学院的《逻辑学》、通师自编的《外国文学作品选析》、南京晓庄师范学校的《教育学》、河北省中师试用教材《心理学》，政治课教材是艾思奇的《辩证唯物主义与历史唯物主义》，历史课教材则是王承源老师亲自编刻的工整、清晰的油印讲义。古代汉语是第二学年开的课，用上了北京大学王力先生的《古代汉语》。

随后，改革开放大力推进，有关方面加紧出版了一大批优秀的学术著作和文艺作品，学校及时向学生们推介。有一次来了一份《社科新书目》，同学们纷纷选购。其实那时大家日子都紧巴巴的，却宁可节衣缩食也舍不下宝贵的精神食粮。我一下子买了朱东润《中国历代文学作品选》、郭绍虞《中国历代文论选》、杨周翰《欧洲文学史》、周煦良《外国文学作品选》、伍蠡甫《西方文论选》、朱光潜《西方美学史》、高名凯《语言学概论》、曹日昌《普通心理学》以及布克哈特《意大利文艺复兴时期的文化》等一大摞书，兴奋了好多天。尽管那时候真来不及看，看了的也一知半解，但是这一批1979年7—8月间再版的大学经典教材为我搭建的专业知识框架和日后的重新读、扩展读，让我终身受益。

办学最重要、学生最感恩的，还是老师。学校为大专班配备了优质的师资团队：77级语文班班主任严迪昌(第一学期由王成训短暂担任)、物理班班主任许定明，78级语文班班主任朱嘉耀、数理班班主任侯锬、英语班班主任徐锦春、史地班班主任强玉英;担任各科教学的也都是学校的骨干教师,如曹振东、刘秉镕、王亦群、刘锬、沈光耀、徐劭、陈容秀、胡永昌、王炯、胡锦江、王承源、姜龙章、曹祖清、邵胜年、潘毓岩、耿新荣……其中有些老师还是在市教育局和兄弟学校的支持下,专门从全市各学校择优引进的。这些老师大多德才兼备,而大专班的教学也让他们有了施展才华、教书育人的良好平台。严迪昌老师是南京大学毕业的高才生,此前先后任教于南通师专和南通中学,调来通师执教大专班,以博学、精研、善教深得学生敬佩。三年后他回到母校南京大学,曾被评为南大教学名师,后成为苏州大学教授、博士生导师,是中国韵文学会第一届理事、中国诗学会第一届常务理事、国务院学位办公室专家组通讯评委、饮誉海内外的清代诗词研究专家。朱嘉耀老师是著名语言学家、教育家廖序东先生的高足、助手,从徐州师范学院调回南通后,在通师很快显示出他的智慧和才干,他教学纵横潇洒,举重若轻,管理宽严合度,以身示范,令学生们大受其益,也使自己被一级级提拔,成为校长。也许本来他会成为在语言或文学研究上卓有建树的学者专家,却在伴随和引领通师"从第一所迈向第一流"的奋斗进程中,成为中师课程与学制改革的领衔人、我国小学教师培养新模式的开拓者,成了一位名副其实、贡献突出的教育专家。

除了本校优选师资外,学校还得到南通医学院、南通工学院、南通师专、南通教育学院等院校的支持,张廷栖、石湘芬、颜叔华、刘锬、姚馨炳、曹格、马育强等资深老师都来为我们上过课。每当有名校名师来通做讲座,老师们都为我们争取去学习的机会。就我们语文班而言,像南京大学陈瘦竹、华东师范大学钱谷融和徐中玉、南京师范学院吴调公等著名教授的讲座我们都有幸当面聆听。在当年轰动全国的电影《保密局的枪声》中扮演男主角的著名演员陈少泽也给我们班讲过课,他举到的戏剧舞台上演员与后台工作人员必须默契配合的有趣例子一下子抓住了我的心,后来我在课堂上鹦鹉学舌般连说带演时,总惹得学生们笑得前仰后合,学习兴致高涨。

要说起我们这些学生,其构成可谓无奈而有趣。由于十多年的积压,一朝恢复高考,多少考生同时涌进考场?据统计,1977 年全国 570 万考生,录取 27 万人,1978 年国家挖掘潜力扩大招生,610 万考生也只录取了 40 万人,77 级、78 级的录取率分别只有 4.7%、6.6%——差不多都是时下 985、211 的生源哪。同学中应届高中毕业的较少,大多数有着下乡务农、进厂做工的经历，有菜场卖菜、卖肉的，有当民办教师、代课教师的，有结了婚、生了子的。我们班还有师生成为同学的巧事——一女生原是插队知青，当了公社中学代课教师，班上一男生高中毕业后，居然与她一同考进我们班来。尽管同学们年龄小的二十不到，大的三十已出头，但大家都对知识充满渴求，对重进校园无比珍惜，两年的时光留给了每个人毕生难忘的丰富而美好的记忆。课上认真听、抓紧记，课后打排球、逛书店、泡图书馆阅览室，宿舍熄了灯还在侃侃侃、辩辩辩，食堂里站着吃饭饭后还要剥蚕豆，团委学生会举办的舞会上男生女生伴着《青年圆舞曲》羞涩地拉起手跳集体舞，也有放了学就要匆匆赶回忙家务的……那是一个思想解放、拨乱反正的特殊年代，两年中，同学们的思想和感情在几乎时时、处处存在的社会变革和文化碰撞中，不断地深沉、升华。那时我们的心里，仿佛就是这一首歌："年轻的朋友们，今天来相会……啊，亲爱的朋友们，美妙的春光属于谁，属于我属于你，属于我们八十年代的新一辈……啊，亲爱的朋友们，创造这奇迹要靠谁，要靠我要靠你，要靠我们八十年代的新一辈……再过二十年我们重相会，愿我们自豪地举起杯，挺胸膛笑扬眉，光荣属于八十年代的新一辈！"

听 78 级语文班朱正连说，第一堂现代文学课上，徐劭老师希望同学们珍惜时光，认真学习，将来能很好地胜任中学教师的工作，切不可"以其昏昏，使人昭昭"。他至今还记得徐老师在黑板上写下的"以其昏昏，使人昭昭"八个字的模样，也至今感恩它对自己一直以来的提醒。卞政是 78 级英语班的，毕业后先当中学教师，后来进了商检系统，在江苏省出入境检验检疫局的业务处室、工会主席等好几个岗位上工作得风生水起，屡获同事好评和领导看重。跟我通电话时，她十分怀念在通师大专班的学习生活与教师生涯的历练，认为老师的授课及教育理念给了她受用终身的启发。

虽然两届大专班毕业生人数不多，但他们是"文化大革命"后最早踏上杏坛，使南通市区中学师资数量短缺、青黄不接的矛盾得以迅速缓解的有生力量，而且后来边工作边进修，基本都取得了本科甚至研究生学历，成为各校教学与管理的骨干，他们为南通教育所做的奉献和贡献难能可贵，值得铭记。

据我个人了解到的不完全信息，后来成为特级教师的有 77 级物理班姚天勇、77 级语文班张静秋和长期在南通中学任教的 78 级语文班徐杲；78 级史地班陈康衡被评为教授级中学高级教师，陈康衡原在南通市二中任教，后调至市教研室任历史教研员，还入选了第二届“感动南通·教育人物(群体)”;姚振国、徐大宁、卢庆平、陶晓跃等从事语文教学之余，坚持文学创作，是相当活跃的诗歌、散文作者。走上教育管理岗位、担任校长副校长(书记副书记)的有77级文科班张建，物理班姚天勇、王世鑫、孙爵、徐航、胡世强；78级语文班吴乐秋、姚振国、金乐苏、周广祖、沈行恬、王允琪、袁彦华、李路、袁红星，数理班许振华、顾宙、沙建华、高保强、孙开，英语班严三多等。几乎所有市区中学的领导班子里都曾有过77级、78级通师大专班毕业生。77级物理班姚天勇担任过南通一中、南通中学校长，他也是教授级中学高级教师，王世鑫任南通职业大学副校长，孙爵任南通中专副校长；78级语文班王允琪任南通一中副校长，数理班许振华任南通中专校长(现在还是市老年大学常务副校长)，顾宙任西藏民族中学副校长，沙建华任市教育工会主席；而我本人也在南通市一中任教几年后，被调往市教育局、市政府办公室工作，1996年重回通师担任了党委副书记、副校长。

77级毕业时，张静秋、贾真留校，其后王建维、陈艺鸣调入，他们专业上突出，对母校感情尤深，是通师举办五年制大专程度小学教育专业时挑大梁的教科研中坚、中层管理干部。张静秋是通师历史上第一个取得研究生学历、硕士学位的教师，担任教务处主任多年。我记得在南师大研究生课程班进修时，著名的古代文学专家陈美林教授在课堂上当众夸奖:“南通师范的张静秋，硕士的论文，博士的水平!”贾真以她深厚的心理学修养和丰富的教育经验，得到众多同事、学生乃至家长、社会人士的信赖，还当选市人大代表、校工会主席，她荣获“南通市园丁奖”后，转手就将一万元奖金捐献给了母校通师。王建维担任过学校教科室主任、市小学教师培训中心办公室主任，为通师成功建立国家级小学教师培训基地立下汗马功劳，作为市政协常委，还为参政议政积极建言献策。陈艺鸣在语文教学和文学创作方面都颇具才华，尤其擅长于语言、逻辑的教学与研究，参编多部中师和五年制小教专科教材，并在全省中师语文教学中心组承担了重要的工作。

张祝平、陈争平是亲弟兄，分别是77级文科班、78级史地班的。张祝平在华东师范大学先后取得硕士、博士学位，成为南通大学文学院教授、中国诗经学会理事、中国山海经学会理事，曾获南通市中青年拔尖人才称号；陈争平则先后在南开大学、中国社会科学院取得硕士、博士学位，成为清华大学历史系教授、博士生导师，担任中国经济史学会副会长，有多部著作分获中国社科院优秀成果奖一等奖、中国图书奖、孙冶方经济学奖著作奖等。78级史地班徐寰和英语班徐晨则是亲姐妹。姐姐徐寰后来调市党史办工作，妹妹徐晨当了市信访局副局长，而徐晨的丈夫、当过崇川区检察院副检察长兼反贪局局长的徐晓明来自78级语文班。如此兄弟、姐妹、伉俪的缘分成为同学们津津乐道的美谈！

还有一些同学因为工作需要被选调其他单位或自己创业，有的成了公务员，有的成了企业家，有的成为新闻、法律、金融、经贸等专业工作者。比如77级文科班王志国是市纪委常委、秘书长，冯建是崇川区总工会主席；78级语文班周少华是苏锡通工业园区管委会副主任，胡澜石是市民族宗教事务局副局长，英语班叶家德是南通海关缉私局局长。78级史地班的尹建炉曾任南通市政协副主席、九三学社南通市主委；78级英语班的严楠当过大江南北多地海关关长，担任有"天下第一关"称誉的深圳海关关长期间，以锐意改革、成效显著在全国海关系统受到关注和好评。与严楠同班的朱瑞凯20世纪末出国发展，现为美国环球集团董事长、美国中国文化艺术基金会主席、中国国家画院艺术基金理事长，在业界颇有影响，为促进中美文化艺术交流做出了贡献。

如今这些当年风华正茂的青年学子都退休下来了，他们或发挥余热服务社会，或安享晚年含饴弄孙，依然充实着、美好着。同学聚会时回忆起历历往事，大家都认为是通师教书育人、立德树人为我们奠定人生正道，应该衷心感谢母校、恩师培养！

后来随着我国改革开放的大踏步推进，各地高校不断得到发展，南通市区初中教师紧缺的矛盾也有所缓解，通师停招了培养初中师资的大专班，仍专注于小学、幼儿园教师的培养。但是，改革开放初期即进行的专科教育探索，无疑为几年后通师进一步创新精进，在全国率先开展初中后五年制大专层次小学教师的培养增添了勇气和信心，也为跨入新世纪后正式升格为师范高等专科学校铺下了一块结结实实的砖石。

作者简介：沈行恬，南通师范1978级大专班(扬州师范学院南通市师资专科班)语文班校友。副教授。曾任南通高等师范学校党委副书记、副校长。

树高千尺忘不了根

——回忆大专史地班在通师的学习时光

陈康衡

1978年12月26日，十一届三中全会闭幕后的第四天，我们走进南通师范学校（以下简称通师），开始了办在这里的扬州师范学院南通市师资专科班（以下简称通师大专班）的学习。那时，三中全会的深远影响尚未完全显现，但我们已从国家和社会的进步中，分享到成功和幸福。

来之不易的学习机遇

在共和国的历史上，有这样一个经历特殊的群体——“老三届”“新三级”。“老三届”是指因“文化大革命”开始后废止高考而无法升学，本应于1966、1967、1968年毕业的高、初中生。他们中的绝大多数人后来被作为“知识青年”下放到农村、农场或生产建设兵团。恢复高考后，他们中的相当一部分人又分别在1977、1978、1979年入学，成为“新三级”大学生。

我是1967届初中毕业生，1968年下乡插队务农。和千百万老三届知青一样，在最好的青春年华失去了接受学校教育的机会。是恢复高考制度的重大决策，让我重新走进校门，成为新三级中的一员。1978年7月20日至22日，我参加了恢复高考后举行的第二次全国统一高考。当年江苏省录取分数线为文科350分、理科340分。为了让更多的考生能接受高等教育，为国家培养各类急需的人才，我省又实行了扩招。我和众多同学赶上这来之不易的机遇，成为时代的幸运儿。

学高身正的老师们

来到通师，我们第一次听到陶行知先生的名言“学高为师，身正为范”，也遇到不少学高身正的老师。其中，最让我班同学敬重和怀念的有四位。

班主任强玉英老师，时任通师史地学科组长，1950年代南京师范学院地理系毕业。强老师待人热情，和蔼可亲，在思想上、学习上、生活上对同学关怀备至。地理课选用的是师范院校的通用教材，她备课特别认真，重点、难点讲解得非常细致，常在黑板上随手画出简图，令同学们啧啧称赞。她还延请南京师院地理系王长森老师、南通地震台顾斌老师来校短期讲授地图制图和地质构造，想方设法拓宽大家的知识面，提升教学基本功。最令人感佩的是，强老师虽年近半百，但理想信念坚定，积极要求入党，终于在退休前夕实现了多年的夙愿。这种执着追求的精神，一直为我们所敬仰。

讲授中国通史的王承源老师，1947年复旦大学毕业后，受派去台湾从事地下工作，新中国成立前奉调回到大陆。1978年由市教育局从南通市二中调来通师任教大专班。我们最初使用的教材是郭沫若主编的《中国史稿》，王老师发现第一册中仍有“文化大革命”遗风，决定改用翦伯赞主编的《中国史纲要》。针对郭的战国封建论和翦的西周封建论，他特地向大家详细介绍了中国古代史分期的不同观点，让我们初识他的学术功底和治学严谨。王老师讲课条理清楚、史实准确、观点鲜明，写得一手清秀工整的粉笔字板书。这样一位学识渊博、温文儒雅、不事张扬的老先生，于1987年光荣离休。

任教历史文选课的是王亦群老师。王老师身形颀长、腰板挺直，上课时在讲台上用略带如泰方言的口音，抑扬顿挫地吟诵选讲的篇章，史实典故信手拈来，名言佳句脱口而出，同学们特别佩服他的古汉语水平。他早年就读无锡国学专修学校，师承著名文学家朱东润先生，学术造诣深厚。他教我们认繁体字，说识了繁体字才能看懂文献典籍；他鼓励我们多读史书，二十四史一时看不了，就先读“前四史”。王老师在他晚年所写的《杏坛知行录》中多次提及史地班，足见他和同学们结下的深厚师生情谊。

世界通史是学校聘请马育强老师来讲授的。马老师时任南通市一中历史学科组长，是我市资深历史教师。新中国成立后，他怀着报效祖国的赤子之心从香港回到内地，毕业于华东师范大学后，一直在市一中任教。马老师针对使用的教材《简明世界史》还留有“左”的痕迹，及时指出其中的问题，又联系中学历史教科书，有选择有重点地讲授。既是通史课又是教材教法课，很受大家欢迎。马老师强调学历史一定要有时空观念，他特地到新华书店挑选了和教材配套的地图册推荐给大家。我们工作后，马老师一如既往地给予教学业务指导，他是我们名副其实的授业、职业双导师。

“读万卷书，行万里路。”历史、地理不能光学书本知识，更要注重考察和实践。根据教学计划安排并经学校同意，1980 年 5 月 25—31 日，强老师和两位王老师带领我们赴南京进行为期一周的史地见习。在宁期间，我们专程前往雨花台烈士陵园凭吊革命先烈；拜谒中山陵，探访明孝陵；登上紫金山，参观天文台和天堡城遗址；赴汤山攀阳山碑林，体验天然温泉；踏勘栖霞灰岩地貌，观摩南朝时开凿的石窟；先后参观了南京博物院、太平天国历史博物馆和南京地质陈列馆。整个活动行程紧凑，内容丰富，开阔了眼界，增长了知识，增进了师生间、同学间的友谊，成为两年学习中最难忘的一段经历。

奋发有为的同学们

史地班共 25 人，其中男同学 19 人，女同学 6 人，人数不多却很有特点。一是有 20 位同学是下乡插队知青或回乡知青，不少人是在农村接到录取通知的，有的已招工进了厂还来上学。二是年龄差距较大，人生经历不同。年龄最大的和最小的相差 13 岁，有 4 位同学已经成家。三是有 7 位来自唐闸、天生港地区的住校生，宿舍收拾得特别整洁，每次检查宿舍时都获最优。

史地班开设的课程门类多、容量大，且学科属性也不同，学习压力较大。因此，大家对学习格外用心。走读的同学自发组成学习小组复习和讨论，住校的同学每晚都在教室里自习到熄灯。在紧张的学习之余，大家还苦练粉笔字、简笔画，部分同学在老师的指导下收集资料，编写、刻印了《张謇与南通》《南通地区天气谚语汇编》小册子。1980 年国庆节后，同学们分别在南通市一中、三中、八中、十二中进行了为期两个半月的教学和班主任工作实习。两年的时间虽短，但学习内容充实，各种能力得到提高，为走上教学岗位打下了较为坚实的基础。

1981年1月，我班25位同学分别被分配到市区19所中学。当时有14人任教历史，11人任教地理，及时补充了中学急需的历史、地理师资。工作后，不少同学牢记老师们的反复叮嘱：一定要尽早进修，提升学历。从1982年起，先后有9人分别通过历史本科函授、脱产进修或自学考试，取得本科学历，其中，1人获学士学位。陈争平先后考取南开大学经济学硕士研究生、中国社会科学院经济学博士研究生，取得硕士、博士学位后，曾任中国社会科学院经济研究所副研究员、研究员，清华大学历史系教授、博士生导师。

后来，同学中有7人调离中学。其中，尹建炉先后取得省委党校对外经济本科学历、复旦大学工商管理硕士学位，长期从事经济体制改革、大型企业和民主党派地方组织的领导工作，曾任九三学社南通市委主委、政协南通市第十二届委员会副主席。在市委党史办工作的徐寰参编了多本地方党史资料。

在中学和教科研部门工作的同学，发挥历史、地理课程立德树人的功能，在各自的岗位上为南通基础教育的持续发展和高位走强作出了应有的贡献。他们多为学校教学的骨干力量，有的长期从事初、高中毕业班教学，有的担任了学校中层干部，有11人被评为中学高级教师，1人被评为教授级中学高级教师。

人生要懂得感恩，树高千尺也忘不了根。2018年12月26日，在入学四十周年之际，我班22位同学再回通师易家桥校区。坐在当年的教室里，老师的笑容仿佛还在眼前，同学的情谊依然没变。是通师的老师教会我们做人做事和知识，是通师为我们提供了学习、生活的条件，是在通师的学习改变了我们的人生。通师——我们真正的母校，我们永远的家。

作者简介：陈康衡，南通师范1978级大专班（扬州师范学院南通市师资专科班）史地班校友。正高级教师。南通市教育科学研究院历史教研员。

研修班，优秀教师的摇篮

——忆通师首届江苏省小学语文骨干教师研修

许友兰

岁月荏苒，弹指一挥间，距参加通师“江苏省首届小学语文骨干教师研修”已整整39载。岁月蹉跎，云舒云卷，从学生到教师，从教师到校长，从校长到导师，青春年华如同温煦的阳光、晶莹的雨露，无声地融入教育这片希望的田野。

一路走来，如师附小这块肥沃的土地滋养了我，通师研修淬炼了我。一路成长，一路拔节，内心深处充满感激，难忘如师附小，难忘通师，难忘通师首届江苏省小学语文骨干教师研修那段旅程！

记得1982年8月间，时任如师附小的校长递给我一份文件，大意是：南通地区六个县有三个脱产进修的名额，两县1人，要求高，有县公开课、省发表论文，参加入校考试后定。校长征询我的意见，我勇敢地面对了挑战，顺利被录取。27岁的我，成为通师首届江苏省小学语文骨干教师研修班年龄最小、教龄最短的学员。

这个研修班是江苏省最早的省级骨干教师研修班，也是得风气之先，是全国最早办起的教师专业高层次的研修班之一。它实际以培养特级教师预备队为目的，在全省范围招录了教学业绩突出、发展潜力大的中青年骨干教师，实行课堂教学、自学研讨、考察观摩以及教学实践与书面总结相结合的研修方式。来自全省各地32名小学语文教学精英齐聚一堂，共研一室，人人都感受到压力，个个都奋力向前。研修班班主任是朱嘉耀校长，坐镇班上的还有刘秉镕、王亦群、曹祖清三位德高望重的老师。也许是年轻吧，老师们对我寄予了较高的期望，还给我提出了5年、10年发展规划等要求。

研修班的学习最多的是以小语教材教法为主的教学研究和以扩大知识领域为主的讲座。刘秉镕老师于小学语文教学多有研究，王亦群老师古典文学功力深厚，曹祖清老师精擅教育理论。除他们授业解惑外，学校还安排校内外多科老师开设讲座。这些课程既让我们贴近小学语文教学，往深里钻研，又让我们围绕小学语文教学，拓宽知识视野。而研修班组织的教育观摩考察，走进名师课堂更是令我难忘。1982 年 10 月 16 日到 11 月 4 日间，我们有机会一睹南通市“五朵金花”的风采。通师一附杨秀兰、南通市城中小学张育新、南通实验小学陈锡珍、通师三附亓浦香、通师二附李吉林老师分别执教《大小多少》《草原》《钓鱼》《詹天佑》《卖火柴的小女孩》。半个多月的时间里连续见识了五位名师的教学风范真是眼界大开，获益多多。更难忘的是学校还安排我们走出南通，下江南，赴沪上，一路在刘秉镕、王亦群、曹祖清三位老先生带领下得访名师，得听好课。

1982 年 11 月 8 日到 30 日间，我们走出了南通市。因为有江苏省小语骨干教师研修班的名号，又得益于通师与各地相关学校的关系，我们得以饱览省内外课堂的精彩。江苏省首批小学语文特级教师苏州庄杏珍、无锡顾美云、常州蒋纯老师分别执教《翠鸟》《海底世界》《捞铁牛》；上海市首批特级教师上海第一师范附小臧惠芬、上海静安区贾志敏、上海市常熟小学左友仁、上海第一师范张平南等教师分别执教《卖火柴的小女孩》、作文指导、《航天飞机》和做讲座（贾志敏、左友仁二位老师后均成为全国著名特级教师），李伯棠教授还在苏州平江实验小学评课……

真是风格各异，精彩纷呈！大约一个半月内，我们集中观摩和聆听了二十多位特级、教育大家高档位的示范课和讲座，我像一只井底之蛙跳上了井沿，贪婪地吮吸着浸润周身清新的学术气息。通师二附李吉林老师情境教学的美丽与灵动；杨秀兰老师的亲切与甜美；苏州庄杏珍老师的严谨与环环相扣；常州蒋纯老师的平实与扎实；上海臧惠芬老师的精准与循循善诱；上海第一师范张平南老师的大开大合与收放自如；贾志敏老师作文教学的生动形象、绘声绘色；苏州李伯棠教授的旁征博引……访学观摩不只让我心有所会，而且学有所范，终生受用。

四个月的自学、读书、听讲、研讨、观摩、比较、反思、总结，让我自感攀升了几级台阶，对教育教学的新思考在心底萌发：教无定法，贵在得法！必须摒弃枯燥的灌输，创设情境更便于学生学习；授之以鱼，不如授之以渔，应在课堂培植学生的学习能力……在提高教学水平的同时还应不断提升自己,让自己成为一名有追求、有特色的优秀教师。怀揣着这样的教育梦,我从研修班结业了。

充了电,加了油,补了脑,我从研修班回到了如师附小,我的探索之舟起航了。

1984年秋,在不断高涨的教育改革浪潮中,县教育局和学校领导决定以"发展学生创造性思维能力"为探索课题,让我担任全市第一个试点班语文教师兼班主任。这是对我何等的信任啊!不少家长纷纷要求把自己的心肝宝贝调到我的试点班上来。夜深人静时,我享受着信誉带来的幸福,也感受到了国家、社会对教师的期望。思之再三,决心做一名像斯霞、李吉林老师一样优秀的人民教师。

从1984年到1993年,经过两轮实验,历时9年,实验班学生的学力、素质等综合素养都得到了全面发展。学生的语文能力、综合能力检测连续18个学期获年级第一。毕业时语文成绩和达到重点中学录取分数线的学生数均居全县之首。学生发表、获奖作品150余份。实验班43名学生,39人被省重点中学录取,在全市创下了录取重点中学人数最多和班级学生发表作品最多的纪录。

在进行小学语文教学改革的同时,我在班级管理中也同步进行改革,提出了"自主教育"的"四自"育人主张:即思想上确立自立的意识,学习上培养自学的能力,生活上培养自理的习惯,工作中培养自治的才干。在所任教的班级,孩子们没有贫寒的自卑和富贵的自傲。我信奉教育是最伟大的力量,我爱每一个孩子,力求将爱与平等根植于每个孩子幼小的心田。

我在教学方法、育人策略的创新过程中,逐步形成了独特的"自学自创"的教学风格,倡导"自主学习—自主质疑—自主释疑—自主创造"模式,引导学生从自我学习起步,走向自我发现、自我创造。同时,我还积极从事教育科研,先后参与主持省"九五"、"十五"与"十一五"立项课题的研究,且都顺利结题。我多次应邀执教各级公开课、做讲座。1985年在《江苏教育》率先提出"培养学生之初就是培养能力之始"的观点,在《小学语文教师》《浙江教育》《黑龙江教育》等国家、省市级报刊发表论文80余篇,其中《在语言环境中教学识字》载于全国会刊,被作为全国学习新大纲的辅导资料,我用先进的教育理念把学生们带进了一个全新的学习境界……

1996年,研修班结业后第十三年头,执教20年的我被评为江苏省特级教师;1999年在江苏省首届名师评选中跻身十名名师教师之列。

我在追求专家型教师道路上不断前行,但我没有忘记这条路上有一个起跑点——研修班,也没有忘记研修班赋予的使命,在自身专业发展的同时带动周围教师的专业成长。

21世纪初,我走上了江苏省如皋师范附属小学校长岗位。我给自己的人生发展目标更新定位:做一个优秀校长,做一个教师发展的领跑人!新世纪伊始,面临新的历史机遇和挑战,我与全体教职员工群策群力,共同寻找学校新的发展目标和生长点:锻造优秀的教师团队,打造后名师梯队,以师促教,推行小公民教育,全力打造如师附小的基础教育品牌,培养能与国际融合的合格小公民。

2002年初,我率先提出了小学与高校合作办学的思路。2003年3月6日,“南京师范大学如皋教育科学研究实验基地”在如师附小正式挂牌,这是南师大在苏中大地的第一个教育科研实验基地。课改伊始,吴永军博士、杨启亮博导,以及参与新课程标准制定的10多位专家先后来校给教师导航。与此同时,我们更着力于课堂打磨,将理念注入教学实践,将课堂教学观摩作为提升教师专业实践能力的重要途径,施行“三课并行”的策略:一是各教研组内每人必上的教研课,二是每学期一次的“泮水新韵——我与新课改同行”青年教师课堂教学比武课,三是骨干教师示范课。这种系列磨课活动成为教师专业发展的重要途径和如师附小闪亮的品牌。

2007年8月,我离开了如师附小校长的岗位,但仍执着奋斗于教育教学研究的第一线,把更多的精力投向了青年名师的培养。在我参与辅导下,朱琳、冒小燕等10多位老师参加江苏省、全国课堂教学优质课大赛,均获一等奖。

2008年如皋市教育局成立了以我的名字命名的如皋首个雉水名师工作室,2006年起,连续16年被聘为南通市名师培养导师团的导师。担任两级导师,在打造青年名师的征程里,我参与领跑着新的学习共同体。

2008年7月,如皋市教育局创建了“雉水名师许友兰工作室”,我受聘担任导师。这是如皋为青年教师的快速成长搭建的平台,它的目标就是要培养师德高尚、理念前卫、教学风格鲜明、教学成果突出,具有引领和辐射作用的名师梯队,促进教育均衡发展,打造如皋教育品牌。工作室成立以来,我和弟子们建立共同愿景，潜读经典，宏阔文化视野，感受学术潮流的最新脉动，升华人生境界；对话专家，不断刷新理念，超越自我，迈向新高度；击楫教海，几十次的磨课，进行课堂教学改革，研讨、实践、助推"活动单导学模式"；投身科研，梯队成员分别承担了省、市、国家级课题研究，合着小语学科发展和如皋教学改革的脉搏开展沙龙系列研讨。在通向理想彼岸的修炼中，工作室成员们获得了生命的充盈与成长的幸福。

几年中，名师工作室培养对象迅速地成长，后续通过自身的努力，不断突破成长；两期 12 名培养对象均成为大市骨干教师、学科带头人，10 人走上了校长领导岗位，3 人成为省特级教师，其中 2 人成为人民教育家培养对象、江苏省名师工作室主持人，2 人获江苏省教学成果特等奖，1 人获基础教育国家级教学成果奖一等奖，1 人获江苏省劳动模范，1 人获全国模范教师称号……

成就着学生，成就着青年名师的快速成长，同时我也不断提升、刷新着自己：先后 10 次荣获市委市政府记功、记大功表彰，荣获如皋、南通两级连续六届"专业技术拔尖人才"、南通市"优秀知识分子"、南通市"三八红旗手"、南通市"劳动模范"，2006 年被授予江苏省劳动模范的称号，2012 年被列为"苏派名师"。

回首南通研修之旅，所给予的不仅是知识，是开阔的眼界、胸怀，是根植于心的对教育事业的忠诚与信仰——按人的发展规律培养孩子，面向每一个孩子，面向孩子的每一个方面！

行者无疆，追求无限。有人说，我像一个"仰望星空的追梦人"。是的，从追求成为出类拔萃的专家型教师，到追求成为培养青年名师的学科领军人，一路前行，我践行着不断创新、追求卓越的梦想……

感谢恩师！感恩通师！

作者简介：许友兰，1982 年首届江苏省小学语文骨干教师研修班（南通师范主办）学员。特级教师。现任如皋师范附属小学校长，如皋市雉水名师许友兰工作室领衔人。曾被评为江苏省劳动模范、江苏省名师（首批）。

薪火相传　血脉相连

——尤家六代人和通师一百二十年

尤恬婧

为庆祝南通师范建校120周年，2021年11月17日上午，《先生归来——尤无曲与南通师范艺术展》在国秀楼美术馆隆重开幕。借此机会，我有幸回到了离开三年多的母校参加曾祖尤无曲画展的开幕式。

此次展示的绘画作品，画里画外涉及和南通师范有交集的尤家六代人，及近现代文化史上和曾祖有交集，与南通师范有关系的几十位"先生"。

展览选出曾祖百年人生历程中，有文化内涵和艺术特色的作品，通过对曾祖不同历史时期画作的解读，将曾祖成长历程中的人和事勾连出来，既展示"坚苦自立，忠实不欺"的师范精神对曾祖的影响，又呈现南通师范教育百年来的辉煌，力图对现在"通师学子"产生积极有益的影响，

南通师范成立之初，就与尤家结下不解之缘。一百多年来薪火相传，血脉相连。

通过这个展览，我对尤家和南通师范的关系有了新的了解，今年我花时间，做了梳理和归纳，由于掌握的资料有限，仅把我了解到的情况罗列出来。

尤家和南通师范最早有关系的是曾祖的三叔尤慎铭(金缄)。1902年6月，近代实业家、教育家张謇本着"师范乃教育之母"的理念，创办了"通州民立师范学校"。第一届本科录取连试验生共计56人，毕业时仅12人，尤慎铭名列其中。张謇又选尤慎铭和于忱(敬之)至日本早稻田大学留学，尤慎铭在早稻田学的是师范科理化专业。1910年学成归国后，任教于南通师范、南通中学，讲授物理、化学。1938年南通沦陷后，与于敬之、顾怡生等诸老筹办通师侨校，坚持在敌后教学达八年之久，被誉为通师"三老"之一。

1904年3月,二高祖尤月三考入通州师范第二届本科,1907年1月毕业。先后在南通女子师范、南通中学,担任代数、生物、动植物学与园艺教师。后一直任教于通州女子师范,治学严谨,主张直观教学,自制蝴蝶等昆虫标本,自绘植物图谱,七十岁去职。

1905年,张謇决定改在建的公共植物园为博物苑,调当时在南通师范还未毕业的孙钺(曾祖尤无曲的三姑父)专任此事。

1907年8月,南菁书院优等生毕业的高祖尤金镛(亚笙)被聘为南通女子师范最早的男教习,负责教授师范本科理化、博物。高祖是南通第一个教授理化的中国人,他翻译出版的日本物理、化学教科书,是中国早期的理化教材,高祖尤金镛还是目前资料可考的南通翰墨林印书局最早的中国籍编译(1906年入职),南通市政协第一届特邀委员。

1908年4月,张謇撰《通州博物馆敬征通属先辈诗文集、书画及所藏金石古器启》,曾祖的祖父尤彦清,响应张謇的号召,成为南通博物苑最早的捐赠者之一。之后尤家和博物苑的关系也是血脉相连。从天祖尤彦清到高祖尤金镛、曾祖尤无曲和祖父尤世璜,尤家连续四代人都对南通博物苑有捐赠。

1914年9月,曾祖的二姑母尤瑜被聘为南通女子师范舍监,次年她开始教授烹饪课程。1917年6月,南通翰墨林书局出版了尤瑜所著的《女子师范用烹饪教科书》,这本书目前被看作是中国人最早的烹饪教材。女师校长姚蕴素作序称"诚以生人之道,饮食为亟;家政之目,庖治为先。"

1918年曾祖的姨姐范北强毕业于通州女子师范,范北强的母亲和我的高祖母是亲姐妹,她是南通女子师范第三届毕业生,入学后她和罗玉衡就得到女师校长范姚夫人和张謇的赏识培养。新中国成立后曾任女师校长、南通市教育局长、南通市民盟主委、市政协副主席。

1919年,大曾祖尤其伟从南通师范本科第十三届毕业。后考取国立东南大学病虫害系。曾任广东中山大学、南通学院、华南热带作物学院教授等。被誉为中国昆虫学奠基人之一。

1920年,曾祖的堂叔尤勉斋(哉)从南通师范本科第十四届毕业,新中国成立后供职于南通博物苑。1958年南通博物馆复馆,任馆长。

1928年,曾祖尤无曲从南通师范第一届初中毕业。后考取上海美专,1931年从中国文艺专科学校毕业。被誉为中国山水画集大成者,中国画新水墨时代的开拓者。著有《技法丛书》三种、《荣宝斋画谱》三种，以及《尤无曲画集》《尤无曲印谱》《光朗堂画语录》《光朗堂诗草》等，作品被故宫博物院、中国国家博物馆等收藏。

1940年左右，曾祖的堂弟尤其任曾在通师侨校求学，他曾任辽宁省纺工厅副总工程师。曾祖三叔尤慎铭的几个孩子也在侨校上过学。

值得一提的是，尤家重视女子教育，尤家有好多女子是南通女师毕业。

尤其娟：通州女子师范普师第十七届毕业，曾任城中小学幼儿教师。

尤其婉：通州女子师范普师第十七届毕业，曾任卢湾区幼儿园园长，黄耀曾院士夫人。

尤其婧：通州女子师范普师第二十届毕业。

尤兆熊：通州女子师范毕业，曾在北京报纸胡同小学当校长。

尤定一：通州女子师范毕业，曾任南通市文化馆首任馆长、上海奉贤文教局局长。

尤其姗：1941年师范侨校毕业，曾在上海卢湾区教育局工作。

尤敏强：1951年南通女子师范毕业，曾任通师二附、三附幼儿园园长，后任职南通教育局小教科。

尤棣堂：南通女子师范毕业，曾任南通市实验小学、北濠小学、跃龙桥小学校长。

尤其姞：1975年南通师范毕业，任职于南通市聋哑学校30年。

我的两位曾祖母也是通州女子师范的毕业生。

曾祖母黄慕玉从通州女子师范毕业，她在女师求学期间成绩特别优秀。1936年毕业后，任金沙北川门小学校长。非常可惜的是，因为日寇侵华，她和曾祖逃难去了上海，生下祖父十五天就去世了。

曾祖尤无曲第三任妻子陈宝坤太太，通州女子师范毕业，曾在南通上海等地小学任教，后任上海银行职员，解放初任职南通博物馆，她和曾祖生活了五十余年，对我也非常好，2003年去世的。

我的祖父、祖母都曾是通师二附的学生。祖父尤世璜曾任南通物资职工中专校长，祖母叶佩君1956年毕业于女子师范速成班，后成为通棉二厂的职工教师，退休前任南通纺织工业职工大学政治处主任。父亲尤灿曾是通师一附的学生。我于2018年从南通师范高等专科学校毕业。南通师范一百二十年，影响和造就了尤家六代人，高祖那一代先后成为师范的老师，经历了南通师范筚路蓝缕的岁月，特别是在十四年抗战期间，以尤慎铭为代表的尤家人，坚持敌后教学，为保东南教育弦歌不辍做出了自己的贡献。从曾祖那代人开始，许多尤家人从南通师范起步，走向了更广阔的天地，他们中有一批人终身从事教育工作，有中小学、幼儿园的老师，有大学教授，也有科研单位研究人员，都在各自的岗位上做出了贡献。

曾祖的展览开幕后，我去看了在师范求学期间的两位班主任徐敏老师和沈燕老师。师范五年，赋予我的改变，绝不仅仅是掌握了课堂上的那些基本功和理论知识，也让我收获了温暖和友谊，帮我找回了我心底里曾一度埋葬了的自信和热情。更是给我带来了许多创作的灵感，给了我一个书写心中所想、展示自己的平台。

刚入学时，我因不善言谈，面对一群陌生的同学，几乎不跟除了同桌之外的人答话。那段时间在学校听了个《红楼梦》的主题讲座，因不认同讲座表达的主旨和观点，用了一学年的午休时间，写了五十三篇六百到一千多字不等的《红楼梦》人物评。一开始我每写完一篇，就给我当时的同桌看，后来班里的同学们纷纷主动来找我讨文章看，看完多多少少跟我聊两句红楼，我因此和班里的同学们熟悉起来，有了交流，也发现了几个跟我一样喜欢《红楼梦》的同学，从此真正融入这个班级。

后来文理分科，我遇上了教我们儿童文学的梅云霞老师，她身上所透出的对工作的热爱和激情，还有对我的那份喜爱和认可，带给了我巨大的改变和深刻的影响，我所写的东西也逐渐偏向于儿童文学，其中一半是因为我本身偏爱儿童文学，另一半，就是因为梅老师了。

在遇到梅老师之前，我从来没想过和老师可以这样平等轻松愉快地交流。她总是能在不经意间激起我创作的热情和灵感。我性子清冷且慢热，可是跟梅老师在一起时会情不自禁地被她带得活跃起来。从她的身上我看到了对教育事业纯粹的热爱，还有一份与年龄无关的纯真，我想这正是师范的精神。比起那些教条，通师向来更加注重培养对事物的热情和好奇心，然后自己去进行探索，这片沃土默默包容着一切的可能性，只在你陷入迷惘时让你看清内心，从不拘泥要你去往何方，可事实上，它早已在你心中埋下了一颗至真至纯的种子，让你无论去往何方都能够恣意生长。

到了四年级实习的时候，我又被分回到了我的母校通师二附，那是我小学毕业后第一次回去，兜兜转转，多年后换了种身份又回到了缘分开始的地方。当我踏入这熟悉又陌生的校园，再一次走过这里的一寸寸土地，耳听着熟悉的上课铃，眼望着那些稚嫩的笑脸，回想起当初的自己，突然就明白了师范的精神，那就是温和与包容。无论是通师二附强调的真善美，还是师范的校训"坚苦自立，忠实不欺"，抑或是师范开学第一课老师讲的自主学习的能力，其实都体现了这一点，只要具备了这些，不管想要往什么方向去发展，都会有无限的可能。

刚进入师范的时候，我觉得自己就像一颗蒲公英，随风飘摇，完全不知道会被送往何方，面临什么。所以一开始很忐忑，可后来我才明白，其实完全不必担心那些，有这样一方沃土可以恣意生长，或早或晚自会绽放，这是南通师范赋予我的最宝贵的财富。

一座学校的传承，说到底在于活生生的老师和学生们。回顾历史，就是回望这些人在这段时间内的活动。国家民族如此，一座学校的校史，也是如此。回望南通师范的一百二十周年，张謇先生创建的这座学校，改变了南通这座城市，也造就了无数的南通学子，在一定程度上也推动了中国现代化的进程。如今新的时代的辉煌，正等待着传承了南通师范精神的我们去创造。

作者简介：尤恬婧，南通高等师范学校 2013 级五普校友。现任职于南通市光朗堂尤无曲纪念馆。

后　记

2012年12月，由原江苏省南通师范学校朱嘉耀老校长主编的《南通师范学校史》(第一卷纪事)正式出版，以大事编年和纪事本末的体例，梳理、记述了南通师范各个历史时期的重要事件，简要而清晰地勾画了学校发展的纵向脉络。原计划接续编纂校史人物卷、论述卷和文献卷，进行横向剖析，以多角度审视和诠释与中国师范教育同行的南通师范教育史。

时光转瞬，倏已十年。这十年，学校经历了一个由中等师范学校向高等师范学校，再向师范专科学校的快速发展期。为更好地总结、传承学校120年积淀的师范教育文化，2021年春，年届耄耋、德高望重的朱嘉耀校长再次组织参编《南通师范学校史》的沈行恬、张静秋、陈艺鸣、都樾等同志共同编纂《通师记忆》三卷，作为南通师范校史的续篇。《通师记忆》选定南通师范120年发展的关键时段、重要人物和重大事件，或辑选散见于各种文献的亲历忆述，或邀请亲历南通师范各时代发展的上级领导、本校教师和历届校友撰写回忆文稿，也有编辑同仁通过爬梳文献、严谨考证后还原的历史景象。经过一年半时间的约稿、撰文、编辑，形成了177篇70多万字的鸿篇巨制，分三卷印行。

为纪念南通师范高等专科学校建校120周年，学校将南通师范(南通女师)、如皋师范、海门师范四个源头的回忆、纪念文稿编印成《师范的样子》三卷，在南京大学出版社正式出版。其中，《通师记忆》卷是在学校印行的三卷本中选取66篇各时期就读南通师范、南通女师的校友追忆师范学生时代校园学习、生活的新撰文稿编印成卷，时间最早为19世纪30年代，最近为21世纪的第一个十年，忆述时间前后跨度约80年，其中不少回忆文字是将来赓续编纂未尽校史的真实的一手资料，也是可运用于中国师范教育研究的宝贵的个案史料。原江苏省教委副主任、国家督学周德落先生特为《通师记忆》撰写了《南通师范：师范教育应有的样子》，特此鸣谢！

《通师记忆》卷编纂组除上述人员外，还有殷淑萍、杨峰霞两位同志参与了文稿的输录汇总、图文编排、文字校改等工作，赵晓梅同志也承担了部分文稿校对工作，在此谨表谢忱！此外，由于水平所限，本卷难免有疏漏、舛误之处，敬祈指正，以便修订完善。

《通师记忆》卷编纂组

2022 年 10 月

南通师范高等专科学校建校 120 周年纪念文集

主编　丁兆雄　朱嘉耀

师范的样子

第二卷

如师如歌

本卷主编　杭　斌

编　　者　张松祥　孙红兵　杜志章

陆锦平　石高峰　黄天铨

南京大学出版社

图书在版编目(CIP)数据

师范的样子. 第二卷，如师如歌 / 丁兆雄，朱嘉耀主编. -- 南京 ：南京大学出版社，2022.11
ISBN 978-7-305-25890-9

Ⅰ. ①师… Ⅱ. ①丁… ②朱… Ⅲ. ①南通师范高等专科学校一校史 Ⅳ. ①G659.285.33

中国版本图书馆 CIP 数据核字(2022)第 214627 号

出版发行 南京大学出版社
社　　址 南京市汉口路 22 号　　邮　编 210093
出 版 人 金鑫荣

书　　名 师范的样子(第二卷　如师如歌)
主　　编 丁兆雄　朱嘉耀
本卷主编 杭　斌
责任编辑 钱梦菊　　编辑热线 025-83592146

照　　排 南京南琳图文制作有限公司
印　　刷 徐州绪权印刷有限公司
开　　本 787×960　1/16　印张 67.25　字数 1127 千
版　　次 2022 年 11 月第 1 版　2022 年 11 月第 1 次印刷
ISBN 978-7-305-25890-9
总 定 价 276.00 元

网址：http://www.njupco.com
官方微博：http://weibo.com/njupco
官方微信号：njupress
销售咨询热线：(025) 83594756

南通师范高等专科学校建校120周年纪念文集

编委会

如皋师范创始人沙元炳

如皋师范校训、宗旨、校风

如皋师范光绪年间校门（复原）

如皋师范古建筑区全国重点文物保护单位标志碑

如皋师范百年东长巷

如皋师范贵全堂

如皋师范古建筑区内的师范教育博物馆

如皋师范古建筑区全景

总　序

刘　锋　朱月萍

2022年是南通师范高等专科学校建校120周年的华诞之年。穿越历史的风云和时光的隧道，这所开中国近代师范教育先河的世纪学校，已经整整走过两个甲子的辉煌历程，现推出《通师记忆》《如师如歌》《海师故事》三本校友文集以作纪念。这是我们的校友深情回忆学校的文字镌刻，也是学校120年风华岁月的历史积淀；是爱校如家的历代校友的情感表达，也是与国同行的百年师范精勤办学的成果展示。正是这份感恩的爱，让通师高专容光焕发、斗志昂扬；也正是这份赞美的情，让通师高专枝繁叶茂、大树常青。

120年弦歌不辍，通师高专做出了师范的样子。从列强环伺欲飘摇的危难时刻到只争朝夕谋发展的盛世中国，从烽火连年弦歌响的战争岁月到勠力同心谋复兴的强国征程，通师高专始终和祖国母亲的命运紧紧联系在一起，肩负"化育童蒙、智民兴邦"之重任，为社会源源不断地培养优质师资，输送优秀人才，她是我国中等师范教育的先行者和推动者，也是中国师范文化的创造者和守护者。从创办初期的"四分天下"到新时期的"四源汇流"，从20世纪几所师范"各具特色"到21世纪初合并升格"多元发展"，通师高专在融汇中壮大，在聚合中攀升，始终坚守师范教育初心，始终秉承"开风气之先"传统，在中国师范教育改革的各个阶段上先行先试，形成了"祈通中西、沉毅勇为、坚苦自立、砥砺自新"的文化特质，凝聚为"志诚报国、厚德树人、开放包容、精业求真"的师范精神。尤其是改革开放以来，首创五年制师范学制，首倡人格化师范理念，率先探索卓越乡村教师定向培养的南通样本，率先构筑辐射全国的教师研修高地，创造了诸多"全国第一"，为我国师范教育的改革作出了原创性贡献。

120载非凡历程，广大校友铭记着师范的样子。翻开厚厚的三本文集，满满的都是校友们爱国爱校的情怀、感念恩师的情愫、怀念青春的情缘和祝福母校的情感。能得英才而教，我们的老师很幸运；能受良师之诲，我们的学子很幸福。我们欣喜地看到，百年师范的精神特质已经深深融入了历代学子的灵魂和血脉，成为学子们身上独有的人文胎记，成为学子们立身处世、修德创业、成才报国的精神支撑和人生信仰。校友们通过回忆不同年代师范的故事，以及故事背后的故事，让我们清晰地看到一代代昂首行进的师范人所做出的卓越贡献和不懈努力，这是一份不可多得的宝贵资料，为学校厚重的办学历史增添了新的注脚，也为研究优秀师范文化带来了新的视角，更为新时代的师范人才培养提供了宝贵借鉴。学校和校友的互哺共生，这应该就是师范最好的样子。

春华秋实犹未尽，壮怀激越数今朝。120载物换星移，我们已经站上新的起点，此时此刻，我们应该永远铭记以张謇、沙元炳、梁孝熊等为代表的一批创校先贤勇立时代潮头的开拓之功，我们应该永远铭记一代又一代师范人为学校发展拓路前行的建设伟绩，我们应该永远铭记学校绵延至今、闪烁着教育真谛的校风、校训和学校精神。在新时代教师教育的春风里，让我们齐心协力，进一步凝聚立德树人的智慧力量，努力书写卓越教师培养新的篇章，展现百年师范新的时代担当；让我们携起手来，共同为学校发展献计出力，努力开创学校高质量发展新的局面，实现学校跨越式发展新的蓝图，让我们共同期待通师高专未来腾飞的样子！

回溯历史，激励当下，观照未来。借此建校120周年之际，为进一步梳理历史传统，总结办学经验，展示办学成果；进一步激发内生动力，鼓舞师生奋进，创新师范文化；进一步加强学术交流，集聚发展资源，扩大社会影响，由通师高专原党委书记丁兆雄教授、原江苏省南通师范学校朱嘉耀老校长领衔主编的南通师范高等专科学校建校120周年纪念文集《师范的样子》即将付梓。在文集编纂、出版过程中，原江苏省海门师范学校党委书记、江苏第二师范学院分院管理办公室原主任黄正平研究员为研制编辑方案、联络出版事宜，不辞辛劳，往返奔波，出谋划策；通师高专教育发展基金会理事、昆山超动力教育投资管理发展有限公司董事长陈森校友，杭州大磊营造集团董事长石磊校友，甘肃通试科技有限公司董事长黄剑校友，南通建工上海公司第六分公司总经理黄聪校友捐助了出版资金，在此谨表示特别的感谢！同时，向为文集组织、编辑和出版付出辛劳的各位学校同仁致以诚挚的感谢，向热心赐稿并持续关心学校发展的各级领导和各位校友致以崇高的敬意！

2022年9月10日

致敬母校
（代 序）

陆志平

如皋师范120周年校庆，激发了校友们对母校深厚的情感。大家纷纷相聚在“老家如师”，回忆母校光辉灿烂的历史和传统，回忆母校博大精深的文化和精神，回忆母校可敬可亲的师长，回忆母校如诗如画、风华正茂的生活，情真意切，感人至深。

如皋师范是沙元炳先生于1902年创办的全国第一所公立中等师范。20世纪初，引进现代教育制度是中国的大事变。身处县城的沙元炳先生竟然能领风气之先，为启迪民智、振兴中华、举办师范、培养师资，实为罕见。沙元炳先生在创办师范之时就能确立既具有中华文化传统又富有时代精神，而且能够代代相传的办学宗旨、办学章程、校训校风，更是罕见。这是何等的眼光、何等的气魄、何等的胸襟！因此，校庆之时，我们首先向母校的创办者沙元炳先生致敬！

如皋师范120年来一直在原址原房办学。沙元炳先生的继任者们特别是新中国成立以来的历任领导，在党和政府的领导下，与时俱进，继往开来，学校不断发展，培养了一批又一批德才兼备的人民教师。更令人难以忘怀的是如皋师范讲台上下，各个岗位，一代又一代德艺双馨的老师们。他们学识渊博，风度翩翩，为人师表，堪为世范。母校的历任领导和老师们是名副其实的大先生。校庆之际，我们向母校的大先生们致敬！

如皋师范120年精英荟萃，人才辈出。他们中间有中国共产党早期杰出的革命家，有为人民解放事业献出宝贵生命的革命先烈，有听从祖国召唤参军支边，到最需要地方去的热血青年，也有在党政军、科技、教育、工商各行各业作出突出贡献的杰出人士。但是，更多的是在学校教书育人，默默奉献，在条件简陋的生活环境下艰苦奋斗，然而，他们铭记母校的教诲，不计名利，无怨无悔，可歌可泣，令人钦佩！他们是普通平凡的人民教师，也是大德大爱大情怀的大先生。校庆之际，我们也向母校的每一位校友致敬！

如皋师范，亲爱的母校，有了您，才有您的万千学子。在您诞生120周年之际，您的学子们向您致敬！

目　录

一、史海钩沉

二、薪火相传

三、师说心语

四、印象如师

一、史海钩沉

我的师范印迹

丁兆雄

2022年是我校建校120周年，也是我结束师范教育生涯之年。岁月不居，时节如流，蓦然回首，感慨万千。1975年，我从海安中学高中毕业后插队务农，至今已整整48年；1982年2月，我大学毕业（77级）分配到江苏省海门师范学校（以下简称海师）工作，至今的师范工龄已有41年，教龄合计43年（含插队期间代课2年）；1995年，我在海师担任主持学校行政工作的副校长，至2017年7月退居二线，在南通三所师范及南通师范高等专科学校（以下简称通师高专）主要领导岗位上任职也有23年。回首近半个世纪的轨迹，也堪称是一个老教师、老校长、老师范了。

说起老教师，感到很自豪。我从1982年至2017年一直坚持在课堂教学第一线，从未间断，这在学校主要领导中是不多见的。我主要任教体育专业的基础理论课程，以及田径、体操、球类等专业技术课程，凭借扎实的理论功底、出色的专业技术和严谨的教学风格，受到学生普遍好评，多次被评为教学名师和学科带头人。

谈到老校长，感到很幸运。我先在海师任校长，2005年奉调如皋高等师范学校（以下简称如皋高师）任校长、书记；2011年又到南通高等师范学校（以下简称南通高师）担任校长，同时还兼任如皋高师校长；2014年学校升格为南通师范高等专科学校，我又担任党委书记。曾先后被评为南通市优秀校长、名校长、全心全意依靠教职工办学的好校长、廉政勤政好干部。人们常说一位好的校长就是一所好的学校，校长的办学理念、业务水平、道德品质、行事作风决定着一所学校的兴衰。在我看来，校长要成为“学校的灵魂”，就必须把整个人投入学校事业之中。

说到老师范，感到很荣耀。我作为南通三所百年师范文化的传承人之一,深感责任重大、使命光荣,我亲身经历过中师、高师、高专生存发展的全过程,曾先后担任全国中师体育研究会常务理事、学术委员会委员,入选教育部“国培计划”第二批专家库,兼任江苏省人民政府督学,江苏省高等学校教师教育专业委员会副理事长,江苏省教育学会教师教育专业委员会副理事长、名誉理事长,江苏省中专校、高等院校体育学科职称评审组组长,江苏省中等师范学校体育中心组(协作组)组长,南通市陶研会师范教育专委会主任等职。我的教育生涯留下了永恒的师范烙印,我对师范的情意、对师范同仁的情感、对师范事业的情怀,深深地印刻在我的脑海里,永生难忘。

在海门师范

1982 年 2 月至 2005 年 9 月,我在海师工作 24 年。1982 年担任 82 级体育班主任,1985 年 2 月任教务处副主任,1985 年 6 月加入中国共产党,1988 年任讲师,1989 年 7 月任艺体科科长,1992 年 8 月至 1993 年 7 月任校长助理,1993 年任副校长,1995 年 5 月主持学校行政工作,1996 年任高级讲师,1997 年取得教育学原理硕士研究生课程结业证书,1997 年 7 月任校长,2000 年起兼任党委副书记。我的前任校长是秦汉清,他是一个好班长。他调任南通职大校长后,我们组建了新的领导班子,主要同仁先后有:党委书记黄正平,副校长吕静、陈情、潘健等人。1996 年至 2005 年,是海师历史上最不平凡的十年。这是学校由中师向大专化全面转轨的十年,是学校加快办学条件标准化建设的十年,是学校拓展办学形式、创新办学模式、追求“学校大发展、质量大提高、管理上档次、效益创一流”办学目标的十年,也是学校办学成果最丰硕、获得荣誉最多、教职工幸福指数较高的十年。其间,印象深刻的有十件大事:

1. 1996 年 12 月 28 日成功举办九十周年校庆,扩大办学影响,协调地方关系,营造发展环境,争取社会资金 1 000 多万元(主要是毛云和董事长的捐助),改善办学条件。

2. 1997 年在全省首批、南通市率先通过省办学条件标准化验收。

3. 1996 年始开办五年制小学教育大专班,2000 年与南通师范学院合作举办小学教育、学前教育本科班。

4. 1999 年在南通市教育系统率先全面实施房改,大幅度提高教职工的福利待遇。

5. 1999年在海门港征地240亩，作为新校区的筹备用地，有偿购买海门印刷厂、供销大厦和海师附小的部分房地产，为学校发展奠定了基础。

6. 2000年创办冠今中学，2002年与企业家张惠洪、陈广涛签约股份制办学协议。冠中办学质量一流，人民群众满意。

7. 2001年稳妥实施校办厂改制，确保国有资产保值增值，稳定教师队伍。

8. 教育教学质量大幅提高，师范“5+2”专转本考试、冠中高考成绩喜人，全市、全省领先。

9. 1986年、1997年两次承办省中师生田径运动会，在全省率先举办中师体育函授、体育研究生课程班，多次承办全国、全省体育年会及师资培训，统筹全省师范体育与教学的业务指导，彰显了体育办学特色，学校被誉为“乡村小学体育师资的摇篮”。

10. 成功创建省、市文明单位，全国群众体育先进集体，全国绿色学校，省科研先进集体等，在音体美教育、函授教育、德育工作、礼仪教育、校园文化、环境教育等方面逐步形成了办学传统和特色。

在如皋高师

2005年9月7日，我调任如皋高师校长、党委书记，先后与李崇莹、章跃一、杭斌、王志刚、张松祥、杨荫菁、郭庆等校领导共事，2006年7月转评副教授，2011年8月晋升教授。这几年，是我独自一人在异地工作，得到如师人多方关照的几年；是我在教科研及课题研究方面出成果比较多的几年；是学校由中师教育转型为高师教育的几年；是坚持教育发展不动摇、坚持教育质量不动摇、坚持高举师范大旗不动摇、坚持以人为本不动摇、坚持发展观念与校情结合不动摇的几年；是如皋高师围绕“科学发展、提升内涵、特色突出、效益一流”的办学目标，求生存谋发展，取得辉煌成就的几年。其间，记忆深刻的也有十件大事：

1. 2005年9月进行第二次招生工作，想方设法，多方协调，通过如皋高中生分流，圆满完成了当年的招生计划。

2. 2005年12月28日圆满举行学校升格高师的揭牌仪式，成立企业家联合会和家长委员会。寒冬季节，室外搭台，上午揭牌，阳光明媚，天遂人愿。

3. 顺利送走了高中部的两届学生，高考率最后超额完成市局下达指标的320%，为百年名校赢得了荣誉，画出了圆满的句号。

4. 服从政府规划，结合学校实际，整合学校宿舍资源，2010年建成集贤新校区，回购了育贤大厦，化解了学校债务2 600万元。

5. 争取各级政府的支持，修缮古建筑区，成功创建全国第七批重点文物保护单位，建成中国师范教育博物馆、校史馆。

6. 成功创建省、市文明单位，市局目标考核最佳单位，省园林式单位等。

7. 2008年起实施师范免费定向生培养工作，2009年5月22日承办南通市五年制师范定向生培养工作研讨会。

8. 全省“5+2”专转本考试十连冠，独占鳌头；省师范生教学基本功大赛三连冠，技压群芳；教学、就业工作省“双优”；教师职后培训，教师职称、学历提升、内涵建设及办学业绩全省领先。

9. 扩大办学规模（在校生达3 461人），多元合作办学，协调地方关系，处理遗留问题，增加学校收入，完成全部房改，增强办学活力，提高福利待遇。

10. 拓展语言类、计算机、艺术、社会体育等非师范专业，全校专业达到27个，专升本的升学率在同类学校中一枝独秀。

在南通高师及通师高专

我于2011年8月至2015年1月又调任南通高师校长、党委副书记，并兼任如皋高师校长，2015年1月至2017年6月任南通师范高等专科学校党委书记，并先后与黄建辉、沈行恬、石俊元、陈情、潘健、孙国春、都樾、朱月萍、杭斌、王志刚、郭庆、张松祥等校领导共事。“十二五”期间，我们提出了“一个目标”“两个一体”“三个交融”“四个校区”“五个理念”“六个意识”“七项工程”的办学思路；2014年独立升专后，我们明确了“一个升本目标，分两步走，建成三个基地”的学校发展战略。这七年，是学校发展的“黄金期”，是南通师范人圆高校梦的激情岁月。其间，难以忘怀的有以下大事：

1. 奔波北京、南京等地，撰写书信给刘延东副总理、顾秀莲副委员长等领导，主动汇报工作，争取领导对学校发展给予指导和支持。刘副总理在北京中南海办公室、顾副委员长在南通分别接见了我们一行。

2. 在上级领导的关怀下，2012 年 3 月 19 日教育部刘利民副部长、许涛司长等领导来校视察指导，加快了我校升专的步伐。

3. 借学校建校 110 周年之际，2012 年 12 月 28 日南通市政府成功举办了南通师范教育改革与发展 110 周年座谈会及校庆活动，组建了由省、市领导组成的学校升专领导小组，为学校的独立升专营造了舆论氛围，得到了组织保障。

4. 建校 112 周年之际，2014 年 1 月 12 日省政府颁发《关于同意建立南通师范高等专科学校的批复》，标志着学校独立升专圆满成功。

5. 2014 年南通市政府整合师范教育资源，9 月 30 日下发《市政府关于同意如皋高等师范学校与南通师范高等专科学校合并办学的批复》，2015 年 2 月 3 日上午召开合并办学大会，标志着南通的三所百年师范优质资源得到完好保护。

6. 2014 年 3 月 28 日上午九点半新校区奠基仪式开始时，云开日出，雨止天晴，仅用一年时间，优质高效完成新校区一期工程。新校区建设，贯彻了刘副总理的指示：体现中国元素、南通元素、师范元素、生态元素。建成后的校园具有四面环水、书院建筑、师范文化、生态校园的特色。一期工程 348 亩，总投资 5.6 亿，其中争取到省政府的土地指标 100 亩、省教育厅 5 000 万元的支持。

7. 学校升专合并办学后，在办学规模、机构岗位设置、人员编制、领导班子及中层干部配备等转制上做了大量工作，保证了学校过渡期的稳定发展。

8. 在新校区高品质建成校史博物馆、中国红色师范纪念馆、主题雕塑等校园文化标志，尽最大可能及时把原海师的文化元素移至新校区。

9. 不断完善定向生招生政策，在政策出现障碍时，不畏艰难，据理力争，跑省跑市，使改革的成果得以保护。

10. 根据刘延东副总理的指示，在招生中打好民族牌，招收西藏等民族地区的委培生，精心打造民族师范教育特色。

11. 制定学校“十三五”发展规划，趁建校 115 周年、红色师范纪念馆揭馆之际，成功组建学校改革与发展咨询委员会，通过多方努力和各方支持，学校列入“十三五”高校设置升本规划并上报教育部。

12. 多次承办国家、省教师教育专委会年会及省小学教育专业师范生基本功大赛，扩大了学校的对外影响力，提高了学校的办学地位。

13. 着力加强内涵建设，在师资队伍、课程项目、品牌专业建设及人才引进、科研课题等工作上，快速得到提升，为升本奠定了良好基础。

14. 在办学质量上，始终保持全省领先。全省基本功大赛、“5＋2”专转本考试、“3＋2”专升本考试、国家教师资格考试、各级师范生技能大赛及毕业生就业率均在全省同类学校中名列前茅。

15. 成功创建国家、省、市教师教育培训基地，培训业绩均在各级考核前列，国培满意度测评全国第一，已被业界公认为学校的办学品牌之一。

16. 学校升格后，及时与南通大学、江苏省第二师范学院合作“3＋2”和“5＋2”本科办学，并列入全省招生计划。

17. 连续30年成功创建省、市文明单位，荣获省“五一”劳动奖状、南通市优秀基层党组织、市教育系统综合考核最佳单位等若干集体综合荣誉。

18. 努力增收节资，提高办学效益。争取教育发展基金会和社会各界支持学校办学，争取财政资金，加大设施设备投入，大量购买图书，争取创收资金，大幅度提高教职工的绩效工资及福利待遇。

我们南通的三所师范在长期的办学实践中形成了优秀的传统和鲜明的特色。可以概括为：培养规格上的综合化、培养品质上的人格化、职业情意上的儿童化、行为养成上的示范化、基本素质上的技能化、课程实践上的专业化、管理模式上的规范化、培养对象上的本土化。同时三校又各具风格，原南通市政府李炎副市长曾说：“通师办学的‘活’、如师办学的‘实’、海师办学的‘特’，构成了南通的师范特色。”新闻媒体对学校的办学也做过许多报道，诸如《江海平原上一颗璀璨的明珠》《乡村师范学校的一面旗帜》《如师之路》《内功之路》《科研之路》《教师的摇篮》《革命的摇篮》《干部的摇篮》等。

教育是一项用心灵塑造心灵，用智慧启迪智慧，用人格影响人格的事业。今天，回顾我的师范印迹，其意在于诠释师范的内核：学高为师，身正为范。

作者简介：丁兆雄，教授、江苏省人民政府督学、教育部“国培计划”专家、南通市名校长，曾先后任南通三所师范学校校长、南通师范高等专科学校党委书记，兼任江苏省高校教师教育专委会副理事长，江苏省教育学会教师教育专委会副理事长、名誉理事长。

姚古渔老校长二三事

郭进荣

姚老校长没有和我共过事。我在如中读高中时,就得知他是如师校长,如皋名人。1971 年 3 月,我从上海调回如皋,在如师参加学习,得知他已去职。1984 年我调任如师校长后,因他是学校的老领导,少不了例行看望。另外,每年正月初一,我更要照例去几位老同志家拜年。接触中,有几件小事,给了我难忘的印象。

1984 年 12 月,为加强学生对"师范"及学校发展状况的了解,立志为师,当好人师,学校在河南老礼堂举行"趋势 · 目标 · 奋发"主题报告会,给学生讲培养目标与努力方向等问题。我们把姚老接来参加报告会并请他讲话。姚老从用得最多而又很少有人解释的基本概念入手,问道:"什么是'师范'? 何谓'老师'?"全场一下子被这个看来简单可却又一言难尽的问题问哑了。就在这鸦雀无声中,他自问自答道:"我以为就是三个字'人样儿'。你们来读师范,就是来学当'人样儿',师范学校的责任就是培养'人样儿'。"由此出发,他对同学们提出了热切的要求与希望。我不禁为他对师范事业透彻入骨的理解,通俗、浅显而又准确的表述及高超的讲演艺术而顿生敬意。而在会议结束时,他对师长形象的追求,同样令人感动:那时,他已八十多岁,从台上下来要走三个木制的活动台阶,我想在旁扶着他,可他却示意我不用搀扶,坚持自己缓步走过。

1986 年 11 月,前驻斯里兰卡大使谢克西回母校探望老师。谢大使小学阶段就是姚老的学生,拜访姚老是他的愿望之一。但他因车祸重创,不能行走,语言也极为困难。我请他在校内休息,将姚老接过来相见。车到校门口,有人告诉他,姚老到了。谁知他定要坚持出来迎接,他的侄子只好推着轮椅出来。当我挽着姚老走到中一院中间时,姚老立即示意他不要起来,并急步上前与他紧紧握手。谢大使站了几下站不起来，却还坚持要叫一声“姚老师”。大约坚持了一分多钟，我们终于听到了“姚——老——师”三字。此情此景，使我感动得流下了眼泪，令我终生难忘。我想尊师爱生之情深切如此，首先是师爱生而使然。

姚老九十岁以后，身体大不如前，常常住院。1991 年 3 月的一天，听说他病重了，总是昏昏欲睡，我便于课外活动时去看他。我轻轻地走到病房前，遇到他女儿——姚静如老师。她一边向我示意，“老爹下午一直睡着”，一边轻声说：“最近不太好，总是昏昏的。”不想这话却被他听到了。他眼睁不大开，却问道：“谁来了？”我于是忙走上前去唤他。我一开口，他便招呼：“是郭校长来啦，请坐！”小姚老师惊喜地说：“哟，这会儿清醒啊！”我也为他的记忆和礼节所感动。谁料想，这以后姚老竟一天不如一天，不久就与世长辞了！

多么令人敬佩的一位前辈啊！

作者简介：郭进荣，原江苏省如皋师范学校党总支书记。

情结如丝

秦汉清

我初识如皋师范是在1964年夏。那年我参加高考，考场在如中，住宿在如师。我背着行李走到河东宿舍，只见一进六堂的平房，一条甬道贯穿南北，一色的青砖青瓦，一色的红门红窗，既整齐划一，又气势非凡。我这个初进县城的人，顿觉如师到底是老校、大校、名校，一种爱慕之情油然而生。

1970年夏，我大学毕业又经两年劳动锻炼后，分配到如皋师范工作。如师在如皋县城，是如皋的"最高学府"，如师是工作母机，我便成了老师的老师，那自豪感就甭提了。

成了如师人，天天生活在如师，对如师的了解便多了。如师属地市直管，"文化大革命"中一度中断办学。复办初，也仅仅办点教师培训班(时称"红师班")，部分资源被一所中学占用。尔后，由于办大教育之需，学校大部分资源用于高教。总之，如师自身的发展时断时续，规模时大时小，学校规划无法调整，学校基建处于停顿状态，因而部分师资自然流失。到如师工作后，目睹此状，深觉惋惜。

20世纪80年代初，如师步入了正常发展期。时代感、责任感迫使我力争当好语文老师，做好班主任。1985年，上级和学校领导又为我提供了一个新的发展平台，让我担任总务主任。我怀着对如师的深情，全身心地投入到如师的基本建设中，砌学生宿舍、盖音乐楼、建实验楼、造教工宿舍、修田径场……不遗余力地为如师的发展添砖加瓦。一幢幢楼房拔地而起，一个个工程相继竣工，如师人说如师变了，校友说如师变了，上级领导说如师变了，变得更加年轻漂亮了。此时此刻我的喜悦之情不言自明。

1991年，正当我为如师的发展默默奉献时，市领导要我去海师工作。一时间要离开朝夕相处的同事，要离开魂牵梦绕的事业，要离开如日中天的如师，感情是难以割舍的，脚步是难以迈开的。因为这里毕竟是我工作、学习、生活了二十二年的地方。下级服从上级是一个党员的天职。我只好怀着对如师的深深眷恋，怏怏地离开了如师。此后，我只要见到如师人，总觉得格外亲切，只要听到如师事，总显得特别关注。我不时为如师的成功、发展感到欣喜。

近闻如师有望升格为大专，这将是如师发展史上又一次难得的机遇，我深信如师的明天会更美好。

情结如师，情结如丝。如师校庆筹备组的一封约稿信，勾起了我对如师"割不断，理还乱"的如丝般的情结，回忆并写上了这些，谨以此作为献给如师百廿校庆的一份薄礼。

作者简介：秦汉清，原江苏省如皋师范学校语文教师、总务处主任，后曾任海门师范学校校长、南通市职业大学校长、南通市人民政府教育督导办公室副主任。

回顾几位书记校长的部分事迹

吴长茂

我于1956年考入如皋师范中师班学习，1958年留校工作，1999年退休，在如皋师范度过了44个春秋。先后在校长室做文秘工作，政工组负责人，办公室任副主任、主任，后来任副校长。由于工作关系与书记校长接触多，势必对他们工作上的事情知道得也多一些。其中有许多事让我感动、敬佩，印象深刻，至今难以忘怀。现今限于篇幅只能回顾他们的部分事迹。

姚古渔同志是新中国成立后如师的第一任校长。他是1940年参加北撤的老干部，德高望重。朱建章副校长，后任书记，平易近人，修养很高。刘勤书记，曾任南通县的副县长，很关心他人。他们三位领导在工作上有许多的共同点，是师生很敬佩的领导。他们的事业心强，正确执行党的方针政策，党的知识分子政策在如师得到了充分体现，调动了知识分子的工作积极性。20世纪50年代，如师的教师大多数是从旧社会过来的，少数人对新形势关心不够，有时也流露出一些思想问题。这三位领导都能针对各人的情况，以诚相待，推心置腹促膝谈心，让有关老师心悦诚服地意识到自己的不足与缺点，从而提高他们的工作积极性。学校领导也看到他们的进步，并注重发挥他们的作用，量才使用。在这期间先后挑选了8位老师担任了教研组长，4位老师提升为教导主任和副教导主任，推选了5位老师当县人民代表和政协委员，还选送了3位老师到扬州师院任教。教师全心全意为教书育人出力，使如师一直保持着这一良好的风气。例如，每天晚上十点钟前教师都是在办公厅里备课，每晚都是工友黄宝太同志催喊："十点钟啦，请老师们休息！"这时他们才回宿舍休息。

1964年南通地委宣传部和南通行署教育局专门派了两位同志到如师蹲点，调查总结如师知识分子工作的经验，如师得到了充分的肯定。

20 世纪 70 年代中期，葛苏人同志任如师书记兼校长。葛书记是一位老干部，曾任省教育厅某处处长、如皋县委副书记，有很高的思想水平和政策水平。他非常关爱教师，在他的支持下，不少老师成了骨干教师，有的老师还被推荐到高校任教。

20 世纪 80 年代早期，袁靖东同志任如师校长。他是一位复合型的人物，多才多艺，经常进课堂听教师的课，下食堂查看学生的伙食，学校各个方面迅速提升。1982 年 11 月江苏省《内部情况》和《新华日报》先后发表了“如师为知识分子办了 12 件好事”的文章。1983 年 11 月《中国教育报》的两位记者来校采访了袁校长，并刊登了以袁校长关心师生生活为题的照片。

郭进荣书记(曾任校长)是一位治校严谨事必躬亲的领导。在政治思想工作和校风校园建设上付出了心血。积极支持校史编写组的工作。1987 年，《如皋师范校史》花了 6 年时间终于刊印成册。当时全国有九百多所中等师范学校，有完整校史的学校仅有两所，即东北的阿城师范和如皋师范。后来他亲自动手编写了《百年如师》。《中国社会经济研究》1988 年第二期刊载了《如皋师范校史》，在国内外发行，增加了如师的知名度。

顾敦沂校长在省内外中师校长行列中属屈指可数之人，特级教师，教育学是他本行，对中等师范教育的研究造诣很深，也曾钻研过数学，课上得很精彩。师生对他的课和讲座无不佩服。他治校严谨，1988 年如师受到国家教委的表彰，顾校长为学校获得这一殊荣付出了很多心血。

陆志平校长，曾任副校长，担任如师的领导工作 13 年，是省内外中师校长中的佼佼者。他在管理上善于开拓，勇于创新，政绩突出，也是一位很有才气的特级教师。他是全国曾宪梓教师奖二等奖获得者，江苏省有突出贡献的中青年专家。他既有相当高的管理水平和教学水平，又有很高的科研能力和写作水平。在如师工作期间，有人民教育出版社出版的专著一部，发表研究论文数十篇，管理方面的论文十篇。参加了十二部文学鉴赏评典撰写，审定教材两部，还参加了八五科研课题研究。他成为榜样，在如师带动了大片的中青年人。教职员发表的文章就有两千二百余篇。其中科研论文一千七百五十篇，在省市获科研成果奖达一百多人次，获得国家级科研论文一二等奖的有十多人。凡是到如师考察的专家学者都对此叹为观止。

受学校之邀，我将回忆的这一部分内容整理成此文，以此恭贺如皋师范学校120周年华诞！

作者简介：吴长茂，原江苏省如皋师范学校副校长。

从如师走出的革命家、教育家刘季平

刘　爽　刘鲁讲述　　黄天铨　整理

刘季平(1908—1987),革命家、教育家。原名刘焕宗,笔名力花、满力涛等。江苏如皋潮桥(今属如东县)人。

1923 年至 1928 年就读于如皋师范。土地革命时期任中共晓庄师范学校支部书记、中共南京市委宣传部部长。抗日战争时期曾任上海左翼教联总务,抗战教育研究会、生活教育社常务理事,新四军抗大九分校校长、党委书记。解放战争时期任苏皖边区人民政府委员兼教育厅厅长,华野随营学校副校长、校长,苏南行署副主任。新中国成立后,历任中共苏南区委员会常务委员,上海市副市长,中共山东省委书记处书记,中共安徽省委书记处书记,教育部党组副书记、副部长、代部长、常务副部长等职。1973 年任北京图书馆馆长。1979 年创建中国图书馆学会。第五、六届全国政协委员。1981 年 2 月任国务院文化部顾问。1985 年被选为中国陶行知研究会会长。

2021 年,为纪念中国共产党成立 100 年,并为庆祝如皋师范建校 120 年预做准备,受有关方面委托,整理者多次采访了刘季平老首长的子女,请他们回顾了他们父亲为革命事业立下的丰功伟绩,以激励后人不忘革命传统,将革命的火炬一代一代传承下去。

讲述人:

刘爽,78 岁,系刘季平同志二女儿。退休前任中国国防工业工会副主席、巡视员。现居北京市。

刘鲁,74 岁,系刘季平同志次子。退休前任科技日报社监察室主任。现居北京市。

刘鲁：

父亲刘季平，1908年5月16日，生于如皋双甸北乡袁家庄(今属如东县)一个普通教师家庭。1923年考入如皋师范读初中，后升入高师。如师是一所具有革命传统的学校，1922年校友吴亚鲁从南京回到母校组织了革命团体“平民社”。父亲进校后，深受新思潮影响，积极参加反帝反封建的学生运动。1925年“五卅”惨案发生，父亲和同学们一起走上街头，张贴标语，发表演说，查抄日货，揭露英日帝国主义侵略我国的罪行，还到各乡镇去开展活动，极大地激发了城乡人民的爱国热情。1927年2月，父亲经石俊、马晓天介绍，加入了中国共产党。从此，他在党的领导下一步步成长为坚定的共产主义者。

1927年蒋介石发动了“四·一二”反革命政变，如师校园内，“清党”与反“清党”的斗争日趋尖锐化。校长、训育主任由国民党人员朱定钧、蒋建白接任，他们严禁学生参加革命活动，开除进步学生。父亲与石俊等学生坚持斗争，在校内召开大小会议，在校外发表演说通电宣言，争取社会舆论支持。校长就伙同训育主任对他们所在班级实行罢教。党支部决定动员学生自己上课，进行反罢教斗争。由父亲授化学兼体育课，程世俊授国文课，石俊授数学课，何廷琛授英语课，王汝舟授物理课，张远谋授生物课，马曙东授美术课。授课学生在进步教师的指导下，认真备课，教学效果良好。学生上课将近一个学期，最后父亲和马鹤松、石俊等七人被省教育厅下令开除学籍。

父亲等人被开除后，如皋县教育局局长吴文奎(舒国)伸出援助之手，将他们介绍给陶行知先生，1928年2月父亲转学南京晓庄师范学校，党组织关系也转往中共南京市委。1928年夏，中共晓庄师范学校支部诞生，父亲任支部书记。

当时晓庄附近有许多军阀溃兵流窜，扰乱社会安宁，在陶行知校长的支持下，晓庄建立起“联村自卫团”，陶行知任团长，父亲任副团长，团结晓庄进步青年，领导师生边学习边训练，有效地保卫了村庄和学校。由于党支部工作比较活跃，陈云同志当年的巡视报告里赞扬“南京一些支部有了群众，以晓庄为最好”。

1930年1月，父亲担任中共南京市委宣传部部长。市委派他到上海学习“中国自由大同盟”公开活动的经验。回来后，他组建了“中国自由大同盟南京分会”。4月，英商和记洋行蛋厂爆发工潮，遭到血腥镇压。市委派我父亲负责组织游行示威，晓庄师生为万人游行队伍的前导，引起了当局的注意。国民党军警查封了晓庄师范，并通缉陶行知。5月下旬，在党内左倾路线的指令下，父亲奉命去金陵大学发动师生参加纪念"五卅"全市罢工、罢课、罢市等"五罢"大行动。在集会上，父亲明知有密探在场，仍奋不顾身散发传单而当场被捕，送监狱关押。此后，我祖父刘逸东在探监时，将巧藏着钢做的酵条（如皋一带的一种长形馒头）送进监狱，父亲于1931年2月16日（阴历年初一）利用看守防范松懈的机会，与同监4名难友锉断铁镣越狱，潜往上海。

1932年"一·二八事件"发生之后，父亲与上海党组织取得联系，负责筹建"上海左翼教育工作者联盟"并担任党内负责人，编辑出版《教育新闻》。6月25日他在法租界再次被捕（化名徐建人），遭受酷刑审讯，但他始终没有暴露共产党员的身份，结果仍以"政治犯"罪名判处徒刑5年。1933年春，父亲因发动全牢千名犯人举行"大狱啸"示威，被转移到山东烟台监狱关押。不久，他和同去的难友一起进行了7天6夜的绝食斗争，迫使监狱当局答应他们提出的部分要求，还把上海巡捕房发还的一箱书送进牢房，其中有《资本论》《政治经济学》等马列主义理论书籍，甚至还有以《国色天香》书名作掩护的中共六大文献。父亲以牢房当书房，学习革命理论，用"满力涛"（"满力"系"马列"的谐音）等笔名写了十多篇有关政治、哲学和教育方面的文章，然后争取一名看守代寄，在《生活教育》《现世界》《新中华杂志》等进步刊物上发表。

1937年7月卢沟桥事变发生后，第二次国共合作形成。经组织营救，父亲于8月12日获释。后任中共湖北省工委宣传干事，奉派到国民政府军委政治部三厅任中共党的特支委员，军委桂林行营政治部党的特支委员等。40年代，先后担任苏中二专署专员、苏南行署副主任，抗大九分校校长，华野随营学校校长。先后为苏中根据地的教育事业和培养大军南下急需的党军政干部做出贡献。

50年代，先后担任上海市人民政府秘书长、副市长，市委常委。50年代末至60年代初先后调任山东省委书记处书记和安徽省委书记处书记，他坚决按中央的指示办事，日理万机、力排干扰、全力以赴，完成了抗灾救灾、甄别平反、拨乱反正等多项老大难的工作。

刘爽：

1987 年 9 月 17 日，张劲夫同志在《人民日报》发表文章说：刘季平是“我国著名的革命教育家……他为培养人才呕心沥血。他对我国人民教育事业的建设、发展和改革，作出了重要的贡献。”

父亲之所以能够在国家人民教育事业上屡屡取得成就，是因为他把伟大的人民教育家陶行知先生生活教育的科学理念植根于党的事业中。1928 年春，他转学南京晓庄师范后，对校长陶行知非常钦佩，耳濡目染，逐步树立了为党和人民的教育事业献身的理想。

他 1937 年 8 月后，在上海生活教育社和武汉、桂林的抗战教育研究会和全国战时教育协会工作期间笔耕不辍，得到了中共中央《关于全国教育界各小派别小团体推广统一战线工作的指示》的认可——“有许多前进的青年和革命知识分子参加在里面，他们今天的教育活动可以说是为民族民主革命，为大众服务的，是新民主主义教育的亲近的朋友”“对于他们中愿意到各抗日根据地服务于教育的热心分子，应该欢迎他们并帮助他们前赴各根据地。在这方面，尤其要注意吸收生活教育社及职业教育社的人员。”

1941 年 2 月，父亲进入苏中根据地，先后任抗战教育研究会常务理事、苏中行署文教处长兼管行政学院工作。他和教学人员商定采用“从实践中培训干部”的教学方法，由教师带领学员深入基层调查研究，联系实际，学习党的方针、政策和各项业务，迅速地培养出了一批地方干部，以适应根据地政权建设之急需。暑假中，他跟苏中四分区洪泽、夏征农等领导干部在马塘北乡许家楼创办暑假文研会，通、如、海、启四县有 300 多名教师参加学习。他在会上做了《论新民主主义文化教育》的报告，还主持召开了“苏中教师抗敌协会”成立大会。

1942 年 10 月，父亲主持行署文教处发布了《苏中各县区冬学促进会组织大纲》，亲自编发了冬学课本《万事通》，到冬学班里听课，推动了冬学运动的开展。这年冬季，全苏中根据地上冬学的青壮年达 15 万人之多。11 月底，他根据苏中区党委的安排，陪同邹韬奋到设在温豪桥的南通中学、魏家庄的邱陞中学、“联抗”地区的紫石中学以及其他地区视察。年底，他任抗大九分校副校长兼苏中党校校长。除夕之夜，他率领学员和属于九分校建制的一师一、三旅教导大队，渡江南下到达茅山根据地，一面进行军事政治教育，一面协助十六旅搞好新区开展工作。1943 年 11 月中旬，父亲到苏中三分区视导文教工作，在《答〈江潮报〉记者问》中阐述了苏中根据地的文教方针："团结一切文教工作同人，统一意志，集中力量，在抗日民主总目标下，实施新民主主义教育，提高根据地人民政治文化水准，以适应团结抗线、建设新中国的实际需要。"1944 年 6 月，他拟发了苏中行署文教处《彻底改造文教工作的十大要领(草案)》，将改造文教工作提上议事日程。

1945 年 12 月始，父亲任苏皖边区政府教育厅厅长，并于次年 4 月在淮阴召开的华中宣教大会上做了《论目前华中解放区教育工作》的报告，提出苏皖边区教育要宣传新民主主义思想，教导人民识字、明理、翻身、兴家、立业，培养各种干部和专业人才，制定了为建设新民主主义的苏皖边区，提高人民政治经济文化生活而奋斗的总方针，还规定了各类各级学校的学制、办学目标和办学方式，把"发展群众教育""巩固小学教有"和"改造中学教育"确定为边区教育部门的中心任务。1947 秋，他任华东野战军随营学校副校长、校长，开展新式整军运动，培训万名干部，为支援新区政权建设做了贡献。1949 年 4 月 23 日，父亲任苏南行署副主任兼文教处长。7 月，为纪念陶行知逝世三周年，连续发表《祭陶行知先生》《造成教育思想上一个伟大的革命》两篇纪念文章，高度评价陶行知的光辉一生，以要为新中国教育事业做出成绩的誓言告慰先师。

1950 年 4 月，父亲任华东军政委员会文化教育委员会委员，他参与决策华东文化教育事业改造发展等工作，及时组织力量接管各级各类学校，使苏南地区的教育事业迅速得到恢复发展。他曾数次主持寒暑假教师讲习会，亲自主讲《论新民主主义教育》《社会发展史》等专题。1952 年 3 月，父亲任上海市副市长、市府秘书长、兼任上海市教育卫生部部长，为发展上海市经济、外事、文教、卫生、科技、体育等事业，以及加强市政建设、贯彻党的知识分子政策等方面做了大量工作。1959 年 3 月至 1962 年春，他先后担任山东、安徽省委书记处书记，其间还心系教育，在《红旗》杂志发表《广泛运用运筹学为社会主义建设服务》。

1963 年 8 月起，父亲先后任教育部代部长、常务副部长和党组副书记。他积极贯彻党的教育方针，进行中小学教学改革。1964 年 6 月，他邀请出席共青团九大的 10 位回乡知青座谈学校教育。1965 年 4 月主持召开中小学教育改革座谈会，并代表教育部党组做了总结报告，指出："中小学教育改革要以实际出发，逐步改革课程、教材、教学方法和考试方法；改革要经过试验，取得经验，逐步推广，要着重抓大是大非，保证中小学教育改革能够积极慎重地、有领导地、有步骤地进行。”

1984 年 10 月，父亲出席安徽歙县陶行知纪念馆揭幕典礼暨年会，并做《再谈社会主义现代化教育新局面》报告。1985 年 9 月，筹建中国陶行知研究会，并当选为会长。

采访后记：

1. 刘季平在如师学习的年代，不少材料记为 1924—1927 年，而《刘季平文集》中，他本人的自述却是 1923—1928 年初。为什么会产生这样的差距？原因在于不少作者忽视了如师当年的学制，认为如师是中等师范，当然是三年制，其实，如师在 1923 年恢复招收了一个初中班，初中读完后可以再读师范，15 岁的刘季平就是这个班 51 人中的一名。刘季平同班同学石俊(1907—1930)烈士的有关材料也记载了石俊于“1923 年夏考入江苏省第二代用师范(即如皋师范)”。刘季平入党后，和石俊在一个支部并肩战斗。

2. 值得一提的是，刘季平还是中国图书馆事业改革发展的先驱。1973 年 4 月，他调任北京图书馆馆长。1978 年，十一届三中全会后，中国开启了改革开放的征程。中国图书馆事业也由此掀开了现代化、国际化发展的新篇章。3—4 月，刘季平在南京主持召开“全国古籍善本书总目编辑工作会议”，会上他重申周总理遗愿，进行了动员。上海社会科学院王世伟研究员说，刘季平“以大视野启动中国图书馆事业走向奋起追赶的新起点”“以大格局谋划中国图书馆事业走向科学管理的新起点”“以大战略创新中国当代图书馆事业走向开放共享的新起点”“以大趋势推动中国图书馆建筑走向新馆建设的新起点”。刘老期望新一代图书馆人抓住历史机遇，勇立潮头，推动中国图书馆事业从封闭走向开放，从传统走向现代，取得举世瞩目的辉煌成就。1979 年 7 月，刘季平当选中国图书馆学会理事长。

1980 年 5 月 28 日，刘季平向中央书记处汇报发展我国图书馆事业的意见，对全国图书馆事业的建设和发展起了很大的推动作用。7 月，刘季平被任命为图书馆事业管理局筹备领导小组组长。1981 年 4 月，刘季平调文化部任顾问。1983 年 9 月 23 日，刘老参加北京图书馆新馆工程奠基典礼。

正如国家图书馆馆长兼党委书记韩永进在论文《图书馆事业改革发展与刘季平同志的发轫贡献》所写的：“回望 40 年来中国图书馆事业走过的不

平凡的发展道路，必然使我们怀念起那些具有非凡勇气、魄力、智慧和牺牲精神的改革先锋们，是他们开启了中国图书馆界波澜壮阔的改革开放时代。时任北京图书馆（今国家图书馆）馆长的刘季平同志就是其中的杰出代表。”

（本文曾经过被采访者审改）

作者简介：黄天铨，曾任原如皋高等师范学校地方文化研究所所长，退休后任政协如皋市文史委员会特邀编审、如皋市历史文化研究会副秘书长，如皋诗词楹联学会（原）理事，冒辟疆文化研究会顾问，另为江苏省老年书画研究会、红十四军研究会等六个学会会员。

回忆我的外公姚古渔

王若梅

我的外公姚古渔，曾任江苏省泰兴县黄桥中学、泰兴中学校长，江苏省如皋师范学校校长。如今，他已离开我们32年，每当想起他老人家，心情总是不能平静，脑海里他的形象仍旧清晰、慈祥，缅怀之情油然而生。

坚定从教信念，踏上教育救国革命道路

外公1900年生于江苏省泰兴县，1919年考入江苏省无锡师范学校，1924年毕业。毕业后在无锡师范附属小学、泰兴城中小学教书共12年，后任城中小学校长2年，1936年在泰兴中学教书4年。1941年经刘伯厚先生介绍，外公到泰兴乡村师范学校工作，任副校长，这是一所新四军东进以后由抗日民主政府创办的学校，外公从此走上革命道路。1944年初，外公转至宝应，任苏中三分区联合师范学校乡师部主任。1945年，调至泰兴黄桥中学任校长，兼任苏中专署教育处编审室编审员工作。1946年经泰兴县委批准，加入中国共产党。1948年，委以重任恢复泰兴中学办学，任泰兴中学校长。1949年8月，从泰兴中学调至如皋师范学校任校长，直到1972年离休。在如师工作的24年间，外公先后历任如皋师范校长、如皋师范党组书记、如皋县委第二届和第三届常委委员、第一次县党代会代表、南通地区教育学会名誉主席、全国文字改革委员会委员、汉字简化专家。1960年随国家教育代表团赴苏联、民主德国和波兰参观考察。1991年3月离世，享年92岁。

20世纪初，积贫积弱的中国危机四伏，一代爱国志士、青年才俊热血澎湃，积极探求救国救民之路，希望的目光不约而同地投向了教育，向强求富

挽救国运的教育救国思潮应运而起。在这样大环境下,1919 年外公毅然报考了师范学校,在校期间受到五四运动的洗礼,思想开始觉醒,对腐败黑暗的社会现状深恶痛绝,民族意识感增强。毕业后义无反顾地踏上了乡村教育之路,扎根平民教育,在无锡、泰兴两地的中、小学教书任职 18 年。1941 年到泰兴乡村师范学校工作,参加革命工作,走上了革命道路。泰兴乡村师范学校是 1941 年由泰兴县政府主办,它实际上是抗日民主政府中国共产党领导下的一个学校,以师范学校为名义创办,其真正的办学任务是为党和国家培养党、政、军方面的人才,因此招生条件非常严格,刘伯厚任校长,外公任副校长。当时学校的很多教师和学生都是共产党,他们思想积极,怀揣革命理想。毕业后大多数学生从事党的工作或进入部队,在重要职位上为党和国家工作,部分毕业生从事教育工作。学校除常规的文化课教学以外,还开展抗日爱国、反伪斗争宣传,发展进步师生入党,成立青年解放团,与展开救亡活动。在这样的氛围影响下,外公的思想发生了极大的变化,主动接近共产党,积极为党工作,并且看了很多进步书籍,这一切为外公走上革命道路,成为共产党人打下了坚实的基础。

外公还动员我两个舅舅报考泰兴乡村师范,感知新文化新思想,接受新人生观教育,两个舅舅后来也成为学校思想进步的学生骨干,参加各种抗日反伪活动,逐步走上了革命道路。另外,外公当时有一位学生叫肖九成,也是我大舅在泰兴乡师的同学,学习期间他加入了中国共产党。新中国成立后,进入党政机关工作,1959 年 10 月—1963 年 11 月任泰兴县委第二届委员会第一书记,之后曾担任南通市委副书记,70 年代末任南京市委副书记。

1941 年,随着汪伪政府发动的“清乡”运动以及日伪军的不断骚扰,国统区对学校和师生的思想控制和政治迫害变本加厉,学校笼罩在白色恐怖之中,办学十分困难。为避免敌人袭击,学校采取游击办学方式,往往膝盖为桌,背包作凳,席地而坐,随时转移。1944 年初,苏中军区三分区决定让泰兴乡村师范北撤至苏中专署所在地宝应。外公和全体师生职工,大约四五百人在军区部队的护送下,穿过敌人封锁线,顺利到达宝应。学校迁至宝应后,与三分区其他几个北撤的学校合并,成立三分区联合师范。当时苏中分四个分区,泰兴县、如皋县、泰州县、靖江等属于第三分区,因此组建的学校称为三分区联合师范学校,简称三联师范,刘伯厚任校长,外公任乡师部主任。刘伯厚在 1946 年的一次北撤至阜宁途中,遭敌机轰炸,献出生命。

1944年前，由于外公带领我两个舅舅在外积极参加革命活动，参加反伪反日宣传，而且外公家也逐渐成为当时周边地下党开会、传递情报，以及掩护党组织人员撤离的一个秘密地点。1944年9月，在反伪化斗争中，遭当地汉奸出卖，外婆不幸被抓，被日伪军绑在院子的树上吊打，要她交出外公和两个舅舅的下落，外婆至死不说，最后被用刺刀刺死，惨烈悲壮，那年她43岁。外婆是她娘家唯一的女儿，她的母亲为此哭瞎了眼睛，并把自己百年后的棺材给外婆用，这是何等悲痛和辛酸啊！在我的记忆中，只要一提及此事，我母亲就会掩面痛哭，精神崩溃，甚至晕倒，因为我母亲目睹了外婆的遇难。如今，每每说起外婆，我舅舅、我姨娘也是老泪纵横，泣不成声。

天崩地裂的劫难犹如五雷轰顶，外公心如刀割，悲痛欲绝，肝肠寸断。1944年家庭遭受的不幸更是让外公坚定了革命意志，坚定了教育救国信念。处理完后事的外公强忍悲伤，怀揣国仇家恨，再次踏上征途，从此唤醒良知，启迪民智的教育救国信念更为坚定而决绝，一路前行，为国家培育热血青年、栋梁人才。

1945年秋日本投降。同年年底，外公被派往泰兴黄桥中学任校长，兼任苏中专署教育处编审室编审员工作，1946年加入中国共产党。当时的黄桥中学校园遍地狼藉，墙垣倾塌，满目疮痍，齐胸深的战时壕沟把校园围了一圈，校园一角还龟伏着日本兵修建的三个碉堡。就是在这样的情况下，外公走进了黄桥中学，开始了艰难的履职。当时黄桥中学有不少教师是共产党，外公日记中提到过吴荣成和姚琮两人，姚琮和吴荣成的公开身份分别是教师和学校教务主任，但他们的真实身份都是中共地下党，先后担任黄桥中学支部书记，负责组织发展工作。吴荣成还曾担任过陈毅的机要秘书，新中国成立后担任南京太平天国历史博物馆馆长。1947年，蒋介石部队全面进攻苏中地区，黄桥中学处境危急，外公随苏中三分区部队北撤至大丰县一带，任苏中专署教育处编审室编审员。

1945—1946年间，苏中地区的斗争异常残酷，泰兴中学因此被迫解散，与其一道解散的还有如皋、泰兴、泰州、靖江四县根据地的其他全部学校。1948年7月，外公由组织派回南线，进行泰兴中学恢复办学的前期准备。1948年底泰兴全城解放，外公被苏中专署委派随军入城，接管泰兴县五所学校，并将接管的五所学校合并到泰兴中学，外公任泰兴中学校长，他是1948年泰兴解放后的第一任校长。

我大舅、二舅也投入了革命。1944 年底我大舅调任兴化县公安局派出所所长，保一方百姓平安，1948 年在一次剿匪战斗中，冲锋在前，身负重伤，腰部多处被子弹打伤，倒在农田里不能动弹，幸好被当地一位好心人发现背回家中。由于伤势过重，我大舅被送到中央医院（现东部战区总医院）治疗两年，没有好转，后又转到鼓楼医院治疗，由于当时缺医少药，病情更为严重了，治疗几乎无望，之后在绝望的情况下不得不转入南京郊区的一个小医院。那时我大舅的肚皮上已隆出一个拳头大小的脓包，命在旦夕，在没有任何救治办法的情况下，外公只得把我大舅带回泰兴老家，让他躺在石膏板床上。当时外公准备变卖家产，尽其所能救治大舅。幸运的是，大约在 1950 年，通过组织关系，外公买到几十支链霉素，这才让我大舅的病情得以好转。

1945 年 7 月，我二舅前往苏中第三军分区军事干校学习，结业后进入华中军区司令部四纵队，当时 16 岁。1946 年华中军区部队与山东军区部队合并，成立华东野战军，我二舅转入华东野战军第三纵队司令部，从事情报收集工作。二舅前后参加过大小战役几十次，其中有 1946 年鲁南战役、1947 年孟良崮战役、莱芜战役、1948 年淮海战役、1949 年渡江战役等重大战役。至今，我二舅还珍藏着参加淮海战役、渡江战役等多枚勋章和纪念章。在战争时代，我二舅随部队南征北战，再加上二舅当时在部队从事的是情报工作，对外保密，因此与家里失去了联系。1948 年外公在淮海日报上刊登寻人启事，费尽周折才找到我二舅。提起大舅、二舅，外公满脸是自豪和骄傲，外公经常勉励他们好好干革命！听党话，跟党走，跟着中国共产党就一定会取得胜利！这句话其实也是外公激励自己的至理名言，他一生坚定共产主义的信仰，坚信只有共产党，才能救中国！

倾注满腔热情，带领如皋师范励精图治

1949 年 8 月奉苏中专署之命，外公从泰兴中学调入如皋师范工作。当时，泰兴和如皋两地间的交通不便，没有往返汽车，外公靠着一双脚，硬是从泰兴一直步行到了如皋，开始了他长达 23 年的师范教育生涯。当时的如皋师范是由隶属苏中三分区的泰兴、泰州、靖江、如东、如皋五个县的师范学校合并组建而成，教师和学生全部来自这五所学校，他们的政治身份、立场观点、经济地位、人生经历各不相同，情况比较复杂。新组建的如皋师范人杂

地生，百废待兴，又逢解放初期，国家困难，经济薄弱，物资匮乏，作为一校之长，外公承担的办学压力、管理压力、师生的生活压力难以想象。

50年代，如皋师范创业初期所面临的首要困难是办学基础差，建校任务重、师资人员短缺，教学设施破旧。学校当时的教室都是矮小平房，墙体脱落，屋顶漏雨，窗户上的玻璃残缺不全，有的则用旧棉布或纱布固定在窗框上，作驱挡寒风之用。师生的宿舍也非常简陋，低矮潮湿，门窗漏风，有时还会遭虫鼠之患，学生是几十个人合住一个大教室，非常拥挤，那种环境是我们当下无法想象的。学校办学的基本条件得不到保障，教学就会受到影响，人心就会涣散，外公深感责任重大，唯有负重前行，才能有所成就。

外公的工作思路是，广开言路，民主治校，启用来自五所学校的管理人才和业务骨干，集思广益，克服一切困难，保障教育教学工作的顺利开展。教职员工除了完成正常的本职工作之外，还要轮流参加学校的工地劳动，参与教室和宿舍的建设，培养主人翁精神和集体主义意识，热爱学校，珍惜劳动成果。外公积极带头，身先士卒，主动到工地参加劳动，并对参与劳动的教职员工们表示感谢和慰问。在他的感召下，大家情绪高涨，齐心合力，对工作投入热情和激情，对学校充满信心和希望。外公对这一段白手起家的艰难岁月恋恋难忘，每当回忆感慨万千，激动不已。50年代中期终于在学校北苑和东苑（也称河东）兴建了一批教室和师生宿舍，极大地改善了教学环境和师生的住宿环境。90年代后期东苑最南边拆除的五排青砖平房就是那时修建的，现在取而代之的是现代化的学生公寓和教工宿舍楼。

新中国成立初期，教材也是急需解决的困难之一，当时很多课程没有统一的教科书，尤其正式出版的数、理、化教材更少，大部分教材由教师自编。为了印刷自编教材，教师需要在钢板上刻写几十页蜡纸甚至更多，教师都是利用晚上时间一字一字地刻写出来。刻写钢板不容易，刻错了很难修改，它也不像在纸上写字，能清楚地看到字的好坏或对错。想想我们现在用的电脑、打印机，省时省力，高效快捷，真是太幸福了。外公非常感慨艰辛创业的经历，他常对我们说，50、60年代的老师虽然在物质生活上非常贫乏，然而他们的精神世界却显得极其富有，不管他们遇到什么困难，面对怎么样的工作条件和生活环境，大家的脸上总是洋溢着朴素和纯真的笑容，这就是如师最为宝贵的"精神财富"，有了"精神财富"，就没有克服不了的困难。

50、60年代，读师范免交学费和伙食费，也就是说免费上学、免费吃饭，因此让学生吃饱肚子便成了当时学校的工作重点。在经济条件较为困难的那个年代，要让师生吃饱三顿饭，不是一件容易的事，外公带领学校全体教职员工积极行动起来，群策群力，号召大家奋发图强、自力更生、自给自足，以顽强的意志战胜困难。50 年代，外公创新性地发动食堂的师傅自己动手养猪，定期杀猪改善师生的伙食，还组织食堂师傅种菜种豆，种花生种山芋，与轮流值班的劳动班级一起，负责各种菜、豆、花生的播种和浇水，收获后全校师生共享劳动成果。外公还大胆地制定了学生参与食堂管理计划，让学生走进后厨，零距离感受食堂师傅的辛苦工作，以及伙食原料来源的实际困难，采取轮流值厨、帮厨制度，让学生感受困难时期生活的来之不易，从而倍加珍惜学习时光。外公这个破解伙食困难的方法一直持续到 60 年代中期，当然后期田间的收成也自然变得更加地丰富和充足。

为了学校，再难再苦的事外公都要尽全力做好。60 年代初，外公又率领一部分教师走出课堂，兴办实业，用兴办实业获得的款项保障学校各项工作的开展，保证学生基本的生活和伙食质量。学校先后办起了农场、粉笔厂和造纸厂，号召学生勤工俭学，艰苦奋斗，用双手养活自己。外公经常是一身工作服，主动带头下农场、走田头，进车间，在他的工作包里总能看到校办工厂生产的粉笔和纸，只要有合适的机会，他就拿出来向别人介绍，有时还专门跑关系，做推销。他常说，我们每个人都是普通劳动者，热爱劳动是中华民族的传统美德，劳动能创造财富，劳动更能创造幸福。外公的这句话充分展示了他的为人修养和生活智慧，也体现了他对劳动的热爱和对事业的执着。通过劳动创造财富，助力学校度过困难时期，让教师安心教书、学生安于学习，让学校得以生存和发展，这是外公的大智慧，这应该就是智者借力而生，慧者运力而存的真实体现。如皋师范的兴业助学，一度成为开门办学的新风洗礼和称颂佳话。

在我懂事后，外公曾多次给我讲过这段经历，他说，那段生活是艰苦的，但是师生的工作热情很高，有种纯朴的忘我劳动精神，大家的心情是愉快的，日子过得虽苦犹甜。外公就是这样凭着敬业的工作精神和慎思明辨的教育头脑，把学校一步一步地带出了困境。当时如师的农场和工厂办得很红火，在如皋城也小有名气，还吸引了不少人从外地赶来参观学习。时隔半个多世纪，老校长为学校日夜操劳的身影和忘我的敬业精神还让当年的学子念念不忘，感慨万千。

教学环境和生活条件得到一定的改善后，全校教职员工的工作干劲更足了，学生也能吃饱肚子，身体素质得到了相应的提高，学习热情更加高涨了。外公深知所做的一切工作都是围绕着学校的生存和发展、围绕着教书育人、育人成才这一目标，他总是语重心长地对学校老师说，十年树木，百年树人，要真心诚意地爱学生，竭尽全力地教学生，不要做对学生没有丝毫感情的“知识贩子”，要牢记教师的神圣职责，即便学生的文化底子薄，也要认真对待，因材施教，教人求真，教做真人，让学生长大后成为有用之才，能为社会服务。坚守教育初心、教书育人是外公毕生的追求和信念。

为了庆祝新中国的成立，配合土改运动，让学生真正懂得“只有共产党，才能救中国”这一道理，外公带领学生走出学校，通过办冬学、演节目的方式，宣传党的领导，宣传党的政策。1949 年，东台的治淮工地上出现了学生兴办冬学的身影，白天参加劳动，晚上为民工扫盲，教他们识字念书，向他们宣传新中国成立的意义，实现教育为广大民众服务的目的。外公循循善诱，引导学生把热爱共产党、歌唱共产党的无限感情融入实际行动中，50 年代，由学生自编、自导、自演的歌剧《白毛女》在如皋人民剧场上演，演出 7 天，场场爆满，数万人观看，学生演员用最朴素的阶级情感传递出反压迫的精神和追求光明的坚强意志，老百姓拍手称好。《白毛女》的演出一度成为当时如皋县城轰动一时的大事，百姓津津乐道的就是观看如师学生表演的《白毛女》。据当时的学生演员回忆，外公多次亲临排练现场，他总是不惊扰别人，悄悄地站着一角或坐在舞台一边，以一种欣赏的眼光去观看。排练间隙，和学生演员交谈，探讨角色理解和台词编排。演员们总喜欢围着外公，说说笑笑，外公能随口报出他们的名字，和他们攀谈，彼此间非常熟悉和融洽。三年前我曾探望过当年出演《白毛女》喜儿的一位长辈肖老师，她对那段历史记忆犹新，每当谈起姚老校长激动不已，称老校长是她一生的师长和楷模。

1955 年前后，学校还组织了莲湘队和腰鼓队，一来丰富学生的课余生活，二来活跃学生思想，营造严肃紧张、认真活泼的学校氛围。打莲湘是一种传统民俗舞蹈，莲湘是由一根约长三尺、比拇指粗的竹竿，两端镂成三个圆孔，每一孔中各串数个铜钱，涂以彩漆，两端再饰花穗彩绸制作而成。表演时用莲湘敲击头、肩、背、腰、腿等部位，发出清脆的响声，充盈着飞舞之美和欢快之悦。如师莲湘队和腰鼓队在当时的如皋及周边的县乡镇很是有名，经常会被邀请出演县城等地的一些大型活动，为群众送去丰富的精神食粮，提振群众的“精气神儿”。

外公身为一校之长，平易近人，待人亲和，克勤克俭，对学校教职工的感情朴实而深厚，教职工回报给外公的则是尊敬和敬佩，以及工作上的勤恳和认真。外公经常出差在外，回来晚是常事，每当这个时候，尤其是冬天，食堂的师傅总想特地为他烧点饭菜，而他都是婉言谢绝，说不麻烦了，用冷饭或锅巴烫点粥就行了。50 年代，如师食堂的伙食水平普遍较低，经常是一天三餐稀饭，外公当时就餐于食堂，和师生同吃一锅饭。有一次一位食堂师傅好心地把一块猪肉放进外公的碗里，用米饭盖上后递给了外公。发现了秘密以后，外公很感动，他端着碗，走到这位师傅面前，表示了他真诚的感谢，同时又说，我虽为校长，但不要给我搞特殊，大家吃什么，我就吃什么，这样我心里踏实、舒坦。事后大家都说，姚校长总是这样以身作则，不搞特殊化，不摆架子，像他这样严于律己、宽以待人的校长真是难得啊！姚校长为大家树立了好榜样！

50、60 年代，家庭经济困难的教职工很多，其中不少是多子女的，或家住在农村，外公总是想法为他们排忧解难，尽力帮助他们解决后顾之忧，比如农场收获的蔬菜、花生、山芋、豆子等多分一点给困难教职工，再比如，关心困难教职工的子女入学，帮助申请学费减免或补助等，这些都是外公的工作内容。当时学校除了极少数的本地教职工不用解决住房之外，绝大部分人的住房要依赖学校解决，在那个年代，一切资源匮乏，校舍严重不足，即便如此，每次调整学校宿舍时，外公总是把稀少的资源留给教职工，把最好的住房分配给教师，为的就是让一线教师安心教学，外地教师扎根如师，而他自己永远是最后一位。外公曾经住在校北苑东长巷最南端朝北背阳的小屋里(现已拆除)，而且一住就是十几年，多少次学校要给他调整宿舍，他都把机会让给别人，他说:“住这儿，我习惯了。”简洁朴素的话语至今让人回味，让人深思与留恋。直到 1968 年，我们全家才搬到河东东苑，住进了五排青砖平房第二排最西边的两间房。外公生前多次教育我们，要做一个善良、无私、有爱的人，要以仁爱之心，善待他人，爱护他人，外公的修为和风范值得后辈永远牢记和学习。巧合的是，1984 年我被分配到如师工作，再次住进了北苑东长巷最南端朝北的那间小屋，我很高兴，也很珍惜，因为它曾经是我的家，它给了我很多童年的故事和难忘的温馨，我 5 岁前就是在那里度过的。

外公在日记里这样写道:站在自己的角度上想一想很重要,站在别人的角度想一想更重要;对己对人想一想,多为大局想一想,这样才能促进革命的大团结。在我走上工作岗位以后,外公经常教育我,要热爱学生,苦练教学基本功,埋头实干,努力进取,要有严于律己的勇气和宽以待人的度量,争做一名优秀的好老师。每次翻开外公的日记,都会长久凝视这些文字,陷入沉思,一次又一次被深深打动。外公为人高尚、克己奉公的形象此刻又再次浮现在我脑海,他向我微笑,对我教诲,我仿佛又回到了他老人家的身边,一股暖流流遍全身,难以释怀。

外公一辈子从事教育事业 60 余年,桃李天下,无论是哪一个阶段的工作经历,外公的教育理念始终围绕教书育人、教做真人。在他长达 20 多年的师范教育生涯中,培养学生做"人样儿"、育全人始终是他的工作重点。他对师范教育一生信奉的哲学是,培养学生学高为人师、身正为人范,做"人样儿",做榜样。他常说:师范生是未来的教师,要为人师表,做学生的表率,用通俗贴切的比喻来形容就是要做"人样儿",因此,无论是做人,还是做学问,要笃实、深厚、富有才华。他对广大学生语重心长地说,做一名合格的师范生不容易,要有扎实的教育素养和教学能力,要讲好普通话、练好粉笔字、钢笔字和毛笔字、写出好文章,这些技能是今后的立身之本,在师范学习阶段必须牢牢掌握,为己所用。继而他对全校师生提出了"一口普通话,一手好字,一手好文章"的口号,敦促学生反复练习,不懒惰、不厌倦,坚持不懈,百炼成才。对成绩不达标准的学生进行补课,如果在规定时间内成绩仍旧不及格的,要求留级,教学管理很严谨。

令人敬佩的是,无论学校工作多么繁忙,外公始终保持谦虚谨慎的学人风范,每学期都会走上讲台,亲自授业,传道解惑,以渊博学识和敬业精神感染、影响着当时的学子和教师。整个学校呈现出和谐融合、尊师重教、互敬互爱的良好氛围,教师诲人不倦,学生励志好学,这也印证了如皋师范的"真实"校训和"贵全"宗旨,笃实力行、求真务实。很多 50、60 年代的校友回忆当时的师范生活,都觉得紧张而又愉快,单纯而又充实,在专业思想和教学技能方面得到了很好的培养和教育,教学基本功扎实,从教信念终生不渝。那个年代的如皋师范为苏中地区输送了一批批优秀毕业生,为新中国的基础教育事业做出了自己的贡献。

外公在对学生进行思想教育方面有其独到之处,他从不空洞说教,而是理性感化，心灵碰撞，让学生真正感受到自己的学习与新中国建设紧密相连，深切认识到做一名人民教师的光荣和自豪，并且发自内心要为这一目标发奋努力。50、60 年代的师范生年龄普遍偏大，而且年龄跨度较大，他们的思想相对成熟，喜欢与外公谈心，谈论教育未来，倾诉心中的苦闷和不解，外公经常与他们促膝长谈，推心置腹，绵言细语润物无声，学生倍感温暖和启发。外公非常乐意与学生在一起，记得某个周末外公与学生一同观看当时的苏联影片《乡村女教师》，他想通过影片中的人物事迹，向学生展示从教的神圣与崇高，鼓励学生憧憬未来，将从事教育事业当作自己的人生理想，坚定从教信念，为国家的建设贡献自己的一份力量。每年新生入学，他总要走上讲台发表热情洋溢的讲话，讲如师的艰苦奋斗，讲幸福生活的来之不易、讲如师杰出校友的成就，讲知识与命运的关系，讲祖国教育的美好未来，激励学生端正思想，努力学习，立志奉献教育事业。教书育人如同绵绵春雨，随风入夜，润物无声，它能激发热情、昂扬斗志，催人奋进。一批批学生迎来送往，四季更迭，但他们对老校长的感情始终没有变，他们说，一生不忘姚校长的教诲，从老校长身上看到了敬业、仁爱、睿智和坚忍。

外公在学校管理和办学方向方面特别重视以下几个方面：一是师资，他多方聘请名师，注重教师的真才实学，不计教师的文凭和出身，让很多良师云集如师；二是人文教育，他拥护科学求真，人文求善主张，坚持把语文教育当作育全人的核心，要求学生品读天下书，广闻天下事；三是校园文化，他从图书刊物、文娱社团、体育活动等方面入手，再配合琴棋书画和三字一话技能的提高，营造校园文化和师范精神，令如师学子生机勃勃；四是基础保障，加强办学基础建设和后勤保障建设，改善教学条件和师生的生活环境，让学校和谐、稳健地成长和发展。

作为一校之长，外公热爱师范教育，把它当作一生无悔的追求。他经常说，国家给了我一份信任和责任，我就不能愧对这份信任和责任，我要尽毕生之力让如师成长为师范教育领域的旗帜学校。据我母亲讲，由于外公工作上的优秀表现和出色成绩，上级拟上调他到另外一个地区负责行政管理工作，但他婉言谢绝。他表示一定要扎根基层，愿为师范教育默默奉献，甘做人梯，无怨无悔。外公言行一致、胸怀坦荡、淡泊名利，他高尚的品质令人感动，为人楷模，受人敬仰！

彰显学者风范，展示德高望重人格魅力

作为江苏教育界的杰出代表，外公于1960年随国家中小学教师代表团赴苏联、民主德国和波兰三个国家进行参观和考察。50、60年代，国家基础薄弱，经济落后，各行各业迫切需要苏联等社会主义国家的指导与帮助。国家宏观统筹，在全国范围内选派各个工作领域的优秀管理人员，组成政治觉悟高、业务能力强的各类专门化参观团。外公被选为江苏教育界杰出校长跟随国家教育代表团对三个国家进行访问，重点考察中、小学教育、师范教育的办学思路、教育理念和教学方法，对专业化师范教育进行深度考察和思考，全面系统了解苏联等国家的教育经验，为国内工作提供指导和借鉴。出访回国后，外公认真撰写访问心得，总结学习体会，并将学习的经验运用于课堂教学和学校建设，同时向有关部门提交加强国内基础教育的书面建议。外公还多次被邀请到中学、小学和师范学校作报告，结合国外教育经验，提出基础教育的发展想法和改进思路，外公为提高中小学教育及师范教育的整体水平做出了自己的一份贡献。

外公不仅是儒雅学者、教育名家，还是一位汉字简化专家，1955年起兼任全国文字改革委员会委员。1954年12月，国务院直属的中国文字改革委员会成立，它是中华人民共和国的国家文字改革机构。新中国成立初期中国文字改革委员会执行文字改革的三大任务是，简化和整理汉字、推广普通话、制订和推行汉语拼音方案。1955年，外公作为第一批汉字简化专家赴北京参加全国文字改革会议，与来自全国各地的文学大家、学者权威、大中专院校的语文教育专家一起，对繁体字的简化工作进行讨论和研究，制定繁体字简化方案。当时吴玉章任委员会主任，委员会成员中有季羡林、吕叔湘、叶圣陶、胡乔木、林汉达等名人大家，可谓群贤毕至，精英荟萃。1956年，中国文字改革委员会正式发表《汉字简化方案》，全国开始启用简化汉字。

值得自豪和骄傲的是，现在大家所用的“尘”“丛”这两个简化字就出自外公的提议，并且提议被文字改革委员会采纳。原来的繁体字“塵”是表示鹿群行走后扬起尘土的意思，生活中常用来指小小的泥土或土灰，外公提议将“塵”简化为“尘”。繁体字“叢”的意思是聚集，常指许多人或事物聚凑在

一起，他建议将“叢”简化“丛”，“丛”看上去生动逼真，仿佛很多人聚挤在一起的样子。“尘”和“丛”是两个会意字，分别由两个及两个以上的独体汉字，根据各自的含义合体而成的一个新意义汉字，这种造字法叫会意法。外公用会意法创新出来的这两个词形象直观，表意具有“形而上”的特征，反映事物的内在关系，容易产生由表及里的联想，且笔画少，易于记忆和书写。外公的简字创意出神入化，独特奇妙，不愧为汉字简化专家。

外公一生朴素，生活习惯极其简单，在我的记忆中，他对自己的生活无所苛求，喜欢穿家乡的老布内衣和自家做的千层底布鞋，餐桌上的三餐通常是粗茶淡饭，喜欢吃家乡的大麦糁儿粥和大麦粯子饭，也偏爱荞麦摊饼和面粉疙瘩汤，直到晚年也是如此。外公的晚年生活很有规律，80 多岁时，身体还很好，每天早晨起床后在院子里小跑步半小时，再打一套太极拳，上午看书读报做笔记，下午午睡后写写毛笔字，晚上饭后百步走，再来一套太极拳。外公慈眉善目、和蔼可亲，对我们晚辈从无疾言厉色，态度温和，总是以亲切的语气和我们说话，生气的时候也就是声音高一点点而已，在我记忆中他从来没发过脾气，宽宏大量，虚怀若谷。我最喜欢在晚饭后陪外公散步，外公的步伐不大，也不快，但很稳健，即便是这样，我还是搀扶着他，做他的拐杖和扶手，和外公边散步边聊天，很开心。我听他说说他的故事、他的过去，他听我讲讲我的工作、我的生活，每当我谈起如师，外公都很兴奋，听得也很专注，还不时提问，脸上的笑容总是那么褒奖，那么欣慰！

86 岁高龄那年，他欣然回到学校，为如皋师范全校师生作“趋势 · 目标 · 奋发”主题报告，对学生加强专业思想教育，尤其对什么是合格的师范生，什么是未来社会所需要的合格教师等问题进行了阐述，并与师生共同探讨师范教育的前途和如师的远景。外公说，师范教育就是育人的教育，就是培养“人样儿”，培养德性，品行端正、业务精湛，倾情爱生，这就是未来的合格教师，语言朴素且透彻，道理简明且深刻。外公晚年依然情系师范教育，心系如皋师范，如师的一进五堂、如师的琅琅书声、如师的贵全真实、如师的教育思想、如师的辉煌未来，一切的一切让外公念念不忘，常记在心，不知多少次他念到学校的老同事，更不知多少次他念到如皋师范，念到如师的发展与壮大。外公与如皋师范早已融为一体，息息相关。

1972 年外公离休后，我们一家第二年就搬出了如皋师范。在刚搬出来的几年里，外公有些不适应，总是感到不习惯，见不到老同事了，看不到学生了，也听不到学校的铃声了，他虽然不说，但我心里明白。每当有老朋友、老同事或老校友来到家里，外公都非常高兴，叙同志情，谈师生情，有着说不完的话，轻松愉快。逢年过节时，如师工会都要准备一些春节礼品慰问离、退休老同志，而且学校领导也时常来看望，郭进荣书记和顾敦沂校长是我印象最深的，两位领导平易近人，师长风范，学术造诣深厚，在全校教职工中威望极高。郭书记、顾校长每次来家看望外公，都要询问外公的生活起居、健康状况等情况，和外公聊聊如师的人和事，回首如师走过的时光，欢声笑语中透着感动和温暖。学校的一些老职工也时常走动，拉拉家常，说说心里话，看望时间或长或短，有时连一口水都不喝就走了，他们说，来看看老校长就好，和他说说话，逗他笑一笑，让他开开心就达到目的了。质朴真诚的话语让人难忘。89 岁后，外公的身体状况就不如以前了，时常住院，而且一住就是很长时间，郭进荣书记不辞辛劳，经常到医院探望，询问病情，关心备至，令人深深感动。这些纵然久远亦不能淡忘的点点往事和份份情义都会在心中慢慢堆积，积淀成为最美最深的记忆，越久浓香，回味甘甜。

外公把一生奉献给了教育事业，德高望重，桃李天下，儒雅仁爱，宁静淡泊，严肃认真，垂范后世。1924 年师范毕业，朝气蓬勃，意气风发，开启教育之旅程；30 年代坚持平民教育，思想进步，民族意识强烈；40 年代加入中国共产党，走上了革命道路，坚定了教育救国信念，为党和国家培养栋梁之材；1949 年新中国成立前夕，外公调至如皋师范，任校长，正值壮年，浓而芳洌，大展宏图；50 年代，顶着如师一片天，与如师全体教职员工艰苦创业，追求教育理想，见证学校的成长和发展。60 年代，前 5 年率领学校经历稳定上升期，后 5 年，面临动荡年代，在理想与现实中风雨兼程，不忘初心。1972 年离休，依旧用心静守着如师的美好与辉煌，寄予深切的情感与希望。如今，如皋师范将迎来 120 年华诞，如果外公还健在，他老人家该有多高兴啊！

我沿着外公教书育人、教人求真的教育之路，在教育战线上也耕耘了近四十年，回望我当年的师范求学之路，一切都源于对外公毕生从教的敬佩和传承，源于对教育力量的感动。“无论是做人，还是做学问，要笃实、深厚、富有才华”，我一定牢记外公的教诲，让自己的教育之路走得更坚实、更有力。

外公永远地离开了我们，但他的形象却愈发清晰、鲜明而难忘，他的音容笑貌宛在眼前，他的谆谆教诲言犹在耳。敬爱的校长、亲爱的外公，我为您老人家奉上一炷心香，永远怀念您！想念您！

作者简介：王若梅，曾任江苏省如皋师范学校英语教师。现任职于江苏经贸职业技术学院，教授，教研室主任、学科带头人、二级学院党支部书记。

吴璜、吴亚鲁与如皋师范学校

黄天铨

在《如皋高等师范学校校史》中，浓墨重彩地记载了吴亚鲁(1898—1939)烈士和他父亲吴璜的光辉事迹，读后感人肺腑。吴亚鲁，江海平原和徐州地区革命活动的播火者，南通籍最早的共产党员，1898年12月生于如皋潮桥(今属如东县)一个读书人家庭。其父吴璜(1875—1931)，字绍穆，清光绪二十九年(1903)举人，任如皋师范(即今如皋高师)国文教师。如皋师范是一所具有革命传统的学校，早在1906年就有同盟会员在师生中传播民主革命思想，辛亥革命爆发后，师生积极响应，剪去长辫，沙元炳先生筹款购枪，组织新军，宣布如皋光复。1919年五四运动爆发后，如师学生闻风响应，组织游行，查抄日货，消息刊载于《上海时报》。具有民主思想的吴璜始终站在革命师生的一边，正如老一辈革命家刘瑞龙同志在《回忆红十四军》一书中所说："(吴璜)为人开明正直，支持幼辈探索真理，参加革命。"

吴璜极重家教，吴亚鲁1916年考入如皋师范后，深受其父的影响，立志为谋求民众的解放而奋斗终身。毕业后为了寻求革命真理，继续深造，吴亚鲁放弃金沙小学的教职，于1920年考入南京高等师范教育专修科。他发起成立了南京马克思学说研究会，并于1922年加入中国共产党，成为南通籍最早的共产党员。吴璜相信爱子从事的是正义事业，挥笔书写下楹联"不求富贵，少些地暂行立足；只有拼命，多数人才能抬头"进行勉励。吴亚鲁回到如皋师范发动学生运动，吴璜又第一个站出来表示支持，因此受到当局的迫害，辞职归里，到马塘救济院任职，不久任马塘行政局局长，1929年因支持其子吴亚苏(中共如皋县委书记)的革命活动而被革职。

关于吴亚鲁在如皋高师的革命活动，校史中写道："吴亚鲁一九二二年参加共产党，在宁召开如皋旅宁学友会，决定创办半月刊《平民声》。同年暑假回如皋，与如师校友魏建功、吴俊升等发起组织‘平民社’，如师进步学生石勋光、陈其理等30余人参加。”老一辈革命家刘季平同志在文章中也回忆道：“在大革命的影响下，如皋最早的革命者是如皋师范学校毕业生——吴亚鲁同志，他在考取南京高等师范后，参加了党，每逢寒暑假，他从南京回来，就在南通师范、如皋师范青年学生中进行革命宣传。”刘季平指出，吴亚鲁的革命活动对南通地区的大革命起了“启蒙作用”。（见《刘季平文集》）苏德馨、叶胥朝、陆植三（陆景槐）、丛允中、苏同仁（吴亚鲁夫人）及吴亚苏（吴亚鲁弟）等一批青年都是在他的引导和影响下走上了革命道路，并成长为党的优秀干部。

在如皋高等师范学校校史馆里，保存着当年吴亚鲁等创办的《平民声》报，从报上我们可以看到，吴亚鲁等人于8月26日在如师附小召开筹备会议，27日上午通过了平民社章程，下午就召开了成立大会。11月1日，社刊《平民声》创刊号公开发行。为了揭露社会的黑暗，探讨改革的途径。吴亚鲁在《平民声》第一版发表了《小学教师团结论》，文中他一针见血地指出：“小学教师是人还是奴隶？我看他们和其他一切劳动阶级一样，也是被压迫着变成了奴隶了！”他号召小学教师“联络同志，组织一个团体”，“争回人格”，“以完成‘人的生活’”。

吴亚鲁等创办的平民社后来发展到200多人，吴亚鲁等在平民社的集会上宣讲社会主义运动发展史，宣讲孙中山的联俄、联共、扶助农工三大政策。在江海平原上播下了革命的种子。后来吴亚鲁被党组织派往徐州开展工作，他又把革命火种带到了徐州。改革开放后，徐州高师的老师到如皋参观，深情地讲述了如师校友吴亚鲁1924年在徐州主持成立第一个社会主义青年团支部，担任书记部主任，被推举参加中国社会主义青年团第三次全国代表大会，1925年又组建了徐州第一个党支部——中共徐州特别支部，并任支部书记的经过，同时还介绍了徐州人民怀念吴亚鲁，在徐州高师校园内竖立吴亚鲁塑像的情形。

吴亚鲁于1938年秋被派遣到新四军驻平江留守处任秘书主任（党内职务为湘鄂赣特委委员、秘书长）。在次年6月12日的平江惨案中，为了掩护其他同志，吴亚鲁挺身而出，大声喝道：“我就是负责人，有事找我！”他和敌人英勇搏斗，中弹后仍高呼口号，壮烈牺牲。事发后中共中央在延安举行追悼平江惨案被害烈士大会，中共中央送的挽联是：“在国难中惹起内讧，江河不洗古今憾；于身危时犹明大义，天地能知忠烈心。”毛泽东也亲撰挽联：“日寇凭凌，国难方殷，枪口应当向外；吾人主战，民气可用，意志必须集中。”

2009年8月，为迎接新中国成立60周年，江苏省委宣传部、组织部、党史工办等13部门联合组织“双50评选”，如皋市政协老主席刘桂江最早向我提供了相关的评选信息和有关资料，资料带回学校后，学校积极组织师生参与，此后经有关部门审核，如师校友吴亚鲁和邓中夏、恽代英、何坤、陶行知等成功获选“为新中国作出突出贡献的江苏英雄模范人物”，如师师生欢欣鼓舞。校长丁兆雄称颂吴亚鲁先烈为“百年如师的骄傲，如师精神的代表，如师师生学习的楷模”！

不可不介绍的是，吴璜的次子吴亚苏在兄长吴亚鲁的影响下也走上了革命道路，他参与领导了1928年的如（皋）泰（兴）“五一”农民暴动。次年6月，担任中共如皋县委书记的吴亚苏不幸被捕，吴璜写信给狱中的亚苏说：“亚苏儿，你父母身体很好，不必挂念。你一人做事一人当，不要抱怨你的父母，你瞑目而去吧！”有人劝吴璜设法营救爱子，他说：“瓦全非我父子夙愿，看来只有玉碎一途了！”亚苏被害，吴璜作画《梅石图》，在图上题写了“顽石当头压，还有仰面花”以示纪念。因忧愤过度，吴璜亦于当年病故。在其弥留之际，口吟“眼前时局已如此，浩劫茫茫何处家？不把头颅轻一掷，惟将血泪染梅花！”表达了他忧时伤世、以身许国的崇高精神。至今，如皋高师校史馆仍收藏有吴璜先生所绘梅花的珍贵照片。

（附记：2011年6月8日，吴亚鲁烈士之女吴阿南应邀到如皋参加红十四军纪念馆开馆仪式及论文研讨会时，在如皋市政协主席李中林同志介绍下，她认真审阅了本文，并提出了修改意见。6月10日，她与何坤军长之孙、陆植三之女、如皋市政协老主席刘桂江、浦文海等一行10人，往如皋高等师范内的江海革命火种纪念墙祭奠先烈时，又给作者提供了相关的补充材料。在此谨致谢意！）

如皋师范创始人沙元炳的生平及成就

孙红兵

沙元炳(1864—1927),字健庵,号碈(huǐ)髯,江苏如皋人,清末进士,翰林院编修,一生经历了晚清政府、南京临时政府及北洋政府三个历史时期。

沙姓在如皋是名气很大的姓氏,这跟沙元炳有很大关系。沙元炳曾考证如皋沙姓由来,写下了《如皋沙氏家集序》。他认为:"吾沙氏为古沙侯之裔,汝南东莞,族望邈矣。有宋宜州太守世坚公,扈从高宗移钱塘,载之史册,是为沙氏入江南之始……元炳上世屏北公为盱江公从父行,尝筑江上草堂于石庄,往来多江南名宿。公子绅襄公移家(如皋)城北,是为河塘沙氏之始。"①沙元炳将本族远祖追溯到南宋时太守沙世坚。沙世坚是南宋勇将,屡有战功,《宋史》和《桯史》均有记载。沙世坚扈从南宋皇帝赵构来到江南,成为江南沙氏之祖。沙世坚的后裔屏北公迁居如皋石庄,后裔绅襄公又迁居如城,成为如城河塘沙氏的先祖。

一、勤奋攻读,求取功名

沙元炳于清同治三年(1864 年)农历 9 月 10 日出生于江苏省如皋市如城沙家河塘一个世代书香仕宦之家;民国十六年(1927 年)1 月 29 日,即农历 1926 年 12 月 26 日去世。沙父沙宝臣,字瀛仙,谥潜惠先生;沙母孙濂贞,知书达理,通晓星形、卜筮、医药、种艺诸书。

沙母在 35 岁时生下沙元炳,是老来得子,加之沙元炳幼时体弱,所以全家对他倍加爱护。但沙家家教甚严,尤其沙母,不因独子而溺爱,对沙元炳

① 沙元炳:《如皋沙氏家集序》,《志颐堂诗文集》第一册,第 15、16 页。

的学习抓得很紧。得益于天资聪慧,更得益于勤于攻读,沙元炳于清光绪七年(1881 年)考中秀才,时年 17 岁。光绪十五年(1889 年),沙元炳到名噪一时的江阴南菁书院继续学习深造,这一段时间的学习经历对沙元炳的自身提升起到了很大作用。他的书院同学中,多人后来成为各领域建树颇丰的名人,如南通孙锦标(伯龙)、泰兴金鉽(蘅意)、武进吴敬恒(稚晖)、上海钮永健(惕生)等。

光绪十七年(1891 年),沙元炳乡试中举人,光绪十八年(1892 年)会试取为贡士。光绪二十年(1894 年)四月,沙元炳参加甲午恩科殿试,他的好友——南通的张謇也参加了殿试。殿试的结果是张謇为一甲状元,赐进士及第;沙元炳在二甲第 47 位,赐进士出身;同科进士还有后来成为北洋政府国务总理的熊希龄、梁士诒。光绪二十四年(1898 年)四月,沙元炳参加保和殿散馆试,授翰林院编修。从 1894 年成为进士到 1898 年,沙元炳在清朝廷为官四年。

开始于隋朝,结束于清朝的科举制度,在中国封建社会后半程一千多年的时间里,是读书人展现学习能力、跻身官僚阶层、实现人生最高价值的重要阶梯。作为读书人,那个环境下的沙元炳也不例外,他的前半生也是沿着这条道路孜孜以求多年后,终于得到古代学子梦寐以求的功名。

二、辞官南归,造福桑梓

沙元炳一生经历了多件中国社会巨变的大事,从他 29 岁起,甲午战争、戊戌变法、义和团运动、八国联军侵华、辛亥革命、五四运动、国民大革命等相继发生。时事局势中清政府和统治者的表现让沙元炳越来越失望。例如戊戌变法失败后,他感觉当权者尸位素餐,没几个人真正通过变法自强自救。他痛心地说:“吾见今之膺显职者矣,其初不甚审度,率然而就之,稍有艰阻则谢病而去耳。号为维新者,数年曾无毫毛加于昔,此辈阶之厉也。”①一件件时事对沙元炳求取功名、报效朝廷的封建正统观念是一次次猛烈的冲击,他渐渐心灰意冷并最终抛弃了对清政府的幻想。于是,沙元炳以“二亲年高,独子奉养”为由,在 1898 年向清朝廷请长假返回故里,而且从此不

① 沙元炳:《答张策清、潘丹仲论辞省议长书》,《志颐堂诗文集》第一册,第 42 页。

再提销假复职的事。

返乡后，沙元炳与张謇相互勉励支持，联合江海地区的其他仁人志士，走上了一条振兴地方实业、振兴地方教育的道路。他以“启迪民智，御侮图强，洗雪国耻，振我华夏”为第一要务，兴实业、办教育，造福桑梓。沙元炳先后创办了新式的小学、师范、职业学校等多所学校；先后在如皋创办近代企业多家，涵盖金融、电气、肉制品加工、医药、垦荒、面粉加工等诸多领域，对如皋及周边地区的近代工业、农业、商业、教育、水利、医疗卫生等方面的发展都做出了巨大贡献，全面开启了如皋地区各领域的近代化的大门并为之奠定了极为坚实的基础。

三、支持革命，拥护共和

武昌起义爆发前，在沙元炳创办的师范学校里，教员黄家瑞乃同盟会员，“秘密传阅《扬州十日记》《嘉定屠城纪略》，揭露清朝政府的凶残，启迪人们的民主意识”①。在黄家瑞等人影响下，《苏报》《救亡决论》《革命军》《警世钟》《猛回头》等进步刊物在师生中秘密传阅。武昌起义后，如皋虽未光复，但师生积极响应，自发剪去长辫。对这些具有革命倾向的行为，沙元炳都未加制止。

武昌起义后，清政府很快土崩瓦解。这新旧政权更替、社会动荡不安的时候，人心惶惶，不少人开始逃难。当时，有负责缉捕私盐贩的“缉私营”驻扎于如皋、海安、东台一带。缉私营的帮带蔡和林与沙元炳素有往来。沙派人请蔡率部速来如皋维持治安。蔡部赶到时，正遇上部分江防水师想趁乱入城抢掠。蔡部当即平定了骚乱。随后，如皋成立临时军政分府，宣布拥护共和。大家公推沙元炳为民政长，蔡和林为军政长，宣告如皋光复。师范学校的师生高唱自编的《庆祝武昌起义成功歌》进行街头宣传，庆祝胜利。沙元炳还与蔡和林约定：“凡应安辑抚绥者，元炳任之；而一以镇慑追捕之事，属君（蔡和林）。”②当时，蔡和林的部队不足千人，沙、蔡二人下大力气对部

① 如皋高等师范学校校史编辑委员会：《如皋高等师范学校校史》，2012 年 12 月第 1 版，第 13 页。

② 沙元炳：《蔡竹贤四十寿序》，《志颐堂诗文集》第二册，第 24 页。

队进行了整顿,使之成为当时如皋维护社会治安,保护革命成果的一支重要武装。不仅如此,沙元炳还大力支持在如皋组建革命军。他筹款数万银圆,派人购得日本长枪 300 支、短枪 10 支、子弹数万发,安全运回如皋。又招募新兵,联合缉私营,组成新式军队,共同负责社会治安,极力保护辛亥革命的成果。

沙元炳担任如皋县民政长直到民国元年(1912 年)。1913 年,沙元炳又被推选为江苏省议会议长,但他仔细分析了时局后称病未去就职,一心一意继续走振兴教育、振兴实业的道路。

四、博学多才,诗文俱佳

沙元炳酷爱书籍,其藏书包括经史百家、金石书画、碑拓阁帖、地方志书、医学经典等,其中很多都是宋明以来的精品。他南归后将住宅改名“志颐堂”,将所藏 3 万多卷图书分类编目珍藏,成为如皋私家藏书之典范。中华书局 1981 年出版的《江浙藏书家史略》里也收有沙元炳的条目。可惜的是,这些图书连同他的著作并未保存下来,据说 1938 年日军侵占如皋城时将藏书作为取暖燃料付之一炬。

沙元炳博学多才,尤其诗文功底深厚,一生著作颇多。他遗存的作品由其弟子,及好友项本源、姚祖诏、谢仕选、宗孝忱等合力整理,编成《志颐堂诗文集》。诗文集含论辩 6 篇、序跋 23 篇、书启 3 篇、传状 10 篇、碑志 23 篇、题记 6 篇、赠序 10 篇、哀祭 10 篇、骈文 11 篇、词 10 首、题跋 75 篇、诗 824 首,确实是乡邦文献之菁华。

鲜为人知的是,沙元炳医术高明。张謇就非常信服他的医术,常请他为自己或自己的好友治病。张謇有一位特别的好友——沈寿(雪君)。为沈寿治病,张謇最放心的医生应是沙元炳。张謇在他的《柳西草堂日记》里多次赞赏沙元炳:“健庵于医学诣殊有得”“健庵于温病条辨,致力颇深,故药率当病,病率应药。”日记也多次记录了“与健庵诊雪君病”“健庵来诊雪君病”“雪君病甚,再电健庵”“雪病大剧,卜不吉,亟专轮延健庵”等。为医治沈寿,沙元炳每请必到,每每药到病除,展示了自己高明的医术。之外,张謇还多次延请或推荐沙元炳为自己的其他好友如教育家罗玉衡、梅兰芳的妻子王明华等人诊治。

沙元炳晚年笃信净土，崇尚佛学，佛学作品《净土圣贤录》和《印光法师文钞增广正编卷四》分别以《民国沙元炳》和《沙健庵居士往生记》为条目予以记载。

五、投身实业，昂霄耸壑

如皋从东晋义熙七年(411年)置县到清末约1500年的发展历程中，一直重农业，轻工商。沙元炳在《如皋商务分会碑记》中曾评说如皋物产丰富，但如皋人种田养蚕墨守成规，不肯离乡外出，没有开拓精神。原料遍地却不能利用，购进卖出全靠外地商人。面对如皋农业、工业、商业的良好基础与严峻现实的差距，为改变旧观念，推进近代化，沙元炳决定振兴实业，发展经济，造福桑梓。

(一) 创办实业，发展地方经济

根据《如皋县志》《如皋文史资料》《先师沙石为碣髯先生事略》《东皋话旧》《如皋历史文化》等资料的记录以及袁亮工、周思璋等人及沙元炳后代的回忆，沙元炳先后在如皋及周边地区创办了多家企业。在他带动下，如皋许多富绅纷纷投资创办近代企业，使如皋的近代化进程大大加快，近代化的意识不断加强。

1. 广丰腌腊制腿公司

沙元炳决定利用如皋生猪量大质优的资源，设立工厂，制作火腿、腊肉出售。于是沙元炳发起召股约10万银圆创立广丰腌腊制腿股份有限公司并任董事长。清光绪二十一年左右公司成立，聘请浙江义乌人季树椿为经理。季树椿经验丰富、悉心指导，严格按照金华火腿标准选料加工，所产火腿质量可与金华火腿媲美。在1910年南京“南洋劝业会”上，如皋火腿获优异荣誉奖。其后，在“巴拿马太平洋世界博览会”“江苏省物品展览会”“西湖博览会”上，如皋火腿屡获金奖。如皋火腿一跃而与浙江金华、云南宣威所产火腿齐名，称“中国三大名腿”，又因如皋地理位置在北侧，故有“北腿”之称。后来，广丰腌腊制腿公司在上海设立销售部，将火腿大量销往上海再转运海内外，最高时年产6万余只，产值近20万银圆。

2. 广生德中药号

清朝后期，如城内外有药铺20多家，大多规模很小。全县所产动植物药材无人收购。沙元炳与人合资 1 万银圆，创设广生德药材行，民国元年(1912 年)开业，聘慈溪人童祖余为经理，经营药材批发和收购地产药材。其后，沙元炳又继续召股，租赁、新建房屋 60 多间，开设广生德新记中药号，零售饮片、丸散膏丹、花露药酒；经营药材收购批发，饲养梅花鹿制造"全鹿丸"。1950 年广生德中药号收归国有，1954 年改为公私合营。

3. 大豫盐垦公司

光绪二十七年(1901 年)，张謇等人发起成立通海垦牧公司，苏北沿海逐渐掀起农垦热潮。在这个潮流中，沙元炳也召股集资 150 万银圆，在如皋东掘港南成立大豫盐垦公司。民国六年(1917 年)公司成立，沙元炳任董事长。公司 48 万亩的土地主要种植棉花，隶属于"通泰盐垦五公司"。近年来有民国十五年(1926 年)发行的"通泰盐垦五公司第一期债票"被发现，印有"通泰盐垦五公司董事会代表大豫公司沙健庵"等字，并有沙元炳的印章。由此可知，沙元炳担任该公司董事长直至去世。

4. 皋明电灯公司

民国七年(1918 年)，沙元炳与堂弟沙元榘等人合议创设"皋明电灯股份有限公司"。沙元炳任董事长，租赁东水关内房屋数十间，购买了 75 千瓦和 55 千瓦的柴油发电机各一台，供城区照明。民国十年(1921 年)公司增购 125 千瓦发电机一台。后来公司进一步扩股并改名"耀如电气公司"，公司一直经营到新中国成立以后。

5. 裕如钱庄

民国十年(1921 年)左右，沙元炳在其住宅南侧创设裕如钱庄，资金约一万二千银圆。钱庄有店员十多人，办理存款、放款、汇划和代收田赋业务。沙元炳去世后，军阀孙传芳的残兵经过如皋，勒索军饷数万元，裕如钱庄由此周转困难，到民国末年钱庄停业。

6. 鼎丰碾坊

民国十一年(1922 年)沙元炳购得一碾坊，改名"鼎丰碾坊"，有职员工人 10 多人，有碾座 3 台，代客加工碾米，并自购稻谷碾米出售。

沙元炳创办近代企业的活动从辞官回故里一直延续至 1927 年 1 月去世。我们把他创办企业的活动放到中国近代史的大背景下去考察就会发现，他的活动实际上就是甲午战争后中国民族资本主义发展在如皋地区的一个缩影。沙元炳创办企业之时，正是中国民族资本主义获得了初步发展的时期。由于列强侵略加剧,中国自然经济遭进一步破坏,清政府为扩大税源、解决财政危机,只得放宽了对民间设厂的限制,继而又实行“新政”,奖励实业,所以中国出现了一个兴办企业的小高潮,沙元炳的活动是这个高潮的组成部分。沙元炳创办企业的黄金时刻同样出现在1912到1919年间。这一时期,辛亥革命扫除了民族资本主义发展的一些障碍,列强忙于第一次世界大战,客观上放松了对中国的掠夺,中国民族资本主义发展迎来了短暂的春天。沙元炳创办的企业与中国近代民族资本主义企业一样,受到来自外国资本主义和本国封建势力的双重挤压,也还存在着资金少、规模小、技术力量薄弱等方面的种种困难。

(二) 建立商会,促进商业发展

为振兴商务,清朝廷在1903年设立了商部,作为统辖农、工、商、实业的最高管理机构。商部成立后的一个重要活动就是全力推进各级商会的建立。沙元炳认为商会可以为规范商业的管理、繁荣本县的经济发挥重要作用。所以朝廷诏令既出,沙元炳积极响应,他不仅在如皋创立了商会,还对照商部的要求,在如皋全境兴修水利、清查地亩,在这一系列活动中发挥了举足轻重的作用。

光绪二十九年(1903年),沙元炳开始筹建商会,经过一年多的筹备,商会成立。商会先称“如皋县商务分会”,民国后更名为“如皋县商会”。从1903年到1923年,沙元炳一直主持商会工作。在此期间,商会先后参与集资倡建了大通轮船公司、广生油厂等;多次处理行业纠纷和经济纠纷;多次组织救济灾民;多次组织地方产品送海内外展览会展出,不少产品获得大奖,进一步提升了如皋商品的知名度。

(三) 设置机构,管理农田水利

民国初年,沙元炳在如皋先后发起成立水利会、测绘局、清丈局等机构且长期主持这些机构的工作。

如皋县水利会及附设测绘局成立于民国三年(1914年)。沙元炳一直担任水利会的会长直至病逝。1921年如皋县清丈局成立后,测绘局全体人员转移任职于清丈局。1927年水利会停止工作。清丈局工作求真务实,到沙元炳病逝时,已基本将全县各区熟田丈量结束,仅余沿海烧盐的灶田和江滨新涨的沙田以及市区内土地没来得及丈量完成。1928年,如皋清丈局停止办公，暂交建设局接管。①

沙元炳创设并主持工作的这些机构，基本解决了清朝后期，如皋境内多处堤闸失修、河道淤塞、田地簿册无法核对、田赋征收根据不实、田赋征收者欺上瞒下中饱私囊的种种弊病；同时还完成了测量县境内各大河流、测绘全县地形图、保护如皋沿江免遭冲刷、保护如皋农田免遭旱涝灾害等工作，为保护、管理如皋农田水利做出了巨大贡献。

（四）重视西医，推广近代医学

民国六年（1917 年）七月，上海疫疠流行，传染至南通。沙元炳和如皋县长立即设立防疫公所进行防治，沙任所长。因防治及时，未致蔓延。沙元炳由此对西医的作用有了客观认识，决心在如皋创设一所科室齐全、规模较大的医院。民国十年（1921 年），沙元炳协助黄家政创建如皋县公立医院，内设内科、外科、皮肤科、妇产科等。如皋的普通居民由此可以享受到西方医学的治疗。沙元炳于民国十一年（1922 年）被如皋中医医学公会推选为名誉会长。民国十四年（1925 年）又被推举为如皋医学研究社会长。

六、创校兴学，厥功至伟

沙元炳虽然经科举考试取得功名、进入仕途，但他深知依靠“四书五经”造就的人才不能使国家富强。他认为欲谋求富国裕民，必须广设学校、推广教育。他说：“盖教化大行之日，天下为公。凡以陶冶斯世者，胥于学出。自元首以至庶人，咸视为家国运命存亡之所系，不敢斯须去于学之中。人人务学，斯人人自为，三代之典，欧美诸邦之制，皆此意也。”②他决定以实际行动开启如皋近代教育的新局面。

（一）创办新式小学，夯实基础教育

清光绪二十七年（1901 年）八月，沙元炳联合张藩、马文忠等人，在城内

① 水利会、测绘局、清丈局的内容，根据《如皋县水利会、测绘局、清丈局始末》一文整理，该文由袁亮工口述，周思璋笔录，载于政协如皋市委员会文史资料研究委员会编印的《如皋文史资料》第八辑，第 59—63 页。

② 沙元炳：《丰利场公立两等小学校校长纪念碑》，《志颐堂诗文集》第二册，第 26 页。

东南隅定慧寺河北创设了如皋第一所初等小学堂——如皋小学堂。沙元炳担任堂长(即校长)。“如皋小学堂”得风气之先,发如皋新式学校之端。光绪三十一年(1905 年),为便于师范学校的学生实习,沙元炳将如皋小学堂改为师范附属小学堂,于宣统二年(1910 年)将附属小学堂迁到孔庙内,当时的主事(即校长)为何景平。这时有教职员 16 人,8 个班级,学生 208 人。1912 年,改称“如皋县立师范附属小学校”。1927 年国民政府成立后,改名为“如皋县立实验小学”。1932 年称“江苏省立如皋师范学校附属小学”。此后数度更名,1974 年改称“江苏省如皋师范附属小学”。这所小学至今仍是如皋办学设施最全、师资力量最强的小学。

(二) 创办公立师范,培养新型教师

“如皋公立简易师范学堂”创办于清光绪二十八年(1902 年)。沙元炳在协助张謇创办“通州民立师范学校”的同时创办该校。这是全国创办最早的、独立规范设置的公立师范学校之一。

光绪二十八年三月至五月间,沙元炳多次赴南通与张謇、李磐硕等研究办理师范学校的相关事宜。对此,张謇《柳西草堂日记》也有记载,如“三月二十二日,与健庵、磐硕定公立师范学校议”“五月十三日,健庵来,会议师范学校,拟开办章程”“十月,南皮移督两江,邀与沙君元炳往议学校”等。9 月 24 日,师范学校开学,沙元炳为总理(即校长)。沙元炳聘请了张藩、马文忠为副办,不辞劳苦,四处访贤,建设校舍,聘请教员。

办学之初,沙元炳事必躬亲,他选定如皋城东南隅的常胜庵和南东岳庙为校址。这里清旷人稀、城河流水、树木翁葱,对岸定慧禅寺香烟缭绕,是良好的学习环境。校址勘定后,为解决公办经费不足的问题,沙元炳毅然从资助广生油厂、大生纱厂的资金中抽出一笔用于创办学校。1902 年底,沙元炳、马文忠、张藩决定参照日本弘文学院校舍建筑图样兴建校舍,先后兴建楼房 5 座,平房 9 座,加上修缮的庙房共 174 间,于 1903 年底全部竣工。新建的校舍既继承了中国传统书院建筑风格,又借鉴了日本近代学院的布局结构,整个建筑分东、中、西三院,各院各房之间均有走廊相连,雨天行走于讲堂、诵堂、膳堂、宿舍等各处均不需雨具。

沙元炳创办师范速度之快令人惊奇、佩服。学校创办之后,声名鹊起。1905 年初,两江总督周馥莅临视察,对沙元炳的办学有方予以嘉许;勉励诸生勤奋攻读,生死一贯。师范学校的建立开创了如皋及周边地区师范教育之先河，为该地区近代教育事业的发展奠定了坚实基础，其辐射力与影响力不可小觑。

沙元炳倡办的这所师范在此后百余年一直保持原址、原房、原方向办学，未有变更，堪称中国师范教育活化石。古建筑专家戚德耀曾对此评价“我国学校中保留原有风貌唯一完好的物质文化遗存”。119 年来，其创校之初的书院式原始建筑群得到较好的保护。该建筑 1995 年列为江苏省第五批文物保护单位，并在 2013 年成为第七批全国重点文物保护单位。这所师范学校 2014 年 9 月与南通师范高等专科学校合并办学，现成为南通师范高等专科学校的一个校区。

(三) 创办其他学校，推广职业教育

1. 私立乙种商业学校

如皋商务分会成立后，为培养新型商业人才，沙元炳又创立了商业学堂，创办经费由商界捐助，沙元炳自己带头捐资了数千银圆。商业学堂的常年经费由商会定期拨付。第一期招初级小学毕业生 50 人，学习期 3 年，宣统元年(1909 年)二月开课。沙元炳兼任校长，有教职员 5 人，另有从商店聘请的兼职教习。学校规模后来不断扩大，学生毕业后进入如皋商业的各条战线上工作，也有的到广生油厂任职。

2. 测绘专修科

如皋县测绘局成立后，测绘人员有限，不能满足实际需要。为培养这方面的人才，1906 年下半年，沙元炳和张藩筹办了“测绘专修科”，附设于如皋师范学堂，第一期学员招收学生约 32 名，学制 2 年，到 1908 年上半年毕业。测绘专科学校的毕业生在如皋水利会、测绘局、清丈局工作的很多，为丈量土地、绘制地图、疏浚河道、修筑堤闸发挥了重要作用。

3. 孤幼小学堂、艺徒学堂(乙种工业学堂)

光绪三十二年(1906 年)，如皋知县福建闽县人周景涛邀请沙元炳、张藩等人创建了半工半读的如皋县孤幼小学堂，目的是使失去父母的孤儿也能受到教育。开学当年招收学生 20 余人。学校办学 30 多年，日军侵占如城后学校停办。周景涛还与沙元炳合力创设艺徒学堂，招收 13 岁以上的初小毕业生入学。学堂于光绪三十三年(1907 年)二月开学，宣统三年改名“乙种工业学堂”，有教职员 25 人，学生 206 人，7 个班级。民国初年，学生逐渐减少，民国十年(1921年)左右停办。① 学校教学采用理论与实践相结合的方式，技能和文化并重，适应了如皋工业生产发展的需要。

沙元炳创办的这些专业学校都是全新事物，他的努力，使不少针对性很强的职业教育，从处于社会最底层的学徒教育中解脱出来，进入职业教育的范畴，职业教育在如皋得以颠覆传统、提高地位，大大促进了工商业的发展。

(四) 主持学务公所，倡导重教风尚

光绪三十一年(1905年)，如皋成立学务公所，主管全县学务，沙元炳任学务公所议长。二年后，学务公所改为劝学所，旨在奖励绅民创办学校。沙元炳因兼职多，推荐堂弟沙元榘任县视学兼总董。沙元榘重大事务均与沙元炳商讨。在沙氏兄弟殚精竭虑的倡导和率先捐助下，各镇乡绅董富商甚至和尚道士都积极捐款、献屋、献地产，创办学堂，“是时如皋教育事业，在沙元炳等人的倡导和组织下，远远走在改革的最前列……新教育制度在江海平原生根开花，很快取代了沿袭几千年的封建教育制度。”②1987年印制的《如皋县教育志》记载，“从1901年到1911年，全县共开办中小学堂95所，学生计3882人……据1916年12月的《如皋教育状况》统计，全县共有小学校176所，学生10055人”。如皋教育发展盛况为全省楷模，即便放眼全国也属罕见。

(五) 编修如皋方志，发挥教化功能

沙元炳非常重视地方志的教化功能，他从1915年开始组织修撰如皋县志。当时，如皋各界都支持沙元炳担任主纂，因为他博古通今，是最适合的人选。“沙君……通籍后求长假归，养志读书，广蓄古今图籍。尤留心地方掌故，累年求得乡先生遗著都二百余种藏于家。会省公署檄下，所属郡县重修志乘，邦人君子请于官府，延沙君主其事。”③沙元炳于是聘请泰兴人沈文瀚(曾任翰林院编修)为总纂，如皋丰利举人潘恩元和如城秀才王福基为助手，并拿出沙家珍藏的明万历和清乾隆两时期的县志用以校勘。

---

① 周思璋:《沙元炳对如皋的贡献》，《东皋话旧》(《江海文库》丛书第三辑)，南通市文学艺术界联合会2006年12月第一版，第22页。

② 政协如皋市委员会、如皋市政协联谊会:《如皋历史文化》，国际文化出版公司，2005年版，第152、153页。

③ 金鉽:《序》，《如皋县志》(民国志)，卷首。

沙元炳对编修县志几乎倾注了晚年的全部心血。编修几年后，好几位工作人员去世或辞职。沙元炳再请泰兴人金鉽任总纂，如皋林梓举人陈其嘉为协纂兼总校，继续编纂。修志过程中，沙元炳因劳累过度积劳成疾，但他仍然坚持，不肯中断。他曾对身边的人说："县志不成，吾死有遗恨矣。"可见沙元炳多么重视此事。1927 年 1 月，沙元炳病逝于县志编修过程中。金鉽、陈其嘉等决心完成沙的遗愿，他们在兵荒马乱中仍艰难工作，直至民国十八年(1929 年)，县志才得以定稿。于民国二十二年(1933 年)刊印 1 至 5 卷，其余因缺资而未能付印。

由于沙元炳的操劳及严谨的态度，该志资料丰富，考订翔实，叙述精炼，不落俗套，不妄加褒谀，文采斐然。该志现收藏于如皋市档案馆，计 20 卷 18 册 150 万字。其独特之处是：前 4 册计 5 卷为铅印本；后 14 册 15 卷为稿本，稿本以蝇头小楷誊写并装订成册。沙元炳主持编修的《如皋县志》与前志相比，实用价值更高，在此后很长的时间里充分地发挥了提供科研资料、充当乡土教材、作为决策参考的重要作用，具有很高的史料、文物及档案价值。

教育发展是近代化的重要内容和组成部分。沙元炳根植于中国传统文化的土壤，以自己深厚的国学修养为基础，注意汲取中国传统教育思想的精华，同时又引进国际先进教育理念，为如皋地区构建了普通教育、师范教育、职业教育的完整体系，奠定了如皋近代教育的坚实基础。沙元炳把办好师范学校置于兴办近代教育各项工作的首位，用力最勤。在沙元炳的教育思想和实践中，他的师范教育思想和实践无疑是最重要的组成部分。他努力实践自己的师范教育思想，开辟了一条适合地方实际的师范教育道路，为近代师范教育的奠基与发展做出了很大贡献。

19 世纪末 20 世纪初，沙元炳和张謇一样，都是近代中国社会转型时期的特殊历史人物。沙元炳从而立之年开始，思想和行动就不断随着社会的发展与时俱进，从而在世人面前呈现出从一个封建文人，转而同情维新变法，再到支持辛亥革命、拥护中华民国的转变轨迹，完成了从读书做官、报效朝廷、光宗耀祖到大兴教育、创办实业、造福桑梓的凤凰涅槃，这也体现了他爱国、爱民、爱家乡的思想品德。"先生之德泽被于吾邑者至厚且长，凡邑中有井水饮处，无不知沙先生者。清末兴学，沙先生实为首倡，一身领导士林数十年，吾邑学风之淳朴，人才之辈出，先生实启之。而救灾歉、恤贫困、除强暴、扶孤幼，凡有益民生之事无不力为倡导。凡来主县政者于先生无不敬仰，有大事均以咨先生。故邑人之福利赖以保全者尤不胜书。”①

兴教育，办实业，热心文化事业和社会事业等，沙元炳创办了许多近代化新事业，使如皋步入城市化建设，大大影响了乡人接受新观念与新认知。他不仅为如皋地区的早期近代化贡献了毕生精力，做出了巨大贡献，成为如皋地区近代化过程中的领军人物和杰出代表，更为重要的是，他的努力和成就，与张謇的努力和成就彻底地融合在一起，成为张謇领导下南通地区早期近代化历程的重要组成部分。他对地方所做的贡献，应该受到后人的怀念和敬仰。

作者简介：孙红兵，原江苏省如皋师范学校1993届毕业生，现担任南通师范高等专科学校马克思主义学院院长。

① 吴俊升：《重印志颐堂诗文集序》，《志颐堂诗文集》第一册，第1页。

1985，如师诗词大会和故事大会

黄天铨

一位老校友曾经深情地对我说："每当中央电视台播放'诗词大会'节目时，我就想起当年在如师读书时参加的学校诗词大会。"是的，早在 20 世纪 80 年代，我们一所坐落在小县城的师范学校，就曾连续多年举办过学生诗词大会。

事情要从 1982 年说起，那年春，我从大学毕业分配到如皋师范学校任教。那时正处在拨乱反正后的改革发展初期，为了更好地落实《全国中等师范语文教学大纲》，语文组组长姚老师发动大家针对如何落实大纲，如何有效地提高学生的语文水平献计献策。大家一致认为，由于十年的书荒，学生读书太少，知识面狭窄，有人连李白、杜甫的诗都背不上几首，至于四大名著，更是很少有人通读过，提到外国的安徒生、格林，不少人听了也是一脸茫然。毕业后他们很难承担起小学语文的教学工作。于是讨论决定，狠抓学生的课外阅读。在学生中深入开展读书活动。为了便于辅导，我们首先确定了阅读的内容：先选择唐宋诗、唐宋词、四大名著、安徒生童话和格林童话。

目标确定了，行动起来还会面临许多难题，首先是教材问题。起初，唐宋诗词由语文组老师统一选定。由语文老师（或课代表）将要求熟读背诵的诗词抄写在黑板的右下角，三天一首，一周两首。但是，这一办法最大的弱点是，在黑板上只能抄写上原诗，学生阅读理解困难较大，记得有一次，时任教导主任的顾敦沂跑到教室，看到黑板角上抄的《回乡偶书》，就跟我说："这里的'衰'应该怎么读？"我说："读 cuī 呀！"顾主任说："学生知道吗？"我为自己的疏忽深感内疚，连忙拿起粉笔在"衰"字旁注上了拼音。

回到组里，我向姚老师和其他老师讲了这件事，大家都认为，一定要有教材，学生人手一册。那么，选什么做教材呢？我记起上中学时读过的中华书局上海编辑所编的《唐诗一百首》《宋诗一百首》和《唐宋词一百首》，这三本书深入浅出，我上大学时也带在身边，大学的同学看到都认为编得好。八十年代初上海古籍出版社又将此书重印了，也很受欢迎，于是我提议诗词就选这三本。计划安排师一读唐诗、师二读宋诗、师三读唐宋词。不料这套书使用了七年之后，大家又感到还有问题必须解决：一是它毕竟不是教育部门规定的教材，到货经常不及时，不能赶上开学的需要；二是书中有些诗词与现行小学、初中教材重复；三是有一些诗词内容太长，不方便组织背诵。于是就产生了另编教材的呼声。陆志平副校长原先就在语文组工作，对此也深有感触，表示支持。那么由谁来编呢，同事们认为我读的古诗词较多，又发表过一些古代文学论文，两年前还与另外的年青同志一起编写出版过《古代爱情民歌》，手上资料相当丰富，就一致推举由我编写。俗话说："上下一条心，黄土变成金。"事情很快就启动了。书稿拿出来了，又请程育生老先生核校了全部内容，陆志平副校长审订了全书，以保证该书符合作为教材所应具备的要求。

正好当年 11 月份南通市校园文化建设研讨会在我校召开，接着全国中师校长培训班在我校举办，为了保证该书的出版赶在上述活动之前，姚老师要求我每天都要跑印刷厂，到了哪个环节追到哪个环节，死缠硬磨，让工人丢下手中的活儿，先给我们做。这样，先有一批书赶在几个会议之前印出来了，发到会议上，与会的领导一致称赞如师在校园文化建设方面的成果，夸奖这样的教材编得好。随后，学校图书馆就收到了这些兄弟学校大量的订单。

再说名著的选读，我们在四大名著中选择《三国演义》《水浒传》《西游记》（当时未选入《红楼梦》，担心有副作用）另外从学生将来的职业性质考虑，仲伟功老师提议选择了《安徒生童话》和《格林童话》。至于教材，由学校图书馆统一购置，统一借给语文组，由组里分发借给各班。大量的图书借到语文组后，保存相当困难。姚老师特地将办公室对门的一个杂物间钥匙交给我，让我管理图书的借出和交换。特别要记上一笔的是，如师图书馆对配合教学工作，一向是全力以赴的。翟有德馆长密切配合课外阅读的开展，非常热心，一次又一次帮助跑书店订货、催货、收货、发货，那时人们根本不计较什么额外报酬的，也不计算什么工作量，越苦越累，他干得越起劲。

值得一提的是，对课外阅读的辅导工作，语文组也做了精心安排，平时由各班语文老师负责辅导，隔一个阶段由相关老师负责做讲座。为了老师能深入研究，讲出水平，名著讲座的老师基本固定。记得《西游记》《水浒传》《三国演义》、童话分别由程育生老师、谢永华老师、我和何小鹏老师做讲座。为了把讲座做好，我们都自己购买了大量的参考书。记得谢永华老师从书店购回一本《水浒词典》时，那种喜形于色的样子，至今还刻在我心中难以忘怀。

为了把课外阅读工作进一步落到实处。语文组还多次组织“诗词大会”和“名著故事演说大会”。大会多在河南大礼堂举行。实行“各班当场抽签定人”“参赛者当场抽签定题”的方法。学号一旦被抽中，马上就得到台上抽题、答题。当时的同学都知道考上师范不容易，非常珍惜学习的机会，同学们抽中者当然是比较紧张，未抽中者也一刻不敢有丝毫松懈，轮到哪个上场，不管抽到什么题目，从未有过讨价还价的事发生。看到有的同学上台怯场，老师总是细心安慰、热情鼓励。诗词题多是按题背诵，或由上句接下句，或由下句联上句，也有简述诗句意思的题目。评委则坐在台下打分。

那时全校职工都支持这样的教学活动。学校小工厂回收废胶片提取金属银，我到小工厂选取他们用过后报废的胶片，留着回组里制作幻灯片，供大会上使用，小工厂的同志为我打开仓库门让我挑。不料被不知道情况的工友从外面把门锁上了，结果我被锁在门里将近十多分钟，才喊来人开了门。

还有一件事需要介绍的，就是老师们都感到学生上台后放不开，无论是背古诗，还是讲故事，双手没处放，眼睛不敢朝下看。提出是不是请个评书艺人来校讲两个段子，让同学们开开眼界。于是，姚烺强老师就带着我一起到如皋文化馆练习，请来一位评书艺人，在大礼堂表演了两段评书。同学们观看后颇受启发，逐步领会到上台后“以姿势助说话”的诀窍。

为了让同学们上台时能更好一些简单的表演才能，各班老师都认真做了辅导。程育生老师年近花甲，也张开两臂，摇晃着肥胖的身躯，指导学生做出“丑小鸭”的怪模样。说来真巧，那次他辅导的一个微胖的女生，正好抽上这道题目，她一边讲故事，一边扭动身子，扇动双臂，引起了哄堂大笑，得的分数当然不少。会后我们也跟“老先生”开心，说：“老先生退休之前，还收了个得意门生做关门弟子呢！”。

特别要指出的是，语文组要求各备课组将课外阅读列入考试的范畴。一般是5—10分，诗词考联句为多，由上联填下联，或由下联填上联，名著多考一般知识，主要看学生读了没读，不出艰深的题目。记得有一次出过一道题是，孙悟空刚出生时，书中称他的名字叫(　　)，拜师学艺时师父给他取名叫(　　)，后来跟随唐僧取经，书中称他(　　)……只要读过原著的，多能给出答案来。

自从《唐宋诗词选》印出来，许多兄弟学校好评如潮。在校内它是每届学生必读的课外读物，足足影响了如师学子二十多年。很多认真阅读学习的同学大多打下了一定的传统文化根基，“腹有诗书气自华”，写出的文章也自然与众不同，最近读到傅贵成校友的文章，引用诗词，恰到好处，为文章增色不少。有不少同学在题写毕业纪念册时，互相赠言，也用上诗词中的名句，如“长风破浪会有时，直挂云帆济沧海”“会当凌绝顶，一览众山小”“溪涧岂能留得住，终归大海作波涛”互相鼓励，传递正能量。也有同学毕业后继续深造，给我来信谈读书之益，引用了朱熹《观书有感》“问渠那得清如许，为有源头活水来”，把读过的诗词与自身的学习生活结合在一起，真是受益匪浅！

当然，背诵和抽查，总有一点压力。在组织相关活动的过程中，有时似乎也有些“失之过苛”，好像有一点“企业狼性文化”的味道。比方课前的检查，没有完成背诵任务的，不分班干和一般同学，一律记分批评。抽签上台时，没有任何讨价还价的余地，课外阅读这样动真格，难免有同学感到不愉快，但是，当他们真正理解到“松是害，严是爱”，品尝到读书甜头时，他们终会理解。

不是礼仪的迎送

——回忆如师的迎新与毕业话别

郭进荣

我有幸在如师工作了二十年，对如师的传统和新风都留下了深刻的印象。兹就 20 世纪八九十年代学校的“迎新”和“毕业话别”略做回顾，以贺建校 120 周年大庆。

每个学校，新生入学都有迎新会，而每届学生毕业离校也少不了送别活动。如师亦不例外。不过，如师的迎送，却不只是礼仪，而是全程教育的组成，是“生根师范”之初始，踏上践行师责征程的起步。

如师建校之初即以“贵全”为宗旨，以“真实”为校训，倡导“沉笃醇和”的校风。上百年来，后继历届领导，任任因袭并与时俱进，不断充实新的内涵，从而培养了大量优秀人才，并助力学校跨入了全国百所模范师范行列，受到国家教委表彰。这其中，与坚持充实的迎送教育、引导不无关系。

如师新生到校之际，一向总有几天的入学教育安排，从全校的大会到各班级的班会，乃至科任老师的首堂课，都会围绕“师范”这个总目标，从各方面对学生新的前进目标、学习任务、教师素质涵养等等加以介绍，提出明确要求（建校之初还有家长与学生的画押保证书）。诸如全校第一次新生大会上，不只是表示欢迎与介绍学校概况，更重要的是从“师范”教育的特质出发，以“趋势 · 目标 · 奋发”为重点，做主题报告，帮助学生了解师范教育的特质和自己的努力方向，让学生对“师范”“老师”的含义有深刻的认识，从而生成教师之“根”，奔着成为“人样儿”的方向，努力全面塑造自己成为合格的、优秀的未来教师。

为把入学教育精神渗透到日常学习生活，八十年代中期以后，“拨乱反正”之初，学校顺应时势，又不违初定的校风精神，倡导建设“诚朴、严谨、文明、奋发”的校风，并制成大型牌匾悬挂于学生每天进入校门后的醒目之处——一进五堂前排廊檐下；而在进入教学区的入口处——东西长巷门楣上，则分别悬挂着“做人育人”“读书教书”两块额匾，时时提醒大家，这就是我们师范教育的目标、实质、任务与职责！

学生毕业前，对踏上社会走上工作岗位，既兴奋、激动，又不免担忧。因此，学校对毕业前的相关指导，十分重视并提前逐步进行。当年如师的做法是，发动学生，从最后一学期开始，就做全面的基本功检测准备；对各项教师基本功状况作自我评估，同时各相关老师也布置任务，并协助做好相关“补课”和训练。另外，领导、班主任、老师们也开始到各班就学生诸如身份转换，如何面对领导、同事、学生、家长，应养成怎样的上班习惯，乃至如何正确处理婚恋问题等，谈见解、聊体会、提建议，引导学生在新征程上迈开稳健的步伐。当然教学业务的经验介绍，也是老师们少不了的话题。

这些都是在百年历史沉淀中，吸取前人经验，不断充实发展的结果。实践证明，这些做法，成效是显而易见的。如师的毕业生，踏上工作岗位后，一般都步履坚定，成长顺利，成绩显著，受到社会各界的好评，或许这就是最好的证明。

作者简介：郭进荣，原江苏省如皋师范学校党总支书记。

中国“杜威”吴俊升传略

黄天铨

吴俊升(1901—2000),字士选,江苏如皋车马湖人。祖父和父亲以教书为生。吴俊升于1914年小学毕业后,因家境清寒,考入父亲的母校——如皋县立师范学校。1915年,因日本向我国提出“二十一条”不平等条约,引发了全国性的反日怒潮和抵制日货运动。如师的学生积极响应,将县城内一巨商店铺中的日货尽行搜出焚毁,吴俊升为引火第一人。这种强烈的爱国情感自少年起贯穿其一生。1919年,吴俊升从如师毕业后,在如师附属小学任教一年。次年考入南京高等师范学校,进入教育科学习。并加入“少年中国学会”,与李大钊、毛泽东、恽代英等同为少中会员。1922年暑假期间,吴俊升偕吴亚鲁、魏建功等进步青年学生回乡,发起组织“平民社”,创办社刊《平民声》,宣传县政社会改革。1924年从南京高师卒业后,吴到附属中学教书,同时在东南大学补修大学学分。1925年从东南大学毕业,获教育学学士学位。1928年,吴俊升获得政府部分补助,偕夫人倪亮远赴法国留学,入巴黎大学文科攻读教育学和社会学,并旁涉哲学,师从福孔内(Fauconnet,P.)教授(涂尔干之嫡传弟子)。1930年,在准备博士论文《杜威之教育学说》期间,适逢杜威到巴黎大学接受名誉博士学位,蒙导师推荐,吴俊升得以晋谒杜威,请教论文事宜,得其指导和嘉许。1931年,吴俊升获巴黎大学文科博士学位。

回国后,吴俊升在北京大学教育学系讲授教育哲学、德育原理和教育社会学等。两年后受时任北大校长的蒋梦麟和文学院院长胡适之聘,担任教育学系主任。在北京大学期间,因环境稳定,吴俊升潜心学术,为其赢得广泛学术声誉的《教育哲学大纲》(商务印书馆,1935)和《教育概论》(正中书局,1935)便是这个时期的著作。后又至安徽省教育厅任主任秘书。1936

年，吴俊升利用假期，赴美国考察教育一年，在这期间第二次访谒了杜威。1937年夏，吴俊升在访问归国途中得知日本侵华战争爆发。甫一回国，北平已沦陷。他遂辗转至湖南长沙，旋又迁至南岳衡山，继续从事教育事业。1938年1月，应教育部部长陈立夫之邀，担任教育部高等教育司司长至1944年年底。这期间，吴俊升随政府西迁，致力于安置流亡员生，赓续弦歌。不仅迁移原有院校，并根据当时需要增设院校，造就人才。他倡行贷金制度，使流亡青年能完成学业，又提议政府资助学生赴英、美留学。1944年秋，吴俊升赴美考察战时教育，第三次拜会了杜威。政府回南京后，吴俊升在中央大学任教。1949年任教育部次长，后由广州转赴香港，任职于新亚书院，升任院长。在此期间，曾多次赴欧、美和南亚研究教育哲学。1954年赴台，任国民党"教育部"次长。1969年退休后定居美国。95岁时自编年谱，凡二十余万言。

吴俊升是中国最早研究教育哲学的学者之一，有"中国杜威"之美誉。他著述颇丰，除《教育哲学大纲》和《教育概论》外，尚有《论理学概论》《杜威之教育学说》《德育原理》《教育与文化论文选集》和诗文集《增订江皋集》等三十余种。有的被译成英文、法文、意大利文和西班牙文。此外他还擅长书法，笔法得柳体之骨，传赵体之神。

吴俊升还是如皋长寿之乡的长寿典型人物，他寿享百年，说明如皋的"老寿星"并不局限于体力劳动者中，如皋的文化人中也不乏长寿之人。吴老七十大寿时，写有《庚戌自叙》诗，从中我们可以窥见他的为人和志趣：

"七十古来稀，耄耋今多有。马齿日加增，老大何所守？读书尚古人，涉世存忠厚。用舍慎行藏，取与严辞受。悠悠历岁时，所守期不负。贤良未易登，但愿少悔咎。"

吴老虽有留学西洋的经历，但他受传统文化熏陶较深，慕古代圣贤之高风，处世存忠厚仁爱之心，什么该取，什么该舍，用世、遁世，都有自己的原则，他自谦不能达到贤良的境界，但求为人处事少一些后悔和内疚。他在少年中国学会时，因为为人忠厚，态度平和，所以能得到会员中两派的拥护。少中解散的最后一次会议，他被大家一致推为主持人。

香港新亚研究所总干事黎华标先生有挽百岁老人吴俊升的一副对联，可作为吴俊升一生的概括：

"富寿百龄，过半纪皋比杏坛，自神州至海隅，气呵成雨，赞育功多，可无惭于先圣；

高情一诺，总廿载扶持新亚，冒霜披露横逆，腕搤腐心，梦魂劳结，堪告语与后生。”

二、薪火相传

贵全　真实　沈笃醇和

陆志平

如皋师范1902年建校，以“贵全”为办学宗旨，“真实”为校训，“沈笃醇和”为校风，形成了特有的学校文化。一百二十年在原址原房办学，学校的管理体制、办学层次、专业设置几经变化，而学校的文化精神却代代相传，与时俱进，培养了一代代人师，服务社会，做出了不可磨灭的贡献。

“贵全”，明确了学校的办学目标。著名的荀子《劝学篇》最后一段说：“全之尽之，然后学者也。君子知夫不全不粹之不足以为美也。”“生乎由是，死乎由是，夫是之谓德操。德操然后能定，能定然后能应。能定能应，夫是之谓成人。天见其明，地见其光，君子贵其全也。”把“贵全”作为办学宗旨，就是要把学生培养成学问全面而精粹、有德行、有操守的君子。

“真实”，规定了师生的行为准则。汉代荀悦在《申鉴》中说：“君子之所以动天地、应神明、正万物而成王治者，必本乎真实而已。”以“真实”为校训，就是要求师生求真求实，不假、不虚、不欺。

“沈笃醇和”，营造了校园的育人氛围。期望学校有沈厚笃实、醇正平和的风气，“博学而笃志”(《论语·子张》)，“含天地之醇和兮，吸日月之休光”(嵇康《琴赋》)，以涵养文质彬彬的君子秉性。

“全人”之君子形象，“真实”之君子行为，“沈笃醇和”的君子之风，一以贯之的是“君子”。君子，是中华文化传统中“成人成己”的最高追求，也是如皋师范文化精神的内核。如皋师范是要把所有的学生都培养成君子，成为人师；再通过他们把全社会的人都培养成君子。

如皋师范的文化精神植根于中华民族的文化传统，具有极强的生命力和成长性。如师精神与五四“科学”“民主”的精神相契合，激发了师生崇尚科学、探究真理的精神，激发了“动天地”“正万物”的社会责任感，投身革命，追求光明，献身教育，启迪民智。新中国成立之后，忠诚党的教育事业，促进学生德智体美的全面发展，教书育人，为人师表；改革开放时期，全面实施素质教育，全面提升未来教师的素养；新时期，坚持立德树人，培养“四有”好教师；这些都赋予“贵全”“真实”“沈笃醇和”以新的内涵，丰富和发展了如师精神。

如皋师范美丽的校园具有丰富的文化意蕴，与学校精神一脉相承，相得益彰。校园选址于如皋城东南文化名人辈出的集贤里，与巍巍学宫连成一片，千年文脉相承，文化底蕴深厚。内外城河，碧水环绕，垂柳依依，天地醇和之气与沈笃醇和之风相生相和，温润心灵。书院门前，一排青松，挺拔刚健，与“真实”校训石刻交相辉映，正直进取，意气风发。一进五堂，庭院深深，书香浓郁，“贵全堂”匾额高挂于中堂之上，激励学子读天下文章，养浩然之气，学为人师，行为世范。

如皋师范的文化精神博大精深，她弥漫在校园的空气里，渗透在学校的历史中，浸润着每一个如师学子的心灵，植入了他们的基因，融入了他们的精神。他们又把如师的文化传递给他们的学生、他们的子弟，代代相因，生生不息。

如皋师范的文化精神长青。

致敬如皋师范，致敬中师语文教育

汪　政

前几天，遇到一位资深的教育专家，我们不约而同地说到了中等师范。也许因为今年中国师范教育开启一百二十周年，现在有许多地方都在开展纪念活动，听说重庆有个区的师范教育博物馆及其纪念活动做得轰轰烈烈，网上也有不少文章。但是，总体来说，还是面上的、浅的东西多，深的东西少，整体性的东西多，专题性的东西少。我对那位专家说，我们这几十年来的教育改革，特别是学校体制改革走得太快了，都没能停下来好好总结，像师范教育，特别是中等师范教育，真的还没容人们回过头去看一眼就过去了。

最近，一位老师找我做个语文教学的访谈，因为他知道我教过中学，又在中等师范教了近二十年的书，所以提出了这样一个问题：中学、中师、大学，在语文教育上有什么不同？我想，大学不好比，大学里学语文有两种，一种是通识性的，一般叫大学语文；第二就是专门性的，不叫语文，叫汉语言文学，也就是中文。但中师与中学是同一个层次，是语文，这两者还是有不少地方是可以比较的。

也许是因为我从事中等师范教育的时间长一点，对这一块很有感情。中国的现代师范教育有自己的传统，为中国教育，特别是基础教育培养了大批的人才，这些人才不仅支撑起了中国的基础教育事业，而且对中国的现代文化，对中国的社会主义革命、社会主义建设和改革开放做出了很大的贡献，有许多的经验值得总结。这不是套话，是历史，也是现实。热播剧《觉醒时代》里面的人物中等师范毕业的很多。看看每所师范学校的校史，都会发现，师范生的政治热情很高，而且非常有社会活动能力。这与师范生的出身与师范教育有着十分密切的关系。

这是大题目，暂且不说，先说说中等师范的语文教育。我还没有认真思考过，存在不存在师范语文教育的传统？如果有，这个传统又是什么？但在我看来，师范的语文教育确实是有些特点的，比如，在所有的学科教育中，特别重视语文。因为师范是培养老师的，不管你以后从事哪个学科的教学，都离不开语文，语文既是师范的一门学科，又是所有学科的工具。到了要毕业的第三年，都要开一门实习课，不管你实习哪门课，都要说课，写教案，试讲等，这些离了语文怎么行？正是因为把语文看得特别重，所以为语文教学设计的教学任务也特别丰富，语文素养的分解也特别细致。比如我们常说的"三字一话"，这大概是其他教育类型不太强调的。以前，不管走到哪儿，字写得好的，普通话说得好的，大都是中师毕业。在普通话没有普及的年代，只有中师开设了以讲好普通话为目标的语音课。围绕这门课，中师的方言调查、汉语拼音教学、发音矫正以及各体材料朗读和演讲、语言艺术表演等教学活动开展得十分丰富。三字就是毛笔字、钢笔字和粉笔字。除了有专门的书法课，学生每天都要练字。到了一所学校，如果看到教室走廊上放着一块块写满粉笔字的小黑板，不用问，这肯定是所师范学校。

其他如口头与书面表达的任务和教学活动也丰富多彩。当年的如皋师范学校，每一节语文课的开始就是读唐宋诗词，教材是学校自己编的，接着是三五分钟的说话，我们称为"口头作文"。老师给一个题目，让学生即兴说。要理解题目，要确定思路、组织材料，或叙事、或议论、或说明，说得起承转合，有头有尾，还要顾及情感与形体，很不容易的。别看就那么三五分钟，学校很重视，是如皋师范学生毕业时基本功检测的项目。三年下来，学生真的不用再为口头表达发愁了。进校时，许多学生站起来发个言都满脸通红，结结巴巴，毕业时往课堂上一站，一个个眉飞色舞，滔滔不绝。学生自信，老师高兴。

写作教学也是师范语文的重头戏。因为毕业后要做老师，教学生作文，自己要首先会作文，所以，师范对写作抓得就紧，这方面的改革和教学举措也很多。师范学校的语文分许多门，语基是一门，这一门中的语音还单独列出。书法是一门，文选与写作是一门，有的学校文选与写作还分开来。我刚到如皋师范教书时，上的就是写作课，两个班的作文。师范的写作教学相对系统、规范，不但训练学生写作文，而且教他们写作知识，教他们如何教作文，如何批改作文。作文量也大，有大作文，小作文，有日记，周记，还有各种文学社团，有兴趣的学生就多了不少写作的渠道。如皋师范学校一直有做学问的传统，老师的教科研热情大，水平高，成果多，在全国都是出了名的，这对学生的影响很大，学生跟着写文章，发表文章，开始了文学与教科研的启蒙。后来，我们意识到这不仅是兴趣问题，而是一个人公共写作的意识问题。认识到这一点后，我们就有目的、有计划地引导学生，从公共写作的目的、伦理这方面对他们进行教育，进而训练学生的公共写作能力，并提出一定的目标。等到如皋师范承担大专培养任务时，我们就提出，每个学生在校都要发表作品，毕业时将学生发表的作品汇集成册。当年的学生现在说起这一点时还觉得受益很多。重要的不是发了几篇文章，而是如何面对社会发言，又如何对待公众言论。那时，还没想到今天的网络，没想到自媒体，现在想来，这样重视个体对社会话语的参与，真的有先见之明。

中等师范没有升学的压力，所以教学没有包袱，制约因素少，虽然目标多，任务繁复，但老师教得轻松，学生学得也轻松。语文教学的改革也是遍地开花。我记得我在如皋师范教语文时，想怎么做就怎么做，想怎么讲就怎么讲。我觉得学生的语文应该与时代接轨，与生活相融，“时文”的阅读很重要，于是就和同年级的程然老师合编教材，两个班上大课。其他老师怎么教不是我们的事，我们两个班就讲自己编的教材，其实就是时文选编。学校对我们的做法很宽容，当时的教导主任沙正国说，汪政怎么讲都是好的。这样的教学氛围中学里怎么会有？

最为重要的是，师范的语文尤其重视人格教育，立德树人被放在十分突出的位置，因为培养出去的人才是要为人师的，学高才能为师，身正方可为范。学生的语文品质是师范语文教育核心中的核心，而且，这一核心也是具体的、可分解、可操作的，学生从社会观、儿童观、语文观等宏观的方面一直到语文技能等微观的方面得到了系统而全面的教育和培养。所以，我们可以发现，从师范出去的人特别关心社会，热心社会事业，同时具有亲和力、动员力和行动力，借助语文能力如演讲、说服、协调与写作发挥作用的特点非常显著。这些经验与做法都值得思考和总结。

如皋师范与中国现代师范教育同步，百年薪火，一路传承。作为一名曾经的如皋师范的语文老师，谨以此文致敬如师，致敬中师语文教育。更希望治教育史的专家学者能总结梳理百年中师的教育传统，并将其发扬光大，它是中国教育宝贵的、可以不断再生的财富。

作者简介：汪政，江苏省如皋师范学校第25任校长，江苏省作家协会副主席，江苏省文艺评论家协会主席，中国小说学会副会长，中国作家协会文学理论批评委员会副主任，江苏省作家协会副主席，南京晓庄学院教授。

如师人

章跃一

> 青春是神秘且炽烈的，凡我们在那年岁起身追寻、衷心赞叹之事，皆会成为一生所珍藏。
>
> ——简贞《烟波篮》

每个人的一生，都有很多值得回忆的地方，每当打开思绪和回忆的阀门，许多往事萦绕心底，让我难以忘怀。

1984 年 8 月我加入如师大家庭，直至 2007 年调入江苏教育学院(2012 年更名为江苏第二师范学院)工作。在如师 23 年，我的工作可分为两个阶段，一是办公室工作阶段(从 1984 年 8 月至 2000 年 12 月)，主要从事学校文字、档案、人事、工资等工作。二是校长室工作阶段(从 2000 年 12 月至 2007 年 8 月)，主要分管教学、学工、科研、培训、招生就业、党建党务和纪检监察等工作。正是由于工作的缘故，我见证了如师的快速发展，很多虽已时隔多年，但至今仍记忆犹新，历历在目，对与自己朝夕相处的同仁，对自己所经历的事情，对让人迷恋的如师校园，总是倍感亲切，铭记在心。尤其是如师人那独有的品格，更让我常思常想，常怀敬意。

如师人具有独特的教育情怀，他们对教育、对学校、对学生充满了挚爱之情，热爱学校的一草一木，钟爱教育的一言一行，关爱学校的每一位学生。

“情怀”就是一种情感、一种情爱、一种情愫，一份情操、一份情意、一份情理。

20 世纪 80 年代以后，如师的办学影响不断扩大，每年都要作为全省和全国很多中师会议的现场，上级领导来校考察，全国各地同行参观交流，最多的每年要接待上百批次 1000 多人次。每次重要会议、重大活动，老师们都主动要求安排任务，并以承担工作为豪。

随着学校办学规模的不断扩大，班级数的增多，选好班主任非常重要。在如师，只要学校需要，老师们从不推诿，不讲条件，不计报酬。他们每天清晨走进校园，与学生同做操、陪早读，晚上直到全校 3000 多名学生全部就寝，方才离开学校。一年四季，天天如此，风雨无阻，从无怨言。老师们都把担任班主任工作作为一件非常幸福的事情。

最让我钦佩和感动的是老师们严谨细致、踏实认真的教风。除了贯彻教育“六认真”，在如师有一个传统的做法，就是开学前一周内老师完成学期授课计划制订，开学后一个月内进行全校授课计划点评。而有的老师一学期往往要承担包括选修课在内的多达 4—5 门课程的教学任务。老师们从教学大纲分析、班情分析、教材分析，到教学目标、教学重难点、教学措施等，不同授课计划、不同授课班级，都认真研究，分析到位，力求制订出切合学生实际、切实可行的教学计划。

在如师，上好每一堂课、教好每一名学生，努力做到个个合格，人人成才，是老师们长期不懈的事业追求。如师人是在用情怀做教育，用情怀做好自己的每一份工作。

如师人具有独特的改革精神，他们走出了一条契合时代发展特点、符合中师办学规律、切合自身特色的改革之路、发展之路。

积小改为大改，由局部到整体。如师素以“内功好”而蜚声省内外。如师人从不心血来潮，不乱折腾，而是脚踏实地，一步一个脚印，看准一项，改革一项；看准一步，改革一步；积小改为大改，从局部到整体，逐步向全校辐射。1980 年国家颁布《中等师范学校规程》后，如师人雷厉风行，认真贯彻，稳定秩序，端正方向。1984 年恢复招收初中毕业生的首届学生毕业，他们及时总结经验，试办了一个面向农村小学的教改实验班。1986 年，在实验的基础上提出师范学校要实现师范化的构想，全面推进学校教育、教学、管理三大方面的整体改革。

改革从研究开始，坚持科研引领。一是研究中师课程设置。在 1984 年课程改革取得成功的基础上，学校成立课题组，开展中师课程设置、课程结构和各类课程比例的研究，建立了包括必修课、选修课、教育实践和课外活动四大块的新课程体系。这一研究成果，为国家教委新方案的形成起到了重要的参考作用。二是研究课堂教学改革。如师人始终有这样一个信念：

学生的培养质量在课堂，教师的专业成长在课堂，学校办学水平的提升还在课堂。因此，他们始终把课堂教学改革作为一切工作的重中之重，抓得实，举措多，有成效。诸如，"一点突破法"小学语文教学改革、"一题重作"作文教改试验、音体美的口令队列训练等。不同学科的课堂教学改革异彩纷呈，都是老师们在教学中不断摸索、总结、凝练出来的改革成果。三是研究课堂教学模式。从20世纪90年代初期，如师人就开始了教学模式的研究和探索，至1996年，各学科就探索出比较成熟、颇有成效的教学模式。如，政治学科的"知—行""行—知—行"教学模式；教育心理学科的"理论讲授—重点讨论—课后延伸"三步教学模式；语文学科的阅读"三段六步引疑法"教学模式等。有效地推动了课堂教学质量的提高。

改革因时而变，与时代同步。随着我国由三级师范向二级师范过渡，如师紧跟时代发展步伐，适应基础教育对教师人才培养的需要，于1997年招收五年一贯制小教大专班，开始五年制专科程度小学教师培养的实践性探索，学校研究确定培养目标和培养规格为"定性在教育，定向在小学，定位在专科"，在文化知识基础上求"宽"，在教育理论上求"通"，在实践技能上求"精"，在科研创新上求"实"，在人格发展上求"全"，并探索出"综合培养、分科主修，综中有分、专业定向，中心突出，两翼齐飞"的培养模式。1999年全部招收五年制师范大专班，学校确立了"精品化、大专化、现代化"改革目标，开展了全方位的改革。建立校系两级管理体系，实施师资队伍"高师达标计划"和青年教师"专业成长计划"，推行"师表工程""优课工程"，打造特色专业和精品课程，开展教学录课点评等活动。2005年，学校独立升格为"如皋高等师范学校"，增挂"江苏教育学院如皋分院"校牌，学校提出"五个坚持"的办学目标，即坚持教育发展不动摇；坚持以教育教学为中心不动摇；坚持高举师范大旗不动摇；坚持以人为本不动摇；坚持发展理念与校情结合不动摇。并于2008年开始招收免费定向师范生。学校进入发展"快车道"。

如师人具有独特的开拓精神，他们敢于突破陈规，大胆创造，形成了在全省乃至全国中师界均颇具影响的很多好经验好做法。

如师是在全国中师界率先提出师范学校要实现师范化构想的学校；如师是全省中师中较早（2002年）启动招收五年制非师范专业的学校，以此作为办学的补充；2006年以后，面对升格后遇到的招生问题、资源闲置问题、经费匮乏问题，学校自谋出路，扩充办学，在稳定高师办学规模的同时，增加高职招生规模，当年高师、高职招收新生1200多人，在校生达到3400多人，27个专业，实现了学校办学史上的最高水平。

此外，如师老师的科研课题立项、教育科研成果曾轰动全省，为兄弟学校同行所羡慕；如师是一所无艺术专业班的中等师范学校，但如师的艺术教育尤其是学生一班一特色的第二乐器，为当时省内很多中师所效仿；如师学生毕业时人人都有文章公开发表，仅2005年毕业生200人，公开发表文章就达1200多篇，让很多人所惊叹；如师学生参加全省“5＋2”专转本考试录取率连续多年在全省同类学校中遥遥领先，在全省传为佳话；如师学生参加江苏省师范生基本功技能大赛，特等奖人数多年卫冕全省第一，令许多兄弟学校所钦佩。如师是1988年原国家教委首批表彰学校之一，从1988年起连续20多年被命名为江苏省文明单位，并获评江苏省先进集体、江苏省德育先进学校。人民日报、新华日报、中国教育报等主流媒体对如师曾上百次予以重点报道。

如师人独有品格的形成，源于学校优良传统的长期熏陶，源于我们所处的这个时代，源于全校上下的同舟共济、踔厉奋发。

如师办学百余年，在我国师范教育史上写下了熠熠生辉且令人自豪的一页。建校初期，学校就立“贵全”为教育宗旨，以“沉笃醇和”为校风，以“真实”为校训，逐步形成了优良的办学传统。2002年百年校庆前夕，学校经过多轮讨论，总结凝练形成了“爱国、自为、务实、开拓”的如师精神，即立教兴邦、竭忠尽智的爱国精神；诚朴尚礼、治学修身的自为精神；明体达用、内功至上的务实精神；博采精进、敢为人先的开拓精神。也正因为此，如师这块教育的沃土，滋养了一代代如师人，铸就了如师人独有的品格，成就了如师人光辉的人生。

如师人独有的品格的形成还得益于我们所处的这个时代。国家把师范教育作为优先发展的教育，实施一系列优先发展战略，出台了一系列倾斜政策，推动了我国师范教育事业的健康持续发展，为如师人独有的品格的形成提供了坚强的保证。

校长是一所学校的灵魂，是教师成长的引路人。高品质的学校离不开教育家型的校长；同样，如师人独有的品格的形成也离不开历任校长高水平的治校办学。他们都是师范教育的专家，学校管理的行家，他们谙熟师范教育办学规律，善于把握师范教育发展大势，重视教师队伍培育提升，为如师人独有的品格的养成创设了良好的生态环境。在如师，领导班子团结，干群关系和谐，同事之间融洽。

我对如师，感情深厚；对如师人，心存感激。他们既是我的同事、朋友，也是我的贵人、恩人。在如师，我收获了家庭，收获了成长，收获了事业。如师人的淳朴、善良、诚实、勤奋、敬业、进取、正直、宽容、乐观、淡泊……给我留下了深刻的印象，也时刻感染和激励着我，让我终身受益。

作者简介：章跃一，曾任原江苏省如皋师范学校党委副书记兼副校长等职务。2007 年 8 月调江苏教育学院（后更名为江苏第二师范学院）工作，先后任分院管理办公室副主任、资产管理处处长、财务处处长、发展委员会办公室主任等职。现任江苏省陶行知研究会副秘书长。

如师如光　点亮梦想

方健华

岁月如梭，光阴荏苒。母校如师百年校庆的盛况尚还记忆犹新，一转眼，母校如师120年华诞已经来临。

作为1984届的如师学子，我最为自豪的是：母校如师，中国最早的公立师范。百年传统，薪火相传。自光绪二十八年(1902年)起，一代又一代如师人构建了一整套具有如师特色的培养小学教师的办学模式、课程结构、系列教材、教学方法、德育体系，培养了大量优秀师资，支撑了伟大祖国的教育事业；敢为人先的"内功之路""如师之路"，享誉全国；"真实、贵全"的办学理念和"沈笃、醇和"的办学传统，彪炳中国师范教育史册。作为一个草根阶层的农家子弟，感恩如师改变了我的户口和阶层，吃上了商品粮，由农民变成了国家干部，从而改变了命运；感恩不尽如师给了我智慧，帮助我启航成长。如师如光，光芒万丈，点亮了我的梦想，照耀了我的人生航向。

感恩"真实、贵全"的如师精神之光。本质上讲，求真、尚实的如皋师范校训是围绕对真理的探求和对个性与道德修养的培育而展开。如皋师范"真实"校训体现了科学的精神和崇真求实的态度。"真实"精神是如皋师范的灵魂，所谓"真实"即尊重、探求真理，只认真理是非，而不问利害，不为名利所动，不屈服于环境的压力。而要树立这种追求真理的精神和科学意识就要反对迷信，保持怀疑的态度、实事求是的态度，坚信真理高于一切。母校如师是传授知识和探索学问的散发理性光芒的好地方。对科学知识的追求和对真理的探索是母校如师一贯的重要职责和使命。自1981年考入如皋师范，1984年毕业至今，已经从教38年了。18岁毕业分配到老家当过小学老师、中学老师(校长)，考到江苏教育学院脱产进修后，非常荣幸地再次回到母校如师当老师，后来负责学生工作、教务工作。2004年因工作需要才离开母校。后来，我完成了硕士、博士学业，但我坚持认为对我影响最大的还是中师三年的如师生活。在这三十八年职业生涯中，我的人生感悟是：教师是人类精神的守望者，需要我们诗意地行走在思想中，不断地去阅读，去汲取，去实践，去反思，让思想成为提升诗意、温馨精神生活的资源。而有此人生感悟的根源在于我曾有幸"两进"如师校园，有过十多年前后两段"为生、为师"的如师生活，长期受到母校如师"真实、贵全"精神之光的启示和感召："欲为人师先为人"，首先，做人、做学问要"真实"，如师的学生，以"真诚、谦逊、实在"为传统，以"做真学问，真做学问"为追求；其次，为人、为师要"贵全"，如师的学生，以"文史哲""数理化""上知天文下知地理"无一不精为要求，以"琴棋书画，吹拉弹唱""三字一话"无一不通为自豪。也正是这"真实、贵全"的如师精神之光，照耀着我"去蔽、澄明"，人生理想、激情才得以日益丰满充盈，心灵归属感问题才得以解决，从事教育职业的精神境界才得以不断提升。

感恩"沈笃、醇和"的如师师恩之光。母校创办人沙元炳在1902年开校典礼上，立下"真实"为校训，以"贵全"为办学宗旨，着意培育沉潜"沈笃、醇和"的"教风""校格"。如师的老师谨记了沙翁的训词："膺师范之任者，必当敦品养德，循礼奉法，言动威仪中为楷模。""教授学科，当体认各科教育之用意所在，且着眼今日国势民风，讲求实益。讲堂教授，固贵解新学事理，尤贵使学生于受业之际，须会教授之有法。""教师善于语言者，则其讲解学理，醒豁确实，启悟良多。"记得2002年，母校百年校庆前夕，为了拍摄校庆专题片，我受时任校长陆踊的委托，带着江苏电视台摄制组遍访了祖国大江南北的如师校友。采访中，20世纪20年代校友、我国著名隋唐史学家厦门大学终身教授韩国磐、中国工程院院士、中国矿大终身教授韩德馨以及南通大学老教务长张金波教授，都不约而同地谈道：当年在如师读书时，每天晚上自修，需要穿过母校的一进五堂，总会看到"贵全堂"过道两边的校长室和教务室的两盏灯光，就肃然起敬，知道是校长、教务长在读书做学问。其实，我们20世纪80年代的校友也曾有这样的经历：那时的一进五堂叫"办公厅"，是校长、主任和老师们集中办公的地方。每当晚上上自修路过"贵全堂"，看到两边的窗户里的灯光，我们就是知道是校长袁靖东和顾敦沂、主任陆志平（后来的校长）和姚老师、梅老师在看书，不由得放轻了脚步，加快了步伐，赶紧到教室去看书、练字、做作业。当时想的也很简单：陆老师、梅老师、姚老师都这么用功，我们不能“光耍子”，不能浪费时间啊！回首往事，我这一路走来，影响自己人生，引领自己学术乃至帮助自己生活最大的，还是当前读中师时的恩师们。我感到非常幸运的是在如师遇到了大师级的老师们：语文老师兼班主任陆志平、李崇莹，语文教法老师姚烺强，语音老师徐晓华，数学老师梅仁蕊，哲学老师高海亮、陆玉贤（兼班主任），物理老师刘惠民、尤乃如，化学老师赵锦泉、项云英，教育心理学老师顾敦沂、陈茂旺，书法老师许象麟，历史老师刘金赋，地理老师成珮玉，生物老师陈云，体育老师陈银书、方邦俊、常生，音乐老师王建峰，美术老师潘金玲、李波，实验老师高忠新、校医陶萍老师……

先生们个个都是人格高尚、学识渊博，人人都是身怀绝技、堪称典范。先生们上课时个个都能口吐莲花、妙语连珠，人人都能板书飘逸，挥洒自如；听先生们上课如座春风，如沐春阳。最难以忘却的是恩师们的亲切关怀和诲人不倦，尤其是在如师读书期间，受到诸位大师级老师的谆谆教诲和人生点化。如师素来崇奉“两代师表，一起塑造”，“真实贵全”的校训体现为诸位先生们“学高为师、身正为范”“沈笃、醇和”的师者之光，璨若星辰，暖如春阳，启迪我们如师学子的智慧，照耀我们如师学子的人生。如师恩师们的学识和风范，永远令我景仰；更不用说恩师们独有的人格魅力和深邃的思想、渊博的学术和丰硕的成果引领着我一路前行。时至今日，师者如父，师犹灯塔。我仍然还享受着陆志平、徐晓华、汪政等如师老师的浩荡师恩，沐浴着他们的灿烂阳光和学术光芒。

感恩“体用兼通”的如师文化之光。母校如师历来重视“为人师表”的师范德性文化建设，同时注重学生知性文化养成。一贯坚持“真实、贵全”的校训文化理念，逐渐形成了“面向全体学生，培养全面素质”的师范文化传统。2002年，母校百年校庆之际，在继承传统的基础上，赋予了传统的师范文化理念以新的时代意义，后经陆踊校长团队的凝练，明确提出了新如师精神——立教兴邦、竭忠尽智的爱国精神；诚信尚礼、治学修身的自为精神；明体达用、内功至上的务实精神和博采精进、敢为人先的开拓精神。如师的这一精神文化传统以潜移默化的方式传达着严肃的哲理和文化意蕴，对如师学子的感染、熏陶、浸润和涵化作用是巨大而深远的。如皋师范从创办时起，就特别强调读书与做人教育结合，主张教书与育人相结合，真正做到了面向全体学生的全面发展教育，虽历经百年，却矢志不渝，正是演绎了“体用兼通”、中西文化相统一的知识真理性教育价值观。早在1902年，如皋师范创办人沙元炳先生吸收宋代教育家如皋名贤胡安定先生“经义治事、明体达用、体用兼通”的实用主义教育观，明确提出“沈笃、醇和”之校风，明确规定“贵全”之宗旨，“真实”之校训，“一切教育事宜，必须适合小学教员应用之教法。施以严格训练，养成爱国志气，良善性情、强健体魄、谙练小学教法之师范生。”“变化学生气质，激发学生精神，砥砺学生志操”……这一系列办学主张充分体现了以道德论理念为主的办学思想，突出了如师“德性”文化养成的特点。120年来，母校如师一直秉承“欲为人师先为人”“明日师表今日始”“师范无小节，事事皆教育”的师范文化传统，重视修身养性，以身立教，关注职业道德、专业思想的培养。在重视师范课程文化育人主渠道的同时，十分重视学校的环境、制度、活动、社团文化的建设。至今难以忘记，1993年，重新回到如师校园后，当时的党总支书记郭进荣、团委书记杭斌，带领我们一帮管学生的“孩子王”：石高峰、张德清、徐红迎、周光建、邵晓龙、杜志章、陈建忠、陈洪美、孙红兵、汪震球，后来的李建军、沙书俊、周根龙、朱亚林、秦广明等，加上热心如师学生社团活动徐晓华、程然、杨建新、张建明、胡海舟、吴亚军、黄正连、陶醉等各有专长的老师，以及后来当了校长的文学评论大家汪政老师，分管学生的章跃一老师，都一起帮助我们，积极投入如师的学校文化建设。我们大搞各类活动和比赛：演讲、辩论、征文、绘画，演唱、舞蹈，天天有安排；我们大搞社团建设：绿叶文学社、金龙书画社、声音剧社、CF沙龙、鼓号队、民乐队、舞蹈队，办如师电视台，拍摄如师校歌MTV，周周有新招。“江苏省大专生演讲比赛一等奖”“江苏省大学生辩论赛一等奖”“全国中师红杉书舞蹈奖”“江苏省群众文化艺术特别奖”“全国中师生书画大赛奖”“江苏省中师生田径赛优秀组织奖”等，纷沓而至。最难以忘怀的是当时的校长助理兼团委书记杭斌、陆玉贤主任和我，带领音乐组李云、陈建忠、唐冬梅、王菁、尹余美等老师组织如师文艺演出队，送戏下乡活动，把如师历史上的学生下乡“打莲湘”“搞社教”的传统继承并发扬光大。暑期里，冒着烈日酷暑，用大卡车拉着音乐设备，大巴车拉演出队的师生，走乡串镇，“游演”在南通农村地区的各乡镇。每到一处乡镇政府所在地，师生共同做宣传、搭舞台、化妆、调音响，拉大幕，学生们自己主持、报幕、催台、演出……忙得汗流浃背，不亦乐乎。中间往往顾不得休息，吃饭都得瞅着换节目的档口。每天都要忙到夜里12点以后，“大篷车”演出队才能到达下一站。但没有一个师生喊苦叫累……现在想起都激动，那真是一个激情燃烧的岁月。这些活动，不仅宣传了母校如师的办学成就，产生了很大社会影响，更重要的是锻炼了师生的才干，磨炼了师生的意志。文化是教师成长的母乳。母校如师这种以“真实、贵全”的师范文化“勖勉学生”“自行深造学识，精研技艺”，从而使得如师涌现出了那么多蜚声海内外的专家学者。其中有相当一批活跃在各级领导岗位上，为祖国的建设和民族的发展做出了突出贡献的历届如师学子，这正是得益于如师良好文化传统的熏陶、培育。当然，因为培养“谙练小学教法之师范生”的目标明确，而又导引有方，更多的如师毕业生在祖国的教育事业中出类拔萃，脱颖而出。

总之，母校如皋师范绵延120年的历史扬弃，不断翻出新声，成就了其独具一格的如师精神和文化传统，影响着一代代如师人，不断创化传统和超越时代，这完全符合文化学的“活态传承原理”。我一次次徜徉在魂牵梦萦的如师校园，傲然行走在中国百年师范的历史与现代之间。我骄傲，我自豪，因为母校如师是中国百年师范历史的“活化石”！愿母校新的百年，新的起点，新的辉煌！

作者简介：方健华，原江苏省如皋师范学校1984届毕业生。于1993年9月调入江苏省如皋师范学校工作。现为江苏省教育科学研究院职业教育研究所所长、江苏省职业教育课程教学研究中心主任、江苏省职业教师资培训中心主任，博士，二级教授，南京大学、南京师范大学生硕士生导师。

在如师“认识”沙元炳

石高峰

本来，我有可能和很多如皋人一样，不知道、不了解沙元炳，尽管在如皋从近代到现代的发展史上，沙元炳无疑是个举足轻重的杰出人物。如皋教育、文化、医疗、水利、实业的现代性发展，沙元炳以创造性拓荒者的身份居功至伟。

很庆幸，1985 年 8 月跨入如皋师范学校的大门，此后 36 年一路走来，我便有机会一步步认识了沙元炳：从如师创办总理沙元炳，到提出“沉笃醇和”“真实”“贵全”教育理念的沙元炳，从“江宁才子”沙元炳，到与张謇同进退“父实业母教育”的沙元炳；从肤浅的认识，到深入的了解，从基本的尊重，到“瞻之在前，忽焉在后”的遵从。总觉得虽然时代的大潮起起落落，但先生所奠定的文化与传统，一百多年来一直弥漫在如师这座东方书院里，对于所有如师人来说，她是长伴于身、根植于心的。

著名文学评论家汪政，写有一篇题为《学校是一棵树》的文章。他说：“所幸，我曾经任教的那所百年师范正是具有传统的学校。这个传统包含了一种精神，一种崇尚学术、求真务实的精神。每一个到学校工作的年轻人，在一开始都会有种无形的压力，这种压力不是来自制度，也不是来自管理，它是一种氛围，弥散在工作与生活的每一个空间，在这种氛围中，读书与治学成了几乎唯一的选择。”

说来惭愧，从“年轻人”到成了“年老的人”，我这 36 年，在汪先生所说的“读书与治学”两方面与诸多前辈、同辈、后辈都相形见绌，但自我觉得，我还是多多少少得了些如师真传的人。“如师传统”成全了我的师范教育人生，成全了我的教育生命，成全了我职业生涯的全部喜乐，这绝非虚妄之辞。

我是个性情浮躁、术业不专的人，无恒心、无毅力，凡事浅尝辄止者多，爱我者说我“多才多艺”，实质上我只是个开“杂货铺”的。平时虽多喜静，却又喜欢天马行空地想，想如何有那么一点“独特性”。我曾想，如果有人总是用学生考试成绩排名来考量我的工作，能力的匮乏和心理的拒绝将注定我一事无成。沙元炳为如师确立而成为传统的“贵全”校训，恰好掩盖了我的弱点，以“点‘石’成金”的神奇，使我的教育旅程中能够偶有灵光一闪的时刻。

2002年，如师迎来了100周年的大庆，我应命担任专题片《百年如师》的撰稿人，并参与了专场晚会的排练工作，其间艰辛一言难尽，但正是这个过程，促成了我对沙元炳真正系统而深入地认识。

沙元炳不仅创立了中国历史上第一所公立师范学校——如皋师范，更是为如师注魂、立魂的人。而这“校魂”一百多年来一脉相传、薪火不断，是如师的立校之根、强校之基、扬名之本，最终积淀为深厚的“如师传统”。

沙元炳为如师立魂，是从选定校址开始的。

沙元炳走遍如皋城，勘察校址，历经反复，终于在古城东南隅选定理想校址，这里“于道德、卫生无妨”，“溪水拖蓝柳带烟，隔岸钟声催昏晓”。所谓“溪水”乃是内城河，玉玦形城河在此由东而北，从南、东两面将学校环抱，夹岸绿柳成荫。而“隔岸钟声”则来自城河南岸的千年古刹定慧禅寺，这里虽是终年香烟缭绕，晨钟暮鼓，经声不断，却能教人静心安神，朝北的庙门与学校隔河相望，让读书人平添静气。

校园西邻，隔着一条古巷，是如皋城有名的“集贤里”，大宋时期王氏家族在此居住，一门连出四进士一状元，被称为“金龟压钮，代产伟人”。

集贤里西，有修建于明嘉靖一十九年(公元1540年)的“文庙”，“气象恢宏，规模阔大”，文庙前有泮池与内城河相连，文庙东西各一条南北走向的古巷，分别为东云路巷和西云路巷，有“平步青云”的美好寓意。

沙元炳历尽艰辛，力解重重纷扰，将师范学堂定址于此，其用心之良苦，期待之殷切，至今想来，不由人不动容。岂止“无妨道德与卫生”身心两方面“健康”的低标准，更有于蔚然文风之中熏陶莘莘学子、接续重学之脉、培养师之大者的宏愿。

沙元炳为如师立魂，还可见于校园建筑之格局。

如皋公立简易师范学堂的校舍建筑格局，被很多人认为是“取日本书院格局”“有日本弘文书院的影子”：中、东、西三院，分别由东、西长巷分隔，中间主体部分一进五堂，皆有回廊相连。倒是一位方家不经意道出了其中的真实渊源，20 世纪 70 年代教育部一位官员到校视察，慨然惊叹：这可是全国保存最好的宋代书院格局啊！日本弘文书院创立于 1896 年，是嘉纳治五郎为接受中国留学生而创办的，为此，他对中国教育进行过认真的实地考察与研究，弘文书院与中国存在着天然的渊源是显而易见的。再者，沙元炳在师范学堂开办之初，就明确吸收了胡瑗“明体达用”的教育主张，他所提炼的“沉笃醇和”四字校训即来自胡瑗所倡导的“沉潜、笃实、醇厚、和易”。而胡瑗（世称“安定先生”）正是从如皋走出去的宋代大儒、大教育家，在泰州创办有安定书院。沙元炳有多篇诗文提及胡安定先生，在《胡安定先生〈中庸义〉序》一文中，沙元炳说：“微孟子，则周秦诸子之异教无自而辟；微先生，则宋元诸儒之道学亦无自而开。吾幸生大贤之乡，去先生八百余岁，……其犹有一发之几启我后人乎？呜呼！吾望无穷矣。”对胡安定的追慕之情，可谓至极。由此可见，如皋师范学堂的建筑格局，实质是近仿日本弘文书院，远接中国宋代书院，是沙元炳心中“传统与现代”开放融合的产物。

书院建筑的格局，体现的是创办者心中的教育格局。如师校歌中，有这样两句，我一直认为是真正理解并诠释了沙元炳心中师范教育格局的：“经义治事，安定遗风，体用贵兼通；旧学沉沦，新知潮涌，两端执乎中。”在我的课堂上，我总是跟一届届学生解读《校歌》。守传统不守旧、开新风不跟风，奠定了如师一百二十年校风中最重要的内涵。

爱国，是沙元炳忠魂之所在，也是如师校魂之所系。

“启迪民智，御侮图强，洗雪国耻，振我华夏”，是促成沙元炳创办小学、师范、中学、商业学校的根本动因。

在 1903 年拟定的师范学堂办学宗旨中明确：“恪遵经训，阐发新学要义，施以严格训练，养成爱国志气、良善性情、强健体魄、谙练小学教法之师范生。”而具体内容第三款则为：“国民之智愚贤否，实关国家强弱盛衰，师范生将来有教育国民之重任，当激励其爱国志气，使学成以后必当勤学诲人，以尽报效国家之义务。”

“百日维新”失败后，沙元炳与好友张謇一起辞官还乡，分别在南通通州和如皋兴办实业和教育，救时局与危亡之间的耿耿忠心苍天可鉴。

正是培养“爱国志气”的教育追求，一百多年的爱国传统薪火相传，才从如师校门走出一位位爱国志士、革命先烈、教育大家、劳动模范、杰出领导，更有无数为共和国教育事业默默奉献的人民教师。

在建党100周年时，应如皋融媒体中心副总张强邀约，我写了一个情景诗剧《星星火种》的本子，以纪念吴亚鲁烈士。吴亚鲁是从如师走出去的热血青年，是江海地区第一位中国共产党党员，他的革命热情影响了一大批江海青年投身革命，他的革命足迹走遍江苏、山东、河南、上海、江西、广东、湖南，41岁时在湖南因掩护战友被国民党顽固派乱枪射杀。张强是如师毕业生，而我在如师工作数十年，能够直接用自己的方式礼赞党的生日、礼赞先烈、礼赞先辈、礼赞如师，我们责无旁贷。值得庆幸的是，这个剧的排练与演出还算成功，在获得上下点赞的同时，应邀在南通各地连演十多场。如果说吴亚鲁是江海大地的"星星火种"，那如师正是他的内心燃起火苗的初始之地，而沙元炳正是那个有着强烈"爱国志气"的播火者。

休闲时光，我会经常去"颐园"走走看看，这里是"沙家河塘"旧址，是沙元炳从童年到晚年生活起居的地方。有朋友告诉我，本来，若干年前，这里还比较完好地保留着沙家的一百二十多间旧房。朋友用一脸无奈的表情叙述布局如何宏大，结构如何精巧，用料如何考究，文化价值如何珍贵。但随着城市大开发，一切都消失在拆迁的烟尘之中。朋友还说，沙家祖屋里文物如何繁多，却被日本人侵入如城之后，用作了烤火的燃料。说者叹息，闻者唏嘘。现在，这里是一处开放的小公园，是为纪念沙元炳专门重新修建的。西傍内城河。院内，有花岗岩沙元炳全身塑像，先生手持书卷，炯炯而深邃的目光，遥望远方。今年，如城一所学校让我帮他们策划一个文化活动，我把"颐园"设计为游学活动的第一站，师生瞻仰先生塑像，吟诵先生诗作，借此表示我们对先生由衷的敬仰与怀念，我希望孩子知道并记得，如皋有个值得永远纪念的人，叫沙元炳。

说到沙元炳和他的18卷《志颐堂诗文集》，不得不说顾敦沂老校长。顾敦沂是原中央大学教育系高才生，我在如师任教期间的第一任校长。2011年，顾老先生以82岁高龄、罹患沉疴之身，发起校点沙元炳《志颐堂诗文集》。我虽不才，但因在校内中文教学人员中痴长一些年岁，荣幸应命参与。耄耋之年的顾老先生自学汉字录入，用一年多的时间，将《志颐堂诗文集》27万余言逐字输入电脑，再交我们后辈校点。感动之余，不敢懈怠。后历时四个多月，数易其稿。但未及付梓，顾老溘然仙逝，令人扼腕。有一次偶然遇到如皋文化名流彭伟先生，他说他读到了现代人校点的《志颐堂诗文集》，里面有很多错误,语气恳切,抱憾之情溢于言表。彭先生所说肯定是对的,真诚地感佩于彭先生对文化的忠心守望和他的为人坦荡,我竟一时语塞。在《志颐堂诗文集》编印说明中有这样一段文字:"《志颐堂诗文集》点校之举既能追怀沙元炳先生大德,使先生不朽之作垂范于后学,亦能为先生缔造之如皋师范建校 110 周年庆典增添丰赡文化元素。但恐学殖肤浅,见识有限,错讹无免,惴惴不安,疏漏谬误之处尚望方家不吝赐教。"最后一句,并非例行的故作谦虚。祈愿在各方大家指谬刊正之后,《志颐堂诗文集》能够以完美的姿态呈现于世,方慰如师几代人对沙元炳先生的无尽感怀。

如今的如师,已与七年前与张謇先生创立的通州民立师范学校合并为南通高等师范专科学校一家,两位先贤若有在天之灵,必是感慨系之,平添更多把酒言欢的话题吧。经多方人士努力,仍保留"如皋师范学校"校牌,这是对沙元炳先生最好的纪念。

日前,经过如城的志颐路一路向北,在路东侧发现正在兴建志颐小学,驻足,透过建筑围挡看进去,青砖黛瓦的建筑风格,神往矣。愿以这所学校的创办为基地、为契机,沙元炳的教育思想和人格精神能够得到进一步继承并发扬光大。

感谢所有为让大家了解并铭记沙元炳而做出努力的人们!

作者简介:石高峰,退休语文教师,1985 年入职江苏省如皋师范学校。全国五一劳动奖章获得者,全国优秀教师。

难忘八十年代如师的学雷锋活动

陆玉贤

20 世纪 60 年代,《学习雷锋好榜样》的歌曲响彻神州大地,一场声势浩大的学雷锋运动如火如荼、有声有色地展开了。对于塑造青少年的社会主义思想道德品质,培养又红又专的社会主义事业接班人,移风易俗,净化社会风气,弘扬社会主义道德风尚起到了极大的推动作用。一时间,雷锋成了当代青年追捧崇拜的偶像和极力学习效仿的榜样。在雷锋精神的感召和鼓舞下,各行各业出现了前所未有的喜人景象。人人助人为乐,个个争做好人好事,在全国蔚然成风。舍己为人,克己奉公,成了广大青年的自觉行动。

1981 年起,中师恢复招收应届初中毕业生。广大优秀的农民子弟,为跳出农门,早日端上“铁饭碗”,纷纷报考中师。千军万马过独木桥,能考上中师的是名副其实的百里挑一。他们思想淳朴,学习刻苦,加上初中厚实的基础和良好的学习习惯,进中师后,学习轻松愉快。我有幸作为“文化大革命”后恢复高考的首届大学本科生分配到如师工作,遇到了这批最优秀的学生。教也轻松,学也愉快。

为了把这批学生打造成最优秀的中师生,将来成为最优秀的基础教育师资,如皋师范首提要练好内功!要求学生在学好文化基础知识的同时,练好教师的基本功,着力培养学生的教育教学的基本素质和能力。

我有幸作为 85(1)班的班主任和年级组长,雄心勃勃地想按照学校的培养目标,身体力行,力争为社会带出一批出色的又红又专的中师毕业生。我期望在他们毕业时能感到选择如师是明智的,也是终身无悔的。

如何在文化知识学习和基本功训练一着不让的前提下,又能有效培养他们良好的思想品德素质呢?我首先想到的就是要带领他们学雷锋。我的提议在班会上一提出,马上得到了部分同学的热烈响应。由刘培来、邓根芹、袁英、许曙光同学牵头，学雷锋小组应运而生。他们从图书馆借来了《雷锋日记》和有关学雷锋活动的介绍，一起学习毛泽东、周恩来、朱德等老一辈革命家对学雷锋的题词。先从最基本的关心集体、助人为乐、做好人好事做起。一时间，关心热爱班集体，帮助他人的好人好事层出不穷，而且做了好事从不留名。哪个同学生活学习上遇到困难，大家热心帮助。有的同学把自己省下的零花钱悄悄塞到困难同学的抽屉里；有的同学把其他同学换下的衣服偷偷拿去洗了……学校基建工地上散落的钢筋头和零星建筑材料，他们利用中午休息时间去一个个捡起来送到基建办；学校的卫生死角，他们发现一处清理一处；利用星期天到食堂帮厨，不怕脏不怕累，清洗餐桌，打扫厕所……校园的卫生死角全没了，校园的面貌焕然一新。他们又走出校门，把好人好事做到街道上、做到了敬老院，在社会上产生了良好的影响，有人慨叹“雷锋叔叔又回来了”！

在85(1)班学雷锋小组的影响下，各班都行动起来了，也先后成立了学雷锋小组，全校学生都参加到学雷锋活动中来了。一个班一个学雷锋中队，全校成立了学雷锋大队。再后来，如师的学雷锋活动得到了共青团如皋市委的赞扬和肯定。一个声势浩大的学雷锋活动在全市范围内开展起来，在社会上产生了很大的影响。

随着活动的深入，也出现了始料不及的一些问题，因为有了学雷锋小组，个别同学值日工作也不做了，一切都推给了学雷锋小组。我及时在班上指出，“培养一个雷锋，不能同时产生几个懒汉”，而学雷锋为的是要提高全体同学的思想品德，要形成互相关心、互相帮助、共同进步的局面！

还有的同学把学雷锋活动片面地理解为就是单纯地助人为乐做好人好事。针对这个问题，我组织大家学习讨论，弄清楚“学雷锋学什么”。

一是在思想上，就是要像雷锋一样忠于人民忠于党，爱憎分明，立场坚定，时时处处把党和人民的利益放在第一位。

二是在品德上，就是要像雷锋一样，自己活着就是为了使别人过得更美好，对待同志要像春天般的温暖，严于律己，克己奉公，乐于助人。

三是在学习上，就是要像雷锋那样发扬“钉子”精神，刻苦认真、精益求精。思想上红，业务上精，真正做到又红又专。

四是在工作上，就是要像雷锋那样似夏天般的火热，服从命令听指挥，党叫干啥就干啥，做永不生锈的螺丝钉。

通过学习讨论，进一步明确了学雷锋的宗旨和精髓，统一了思想，明确了方向，活动开展更加卓有成效。

那段时期是如师校风学风最好的时期，在全省的教学统考中，如师的成绩遥遥领先，学生基本功的比赛连连夺魁，如师的内功在省中师界乃至全国有口皆碑！

三十几年过去了，提起那段峥嵘岁月，至今仍难忘和激动。事实证明，在青少年中开展学雷锋活动，有着不可抹煞的现实和历史意义！

作者简介：陆玉贤，原任江苏省如皋师范学校党委委员、教务处主任、学工处处长。

岁月静好　情意绵绵

刘见阳

今年母校将迎来120周年华诞，虽然疫情肆虐，但丝毫不影响我们对母校的拳拳之心、感恩之情和美好祝福。工作生活在母校多年，点点滴滴早已成了生命中不可或缺的部分，但真要动笔来写，却颇有些顾虑，想着还将在学校继续工作若干年，似乎还没到对着后辈"遥想当年"的时候，也顾虑着就写个"那时怎样"的文章好像大家都知道，没什么新鲜的，但校办老师认真联系我约稿，于是翻看了我之前写过的一篇回忆文章，尽管也是真情实感，但是只写到了很少的部分。如今，学校发生了很多变化，升格进入高校系列了、校区扩大了、生源变化了……一个又一个好消息令人振奋，令我忍不住再次提笔，跟大家分享这一切，算是对上篇文章的补充，也是为校庆献上心香一瓣。

"国家干部"

20世纪80年代我们考入师范的时候，是一群闪着光的人，因为那时以及之后若干年，考入师范的都是第一批录取的高分优秀学生，而且入学之后国家还有很多优惠政策，比如农村户口转城镇，每月发放生活补贴，毕业后马上正式入职成为"国家干部"等。在那个时代，对很多普通家庭来说，这些都是既经济实惠，又能提升社会地位的大好事，所以也吸引了大量优秀生源。

后来在工作中，大家也都经常会提到，南通的基础教育之所以在全国领先、赫赫有名，与此有着密切的关系。如今，随着全国、全省对各级各类学校的调整撤并，南通地区原先的三家师范合并成了一家，校名也改为南通师范高等专科学校。强强联合，原来暗暗较劲的对手成了同事，挺有意思。但师范人也面临着很大的考验，因为录取的生源再不是原来最优秀的那批人了，所幸现在还有“定向师范生”和“免费师范生”这样的班级存在，不然未来南通基础教育的荣光能否传承，恐怕是令人担忧的。

尽管对于我来说，当年报考师范其实考虑的并不是那些，只是纯粹出于兴趣。虽然在初中数理化也能拿高分，但实在是不喜欢，倒是常常躲在被窝里看小说看到很晚。听说师范里的英语班不用学数理化，真是太好了，马上下决心要报考，反正在一个如皋城里，只是换个地方读书罢了。也许只是偶然的原因，我选择了师范学校，但感谢这个偶然，从那时起，便开始了我教育人生的幸福之旅。

这个偶然也印证了当时师范学校领先的教育理念，或许那时并没有人明确提出师范学校的课程设置是融合了“偏才教育”的理念，但敢于尝试与突破，让每个学生享受适合自己的教育，这一点使我大大受益。当然，那时南通师范有音乐班、海门师范有美术班、体育班等，各学校应该是出于对教育一样的感受而进行专业设置。

素质教育

进入如皋师范学校英语班学习，大部分课程都跟英语相关，虽是中专学校，但专业性非常强。语文课肯定要上的，音乐、体育、美术课也要学好，还有普通话和写字，都是我喜欢的课程。摆脱了不喜欢的课程的负担，所有的课程都学得津津有味，学习变成了乐趣，恐怕是做学生最幸福的事。后来教育界开始热议素质教育，我常想，师范学校早就实现素质教育了。

“普通话是教师的职业语言”，“请讲普通话”，这样的理念一开始就根植心中，而且校园里也随处可见这样的标语提示。不仅如此，有专门的课程练习普通话，朗诵比赛、演讲比赛等也是最寻常的校园、班级活动。当时我们班有个女同学，一进校普通话就很突出，常常在学校演讲比赛中获奖，至今还记得她在舞台上演讲时亭亭玉立、浅笑盈盈、带着两个小酒窝的模样。尽管后来我的普通话也达到了一级乙等，据说是播音员的水平，但始终觉得还不够，还得练练，再练练，总要追求最完美的理想境界。工作后，有时开会听到领导同事发言，那些字正腔圆、声情并茂的，一定是师范学校毕业的，这也是师范学校特有的一道风景。我们用普通话朗诵诗歌美文、表达思想，爱国爱校爱家的情怀油然而生，这又岂是简单的字正腔圆呢。

“多才多艺”恐怕是师范人的一个显著标签，师范人的生活从来都不单调枯燥。所有的课程都不分主次，同样重要。记得毕业多年后，有一次有幸赴英国进修，看到欧式建筑那特别的结构，随手拿黑水笔勾勒了几下，却引来周围人一片赞叹，还有人问我是不是专门学过，心里暗想，这算什么呀，当年在学校的时候，比我画得好的同学太多了。现在想来，“贵全真实”的校训应该从一开始就悄悄渗透进了我们的心中，潜移默化为我们的每一次行动，一旦我们毕业走出校门，这些优点就马上凸显出来。

学习是快乐的，创造性的，基本功必须扎扎实实的，但又是没有任何条条框框的。这些也影响到我后来的工作，从来没有任何束缚，总是天马行空，总是想着也许换个方法更好，往往也就成功了。

课堂内外

精彩的课堂也延伸到了课外。都是学生自治，校学生会管着全校，每天都有学生干部到各班检查早自修、晚自修、说唱课等，班级里班长、团支书、学习委员、生活委员、文娱委员、体育委员等各司其职，有时还实行班干部轮换制，但不管谁负责什么，都很自觉主动地履行好职责，而且都很认真，该批评、扣分时毫不手软，大家也都很理解配合。学校班级的活动很丰富，但基本都是学生自己组织管理。记得我担任班级学习委员的时候，组织班级同学进行英文钢笔字比赛，从组织到进行，到最后出结果，基本独立完成，班主任老师了解后表扬我说，老师还不知道你就做好这件事了，我心想这不应该的嘛。体育委员组织大家做早操、锻炼，参加校运会、各种球类比赛。师范学校女生偏多，排球赛基本都是女子赛。每次比赛，几乎全班同学都会去球场边为自己的队伍加油鼓劲，班级凝聚力很强。记得我当班主任带的2001级大专英语(2)班，我鼓励班级排球队队员们苦练发球，以此作为我们的秘密武器，加上有几个队员小时候练过，球感不错，那一年一路过关闯将进入决赛，拿到了冠军，大家别提多高兴了。男生虽然不是主角，但他们一直陪练，作为班级的一员同样开心。荣誉固然重要，更重要的是在一次次摸爬滚打、顽强拼搏中得到的精神财富，使如师人养成了坚韧顽强的品格，无论在任何时候都不惧怕困难。那一届学生在毕业的时候，还组织了一场《笛子与舞蹈》的演出，因为有一名舞蹈特别好的女生和一个吹笛子特别好的男生，所以他们自己选曲目、自己排练，我这个班主任也帮不上什么忙，但最后演出效果很好。所以，师范毕业的学生几乎每个人都很能干，独当一面没问题，很少有“高分低能”的学生，因为学校给每个人提供的舞台太精彩了，有才能的人不会被埋没，尽管去发挥。能力不够的也不用害怕，因为有的是机会去锻炼、去提高。

虽然如今这个当年总是活跃着同学们青春风采的大礼堂已经置换给了对面的定慧寺，改建为罗汉堂了，但那里留下来太多美好的记忆。我儿子很小的时候，有个班级的同学要演唱《七子之歌》，开始部分是童声演唱“你可知‘Macao’不是我真姓”。台下满满地坐着参加歌咏比赛的同学和观众，台上大家按照合唱队形整齐排好，我儿子小小的身影在前排中间，音乐前奏开始响起，我还真有些担心他出什么差错，结果他奶声奶气地唱起来，台下所有的同学立刻掌声雷动，这样的舞台体验对这个小小的人儿一定是非常特别的。后来过了很久大家都还会提到这个，啧啧称赞。写到这里，我想起了陶行知先生的名言：“捧着一颗心来，不带半根草去。”在那样的场景中，台上台下未来的人民教师们，人类灵魂的工程师们，是否也在这样一种氛围中得到感染，跟他们未来要教的小朋友们开始建立了特别的情感呢？热爱教育事业，热爱学生可算是一位好老师的最重要的标准，而在这里，可不是空洞的说教。

“独善其身”

《孟子》说“穷则独善其身，达则兼善天下”。如师人可不是因为穷而独善其身，而是永远为了更高的目标不断完善自我，苦练内功。

用“动如脱兔、静如处子”来形容如师人并不为过。教育部领导曾在某个晚上探访如师，整个教学楼每个教室明亮的灯下都是发奋学习的学子，阅览室里也是一个个埋头读书的身影，一切都那么安静，听不到任何喧哗，每个学子都全身心投入，全然忘了周围的一切。这一时传为佳话，如师真是个读书的好地方，也难怪如师人总有一番“腹有诗书气自华”的自信。

图书馆是课余大家最喜欢去的地方。现在在南通开发区主校区新建的图文中心，有着设施齐全的电子化的图书馆，上下楼层可以乘电梯，在那里出入的学生恐怕很难想象我们那时学校的图书馆只是一幢二层的小楼，全校同学借书还书都在二楼不大的空间里，但每天下午一下课就赶紧去图书馆排队，是很多人包括我心心念念的一件事。所以，那里总是人满为患，排着长长的队。所有的书目都用卡片装在一个个长方形的抽屉里，要一页一页地翻过去，查找自己想看的书。尽管好像也是个体力活，但大家都乐此不疲，我甚至一度最大的理想是做个图书管理员，图书馆的书随便看，多好。当然，排队等待的时候，也可以顺便欣赏一下小花园里的风景，桃花开了、枇杷树结果了……如今这个小楼因为年代久远，被评估为危楼而拆除了，但在我心中，那里永远是一个满载了精神财富的心灵家园。

说到客观条件，还有那时有限的学习条件。印象中非常深刻的是修理磁带。那时我们学英语，可没有现在的各种网络、电子设备，查单词得捧着一本厚厚的字典，练习英语口语基本靠听，得拎着用磁带的录音机，教材配套的磁带一大堆，用过的也当宝贝一样收着。有时，因为录音机用久了，或者磁带用多了、受潮了，就会卡在录音机里面，只能小心地拉出来，再仔细地用带棱角的绘图铅笔正好卡在磁带中间卷回原位，这算是运气比较好的，不用太麻烦。也有时实在拉不出来，只能忍痛剪断，然后再想办法用胶带接起来。如果磁带还能用，这就很好了，虽然里面某句话会感觉有点怪，或者漏掉一些字。尽管如此，一个人找个安静的角落，拎着录音机，跟着录音反复模仿练习，是自己给自己规定的必修课。那时候学英语，视频资源很稀缺，哪怕是后来到了大学里，周末小礼堂的原版电影仍然是大家最热衷的，早早就去等着。以至于到现在，那时苦苦等待的经典电影终于可以随便看了，还是看多少遍都不嫌多，而且必须是原版的才够原汁原味。

现在的学生享受着各种学习便利，我主持的省级在线课程在“中国大学MOOC网”上对所有学习者免费开放，适应网络学习特点和学生“碎片化学习”的诉求，实现个性化学习、移动式学习，学生可以随时学习、处处学习，只要有一部智能手机，所有的学习内容可以反复看、反复学，不用带纸质书，更不需要使用录音机等笨重的设备，希望他们能了解这份幸福，更能珍惜这份幸福。

盛世繁花

如今，当年读书的江苏省如皋师范学校已经成了南通师范高等师范学校的如皋校区。原址原房办学120年了，最早建成的一进五堂的古建筑群作为国家级师范教育博物馆永久保留了下来。我最喜欢的连廊仍然连着各个院子，校园里那些看似不起眼的花草树木也仿佛充满了灵性，时时带给我感动和惊喜。

最喜欢的肯定是“凌寒独自开”的腊梅花。原来的东一院到东四院都种着腊梅花，这些树不开花的时候，就是一棵棵普通的树，甚至到了秋天树叶都落光了，只剩光秃秃的枝干。但一旦天寒地冻，大雪飘落，一朵朵黄色的小花便绽放开来，花瓣好似打了一层蜡，很有力度和厚度的感觉，不会随风飘动，但走近又会有一阵阵幽香袭来，仔细看去，满树还有无数的花蕾次第开放。东二院里的一排腊梅树特别有气势，万物凋零的季节，唯有这腊梅开得蓬蓬勃勃，斗霜傲雪，像一群在风雪中高唱凯歌的勇士，让人充满了力量。

中二院的桂花树也是我的最爱。金秋时节，是满树金桂绽放的时候。高大的桂花树占了小半个院子，仰头望去，满树黄灿灿的桂花飘香，整个校园都沉醉其中。而我，常常在静谧的午后，独自走在青石板的小路上，仿佛能听到桂花簌簌地落下，有时落到衣服上也不忍拂去，心中暗想，这是何等的奢侈啊。

还有中四院两棵巨大的玉兰花树，繁茂的枝条一直延伸到二楼、三楼，延伸到更高处，铺满整个院子。夏天的时候，满树洁白的、大朵的玉兰花竞相开放、吐露芬芳，因为太过于枝繁叶茂，不得不定期修枝剪叶，不然估计中三院的老屋要被捂坏了。平日里，鸟儿在其中快乐地歌唱，不时飞来飞去，有时还会到我办公室门口歪着头看我办公，或者趁我不在偷偷飞进来找吃的。

一年四季，不但有鲜花怒放，也有硕果累累。最值得一提的是靠东侧围墙的香橼树，既不高大，也不显眼，如果你不是正好走过特意看一眼，恐怕根本都不知道它的存在。但一旦进入深秋，满树的果子就是最慷慨的馈赠，从青色慢慢变黄，就这么静静地挂满枝头，毫不张扬，可一旦走近，清雅的香气让你深深沉醉。

位于南通开发区的主校区，浓墨重彩的书院风格，跟如皋校区有着异曲同工之妙。夏天有满池的荷花加上无穷碧的荷叶，高高低低，错落有致，粉粉嫩嫩，清新碧绿，如果恰好一场雨过去，那荷叶上灵动的小水珠晶莹剔透，也会随着微风滚动嬉戏，令人心旷神怡，也使得周围的一切充满了勃勃的生机。还有春天黄灿灿的迎春花、粉嘟嘟的桃花……

秋天的落叶，也是一道美丽的风景。同事们在校区里散步，常常会拍下那些五彩斑斓的落叶，如同地毯一般，铺满了校园的小道，充满了诗意，在朋友圈里看到，如同最天然的油画，也许最高明的画家也画不出那样一种无法言说的美。学校西侧的龙腾路上，当金黄的银杏树的落叶铺满道路，绵延数里，如诗如画，美不胜收，又是一道美丽的风景。

学校的历任校领导为学校的发展在不同时期作出了巨大贡献。如今，在刘书记和朱校长的带领下，大学氛围渐浓，二级学院各展风采，音乐舞蹈学院迎来了廖昌永的到访，管理学院的非师范专业办学渐入佳境……学校行走在实诚师范、开放师范、和谐师范、平安师范、幸福师范的新的征途上。我亲爱的母校，祝福您这棵参天大树永远枝繁叶茂、青春永驻，向着更加美好灿烂的未来不断迈步前进！

作者简介：刘见阳，原江苏省如皋师范学校1988届毕业生，现为南通师范高等专科学校英语教授、科技产业处副处长。

时间完成我们

——致母校如皋师范

刘　昕

法国作家圣埃克絮佩里写了一本好看的随感录《要塞》,其中对时间与人的关系有独到的表达。他认为,仪式存在于时间中,犹如房屋存在于空间中,不应当把时间的流逝看作流沙逝于指间,不应该把时间看作对人的磨损与消耗,而是在完成我们,一个日子走向另一个日子,一段时间走向另一段时间,每一个脚步都有意义,意义累积的终端是完成了自我的建构,如果每一段路程有仪式,那么时间在完成我们的同时便永远封存于记忆的空间,对个体而言,不会消逝。对此,我是认同的。

作为70后出生的中师生,师范读书的时光如同空间的房屋,在我们离开如皋师范的二十多年里,无论何时回眸一看,那时光之屋总在那里,对望间盈盈一笑,人的感觉常常有些奇妙,每当回首时,我会忍不住想起屈原《九歌》中那些最欢喜的表达,如那美丽多情的少司命:秋兰兮蘼,芜罗生兮堂下。绿叶兮素华,芳菲菲兮袭予。秋兰兮青青,绿叶兮紫茎。满堂兮美人,忽独与余兮目成。入不言兮出不辞……把师范时光与这绮丽的想象重叠,好像也没有什么特别的缘由,就是这样想了,那时光,我是喜欢的也是欢喜的。

早在某一时刻,时间便开始完成我们……

一片长满爬山虎的墙

荷兰纪录片《菜园学堂》介绍了延续荷兰百年的一种教育模式。有一群孩子在菜园子里，接受了更为有趣的教育。他们在老师的指导下，自己种植萝卜、水芹、红洋葱、马铃薯、胡萝卜、茄子和各种鲜花。他们还用自己的双手直接松土、捏碎肥料，每个手指都弄得脏脏的。在为植物浇水、施肥的时候，他们还看到了瓢虫、蜜蜂，摸了蝼蛄、蜗牛和蚯蚓……孩子们在此期间经历着劳动和收获，每一个过程，他们都付出全部身心的感情也享受全部的感受，快乐的、希冀的、失望的、成功的……菜园课堂的意义并不仅仅在于劳动教育，甚至也不仅仅在于耕耘与体验，可能对于一个人的成长来说，培育那些蔬果、鲜花的时候，他们培育了自己，春种秋收冬藏的过程，是一个对人的心灵有着无限丰富内涵的过程，天道与人道都在那里，孩子们种植的过程理当是人生课程中的一个仪式。

如皋师范的学堂里——我们很喜欢称呼她为学堂——没有我们这些大孩子可以种植的课程，却有类似吸引我们去关注的事情，一进五堂里一堂门边的两棵罗汉松修修剪剪了吗？东跨院子里的梅园开了第一支腊梅了吗？一进五堂西边院墙的爬山虎胖了还是瘦了？有人说，所有植物自有一种光华，人类无法执掌它们的内心，只好用自己的心情去阐释，这虽然说是一种诡秘的一厢情愿，但我们不能否认的是，在揣度与想象里，植物治愈了我们许多时候精神贫乏造成的伤痛和迷茫。如师学堂里这些都是那么恰好地存在着，治愈着，以至于如今我总固执地以为，好的学校里是少不了那些承载着丰富意象的植物的。对于我，一进五堂西面整墙的爬山虎最为亲密，我们相望已久，情愫渐生。你见过那么长的墙面上没有缝隙的层层叠叠的绿色吗？你听过风吹过时满墙的窃窃私语吗？你尝试感受过在墙壁的缝隙间不停攀援的倔强吗？我有过，在各个生命独立成长的雨露下，师范学堂满墙的爬山虎给过我关于力量的艺术启示，一种真挚的坚韧和希望之光。

说来也巧，多年后回到那里，满墙的爬山虎已不复再见，我和几位师兄师姐的照片与简介倒是挂在了那面墙上，本想问一问爬山虎哪儿去了？却终究没有问出口，我们的照片长在了爬山虎的地方，就当作一种隐喻的呈现吧，爬山虎会知道。

一条青砖铺地的小长巷

一叶落，知劲秋；一月圆，知宇宙；一花开，知岁月。一条小窄巷，却安置了我们稚嫩清新的悠悠广远之思。如皋师范学堂里的那条窄巷，小青砖铺的地，梅雨季节会长着一点青苔，巷子就叫东长巷。东长巷其实并不长，因为窄窄的，带着点古朴的味道，便显得深了。这条巷子可以通往教学区，但不是唯一的路，却是我最喜欢的一条路，那份婉曲和静谧带给我最初关于审美的想象。

在那十几岁的青葱岁月里，是东长巷给了我最初对诗歌如何选择意象的直观解答，在自己脚步叩响青砖小路的节奏里，我第一次吟诵戴望舒的《雨巷》，第一次真切地感受到人是可以行走在诗行里，诗歌是可以在大地上的。如果说那一次在巷子里的低声吟诵只不过满足了一个少女对诗歌以及对情感最懵懂的向往，那么后来的一次次自问和一次次寻找，东长巷给予了我更多更美好也更深刻的东西。我不止一次地问，我为什么喜欢这条朴素得有点笨拙的巷子？究竟她有怎样的魅力吸引着我不厌其烦甚至避近就远也要从这条巷子走过？带着一种不可理解的缘由，我很自然地开始关注与中国园林艺术相关的著作，尤其是对“曲径”的欣赏与解读，于是如同解密一般，我暗自得意地发现巷子的魅力正在于她和中国园林中艺术中所有曲径一样有着共同的审美意趣。多年后，我可以确认的是，那时对巷子的执着竟是为我后来从事儿童母语审美教育研究埋下了伏笔，难以置信吗？因缘际会也许就只能是这样不能解释的解释。

至今，我依然认为，每个人的少年时代就应该走过这样的一条巷子，走过这青砖铺成的小路，不太长，不平，长着一些苔藓，滑倒过一两次，却有着值得回味的审美意义。

一片扬起的树林

因为是如师首届大专班的学生，意气风发时便有了干劲，那追求也就变得格外明确而幸福。读书，几乎成了我们生活的全部。

那时学校教学楼已没有合适的教室安排我们，便在实验楼中腾出了一个大教室，我们便在那儿拥有了求学生涯中最美好的纯净的一段岁月。由于特殊的建筑构造，教室虽大，可难得有阳光进来，日光灯总是从早亮到晚，那“滋滋”的声音听久了便不再觉得吵了，这样反而很好。我们常常模糊地以为自己是藏身在某一个逝去朝代的藏经阁中，便有了一种遗世独立的书生的骄傲,心也更清更静了。以至于从未注意过日头是否也曾刻意地透过高大柏树的叶子在窗口停留过,直到一天……

我们一如往昔地沉浸在文字的繁华世界,教室的门“吱嘎”一声开了,我们大概不约而同地抬起了头,目光相接,似乎迟疑了一下,老师走了进来,他有些激动,他说:“门开的一刻,我看到阳光斑驳的影子里你们扬起的脸,忽然觉得眼前一片扬起的树林,很美!谢谢你们!”

我们的老师,他感动着自己,也感动着我们。老师是你谢我们,还是我们谢你?当有一份深情在沉默中潮涌般穿透彼此心灵的时候,你已是我们约定的仪式!

我的老师们,你们早已经是我们约定的仪式,在那些你们用青春做伴我们的年少时光,时间在那时就已经开启完成我们的按钮,于是一直在完成我们,并将继续完成我们,对我们每一个从那里出发的学子而言,只不过完成的方式和贮存的形态不尽相同而已,于我,是一片爬山虎,是一条东长巷,是透过阳光的那片纯真的树林……

作者简介:刘昕,原江苏省如皋师范学校1996届毕业生。现担任南通市虹桥第二小学党支部书记、校长。江苏省人民教育家培养工程培养对象,江苏省特级教师,正高级教师。

草木味道里的如师记忆

郝晓霞

味道是最说不清、道不明的私人化的记忆，一想起我工作、生活过18年的如皋师范，中院苍劲古老的罗汉松、西山墙郁郁葱葱的爬山虎、“香雨轩”凛冽幽香的腊梅……那些花的香、草的绿就会伴随着过往校园生活里的人和事在我的记忆里活色生香、摇曳生姿。

从古色古香的青砖木门中穿过，迎面而来的就是那四株枝干苍虬、颇有年代历史感的罗汉松，中间过道上方的“贵全堂”三个大字赫然在目，与“庭院深深”的一进五堂相得益彰，见证了时光的变迁，迎接着一批又一批不同时期的莘莘学子。那时的教务室就掩映在这一溜罗汉松的后面，“真实贵全”的校训就体现在每一节课的常规教学要求中。梅仁蕊、姚焕强、陆玉贤、方健华、周智勇主任经常对青年教师组织教学比赛，进行随堂听课。在没有电脑、手机等网络手段的年代，广泛阅读书籍、积极向老教师听课学习成了催促我们青年教师迅速成长的精神密码。如果没有当时那种害怕被随堂听课的汗涔涔的紧张，哪有后来跟学生共享课堂的沉浸体验，哪有后来参加一次次教学大赛时的轻松自在。

金秋八月，如师校园里桂花甜丝丝的香气似乎无处不在地钻入我的鼻孔，却神秘地隐匿不见、遍寻不着。殊不知这带有尘世烟火气、没有距离感的香味却隐在了一进五堂的古老庭院中，与如师创始人沙元炳的塑像相对呼应，为静谧的庭院带来一丝暗藏的动感、活力。校长室就在这桂花的香气中以身示范，让“沉笃醇和”的教风、校格延续传承。陆志平、汪政校长都是语文老师，也是语文教研领域、文学评论方面卓有成就的大家。他们带头搞科研，文章在各级各类报刊发表，在全省全国具有影响力。他们的讲座总是精彩纷呈、佳句迭出，文学典故旁征博引、信手拈来。他们还邀请了毕飞宇、储福金等知名作家走进如师校园，介绍写作经验，进行访谈对话。我想，后来之所以有那么多如师的老师和学生走上了科研、文学的道路，那颗渴求知识、喜爱阅读的种子也许就是在这样一种读书的氛围、对文化人的仰慕中潜滋暗长的吧。

西山墙的爬山虎在我有关如师的最初印象中也留下了深深的印记，那样的蓬蓬勃勃、那样的汪洋恣肆，似乎有着一种铺天盖地、不可阻挡的蔓延态势，草根却生命力顽强也许是大多数如师学子的共同写照。八九十年代考进如师的中师生很多都是中考分数超过县中分数线录取进来的农家子弟，进入如师之后特别珍惜这样的学习机会。除了日常的课堂教学，“三字一话”基本功的常态化，绿叶文学社、金龙书画社、声音剧社、图书馆里的晚自修、每晚雷打不动“新闻联播”后的说唱课……不知不觉中，这种爬山虎一样对知识追求的执着与坚韧，也许就这样深深镌刻在了每一个如师学子的基因里。

东院“香雨轩”内有一溜已生长多年的老枝腊梅，丈把高，每至深冬，透过古色古香的青砖木棂望去，满心满眼的金黄和幽香，没有一片树叶，一株株、一树树苍劲有力的枝干上缀着一颗颗、一粒粒指甲盖大小的黄色小圆球或花朵，或傲然挺立，或旁斜逸出。尤其是在朔风飘雪的季节里，有着一番说不出的凛冽古典意味。在这样一个多少有些浮躁的现代社会里，耐得住寂寞、守得住本心，读自己的书、做好自己的事依然是很多如师人无悔的选择。犹记得我的师傅杨建新老师在我工作之初带我去东台师范学校参加通盐片教学基本功大赛时的情景：课外抽取一篇文章，由老师自主解读、借班上课，我当时执教的是俄罗斯作家普利什文的散文《杨絮》，手写的教案杨老师帮我修改了一遍又一遍，小到每一句的断句和语气，这是怎样的一种严谨和认真啊；犹记得南通市“中华情”经典诗文诵读比赛，石高峰老师帮我和朱亚林老师录制朗诵视频，每一个表情、动作、语气的细细推敲、揣摩；犹记得如师的元旦晚会，我跟张建明老师合诵《致橡树》，演出前一次又一次的反复排练；犹记得我第一次教《现当代文学》这门课程时的手足无措、心虚胆怯，何平老师将他的手写教案毫无保留地一股脑全都拿给了我……

不知道经义楼后的花圃现在还在吗？枇杷、红枫和夹杂其间零星点缀的葱兰。印象最深刻的是楼旁拐角处的那棵银杏树，每到深秋，银杏叶由绿转黄，扇形的叶片在夕阳的余晖下似乎片片舒展发光，通体柔润、温暖，间或悠然飘落，那一种淡然垂落的姿态，却并不让人伤感。“光绪门”那儿的紫藤萝一泻如瀑，灯光下大片的淡紫色有种梦幻般的光影。“四方学馆”前的合欢树不久也该开花了吧？栽种不久的香樟树树冠越发碧绿、舒展，在风中簌簌招摇抖动，活泼泼的。

青草香，树叶绿，不知不觉中古老的如师已经迎来了120年的华诞。一边是承载着如师百年历史的师范博物馆，一边是现代化建筑的信息大楼、四方学馆，百年东长巷在我的脚下静悄悄伸向远方，连接着南和北，也仿佛连接着如师的过去与未来。伴随着记忆里的花香草绿，祝如师在新的百年续写新的辉煌！

作者简介：郝晓霞，正高级讲师，1996—2014年在如师工作。现为常州幼儿师范高等专科学校教师，江苏第二师范学院、江苏联合职业技术学院语文学科带头人，常州市首届职教博导工作站成员，南通市“226”高层次人才第三层次培养对象。

就学如师的回忆

刘元坚

1957年暑假，我接到如皋师范录取通知书。开学前夕，登上西行轮船，傍晚时分在如皋城北门上了岸。一抬眼，就见对面“如皋师范欢迎您”的横幅。我刚走过去，学长就热情迎接了我，扛起我的行李一直送到宿舍，放在已写着我姓名的铺位上。从此，我迈上了如皋师范求学之路。

我现已82岁，风烛残年，不能事事，坐在家里常沉浸在过往回忆中，如师上学的日子，自然记忆深刻。三年里，经历的事情很多，首先说说老师们的悉心施教吧！

求学生涯，遇上好老师，终身受益。60多年了，如师老师的温馨、甜美，至今历历在目。特别感恩的是他们的悉心施教，让我明白了事理，从而酷爱学习。

中师不追求学科专业化，培养的是“全科型”小学老师，开设的课程很多，遇上的老师也就众多，我想谈谈语、数两位老师。

很遗憾，无论怎样回忆，语文老师的姓名想不起来了。他那时五十岁左右，高而瘦的身材，穿着朴素，文质彬彬，为人低调平和。他的单人房间就在我的宿舍对面，夜间睡醒后，透过门窗玻璃，常看到他宿舍亮着灯，仍在伏案工作。一次作文中，我如实地写了家庭经济的困难、求学的艰苦。他喊我去其宿舍，和我促膝谈心，劝说的话语很多，至今仍不忘的是要我勤奋学习。他谆谆告诫我：丰富知识才能改变家庭命运，知书达理才能成就人生美好。此后，他特别关心我。他批改我作文时，很是用心，眉批、总批从不缺少，不厌其烦地帮助我提高写作水平。这位语文老师常鼓励我加强课外阅读，在他推荐下，我认真读过的课外书很多，留下印象较深的是《青春之歌》《红日》《红旗谱》《林海雪原》等。遇上这位好老师是我人生的莫大幸运，他的指教是催我奋进的强大动力。在他的帮助下，我对语文学习产生了浓厚的兴趣，每次习作也更认真。渐渐地，作文能得心应手了。班上有位同学最怕写作，他也是如东人，我俩又是知己，年少的我一是觉得帮助朋友义不容辞，二是越来越喜欢写作，所以，每次习作，我要完成两篇，一篇为他而作，一篇为己而写。

任教时间最长的数学老师是陈有别，浙江人，个儿不高，但很壮实，他是南京大学数学天文系高才生。我帮他搬迁过一次宿舍，屋内墙壁处围着一圈竹制的书架，从上到下摆满了书。他还有一架望远镜，晴朗的夜晚常用它观察天空。讲课时，复杂的计算，他用粉笔勾勾画画，一会儿就能得到结果，而且准确无误。复杂的几何题，他分析推理后总能找到解法。由于他聪明灵活，解题能力高超敏捷，我对他佩服得五体投地。越是敬佩他的为人，我越是爱学他教的功课。其时，我特别喜欢几何，尤其是证明题想到了证法后，高兴得犹如拾到了斗大的金块。有时证题有多种解法，我力求捷径寻找最简单的方法。为此，陈老师像批改作文一样，总会在我数学练习簿本上加上批语，如“简明扼要，一目了然，好！”由于陈老师教得好，我爱学乐学，数学成绩自然不会差。记得毕业考试，数学试题量很大，越是后面的题，难度也越大。七点半开考，九点未到我就提前完成了答卷，自我感觉八十分以上还是有把握的。交卷后，我赶去如皋城西问候一位因病休学的同学，回校后不少同学居然仍未交卷，还在座位上苦思冥想。

见习、实习被视为中师课程体系的重要一环，老师们同样悉心指教。班主任为组织者，“教学法”老师为辅导者，严格、规范、有效地开展这一活动。见习活动主要是去如师附小听课，认真做听课笔记，回校后老师要我们谈感想和收获。我深刻体会到如师附小老师上课口头表达清楚、板书条理清楚、教学过程清楚……“清楚”二字对我影响很大，从教四十多年里，我常问自己：我的课上得清楚吗？听别人课后，我首先想到的是：他的课教得清楚吗？教师讲得含含糊糊，听者必然朦朦胧胧，提高教学质量从何谈起？听附小老师上课是最直接、最有效的学习。听一些好课，胜读一本教学法。再说说实习，实习成绩好与差，关系到能否合格毕业。为了上一次讲台，我们先要听带教老师一周的授课，然后他们手把手地指导我们编写教案，如何设计板书，怎样准备教具，再进行好多遍试教，直到带教老师认可后，才能走上讲台。

学生时代，我很喜欢体育活动。篮球场上有我奔跑呐喊的身影，排球场上有我奋力扣球的姿态，田径比赛时赛跑、跳高等项目，我都能参加。提及体育，令人尊敬的体育老师丁尊跃先生立刻呈现在眼前，他身材匀称，个头适中，和蔼可亲。

由于爱好体育活动，我和丁老师交往较多。记得一次给篮球打气，不小心碰断了气筒的针尖，学生会体育部长掌管器材，他要我向丁老师说明情况，承认事故因我发生。无奈，我战战兢兢找了丁老师，叙说事情经过，丁老师轻描淡写地回答："知道了。"因为每日下午课外活动前都要用气筒，我不放心去器材室看望。一会儿，只见丁老师拿着一个新气筒交给了体育部长，然后摸了摸我的脑袋，露出温和的笑容。

在全县中学生田径运动会上，我参加了二百米赛跑后，接着又要检录参加跳高比赛。丁老师派人代我去检录，要我躺在座垫上，叮嘱道"放松，放松。"他边说边按摩我腿脚，一股暖流涌遍了我的全身，我带着激动而兴奋的心情参加了跳高比赛，跳过了 1.58 米，超过了三级运动员(1.55 米)的标准，获得了亚军。

丁老师对各项体育运动都很熟知，而最为精通的是篮球，每次省级篮球比赛，都邀请他来担任裁判。他对校篮球代表队人员的挑选很严格，训练也很认真。至今仍记得，校代表队的 5 名主力队员：中锋朱克刚，后卫彭旭明、徐训强，左前锋章桂香，我也荣幸地为主力之一，任右前锋。如皋县每年都要举办中学生篮球比赛，参加的球队有如皋、白蒲、江安、石庄、磨头等完中。我校篮球队所向披靡，每年都能荣获冠军。学校体育室里陈列着许多体育比赛的照片，篮球捧杯照为最多。

球类运动中，我的排球打得最好，为县代表队员，二传手。曾经参加过在启东汇龙举办的南通地区一市六县的比赛，南通市队所向无敌，获冠军；如东则有陈百堃、李国军等高手，夺银牌；如皋队确保第三名，得季军。排球活动时，我接球、传球、发球、扣球等技术较为全面，体育老师让我兼任校女子排球队教练，每逢县内要举行女排比赛，我就协助体育老师训练她们。当时，如皋各完中女排水平普遍较低，如师女排出类拔萃，场场轻松获胜，统夺冠军。

我已迈入耄耋之年，60 多年前的许多事常常萦绕心头。今年恰逢如皋师范诞辰 120 周年，我写下此文，愿和校友们共忆教师风范、师生情谊、成长经历……

作者简介：刘元坚，1940 年 11 月出生，1957—1960 年于如皋师范普师 2 班就读。从事小学、初中、高中教育 40 余年。退休前曾任如东县苴镇区教育辅导员、苴镇中学副校长。

内功之路

——记江苏省如皋师范学校

杨九俊

在参观过如皋师范的教育科研展览，看到陈列的1000多篇如师教师公开发表的论文时，在广泛接触过勤奋好学、渐见功底的如师学子后，甚至在穿行于他们那曲径通幽、书香浮动的古庭院之际，人们往往有一个共同的感受：这是一所内功扎实的学校。确实，20世纪80年代以来，如师矢志不渝，一直坚持走充实内涵、狠抓内功、苦练内功之路，走出了一片以质朴见绚烂的天地。

确立正确的办学指导思想，使如师的狠抓内功有了鲜明的方向性。

如师人认为，师范学校要按照师范教育规律办事，要以培养小学需要的、欢迎的教师为目标；要面向全体学生，全面提高素质；要把提高教育教学质量作为学校工作的永恒主题。如师人说，办学最来不得半点虚浮，一定要从基础抓起，从常规抓起，从每一堂课抓起；要提倡朴实无华，讲求表里一致；要坚持不懈，锲而不舍，一步一个脚印。他们坚信，有了这种水磨功夫，日积月累，一定能水滴石穿，水到渠成，达到自己的目的。

建立运行有效的机制，使如师的内功有了一定的操作性。

如师的校长陆志平有句话说得很精彩："师范教育改革是一首格律诗，面对传统和现实，在法度和秩序中获得它的自由。"如师的领导们认为，建立科学的管理体制，可以保证学校能在较高水平上正常运转。因此，他们注意在以下三个方面着力：

第一，明确要求。如师根据学科教学的要求，从每一堂课抓起，他们早就制订了"一堂好课的十条基本标准"，坚持从教学目的、教材处理、教法、教态、语言、板书、作业布置、现代化教学手段的运用等方面全面衡量。对于选修课、课外活动、教育实践,也都就关键性环节提出质量指标。

第二,严格管理。如师首先致力于秩序管理。他们根据教学方案的精神,重新设计课程表和教师授课表,把“四大块”的内容都排进去,建立起新的正常的教学秩序。对选修课和课外活动他们采取切实措施进行管理。另一方面,他们不仅着力建立秩序,而且切实维护秩序。如师的领导不仅要求师生认真上好每一堂课,参加好每个活动,而且自觉带头执行、维护教学秩序。如师多次成为大型会议的现场,但如师的学生在准备接待工作时从未停过一节课;如师每年也有文艺、体育代表队参加省、市教育行政部门组织的比赛,但如师的参赛队员在训练期也从来不耽误一堂课。如师人说,已经制定的课程表是神圣的,学校的教学活动是神圣的,如果随随便便去准备会议,甚至迎来接去参加礼仪活动,那就不成体统了;如果脱离教学系统去搞所谓的基本功训练,或者为争名次停课进行文体训练,那显然不是正道。严格地维护教学秩序,这是一种管理,也是一种示范。他们认为这是为了学生的今天,也会影响学生的明天。

如师对质量管理抓得很紧。他们根据培养目标,把需要、生源、学制作为建立新的质量观的依据,建立起各项质量系统,并加强对质量的分项控制;对教学活动的各项要求,通过考核落实;改变对必修课进行笔试的单一形式,对学生进行综合评估;精心组织毕业实习,积极推行毕业前的质量全面检测制度,加强对职业能力的考核。上述质量检测,有知识的,有能力的;有单项的,有综合的;有阶段性的,有终结性的。学校全面地建起了教学活动的“质检站”,有效地保证了“产品”的质量。

如师的教师管理很有特色。如师不搞单纯的工作量量化制度,而是实行定量与定性相结合的综合评价,旨在激发教师的奉献精神。

第三,提供保证。为了保证苦练内功,如师注意在物质、时间、师资三个方面创造必要的条件。这里仅以图书馆的建设来说,如师人认为重视图书馆建设,本身就是重视内功的表现,是为狠抓内功、苦练内功提供物质保证的重要内涵。如师图书馆藏书 12 万册,生均达到 100 册,而且藏书结构合理,藏书质量较高。他们还建立起教育实习咨询室,以满足教育实习时师生的需要;还与兄弟学校特别是高等院校图书馆建立馆际协作关系,教师教学、科研需要的参考书学校没有,图书馆就通过馆际交流帮助解决。在如师，师生们只要真正以勤为径，是完全可以入书山满载而归的。

创设乐教好学的氛围，使如师的内功有了较强的包容性。

熟悉如师的人们都说，如师的内功似乎有些大而无形，无所不在。这在很大程度上就是因为如师通过长期地不懈努力，创设了乐教好学的氛围。

创设这种氛围，在教师方面，主要是大兴教研之风。如师强调，教而不研，教就缺少科学性；研而不教，研就缺少针对性。教而不研，教失之于肤浅；研而不教，研就失之于空泛。因此他们要求教师做能教能研的"双枪将"，并通过多种措施有力促进教研工作的开展。在学生方面，如师主要是大兴读书之风。如师的新生一进校，学校就发给他们四大古典名著和《唐宋诗词选》，并提出理解、背诵等具体要求。然后又分三批推出阅读指导书目，每批 35 种，要求学生一周一书，并写出读书笔记。每次语文考核，都留有 5 至 10 分，用于考核课外阅读情况。学校还鼓励学生自己买书、聚书、读书。"腹有诗书气自华"，日复一日，寒暑易节，如师的学生必然就多了几分底气，添了几多功力。

作者简介：杨九俊，时任《师范教育》杂志编辑部主任，现为江苏省教育学会会长。本文原载 1996 年 6 月 26 日《中国教育报》。

科研引领，走现代化之路

——江苏省如皋师范学校改革与发展纪实

杨朝平　何　平

千年古城，百年老校，如皋师范作为我国最早诞生的师范学校之一，以先行者的身份，演绎了中国现代师范教育一个世纪的沧桑和辉煌。追想二十世纪之初，国事阽危，变法维新风生水起，辞官归里的维新人士沙元炳先生为偿"启迪民智，御侮图强，洗雪国耻，振我华夏"之夙愿，创校兴学。建校伊始，如师人就以"真实""贵全"为立校之本，倡"沈笃醇和"校风，逐渐形成了自己的办学传统。如今，这一切已汇入中国现代师范教育的历史长河，成为其中不可或缺的精神资源的一部分。新中国成立后，尤其是改革开放以来，如师人以科研引航，于开拓进取的实践和探索中灌注沉笃稳健的气度，走"内功之路"，古城名校再绽新枝。《人民日报》《中国教育报》和《师范教育》等数十家媒体曾对如师的办学经验予以报道和推介。如果说"内功之路"曾经是如皋师范发展道路上的精彩华章的话，那么，世纪之交，面对中国师范教育格局调整与重组的严峻挑战，科研再次引领着新一代如师人走上崭新的教师教育现代化的发展之路，唱响如皋师范新千年改革与发展的第一乐章。

一

"科研出效率"，这短促有力的话语隐隐道出其中的秘密……

因为工作的关系，我们曾经到过全国许多师范学校，因为我们来自江苏，总不时有人向我们提起如皋师范，向我们追问是什么给如师插上腾飞的翅膀，让她在强手如林的江苏师范学校中占有一席之地。说老实话，我们这次的如师之行确实有探究“此中真意”的想法。

和省内外少数中等师范学校相比，如皋师范五年制高师的开设不算太早：1994 年，招收首届“三二分段”大专班，才开始大专程度小学教师的培养。但许多人都感到如皋师范一旦踏上教师教育现代化之路，其精彩纷呈，令人目不暇接。短短五年间，如皋师范即完成文科、理科、文理综合、信息技术、科学、英语等专业的设置；2000 年，又全面实现“大专化”。8 年的时间，相对于如师的百年历史长河，不足十分之一，但如皋师范五年制专科程度的小学师资培养已经积累了丰富的经验。历届大专毕业生在校期间发表的文学作品、科研论文达 2000 余篇；初上讲台，就能娴熟自如地驾驭情境教学等四、五种不同风格的小学教学模式；至今已有 10 余人在全国和省级会课比赛中获奖，许多人已成为县市骨干教师、教坛新秀……这一切的一切，令人情不自禁地想到那句广告词一“要做就做最好”的。是什么创造了这种令人惊叹的“如师速度”？采访中，如师人用“科研出效率”这短促有力的话语隐隐道出其中的秘密。其实，早在 20 世纪 80 年代中期，五年制师范尚处尝试期，如皋师范就已经从培养目标、培养模式、课程设置等方面进行了先期理论探索。科研先导，曾经在如皋师范的历次改革实践中发挥作用，在这一次大专化进程中更是功不可没。也许由于历史的机缘，你可能错过成为第一的机会。但如皋师范在大专化进程中的探索和实践告诉我们：后来者一样可以“争一流”“做最好”。

科研是如师安身立命、办学兴校的根本。

“科研出效率”，效率源于教育教学和学校管理中灌注的科学精神，有了这一精神，才能减少办学过程中的盲目性。在如师，学校、科室、个人均有和自身工作密切相关，并经由校内外专家评审与论证的科研课题。

“科研出效率”，效率源于几代人的共识，无论谁主政，科研的主旋律不易。从 20 世纪 80 年代中期开始，如师的当家人都以身作则，成为做学问、搞研究、抓教学的行家里手。如师先后主持的 4 个部级课题，都有他们参与其中，且不是徒有虚名，每个人都曾以论文或专著的形式将自己的研究与思考形诸文字，不仅如此，如师一把手抓学校科研的传统也延续至今。

“科研出效率”，效率源于审时度势中对现实的把握。如师人不尚玄谈，不凌空蹈虚，研究的课题均生发于教育教学一线，关涉学校的生存与发展。

在20世纪80年代，如师将“师范性”作为研究的重点，而今天又热切地投身于教师教育现代化和基础教育课程改革的研究。同样，“科研出效率”源于制度的保证和得力的奖赏措施。采访中，如师人向我们展示了历年学校课题管理档案，我们惊异地发现不少课题都是积数年之功做下来的。

二

许多人都看到如皋师范对传统珍视的一面，但很少有人发现这种珍视并非抱残守缺、固步自封，而是试图从传统中找寻到一种能够向未来生长的质素，对传统的回眸和反顾最终获得的是对传统的超越和优化。在如师人的视野中，未来才是他们审视一切的尺度和归宿。如师人说：“教育科研必须具有与时俱进的前瞻眼光，必须关注我们的时代，担当起将教育资源转化为教育生产力的重任。”

当前教育信息化浪潮正方兴未艾，正如《从现在到2000年教育内容发展的全球展望》一书中所指出的，“在这场教育与信息技术相结合的学校改革运动中，教育者，尤其是学校教师，被推到了这场革命的最前沿”。如皋师范的教师比较早地体认到这种“革命最前沿”的现实处境，同时也比较早地成为这场革命的受益者。如果做一个统计，在世纪之交的如皋师范哪几个词出现的频率最高，“多媒体”肯定会在其中。翻开近十多年和如皋师范相关的文字资料，我们强烈感受到如师人对新技术的渴求和对时代的关切。如果不是亲眼所见，亲耳所闻，真的很难想象早在20世纪80年代末，在如皋师范这所乡村包围的师范学校竟有这么多人敏感地捕捉到未来信息时代的脉息。因此，在实现教学手段现代化的过程中，如皋师范能较早地摆脱那种“唯技术论”的倾向，更多地把技术手段的现代化同学校的整体改革以及教师的个人发展联系起来。如师人以观念更新策应教师对技术掌握的内在需求；以科研为先导，为技术的推广和应用提供理论和技术支持；以相关课程的开发为刷新培养目标的重要基础。

1992年起，与对45岁以下教师进行计算机基础知识和多媒体技术培训相伴随，如皋师范围绕现代教育技术开展教育思想大讨论，讨论多媒体手段在教学中的作用及其广阔应用前景，讨论多媒体手段可能引发的教学领域的革命。如师人各抒己见，为此学校分别于1992年12月和1999年2月编辑出版了两期校刊来为大家提供探讨的园地。虽然，信息时代瞬息万变，但这些思考，今天读来仍不乏真知灼见，其探讨内容之广泛，或经验，或反思，或争鸣，涉及信息化引发的教育内容、教学方式、教育目标以及教师职业素养等方方面面的变更。

同时，学校以“中师教学手段现代化的研究与实施”这一课题为中心，就“教学手段现代化的基础知识与基本技能”“多媒体计算机辅助教学的组织与研究”“计算机辅助教学模式的研究”等课题开展教育科研活动。相关课题在 1998 年江苏省树勋师范教育科研奖中获二等奖。而学校的课程开发也初见成效，在接受了《计算机基础》《现代教育技术》必修课和《多媒体计算机辅助教学》选修课的系统学习后，如皋师范毕业生普遍在小学课堂教学中使用多媒体软件，受到用人单位的欢迎。至于教师对信息技术的运用，短短几年间，如师人即由“技术沙漠阶段”发展到信息技术和教学模式的整合阶段。1997 年 12 月，江苏省教委在如皋师范召开“中等师范学校深化课堂教学改革研讨会”，研讨会的主题之一就是如何利用多媒体技术来促进中师课堂教学的改革。蓄势待发的如师人以此为契机，在全校启动了一场教学手段现代化的革命。仅在会议期间，如皋师范就有 15 位师生应用多媒体计算机辅助教学手段，为与会代表上了示范课，引起省内外同行的广泛关注，其后不到一年的时间里，先后有 10 多所省内外师范赴如皋师范参观取经。

“如皋会议”的召开，不仅在江苏师范教育史上具有里程碑的作用，它更为如皋师范的教学手段现代化注入强大的生命力。1998 年，如皋师范成立以 MCAI 软件制作为突破口的多媒体计算机辅助教学攻关小组，是年，全国中师教学 CAI 软件展示会，如皋师范选送的三个课件，有两个获一等奖。行家们认为，如皋师范开发的教学软件，教学手段与技术的更新中隐蓄教育教学模式的革命，教育思想与教育技术被融于一体；如师的教学软件从教育伦理学和美学角度体现“人性”和“艺术性”，赋予技术以人文精神，具有特殊的“如师风格”，形成独具一格的课件流派。更为可喜的是，教学手段的现代化使如师人强化课堂效率意识的初衷得以实现。师生对话、人机对话，为学习者提供了更为广阔的空间。学生的想象力、创造性得到空前张扬，一种全新的教学模式正在孕育中。

这十年间，虽然如皋师范先后换过四任校长，但教学手段现代化的探索却从未停止，有趣的是这四任校长似乎对信息技术都情有所钟。90 年代，陆志平校长曾到外省取经，学习教育手段现代化的经验。1996 年，他应用多媒体手段为全校师生作了《天地人生一首诗》讲座。1997 年，李刚校长主持并完成了“中师多媒体计算机辅助教学的组织与实施”课题研究，揭开如皋师范多媒体技术引进课堂从而深化课堂教学改革的序幕。汪政校长曾从教学个性和语文本体的角度对北大版《CSC 辅助教学系统》进行深入研究。而在 21 世纪第一年走马上任的陆踊校长，多次在不同场合为如师人描画网络技术在教育教学现代化中的广阔前景，并正式启动了如师的“网络教育”工程。在采访中，我们了解到如皋师范已经把信息化、网络化教育及其对教学模式的影响作为近期科研的重点。

“人无远虑，必有近忧”，站在时代最前沿固然担当着最严峻的考验，但也会因其前瞻的眼光和勇气获得丰厚的回报。这是不是能够给我们思考如皋师范教学手段现代化之所以能够不断深入以一点小小的启发呢？

三

科研能兴校，科研更能立人，塑造人，陶冶人。

如皋师范的教育科研，在全省乃至全国都有一定的影响。如皋师范拥有一批潜心于教育研究和学科专业研究的教师。科研能兴校，科研更能立人，塑造人，陶冶人。如师的师生长期接受如师传统和校风的影响，严谨治教，悉心科研，著述颇丰。新时期 20 余年以来，如师教师出版专著、编写教材近 300 部，发表论文 2000 余篇，先后承担了教育部 4 个以及省、市 10 多个立项课题的研究任务。近几年随着教师教育现代化的到来，如师人也感到形势逼人，如何将传统教育的优势现代化，他们有自己独到的思考和实践。

以“两大工程”为核心，图教师群体生态的可持续发展。如师有选派资深教师做青年教师教学导师的“青蓝工程”。在如皋师范，新教师进校，师徒结对的仪式总是举办得很隆重，由校领导给资深教师颁发聘书，由双方作出承诺，明确发展目标、培养计划，制定成才时间表，学校以公文的形式刊布。随后，师徒双方结对参加校内外所有的教研活动。学校组织专门的人员进行跟踪随访，了解双方承诺的兑现情况。如皋师范的教师们把这种师徒结对亲切称之为“教研双打”。近年来，在如师的师资队伍中，这种优秀“双打”

选手不断涌现，有心的人总能在各种观摩课、示范课上发现“名师”们的“高足”。至于“名师工程”，目标在于打造师资队伍中的“名牌”，为各种选拔、评聘储备人才资源。目前经过该工程锻打、锤炼的年轻教师绝大部分成为省、市学科带头人和教学骨干。这两大工程各有侧重，富有层次、梯度，从而使每一个教师初上讲台，即被融入两大工程所构建的培养、激励机制，从内心深处唤起一种级级攀登的求索欲望。现在，两大工程因其科学、务实、系统，已经在如皋师范师资队伍现代化建设中发挥着整体育才的优势。从90年代初开始，一些研究群体逐渐形成，像以汪政、程然等为代表的文学批评研究；以陆志平、黄天铨等为代表的古典文学研究；以项云英、张立新等为代表的科普写作研究；以姚烺强、季银泉等为代表的教学模式研究；以陆踊、高忠新等为代表的现代教育技术研究；以章跃一、方健华等为代表的陶行知教育思想研究……在近年省、华东和全国的会课、论文和课件比赛中，许多如师青年教师脱颖而出、名列榜首。难怪许多师范同行称赞如师新人辈出。

导入现代管理理念，学历提升与人才引进两翼齐飞。世纪之交，为回应大专化办学的需要，如皋师范调整学校管理的重心，重点抓“战略型管理”，注重人力资源的开发和利用。从1999年开始，如皋师范加大了已有人才学历提升与人才引进的力度，仅在该年度，就选送8位青年教师赴高校进修硕士学位，同时引进古典文学专业硕士1人。导入现代人力资源管理理念的如皋师范，在人才的培养、引进和使用上积累了宝贵的经验。

首先，如师抓人力资源供需状况的预测和规划，从人员构成、学科建设需要出发，择优录用和培养，整体上追求最佳配置方式。

其次，建立完善配套的管理体制，使人力资源开发具有良好的制度环境。在这一方面如师着重做了以下三方面的工作：(1) 建立良好的沟通渠道，给人才以宽松的环境，从待遇留人到事业留人、感情留人，使个人的发展融入组织目标的实现过程。(2) 建立公开、合理、具有较强激励作用的分配体系，使个人能力、成果及对学校的贡献作为参加薪金分配的要素。(3) 建立内含激励作用的绩效评估体系，并根据个人的工作成果与工作能力，帮助其进行职业规划，以有效发挥其潜力。

再次，体现学术集体优化组合的原则，加强不同学科的合作与交流。近年，如师申报的省、市课题，都凝聚着集体智慧，很少有某一学科的单兵作战。

教学、科研、在职进修一体化，谋教师个体发展的良性循环。教师专业能力发展的目标之是具有丰富的实践性经验和反思能力。在学历提升过程中，如师强调实践、反思与在职进修和学历提升的统一，注重在实践中发展教师对自己教育教学的理解和研究能力，反思自己教育过程所包含的教育价值，进而改进自己的教育行为，促进专业的发展。据此，如师提出以科研为核心的一体化在职教育模式，并重视对在职进修者的评估和管理，有效地抑制了在职进修中的无序性。如师要求每一位期望进修的教师，在提出研修申请的同时，必须提交预备研究的科研课题及其说明。这些课题的研究中，包含着在教学实践中遭遇到困境时的反思。学校针对不同的课题研究，与教师协商研修的方式，或访学，或课程班，或教育硕士班等。对于学历提升的研修来说，其课题往往是其学位论文的一个重要部分。这样，在进修过程中，如师的教师除了要完成进修院校规定的学习内容，还要利用他们的教育资源，在协作中对自己的教育实践进行评价、反思。

采访中，我们很关心这种"一体化"进修模式的实效，如师的领导以1998年的两名访问学者和1999年的8位学历进修教师为例，介绍进修实效。1998年的两位访问学者除完成了自己的教学任务以外，访学期间在核心期刊上发表论文10余篇。1999年的8位学历进修教师以研修课题为主要内容的硕士学位论文均通过答辩，其中1篇论文推荐参加全国高校优秀硕士论文评比；8位教师3年中发表论文50多篇，4人参加了两项省级课题的研究，回校后，均能胜任大专阶段的教学。

四

一位20世纪80年代毕业生回忆道："在母校的幸福人生，一直影响着我，教育着我，指导着我，使我很快从一个不成熟的小学老师成长为小学高级教师、中学高级教师、特级教师，又使我从乡村小学走到县实小、首都实小。"

在如师人的心目中，科研的最终目的还不仅仅是一篇篇论文、一本本专著，应该经由科研在校园中孕育、生长一种宜于育人的精神氛围，惠及学校和教师，更让一批又一批进出如师的莘莘学子终身受益。因此，如师人认为中等师范学校应该于办学中倡导一种"大学理想"，经营宽容、深广的"大学气象”——自由思考的精神气度和深蕴悠久的文化底蕴。在这方面如师的探索极富启迪意义。

首先，如师效仿大学，尝试导师制。如师有着悠久的教学相长的传统。一位20世纪80年代毕业已成长为小学特级教师的如师学生，在回忆母校这些愉快的往事时把这种师生之间的切磋研习形象称之为“品味幸福人生”。自首届大专班始，如师即为大专班选派拔尖而又敬业乐群的老师，让他们和学生切磋学业，陶熔品性；学生毕业之际需向学校提交经导师签署意见的毕业论文。其次，设“求实论坛”，延请校内外名师来校进行学术讲演。近几年先后有十数位来自北京、上海、南京等地的国内名牌大学的学术精英和像李吉林这样的特级教师、毕飞宇这样的著名作家来校讲学，营造了浓厚的学术氛围。采访中，我们得到一份“求实论坛”的讲演目录，其内容涉及文学、教育、哲学、宗教、民俗，甚至民间工艺。最后，提倡课外活动鼓励研究实践。除了传统的社团和兴趣小组的活动外，如师特别鼓励学生编辑报刊、演出话剧、论辩学术，以涵养自由思考的风尚。采访期间，恰逢如师一年一度的“话剧”节，只有亲身感受的人才能相信这些20岁左右的青春少年能够对易卜生、奥尼尔、曹禺、老舍这些戏剧大师的作品有如此独到的钟情和理解。现在，距离我们采访已数月，但他们惟妙惟肖的表演犹然在目。而采访中，我们收集的如师学生刊物，又让我们对这群风华正茂的学生群体有了更深入的理解，细细数数，这些或手抄，或油印、铅刻的刊物，竟有近20余种。

你要问如师学生对母校印象最深的是什么，每个人都会产生诸如下文的追忆：

“这书院、古木、匾额默默地立在那儿，无声地洗去穿行于此的每个学子身上的浮躁之气、功利之心，于滚滚红尘之中，留一方净土，拒绝各种诱惑，让学生们静心读书、读书……”

“良师并非可遇不可求。在如师这片净土，你永远不必遗憾恩师的唯一。这里的群体深知师范学校的学子不仅仅是学生，更是未来的人师。因而，他们所输送的不仅仅是知识的营养，更有人格的震撼，为人师的至境。而这些又促使我们注重扎根，以期得年年亮雨的绿叶！”

“如师是以其‘内功’著称省内外的，我以为这‘内功’在某种程度上是读出来的。学校要求每人每天达两万字的课外阅读量，书目涉及哲学、美学、教育理论、唐诗宋词、中外名著、自然科学。最难忘的是如师读书周、校园书市、讲座、论文评比、读书交流等，这些活动在全校营造了良好的读书氛围，燃起了学子读书的热情。读书的地方总会聚集许多读书人，如师历史上那些满腹经纶的先生们是真正的读书人。顾敦泝、吴功正、陆志平、汪政、姚娘强……这些令我们心仪不已的名字，早已连同他们的学术人生、非凡成就、轶事佳话化为校园文化的一部分，成为我们精神的源泉，激励着我们读书做人，教书育人。”

记得竺可桢在几十年前的一次讲演中说道：“大学所施的教育，重在开辟基本的途径，提示获得知识的方法，并且培养学生研究批判和反省的精神，以期学生有自动求智和不断研究的能力。”某种意义上，这也是如师追慕的理想，采访中，我们的所见所闻让我们有理由相信这种理想正在成为现实。

回首往事，百年的时光，该有多少值得重温、回味并且深深铭记的东西让我们去追想。但如果我们把目光移注到未来——新的世纪和新的千年，悠远的未来会让人不住地憧憬、遐想。与往事告别，背负着光荣与梦想，如师迈入了她的新世纪、新百年。

作者简介：杨朝平，原《师范教育》杂志主编；何平，原如皋师范教师，现南京师范大学文学院教授、博导。本文刊载于《师范教育》杂志 2002 年第 10 期。

三、师说心语

教育家顾敦沂

陆志平

顾敦沂校长是如皋师范第22任校长。此前，历任校长中可谓英才辈出，社会贤达、专家学者、革命者、改革家，不乏其人，而顾敦沂校长则应该称之为教育家。

顾敦沂校长1985年起主持如师校政，我有幸担任副校长。很长时间，校长室就我们两人。我受顾校长耳提面命多年，一直想得顾校长教育思想之一二，而非常惭愧的是，虽然后来在顾校长退休后继任了他的工作，却未能很好地领悟、把握和实践他的办学思想。现在，随着年龄的增长、阅历的增加，回想起来倒是有些新的认识。感谢《教育家》杂志章跃一同志约稿，让我有了一个梳理和表达的机会。现不揣浅陋，将我所理解的顾敦沂校长的教育思想，略陈如下。

师范更要按教育规律办事

顾敦沂校长是江苏省第一位教育学特级教师，他看师范教育总是有他专业的视角和独特的理解。他认为学校要按教育规律办事，师范是培养教师的，是教育的工作母机，更要按教育规律办事。

当年省教育厅师范教育处张行处长对如皋师范的“内功”倍加赞赏。“内功”就是老老实实、扎扎实实按照教育规律办学，不搞花架子，靠日复一日、点点滴滴的水磨功夫，把学生培养成合格的人民教师。顾校长喜欢说：“这就是日常功课”。

顾校长总结、发掘、提炼了如皋师范的办学传统，将历史上的“贵全堂”与校训“真实”的匾额挂在校长室旁的中堂走道。“贵全”出自《荀子》“君子贵其全也”，如师的先人立“贵全堂”，明确其办学宗旨，是要培养德才兼备的人才。顾校长发扬其精神，更加自觉地贯彻党的教育方针，培养具有良好的师德修养和扎实的文化基础、专业知识、专业技能的人民教师。“真实”表现了如师老一辈办学者在新文化运动中，崇尚科学追求真理的精神，正是所谓“科学的境界主于真”。顾校长发掘其精华，提倡求真务实，实实在在按照师范教育规律办师范。

顾校长重视课堂教学，他深知教育的质量在课堂。他几乎听遍了每一位老师的课，经常与老师们讨论课堂教学的得失，讨论课堂教学中教育思想，讨论课堂教学中细枝末节。

顾校长重视教育科研。如皋师范教学科研蔚然成风，老师们的教学科研成果，令省内外同行和上级职称评审委员们惊叹。

顾校长重视教师队伍的建设。他强调青年教师的成长要立足于校内，在教学实践中培养提高。他说：“如皋师范虽小，但与全国的师范是相通的。”他勉励老师们热爱师范，热爱学校、敬业立志，具有强烈的事业心和使命感。

师范化要从课程改革入手

顾敦沂校长提出师范要师范化。师范不是在什么基础上体现一下师范性，而是要彻头彻尾、彻里彻外的师范化，要按照自己的教育目标，设置自己的课程。

顾校长在《课程 · 教材 · 教法》杂志 1986 年第三期发表《略谈中等师范学校课程设置的改革》，篇幅不长，却阐述了非常深刻的思想，在全国师范教育界影响很大。我印象特别深的是，当时他把各科教学法都研究了一遍，认为重复太多；对教育实习这门师范特有的实践性课程却没有大纲的境况感叹不已。后来，教育部在八十年代后期启动了中等师范新课程方案的研制工作。顾校长作为专家参加了这项工作，他的许多设想在新方案中都有体现。新方案中的《中等师范学校实习大纲》就是由他主持研制的，《教育实习指导书》也是他主编。

在贯彻实施国家新课程方案的过程中，如皋师范构建了必修课和选修课相结合，课堂教学与讲座、社团活动相结合，学校教育与教育实习、社会实践相结合的新的课程模式。同时，改革学校管理，形成了与新课程相适应的教学管理模式与机制，提高了师资培养质量。新课程实施的过程更是学习新的教育思想的过程，如皋师范更加开放，更加现代，更加充满活力。

办学校关键是要风气正

管理学校，顾敦沂校长特别重视学校的风气，认为学校风气正，万事皆顺，正是所谓“风正一帆悬”，而且他坚信邪不胜正。

顾校长认为教育就是教化，既要重视有形的教育，更要重视无形的教育。要重视熏陶感染，如同春风化雨。他的管理是真正以人为本，达到很高的境界，大道无形，大家气象。

学校风气正关键是校长正。顾校长本人也是有学者风度、长者风范，严以律己，宽厚待人，举止儒雅，循循善诱。虽然难免偶尔也发发脾气，但是绝对是与人为善，慈悲为怀。

顾校长把如皋师范的传统校风“沈笃醇和”发扬光大，使“教书育人、为人师表”成为全体师生的座右铭。

回想起在顾敦沂校长领导下的如皋师范，碧水环绕，庭院深深，绿树掩映，校风醇和，尊师爱生，积极向上，充满了书卷气，知识分子气。一个小小的和谐社会，人民教师的摇篮，至今令我心驰神往。

我默念着你的名字

徐晓华

这几天在看热播的电视剧《人世间》，这部剧自开播以来就受到了广泛的好评。我并不是一个追剧的人，常常是看着看着就不了了之，但是《人世间》似乎有些不同，我一直在追。它之所以吸引我，是因为我在里面似乎看到了自己过往的生活和那些记忆深刻的时间节点，我生命中的重要事件也会跟着它一起浮现。

1982 年，是我人生的重要年份。那一年的夏天，我就要大学毕业了，恰好南通要成立电视台，他们正在物色主持人，用朗诵比赛的形式来挑人是一个常见的做法。我去报名参加了比赛，并且得了一等奖，但是我落选了，南通电视台第一位主持人是另一个同获一等奖的人，他们权衡再三，放弃了我，选择了她。然而就是这样的一次经历，我却意外地被分配到了如皋师范，也许这就是我与如师的缘分吧。

19 岁就当上了一个中等师范学校的老师，我还是挺开心的。记得第一天到学校报到天气很热，正是暑假，校园里静悄悄的，我扎着两个小辫儿，带着一大箱行李，一个老教师在门口遇到我，他看我一蹦一跳、毫不犹豫地进了校门，有点疑惑，就问：你干什么的？我回答：我来当老师啊。这就是数学老师周炳坤（恰好和《人世间》的男主周秉昆同音）。后来在他多次对我那一天进校时描述中，“一蹦一跳”是对我最初的印象，而且每次描述到最后还要补一句：“你那时候多瘦啊，像个芦柴棒儿，风一吹就要倒了。”

就从那一天起，我在如皋师范工作了近二十年，那是我人生最美好的年华，也是师范教育的黄金时段，我有幸目睹了师范教育改革开放以来逐步恢复、振兴、发展直至辉煌的整个过程。如皋师范是一所有着 120 历史的百年老校，它的位置在如皋城的东南隅，据说是张謇和如师创始人沙元炳一起选定的,这是一块风水宝地,在内外两道护城河之间,而且内护城河刚好在这里拐了一个弯儿,我们的学校就因此分了三块——河西、河东和河南,河西是教学区及部分零散的教工宿舍,河东是教工宿舍区,河南是学生宿舍加食堂,后来又建了一个大礼堂。

我在学校搬过很多次宿舍,从河东搬到河西,又从河西搬到河东,从新教师时的两人一间,到一人一间,再到按教职工打分细化,分配到第一栋教师宿舍楼的一室一厅,再后来又搬进了学校集资建房的两室一厅,从此不再住教工宿舍,而是有了真正属于自己的房子。最让我难忘的是图书馆后面一排低矮的平房,很多在如师任教过的老师都住过那里,因为紧靠着一栋两层楼的图书馆,所以这一排宿舍是终年没有阳光的,我们戏称它为"如师的西伯利亚"。这一排房子总共七八间,每间房子不到十个平方,红瓦、红砖,窗格子是用水泥浇成的,南边一个,北边一个,门就是一块薄薄的木板,用报纸糊起挡住缝隙。躺在床上看到屋顶上的草毡,就老是担心有蛇,因为一搬进来,老住户们就给我讲了这一排曾发生过的蛇从屋顶滑下,盘在灯罩上的故事。但当时的我还是非常满足的,因为我有了一个属于自己的空间,而且这里非常安静,特别适合读书写作,我抄了艾青的《冬日的林子》的诗贴在墙上,这首诗非常符合我那时的心境,以至于到今天都能背诵下来。那时候我刚满20岁,旁边宿舍的年轻教师们都比我大,他们像哥哥姐姐一样地照顾我,早上会敲我的门喊醒连闹钟都闹不醒的我去上课,而且他们个个身怀绝技,人人勤奋刻苦,不管是教英语的、教物理的、教数学的还是教音乐的、体育的,每个夜晚,每间宿舍的窗户都亮着昏暗的灯,灯下都是用功苦读的老师们,在20世纪80年代初,这些已经大学毕业了的年轻教师没有一个懈怠,好像未来对他们来说还有无限的可能,没有一个人安于现状,我们相互激励着,相互比试着。这是如师的一种现象,也是如师长期以来形成的一种传统,回忆如师的生活,就会想起那样的日日夜夜,想起我们年轻时奋斗的经历,他们后来都成了专业的佼佼者,不知道他们现在是否也跟我一样,时常想起那个"西伯利亚",想起我们一起苦读、一起争辩、一起聚餐,甚至一起躲地震的日子,那是多么温馨地留在记忆深处的画面。

铁打的营盘流水的兵。在如师的二十年送走了一届又一届的学生,从学生们背地里偷偷喊我"娃娃老师",到我也成了"青蓝工程"的老教师,成了年轻教师的师傅,而当我离开如师二十年之后,很多的学生依然记得我这个白白瘦瘦的老师，记得我当年给他们上课时的情形，那些我早已忘记的瞬间，他们在文章里书写出来，描绘出我当年在他们心目中的样子。文字唤醒的回忆总是美好的，初为人师，讲台下的学生跟我的年纪相仿，我只大他们两三岁，他们是初中毕业、放弃了读高中考大学的机会来上师范的，因为20世纪80年代初，上了师范就意味着转户口、包分配，就可以从一个农村人变成城里人，所以许多优秀的学生，在乡里成绩数一数二的学生填报的都是中师或中专。

我刚当老师的时候面对的就是他们，一批又一批的优质学生。因为中师的特殊性，学生毕业后是要去当小学老师的，因而与高中不同，语文课就成为一个极其重要的课程，并被分解成文选、语基、写作、小语教学等科目，而语基即语文基础知识，更是把语音教学（即普通话教学）提到了重要的高度，“三字一话”（即毛笔字、钢笔字、粉笔字和普通话）是学生毕业前必须过关的基本功。如皋师范就是在这样的背景下选中了从电视台主持人落选的我，他们需要一个专职的语音老师，把方音浓重的甚至只会说方言的学生扭过来，到毕业的时能说一口标准流利的普通话。因为这样的一种特殊的要求，我教的学生可以说是全校老师中最多的，几乎每一届的所有学生我都教过，他们在一年级的时候，有一门课是无论个人的喜好如何都绕不过去的——普通话课。

现在想来，我还算是一个认真负责的老师，我也想过很多的办法帮助学生来克服这个难学的课程。在现在手机、视频无处不在的时代，已经无法想象连电视还没有普及的时候学习普通话的困难。因为在普及电视之后，生活中，普通话就无所不在，人们在看与听的过程中潜移默化地在学习和模仿。当时乡村中学的老师大多也是用方言教学，这些头脑聪明、数理化不在话下的学生们也就生活在方言之中。那时候学校条件很差，只给语文组配了一台三洋牌录音机，不可能每班都有，我只好把学生集中到大礼堂里，每天早上一个小时的早读课我就会拎着录音机去播放，学生跟读，我来纠正。每个班都有若干个推普小组，普通话稍好的同学先学一步，再辅导普通话较差的同学。大多数学生很刻苦，也有调皮捣蛋的学生，就是跟你这个娃娃老师对着干，我便到教务处去哭鼻子了。教导主任总是我的坚强后盾，他立刻下了一道命令：普通话不及格的扣饭票！这个我需要解释一下，就是在八十年代初期，国家拿出了很多钱来支持师范教育，无论是高等师范还是中等师范，学生进校是发生活补助的，就是“饭票”，贫困家庭的学生靠这个就能维持一个月的生活，所以这个命令的确是一道杀手锏，同学们为了不被扣饭票起早带晚地练普通话，现在想想真是有些残忍。在严厉的赏罚制度和同学们的刻苦努力下，我们看到的是优秀的如师毕业生，以及他们成为以普通话为教学语言的新一代教师之后的良性循环。现在，当年的学生早已人到中年，聚会时他们还会开玩笑说“徐老师，你扣过我四块钱饭票”，旁边立刻有人说“我也被扣过两块”，但是他们随即被其他没扣过饭票的同学嚷着要罚酒，说不好好学还来怪老师。这样的聚会会勾起许多的校园往事，学生们回忆起当年在如师度过的学习生活时光都非常地留恋，那是他们的青春，也是他们的人生转折点，是梦想起飞的地方。

时间过得真快，转眼四十年过去了。时常想起在如师的日子，想起如皋小城，想起一进五堂，想起百年东长巷。说真的，因为如师，骨子里我已经把如皋当成我的故乡，我在那里工作生活，结婚生子，在那里教书育人，读书写作。我与如师一起成长了二十年，它即是我，我即是它，融入血液，无法分割。

今年，如皋师范就建校120年了，如皋公立简易师范学堂，如皋县立师范学校，江苏省如皋师范学校，如皋高等师范学校，我默念着它的名字，在心底里祝福它有更美好的未来。

作者简介：徐晓华，笔名晓华，中国作家协会会员，一级作家，江苏省作家协会全委会委员，《扬子江诗刊》副主编。曾在原江苏省如皋师范学校工作近20年。

倚门回首

孙红兵

在我心中，母校如皋师范是个神奇的存在。两甲子弦歌不辍，百廿载春华秋实，母校创建已经有 120 个春秋了。倚门回首，她与我的生活息息相关也已 32 年了。我的学习、工作经历很简单：小学、初中、如皋师范、大学，然后回师范工作至今。她是我的四个母校之一，也是我唯一的工作单位，对我的影响不言而喻。每每回首往事，总能真切地感受到她对我的恩情，如一泓清泉，点点滴滴，沁入心扉。

1990 年 9 月，我站在如师南大门外护城河边的女贞树下，对着校门久久凝视，心中有对未知生活的胆怯、迷茫、新奇，但更多的是成为中师生的自豪。我默默地念着"我来了，我来了"，然后自豪地穿过门堂，如拿破仑通过凯旋门似的。从此，我把自己的喜怒哀乐融入了如师的一草一木、一砖一瓦、一人一事。

最先熟悉的人是无微不至地照顾我们的班主任陆锦平先生。一开始大家都像惧怕以往的班主任一样惧怕他。可时间不长，我们都明白了，他外表的严厉根本包裹不了他慈祥与随和的内心。他走路精神抖擞，步距规整，铿然有声。他生活中处处表现出来的倔强、进取、稳健的作风，对生性懦弱且浮躁的我而言，是震撼，是言传身教，是无时不在的鞭策。他写字笔画硬朗，苍劲有力，单看一字不觉有何章法，可通篇审视，有板桥画竹的爽利清劲，气势如虹。记忆中他的课从来都是慷慨激昂、充满激情。他提问不多，常常讲述半句时稍做停顿，然后深受感染的同学们异口同声地接上后半句。在这样的氛围里，我好像没有记过课堂笔记，每次上课，就静静地聆听直到下课铃声响起。他管理的特别之处是允许学生犯了错误后同他争辩。他会像研究《红楼梦》一般用各种方法总结出你内心的"小"来，镜片后严厉的目光直直地盯着你,让你最终口服心服。正因为如此,我们都比较自觉。只有一段时间,他准备结婚,把贤惠的师母从遥远的青海迎娶过来,所以很忙也很开心。我们自然也很高兴,一来为他,二来也为我们短暂的"自由"。现在想来,那段时间的懒散实在是个错误,有负他的厚望了。我工作后与先生成为同事,先生后来担任过多个职务,但我对他的称呼从来只有一个——老师。先生一直对我很照顾,他甚至要求他的孩子称我叔叔,这个不合规矩的要求背后的内涵我自然能够体会。

在如师三年的每一天,我都很快乐,因为每天都能接触到新鲜的事物。新的老师,新的课程,特别是国画、摄影、琴法和各种器乐、富有动感的韵律操等等,这些从来没有接触过的新鲜事物,每一样都让我痴迷。最难忘的是排演民乐合奏《丰收锣鼓》。音乐老师李云给人的印象是"雅",指导民乐合奏得心应手。我们每一个人都非常投入。时间不长,我们就开始用自己创造出来的美妙乐章,一次次地接待来访的客人。每一次演奏完毕,在台上俯瞰观众、听掌声如潮,成就感、优越感油然而生,令人陶醉。

有一句话说,你内心相信和坚持的东西,终会引领你到达想去的地方。在如师,成功时的几多兴奋,加之探求新知的强烈愿望使我产生了连自己也吃惊的动力,我每天早早起床,先和着青春的节拍做韵律操,再朗读黄天铨先生编辑的《唐诗宋词》,然后上课。下午第二课后是没有老师到班级的活动课,可以到操场锻炼、出黑板报、泡图书馆、练琴或试试水墨丹青。晚自修第一阶段是说唱课,大家轮流登台展示教师基本功,然后温习功课、训练基本功等。周末学摄影、学笛子、二胡等乐器,浑身有持久的热忱、持久的毅力、持久的激情。真是"操千曲而后晓声,观千剑而后识器",我们持之以恒的努力,换来的是各项技能的飞速进步,只是我们并没有认识到自己的变化。我们后来同学聚会时常调侃在如师的生活可以分为两个阶段,即"知道自己不知道——不知道自己知道"。我很赞同这个绕口令似的归纳,三年后,我离开如师继续求学,在新的环境里,我才发现自己各方面的长进,内心更加感激母校。

另一个很深的印象是劳动班级每晚的夜巡。那时候没有后勤社会化,全校班级轮流担任劳动班级,劳动班级每年有几天暂停课堂教学活动,承包全校的打扫卫生、安全保卫和其他应急任务,相当于自我组织接受实践教育和劳动教育。白天的劳动任务结束后便是夜里的巡查。班上四五个男同学每人扛一根约两米的木棒，在校园里四处巡视。每次我都参加夜巡，因为我发现夜晚的校园有别样的美。夜巡时，我们不约而同地停止说笑，只轻轻地慢慢地走，细细地品味，穿过东长巷和实验楼，经后花园、图书馆、半趣园，过教学楼西侧，查看音乐楼、器材保管室，最后在操场停住，席地而坐，四周音乐楼、教学楼、实验楼、中院古建筑群环抱，朦胧月光，点点繁星，从护城河对岸定慧寺传来幽幽钟声，夜幕下的校园幽静、神秘、深远、空旷，我们静静坐着，痴痴地感受着菁菁校园的灵气与神韵……

说起校园的灵气与神韵，我便自然想到学校的古建筑群，想到学校创始人沙元炳先生以及学校悠久的办学历史。做学生时，对这些只知皮毛，只知道读背“清光绪二十八年，公元 1902 年，如皋师范创建……”工作后，因多种原因我开始关注这些直至后来有些痴迷。我想尽办法收集各种关于校史和沙元炳先生的资料，研读沙元炳先生的《志颐堂诗文集》，尝试撰写沙元炳先生的年谱等，乐此不疲。我的硕士学位论文就是《沙元炳与如皋的近代化》。迄今为止，我已经写了《沙元炳：“张謇们”的核心成员》《沙元炳的生平及成就》等近十篇关于沙元炳先生的文章，为母校深厚的文化积淀做了一点微薄的贡献。

记得来时路，不忘梦归处。读完大学回到母校工作转眼已近三十年了。如今的校园面积也扩充了很多，校园南到学宫路北到中山路，新建了科技楼、体育馆、四方学馆等，处处体现出新时代的气息。只有中院青砖小瓦的古典建筑还能提醒你：母校就要迎来 120 岁华诞。

120 年了，时光如白驹过隙。我寻思着自己到了“春水船如天上坐，老年花似雾中看”的时候是什么样子呢？那时，可爱的如皋师范呢？

我推开办公室的窗子。护城河边的老银杏树又长出绿叶了，阳光明媚，春天来了。

永远的如师人

陆志平

碧水环绕　庭院深深　读天下文章

银木参天　果实累累　览世纪风云

如皋师范历史悠久、环境幽美、风气醇和、底蕴丰厚，一代又一代名师荟萃，各领风骚，一代又一代青年学子风华惊世……这些总是令她的学子们魂萦梦绕，成为他们永远的美好的记忆。因此，每个在如皋师范读过书的人，不管时间长短，不管毕业后又去哪里读书，又有什么发展，总还是愿意说自己是如师人。

每天清晨，如师人匆匆地与静静的河水打个照面，轻轻地穿过一进五堂，开始一天的读书生活。课间兴起，跑到操场来个三步上篮，躲进琴房美声一回，或者，去后花园转个圈，去阅览室翻翻新来的杂志，去展览栏看看自己的书法作品。下晚自修了，到宿舍拌个嘴，抬个杠，乱吹一气，胡天海地不亦乐乎。

冬去春来，如师人喜欢在柳丝如烟的水边窃窃私语，在罗汉叠翠的院子里凝神静思，面对着三秋桂子吟诵诗文，钻到梅花园里寻找灵感。或者，去王观家八百年银杏树下大声朗读“千万和春住”，沿着冒家巷一直走到水绘园去探寻冒襄董小宛的故事，去李府追思追思李渔，去安定小学找找安定书院，去大成殿拜拜孔老夫子。或者，去逛逛那个不知逛了多少遍的书店，悠哉游哉，有滋有味。

一年在校不足 300 天，几百天下来，如师人居然就有了一身拂之不去的书卷气。到如皋师范读书不求升学，不求为官，不求发财，只是为了当一名光荣而又清苦的人民教师，故而，在有意无意之间却又保存着一份清高与清纯，同门之谊更是多了几分真诚与真挚。

79级文科班的同学们回母校聚会，畅叙同窗之情，引发了同学们许多美好的回忆。我一口气读完同学们的文章，情真意切，感人至深，勾起我无尽的思绪，情不能已，夜不能寐，写了以上这些文字，以表达对同学们的思念与问候。

琐 忆

黄天铨

情系香语轩

那是如师东院整修之后，原先东一院破旧的一排宿舍改建为曲槛长廊和一座会议室。

有一天，记不清为什么事我到东一院去，走到会议室对面的朝北的一间办公室时。郭书记喊住我："黄老师，你过来。有个事商量一下。"我不知道书记有什么事跟我商量。停住脚步，走进他的办公室。

郭书记对我说："这对面的会议室，我们想起个名，搞个匾额，起个什么名呢？你说，叫香语轩好不好？"我愣了一下，心里想"香雨轩"，名字倒是很雅。苏州有"香雪海"，记得古诗文中好像也有"山中香语"的说法，但这名字似乎用于公园中，或对门的定慧寺里更合适。我不大轻易否定别人，只是支支吾吾地"嗯"着，没回答。郭书记大概明白了我还没听懂他的意思，接着说："这是会议室，香语，就是要集思广益，多听听各方面的意见，特别是不同的意见！"这下我明白了，毛主席也曾引用"三个臭皮匠，抵个诸葛亮"的俗语告诫党的干部要多听听方方面面的意见，这可是我们党的优良传统啊！连忙说："这名字好，好像没见人家用过，有新意，又切合会议室的功能。"

听我这样回答，郭书记又从办公桌抽屉里拿出一张纸来，说："我还拟了一副楹联，没定稿呢，有的词语，还在斟酌，你看看选哪个说法好。都不行的话，另外换一下也可以。"我一看，纸上写着一副联语，旁边还有一些另外供选择的词汇，看来他是仔细斟酌过了。我仿佛听人说过，郭书记上大学时学的地理，工作时也做过语文老师，语文功底相当深。于是，我不敢妄加评论，接过纸片，认真看起来。郭书记拿起笔，指指点点，说明他用这个词语是什么意思，用那个词语是什么想法。各自的长处和不足。我仔细推敲了一下，指了指其中的词语说："我感到这里用这个好，那里用那个好，因为……"郭书记点点头，表示同意。

这就是如今挂在香语轩门前的一副抱柱联："合谋共虑同心同德赛先贤，集思广益群策群力育后昆。"楹联是请中国书法家协会会员沈正老师书写的，佳联佳字，相得益彰。它既彰显了郭书记广开言路、同心同德办教育的理念，也成了如师人教书育人时牢记心头的努力目标与工作方法！

"抓紧时间，会成功！"

随着学校的发展，老师们面临着职称问题的烦恼，评职称要交论文、要考外语、后期还要考计算机。这些问题对年轻人压力还不太大，对年纪大一点的教师可就是像"过五关，斩六将"一样，实在头疼。对我来说，论文不算一回事，毕竟，我当时也写过好几本书（有的书还是人民教育出版社专家约我担任副主编或分册主编的），并发过好几十篇论文（当然，存心挑剔，也能找上岔儿，比如常用笔名发表），让我讨厌的是考外语。我上中学时学的是俄语，大多忘记了。在农村劳动了半年，做了十年公办中小学教师，1977 年恢复高考再考上大学（带薪上学），大学里教授的是英语，我是大龄生，学了半年，跟不上，大学里可以申请免修，就申请了免修。如师组织应考英语的老师补习英语（用许国璋编的课本），过去学俄语的自己复习（第一年用上海外国语学院的教材，第二年用哈尔滨外国语学校的大学教材，书也找不到），后来省里考虑到这一实际情况，就重新编了一册应考的教材。我向郭书记反映了我的具体困难，表示实在没法就只有放弃，郭书记要我坚持下去不要放弃，他原先也学过俄语，还跟我说了一些他学俄语的体会。最后鼓励我"抓紧时间，会成功！"

但是，省里编的书迟迟不下来，再抓紧时间也是白忙活。等啊，等啊，也不知道跟哪儿联系。终于，一个阳光明媚的下午，郭书记在中院遇到我，说"俄语书过来了。你跟我来拿！"我跟他到办公室，他把俄语书拿给我，我那时的高兴劲儿，真比挖到金矿还高兴呢！郭书记说："回去好好复习，抓紧时间，会成功！"还是那句话，却给了我无穷的力量！

回到家，我一是想到了决定恢复高考的邓小平同志，我想，我是老三届，我是七七级，决不能给敬爱的邓小平同志丢脸；二是想起郭书记的鞭策“抓紧时间，会成功！”在吴均达等老师的帮助下，埋头苦读，终于克服重重困难，拿到了高级职称外语考试的合格证书。

120年·26年

石　瑀

2022年的如师,120岁啦!

而我与如师结缘,细数已有26年。

1996年不满16岁的我考上师范,成为我校96级三普(8)班的新生。

三年师范生活实在难忘:小河、古寺、城墙、甬道、讲堂、木楼,画在课桌上的琴键;东长巷砖缝里透出绿意的春,西山墙绿得滴水的爬山虎庇覆的夏,“贵全堂”前桂枝馨香四溢的秋,庭院深处“师范学堂”壁影沉默的冬;学生会,广播台,绿叶文学社;话剧排练,基本功比武,对口班级,沉默美好的暗恋;难忘那些形体高矮胖瘦、声音抑扬顿挫、或幽默或沉稳,引领我们阅读、写作、探索、思考的学科老师,还有那站在后窗凝望的老班沙老师。那时候天很蓝,水很清,课余诱惑少,大家除了苦练基本功就是读书。记得每层楼梯口课余总有男生练习拉二胡、弹吉他、拉提琴。女生以宿舍为单位省吃俭用买书、借书、比赛读书。周末除了吃饭,大家喜欢三五成群结伴去老图书馆前的小花园里看书,阳光柔柔,花香阵阵,背靠背,埋头读,偶尔扭头议论,甚是美好。

三年里印象深刻是对口班级。我们进校的时候对口班级是94级三普(8)班,还记得入校前爸爸妈妈很担心从未寄宿过的我会有各种不适应,半个月前就开始为我准备大到棉絮,小到药丸的各种物品,各种叮咛千万嘱咐,俩人还排了值班表两天一轮开摩托车来师范看我,我被他们弄得很紧张。开学当天我带着超多行李和忐忑又兴奋的心来到师范,人山人海却又秩序井然。有个皮肤白白、身形挺拔、娃娃脸、普通话很好听、很阳光的男同学接待了我们全家。开口就是:“你叫石瑀?如东的吧,我也是如东人,我是你们对口班级的,杨小网。今天负责带你办所有手续。以后有困难可以来我们班,找我们任何人都行。”他的一番话,让我们全家如释重负,瞬间就对这个有着红柱黛瓦、曲栏缦回、深深庭院的学校有了莫名的好感,亲切、温情,像回到家一样。

本来准备帮我去排队的爸爸拍拍我说:“姑娘,你跟着杨师兄自己去办理吧,也锻炼锻炼自己。”遵照指点,入学非常顺利,感谢这种奇特的接待方式。我笑着对爸妈说:“你们走吧,不用担心,我觉得这里挺好的!”晚自习的班会课上班主任让我们介绍自己,同时他也向我们隆重介绍了高年级的对口班级,说接下来除了上课,其他所有的事情都由对口班级的哥哥姐姐们来指导督促我们。于是我们就在他们形影不离的陪伴和潜移默化的影响下活成了“师范生的样子”:三字一话,吹拉弹唱,样样兼修;内强素质,外塑形象,全面发展;红专并进,情能兼修,大爱无疆。他们一有空就来我们身边,早操喊我们早起不迟到,早读进班领读,午间指导写字,课余引领课外阅读,晚自修轮值来陪伴并告诉我们“安静是一种力量,静心做事才能有所作为”。下晚自修回宿舍他们会来坐坐和你聊聊天儿让你忘记想家,也会指导你洗衣服。总能让人感觉这里很温暖,有依靠,不孤单。有人指引,不迷茫,有方向。对口班级的哥哥姐姐们除了温情的陪伴、严格的督促外,他们也用自己的努力、人格的魅力、过硬的本领引领我们:老乡杨小网,原来是“舞蹈王子”;班长姜洪峰原来是“全能王”;学委姐姐妥妥的学霸,还是“校园名嘴”;什么“校园一支笔”“赛道一匹马”等,个个身怀绝技。这让一年级的我们无比崇拜,心向往之。希望两年后的自己也能这么厉害。向上向善的种子可能就是那时播下的吧!有哥哥姐姐们呵护陪伴的一年,是被宠爱的难忘的幸福的美好的一年。转眼,他们就毕业了,我们也在不知不觉中变成二年级的哥哥姐姐了。他们虽然离开了母校,但被潜移默化的我们已经活成了让他们放心的师范生的模样。我们努力成长,只是想到了三年级不留遗憾,也能像他们一样有能力有实力呵护陪伴引领我们的学弟学妹。接过接力棒跑好自己的路,不辜负这 95 岁古老校园薪火相传的使命与重托。

时间过得飞快,终于到了我们也成为一年级新生眼里的“对口班级的哥哥姐姐”的时候,报到前几天我就拿起新生花名册好好研究起来,我要像老乡杨师兄当年一样,叫得出我的学弟学妹的名字,知道他们是哪里人,亲切宽慰他们不安的心,让他们知道进了师范门,就是一家人!我想这也许就是师范人最质朴的承传。这一年,我的师范 96 岁。

行走在这南望古刹、北眺水绘的古老学堂里，三年，很长，又很短。不经意间，我也要毕业了。原本，我们的毕业一直遵循“哪里来回哪里去”的分配原则，不出意外我应该去家旁边的那所小学，也是我的母校报到上班，开始我的从教生涯。但是我很幸运，1999年毕业时被学校推荐，作为“中师保送生”去苏州大学中文系继续读书。我对我的97岁的师范充满感激！

大学四年，我没有因为离开我的师范而陌生了她。因为在苏州大学活跃着一支知名度相当高、口碑相当好的母校中师保送生团队：杭斌、吴昌政、刘见阳、汪晓媛、王小林、胡晓玲等，他们当年不是学生会主席就是技压群雄的风云人物。我入校的时候备受师哥师姐的照顾，逢年过节总有人组织大家一起吃个团圆饭，已经留校工作的大哥吴昌政、大姐汪晓媛、二哥王小林、二姐胡晓玲每个周末轮流领我回家吃饭改善伙食。遇到烦心的事，告诉他们，他们会像家人一样聚在一起帮我想对策。学习生活的重要节点，他们不忘提醒：期末了，该抓紧了，必须拿奖学金啊。积极要求进步，思想汇报写了没有？这个竞赛含金量高的，认真准备！英语四六级，紧在前面考掉。学生会工作要创新，你要走心……点点滴滴，不像师兄妹，更像家人。在苏大，我好像还生活在母校生活在我的师范。他们已经把母校某些隐秘的特质移植到苏大，并将它发扬光大了。说不上来是什么，只是到我们下一届来了新师妹李蓓蓓、胡琳琳，我也开始重复他们的关心与叮嘱了。而这一切，都是我亲爱的母校我的师范赠与我的，我们师范人独特的精神密码。大学毕业本来有多种选择：留校任辅导员；省委组织部调干；苏州星海学校任教。后来因为母校的一声召唤，我就满心欢喜地回来了。因为我对这里有着深深的眷恋：美丽的校园、熟悉的师长、和谐的人际、纯粹的情意、质朴的学生、温情的记忆。2002年我在外读书没能有幸参加母校的百年校庆，有点遗憾，总想有机会做点什么来弥补一下。

2003年我如约而至，回到熟悉又陌生的母校，成为一名语文老师。从此再未分开。成长的路上要感谢的人太多。还记得第一次上公开课，蒋长兰和陈玉红老师帮我把教案逐字逐句推敲修改，连夜指导我修改PPT，这样的提携、这样的恩情，怎能忘怀。还记得首届班主任全能比武拿一等奖那次，赛前石高峰老师不顾自己还在病中，逐个环节帮我们进行分析、指导，又怎能不感动。还记得8万字硕士毕业论文写到瓶颈，无法自我突破，整日焦虑时，张松祥校长、胡海舟教授给我亲自操刀修改，助我顺利通过答辩，又怎会不感激。还记得在我怀孕待产和母亲手术期间，同事们不计回报为我分摊课务，又怎么不感恩……在母校我享受着领导、师长、同事们的厚爱，受母校恩惠多年，无以为报，唯有踏实工作，才能不负深情。

我和如师的故事都是和记忆中的那些人、那些事紧密相连的。26年的记忆，很短，也很长。

而今，我的母校——我的师范——我的如师已经120岁了，我不禁想起一句话"十年树木，百年树人"，想起原校长汪政老师所言："学校是一棵树。"是啊！学校若是一棵树，那我的如师就是一棵参天大树！就是一棵扎根在江海平原的根深叶茂的参天大树！就是张謇和沙元炳老先生当年亲手种下的一长就是120年的树！而我和我的同学以及那众多的师兄妹们不就是那一片片被滋养了的绿叶么！不就是那一颗颗散落的树种么！不就是那飞来飞去的鸟儿么！有的固守枝头待"化作春泥更护树"；有的已经落地生根，长成华夏大地茂密的绿林；有的飞向远方，诗意地栖居在教育的沃土！

这一长就120年的树啊！这从1902走来的古老的学校啊！她与天地呼吸，与人文交通。她的成长就是一种精神的延续、血脉的承传、气息的灌注与生命的焕发！

120年的历史很长，故事更长。

若有人问起：你和如师有什么感情？我就悄悄地告诉他：那是绿叶对根的情意！

作者简介：石瑀，原江苏省如皋师范学校1999届毕业生，2003入校工作，现担任南通师范高等专科学校学前教育第二学院党支部副书记。

春风和煦许象麟

陆志平

1973年报考如皋师范时，许象麟老师是我们那个区域的监考和面试老师。我一见到他，就有一种春风拂面的感觉。作文时，他几次来我身边巡视，不时地瞄几眼我的文章。面试我时，许老师和同来的温克信老师轮流提问，问的问题也比别人多。休息的时候，他又来问我，是不是会打篮球。我告诉他，我不会，他说我感觉你会。我告诉他，进初中时，使足了劲也没能让球碰到篮板。他笑了，那样灿烂那样爽朗，至今如在眼前。初中毕业回家种地六七年，已经习惯了秋的萧瑟和冬的冰冷，许老师送来了春风，让我感受了春日的阳光。我带着这样的心情进了如皋师范，在这个温暖的校园一待就是24年。

进了如皋师范才渐渐地认识了许老师。他是一个和气可亲的人，总是那样满面春风。我开始不在许老师班，但有时星期天也去他家走走，聆听他的教诲。后来分科，许老师成了我的班主任，去他家的趟数就多了些。几乎每次去都能碰到其他同学。许师母和许老师一样也是笑容可掬，对同学们热情有加，还经常留大家吃饭，满堂春风其乐融融。后来才知道，同学们去许老师家里聊天，话题比较广泛，甚至有一些是个人私密的问题。许老师不愧是我们的良师益友、人生导师。

许老师字写得特别好，端端正正、一丝不苟，真是字如其人。后来，学校请他专职教书法，教全校学生的毛笔字、钢笔字、粉笔字。他不但教得好，而且管得严。那时候，每个班教室走廊上整整齐齐的一块块小黑板，展示着同学们每天写的粉笔字，天天都在打擂台。

许老师为人端方，待人真诚，勤勤恳恳，乐于奉献，是学校里有名的老先进，大家推选他当了工会主席。他满腔热情，不计名利，总是把温暖送到每个教职员工的心上。他退休时，学校开一个座谈会，会上有一位老师说，许老师真是一个完人，是我们大家的楷模。

叶圣陶先生说过，教师的全部工作就是为人师表。许象麟老师一生都在用他的一言一行书写着这四个字，堪称一代师表。如皋师范也正因为有一批批许象麟这样的老师，才成为名闻遐迩的人民教师的摇篮。

如师人　高专情

郭美红

如师人，无论是一代又一代的南通师范高等专科学校如皋校区的数十年如一日的教职员工，还是一届又一届在如师求学三年五载的毕业生，都用实际行动诠释着爱国、敬业、诚信、友善的社会主义核心价值观，成为报国图强、砥砺求索、薪火相传的通师高专硬核传承人。进母校工作的第 20 个年头，迎来了母校 120 周年华诞，心中对如师恩师积淀的情感沉笃醇和，对母校 40 年来校园设施的不断完善感慨万千，对母校学生敢为人先、内功至上的治学精神十分钦佩。如师人对通师高专的情感，那是发自内心的真实、崇高、专一！

实诚开放的如师教职员工

实诚开放的如师员工传承给学生的是一种大爱、民族之爱，践行着“大学之道，在明明德，在亲民，在止于至善”。2003 年有幸进母校任教，最想感激的恩师很多：把学生当作子女悉心栽培的班主任丛爱农老师，周末骑自行车 60 多里回家时让学生“搭顺便车”的“文选”张建明老师，从农村进城参加自学考试时投奔并留宿师宅的梅仁蕊老师，放暑假时把如师南大门东一微格宿舍腾出来给学生存放家长自行车和不方便带回家的宿舍用的床板草垫等较大生活用品的班主任李红红老师，让班级每个学生都能成为中小学合格体育教师的方邦俊老师，把外国文学讲得如同金庸小说般精彩的陆志平老师，给予患病学生细心关照的陶萍校医，教会学生《汉语基础知识》并让学生有能力成为一学年小学语文老师的秦汉清老师，还有更多虽然只教过一学期就调走，却让学生一辈子念念不忘的普通话徐晓华老师、音乐黄建平老师、英语高锡芳老师，还有为如师发展呕心沥血、关心教职员工的章跃一校长、陆踊校长、丁兆雄校长、石高峰书记、杨建新书记、陈洪美书记。而在当时如师食堂兼作演出大厅里学生集体包煮饺子时，食堂员工那句"同学们不够再来下(饺子)啊"的服务态度，成为80岁老父亲对如师最珍贵的记忆。从1983年的中师生，成长为英语教育硕士、南通师范高等专科学校的"双师型教师"，离不开季银泉处长、李建军院长、张松祥校长在课题研究方面的"传帮带"。难以回报的沉甸甸、暖融融的高专情，时刻提醒自己为了母校的薪火相传甘为人梯，提携后学。

精致贵全的如师校园

精致贵全的如师校园生活让学生体验到胸有格局者心存天地。如皋校区不大，但校园基础设施典雅，典藏丰富。对于如师人来讲，心有多大，校园就有多大！走在如师校园的主干道上，心中充满"望眼平川大步迈向前"的愉悦与豪迈。校园的百年树木，给予人们"绿树青丛不问是何年"的气度与洒脱。

如师人的贵全，体现在如师人开拓发展的胸襟与气魄。在如师求学时，冬天的早晨做操太冷就改为晨跑。每天清晨，当城里居民还沉睡在梦乡时，体育老师带着全校学生走出如师南大门，左拐向东直上护城沿河大道，围绕校园跑步3圈热身、健身。那时的体育课，是全校学生最钟爱的一门学科，学生三年学会的内容足以让学生成为称职的中小学体育老师，现今学生军训学会的内容，也只是当年如师体育课教授内容的一小部分。当年的如师校级运动员，那真的是一个个百里挑一，让同学钦佩、羡慕！为了让每个学生都能有机会被选为学校运动员，当时的如皋县体育场成为如师学生的第二操场！目前尽管如师人的体育盛事都安排在通师高专开发区主校区进行，但如皋校区的学生还是希望每学期能够在如师的操场上参加学院体育节。2021年11月4日，学前19(3)班的学生在如师校园操场上，开心地举办了第一届班级运动会，体验到了健身与竞赛的乐趣。

自强幸福的如师学生

自强幸福的如师学生懂得要通过锐意进取，在自己所处的时代条件下谋划人生、实现梦想、获得自信、创造历史。有梦想才有眼光，眼光有多远，格局有多大。自信既是“自信人生二百年，会当水击三千里”的豪迈，也有“问苍茫大地，谁主沉浮”的理性思考。如师的毕业生值得敬重，他们中的佼佼者心存善念，胸有仁爱，自带光环。在如师做班主任16年，带过2届毕业生：带过高年级两学年的2006级英语(5)班，生源是中考统招生，陈梦雪同学5+2本科毕业后以笔试和面试第一名的成绩考取如皋市小学教师编制，在如师附小任教小学英语和小学语文，担任班主任。带过五学年的2013级英语(1)班，生源也是中考统招生，80%以上的学生5+2本科毕业后从事教育工作，季燚同学考取了小学英语教师编制，在南通滨海园区通州湾东凌小学上班，任教英语和政治。另外，带过五年制前三年的2006级双语(1)班学生，三年级被评为南通市优秀班集体，姚冬霞同学5+2本科毕业后考取教师编制，在苏州国际外语学校任教语文和英语。

担任学前教育第二学院的英语教育教学工作后，更是被学前师范生的才艺与专业技能所震撼：乐器弹唱、舞蹈创编、手工美术、技能考级、教师资格考证、考编制等，整天忙得不亦乐乎的学生们硕果累累，努力朝着有理想信念、有道德情操、有扎实学识、有仁爱之心的称职的幼儿教师目标砥砺前行。

对通师高专有着深情厚爱的如师人是幸福的，因为他们有梦想、有自信、懂仁爱、乐勤奋，一生都会在其乐融融的教学环境中感受人生的丰富多彩。

作者简介：郭美红，原江苏省如皋师范学校1986届毕业生。现在在南通师范高等专科学校学前教育第二学院任教，副教授。

最美的初见

商小咏

初见您——如皋师范，在我的想象里。第一次知道您，是读初一的时候。读师范的哥哥每次回来，总会饶有兴趣地讲着校园轶事，在他的口中，您古色古香、如诗如画，一进五堂、百米长巷、经义楼、文化长廊，听着这些陌生的名儿，我想象着您的样子。见哥哥常自豪地展示他的学习成果：写一副潇洒的书法作品，拉一曲悠沉的二泉映月，诵一段深情的文字……您的神秘与神奇，让我如此神往，于是在心里悄悄种下一颗梦想的种子。

1999年的夏天，这颗种子破土而出，我如愿考上了如皋师范。在家人们动员我选择高中时，我第一次如此坚定地选择了您。16岁的我背上行囊，只身来到一个陌生的城市，我没有感到害怕，因为还有一个清晰而真实的您，曾在我梦里一次次相遇。重走着哥哥走的路，沿着哥哥说的一个个建筑名儿，我走近您，了解您，亲近您。开学第一个夜晚，来自南通六县市的我们组成了九九级五普4班，自我介绍有初来乍到的新鲜，有开启人生的豪情，也有远离父母的感伤和对茫茫未来的迷惘，五味杂陈……

师范生活就此拉开序幕，对口班的学长学姐手把手教我们做操，带我们上说唱课，领我们参加各项活动；课程表上不再是单一的文化课，我们的课堂在教室、操场、琴房、舞蹈房、画室移动着；每天中午粉笔字、毛笔字、钢笔字交替进行；每晚6:00—6:30经义楼上手风琴、小提琴、二胡、古筝、琵琶等交响乐有规律地响起；7:00—7:30新闻联播的时间宣传委员总能抓到几个瞌睡虫；周末大家在各自喜欢的社团忙碌着。现在回想起来我对文字的喜爱一定和绿叶文学社的启蒙有着联系，那时候的指导老师叫郑海燕(郑雅匀)，也是我的语文老师，一个浑身散发着文学香气的女子，每个周末，她带着我们从校内到校外，从赏花到游园，从书籍到电影，在生活中阅读文字，在文字中感悟生活，免费的物质精神双重游谁能不爱呢？一到期末考，应对十几门考试压力山大，走廊下，厕所前，深夜借灯苦读的风景至今感怀，或许是那时咖啡喝多了，现在的我已经对咖啡完全免疫。

日子一天天的重复，习惯了杨老班(我们的班主任杨新建老师)的腼腆可爱，也钦佩他的极端负责和认真，那工整俊秀的数学板书，是我至今见到过最优秀的，没有之一。梅红班长偶尔代表大家一句嗲声请求，杨老班的脸唰一下就红了，我们偷偷乐着，只要是不违原则的请求，大多时候他也就默许了，大哥哥一样的老班怎会不懂我们呢？同学们也在每天的朝夕相处中，各取所长，各补所短，我们学着各自的方言，也互相纠正着各自带乡音的普通话，在互相吐槽中早已习惯了我们是一家人。我们亦成了别人的学长学姐，努力让自己在学弟学妹面前优秀地示范着，那种自豪感一定是青春特有的味道。

2002年，赶上省师范单招考试最后一年，有幸被录取，一别四年。四年的您经历了百年校庆，学校升格，同学写信分享着您的变化、您的发展，而您在我的梦里又一次次地出现。我比其他同学更快地适应大学生活，学生会工作、征文演讲比赛、科研立项、说课磨课，我仿佛似曾熟悉，总能游刃有余，师范生的功底原来就是在稀松平常的日子里慢慢锻造成了，无论走到哪里，似乎自带着师范的文化与光环，在同学群中，我很幸福我是一个师范人，我很骄傲我曾是您的学生。

再见您，已是2006年，我以教师的身份出现在您面前，能再度成为您的一员，我很珍惜这样的缘分。阔别四年，沿着曾经走过的路，哼唱起“湉湉泮水，巍巍学宫，吾校位其东。经义治事，安定遗风，体用贵兼通……”仿佛又回到了学生时代，沐浴着“沈笃醇和”的校风，有师者的引领，有学长的指导，有同学的陪伴，我们努力向阳、向上、向着美好进发，遇见了更优秀的自己。无论是教学还是班务，我很快适应角色，在各项活动、比赛中享受着恩师们的指点迷津，在引领学生们(也是我的学弟学妹)的成长中，我越来越努力成为您期待的样子，我成长着，快乐着，也幸福着。

从“如皋公立简易师范学堂”到“如皋县立师范学校”，从“江苏省如皋师范学校”到“如皋高等师范学校”(“江苏教育学院如皋分院”挂牌)，从“江苏第二师范学院如皋分院”到“南通师范高等专科学校如皋校区”，120年，您在历史的沧变中更逾馨香，您把莘莘学子的心灯点亮，“德高为师，身正为范”的师范灵魂已浸润了每名学子的身心，无论天南海北，奔波于各行各业，师范痕迹是抹不去的，师范风骨永存于心。不管顺境或逆境，只要守住这个灵魂，人生便少了彷徨和徘徊，多了信念和执着，感谢您，祝福您，愿您青春永葆、永续华章！

十四岁遇见您，便成了我一生的热爱与惦念。曾经那个追梦少年已生华发，但无论岁月如何变迁，您始终是我最美的初见，过去是，现在是，未来也依然是。

作者简介：商小咏，原江苏省如皋师范学校2002届毕业生，现为南通师范高等专科学校马克思主义学院教师。

吾师有德

陆志平

翟有德老师是如皋师范图书馆馆长，四五十岁时，大家就称他翟老。

翟老1956年开始到如师图书馆工作，当时馆藏11711册书。好长时间，图书馆就他一个人。后来，如师图书馆的发展，藏书丰富而且有质量有品位，与他的事业心、责任心大有关系。70年代初，学校拆掉旧的木质图书楼、实验楼，先建图书馆。从东长巷或者西长巷走到校园最后，穿过花园，就到了二层图书楼，楼前挂着校友韩国磐先生书写的匾额。翟老把新图书馆分为借阅书库、馆藏书库、珍品书库、报刊库、阅览室、采编室。把“文化大革命”期间保存下来的和新买的12万册图书，规范编目，分类存放。师生日常借阅流动的在借阅书库，孤本在馆藏书库，线装本木刻本石印本在珍品书库。报刊库里几十种几十年的报刊装订整齐，有好多种报纸新中国成立以来一张不缺，还有不少新中国成立前的。1976年我准备讲《孔乙己》，可以在图书馆找到几十种参考资料；1978年开古汉语课，可以找到20部《古代汉语》教材作为参考；想看巴尔扎克可以十本十本地分批捧回家。这在当时的一个县城里是很难做到的。而且，图书馆的书都在他的大脑里，你上课、做研究，想什么资料，找到他，他总能如数家珍，报一堆书目给你。如果馆里没有，他也可以想办法帮你去找。1976年，南通师专以扬州师范学院南通分院的名义在如皋师范复办，图书馆发挥了很大的作用。那时，出版业逐渐繁荣起来，有些“文化大革命”期间留下的好书，也开始在一些古旧书店和藏书机构流通。翟老师抓住机遇，为南通分院和如皋师范走南闯北采买了大量图书，后来大部分都搬到南通去了。

翟老选书很有眼光。尽管图书经费一直不很充裕，但是，好书、老师们需要的书大都能在如师图书馆找到。他经常拿着新来的征订书目找老师们打钩钩，直接到出版社和发行机构订购。如皋新华书店的经理、员工都是他的朋友，那里新书到了，他总是第一时间去选。

翟老把“爱生爱书”作为馆风，做成小牌子放在办公桌上。他说：“图书馆不是借借还还图书的场所，她是育人的课堂。”为了师生读书，他想了好多办法，比如调整馆藏结构，调整借阅时间，调整阅览室开放时间等。学校组织集体阅读名著，他就把四大名著各备四十套，可以按班借阅，人手一册。阅览室每天下午和晚自修时间、星期天都开放，除上百种杂志可以阅览外，新进图书开架阅览一个月，再进书库。因此，阅览室每天都是总是人气很旺。当年，教育部师范司孟吉平副司长没打招呼夜访如师，发现阅览室竟然座无虚席、鸦雀无声，很是惊讶。孟司长到处表扬，如师风气好，师生爱读书，传为美谈。

翟老喜欢读书人，好多喜欢读书的教师学生都是他的朋友。那些喜欢读书的学生常常会成为图书馆业余管理员，都能多读不少书。

翟老师为人正直，讲义气，有侠骨，常常路见不平怒发冲冠，颇有汉子气。

可惜，翟老退休不久就走了，当时我代表校长室去送他。想起他的坎坷经历，想起他的士人风骨，想起他几十年爱校、爱生、爱书，痴心不改，不禁悲从中来，几次哽咽才致完悼词。

二十多年过去了，老想着他。

校庆随感

范从燕

转眼十八年过去了，犹记百年校庆时，我还是一名在校生，满怀激情地参加校庆活动的选拔，最后有幸参与其中。多年后竟然与自己的学生一起看了那场校庆的录像，看到了那时青涩的自己。很多时候，回想起这一路走来的种种，还是会有些不真实感。我的老师成了我的同事，我的学弟学妹成了我的学生，我在这里结识了我的爱人，有了自己的家庭和一个可爱的孩子，我带着他在学校操场上挖沙子，他骑着他的小自行车在校园里撒野。现在的他已经是一个十四岁的少年了，而我也在这所学校里走过了二十多个春秋。这里不仅仅是我工作的单位，它还是我的母校，我的另一个归属，它承载了我人生最美好的年华。

二十年，外面的世界发生了翻天覆地的变化，世事变迁，学校也在格局上经历了几番改革，有人走有人留。而我的岁月便在这里边攘攘度过，任外界喧声一片，在这里总能找到一处安宁。走在东长巷，走过教学楼，走前人走过的脚步。偶尔驻足，时间就会定格在某一个瞬间。那里，操场上有一场队列口令过关；这里，教室走廊上站着拉二胡、小提琴的师兄师姐；那儿，梅树下面，一个宿舍的六个女孩在雪地里留下了欢快的笑声；还有这儿，这间教室，老范老师（他说我是小范老师）穿着那件能透到里面的汗衫上的破洞的衬衫，挥舞着他那双掌心常年通红的大手，给我们讲愚人节时，学长们给他张贴征婚启事的故事。而现在他已经故去，那时我在国外，同学们得到消息时也只来得及派了两个代表去送他最后一程。隐隐地，走在校园里，总踏起回音，不知是不是如余光中所说，那是旧的足音醒来，在响应新的足音。拭不尽的是脚印和指纹，每一个角落都满载回忆。我在一个已为人师的学生的公众号里读到了这段文字："我们利用说唱课进行模拟上课，班主任到班指导，对活动的安排、语言、教态进行评析，有时还会亲自示范，那时虽然没有真正给小学生上课，但已经不陌生，有了意识，这让我在后来的教学实践中少走了很多弯路。”原来我也已经成为别人回忆里的一部分。而这一段生活曾经也是我的班主任给我们种下的记忆。原来美好的记忆是可以传承的。

二十年过去了，我眼见我的母校长高又长大，脚踏车把校园让给了电动车、私家车，周边的景色翻新又翻新，那座窄窄的通往定慧寺的育贤桥已经焕然一新，变成了四车宽的大桥。我们住过的河东宿舍已经在一片轰隆声中被推翻，成为有凉亭花草的休闲小广场。我的母校也从中等师范成长为高等职业院校，校园越来越大，师生越来越多。镜头一转，它也见证了我，如何从一个领着学校贫困生资助的乡下女孩成为一名师范毕业生，留校的教师，新娘，母亲，本科生，在职研究生，访问学者，新晋的副教授。为师以来时有不安，恐自己学业不精，辱没师门，误人子弟。毕竟这里曾经有那么多优秀的老师，那么多优秀的学子。每次填表，受教育经历和工作单位这两栏总让人踯躅，2001 年毕业于“如皋师范”，2003 年毕业于“南通师范学院”，2003—2015 年如皋高等师范学校教师，2015 至今南通师范高等专科学校教师，而其实近 20 年我都没有离开过这片土地，这是怎样的牵绊。

在国外访学时，一次老师要求大家自我介绍时说一件能让大家都记住你的事，我说我在一个学校里待了近二十年，大家都很震惊。你看，很多人都觉得这是难以置信的事情，我却有点小引以为豪。这个地方，有那么多熟悉的面孔，他们是你的老师，同学，朋友，同事，学生。这个地方，曾经，笔灰成雨，落湿多少讲台；墨水成渠，灌溉多少亩备课笔记，如今，键盘当笔，又写掉了多少电脑内存。这个地方，珍藏着几代师范人的脚印和指纹，他们的传承被写在书本里，印在记忆里，刻在骨子里，代代相传，影响从这里走出的学子，在他们迷惑时、彷徨时指引他们前行。

这个世界变化太快了，自己坐在学校阅览室翻阅期刊的情景宛如昨日，现在手机阅读似乎已经取代了纸质阅读，怎么能让人不恍如隔世？有时让我恍惚的事情越来越多，二十年，好多人和事已经转向，离我们而去，变的是环境，而不变的是那份师范人的初心。

希望，无论我们走向何方，归来时，还是那个背着行囊，刚踏进校门时的意气少年。

作者简介：范从燕，原江苏省如皋师范学校2003届毕业生，现为南通师范高等专科学校初等教育学院教师。

我与如师的图书情缘

王山海

我在如师上学，我在如师工作，我在如师退休。我与如师结下了一生的情缘，特别是图书情缘。本人于 1975 年 9 月在如师上学，1977 年 1 月留校参加工作，1993 年 7 月到学校图书馆接替馆长工作。直至 2015 年底退休。在任职期间，本人积极工作，开拓进取，在图书馆工作中发挥了骨干和核心的作用，学校图书馆的建设与发展取得了长足的进步。

我到图书馆工作的第一天，退休即将离任的翟馆长向我移交图书馆的各项工作，并传授他多年的工作经验。我从他的谈吐和眼神中感觉到他对图书馆工作的热爱和离开的不舍，从那时起我就暗下决心，要不负老馆长的重托和希望，将图书馆的各项工作做好。

多年的图书馆工作使我深深地爱上了这份事业。学校图书馆的事业规模不断扩大。2005 年学校由原来的如皋师范升格为如皋高等师范学校，图书馆的规模再次扩大。面对新的局面、新的工作任务、新的工作要求，我在图书馆管理工作中，确立了“向内部挖潜力、向管理要效益、以服务树口碑、以团结促发展”的工作目标，制定了《如皋高等师范学校图书馆 2006—2010 年发展规划》并有步骤地执行，主持修订、完善了图书馆管理的一系列规章制度，使图书馆的各项工作有序开展并取得了较大的进步。

全面主持和指导图书馆的读者服务工作

我馆合理设置服务窗口，优先调配工作人员，根据人员的年龄、知识、特长和经验等不同情况，分配到不同的工作岗位，使所有同志做到发挥其所长，避其所短，激发了工作热情，因而工作质量和服务水平不断得到提升。

我馆要求每个工作人员以良好的态度，优质的服务，娴熟的业务技能贯穿于读者服务的始终，尽心竭力、主动、热情、耐心地服务每个读者，树立良好的图书馆形象，热心为读者解难，尽可能多地方便读者的学术研究。我馆关注阅读情况，引导阅读导向，将读者的阅读趋向及时加以分析、研究，了解读者需求，指导读者工作。我在工作中提倡奉献精神和团结互助，充分发挥每位同志的积极性，形成一个目标一致、团结和谐、奋发进取的集体，从而为图书馆的整体优化创造了条件。

办好学生综合阅览室

我馆充实图书、期刊、报纸，增加过刊合订本。每年征订400多种杂志，60多种报纸，对过刊都认真装订加工，再利用。并且合理安排阅览室管理员的作息时间，增加开放时间，双休日全天开放，力求最大限度地满足读者的阅读需求。我馆注意阅览室的环境布置，在阅览室墙壁上挂名人肖像、读书格言，坚持把阅览室桌椅搞得整齐干净，营造阅览室良好的读书氛围，使学生一进阅览室就有一种温馨、愉悦的浓浓读书气氛。现在许多学生喜欢坐在阅览室潜心学习，特别是高师大专班的同学，阅览室已成为他们不可缺少的第二课堂，他们开设的"小语""小数"阅读与指导课大部分时间就是在阅览室上的。我馆根据高师大专班同学对教学信息需求量大的要求，除现有的40余种现刊教育杂志外，还将过刊教育杂志合订本向他们出借，供他们查阅、摘抄。

策划和组织大型的读书活动

从计划的起草到组织实施，本人都是亲自担纲，利用馆藏丰富的优势，积极开展读书节活动，并把此列为制度，每学年必举行一次。读书节活动内容丰富多彩，包括书展、书市、读书知识讲座、读书知识竞赛、读书讨论会、书评等活动。书展就是展示馆藏的重点图书和复本较少的图书，由于这部分图书平时很少与同学见面，通过书展让学生得以浏览阅读。书市就是书店挑选一批思想内容健康、品位档次高的社科、教育、科技类图书来充实同学们的个人藏书。读书知识讲座，请校内外的文化名人就读书与做人等专题对同学们讲经验体会，教给同学如何读书，又如何做人，使学生受到启发和教育。读书讨论会，以班级为单位召开，就某个专题开展热烈的讨论。书评活动，要求全校各年级人人参加，根据图书馆发到各班的推荐书目，各自阅读，然后写出书评文章，由各班评选三篇送交学校参评，按年级分别评出一、二、三等奖。通过系列活动的开展，丰富学生的精神文化生活，营造积极向上的读书氛围，引导和促进同学们多读书、读好书，开拓他们的视野，陶冶情操，培养他们的爱国情感，提高他们的社会主义觉悟，使他们树立正确的理想、信念和人生观、价值观，从而促进校园精神文明建设。每次读书活动结束，我们都能认真总结，为来年读书节的改进做充分的准备。我们平时把读者服务工作作为经常性的任务来抓，坚持做好图书宣传、介绍和导读工作，定期推荐新书、新书目，办好宣传橱窗，介绍图书知识，引导学生利用图书馆，尽量做到服务多形式，深层次。

注重藏书建设

我馆图书采购过程中，坚持科学、合理的原则，注意藏书的数量与质量，不片面追求藏书数量，而忽视藏书的质量，注意重点藏书和一般藏书的关系，处理好品种与复本的关系。在采购时，我严格把好进书渠道，把握正确方向，以需要为原则采购书籍。我经常深入到教研组，听取意见，及时反馈信息，了解和关注图书发展动态，适时制定图书采购计划，根据学校专业发展的需要，有目标、分重点，逐年对相关专业的图书进行配置。为了提高选书的准确率，每次采购图书都邀请相关院系的领导及骨干教师参加，尽可能多地把适合学校专业发展的图书采购回来。我们有计划、多渠道地精选和充实藏书，使到馆新书保证质量，并形成具有高师特色的藏书体系。新书到馆后，快编、快加工，不积压，尽快上架投入流通，早日与读者见面。并且做好一年一度的报刊征订工作，保持期刊征订的连续性，根据新专业的开设，尽可能多地增加新的品种，力求高品位，高档次，保证各专业不少于 20 种期刊。

主持参与图书馆自动化建设

我校图书馆在推进新技术、新系统的应用上起骨干作用，在同类学校中率先实行计算机管理。经考察、论证，1998 年引进图书馆管理软件，发动全馆人员加工图书，我作为主要成员参与书目数据的建库工作，两个月内将十多万册实物图书录入微机，数据质量可靠。在这个数据库的支持下，图书流通、检索工作顺利开展，提高了服务效率。2009 年更新图书馆管理软件的过程中，我多次与开发单位协商，研究制定了系统改进方案和软件升级的关键技术，设计了数据交换模式和新管理系统功能需求，主持了全馆近 15 万册图书数据维护建库，系统数据安全、运行良好。我馆多年来对系统软件精心维护，制定相关的计算机操作规程，要求使用人员严格按规程操作。我还钻研和学习了计算机管理方面的知识，以便实时对计算机故障的排除和维修，定期对软件进行备份，保证系统一直处于正常运行状态。

有序组织图书馆搬迁

为了学校的发展需要，图书馆几年内三次搬迁，每次搬迁都制定细致周密的搬迁方案，力求布局合理，搬迁有序、顺利，没有发生任何意外和财产损失，并为学校节省了大量搬迁经费。

近 20 多年的图书馆工作经历，我深深体会到做好图书馆工作，首先要有强烈的服务意识，其次要有扎实的业务能力，还要有广博的知识基础。为了能胜任本职工作，在日常工作中，我非常注重对图书馆业务知识的学习，并积极参加南京师范大学举办的图书馆学专业的学习，系统地学习了《图书学概论》《计算机基础》《读者工作》《藏书建设》《图书馆分类》《图书馆目录》《期刊工作》《中文工具书》《情报学基础》《中国书史》等专业课程，各科均考试合格，取得专业证书，并被评为优秀学员。我经常翻阅图书馆的专业期刊，浏览各类图书馆网页，收集、借鉴图书馆管理与服务工作中的新理念、新经验、新方法，对工作中出现的问题勤思考、勤总结，紧扣当前教育形势及师范教育发展的脉搏，更好地开展读者服务工作。在此基础上，认真进行科研，撰写论文。1999 年 4 月，论文《现代化管理——中师图书馆发展的必由之路》在 1998 年度江苏省中师图书馆论文评比中获一等奖。2001 年 1 月，论文《漫谈提高图书流通率》发表于《中小学图书情报世界》第 1 期。2003 年 11 月，论文《试述中师升格后的图书馆工作》在南通市中小学图书馆论文评比中获二等奖，并推荐发表于《中国现代教育学报》第 5 期。2009 年 2

月，论文《试谈学校图书馆藏书建设工作》发表于《中小学图书情报世界》第2期。2010年12月，论文《论高等师范学校图书馆资源、环境、队伍建设》在2010年度南通市中小学图书馆优秀论文评比中评为一等奖，并推荐发表于《图书馆建设》2011年增刊。2003年8月，论文《论图书馆的统计工作》发表于河南图书馆学刊第8期。2013年9月，论文《浅谈中小学图书馆管理工作》发表于黑龙江史志第17期。2013年12月，论文《嵌入式馆员：泛在知识服务的实现路径》发表于图书馆学刊第12期。

我十分注重图书馆的团队建设，致力于共建和谐图书馆。在工作中比较注意工作方法，少用行政手段，多用人格力量去影响人，深入工作实际，多了解一线工作情况，勤沟通，及时处理问题。图书馆是领导放心、读者满意的服务窗口。我尽可能地为大家创建宽松愉快的工作环境，同时也赢得了大家对我工作的支持和理解。我积极组织全馆同志参加学校各项活动，运动场上、球类赛事、文艺演出都能看到图书馆人的身影，这也体现了图书馆这个集体良好的精神风貌。

在做好本校图书馆各项工作的同时，我还多次参加了省、市等相关专业机构组织的业务活动，指导帮助了多家单位图书馆(室)的建设与维护工作。这些活动不仅提高了我自己的学识水平和业务能力，同时也提高了我校图书馆的知名度，更好地发挥了学校图书馆的作用，提高了馆藏文献的使用价值。

学术和业务交流方面，本人先后参加了南通市图书馆学会的学术年会、南通市市直学校图书馆文献编目研讨会、江苏省高等师范学校图书馆建设工作会议、南通市大中专院校图书馆藏书建设工作会议、南通市教育学会图书馆专业委员会年会，并在会议上作了“我馆是怎样实现计算机管理的”“服务为本、整体优化、面向未来”“论图书馆管理工作中的制度建设”“图书馆资料财产账号重复问题的分析及处理”“图书馆科学管理与效益”等专题发言并提交相关论文。

对外业务辅导与服务方面，本人先后参与并指导了如皋中学图书馆的规范化、数字化改造，如皋白蒲中学图书馆的达标建设。2000年6月至9月，组织全馆人员为如皋市教育局举办了一期中小学图书馆人员专业知识考证培训，本人主讲《中小学图书馆藏书建设》，考试通过率百分之百。2003年5月，为如皋市全体中小学图书馆人员做了一次《关于中小学图书馆工作》的业务辅导。我为如皋市教育系统图书馆现代化、标准化建设作出应有的努力,受到相关单位的好评。

学校图书馆不仅是社会文化机构,同时又是学校教育机构。学校图书馆的双重属性对图书馆工作提出了更高的要求。随着学校办学规模的扩大和办学层次的提高,图书馆越来越彰显了其重要的地位与作用。我严格地履行着自己的职责,殚精竭虑,全身心投入图书馆的各项工作中。通过与同事们的共同努力,学校图书馆被评为南通市教育系统"优秀图书馆",由于本人辛勤地付出,也获得了上级主管部门和学校给予的荣誉。1994 至 1996 年度被南通市教育技术装备站表彰为南通市中小学图书馆优秀工作者;1997 年、1999 年、2002 年、2006 年、2011 年、2012 年年终考核优秀,获学校嘉奖;2001 年、2005 年、2007 年获如皋高师党委优秀共产党员称号;2004 年、2007 年获南通市教育局文明教工称号。这些荣誉的取得,是对我多年工作的肯定。此外,我还担任南通市教育学会图书馆专业委员会委员,为南通市中小学图书馆事业的发展做了较多的工作。

作者简介:王山海,曾任原江苏省如皋师范学校图书馆馆长,图书馆副研究馆员;江苏省中等师范学校图书馆协作组组员;南通市教育学会图书馆专业委员会委员。

融入你生命的河流

胡海舟

校区办公室杜主任打来电话，给我两个提议，要么把1996年写的“下水文”《校园里有一棵古老的银杏》收入校庆120周年纪念文集，要么新写一篇。那篇“下水文”写于20多年前，用来庆祝建校双甲子自然不合适。这段时间，几十位特级教师校友接受我的邀请，纷纷为校庆撰文，自己也有言说的冲动。可是对学校太熟悉了，苦于不知从何说起。今天是自己的生日，具体负责校庆的杜主任专门来电，看来我跟学校确有缘分，那就写写自己跟学校的故事吧。

在我心中，有着120年办学历史的学校，就像一条绵长、宽阔、奔流的大河，而在她的怀抱工作、生活了39年的我，与其说为这条大河汇入了涓涓细流，不如说受她滋养，被裹挟着一路向前。蓦然回首，还惊奇地发现，这39年，个人命运的沉浮流向，与学校发展的曲折起伏竟高度契合。也许，前世今生，我都该是这条河里的一朵浪花、一滴水珠。

静水流深

1983年8月，20岁的我，大学毕业，投入81岁的她的怀抱，从此，再未分离。如今已是全国文物保护单位的校园，虽然当时还没有整修，显出几分沧桑，但红柱黛瓦、回廊连接、庭院深深的书院式建筑，还是以其幽深、静谧、典雅的气质，一下子吸引了我。正如无数来指导工作、参观学习的领导、专家、同行感慨的，这里，确实是修身养性做学问的好地方！是的，坐在建校人沙元炳为“启迪民智，振我华夏”而殚精竭虑建造，老校长姚古渔等先贤曾秉烛晨读以身示范的办公室里，还有什么理由不专心教书、潜心治学？

最初的10年，名义上是学生的老师，实际上是学校的学生。在对校史的回溯中，在对“贵全”办学宗旨、“真实”校训、“沉笃醇和”校风的参悟中，渐渐对她的文化精神、行事风格有所了解，对师范教育的内涵有所感悟，对这条有着八九十年历史的长河的深度、宽度、温度有所感知：“贵全”“真实”“沉笃醇和”，指向的都是君子风范。她要把她的每一个学子都涵养成君子，让君子成为人师，行为世范，泽被后世，这是怎样的使命与担当！建校八九十年，她从不张扬、从不浮躁，扎扎实实，走内功之路，这是怎样的气度与修养！

最初的10年，是备受煎熬的10年！身边高人林立，做师范老师，尤其是语文组的老师，真的压力大！当时的校长顾敦沂是全国第一个教育学特级教师，首倡师范教育“师范化”，影响了20世纪80年代中期中国中等师范教育改革的路向。副校长陆志平长于古典文学、文学理论研究，在众多老师论文都写不出来的时候，已经在人民文学出版社出版了专著《小说美学》，后来，陆志平校长成为江苏省中小学教研室主任、江苏省教育厅基础教育处处长、国家语文课程标准研制组核心成员、国家中小学语文教材审查委员会成员。再后来成为江苏省作家协会副主席的汪政和他的夫人徐晓华，当时已是全国著名的当代文学评论家，才华横溢，大作不断。我的前任、时任语文教研组长的姚烺强是江苏省语文特级教师，其小学语文教学“一点突破法”叫响全国。程然的外国文学研究、仲伟功和程育生的语文教学研究、黄天铨的古典文学研究、周福如的小说创作都是成绩斐然。现任南京师范大学博士生导师的何平教授，比我们晚几年进校，可已经显示出在中国现当代文学研究领域开疆拓土的势头！静水流深，只有像八九十年来克服众多艰难险阻一路向前的这条大河一样，像身边的这些同事一样，埋下头去，静下心来，不急不躁，苦读深思，慢慢积淀，天长日久，学识与才气的源头自然会奔涌而来。记得当年一听说新华书店来了新书，跟我一起进校的谢永华、何小鹏、张建明等人，都会迅速奔向书店，满载而归。

最初的10年，是学校伴随改革开放的大潮快速发展的10年，也是自己从一个懵懵懂懂的青年到找到专业方向的10年。在全国教育看中师的年代，学校的课程设置改革、青年教师培养、教育科研都是这条大河一路高歌猛进时扬起的美丽浪花，都在业界引起过轰动效应，来访学习的省内外同行不断。伴随改革的洪流，我也大胆实践，记得为黑龙江、海南同行开设示范课，我让学生读《雷雨》、演《雷雨》、议《雷雨》、写剧本，赢得一片掌声，相关文章在中文核心期刊《中学语文教学》发表，教改论文在江苏省、全国比赛连续获奖。

坚苦自立

中等师范的辉煌很快因国家教师教育体系的改变而不再，随着三级师范向二级师范的过渡，有着不凡办学业绩的如皋师范学校遇到从未有过的生存挑战，遑论发展，连赖以生存的招生一度都困难重重！拥有近百年办学历史的大河将向何处奔流？

个人的厄运比学校的艰难早来了两三年。1993年，而立之年，我没有“立”起来，却被病魔拉倒了。原来连上半天课也不累，现在只要上一节课，浑身的肌肉关节就锈蚀般僵硬酸痛，看一会儿书双眼就酸胀难忍，不吃饭胃子也常胀鼓鼓的。身高1.7米的我，瘦得只剩40多公斤。从如皋到南通，从省会南京到国际大都市上海，走南闯北，求医问药。可是从普通医师到著名专家，都无法将病魔从我体内驱走，十几年，病情反复发作。从在语文教研天地纵横驰骋，到躺在病床上输着没完没了的药水，真的痛苦过，迷惘过，怨过命运的不公，流过无奈的泪水。最难受的是在车站，遇到去南京师范大学、苏州大学攻读研究生课程的程然、杨建新等同事，人家怀揣着积极上进的豪气，而我却拎着一大旅行包的中药。

但莫斯科不相信眼泪，生活不同情弱者！只能根据自身的实际情况设计一条度过劫难、连接理论与实践的通道了。

无法“上天”到高校访学，好在信息时代专家们将观点变成论著的周期很短，学习者不至于过分的闭目塞听。于是便用邮购的方式和去南京、上海求医的机会搜集了大量书籍。从“联合国教科文组织教育丛书”到中国古代教育著作《学记》，从支撑新课程的多元智能理论、建构主义学说到“新课程教学问题与解决丛书”，从《三字经》《百家姓》《千字文》等古代幼学启蒙图书到当代语文教育论著，从教育学到文学、美学、哲学，众多的书跟着旅行包、伴着中药西药，随我回家。趴在床上读啊写啊，卡片做了一张又一张，羊毛衫、衬衫肘部磨破了一件又一件，病情反复了一次又一次，但我的教育理念却得以更新,教育思想却得以升华,研究视野却得以开阔。

不能“入地”到教学一线,好在附小、安定等小学相距不远,一有机会,便深入课堂,审视、研究语文教学中出现的各种问题,与一线老师共同寻求解决问题的策略。散布四方的学生也会邮来教学光盘,让我不必动腿便能亲临“教学现场”,使研究紧贴实际脚踏实地。

上下求索,虽苦犹乐。

——摘自《江苏教育》2006 年第 3 期《读书、实践:我的“翅膀”》

这是我的文章中的一段,是我那些年心路历程和坎坷经历的真实写照。一叶小舟,之所以能够穿过风浪,与张謇先生“坚苦自立”的教诲有关,与学校艰难中的执着、坚守有关。做优师范,多元发展,办职业教育,办普通高中,上下求索,四处出击,外树形象,内强素质,在求生存的努力中求发展,学校没有放弃,我又有什么理由自暴自弃!一叶小舟,之所以能够穿过风浪,与学校河水一般的包容、柔情,与领导同事的关爱,密切相关!与疾病相随 29 年,换了多少任校领导、院领导啊,他们无不对我关爱有加,想方设法减轻我的工作负担,为我设置合适的岗位。2019 年,小学教育专业的师生集中到城山路校区。办公用房那么紧张,语文、数学、地理、物理等学科的近十位男老师挤在一间大办公室办公,可领导硬是在学前教育教学楼为我腾出一间休息的房子,隔壁,就是学前教育学院书记办公室,不远处就是琴房。悠扬的琴声中,我感受到慈母一般的爱意!这么多年,有多少同事为我分担过工作、指导过学生!记得 2016 年底在复旦大学附属中山医院做手术,领导、同事有的在手术前赶到,是想给我打气,有的术后到来,只为给我慰藉!太多太多的人,太多太多的事,太多太多的情,真的担心挂一漏万,那就容我铭刻于心吧!

扬楫奋进

新世纪,学校迎来发展新机遇:探索初中起点定向生五年制、七年制培养,为基础教育提供“下得去、留得住、教得好、发展优”的乡村卓越教师,获得国家教学成果一等奖；牵头制定全国职业院校小学教育专业教学标准，成为全国小学教育专业打样认证的两个专科学校之一；进入江苏省高等职业教育高水平专业群……

跟随学校滚滚向前的大潮，我也获得新生，扬楫奋进。十几年，出版4本专著，发表100余篇论文，获省市哲学社会科学、省教育科学优秀成果奖。点滴成绩的取得，与学校的鼓励和引导是分不开的。针对基础教育课程改革忽左忽右的极端现象，我曾写过一篇论文《语文课程改革问题的哲学审思》，人大复印资料《中学语文教与学》初中版、高中版都在首篇位置全文转载，它后面的推手其实是校歌“旧学沉沦，新知潮涌，两端执乎中”强调的辩证思维。

最难忘，2019年12月，学校把《小学语文教学设计》作为我校江苏省人才评估工作唯一的推荐说课课程。为不负众望，我们团队连续十多天流水作业。每天，我在陈玉老师前期准备的基础上，撰写课程说课方案到晚上11点，她接下去做课件到夜里两三点。清晨四五点，我打开邮箱，根据团队成员赵晓梅、蒋长兰等提供的点子，根据曾经的伙伴李国忠、李建军提供的资料，修改课件，将我们课程建设几十年形成的双元联动、课证融通、学教对接、三通三合的特色彰显出来。孙国春校长、陈建院长、张建平处长等都对课程说课给予过专业的指点。评估那天，我和陈玉说课完毕，中场休息，评估组长竟过来跟我握手，连说硕果累累、影响深远，不愧是百年名校的品牌课程！接下来的答辩，没有了常见的刀光剑影式的追问，答辩成了我们课程建设成果的展示。一年之后，一位评委邀我去他的学校为全体教师示范，因为他们也要迎接省厅的人才工作评估。谁也没有听出来，我说课时曾有一瞬的哽咽；谁也不知道，答辩完毕，我独自一人在洗手间热泪长流！因为那一瞬，我想到几代人为课程建设接力，我看到特级教师刘秉熔、姚烺强20世纪80年代就到小学进行改革的身影，我看到与李吉林老师齐名的亓浦香前辈放弃高校教职、步行去郊区小学执教的脚印！是的，几代人薪火相传，就是要把课程建设好，就是为了以众多这样的课程支撑江苏省高校品牌专业——语文教育专业，就是为了让我们的小学教育专业一直立于业界前沿！

三校合流。如皋高等师范学校、南通师范高等专科学校，不仅是我工作了39年的单位，是我安身立命的地方，更是我的精神家园，是我热恋的故土，是我人生的导师！年轻无知时，让我沉下心来积淀；遭遇曲折时，教我刚毅、坚守，引我及时转向；顺风顺水时，催我扬帆远航。是的，亲爱的学校，你用你的博大、深邃接纳了我，哺育了我，我也把自己的青春、热血和一切都融进了你生命的河流！

两甲子弦歌不辍，百廿载春华秋实。我深爱的学校、亲爱的导师，祝你一路向前，永立教师教育改革潮头！

作者简介：胡海舟，1983 年入职江苏省如皋师范学校，现任南通师范高等专科学校初等教育学院教授、小学教育研究所副所长。江苏省五一劳动奖章、江苏省“最美高校教师”提名奖获得者。江苏省语文课程与教学论研究中心学术委员会副主任，“十二五”职业教育国家规划教材副主编，教师教育国家级精品课程资源共享课主讲教师，南通市高校教学名师，南通市名师培养导师团小幼组负责人。

缘

李 琴

我的老家在海安市东陲的一个小镇，与如皋如城有着近百里之遥。十二岁那年，我有缘第一次认识了如皋师范学校。那年我正读初一，班主任是一个充满活力的年轻人。有一天，他突然宣布要组织我们去如皋春游，游览水绘园、定慧寺等名胜古迹。如皋！这对于从未出过远门的我来说无疑具有强大的诱惑力。这一天带着无限憧憬，备足干粮和水，我们这群十二三岁的孩子就蹬着自行车上路了。两个多小时的奔波，带着兴奋和疲惫，我们一行人终于到了如城。尽管已过去几十年，对如皋的第一印象我仍然记忆深刻：当自行车行进在一条东西走向的马路上时，古城气息带来的一种无法言说的舒逸感很快包围了我。马路两旁高大的梧桐树枝丫交错，遮天蔽日，阳光被挡在树叶上空，只露出星星点点，微风吹过，树叶沙沙，所有的疲惫感一扫而空。

在班主任的带领下，我们游览了饶有书卷气息的“文人园”水绘园，看了千年古刹定慧寺……我被这古老的而有着丰厚文化底蕴的城市深深吸引了。下午，班主任安排我们在如皋师范学校的一间阶梯教室稍做休息。这时我才知道原来我们多长多艺的班主任就是这个学校的毕业生。踏进如皋师范学校大门，这个美丽的校园就给我留下了深刻的印象：整齐而葱郁的树木花草，庭院式的古式建筑，一条古老青砖铺就的长巷子，还有那些夹着书本匆匆行走在校园里的学子们……小小年纪的我突然有了人生第一次具体的奋斗目标：我要努力学习，考到这所学校来，接受这里的文化熏陶，将来做一名像班主任一样多才多艺、受学生喜欢的教师。

两年后中考，我填报的第一志愿便是憧憬已久的如皋师范学校。然而天不遂人愿，那一年，向来成绩优异的我却临场发挥不佳，遗憾地进了一所普通高中。三年寒窗苦读，高考之际，填报志愿，儿时的理想再次在心中涌动：做一名教师。于是我在志愿表上的本科档中连报了四所师范院校。如愿以偿，我进了本省一所师范大学。毕业之际，每个人都在为工作而奔波，我也面临几种不同选择。六月初的一天，系主任突然通知我说南通地区六所有提前选择毕业生权利的学校明天来校面试招聘，让我去看看。那天，在一间大会议室里，南通六所名校的领导与应届毕业生们正在热烈地交流。我直奔如皋师范学校招聘点，时任办公室主任的李崇莹热情地接待了我，向我介绍了如皋师范学校的情况，对师资人才的要求，并邀请我有时间去学校看看。我脑中立刻印上了儿时的记忆，真想再去看看！几天之后，我再次踏进如皋师范学校的大门，映入眼帘的还是记忆中那个宁静、典雅的校园。通过参观校园以及与领导、老师的接触交流，我进一步了解了学校悠久的发展历史，"贵全"的教育宗旨，"沈笃醇和"的校风，"真实"的校训。通过试讲，我更是惊诧于这里学生良好的综合素养，我深深地喜欢上了这所学校。两个月后我接到了南通市教育局的入职报到通知，让我去如皋师范学校报到。后来我了解到，和我同期去如皋师范学校面试试讲，竞争同一岗位的应届毕业生共有5人，最后学校选择了我。我何其幸运，我选择了如皋师范学校，如皋师范学校也选择了我。

如今，我已是一名执教杏坛二十几年的师范人。作为一名教师，我始终把自己的前途命运与学校的前途命运连在一起。我常常这样想：这是一种巧合，还是一种缘分？可能更是一种缘分。曾经我想成为一名如皋师范学校的学子，来接受教育熏陶，做一名基础教育工作者；如今的我却成为一名师范学校的教育工作者，为培养一代又一代的基础教育工作者尽自己的微薄之力。殊途同归，我实现了自己儿时的梦想。

我在学校工作的这二十几年里，学校发生了翻天覆地的变化，学校经过三所师范学校的合并升格，2014年更名为南通师范高等专科学校。今年学校将迎来120周年华诞，建校120周年是通师高专辉煌发展的见证与记录，古老的师范学堂散发出更耀眼的光彩，执教杏坛的一代代通师高专人坚定投身于国家教育事业，以立德树人为根本，在120年里为国家培养了9万多名毕业生，校友中涌现出一大批学术大家和教育英才，学校的硬件与软件设施都上了一个新的台阶。作为一个亲历者，我为之骄傲，为之自豪！适逢学校一百二十年华诞之际，我祝愿我们的学校再上新台阶、实现新跨越！

作者简介:李琴,南通师范高等专科学校副教授,1996 年入职原江苏省如皋师范学校,现任继续教育管理处综合科科长。

四、印象如师

初心未改　少年依旧

——致我亲爱的母校

朱亚林

定慧钟声江海潮，湉湉泮水师范校。
作育英才百余载，桃李繁花看今朝。

如果从入校那年开始算起，我与师范结缘已经有24年了。

24年的时光，师范培育了我，让我从一个懵懂的少年逐渐成长为一个合格的教师；

24年的时光，我见证了师范，历经考验，乘风破浪，凤凰涅槃。

依然清晰地记得来师范报到的那一天，古色古香的校园让人神往，大家都说这是一个读书的好地方；

依然清晰地记得第一堂班会课，吉智深老师的娓娓道来，让我对未来充满期盼；

依然清晰地记得第一次说唱课，内心的激动，表现的茫然，还有老师和同学的体谅；

依然清晰地记得第一次对口班级的联欢，学长学姐的精彩表现，让我心生景仰；

依然清晰地记得新闻联播时的后花园，图书馆前长长的队伍，那是排队等待通往知识的驿站。

有这么一群人，工作不计时长，早晚时刻相伴：

徐晓华老师一句“你的声音是父母给的财富”，让我心头一颤；

程然老师大笔一挥，声如洪钟，拂袖上阵，辩论场上见真章；

胡海舟老师克服身体不适，对语文教学的那份专注诠释着对教育的信仰；

陆锦平老师夫子气质，风骨清雅，博学广识，研学典范；

石高峰老师爱生如子，无数次的辅导与激励，四年情谊无限“续杯”，堪比父子情长；

方健华老师是出了名的孩子王，心中敬畏，怎么也跳不出他的“气场”。

……

他们带着我们识遍校园的花花草草；

他们带着我们走进如城的千年古巷；

他们带着我们从不识简谱，到舞琴弹唱；

他们带着我们遨游知识殿堂，教导做人高尚。

有这么一群人，五年共读，一生都把真情藏：

宿舍的卧谈会，把江山指点，把栏杆拍遍，争论英雄气短，感慨儿女情长；

班级的劳动周，扛起扫帚踏校园，瓜皮果屑无处藏，搬起小凳看楼宇，人人都是安全守护员；

三两饭友，分工协作，虽然囊中羞涩，倒也荤素搭配，顿顿饱餐；

一群伙伴，水绘园、篮球场、光盘店、席殊书屋，足迹印证友情，彼此无话不谈。

就这样，把五年的时光一点一滴的珍藏，

直到“青春的声音”在大礼堂中唱响。

五年的时光，一本文集，记载着雏鹰的心路与成长；

五年的时光，一场演出，呈现了师范的熏陶与培养；

五年的时光，一段真情，和西山墙的爬山虎一样，郁郁葱葱、割舍不断。

重整行囊再出发，都还记得，不远的地方，他们在把我们盼望！

似乎就在昨天，我刚刚走上讲坛，面对着和自己当年一样青涩的面庞，初为人师，忐忑不安；

似乎就在昨天，我刚刚迎接属于自己的班级，胸怀壮志，誓要干出一番模样；

似乎就在昨天，我刚刚领会科研的门道，被那份严谨感召，被那份勤奋感染。

师范的传承，让我面对困难从未退让！

有时候，我会问我自己，是什么让自己执着于教师这个职业，让我离不开学生和课堂。

追问初心，初心其实就是身边那些普普通通、平平常常老师们的言行举止、率先垂范，

就是曾经踏过东长巷中那些前辈的勇于担当。

煌煌百年史，给予我们最多的就是文化的自信、前行的力量。

转眼间，少年已成中年，但心中牢记着这份来自师范的力量。

正如一首歌唱的那样：我还是曾经那个少年，没有一丝丝改变。

我们有着传承的义务，更该有着弘扬的担当，

无论我们身处何方，都抹不去师范给我们留下的印迹，

我们曾经、现在、未来都是她的希望！

24 年之于 120 年让我有了百分的自豪。

24 年之于 120 年也让我感受到了重任在肩。

雄心壮志启新程，百年征途谋新篇！

加油，我的师范！

作者简介：朱亚林，原江苏省如皋师范学校 2003 届毕业生。现担任南通师范高等专科学校团委书记、机关第一党支部书记，副教授。

如师生活，擦亮人生舞台的厚重底色

帅宁华

2021年6月29日下午，南通经济技术开发区庆祝中国共产党成立100周年纪念大会隆重举行。作为中共南通市委表彰的优秀党务工作者，我也接到参加庆祝大会的邀请。坐在前排的我在欣赏展示开发区建设风采的精彩节目时，突然发现节目中扮演一名老招商引资工作者的演员是那样的眼熟——石高峰老师，我在如皋师范读书时的班主任石高峰老师，我在内心里惊讶得叫了起来。我再揉揉眼睛，没错，就是石老师！我赶忙起身去到后台找石老师。

师范三年的岁月里，石高峰老师一直担任我们的班主任，是对我们影响最大的恩师。1985年9月12日，我的父亲和舅舅送我去如皋师范报到开学。作为家住原南通县一个农村的孩子，如皋师范对于那时的我来说，是我所去过的离家最远的地方。如皋师范的门口早已是人山人海，映入眼帘的首先是古朴、端庄的一进五堂的四合院，绿水环绕，古木苍虬，青砖黑瓦，给人一种厚重、悠远的书院味。自那时起，门楣上"诚朴、严谨、文明、奋发"八个引人注目大字，就一下子铭刻在心，我至今依然能够不假思索脱口说出。跟着熙熙攘攘的同学的队伍，我找到了85级2班的报到点。这时，一名身穿白色短袖，头发微自然卷的大学生模样的年轻人突然对我说："你是帅宁华。"我一下子惊讶了，在陌生的如皋怎么有人认识我，能叫出我的名字？年轻人继续自我介绍："我是你们班的班主任，我叫石高峰。"我赶忙叫声石老师，似乎漂泊的小舟找到避风的港湾，少年心中离家远行的忧愁一下子就消失得无影无踪。原来，石老师已经预先看了我们每个人的档案，从照片上先认识了我们，了解了我们在初中时期的学习情况和担任班干部情况，真是一名细心的好班主任！石老师很快就建立了以许宁同学为班长的班级组织，班集体建设马上就步入发展的快车道。后来，我参加工作后每教一届学生，都试图快速记住学生的名字，走进每个学生的心灵，但往往因工作、生活琐事做不到像石老师那样。现在想来这不是记忆力的问题，而是一种“诚朴、严谨、文明、奋发”敬业精神的表现。每每想到报到那天的情景，我的心中对班主任石老师由衷地升腾起敬佩之情。

师范学习的第一年暑假，一天的黄昏时分，夕阳西下，暑气已渐渐消退。因为，我的字写得不太好，基础较差。于是，我便把家里的餐桌搬到户外，拿出毛笔、墨汁等工具开始习练书法。这时，屋子西边的路上忽然传来喧哗声，我回头一看，有人在向我挥手，有人在呼喊。我定睛一看，哎呀，原来是石老师带着一大群同学来我家家访了。那时候条件有限，自行车是主要的交通工具，石老师和同学们是两人合一辆自行车，换着乘骑来我家的。石老师故意用如皋口音拖着腔调喊我的名字，同学们都笑了。石老师看见我正在家里练毛笔字，马上抓住教育契机，跟同学们开玩笑说：“你们看该生学习是多么认真啊！你们受到启发了吗？”同学们都会意地笑了。石老师还和我父母交流了我在学校的学习情况，表扬我是一名勤奋、努力的好学生。那时的我们是初中毕业去读师范，年龄小，基本功比较薄弱，感觉学习比较吃力，所以在师范学习还是挺努力的。那天晚上，石老师和同学们都住在我家里。吃过晚饭后，石老师和同学们聊天、交流，几乎一夜没有睡觉。石老师的家访给了我莫大的鼓舞，从他的身上，我看到了人生导师的风范，让一名未来的老师对“诚朴、严谨、文明、奋发”有了更深刻的理解。

如皋师范的生活是丰富多彩的，虽然那时还没有素质教育这个名词，但学校安排的学习生活已在我们师范生身上种下了素质教育的种子。春秋日，学校会组织规模浩大的运动会，学兄杭斌校长当年的3000米名列第一，令人羡慕不已。夏日夜晚，学校会在操场上组织篝火晚会，我们会听到学姐演唱的《月光下的凤尾竹》。周日，老师组织我们骑着自行车去参观磨头机场，去东郊野炊……如皋师范的恩师们自觉践行着素质教育的理念，在他们看来只有全面发展的师范生，才能培养出全面发展的小学生。

张德清老师那时候也大学毕业没多久，任教我们生物，在和丁老师悄悄谈恋爱。张老师的生物课联系生活，常常带着实物来给我们上课，上得生动活泼。他教诲我们说：“你们将来走上工作岗位，有可能成为学生的自然学科老师，不能小学生问你们这是什么植物的叶子都一无所知。”为此，张老师利用周日时光带我们去水绘园参观，我们在张老师的指导下认识许多植物，我们终于区分开来牡丹与芍药，我们在百年沧桑的紫藤下流连……记得张老师带我们做鲫鱼的解剖，许多同学第一次上这样的课，个个兴奋不已，按照张老师指导的流程完成了解剖与观察，并且填写了观察报告。张老师严谨治学的态度至今依然铭刻在我的脑海中。

陆玉贤老师担任一班的班主任，任教我们班的哲学。那时候，我们都觉得哲学是一门十分枯燥的学科，为此也担心学不好。陆老师将哲学原理与生活实际密切结合，辅以他所经历的年代的一些发人深省的故事，让哲学原理在诸如“花生壳过长江”的典故中焕发出特殊的魅力，深深扎根于我们的大脑，激起我们强烈的兴趣。我依然清晰地记得，第一次哲学考试满分 100 分，我得了 98 分。陆老师在班上说，98 分是全年级最高分。成功的喜悦化作认真学习的动力，包括后来工作后参加成人自学考试，我的哲学一直学得轻松。以至我后来在工作中逐步从语文老师转身为思想品德教师，再到道德与法治教师，教学生涯中有了些许的建树。

在如师学习期间，任教我们历史的老师已是年过半百、头发花白的老人了。历史老师来上课总是笑眯眯的，慈祥得很。我感到最诧异的是历史老师来上课从来不带教材、教参和备课本。上课的时候，总是侃侃而谈，娓娓道来，那些史料、知识、事件、人物俨然就是装在老师的肚子里。他也不要求我们看书、记笔记，只要我们集中注意力听他讲就行了。每次历史考试，同学们都能考个不错的成绩。几次上课后，我们从课表里知道历史老师叫刘金赋，是我们江苏省师范生历史课本的主编，师范教育历史学界的泰斗级的人物。今天想来，当初的我们是何其有幸，能得到学识渊博的老师的精心指导。

我们在校期间，曹斌老师担任三班的班主任，也承担我们二班的代数教学任务。大概是数学题做太多的原因，我记得曹老师戴一副深度眼镜。读师范二年级的时候，要组织全省的师范生统考。由于师范教育的特点，数学教材编写还是较为简单的，我们所学的内容也不是太难。省里突然要统考，学校、老师、学生大家都紧张起来。曹老师一下子就加大了数学学习的难度，他每个夜自修都要到我们教室里来转一转，以给许多同学及时的辅导，不同的角落会突然响起曹老师“n”“l”不分的海安牌普通话。据说，那年我们如皋师范考了个全省第一，曹老师等数学老师付出不少的心血。当然，最得益还是我们的数学基础打得更牢了。

回忆如师的岁月，回忆如师的恩师，总会自然而然地想到为如师的成长殚精竭虑的校长，他们的办学思想与成功经验是如皋师范最宝贵的财富。对此，我们印象最深的便是顾敦沂校长。顾校长有着独到的理论建树与成功的实践。他以师范的课程改革为抓手，提出了一系列富于建设性的构想。现在想起来，我们之所以觉得如皋师范三年的学习生活是那样的充实，那样的精彩，主要得益于那时的如皋师范具有特色的课程体系：基础课、专业课、课外讲座、社团活动、基本功训练、教育实习等。严谨的体系，务实的操作，形成了母校“内功至上”的鲜明特色，为全国师范界所瞩目。

我在如师学习期间，顾校长给我印象最深的是那一次他在学校师生大会的主席台上落泪了。大会是在护城河南边、定慧寺西边的大礼堂里举行。那时，我们这一届的学生也才刚刚入校。这次大会是上级领导来我们如皋师范宣布顾校长被评为江苏省特级教师的决定。会上，顾校长接过鲜红烫金的荣誉证书。他满含激动的泪水来到发言席，给我们做了一番印象特别深刻的讲话。他带上眼镜，感动中透着沉稳，说：“我感谢我们的党，党给了我很高的荣誉……”顾校长的讲话一字一顿，是从心底里流淌出的人民教师对党的教育事业的无比忠诚，是一个一辈子献身教育事业的教育工作者的坚定信仰。在我们这些师范生心中，“诚朴、严谨、文明、奋发”的匾额擦得更亮了。

从如皋师范毕业参加工作已三十多年了，但那青砖黑瓦、绿荫匝地的校园以及美好的学习时光时时让我魂牵梦回。如今，我的母校已迎来一百二十年华诞，我的班主任老师和许多给我帮助的老师已两鬓斑白，他们或许退休了又在新的舞台为社会贡献自己的力量。那些把我们从初中生培养成人民教师的领导和老师擦亮了我人生舞台厚重的底色，对他们的感恩更是须臾未曾忘却。唯愿我的母校青春永驻，唯愿我的恩师青春永驻！

作者简介：帅宁华，原江苏省如皋师范学校1988届毕业生，现担任南通高等师范学校附属小学校长，江苏省特级教师、正高级教师。曾荣获江苏省五一劳动奖章、江苏省教育科研先进个人、江苏省优秀科技教育校长，江苏省教育学会小学教育专业委员会常务理事，江苏中小学教师培训学会小学德育专业委员会副理事长。

师范生活二三事

严可文

时值母校百廿华诞，前些天，老胡（胡海舟老师）向我约稿共襄盛举，内心不胜惶恐。这些天认真拜读了“老家如师”公众号上诸位老师、学长、学姐的文章，感怀洋溢在生花妙语，真情充盈于字里行间，读来甚是感佩。面对时间紧、任务重的现实，无奈之下，翻出2019年的一篇旧文，稍加修改，聊表心意。

细细想来，自己从如师毕业已有17个年头了。

初三下学期填志愿时，家里人让报师范，想的是毕业后能有一份稳定的工作，减轻家庭的负担。农村孩子十四五岁的年纪，还谈不上什么未来的规划，让报就报吧。面对需要一次性缴纳的培养费，家里使出浑身解数才凑齐，那对于2000年的普通农村家庭来讲不是一笔小数目。怀揣着忐忑、期许、好奇以及各种不可名状的心绪，我踏上了五年的师范求学之旅。

第一课

正式开学的前一天晚上，学校正常组织晚自习，有过初中“夜课”经历的我们实现“无缝对接”。班主任盛斌老师让我们按学号依次到讲台前作自我介绍，平时内向、不善言辞的我一下慌了神，好在学号是49（最后一个），多少给了一些调整、缓冲的余地。

印象最深的是一个来自海门的Z姓女同学，只见她自信满满地走上讲台，拿起粉笔“唰唰”在黑板上写下自己的名字，接着便开始“拆字”介绍：

“我姓Z，‘玉’代表我追求冰清玉洁的气质，‘岚’上面的‘山’象征坚毅

的品格,下面的‘风’绕着山岚吹拂,表明我也有温柔的一面……”(具体表述记不清了,大概就这意思)

这一番神操作,看得台下的我是目瞪口呆,自我介绍还可以这样搞?到底是见过世面的,懂得抓住机会表现自己,果不其然,Z同学没几天就被选为班干了。

轮到我上场了,打了许久腹稿,往讲台前一站,四十多双陌生的目光齐刷刷投来,之前准备的说辞基本忘得差不多了,硬着头皮、红着脸说了一些“喜欢看书”“请大家多多指教”之类没营养的套话,便逃也似的匆匆下了台。

现在想来,人家是早有准备、久久酝酿、尽情展示,而我则是见识不足、临阵磨枪、应付了事,差距不是一点点。五年的学习生活便在这不太精彩的开场白中徐徐拉开了帷幕。

说唱课

我们这一届除了一个英语班之外,还有四个普师班。普师班前三年以打基础为主,高中语文、数学、英语、物理、化学、生物,中师汉语、教育学、心理学、音乐、美术、体育、书法……几乎面面俱到(不足也是有的——博而不精)。后两年分文科班、理科班,即对应小学语文和小学数学方向。

普师班时,每天晚上6:30集中,先是半小时的说唱课,接着集体看《新闻联播》,然后自习。说唱课由学生轮流主持,老师基本不问。这半小时大有讲究,组织的形式不限:视唱、朗诵、游戏、背古诗、练普通话、辩论赛,不一而足。教室外会有学生会的干部来回巡视检查,发现说唱课没有实质性内容、假积极、气氛不好的,对不起,扣分!

如果说唱课是“台下十年功”,那么基本功大赛就是“台上一分钟”了,那也是我们最为紧张的时刻。毛笔字、钢笔字、粉笔字、简笔画是全年级限时集体完成,而一些展示类的(视唱、背古诗、行进间转向步法等)则是分项目、抽学号,然后计算班级总分。每个人都有被抽中的可能,让你不得不全力以赴、精心准备,因为一个人的失误就会对班级排名造成不小的影响。

每次老师宣布完检测的学号,抽中的同学立马面色凝重,“风萧萧兮易水寒”,如同即将奔赴战场的士兵;而没有抽中的则面露喜色,暗自庆幸,但也不会高兴太久,因为下一轮抽测的学号即将揭晓……

图书室（阅览室）

读师范之前，我的课外阅读量基本为零，最喜欢看的便是我姐的历史、地理课本，一本来历不明的《世界惊险故事100篇》几乎被我翻烂了。

如师的读书氛围浓厚，学生入校都会办一张借书证，为了跟上趟儿，我经常往图书室和阅览室跑。图书室在老教学楼后面小楼的二层东侧，不显山不露水，正常上课时间才开放。自习课时间，同学们到图书室外抄录书签卡，成了校园内一道独特的风景。

借过的书中，印象最深的是一本繁体竖排版的《碧血剑》。这书有些年头了，从磨边、破损的情况可见金庸小说深受大家的青睐。尽管有些费劲，我还是看得津津有味。另外，我对儒勒·凡尔纳的小说兴趣颇浓，图书室里能借到的，基本看了个遍，其渊博的知识和奇特的想象令人深深折服。

图书室的书虽多但更新慢，我和好友在校外找了个好去处——席殊书屋。吴姓老板是个热心肠，经常和我们谈天说地、指点江山，当然也会给我们最大的购书优惠。囊中羞涩的我们也常挤出钱来买书，欧·亨利、契诃夫、莫泊桑的短篇小说便是在那时接触的，好友狠下决心买了一套丘吉尔的二战回忆录，当时绝对算是“大额投入”了。

阅览室以借阅杂志为主，在图书室同层的西侧，只在晚自习时开放。每周，学校会轮流从各班选几个同学到阅览室服务，这样的“美差”我是一次都没赶上。晚上的阅览室，静是主基调，除了一开始抢座的忙乱外，其余基本静悄悄，大家都有这样的默契和自觉。

劳动班级

虽然开场白搞砸了，但班主任还是委以我劳动委员的重任，谁曾想这职务一干就是三年。如师非常看重学生的自我管理和教育，集体劳动便是实现这一目标的重要手段之一。

每个星期最让我头疼的便是周二下午的大扫除时间，教室、宿舍、包干区都需要打扫，两节课时间到位，学生会干部检查打分。周二下午第二课一结束，就要把事先排好的任务分配表抄在黑板上，接着便听到下面一片叽叽喳喳，“上个星期我不是刚拖地的嘛”“怎么又让我扫水泥地啊”……世上哪有绝对的公平，真是众口难调，愁煞我也！

除了每周例行的大扫除以外，还有一个较为特殊的制度设计，即一学期一次的劳动班级。劳动班级上午的早操、早读、第一二节课通通免上，但别高兴得太早，要求可不低，班级全员得利用这段时间把校园清理一遍。具体来说，学校主要道路(以水泥路为主)必须用大扫帚扫一遍，教学楼、宿舍楼、体育馆、音乐楼、实验楼走廊、楼梯全部拖一遍，所有的窗台、楼梯扶手擦一遍……

全班 49 人，人人有任务，个个要干活，不然没法交差。最难分配的是扛大扫帚的任务，全班就 6 个男生，那么长的水泥路，你说咋整。于是，每天清晨都能看见几个“身高马大”的女生，挥舞着“魔法”扫帚与宽阔的水泥路做着一寸一寸的斗争！一条条“女汉子”就这么练出来了，佩服佩服！

篮球兴趣班

如师对于学生的在校时间安排得比较紧凑，周一至周五按课表上课，周六上午属于基本功训练时间，周六下午则是各种特长(兴趣)班，有计算机、美术、音乐、书法、篮球等。

刚读师范时，我对篮球并没有什么兴趣，主要还是受身高所限。初中时我的个头在班上男生中倒数，师范一年级暑假，身高一下子蹿上来不少。看着高年级同学打篮球潇洒帅气的样子，心中羡慕不已，私下里便开始接触运球和投篮。

读师二时，有一次篮球特长班招人，我也踊跃报名。一上来先是检测，过关了才能入队。检测主要是两项：体能和三步上篮。折返跑摸边基本能应付，可是三步上篮还欠点火候。轮到我上场了，中线运球刚进三分线就起步了，球出手时离篮筐还差一大截……

后来总算进了班，这里要归功于一方面自己的能力提升了，另一方面全校男生也就那么多。篮球特长(兴趣)班由陈银书老师带队，我们私下里都叫他“老板”。听说他在省队打过后卫，这令我们崇拜不已。陈老师的课很有章法，一上来先慢跑热身，然后是基本步伐训练，接着穿插运球练习，还有大量的投篮训练等。各类训练完成后，陈老师才会安排队内的半场比赛，时间一般不会太长。经过一段时间的训练，球技长了多少不敢说，身体素质提升还是很明显的。

……

五年下来，记忆深刻的人和事远不止这些，不管情愿是否，它们已然在人生路途上烙上印记，影响至今，甚至未来。现在想来，当初家人做主报考师范，于我这样一个性格内向的农家子弟，还是比较务实的。而如师重视培养学生的综合素养，确实令我受益匪浅，那时养成的阅读、运动、音乐等爱好，一直令生活充实而有趣味。

人这一生，总会面临许许多多的选择题，若干年后，当你用结果来映照当初的抉择，不该只有庆幸或是懊恼。就像 2000 年踏进如师校门，谁也没有预料到五年后将面临残酷的进编考试，很多同学由此走上了不同的工作岗位。不管现在身在何处，心向何方，记忆里总还有交叉的轨迹、难平的心绪、飞扬的青春……

作者简介：严可文，原江苏省如皋师范学校2005届毕业生，现担任如皋市人民政府办公室副主任。

纯净的礼物

朱洁芬

现在想来，改革开放以后，作为第二批初中毕业生考入如皋师范，我真的很庆幸自己最美好的青春年华能够与古老而年轻的如皋师范学校相遇。短短三年，严爱相济的求学生涯，给我留下了深刻的印象，也让我的幸福人生有了一个极为充实的开始。

1982 年，虽然在如东县的中考中我取得了名列前茅的成绩，但考虑到我的爸爸就是如皋师范六十年代的毕业生，因为他对母校感情极其深厚，于是就采纳了他的建议，来到他隆重推荐的母校就读。

报到的那一天，爸爸兴奋地送我上学。一到学校，他就带我参观校园，他似乎总能找到当年熟悉的味道，并津津乐道地向我介绍。母校的旧址让他触景生情、流连忘返，母校的变化让他倍感振奋、自豪不已。遗憾的是，对于一栋栋陌生又简陋的平瓦房的校园，我有些失落。

开学不久，我就剪掉了自己多年精心留存的麻花辫。因为学校的管理极其严格，每天很早就要按时起床，按时出操、锻炼等。当然，学校的提醒也是特别贴心的，每天早晨宿舍都提前亮灯并播放儿童类、校园类或充满时代正能量的歌曲。我的班主任是周炳坤老师——幸运的是，师范三年一直都是。他那时已年近半百，我们总能看到他精神抖擞提前来到我们的训练场地，与我们一起活动、锻炼。他平时话不多，总是用行动告诉我们应该怎么做。记得一次锻炼结束后，他好奇地对我说："小丫头，每天早晨梳这样的两条小辫儿不容易吧？"学校的严格要求、老师的善意提醒，让我忽然意识到，未来的三年，不应该是"鲤鱼跳龙门"后的躺平，而应该是一个新的开始，我应该把更多的时间用到更有意义的事情上。于是，我果断剪掉了心爱的辫子，化繁为简，主动迎接一个个新的挑战。没想到，当年那一剪，一直延续到现在。我早已习惯并深深喜欢上了这种简单朴实的状态。这种状态也让我越来越感到:生活简单,才能让精神世界有丰富的可能;内心朴实,才能让可贵的正能量有弘扬的空间。

随着改革开放步伐的加快,母校不久就迎来了发展的好时机。至今我们都记得班主任周老师告诉大家:学校马上可以为我们新建教学大楼!这个消息,真是让人难以置信。我不敢相信在我求学的日子里就有机会弥补我心心念念的遗憾——在漂亮而又敞亮的教学楼里学习。忘不了学校组织我们参与搬砖的热火朝天,忘不了男生们悄悄与周老师比赛谁是大力神的场景……学校一贯的育人文化、老师务实的管理智慧,让我们有幸积累了一系列宝贵的经历和体验,更增加了我们的成就感和归属感。毕业后,不少同学总是忘不了曾经渗透了自己奋斗汗水的那栋教学楼,忘不了曾经学习与生活过的那间教室,忘不了我们班多次被评为先进班级后,周老师为我们展示他的体操绝技……

小时候,我常常羡慕爸爸,觉得他的能耐特别大。作为小学老师,他各门学科都能教;初中老师人手不够时,他总是被临时派遣;作为校长,学校标语制作、宣传画报,他总是一人就能轻松搞定,时而还给师生们来个即兴的风琴伴奏,抑或给师生的篮球比赛客串个裁判;作为村民,年年给排队的父老乡亲书写春联,给乡镇的路桥商店题字写牌……在来到爸爸母校求学的三年里,我终于了解到了爸爸能耐特别大的秘密——那就是母校一贯坚守的严谨治学和扎实训练。

程育生老师是我的语文老师,他三年中对每一篇作文批改都很细致和用心。记得有一次我在作文中写道"有些阴沉的天空中,有时出太阳,有时又下雨",程老师在旁边工整地批注:这就叫"多云"。他还利用课余时间找我谈心。他的苦口婆心终于让我知道了,虽然我们高分通过了中考,但这可能只代表了一时课本知识学习的情况,要胜任未来的小学教育工作,还要去图书馆大量阅读课外书,拓展各学科的知识,国家未来的基础教育非常需要我们成为博学的人。三年的精心指导,让我这个语文基础相对薄弱的人,渐渐学会了个性化思考、规范化表达,同时养成了与书为伴的好习惯。他还每周布置粉笔字的书写任务,对我们书写的作品即时点评,手把手修正。

周炳坤老师除了担任我们的班主任,还承担小学数学理论和教学法的教学任务。他编印的小学数学理论习题和小学数学趣题讲义,让我重新找回了学习和研究早已被我鄙视和抛弃的小学数学的兴趣。按照老师的要求,我逐页阅读、逐题完成,分类整理。在一番钻研后,我深深感受到小学数学教学远不是我们想象的那样,是一份无须太多准备就能游刃有余的工作,而是一项需要精心研究和准备并能够在其中感受到乐趣的挑战性任务。仔细思量,在此后的教育生涯中,我更喜欢研究小学数学及其教学,并以此作为教育生涯的重点,也许就是源于这段学习经历。

陈志萍、潘宝宏两位音乐老师除了教好音乐课本,还长期坚持带我们试唱、练耳。终于有一天,来自乡村,对音乐毫无感觉的我,不知不觉地发现自己对识谱和音准已经有了较好的感觉,拿到一首曲子,即兴就能完整准确地哼唱出来,那份激动至今都难以忘怀。

同样忘不了的还有徐晓华老师。她除了上好语音课,还组织我们每天早晨出操后进行普通话朗诵训练,利用课余时间让从不敢单独开口的我们,一对一面对着她大声朗读,她则对我们进行极其精细的辅导纠正。一轮一轮的测试反馈,不断给予的肯定和鼓励……不长时间后,过去从未开口说过普通话的我,也能像收音机里的播音员那样,可以非常自信地在公众场合展示抑扬顿挫的普通话发言。工作以后,在国家普通话等级认证中,因为有扎实的基础,我轻松取得普通话一级乙等的证书。

是的,三年时光,不知不觉。正是老师们的严谨治学和悉心指导,让我常常能听到自己拔节成长的声音。在这一段普师学习结束时,我不仅各学科学习成绩优异,还在母校风琴演奏、粉笔字等基本功比赛中获奖,并幸运地被母校推荐到江苏省无锡师范首届三二分段大专班学习。在时代奋力前行的脚步声中,爸爸看到母校在人才培养方面的传承和创新,以及新一代师范人对老一代的超越,更是感到无比欣慰。记得最后一次他来母校接我回家,临走时对我说:这里,就是实实在在,没有花架子。让我们感恩和铭记这里的一切!

带上这种“实在”,我走向新的征程。在以后的学习、工作和生活中,我渐渐感悟到这种“实在”,是一种简单生活的朴实、身先士卒的务实、肯下功夫的扎实、为人做事的严实、理想信念的笃实……这是母校馈赠于我的一种虽然无形但却极其珍贵的礼物!这个礼物,是母校恩师爱的自然表达,是恩师用行动塑造、用人格谱就的,是诸多恩师用纯净的心在年轻的心田写下的诗行!

作者简介: 朱洁芬,原江苏省如皋师范学校1985届毕业生。曾任如东县掘港小学党支部书记、副校长。

如诗岁月里的青春往事

王　俊

我们这代人都特别怀念20世纪80年代如诗一样的岁月。

我是89年考入如皋师范的。我到现在都非常清晰地记得第一天到如师报到的情景。

一切都那么让人感到好奇——古朴校舍不应该是明信片里才有的吗？学校操场怎么会比地面高出好多啊？音乐楼里的风琴声混在一起，远远听着就像好多大风箱在呼呼作响，胖胖的班主任吴老师笑起来憨态可掬……

我的志愿是初中老师帮我填的。在来如师之前，我根本不知道上“中师”是咋回事。我还一直以为上“中师”就是陪小孩子来玩儿的呢！哪知居然也要听老师上课，也要学习，也要考试的。

吴老师安排我和来自如东的同学同坐。那时我还不会说普通话。我用家乡话兴奋地跟他说话，他听了半天之后，两只眼睛瞪得比铜铃都大，惊讶地说：“啊，你是日本人！”

教我们写字的许老师第一次给我们上课，他让我们发挥最好的水平写一张毛笔字，然后微笑着说，他要将我们的这些“首张书法作品”收藏起来，等我们三年学成之后把它们拿出来做比较。

学校的教学楼后面有一幢红色楼顶的二层图书馆，对我来说，那简直就像是阿里巴巴神奇的藏宝洞，里面有数不尽好看的书。我从中借了许多中外名著，尤其喜欢看批判现实主义小说，从塞万提斯到狄更斯，从巴尔扎克到托尔斯泰，凡是有影响力的小说基本上都看过了。也幸亏在那个时候读了这么多好书，毕业之后我再也没有时间（其实是没有定力）来读这些大部头著作了。

我在如师有个形影不离的死党，两个人的钱和饭菜票都是放在一起用的，合用一支牙膏，合用一袋洗衣粉，最艰苦的时候，两人合起来喝一碗一角钱的菜汤，菜汤中“绿阴照水爱晴柔”的意境让人终生难忘，可是我们却连续喝了一个月！

我们俩都酷爱读书，但读书观点却并不一致，我喜欢茶花女的温婉美丽，他欣赏安娜卡列尼娜的高贵动人。我崇拜《悲惨世界》里的冉阿让，他羡慕《堂吉诃德》里的桑丘。两个人经常为书里的人物争得面红耳赤，那碗珍贵的“绿阴汤”见证了两位亲密好友之间的论战。

俩人也有超级默契的时候，《雨巷》中那个丁香一样芬芳的姑娘让我们怦然心动，每当我俩从河南宿舍一起踏进校门，都会心照不宣向右拐到那条通向教学楼的小巷。那条小巷的确很悠长，也很寂寥，我们走了三年时常能遇见丁香，也能遇见姑娘，但没有遇见丁香一样的姑娘。

那时候，每到周末，校门口就会有个中年男子拉着一辆手推车转悠，车里面有各式各样的旧书。只要他一来，我们老远就能看见，甚至能闻到。他的旧书大都已经发黄了，还散发出一种孔乙己身上的味道，但在我们眼里简直就是珍馐美味，我们像一群饥饿的猫一样扑了过去，围着手推车直打转。书的主人却十分警惕，一旦我们这些“猫”翻着他的宝贝超过十秒钟，他就会一把书夺过去。是啊，即使是旧书，他也知道我们买不起，只是想来蹭读而已。

如师的生活很容易把人培养成精神富翁的。而精神富翁又都是有强烈的社会责任感的。师二的时候，学校开展了“学雷锋”活动，吴老师带我们班的同学到如皋车站去做好事。每到星期六下午，我们师二（1）班全体同学，有提着笤帚，有扛着扫把，有拎着水桶，有端着脸盆，一行人浩浩荡荡，气势磅礴地横穿整个如城大街，大家一起来到车站，洒水、扫地，抹座位，搀扶老人……忙得不亦乐乎，一直忙到天黑才心满意足的返回学校。

我是班上的文艺积极分子，除了积极参加“学雷锋”的集体活动之外，还教了大家唱好多首关于雷锋的歌，教大家学写雷锋那长长的斜体字。我一直渴望自己能像真正的雷锋一样，能悄悄地、不为人知地做一些好事。毕竟真正的雷锋是做好事不留名的嘛。

机会终于来啦！有一次我们宿舍的其他十一位同学都回家了，我一大早就起床，将每个同学的被套扒下，泡在脸盆里哼哧哼哧开始洗。我从早上洗到中午，又从中午洗到晚上，十二条被套（连同我自己的），一条一条地洗，一条一条地过，再一条条地晾，两只手因为长时间在水里，早就变得像白净浮肿的萝卜，腰板因为长时间弯腰站立，像需要提线操控的木偶，到了晚上连去食堂吃饭的力气都没有了。

但是让人感到不可思议的是，尽管身体非常劳累，但我的内心却无比的幸福，偷偷摸摸地帮大家做好事的感觉真的好甜蜜、好甜蜜，这种奇妙的感觉我后来再也没有体验过。

要毕业了，我们班的一位同学说："王俊，我们申请到边疆去工作怎么样？""好哇，边疆最缺教师了，我们应该到祖国最需要我们的地方去！"我们俩一拍即合，各自写了一份热情洋溢的申请书交给老师。可是等了好长时间都没有得到答复。我们有些失望，心里很是不甘，于是又重写了一份申请书交到学校广播台，广播台热情洋溢地播送了我们立志支援边疆的理想，这让我们激动了好长时间。

……

时间过得真快，眨眼三十年就过去了。我终究没能到边疆，而是被分配了自己的家乡工作，一直至今。

三十年的时光，足以让人发生许多改变。我再也不会像猫那样扑向一堆旧书，再也洗不动那么多被套了。

这如诗的青春，如歌的岁月，终究是一去不复返了。

作者简介：王俊，原江苏省如皋师范学校1992届毕业生，现担任通州区实验小学副校长。

梦圆古城河畔

吴光明

漫步雉水古城河畔，我不知不觉止步于一古朴幽雅的建筑群大门口，深情凝望门楣上“师范学堂”四个金字蓝底校牌，情不自禁打开了尘封已久的记忆大门，脑海中浮现出一幕幕圆梦母校如皋师范的往事来。

我的母校梦缘于我人生十字路口一次终生难忘的选择。那是刚刚度过“三年自然灾害”的1964年春节期间，我的家庭在连续失去祖母、外祖父母几位亲人后，年仅45岁、身患疾病的父亲又抛下我们兄妹四五个离开了人世。家中一贫如洗，村里帮助料理完父亲后事，乡里又救助我们家20多捆芦苇，让我家编织芦席换取钱币以渡难关。无奈，母亲不得不让即将读初中二年级下学期的我辍学。开学了，望着同学们一个个去上学，我一边编织芦席一边以泪洗面。十多天后，我的班主任白老师骑着自行车从十多里外赶到我家动员母亲让我复学，结果被婉言谢绝，心有不甘的他又拉着乡党委委员、马校长，马校长又拉着村支书、生产队长组团来做母亲的思想工作，母亲这才被感动，我也重新回到了朝思暮想的课堂。

“你成绩好不要担心，将来可以报考如皋师范！”虽说回到了课堂，但我还是忧心忡忡，不时流露出因家庭困难而中断学习生涯的担心，不少了解我的同学热心劝说我。1965年初中毕业时，老师们也纷纷建议我填报如皋师范，班主任白老师的观点更是鲜明：“光明啊，填报志愿一定要面对现实！你成绩好，但家庭困难读不起高中，倘若考入如皋师范，你不但能够享受免费教育，毕业后还可以获得分配工作的机会。这是你最好的选择！”

“对，就填报如皋师范！”同学的劝说和老师的建议似指路灯让我眼前一亮，我好像看到了我人生中奋斗的目标，学习劲头儿更足了。这一年，我没有辜负他们的希望，顺利地考进了如皋师范学校。收到录取通知书，小小的村庄似乎一下子热闹起来,人们纷纷向我投来羡慕的目光,全家人更是喜上眉梢,开心地为我的开学忙碌着,嫂嫂将家中的土布送到小镇上染上色,然后一针一线为我缝起新衣服来。要知道,在那个农村基本上只有当兵和升学的年代,考取了中师和考取了大学一样,都意味着可以分配工作,可以拿着小本本到粮站买大米买白面,按老百姓的话说就是“鲤鱼跳龙门”了。亲朋好友、左邻右舍纷纷登门祝贺:

“孩子,你端上‘铁饭碗’啦!”

“孩子,你为老祖宗,也为我们村争光啦!”

“这是党为我们老百姓办的学校,你要懂得知恩图报啊!”

……

尽管村里人的话有些过于直白甚至有些偏颇,但他们却说出了那个年代人们心中的公办师范学校。当然,他们也知道这样的学校门槛不是轻易就能跨进去的。是的,那时的如皋师范招生一般都是面向南通六县一市的。在我们之前,如皋师范连续两届每年只招收一个班40名左右学生,我们那一届招收了三个班120名学生就算多的了,可摊到每个县市能招几个?而且一个县市那么多初中,不是学校的“尖子”,哪能跨得进去!

报到的第一天,当我远远地看到梦寐以求的如皋师范学校时,我就深深爱上了这个内外护城河环绕,河上小桥连着教学区和宿舍区的学校,这个一进五堂、庭院回廊,院内外洋溢着浓浓书卷气的学校。在这样的美好情境中读书,我的心灵不止一次被校创始人沙元炳先生“教育兴国”的崇高思想和家乡情怀而震撼,他主张“由政府出资为贫乏子弟提供免费教育”的办学理念更是一次次温暖了我的周身。三年的学习生活,学校不仅免除了我们所有的学习费用,而且三餐一宿、校医务室看病费用全部包了下来。作为特困生,我每月还享受到两块多钱助学金补助。不仅如此,平日里我们还得到了老师们无微不至的关心。师一下学期,我右腿上患了一个大脓疮,我怕影响学习坚持上课,体育课丁老师发现了,撩起我的裤腿一看不禁大惊失色:“都肿成这样了,还不去看医生!”随即叫来几个同学将我送到医务室。课后,他还两次赶到宿舍看望我,叮嘱我好好休息……后来,得知老师病逝的噩耗,我不禁潸然泪下,悲痛之情久久难以离去。学校为我们提供了得天独厚的条件,完全排除了我们学习的后顾之忧,我们要做到的就是要好好学习,将来更好地报效祖国。

在这里，母校一流的教师、教学和管理，让我真真切切感受到“师范者，人之模范也”。记得第一天去母校报到，刚到校门口卸下行李，就听到有人亲切地问我“你叫吴光明？”“是”，我随口答道，抬头一望，是一位满脸笑容、戴着眼镜、斯斯文文的男青年，我感到有些好奇，我一个农村孩子第一次来到县城，怎么会有人认识我，便探问：“请问您是——？”“我是老师赵锦泉，如果没有认错的话，你是薛窑中学毕业的！”我被惊呆了，一时无言。原来他就是我未来的班主任，他是看我档案中的照片认识我的，而且记得如此准确，我真的服了！

接下来，老校长姚古渔开学动员报告中“半桶水与一桶水”的故事，让我们懂得了“要给学生半桶水，教师必须具备一桶水”的深刻道理。我至今记忆犹新、忘记不得，它一直激励我刻苦学好文化和专业知识，真正做到“像个人”。坐在宽敞明亮的教室里，聆听那些被誉为“活字典”“音乐大师”等老师们的讲课，真似在轻松调侃、雨露滋润中尽情享受艺术的大餐。教学中，他们的严谨更让我们肃然起敬，佩服得五体投地，一字一笔不该出头而出了头的、弹钢琴坐姿不正的、投篮动作不标准的等，每一个细微之处他们都不会轻易放过。记得一次作文考试《记一次有意义的活动》，语文老师发现协助监考的老师在黑板上将“记”字的“己”写成了“已”，只见他两手插在裤袋中，在教室里慢慢地转悠，趁协助监考的老师不注意，抬起手用一只手指头轻轻一捻，将“已”字竖弯钩的出头部分抹去，然后悄悄地离去，不少同学看到这一精彩细节后会心地笑了，笑过之后又默默地点了点头。

行走在母校的大院里，我们每天都能目睹到那些高悬于厅堂通道门楣上的“真实”校训和“沉笃醇和”校风等匾额，时时、处处、事事受到潜移默化的警醒。校规明明白白告诉我们，除了周末、节假日，我们是不能随便走出校园的，即便情况特殊也必须严格履行请假手续。学校的门厅一侧设有一面大镜子，我们每天进出门厅时会对照镜子整理一番，因为衣着不端进教室是要受到老师调教的……

正是这些，让我明白了母校人才辈出的真正缘由。难怪母校的毕业生总是那样的“吃香”！那时，都说师范学校培养的对象主要是小学教师，可一毕业不少人就被机关、乡镇等单位“抢”了去。我虽算不上人才，但毕业前就因为我懂点美术被县机关一单位借用，毕业分配时借用单位知道我会写，说什么也不让我去学校，硬是留在了机关。机关工作时间一长，交流中我发现身边不少同志都和我一样来自如皋师范，我的自豪感更强了。

也许是太爱母校了，我从如皋师范毕业直到退休50多年来，工作单位换了一个又一个，小家庭也搬迁了一次又一次，但一直没有离开过母校，总是围绕在她的身边。更值得回味的是，我曾任教于如城第二中学，就住宿在母校河南宿舍区，有幸与我的班主任赵老师一家一墙之隔，长达十年之久。与母校的师生朝夕相处，结下了更为深厚的情谊。节假日里，我喜欢带上相机，转悠在母校的里里外外，捕捉母校最美的景色，将它们一张张定格下来。外地朋友来到如皋时，我最乐意的就是当他们的导游，首先就是领着他们参观母校，我边走边讲解，给他们合影留念，留下他们对母校最美好的记忆。

其实，回想起来，类似我这样逐梦母校的学子太多了。那时，农村孩子尤其热爱师范，初中毕业生只要成绩好都会报考如皋师范的。在我的记忆中，我们那一届进了如皋师范的120名学生没有一个不心满意足的，毕业多少年了，嘴上还是常常挂着"我们如师"四个字。那些外县市区的老同学一次次、一批批来到如皋，总要回母校转转看看，拍拍照片，然后发到微信群里"显摆"一番。我们那个小小的村庄先后就有好多个如师毕业生，他们中有的是夫妻、有的是兄妹，还有的是子女又继承了父母的事业。

数十年过去了，如今母校大门两旁的围墙上已经嵌上了"中国师范学校博物馆"和"全国重点文物保护单位如皋公立简易师范学堂旧址"的标志牌，当年的"如皋师范中等专业学校"已经发展为"南通师范高等专科学校"。我深信，不久的将来，"南通师范学院"一定会到来，因为这棵古老的大树已经深深扎根于民众这片肥沃土壤之中，根深叶茂，生机勃勃！

作者简介：吴光明，原江苏省如皋师范学校1968届毕业生，退休前担任如皋市政府办公室副主任、《如皋日报》总编辑。

那时如师

卢应锋

20世纪90年代的如师，还没有现在的规模。一进五堂古朴风存，另有教学楼、实验楼、音乐楼、图书馆、礼堂(食堂)各一，其他附属若干。

一进五堂前后五排，涵四格庭院，中路一进到底，抄手回廊前后相通，两边均设园门，各有题铭。门厅是第一进，立镜一座，以正衣冠；门槛是卡嵌式的，一般自行车进出得把车拎起来，稍大的车进来了则会将门槛搬开；西侧室两间，一传达室，一收发室；庭院有砖砌花坛，立遒劲罗汉松四株。再往里，三排屋子均为穿堂，路两边各两间，行政办公为主，庭院布置梅、竹、桂、石等。最后一排，是连横四间，稍高出地平，做两个班的教室；庭院中立广玉兰两株，校铭碑树于院中。

五堂东侧隔一巷道，还是五排，大多用于教师办公，最后一排后来改成阶梯教室。

五堂后是教学楼，五层，一至四层每层六个教室，顶层只有四个教室，楼两端为教师办公。一届大概八至十班不等，教学楼每层有六个班，安放不下就另寻地方，我们94届八班在一楼读一年级，隔壁是92届的九班，而93届的八班当时就似在实验楼。实验楼在教学楼东侧，每层出楼梯就是教师办公室，理科的居多，四楼为计算机教室。教学楼的后面是一块较大的花圃，接着是校园的最后一排建筑——图书馆。

五堂西侧是操场，操场西南为音乐楼，门北向，进门即楼梯，楼梯东为大教室，西是琴房，小隔间。音乐楼的层数记不清，只记得最上层是舞蹈室，一长跑木楼梯向上。

这就是主要构造了，除上述之外，基本上是教师宿舍。学校内安排不下学生宿舍，分在外面三处：一在河东，女生宿舍；一在河南定慧寺旁，食堂也在那里；还有一处最远，在党校，我们八班男生在那里待过两年半。

相信90年代在如师的人，对校园每个边角旮旯，除了教师宿舍部分，印象都应该颇为鲜活，无论是穿堂而过的青砖石板、堂东的仄铺巷道，还是满覆五堂西墙的爬山虎、图书馆前冬日盛开的腊梅、操场斜往音乐楼空地上的秋千，甚或第四节课时操场边的热水瓶、飞奔食堂时路边叫卖的扁豆饭、功德林的素面……

谨严篇

如师素来严谨。1994年开学前报到时，给每个新生发过一本小册子，罗列校史和各项制度，一下子把我吓得不轻，担心会考试，翻背了好几天。真正进校时还很心怯，校历的一批名人中只记得魏建功。开学后却没那般小家子气真考这些内容，但用了约一个星期时间进行入学教育，听讲座、开广播会、参观宿舍，讲纪律、谈学习、论文化，其中有一次广播会讲的是《红楼梦》。同时，用一个月时间学韵律操，由高年级带。练操专抓空闲时间：中午肯定没得休息；本来看着下午只上两课，有大量可自行支配时间，但也被利用；那个时候还没有实行双休，周六上课，周日所有时间又都用来训练。由此直到国庆节放假，倍感辛苦。这属于当头立规矩：考学的压力没有了，要想学成出去就不能混日子。

只记得国庆放假的时候，一年级新生如囚释荒野、鱼散湖泊，个个“慌不择路”，顷刻杳然，这叫归心似箭；二三年级的就散散漫漫无所谓，老半天也散不尽。假后再来，一切开始上正轨，经过这一个月的蜕变，新生真正成为学生，开始全部的学习。小学教育不培养专科教师，除了不开设英语（当时小学也不学英语），其他门类众多。语文数学物化地，政治心理教育学，小语小数课程法，生物开两门——生理卫生和动植物学；音乐学乐理、美声、风琴，再加一项乐器——二胡、琵琶或者小提琴，少儿舞蹈七八支；体育除了正常的课程外必考短长跑、篮球、排球和行进中口令；写字有三：毛笔、钢笔、粉笔；美术学素描、版画、国画，必考简笔画；口语练普通话和口头作文；计算机、劳技制作一样不落；貌似没有副科，以上按年级逐个加上去或者学完了减掉。有兴趣的学生还学习绘画、书法、篆刻、笛子，学得好的颇有风头。有个兄弟一年专一个——篮球、长跑、书法、计算机，最后还利用毕业前三个月谈了会儿恋爱。但我就被弄得晕头转向。三好学生必须每门 80 以上,整个三年,我在三年级第一学期好不容易接近标准,随后一学期更加谨慎对待,门门不敢掉以轻心,才到手一次。犹记得最后一学期经历过几次大考——隔几天就会拉一趟,必考科目全部上阵,然后才得以去实习。也就在第三年,在能够妥帖处理每一个学科的时候,才发现有那么多时间可以做自己喜欢的事,于是到图书馆大量借书读。但又发现自己容易偷懒,于是改从外面借,外面的书读得更用功,也快,因为逾期要倍数付偿。

生活上要求也很严格,宿舍卫生有标准,每天检查无死角。起了床整理、洗漱、打扫卫生,打仗似的,收拾晚了在校门口还被查迟到,当然趁人多的时候也插空穿过去。到校后先做早操后早读,再吃早饭。我记得一二年级的时候每个月还发 60 块的饭票、水票,发了三个学期,后来就没有了。那时饭量大,就是不养肉,我这小体格三年不过百。宿舍卫生间没有热水,夏天洗澡男生就用脸盆装满水往身上浇,一盆浇湿,头身各打上洗头膏和肥皂,搓洗数遍,再弄两盆冲净,哗啦啦哗啦啦,那一个痛快。有些健壮的兄弟凛冬腊月还这么干,算是厉害的。就洗澡这件事,班上有个哥们其时已然注重养生,认为肥皂洗澡伤皮肤,每周会用周末 1—2 个小时,在卫生间慢慢擦、慢慢搓,传来一阵又一阵"哗啦啦"的变奏。还有个哥们发现每天洗内裤太费劲,索性弄来一次性的,洗一次澡扔一条。学校在冬日其实是有浴室的,一周开一次,得早去排队。

宿舍每天晚上准时熄灯,关大门。往往下了晚自修回宿舍,肚子里已经饿干榨尽,就偷摸到旁边小摊吃碗面,当身子暖和起来、抹着嘴往回走的时候,发现大门已经关上了。老实的就乖乖待着,等着被记名字;捣蛋的拉住铁门,哐哐一下蹬到半腰,再一下跨上门顶,"噌"一声翻身落地。自此往后,大门再堵不住一个人,熄灯以后便哐哐响个不停。有一次汪政来查夜,不信,让翻一个看看,堵在门口的没人敢动。后面一个来晚了的,黑乎乎的见几个人站着,伸手拨开,说:"次里巴嘿的(笨蛋),等啊记名字撒?"腾腾腾,三步上门,噔,完美落地,走人。大伙儿一阵傻眼,随即扑哧转为轰然大笑。然后汪政让人开门,一齐放人,没几天,食堂供应夜伙儿,也是面条。

自由向学篇

没有了考学压力的学堂,大家有放松了的,有不放松的,还有开始放松但最终不放松的。但校园里面各类展板、活动风生水起、蓬蓬勃勃,耳边还有不少上届翘楚的轶事,不由得暗暗羡忌。领其风气者,是自由,崇尚学养,有追求。印象最深的是1995年劳动节后,开始实行双休。周六不上课了,学校开始在周六安排讲座,陆志平、汪政、何平都讲过,三人风格不同。陆志平谨严论道,逻辑制胜;汪政锐利直击,妙语横生;何平信息量大,铺天盖地。听后都觉余味绕梁,几日再品,听陆志平觉得肃穆,听汪政觉得睿智,听何平则自觉无知。当然,这种福利持续时间不长,不久大家习惯了两天休息,淡漠起来,也就没有这类精彩的活动了。其时,学校还有一个潜龙卧虎的群体所在,就是第一届大专班,只知道他们在别的班上课的时候可以自由去图书馆。那是首届从南通市内三家师范毕业佼佼者中遴选而来的学生,增上两年。这批学生成为校园师范生的典范。我们不了解他们,也未接触,但敬重这一群人,尤记得其中有一个叫张华的,后来我对南风皇后时期的张茂先感兴趣,想来跟那时遇见这个名字还有点关系。

每学期一个班级有一次劳动周,包揽学校所有公共区域的卫生,一个星期不上课,没作业。这比过去每到麦收时的"忙假"还舒服,打扫一会儿就得,剩余时间自己摆弄。有个兄弟其间自学完了计算机课程,那还是286时代,挺不简单的。有几个小组分的任务竟然是看宿舍,日里宿舍不关大门,防止外人进出,也防止学生偷懒逃课。这活儿就是看书或者大伙儿扎堆聊天,新生由此很快熟悉起来。也有斗争时刻,守在高年级宿舍门口,往往挡不住人,于是便会杠起来,一时传得班里热血激荡,空前团结,恨不得要搞一架,当然,最终啥也没有发生。最吸引人的活儿是去图书馆帮忙派书,可以先自己浏览,喜欢的还能藏在吧台下,推说"借出去了"。

礼拜天休息的日子,大家各自有安排。图书馆是整日开的,阅览室不大,整日满座,一片寂静。有的外出周游小城,也有的趴窝一整天。其时如城的拆迁刚刚开始,海阳路钟楼还在,中山路向北一片老街,老如中、工人影剧院、安定小学、四海楼、清泉浴室等周边的一切,都在。有个兄弟包场泡录像厅,带一包干粮在整个黑暗中盯完五到七场录像才回。有时我们也去看电影,《空军一号》《真实的谎言》都是那时看的。其时虽然在拆迁,但如城电影院还在正常上映,只是围墙已然不甚牢固,半腰被踩破一块砖,不够票的时候,我们几个也遛墙肩儿。

大家都是轻飘飘的少年后生,只服有本事的人,学养为其冠者排前。有本事的老师,就是人物。大大小小这么多教师,轶事当然也很多,议论掌故是当然,比如陈银书据说是省篮球总队的,篮球运走如粘在手,那才叫"玩于股掌";陆玉贤马克思主义哲学讲起来行云流水,却也是个周易大师;班主任杜志章,还是个体操王子;有几个老师跟学生缔结了姻缘,也是佳话。感觉那时如师人物,似一个世说六朝的所在,一一对号过于教条,各怀俊采倒也不失其真。各个领域自有扛鼎的独领风骚,也有大批肱股骨干,受教不少。

"老生"篇

所谓"老生",都是些老先生。

仲伟功。前时,白岩松说到季羡林在北大帮一个学生看行李一个多小时的事,我就想起了仲伟功先生。经历有些许相似,入学如师前需要转团组织关系,我在乡团委办好之后,把资料装进信封,送去如师。那天下午,刚进大门就住脚了,许是森森庭院有些深幽,情怯之下,抖机灵似的将信封投进了校门口的邮筒,赶紧抽脚离开。过些天,才想起,那邮筒是外寄的,我那个信封没有贴邮票,虽然写了"如师团委",还不成了凡卡给爷爷的信?慌忙之下,只得再次赶去。可是进门依然生脚,正伸颈犹豫,一个老人走出来,头发稀白,白色衣裤,面色朗润泛光,问我什么事,说话时眼睛一眨一眨,我惊着喜急促地说了个大概,老人轻轻地嗯着。完了,他说:"你是想问有没有收到?这样子,两天后你再来。"他就一句话,我赶紧谢着走了,走了才觉得老人的话简单到似乎是赶我走的样子,两天后再到哪里、找谁呢,没有问清楚啊,我又忐忑起来。还是下午,老人已经等在门廊下,双手别在后面,看见我,说:"收到了收到了,没事。"我这才怀着感激谢他,他又说"没事"。后来,不怎么常在学校见着,打听到是仲伟功先生,颇喜佛学,这才觉着他面目上有那种"应无所住"的通透和随适。印象中,是在学校和定慧禅寺的河桥边,经常看见他一个人走着,还是素衣白褂,面朗色润,眉长目健。偶尔去办公室时,看见他的桌子上总有一把紫砂手壶。

项云英与吴新。这是两位化学先生，师一的时候是项云英，师二的时候是吴新。我对于化学完全不通。但是，一上来，项云英老师的活泼劲就感染了我们，个子不高，头发略有斑白，笑容一直挂着，声音一直甜美着，我一直被这种热情裹挟，虽然我不怎么听得懂她的话。热情也滋生了兴趣，却很浮光掠影，遇到深入不下去的时候就很容易泄气，所以那时的化学老考不好。让人挺宽心的是，我不是学得很带劲嘛，这就行了。我知道项云英先生在科普上有不小成就，可我是难以教化，我的好兄弟石建宏化学学得好，颇得先生青眼。吴新先生就显得持重，但不是老成，一板一眼，稳而有实。他和项云英先生同为通州人，但口音却略有不同，吴老师把“白”念成“bó”，比如，白(bó)铁皮，弄得一个沉闷的字眼挺活跃的。他的字是那种清致的欧体，秀而有灵。至今还记得，吴老师讲完一句话后，回头在黑板上，一笔一画地慢慢让欧体字的清逸从笔底流出。我们就在静静中等待，也在静静中欣赏，尤其是让我觉得这“静静中”流露出了理科能者的“聪明”和傲气，让我等此类理科不聪明者没有自己想象的学习定然受阻的急躁，然后相信，只要慢慢来，一切都是可以抵达的。我记得在学“碳烃”这一章，本来挺复杂难懂的内容，在吴老师清爽的讲析下，学得轻松实在。那是我遇到的第一个把理科的东西讲得这么条清理晰的老师，第二个是唐仁骥老师，再后来就是丰乐小学的曹锡芬校长。什么叫“条清理晰”，就是像我这样的不通者，同样能得到成就感，不比那些在理科上的能者丢份儿，期末也轻松地获得了九十五分。但记忆犹新的是另外一件事：其时，我们都很佩服吴老师的教法和教风，喜欢看他认真地书写，遇有重大活动还能看到吴老师书写的标语，就更在心底里佩服。然而我有一次作业，出错了不少，吴老师圈画了许多地方，我很惭愧。重做了一份，交上去，依然有一两处毛躁，且有“书写不认真”之类的批语。我不服气了，认真了一番，又重做了一份交上去。下次课前几分钟的样子，吴老师端着我的本子，在过道里询问我的名字，然后来到我的桌边，对我说，字是有努力的，但这份作业，一遍不行，再来，再来后又来一遍，你要更认真些……我心里很不好受，其实回头看看，那时的字是轻俏浮躁的，不见诚实，我的不服气也当属意气中。即使现在，也偶有潇洒横过黑板的时候，想想吴老师，驭书驭人之功，当臻艺术之境。

唐仁骥。有位同窗写过唐仁骥先生，印象中记述了“果咋(是吗)”这个口头禅，这位同窗是外地人，所以感觉特别。虽然我们有注意，可当这位同学写出时,这才觉得。唐仁骥先生,个子不高,身子总有点前倾,仁者相,但我更认为他是“糖者貌”,赭糖色的皮肤,“糖心甜人”初印象是三年级的时候,他在我们隔壁空教室给几个保送大学的毕业生复习数学,声音铿锵,我以为隔壁在搞讲座,下课赶紧探头去看,只有两个学生。这算是家教了,现在可没见只有两个学生还这么卖力的。印象中也有两个学生意得志满的模样,轻松着,大概唐老师还揩着汗。后来就是毕业那一年的数学课,讲的是微积分,我是本打算上课睡觉,下课抄作业的,但是没办法,因为真没有必要。“懂了吗,没懂我再讲一遍,发现有点意思了吧。”同文科一样,清晰就是学习理科的利剑,无论这门理科有多“高等”,更重要的是,谁都觉出如皋话的韵味了。总有人取笑如皋话的土,但老先生操的一口浓重地道的如皋话,就是那么入耳、那么有腔韵、那么风流!

历史老师刘先生。很不肖,我记不得先生的名字了。但我无法忘记刘先生讲历史,除了博学,有许多自己的东西,虽然他只给我们上了几个星期的课。从中考应试中释放出来的人,对书本的装腔作势已经不以为然,我很幸运我在如师的日子碰到过这么一些人,佩服过这些人。何平老师告诉我们《语丝》的发刊词:独立判断、自由思想、美的生活。刘先生亦深发其理,印象颇深的是他讲刘邦和阮大铖,关于刘邦的成王成业史,关于阮大铖的诗歌。刘老师也有点类似于唐仁骥先生的体态,身子有点前倾,但看上去似有老生清唱的架子,身板、双脚似乎有着“倾而不前、临而不亲”的味道。

方邦俊。方老师是东台人,“二”就读作“啊”,喊口令的时候,开始听大家总是要发笑的,“一啊一,一啊一。”确是这样,上方老师的课你是开心的,很快乐!方老师是那么单纯,又是那么的认真。然而,大家做得却不很认真,他就一遍遍再认真地教你,做不好也不会对你心有芥蒂。方老师很勤奋,学校的早操每天都有他的身影。他是体育组的组长,凡事无论大小,亲力亲为的多,总是能看到他矫健的步子。他似乎从来都是运动装,甚至有时会看到藤野先生式的“忘带领结”,穿衣不甚讲究,做事讲究。在丰乐小学实习的时候,竟然看到那位贤淑严正的教导处朱主任是方老师夫人,大家颇为惊讶,回头一想,这一正一谐的,就这么好,就这么幸福!

作者简介:卢应锋,原江苏省如皋师范学校1999届大专班毕业生,现担任如皋市政府机关党组成员、机关事务服务中心主任。

三“味”老师

郭姜燕

1989 年，我考入如皋师范学校，有一种穷人家孩子突然被富人收养的感觉。

单就国家免费发放的饭菜票来说，已经充满了幸福感。每天都能吃到荤菜不说，月底还用多余的饭票买上一堆的馒头花卷带回家跟父母及弟弟一起分享。小小的师范生，已然有了能回馈家庭的能力，现在想来依然感到自豪。

食堂饭菜的美味给了生于农村长于农村的我无限的幸福感，同样给我幸福感的还有如师的各“味”老师。

一、家的味道

我们这群农村孩子，是在班主任张德清老师的细心照顾下，正式开启了三年的通师时光。

记得那时的张老师住在学校河东的宿舍区，不太宽敞的平房里，张老师的女儿丁丁刚出生不久，张老师的母亲来帮忙照看孩子，我们几个喜欢小孩儿的女生经常跑去看丁丁。本就不大的屋子顿时拥挤起来，热闹异常。我们叽叽喳喳，丁丁偶尔哭闹，炉子上的水壶常常叫嚣，张老师始终笑眯眯地看着我们，给我们拿零食，倒茶水，仿佛我们是来串门的邻居或来访的亲友。我们眼看着襁褓里的丁丁慢慢长大，学会了说话和走路，却忘记了自己也正在长大，而三年即成转瞬。

现在想来，张老师身上有一种浓浓的“家的味道”。

那时，他应该刚当老师不久，站在我们面前，像一个小哥哥，身上有未曾褪去的稚气，脸上时时露出亲切的微笑，在我们出现了“苗头”不对的情况之时，他又会严肃认真的指引着我们。

教我们生物的他，从来不会把我们拴在教室里。校园里的一花一木都有名字，他让我们去认识它们，跟它们“交朋友”。周末带我们去公园，结交更多的植物朋友。我们对着那些树，念着它的名字，读着牌子上的解说，引得游人忘了赏景而来看我们。年少的我们更加起劲，拼命去找那些不认识不起眼的小树苗用来刁难张老师。张老师呢，好像从来没有被难住过，更没有不耐烦过。

那时，我是个性十足的野孩子。小学中学就习惯了跟老师调皮捣蛋，父母也很少给我约束，养成了我想说就说的性格。

这样的孩子遇到这样的老师，不碰撞出火花都很难。

与张老师对着干，成了最能激发我斗志的事情。宿舍大扫除，张老师说鞋子在床底下要排成一条线，我故意踢一脚，让一只鞋歪过身子，挑衅地抗议张老师的“古板”；晚上张老师巡察宿舍，提醒我们上床后不要吃东西，说那样不健康也不卫生，我偏偏掏出一片饼干大嚼特嚼，无所顾忌；晚课时，张老师总结完一周的学习活动，提出几点建议，我急不可耐站起来反驳，说那一二三有多不合理……张老师找我谈话，苦口婆心地劝我要戒浮戒躁，要更勤奋刻苦。他浑身都流露出一种家人的“恨铁不成钢”，而我，用倔强回应着他。

等我离开了张老师，才明白了他的良苦用心。工作后，因为我的口无遮拦，我受到很多挫折和打击，在沮丧和伤心时，我回想起张老师曾经跟我谈过的那些话，才发现，当时觉得那些话声声刺耳，其实都句句掏心。惭愧和后悔中，我跌跌撞撞地走着弯路，慢慢成熟。

“我本将心向明月，奈何明月照沟渠”。在我当老师的几十年里，我遇到很多“不领情”的孩子时，都会在心里这么吼叫一下，平息内心的委屈。那时我会想起张老师无奈地看着我的情景，年轻时的张老师，一定不止一次想要这么对我怒吼吧！

张老师，也许我就是个晚熟的孩子。如今头发开始花白的我，始终无法接受张老师满头华发的现实。在我心里，他一直应该是个年轻小哥哥的样子才对。

二、天籁的味道

我写的第二“味”老师应该早就忘记我了。张建明老师只在师一时教过我,比起讲课,我们更喜欢他朗读课文。讲课时,他是个普通的老师,而一朗诵,他脚下的讲台就成了舞台,他整个人似乎都发光了。一篇文章,似乎不需要怎么讲解,经他一朗读,所蕴含的情感、包含的意思似乎就自动显露出来。

刚进校不久的一天,我发烧了,昏昏沉沉睡在宿舍没能上课。

来到陌生的学校,不善主动交友的我总感觉孤独,生病更加剧了孤独感。一个人孤零零地躺在床上,身体的不适,情绪的低落,双重的难受如乌云压顶,缩在被子里的我昏睡一阵,哭泣一阵。

中午,宿舍门被推开了,舍友们像事先约定了一样,都到我床前来看望,关心我的感冒怎么样了,有人去找了她自己的感冒冲剂给我喝。她们激动地告诉我,张老师课上读了我写的作文,班里的女同学几乎都哭了,很多男生也哭了。她们问我怎么能写得那么感人。

那是进如师的第一篇习作,我写的是初中离世的好朋友。我只是跟随着我的思念去写,自己并不觉得有多么好,一定是张老师的朗读给文章增了色。

我被舍友们包围着,关心着,疏离感一扫而空,宿舍顿时有了家的温暖,我的头痛也减轻了很多。喝了舍友的感冒药,发了汗,振奋了精神,下午我没再继续躺,感冒很快就好了。

从那次起,我不再用假装的开朗和不在乎伪装自己的自卑怯懦,而是真正打开心扉,慢慢有了好朋友。

而听张老师讲课,也不再是一种学习任务。我几乎是沉醉于张老师的好声音中了。无数次在心中构想着要对张老师表达一下感激,但敏感和敏感带来的孤傲让我迟迟没有行动。至今遗憾。

我错失了亲耳聆听张老师读我作文的机会,但同学们的反应给了我更多的想象空间,想象中张老师的声音犹如天籁,激发出我对写作更多的热爱,引领着我若干年后走上作家之路。

三、文学的味道

后来遇见了程然老师。

可以说，没有程然老师，也就不会有今天的我。

真正懂得程老师的好，是在成为教师之后。

读师范时，只是跟着同学们一起崇拜程老师。他怎么懂得那么多！课堂上，无论涉及哪个领域的知识，他都能侃侃而谈，上下五千年，琴棋诗书画，让我们听得如痴如醉，只恨下课铃响得太早。

程老师上课前总会在教室里转一圈，眼睛扫描一下我们的课桌，发现桌角有课外书他就满意，如果没看到课外书，则笑着问："书呢？"程老师的这个课前举动让我明白了课外阅读对于语文学习的重要意义。

程老师把班里分成若干的学习小组，经常把课桌围成几圈进行解读文本的自由讨论，同学们最初很拘束，次数多了便开始畅所欲言，学习热情高涨。写作后，有四人小组进行相互批阅、写点评。和之前我们接触到的语文课堂不同，在讨论和批阅中，我真正感受到了一种学习上的"当家自主"。

在我眼里，程然老师浑身上下都洋溢着"文学的味道"。

可以说，我当老师的样子是从程老师那里"临摹"来的。

为了能成为程老师那样让学生崇拜的人，我扩大了自己的阅读范围，除了自己本来就喜欢的文学，自然、历史、科学和哲学，我都努力地去"啃"一些，在课堂上也会经常跟孩子们分享语文书本以外的知识，看到孩子们一双双亮闪闪的眼睛，我不由自主会想起当年在程老师课堂上的自己。

受到程老师课堂讨论法的影响，我用心为孩子们构筑一个安心的课堂环境，他们无论说得对不对，好不好，都能积极放松地表达出自己的看法。无论孩子的天赋如何，家庭如何，个性如何，在我的语文课堂上，我努力让每个孩子都被阳光普照，让教室里没有被遗忘的阴暗角落。

而陪着孩子们一起读书，更是程老师对我的言传身教。比起语文考试的成绩，程老师更关注我们的阅读数量和阅读质量。我曾经有机会得以匆匆瞥过一眼程老师的家，那满墙的书啊，到处都是的书啊，瞬间击中了我。我知道了，程老师的高度是用书垫出来的！我也努力用书籍搭建出我和孩子们的阶梯，希望能站得更高，看得更远。

我几乎没有单独跟程老师说过话。但在毕业前夕的实习时，程老师突然喊我过去，叮嘱我要好好把握实习机会，争取能留在实习学校。当时，那句话对我来说就是一个遥远的梦想，闪着光芒却又遥不可及。我激动而慌乱地点头，最后却还是辜负了程老师的期待。十多年后，当我考进当年的实习学校后，我常常想起程老师找我谈话的那个瞬间，那时如师的园子里应该飘满着淡淡的花草芳香。

我的毕业留言本在数次的搬家中遗失，“认真的人会得到报酬，有时候我们总是玩得太多。”程老师的这句话始终刻在我心中。每当浮躁时，想放弃时，我都默默念着这句话，咬着牙坚持，再坚持，从而成为江苏省语文特级教师，还成为受孩子们喜欢的儿童文学作家。

人生因百味而丰富，我因这三“味”而幸运。

感恩我的各“味”老师，感恩如师。

作者简介：郭姜燕，原江苏省如皋师范学校1991届毕业生，现在在苏州大学实验学校任教。中国作家协会会员，江苏省语文特级教师。著名儿童文学作家。曾获第十四届全国精神文明建设“五个一工程”奖、第十届全国优秀儿童文学奖、首届曹文轩儿童文学奖等奖项。

一辈子的滋养

万亚峰

前一段时间，写了一篇《学做语文老师》的文章，总结梳理了自己近30年语文教育教学的经历和体会，其中有一些成长与收获，那还是得益于母校——江苏省如皋师范学校的培育滋养。虽然已经毕业了30年，如师深深的庭院，潺潺的流水，依依的垂柳，恩师们的引领教诲，同学们的陪伴成长……还时时浮现在眼前，回响在耳畔；如师校园厚重的人文气息，笃实的治学精神，严谨的校风学风滋养了一代又一代江苏教育人，其中也包含我，一名普通的语文老师。

师范的老师，示范的老师

有专家讲，一名教师上课时，是带着他全部的阅读史来上的，一名好老师，更是一个对书有独特情感的读书人。我特别崇拜教我们《文选与写作》的汪政老师，他读的书多，写的书多，他的课堂常常让我们兴趣盎然，流连忘返。当时全国中等师范学校校长会在我们学校召开，汪老师上了一节《〈论语〉八则》观摩课。我个头偏高，坐在教室最后，只记得课堂上，老师旁征博引，娓娓道来，旁边听课的校长都伸长脖子、静气凝神关注着讲台上的汪老师，纷纷感叹老师的博学多才。看着讲台上神采飞扬的汪老师，我顿生一股敬意。平时的课堂内外，我们欣喜的是常读到汪老师撰写的文章，有时是厚厚一沓的文稿，有时分享的是几段精妙的文字，评论字字珠玑，散文文采飞扬，都会让我们惊叹不已。我们最喜欢的是到办公室看汪老师的书法作品，宣纸上的字迹或清秀飘逸，或龙飞凤舞。正是怀着这份对汪老师的崇敬之情，在师范学习期间，我努力读书，刻苦练好每一项师范生基本功，梦想毕业后踏上工作岗位能做一名优秀的老师。

我们非常幸运，学生时代就接触到陆志平校长等教育专家，认识陆校长是从听他的报告开始的，每次开学典礼和学期结束大会，陆校长照例会讲话，印象中总是出口成章、表达严谨、逻辑性强、引经据典，文如泉涌，古文诗句随手拈来，往往这个时候，我们坐在台下的学生总是叹为观止，佩服得五体投地，由此开会也成了我们如皋师范学习生活中的一大期盼。陆校长既是行政领导，又是语文教育专家，开会培训经常发言。他注重老师教育理念的引导，教学基本功的训练，教学技艺的提升。听陆校长评课指导，从教育理论到课堂实践，从课堂的整体架构、问题的设计、语言的推敲到节奏的把控等，都恰到好处，精彩连连。每一次学习培训，总会让刚尝试走上讲台的我豁然开朗，如沐春风。

努力实践每一个生命的精彩

一百二十年，如皋师范始终努力实践着每一个生命的精彩，这也是我们教育人的使命与责任。如果说师范教育和我现在所在的基础教育的区别，我感觉最大的就是基本功的培养训练，如皋师范特别重视，我有切身的体会。我的祖籍是南通海安，里下河的淳朴和南黄海的广阔孕育了我们，由于普通话基础不好，声调的第一声和第四声、声母 n 和 l、前鼻音和后鼻音常常混淆不清，教我们普通话的徐晓华老师每课亲自示范、不厌其烦，从指导我们发音开始，一个同学一个同学检查，一遍一遍朗读，一字一词纠错，一句一段提醒；并让我们成立学习小组，和南通、海门等地的学生结对练习，互帮互助，教学相长。同学们课上练，课后练，晚上到宿舍还继续练习，记得最清楚的是宿舍统一熄灯休息，我们几个落后分子还在卫生间借灯进行。功夫不负有心人哪！毕业后回到家乡，我是普通话比较标准的老师之一，还做起了镇上文体活动的主持人和普通话测试员，说来都很惭愧汗颜。除了普通话，每天必不可少的还有练说练唱课，围绕一个主题，自由到讲台前表达展示，时间 5 至 10 分钟不等，刚开始的我们非常生涩，抓耳挠腮、抓头摸鼻也挤不出几个字来，唱的歌更是不着调；现在的课堂，对于我们师范生来讲，上个几节课讲几个小时、唱几首拿手的歌曲、演奏一两个乐器应该是小菜一碟。

我们北城中学每天上午下午各半个小时的跑操“雷打不动”，在学生队伍后面总有一个头发半白的老师陪伴坚持，这就是我，30 年如一日，老师同学都很羡慕我的瘦体型和毅力。说起这个，还得从如皋师范开展的运动会开始，当时，学校每个学期都举行包含各个运动项目的大型运动会，班班参与，同学们的集体荣誉感非常强，都不甘心自己的班级总分掉在后面，每个项目都是安排的精兵强将，我参加的是一万米比赛，报名之后，班级各个项目小组天天早晚训练，我们长跑组也是，从最初的围绕操场十圈再到二十圈，再逐渐增加，就这样坚持了下来。我在学生面前始终引以为傲的是曾经拿到过如皋师范学校一万米第一名，印象中记得还打破了学校记录。比赛的结果固然值得庆贺，但最重要的是以人的健康发展为本，注重品格的塑造和良好习惯的养成，培养了伴随一代又一代如师人一生的勇于拼搏、积极向上、不断追求、克服困难、勇敢坚毅的品质。

做一个永远的追梦人

工作之后，我就在初级中学任教语文。在互联网快速发展中成长起来的初中学生，大多思维敏捷，对事物常有新颖独特的认识，在对语言文字的理解和文本的解读过程中，往往有意见相左的激烈争辩，他们提出的一些学习疑问也常会让我措手不及。这又让我意识到，在重视学生学习兴趣激发、学习知识掌握、学习能力培养，综合素质提升的同时，教师也要提升自己。于是，我向书本学习，向身边的优秀老师学习，向好的教学资源学习，海量听课、做读书笔记、摘录教学精彩片段、反思课堂教学得失体会，和同事一起探讨每节课的教学构思、预设与生成，利用课余时间自学函授大专和本科课程等。平时，我最快乐的时光就是和学生一起写字、读书、写作、分享交流，培养他们良好的学习习惯，和学生一起在优美的语言文字里徜徉。以后的日子里，我埋头前进，先后被评为海安县骨干教师、南通市骨干教师、南通市优秀班主任、南通市课改先进个人等。我坚守课堂教学主阵地，坚守语文教学，坚守乡村教育。看着一张张可爱的面孔，捧着中学语文教科书，我感觉沉甸甸的。这条路走起来很艰辛，但是我深深地感觉到，能在沙漠中寻找出绿洲的人生才是有价值的人生。

2013 年，我从工作了 20 年的海安县调到南通市北城中学工作。北城中学有 3 位特级教师和几十位学科带头人、骨干教师，教研活动开展得如火如茶，我真正感受到专业发展的差距，作为学校分管教育教学这条线的同志，我时常觉得有落差。2015 年，在我教育人生中的导师李凤、葛平等的精心指导下，我研读教育专著，拜访教学名师，与同事们听课、磨课、研课，主动执教区、市级公开课，主持或作为骨干参加省级、市级规划课题研究，撰写教育教学论文。同年 12 月，我参加南通市初中语文优课评比获得一等奖。2018 年 12 月，我获得江苏省初中语文优课评比一等奖。无痕语文，润物无声，我幸运地加入了李凤老师的"无痕语文"团队，得到导师段承校、王笑君、曹津源、郭志明等前辈专家的教诲与鼓励。写作教学中，我秉承李凤老师主张的真实、细微的教学主张，注重引导学生讲真话、写真景、抒真情。我在李凤老师的课堂与文章中，逐渐体悟到语文课的"无痕"与深厚丰盈，认识到只有注重熏陶、注重情境、注重浸润的语文课堂才是美的课堂。

只有实践加反思，才能促进成长。教学中，我积极研究，不断探索，将自己的反思及时记录并整理出来，在国家级、省级刊物上发表多篇教育教学论文，有多篇文章被人大"复印报刊资料"转载，如《整本书阅读教学的"批注"指导策略》于 2019 年 12 月发表于《中学语文教学》;《微写作的纯然表达》于 2019 年 9 月发表于《中学语文教学参考》，并于同年 12 月被人大"复印报刊资料"转载。这也是在践行"无痕语文"连通生活、以学生的真实情境为本的教学主张。

近 30 年教育教学之路，一路走来，几多风雨，几多感慨!

在于漪老师 72 岁那年，我听了于老师一个下午近三个小时的讲座，切身的教育故事触人心怀、感人至深。2019 年 11 月，在于老师被授予"人民教育家"国家荣誉称号之后，我去于老师工作的杨浦高级中学学习，观看了一个小时的视频，满怀虔诚，饱含泪水，感叹于老师一辈子探究语文教育的本质，又学习她"教在今天，想在明天，始终用生命在实践"的师者魅力。

高山仰止，平静而深刻，我默默把于漪老师的"一辈子做老师，一辈子学做老师"的人生格言当作自己的座右铭。作为后辈的我，一定会不断学习，学做老师。

岁月如歌如诗，攀登永不停息。在如皋师范永远的滋养下，学做一名好老师是我一生的教育梦想，是我永远向往膜拜的诗和远方。

作者简介：万亚峰，原江苏省如皋师范学校 1993 届毕业生，现任南通市北城中学党支部书记、校长、北城中学联合体总校长。中小学正高级教师，江苏省特级教师，江苏省教育家型校长创新培育计划培育对象。

如诗，如师

姜树华

母校让我写点什么，我迟迟没有开笔。

这么多年淹没于教育繁琐事海中，忙得早没有了当年在师范学堂时那个文学青年的满地的创作灵性了。再看到许许多多的当年校友文思泉涌，佳作纷呈，他们的美好我怎么就不曾细腻体验过，难道是母校偏爱他们了吗？又有些妒忌了。如此这般心流而出的文字必定不全是快乐，恰恰有些许心酸，虽不至那般辛酸，但依然唯恐扫了师长和同窗们的兴头。

一

我的感觉很特别，每次跨进学堂那个高高的木门槛儿时，总感觉到悬在上方的那块厚厚沉沉的校名木牌在静默地看着我。

每天看着我，如何走进。看我直走入四进五堂，该是心情不错，学业尚好；看我漫步进东长巷，定是心情上佳，寄遇美好；看我风风火火左拐到操场南北水泥路，大概是学业紧张，赶去补作业，当然也极有可能是为了赶去布置某项活动，哦，也不排除还有一些有模有样的学生会活动。那一刻，那一段，都没有感觉得出那扇厚厚的枣红色大门后，竟给了我们三条路，青春爆棚的人们就这样不自知地被默默整理好不同的情绪与心境。三十年后，猛然间想起当下的心理疗愈实验室与疗愈师职业，不禁哑然一笑。母校是不是早为我们备足了疗愈一生的心理背囊，幸哉，感恩戴德啊。

走出学堂那扇门，也有三条路。右拐无须经过桥，就到了学堂附小，那可是教育中的“皋地”，曾无数次伫立巍巍殿堂，神驰心往，渐渐演化为心中的教育高境界，那里有我的引路人、助力人与注目人，总不能事事顺意，那次人生的擦肩而过或成大憾，但它告诉我教育路也是千条万径，属于你的总会有一条。出校门左拐，便出了城。广袤的田园，后来的安定小学就在那块区域，幸运的是我在那里度过了四年零三个月。我时常会想是否是母校念起在乡村许久的我了，让我回到她身边再温润熏染一番。我当然要提及校门向东连接的那座小桥了，桥两岸杨柳垂依，在我眼里那片拂柳是天地间最长最长的，那个学堂的人们应该大多都亲近过岸边的柳吧，你领略过那里的万千风情吗？是晴天莺啼，还是清空朗月？想得入境了，但我始终认为那座小桥在帮着我们渡过校门与社会门，才用上了那么烂漫迷人的风景伴着我们。校门直向前就是千年古刹定慧禅寺了，我们经过那里，见过无数虔诚客，不过最深印象的还是功德林里的那一碗碗滚烫的素面，引来那么多奔跑。多年后，我突生感悟，原本是一处精神慰藉的场所，却给了我们万千学子身体补给，那是一碗碗心灵面汤啊。有一天，我捧着一碗热面，稍一抬头，“嚼得菜根香，事事皆洞明”，那一刻真的没有多想，也多想不起来。不过，对面那寺庙院墙印象特深，青青的，高高的，厚厚的，静静中它的庄重告诉着我们：到此，不必追。

二

母校让我最羞于言说的就是我的“言说”了。

不知怎么的，一入师范学堂，让我自信扫地，一时间变得木讷少言。原本，我还是蛮喜欢“言说”考试成绩的，因为初中时候我曾好多时候以为我就是第一，因为589分的中考成绩在那所初中是最高的了。可一来到如师那个“非一班”的二班，我的学号30号，单就如皋男生队伍中就有两个家伙排在我的前面，且挪腾不得，他俩的考试分数显然高我，据说还有两个女神分数高我许多，后来就不敢问了，成了心理阴影。不过倒成了我的习惯，一直保持到如今，从不跟别人比，只管自己。直到有一天，另一个我在心里默默告诉我，这就是母校给我的第一课啊。

初进学堂那段时间，农村长起来的我，提及上树捡鸟蛋、下河抓鱼虾的事情尚能眉飞色舞，一旦提及书中案上、治学教业、文学伟人诸事，常常呆若木鸡，还伴上了口吃。不消说成篇的话了，就算是一段话也时常面临无米之炊的窘状。那时起，人生便有了《演讲与口才》，从此不离不弃。挤满人的图书馆里，我在那静静读，还悄悄比画手势与身姿，俨然一位演讲家——下周“说唱课”的内容，我要备足“料”，争取在同学们面前“好好表现”一下。关键那些学生会的检察官还会蹲在门外“偷听式的”检查，看看我们的说唱课会不会“掉链子”，会扣分的。就这样被逼上“言说”之路，我很清楚那充其量就是“能说”，但远够不上“善言”。

“一声方言味，一生土气质”是我给好多同学留下的深刻印象。直到多年后，他们也是这样直言不讳，其中不乏不少女同学也曾有过类似评点，谁能承受这般心灵伤刺啊？惶恐呀。一位老师，眉清目秀，轻言轻语，举止优雅，教我们吐字归音、咬文嚼字，我们都喊她“晓华老师”。她告诉我，我的方言很好地帮助了我拥有“很充分”的翘舌音。其实，那哪是“翘舌音”啊，分明就是过分的“卷舌音”啊。她说：“姜树华你没有‘n’‘l’不分的天灾，你只要把‘天上的星星’不要说成‘天上的心心’，前后鼻音调整过来就好啦”“当然啦，你那个翘舌不要卷哦”……于是，我带着自身“优势”努力上好语音课，喜欢上了普通话，还当上了班上的推普组员，当然免不了被同班杨同学的鞭策，她是推普组长，官大一级，罢了，在哪个层级不被要求呢？只是，后来快到毕业时我才知道晓华老师还是一位文学评论家，若是她当时也用“高赞+戏谑”的语言说说我写的文章，说不准我也能像其他校友一样成为文艺界大咖。一个被鼓励激发起来的人啊，他的奋发力，再大的障碍也挡不住。但，我确幸的是：被有效控制住卷舌音的普通话为我铺就了很阔很长的路。

在“言说”路上被推得飞奔的阶段莫属母校首开的师范生素质“开门检测”活动了。人人准备，项项涉及：即兴口头作文、即兴弹唱、现场说课、现场书画等。一时间，母校变脸了，变得不近人情；同学们变身了，变成全知全能。我准备了三十篇口头作文，状物抒情的、叙事寄情的、写人抒怀的、描景怡情的……大半年，每天过一遍。临近展演了，学校要组织展示“突击队”，我进了即兴口头作文和即兴说课组。那天，不知是哪个市县区教育领导随口说出一个题目：《我的村小情结》。我全身心投入，从我村小的那个骑自行车载我去乡里参加竞赛的数学老师说到那位常年穿着一尘不染的一身白褂老校长；从村小那棵大梧桐树下的钟声，说到“栽得梧桐树，引有凤来栖”。哪知，一语成真。我回到了村小，一所离县城最偏远的村小，一所人生地不熟的村小。我不止一年地常常想，若是那位领导换个标题如何？如《我的教育梦》《我的教育偶像》《我梦想中的学校》……但无论路途有多远，有多偏僻，我带上了“能言善言”的本领沉到了教育的最基层，没有更基层的了。

三

此生，我能赶上跟音乐来个约会，真的感激母校“牵手”为媒。

清楚记得为了参加考师范的面试，突击学了一周，基本知晓了音符、节拍与简单视唱，能够模唱一首歌。入学师范前，谈音色变，且满是羞愧，不好意思张口歌唱，甚至私认为当众唱歌是个丢人现眼的事情。

母校要求我们人人要学一门乐器，简直可谓天方夜谭。无法抗违的要求终究因为家无财力而落空，我也无法忍受为了一把二胡让母亲去东奔西走，东拼西凑，最终落得“东张西望”。每节音乐课上总有一段学乐器时段，同学们都去学乐器了，我一个人在音乐教室默默练视唱，我把声音提得高高的，整个楼层都能听到，哪怕隔壁班的音乐课也盖不过我的声音。别人听来，我正在陶醉于气沉丹田，专注练声，其实那哪是练声啊，我清楚我正在努力抑制内心积郁的感伤，宣泄着无法言喻的懊丧。异样的声腔总有听得懂的人。音乐老师李云告诉我，学校有手风琴可以借，不过要几个人合用。于是，我与音乐管理员老黄成了忘年交。他很严格地遵照管理规定：“定时借、定时还、过期不候。”每次我早早守着时点，不浪费一分钟借到手，准点归还为了再借不难。有时，练到半生不熟之际，实在想继续练，黄老师显然看懂我的心思，全校晚饭时，他容许我一个人躲在楼里继续练习，嘱咐我要关上灯练，根据学校规定是不允许的。夜晚的音乐楼，一声声旋律飞起，隐隐约约，似断非断，恰如月上云丝，若是漆黑之夜，那情那景定是挺怪异的。班上同学大多练的是二胡与小提琴，终有一天我能够完整拉起手风琴乐曲了，在那个宽阔操场东侧水泥路南端的假山处，我敢在那儿拉起心爱的手风琴，别说有多自信啦，博得不少“回头率”，得意极了。

母校组建民乐队，排练传统曲目《丰收锣鼓》，其中当然没有手风琴的份儿，好生羡慕被选上的同学啊。李云老师看看我，走了，又回来了。“你练的乐器在乐队里用不上，但感觉你的节奏感蛮不错的，你来专敲中国镲如何？”我一听有机会加入乐团，虽然我真不知道中国镲是个什么乐器，但有个“中国”字样就足以吸引我了。走进乐队才知道，我就是参加一段跟其他打击乐合奏的表演，大多时候是直立在哪儿，还要保持表演状。李老师让我敲的全是后半拍起：“OX　OX　OX　X”“OX　OX　OX　X”“OX　XX　OX　X　”……别提有多枯燥，水镲声音干脆又响亮，一敲错别人就听见，就成了坏了一锅子粥的对象。一场排练几身汗，表演占比不大，操心比谁都多。一年半的练习，十来场的表演，再也不紧张了，而且我练就了一项本领：能从众多乐器声中听出哪个声部出了错，谁的演奏出了错。后来，李老师就让我专门帮记着并及时反馈。从此，我的“听风耳”，在乐队里便得到了大家的尊重，实际上，大家主要是怕我“举报”她们每一处细小的演奏瑕疵。人生真有意思，后来我做上了学校管理，免不了很多次的“指导”音乐节目，音乐组的人们总喜欢听我说，大概知道我不专业，不会提过高要求。每每那一刻，我却总能说出“一二”来，还好，每次都能换回音乐组老师们真诚的眼神儿，还有点儿欣赏。那一刻，我真的好感激母校，还不是当年偷师学艺来的那么一丢丢音乐素养呗。

加入男生三人小组唱纯属意外，我真不懂发声技巧，老师鼓励我说，“用心比任何技巧都重要”。我竟然在吴老师的鼓动下，走上台代表师三学生基本功汇演。我固有自知之明，唱得真不怎么样，但吴老师说的这句话却永久滋养了我的工作之道与处世之道。

四

说了那么多我个人师范生活的零星记忆，我的班长，我的班的回忆一下子涌现而来。

我当过班长，但不只我一个，一群人都当过。我们这个班高度自治，就看谁有勇气站到讲台上一声吆喝，大家就一起干。体育节要到了，没人指导，运动会项目写上黑板，自己上前选项申报，某项人多了，到操场比一比再回来删改报名对象，当然体育运动会成绩自然好不到哪里去。艺术节要到了，临时组建合唱团，免不了来几个女生伴舞，刘同学自编自排。临上场一个女生不见了，全班在校园内寻找，结果这位主角由于紧张在厕所里多待了一会儿。那刻的男生们仿佛忘了自己的性别，守在厕所门外大喊，仿佛迎接明星出场一般，全班簇拥进会场，比赛成绩自然也不怎么样。三年师范生活中，我们班比赛成绩好的有两次，一项是广播体操比赛，只因我们肯练，早读前、夜自修后，还有周日上午。另一项是书法比赛，这可是我们的看家本领，因为我们有一位真正的主角——书法家闵杰先生，他也是我们的班主任，书法比赛闵老师从来都是胸有成竹的。我们班也有三位书法大咖，杨大师、钱大师、翁大师。我不曾记得闵先生对我们有多少班务管理教育，他的口头禅就是“你们做事我放心”，然后他就写字去了。所有上进心，都源于我们四十二颗火热的青春不败之心啊。不能向善其群，又何能独善其身呢？扛事者，终成事；逐梦者，终圆梦。感谢闵老师对我们的信任，让我们自己扛事。不得不说，闵先生虽然没有培养出我的书法特长，但他的“无为而治”管理艺术真的影响了我的管理，直到今天，甚至未来。

母校的老师们言语不多，但对他们的记忆都无法抹去。吴啸啸老师接任我们最后一年班主任，他的迷人笑容让当时的我们一直看不懂，因为他的那份笑容伴着他犀利的眼神，恰到好处地点到为止，原来他是看穿不说穿啊；姚焬强老师一手好字，一课一黑板，不多不少，读书人可以如此儒雅且潇洒，撩热了多少颗青春靓男俊女的教育心啊；项云英老师，一位化学老师，师范里这个学科真不是主科，不知道她从哪里知道我是南通市初中化学竞赛一等奖获得者，那天她跟我聊起化学，我轻轻的一声叹息被她捕捉到了，她说了一句让我终生难忘的话：“所有竞赛，不是培养天才的，而是发现天才的，你的学习能力用在哪儿都能如此出色。”感动，泪目……如今，做着管理岗位的我，怎能否认自己的教育管理中没有闵老师、吴老师管理基因的传代呢？做着语文教学研究的我，怎能说自己的“言意共生”语文教育生活没有姚老师那凝练的“一点突破”教学法理念的根植呢？教育改革从来就没有停歇过，项老师的鼓励何尝不在如今日新月异的变革中支撑着我笃定前行呢？……

五

养其根，立其本。师范学堂，是我全日制求学人生中的最高学堂。

师范生活的那三年记忆之于我，不全是快乐。因为有太多是能拔节的“痛生长”，有许多艰苦条件下的“酸历程”，还有相拥一生而呼而鼓的“驴同学”……所有心语散落于纸上，皆因一颗归来的心——母校的强大磁场而凝成了诗，吟着诗一路向前，便成就了万千为人师者。

快写完文章时，我留意了一下，删去了仅有的一处感叹号，我觉得母校在我心里就应是那番厚重的眷恋，沉甸甸的托付，伴着心酸的成长，深深内敛的喜欢才好。

“湉湉泮水，巍巍学宫，吾校位其东。经义治事，安定遗风，体用贵兼通。”

如师，如此实，如此诗。

心心念，一生藏。

作者简介：姜树华，原江苏省如皋师范学校1993届毕业生，特级教师，正高级教师，江苏省督学，江苏省人民教育家培养对象，江苏有突出贡献中青年专家。

勤而不辍　逆势生长

——写在母校江苏省如皋师范学校120周年校庆之际

许卫兵

自1987年7月江苏省如皋师范毕业，已经35年了。35载的从教生活，栉风沐雨，跌宕起伏，但回想起那三年的师范生活，还恍若昨日，清晰可见，镌刻在心灵深处。

"脱贫"攻坚

作为20世纪80年代的中师生，最令人称赞的就是学习成绩好。因为，那时的中师生录取属于第一（提前）批次，分数线高于中专，更高于县中。1984年，我就是以中考成绩超出海安中学录取分数线30多分跨进如皋师范大门的。

不过，细细想来，除了考分高一些，我的身上似乎再也找不到什么"亮点"了。1969年出生时，由于家里姊妹多，无人看管，村里也没有幼儿园，6岁那年我直接坐到了小学一年级课堂"旁听"。糊里糊涂上了四年村小，升五年级时，村小撤并，我转到乡中心小学读了一年，学习成绩基本在中游。上了初中后，有种"突然睡醒"的感觉，开始埋头苦读。

拿到如皋师范录取通知，我开始思考自身有何做教师的"资本"？结果发现：普通话，一句都说不标准；歌唱，五音不全，会唱的歌屈指可数；画画，差不多是零起点，等同于幼儿的涂鸦；体弱瘦小，没有任何运动特长……真是"破麻袋绣花——底子太差"！要想做个合格的老师，必须逆势生长。

不能不说，让贫瘠的土地开出花来，是如皋师范的神奇之处！师范三年，我们在老师的带领下，始终跟“基本功”在较劲。

语音老师徐晓华，身材娇小，特别漂亮，有着女神气质，大家都叫她“洋娃娃老师”。徐老师音色清脆，吐字清晰，尤其是矫正我们的读音可谓是“精、准、狠（说不到位决不会放过）”，这使得我们差不多在师一结束时，普通话就说得比较顺溜了。

音乐老师李云，教学一丝不苟。虽然是海安老乡，但也只有课余跟他打招呼时会有点笑容，他在课堂上可严肃得很。我们对他是又畏又敬，非常佩服他的二胡演奏，班上有一半的学生因此买了二胡，拜他为师。可能是我的音乐基础太差了，识谱、视唱、弹琴、唱歌，总是学得很费力，但李老师不仅没有对我放弃，反而关怀有加。到了师二，音乐、美术要选科，当李老师听我说选择了美术后，长叹一口气：“你的手指细而长，弹琴很有感觉，不学音乐可惜了！”听闻此言，我非常感动，直至今日，回忆起来还是那么的暖人！（从不吝啬对学生的表扬与鼓励，是如皋师范教师的普遍做法）

其实，选修美术，也不是因为我的美术有多好，在很大程度上是美术老师对我太好。师范三年，王义、李波、王成硕三位老师先后担任我的美术老师，从简笔画、素描、工笔、到水粉、国画，轮番学了一遍。那时不仅每周有美术社团活动，暑假还有美术特长班的集训（记得有一次集训竟然去了如皋磨头机场，坐上教练机在空中飞了一圈），硬是把我这个一窍不通的“美术盲”变得开窍了，甚至还受聘担当了学校黑板报（《前进报》）宣传栏的美术编辑，参与了 1987 年 5 月如皋师范建校 85 周年校史馆建设，完成了不少展板上的美术字和美编制作。说来也巧，这一年暑假，我毕业分配到海安县实验小学工作，为学校做的第一件事就是协助筹建了海安实小建校 80 周年校史展览。

应该说，“专业训练＋实战操练”是如皋师范教学的一大特色。我在初中就比较喜欢学习物理，读师范时兴趣不减。任教我们物理的尤乃如老师，上课时有些“怪异”——常侧身对着学生，眼睛只盯着靠近窗户的天花板。尽管他很少看学生，但我还是被他的讲课吸引。有一天，尤老师捧来一大箱的收音机零部件，指导我们拿起烙铁、锡条，粘上松香，对着线路图将一个个编着号码的电熔、电阻焊接到位，不到一个星期的时间，全班每人都成功安装出一台收音机。听到自己亲手“制作”的收音机里传出各个电台的播音，那激动劲儿就别提了。由于当时三年普师班不开设英语课，而我还凭着对英语的喜爱用亲手安装的收音机自学了高一和高二的英语课程。到了师二，电教老师开始指导我们学习摄影技术，我们先是跟在老师后面学习装卸胶卷，拍摄、冲洗照片，到了周末，就三五成群地来到颇具浪漫传奇色彩的水绘园“实战”。那时，我们用的是最普通的135型和120型相机，黑白胶卷，冲洗胶卷的药水、相纸等都是大家到照相器材店购买的。几番轮回，竟然也能拍摄、冲洗出非常美的照片呢！毕业那年，学校印制了两套黑白的校园风景书签，每张书签上的照片都来自学生“佳作”。

多年来，总有人说如师的学生只会“死读书”，这其实是一个很大的偏见。当然，如皋师范确实是一个很适合读书的地方。她地处历史文化积淀丰厚的如皋古城东南角，与千年古刹定慧寺毗邻。就当时的如城镇而言，虽说如皋师范位置有点偏僻，但宁静的校园和寺庙里不时传来的悠扬钟声，倒也显出一种神圣而肃穆的书院气息。如皋师范以“诚朴、严谨、文明、奋发”为校训，作为和“高富帅”一点都不沾边的农家弟子，觉得这样的校训就是为我“量身定做”的。如皋师范的学习氛围绝对好，同学们白天上课从不松懈，晚自习也一个个端坐教室，或温习功课，或练习“三字”（钢笔字、粉笔字、毛笔字）“一话”（普通话）；如若有人不在教室，那一定能在琴房、画室、图书馆、语音教室里找到他。那时，在校谈恋爱会被视为非常不体面的笑话。学习的姿态就是做人的姿态，几年下来，每个如师学子身上都透出朴实、勤奋、本分的品性，正是这股力量的推动，我们“基础差、底子薄”的面貌发生了快速转变。

圆梦“三好生”

为了激励学生成长，如皋师范设有很多奖励，其中，“三好生”属于含金量最高的了。记得当时“三好生”评选是没有比例限制的，政治、文选、语基、代数、几何、写字、小语教法、小数教法、物理、化学、卫生、心理学、教育学、音乐、美术、教育实习、普通话、品行等一共21个（学科）项目，每个项目考试（考查）均达85分以上（体育技能要达到80分以上），就可以作为“三好生”候选人进入民意测评。

成为“三好生”，是我的“师范梦”！

作为班上的学习委员，学科成绩肯定是不会落后的，唯独体育成了我的

"心病"。我是在农村长大的,从小就在沟渠里、田野边蹦跶,但由于小时候经历了几次磨难(据妈妈说,她好几次是从鬼门关把我抢回来的),体能并不好。所以,跑、跳、掷……所有体育项目要均分达到 80 分,是横在我面前的一座大山。师一读完,因为体育成绩,我无缘"三好生";师二读完,又因为体育成绩无缘"三好生"。

没有拿到"三好生",我不仅没有挫败感,反而对体育运动的兴趣越发增强。当时,班班都有田径队、篮球队、排球队、乒乓球队等"民间"组织。我虽然个头不高,但是凭着一腔热情,竟也参加田径队、篮球队和排球队。每天早晨,天刚蒙蒙亮,我和宿舍里的几位"跑"友就开始绕如城跑步,一圈下来也有七、八公里,渐渐增强的耐力让我成为班级参加校田径运动会 3000 米的主力队员,就是在参加工作 6 年后(1993 年)登泰山时,我还能在 8 小时内徒步从泰山脚下登临山顶,再从山顶返回山脚。每天下午,我和田径队的同学一起到 2 公里外的如皋体育场锻炼,高抬腿、后蹬跑……好多专业训练技巧就这样慢慢学会了。走上工作岗位后,我在担任班主任期间,每年都是利用这些训练经验来指导我班的小运动员,每次学校运动会我班都能轻松地取得好成绩。

在经历了各种体育活动后,渐渐发现,我的长跑优于短跑,上肢项目好于下肢项目。我的策略有了,扬长补短——不断增强长跑、投掷等优势。经过了两年的努力,迎来了师三年级的体育能力考查,长跑 1500 米、短跑 50 米、引体向上、跳远、铅球等项目测试结束,我的均分达到了 84 分。1987 年毕业之际,我如愿以偿,获得了如皋师范"三好生"表彰!

回想起来,那时如皋师范"只有标准、不设比例"的奖励办法,不只是给了每一个学生"向目标看齐"的规则、公平竞争的机会和"不断超越自我"的勇气,更是促进了师范生更加全面的素质培养。虽然我们读的是"普师"班,可接受的是全科教育,相比现在的师范生一进校门就分文理科而言,我们可谓个个是"通才",人人是"全才"。

还记得毕业前夕的大实习,是在如皋城区的安定小学完成的。我们实习班级的班主任是石纯老师,一位五十多岁很有威望的老教师,她对我们提出的要求是:每个人每门学科都要上,每个人都要参加听实习同伴的每一节课,要与班级每一位学生至少谈一次话,实习成果汇报要确保每位实习老师每名学生都登台亮相。如此多的"每",聚集到一点,那就是全面育人、全员育人、全程育人、全能育人！这在今天看来，也是一种十分可贵的价值观。

毫无疑问，我们的实习取得了圆满成功，最后与实习班级孩子的离别真是难舍难分，大家都哭得稀里哗啦。那场景至今还念念不忘，它诠释了什么是触动心灵的教育，什么是师范生最美好的“芳华”岁月！

弃“语”从“数”

在如皋师范学习期间，尽管文理兼修，但我还是对语文有特别的偏好，最初的影响主要来自我的班主任谢同南老师。

我们班是谢老师的首届学生。1984年，谢老师大学毕业后到如皋师范任教，他的长相酷似作家路遥同名小说改编的电影《人生》的主人公高加林，很有明星气质。第一次跟我们见面，他即兴朗诵《青春之歌》，把诗情才情都展现得淋漓尽致。在他的影响下，读书、摘抄、写作、诵读、文学创作成了我们班每天的必修课。

把我领进语文教学圣地的是任教小语教材教法的姚烺强老师。姚老师是江苏省语文特级教师，小学语文教学“一点突破法”的创始人。那时，“一点突破法”研究才开始兴起，我有比较多的机会跟在姚烺强老师后面听他上课，帮助整理课堂实录，也时常参与到教案的打磨，甚至拿着他的设计上课。兴趣是最好的导师，整个师范时期的大实习、小实习我都抢着其他人的语文课上，被同学们称为“语文狂人”。我信心满怀：将来要成为一名优秀的语文老师。

然而，计划赶不上变化，美好的愿景并未成为现实。

1987年师范毕业前夕，南通、盐城两市中师生数学基本功大赛拉开帷幕。如皋师范开始选拔参赛选手：写数字、讲故事、做教具、即兴表演……一连串的项目赛下来，我竟然获得了第一名，取得代表如皋师范参赛的资格（一同参赛的还有同届师兄，现为南通开发区实验小学副校长的许宏波）。现在想来，平时不玩数学的我赢得参赛资格，除了运气好，也可能跟是我做事比较细致，说、写、做、讲各方面能力比较均衡有关。当然，毕竟平时在数学方面下的功夫少，最终获得了“南通、盐城两市中师生数学基本功大赛二等奖”。

这一获奖情况，随同我的人事档案流转到海安教育局，我的毕业分配工作单位——海安县实验小学的校长在分配课务时，看到新来一位数学基本功很好的老师,无论如何也要安排教数学课的。于是,我到海安实小报到的第一天,领到了课务分工——任教四年级数学。我当时就向校长说明自己的情况,表达了想任教语文的强烈愿望。校长说,课务分工已经定了,就先教一年再说吧。无奈之中,我开始了小学数学教师的旅程,这一走就是35年。

人行有仿效,择尚而从之。海安实小的一切都在潜移默化地影响着我,尤其是当时一批老教师的敬业奉献精神给了我很大的震动。吃住都在学校的我,几乎把所有的课余时间都用在钻研教材、备课磨课上,借阅老教师的备课笔记,翻看他们班上学生的作业,从模仿起步,努力使自己尽快适应岗位要求。凭借在师范里培育起来的那种坚韧、执着、勤朴、向上……我完成了从合格教师到优秀教师、特级教师,再到江苏人民教育家培养对象、正高级教师、领航校长的美丽蜕变,也在领导、同事、家长、学生心目中竖起了一代"中师生"的高大形象。

时至今日,谈起20世纪80年代的中师生,大家依然会竖起大拇指。我也为自己是那个"群体"中的一员而感到无比自豪。随着时间的流逝,看到当年好多上了高中的同学考上了大学并有了更加广阔的舞台,我也没有对自己选择读师范做老师有过丝毫的懊悔。但客观地看,中师生终究是中师生,用三年的时间就让一个不谙世事的初中生变成了合格的小学教师,总有一种"催熟"的意味。早熟的瓜再甜,都难免会有些许的苦涩。

2003年,已经有了南通市学科带头人、江苏省课堂教学竞赛一等奖、6年小学高级教师职龄的我却连申报中学高级教师的资格都没有,因为我和职称评审的两个"一票否决"项都有关系:一是学历要对口,二是职称外语要合格。中师刚毕业,小学教师大专化的口号渐渐响亮起来。顺应时代的潮流,在没有办法参加脱产函授、进修的情况下,1990年我选择了大专自学考试,读的是和师范课程联系较紧密的汉语言文学专业。我用两年的时间完成了大专的全部课程,并且所有科目都是一次性通过,均分达到75分。正想喘口气,小学教师本科化趋势逐渐显露出来,我又开始了汉语言文学本科自学考试(当时还没开设"小学教育"自学考试专业)。又是三年的边工作边学习,2000年我取得了汉语言文学本科学历。从中师生连跳两级到本科生,我很努力,也很尽心。然而,职评政策规定,汉语言文学专业任教小学数学学科,这叫"学历不对口",一票否决。我怎么也想不通,自己费尽心思苦心读来的文凭,咋就成了一张废纸?无奈之下,只好继续加考"小学教育"本科中的数学课程。而外语就更加令人头疼了。遥想当年，我英语的中考成绩非常好（所在片区第一名），也对英语有着浓厚的兴趣。可是到了师范后学校不开设英语课程，加上工作以后小学里长期不教英语，原本就少得可怜的英语基础几乎“归零”。可是，要想评中学高级，必须过职称外语关。无奈之下，我就选择了日语。忙里偷闲学了两年，等我职称外语合格证拿到手开始申报中学高级职称时，职评政策又突然调整为小学教师取消职称外语要求。一种被戏弄的感觉涌上心头，哭笑不得。但不管怎样，2005 年我还是顺利地晋升中学高级教师，可喜可贺。再后来，教育硕士又开始在校园里热乎起来，搞得我心里也痒痒的。但读教育硕士必须要考英语，且有英语资格线，达不到资格线，再高的总分也无济于事。我硬着头皮考了一次，专业分和加试分都很高，但英语只有 25 分，遗憾止步。2015 年，江苏省 333 高层次人才第二层次的申报，在各方面条件都比较突出的情况下，终因学历不是研究生而出局。对英语的爱、恨、痛与无奈再一次袭上心头……中师时期欠下了的“债”，要用一辈子来“还”？

其实，要还的“债”还远不止这些，理论上的匮乏也时常给我们“亮起红灯”。三年中师，我只接触到简单的教育学和心理学，没有学过教学论，没有学过数学史，至于脑科学、文化学、教育哲学、生命科学等前沿理论更是闻所未闻。随着教学研究视野的拓宽和教育研究的深入，这些方面的困惑时常让我陷入“缺氧”状态。虽说在职进修是丰厚理论素养的重要途径，但终究不及在“象牙塔”里的系统学习。当然，时代在飞速发展，没有一个人可以在学校里获得终身所用的东西。挑战随时都在，逆境比顺境更多，值得庆幸的是，在工作、生活、学习中，当各种困难相继涌来甚至于陷入困境时，我始终保持着昂扬的斗志和奔跑的姿态，母校在我骨子里植入的那种“勤而不辍，逆势生长”的精神基因给我了永续的动力，带着我拥抱教育人生中一个又一个灿烂霞光。

岁月静好，如师如歌！母校，我爱您！

作者简介：许卫兵，原江苏省如皋师范学校 1987 届毕业生，现担任江苏省海安市城南实验小学（教育集团）党总支书记，校长。

那校那园

彭之俊

母校如皋师范，迎来 120 周年华诞。五年求学，受益终身，遂从毕业 20 年来撰写的小诗中选取五首，关于百年校园的一景一物，关于师范生活的点滴回忆，《静心》写于 2004 年，《师范桥》《爬山虎》则写于 2020 年，跨度 16 年，时间的一瞬。铭记过往，感恩母校。

（一）指树园

一九九七年
少年走近了你
那一棵耸立的香樟
那一株繁茂的黄杨
一至五年级
层层爬高俯瞰你
那曲曲弯弯的小径
那零零碎碎的碑垣
可曾有人
为你哭泣为你彷徨
师范的学子
青春而不知你的过去
古老的园子
谁也不会把你遗忘

（二）静心

在古城的东南隅
静静地面对这两个字
雅音的漂流
为武侯苍茫的双眼
和秋风吹落的羽扇
念叨心定而静
是一曲秋歌
让现实不允许假想
务耕的孔明
让千年银杏树下的我们感伤
任外面的街市喧哗
轻叹一声宁静致远
于是，你远离尘嚣
在指树园中静心思考

(三) 师范桥
弯曲的内城河上
你独特的身影
在整理旧报纸的时候
欣然停留
那是二十年前
一篇师范学子的千字短文
描绘着你的早晨和夜晚
讲述着青春匆忙的脚步
一头连着学堂一头连着庙宇
千年河水细流
争论着此岸与彼岸
辩说着已知与未知
多少学子还在回忆
就把这张旧报纸一一传递

(四) 爬山虎
多少学子仰望你
你和一进五堂一起
成为如师的代表
毕业即将二十年
好想去看看你
你还好吗
还在装点那青砖小瓦吗
曾经有多少学子
我也数不清
他们在方格纸上描绘你
但是如今他们
早已看不见你
只因为你
已永远定格在梦里

(五) 夏天的聚会
2002 年的初夏
我们走出那所百年师范
工作买房
结婚生子
梦想与现实的交织
如纤夫负荷前行
为远航不计煎熬
多少年后
相逢在青色的东长巷
依然奔走一笑
或许你还是你
我还是那个我
只是岁月的无情
早已印上了眼角

作者简介:彭之俊,原江苏省如皋师范学校 2002 届毕业生,现担任如皋市委"两新"工委副书记、组织部组织二科科长。

最忆青涩时　还念一生情

顾新红

时间是神奇的杠杆，即刻能撬动几十年的回忆。毕业三十四年了！坐在壬寅年雨水节气日午后的阳光下，准备完成一篇如皋师范校庆120年“校友征文”的稿子。顺着指尖的方向，穿越时空的距离，青春在不远处舞蹈。

我听到了，定慧寺的钟声依然空灵洪亮，我看到了，学校门前的罗汉松越发青翠蓬勃。三十多年前，那个微胖的大眼睛女同学，如今鬓已星星，可还有当年的风韵？容颜虽老，真情不老！那些关于青春的记忆和故事，从来没有远去，永远清晰如昨日——

还记得，85年的夏天，一群十五六岁的少年一齐走进了八五(2)班的教室，教学楼底层，东边第二间。4个县市区，41个人，一个班集体，同窗三年行。

还记得，那个刚刚大学毕业的“五弱先生”——石高峰，做了我们的班主任，从此亦师亦友，不再显弱，因为他身后有我们41个兵。

还记得，第一次集体去水绘园，张德清老师教我们认识了很多花草树木的名字，我们却没有认识冒辟疆和董小宛的爱情是什么。

还记得，师范二年级，我们为准备省里的统考，狠命地刷题、刷题，体验了一把高中生的生活与拼搏。每次考试，我们二班都考得很不一般，名列前茅。

还记得，每年运动会，我们总是拼尽全力，石老师和我们大家嗓子都喊哑了，还是比不过兄弟班级。因为，我们让最最瘦小的赵志云同学上场跑一千五百米了。

还记得，生活委员赵志云每个星期日都不学我们睡懒觉，她一个人为所有女生买回早餐，装了满满一脸盆。我们这些懒猫常常是被油条、烧饼的香气给唤醒的。至今,那些年早餐的香气早已氤氲满心的感激。

还记得,男生的饭菜票总不够用,总有贴心的女生把自己的饭菜票悄悄塞给吃不饱的男生。懵懂的情愫,清澈的眼眸,什么也不说,一生暖暖的回忆。

还记得,班上组织去参观磨头机场,自行车在路上排成长队,风一样的少年啊,把欢声笑语落了一路。回来后,腿和屁股疼了好多天,人也兴奋了好多天。

还记得,同学间都是自由组合,结成团队吃饭。我、张平还有许向阳一起共进三餐整整三年。我还去过她们俩的家,在她们家吃饭、睡觉、聊上大半夜。友谊是镶嵌在青春里最美的花朵。

还记得,石老师为我们表演戏剧,那杨柳腰、兰花指、传情眉目,胜女子妖娆。石老师还把同学们的姓名和家乡地名编成谜语让我们猜。"春日早起看桃花""主要发言"……原创的谜面,把同学们的胃口调得足足的,谜底一旦与自己有关,就倍感幸运和幸福。我就是幸运的那个,"春日早起看桃花",谜底就是"顾新红",我一下子就猜出来啦!有一节班会课,最是令我记忆犹新。那节课,石老师带来一根柳枝,这是一根在稀释的红墨水中插了一夜的柳枝,柳条和柳叶不再翠绿,变得暗红。石老师让我们根据这一变色的柳枝脑洞大开,发表自己的感悟。一时间,我们都陷入沉思。接着,大家各抒己见,异彩纷呈。这截柳枝带给我们太多关于理想、关于坚守、关于交友、关于汲取、关于融合等等的启发和思考,还有表达、展示的训练。

脑海里又浮现出一个个老师的形象:喊口令"一(第四声)啊(第二声)一啊一"的体育陈老师,他一喊口令我就仿佛在摇摇篮,感觉特别惬意;口头禅"哥迪吧?""说得好,再说一遍"的数学梅老师上课特别带劲儿,那声"再说一遍"一字一顿,力拔千钧;有位头发梳得毕滑,带着垫脚板来上课,板书从左写到右,极其潇洒的姚老师,后来研究"一点突破"教学法,还出了书,令我很崇拜;又瘦又高的音乐吴老师,一开口唱美声,就把小伙伴们惊呆了;儒雅的帅气的美术王老师,喊我去当过素描模特。坐在灯光下,一群美术组的学生画我的头像,我紧张得不敢动;有一对操着通州口音的夫妇老师,一个人教物理,一个人教化学,教学特别严谨,带我们做了很多实验……每一位个性鲜明、勤恳踏实、专业优秀的老师,给我未来的从教生活以很鲜活的示范、引领、启悟。其中,除了班主任,我对地理老师周智勇印象最深。他长得很像周华健,笑起来眼睛很亮,牙齿很白,却常常西装搭牛仔裤,脚蹬一双布鞋,很是混搭。我当时地理学得不错,周老师还指导我写地理小论文和案例,分别获得了省里的一等奖,带给了我莫大的鼓舞。他要写论文,我和同班的徐同学每天在不同的时间到学校不同的区域去测噪音、做记录,为他提供数据。毕业后的那年暑假,周老师喊了我和另一位同学协助他编写一本关于星座方面的书。我们在如皋图书馆燥热、昏暗的阁楼上,查找资料,做了很多知识小卡片。这些经历,对我以后做研究、写论文有很大的影响。

记忆的闸门一旦打开,往事便如潮水涌来,将我淹没。青春是用来回忆的,亦是用来奋斗,用来感恩的。因为儒雅敦厚的石老师和各位老师的关怀教导,因为全班同学的友爱互助,我们每一个都在如皋师范,都在八五(2)班健康成长,成长为优秀的师范毕业生。

此后,我们各奔东西,在各自的岗位上挥洒青春和汗水,少数人改行从政或做公务员,大多数依然坚守着三尺讲台。无论在哪里,那些如皋师范学堂里氤氲的淳朴气质,锻造的坚韧品格,浸染的文化气息,如烙印般不会淡去和丢失。不管今天的我们,是否已是名师或者行政领导,是否还是一名普通教师,都不影响我们这一届、这一代师范生的优秀,都不影响我们三年相互陪伴的同窗真情。

是的,我于2016年评上了江苏省特级教师。其实,纯属偶然。有些东西只是水到渠成,而我只是顺其自然。我还是那个质朴且勤奋的女同学,爱读书,爱写作,爱把日子过得充实而不失闲适。为了丰富生活,我拜师学古琴,在学校里常常是伏案埋首,紧张工作;到家里,调素琴,阅闲书,时常写点风花雪月的文字,跟着文字去远行。人到中年,我希望生活不只有眼前的繁琐和苟且,更要有诗和远方。愿我的老师和同学们,在未来的日子里将健康和快乐进行到底,将诗和远方进行到底!

最忆青涩时,还念一生情。想起为毕业三十年同学聚会时编凑的几行诗,干脆贴上,不枉一场相见。是为见证,亦为期待——

三十载今相聚,重逢悉诉当年
东二院、定慧寺、冒家巷、水绘园
多少青春债,煮酒醉在樽前

最忆青涩时候，情窦未开奈何天
天有意，人不言
教学楼、图书馆、芳草地，小溪边
笑语欢歌，恰似天上人间
幸素手轻握，有一对，诺得前世今生缘
真是个，美煞了，活神仙

经年怕读沧桑，憔悴只分深浅
看青丝长发，成光明顶秀、鬓霜轻染
谁把韶华为子挽？都是流年暗换
企盼聚首，不堪离散
临别相约，十年后，再相见

作者简介：顾新红，原江苏省如皋师范学校学校1988届毕业生。现任教于如东县宾山小学。特级教师，现为江苏省作家协会会员，《教师博览》“签约作者”，南通市“226高层次人才培养工程”第二层次培养对象，南通市德育名师工作室领衔人。2022年获评“感动南通”教育人物、南通市最美人大代表。

魔法如师　梦想家园

——追忆如师求学时光

周　华

无论现实还是梦里
每一次走过师范桥、育贤桥
或是漫步学宫路、冒家巷
我都会扭头凝视你
带着怀念、感激和激动

你是一个魔法院
一批批稚嫩的学子走来
变成自信热忱的园丁走向江海大地
个个一口标准的普通话
人人一手漂亮的钢笔、毛笔、粉笔字
还有吹拉弹唱琴棋诗画

脑海里仿佛多了一个开关
一键回到那个激情的三年
一切仿佛还是昨天
来自六县一市的三十个菁菁学子
跨进这个园子
组成勤奋自律、好学上进的英语6班

怎能忘
晨曦下的教室、走廊、后花园
早有我们晨读身影，书声琅琅
课间、午休、就寝前
耳机里 BBC、VOA 总在播放
熄灯后的路灯、盥洗间，还有被窝里的手电
陪着我们复习笔记和听说训练

怎能忘
音乐楼琴声悠扬
mimimi mamama 我们练声引吭
美术室花圃树旁
沙沙沙素描写生我们笔尖作响

怎能忘
图书馆破万卷其义自见
运动场韵律操青春动感
篮球赛七男生真正七尺男
圣诞夜全明星戏剧火爆演

是谁给了我们魔法
在这里着迷学习个性成长
在我们迷茫时为之导航
在我们退却时赋予力量
答案是我们身后的大师天团

我看见，文选课上
陆志平校长挥斥方遒声情并茂文字激扬
带领英语班的我们走进文学的殿堂
高中英语课堂
敬爱的范杰老师循循善诱目光慈祥

让年少离家的学子倍感亲切温暖

我听到，精读课上
从爱农老师全英文授课语音纯正轻柔绕梁
用专业和敬业带领我们在英语世界里翱翔
班会课上
数学系来的帅气老班周光建善抓政治思想
一口如皋普通话为我们又红又专做好保障

我懂得，这里的大师
藏龙卧虎，师德高尚
博学多才，诲人不倦
是你们诠释着如师精神
教诲我们德高为师、身正为范
培育学子沈笃、醇和、真实、贵全

如师啊，你不仅是魔法院
还是叫人懂得幸福产生信念的梦想园
每一个离开这里的学子
都怀揣沉甸甸的教育梦想
去感化滋润更多可爱的小精灵
使得幸福的魔法代代相传

作者简介：周华，原江苏省如皋师范学校1991届毕业生，南师大教育硕士，现任职于苏州工业园区星汇学校。省特级教师，正高级教师，省333人才工程培养对象，省卓越教师培育项目(2021初中英语)首席专家。

育贤桥北　那个小院……

陈志华

走出如皋师范的南大门，向东，是座石桥，名曰“育贤桥”。走过这座桥就到达如皋师范的教工宿舍区。三十八年前，周福如老师的家也安在这里。

周老师是我师范三年的语文老师，从师一一直教到师三，比程然老师多了一年。这一年是在师一，他教《文选》和《写作》。师二开始，他专教《写作》，并和程老师合作教《语文》。

我第一次走进小院，是和几个男同学来帮周老师搬运家具。教工宿舍楼建起来，周老师分得底层最东边的一套带院子的房子。老师很开心。一次下课，他把我悄悄喊过去，说：

“今天傍晚有家具要送过来。我的腰不行，你帮我组织几个身高力大男同学帮我搬一下。好吗？”

“当然好的啊！”

“你要和班主任请假啊。”

下午活动课结束，我就带着四个同学去。原来是旧家具，拖拉机运过来的，数量不多，虽然挺沉的，但不会给年轻气盛的我们任何障碍。不到一个小时完工了。准备告辞时，周老师拦住了我们，拿出毛巾、香皂让我们洗手洗脸，说是准备吃饭。我们很惊讶，原来他已经让他妈妈做了晚饭。我们再三说食堂正开饭呢，没耽误，但他拦住我，说：“志华啊，你是课代表，这是看你的工作能力的时候了。”我们无法拒绝他的真诚和温暖。至今，那晚的肉香菜香饭香还时常飘起。

不久后，我第二次走进这个小院。那天课上我和他“顶牛”了，原因是我不同意他对我作文的评价。我的作文中有一段描写“街吵”的，痞子把对方的饭菜扔进大粪桶里，然后逼迫对方……我做了比较直接和详尽地描述。

本想以此“得意”之笔获得好评，然而他的评语竟然是“注意审美”，判为“及格”。这伤害了我这个语文课代表在同学中的威望。在他对作文进行评点时，我提出异议，以自己的对“审丑”和“审美”的认知辩驳，坚持自己这是“以丑凸丑”“以丑衬美”……面对全班同学的惊愕，周老师扶了扶眼镜，悠悠地说：“当然，你可以有自己的观点！敢于发表观点自然可嘉。然而，课上暂且不纠缠这个问题，你也不要纠结，下午你到我宿舍去，我们面谈，现在我们两个都爱惜全班的共同时间和学习机会。好吧？”他的眼镜里后面射出温婉而又刚毅的光芒，我无言地坐下。

傍晚走进小院，来到他的房间，所见最多的是书籍，都很厚很大。桌上铺着稿纸，很大的那种。“志华来了，坐。”他收起稿纸，朝我一笑，悠悠地说。然后喊他妈妈给我泡茶。我惶恐道：“谢谢奶奶！”

“不谢，你比我孙子大几岁吧？”她用搬经方言说。

“他是我的课代表，很优秀的，你孙子要好好向他学。”周老师微笑着，悠悠地说，拉我坐在他的棕色藤椅边的凳子上……他打开我的作文本，和我聊了起来，从我的这篇作文聊到所有的作文，认为我的写作很有潜力，我至今记得他的话：“文学就是人学。写作是人品的呈现，你有多优秀，你的作品就有多优秀。丑陋、污秽、下流不是用来展示的，因为要让读者从你的作品中学会善良、高尚、积极，或者说你的作品要唤醒读者的良知、美好、纯净。你要读点美学，多多阅读《人民文学》。”

遵照他的吩咐，师范三年我成为图书馆的常客，后来成为学校文学社的骨干。课余时间我们几个语文尖子经常替周老师誊写稿件，他会给我们讲他的作品构思、手法运用，有时候我们就某些词句提出看法，他斟酌后欣然接受，我的正楷字不好，我就成为组织者和校对者，毕业时，我和几个成员的作品合集印刷向全校展示，而我的同桌马如山竟然发表了小说……彼时，成为佳话。

毕业前的见习实习开始了，周老师喊我去他的办公室，吩咐我要好好努力，争取用最好的表现打动实习学校的领导，这样就可能被学校选中。当时，我自忖这是老师激发我好好实习的大套话。在实习前一天的中午，他喊我到他家里去。我有些不快，因为我在紧张准备明天上午第一课，也就是我的实习课，而且是全部实习小组的第一课。实习指导老师和我的班主任给我很大的压力。“我知道你时间紧张，但是我喊你来就是告诉你，明天学校一把手校长会去听你的课。他是教数学的，本来不会听语文课，但是我和他说了你的情况，他感了兴趣。你要好好上，没有大问题的话，可以走下一步的。”实习课是很好的，可是我没有按照他指的路径走——父母年迈，我上师范的费用都哥哥嫂子给的，哪还敢奢望在工作分配上再增加哥嫂负担？当我把分配情况告诉他，他遗憾地点点头，悠悠地说：“好吧，到农村去也不是坏事，平台矮一点资源少一点，多奋斗些时日。好在还年轻。天生你才必有用。”

毕业离开后便很少再见到周老师。后来打听到，他读完博士去了香港中文大学。我尝试写了两封信给中文大学的传达室转交给他，均石沉大海。2014 年秋的一天上午，突然接到陌生电话，是周老师，我很惊讶，很激动，热泪一下子就涨满了，语无伦次。他在那头悠悠地说：“我一直存着你的电话呢，你信中告诉我的。你的信我都收到了，没有回信，是因为香港这边不太平得很，和这边有许多的不同，尤其是意识形态，我害怕信件可能会影响你，就没有回信。”我愕然了。中断 26 年的师生交往突然就恢复了。

我去那个小院看望他。他苍老了许多，语速还是那样，声音依然磁性。午后温暖的阳光里，我们在小院里闲谈。小院非常安静，过去一大家人的热闹已经淡化为我和他的低语、他妈妈的痛苦呻吟、他无法控制的间断性咳喘、临时驻足的树鸟的吱啾、正在孵化的鸽子的咕咕声。当我提出到一些学生处走走看看，或者要把他回来的消息告诉同学们，他悠悠地说：“不要惊动他们吧，各人有各人的事情，不要打扰他们平静的生活。这次回来的唯一任务是陪护老娘。最后的时光了，不能再托给别人了。这之前都是来去匆匆看看就走。把她一个人丢在这里，对不起她。等她百年后，守孝三年再去香港也就了无牵挂。你来看我，足够了。我有事会找你的。离开这里太久了，社会关系基本停止了。”

过了一些时间，他喊我去，和我讨论了我上次送他的两本教学专著，对我的学术研究大加褒扬，同时指出我研究的理论体系需要完善的方面，真是醍醐灌顶！末了他送给我他的博士论文《香港现代派小说论》，他像当年上课认真板书那样端正地签上标志性的魏碑体名字，我受宠若惊。之后，我经常去看他，给他带去一些土产，他总是乐呵呵地接受，然后回赠。一次聊天，他突然咳得上气不接下气，脸色由红转黑，我大惊失色，给他捡起眼镜给他拍背，平躺了大约 10 分钟才缓过神来，悠悠地说：“你不抽烟好。我年轻时熬夜写东西，都靠烟支持。发现不行了，戒了多年，还是咳喘。现在真后悔了。”大约过了一个月，我给他送去治疗咳喘的偏方，他服用后感觉不错，多次设法给我钱。他过意不去，赠了我一支随身带着的签字金笔，再三打招呼：“礼轻情意重。”

他为母亲的疾病殚精竭虑。时常和我聊起怎么设法来减轻她的痛苦，往往开口不久就泣不成声。奶奶虽然吃得了苦，挺得住，但严重的关节炎让她很难忍住不呻吟。各种治疗均告失败后，周老师急得手足无措。一天，他打电话要我帮他找“中华野蜂”，说是要养，因为有偏方说可以用野蜂定向蛰关节处以毒攻毒。野蜂的厉害我知道的，小时候贪玩，吃过不少苦头。周老师用哀求的语气说：“没办法啊，我只有请你帮忙了。妈妈疼得吃不消了。试试看吧。只要有用，我不怕它们蜇我。”我想尽办法搞到十几只给他送去，他开心得不得了。竟然真的有效！奶奶的关节炎好转不少。当然，他的手上脸上也中招。有次见到他，有半个脸挂着，他艰难地笑着说：“这次肯定是蜂王蛰的，毒性强得多了。”野蜂毕竟毒太大，于是周老师决定饲养蜜蜂。蜜蜂成了奶奶的“仙药”，也成了周老师的“心尖”。在他的精心照料下，一箱蜜蜂第二年就变了三箱。他还赠送我母亲一大罐子蜂王浆。

2016年春天，他和我说想把鸽子送我饲养，我知道这是他的心爱之物，品种好，训得也好，获得过信鸽比赛冠军。我断然拒绝。他悠悠地说：

“给你养，我放心的。我的身体大不如从前，没有精力再去照看它们。且不谈鸽子给家庭生活点缀什么的，至少生点蛋给你妈妈吃吃。你要知道，我这边要慢慢处理一些事务。”

这年的秋天，他电话通知我：“奶奶永远地离开了。”

我说：“我要去守灵。”

他说：“告诉你这消息，不是要你做什么，是因为你在她最后的岁月里为她做了不少事，我特别感激。”

“她是你妈妈，就是我奶奶，怎么说也要去的。”我的泪控制不住。

“这个就不要麻烦了。我在搬经老家打电话给你。奶奶的事情已经办妥了，她是一个星期前走的。走的时候很好，还提到你，要我把老家的一桶菜籽油送给你。过些天，我到如皋后你来取。”

母亲的离世让周老师身体陡然变差。当我得知他住院了，他居然不同意我去医院看他，说是白天在医院，晚上回来。我提出晚上去，他说晚上要好好休息，等出院后请我来。第二年的春天，他喊我去，给我一个优盘，请我做个PPT，我以为是教学用的，因为见他在家还通过网络在给博士生批阅稿件。

“是我妈妈生前的一些图片，你帮我做个汇总，我可以看看，也带给孩子们看看。奶奶最后的阶段，他们没有能够请到假来看看。”他悠悠地说。

“不是有丧假吗？”我惊愕了。

“时间短，路上来去也不够。而且，制度不同，没我们这里重亲情。算了，就麻烦你了。”他的遗憾震颤着我的心。

我做好了给他送去，他看着看着，忍不住啜泣，后来号啕。又过了些时日，他告诉我给妈妈修了座坚固的墓，把照片给我看。希望我把它和新搜集的其他照片修改放进去。我用我的美学理解来做这件事，颇费了一番心思。他很满意。

然而，半年后的一个周六下午，他喊我过去，再次提出修改，我为难了：“老师，我已经技穷了。”

“不为难的。就原来那样做，我很满意的。这次，这次是，我想把我小女儿的资料加进去，放在她奶奶的前面……”他红着眼圈悠悠地说。

“什么？什么？”我分明听见小园里打了一个惊雷。眼前出现他身材秀颀、双眸流慧的小女儿的模样，她当时也就在上初中吧。

原来，去年上半年，他的小女儿，在中国平安香港总部任高管，因为顶着感冒而坚持上班，结果突转为肾病而离开人世。同样因为时间短促路途遥远……一年之内失去两位至亲，可以想象他的痛苦，也无法想象他的痛苦……他从没有和我提起过小女儿的事情；为了妈妈最后的安心他也从没有告诉过。“把她和奶奶放在一个文件里，也就算安心回家了。逢年过节我放一放，告慰她们两个。以后我会葬在我妈旁边，好好陪她。”我们两个相拥而泣。

2018年5月，我家突遭不幸。家庭变故带来的烦恼让我深陷泥潭，我身心俱疲。周老师专门从老家赶到如皋，喊我过去。在那个小院，我们两个在木香花的幽雅氤氲里，时断时续地聊着。

“不要这样低沉，你还年轻，后面三十年是你人生的新征程。我老头子这样了还没有萎靡呢！”他试图唤起我的精神，他用文学史上的故事来说服我“面朝大海”，最后他要求我把所有的诗作整理好给他。当我做完后，他又给我一些文学刊物，要我阅读。在那段艰难的时光里，这些作品让我的心灵强大起来。

“你可以写写小说，把你的教育故事写出来，这是可供其他人借鉴的宝贵经验。”我重新做起熟悉的文学梦。后来，他把我的诗作一一点评，希望我随时用诗歌记录一些生活情绪，“多写写真情，留住稍纵即逝的美丽风景”。文学真是疗伤的强大武器。

2019年春天的一个早晨，我刚准备上班，接到了周老师的电话：“志华啊，这是我最后和你说话，也就是说以后不再联系了。……所以，你听我说完不要打断我，我努力不咳嗽、不中断。……我今天特别叮嘱你：再不要来看我了。我的哮喘已经无法治疗，医生给我的诊断已经出来了。我和你师生三年，友情超过三十年，你对我很好，我知足了。……我现在已经消瘦得不成人形了，自己看着都难受……我想最终给你留个好印象，你再不要来看我。……你要好好过下去，暴风骤雨都会过去的。另外，你现在处的这个女朋友，人老老实实的，可以成个家的。……”

我听见他已经喘得不行了。“怎么才不见半个月就这样了？”我讶异了，回拨过去，无法接通。这是他给我的临终吩咐吗？之后的一段时间，我一直尝试联系他，都以失败而告终。最后，我决定尊重他的叮嘱，不去惊扰他。

后来了解到，周老师就在那个电话后不久辞世的。至今已近三年。这三年中，我无数次走过育贤桥，从那个小院旁经过，我都要放慢车速或者驻足片刻，我的视线穿过灰色的院墙，看到他坐在棕色的藤椅里……

育贤桥北，那个小院，周老师永远生活着……

作者简介：陈志华，原江苏省如皋师范学校1988届普师班毕业生。现供职于如皋经济技术开发区实验小学，江苏省小学语文特级教师，正高级职称。

如在远方　师有远见

——母校百廿，擘画千载

朱国忠

母校历史悠久，历久而弥新。恩师勤勉求实，高瞻而远瞩。回顾当年求学生活，深感母校富有远见，是我们永远的风向标。

百年物型，草木比德

如师人特别有"草木情怀"。大门之前，有数棵苍松，高大挺拔，四季常青。我每次从大门口经过，都会自然地想起陈毅元帅的诗《青松》。尤其是雪霁天晴之日，心中就会默诵："大雪压青松，轻松挺且直。要知松高洁，待到雪化时。"每当此时，就有一种浩然之气在胸中升腾。

走进大门，便可见三进办公室，庭院间还会栽上雀舌盆景，与古色古香的建筑相辉映，和谐中显独特，平易中见厚重。去教室上课，经过此处，我都会对着雀舌盆景看上几眼。

操场的周围，栽种着法国梧桐，那迷彩色与强健身体的主题颇为合宜。无数个早晨，我们这些十六七岁的孩子，就在梧桐树下跑步，嘹亮的口号声喊醒寒冬的每一个清晨。还清楚地记得，单杠和吊环就布设在操场北侧高大的梧桐树下。夜晚，我一个人苦练引体向上，有梧桐树陪伴，总会心生力量。印象特别深刻的是操场的西边，春夏两季，绿草如茵，柔软而平整，适合踢足球、打排球。有时，踩着露珠做操，有一种特别的情趣。

图书馆前还有一个幽静的花园，里面的花草树木相映成趣，月月换景，不变的主角是高大的雪松。课余时间，我常常捧一本书，独自一人静坐其间，享受花香与书香。到了复习阶段，我会带着书，早早地赶来背书。这个有书香的花园时时敞开怀抱欢迎手不释卷的读书人。很多的如师人，正是在穿越花园小径的过程中成为优秀的终身读者的。

当年念书的时候，日日与母校的花草为友，以为只是赏心悦目。然而，毕业之后，每次梦回母校，总会见到那些熟悉的草木之友。离开母校的日子，一个人静坐时，时不时地就会想念那些拥有它们的时光。多年以后，镜照自我的精神长相，我有了重要的发现："正"来自大门前的青松；"实"来自庭院中的"雀舌"；"好读书"来自图书馆前的花园。我想起了古人的"比德"之说，我由衷地敬佩学校创建者的草木智慧。先贤卓有远见，一百多年的设计，就有了今日盛行的"物型课程""物型育人"的精心布排。

人淡如菊，播种诗心

我是研究小学语文教育的。语文教育的改革往什么方向走？什么样的语文课才是好课？这些是我经常思考的问题。想着想着，我常常会回忆如师的课堂。我们的语文老师是怎么上课的？哪些场景记忆犹新？哪些指导受用至今？这样的回忆往往有所得，甚至有茅塞顿开之感。记得师一的时候，一开学，教我们语文的秦汉清老师，手捧一盆菊花进了教室。他微笑着看了看菊花，又看了看我们。至于"菊花进教室"的缘由只字未提，唯有神秘的一笑。当年，菊花属于"金枝玉叶"，要在乡下见它一面甚难。在好奇心的驱使下，我一下课就和同学们围着菊花东瞧瞧西看看，想弄明白为什么陶渊明"独爱菊"。一开始，没有看出什么门道。直到秋日至，风霜迫，紫蒂开，金英发。见其金灿之蕊，闻其清冽之香，才略知其傲霜斗雪的高洁不屈之美。

渐渐地，我爱上了"暗暗淡淡紫，融融洽洽黄"的菊花。正好，学校建立了菊花栽培兴趣小组。我在第一时间报了名，跟着花工培土、插苗、浇水、施肥，圆了自己当一回"陶渊明"的梦。这就算是在古代找到一个"熟人"，把他的路走了一段，把中国人的"菊花情结"体验了一回。如此，以菊花为伴，与渊明为伍，不知不觉，就到学期结束了。文选与写作的试卷发下来，我一看作文题一阵惊喜，上面清清楚楚地写着："以'菊花'为题写一篇文章。"有长线观察作为基础，自然下笔如有神。我非常顺畅地写完了作文，得到老师的较高评价。

离开学校25年后，南通菊花展的分展地移到我所在的通州实小。在如师种下的菊花情结瞬间被激活，连续赏菊一个月，拍摄照片300张，写菊花诗30多首，还为学生们上了一节菊花童诗课。和孩子们一起走走“菊花的模仿秀”，演演“菊花的魔术”，会会“菊花的贵宾”。孩子们写出了特别有“诗想”的菊花诗：“菊花菊花开了，努力努力开平了。开出了一树的风车，金风车！”“一绺菊花，是溪流还是瀑布？要流向葫芦池吗？我好像听到：金灿灿的泉声，香香的瀑布声。”

这些年，自己在草木童诗、田园语文教学方面取得一些小的成绩，是因为如师讲台上的那一盆菊花如同一颗“橡实”，在我心中萌发、长叶、开花。我想那一盆菊花会说话，它总会在关键时刻告诉我：长线观察，积蓄题材，拥有生命的经验，才能写出自在的文章；多识草木，养心润性，拥有生命的余裕，才能学到真正的语文；草木缘情，文学世界与实景世界映射回流，同时拥有两个世界，才能真正成为“语文人”。

丹心妙艺，超越经典

念中师时，所遇的老师都是大师级的人物。教心理学的，是特级教师顾敦颐校长。他似乎有一种魔力，原本枯燥的心理学原理，经他之口讲出，立刻就变得特别耐听有味道。他最大的本事是浓缩教材要点，根据他的“思维导图”去复习，轻松得高分，地地道道的“精要主义”教学。教物理的，是教研组长吴老师，他讲课特别投入，注重“参与式体验”。记得讲力学原理的时候，吴老师专门用木块做了相互咬合的赵州桥模型，让我们使劲去按，桥稳稳实实，岿然不动。妥妥的“情境式教学”！教生物的卢老师，为了帮助我们掌握哺乳动物的内部结构，买了一批白兔，指导我们去解剖白兔，让学习看得见，让知识看得见。这或许就是20世纪80年代的“合作探究学习”吧。教语言基础知识的是徐晓华老师。她教学的独特之处，就是让普通话讲得好的学生做“小先生”，带其他同学一起练习。她注重让每一个人都成为最积极、最有成功感的学习者。这就是后来风靡世界的SCORE教学模式吧。最难忘的是在徐老师心中“课比天大”。有一次腿受伤了，靠单脚跳，坚持来到教室给我们上课。而教数学的，则是德高望重的沙老师。他讲数学原理，条分缕析，入心入脑。

如师如友，求恒求诚

特别值得一提的是，师二、师三时教我们语文的胡海舟老师。他无论是讲文言文还是现代文，都非常重视文本的“全解读”。他所有的课，都是为我们提供的启迪性样本。这样的教学对我们后来的语文教学，帮助极大。

胡老师对于教育科研有一腔热情。他一边教我们语文课，一边做科研。他关于语文教育的长线研究、接力研究，对我们来说是一种无声的引领。从某种意义上来说，他是我教育科研的引路人。最令我感动的是他对我的专业成长极为关心。1985 年毕业后，他多方打听我的工作情况；2004 年，我在《中国教育学刊》发表了一篇关于“超市课程”的文章，他第一时间就关注到了；2005 年，调入通州实小之后，他对我的关心与指导就更多了；2010 年，着手准备评省特级教师和正高级教师时，他尽己所能帮助我不断积累教科研实绩；2020 年，出版个人专著《小学田园语文创美论》，他提出了许多中肯的意见，还想方设法为我联系出版社；2021 年申报省教育成果奖和教学成果奖，他亲赴实小细致指导，逐字逐句推敲文本。

胡老师是我的恩师，他所践行的正是如师教师的育人理念：如师如友，达己达人，求恒求诚。我们虽然毕业了，但胡老师依旧在一个更大的课堂里为我们上课；在一个更高的层次上为我们赋能。这就是真正的如师人，这就是永远的老师，这就是富有远见的学者。

如在远方，师有远见

回想起来，当年能在如师读书三年，是多么幸运而幸福。幸运是走进那么美的校园，遇到那么多的好老师。幸福的是，师范生活是那么丰富多彩。学说明文的时候，老师带我们去参观肉联厂，一个车间一个车间地跑，了解肉制品加工的全过程；春暖花开的时候，带我们去苏州、无锡旅游，读万卷书，亦行万里路；草木繁茂的时节，到乡下去徒步；到了周末的日子，精选中外经典电影，让我们享受艺术的大餐；星期天，就为我们改善生活，常常可以品尝到自己包的美味小馄饨。这些幸福的生活，都是关乎我们未来的重要课程：体育要开发泛在课程，要倡导实景锻炼；美育是未来的教育学，最好的教育是审美化的教育;学校在窗外,教室在户外;教师乐山乐水,有仁有智,才能培养出有远见的学生……如师,永远是一个忠厚的长者,如竹虚空有节,如松静默有格,"实"是她的文化基因,"宁静致远"是她所要飞往的自己的山。

如师,如在远方,师有远见!

作者简介:朱国忠,原江苏省如皋师范学校1985届毕业生。现供职于南通市通州区实验小学,教科处主任,江苏省小学语文特级教师,正高级教师,江苏省优秀教育工作者,获省教学成果奖、省教海探航杰出水手奖、南通市园丁奖。

那些散碎在笔尖的光阴

——写在母校一百二十年校庆之时

赵　娟

接到母校校庆信息的这一天，我正在和孩子们一起读《祖父的园子》。那一瞬间，我恍惚又回到了如师，那个自由灿烂、质朴厚重又充满爱意的校园。

想念如师，想念一进五堂。那老干虬枝的迎客松枝头，缀着的点滴记忆；那窄窄深深的东长巷里，静静流逝的青春岁月；那西墙外满墙葱郁的爬山虎，叶片上跳动的身影；那后排教学楼里璀璨的灯火，映照出的纯真笑脸……

想念如师，不只是想念一个校园，更想念的是那些人、那些事。

1990 年 8 月，我们以超过高中录取分数线数十分的成绩，从“农门”跳入如皋师范学校的大门，印象中那是纯公费助学的最后一届。普师班的学生在学习专业必修课的同时，还得兼修琴棋书画，吹拉弹唱，一班一品，一生多长，各具特色。

我们是幸福的，原以为那教学楼、宿舍、食堂，三点一线的生活一定是紧张忙碌、了无生趣的，然而，母校却给予了我们最多姿多彩，也是最温暖动人的三年时光。

那些记忆深处的课堂

母校的教学楼后有一个偌大的植物园，园子里应有尽有，高大伟岸的雪松，殷红欲滴的红枫，盘曲缠绕的藤萝，还有匍匐在地的蝴蝶花……园子的北侧是两层楼的图书室，斑驳的红木门，灰暗的窗棂，沉穆而古朴。在这里读书赏景，静谧怡然。累了，就绕着园中的石径走一走，或是倚在树下的石凳上，透过树叶的缝隙仰望蓝天，任由自己的思绪飘向远方。

生物老师发现了我们对那片园子的钟爱，于是给我们布置了一个任务，让我们一个星期内给园子里的植物制作一份名片，带着名片和摘取的叶片在课上进行展示。这应该是我最早接触到的研究性学习了吧。

一个星期里，我们分成小组，各领任务，除了上课、吃饭、睡觉和必需的训练课，全泡在那个园子里，有时三五成群，有时单兵作战。那次我才知道，原来不是所有的鸡爪槭都能染红秋天，那满树燃烧的是红枫；原来不是每一棵桃树都为了结果，也有的只是为了一树花开；原来园子里总有我们没有到达的地方，就像我们的人生，一直在努力地寻找自己的远方，却往往忽略了眼前的存在。当我们每个小组都带着自己作业来到课堂的时候，也为自己的人生交上了一份特殊的作业。

有时候，课堂带给我的不只是启迪。记得一次美术课上，老师没有搬出写生用的模型，而是笑着端出一把椅子，说要请一位同学上来做模特。他环视教室，忽然紧盯着我的双脚，向我走来。我悄悄地把脚往里收了收。那天我穿了一双方口的深蓝色布鞋——母亲一针一线纳了鞋底，用粉笔取样蒙了鞋面，鞋带上缝有一枚银灰色的搭扣，简单朴素。老师轻轻地却难抑欣喜地说："多美的一双鞋啊！多难得的手艺啊！"那双略显寒酸的布鞋竟然成了老师眼中的宝贝。那天，我坐在美术室中央的那把椅子上时，阳光照射进来，我的心里一下子变得亮堂起来。我一直不知道老师是真的觉得那双鞋特别美，还是他看透了我悄悄缩脚的动作，只知道从那天起，我，一个从农村来的女孩，变得愈发自信、阳光。

那些终生难忘的远足

在书香氤氲的如师文化浸润下，在定慧禅寺的晨钟暮鼓声中，我们全身心地投身学校的各项社团活动。清晨，体育老师带着我们一起绕城长跑；午间，地理老师顶着烈日，带领我们开展"立竿见影"的研究；课余，音乐老师会领着我们一遍遍地练琴正音……毋庸置疑，那是一段多么美好生动而又激情满怀的青春岁月啊！

寒风乍起的初冬,我们在班主任老师的带领下去如皋飞机场参观。那是一座军用机场,其实机场不大,那架军用飞机也不大。可当时,它却让足不出户的我们大开眼界。终于把仰望天空时看到的那个小小的黑影与眼前的庞然大物对接连线,我们慨叹不已。军用飞机,承载着我们多少人小时候的从军梦想呀!大家绕着飞机跑了一圈又一圈,似乎自己就驾驶着战机翱翔在万里碧空之上了!

亦记得骄阳似火的夏日,我们再一次踏上研学之旅。这一次是骑车去苏中七战七捷纪念碑参观。因为自行车数量不够,大家只能轮流蹬车、坐车,历时近两个小时才抵达目的地。映入眼帘的碑身如一把闪闪发光的刺刀,拔地而起,直刺蓝天,刀尖凝聚的是当年新四军战士驰骋华中战场的英雄气概!虽已是汗流浃背,筋疲力尽,我们却以最快的速度整理好行装,列好队伍,毕恭毕敬地静立哀悼。默念碑文,瞻仰遗物,那一份份翔实的战斗资料,一件件锈迹斑斑的战斗武器,一幅幅浴血拼杀的画面在眼前闪过,脑海边又响起了嘹亮的号角和呐喊,一个个心潮澎湃。走下台阶,再次回望那高耸云霄的刺刀,我们的疲惫竟自消弭。回去的路上大家沉默了许多,原先的谈笑风生,一路的鸟语花香,似乎都远去了。

后来在绿意盎然的春天里,我们又去了如皋西门的绿园。那里集园林栽培、绘画、文学于一体,没有了腥风血雨,有的只是恬静和优雅。

毕业多年,那些远足研学的日子依然深深地烙印在我的心上,当我和孩子们一起走进家乡规划馆,饱览渔港新貌的时候,当我和孩子们一起走进抗日反"清乡"斗争纪念馆,回望红色历史的时候,当我和孩子们一起走在乡间田野,感受美好春光的时候,那些日子就潺潺地流淌在我和孩子们远行的岁月里。

那些相扶相伴的日子

师范是一座火红的熔炉,锻铸的不仅是青春,还有那深厚的师生情谊。

我们进校的那一年,如皋师范正在经历新的教育改革,我们毕业的那一年,全体毕业生都要迎接"93 质量年"开门检测。一言蔽之,就是由用人单位到校抽测毕业生的综合素质。学校关心每个学生的综合素质提升,而身体素质更是首当其冲。我们班是全校闻名的体育强班,有五个特招的体育特长生，在她们的带领下，我们都爱上了运动。

一年一度的运动会是重头戏。学期刚开始，大家就投入了紧张的训练状态。我报名了长跑、短跑和跨栏。每天清晨、傍晚，我们跟着几位特长生一起训练，拉韧带、做下蹲、高抬腿、加速跑，一个个热血沸腾。结果自然不负所望，我们班依然蝉联年级第一。

运动会后的几天里，我忽然发现自己腰不能直，人不能站，走路也变得困难，医生诊断为腰椎间盘突出，说这一定是我剧烈运动后引起的。最终，在保守治疗失败后，我不得不接受了一次腰椎间盘手术。据当时的主治大夫说，即使是如皋市人民医院，像这样的手术也只做过几例。老师、同学、家人都很担心，但大家都鼓励我相信医疗技术。手术后，我开始了漫长的卧床生活。老师和同学们每天过来轮流看护，给我补习功课，给我讲学校里的趣事。医院里的生活因为有了大家的陪伴而不再灰暗。返校后，母亲在学校陪读了一个多月，舍友们总是争着帮我们打好饭菜，购买生活用品。后来我能下地走路了，不论男女同学，都自告奋勇地担负起我上下楼梯的任务，或背或扶。老师们更是抽出时间给我补课，让我安心养好身体。

一个学期的时间，我在大家的关心呵护下恢复得很快。第二学期开始时，我已经能够自主上下楼梯了。劳损引起的腰腿痛手术后有“作阴天”的说法，就是阴雨天手术部位会有隐痛或不适。每逢阴雨天，师生们总会关切地询问：“今天下雨咧，你的腰疼不疼？走路慢一点！”“你今天早点回宿舍歇息！我们去帮你打水！”直到许多年后的同学聚会，大家依然不忘关心我的腰好不好，并且很是庆幸地说：“真好啊，没落下啥后遗症！”

人生无常，就在我写这篇文章的时候，班主任曹斌老师已经意外离开了我们。

那溢满我们欢笑的运动场不在了，那藏着我们无边记忆的园子也不在了。但是，那奔跑的身影，那温暖的脸庞，那园子里的雪松、藤萝、红枫、蝴蝶花，那园子上方蔚蓝的天空，那些散碎在笔尖的光阴，永远也忘却不了。

作者简介：赵娟，原江苏省如皋师范学校1993届毕业生，现就任南通市如东县洋口镇洋口小学副校长，江苏省特级教师。

数学老师教我写作

冒继承

母校如师百廿校庆，实乃幸事。胡海舟教授命我做感言，踌躇再三，迟迟未能动笔：一来我非知名校友，作此类文章，显然不够分量与资格。二来在师长、同学的记忆中，我读师范的时候，比较喜爱数学，并不善写作。尽管工作后也努力学习、尝试写作，但一直认为自己并非“文学青年”，故而一拖再拖。其间心中也时有对胡教授厚爱的愧意。近日，胡教授又询问作文事宜，我实言以告。胡教授则勉励我：“何不试试?”面对胡教授拳拳爱意与勖勉，如再推辞，乃是矫情，亦有违师命。于是，提笔作文。

母校、恩师于我，润泽颇多。而提到写作，自会想起班主任何平老师的耳提面命、谆谆教诲。但我今天要写的，却是几位数学老师鼓励、教育我写作的几件事。

写作不要怕失败

师范二年级的时候，我和缪建华等几个喜欢数学的同学，每每翻阅阅览室里和自己订阅的数学杂志，像《数学通报》《中学生数理化》《数学教学通讯》等的时候，出于“初生牛犊不怕虎”的“无知无畏”，天真地认为有些文章，特别是解题类的文章，我们也能写。于是，在课余，我们几个就开始写起所谓的“论文”来。都说“文章不厌百回改”，初稿，修改，再修改……我们几个忙得有模有样，然后用稿纸正楷誊写，邮寄。那时的我们热情高涨，憧憬满怀。在不断地投稿中，我们每收到新一期杂志的时候，总是迫不及待地翻看目录，从头看到尾，从尾看到头，想找到我们的名字。然而，一次次等来的都是落空。再大的热情，再多的自信，也被这月复一月渐渐消磨。

那段时间，我们真正理解了“看似寻常最奇崛，成如容易却艰辛。”

数学老师柳时光知道了我们几个写作论文屡屡受挫的事情后，一个周六的上午，他约我去他家。落座后，他递给我几本数学参考书：“这几本书你拿去，这是我当年上学时候的教材，对你应该有帮助。”然后他话题一转，“我听说你们几个在写数学小论文，怎么样？”

显然是明知故问。我只能苦笑着摇摇头。

“别灰心，我给你讲个‘大信封’老师的故事。我们这里，有一位老师酷爱写作，每个月都向一些报纸杂志投稿。但是，往往是退稿多，刊用少。每一个月，这位老师都会从收发室领取好多封退稿信。他为了不引起别人注意，自己总是带着一个大信封，把这些退稿信装在里边，然后赶紧离开。于是，这位经常有一大袋退稿信的老师，就有了个绰号——‘大信封老师’。可是，这位老师不在乎别人近乎取笑的异样目光，依然坚持投稿，依然会收到退稿信。但是，渐渐地，退稿信越来越少，后来，功夫不负有心人，他终于成了有名的作家了。”柳老师娓娓道来。

“真的？”我将信将疑。

“当然了！原来就是我们身边的老师！”柳老师依然不疾不徐，“写作，能发表固然是好事，关键，是通过写作，把自己的思维变得更清晰，笔头变得更流畅。写下去，肯定能发表的。”

“大信封老师”的故事，让我精神为之一振。我更下决心以他为榜样。从那以后，一直到现在，尽管我依然会收到“终审，不予录用”这样的退稿邮件，但是我一想起柳老师给我讲的“大信封老师”的故事，都会增添新的动力。我也在给老师们培训写作的时候，给他们讲“大信封老师”的故事，为他们的发展注入新动能。

可惜，当时我只顾听故事，未能询问这位“大信封老师”的名号。

写作需要多阅读

师范二年级的时候，我开始自学大学的线性代数、微积分，显然，光靠自己阅读从新华书店购买的教材，对于很多抽象的数学知识的理解还是云里雾里。这时候，遇到不懂的问题，我就请教数学老师翁志峰。梅仁蕊主任据说比较严厉，但我也厚着脸皮请教过几回。翁老师见我如此好学，也是在一个周六，约我去他在老体育场的住所。进入房间后，他指着书架："这里的数学参考书，你自己选对你有帮助的。"记得我当时选了几本苏联编写的微积分教程、微积分练习册。和我所购买的大学教材不一样的是，这几本教材特别注重基础，光是微积分的计算，就针对不同类型，设计了很多梯度性练习。靠着这些参考书，我很快熟练掌握了计算公式。

有了这样的参考书，我微积分自学的进度大大加快。更为重要的是，有一次翁老师在讲解析几何一道习题的时候，我运用所学的微积分思路，很快想到了一个新的解法。翁老师对我大加赞赏，在好几个班帮我做起了"广告"。他也知道我在尝试着写所谓的数学"论文"，就鼓励我把这个新解法写成小论文，参加学校的科技论文比赛。那次，我居然获了二等奖，还得到了奖金。

比获奖和奖金更让我高兴的是，我明白了：要想有新的观点，新的发现，新的思路，首先，要比别人多学一点。

工作后，无论是论文写作，还是写作《字里行间》系列，我都会想起翁老师给我的参考书，都会想起那篇获奖小论文，进而更自觉地去查阅相关的资料。尤其是写作《字里行间》系列的时候，对于每一个汉字所蕴藏的字源文化，我都会翻看大量书籍，认真优选、考订。为此，我购买了许多汉字文化书籍，包括汉字构形学、汉字文化学、汉字字源学、汉字字体学等。也正是因为自己多阅读、积累了一些汉字文化知识，所以我才能自信地给一线语文老师和学生们普及汉字文化，才能得到著名语言学家林连通先生的赞许。老先生欣然为我的系列小书题字："化难为易，功德无量。"

百廿如师，以"贵全"为教育宗旨。贵者，欲也，归也；全者，完也，具也。因此，"贵全"不仅仅是对学生培养目标而言，同时也是对如师老师的育人工作而言。这两位数学老师，他们课外教我写作的点滴小事，是如师每一位老师欲求完整育人、育完整的人，归于全程育人、全员育人、全面育人的生动写照。"贵全"之师，成就一代代"真实"育人的如师学子，我辈幸哉！

作者简介：冒继承，原江苏省如皋师范学校学校 1995 届毕业生，现担任南通市教师发展学院副院长。

等你来，岁月如歌

——贺母校如师 120 年校庆

傅贵成

牛年岁末，收到导师胡海舟教授发来的微信：“贵成好！今年是母校 120 年校庆。如皋师范虽已合并为南通师范高等专科学校，但其影响已渗入每个在她怀抱中生活过的学子的灵魂深处！因此，学校决定以‘如皋师范’为平台，出一本纪念文集。你是母校深以为荣的毕业生，所以，学校要我邀你抽出时间，为母校如皋师范写一篇文章。”我欣然应诺。因为作为如师学子，有一份荣光和责任为母校正名。于是，这段时间以来，好像时光倒流，一切美好又都浮现在我的眼前，想象着校庆之日，母校张灯结彩，喜气洋洋欢迎各位学子的归来，兴致所至涂鸦一首打油诗《等你来》献给我敬爱的母校。

时光匆匆，
红了多少回樱桃，
绿了多少次芭蕉？
三十三年前，
那岁月的渡口，
你有你的方向，
我，有了我的目标。
仿佛转身就是天涯，
只有相思，
日日在眉骨缠绕！

最是那善解人意的东风，
用你们的万千眷念，
早已揭开了诗意的帘草，
你知道吗？
护城河畔，
翠柳寒烟，
流水浅笑，
那育贤桥头，
更是花开正好，
等风，等雨，等你来……

就等你来
用赤子的情怀，
用呢喃的软语，
用含泪的双眸，
用颤抖的激情，
再一次翻开，
再一次翻开，
那一起，用豆蔻年华共同涂抹的，
青春岁月！
这魂牵梦绕的岁月呀，
是心中高挂夜空的一轮明月，
是风送梅花过小桥的一缕情思，
是古道西风瘦马的一眼凝望，
有春夏秋冬日升日落交替的四季风景，
有朔风细雨高山流水编织的光阴故事，
有花开花谢云卷云舒演绎的如师情怀……

就等你来
中院尽头，玉兰树下，玉石碑前，
如皋师范学堂，

所有的念，所有的思，这一刻猛然释怀，
最是温柔以待！
喧嚣褪尽，华灯初上，
用平底鞋敲击着青石板，
在青砖灰瓦、亭台楼阁间恣意穿梭，
一条百年东长巷啊，
默默见证了，
你从瘦弱寂静到温柔敦厚地用力成长！

就等你来
怎能忘记，班主任黄继红老师如旋风般缜密的思维体操；
怎能忘记，陆玉贤老师浪漫而又理性的人生哲学；
怎能忘记，姚烺强老师的"一点突破法"；
忘不了，饱学史书的刘金赋老师，板书如虹的黄天铨老师；
忘不了，播音范儿的徐晓华老师，甜美温润的顾娟老师；
忘不了，琴房里的四手联弹，操场上的队列夜练；
一幕幕，一缕缕，
如微风拂过衣襟，
青云打湿脸庞，
即便是山和水的相逢，
云和月的擦肩，
恰逢其时的相见，
这一世，便已注定两相难忘！

一江水，一城花，一眉浅笑，
你来，便是欢喜！

写着，读着，我似乎又回到了如师校园，一切如初。

如师，铸就了我的教育灵魂。我是1986年进入如皋师范的，掐指一算已经36年过去了，然而至今令我难以忘怀的是当时的"开学第一课"（尽管当时没有这个说法）。担任我们《文选与写作》教学的黄天铨老师组织全班同学参观校园，并要求以校门口的两棵盆栽罗汉松为题，写一篇作文。大家心里都明白，这是第一次媳妇见公婆的亮相之作，自然不敢懈怠，都使出浑身解数。没想到第二次习作课，黄老师却一脸严肃地走进教室，在环顾教室一周后，深沉地对我们说："都说是中考的优等生，真没想到，作文的水平简直不如一个三年级学生！"教室里顿时鸦雀无声，我们都低着头，不敢再看黄老师一眼。至于，第一篇作文谁得了优等，至今我不清楚，但我猜想绝大多数同学都和我一样是"不及格"，否则黄老师不会如此兴师动众。一晃，三十多年过去了，也许很多同学都淡忘了，但我却刻骨铭心。从此，我对写作心存敬畏。一方面在我看来写作就是一个"黑箱"，尽管费尽了心力，但终难寻得秘钥；另一方面也更加激发了我的写作热情，记得到师二年级时我的一篇微小说竟被黄老师当作范文在班级宣读。这坚定了我后来走上工作岗位，选择当语文老师的信心。

如今，我自然读懂了黄老师当初的良苦用心。母校以"真实"为校训，旨在培养求真务实"谙练小学教法之师范生"。"一个初入师范的优等生，作文水平竟然不如一个三年级学生。"这是多么及时的点醒之声啊！俗话讲"给学生一杯水，自己必须要有一桶水"，这声音时刻提醒自己，作为教师唯有不断涵养内功，壮大自我，从一桶水，变成一河水，乃至一江水，方为人师的立身之本。有人评价，如师培养的学生儒雅内敛，平和扎实，我想这就是校风"沈笃醇和"的育人结果吧。如今，母校的校风校训已融入我的血脉，一直滋养着我的精神成长。

如师，教会我养育儿童之道。我觉得，我与如师有前世的姻缘，学校以"贵全"为教育宗旨，而我的名字是"贵成"，也许这就是冥冥之中的一种耦合。在我看来母校所指的"全"乃有全人教育之意，而培育全面发展之人，"贵"在坚持，方能成就一番事业，也许我的专业成长可以成为母校"贵全"宗旨的注脚之一。平心而论，我自认为天资并不聪颖，但师范三年却让我享受了"幸福而完整的教育生活"，并让我学会了如何在教学中培养全面发展的儿童。

母校弥补了我的音乐空白，让语文学习有了艺术的享受。小学上音乐课，是老师唱一句我们跟着唱一句，音乐课本都当作废纸用了，直到中考成绩发榜之后，学校突击组织培训 20 天，我才认识了简谱"1234567"，到了师范二年级时我毅然决然地选择了音乐，汪智老师对音乐的全情倾注更激活了我的潜能。第一次在如师附小实习，我执教的音乐课《小白船》清晰如昨。毕业实习汇报会上，我和陈瑞斌同学进行的风琴四手联弹，获得好评。于是，我学会了让语文与音乐结合，语言节奏与音乐的内在契合让我的语文课增添了无穷魅力。成尚荣先生在听我执教《美丽的丹顶鹤》一课之后，高度评价道："洋溢着人文主义关怀和人文主义精神的高雅之课。"

母校为我打开了科学启蒙的大门，让语文学习有了跨界融通的可能。很多同学都畏惧化学，但赵锦泉老师的化学课却妙趣横生，他不是坐而论道，更多的是领着我们走进实验室，就在那样的化学课上我学会了造肥皂，学会了"银镜实验"和做各种镜子，甚至我想着将来可以边教书边开个叫作"镜子中堂"的小店，生意一定不错。当然，这样的理想并没有实现，但如今的我却开放了儿童的语文课堂，语文课可以在图书馆，可以在社区服务站，可以在乡野田头，孩子们在真实的生活情境中"做中学"，原来语文学习是多么有意思的事情。

母校夯实了我为师的基本功，让语文学习有了"转识成智"的基础。非常怀念如师每天晚自习二十分钟的"说唱练习"。师范三年，我是班上担任团支部书记职务时间最长的一个，因此有很多机会担任每晚"说唱练习"的主持人。但是这个主持人的活儿不好干，既要想尽办法调动同学们积极参与的主动性，又要能够不断提高二十分钟的练习效率，虽然我常常进行了认真"备课"，但总会遇到现场的严峻挑战。记得有一次，被某个同学将了一军(具体内容记不清楚了)，尴尬得差点下不了台。现如今，我领衔着几个不同类型的名师团队，常常需要执教公开课、现场即兴主持沙龙研讨、观课点评等活动，正因为有了当年的历练，我的课堂教学、现场演讲基本做到游刃有余。当下的课程改革已经进入了核心素养时代，学生的学科素养不仅仅是纸笔表现，因此，我们需要更多地去关注学生在课堂中的倾听、表达、讨论、交流的能力。很多时候，我们的文化自信取决于一个人"转识成智"的水平，我的这些基本的认识和理解都是从当年母校老师的课堂教学中得到的有益启示。

如师，沉潜了我的为师之境。宁静、古朴的百年母校与千年古刹定慧禅寺为邻，虽隔河相望，但又有一桥相牵。学校与寺庙在地理位置上的风水布局，在全国可能是唯一。这使它也成了读书的好去处。宿舍区和食堂在定慧寺的西隔壁，因此，我们每天穿行其间，寺庙的诵经木鱼之声与教室里琅琅的读书之声，相映成趣，科学唯物主义与客观唯心主义彼此交融，这让我们得到了最初的辩证哲学的人生启蒙。记得，师一年级时教我们教育学的陈茂旺老师，他上课严谨自律、一丝不苟，讲起课来滔滔不绝，只可惜他不会讲普通话，艰涩难懂的方言，常常让同学们听得筋疲力尽，有时个别同学竟然在课堂上睡着了。陈老师停下来，心平气和地对我们说："我的年龄大了，普通话是不会说了，但是我备好的课一定是要完成的，如果大家觉得听不懂可以睡觉，只要不影响其他同学就行。"然后继续给我们讲课。不知为什么，就在那一刻，我看到了陈老师满眼的真诚与难过，但奇怪的是从此之后竟也没有人再打瞌睡了。也许，那时我们从陈老师身上读懂了什么叫包容，什么叫理解，这样的情感是相互渗透相互感染的，并产生了巨大的教育效应。这样的换位思考不仅提升了我的人格修养，更拓宽了我的教育教学境界。后来，我调任县实验小学工作，在年级组办公室里我将"如果你把学生当作自己的孩子来看，你会发现他们是多么的可爱!"作为我的教学座右铭，以不断自我勉励。事实上，我是这么说的，也是这么做的。后来，我评上了特级教师，证书上醒目地写着三行鲜红的文字：师德的表率、育人的模范、教学的专家。我深知，这三条不是证明我做到了，而是我永远追求的目标，并将伴随我教育生涯的终身。

一个人遇到好老师是人生的幸运。的确，我在如师就遇到了像陈茂旺这样一批好老师。班主任黄继红老师的数学课，快节奏、大容量，让我领悟到提高课堂教学效率的真谛；吴啸啸老师的笑容可掬，满面春风，让我找到了教学民主的秘方；闵杰老师的书法洒脱大气，拿捏有度，让我掌握了育人的艺术；季银泉老师的严谨治学，潜心科研，让我明白守规则方可获得心灵的自由……

"却顾所来径，苍苍横翠微。"三年的师范生活，绘就了我们这批70年代中师生的芳华岁月；三十多年的躬耕实践，赓续母校精神血脉，抒写着教育生活的幸福诗篇。等你来，就等你来，我们不负韶华，踔厉奋发，只为母校续写华章。

作者简介：傅贵成，原江苏省如皋师范学校1989届毕业生，现担任如东县教师发展中心培训部主任，江苏省小学语文特级教师。

那些年　那些人　那些事

——怀念我的母校如皋师范

朱水平

1992年9月，我满怀着憧憬第一次迈入如皋师范的大门。校门非常简朴，印象中古朴青砖砌成的犹如高高城垛的校门上方写着两行字——如皋师范学堂。走进大门，眼前便忽地一亮，校门内侧正对面是一进五堂。一条大块青石铺成的路，将五个院落从南到北犹如珍珠一样串起来。古朴的飞檐翘角，朱红的柱子，加上各个院落里各种红的绿的植物，构成了如皋师范学校独有的古朴风景。最后一个院落里，长着一棵非常古老的白玉兰树。每到冬天，大朵雪白的玉兰花盛开样子与落在枝头的雪相映成趣。

从校门进去右拐，穿过一个圆形拱门，你便会看到一条由小青砖铺成的巷子，远远地向远处铺陈开去，加上两边高高的青砖围墙，走在其中，你便恍若来到了民国时期一条悠远的古巷中。

女宿“惊险”往事

刚进学校时，我们女生的宿舍便在这条青砖路顶头右手边的院子里。那是一间很大的房子，估计原本是一个教室，后来改装成宿舍。所有床铺均是木质上下铺，里面容纳了两个班级的女生。

宿舍的窗户很大，向外对开，窗沿很低。夏天天气炎热，大家贪图凉快，加之住在校园内，便将窗户敞开睡觉。直到有一天半夜里，一个女生睁开双眼，发现了站在床门口的一道黑影，正欲爬到床上方放箱子的地方偷东西时，一边吓得大声喊叫，一边跳起来追赶，之后我们就再也不敢开着窗户睡了。那次的闹贼事件后，全班所有热血沸腾的男生们在班主任老师的带领下分成几组，组成了夜间安全巡逻小队，轮流在女生宿舍外站岗放哨。在那之后很长一段时间，女生们不得不都挤到上铺，在炎热的夏天裹着被子才能入眠。这个故事后来一度成为我们每次聚会时必定津津回忆的往事之一。

宿舍旁并没有配套的卫生设施，全校唯一的厕所在整个学校的东北角，离宿舍大概有 200 米远。因此，夜间如果要上厕所，是需要经历一番思想斗争的，在无法战胜生理需求的情况下，不得不拉上自己的好朋友，鼓足勇气，哆哆嗦嗦地摸索过去，最终都会是飞一般地"逃离"回来。好在这样的情形并没有持续很久。随着校园住宿条件的改善，我们搬到了校外的宿舍区，住上了标准的宿舍。但现在回想起来，校园里那一段住宿体验却尤为深刻。反而条件变好以后发生的所有事情记得都不是太真切了。

"树叶"上的考试

紧靠宿舍的是学校的实验室、计算机房等，往前走便是教学楼了。教学楼后面是一个不大的小花园，别看它小，里面可是长着各类植物，依稀还记得我的所有的植物类知识，便是从那个花园里得来的。生物老师姓张，个子不高，戴一副黑框眼镜，教学上从来都很较真。每逢生物考试的时候，他便从花园里摘取各类植物的叶子，排列在实验室的桌子上，让我们依次走过去叫出它们的名字。他则拿着一份名册站在你身旁随时记录着。因此，每到期末考试前，小花园里便挤满了人，到处扒着叶子抢记各类植物的名称。若干年后，当我牵着孩子的手走在小区里，遇到各类植物，我总是能轻松地解答孩子对于周围植物的好奇时，我心里便油然升起对母校、对老师的怀念之情。

穿过小花园便是学校的图书馆了，那时候每逢到晚自习，大家便抢着到图书馆占据位置。阅览室里各类的期刊小说，吸引着我们这些懵懵懂懂的少年。

我在如师学习生活了五年(中师三年，大专两年)，如师那种精勤学习、追求真理、奋发向上、奉献祖国的高尚精神和诚朴、严谨、文明、奋发的优良学风，那一批热爱学生、循循善诱、诲人不倦、堪为师表的师长，在我从少年到弱冠之际，为我铺筑下了牢固的巨大基石，使我双足坚实立地，并由此坚定有力地踏上社会，步入人生。

大师的书单

刚进入学校，学校为我们每个人标配了一套中国古典四大名著。那是一套胶印的简装书，一共8本。拥有如此大部头的文学书籍在当时的我看来，是如此奢侈。于是，我真正意义上的文学阅读从这里开始。当时，刚从南京师范大学中文系毕业的何平老师（现任南京师范大学文学院教授、博士生导师）任教我们的文选课，兼任我们班的班主任。何老师长得很有个性，狭长的脸，短如板寸的头发根根向上。印象中，他总是穿着一双像船一样的白色耐克鞋，洗得泛白的牛仔裤。他比我们大不了多少岁，但不知为何总是板着一张脸，让人感觉不容易亲近。在他的带领下，我们推开了一扇阅读之窗：读小说，《红与黑》《巴黎圣母院》《乱世佳人》《呼啸山庄》《简·爱》《生命不能承受之轻》……读散文，沈从文、汪曾祺、周作人、余秋雨、史铁生……正是那段时间的阅读奠定了我作为一个语文老师最需要的“文学功底”。

后来，上了大专后（如皋师范第二届大专班），在何平老师和汪政老师（现任江苏省作协副主席，江苏省文艺评论家协会主席）的影响下，我的阅读方向开始发生转变。《美的历程》《宗白华全集》《畜界·人界》《人间词话》等，都成为那些穷学生省吃俭用买下的案头书籍。说句老实话，有些书我读不懂，有些书我也只能略知一二。但是，我却从那些深奥的文字中读到了一种新的看世界的方式。

真正为语文教育研究而阅读，源于小学语文教材教法姚烺强老师的引领。当时，学校里发放的枯燥教材早就不能满足我们这群孩子对于教学与课堂的渴求。于是，姚老师不仅推荐了大量基于课堂实践的案例，还将当时小学语文教育领域中各个流派的主张推荐给我们阅读。周末，就带领我们将阅读转化教学实践进行模拟上课。就在那段时间，我知道了课堂、学生与我之间存在的那条深深的沟壑需要通过自己不断地阅读、实践与反思去填平。

拿得出的艺术教育

如皋师范有条不成文的规定，每个学生必须选修一种乐器。为了方便教学，一个班级选修的乐器相对统一。每天晚饭后至晚自习之间的时间便是乐器的练习时间。我们全班选修了小提琴。作为一个从乡下走出来的孩子，我从来没有正儿八经地接触过真正意义上的音乐，更别说乐器了。我们其中不乏由于五音不全而唱歌走调的人，但在“划拍唱谱、拉响提琴”的要求前面人人平等。于是，就在每天傍晚时分，在整幢楼不断飘飞的“咿咿呀呀”各种乐器声的熏陶中，我们也在不断发生着蜕变。日复一日，年复一年，吹拉弹唱已经沉淀为我们每个人必备的基本功。学校里有一幢音乐楼。音乐楼里除了音乐教室，便是一间一间的琴房。一开始，琴房里是一台台的风琴。每个星期，我们都有固定的练琴时间，要求规定的儿童曲目会自弹自唱。最终，毕业基本功汇报表演的时候，这是重要的展示项目之一。现场自弹自唱不仅是在考验你的音乐基本技能和素养，还会考验你的心理素质。如果平时练习不到位，到时候很有可能手忙脚乱，曲不成调。因此，我们总是想尽各种办法去占领琴房。印象中，学校的音乐楼总是很忙，弹琴的，练声的……再后来，我上了大专班，琴房里的风琴全部换成了钢琴，我们选修的音乐课也改为钢琴了。

音乐楼的四楼是舞蹈房。我的第一堂课就是在那里上的，教的是芭蕾舞的手位和站姿。当时的舞蹈老师姓唐，非常严格。后来的课已经记不清学习的内容了，大底是儿童舞蹈之类的。从来没有“舞蹈”这个概念的我，在班级汇报演出时，居然作为主要舞蹈演员之一为全校的师生们献出了一支《采蘑菇的小姑娘》。至今，我的相册里还保留着一张头扎羊角辫，肩背小背篓的演出照片。工作以后，再也没有跳过任何舞，但是，舞蹈课中老师对我们站位时“收腹挺胸、两肩打开”的要求早已渗透到我每一天自信、挺拔的站姿中。除此之外，儿童简笔画、国画、毛笔字、演讲……似乎自始至终都贯穿我的师范学习生涯。

在那个“素质教育”这样的名词还没有风行的年代，我们这些乡下孩子却在如皋师范这样一方乐土上熏陶着，浸润着。所以，工作以后，我能够像音乐老师那样带领鼓号队；语文课上，我能像美术老师那样随手画出惟妙惟肖的简笔画;音乐课上,我也能带领学生弹唱自如;娱乐演出时,我还能运用美声唱法高歌一曲《我爱你,中国》……现在回忆起来,这一切都是得益于我的母校在那个时代为我打下的坚实基础。

犹记得母校建校 90 周年时,我作为鼓号队员在学校的河南大礼堂见证那一场盛典。如今,喜逢 120 华诞,我由一个青涩、稚气的师范生成长为一名优秀的小学教师,无以为报,只能在文字中回顾当年学习生活其中的点点滴滴,感谢她在我懵懂、无知、幼稚、拔节生长的求学时期,给了我一个温暖、安详、严谨、自由的成长空间。

作者简介:朱水平,原江苏省如皋师范学校 1995 届毕业生,现担任南通市通州区实验小学副校长,正高级教师、江苏省特级教师。

如歌如师，成就如诗人生

周振宇

母校 120 年校庆之际，收到海舟老师邀约，写一篇回忆如师生活的短文，以作纪念。深以为荣，欣然应之。

坐到电脑前，才想起一晃已离开如师二十九载，却始终不曾静得下心来梳理、回眸自己的师范生活，实在惭愧。此时，在袅袅茶烟里，一幕幕尘封的画面慢慢清晰起来，一个个难忘的师友跃然心头，在与时光的凝视里变成温暖的回忆。

如师记忆里最深刻的莫过于那些年里遇到的好老师，他们在那短短的师范时光里共同渲染了我生命的底色，让我一路受益。

神仙眷侣汪政和晓华，汪老师教我们文选与写作，晓华老师是我们的普通话导师。汪老师的文选课总是把课本上的文章置于时代与文学的大背景下，贯穿古今，链接中外，带我们透过一部作品去看一片文学的天空。他的书法风格古朴，法度严谨，每一节课下课，我们都不舍得擦掉黑板上汪老师留下的“粉宝”。

我来自海安西南的革命老区，普通话只能算一般，带着明显的乡音，可是晓华老师鼓励我，把我选进“推普小组”，参与辅导同学和学弟学妹们讲好普通话，这让我不得不自我加压，天天抽时间一个人偷偷练习正音、朗读，避免第二天辅导别人的时候“以其昏昏使人昭昭”。就这样坚持了一阵子，我的普通话水平大涨，居然被选进了学校广播台，成了一位男播音员。

两位老师都爱读书，我曾有幸造访过一次他们家的“二人转书屋”，满屋子的书加上一块汪老师手书的“二人转书屋”牌匾，的确让人难忘。他们也鼓励我们多读书，甚至走进教室看见我们熙熙攘攘不读书会拂袖而去，这种严厉里藏着温暖，慢慢养成了我们阅读的好习惯。汪政、晓华都是全国著名的文学评论家，他们崇尚质朴而深邃的文风，深深影响到包括我在内的每一个学子。后来的二十多年里，他们夫妇不断出版的新著和经常更新的微信推送文章，我总在第一时间拜读，这些隽永的文字持续滋养着我的人生。

历史老师王坚是一位看上去朴实无华的长者，常常穿着老旧的中山装步入我们的教室，但是一在讲台站定，大师风范油然而生，狭窄的教室空间仿佛一瞬间沿着历史的印记向多维方向无限延展。记忆中，王老师自己好像就是一部磅礴又鲜活的历史书，他的历史课上常常云淡风轻地指出教材某页某处存在错误，应为什么，考证依据是某史书某页的哪一句，还有某书第几卷某页，简直惊为天人。曾有好事者真查资料验证他的真实性，却从无差池，佩服之情又增加了几分。

王老师并不总是个严肃的学究，有时也会露出可爱的一面，至今忘不了他在课堂上放声朗诵朱元璋的诗："鸡叫一声撅一撅，鸡叫二声撅二撅。"听到此处，全场捧腹大笑，泪雨轻扬。忽而，王老师语气一转，"三声四声天下白，褪尽残星与晓月。"一瞬间，王气侧漏，犹如元璋附体，满座皆惊。

王老师待人的谦恭有礼让我终生难忘，无论我们在校园的哪个角落，抑或是在校园外面幽静的石板巷，当我们邂逅王老师，叫他一声"王老师好！"，他总会迅速从破旧的二八杠自行车上跳下来，两腿并拢，身形微躬，回上一句"你好！"

生物张德清老师和地理老师周智勇、化学老师项云英都是对我影响深远的人，我今天之所以选择了走科学教育之路，并且能小有成就，应该多亏他们在师范的时候给我打下了深厚的基础。

张老师教生物不是空对空，为了帮我们认识不同的植物，几乎陪我们跑遍了校园的每一个角落，甚至陪着我们趴在东长巷的角落里看老青砖上雨后的苔藓，阳光照到苔藓一角，那抹透过光影蓬勃的绿，让我们至今想来依旧惊艳。上师范的时候，不知道自己为啥那么胆小，在生物实验室，张老师让我们自己戳小指头，取血实验，确定自己的血型，可我自己对自己下不了狠手，戳了五六次却只在指头留下一个淡淡的红印儿，最后不得不请同组的女生"辣手摧花"才取出血来，张老师却一声不吭，站在一侧"笑看风云"。

周老师因为一句口头禅"于是乎"而透出了一份夫子气息，可他却是个地理专家，我在师范写出了人生第一篇关于地球黄赤交角的学术论文，获得师范生论文比赛的省一等奖，就来自周老师的悉心指导。项老师带着外地口音，我是她的化学课代表，她不但关心着我们的学习，还像一个温柔的母亲一般常常抚慰我们这些过往从未离开母亲照顾的游子，带给我们家的温暖。

天哪！记忆的闸门一旦打开，如师老师们的群像就从脑海中奔涌而来，抵挡不住，他们是那么真切，又是那么生动。即使冒着被语文汪老师再批判一次“平铺直叙、记流水账”的风险，我也还要唠叨下去！

音乐组的吴坚老师那种穿透力极强的意大利美声在开学第一天就颠覆了我一个乡村土包子对音乐的认知。长相和音色都神似帕瓦罗蒂的李云老师总喜欢让我们把手放在他稍显圆润的肚子上感受他发声时的气息运转。所有男孩子心中的女神唐冬梅老师，让我们在舞蹈房里面练习开胯，我们一个个五官扭曲惨叫连连却捏着鼻子装好汉！

美术范存进老师是个国画大师，牡丹、竹子、兰花，每一节国画课我们都会学到一种新的技法。书法老师闵捷的楷书、柳体可谓登峰造极，我们羡慕得不行，总憋着劲儿想练到他的水平，可他总觉得我写的横“像个肉骨头”。体育陈银书老师个头不高，却很壮实，男孩子们偷偷称他为“老板”，因为他在篮球场上司职，组织后卫，所向披靡，绝对是球场上老板级的大咖。即使只是短暂兼过我们数学课的沙振国校长，也因为那句“以考试内容为圆心，适当长为半径画一个圆”的名言占据了我的心。

大学之大，不在大楼之大，而在大师之大！快三十年了，回想我的母校，记忆中固然有那一进五堂，有罗汉松和爬山虎，有音乐楼和大操场，有每天晨起后宿舍旁边定慧寺的梵唱，有幽深古朴的青砖长巷，但是，最鲜活、最生动、最镌刻在记忆深处的，却是我敬爱的师长们，他们就是我此时对于母校回忆最鲜明的文化符号，他们的群像撑起了如师校园里“学高为师，身正为范”的高大石墙。

师范三年，很是短暂，还没有来得及细细品味，就匆匆离开了。犹记得离校的前一天，晚上聚餐，离情别绪之下，大家都喝了一点啤酒。饭后，班主任高忠新拉着我沿着教学楼前的南北大道走来走去，聊了很多。酒后之言，大多已记不得了，但有一句还记得真切。分手时刻，高老师说：“振宇，送君千里，终有一别，在我眼里，你天生就是个当校长或者教育局局长的料，回去好好干！”对照当下，我也算勉强达到了老师的期许，坚守在教育岗位上，按照他的嘱托在前行！

前几天整理资料时看到母校设计的一个特级教师墙的文案，每个人一方篆刻的印章，在墙上如似锦繁花。母校何以造就了如此大批的教育中坚力量呢？我感觉除了那一支优秀的教师群体之外，还来自丰富多彩的课程体系。

我们在师范除了语数之外，音体美、物化生、政史地、教育学心理学，一样都没有落下，而且样样学得不错，至少是开了好头，具备了可持续发展的能力。我们每天晚上有一门很特别的课叫作"说唱表演"课，大家可以轮流走上讲台，唱上一首歌，讲一个故事，或者发表一段演讲。我们还设置了劳动周，每学期有一周的时间担负起满校园繁重的劳动任务。这些丰富的课程，让我一个农村娃多次登上如皋各大剧场的舞台公演，学会了篮球、羽毛球、乒乓球、二胡、笛子、书法、国画等很多带得走的体育和艺术技能，体会到了劳动的快乐，收获了可以在公众场合自信而开放地表达自己观点的能力，学会了如何开展严谨的学术研究……

这是什么？这不就是素质教育最鲜活的样本吗？这不就是"五育并举"最生动的诠释吗？作为一名基础教育学校的校长，我们每天在思考着如何开展教育教学改革，如何做到五育并举，如何培养孩子的核心素养，原来，"蓦然回首，那人却在灯火阑珊处"，早在三十年前，母校就给我们提供了最好的样本。

再看自己的成长路。毕业后，我教过数学、科学、音乐、美术、体育、道德与法治、综合实践等很多学科，好像还都游刃有余。我至今保持着丰富的业余生活，每天打乒乓球，经常听音乐会，经常看书画展，每到一地都要想方设法钻博物馆。我始终保持着良好的研究习惯，大量阅读，经常思考，努力写作，建立学习共同体等。这些来自哪里呢？追根溯源，似乎都可以从如师三年的学习生涯找到注脚。

感念如师，感恩母校。感谢这一段如歌如画的生活，成就了我的如诗人生。

作者简介：周振宇，原江苏省如皋师范学校1993届毕业生，现担任海安市实验小学党总支书记、校长。

生命的镜子

——我与师范

顾　建

一

离开师范学堂已近30年了。

30年前，那是相当久远的一个年份了。那年初秋，学堂枣红色木质大门的门闩缓缓拉开——深深庭院，面朝古刹，一进五堂，古色古香。一面高大的正衣镜，静静地侧立着。母亲小心地领着我，对着镜子，小碎步退着自己的身体，欣喜、自豪、期待、不安乃至焦灼，一一印刻进了这面镜子里。那一刻，我穿着父亲一直舍不得"上身"的那件蓝灰色带双"表袋"的中山装，挂着一支双色笔，俨然一个小"先生"。

30年，两代人，世事变迁，白驹过隙，忽然之间。

我领着我的孩子，形同母亲当年，又来到这面镜前，我不断地靠近，小碎步地靠近。我想它一定记得眼前这个30年前的孩子，在它前面走过多年的脚步声，它一定是记得的，这个孩子竟这么大了？胖了，甚至都有些老了。

这面高大的镜子，一定住着整个学校的来来往往，我们的30年前，30年后，以及师范的120载风云。

我们成了当年的父母，当年的老师，孩子成了当年的我们。校园里的老石榴结满了果子，石砖路爬满着青苔，笑貌里扎上了皱纹。年逾古稀的老师叮嘱着要蹲下来去"爱戴"自己的学生；满头白发的班主任还是那般地慈祥："身体啊，第一还是要将身体炼好"；哲学先生谆谆教诲："人至不惑，知命顺命不去拼命"；学堂的掌门看着他们的莘莘学子，动情地传递着30年的不易与收成……熟悉，再熟悉不过了。我仿佛又回到儿时，无数次听着父母年终盘点着，稻子歉收了，小麦种多了，孩子你好好努力，父亲还要出去几年打打工……温润着，听到这些，我什么都不怕，有了依靠，也有了向往，我要听父母的话，也让他们开心一些。

这是回家吗？

我几乎从未这样呼过她。她却很实诚地一直待在我的心里。

在这里的五年，她千教万教，我们千学万学，奇怪的，似乎学到一种定理——在乎的，从来不会大声去说。奇妙般，我恢复了“敏捷”的记忆，可以一口气数出每个同窗的学号与绰号，可以朗朗上口地背诵出学堂的学风与校风。这个磁场，是不是藏着一种生命的本能？它吸引着曾经过往的生命气息，在某一个生命阶段，它像一面凹镜，汇聚故人；它又像一面凸镜，彼此照耀，放大岁月。你在异地，不在现场，并不重要，这种汇聚的能量也一定可以让你听到曾经的那位老牌班长并不纯正、并不浑厚的指令：“起立——立正。”前方，一席讲堂，我们的眼里还是那面可掬的笑容，满头的灰白里，除了岁月，一定还有彼此言辞不多的牵挂。

他一定挥挥手，老了，老了。都坐下，都坐下，好好聊吧，聊什么都好。这样的课，多好啊。

我不知道，如何准确定位老师这个角色，他可以是从小就牵引着我们小手的父母；理所当然地是站在讲堂上授我学业的长者；也是那些一起青梅竹马的同窗；还可以是那些与我彼此成就、生活互依着的孩子们。在彼此生命交融中，老师角色从来都不是一成不变的。

我记起一位老师的话，“老师不过就是一面镜子”，可以照见得失、现境以及未来。我是知道的，自从有了镜子，人类的脊柱挺直了许多，步伐矫健了许多，变化了音容，也变化了气质。

拉开沉沉的门闩，学堂门口那面的大镜子，斜斜地立在那里，不炫目，却很持久。从那里，我们寻找，对照，定位，也不断温暖着自己。

也许，这就是她的光辉。

二

学堂里的老师，在我们转身多年，留给我们的精神依托，仿佛无处不有。

有一年新年，那是盛行用 E-mail 互通往来的时候，我打开邮箱，看到汪政老师、徐晓华老师发来的新年祝福，那是一个精美电子贺卡，张张读过，感动，内疚。我一时词塞，竟找不到回复的内容。于是，我从书柜里找他们的书，他们的照片。他们的第一本书《涌动的潮汐》，还夹着一张他们签名的照片，翻至《自我表达的激情》，再看扉页的照片，感慨，他们在我们这个年龄的时候，已经是知名的文学批评家了，读书笔记做了整整一麻袋，这学问怎么做的？

要说能接触一些文学的东西，大概还是从他们开始的。

汪老师的课，当然破了那个学堂的“荒”，在很多同学为着各种基本功忙着不亦乐乎的时候，他用语文这一传统的课堂，吸引了一大批对文学极度渴望的眼睛。我们常常是几个班合起来听他的课，只听他常常叹息：“你们啊，要珍惜，大课堂，是大福。”我起先没听得明白。后来，听他讲在农村的打麦场上捉黄鼠狼的故事，实在是一种享受，语文课还可以这么上，看鲁迅回忆幼时和伙伴捉獾的章节，也没有这样愉悦。

后来，我也当了老师，教了一年，也开始和那帮孩子说：“好好听，让我们一起珍惜，我们的课堂就是我们的福分。”我脑中好像是想着汪老师授课的风采的，竟脱口而出。后来，我离开那个学校，班长是个机灵鬼，来问：“老师，你早就知道要调走了？”实在是冤枉，我的学生不知道，她的老师也只是想追慕一下自己的老师而已。人的才情，到了某种境地，总是被打通。如花的文字，如舞的书法，如歌的口才，还通晓金石，这些，集中在一个人身上的时候，真是上帝的垂青，甚至“奢侈”。

那个时候，教室后面有一个水杉树林，林子后掩映着一个红砖红瓦的二层图书馆，阅览室在二楼的最西头。晚自习的时候，我常常在那里消磨时光。在那间屋子里，读了很多汪老师的文章。读着读着，竟然会有一种幻觉，仿佛自己成了发稿编辑，以为自己是第一个读到老师的文章的人，想拿着杂志去给老师报喜。在那间屋子里，我几乎就被某种文字磁场包围，读书仿佛就是走亲戚，自由而温暖。而后，我会按图索骥，根据评论文章里提到的篇什一一再去追索、揣摩。阅览室虽小，但这样的阅读，几近朝圣皈依般欢喜，怕是再也找不到了。

阅览室拆了，汪老师调走了。

他去宁之前，当了我们首届大专班的班主任，之前是我的语文老师，之后是学堂的校长。那两年，我们跟在他身后读书、写作、写字、打球，有人还偷着空谈点儿恋爱，他知道了，就急。

毕业，我们要离开学堂了，他指着我们："你们看看，我们是铁打的营盘，你们是流水的兵，又要走了。"然后，他伤感不已："带了你们，我再也不带班了……"

我做副刊编辑后，约老师写了一篇文章，他给我捎来了《三代人的酒》，果然一坛好酒。尔后，他还帮我张罗着向其他名家约稿，为我送来下锅的好"米"。

这几年，我也搬了几次家。汪老师给我的书法条幅和篆刻一直藏着，她们一直领着我，勇敢地走。记得那时晓华老师说："你要汪老师写的那个内容啊，他写了好几幅，都不满意，你别急，再等等……是苏东坡的句子：'清风徐来，水波不兴。举酒属客，诵明月之诗，歌窈窕之章。'"

这是学生的等待啊，等老师来，为您举酒，听您诵诗，邀您吟歌。

三

看到学堂百年校友录，我和刘昕一样，名字两次被记入了名册。三年师范后，我们非常幸运，被留在了母校继续读书，成为学堂首届大专班的学员。读到刘昕给母校的文字《时间完成我们》，"我很喜欢的满墙的爬山虎在多年以后，不复再见，我和几位师兄师姐的照片与简介倒是挂在了那面墙上"，"爬山虎会知道，知道时间曾经借用了它的存在完成了后来的我们"。

我曾这样描述刘昕：她在一个迷茫孩子的胸口，悄悄地挂了一把锁，锁住了孩子的希望，锁住了这个家庭的希望。这个孩子，连同他未来的整个家族的走向，从此，在锁的呵护下，显得明朗而温暖。

世间，有多少的孩子，渴盼着这样的希望之锁？

许久没有机会置身刘昕的课堂，读她的文字，那些"闲置"于教育论文抑或札记里的灵动文字，显然还带有学生时代那些久远的文学意味，我能臆想出她的那些孩子在她的课堂里，在她的目光里的快乐与幸福。

诗意、温暖、人文，这是今天的刘昕的语文课堂留给我的几个印象。

汪政老师说，刘昕的成长一直伴随着对母语的认识。我想，这就是她语文课堂里的那些难得的诗意。她在语文课堂里洒下的那些诗意的符号，在孩子的眼睛里、心窝里快乐地律动着。孩子们一定不知道，他们的语文老师为什么这么充满诗意，因为她的老师曾在她念书的师范学堂里就是一位诗人，一位令诸多男生追慕的诗人。在师范的那几年，刘昕带领着校园里的文学社，抒发青春之歌。当我从她手里接过几行歪歪扭扭的文字送给学校广播台的时候，全校听到了“朦胧”，听到了“唯美”。而后，一位行将为文学青年的女子，一袭红色风衣，裹着文学之梦，走上了三尺杏坛。

时光如白驹过隙。刘昕笔端的“歪歪扭扭”长成了“纤秀挺拔”，“朦胧唯美”长成了“温婉娴熟”，沉淀下的是那份不变的诗意。孩子们是值得庆幸的，他们的语文老师曾经是位诗人，这就足够让他们的语文课堂变得温暖。

在一个秋天的早晨，刘昕接到第一个邀请函，她开始带着温暖的课堂，行走“江湖”。不仅如此，刘昕的课堂有诗情，有温度，可贵的是还充满了人文关怀。

教师这一太阳底下最为光辉的职业，光辉在什么地方？在刘昕的课堂里，她抓了这束最为光辉的源点——教育的公平，教育的正义。如果我们把民生的话题也在教育里铺开，那么，我眼前读到的个案，就是她在教育里捕捉民生教育的生动案例。“百姓的温饱，才是中国的温饱。”放之教育，那么是否可以这样断言，平民教育的希望与幸福，才是中国教育的希望。这，就是教育中的民生。

刘昕从语文课堂里跳出来，跳到了大教育的天地之中。

刘昕开始关注并践行她的民生教育。这需要一个专业老师在这个注重功利、趋炎附势的社会生态里，具有多么安静的心态。

“知止而后有定，定而后能静，静而后能安，安而后能虑，虑而后能得。”我似乎常常看到，做着母亲的刘昕，如何瓜分原本属于女儿的那点宝贵时间。似乎除了耐力，还要多一份寻常之心。孩子的事，总是急不得的。

也许，一个好老师的手里总握着一把钥匙，这把钥匙，可以打开孩子的心灵。刘昕的手里，不仅有一把这样的钥匙，她还有一把锁，她把紧闭的心打开，把失落的希望锁住。

刘昕心里有个最初的生命之结。刘昕说，原本她是长不大的，她是被母亲的金锁片套在“细细的脖子上”，才没有“夭折”。如今，早已为人之母的刘昕，同样释放着母爱的情怀。不同的是，她把希望之锁，通过自己的践行、文字，给了天下的孩子；与此同时，她还将钥匙轻轻地塞在孩子的手里：孩子，拿着吧，碰到需要的人，用钥匙打开你的锁，送给他们吧。

如是，天下教育就有了如兰甘香，有了大爱之象，有了太和之气。这正是她的母校，一所百年师范的注入如刘昕一般莘莘学子博厚而温润的营养，成就了如刘昕一般从学堂走出来的特级教师们。

四

想起念师范的那段时光，心里仿佛有缕缕阳光，除了师长与同窗，仿佛他也是在师范岁月里等我的人。

他是一个好人。他们夫妻俩带着孩子在小城生活，老家(在老家，我们祖上是邻居)已经没有房子了。有时，他们还回去，看看嫂子和老邻居。回来的时候，总要带些体面的东西，衣着也费了一番努力，看起来在城里生活得不错。他离开了农村，娶了城里的娘子，在城里有了房子和孩子，已经快25年了吧。这是我那个村子人人都知道的。

在师范念书的5年，在那个小城，有他的存在，我很踏实。因为祖辈的交情，在某个孤寂的星期天，他或者他的儿子会在我学校宿舍或教室或两者的路上等我，他说："走吧，汤都凉了，去我家吃饭吧，炖了蹄子呢。"一旁的同学顿生羡慕。待我饭毕回到宿舍，大部分同学都知道"某某去亲戚家祼胃去了"。这还真算是一个新闻，那时又有几个同学有此福分呢。

学校离他家是很远的，一个城西，一个城东。我腿脚功夫都是那时练的。他来，总是跑的，自然，跟着去他家，也只好走，一趟至少要走40分钟。第一次去，还看到他的母亲，他把她从老家接过来了。我从小叫她孙阿奶奶，她人和善，对小孩特别好。小时经常去她家里玩，她总是一个人。印象中，她昏暗的屋子里，靠着床，还有一口"寿材"，里面放着平时用的衣物，我看了并不害怕。那时时兴这个，人老了，就没有后顾之忧了。

他在城里的房子特别小、陋，似乎是城里搭建的过渡房，外间还延了一间屋用来烧煮。

不过，他们的日子过得还算快乐，街坊邻居都处得不错。他在一个厂里做事，后来却听说下岗了，之后在厂里的浴室里做事，还替人家打打开水，送送煤球什么的。他还送我几张他们浴室的浴票，叫我天冷就去洗个热水澡。

我念师范三年级的时候，实习了一个月，正巧就在他儿子念书的学校。

一下课，孩子就会来找我，还带着一帮同学，不时向他同学介绍："这是我哥哥。"我也常常到他的班上看看，他很高兴。一个实习老师当真在孩子眼里就是老师的，因为他跟他们的老师一样，是坐在老师办公室里的。一个孩子，有一个亲戚是他们玩伴的老师，可想而知有多么的荣光。我从小就很羡慕一个同学，因为她的舅母是我的语文老师，经常给她彩色粉笔，可以画画。

他的儿子后来还见过，没有上什么学，初中没毕业就出去打工了。我毕业的时候，他来找我，问我要不要他送送。他踏着一辆三轮车来的。他的儿子跟在后面，看着我，问我："哥哥是不是回去就当老师了？"我点点头。

多少年不见他们了，听奶奶说他得了重病，我心里一阵难过。想他一个好人，怎会如此厄运。那个小城，好久不去，那个地方还真让人怀念。

七绕八绕，终于找到了他，他的屋子还在那里，他的儿子在他的身边。他几乎难以站立，两只眼睛异常的大，脸已经瘦得不成样子。他的屋子异常的黑，家当已经全部搬走了，左右邻居也都搬走了，快拆迁了。他的老婆坐在他窗前的一张矮凳上，跟他在说话。见我来了，他非常意外，很兴奋。嘱咐他的儿子去买菜，留我吃饭。他的思维还是很清晰，说着有关我曾经念书的一些事情，眼睛流露着向往和留恋。

我没有留在他那里吃饭，我也舍不得很快地离开。夜幕已经拉下一小截，我们告别了他们一家，我跟同我前去的儿子说："快祝这个爷爷早点好。"在那个宿舍大门的拐弯的地方，我又转个头，看到他那个灰灰的房子，到处写满了"拆"，白白的，歪歪的；我仿佛看到那个曾经亲近的生命，无奈着摇摇欲坠——他站在那里，站在那里，弓着身子，见我回头，朝我挥了挥，略带笑意，孱弱的声音传给我："问你父亲母亲好。"不知何时，我已泪流满面，泪光里，他仿佛成了我师范岁月里不可或缺的依赖与怀念。

我一直感恩，学堂里的行为准则渐渐衍化为万千学子的一种善良，一种恻隐，一种相报，这便是教育最远的灵魂。

五

父亲搬衣柜时，从里面整理出一个纸袋子，搁在那里，他叫我看看有没有用。

袋子里放着一摞信。

想起写信的年候，已经有些远了，集中在念师范的那段寒暑假辰光。

一个旧信封里，装着二三十张一寸的照片，那些都是师范的同学，毕业的时候彼此留作的纪念。看着照片与赠言，真有些感怀时间的流逝。

一封最晚的信，也有 25 年了，父亲那时 50 岁。我刚刚从师范毕业，参加工作不久，信也开朗了许多。信是这样写的——

父亲：

前日晚打电话给你，你的工友说你出去了。你都 50 岁了，从来没有和你一起过个生日，儿子很愧疚。

我将这几个月的工资攒好，想给你买一件呢子中山装。你还记得，你最好的一件，几年前师范开学的时候已经给我了……

有空来封便信。

父亲跑来，又问，纸袋要不要。

我蹲在那里，看着那些流逝的美好岁月，竟已泪目。

太阳暖和地照着，我又想起学堂那面硕大的镜子。镜子前面，母亲小心地领着我——我穿着父亲一直舍不得穿的那件蓝灰带双"表袋"的中山装，挂着一支双色笔，对着镜子，不安、焦灼地退着小碎步……

这一面生命的镜子，不抑光芒，温暖四溢。

作者简介：顾建，笔名古剑，原江苏省如皋师范学校 1996 届毕业生。南通广电传媒集团(台)总监，主任编辑，南通市第十一届、十二届政协委员，市"四个一批"拔尖人才、省第五期、第六期 333 工程人才培养对象。现任南通市青年书法家协会副主席、市文艺评论家协会副秘书长等职。

如师如歌，如渡河之舟

丁兆梅

躬逢新老母校同庆120大寿，实属头等欣事。离开母校二十八年，“真实、贵全”“诚朴、严谨、文明、奋发”等拙朴题字如在眼前，古色古香的一进五堂和东长巷每见皆欢；“内功好、质量优、校风实”的办学传统和业界口碑给了我们沉笃醇厚的滋养……如师如歌，似渡河之舟；如师如歌，旋律一直在心头。

恰同学少年：曾经在《青苹果乐园》

三十年前的秋季，在如皋师范学校的河东宿舍里，我和九个舍友（同班双学号女生）以及隔壁宿舍十个（同班单学号女生）同学，还有隔壁的隔壁四个女生，在干什么呢？具体细节记不得了，但笃定是有人在小声啼泣，有人在大声号哭，有人躲在蚊帐内默默垂泪……初秋的夜晚，天微微凉，女生宿舍的悲伤逆流成河——十六岁卷起铺盖外出求学，被迫独立才一周多，人生地不熟，物质条件艰苦，生活管理严格，各项卫生检查细到头发丝，叫我们如何不想家？

后来抹开脸皮探问，方知不远处的男生宿舍同样是“凄凄惨惨戚戚”，人家没好意思“外宣”而已。

过了艰难的九月，大家就乖乖迈上了好好学习天天向上的台阶。那时的如皋师范全方位实施着素质教育，因为培养的学生出校门后得是个多面手，啥都能教，啥都能顶上。我们除了普通高中课程，琴棋书画吹拉弹唱都扒拉着学一手，因此每周体美劳声乐器乐舞蹈书法说唱演讲等科目的总课时数，超过了语数英物化生政史地。

每学期都有劳动周，一周以劳动实践为主。轮到我们班时，四十二个少年便整整一周不用上课，除了出早操，中午半小时练字，晚间半小时说唱、半小时看新闻联播，其余时间就扛着拖把扫帚、抓着抹布满校园转悠，负责每个角落的清洁打扫工作。劳动质量如何，一言难尽。反正每次打扫完毕，班主任总是欲言又止的样子。但那种劳动最光荣、劳动真快乐的体验，真切地荡漾在每个人心头。

师二时我们搬到了河南宿舍区，男生女生都住上了宿舍楼。每天放学后固定路线如下：跨过古老的校门槛，走过护城河上的师范桥，从香火萦绕和梵音袅袅的定慧寺门前叽叽喳喳地晃荡来到与寺庙一墙之隔的食堂，站着围桌用膳完毕后回宿舍。馋虫作祟且手头宽裕的时候，我们就会到定慧寺吃一碗盖浇面，浇头内容丰富，面条柔韧劲道，吃完肠胃生香，这是食堂大师傅所做不出来的味道，堪与每周一次的米粉蒸肉(肥肉居多)媲美。

学校和定慧寺隔着窄窄的护城河静静相望，河边的垂柳一年一年长高变粗。学生宿舍和教工住宅仅一巷之隔，我们放学后常在老师家门口窜来窜去耍上一会儿。正是好奇心爆棚和求知欲旺盛的年纪，活动半径不大，倒也少有闲暇，忙什么？琴棋书画说唱，锻炼劳动考试，如同海绵吸水那样，见空就钻，有机会就试，个个都是大忙人。

虽然大多数同学和我一样，对“为什么到如师来、来如师干什么、以后去哪里做什么”这样的灵魂三连问，其认识处于混沌状态，但“好好学习、优中求精”是大家的共同追求。犹记得陆志平校长在一次大会上激励我们说：“如师的学生，就像如师门前护城河边的垂柳，谦逊淳朴，默默扎根，长期低头汲取营养，直到长成风景、绿荫成林。”如师的老师，正是这种格调。我们恰好遇上了一大批中师教育的佼佼者，他们在各自领域造诣颇深，对待学生宽厚体谅、用心良苦，有的甚至影响了我们半生，如今已然亦师亦友。

年少不轻狂，教学相长中尽力取法乎上，这是中师三年的真实写照。早恋？不存在的，大家都傻乎乎的，开窍很晚。即使有情窦初开者，也不敢或羞于表达什么，我们都认为自己班没有谈恋爱的。当然后来成了一对，毕业后公布的，两人同乡，得知消息时真的吓了我们一跳——那小子平时没心没肺，看上去“人畜无害”，现在直接把班花之一搬家里去了，真人不露相，厉害的。

好玩难忘的事情层出不穷。文艺汇演是所有学生都津津乐道的大事。

有幸参加合唱队的同学，自然不好再留恋童安格、周华健、小虎队等流行歌曲的旋律，而是成天吊着（也有的捏着）嗓子叫来吼去，从《在太行山上》转到《共和国之恋》，虽老跑调、破音、串词，然练习者总乐此不疲且不舍昼夜，反正自己也听不出来。压力属于老师和演员，没有节目的同学就跟着看热闹喝个彩，有些旋律曲谱跟着也哼熟了，挺好。

如果能被选进民乐队，有机会登台汇报演出，那简直是“祖坟冒青烟”的事情，会成天沉浸在《喜洋洋》和《金蛇狂舞》的旋律中。我们全班四十二人统一学二胡，从“呕哑嘲哳难为听”地撕扯《杨柳青》开始，三年后能把《赛马》《豫北叙事曲》等用弓弦演奏出来且不荒腔走板的同学确实凤毛麟角。很多同学一番勤学苦练后，觉得自己能拉上几个曲子，其实只是把曲谱给背完整了，至于音准节奏表现力等，自然不能说。

这其中当然包括我。虽然演奏技术不怎么样，但鉴赏力倒是直线上升，以至于后来每次欣赏民乐演奏时，都会竖着耳朵仔细分辨各种乐器的呼应配合是否到位，细节处理是否妥帖。

每逢运动会大家就倍加兴奋，那些比赛项目常令我们班“癫狂自大”得目空一切。无他，我们班主任是体育老师兼篮球健将，而班里恰有一些舍得吃苦的运动好手，男女皆有。其中一男一女两个高智商运动健将，我的老乡夏裕永和同宿舍的顾新梅同学，每天都拎着运动鞋去参加体能技能训练，吃着让我们羡慕妒忌却绝对无福享受的运动员配餐，到了关键时刻，他们就如脱缰的野马那样，在赛场上跑跳冲刺，如愿以偿给班级捧回一摞大奖。最期待的是 400 米接力跑和 1500 米长跑，我们这些啦啦队员比赛道上的运动员更为卖力入戏，只顾满场蹦跶着喊加油加油，到最后不止腿酸脚疼，嗓子也几乎喊哑掉了，让音乐老师无计可施。

相形之下，舞蹈课比较痛苦。在精美小巧得如瓷娃娃般的唐冬梅老师面前，我们秒变成高大威猛的丑小鸭，手脚均觉无处安放，只好跟着音乐群魔乱舞。后遗症是我到如今都不会跳舞，独舞根本不指望，就是随心所欲的广场舞也跟不上拍；慢三、快四的节奏响起后，即使有好舞伴带着，踩脚磕碰也是常事。好处也显而易见，站舞姿不标准，但挺胸抬头收腹提肛的习惯一直保持着，岁月这把杀猪刀把沧桑刻在了我们脸上，但终究没能让我的身材走形变样。我至今没变成油腻中年或邋遢妇女，还能非常在意“外包装”的得体和谐，这是美术、音乐和舞蹈老师们的集体功劳。

忆师恩绵长：耳畔是《怒放的生命》

我就读时母校便已高师云集。

顾敦沂和陆志平校长风度十足且各有千秋，陆校长的大会讲话总让我们如沐春风、自发鼓掌。

唐仁骥主任教我们数学，仁慈宽厚的他曾在海安中学教过我父亲，班级组织野炊时，我直接跑他家里借出一堆锅碗瓢盆而未觉有任何不妥。

班主任兼体育老师陈银书带了我们三年，至今还开着车到处去忙各种体育赛事。师母待我们也极好，每次我们同学聚会都会请他们夫妇同来，两人年在七旬却依然神采奕奕，两个女儿已各有事业家庭且现世安好，让我们也跟着开心。

另有易经高手陆玉贤主任，在家学渊源的基础上致力研究传统文化几十年，再次验证了如师是藏龙卧虎的宝地。同时期的邵晓龙、石高峰、谢同南、张建明、汪震球、程然、何平、王小平等老师们，都是如师校园里的大树，他们立在我的记忆里，至今都是年轻温厚、儒雅笃学的样子。

体育组长方邦俊有一位同当老师的美丽优雅的夫人，自己却不修边幅，凡事喜亲力亲为，每天都在操场上忙来跑去，高喊“一啊一”“一啊一”指挥全校师生跑操做操搞活动。我们在跑得气喘吁吁的同时，总不忘模仿他的口音私下喊号子，有时笑得根本停不下来。

声乐老师吴坚修长挺拔，每次上课都让我们想象嘴里含着一口水，要求我们松掉下巴气运丹田，但我们还是只能扯着嗓子试图唱出美声和高音。我直到三十多岁的某一刻才瞬间开窍并飙出了超高音，“打通任督二脉”的感觉实在是妙极了。

二胡老师李云才高艺精，每次还课都逐一点评，让我们压力颇大。一次我提着二胡跑步去音乐楼，着急慌忙中在操场上摔了个大跟头，双手压在煤渣上，煤渣刺进巴掌皮肤后逼出血来，比较瘆人，李老师投以同情的目光，破天荒没让我还课，手心的疼痛便凭空减弱掉几分。

方健华不是音乐老师，刚到如师时在联谊会上吼了一曲《山丹丹开花红艳艳》，特别惊艳，堪称刻骨铭心。

范存进和肖健两位老师对我很器重，大概觉得我在美术方面孺子可教，可惜我毛躁潦草，少有耐心坐下来悉心完成一幅作品，至今都觉得亏欠了他们。也许再过几年，我会幡然悔悟并付诸行动，不为老师为自己，为了人生后半段怒放的生命。

教物理、化学的成申英与吴新老师当时都五十来岁，不疾不徐的无锡普通话辨识度很高。虽然他们讲的力学定律和化学反应早被我忘得一干二净，但两人的宽厚笑容和笃定举止，至今犹在眼前。

教文选的汪政与教语音的徐晓华老师是格外引人注目的一对，他们对我影响深远，且容我长篇大论，一一道来。

好大一棵树：亦师亦友《喝茶去》

甘草枸杞金银花，浓郁醇厚清心茶——这是汪政徐晓华伉俪给我的感觉。如师古朴静默而他们风华正茂，与之共饮一江水的少年，见证着他们边教边读和秉烛疾书，见证着小小的二人转书屋蓬蓬勃勃。三十年前，他俩常谈笑风生地走在如师校园里。十六七岁的我们遵从校训，学习校门口的垂柳，连走路都低头敛气。但他俩形成的流动风景实在有趣养眼，这让我们羡慕神往，同时对文学鉴赏和文体写作跃跃欲试。

徐老师在隔壁二班任班主任时，汪老师作为贤外助，不辱使命，上任伊始便选了四个高帅能干的男生替他盯班，四大金刚得了"鸡毛令箭"后，愈加意气风发，在老师和同学间上传下达，从活动到纪律，搞得风生水起又一团和气。后来这几个家伙均在官场混出了气候。可以这么说，他们的政治才能得以从崭露头角到突飞猛进，与汪老师的发掘培养密不可分。

汪老师教我们文选，徐老师教我们语音，几节课下来，他们夫妇就齐心合力叫响了我们班的七朵梅花——我们班近三分之一女生叫梅，春梅冬梅红梅新梅，要区分特费脑子。汪老师开课伊始便宣布：今天由七朵梅花轮流回答问题。于是七个女生陷入紧张同时又有所期盼。作为学霸集中营，好胜心无处不在却又不便大张旗鼓显现出来。课堂，就成了暗流涌动的有声竞技场。

我从那个时候真切理解：生活即语文，而语文，绝不仅仅局限于生活。作为经验的语文，作为语文的经验，到了他们这里，是可以随手拈来信口联结的。

一个秋高气爽的早晨，汪老师穿着咖啡色套头毛衣神气活现进了教室，眯着眼睛，打量了会儿窗户上跃动的阳光，说："此刻，我感觉很幸福。徐老师在隔壁班上课，我穿着她新打的毛衣，这花型时尚吧？"大家表示赞同后，他笑嘻嘻继续显摆："我刚喝了热乎乎的粥，小菜是她亲手做的小肉圆，整整四个，特香。"他咂嘴回味："生活，值得好好体验享受，现在我们聊聊那些把苦日子过出花来的文学家们，好吧？"

表面是征求意见，其实纯属礼节性过渡。他初时音量很低，我们需侧耳倾听，后来音量渐高，师生渐入佳境。从梁遇春讲起，聊到梁实秋，又转到梁启超父子，顺带提一下徐志摩和林徽因，很快便复归严肃认真、团结活泼的腔调，再讲梁宗岱和梁漱溟。一系列梁姓民国人物，让只知"巴鲁茅"的我们大开眼界，唯恐下课铃声大作。

师二寒假返校，我被烫伤右侧小腿，伤口面积大，医生嘱我卧床休息，伤口处不可覆盖衣物。缺体育课可以，语文课不行，我一咬牙，在伤口上涂上药绑好纱布，套上同学的大棉裤，在闺蜜护送下挪到教室。两节课听完，我心满意足地挪到医务室。陶平医师（校长陆志平夫人）帮我取纱布，奈何粘贴太紧。她一边责怪，一边拿药水细细浸泡，很久后才敢小心翼翼往下揭，依然痛得我闭眼直抽凉气，将同学手掐出血印而浑然不觉。清理完毕，陶医师再次叮嘱，伤口两周内不能接触任何东西，否则刚长出来一层新皮后又得撕掉，很难愈合。我频频点头认错，心里并不觉得自己真错了。幸好第二周汪老师出差，大课延后，我的小腿才免受了又一次皮肉之苦。

那年初秋与他们聚会时，我将这事当笑话讲，他俩惊讶之余怜悯叹息："居然有这事？我们从来不知。哎呀呀，敬你一杯，让你受苦了。现在腿还疼吗？"

我趁机嘚瑟："毕业时汪老师给我写的寄语是'天意怜幽草，人间要好诗'，我一直不大服气。我明明是狗尾巴草系列，只会整打油诗和三句半，但凡雅典些的都没缘分，我这么瞎折腾，可能要让你们失望了。"

他俩笑得险些泼了酒杯："这样不是蛮好嘛！心理学教育学文学本来就是一家，处处相通，你若能弄出点小名堂来，多好玩儿啊。"

"好玩儿"，是汪老师的口头禅之一。文学好玩，生活好玩，写字读书，尤其好玩。可惜那时候我们只凭兴趣做事，读书还是太少。校图书馆就在教室后面，我一周去一两次，翻翻最新杂志，或者选择些文字"一惊一乍"的书一目十行，除了《西游记》，其他三大名著都只“连蹦带跳”翻了个大概，那些味道寡淡的外国名著，更是翻都不愿翻。琼瑶之类的偶尔瞟一眼，后不复再观。那时候最喜欢读《射雕英雄传》，读《残阳如血》，有空还读点儿假装悲伤的伪文艺作品。唯有读《千江有水千江月》时格外用心，自认为读得够深，说得很透，于是写了篇读后感当作文交了上去。两周后满怀期待拿到作文本，82分，验证了良好的自我感觉。只是那分数后面还加了一个大大的问号，至今我都没搞清楚，这问号到底包含了几个意思。但其中有一点是肯定的：书入各眼，读深说透，怕是早着呢。若是再把这书拿出来读上一读，领悟的必然又是另外一番况味。

“书读百遍，其义自见”，怪不得汪老师总喜欢拿这话敲打那些不学无术的顽童。师范学校功课多，除了基础学科，另有拉二胡、弹风琴，练声乐、写毛笔字，搞素描、涂国画，练长跑、掷铅球，我门门喜欢，样样稀松——当然大部分同学都和我的情况差不多。当生活委员时，兴高采烈地查男生女生宿舍，分发调剂饭菜票；做宣传委员时，又老去出黑板报，写通讯稿；还跟着师哥师姐们编校刊，玩文学社团，争优创新意识浓厚得化不开。至于读书，根本没那么多时间。汪老师知道难以要求我们心无旁骛，埋头苦读圣贤书，但对于自己的一亩三分地，却也不肯放松，一有机会就给我们拎耳朵：“你们啊，要趁着年少时光多读书，读好书，你们要知道，取法乎上，得法乎中，取法乎中，得法乎下，取法乎下，得法乎下、下、下。”

这三句话，分成三行写在黑板左侧，尤其显眼。他几乎每隔一段时间就会重申一次他的立场。可惜，那时我们终究太年轻了，入眼入耳而未能入心。等恍然大悟时，已经过去二十多年，走了很多弯路后，才摸到点读书的窍门。有时真想返回去一巴掌扇醒当时的我们，悟性不够而偏自以为是，真是害己不浅。

师范三年级的一个黄昏，我在校图书馆随手翻看《散文》杂志，目录中一篇《行行重行行》，署名徐晓华。赶紧循页码找到文章，密密三大页，叙述了汪雨萌从生病到康复的曲折历程。我们看到的，是他们温暖安好的工作生活，殊不知那背后，曾经好几年乌云密布，伴随着不期而至的雾霾和冰雹。毕业时我斗胆跟徐老师要了这篇文章的复印件，存放在家，至今文中好多词句依然熟稔于心。生活处处是文章，我们需要的，不过是学习如何自然而又巧妙地表达出来。而徐老师对汪老师的成全，早就渗透在岁月里，融进汪老师的文章中。

普通话是如师师生共同的痛点和难点。练了两年多，我的普通话依然没长进。普通话等级考试前夕，徐老师给我专题开小灶。我跟着她一字一句念，越念越别扭。徐老师同情地看着我，叹口气："你呀，虽然嗓音条件不够好，语音其实还可以，放松点，再来一遍。"在旁边改作文的汪老师停笔看过来："我觉得她的声音挺不错啊，女中音，很独特。"徐老师朝汪老师瞟一眼，酒窝就出来了："好吧，女中音，咱们继续练，试着先轻吸口气，再松掉，来，就这样——。"

十几年后，我居然阴差阳错地从事"推广普通话、推行规范字"的工作，且长达六年之久。每次看到各色人等磕磕巴巴大着舌头苦练"化肥会挥发，黑化肥发灰"时，就想起汪老师看似无意的坚持，以及徐老师眼底盈盈的笑意。

这些年我各种杂耍，"信马由缰"地写了两本书。第一本《拿什么拯救我们褪色的婚姻》送给他们，他们惊奇惊讶之余，汪老师写了篇读后感发在《江海晚报》上，文章诸多褒奖，我依然读出了进步空间。后来第二本关于职业心理的书出版，他又写了推荐语。本来没啥底气的我，扯了虎皮作大旗，顿时觉得自己的文字嗖嗖嗖上了一个档次。六年前汪老师给我家小羊写了一幅字：书山有路。小家伙非要装裱后挂到小客厅。我依了她。她语文成绩一般，但并不在意，只在屡次考砸后自我宽慰：没开窍，我这是没开窍，汪老师、徐老师都是这么说的，没什么大不了。

也许吧，开窍确实需要时间和机会。愚鲁如我，任图书馆长几年后才敢提笔放肆地写一写自己的老师。因为汪老师跟我讲："图书馆长，就是文化使者，教书育人，也是在传播文化。有你们这样一群学生，我们特别有成就感。大家共同来为家乡做点事，就对了。以后但凡有需要我的地方，你们尽管说。"他端起茶杯，跟在座诸位依次碰过："我的意思，你们明白吧？"

各类学术研讨活动的现场主持中，他的话语堪称一绝，看上去漫不经心如话家常，实际上每每凭借深厚的学养巧妙转换，兼容并蓄之间各种救场补场，好比一根哑光的金线，自如游走间，串起了满堂的太阳月亮和星星。

汪雨萌深得父母真传，思维深度和涉猎广度让我惊叹。汪老师的诸多弟子分散在各个领域，至今少有人能专心传承衣钵，但好在尚在中年，依然有着各种可能性，也许未来某一天，如师血脉会在厚积薄发中接续放异彩。

这一点值得期待。如师人才济济，以汪老师为代表的这样好大一棵树，早就桃李遍天下，只要大家继续扎根在沃土，花开满枝头和结硕果，只是个时间问题。

呼校友同窗：一声《朋友》你会懂

姨侄女目前就读于南通师范，升个辈分后成了小师妹。前天她跟我在书画院玩时想求一幅字，应她想法，正面书通师校训“坚苦自立，忠实不欺”，反面写一“勤”字。王院长一挥而就，小丫头拿在手上左看右瞧，十分欢喜。我慈祥地看着这情景，衷心欣慰：后浪奔涌，业精于勤，属于我们的苦读时代已渐行渐远；前浪含笑，一路磕绊摸索滑到中年，定慧做人成事才最紧要。

就当时的我而言，师范是个“中而达之”的选择，家长和老师们都不赞成，原因很简单：一是我不需要考虑解决户口和工作等实际问题，二是放弃海中上中师有点可惜。确认志愿时我坚持己见，其他人也就认了。这种选择，源于某些文章对高中生活妖魔化解读的影响，也源于我简朴原始的认知——中师课程丰富全面，毕业生们多才多艺，不如就先读个师范？反正条条大路通罗马，咱虽年轻无知，但时间有的是，将来若想读书拿学位，机会还是很多的。

如今半生已过，那日晚探访如师校园，到南门后穿桥过河，透过垂柳再见“定慧”二字时，觉得冥冥中自有天意。如果说播种育人是母校的使命，那自渡渡人便是我的宿命。就在这个春天，在外围晃荡一圈后，我再度回归教育，回到出发点，为少年的成长蜕变做点小事，例如护航、击掌什么的。师范教育的初心是点燃和成全，师范生的主业是守护和播种耕耘，细察春风化雨，静待山花烂漫，前浪后浪共生同进，还有什么比这更有意思呢？

我的学兄学姐和同学们都很优秀，当时每一个都是当地三好生中的佼佼者和战斗机，放在今天就是妥妥的 985 和 211 梯队。进入师范后，要评上三好生可就太难了：十六门功课，每门得达八十分以上，否则连参评资格都没有。好多同学挂在毛笔字上，因为从没写过，一时半会儿的，连间架结构都驾驭不了；一部分同学卡在二胡和风琴上，练了一年还找不到音准，弦一拉就跟锯木头似的，“呕哑嘲哳难为听”；很多女生卡在体育上，800 米和扔铅球这些项目要拿优秀，简直像登天；男生基本困在美术上，因为素描啥的之前从来没碰过，努力没用，何况天赋和兴趣也不够……好在学科学习是小菜一碟，至于各种专业特长，母校几乎给我们打开了所有窗户，给我们提供了未来发展的各种可能性。

师范的发展境遇，堪称三十年河东，三十年河西。“中师”这个词在20世纪90年代中后期呈自由落体式贬值状态，如今早成历史记录。回头看，在八九十年代，整个社会把最优秀人才留给基础教育的态度和做法，是明智而超前的；如今无论在城市还是县域，中师生依然是支撑基础教育的中流砥柱；在内卷不严重的时代，乡村教育能够良性发展多年，亦得益于此。这种教育公平，是众多普通家庭和孩子的幸运。乡村振兴大计已颇见成效，不知乡村教育能否再现往日活力？

掐指算来，我已入职二十八载，历经岗位七八，尚余十四年以上工作时日，每次换岗，都离不开老师同学的精神支持和实际付出。闲来稍做梳理，校友同窗中佼佼者甚多，大部分成了教育的生力军和顶梁柱，还有一部分在其他一些领域颇多建树。外人会议论他们运气好、“会混”或有贵人相助之类，但我知道这样的评价有失全面中肯。我熟识的几位担大任者，无论在朝在野在商在官在城在乡，都一以贯之的人品敦厚，心胸开阔且愿意“实干兴乡”(家乡和他乡)，这才是他们能够站高立稳走远的内核力量和重要保障。他们的荣光，众人皆知；他们的辛苦，不足为外人道。

同窗易成“老铁”，校友常达共识，在人生最要紧的身心成长奠基期，如师给我们引入了绵长深厚的源头活水。如师如歌，如师如书，如师如树，如师人的相逢是首歌。只要校友聚会，且把身份地位境遇财富之类统统放一边去，大家只管言笑晏晏，忆往昔闹今宵，当时只道是寻常，如今还可话家常。

兴之所至，抚今追昔，敬我们一去不复返的中师时光，敬散在各地的老师同学们，敬我们古朴如初永存心间的母校。此刻重温一遍沙元炳先生撰写的如师校歌，这也是我们的师兄魏建功先生入学如师后第一堂音乐课的学唱内容。

歌词如下：

湉湉泮水，巍巍学宫，吾校位其东；经义治事，安定遗风，体用贵兼通；旧学沉沦，新知潮涌，两端执乎中；奠定邦家，化育童蒙，责任在吾躬。

其中湉读音同“甜”。以上短短四十二字，传唱一百二十年而历久弥新。

校歌意味无穷，可抄可刻，可译可续，可吟可诵，理当在心头流淌。再次祝福我的母校：愿她著述丰厚、枝繁果盛，祝她基业长青、万古流芳。

作者简介：丁兆梅，原江苏省如皋师范学校学校1994届毕业生，现担任江苏省海安高级中学图书馆馆长，浙江大学语文教育硕士，江苏省作家协会会员，二级心理咨询师。

那满墙的爬山虎

徐　飞

去如师报到那天，我被满墙爬山虎给迷住了。

如师校园三四百米长的南墙全被爬山虎给覆盖了。绿叶如鱼鳞般排列，层层叠叠，不留任何缝隙。远望如垂挂的绿色壁毯，又如凝固的绿色瀑布。

学校那时正在扩建宿舍楼，我们新入校的中师生只能借住党校。党校位于如师西北四五百米处，这样便日日走过那绿色瀑布前，眼眸里尽是绿意盎然。

南墙外小路紧挨着护城河，护城河不宽，两岸是垂柳。以护城河为界，南有定慧寺，北有如皋师范，一寺一校的奇妙组合，熏染出此地的静穆深远，确是读书胜地。

常去定慧寺功德林用早餐。早餐店位于定慧寺的院墙外，出如师南门，过师范桥，左手边即是。一碗盖浇面，两只素包，一杯绿茶，几乎成为标配。煮面条的是两位老妪，系着白围裙，其中一位稍胖，嗓门颇大。室内很是洁净，十来张八仙桌，除穿着僧服的和尚外，剩下的大多是我们如师学生。

在定慧寺用完早餐，大家往往不急着离开，而是一边喝茶，一边聊着最近的创作——创作多以长篇小说为主，往往是一人主讲，众人旁听，讲者眉飞色舞，听者偶尔加入讨论。读文科大专时，文学创作之风甚盛，不少同学都曾通宵创作。为不影响室友休息，往往将自己关在卫生间，偶尔会抽烟提神。当然，除了创作外，其他场合几乎没有同学抽烟。我现在写文章，有时也会嘴里衔根烟，并不点燃，许是那时熏成的习惯。

上午的大课间，常常引起一阵雀跃。当负责收发的同学从学校传达室抱来信件发放，如有同学的作品发表，大伙就会聚集过去，品赏赞叹一番，而回到各自座位后，大伙的心也被撩拨得痒痒的，班上自然形成了一股比赛发表的风气。两年时光，我们文科大专班47位同学人人公开发表作品，共发表260余篇，有的还发表在《萌芽》《雨花》等文学期刊上。

有次正逢麦收时节，骑车出城，寻一处麦地去找写作灵感。扯几根麦秸，放在嘴里使劲嚼……暝色渐深，躺在一块已收割的麦地里，望着辽阔的天宇，有一种要掉泪的感觉。赶紧骑车返校，连夜写出散文《怀念麦地》，后发表在《如东日报》上。第一次发表，激发了我的写作热情，两年间共发表14篇。待我成为语文老师后，便一直致力于帮助学生发表以激发写作趣味，这是如师留给我的财富。

如师南门气派不俗，颇像贵族王府的大门，两扇厚重的大门，朱红漆色略显暗红，在两侧爬山虎的绿意掩映下尤显庄重。站在前厅往里瞧去，三进院落，有一种幽深古朴的感觉，一如庭院里的虬枝盘曲、苍劲粗大的古柏。读中师一年级时，我们七班的教室被安排在一进五堂的最后一排。教室东侧是一条南北长巷，长巷两边也是满墙葱郁的爬山虎，此处阳光偏少，加之青砖地面上的缕缕苔藓，显得古意幽幽。

傍晚时分，定慧寺的钟声常常响起。钟声在如师校园回旋，一群群白鸽从空中缓缓滑过，西天晚霞酽酽欲醉。很多个这样的傍晚，我会与好友在操场散步，聊着康德、黑格尔、现象学、存在主义哲学之类，偶尔还会辩论，但现在想来，未曾接受哲学专业训练的我们，辩驳时往往自说自话，但还是要故作高深地进行哲人之辩——不排除想获得教学楼走廊上女生瞩目的心理。若干年后，我出了一本书《徐飞的情味作文课》，而"情味"二字的拈得，是受李泽厚先生"情本体"概念的启示。我的精神胚胎，在如师已逐渐形成。

爱上美学阅读，跟我的研究方向有关——我选的是汪政老师的评论写作。校门西侧五百米处有一家很文艺的书店，《美学历程》《美学四讲》《朱光潜全集》《宗白华文集》等，都是从那家书店淘得的。穷学生购书是需要节衣缩食的，往往是看中了一套书，待攒足了钱而后欣然出手。除了去书店淘书，同学间也有相互购书的。某次从一位学长那里以半价购得一套《傅雷译文集》，一直藏存至今。

如师的夜晚甜蜜得让人惆怅。二楼阅览室总是那样寂静，让人不忍发出脚步声。空气中散着若有若无的香气，饥渴的眼睛在字里行间快速地奔跑……彼时能考上如师的，可谓"天之骄子"，不亚于如今就读985。优异的学生聚到一起迅速形成一个磁场，彼此感召，相互影响。那时的管理以“学生自治”为主，学生会的功能很强大，学生会干部需经公推公选，确实德才兼备，如我中师时的老班长钱卫东曾担任学生会主席，老成持重，深受学生拥戴。

在那满墙爬山虎的校园里，我们曾接受了最好的教育。我们遇见了一批最好的老师：现为课标组专家的陆志平老师，时任如师校长，教我们古代文学；现为江苏省作协副主席的汪政老师，教文学评论；现于南京师范大学任教的何平老师，教写作；现于省教育科学研究院工作的方健华老师，教心理学；还有精通《易经》的陆玉贤老师、热爱外国文学的程然老师、教授古代文论的陆锦平老师……一个个意气风发，才情俱佳。他们往往不用现成教材，而是自编教材，自创课程，课堂上总能漾起一股感发生命的力量。我中师的班主任是汪震球老师，教体育，才艺突出，侠肝柔肠，与我们亦师亦友。

有一年冬天，重返如师，不见满墙绿色，只有棕褐色的茎依然保持着努力向上的战姿。我试着去拔墙上的茎，茎应声而断，而触须仍吸附墙上纹丝不动。原来春夏季节那汪洋恣肆的绿色瀑布，竟是这些细弱的茎无休止地攀爬的结果。它们一寸一厘地耐心而努力地向上攀爬，从下而上，从左到右，相互支撑，将层层叠叠的叶子井然有序地挂满整面墙，汇成绿色的瀑布。那一瞬间，我似乎读懂了如师精神，诚朴谦逊后的那股执着与韧劲。

有时甚至偏执地认为，理想的校园就应该有这满墙的爬山虎，披着绿色蓑衣，将炎热挡在外头，将无限清凉播撒心头。

作者简介：徐飞，原江苏省如皋师范学校学校1998届毕业生，现担任江苏省苏州中学附属苏州湾学校中学部校长，特级教师，正高级教师。

吴老师，您现在还好吗？

陆建胜

今天，我又打开影集，看到微微泛黄的1995年师范毕业照。吴老师坐在正中间，正面带微笑地看着我。弹指一挥间，我已经毕业27年了，吴老师，您现在还好吗？

吴啸啸老师是我师范时的班主任，教地理的。他身材高大，体型微胖，乌黑的头发，国字形的脸，一双小眼睛里闪烁着智慧的光芒。他是南京师范大学毕业的，早年还当过矿工，阅历丰富，这些都是他自诩"吹牛"时，无意间告诉我们的。他知识渊博，讲起地理来根本不用翻书，侃侃而谈，滔滔不绝，语言风趣幽默，魅力无穷。我们常常被他惊人的记忆力所感染，逐渐爱上了原本以为深奥的地理。

吴老师是师范二年级下学期接我们班的。为什么呢？因为学校领导认为我们班太闹了，原来年轻的班主任管不住我们。我当时是生活委员，吴老师第一次找我谈话，我就自以为是地谈到自己的不平，表达了对老班主任的怀念之情。现在想来，当着新班主任说老班主任的种种好，那场面尴尬不？可我清晰地记得，吴老师当时并没有勃然大怒，而是郑重其事地告诉我："这是学校领导反复讨论做出的慎重决定，自己也原本不愿意当这个不受人待见的班主任。"停顿了一会儿，吴老师盯着我的眼睛，说："我们班现在太浮躁了！这对于大家的进步很不利！我班需要冷静，才能进步，你也要努力呀！"一番语重心长的话，把我说得面红耳赤，羞愧不已，是呀，我也不能浮躁和偷懒了！

吴老师先后找了班委谈了话，了解到我班的实际情况，开始了严格管理。寒冬腊月，从抓我们早晨出操开始，默默督促我们认真上课，刻苦学习。每天中午半小时的练字，晚上的半小时口头作文训练，练三字一话，看新闻联播，教室外面，总能见到吴老师的身影。同学们再也不敢偷懒，咬牙坚持，班级风气有所好转。因为吴老师说过，你们要对得起如皋师范“求实、贵全”的校训呀！你们将来要履行人民教师的光荣义务呀！不练好过硬的基本功，你们站在讲台上站得稳吗？这些话，我至今都清楚地记得。

吴老师第一次上地理课，之前就让我提前准备，到讲台前当老师，讲地球的自转和公转。那天，阳光灿烂，微风吹拂，可我的心怎么也不能平静。我看着准备的教案，默默记忆，可当我真的走上讲台时，两只手觉得没有地方放。我用眼角的余光一撇，看见吴老师正面带笑容看着我，目光中充满了鼓励。我忽然像打了鸡血，兴奋起来，直视着班上的同学，慢慢讲起课来。我还点名让同学回答问题，同学们也纷纷投来钦佩的目光。这让我自信地昂起头，原来，当老师就是这样啊！面对着学生的求知的饥渴目光，看到他们像幼苗一样天天茁壮成长，老师有一种无与伦比的成就感和幸福感，这难道就是老师的魅力所在？

2015 年 8 月，我们师范毕业 20 年聚会，我终于又见到吴老师，他已经满头白发，但精神矍铄，神采奕奕。一位同学告诉了我一个秘密，让我惊讶不已。他郑重地告诉我：“你知道，为了给你评优秀，吴老师帮了你多少忙吗？”他仔细讲了事情的来龙去脉，我才恍然大悟。原来，在毕业实习时，我年少气盛，心高气傲，不听指导老师奚老师的教导。在使用教具上，与她发生了小矛盾，这让德高望重的奚老师不悦，就在实习成绩上给我打了个“良”。这个“良”，就意味着我够不上评优秀毕业生的条件。吴老师知道后，心急如焚。几次三番地打电话给奚老师，甚至亲自找奚老师，轻言细语地帮我求情。我仿佛看到身材高大的吴老师，为了我，低下头，向身材矮小的奚老师说好话、赔不是的情形。吴老师的诚恳，终于打动了奚老师，才把我的实习成绩改成“优”，才让我顺利评上优秀毕业生。

我向吴老师询问这件事，向他表示诚挚的感激时，他却微微一笑，说：“没有什么，这件小事，何足挂齿？再说，你确实够得上优秀毕业生的资格，但不要骄傲呀！谦受益，满招损啊！”一位老师，为了他的学生的荣誉，竟然如此尽心尽力，而且默默不语，隐瞒了 20 年之久，这不就是陶行知先生说的“捧着一颗心来，不带半根草去”吗？这一切，我做到了吗？

从 2015 年到现在又隔了 7 年，我没有见到吴老师。吴老师，您现在还好吗？

作者简介:陆建胜,原江苏省如皋师范学校1995届毕业生,现任教于如东县双甸中学,县作家协会会员。

忆如师生活

郭　庆

又一次翻开在如皋师范上学时的照片，照片已经泛黄了，不太清晰。受当时条件限制，留下的照片不太多，基本上都是班主任石高峰老师给拍的。照片虽然模糊，但如师生活却清晰地浮现在眼前。

初入校园很拘谨

我是 1994 年 9 月 11 日进入如师校园的。当时，父亲带着我从苏北的乡村坐了一下午又一夜的大客车，一路风尘仆仆赶到如师，我要就读的是"特师专业"。我的父母都是农民，看着录取通知书揣摩了许久，也不知道"特师专业"是做什么的，我觉得应该是不好的，当时就哭了。

入学第一天，天空飘着小雨，我的心情也像天气一样阴着。初到陌生的校园我极不适应，非常拘谨。但校园很美，一进五堂院落古朴典雅，秋雨连绵，桂花香弥漫着整个校园。

校领导在礼堂给我们做报告，我努力听，但有的领导讲的听不懂。我诧异语言差异竟如此大，当地的方言我一句也听不懂。站在食堂吃饭，张开嘴，眼泪就落进粥里。夜晚，宿舍里有一个女生哭，其他女生受到感染就会落泪。大家都是第一次离家，深切体会到对家的思念。

班主任石老师想着法安抚大家，晚自习几乎天天在班里陪大家，周末带我们去绿园、水绘园游玩。在如师的第一张照片，就是他带我们去绿园拍的。石老师舍弃了很多休息时间来陪伴我们，现在想想，石老师对我们真的是很尽心。

文化课学习很紧张

我们同届平行班级有10个，9个普师班，1个特师班。我们特师班的学生来自省内各个地区，学校对我们班很重视，给我们开设的课程很多，普师班学习的课程我们全学，另外加上聋童心理学、聋童教育学、手语等专业课程。教我们的老师都很认真、负责，同学们在文化课学习上丝毫不松懈。但就是这样，任教老师常常提醒我们，我们和普师班的学习是有差距的。当时我很疑惑，大家都是经过选拔考进来的优等生，怎么会有差距呢？后来经过考试，我不得不感叹南通当地的基础教育好，当地的同学学习很轻松就能取得好成绩。反观我们，很努力地学，成绩却不尽如人意。

教化学的赵锦泉老师，对我们班特别关照。他是一位老教师，气质儒雅，每次上课都耐心、细致地给我们讲解，常常累得头上冒汗，但我们学起来还是很困难。赵老师看到我们吃力的样子，也很着急，尽量多给我们讲解。

考试时，赵老师单独给我们出试卷，相比其他班，赵老师对我们真的是很偏心了。后来赵老师生病了，班主任安排同学代表前去探望，我有幸被选中了，赵老师热情地接待我们。一别多年，但赵老师上课的情景还历历在目。

基本功练习很笨拙

如师很重视培养学生基本功，班主任石老师更是谆谆告诫，以后走上工作岗位基本功用处很大，一定要学好。弹琴、拉二胡、跳舞、口头作文、粉笔字……我从没接触过这些，觉得新奇又困难，学起来也很笨拙。

记得舞蹈课上学习“踮步”，我就是找不到动作要领，老乡带我爬楼梯找感觉。粉笔字、钢笔字、毛笔字写得歪歪扭扭，石老师亲自在黑板上示范讲解，我反复观察字的结构，进行临摹。口头作文我站在讲台上语无伦次，直到同学们笑了，我才意识到相同的话说了好多遍。拉手风琴累得两个肩膀痛，好多天还摸不准琴键。拉二胡更是整个身子都僵了，手腕酸胀，拉出的音色像“杀鸡”。同学们也是灵气不足，质朴有余。想想40位同学一起“杀鸡”，班主任石老师每天巡视经受了怎样的折磨。

如师的学风是严谨的，每天的学习生活安排很紧凑，周末也要安排练习。虽然练基本功困难重重，但大家一天也不敢懈怠。三年下来，同学们的潜能被发掘、被打磨、被雕琢，有了质的蜕变，有的同学能在舞台上展现曼妙的舞姿，有的同学能拉出动人的乐曲，有的能写出遒劲的书法。

我是比较愚笨的，每一项基本功对我来讲都是"难关"，但我每一项都认真对待，反复练习。如师每年会举行基本功比赛，每班推选优秀选手，另外学校还会随机抽取学号。我也曾经被抽到，当时紧张得不行，没想到逐项比完，我竟进了学校前十名，我们班团体总分第一，这对我是很大的鼓舞。

如师的三年，我看到了同学的变化，也看到了自己的变化。母校不仅教给我专业知识技能，也培养了我克服困难的坚韧品质。

模拟上课很忐忑

转眼到了师三，大家要面临实习，老师让我们模拟上课。一次徐晓华老师抽学号抽到了我，我很忐忑，没想到讲完后得到徐老师表扬，她说："相信你将来能成为好老师。"徐老师告诉了班主任石老师，石老师到班里又表扬了我一次，这次的激励对我的影响是深远的。

踏上工作岗位后，我一直告诉自己要努力做一名好老师。听障学生听力损失不同，个体差异性很大，教学困难重重，特别是教聋儿康复没有教材，自己摸索编教材，积累教学经验，带团队。面对薄弱的特教领域有探索的艰辛、孤独，也有无助、无奈。有崩溃，也有心酸的眼泪。在执教的20多年里遇到很多困难，但成为好老师的信念没变。带着学生摸爬滚打，我爱这个特殊的群体，这个群体也成就了我。我从一名普通教师成长为特级教师、正高级教师、国家"万人计划"高层次人才。

如师三年是我人生重要的学习经历，我学得了知识、技能，也得到学校"诚朴、严谨、团结、奋发"校风的滋养。

感谢母校！感谢母校的老师！

每当说是如师毕业的学生，我心里都充满了自豪。

作者简介：郭庆，原江苏省如皋师范学校1997届毕业生。中共党员，邳州市特殊教育中心教师，江苏省第十三届人大代表。先后荣获全国模范教师、国家“万人计划”高层次人才、全国“特别关注乡村教师”、首批“苏教名家”培养对象、特级教师、正高级教师、江苏省“333高层次人才培养工程”培养对象，获得江苏省“最美教师”、江苏省“巾帼教育之星”、江苏省优秀教育工作者、徐州市劳动模范等荣誉。

如皋师范的先生们

许习白

如皋师范是我的母校，从1984年8月底到1987年7月初，我在如师读了三年书。入校16岁，毕业19岁，真的是度过了自己的青葱岁月。

当时的中等师范是以培养小学全科教师为目标的，因此课程很多，文理通吃，音体美兼修，还要学习教育学、心理学以及小学各科的教材教法，但让很多人记忆深刻的是“三字一话”。“三字”是毛笔字、钢笔字、粉笔字，“一话”是普通话。

写字课每周只有一节。入学第一节写字课，走进教室的是一位个子不高，身体微胖的五十多岁的男老师，他边自我介绍边在黑板上一笔一画地写下了自己的名字——许象麟。那字真是好看！转过身，打开花名册，许老师慢悠悠地问：“谁叫许习白？”我一愣，赶紧站起来。他依旧慢悠悠地说：“你做写字课代表吧！”从此，我做了三年的写字课代表。许老师课上主要教毛笔字，讲的是柳体。他先讲结构、讲笔画，然后，把毛边纸贴在黑板上，范写给我们看。我们每天要在写字本上练写一页纸，周六由我收齐送给许老师批改。老师会用毛笔蘸红墨水在每本作业本的每一页纸上圈出写得好的字。大概从师二起，我们每周又加了钢笔字、粉笔字的练写作业，也都要检查、评改。我们进师范前，绝大多数人都是农家子弟，没有接受过专门的写字指导，字写得好看的不多。经过师范三年，字至少都算得上工整匀称了。有些人，还把练字变成了终身爱好，有的还成了书法家。这几年，字写得不好的新入职教师不在少数，我们学校就借鉴了如师的做法督促新教师天天练字。

师一教我们普通话的是徐晓华老师。徐老师的年龄本来就比我们大不了几岁，又生了一张漂亮的娃娃脸，如果不注意穿着、气质，真会把她也当成学生。徐老师上课时也像个学生，眼睛很少看我们，而是看向天花板，但她普通话讲得特别好，声音也特别好听。我们班 45 个人，大多数人不会说普通话，因为他们像我一样，小学、中学没有遇到过一位会讲普通话的老师，更别提学习普通话了。徐老师显然清楚我们的“底细”，带着我们从汉语拼音学起，指导我们区分前后鼻音、平翘舌、一四声……我属于舌头不灵活的一类人，学得慢且费劲，这应该给徐老师留下了比较深刻的印象。2012 年，江苏省第一期小学语文特级教师研修班，她先生汪政被请去做讲座，她一起去了。我上前跟她打招呼，她竟然马上认出了我，对我的参培颇感意外。

师范期间，对我影响最大的是季跃东老师。他做了我们三年班主任，我们是他的第一批学生。虽然初为人师，年龄与我们班上最大的同学差不多，但他带班办法很多：搞班级干部轮换、鼓励学生发展特长、教学生唱流行歌曲……给人驾轻就熟之感。尊重学生，善于分析，擅于沟通，不断创新，这些都是季老师“身教”给我的班主任之道。

季老师教我们文选与写作，但他的教学不囿于教材。当时有些流行的诗歌近似打油体，可不少同学传抄。他便将徐志摩的《再别康桥》抄在黑板上，并且说，这才是诗。他的话激发了我阅读三十年代文学作品的兴趣，当时可以借到、买到的三十年代重要作家的代表作几乎被我囫囵吞枣读了个遍。对沈从文作品的偏爱就是从那时候开始的，及至后来，对沈的学生汪曾祺的散文、小说也颇为喜爱。

季老师重视古诗词的学习，要求我们熟背《唐诗一百首》《宋词一百首》，还进行专门考查。他对《人间词话》有研究，词自然读得多，常把自己喜爱的宋词抄在黑板上，用抑扬顿挫的语调给我们细细解析。班上有些同学由此爱上了填词。毕业时，赵尊兵同学写给许多同学的临别赠言就是自己的词作。

季老师对我们的作文指导、批改尤其细致，发现点滴进步，他比学生本人还高兴。我有两篇习作就曾得到他的夸赞，其中一篇还被他推荐给了全国中师生优秀作文选的编委会，并侥幸通过了初选。没想到，这成为我一毕业就能分配到海安实小并任教语文的原因之一。

季老师对我们的影响还不只是学习。师三时，季老师常穿一件褐黄相间的格子衬衫，于是，我和班上不少男生也都买了差不多样式的衬衫，以至于毕业照上格子衬衫最夺人眼球。

时常记起的老师还有不少。师一教我们生物的是俞建老师，他带我们到学校花房里探究植物分类，指导我们解剖鲫鱼，给我们示范鸟的标本制作……让我们这群刚从农村初中来的学生体验到了完全不一样的课堂。让学生在自主探究中学习的教学理念，我们是从俞老师的课堂上学到的。

师二教物理的是吴俊达老师，他的一口无锡话我们大多听不懂。吴老师上课就不停地板书，每节课都是满满一黑板。考试前，我们只要把听课笔记认真复习一遍，再看看书，成绩不会差。晚自习，除了班主任，其他老师不需要到教室来。但吴老师为了让我们看“辉光放电”，晚上一个班一个班地做实验。几十年过去了，那黑暗中亮起的淡紫色的光还在我的眼前闪烁。

教化学的项云英老师总是面带笑容，而且那笑似乎是从心底荡漾上来的，那么真诚温暖。对于我们的提问，无论是课内还是课外，她总是有问必答，极有耐心。

教音乐的李云老师则总是满脸严肃，有优点就表扬，有缺点就批评，表扬人时脸上也不带笑意。因此，布置的弹琴作业，我们从不敢懈怠，一有时间就往琴房跑。我这个五音不全的人，虽没有练出成绩，但也因此没有完全成为乐盲。

徐晓明老师是我们师一师二的体育老师。他是南京体育学院毕业的，排球打得好，不但教我们技术，还经常跟我们一起打，让我们在实战中提高。师三的体育是方邦俊老师教的。方老师近视眼，大嗓门，眼镜片像酒瓶底一样，学生不管在多远处叫他，他都响亮地答应。

胡海舟老师是儒雅的典范，眼镜片后面永远透出和善，讲话总是不紧不慢，大概从不会与人相争。我常想，他若穿上青布长衫，围上红围巾，那就完全是民国时期的谦谦君子了。

老师们的办公室在学校大门进来的四进院落里，都是平房，粉墙黛瓦，每个院子里都有树，罗汉松、桂花树、梅花、玉兰，说是日式建筑群，感觉却是古代士大夫的庭院。大门外碧水绕行，流向冒辟疆、董小宛曾经住过的水明楼下。门对面是始建于隋朝的定慧禅寺，古木吐翠，晨钟悠扬。大门向西不远是自古以来名人辈出的冒家巷，那位写出了“水是眼波横，山是眉峰聚”的宋代词人王观就是其中之一。行走在如师校门内外，仿佛置身人文气息浓厚的江南。难怪我们的老师，既有新时代的思想，也有传统文人的担当。他们是我们的老师，更是令人尊敬的先生。

1980年代开始，这群大先生教出来的小先生一批批奔赴海安、如皋、如东、通州的乡村、城镇的小学、初中，改变了教师队伍的年龄结构、知识结构，推动教育教学不断地改革，塑造出了城乡教育的全新面貌。

作者简介： 许习白，原江苏省如皋师范学校1984级5班学生，现担任海安市城南实验小学副校长。

如师如画

戴桂林

如师如画，如梦如烟。

这画中自然有一些古典的味道。譬如一进五堂山墙上一个不起眼的斑点，却已有数百年时光的晕染；东长巷青砖铺就的步道，坑坑洼洼，因石缝间一株小草添了些生命的气息；千年银杏，遭雷击而不朽，却并无神圣气息的逼人，反多了些随和与亲切；夜半定慧寺的梆声传来，若加一些细雨，真真有了半是迷茫半是感伤的叹惋……

这画中当然少不了青春的气息。譬如期末考试结束，顶着近40度的高温在操场上打球，几欲中暑；又或者弹琴之余，在音乐楼下的秋千上上蹿下跳，各显身手；还有练功房内"趴青蛙"，韧带受罪，眼角含泪，口中嚎叫，嘴边带笑，酸甜苦辣尽在其中；至于课间的教学楼，则常常秒变音乐厅，吉他声、提琴声，此起彼伏，二胡声、笛子声，遥相呼应，这厢壮怀激烈，那边幽咽难眠，喧闹之中全无吵闹之感，算是一大奇迹。

若逢毕业季开门检测，则画风更为清奇。这边一娇小女生喊着洪亮口号，那边一高大壮汉跳着儿童舞蹈，诵读不断，弦歌不绝，此中真意，非正宗如师人不能解也。

如师之师，皆有长者风范。汪政、何平、程然等老师，学识渊博而又诙谐幽默，其课堂妙不可言，我辈平生向往而不可得。张德清、姚烺强等老师教学严谨，让人肃然起敬。尤其是蔡筱祥、陆锦平二位班主任，皆为一生之师。蔡老师豁达随性，艺体兼精，言笑间自成潇洒，有道家之风；陆老师则自律方正，以求学为乐，有度而不从俗。尤为难忘的是，当时年轻气盛年少轻狂，二位老师都宽容以待，只如春风拂面，佑少年心苗。等我为人师时，常常念起师长于我之谆谆教诲，便不愿苛待学生。如师的每位老师都心心念念已久，前不久听闻曹斌老师猝然离世，想起他手拿三角板微笑进入课堂的情状，心痛不已，潸然泪下。

常说少年挚友，一生知己，如师五年，同窗之谊，正是应了这句话。那时的中师生，都是各初中学霸，进校第一天班主任便说，教室内班长成堆、学生会主席成群，劝我等不可狂傲，唯恐失了和气。现在想来，这话对错各半，班内有才华者确实不少，气氛却无比和谐。学习上互相帮忙，各项活动踊跃参加。比如儿歌弹唱，一帮汉子用尽全力却不得其要，女生便多加指导；轮到劳动班级值日，自然有男生抢着做脏活累活，显出一番担当来。我手被撞伤之时，班长从教室飞奔而出，抄小道用自行车驮我飞去医院，半是劳累半是担忧，以致脸色苍白，其他同学也闻讯而至，跑前跑后，至今看手上伤疤，直觉写满"情"字。

宿舍生活乐趣尤多。师二时我们寄住在党校，曾有一段时间50多人挤在一个礼堂里，床铺排似蛇，宿舍如迷宫一般，中间一块空地居然摆着乒乓球桌。每至休息日，这边想埋头酣睡，那边却已上阵拼杀，一时间叫喊声、喝彩声、斥责声此起彼伏，好不热闹。师三时住进三号楼，兄弟八人虽不同班，却同进同出，情同手足。毕业之前，我们壮着胆子，找来几瓶红酒，配了几个凉菜，在宿舍里痛饮一番，而后又去大街上高歌一曲。路人也不以为怪，许是见惯了每年的别离。毕业时送兄弟离校，号啕大哭，赵兄拍着我的肩膀劝慰，说会常来看望，然而二十多年，终是再无相见。

大专两年算是读了一些书，图书馆阅览室便成了常去之地。尤为印象深刻者大约有两件事：一是常常与徐飞兄绕操场缓行，讨论些当时以为高深的问题，有一次忽然想到"莫愁、莫愁，梦里桃花依旧"两句诗，便说与他听，心中得意良久。彼时强作赋，不识愁滋味，而今思过往，唯余梦里长。二是受某位老师的影响，忽然间喜欢了周易，居然看起了占卜之书，于是看相占卜测八字，玩得不亦乐乎。一日信口开河，言某某有破财之虞，谁知其居然马上掉了钱包，一时连自己也信了自己的超能力，真是可爱至极。

离开如城十多年后曾回母校一趟，定慧寺门前卖炒面的大姐盯着我说，我记得你。我微笑以对，转身却情不能已，涕下沾襟。

大音希声，至情无言。五年相伴，两纪离别，多少画卷难忘，却又不知从何说起……

作者简介：戴桂林，原江苏省如皋师范学校1993级普师四班，1996级大专文科班学生。现担任江苏省锡山高级中学课程教学处副主任。

母校给我的三个“人生锦囊”

袁 帅

想来岁月如歌，时光走起来是极快的，一晃居然到了如师120岁校庆的日子，“老家如师”微信公众号应运而生。自从发布了从校长到学长的众多回忆文章，我每天都要从头到尾看一遍，总觉得百看不厌，隽永的文字，清澈的回忆，让我很多次梦回在如师的时光。母校给我的，太多太多了，一一数来，美好的回忆像流水般滋润我的心。

母校给予我生活的信心。我的童年记忆总是被“贫困”这层黑雾笼罩着，我记得，那时，村里的其他人家早就都住上了瓦房和楼房，我家仍然住着村里最后的草房。所以，贫困带来的自卑一直困扰着我，幼小的心是多么得敏感，我总觉得抬不起头来。可是，考取如师后，原本晦涩阴暗的人生被照亮了，我觉得我的未来一片光明。从此，我们一家在村里都获得了极高的待遇，不仅仅是对未来教师的天然尊重，更加是因为母校如师在如皋的赫赫声名！我一下从“村里那个穷小子”，变成了“通过努力考上如皋最高学府”的励志男孩。直到现在，我都是村里大人鼓励小孩好好学习的生动教材。所以是母校让我坚信：努力不会看出身，改变命运的权利掌握在我自己手上。

母校赐予我丰富的技能。因为之前生活环境的原因，我是个土生土长的农村娃，除了读书只会做农活。所以我见识很少，木讷寡言。来到如师，我的视野开阔了，新世界的大门向我打开了。如师给了我一个极好的学习平台，那三年，我几乎是如饥似渴地学习。从专业知识到兴趣爱好，凡是如师有条件的，我都有所涉猎。我对如师开办的“三字一话”教师基本功技能尤其感兴趣，在兴趣的引领下，我坚持练习，长此以往，我的字迹越来越端正，雅观。我至今记得三年级时，我被任命为学校黑板报抄写员时的那满满喜悦与成就感。单乐器就先后学了二胡、钢琴、手风琴、小号四种，也因此发掘了我的音乐艺术天赋，音乐课上整整一页的五线谱，我只要学唱一遍就过目成诵，从此音乐这个爱好一直伴随着我，不仅陶冶情操，也一直如母校一样给我精神力量。如师学到的本领让我一生受用。

母校教育我做人的准则。“学高为师，身正为范”，是如师给我的教诲。正是在这句话的教诲下，如师走出了一大批学识渊博、人格高尚的老师。而这些校友也如心中不可企及却试图攀越的高山般，成为我为人处事的榜样。走出如师后，无论工作岗位如何变化，工作环境是好是坏，我一直谨记如师的谆谆教诲，一直保持着心中的那份坚持与操守，始终以旺盛的学习热情和务实的工作作风积极参与工作。不急功近利，不投机取巧，不见风使舵，这三“不”，一直被我铭记于心。母校教育我做人做事的准则，让我即使行走于社会，也保留着当初那个如师湖畔读书的少年的赤子之心。

我相信，未来，我的母校如师依旧会像当初教育我一般，引领无数个像我这样的青春学子成人成才，120 载风华正茂，如师的未来依旧繁茂盛然！

作者简介：袁帅，原江苏省如皋师范学校 1996 届毕业生，从教 10 年，现任南通经济技术开发区党工委“两新”工委书记、组织部组织处处长。

最好的学校

朱洪海

多年以来，有一个熟悉的画面时常在夜阑人静时分无端闯入梦中。一群十五六岁的少年，拿着二胡和曲谱，一起斜穿过偌大的操场，向着伫立在校园西南角的音乐楼走去。风说不清是什么味道，淡淡的，甜甜的……三年的如师生活相较于漫长的人生来说是短暂的，但其间的那些记忆却如同刀刻斧凿一般印刻在脑海中，这种印记是浸透在骨子里、漫溢在灵魂里的，以至于这么多年过去了，非但没有被遗忘，反而愈发清晰起来。

一

九月的艳阳属实灼热，将它笼罩下的一切事物烤得明晃晃、热腾腾。操场上，刚入学的师一新生正在进行队列训练，上一届对口班级的师兄师姐们手把手地进行指导。如师有着极好的“传帮带”的传统，对口班级结对帮扶让每一个刚刚开启三年学习的孩子学有方向、赶有目标，同时又深深地感受到了被照顾、被呵护的温暖。印象最深刻的是一个叫陈浩的师兄，他落落大方、阳光帅气，全程参与其中，耐心而又细致，他身上的那种由内而外的自信，深深地吸引了我们这群刚刚离开初中校园的孩子。这样的做法一届又一届地延续，并由此推动了“沉笃醇和”良好校风的形成。走在校园里，九十年代其他同龄段校园里常有的打架斗殴现象在这里根本不会出现，每个学生看上去都是沉稳朴实、彬彬有礼、阳光灿烂的模样。

在这种氛围中，本班同学的相处也是格外融洽，首次离家求学的同学们很快放下了羞涩、紧张的情绪，主动适应了环境、融入了集体。由于我在班上年龄最小，建东和冯锋两位年龄略长的同学对我格外关照，我们每天一起吃饭、一起打球、一起学习、一起玩耍，亲如兄弟、情同手足。如今毕业已经25年整，我们依然保持着密切的联系，结婚生子、事业进取，甚至买车买房等人生重要时刻都有两位好友现场见证的身影。回头看来，我坚定地相信，除了性格投缘以外，这份难得的友情背后同样离不开良好校风的浸润和滋养。友善、真诚、包容、理解，让我们的同学情如同毕业纪念册上留言所期待的一样地久天长。

二

暮色下的教学楼别有一番意味，教室内灯火通明，走廊上乐声阵阵，随处可见正在练习乐器的学生。一把椅子、一张曲谱，手持乐器，面壁而坐，身后陆陆续续的同学或悄然走过或驻足聆听。学校格外重视学生基本素质的提升，光是乐器方面每人至少修两样，风琴是必修，另外有二胡、小提琴、琵琶等一班一特色选修科目。因为遇见了一位好的老师，我对二胡学习表现出了浓厚的兴趣和超出一般同学的表现。记得一次公开课上，李云老师为体现运弓手法对于音色控制的重要性，我按弦、他运弓，合作演示了一首简单的练习曲。这让我备受鼓舞，从此更加勤奋练习，以至于后来被选拔参加了校民乐队，有了更多集训及参演的经历，毕业汇报演出时，还进行了一段精彩的独奏展示。李云老师在二胡学习上额外的指点和激励，就像打开了成长中的某个开关，让我这个来自农村的内向寡言的孩子逐渐增添了某种无须言说的自信。

仔细回想三年的学习历程，深感幸运的就是遇见那么多的良师。晓华老师、闵杰老师、杭斌老师、汪震球老师、方健华老师、唐冬梅老师、周光建老师……在这里无法一一列举。他们个性鲜明、自有风范，在各自的业务领域都有着令人仰视的高度，所以同学们格外珍惜每一次的学习机会，无论是严厉的、温柔的、幽默的、高冷的，都给我们以深深的影响和帮助。更重要的是，当我们自己登上讲台后，才恍然明白一个深刻的道理，作为老师来说，“言传”固然重要，但是“身教”更是一种无声的引领，一位优秀老师的个人魅力带给学生的将是一辈子的持久而又深远的影响。

三

春日的和风里，男子 1500 米决赛正在进行，脚下的黑色跑道被踩得尘土飞扬，操场边挤满了加油助威的啦啦队。春季田径运动会学校每年举行一次，全班人人都有分工，组织的、参赛的、宣传的、保障的、助威的。我在体育上没速度但有耐力，主攻方向是长跑，吸取前两年的经验教训此次参赛采用的是后来居上策略。赛程过半之后，我从队伍中后位置开始发力，连续反超了三名对手后，整个操场沸腾了，几乎所有熟悉的陌生的面孔都在为我呐喊，而我最终拼尽全力连续反超数人取得了第六名，拿到了一张宝贵的奖状。

如师校园内有着种类繁多的活动，只要你有心参与，总能找到心仪的一类。班级篮球联赛，几乎能调动每一个男生参与的热情，哪怕做个替补也倍感荣耀；校合唱队，专业的排练与演出让你体验舞台灯光下的庄重感，尽管奖品只是一支牙膏也无比珍惜；基本功大赛，在“三字一话”的激烈比拼中悄然提升自己的基本素养，就算不是班级推荐的而是随机抽到的也必定全力以赴。此外，说唱课培养你表达展示的习惯，新闻联播培养你对于时事政治的关注，劳动周培养你对学校环境打造的感知，不一而足，这个校园中的一切的一切，似乎都是在有意无意地培养人、锻炼人，任由你是谁，主动的、被动的，都无一例外地被推着、拉着、裹挟着成长和进步。曾听人感慨，现如今南通教育的高质量发展，如师、通师、海师三所本地师范院校功不可没，我深以为然。正是这种以沉浸式素质提升为方向的办学模式，为南通培养了大批优秀师资，成了南通教育长期以来高位走强、领跑全国的关键支撑。

四

雨后的图书楼前有种水墨氤氲的气息，看檐下雾气缥缈，看枝头黄叶飘飞，是诗一样的意蕴，这样的情境最宜读书。图书楼是一栋旧楼，但丝毫不影响同学们对它的追捧，每日晚饭后这里可以说是一座难求，贪恋的就是那种潜心阅读的静谧之感。前几日整理旧书无意翻到了当年的借书证，略一端详，值得感慨的除了照片上自己稚嫩的面庞，还有其间密密麻麻的借阅记录。对书的迷恋、对阅读的偏好，应该就是在师范三年的学习中逐渐养成的。爱书之人必定也喜欢买书，印象里学宫路上西云路巷的拐角处，有一家小小的书店，我曾花了半个月的零花钱在这里买过一本《平凡的世界》，书中孙少平、孙少安兄弟为中心的宏大时代叙事，给我极大的心灵震撼，时至今日，这本早被翻烂的书依然摆放在我的书架上。

有人说，阅读和写作是紧密关联的。模糊地记得师二时老师曾单独表扬过我作文中的一个段落，大概是对学校后花园中植物的描写，当时并未觉得有太大触动。毕业后，因为某些际遇，不想竟对写作有了深深的兴趣，写论文、写小说、写散文，也陆续在报纸杂志上发表了一些文字，出版了几部作品，并有幸加入了省作协，甚至严格说来写作还成了如今安身立命的一项重要技能，这些在当初确是始料未及的。有一日，为帮好友小儿完成作业，接受他的采访，问我写作热情的源头在哪里？我说，也许就在那节寻常的作文课上，也许在那本写满借阅记录的借书证上，也许就在街角的那家小书店里，或者更准确地说是在如师校园这浓郁的书香氛围里。

五

时光最是留不住，匆匆已是数十载。如今，我的家就住在离母校不远的地方，每每经过学校那庄重的大门前，总有一种无与伦比的亲近感。我最宝贵的人生时光有幸在这所百年底蕴的校园中度过，老师们的谆谆教诲犹在耳畔，同学们的青春身影依稀眼前。我想，一所好的学校应该是什么样子的呢？母校给出的或许就是最佳答案。用无声的浸润给人教化、予人影响、开蒙启智、明德识礼，最终累积出让人终身受用的自信与自主。

这，或许就是教育的真谛。

作者简介：朱洪海，原江苏省如皋师范学校1993级普师3班毕业生，江苏省作家协会会员，现任中共如皋市委党校副校长。

每当从门前走过

章小英

在如师附小工作时，每天上下班都会从母校如皋师范门前走过，看着熟悉的场景，总会情不自禁想起师范三年生活的点点滴滴。

1988 年 8 月 30 日，我走进了如皋师范的大门，成为一名中师生。

犹如刘姥姥走进大观园。初入如师的我，一切都觉得新鲜而无比美好。古色古香的校园，一进又一进，溢满书香文化气息；宽阔的操场上，专业的体育老师教我们跳山羊、跨栏、打拳，让喜欢运动的我倍感兴奋；10 个伙伴同一寝室，每天下了晚自习，一边忙着洗漱，一边叽叽喳喳，学唱流行歌曲、即兴时事评议、畅聊各类八卦、分享各自小零食，可以说每晚的寝室都如小剧院，上演着各类即兴生活小剧，让每一个睡前都不寂寞；食堂里，菜品丰富可口，一日三餐吃得幸福，周末还能用节余的餐券买点油条、蜂糖糕带回家，全家人都直呼“好吃”……

而一位位各具个性的老师，让我们对每天的学习生活充满向往。我们的班主任刘亚林老师，那时还是年轻的帅小伙，睫毛特长，有点像混血儿，体育专业的他，每一个示范动作、每一个舞姿，在我们眼中几乎都是无可挑剔的，再加上性格温和，我们一下子都成了他的粉丝，因而尽管他话不多、对班级管控不紧，我们全班同学却极为自律、极为自主地开展各项班级活动，在年级也是“赫赫有名”；教我们语文的周福如老师，每节课上，都会推荐近期优秀的文学作品，都会讲述自己用心创作并在各类刊物发表的真实故事，不断激励我们海量阅读、大胆创作，从而与文字结下情缘；我们语音老师徐晓华，美丽智慧，用自己的范读、一遍遍的正音让我们感受普通话的魅力，用优生帮扶、捆绑过关促进普通话推广，让每个乡音都变得字正腔圆；教我们小语的姚烺强老师，言行举止格外讲究，头发一丝不乱，衣服没有一丝褶皱，就连咳嗽、吐痰都会立即用折得方方正正的手帕捂住嘴，而作为小语教学“一点突破法”的创始人，他的出口成章、板书的行云流水，都让我们顶礼膜拜。可以说，他们的修养，他们的学识，他们的品格，都是一本本最生动的教科书，让我们真切感受着“学高为师，身正为范”的深刻内涵，生成苦练基本功的强大动力与坚定信念。

三年时光里那一个个真实发生的小故事，更是时常令我回味。最刺激的当属“密谋密信”事件了。晚上就寝，寝室内不知谁提起班级生活，想到同年级其他班开展了丰富多彩的班级活动，大家既羡慕又不甘，一番吐槽与畅想后，便萌生了给班主任写“建议书”的念头。怎么写呢？电脑没有普及，送出去打印，说不定会泄密；让一个人做代表写，班主任辨认出字体，会不会给她“穿小鞋”？“群雄”一番激情商讨后，决定第二天午间“十人联手”写“密信”。这样的决策让我们这群女生兴奋得久久难以入睡。第二天一吃完午饭，大家直奔寝室，拉上窗帘，开始行动：一人一句，变着字体接龙写信，从开学初同学们的美丽憧憬开始，到别班学生愉悦的活动场景描述，我班仅有的两次活动美好回味，再到重构班级生活、重塑班级雄风的渴盼，洋洋洒洒，不到一小时，我们写出了整整四页纸的“建议书”，然后极其庄重地署上“爱班级爱老师的我们”。十个脑袋紧凑在一起，一人从头到尾小声通读了一遍，感觉酣畅淋漓，众人鼓掌，随即装进信封，贴上邮票，投进了邮筒。班主任刘老师收到信会有什么反应呢？大家热切期待却又努力装作若无其事。几天后的一个晚自习，刘老师走进了教室，看不出异常，我们一个个悄悄地用眼神传递着“不露声色”的信号。刘老师没有展开调查，只是宣布：“以后我们班也要多多开展各类活动，你们有什么活动创意，可以直接报给班长，我们再一起策划。”“密谋密信”有效果呀，那一刻，内心如同礼花绽放，颇有成就感。之后，刘老师组织我们开展了军营生活体验、无锡春游、郊外野炊、水绘园踏访等一系列活动，但直到毕业后多年，他和同学们都不知道“密信”的真正内幕。后来，每每想起这件事，我都会提醒自己：记住“密信”，开放课堂、丰富生活，是每个学生内心的呼唤；致敬刘老师，倾听学生，民主豁达，是每个教师育人的基础。而这样的认知也成了我课题研究永恒的主题，成为我教育管理的基本原则。

最威风的非“当众一声吼”莫属了。如师治校严谨，对学生生活常规管理很严格，每周都会不定时组织寝室卫生检查，每学期都会评比“文明寝室”。那年我担任生活委员，每周都要和全校各班的生活委员负责寝室检查。有一天晚自习，查到我们的一个男生宿舍，推开门一看，我们惊呆了：几张床铺未整理，各种物品凌乱，特别是寝室中间的棋盘棋子七零八落。作为检查人员的我，感到非常羞愧，这帮男生，怎么这么懒惰？检查结束，我气冲冲回到教室，站上讲台，教棒一敲，厉声喝道：“请同学们放下手中书本，调查一件事。男生宿舍里，哪几个下棋未收拾？给我站起来！”不知是我的声势唬人，还是自知有错，四个男生有些尴尬地从座位上站了起来。但已被怒火点燃的我，瞪着眼睛，毫不留情地开火：“宿舍常规，你们不知道吗？那么多宿舍，就你们的最差，你们不觉得难为情吗？站在你们宿舍里，我无地自容。下次再这样，就跟我们一起去检查……”直至今天，我都能清晰地回忆起当时那四个男生的惶恐、全班同学屏息凝神盯着我的惊诧。尽管事后我自己都为“火冒三丈”惭愧，但四个男生没有跟我计较，全班同学都理解我“一心为班”，班主任刘老师还夸我：“训得好！对不良行为是要严厉批评。”现在想来，如师三年的生活管理，是把“井井有条”“一丝不苟”“不甘落后”等态度融进了每个学子的行为方式中，让我们有从容行走、不断向前的底气与勇气。

最艰苦的该是备战江苏省师范生基本功比赛了。那是江苏省组织的首届比赛，不是选拔精英参加，而是在比赛前一个星期随机抽取相应的名额，所以每个人都有可能“中奖”。为此，学校召开总动员，组织全员练功，毛笔字、粉笔字、广播操、队列训练、歌曲演唱、简笔画等，好多项目技能，学校做了细致安排。那段时日，每个人的脚步都是匆匆的，交流得最多的就是练功心得。记得每生都有一块小黑板，每天在上面练写一首古诗，然后将小黑板放置座位旁，辅导老师会随机查看指导，从整体的排版布局，到单字的间架结构，到笔画的轻重缓急，一点点，一天天地临摹、练习。记得晚间说唱安排的是练习讲故事，那天轮到我上台了，开口才讲两句，台下同学就是一阵哄笑，我丈二和尚摸不着头脑，红着脸走下讲台。回到座位，同桌悄悄告诉我，原来我一边讲就一边不自觉地踮脚，自己却浑然不知。稍做调整后，我重新登台讲述，这次我控制住了小动作，完全投入绘声绘色地讲述，赢得同学们热烈的掌声，辅导老师也给予了“惟妙惟肖”的高度评价，让我信心倍增。后来，我真的“中奖”，轻松通过比赛，没有给母校抹黑，心中甚是愉悦。可以说，在那个还不知道“素质教育”的年代，如师就实施着真正的素质教育，让我们文理兼修，努力做到全面发展。正因为此，每当父亲屡屡愧疚地说，因为家境穷困未能让我上高中,进而失去读大学机会的时候,我总是极其幸福地告诉他,在如师接受着朴实的教育、扎实的训练,让我能在工作中游刃有余,赢得学生、家长的信任与喜爱,是一件多么自豪的事情。

如今,我调至如皋市实验小学工作,依然时常从母校门前走过,不仅有对那段"真实"的岁月回忆,更有满满的感恩、深深的祝福。是的,我在工作中的那么一点得心应手,是母校如师的最好馈赠,念我母校,惠我实多;我对育人艺术的那份执着追求,是母校如师永远的精神指引,祝我母校,芳华永驻!

作者简介:章小英,1988 届毕业生,现担任如皋市实验小学校长。

我不是个好学生

孙小冬

我 1985 年进入如皋师范，1988 年毕业。说真的，读书期间我不是个好学生，方方面面都要让老师和同学操心。

一年级的第一节体育课，徐海燕老师就提出了上课必须穿运动鞋的要求。可我是个马大哈，总是把老师的话抛在脑后。一天，我又穿着胶底布鞋上课。因为鞋底太滑，我重重地摔了一跤。这下徐老师生气了，让我脱掉鞋袜在操场上罚站——这是我从未经受过的“奇耻大辱”，当时真的是又气又恼。但正是这一站，让我记住了运动鞋对脚的保护、对体育课的重要性；让我知道了要认认真真地去准备每一节课；让我开始认识到要用专业的态度去对待专业的事情。毫无疑问，这些体会对我之后的学习和工作有很大帮助。

二年级时，我痴迷文学，决定毕业后要做语文老师。有了这样的想法，我就不大愿意学数学了，上课常常偷看小说，考试总以 60 分为目标。对此，数学老师曹斌很是着急，他多次找我谈话，但我就是不改。一次数学课，曹老师行间巡视时看到我的课本从头到尾每一页的空白处都密密麻麻地写满了字，他激动得像中了大奖似的拿起我的书对全班同学说：“大家看看，孙小冬多用功，这学期的内容他已经自学完成了，我们要向他学习！”——如果不是一心希望我好，如果不是一心为了我好，曹老师怎么会这样！遗憾的是实情并非如此，课本上的那些字其实是我胡乱写下的草稿。曹老师表扬让我羞愧难当，从那以后，我一改之前对数学的态度，成绩有了很大提升，毕业后还做过两年的数学老师。比这更重要的是，曹老师让我明白了，对学生发自内心的期待可以感染他、鼓励他，甚至改变他——几十年来，我一直学着曹老师这样做，也因此让不少孩子爱上了学习、爱上了语文。

前不久从胡海舟老师那里听到了曹老师去世的消息，心里的震惊、难受难以言表。曹老师那戴着厚厚眼镜的瘦削的脸又浮现在眼前，那一口海安口音的普通话又在耳边响起。今天，我特地把这件事写出来，希望曹老师的在天之灵能够感受到我这个不听话的学生对他的感谢。

如果要挑一门最让我恐惧的课程，那一定是音乐（估计很多同学会有同样的选择）。入学前，我没见过五线谱，没碰过琴，更不知道如何发声、如何歌唱，所以每一节课都上得异常吃力。但音乐老师吴坚并没有因此而降低对我们的要求。他上课从来没有笑脸，话不多却极具“杀伤力”，至今还记得他用那句“惊天动地”的名言：“哪怕胸口对着带血的刺刀，不通过就是不通过。”因为这句话，我不得不抓紧一切时间拼命练习：我随时把课本带在身上，走路的时候在练视唱、躺在床上在练视唱、甚至上厕所的时候也不忘练视唱；琴房周末是不开放的，为了练琴，我关窗时故意不插插销，星期日翻窗进去一练就是一整天——即使练得这样苦，还课时也还常出差错。这时，吴老师就会用他那低沉的、极具金属感的美声轻吼：“下去！”于是我就带着课本灰溜溜地离开教室去琴房继续苦练——这真是炼狱一般的煎熬，它让我忧心忡忡，让我心跳加速、让我无法呼吸。我曾无数次地幻想某一天还课前吴老师突然生病了，请假了，音乐课不用再上了，但这样的美梦从来没有成真！

毕业后的那年九月，一个同学有事来如皋，他约我一起去看吴老师。吴老师当时住在音乐楼北面的平房里，看到我们，他非常开心，还留我们吃饭。饭菜是吴老师在一个小煤球炉上煮的。吃了什么，我记不得了，只记得吴老师不停地表扬我们，说我们用功，说我们完全可以做一个合格音乐老师。那天，吴老师脸上始终挂着笑容，是那种轻松、满意的笑容。那笑容让我明白了，吴老师不是不会笑，他是要把笑留在最后。当下，有些老师、甚至名师为了所谓的教学效果言语油滑、举止失当。这总会让我想到吴老师，于是我总是提醒自己要像吴老师那样，课要上得真实、扎实，爱要爱得沉稳、深远。

我的普通话很差，一年级时被划为四等（略优于最低的五等）。记得一节语音课上，徐晓华老师教我读“解剖”的“剖”。我要么读成“pū”，要么读成“pō”，就是不读“pōu”。徐老师不能只盯着我一个人，就把我交给同桌杨辉，让她慢慢调理我。现在想想，当年同桌的她真的很累：每天早读，要带着我读“普通话说读材料”；当我说如皋话时，要提醒我说普通话；当我说普通话时，要不停地帮我正音。有一次，我被她说恼了，趁她不注意，一脚把她套在脚尖的皮鞋踢到了讲台前。本以为她会生气，没想到她毫不在意，还像往常一样对我。不仅如此，她还发动前桌的缪建华、后桌的刘建云等一干“女将”加入她的团队，于是我就陷入了一张大网之中，每一句话都有人听着，每一个错误都会有人在第一时间纠正。在大家的“围剿”下，我的普通话终于过了关。不过，她们也让我落下了严重的“后遗症”：现在，我虽已年过半百，可说话时如果有字发音不准，脸还会微微地发热，心还会小小地“咯噔”一下。

是的，当年我真的不是个好学生，习惯差、基础差、学习态度也有问题。但好在我有最好的老师，最好的同学，最好的学习方式。在这样的环境中，脱胎换骨是必然的结果。几年前，外甥女就读哪所学校的定向生征求我的意见，我毫不犹豫地推荐了如皋师范。她让我说理由。我说：“我就是最好的理由。”外甥女相信了我，毕业后，她顺利地考上了南京的一所重点幼儿园，虽然工作才三年，但早已是园所的业务骨干了。

作者简介：孙小冬，原江苏省如皋师范学校1988届毕业生，现任教于昆山市花桥中心小学，特级教师，正高级教师。

“迷途难返”文学路

——记语文特级教师陆志平引领我走上写作路

徐峻峰

“学好数理化，走遍天下都不怕！”——1978年恢复高考，重视科技人才培养时的流行语。于是在初中我埋头学习攻理科，数学县统考120满分，做物理课代表物理考试满分。然而，命运不受人控制，后来遇到了一些老师，特别是初中语文特级教师肖远骑（后任人大附中副校长）、师范语文特级教师陆志平（后任省教研室主任），开始喜欢上文科，说不清哪来的这么大力量？让我学语文有了股拔山起岳的动力。也许是老师用语文魅力，改变了我的嗜好和人生道路，加上父亲从政，他说毛泽东师范毕业，也是文人，学文科蛮好的，于是乎我心中的人生信条就又转了弯、改了道，变成“学好数理化，语文算老大！”

在此，“弱水三千，只取一瓢饮；沧海万顷，唯系一江潮”，花开两朵，单表一枝，那只从“一人”“一文”说起：

一、一人

邂逅

开学到如师报到，我和王晓宏走到了河南饭堂西北角，一位老师从身后走过来冲着我们笑笑说：“二位到了！”“嗯？”“我是你们的新老师，姓陆。”“陆老师好！”初遇后我带着林黛玉初进贾府的疑惑和敏感，惊讶地问王晓宏：“他，怎么认识我们的？”我约莫猜测是不是先看到我们的档案照片认识的？到现在还是个谜。出口用“二位”一词，一般人生活中是不这么说的。亲其师,信其道。心想这老师真"儒雅"!

讲书

众所周知,陆老师上课不仅局限在课本上。似乎上知天文地理,下知鸡毛蒜皮,古今中外、无所不知。什么许慎的说文解字,什么苏东坡、辛弃疾、柳宗元、欧阳修、柳三变等的故事,什么《江苏青年》编辑在他家谈诺贝尔文学奖,讲到兴奋处他的招牌动作"耸肩、嗤鼻、撸袖",和善、聪睿的"嘿嘿"一笑,学生顿时佩服得五体投地。陆老师一上起课如行云流水,学生如沐春风,不知不觉就下课了,继之,就再等下一课到来。我至今觉得遗憾的是,老师对小说类阅读课上得太少。陆老师是国家课程改革组成员,用现在的课改观点看,他早期在 82 年在我们那班就实施了课程改革:不仅是"以本为本",而且是"以本为例",生活、书海就是教材,教者本身就是教材。老师课堂,尽显"博雅"。

读书

老师的课堂为什么如此浩瀚?

还要从《名作欣赏》1982 年 05 期刊载的陆志平的《诗情画意美不胜收——读〈观舞记〉》这篇说起:

> 【摘要】:冰心的《观舞记——献给印度舞蹈家卡拉玛姐妹》。结构玲珑剔透,语言整饰优美。佳境迭出,使人目不暇接;诗情浓郁,令人回味无穷。触处生辉,通篇给人以美的享受。全文自然分成四个部分。第一部分,写作者在惊人的舞蹈艺术面前叹为观止。文章劈头一个设问:"我应当怎样来形容印度卡拉玛姐妹的舞蹈?"接着用九节文字回答这个问题,犹如一石激起千层浪,极尽回旋跌宕之能事。第一层波浪(2—6 节)由四个微波组成。作者巧妙地通过四个假设,把卡拉玛姐妹舞蹈的最突出的地方——动作、色彩、声音、形象,囊括殆尽,造成先声夺人之势。读者未见其人,先闻其声,卡拉玛姐妹高超惊人的技巧,精彩优美的舞姿已足见一斑。在这层波浪的最后,出现了一个跌宕——"然而我什么都不是!我只能用我自己贫乏的文字,来描写这惊人的舞蹈艺术。"这一句是这一层的关键。为了说出"我什么都不是!"作者先来了四

个假设，大肆褒扬诗人有灵活自如的笔，画家有五彩缤纷的色彩，作曲家有动听悦耳的音符，雕刻家有巧夺天工的刻刀。他们都能充分发挥自己的一技之长，来突出描写卡拉玛姐妹舞蹈的一个侧面。……

信息量如此之大，从他这篇文章可见一斑。怀着崇拜和跟风，从此我也订阅了《名作欣赏》；课上常听说老师查工具书，于是也到如皋新华书店5.40元买了本《现代汉语词典》，陆老师查宿舍时还拿着看看瞧瞧，端详、询问一番。

老师的文章是怎么写出来的？——一次我看到了陆老师从图书室借过一摞书，从腹部顶到下颌，费力地捧着回去海量阅读——“做文章”(老师常用语)，原来先是板凳要坐十年冷，才能文章不写一句空地做学问。“要给学生一杯水，自己必须要有长流水”，这才有了陆老师课堂的“博雅”。

著书

听说苏静去陆老师处请教文章后，我们几个喜欢文学的人便约一同去老师家聆听教诲。老师的家，也是以书为主格调的书房。虽斗室陋室，却出大文章。陆老师拿出一本八开白纸装订的写作簿子，讲着上边他投稿的两篇文章。印象最深的是他介绍自己如何写赏析《智取生辰纲》的情节、人物性格。映入眼帘的文稿上面是工工整整的钢笔行楷：先用蓝墨水笔写，再用红墨水笔修改，最后用毛笔再修改。大师苦心孤诣戛戛独造者言之，跃然纸上。

后来拜读老师的专著《品味与感悟》和《语文课程标准新探》，见到对我们面授的赏析智取生辰纲的《耐读的施耐庵——两读〈智取生辰纲〉》作为《品味与感悟》全书的压轴。两本书我都读完了，像专著中所述“联想中的相关联想、相似联系、相对联想……”在我后来写的教学论文中都曾以引用。

在陆老师影响下，班上凑了十来个特别喜欢文学的人。苏静参加《鸭绿江》诗歌函授、我和俞兴平参加《文学青年》函授，我们与刘建国、张启建、张峰、陈建、杨兵等七八个人说要办班刊《小溪流》，后未果。俞兴平、刘建国到我老家玩，因为文学，人以群分。

在老师班上学习时间久了，工作到如今，自然时常让我想到两个人：

一个是文学大师鲁迅。鲁迅对青年极尽关爱与理解，尤其对文学青年十之八九感觉灵敏，理解他们自尊心旺盛，于是关心、扶植文学青年，团结、关心、培养了萧红、蹇先艾、白莽、柔石、阿累等一大批文学青年。

另一个是教育圣人孔子。三千弟子、七十二贤，门生广布，教书育人。

陆老师旁边团结着八十年代的一批聪睿知识分子，一拨热血青年，尤其是文学青年。如是到了毕业分手季，才有了老师步行到五里外如皋车站，长亭依依送别情景。

老师的门生，施教育、做学问者众多，也就有些像老师。别的班改行从政、经商多，我们班做学问多。我班吴毅、瞿德泉、张启建是常州、通州、如东教研室主任；方健华、陈小建、张永清、陈健、杜红军、张峰……都到江苏教院考学深造；刘建国为国内影视片制作人，方健华任《江苏教育研究》刊物编辑部主任。如是岂非"近朱者赤，耳濡目染乎？然也！"（老师常用语）

做文章，带青年，老师似鲁迅；

做学问，带弟子，施教育，老师似仲尼。

苦心经营"做文章"，布施教育"做学问"，尽显老师"雅致"。

评讲

评讲习作，是老师专业的、拿手的独门绝技。

他对习作，十分吝啬，不舍得给分；总批眉批，寥寥几字，惜墨如金，要言不烦，一针见血，力透纸背。一次布置写篇议论文随笔，高赞四班一名同学文章，八字总批"针砭时弊，针砭时弊！"后来布置我班写了篇状物文章，要求借景抒情，托物言志！学生有的写了"我要做一个拖把，像拖把一样拖地，不嫌脏，为人民服务！"有的写了"我愿做一个痰盂，让人家吐痰，而不去计较个人得失，默默无闻奉献！"评得课堂哄堂大笑，然后老师话锋一转，赞扬刘建国的文笔："不要终被大家忘记，而零落一方唱起《角落之歌》。"陆老师喜用实例评讲，浅显易懂，印象深刻。我写了篇《节节草的遐想》，老师给的八字总评"构思精巧，高屋建瓴"，78 分，这次真大方，在习作中是高分。陆老师他惜墨如金，我觉得他是惜分如命。因此，老师习作评点激发了我的写作兴趣，引领我走上写作路。后来帮我推荐文章进一步深化了我的写作情感。

习作评讲课课堂设计，尽显老师"雅致"。

二、一文

陆老师教我们《文选与写作》，工作后我写作，把各种文体都尝试了。于是获得了“《江苏教育》教海探航”奖和“南通市科研成果奖”，评为“全国新教育实验先进个人”“南通市骨干教师”“如东县十佳阅读之星”，先后在《小学语文教学·会刊》等各类期刊、杂志等发表论文、通讯、小说、现代诗、散文、散文诗、歌词、古体诗、古体词、古体曲等100余篇（首）。

记得有一篇文章《凸显作者地位　提升阅读质量》，我把作者和教材编写结合起来写的，给张启建看后，张启建建议从课程文化角度思考。写好后，文章被中国文章学研究会导读导写研究中心会刊《教育教学研究》等两份杂志、一份报纸刊用。不料一天上网，忽看到“中国知网”的编辑在文章题目下面加了摘要：

我感动，感动徐老师将关乎语文教材建设的稿件投给我们，这是对我们的一份信任，信任我们可以用个性化的途径将这份拳拳之心传达给教材的编著者、决策者；我佩服，佩服徐老师独到的见解，教材文化这本是教材建设形而上层面的东西，纳入了我们普通教育工作者的视野，而且谈得这样的深入浅出；我顿悟，我们的杂志何尝不是一种特殊意味的教材，我们何不从杂志文化的角度为读者去思考。从教材文化的角度来思考建设教材，教材会增加更多的亲和力，会更进一步贴近学生，自然会使教材发挥更大的潜移默化的影响；从杂志文化的视角来定位、建设杂志，也许杂志会与读者更接近，更会成为读者的知心朋友。这也许是我们杂志今后努力与突破的方向。（文晋）

在引导学生进行课文阅读上，除了以上谈到的品悟文章语言的运用和写作方法外，我还注意让学生了解作者，徐峻峰老师的《突显作者地位　提升阅读质量》一文中“阅读中作者相当于一座桥梁，作品在那头，读者在这头，通过作者这座桥梁把读者介绍到那头。”给了我很大的启示。阅读一篇文章就要走进作者的心灵，心中有了作者，才能理解作者在何时，何地，何境说出何话，作者说出或叙述这些话的目的，作者的思想与要揭示的作品的主题。了解作者的经历，有助于理解作品所处的生活时期和思想状态,从而更好地品赏语言文字。

这又给我以拔山扛鼎的写作动力。

后来遇到苏教版初中教材历年开篇——《为你打开一扇窗》的作者赵丽宏。《上海文学》杂志社社长、著名的散文家、全国政协委员、上海市政协常委、中国作家协会全委会委员。他的书法笔墨宝贵,我与他谈到这篇文章,谈到作者与课程文化的关系,交流想法,颇有共鸣。他当即用整幅宣纸,毛笔写下条幅,录下了我说的两句话馈赠,是以为念:

思想者,天马行空;
读书人,孤帆远航!

寒来暑往,如是这般,陆老师、前辈、同仁,引领我爱写作,让我走上写作之路而"迷途不知返"。

作者简介:徐峻峰,原江苏省如皋师范学校1984届毕业生,现在在如东县岔河镇岔河小学工作,原如东县岔河镇教研员、总支委员,岔河小学副校长、常务副书记。中学高级教师。曾获南通市骨干教师"《江苏教育》教海探航奖""全国新教育实验先进个人"等多项荣誉。

如师从未走远

储冬生

一

转眼，离开如师校园二十多年了。其实，三年学习生活的点点滴滴一直珍藏在心灵深处，一不小心就会随思绪翻涌。同学们偶尔聚在一起，都能完美地“复盘”当年的校园生活。

一次在如师参加校长培训，发了一本《如皋高等师范学校校史》。几次搬家整理资料，我一直都保留着这本校史，现在我又将它带到南京放在书房里。我常常觉得我们每个人都是校史的一部分，尤其是翻看书中1993年到1996年的这一段(297—302页)，我似乎找到了那个青涩的自己。

今年母校将迎来建校一百二十周年的庆典，一直想写写母校，总觉得没有准备好。晨读邓晓芒先生的《哲学起步》，偶得这样一句话：

把一切都准备好才动手干活是一种不现实的想法。

俨然觉得先生说的就是我，于是匆匆提笔写下下面的文字。虽然没有经过充分酝酿，但却是我当下最真切的思绪。

二

经常有人问我，当年为什么报考中师？他们预设的答案可能是，因为教师这个职业是伟大的、是值得为之奋斗终生的。但是，当年一个十五岁的乡村少年真的没有那么明确的认识，还记得初中老师的话——你们几个成绩好的，第一志愿选师范、第二志愿报县中。可以说，我们大都是以中考“胜利者”的姿态走进如师校园的。但是，进入如师校园后，我才发现那么多同学都很优秀，自己只是极普通的一个。

记得第一次普通话课，徐晓华老师要求所有的人依次读一段话。轮到我读，我刚读一句话，徐老师就说：“你是海安的？”当时我就纳闷，您怎么知道我就是海安的呢？后来，我才明白，仅一句话，我就充分暴露了海安方言的几乎所有特点。这样，我就顺利进入了一个组织——普通话帮扶小组。底子不足，老师既不为难你，也不放弃你，这就让你不得不成长。

如师三年，我后两年都是“三好学生”。一年级没当上，因为体育没有达到要求。我第一次明白，体育也很重要。值得交代的是，我们班主任汪震球老师就是我们的体育老师。即使这样，没有达到标准，也只能下一年再努力。这时我才明白，如师是一所没有主科与副科之分的学校，每一门课的学习都来不得半点马虎。

因为汪老师是班主任，所以我们的班风就借用了奥林匹克格言——“更高、更快、更强”。2021 年的北京冬奥又加了一个“更团结”，这在我们 93 级 7 班，早就用行动作了诠释。我们班一直是一个团结的、温暖的大集体，同学之间如兄弟姐妹一般。这当中凝聚了汪老师很多的心血，还有钱卫东、丁正梅、涂祥俊三位班长的长期付出。一直如此，直至今天。

三

三年的学习，我们不仅收获了知识，更从老师们身上得到一种言传身教。收获了一种潜移默化的影响，这里的知识是有画面、带情感、会迁移的。

心理学上有一个概念叫“感觉”，每次提到这个概念，我就会想起方健华老师的那只苹果。因为，学这个概念的时候方老师是带了个苹果给我们去“感觉”的。我还作为学生代表，啃了一口那个终生难忘的苹果。这个苹果于我而言，就和砸在牛顿头上的那只苹果一样重要。

物理学上，关于“光的折射”，有这样一个规律——“光从一种媒质进入另一种媒质，将会发生折射”。在别人看来这就是一条普通的物理学规律而已，但留在我记忆深处的这条规律是带有吴钧达老师的无锡腔调的。

我们的生物课是蔡筱祥老师教的，他从来不需要带教材进课堂。走进教室，第一句话常常是——“你们七班讲到第几页了”，然后就侃侃开讲……

我这才知道所谓熟悉教材，竟然可以熟悉到这种程度。

何平老师教我们文选课，他带我们召开班级读书会，一起品读余华的《十八岁出门远行》。这是我第一次听说“余华”这个名字，我也因此爱上了余华，爱上他的文字。虽然，我现在教数学，但是这丝毫不影响我对文学的热爱。

……

四

这段时间，我读到不少关于中师教育回忆的文章。大都是讲，当年读中师的这帮孩子都很优秀，他们走进中师学习，是教育之大幸，却影响了个人的前途。我倒觉得，未必如此。也许，很多人还真的不太了解当年的中师教育，至少可能不了解当年的如师。

我觉得自己在十五六岁的时候，在人格发展的关键时期，能够接受中师教育倒是人生的幸运。怀特海关于教育的目的有这样一段论述：

> 我们的目标是，要塑造既有广泛的文化修养又在某个特殊方面有专业知识的人才，他们的专业知识可以给他们进步、腾飞的基础，而他们所具有的广泛的文化，使他们有哲学般深邃，又有艺术般高雅。

我觉得当年如师的教育大致就是这样的，既给你精准的小学教育专业知识，更有广泛的文化基础。当年文选课上的四大名著阅读，说唱练习课的口头作文，音乐课的个人弹唱，人手一样的乐器选修，粉笔字、钢笔字、毛笔字的练习，都是指向全人发展的。

至今，我都记得如师的校训“贵全”，贵在全面发展、全人发展。学校东西长巷门楣上悬挂的两块额匾“做人育人”“读书教书”，先做人再育人，先读书再教书。我觉得，我们很幸运，在最好的年华遇到了最美好的教育。

读大专的时候我是学习理科的，所以刚工作时我理所当然教了数学。后来，因为学校工作需要我又教了两年语文，竟然教得挺好，大家都很好奇。其实，根本不必好奇，因为我在中师学习的时候是不分科的。再后来，因为工作需要我还教过科学、体育、美术、劳技、思品……都能较高质量地完成任务，因为我中师的底子还在啊！

我们还有一些同学后来当了公务员、做了新闻工作者，也都在自己的领域干得风生水起。中师教育是为人生打底的教育，首先培养的是一个心智健全的人，而不仅是教你当教师。

五

2020年，我入选首批“苏教名家”培养对象，我们组的导师组长就是陆志平校长，大家都称他陆处长、陆会长，但是我始终改不了口，还是称陆校长。

2021年12月9日，我举办了自己的教学风格专题研讨活动。当时陆校长在外地出差，他一大早乘高铁赶回南京，下了车就拎着箱子转乘地铁赶到学校，参加我们的活动，并作现场点评。那天早上陆校长拎着箱子走进会场的身影，至今都深深印刻在我的脑海里。

我们组还有一位伙伴，就是邳州特教的郭庆老师，我俩以前并不认识。进入培养工程后，她知道我也是如师的，早她一级，所以她就不再称呼我的名字，总是称我师哥。我也觉得很亲切、很自然，因为我们都是如师人。

2022年2月27日，我在《现代快报》“读品周刊”读到何平老师的专访《文学需要有效地参与公共生活》。文中提到何老师的新书《批评的返场》，我赶紧购得一本放在案头，与何老师的《散文说》《重建散文的尊严》形成一个系列。只要是如师老师写的书、只要是与如师有关的书，我都会毫不犹豫地下单。读这些书的时候，我仿佛又置身校园，仿佛又重回课堂在聆听老师们的教诲。

前不久，写一篇短文找不到合适的文字作标题，我突然想起何老师的一篇文学评论《框子再少一点，自由更多一点》。于是，这篇稿子的标题便借了何老师的智慧。虽然何老师谈的是文学，我说的是数学教育，但是大的道理都是相通的。

大概是十年前，《江苏教育》管理版暑期合刊策划一期“教师的人生情怀”的专辑，编辑老师邀我参与，我就写了一篇《父亲的背影》。编辑部给了我一个意外的惊喜，邀请的点评专家竟然是汪政校长。汪校长点评文字的最后一句是这样写的：

“父母的教诲或影响并不因童年的结束而终止，这样的关系可以说是终身的，只不过方式不同罢了。”

类似的，我想说，如师给予我们的教诲或影响，并不会因为青春的结束而终止，这样的关系也是终身的，只不过方式不同罢了。

于我而言，如师从未走远。

作者简介：储冬生，原江苏省如皋师范学校 1993 级普师 7 班毕业生，现担任南京市游府西街小学副校长、分校执行校长。江苏省特级教师，教育硕士，首批“苏教名家”培养对象，江苏省“333 高层次人才”培养对象，江苏省教育家型教师创新培育计划成员，全国优课评比一等奖获得者，江苏省、南京市、秦淮区三级名师工作室主持人，南京晓庄学院客座教授。

遇见如师是我的缘

赵建华

时光如流，刻着光阴的记忆。转眼间离开如皋师范已经30多个年头。徜徉那段如歌岁月，一个个闪亮的日子在我眼前浮现，一幅幅温暖的画面在我脑中定格，一张张亲切的脸庞在我心中涌现。我由衷感慨，母校是永远的精神家园，不断滋养我、激励我、帮助我，让我在人生最好的时代且以诗意共远方。

师生情，犹如一首澎湃的诗

回忆是对母校最好的纪念。1982年9月，一个农村娃踏入如师这个神圣的殿堂，一切是那么新鲜，如师校园给我厚重的感觉。当年的如师教师队伍里汇聚了一大批"道德优美、学术纯粹"的优秀教师，录取的学生也都是在当地重点高中招生前先行录取的高分学生。我对如师有着莫名的思念，就是因为我在这里遇到了太多令我崇拜的老师。他们的师爱和学识犹如一首澎湃的诗，引我成长，催我奋进。

在我的记忆中，身材胖胖的程育生是一位治学严谨、慈祥温暖的老师，他手摸自己的"佛肚"，微微抬头，眼睛总是望着教室的后排，这是他定格在我脑海中的形象。他任教我们班的阅读与写作课程。对于这门课程，他无比热爱且教学方法独特。虽然我们是中师生，但他仍然把我们当作"小学生"来看待。之所以这么说，是因为他批改作文时，批得很细，改得很多。拿到作文本，我们常常被他用心批改作文的精神所感动。他非常注重好文章的搜集和整理，他总爱让我们作文写得好的到台上去给全班同学分享，我清晰地记得，我曾经得意地给大家朗读的是自己的议论文《好好先生》。有时，他会拿出一沓方格稿纸，叫我们把自己的好文章抄录下来，给他“收藏”。在他的影响下，班上很多同学渐渐喜欢上写作。如今，我尝试将写作融入学校管理实践中，开启“建华伴读 100 秒”。从 2021 年 3 月 11 日开始，每天早晨 8:08，我准时在全体教师群里发布千字左右的“建华伴读 100 秒”一段文字，或点评活动，或赞美师生，或感悟人生，或交流体会等。“建华伴读 100 秒”播撒道德的种子，传递着关怀的正能量，鼓舞着每一个人前行的信心。截至 2022 年 2 月底，累计发布 13 万多字。发表的论文，以及那些“流畅得犹如荷马的诗”的文字，都与程老师的写作启蒙分不开。

母校如皋师范姚烺强先生是一位教学改革探索者，他首创的阅读教学“一点突破法”在小语教育界颇有影响。当我第一次听到姚老师的名字和事迹时甚是惊讶和膜拜。原来语文老师可以有自己独特的教学方法，语文教学还可以如此大有作为。姚老师的“一点突破法”犹如一个火把，点燃我教学改革的梦想。记得在师范那会儿，我不知天高地厚，给上海《小学语文教师》寄去我的处女作《我眼中的一点突破法》，不久，收到编辑的回信：视角独特，但缺乏教学例子支撑，暂不录用，继续努力。一次失败，点燃了我的“教学改革梦”。工作以来，从参加著名儿童教育家李吉林老师的“情境教育实验班”到自身提炼出以“让学习真正发生”为特征的“六学”童真课堂教学样态，我始终走在实验、改革、验证、完善的教学改革道路上，直至出版专著《童真语文，让学习真正发生》、获得江苏省教学成果奖。

如师三年，像程老师、姚老师这样的良师还有很多。比如，哲学老师陆玉贤教给我们辩证地看待问题，对我通盘考虑学校管理工作帮助很大；又比如，仲伟功老师研究的古诗赏析，对我的语文教学启示很多。他们都曾到我当年所在的石港小学指导工作，那种亦师亦友的感情令人难忘。诸多良师对我们倾囊相授，倾心尽力地培育着我们。他们是业师，亦是人师。我们把一生中最浪漫的时光留在了如师，如师也把她最美好的教育给了我们。遇见这样的母校，对我们来说无疑是幸运的，是受益终生的。

同学情，恰似一支优美的舞

如师岁月让我深深懂得，团队是个人成长的摇篮。普 1982 级 2 班，是我如师生活的大家庭。在这里，我感动于集体的温暖，感受到同行的快乐，感悟到团队的力量。

还清晰地记得，毕业前的一学期，听说中师生可以有机会通过考试进入华东师范大学、南京师范学院（现南京师范大学）等高等师范院校深造。学校领导高度重视，精心组织每个班学习成绩比较好的十来个学生，集体参加复习考试。记得为了备考地理这门学科，学校还为我们发了一个地球仪。那是一段刻骨铭心的记忆，大家的学习热情高涨，学习氛围很浓，不亚于当今备战高考的场景。后来，由于种种原因取消了这次考试。虽然有遗憾，但大家那种不服输、拼命学的精神仍在我脑海里挥之不去。这种精神也激励着我在工作中奋勇争先、团结协作。自从 28 岁起担任百年老校南通县石港小学（现通州区石港小学）校长起，我就把这种精神带到工作中。记不清有多少个夜晚，我在办公室里与顾跃进、帅宁华等同事热烈地讨论工作。后来，他俩都被评为江苏省特级教师。我想，这也算是一种精神传承吧。

同学情是一种弥足珍贵的记忆，尤其是相互帮助之情永生难忘。有一次，我穿着一双运动鞋在路上走，不小心踩到了钉子上，戳穿了鞋底，也戳伤了我的脚。鞋子坏了，可以买；脚受伤了，不好走路。正当我一筹莫展时，同宿舍的室友们主动提出搀扶着我走路、背我上下楼梯。从宿舍到教室，从操场到食堂，同学扶着我走路成为校园里一道独特的风景。走在路上，我的内心感到无比温暖。这种关爱，一直温暖着我的一生。担任班主任，我把关爱洒向每一位学生。不论我到哪个城市出差，我的学生听说我来了，都会主动跟我联系。担任校长，我把关怀送到每一位教职工心坎上，努力让大家过一种自然而温暖的教育生活。

记忆中还有一段场景难以忘怀。从通州的老家到如师校园，50 多公里的路程。有一次，我和同学徐瑞斌骑着比现在开的奔驰更令人自豪的自行车从家到学校，整整骑了大半天，把屁股颠得好疼，当我们到达如师校门的那一刻，怎一个“爽”字了得。这样的感受，至今还记忆犹新。这次长途骑车经历不仅鼓足了我挑战困难的勇气，也磨炼了我的坚强意志。2010 年 8 月，我应开发区管委会领导邀请来到开发区实验小学担任校长职务。一路走来，从最初的两个校区到如今的五个校区，1 万多名师生，办学规模越来越大，办学中遇到的困难越来越多，但我从没有畏惧过，更没有逃避过，而是充分发挥每一位领导干部的智慧和力量，有事大家担，有难大家帮。在我们实小集团，领导干部都是特别辛苦的，但也是非常和谐的。对于一所拥有超大规模的学校来说，这是难能可贵的。2021 年 9 月，我校被授予“江苏省教育系统先进集体”荣誉称号，成为全市获此殊荣的两所小学之一，这就是最好的见证。

从通州石港小学到开发区实验小学，我始终坚信：一个向上向真的团队，一定可以给每一位师生带来家的温暖。

校友情，宛如一首奋进的歌

母校，于我而言，不仅仅是留在回忆录里缅怀的，还是我们共同的精神图腾。无论你在哪里，只要说是如师的，一股浓浓的校友情瞬间把大家凝聚成“天下一家人”。

陆志平校长是我们如师人熟悉的“大先生”。离开如师后，他到省教育厅先后担任省教研室主任、省教育厅基础教育处处长等重要职务。他是特级教师，教育部基础教育课程教材专家工作组委员会委员，教育部语文课程标准研制组核心成员。遗憾的是，我不是他的嫡亲学生。我担任开发区实验小学校长后，想邀请他来校做语文课程建设方面的专题讲座。听说我是如师毕业生，他欣然答应，如约而至。后来，我准备出版个人著作《童真语文，让学习真正发生》，想请他写序。没想到，他读完我的书稿后，很快给我寄来了《童真语文：善待儿童的天性》的序言。读着他的文字，我好像在听一位儒雅而渊博的长者娓娓道来，如沐春风。

在如师校友群中，有这样一位校友不能不说。他是全国著名特级教师、化错教育的倡导者和实践者——华应龙。华应龙比我大一届，但我对他的印象特别深刻。在我的记忆里，他永远是那个穿着背心，夹着篮球，在篮球场上拼命奔跑的运动员。认识华应龙，我感到他最大特点是重情重义。从 2015 年 4 月起，我多次邀请华应龙来校为老师们上公开课、作讲座等。《我不是笨小孩》《阅兵中的数学故事》等课堂成为老师们津津乐道的话题。他带给我校老师们尤其是数学教师的专业引领，无疑是非常巨大的。近年来，数学教师队伍中涌现了一批优秀的、有影响力的教师，都与华应龙的引领有着分不开的联系。2018 年上半年，我带着全校老师来到如师参观校园。当我站在挂有如师杰出校友的特级教师荣誉墙前，可谓思绪万千。华应龙老师的成长是多么令人向往。

“聚是一团火，散是满天星”。作为如师毕业生，我和所有的校友都倍感自豪，因为如师校友，遍布南通，俨然成为南通现代化教育高地上不可或缺的中流砥柱。

诗人艾青说：“为什么我的眼里总是含满泪水，因为我对这片土地爱得深沉。”回顾三十多年的成长历程，是如师老师的互帮互学，是如师同学的互动互促，是如师校友的互衬互成，让我这个地道的农村娃自信满满走上教育之路。可以说，那段激情燃烧的如师岁月，成为我生命中最美好的遇见。

感谢母校精心培育、滋养精神！

祝福母校永攀高峰、再创辉煌！

作者简介：赵建华，原江苏省如皋师范学校19852届毕业生，现担任南通经济技术开发区实验小学教育集团党委书记、总校长，江苏省小学语文特级教师，正高级教师，曾获评“中国好校长”。

始于如师

严建峰

如师120周年的脚步越来越近，“老家如师”公众号推送的文章越来越多，或深邃或温情、或绵长或浓烈！但凡曾经在一进五堂停留过的人，都能从那些文字里读到过往。而没有在那里停留驻足的人，估摸着也能感受到120年的老学堂厚重的历史感，更能感受这个地方的“人杰”，进而内心充满崇敬——那么多大家曾经在这里工作过，他们以“生命体验”的方式在这里奋斗、成就；那么多曾经在这里学习过的学生带着母校的文化基因在各自岗位上取得了骄人的成绩，人民教育家培养对象、特级教师、文化名人……这是这座学堂令人骄傲的社会价值与历史意义！

在如师发展史的叙事主体里，这些著书立说、笔耕不辍、功成名就的师长、校友们自然是主要的群体，他们不仅可以用生动的文字记录，更加可以用个体生命发展的样态诠释如师发展的重要价值与意义。

我是1991年进入如师的，1994年毕业。人已中年，尚无可以说得出口的成绩。尽管如此，我也觉得自己应该是如师发展史的叙事主体一个组成部分，应该主动参与到其中来。因为，我虽普通，但如师三年对于我来讲意义依旧重大，现在想来，我的职业理解始于此、美学启蒙始于此、视野拓展始于此……这样的理解，肯定不只有我，大多数从那里走过的学生都会如此，这是一种场域对于生命个体、生命对于生命的影响，有意识的无意识的影响，无论结果如何，都是值得回忆、值得记录的。

始于如师的职业理解

那个年代，入读中师的学生大多数来自农村，我就是其中之一。在我的童年记忆里，都是下河捞冰、沿路手削油菜花头的场景，与学习相关的记忆是颇少的，父母亲也是不问的。因为初二稀里糊涂地留了一级，中考的成绩才过了中专中师分数线。填报志愿的时候，学校里高度重视，根据每个学生的成绩给了志愿建议，我属于可以读“中师”的。“考上了，以后读书不要钱”，这是家里人最关心的。至于“中师”是什么，家里人不懂，我也不懂，也不去问！

1991 年的 8 月，父母亲送我到的学校。如皋不远，但也是我第一次到这么远的地方。尽管除了上学不花钱之外，依旧不清楚到了这里的其他意义，也没有想去了解的意识，懵懵懂懂。之后，在开学典礼、班会上才慢慢弄懂了，入了中师的门，将来是要去当老师的，仅此而已！

从一年级开始，课表里面有了一些之前没有接触过的课程，是与教师职业能力直接关联的专业课程。

“三字”指的是粉笔字、钢笔字和毛笔字。那个年代，没有投影、一体机，老师上课需要有大量的板书，写好粉笔字是必须的。练字的时间一成不变，每天下午半小时。从教室的窗户外面，你可以看到这样的景象：练习粉笔字的有把一人一块的小黑板放在桌面上的，有把小黑板放在地上的，还有索性席地而坐，把磨石子的地面当作小黑板，无论什么样的姿态，都是极为认真的；练习毛笔字的自然是正襟危坐、凝心聚神的。三年的训练，大多数同学都能以各自的坚持完成自我的蜕变，最不济的，也能够满足教学板书的需要。当然，也有好多同学之后在书法方面有很深造诣，常常在朋友圈中欣赏“古剑”的作品，他就是极具代表性的。无论造诣如何，也都是从职业技能的需求开始的！

南腔北调实在是如师的一道风景。看看“老家如师”的文章，好几位都提到了过耳不忘的“腔调”。南通方言、江淮官话对于普通话发音的影响是深远的，“n”“l”、前后鼻音部分不分，平翘舌不分，一四声不分，加上十来年生活在方言语境中，羞于普通话表达，这对将来要走上讲台的人来说是痛苦的。校园内不讲普通话，所在班级是要被扣分的；课表里每一学期都有“语音”课程；每晚 7:00，领取电视机收看新闻联播；演讲比赛……总之，几管齐下，三年的不懈努力，绝大多数同学都可以迈过普通话这道坎。

对于“教师职业技能”的理解当然不止停留在“三字一话”上。如师的三年，我们有机会学了小提琴，虽然大多数同学三年下来也只能拉出简单的音阶，但是因为这门乐器，大家知道了《花儿与少年》《梁祝》……还要能够弹唱，经过一番"勤学苦练"，总是要勉强把《小鸭子》弹下来的；我们学习了素描、写生、国画；我们的课程里也有最初的电脑课程；小学教材教法、说课自是重要的内容。因为这样的训练，我们中的好多同学可以胜任小学阶段的每一门学科的教学，这就是如师在职业技能上赋予我们的。

要学会做一名"教师"，不要当一个"教书匠"，这应该是在师范三年级常听到的一句话，大意是要我们这些即将走上教师岗位的人踏踏实实做人，认认真真教书。现在，91 级的学生绝大多数奋战在教育第一线，他们中有的成长为教育专家，有的走上了教育教学管理的工作岗位，有的成了名师，也有的成了孩子们心目中的好老师……同班的一位"庄"姓同学，近来常常晒着深夜批阅学生作文的喜悦，清晨阅读教学专著的心得，快三十年的一线教学热情未减，这就是"教师"的职业形象吧！大家不甘于当一个"教书匠"，而是努力做一名"教师"！为此，大家依旧在奋斗、在进取，笃行不怠！追根究源，都是如师"贵全""真实""沉笃醇和"的烙印！

始于如师的美学启蒙

"美学"仿佛是一个宏大的概念，实质上也是具象的。一年前，想给母亲做一身衣服，墨绿色的，质地蛮好，母亲说，这个不好看，她要红色的。这就是她的"美学"。在进入如师之前，类似红色墨绿色的哪个好看，我是没有兴趣的，当然也没有那样的概念！

读师范是要面试的，唱歌是其中一项。面试之前的一段时间，学校每年都安排人给达到师范线的考生辅导唱歌。老先生大概五十多岁，能够用的"风琴"估计也一二十岁了。老先生骄傲地说，每年都辅导，都教同一首歌——《小草》。我们那群人是不认识谱子的，只能看懂 12345……，只能跟着老先生一遍一遍地唱。

1991 年，如师有三个音乐老师，很受同学们的膜拜。李云老师的二胡出神入化，吴坚老师的美声很有感染力，还有一位是拉手风琴的。吴坚教我们，他似乎对这个班的孩子颇有偏爱。于是，这一个班好多人喜欢在厕所、在浴室、在楼梯上吼上几嗓子。大家对还课的紧张似乎并不妨碍对声乐本身的向往。从 12345 到"哆来咪发唆"，从《小草》到《长征组歌》，尽管依旧走音走调，但过程的熏染已然让我晓得了声音之美、旋律之美！

我的普通话发音还是有基础的，在同年级男同学中间算是好的，能够证明这一点的，就是毕业那年我参加了毕业文艺晚会男主持人的集训，总共两个。青涩的年纪，也总是伴随着蒙昧的。倚仗着觉得还行的发音条件，二年级的时候屁颠屁颠地参加过如皋市组织的朗诵比赛，我是铩羽而归的。最不能忘记的一个桥段在听完一个女声诵读后，内心不屑，这个肯定不行！结果出来后，被我不屑的选手恰恰拿了第一名！大概三年级的时候，学校有个读书节的活动，其中一个环节是安排几个同学现场诵读一些名家作品。老师说让我也准备一下。我选了《纪念刘和珍君》里的一个章节，用《命运》作为背景音乐，惊得老师瞪大了眼。现在回想起来，这种混搭足实让人匪夷！不得不说，恰恰是在这一次次的尴尬中，对于文本诵读理解是有长进的，最起码慢慢建立了相对准确的诵读审美，少了许多贻笑大方的情节！

如师给予像我一样的“小白”的美学启蒙还有好多，涉及文学、艺术、人文、历史等，尽管离开校园之后，大多数人在这些方面没有什么建树，但是，这些对于一个人成长的影响一定是深远的。前两年，我的女儿以不错的文化成绩读了播音主持专业，她自己选择的方向。回顾从小到大的家庭教育，我们并没有任何引导性的动作，那又是为什么？不晓得要不要推究到我在如师的学习生活上来，从那个时候，我接受了这样的启蒙！

始于如师的自我表达

从小到大，家里一本“闲书”都没有，所有关于语文的学习都是在课堂上完成的。进入初中，第一个语文老师成天满黑板抄写语文题，天天“补充结构”“偏正结构”，弄得人心烦意乱，哪里还有兴趣学。第二个更绝，踩着上课铃进教室，然后照着参考书一直读，读到下课。我们就像听老和尚念经一样，迷迷瞪瞪地一节课一节课地熬着。用“积贫积弱”来形容中师之前的语文学习蛮形象、蛮准确的！至于作文，压根儿不晓得该怎么弄，反正东拼西凑，胡乱一气应付差事罢了。

对于作文的抵抗由来已久，但是，师范二年级的时候却有了些许松动。文选老师才华横溢，课堂上没有本本，口若悬河，听起来都是故事，故事里的人和事都是文学史册上的那些人和事。板书也潇洒飘逸，会引得下面的学生下意识地摹仿。语文的学习断然不止于此，那两年里，我们接触了一批优秀的杂文，读了《我与地坛》《孩子王》一类的文章，互相背诵《唐诗一百首》成立了课间娱乐的内容，水绘园、瘦西湖的实地探访也是语文学习的一个内容。语文课瞬间可爱了起来，这对谁都是美妙的。这样的语文学习对于如我一样从小到大没有阅读基础的学生而言是极有价值的，多少为我们揭开了遮在眼前蒙昧的那张纸！后来想，这样的语文课堂，或许普高是不会有的，追求考分的教与学与师范语文课堂发展学生人文素养的目标是有着巨大差异的。于是，对于作文的抵抗开始松动。老师极为重视学生的习作，75分是个槛，没有到75分重新来过！文题大都是极为开放的。记忆中，偶有一两次能够一次性过75的时候，心里面会有掩藏不住的窃喜。

如师三年，我写过一份检查——3000字的检查。一个不放假的周末，我张罗着几个哥们儿在看完电影之后，踩着几辆框里哐啷的自行车，从如师宿舍楼耗时三四个小时到了我家，第二天再回到学校。返校的第一件事就是老师"召见"，我是"主谋"，被要求写3000字的检查。其他场景印象已经不太深刻了，唯独老师的一句话至今不忘："这个有真情实感，写得比平时作文好多了！"现在想想，感佩老师的高明，充分把握契机，创造了促进学生真实表达的契机！再后来，在老师的指引下，有些同学开始进行自觉写作了。那个时候，我也有过完成作业以外的文字表达，写童年，写童年的河滩，写童年河滩上空铺满夕阳的天空，仿佛是自我倾诉，内心的畅快是从来没有过的！就这样，我也逐渐体悟到了表达似乎并没有那么艰涩，无非就是打通自我表达的瓶颈，勇敢地、真实地把我们经历过、纠结过、思考过的林林总总流露出来而已！我以为，这就是我在如师接收到的表达启蒙！走上工作岗位之后，自己也并没有写过什么可以登堂入室的文字，哪怕是小小的"豆腐块"，但这并不影响我对如师给予我的表达启蒙的感激，毕竟，之后在工作和生活中的表达不再是一件痛苦不堪的事情，有时候反而会成为自己享受工作、享受生活的一种路径！

始于如师的职业理解、美学启蒙、自我表达对于一群青涩懵懂的少年都是美好的，重要的！这是如我一样经历过如师三年后，以另外一种身份回到家乡的同学们的底气！参加工作后，我没有停留在一个地方，先后去了无锡、东莞和广州几个城市，从公办学校到民办学校，从校内教育到校外教育，之所以有这样闯荡的勇气，大概也是始于如师的个人成长经历！

而始于如师的种种遇见，大都带着深厚的沉淀、精心的设计！如师文化的厚重宛如进门迎客松的老干虬枝，经过风雨却又生动有力；如师精彩的课程设计是一批批师者为创新师范教育路径潜心研究、默默付出的成果！

去年，是 91 级入学三十年，每每这样的时刻，除了感慨时光飞逝，更多的是在内心深处感恩如师，感恩如师遇见那些人！师范一年级的时候，因为贫血，班主任张睿老师带我到广播室隔壁他的临时宿舍的床上躺过。感谢晓华老师，她是我们师范二年级的班主任、语音老师，她推荐我参加毕业晚会主持人集训的机会至今难忘。感谢汪政老师，他是师范二年级的文选老师兼“常务班主任”，给了我 3000 字检查肯定的就是他。毕业的时候，他在我的留言册上写下“高高大大大男生，多才多艺小男孩”这样两行飘逸的字，让我很受用！毕业之后，冒昧联络，老师还欣然为一本小学生习作诗集和一个侄女即将出版的作品写了序言！感谢唐冬梅老师，那一年集训，两个男生主要在舞蹈室和一群舞蹈队的女同学一起练基本功，大腿肚子疼到不能忘记，但是对于形体的理解终身受益！感谢许象麟老师，因为做了一次书法课代表，有机会为他洗了一学期的笔，怎么清洗毛笔就是他老人家手把手教的，字至今都没有写好，但洗笔还是不错的。感恩吴新、成申英，一对低调的夫妻，至今不太清楚，是什么缘故使两位老前辈多次邀请我去了他们员工宿舍区的家！感谢石高峰老师、丁爱琴老师、孙红兵学长，和他们并没有交集，通过如师微信群加上他们的微信，让我觉得“老家如师”咱有人……感谢同桌的他，如今颇有成就，但总会想起这远在他乡的我，来过广东看过我，也在他工作的地方接待过我，每每同时回到家乡，也总能有机会喝点小酒。感谢曾经“义结金兰”的兄弟们，那大概是我人生中的第一个“小团体”！感谢隔壁班的那些兄弟和姐妹，毕业二十多年未曾谋面，去年，我们居然可以如老友般在一起小酌、一起推心置腹、一起谈人生！最要感谢的，就是坐在我前排的那个女孩，感谢她让我牵着她的手走进婚姻的殿堂，和我一起奋斗、一起共度余生！

作者简介：严建峰，原江苏省如皋师范学校 1991 届毕业生，现担任广东省妇女儿童活动中心副主任。

哦，那如诗的园子

陆云峰

无论时代如何变迁，时间如何流逝，每个人的心里都会有最柔软的地方，用来贮存“难忘的岁月”以至永恒。

——题记

每一个从如师走出来的，无不把那段岁月标注上“难忘”。尤其对于二十世纪八九十年代的如师人，都会去怀想那段艰苦、青涩而懵懂的岁月。今天，母校那些被改造抑或是被岁月尘封的场景，在城市的喧嚣中依然是那么清晰而温馨。哦，特别是如师那如诗一样的园子，已经烙在了记忆深处，成为我生命中永恒的精神家园……

永远的“闸桥东路25号”

如师，是如城的骄傲。

如城不大，如师更不大。

学校居于古城东南角——“闸桥东路25号”。古色古香的校门，面南；对面是千年古刹定慧寺，面北。中间一座石桥，将南北两岸连在了一起。多么巧妙的组合啊！河南是传统文化的存续，河北是现代文明的发祥，传统和现代就这样相依相存，且互不干扰。今天看来，这样的“儒”“释”相伴在中国可能找不出第二处了。桥下，是内护城河，静静的河水绕着千年古城，不紧不慢地流过一年四季。尤其是河两岸千丝万缕的垂柳，不知道引发了多少青春年少的诗情遐思。

石桥，铭为“师范桥”。在现代文明面前，桥名终究还是赋予了现代的直白和浅显,应了时,却似乎应不了古城的“古”——“内涵”与“悠久”。但如今想来,紧贴着古刹西隔壁的是学校的“河南生活区”——食堂和宿舍,每天来往于石桥上更多的自然是“求学之士”而非“焚香之众”,再加上石桥正对校门,自然以“师范”命名似乎更为妥帖。

清晨,在晨曦微露中,伴随着古寺内千年不散的绵延钟声,悠然踏上“师范桥”,跨过古老的校门槛,融入现代师范教育的大熔炉中。晚间,在路灯的明眸中,叽叽喳喳地跨出校门,在声声暮鼓中,又一次穿过“师范桥”。功德林里飘着香的盖浇面,食堂里诱煞人的粉蒸肉,让多少青春年少放缓了前行的脚步啊!

这是怎样的一种体验啊!晨钟暮鼓、梵音袅袅,电铃声声、书声琅琅,穿行在传统与现代之间,怎能不说是“沉笃醇厚”的别样滋养呢?

“闸桥东路25号”,这个已经被写入如城历史的地址,不仅仅留在了发黄的信封上,更是深深地镌刻在我们这一代如师人的记忆中,走进来,走出去,成就了一批又一批的青年才俊。

消逝的小木楼

记忆中的母校,其建筑群远比留存至现在的更为完整,也更为精致。

三个院落,以中院为对称轴,东、西院依中而傍。

记得不错的话,东、中、西三院皆为书院构制,庭院回廊,前后浑然一体,左右以长巷隔开,有日本学院的图样,更是融合了中国传统书院的风格,真是个读书的好地方。

小木楼是西院的标志性建筑,两层,是三个院落中唯一的“高层建筑”。或许是因为年久失修的缘故,也或许是那个年代对文化的漠视,只是被学校用来作为库房,一说为保管室。

虽说是两层,能够堆放杂物的也只是底层而已。教室里的门窗、桌凳坏了,我们都喜欢往那儿跑,去叫维修的师傅。只是,不足百亩的校园空地甚少,加上白蚁的顽固作祟,小木楼在我们进校的那年便岌岌可危了。

我进校不久,小木楼便拆掉了。

随着小木楼被拆掉的,还有西边的连排庭院。现在看来,那或许是中国现代城市化进程的提前暗示:历史的进程无人可挡,陈旧的总是要归于尘土——文化终究是文化，以无奈的方式消失或许会换来更多的记忆和回味。

拆就拆了吧。庆幸的是，随着拆掉的同时，是改造老操场的开始。这，已经成为我们一代如师生心灵家园里更为难得的记忆。

西院到音乐楼中间，是操场。虽然在城市，虽然是"高等学府"，但那个操场和当时绝大多数的中小学操场一样，"晴天一身灰，雨天一身泥"。

教育，从来不缺少契机。改造老操场的那段日子，成了我们这群农村学生大显身手的时候。

于是，会时常看到这样的景象：不大的校园里，被称为"学之骄子"的师范生，搬砖屑、平场地，撸袖卷裤，挥汗如雨……

我们那代中师生，在练好三字一话的时间里，最值得怀念的就是"劳动周"了。学校里没有专门的"保洁员"，更谈不上有"保洁公司"的外派，厕所、楼梯等公共场所，闪动的是学生的身影，留下的是"净、静、齐"！

如今，曾经留下我们汗水的操场还在，只是，那栋小木楼，还有那随之消失的西院，但愿还留在每一个如师人的记忆里！

不长的"长巷"

顾城的《小巷》，是如师"长巷"的灵魂——小巷/又弯又长/没有门/没有窗/我拿把旧钥匙/敲着厚厚的墙。

因为《小巷》，就有了如师的"长巷"。

如师的"长巷"，不长，从北到南不足百步；不弯，站在一头，一下子可以看到那头；但不小，装着所有如师人"如诗"般的情怀。今天再回母校，即使西长巷不复，东长巷已改，但每一位如师人都会在那已经不再浪漫的"长巷"里走一走，看一看。

溜达亦可，最好驻足。

溜达，可以感受时光的流逝，在移步中感受变迁，品咂人生；驻足，可以屏息凝神，寻找远逝的记忆，不喜，不忧，不唏嘘。于是，就这样想着，十五六岁的青春，就是单纯，就是幻想，就是贵全堂那面永远洁净的镜子的样子，纯净的就是雨后天穹。

是啊，这就是让多少如师人魂牵梦绕的巷子。多少回，就走在这"长巷"里，以"纯稚"而又"浪漫"的心绪，慢慢地走，浅浅地品，试图顺着诗人的文字,寻找一个属于自己的梦……

其实,哪来那么多的梦,充其量就仅仅是为了嗅嗅文学的味道而已。学校大门口的四棵"塔松",一进校门的四棵"罗汉松",还有那满是爬山虎的墙围,当然,还有古城东隅水绘园里的绝唱,哪个不是文学创作的素材?

只是,留在如师人记忆里的,永远是"不长"的"长巷",和那"长巷"里不绝的思念;更是在这"不长"的"长巷"里,有着我们的老师和我们一起走过的身影,与那段永不磨灭的岁月。或许,更是因为《小巷》,便有了每一个如师人对"长巷"的无限遐想,无论是昨天还是今天抑或还是明天。

如师如歌更如诗。如师的园子,就是如诗的园子,师范桥、小木楼、东长巷,还有贵全堂、东四院,乃至围墙外的老虎灶、冒家巷……一幅幅,一幕幕,属于如师,属于我们那一代如师学子。

哦,那如诗的园子,是我永远的精神家园!

作者简介:陆云峰,原江苏省如皋师范学校1991届毕业生,现就职于南通市通州区教师发展中心,是江苏省教育科研先进个人、南通市"226高层次人才培养工程"第二层次培养对象、南通市学科带头人,研究成果多次获国家及省市级奖。

如师的那年那人那事

孔祥年

近日，收到如皋师范校庆办公室的信息，让我为母校建校 120 周年写一篇回忆文章。翻开一张张毕业照，我才意识到离开如皋师范已经 22 年，身虽远行，心犹在，古色古香的校园，层层叠叠爬山虎的围墙，埋着许愿瓶的花坛，真实贵全的如师精神，古老而充满活力的学堂，一幕幕仿佛就在眼前，忍不住要复盘一下那些年那些人那些事。

那些年

如师的三年是激情燃烧的岁月。“三字一话”是师范生的基本功训练，要求特别严苛。粉笔字课堂上老师潇洒板书让人羡慕不已，但犀利的点评又让人吓出冷汗，庆幸没点评到我，忧心的是下一节课风险系数陡然增加。记得每天晚自习前 30 分钟，大家拎着小黑板整齐地排列在走廊上练习粉笔字，认真练习着一撇一捺，完成一首首古诗板书，相邻两个人窃窃私语，互相切磋，五层高的教学楼灯火通明，每一层约 100 多米长的走廊密密麻麻排满了练字人，那场面相当壮观。刚入学时，我特别头疼学习普通话，进如师前耳濡目染是地道方言，标准的方言经常让我羞愧得面红耳赤，幸运的是，普通话宋老师课堂上耐心的发音基础原理讲解，字正腔圆的发音示范，让我渐拾兴趣，再加上班级小老师们的不吝赐教，总是热心地帮助我纠正平翘舌、前后鼻音等诸多问题。师父领进门，修行靠个人，我坚持查阅字典，勤练习，在操场上、澡堂间、宿舍里、教室里反复操练，经过一年多的努力总算开窍。师范生缺不了音乐舞蹈的学习，校园随处可见手拿练功鞋服气质超凡的舞蹈队师哥师姐，高难度的高抬退、劈叉信手拈来，随处可听到“啊啊啊”的发声练习，琴房旁小提琴、二胡……“吱呀吱呀”的锯木头声、杀鸡声，那是如师校园独特的风景线。我曾学习脚风琴，而后学习钢琴，清楚记得毕业前如师附小实习，我“临危受命”讲授一节音乐课，脚踩风琴教学生演唱《让我们荡起双桨》，真担心会误人子弟。课外，我最享受抢占教室里的公共录音机分享流行音乐，张信哲、张学友、赵咏华……至今依然能哼唱一些以调剂生活的味道。如师完善的办学模式、科学的教学方法和完整的德育体系让我接收了系统的师范教育，更教会了我追求知识的执着、激发潜能的勇气和对待生活的乐观。

那些人

如师人充满了温情。班主任环辉，是一位带着金丝镜框个子小小的漂亮年轻女老师，她总是“5+2”“白+黑”紧盯着我们上课、晚自修、基本功练习、课外活动等，我们经常控诉着她的严苛甚至不讲情面的“盯梢”。后来，她时常与我们打成一片，陪我们一起参加运动会、篮球比赛、一起骑行参观七战七捷纪念馆，周末组织包饺子，甚至给我戴上“紧箍咒”让我担任班级团支书，我才看到她可爱可亲的一面，渐渐感受和理解她亦师亦友般的关怀。而另一位老师胡海舟，则用生命诠释着师魂的内涵，无私的奉献、敬业的灵魂，在2000年快毕业那学期，为了不耽误我们毕业前的江苏省师范生学业质量检测，饱受病魔长期折磨，瘦得只剩下不足45公斤的他，每天上午坚持拖着疲惫的身躯来到教室，凭着毅力坐着给我们复习语文，下午，躺在医院病床上打点滴。虚弱不堪的他还不放心，电话指导我们复习。老师的精神感动了我们，在19个迎接学业质量检测的日子，我们天天在胡老师上课的讲台插上一朵火红的康乃馨，以表敬意！在19枝康乃馨的见证下，我们奋发努力，取得了优异的成绩。现在，德艺双馨、身正学高的胡老师已经成为高校教学名师，作为专家，经常帮助和见证着同学们的成长。除此之外，周根龙、汪宏兰、方健华等老师也给了我谆谆教诲和人生点化。一段师生情，一生师生情，一段同学情，一世同窗谊。97三普(3)班的同学让我永生难忘，淳朴的10个男生白天听课学习，挥汗篮球场，操练教师内功，晚上召开卧谈会，讨论时事热点，感慨儿女情长；聪慧的35名女生技高一筹，在“三字一话”吹拉弹唱跳等全线让男生望尘莫及，但总能伸出援助之手不让我们掉队，一帮一辅导试唱，指导普通话，指点练字，分享作业，一起压马路，欣赏

《泰坦尼克号》等。“才子”“冰山”“老大”“昊子”等个性鲜明的雅号，让人时常回忆一起度过的青葱无忧岁月。先生们渊博的学识研究、独特的人格魅力、真诚的为人师范，同学们的互助友爱，好学精进，激励着我在成长道路上保持着坦诚、务实、求进的行为准则和生活习惯。

那些事

如师的点滴都是那么动人。如师注重劳动教育，每个班级都有值日周，那周停课打扫卫生包干区，大家都会毫不推诿主动干脏活累活，体现着担当和男子汉的气魄。除了劳动的乐趣，我享受着另一份喜悦，可以堂堂正正走进粉墙黛瓦、校领导办公的五进院落，细细体会悠长的东长巷，静心品味图书馆浓浓的书香氤氲。生活就是教育，劳动是一种优秀品质，是发现世界认知世界的生动实践，更是培养了我们“一屋不扫，何以扫天下”的格局。如师提供了广阔的成长舞台，记得那年学生会改选，我不知天高地厚地报名参加，到竞选演讲的阶梯教室时才发现高手如林，心里打着退堂鼓却又抹不开面子，硬着头皮红着脸站上讲台，不记得讲了什么怎么做的，结果侥幸加入学生会劳动部，而后我有幸听到团委方书记富有激情的讲话，目睹师兄师姐的大将风范。工作多年，当我成为高校团委书记时深刻体会到，如师在人才培养模式上有着特色鲜明的“先行先试”，对学生组织和培养管理模式在如今依然不落后、可复制。如师的三年很长，又很短，不经意间我们就依依不舍地各奔东西，有继续升学读大专的，有回家乡任教的，而我有幸作为保送生被学校推到南京师范大学继续读书。如今，有的同学成为学校的当家人或中坚力量，有的成为省市教学名师，有的成为行业翘楚，我想这一切离不开如师三年的师范教育、文化熏陶和美好馈赠。

但凡有时间回如皋，我都喜欢到挚爱的母校走走，重温如师人的骄傲，体会古朴校园的庄重，感受千年古刹的肃穆，聆听河水潺潺的宁静，怀念那年那人那事，更享受百年名校文化历史的浸润！

祝愿如皋师范 120 年生日快乐，青春永葆！

作者简介：孔祥年，原江苏省如皋师范学校 2000 届毕业生，现担任无锡市文化广电和旅游局党委委员、副局长。

后　记

斗转星移，沧海桑田。自沙元炳先生1902年创校始，如皋师范已历一百二十载。从启迪民智、御侮图强到播撒火种、求索光明，从传承文化、维新创造到汇通中西、盛世兴邦，一代代如师人筚路蓝缕，秉承“贵全”宗旨，坚守“真实”校训，扎根江海大地，胸怀国脉世道，自强不息，踔厉奋发，践行教育报国，务求卓有大成，英才辈出，广获盛誉，在中国师范教育史上留下了不可磨灭的足迹，涵养了桃李不言下自成蹊的雍容气度，造就了内功至上遐迩闻名的教育佳话。

当此建校一百二十年之际，编撰《如师如歌》，回望开拓前行的历程，追忆峥嵘岁月的剪影，感念老师教泽的深厚，珍惜同窗情谊的真挚，汇聚教书育人的感悟，展望强国之梦的愿景。这是献给百廿华诞的一瓣心香，一曲组歌，一个深情绵远的回眸，一次继往开来的壮行。书中每一篇、每一页，无论作者地位之高低、成就之大小、境遇之忧乐、年辈之少长，亦无论篇幅之短长、文字之朴妍、构思之巧拙、体裁之异同，都是源自心灵深处的涓涓之溪，都是饱含家国情怀的拳拳之言，无不婉然有致，摇曳生姿，令人怦然心动，感慨丛集。我们谨掬一捧衷忱，向作者诸君致以深深的敬意！

凡属过往，皆为序章。随着师范教育体制的调整转型，如皋师范作为独立办学的主体，已然平稳转身，与南通师范高等专科学校共同开启教师教育与时俱进的新征程。然而，如皋师范在百余年的探索实践和卓越发展中所积淀的红色基因，所铸就的文化传统，所凝练的成功经验，所陶养的精神气质，所营造的优良校风，乃至保存完好的古建筑群，都是弥足珍贵的无价财富，必将给后来者以丰沛的滋养和深远的激励。就此而言，如皋师范仍将泽被后世，弦歌不辍，续写国家富强、民族振兴的教育华章。这也是我们编撰《如师如歌》的初衷之所在。

作为南通师范高等专科学校建校一百二十周年纪念文集之一,《如师如歌》能够顺利编成,得到多方大力支持。杭斌副校长多次主持专题研讨,李崇莹、张松祥、石高峰、陆锦平、杜志章、孙红兵、黄天铨、胡海舟等同志倾情投入,献力献策,全体编务人员集思广益,晨昏沟通,字斟句酌,丝毫不敢懈怠。让我们格外欣喜的是,如皋师范的诸位同仁与校友,满腔热情地送来文稿,或忆事,或怀人,或描景,或抒怀,或寄慨,情真意切,如数家珍,读来如沐春风,如饮甘泉,欣欣然不知疲倦也。质言之,此乃增强了我们编撰好《如师如歌》的底气。

虽然如此,我们深知,由于能力不足水平有限,编撰中肯定存在诸多不足甚至错误。我们真诚欢迎各界人士批评指正!

是为跋。

《如师如歌》卷编辑组　执笔:陆锦平

2022 年 10 月

南通师范高等专科学校建校 120 周年纪念文集

主编　丁兆雄　朱嘉耀

师范的样子

第三卷

海师故事

本卷主编　王志刚
编　　者　潘　健　袁海生　王兴明
　　　　　谢松华　龚郑勇　杨　山
　　　　　吴　伟

南京大学出版社

图书在版编目(CIP)数据

师范的样子. 第三卷，海师故事 / 丁兆雄，朱嘉耀主编. -- 南京 ：南京大学出版社，2022.11
ISBN 978-7-305-25890-9

Ⅰ. ①师… Ⅱ. ①丁… ②朱… Ⅲ. ①南通师范高等专科学校—校史 Ⅳ. ①G659.285.33

中国版本图书馆 CIP 数据核字(2022)第 214625 号

出版发行 南京大学出版社
社　　址 南京市汉口路 22 号　　邮　编 210093
出 版 人 金鑫荣

书　　名 师范的样子(第三卷　海师故事)
主　　编 丁兆雄　朱嘉耀
本卷主编 王志刚
责任编辑 钱梦菊　　编辑热线 025-83592146

照　　排 南京南琳图文制作有限公司
印　　刷 徐州绪权印刷有限公司
开　　本 787×960　1/16　印张 67.25　字数 1127 千
版　　次 2022 年 11 月第 1 版　2022 年 11 月第 1 次印刷
ISBN 978-7-305-25890-9
总 定 价 276.00 元

网址：http://www.njupco.com
官方微博：http://weibo.com/njupco
官方微信号：njupress
销售咨询热线：(025) 83594756

南通师范高等专科学校建校 120 周年纪念文集

编 委 会

海门厅立师范传习所

海门师范早期领导人张冠今

海门师范二十世纪五六十年代校门

海门师范二十世纪七八十年代校门

海门师范二十世纪九十年代校门

海门师范一景

海门师范教学楼

思源井

总　序

刘　锋　朱月萍

2022年是南通师范高等专科学校建校120周年的华诞之年。穿越历史的风云和时光的隧道，这所开中国近代师范教育先河的世纪学校，已经整整走过两个甲子的辉煌历程，现推出《通师记忆》《如师如歌》《海师故事》三本校友文集以作纪念。这是我们的校友深情回忆学校的文字镌刻，也是学校120年风华岁月的历史积淀；是爱校如家的历代校友的情感表达，也是与国同行的百年师范精勤办学的成果展示。正是这份感恩的爱，让通师高专容光焕发、斗志昂扬；也正是这份赞美的情，让通师高专枝繁叶茂、大树常青。

120年弦歌不辍，通师高专做出了师范的样子。从列强环伺欲飘摇的危难时刻到只争朝夕谋发展的盛世中国，从烽火连年弦歌响的战争岁月到勠力同心谋复兴的强国征程，通师高专始终和祖国母亲的命运紧紧联系在一起，肩负“化育童蒙、智民兴邦”之重任，为社会源源不断地培养优质师资，输送优秀人才，她是我国中等师范教育的先行者和推动者，也是中国师范文化的创造者和守护者。从创办初期的“四分天下”到新时期的“四源汇流”，从20世纪几所师范“各具特色”到21世纪初合并升格“多元发展”，通师高专在融汇中壮大，在聚合中攀升，始终坚守师范教育初心，始终秉承“开风气之先”传统，在中国师范教育改革的各个阶段上先行先试，形成了“祈通中西、沉毅勇为、坚苦自立、砥砺自新”的文化特质，凝聚为“志诚报国、厚德树人、开放包容、精业求真”的师范精神。尤其是改革开放以来，首创五年制师范学制，首倡人格化师范理念，率先探索卓越乡村教师定向培养的南通样本，率先构筑辐射全国的教师研修高地，创造了诸多“全国第一”，为我国师范教育的改革作出了原创性贡献。

120载非凡历程，广大校友铭记着师范的样子。翻开厚厚的三本文集，满满的都是校友们爱国爱校的情怀、感念恩师的情愫、怀念青春的情缘和祝福母校的情感。能得英才而教，我们的老师很幸运；能受良师之诲，我们的学子很幸福。我们欣喜地看到，百年师范的精神特质已经深深融入了历代学子的灵魂和血脉，成为学子们身上独有的人文胎记，成为学子们立身处世、修德创业、成才报国的精神支撑和人生信仰。校友们通过回忆不同年代师范的故事，以及故事背后的故事，让我们清晰地看到一代代昂首行进的师范人所做出的卓越贡献和不懈努力，这是一份不可多得的宝贵资料，为学校厚重的办学历史增添了新的注脚，也为研究优秀师范文化带来了新的视角，更为新时代的师范人才培养提供了宝贵借鉴。学校和校友的互哺共生，这应该就是师范最好的样子。

春华秋实犹未尽，壮怀激越数今朝。120载物换星移，我们已经站上新的起点，此时此刻，我们应该永远铭记以张謇、沙元炳、梁孝熊等为代表的一批创校先贤勇立时代潮头的开拓之功，我们应该永远铭记一代又一代师范人为学校发展拓路前行的建设伟绩，我们应该永远铭记学校绵延至今、闪烁着教育真谛的校风、校训和学校精神。在新时代教师教育的春风里，让我们齐心协力，进一步凝聚立德树人的智慧力量，努力书写卓越教师培养新的篇章，展现百年师范新的时代担当；让我们携起手来，共同为学校发展献计出力，努力开创学校高质量发展新的局面，实现学校跨越式发展新的蓝图，让我们共同期待通师高专未来腾飞的样子！

回溯历史，激励当下，观照未来。借此建校120周年之际，为进一步梳理历史传统，总结办学经验，展示办学成果；进一步激发内生动力，鼓舞师生奋进，创新师范文化；进一步加强学术交流，集聚发展资源，扩大社会影响，由通师高专原党委书记丁兆雄教授、原江苏省南通师范学校朱嘉耀老校长领衔主编的南通师范高等专科学校建校120周年纪念文集《师范的样子》即将付梓。在文集编纂、出版过程中，原江苏省海门师范学校党委书记、江苏第二师范学院分院管理办公室原主任黄正平研究员为研制编辑方案、联络出版事宜，不辞辛劳，往返奔波，出谋划策；通师高专教育发展基金会理事、昆山超动力教育投资管理发展有限公司董事长陈森校友，杭州大磊营造集团董事长石磊校友，甘肃通试科技有限公司董事长黄剑校友，南通建工上海公司第六分公司总经理黄聪校友捐助了出版资金，在此谨表示特别的感谢！同时，向为文集组织、编辑和出版付出辛劳的各位学校同仁致以诚挚的感谢，向热心赐稿并持续关心学校发展的各级领导和各位校友致以崇高的敬意！

2022年9月10日

序　言

秦汉清

《海师故事》校庆文集编竣，意义非凡，编辑部的同志让我写个序言，我很乐意。本来，《海师故事》是个公众号的名称，全名《海门师范的故事》。海门师范和南通师范合并组建南通高等师范学校以后，几个热心的同志有志于梳理原来海师办学的历史，挖掘海师办学文化，他们想到了利用公众号这种新媒体形式来实现他们的意图。现在看来，这种尝试是很成功的。公众号推出以后，深受广大读者的好评，在海师广大校友中享有很好的口碑。诚然，海门师范作为学校的名称已经不复存在，但她一百多年的办学历史以及由此形成的学校文化却如悠远的钟声永远回响在广大海师人的心头。回忆海师，感念海师，牵挂海师也成了广大海师校友心心念念的事情，也正是由于这个原因，当今年由原南通师范、海门师范、如皋师范先后合并而成的南通师范高等专科学校迎来120周年校庆的时候，以《海师故事》作为原海门师范校庆文集的题目也就成了顺理成章的事了。按我的理解，《海师故事》的"故事"有两层含义：一是"旧事"，毕竟，文集中所反映的事情，都是过去发生的事情；二是"这些旧事及涉及的众多人物具有一定程度的故事性，可读、可述、可传之于后世"。

自2021年12月发出征稿通知决定编写校庆文集后，经过编辑同志的共同努力，共征集到80余篇文章，现在编为四个部分，第一部分"流金岁月"

主要是收录了在海师工作过的同志的文章;第二部分“青葱年华”;第三部分“悠悠心曲”;第四部分“弦歌海师”则主要是已经毕业的校友们对母校生活的回忆。也有个别特稿是邀请相关领导撰写对海师的印象。

打开文集,你可以读到在那风雨如磐的岁月,先辈们克服困难创办学校的艰辛,你可以读到学校的发展始终和时代共命运的历程,你可以读到学校的领导、老师抓住机遇,在小天地里创出自己办学特色的壮举,你也可以读到广大校友的成长历程及他们对老师、对同学、对母校的拳拳深情。

我1991年3月到海门师范学校工作,先后担任副校长、党总支副书记、党总支书记兼校长,到1995年4月调离海师,前后工作了四年多时间,虽然时间不算长,但对海师一直有着一种异乎寻常的感情。调离海师后,我也一直关注着学校的发展,文集中的很多同志我都熟悉,文集中的很多事情我都了解,有的还亲身经历并策划和参与。现在,经过编辑同志的共同努力,《海师故事》校庆文集终于要出版了,在表示衷心祝贺的同时,也衷心希望我们的师范教育在新时代为基础教育培养更多的人才,作出更大的贡献。

目　录

一、流金岁月

二、青葱年华

三、悠悠心曲

四、弦歌海师

一、流金岁月

我的师范印迹

丁兆雄

2022年是我校建校120周年，也是我结束师范教育生涯之年。岁月不居，时节如流，蓦然回首，感慨万千。1975年，我从海安中学高中毕业后插队务农，至今已整整48年；1982年2月，我大学毕业（77级）分配到江苏省海门师范学校（以下简称海师）工作，至今的师范工龄已有41年，教龄合计43年（含插队期间代课2年）；1995年，我在海师担任主持学校行政工作的副校长，至2017年7月退居二线，在南通三所师范及南通师范高等专科学校（以下简称通师高专）主要领导岗位上任职也有23年。回首近半个世纪的轨迹，也堪称是一个老教师、老校长、老师范了。

说起老教师，感到很自豪。我从1982年至2017年一直坚持在课堂教学第一线，从未间断，这在学校主要领导中是不多见的。我主要任教体育专业的基础理论课程，以及田径、体操、球类等专业技术课程，凭借扎实的理论功底、出色的专业技术和严谨的教学风格，受到学生普遍好评，多次被评为教学名师和学科带头人。

谈到老校长，感到很幸运。我先在海师任校长，2005年奉调如皋高等师范学校（以下简称如皋高师）任校长、书记；2011年又到南通高等师范学校（以下简称南通高师）担任校长，同时还兼任如皋高师校长；2014年学校升格为南通师范高等专科学校，我又担任党委书记。曾先后被评为南通市优秀校长、名校长、全心全意依靠教职工办学的好校长、廉政勤政好干部。人们常说一位好的校长就是一所好的学校，校长的办学理念、业务水平、道德品质、行事作风决定着一所学校的兴衰。在我看来，校长要成为“学校的灵魂”，就必须把整个人投入学校事业之中。

说到老师范，感到很荣耀。我作为南通三所百年师范文化的传承人之一，深感责任重大、使命光荣，我亲身经历过中师、高师、高专生存发展的全过程，曾先后担任全国中师体育研究会常务理事、学术委员会委员，入选教育部“国培计划”第二批专家库，兼任江苏省人民政府督学，江苏省高等学校教师教育专业委员会副理事长，江苏省教育学会教师教育专业委员会副理事长、名誉理事长，江苏省中专校、高等院校体育学科职称评审组组长，江苏省中等师范学校体育中心组（协作组）组长，南通市陶研会师范教育专委会主任等职。我的教育生涯留下了永恒的师范烙印，我对师范的情意、对师范同仁的情感、对师范事业的情怀，深深地印刻在我的脑海里，永生难忘。

在海门师范

1982 年 2 月至 2005 年 9 月，我在海师工作 24 年。1982 年担任 82 级体育班主任，1985 年 2 月任教务处副主任，1985 年 6 月加入中国共产党，1988 年任讲师，1989 年 7 月任艺体科科长，1992 年 8 月至 1993 年 7 月任校长助理，1993 年任副校长，1995 年 5 月主持学校行政工作，1996 年任高级讲师，1997 年取得教育学原理硕士研究生课程结业证书，1997 年 7 月任校长，2000 年起兼任党委副书记。我的前任校长是秦汉清，他是一个好班长。他调任南通职大校长后，我们组建了新的领导班子，主要同仁先后有：党委书记黄正平，副校长吕静、陈情、潘健等人。1996 年至 2005 年，是海师历史上最不平凡的十年。这是学校由中师向大专化全面转轨的十年，是学校加快办学条件标准化建设的十年，是学校拓展办学形式、创新办学模式、追求“学校大发展、质量大提高、管理上档次、效益创一流”办学目标的十年，也是学校办学成果最丰硕、获得荣誉最多、教职工幸福指数较高的十年。其间，印象深刻的有十件大事：

1. 1996 年 12 月 28 日成功举办九十周年校庆，扩大办学影响，协调地方关系，营造发展环境，争取社会资金 1 000 多万元（主要是毛云和董事长的捐助），改善办学条件。

2. 1997 年在全省首批、南通市率先通过省办学条件标准化验收。

3. 1996 年始开办五年制小学教育大专班，2000 年与南通师范学院合作举办小学教育、学前教育本科班。

4. 1999年在南通市教育系统率先全面实施房改，大幅度提高教职工的福利待遇。

5. 1999年在海门港征地240亩，作为新校区的筹备用地，有偿购买海门印刷厂、供销大厦和海师附小的部分房地产，为学校发展奠定了基础。

6. 2000年创办冠今中学，2002年与企业家张惠洪、陈广涛签约股份制办学协议。冠中办学质量一流，人民群众满意。

7. 2001年稳妥实施校办厂改制，确保国有资产保值增值，稳定教师队伍。

8. 教育教学质量大幅提高，师范“5＋2”专转本考试、冠中高考成绩喜人，全市、全省领先。

9. 1986年、1997年两次承办省中师生田径运动会，在全省率先举办中师体育函授、体育研究生课程班，多次承办全国、全省体育年会及师资培训，统筹全省师范体育与教学的业务指导，彰显了体育办学特色，学校被誉为“乡村小学体育师资的摇篮”。

10. 成功创建省、市文明单位，全国群众体育先进集体，全国绿色学校，省科研先进集体等，在音体美教育、函授教育、德育工作、礼仪教育、校园文化、环境教育等方面逐步形成了办学传统和特色。

在如皋高师

2005年9月7日，我调任如皋高师校长、党委书记，先后与李崇莹、章跃一、杭斌、王志刚、张松祥、杨荫菁、郭庆等校领导共事，2006年7月转评副教授，2011年8月晋升教授。这几年，是我独自一人在异地工作，得到如师人多方关照的几年；是我在教科研及课题研究方面出成果比较多的几年；是学校由中师教育转型为高师教育的几年；是坚持教育发展不动摇、坚持教育质量不动摇、坚持高举师范大旗不动摇、坚持以人为本不动摇、坚持发展观念与校情结合不动摇的几年；是如皋高师围绕“科学发展、提升内涵、特色突出、效益一流”的办学目标，求生存谋发展，取得辉煌成就的几年。其间，记忆深刻的也有十件大事：

1. 2005年9月进行第二次招生工作，想方设法，多方协调，通过如皋高中生分流，圆满完成了当年的招生计划。

2. 2005年12月28日圆满举行学校升格高师的揭牌仪式，成立企业家联合会和家长委员会。寒冬季节，室外搭台，上午揭牌，阳光明媚，天遂人愿。

3. 顺利送走了高中部的两届学生，高考率最后超额完成市局下达指标的320%，为百年名校赢得了荣誉，画出了圆满的句号。

4. 服从政府规划，结合学校实际，整合学校宿舍资源，2010年建成集贤新校区，回购了育贤大厦，化解了学校债务2 600万元。

5. 争取各级政府的支持，修缮古建筑区，成功创建全国第七批重点文物保护单位，建成中国师范教育博物馆、校史馆。

6. 成功创建省、市文明单位，市局目标考核最佳单位，省园林式单位等。

7. 2008年起实施师范免费定向生培养工作，2009年5月22日承办南通市五年制师范定向生培养工作研讨会。

8. 全省“5+2”专转本考试十连冠，独占鳌头；省师范生教学基本功大赛三连冠，技压群芳；教学、就业工作省“双优”；教师职后培训，教师职称、学历提升、内涵建设及办学业绩全省领先。

9. 扩大办学规模(在校生达3 461人)，多元合作办学，协调地方关系，处理遗留问题，增加学校收入，完成全部房改，增强办学活力，提高福利待遇。

10. 拓展语言类、计算机、艺术、社会体育等非师范专业，全校专业达到27个，专升本的升学率在同类学校中一枝独秀。

在南通高师及通师高专

我于2011年8月至2015年1月又调任南通高师校长、党委副书记，并兼任如皋高师校长，2015年1月至2017年6月任南通师范高等专科学校党委书记，并先后与黄建辉、沈行恬、石俊元、陈情、潘健、孙国春、都樾、朱月萍、杭斌、王志刚、郭庆、张松祥等校领导共事。“十二五”期间，我们提出了“一个目标”“两个一体”“三个交融”“四个校区”“五个理念”“六个意识”“七项工程”的办学思路；2014年独立升专后，我们明确了“一个升本目标，分两步走，建成三个基地”的学校发展战略。这七年，是学校发展的“黄金

期”,是南通师范人圆高校梦的激情岁月。其间,难以忘怀的有以下大事:

1. 奔波北京、南京等地,撰写书信给刘延东副总理、顾秀莲副委员长等领导,主动汇报工作,争取领导对学校发展给予指导和支持。刘副总理在北京中南海办公室、顾副委员长在南通分别接见了我们一行。

2. 在上级领导的关怀下,2012 年 3 月 19 日教育部刘利民副部长、许涛司长等领导来校视察指导,加快了我校升专的步伐。

3. 借学校建校 110 周年之际,2012 年 12 月 28 日南通市政府成功举办了南通师范教育改革与发展 110 周年座谈会及校庆活动,组建了由省、市领导组成的学校升专领导小组,为学校的独立升专营造了舆论氛围,得到了组织保障。

4. 建校 112 周年之际,2014 年 1 月 12 日省政府颁发《关于同意建立南通师范高等专科学校的批复》,标志着学校独立升专圆满成功。

5. 2014 年南通市政府整合师范教育资源,9 月 30 日下发《市政府关于同意如皋高等师范学校与南通师范高等专科学校合并办学的批复》,2015 年 2 月 3 日上午召开合并办学大会,标志着南通的三所百年师范优质资源得到完好保护。

6. 2014 年 3 月 28 日上午九点半新校区奠基仪式开始时,云开日出,雨止天晴,仅用一年时间,优质高效完成新校区一期工程。新校区建设,贯彻了刘副总理的指示:体现中国元素、南通元素、师范元素、生态元素。建成后的校园具有四面环水、书院建筑、师范文化、生态校园的特色。一期工程 348 亩,总投资 5.6 亿,其中争取到省政府的土地指标 100 亩、省教育厅 5 000 万元的支持。

7. 学校升专合并办学后,在办学规模、机构岗位设置、人员编制、领导班子及中层干部配备等转制上做了大量工作,保证了学校过渡期的稳定发展。

8. 在新校区高品质建成校史博物馆、中国红色师范纪念馆、主题雕塑等校园文化标志,尽最大可能及时把原海师的文化元素移至新校区。

9. 不断完善定向生招生政策,在政策出现障碍时,不畏艰难,据理力争,跑省跑市,使改革的成果得以保护。

10. 根据刘延东副总理的指示,在招生中打好民族牌,招收西藏等民族地区的委培生,精心打造民族师范教育特色。

11. 制定学校"十三五"发展规划，趁建校115周年、红色师范纪念馆揭馆之际，成功组建学校改革与发展咨询委员会，通过多方努力和各方支持，学校列入"十三五"高校设置升本规划并上报教育部。

12. 多次承办国家、省教师教育专委会年会及省小学教育专业师范生基本功大赛，扩大了学校的对外影响力，提高了学校的办学地位。

13. 着力加强内涵建设，在师资队伍、课程项目、品牌专业建设及人才引进、科研课题等工作上，快速得到提升，为升本奠定了良好基础。

14. 在办学质量上，始终保持全省领先。全省基本功大赛、"5＋2"专转本考试、"3＋2"专升本考试、国家教师资格考试、各级师范生技能大赛及毕业生就业率均在全省同类学校中名列前茅。

15. 成功创建国家、省、市教师教育培训基地，培训业绩均在各级考核前列，国培满意度测评全国第一，已被业界公认为学校的办学品牌之一。

16. 学校升格后，及时与南通大学、江苏省第二师范学院合作"3＋2"和"5＋2"本科办学，并列入全省招生计划。

17. 连续30年成功创建省、市文明单位，荣获省"五一"劳动奖状、南通市优秀基层党组织、市教育系统综合考核最佳单位等若干集体综合荣誉。

18. 努力增收节资，提高办学效益。争取教育发展基金会和社会各界支持学校办学，争取财政资金，加大设施设备投入，大量购买图书，争取创收资金，大幅度提高教职工的绩效工资及福利待遇。

我们南通的三所师范在长期的办学实践中形成了优秀的传统和鲜明的特色。可以概括为：培养规格上的综合化、培养品质上的人格化、职业情意上的儿童化、行为养成上的示范化、基本素质上的技能化、课程实践上的专业化、管理模式上的规范化、培养对象上的本土化。同时三校又各具风格，原南通市政府李炎副市长曾说："通师办学的'活'、如师办学的'实'、海师办学的'特'，构成了南通的师范特色。"新闻媒体对学校的办学也做过许多报道，诸如《江海平原上一颗璀璨的明珠》《乡村师范学校的一面旗帜》《如师之路》《内功之路》《科研之路》《教师的摇篮》《革命的摇篮》《干部的摇篮》等。

教育是一项用心灵塑造心灵，用智慧启迪智慧，用人格影响人格的事业。今天，回顾我的师范印迹，其意在于诠释师范的内核：学高为师，身正为范。

作者简介：丁兆雄，教授、江苏省人民政府督学、教育部“国培计划”专家、南通市名校长，曾先后任南通三所师范学校校长、南通师范高等专科学校党委书记，兼任江苏省高校教师教育专委会副理事长，江苏省教育学会教师教育专委会副理事长、名誉理事长。

夯实基础促提高　用心用情做德育

黄正平

一个人一生中能坚持只做好一件事，即使平凡，能做到极致，也是一种执着，一种自我价值的实现。本人自参加工作以来，经历了两个单位，从事着一项事业。其中，1980 年 2 月至 2005 年 2 月，在江苏省海门师范学校（以下简称海师）工作；2005 年 3 月至 2019 年 10 月，在江苏教育学院（2013 年 5 月改制更名为江苏第二师范学院）工作。前面是在师范学校工作，后面是为师范学校工作。在近 40 年的职业生涯中，亲身经历了师范办学层次从三年制中师到五年制高师的发展变化。因此，我对师范教育有体验、有思考、有感情。

在这里主要回顾我在海师工作期间，开展学校德育工作的一些情况，作为当年中师德育工作的一个缩影。1992 年 8 月，我任校长助理，第二年任学校党总支副书记（1997 年 7 月，任学校党总支书记），除了负责学校党务工作外，还分管学校德育工作，前后近 20 年。当时的省教育厅师资处领导十分重视师范生素质的培养，注重师范生教师职业道德教育、行为规范养成教育。在大家的共同努力下，经过几年的辛勤耕耘，海师的德育工作开展得有声有色，卓有成效，《中国教育报》《师范教育》等许多媒体都作了宣传报道。

根据师范培养目标和师范生的身心特点，在德育工作方面，我们突出三个重点。一是抓基础，开展礼仪教育；二是抓载体，建设校园文化；三是抓提高，建立青年党校。

抓基础：开展礼仪教育

增强德育实效，必须从基础文明行为习惯的养成抓起。20世纪80年代中后期，我们提出了“加强礼仪教育，提高文明素养”的德育改革思路，得到时任省教委副主任周德藩和师资处领导的支持和鼓励，并拨给专项经费要求我们加强研究，我们拍摄了中师生礼仪教育录像片，在全省中师生中宣传推广，这对我们是巨大的鼓舞。我们根据不同场合、交往的对象把礼仪分为20个门类，制定了《江苏省海门师范学校学生礼仪常规》和《学生礼仪常规具体要求》，并汇编成《学生礼仪教育手册》，为师生学习提供资料，把礼仪教育生活化、具体化和序列化，让学生有礼可循，有仪可效，增强了礼仪教育的可操作性。根据规范要求，我们组织开展了礼仪知识竞赛、礼仪队示范表演、礼仪小品表演和礼仪教育征文、演讲比赛等系列活动，使学生在潜移默化中受到启迪和熏陶。

1996年我主持申报的“中师礼仪教育研究”课题被批准为江苏省教育科学规划“九五”规划项目。结合课题研究和礼仪教育实施，我撰写和发表了10篇文章，用理论指导实践。礼仪教育研究成果被评为南通市第七次教育科学优秀成果一等奖、江苏省树勋教师教育科研奖三等奖。

1997年由原国家教委师范司主持编写，我参编并统稿的《师范生礼仪教育读本》在全国中等师范学校使用，师范司马立司长为该书作序。我校礼仪教育的经验在《中国教育报》《师范教育》等报刊发表后，省内外兄弟学校来校参观学习或索要有关资料。1997年9月8日新加坡莱佛士书院院长陈德辉先生在教育部师范司中师处副处长唐京伟等陪同下来校交流学校礼仪教育。

抓载体：建设校园文化

校园是学生生活于斯、学习于斯的一个特殊空间，校园文化是师生在这一时空中创造和享用的文化形态的总和，它像一个巨大的德育场，如春风化雨般地濡化人、影响人、教育人。建设高品位的校园文化，优化育人环境，对中师德育工作有着特别重要的意义。我们遵循以人为本、修身养性的原则，建设高雅别致的校园文化。

校园物质文化是一本物化的教科书，它“桃李不言”地传递着“教育信息”。我们在规划学校基本建设时，坚持做到“三让”，即让绿色永驻，让墙壁说话，让师生生活在图画中。1996 年 90 校庆前夕，我们把校园内一座废弃多年的古井作为一个标志性景点修复起来，并立碑纪念。这口曾滋养了几代海师人的古井成了历尽沧桑的“海师魂”，又激励着新一代海师人敦品砺学，不断进取。在校园环境建设中，我们按照“三化”（绿化、美化、净化）、“五性”（思想性、艺术性、知识性、实用性、师范性）、“三精”（内容精要、构思精心、制作精致）的要求，让校园四季有花，绿色常在。

海师的校园文化活动内容丰富、形式多样，逐渐形成了每年举办一届“小百花”歌咏比赛、“海师杯”辩论赛，以及各种艺术周、科技周等制度。我们还开辟了文艺沙龙、周末学者论坛、教育茶座等校园文化活动的新天地。

校园精神文化是校园文化的内核。我们以“严、勤、诚、活”为校训，经过长期不懈地追求和努力，积淀了“爱校如家，乐于奉献；爱教乐学，为人师表；锐意进取，争创一流”的“海师精神”。1993 年 11 月，江苏中师校园文化建设座谈会的全体代表来到海师考察，省教委周德藩副主任欣然命笔，写下了“把海师办成中师的精品”的题词。

1994 年 3 月 16 日，《江苏教育报》在全面总结全省加强中小学常规管理取得成绩的专题报道《今朝更好看——江苏省加强中小学常规管理纪实》中，专门概述了海门师范校园文化的特色，“全方位、高品位是中师校园文化建设的目标。在海门师范，最显眼的地方是‘严、勤、诚、活’四字校训，办公室里，悬挂‘教师日常行为规范’，教室里有‘中师生日常行为规范’、班训、班徽，80 多个学生宿舍，个个有宿舍规则，铺铺有床头卡片……”

抓提高：建立青年党校

海门师范具有光荣的革命传统，改革开放以后，从传承红色基因，赓续红色血脉，培养社会主义事业的建设者和接班人的战略高度出发，切实抓好共产主义理想信念教育。为满足师范生积极要求进步的需要，1984 年，学校成立了青年党校，在政教处、团委、政治教研组的通力协作下，青年党校成为学生喜爱和向往的高层次思想政治教育阵地。邓小平视察南方谈话、邓小平理论，以及党的十四大、十五大报告等时代的最强音总是及时地走进青年党校的课堂，并激起巨大的波澜；青年党校的社会实践活动也是丰富多彩，海门烈士馆、张謇故居、海门市福利院等都是他们的大课堂，他们的足迹遍布城市、农村、企业和小学，所到之处都留下了一曲曲青春之歌。青年党校成为播种共产主义信念的神圣殿堂和学校进行共产主义教育的辐射源。正如青年党校学员所说的："激情在这里点燃，理想在这里升腾，信念在这里升华。"当年师范生报名参加青年党校学习的热情很高，他们中有的在校期间就加入了党组织，现已成为小学教育战线的中坚力量；有的怀揣着"海门师范青年党校结业证书"到新的岗位上去继续追求他们的光荣与梦想。学校党组织也多次受到中共海门市委、南通市委的表彰。

德育，在这里是一首诗，它时而慷慨激昂，时而春风化雨，这种诗化的德育是海师人"用心用情"铸就的。用心用情去做德育，这既是海师人的一种朴素信念，也是德育工作的一种崇高境界。用心用情去做德育，最根本的是三条：一是要坚持贴近实际，体现时代性。德育工作要取得实效，从内容到形式都必须贴近社会、贴近学生、贴近生活，围绕师范培养目标，坚持普及与提高相结合，使其具有针对性和层次性。二是要坚持理论指导，把握规律性。要认真学习理论，用理论指导实践，以研究的视角做德育工作。如在校园文化建设中，我们首先开展相关理论的学习与研究，弄清楚其基本内涵、构成要素、建设路径等，这样才能提升德育工作的层次和品位。三是要坚持循序渐进，增强实效性。德育工作要重基础、抓载体、促提高。要真抓实干，务求实效。用心用情去做德育，能凝聚人心、锻炼队伍，形成一支有思想、重实干的优秀团队，这也是学校内涵发展和跨越发展的基础和活力。

经过几年的积极探索和艰苦努力，海师的德育工作在省内外中师系统产生了较大影响，成为学校办学的亮点之一。1997 年 6 月 16 日，我作为江苏中师代表参加教育部师范司召开的全国中师德育工作研讨会；12 月 10 日，我应邀参加教育部师范司召开的《中师德育大纲》和《中师生行为规范》修订工作会议。1998 年 12 月 11—13 日，全省中师德育工作会议在我校举行，会上交流了我校德育工作经验并开展了观摩主题班会等有关德育活动。1999 年 4 月，受教育部师范司委托，起草文件《关于进一步加强和改进中等师范学校德育工作的几点意见》（教师司〔1999〕59 号）和全国中师德育工作经验交流会主报告。1999 年 11 月 8 日，我代表学校参加了教育部师范司召开的全国中师德育工作经验交流会议，并在大会上作了题为《探索德育新路，增强德育实效》的专题发言。

作为亲历者，回顾当年在师范学校工作的岁月，很多事情记忆犹新，感人至深。忘不了那些亲切关怀我们的各级领导和一起工作过的同事们。在海师的这 25 年是我工作中的黄金时期，在我的成长发展中起着非常重要的作用。近 40 年的师范教育工作，经历着多少理想与失望、努力与无奈，有感动，有感想，也有感慨。当年江苏的师范教育之所以能如此辉煌，其中一个重要原因就是我们师范教育有主心骨，省教育厅分管领导和师范教育处的领导把师范学校作为“嫡系部队”来重视，作为基础教育的“工作母机”来建设，懂师范、有感情，至今令人难忘和向往。

作者简介：黄正平，研究员，曾任海门师范党委书记，江苏教育学院（江苏第二师范学院）分院管理办、党办、院办、法规办主任和国际合作交流处处长，兼任江苏省教育学会班主任专业委员会副理事长、陶研会常务副会长兼秘书长。

未应磨染是初心

——兼忆海门师范的冠今中学

吕　静

1982 年下半年,我从扬州师范学院中文系毕业后进入海门师范工作。先后担任语文教师、教导主任、副校长。2005 年海师与通师合并组建南通高师,我担任南通高师副校长,2006 年退居二线担任南通高师工会主席,2009 年退休。我在师范学校工作了 27 年,其间经历了 20 世纪 80—90 年代中师的黄金发展期,走过了中师升格大专后多元化办学的奋力探索期。其中最难忘怀的是我在师范工作了 19 年以后,又在海门师范创办的南通市冠今中学做了 5 年的高中管理工作。

一

海门师范办高中的决策是一个面对现实的理性抉择。

1972 年海师再度复办,1979 年由县级师范升格为省级师范,1980 年开始招收初中毕业生全日制三年师范班,学校进入发展的黄金期。这一时期,省市对中师实行基建、经费、师资等方面的政策倾斜,办学条件标准化建设步子加快,海师校园迅速告别平房;课程体系改革独辟蹊径,校园文化建设丰富多彩。优质的师资、一流的生源、深受欢迎的毕业生,海师一度被海门人誉称为“最高学府”。

20 世纪 90 年代,国家经济发展对人才学历提升的需求引发了教育格局的大变革。大学教育走向大众化,普及高中教育成为大势所趋,中师录取先于重点高中的传统优势很快不再。1996 年以后,中师录取分数线持续走低，中师发展前景也不明朗，学校领导开始考虑多元化办学思路。海师地处市区中心，拥有优质教育资源和办学条件。相对于非师范类职业班，办普通高中更有优势，更有发展前景，是一个相对稳健的发展选项。

2000 年，学校领导班子经过反复研究，决策创办“南通市冠今中学”，报请南通市教委审批。校名“冠今”是为纪念海门中共第一个党支部建立者、曾任海门师范校长的张冠今烈士。

2000 年 5 月，经南通市教委批准，海师试办“南通市冠今中学”，学校体制为民办独立股份制，2000 年秋季起“试招生”。

二

2000 年我们试招生一个班 11 人，由教务处指派相关学科教师任课，老师们戏称为“博士班”。2001 年规模招生后，该班 11 个学生都安排进相关学校续读。试招生的“博士班”启发了我们与海门市政府联合办学的思路，以期双赢：校园设在海师，招生列入海门市计划，海师引进海门教育局推荐的成熟师资，冠中教学纳入海门教育局的高中业务管理。合作办学给冠中以稳定的生源和系统的管理，夯实了办学基础，冠中在客观上成为海门市的一所新高中，助力提高海门市民对高中教育的满意度。这也是一种合理使用教育资源的跨界组合。

2001 年冠今中学计划招生 4 个班 180 人，虽然海师和海门招生办在中考录取前做了大量的宣传工作，但是由于家长们第一次知道“南通市冠今中学”的存在，生源不是很充足，实际只录得 162 人，录取线位于生源底部。当时海门的 9 所高中录取分成三个批次，第三批次有 5 所高中，冠中首届高一的录取线位于第三批次末端。

冠中 2001 年下半年开学至 2003 年上半年的临时教学区设在海师的美术楼。有校长室、教导处、教师办公室、4 个教室和文印室。其余的教学辅助用房及寄宿生的宿舍食堂等生活用房都与师范部合用。

海门教育局从地方高中选派了 1 名副校长和 4 名教师，他们来自 4 所中学；师范部选派了 11 名文化课骨干教师，其中 1 位是教务处副主任，3 位是教研组长，音体美计算机等副科由海师相关学科教师兼任。4 位地方高中教师和 18 位师范骨干教师组成了冠中第一学年的师资团队。

第一学年第一学期的冠中教导处只有来自海师的徐新昌老师任副主任，负责学生管理，教学由校长室兼管；第二学期，即2002年上半年，海师教务处副主任杨肖虎任冠中教导处主任，徐新昌任副主任。

冠中第一年的校长室由我和来自海门四甲中学的张华副校长组成。当时我已任职海师教学副校长5年，以此走进冠中管理团队，开始新的任务。丁兆雄校长给我们的工作任务是"一年打基础，两年树形象，三年出成效"，一定要办好冠今中学。

三

在海师不足40亩的盆景式校园里同时运行师范和高中两个独立而又紧密关联的教学实体，并且要让来自海师和多所高中的新师资合作共事，实在是一件不容易的事，需要做大量且复杂的组织协调工作。开局伊始，为冠中提供一个良好的工作环境，对建立新团队的向心力极为重要，我为之倾尽全力：为引进的冠中教师安排过渡期住房，让他们的子女进海师附小读书，解决生活后顾之忧；依据海师和海门教育局的相关政策，制订绩效奖金发放规则，保证冠中教师绩效奖金的准时发放，让一线教师的辛劳得到必要的回报；及时化解冠中在教学和生活方面因异于师范管理而产生的种种矛盾等。我和全体海师人一起，全心全意为冠中建构一个积极奋进、和谐健康的发展环境。

做好服务工作还远远不够，我是冠中领导班子的核心成员，还必须和团队一起做好教育教学的决策与管理工作。但是由于之前没有做过高中教育，所以一切从虚心学习开始，从全方位及时了解冠中的管理运转模式开始。

我是通过三个渠道获悉相关信息的：首先主渠道是参加冠中全部的行政管理工作会议。冠今中学每周有领导班子和中层干部两个行政例会；每月有年级月考质量分析会、教师的教育理论学习会；每学期有兄弟学校阶段联考分析会、海门市调研统考质量分析会及配套的学生会和家长会，还有海门和南通的全市高考研讨会等。为了保证正常教学时间，行政例会和质量分析会都在晚上进行。仅参加会议这一项工作，就让我深度体验了高中管理工作的高强度，促使我更加爱护辛勤工作的老师们。其次是参加每周早上6点至晚上10点的值班导护，了解冠中运转常态。2002年年初，首届高一第一次参加期末全市统考，我住在导护值班室两周，早晚全程陪伴老师们工作，努力保障教学与生活的正常秩序，为备考的师生加油鼓劲。最后是直接参与一线的教育教学管理工作。组织每月的教师教育理论学习，针对学校管理的即时需要，选编专题理论知识解读分析，让老师们从理论高度理解每一个管理举措的科学性，提高大家的执行力；和教导处一起听课，查阅备课笔记；为首届高一学生开设每周1节的学习方法指导课；给家长们开展如何爱护培养子女的学习自信心，如何对待学生早恋问题等培训讲座，还经常帮助教师化解家校沟通过程中的各种难题。

现在回想起来，首届高一的"问题学生"有点多，我曾与其中的多名学生谈话交流。他们都很聪明，语言应对清晰敏捷。但是自控能力差，成绩不好，总是被老师忽视、被家长埋怨而失去学习自信心。因此我们提出"让每一个学生都得到成功"的教育理念，把尊重爱护关心每一个学生作为教育起点，把保证每一次考试成绩的真实性作为教学工作纪律，领导班子以身作则，一线教师积极响应。以教育质量为生命线，建章立制，落实每一个细节，严格管理教育教学全过程。

天道酬勤，水滴石穿，上下同心，众志成城。冠中人以"大愿坚志，至秦于至善"为校训，我们的努力初见成效。首届高一2001年秋入学时学科总均分位于全市最低，但是在2002年上半年的海门市两次调研统考中学科总均分都超过了一所高中，学科总均分贡献最大的是政史地。下半年在计算机会考中成绩位列全市第3名。这是冠中首届高一学生已经在进步的积极信号，虽然只有一小步，但这是学生树立学习自信心，形成良好学习习惯的关键一步。冠中办学一年，基本形成了"严谨、求实、勤奋、创新"的良好校风。2002年秋季招生8个班440人，生源充足，生源质量明显提高。这是海门地方对冠中一年办学的充分肯定，是对全体冠中人的莫大鼓励。冠中也开始有了"管理严，校风正"的良好口碑。第一年起步平稳，态势良好，发展可期。

四

2002年8月，南通市冠今中学董事会成立，丁兆雄校长任董事长，黄正平书记和地方知名企业家张惠洪、陈广涛任副董事长，我任董事。董事会聘任张华为常务副校长。同时，海师引进悦来中学教导处副主任茅健。自此我和张华、杨肖虎、茅健组成了冠中初创期的领导班子。2003 年上半年，张华任常务副校长，杨肖虎任副校长，茅健任教导处主任。其中，我对冠中全面负责，张华负责行政校务，分管党务、财务和人事，杨肖虎分管后勤和学生管理，茅健协管教学和师资培养。他们同时还要承担一线教师的满负荷工作量：张华每周 8 节语文；杨肖虎 12 节地理；茅健 8 节语文，还做班主任。

我走进冠中校长室的时候已是年过半百。班子中的张华和茅健来自地方高中，杨肖虎来自海师。他们都是三十出头，朝气蓬勃，踏实刻苦，精明能干。我们四人之间在年龄、性别和管理专长方面的差异形成了自然的互补，可谓“黄金”组合。他们都非常尊重我。在我们的办公会议中，在对课堂教学、常规管理和师资培养的运筹帷幄中，大家都毫无保留地充分讨论，来自师范和高中的丰富经验五彩缤纷，在激烈碰撞中积极扬弃，形成共识，做出大家都能认可、最具精准度的行政决策。其中，“一定要办好冠今中学”是我们最坚定的共识，而我于 1988—1991 年在南京师范大学学校教育专业本科函授三年的学习，也让我们的决策基于坚实的理论支撑。这种“充分交流—形成共识—坚决执行”的管理运行流程，是我们班子的工作常态。我非常珍惜这种深度契合的团队氛围，当年茅健常说：“和吕校长说话真省力。”可以说，冠中领导班子的团结一致、科学决策、高效运转，是冠中得以健康发展的主要原因，唯此才能紧密地连接起全体教师的奋进与努力。

2002 年秋季招生 8 个班，冠中师资团队急速增员。2002 年，增员 6 名地方教师和师范部 20 余名优秀青年教师。2003 年起，除了继续增加高中和师范部青年教师外，开始招聘应届师范毕业生。35 岁以下青年教师占比 70%以上，成为教师团队的主力。培养青年教师成为“重中之重”，是我们管理工程的重头戏。在青年教师的培养上，我们既重视“传帮带”，又重视“压担子”，青年教师也迅速成长，“敬业、爱生、精艺、修身”的教风成为共同的价值追求和行为准则。在随堂课、公开课、比武课和月考、阶段联考的检测环节中，在年级管理体制的班级管理考核中，青年教师迅速进入角色，教育教学能力进步显著。在海门市各类青年教师教学和才艺比赛中崭露头角，在海门市调研统考中成绩稳定且常有惊喜。青年教师优秀群体脱颖而出，成为冠中师资团队的生力军和主力军。2000 年至 2005 年，海师共引进地方教师 26 名，师范部有 50 多名教师先后在冠中任教。

2003 年，冠中办学规模达 18 个班。海师投资征地 7 亩多，在海师校园北部建成可供 12 轨 36 个班教学活动的冠中楼，另修建广场和两幢学生公寓楼。冠中有了独立的校区，学校运转更为顺畅。

2004 年，冠中首届 4 个班毕业生参加高考，本科上线 48 人，专科上线 103 人，全面完成海门市教育局高考录取指标（当年全市只有 3 所学校完成指标，冠中是三所之一）。其中美术特长生对冠中本科录取率的贡献最大，这也得力于海师美术教研组的深厚底蕴。此后，美术专长在冠中初创时期的发展中持续发力，逐步成为冠中的一个办学特色。

2005 年，冠中第二届 8 个班毕业生的高考指标完成率达 122.7%，位列海门市第一，冠中在海门的高中方阵中站稳了脚跟。下半年海师与通师合并组建南通高师，由南通高师接管冠今中学。在学校交接的财务审计中，冠中校长室得到审计组的肯定与表扬。2005 年 9 月，高师校长室重新分工，我协助处理海门校区日常行政事务，分管冠今中学，兼任冠今中学校长。

2006 年冠中招生 12 个班，办学规模从 8 轨增至 12 轨。获海门市本科指标完成奖和大市排名增幅进步奖，并获海门市高考综合奖二等奖。2006 年 4 月，我卸任冠中校长，南通高师董事会聘任张华为南通市冠今中学校长、法定代表人，杨肖虎、茅健为副校长。冠中实行独立的师资管理，引进教师实行“寄编”制，并实行相对独立的经济管理与效益核算。

2007 年至 2010 年，冠中高考本科录取达标率屡创新高，两次获海门市教育质量综合考核一等奖。录取线稳步攀升，2007 年起进入海门高中录取同批次中等行列，成为一所师资精良、管理规范、质量上乘、地方百姓认可的优质高中。

2010 年 6 月，经两级政府教育局与南通高师洽商，“南通市冠今中学”更名为“海门市冠今中学”，性质为直属全民事业公办高中。2016 年冠今中学与麒麟和三厂两所高中合并组建为“南通市海门第一中学”，先后担任冠中教导主任、副校长、校长的茅健担任第一中学首任校长。

海门师范创办的南通市冠今中学，从无到有，由弱至强，在地方多所高中的激烈竞争中突围而出，十年崛起，被海门教育界誉为“冠中奇迹”。

这是秉持“学高为师，身正为范”初心的百年海师的实力发挥，也是海门地方教育鼎力支持的结果。于我而言，则是终于完成了教育生涯中最艰巨的一个工作任务。当时无奈放下手中的两个课题，衔命转战服务冠中。冠中管理也许不像科学研究那样高深，其中最“硬核”的高考在教学流程图上，就是“一次封闭性大容量的课堂练习检测”而已。然而对于学校，高考是百千师生的“共舞”与“合唱”，最艰巨的就是“上下一心”。尤其是冠中初创，生源处于末端，师资来自四方，唯有全校师生集体努力，才能达成目标。是以“压力山大”，服务冠中历时 5 年，只能战战兢兢，如履薄冰，宵衣旰食，丝毫不敢懈怠，唯以勉力完成学校交付的任务，不负与我共进退的海师人、冠中人，不负地方百姓而慰藉。

五

20 年以后再忆冠今中学的办学往事，除完成任务的“慰藉”之外又有进一步的思索。

思索之一：从“不务正业”开始，以成功合作实现“三赢”。作为中师，海师的“正业”是培养小学教师，办高中确实是“不务正业”。但是从另一个方面来说，当时海师办冠中又是“名正言顺”。省教委 1996 年调整中师教育布局的五个举措之一就是中师改办高中，所以冠中办学一路顺畅，得到省厅和地方政府的政策支持，特别是得到海门地方的生源支撑和管理支持。因此师范和冠中在 2010 年最终“分道扬镳”，能够各得其所，“三赢”结局皆大欢喜：第一，冠中开辟了多元办学之路，体现了海师人改革探索的决心和勇气，海师的优质教育资源在冠中得到了充分利用，为地方高中教育的发展贡献了一份力量；第二，海门教育局接盘冠今中学，龙归大海，地方新增一所优质高中；第三，海门一方百姓子女以此获得更多的成才机会，成为最大赢家。这是再忆而得的“深以慰藉”。

思索之二：冠今中学没有名师新锐，也没有一流的设施和宽敞的校园，更没有丰厚的经济刺激，只有一群普通而年轻的教师和一群中考录取线底部的初中毕业生。但是他们非常努力，从 2004 年首届毕业生参加高考全面达标开始，以后每年高考都能超额完成指标，招生录取线逐年走高。筚路蓝缕，十年艰辛，冠今中学发展成为一所有 140 多名教师、1 700 多名学生，极具潜力的优质高中。我想从冠中的生长脉络和发展轨迹中找寻成功的密码。

“冠中奇迹”是团队合力燃爆后的升腾。在冠中办学的运行系统中，纵向有各级政府的政策支持，横向有海门师范和海门教育局的资源支持，冠今中学是纵横交集的坐标点。冠中的领导团队用“一定要办好冠今中学”的坚定共识，唤醒、培育、聚集，紧紧连接起每一个冠中人的教育责任心。在严格而精细的管理中，把一群普通而年轻的教师锻炼成一支极有战斗力的生力军。在学校的良性运转中集体发力，把办学的效益发挥到极致，最终成就了“冠中奇迹”。

复盘冠中运转的合力系统，可以看出：地方政府和海师及海门教育局的支持是冠中办学成功的必要条件；而冠中团队的自身努力和集体发力是成功的决定因素；而每个冠中人的教育责任心则是构成团体向心力的组织细胞。也可以说，全校上下一心，共识于“一定要办好冠今中学”的强烈责任心，就是创造“冠中奇迹”的“DNA”，密码就是“忠诚于人民的教育事业”，就是中国近现代教育延续了百年之久的家国民族的复兴情怀，这种情怀铸就了中国教育者的大爱之心，是我们完成教育使命永不枯竭的力量源泉。

纵观国家经济发展和教育变革的历史潮流，海门师范的冠今中学仅仅是其中最小的一朵浪花中一滴最细小的水珠，大海的巨浪来自无数水滴的努力，而一滴滴水珠中最闪亮的深处就是一颗颗永不熄灭的大爱之心。

往事悠悠，回望27年的师范之路，充满感恩之心。海师、通师、如师和冠中，南通高师和通师高专，一张张熟悉而真诚热情的面容在我的眼前、两侧，在我的四周亲切地再现着。我在其中温暖地生活，努力地学习，认真地工作，健康地成长。在这个集体中获得了无尽的力量。我和大家一起，面对百姓的孩子，我们的学生，无论是80年代的中师生，还是首届冠中生，我们都始终以极强的责任感履行教育者的职责，进而在孩子们的健康成长中，获得我们师范人的幸福感。

这种幸福感是细碎的：在我们师范生的基本功汇报中，在小学青年教师的课堂比武中，在冠中首届高一统考的小小进步中；这种幸福感又是持久的：在13年的退休岁月里，它让我远离物欲诱惑，心境平和，安然入睡，它伴我在古稀走向耄耋之年里仍然积极努力地生活。每天去菜场会经过许多学校，幼儿园、小学、初中、高中，孩子们的欢声笑语、青春四溢的蓬勃生机总是令我动容，因为他们在告诉我：你曾经为孩子们的健康成长而努力工作过。马克思说：“如果我们选择了最能为人类福利而劳动的职业，那么，重担就不能把我们压倒，因为这是为大家而献身；那时我们所感到的就不是可怜的、有限的、自私的乐趣，我们的幸福将属于千万人，我们的事业将默默地，但是永恒发挥作用的存在下去。”所以，这种幸福感更是无价的，因为师范人的幸福存在于千千万万百姓的生活之中，也将在人类文明的传承发展中得到永恒。

今年，喜迎南通师范高等专科学校 120 周年校庆，谨以此文献给通师高专前世今生所有的师范人。也以此文致敬和我同甘共苦 23 年的全体海师人，尤其是冠中 5 年初创期迎难而上砥砺前行的冠中人，还要以此文特别纪念英年早逝的冠今中学的语文教师、校长茅健和语文教师、教导处主任邱斌。

叶嘉莹先生有诗云：“卅载光阴弹指过，未应磨染是初心。”“学高为师，身正为范”这一师范人的初心将与世永存。

作者简介：吕静，副教授，曾任海门师范教导处主任、副校长，南通高等师范学校副校长、工会主席，兼任南通市冠今中学校长。

我和三位助手

秦汉清

1991年3月，南通市委组织部把我从如皋师范调至海门师范任副校长。赴任前市领导找我谈话，特别强调要尽快物色并培养海师党政班子的后备干部，以便建立新的校级班子。带着领导和组织的殷殷嘱托，我到海门师范报到了。

初到海师，我分管教学工作，因为有此前在如皋师范的工作积累，工作不算驾轻就熟，至少也还得心应手。与此同时，对后备干部的物色工作也在默默地进行，新来乍到的我，既不对任何人搞先入为主，也不对任何人抱有成见，公平、公正地对待任何一个人，为遴选干部人选奠定了良好的基础。经过一年的考察，我提出了一个方案，择机提交给总支会议讨论，并顺利通过了。于是，就把这个方案报到了南通市委组织部和南通市教委，也初步得到了认可。随后，市委组织部来校考察，更进一步认为这是一个可行的方案。

1992年8月，南通市委组织部适时启动了组建学校党政新班子的程序，确定丁兆雄、黄正平、吕静三同志为校长助理，由我任总支副书记、副校长。黄正平分管党务，丁兆雄分管行政，吕静分管教学。这样一个“一副三助”的班子组建完成。

新班子组成后，大家视团结为眼睛，把事业当生命，心往一处想，劲往一处使，各项工作，不仅没有下滑，反而节节攀升。新班子运转一年后，市委组织部进行年终考察，师生对新班子的满意度相当高。为了更加有利于开展学校工作，又将三位助理提升为副处职，并将我转正。由我任党总支书记兼校长；黄正平任副书记；丁兆雄任副校长，负责行政；吕静任副校长，分管教学。这样一个“一正三副”的班子最终成型。

这里需要说明的是，一个学校的班子是“一副三助”，这样的格局是极为罕见的。一年后将副职转正，将助理任命为副处职，这在当时也是极为罕见的。这是组织和领导对海门师范非常时期采取的一种特别措施，也是组织和领导对我们四个人的一种特别关爱。我们四人除了担任各自的教学任务外，全身心扑在学校的发展上，可以说真正做到了废寝忘食，夜以继日。

下面我用“标题式新闻”的语言，列数一下我们前后所做的几方面工作。

第一、我们坚持把提升教育教学质量放在首位，提出了向管理要质量，向科研要质量。在管理方面，重新梳理修改了各项规章制度，并汇编成册，加强制度管人的力度，最大程度调动学校上上下下的积极性，为学校规范发展、和谐发展、奋力发展创造条件。在科研方面，选用能人担任教科室负责人，提出“结合教学搞科研，搞好科研促教学”，从而实现了教学和科研的互补双赢。

第二、我们倾力扩大招生规模。1992 年夏季招生，我们主动去省教委申请扩招计划，省里一下子特批给我校 11 个扩招生指标。回来后，先由办公室负责对外预约登记，根据登记情况，确定了录取原则，没有暗箱操作，没有徇私舞弊，所有录取名单都是在党政联席会上一锤定音的，校内校外对这一做法十分佩服。

第三、我们着力抓实师范生基本功训练。连续几年的毕业汇报，我们都是精细策划、精心准备。对集文、体、字、画于一体的大型表演，大家都赞不绝口。中央教育电视台、《中国教育报》先后以《江苏省海门师范重视学生基本功训练》《特色在小天地里开创——记江苏省海门师范学校》为题报道了学校相关情况。用人单位对海师毕业生的基本功有口皆碑。

第四、我们积极改善校园环境。1992 年夏，一场特大暴雨，将海师变成一片泽国。学校的琴房成了重灾区，几十架风琴被水泡成了一堆废品。没了琴房，没了琴，音乐课无法上，学生无法练琴。我们立马将受灾情况向上汇报，并吁请上级派人来校踏勘。很快音乐楼立项了。不到半年，一个功能齐全的音乐楼落成了。落成典礼上，时任海门县委书记宋飞莅临剪彩、讲话，还带来了十几位企业家当场给予的赞助。1994 年，学校拟建一座综合楼，苦于经费短缺，我们班子成员从青龙港坐高速客轮去上海向尊师重教的毛云和老板求助，毛总欣然允诺，并主动提出设计由他请上海知名的秦工，施工由他派精兵强将，至于经费问题，一定给予支持。自始毛总先后捐赠

800 多万元,用于学校的基本建设。

第五、我们努力改善教职工生活条件。1993 年冬,学校放了寒假。师生们都开始休假了,我们班子的几个人,却在谋划改善教师住房的事。大家踩着没脚踝的雪,到海门东郊去看现场,与海门方方面面洽谈,最终在海门市东首通源小区征地 1.5 亩,投资 145 万元,兴建了一幢 7 层 24 套教职工住宅,有效缓解了教职工住房困难问题。

第六、我们主动为海门的经济、社会发展出力。海门师范是一所地处县区的市属师范学校,为地方经济社会发展培养人才是我们义不容辞的责任,构建和谐的校地关系成为助力学校快速发展的必要条件。其时适逢海门县常委中就有三人是海师校友,他们也时刻关注着母校的发展。我们充分利用师范学校的特色为海门服务。海门创建卫生城市,我们组织青年突击队参战。海门举办"金花节",我们派礼仪生参会。海门撤县设市,我们组织百人方队巡游。社会上有人羡慕地说,"南师北师不如海师"。这其中既有对海师校友在海门当地建功立业的认可,亦有对海门办学成就的褒奖。

第七、我们寻机展示学校新形象。由于学校各项工作开展有序、特色鲜明,学校先后承办了一次省中师校长研讨会,一次中师校园文化建设研讨会。大家对海师的办学予以了充分肯定,特别对大型文体演出《海之诗》给予极高的评价。时任江苏省教委副主任的周德藩在省中师校园文化建设研讨会总结报告中,多次表扬了海门师范。与会期间,他欣然题词:把海师办成中师的精品。

我在海门师范前后工作了四年多(1991 年 3 月—1995 年 4 月),真的不知什么叫苦。我是只身一人去海师的,原先安排我住一个小套,为建音乐楼,我让给了住在建设用地上的一个职工,搬到了学校锅炉房隔壁的一间库房内,伴随着锅炉的噪音烟尘,心里却美滋滋的。也真的不知什么叫累。我 24 小时和学生相伴,百分之百的全天候、全方位管理,为迎接省中师校园文化建设研讨会,学校校史室全面改造,几位参与改造的老师,夜里饿了,凌晨三点敲我门,要我提供点吃的。我欣然起来和他们一起煮东西吃。回想起那些日子,心里总觉得乐呵呵的,同时也足见当时海师人,为学校的发展上下一心、努力付出、追求一流的一种状态。

我和三位助手组成的一个班子,无论是"一副三助",还是"一正三副"时期,都是不畏艰难、敢于担当的。我曾在全省中师校园文化建设现场会上说过，我们的班子是一个年富力强的班子，是一个团结战斗的班子，是一个勇于进取的班子，是一个风清气正的班子。直至今日，我对这一说法仍然不悔。

我感恩组织培养，我怀念海师生活，我感谢海师同仁，我点赞三位助手。

作者简介：秦汉清，曾任海门师范党总支书记兼校长、南通职业大学任党委副书记兼校长、南通市人民政府教育督导室副主任、江苏省人民政府兼职督学。

弦歌传习　寻贤故里

——海门师范创校人梁孝熊生平资料寻访记

陈　情

据《海门县志》记载，海门因地处长江黄海之门户而得名。“五代后周显德五年(958)始置县”，“因濒江临海，屡遭风潮灾害，县境涨坍无常”，其行政区划隶属及范围变更不断，但“置县时即有县学，统称儒学”。海门素有重学之传统，古之书院、社学、义学、私塾绵绵不绝，近之学堂、完全小学、师范传习所、普通中学乃至职业学校亦弦歌不辍。

光绪三十年，清政府在《奏定初级师范学堂章程》中规定：“各州县于初级师范学堂尚未齐设之时，宜急设师范传习所。”据《海门县志》记载，光绪三十二年(1906)，海门厅同知梁孝熊在县署东侧文庙设立师范传习所，是为目前有据可考的江苏省海门师范学校创校之源。传习所创校之后几经停复，至1951年海门初级师范学校正式成立。1956年5月，江苏省教育厅决定将学校由初级师范学校升格为中等师范学校，同年8月，改名为“海门县师范学校”。1979年5月，学校正式更名为“江苏省海门师范学校”。2005年9月，与江苏省南通师范学校合并组建“南通高等师范学校”。

海门师范的百年历史既见证了海门海陆变迁、区划变更的发展历史，也顺应了时代进步、日臻向上的历史规律。百年海师为南通、崇明等地培养了数以万计的教育和其他方面的人才。二十世纪八九十年代，海门坊间传言“南师北师，不如海师”，充分说明了海师办学的辉煌成就和在当地人民心目中的崇高地位。

1985年，我从苏州大学历史系毕业分配至海门师范学校。其后，有幸先后两次参与校史的资料征集、编写及校史馆的建设工作。海师数度停办造成的资料残缺给校史编纂带来了极大的困难，特别是关于创校人梁孝熊的记述在当地史志文献中甚少，照片更是无处寻觅，这一直是校史编写及校史馆布展的一大缺憾。

2015年7月，南通师范高等专科学校组织人员赴福建考察，正在牵头编写《江苏省海门师范学校校史》的我有幸开启了海师“创校人”、福建籍人士梁孝熊先生生平资料寻访之旅。

7月29日，我和郜樾、曹炳生、江华、姜聪一行，来到福建闽侯县。在闽侯县档案馆，几经查找，只在《闽侯进士录》中寻得简单记载：“梁孝熊，光绪十七年(1891)闽县进士。”档案文字寥寥，远行诸人心有不甘。既已到先贤故地，便在网上遍寻梁氏相关信息，有幸得到梁氏宗祠地址。30日下午，我们一行四人来到福建省福州市梁厝村，寻访始建于八百年前的永盛“梁氏宗祠”。

梁厝村，地处闽江和乌龙江交汇处，背靠燕山，千年文明，底蕴深厚，凭借着自隋唐以降的古迹遗存与厚重的人文积淀，梁厝村成为一个著名的文化地标。宏伟壮观的“梁氏宗祠”正门两侧的墙上，各塑一只大象，象身由数百只陶瓷小酒杯镶嵌而成，据说这是取瓷杯立象(慈悲立乡)的谐音。一千多年来，梁厝村崇尚耕读传家，历代重文兴学，办了许多所书院、学校。古代办有“梅涧书院”“燕山书斋”“燕山学堂”，近现代有“梁厝公学”“梁厝公立小学”“梁厝中心小学”，培养了一批名臣要员、专家学者。值得一书的是，梁氏家族引以为尊的五世祖梁汝昌与朱熹乃科考同窗，同登王佐榜，相交甚好，他将胞弟梁汝嘉引荐给朱熹，后梁汝嘉在梁厝村开办梅涧书院，与朱熹相为讲学，从此文脉相续。这也许是梁厝村文教发达、英才辈出的重要原因之一。

入得祠堂，正值上演社戏，虽不解戏情，但亦感梁氏宗族之悠久和文化传承。祠堂中悬挂着梁氏历代祖先图像及介绍，当看到梁孝熊的名字时，惊喜之情沛然而至。我赶紧细阅介绍，方知明清至现代，梁氏家族名人辈出，梁孝熊一家更是四代贤达，让人心生敬佩。其父梁鸣谦，咸丰九年(1859)中选进士，是沈葆桢的得力助手、抚台名臣，也是中国第一代科技翻译家；其子梁敬錞，是著名学者、作家、法官，1917年毕业于北京大学，1921年获得英国伦敦大学经济学硕士，国民政府定都南京后，任最高法院推事，后曾屡任厅长，在政界和学术界皆有重大成就；其孙梁守槃，中科院院士，1937年毕业于清华大学机械系，1939 年获麻省理工学院硕士，是中国导弹与航天技术重要开拓者之一、导弹总体和发动机技术专家。一个家族的四代人能在不同领域皆有卓越建树，足见出类拔萃是这个家族基因里蕴藏着的显著品质，这绝非仅仅是一个传奇故事，实际上也是两个世纪时代命运和国运变迁的侧影。

我又主动和观演人群中的长者交谈，得知梁氏后人编有《梁氏族谱》。于是在村里辗转寻得一族谱持有人，冒昧上门，顾不得蚊虫叮咬，就地挥汗翻阅。据《梁氏族谱》记载："梁孝熊，福州城门梁厝人，梁鸣谦之子。""幼质聪明，刻苦励学，博通经史，文笔卓越，伸纸疾书，有万言皆成佳卷之才华。""为人正直，品德崇高，才华出众，且古道心肠，乐善好施，被举为乡里孝廉。光绪十七年(1891 年)辛卯科中举，授江苏海门直隶厅同知，辛亥革命后辞职返里。"在海门任职时，梁孝熊为官清廉，秉公判案，多谋善断，声名远扬。族谱中记载梁孝熊供职船政署时为家乡龙瑞寺撰写的《重修龙瑞寺志》，文中有"修竹环其傍，茂林园与后"之语，依稀可见梁公文采。

福建归来之后，曹炳生又从网络上寻得《梁氏族谱》一套(现存放南通师范高等专科学校校史馆)，也算是为寻找海师创校人生平资料之旅画上了一个圆满的句号，使梁公生平资料臻至完善。

如今，作为南通师范高等专科学校校史上三位创校人之一的梁孝熊先生的画像也将永久性地陈列在校史博物馆中。作为海门师范的后学之辈，能为校史资料添得一砖半瓦，则实属吾辈之幸也。

作者简介：陈情，高级讲师，曾任海门师范学校办公室主任、副校长，南通高等师范学校副校长，江苏省南通中等专业学校党委书记、副校长。

教育史上的失踪者：早期的海门师范（1906—1934）

龚郑勇

与同在南通的张謇创办的通州民立师范学校（因该校多次改名，为行文方便，后文一律统称南通师范）、沙元炳创办的如皋师范学校不同，海门师范学校更像一个集合体，因为前两者指的是具体的、明确的学校，而后者则是历史上若干所不同时期存在于海门的师范学校的笼统称谓，所以，“海门师范”或许更为确切的称谓应该是“海门的师范”。这是十年前我跟着前辈在整理海师校史时的一个直观感受。

——题记

一

经历了1900年的八国联军之乱，清政府的上层已经意识到传统的科举制度所存在的致命点，教育改革已经迫在眉睫了。光绪二十九年（1903年）《奏定初级师范学堂章程》：“初级师范学堂为小学教育普及之基，必限定每州、县必设一所。”（《中国考试制度史资料选编》第493页）光绪三十二年（1906年）学部专门发了《学部通行各省推广师范生名额电》，要求：“应请迅将省城师范名额尽力推广……现在请以全力注重师范，五个月内，本部当派视学官分省巡视。”（《中国考试制度史资料选编》第494—495页）即将各地是否设立师范学校作为考核地方官的一个项目，海门最早的师范学校就是在这种大背景下应运而生的。

《江苏省海门师范学校校史（1906—2005）》第5页记载：“光绪三十二年

(1906年)梁孝熊于海门厅署东文庙内厅创办师范传习所。同年,顾中一在厅署东文昌宫创办了'民立师范学堂',校长沈书升。辛亥革命胜利后,民国元年(1912年),地方知名人士、国会议员茅祖权、沈竞等在孔庙办'师范讲习所'。次年收归县立,改为'甲乙种师范讲习所',1917年改讲习所为县立单级师范。"这段校史来源于此前1994年海门县教育局编印的《海门县教育大事记(958—1990)》相关年份的记载,也可见于更早的《续海门厅图志·学志》。

然而,这段叙述是很有问题的,只是因为史料的缺失,暂时也只能这样了。首先,作为时任海门厅同知的梁孝熊创办师范传习所应该是一种奉旨办校的政绩工程,"梁校"似乎是最正统的,"顾校"与之同时存在,但各自分别存在多少时间,尤其是与后来的"茅校"是什么关系,各自的规模有多大?其间有没有发生合并?还是"梁校"与"顾校"因某些原因后来都夭折了,茅祖权等才创办"茅校"来填补海门缺少师范的空白?其次,"梁校"自然是公办性质,"顾校"显然是民办学校,那"茅校"究竟是公立还是私立,则语焉不详。再次,"次年收归县立"究竟是指这所"茅校"还是指三所师范一齐收归"县立",这又是疑点之一。又,《海门县教育大事记(958—1990)》第19页中记载"宣统三年(1911年)"介绍海门光复时,"师范讲习所长沈介人及全体同学去参加",似乎当时还存在一个与后来的"茅校"同名的且《江苏省海门师范学校校史(1906—2005)》中并未提及的"师范讲习所",这又意味着海门曾经存在过两个"师范讲习所"(当然也许是"师范传习所"的笔误所致),如今这些恐怕永远是个谜了。

目前能够看到的最早有关海门创办师范学校的文字是《时报》乙巳年十二月十四日(公元1906年1月8日)的一篇新闻报道《民立师范讲习所成立(海门)》:"海门风气虽开,学校尚少。近来绅士拟于各乡广设小学,苦乏教员。顾君中一、唐君斗寅、杨君清华等纠合同志创设师范讲习所,一切经费即由肄业者各任六十元。又沈君斋卿慨助百元,沈君鹿琴主持。缺少财政,特请樊君韶琴管理,龙门师范卒业生赵君征麟、徐君震、章君光豫、张君震担任各科教授,于明年正月开校云。"(标点为笔者所加)这篇报道告诉我们即将开办的"顾校"的大致情况,即具体日常管理的是樊韶琴,另有教师4人,办学经费除了沈斋卿捐助的百元外,其他由学生承担,每人六十元。当然,这仅仅是事前的蓝图,究竟开学后的实际规模如何现在也不得而知,因为这笔学费远超当时普通人家的收入。同期张謇的大生纱厂“学徒之长二圆，历一年者一圆”(《张謇全集》第5册第8页)同仁泰盐业公司雇工“上手每人每月五元……下手每月三元”(《张謇全集》第5册第45页)通海垦牧公司时，爬夫与铲夫“每人每日工食钱一百二十”(当时1250钱为一两银、一元约为0.7两银)(《张謇全集》第5册第30页)，60元的学费是大生纱厂学徒30个月的收入、同仁泰盐业公司雇工12—20个月的收入、通海垦牧公司一个民工约两年半(800多天)的工钱及饭钱之和。

《民国海门县图志》卷六“教育志”是这样介绍海门师范的：“县立师范学校，在署东孔子庙内。民国元年(1912年)，茅祖权沈竞等筹设师范讲习所，九月开学；二年(1913年)，收归县立，改为甲乙种师范讲习所；六年(1917年)，改单级师范；七年(1918年)，停办；九年(1920年)重开；十三年(1924年)，改乙种师范；十七年(1928年)，改称县立师范；十九年(1930年)，改组乡村师范；二十三年(1934年)，停办。”显然，离历史真相最近的这本县志也只认同“茅校”为海门师范之滥觞。究其原因，恐怕与“梁校”与“顾校”的办学时间不一与办学影响有限以至于为人所不认可的程度有关(下文有论)。不仅如此，1923年的《义务教育》(17期)杂志“各县师范讲习所概况表”中介绍海门师范的相关资料时，则将开办时间定为“九年八月”。这甚至可以看出“茅校”的规模及影响也有限。这些都与目前《江苏省海门师范学校校史(1906—2005)》第6页上的一段文字相印证：“师范传习所规模较小，只有孔庙大成殿前一排房子。房子的一端有个大的办公室和一个监理室，另一端有个大的教室。大成殿前，办公室和教室的后面有两厢，南端各有一个宿舍。学校招收高小毕业生，培养初等师资。”

海门师范这段有点混乱的创校史其实恰恰就是当时全国各地师范学校普遍的现状。因为作为一个重要的政绩考核指标，各地必须创办新式师范以应对上级的考核，所以多流于形式，因此海门师范的出现本身就是一本“急就章”；而且正式废科举后“绅士们机敏地停止了反抗，另辟办学堂以保存他们特权的新出路，因为学堂也能授予毕业生进士、举人和生员的学衔。”(《剑桥中国晚清史》第373页)所以才出现了全民热衷于办师范的局面。由于师范热过度，宣统二年(1910年)学部不得不发《学部通行各省整顿师范义务办法文》进行整顿，“查师范之设，意在改良教育，本部不徒重师范毕业人数之多，重在师范毕业后于中小学堂教育之日有进益。近闻各处提学使有徒铺张造就师范之虚名，迨师范生毕业后毫无位置，至有谓其程度不足任教授之责者……”(《中国考试制度史资料选编》第500页)

二

晚清及民国时期海门师范的具体办学经费及学生学费因史料残缺而无考。早期除了上文提及的《时报》所报道的“顾校”办学经费除了沈斋卿捐助的百元、学费每人六十元外，其他情况不明。

1921年10月17日《通海新报》上《参观师范讲习所》一文中提及，“该所各生年纳数十元……殆因师范学校均属公费为多，凡到所肄业例缴半费，今均照全数三十二元输入”(标点为笔者所加)，说明1921年的海师学费三十二元，其他费用年数十元。

1923第17期《义务教育》“各县师范讲习所概况表”介绍海门师范的经费时：经常费：现定一千七百元；临时费：现定壹佰元；经费来源：县教育经费项下支拨；免费与否：学费免收膳食费全由学生缴纳(以后拟收半膳)；每学生占费平均数：三元一角五分八厘。1924年4月“县立师范校长徐东注前年呈请教育厅改讲习所为初级师范，要求省费，获省教育厅许可，得常年经费2 000元”(《江苏省海门师范学校校史(1906—2005)》第137页)这证明了此前海门师范长期得不到上级行政的经济支撑、仅仅依赖于地方杂税维持的现实，而且这笔补助究竟维持了多久，现在也不得而知。

不仅仅是海门师范，海门其他的学校办学经费也多依赖于地方杂费，仅见于《海门县教育大事记(958—1990)》中涉及教育的附加税即有：

海门师范办学同期的海门教育附加税费表(部分)

光绪三十二年	轧捐(学生经费)、花布三厘捐(学堂经费)、售契捐(学务经费)、肉捐(学务经费)等。
民国元年 (1912年)	教育亩捐向于地方亩捐内划出2分5里。又征收路庄拆篮捐，每庄纳洋10元，为自治小学经费。
民国三年 (1914年)	黄花鱼银4厘的鱼筹捐。
民国四年 (1915年)	带征屠宰捐。

(续表)

民国六年 (1917 年)	征收忙糟滞纳罚金,5 成留县立教育费。花布 3 厘充市乡教育费。长短期牙贴按照应纳税 1 元带征 2 成为教育费。
民国八年 (1919 年)	县核定中资捐每千步收捐银一元。
民国十二年 (1923 年)	教育行政会议决定以 6 分亩捐减为 3 分。复轧车捐。
民国十三年 (1924 年)	省教育行政会议议决请加官契纸价每张 3 角,充教育经费。
民国十六年 (1927 年)	每亩加征亩捐 3 分,以一分归教育费。
民国十七年 (1928 年)	教育亩捐在 2 分 5 厘的基础上又加每亩 5 分 5 厘,合计 8 分,全县每年收入将近 8 万元。又征纱捐每箱 3 角,作教育经费。但教育经费仍然紧缺,上半年各校经费只发六七成,下半年分文未发。
民国十八年 (1929 年)	始收茧捐,每干茧 1 石(担)收捐 3 角,由商会代收,归教育局。
民国二十年 (1931 年)	征收屠宰税的新定标准为每头猪征银 2 角,每头羊 1 角 5 分,以充学款。
民国二十一年 (1932 年)	始征船捐税,以充教费……全县已结欠各学校经费 6 个月……
民国二十三年 (1934 年)	接收善公学田。……惟教育 4 离、公安 6 厘的鱼筹捐仍由两局自行派员收取。

(资料源于:《海门县教育大事记(958—1990)》第 16 页、第 22 页、第 26 页、第 27 页、第 32 页、第 35 页、第 45 页、第 48 页、第 55 页、第 58 页、第 62 页、第 66 页、第 66 页、第 70 页)

况且即便这些杂税也并不完全被投入教育,按时人的评论:“然办理官中多系刁绅劣董,巧立名目,敲诈业户,所得捐费大半被吞没,且拖不缴县。”(《海门县教育大事记(958—1990)》第 27 页)这种教育现状并非海门独有,尤其是新式学堂刚刚兴起时,当时的《申报》(1905 年 5 月 3 日)就报道了这种现象:“各县设立中小学堂动辄请开捐筹款,如近年来丝绸鱼肉等捐,无地无之。”(标点为笔者所加)《东方杂志》(第 1 卷第 11 期)(1904 年)当时就以《毁学果竟成为风气耶》为题一针见血指出:“考其原因,无非为抽捐而起……愚民毁学，其咎则全在于官吏。”

早期尤其是晚清时期的海门师范有没有受到毁学的冲击，现在不得而知。1904 年，张謇在致端方的书信中抱怨：“且访闻江北通海一带，近年遇有地方善堂、社仓、水利、兴学、开垦等要公，率有刁劣生监，不法棍徒，纠众滋事，蔑法背理，实堪痛恨云云为词。”(《张謇全集》第 2 册第 140 页)《海门县教育大事记(958—1990)》第 19—20 页中提及：“宣统三年(1911 年)的阴历十月初二，海门西部发生了一场持续数日、规模达二三百人、波及几个乡镇、毁坏多个新式学堂的‘打洋务’暴动。”说明在海门师范创办前后，海门也同样存在着一种对新学堂不满的情绪。也许海门师范位于海门行政中心，没有直接受到正面冲击，但暗中受到一些敌对情绪也许在所难免。

1918 年“海门甲种师范(县立单级师范)奉省令停歇(第二次停办)，后年贴地方款 1 000 元，补给省立师范，凡在指定额内考入者可免费。”(《海门县教育大事记(958—1990)》第 34 页)

也许意识到海门需要师范的现实，同年的 8 月 31 日，《通海新报》就刊出张树典《请求通海垦牧公司师范股份拨归海门师范理由书》，以《通海垦牧公司集股章程》规定通州师范学校垦牧学田股份本属南通海门各有一半为由，要求张謇在海门创办一所师范学校：“一、通海师范股份四百五十股应分之地通海各得其半各属师范学校校产；一、海门应得之地计四千九百五十亩岁收收入即为海门师范学校特别经常之费；一、海门师范学校应设垦牧乡之海境如何规划设施请张啬公为校长主持一切校产即由校长管理之。”目前未见到张謇正面回应的相关史料。后来为了这场学田案官司一直诉讼到江苏省政府及国民政府行政院，时间从 1928 年 1 月延续到 1936 年 7 月，尽管海门最终赢得了 120 股学田收入(《南通师范学校史(第一卷)》第 226 页)，但此时的海门师范已因难以为继而停办了。

民国时期的海门师范最终停办的原因，《江苏省海门师范学校校史(1906—2005)》第 12 页上只是简单提及：“1934 年 7 月，因时局动荡，学校宣告停办。”《海门县教育大事记(958—1990)》第 70 页中提及：“乡村师范于民国二十三年七月停办。”两者皆语焉不详。事实上，其根本原因也是经济破产所致。20 世纪 30 年代，整个中国都面临着一场严重的社会危机，海门也不例外。海门自 1912 年至 1936 年，人均耕地从 2.76 亩减少到 2.58 亩(《南通现代化：1895—1938》第 73 页)，而当时维持一个人的基本生存约 5

亩左右(《南通现代化:1895—1938》第 77 页),幸赖于传统的棉花种植及家庭手工纺织的存在,才能够使海门的农民维持基本的日常生活,1922 年至 1931 年的这段时间,通海地区运往东北的大布总数为 890 620 件(40 匹为一件)(《南通土布》第 63 页),但九一八事变以后,通海一带传统销往东北的关庄布被日本棉布完全从东北市场挤出。经济形势日益恶化,缺乏经济支撑的海门师范已经难以维持下去了。而同期的南通师范因有通海垦牧公司每年 9 900 亩师范仓的租金收入,再加上各种补助则能够正常运行。

所以,海门师范的规模及影响有限,最终停办实在事出有因。

三

由于晚清及民国时期的海门师范尚未被严格地纳入教育科层制的链条环节中,这种相对松散的大环境对于学校及学生而言,都出现了一种利弊并存的结果。

首先,在经济上得不到足够的投入自然是其致命之所,时刻制约着其生存与发展并最终导致其停办。1920 年“海门甲种师范获准第三次开办,开始招考新生,定额 50 名,学制 2 年。以学宫内敬厅旧址为校舍。”(《海门县教育大事记(958—1990)》第 37 页)1921 年 7 月 2 日的《通海新报》载《甲种师范近讯》:“海门甲种师范讲习所自去年续办又将一载,近闻因经费不足校舍不敷,须待明年下学年毕业后再另招。现该所学生五十二名,教员三人、所长一人云。”(标点符号为笔者所加)1921 年 10 月 17 日《通海新报》载《参观师范讲习所》就提出“仪器之不完备”。《义务教育》1923 年第 17 期曾报道,校舍“向县立高等小学校借用只能暂容师范生一班”,教室“一所尚合用”,级数“现有一级”,人数“五十七人(男生)”,专任教员“三人”,兼任教员“三人”。20 世纪 20 年代新式学校已经在社会上获得了普遍认同,但海师依然面临办学场所不固定、办学硬件缺乏、教师队伍偏小的困境,这也可窥出早期“梁校”“顾校”甚至“茅校”的实际规模之一斑,这也许就是《民国海门县图志》舍去这两校而将“茅校”视为海门师范发源的原因。甚至到了 1930 年,省督学易作霖视察海门教育后依然这样评价师范学校:“设备简单,仪器标本缺乏农具亦稀少。图书略备。……教员共九人,兼任者居其八,又以薪水微薄,迁就良多,故校务难期成绩。”(《江苏省海门师范学校校史(1906—

2005)》第 11—12 页)"民国二十二年(1933 年)度海门县教育统计,县立师范学校(初师)1 所,单级,学生 50 人,其中女生 6 人,教职员 9 人。"(《海门县教育大事记(958—1990)》第 68 页)

其次,日常管理混乱。1913 年 6 月 28 日《通海新报》中《师范几成灰烬》一文报道,由于管理不严,一职员晚上外出时未熄灭灯火酿成火灾。《通海新报》1913 年 10 月 6 日《师范传习所风潮始末记》一文报道,讲习所长袁凤丹因与学生冲突去职,知事委派县视学张仲吹兼任所长。在张任职期间,重用亲信教员,学生以前后任教员上课教法繁简不同为由而大闹校园。张仲吹查明风潮系两班长为首,就布告开除。学生不服,就撕毁布告,砸坏示牌,吓走了张仲吹。此次学潮估计影响较大,第二年省厅视学的报告中也提及,"但管理仍需注意严肃。去年学生闹学潮,今虽毕业,但今年所招新生尤宜严肃,以期改革不良遗风。"(《江苏省海门师范学校校史(1906—2005)》第 135 页)"民国五年(1916 年)的毕业考试中,前来督察的省视学竟然发现毕业生中有四名学生是原来报名册上所没有的,另有七人修业未满也参加了考试。"(《江苏教育行政月报》民国五年(1916 年)第二期第 32—33 页)"民国十九年(1930 年)前后,6 个学期更换六七个校长。"(《江苏省海门师范学校校史(1906—2005)》第 11 页)而在南通师范,像顾怡生、于枕等人从南通师范的学生开始成长为学校的教员再到学校的管理层,一辈子与学校联系在了一起,为学校服务了终生。

最后,教师队伍与教学质量不稳定。1914 年 8 月 7 日省视学来县视察,完毕后作《省视学报告海门县教育状况》:"此次视察所及以甲种师范传习所、私立中学校、市立第一初等小学校三处为较优。其余者瑕瑜互见。"(《海门县教育大事记(958—1990)》第 25 页)1915 年第 7 期《江苏教育公报》报道了省视学视察海门甲种师范讲习后的报告:"该所生徒成绩尚见优良。"1916 年 4 月 14 日《通海新报》载《省委考师范生》:"海门于阴历二月底来省委及省视学会会同监考,师范讲习所之学生成绩均佳,阅卷后竭力称赞教授良善并奖誉学生之勤奋有日就月。"(标点为笔者所加)

然而负面评价同样存在。同是 1914 年省厅视学的报告中,也有这样的评语:甲种师范讲习所教授尚能合法,但管理仍需注意严肃。……如有年龄过小,不足十八岁,且程度不及,须增加修业时间,应设法令其转学至邻境之师范本科或实业学校,庶几将来不致滥竽毕业二贻误青年。(《江苏省海门师范学校校史(1906—2005)》第135—136页)《通海新报》1921年10月17日指出海门师范所存在的问题：甲、仪器之不完备；乙、饮食之不洁；丙、厕所宜冲洗设灯；丁、管理之失当；戊、主任之渎职；己、收费宜发收条。(《参观师范讲习所》)1930年，省教育厅根据省督学易作霖视察教育状况报告："……(师范学校)设备简单，仪器标本缺乏农具亦稀少。图书略备。校长倪约求，于师范教育无甚研究。教员共九人，兼任者居其八，又以薪水微薄，迁就良多，故校务难期成绩。……学生作业，勤惰不齐，成绩欠佳教育科……教员不勤加检阅，难免敷衍塞责。历史等科，虽有笔记，无非抄录讲义……作文程度颇低……况题材陈腐，改笔芜杂，尤多贻误。……至教学录，仅记四周，夜课划到薄记六日，均足见办事之懈怠。"省教育厅根据该教育状况报告，训令海门教育局："县立师范学校，据查办理殊鲜成绩，应转饬该新任校长，尅日到校，迅予整顿改进。"(《江苏省海门师范学校校史(1906—2005)》第11—12页)

尽管早期的海师也有黄松庵这样的留日教师短期任教过，但因经济待遇等因素，始终缺乏相对稳定的高素质教师队伍：

海门师范部分年份教师规模

1906年"顾校"的规划	一人管理，教师四人。
1921年	一所长，三教员。
1923年	专任教员"三人"，兼任教员"三人"。
1930年	教员共九人，兼任者居其八。

显然海门师范的规模难以与同期的南通师范、如皋师范相比。教师队伍的不稳定，必然导致教学质量不稳定，易受时局及校领导的变迁而波动，最终不能形成稳定的校风学风。

然而海师松散的教学环境尤其是管理空白也出现了一些意外的收获。首先是师生思想活跃。五四以后男女同校渐成为潮流，1925年，海门师范已经开始男女同学，1925年9月10日《申报》还曾以《海门县师实现男女同学》为题作了报道。而在南通师范，张謇则坚决反对将男女同校，"而蔡孑民之主张男女同校，造出无穷话柄，为教育之玷。岂蔡之胸中只知此事为古今中外最大之事乎？或同化于孙中山之公妻说？怪哉！吾不敢知其孽之所竟矣"(《张謇全集》第3册第873页)，"而庸妄巨子、龌龊伧夫……于是提倡男女平权不已，又提倡男女同学，提倡男女学生自由”(《张謇全集》第 3 册第 1249—1250 页)。直到 1938 年 9 月抗战爆发后，南通师范被迫撤退到乡村、时称侨校的时才开始招收女生(《南通师范学校史(第一卷)》第 64 页)。如皋师范也是直到 1928 年才开始男女同班(《如皋高等师范学校校史》第 278 页)。1925 年 12 月 30 日《通海新报》新闻《解散学生》，报道海师学生敦促校长徐东注经济公开。次年 1 月，师生再次促令校长徐东注经济公开未能如愿，“于农历 11 月初三一律罢课，并报告县教育会。当由薛会长委婉劝导，至再至三，师生始允暂不深究，薛会长即请警察队长陈楚均将学生等送回，照常上课，一面讽令徐校长开诚布公，自省前弊，以免重贻口实。”(《江苏省海门师范学校校史(1906—2005)》第 137 页)1926 年 4 月 16 日《通海新报》报道海师学生因北京“3·18”惨案而召集临时会议。为唤醒民众，学生张在田、顾杜能、陆善持和沈兆彰等 10 多人，派至下沙海复镇、日新河等 20 多次演讲声援，情绪高涨。与之形成对比的是，在南通每逢学潮时，张謇就告诫南通各校主事者：“学校办事人对于学生无庸客气，其以为不合者尽可听便，不必留校。”(《张謇全集》第 4 册第 605 页)“师范在南通犹军事之大本营也”(《张謇全集》第 4 册第 640 页)。因此，五四时期“(南通师范)曾和各校一样地进行活动，而罢课曾几经犹豫，复课却最早，再加上学校当局贯彻张謇的指示，较他校对学生的压力更大。”(《江苏文史资料(第 106 辑)》第 8 页)张謇自己也很满意，“夫世界异说潮流，乱人视线，略可推见矣。南通支柱其间，独不为风气激动怪变震撼者……”(《张謇全集》第 4 册第 573 页)、“现在外边学风，常常有变更，而本地却没有什么大变更。”(《张謇全集》第 4 册第 577 页)

最值得一提的是，“1927 年 10 月 10 日，时任海师校长的张冠今亲自组织发动了海师、海中、能仁、锡类等十所学校的学生闹学潮，冲击国民党县党部，抓获国民党省特派员陈石泉，将他游街示众，大大振奋了人民群众的斗志；同年成立了海门的第一个中共支部；1928 年，张冠今在海师组建了党支部。”(《江苏省海门师范学校校史(1906—2005)》第 14 页)以校长的身份领头闹学潮的行为在南通师范也是难以想象的。

在学术上也培养出了受梁启超赏识的清华国学院学生陈贞吉等一批学生。(《江苏省海门师范学校校史(1906—2005)》第 18 页)陈贞吉为海师等海门多所学校谱写了校歌。

因此，从研究的样本而言，最终走入历史洪流、消失在茫茫历史长河中的海门师范要比曾经同在南通的南通师范、如皋师范更值得去关注与思考，因为她的命运才真正是这一百年来被中国现代化进程所裹挟着的乡村师范的命运，也是所有中国乡村师范的缩影。

附 1：　　　海门师范、南通师范、如皋师范部分年份相关数据

		海门师范	南通师范	如皋师范
校舍	办学之初	文庙（文昌宫、学宫等）。一间办公室、一间监理室、一间大教室、两间宿舍。	41 亩，建屋 104 间，楼 172 间，廊庑 116 间。	楼房 5 座，平房 9 座，加上修缮的庙房共 174 座，校舍及操场近 20 亩。
	1923 年	校舍向小学借用，教室一所尚合用。	不详。	不详。
在校学生数	1902 年			50
	1903 年		49	14
	1915 年	44	不详。	151
	1921 年	52	389	140
	1923 年	57	不详。	192
	1933 年	50	不详。	280
教职员数	1915 年	所长 1 人，教职员数不详。	不详。	教师 19 人，职员 6 人。
	1921 年	所长 1 人，教师 3 人，职员数不详。	教职员 38 人。	教师 18 人，职员 6 人。
	1923 年	所长 1 人，教师专任 3 人，兼任 3 人，职员数不详。	不详。	教师 19 人，职员 8 人
	1930 年	教师 9 人（且 8 人为兼职），职员数不详。	不详。	教师 21 人，职员 10 人。
	1933 年	教职员 9 人。	教师 32 人，职员 12 人。	教师 20 人，职员 11 人。

（续表）

		海门师范	南通师范	如皋师范
办学经费	1915 年	1 400 元。	通海垦牧公司捐助规银 45 000 两、其他各种政府补助及私人捐款 24 517.2 银圆*。	晚清时期常年每年使用经费 12 767.15 银圆。
	1923 年	由县教育经费项下支拨:经常费 1 700 元,临时费 100 元。	通海垦牧公司捐助规银 45 000 两、其他各种政府补助及私人捐款。	不详。
	1924 年	始获省教育厅补助 2 000 元,其余地方杂费。	通海垦牧公司捐助规银 45 000 两、其他各种政府补助及私人捐款。	23 446.33 银圆。

注:* 为 1914、1915 两年政府补助与私人捐款总和后取的均值

(1) 南通师范相关数据见:《南通师范学校史(第一卷)》(南京师范大学出版社,2012 版);《南通市教育志》(新华出版社,2001 版)相关年份;《张謇全集》第五卷(上海辞书出版社,2012 版)通海垦牧公司相关年份账略。如皋师范相关数据见:《如皋高等师范学校校史》(南京大学出版社,2012 版)相关年份。

(2) 因当时币值尚未统一,故沿用各校史上的货币单位。

作者简介:龚郑勇,原江苏省海门师范学校教师,现南通师范高等专科学校教师。

复办海师回忆录

尤世良

一

1972年2月，海门县红旗中学假座大生三厂大礼堂，召开两个应届高中毕业班的毕业典礼，结束后同学们和老师纷纷去三厂镇照相馆摄影留念。我当时和我任教班级的班干部及团支部照完相正往学校走去，这时李主任见我说，县教育局有一份通知发给学校是给你的，在校长室。到校后，校长对我说正要找你呢，我问有什么事吗，校长说，让你在三天内去教育局报到，可能是工作调动吧，带上行李铺盖卷。说完把通知交给了我。

回到家里告诉了爱人，她也是红旗中学教师，说你就先去教育局具体了解一下情况，也好应对处理。于是当天下午我就去了海门。原来，地区教育局决定复办海门师范，省里已批复同意，要抽调精干人员，组成复办班底，争取上半年培训班开学。并让我尽快到海门县中内的教学大楼报到，黄森书记在等我。

二

黄森书记事先我并不认识，只听说他原是海门县团委书记，在德胜公社也当过书记，是一位好当家。这次由他主持海师复办的工作，也是一项重大的政治任务。见了黄书记，他微笑着说你来了，你是第三位到的，我这才知道，在我之前已有两位同志先到了，黄书记接着说，先不谈工作，你先把住宿安排好，明天再说。

百闻不如一见。黄森书记个头不高，微胖，开口就带微笑，无意间就给人一种亲和的感觉，让你愿意和他交往。我说好的，接下来我就去宿舍，这次海师复办地点，是假座海门县中内一座四层教学大楼，黄书记的宿舍在三楼，办公在二楼东头一间，我们教师宿舍暂放西头一间，联系起来非常方便。当我推开宿舍门，先到的两位已经在整理床铺，在朝南窗口左右各放了一张床，我只好放在门边了。打了招呼，彼此认识，也成了终生好友。一位是从苏北射阳中学调回家乡的黄继辉老师，毕业于徐州师院数学系，年龄与我相仿，海门天补人；另一位是薛凤新老师，是由上海崇明县教师进修学校调回家乡的，早年毕业于上海师院中文系，是海门秀山人，年龄四十多，比我和黄年长些。大家互报家门，互通情况，彼此很快就熟悉了。到了午饭时间，大家一同下楼去后面厨房用餐。走进饭堂一看，嘿，厨房工友都是熟面孔，都是我原来在海门教师进修学校时的旧班底。烧饭师傅钱志达，烧菜好手杨献荣，因为烧的菜好吃，人称"香哥"。海门话说成了"香狗"，他也不生气。还有电工袁锡才，伙食会计盛志冲，全在，就缺老会计陈绍基没见，估计是退休了。他们见了我异口同声："尤老师，你回来啦！"

说来话长，我 1964 年毕业于江苏师院中文系，当年经南通地区教育局统配至海门县文教局，再由县文教局分配到县教师进修学校任教师。到进修学校报到后没几天，县里又将我抽调出，去刘浩公社参加面上社教的扫尾工作，扫尾工作结束后，即去南通三里墩地委党校报到，参加中共南通地委社会主义教育工作团，成为一名工作团的成员，我分在双楼工作队，队长是南通地委党校校长杨康同志。工作团先后进驻海安县和如皋县，开展四清运动。1966 年三月我回到海门县教师进修学校工作。不久，"文化大革命"开始了，校内教职员工全部被遣散，充实基层中小学，我被安排到三厂红旗中学，任高中语文教师，这才有了本文开头的一幕：参加红旗中学应届高中毕业班的毕业典礼。

三

海师复办的消息不胫而走，得到各方支援。先后政治教师张独明、叶宏宝来报到，厦门大学数学教师姚雨南，正好调回家乡也来报到。接着由南通调来的孙淑同志也来了，暂时主持校办公室工作，这就是所谓兵马未动粮草先行吧！

接着黄书记召开会议，重点讨论办学问题。黄书记首先谈了上级部门复办海师的意图，主要是解决南通地区广大农村中小学教师青黄不接、质量参差不齐的问题。又具体分析了当前农村教师奇缺，大量的民办教师、代课教师都没经过师范专业培训，教育教学质量普遍低下，这部分教师亟待提高专业素质。加上海师停办十年来，特别是“文化大革命”以来，师范多年不招生，致使农村中小学教师青黄不接，没有新鲜血液补充，这就是复办海师的现实意义。加上形势迫切，容不得再拖延了，突显了当前复办海师的紧迫性。

接着大家你一言我一语地谈开了。有的同志说，当前农村中小学情况很复杂，除少数完中外，更多的是社办初中、老农中、新农中和戴帽初中，即小学加上一两个初中班。小学的情况也不乐观，除一个公社一所中心小学外，更多的还有初小（不完全小学）、耕小（耕读小学，闲时上课，忙时散学）、简小（简易小学，只有一个班或两个班）。还有的说，农村中小学有大量的民办教师和代课教师，农村的文化人（指初高中毕业生），大都去当了民办教师和代课教师，全国估计有近两百万，是他们撑起农村中小学教育的半边天。这时，黄书记说，所以海师复办后的第一个任务，就是要对民办教师加以培训，提高素质并将他们转成公办教师，所以我们的任务是很重的，要求也是比较高的。至此大家心中明白了今天讨论的主题，对今后的工作也有了明确的方向。

四

从办公室孙淑老师处了解到学校首批轮训计划的主要内容，即办三个班，一个政治班，两个语文班，招收学员，每班 60 人，共计 180 名，全部是民办初中教师，培训时间为半年。

当时只有两个语文教师，即我和薛凤新老师，后来开班前又调一语文教师——薛汉贤老师，他是老海师毕业留校的，开设中文专业课估计有困难。于是我和薛凤新老师商讨教学方案，并做些分工。总体要求是，由于培训时间短，授课内容应精要得当，学员要吃得下能消化，其教学业务能力要在原有基础上有所提高。这样我们让薛汉贤老师讲些现代文（现代散文小说，当时以鲁迅的作品为主），薛凤新老师以古诗古文为主，篇目自选自定，另加古代汉语知识,可开古汉语讲座。至于我,包揽现代汉语,从语音词汇到语法修辞,重点是语法部分,修辞可以开讲座,再就是中学语文教学法,也由我讲,只能开讲座了。我俩还说定,教学中要多听学员意见,注意教学效果,及时改进教学方法,还要给学员留一定量的作业并督促完成,不得马虎敷衍。

还有一个最大的问题,就是没有现成的培训教材,学校的意见是通知学员带齐高中语文课本,加上学校印些讲义给学生用,至于教师备课用书,自行解决。所以当时教师备课找资料,那种辛苦是不用说的了,教师备课、改作业到深夜,也是家常便饭。

又过了好几天,我正在紧张备课,黄书记找到我,拍拍我的肩膀,微笑着对我说,知道你教学负担很重,有两个语文班的教学,但学校还是想给你加点担子,做语文(2)班的班主任。黄书记接着又说,虽然学员都是老师,我们还是要有一位老师去代表学校做些班级管理工作,也算是班级和学校的桥梁。我望着黄书记那么诚恳的样子,二话没说,就说了一句,好吧,试试看。

五

三月初,学员开始入学报到。此次学员都是南三县(南通、海门、启东)的初中民办教师,由各县挑选推荐,每县 60 名,再发通知并务必要求如期报到。

学校后勤组的同志已忙乎了一阵子了,安排宿舍床铺,是最大的工作量,学员住宿全放在三楼,上课时三个班级放在二楼三个教室,一楼中间的大教室,可容纳三个班级全体学员开会及上大课用。这个大教室在一楼中部,除了前后有两个教室门外,还有一个双扇门,朝南面向大操场,从此门出去下几个台阶,便可到大操场了。

再就是暂时没有学员饭堂,于是因陋就简,克服困难,就在教室用餐。由于假座海门县中办学,校门也没挂海师校牌,待以后海师校舍落定搬家时再说,所以让各县发出报到通知时要特别说明,是到海门县中报到。

不几天迎来学员报到,办公室和后勤组接待,学员名册也在前些日子打印给了班主任,让班主任熟悉本班学员情况。这天报到了一天,嘿,男男女女全是大龄青年!都差不多三十左右,我班最大三十四岁,小点的也二十五六岁,而且不少是当家的顶梁柱,还有孩子。想想自己也不过三十出头,感到肩上责任不轻啊!

接下来分班集中，师生见面，班主任讲话。我的话不多，约法三章，一是服从学校安排；二是有事要报告，不要犯自由主义；三是严格要求自己，努力学习专业知识。

学员来自农村，又当了多年的民办教师，十分不易，此次来海师培训十分难得，每个学员都很珍惜这样的机会，这在以后的教学中，让我深有感触。学员家有小事不请假，都能放下身边事，专心专意搞好学习。他们也知道，海师培训合格结业后，就有可能转为公办教师，因此人人都在努力，丝毫不敢懈怠。

会后，我挑选了一些学员组成班委会。班级里中共党员有 20 多人，因时间短，学校已表明不成立临时支部，但在我班班委五人中，有四人是党员同志，如班长王荣富、副班长俞建军(女)等，都是工作能力强，能独当一面的学员，他们全力支持我的班主任工作，其他学员也都很自觉，当班主任并不吃力，我得以把主要精力用在专业教学上。

六

学员生活等问题安排妥当后，紧接着三个班级就开班上课了。根据教学方案要求，我事先召集本班部分学员，开了个座谈会，了解学员的要求。有的学员说，我们来就是要知道怎么上好初中语文课，多讲点语文教学法就行了，有急于求成的想法，还有的学员说多讲点语文课本上的范文，我们回去好照搬上课。我说教学法是要讲的，范文也要学，我们都有安排，但重点还要放在中文专业知识上，盖高楼要打基础，我们要争取在短时间内尽可能地打好基础。如我为大家讲现代汉语，要从语音、语法一路讲过去，这些你们都没有系统学过。如果没有过硬的基础，今后就会限制了你们在课堂上的发挥，对你们来说，这是一块短板。

上课后，我也逐渐了解了学员的基础情况——参差不一。开场白，我只讲了一个问题，什么是现代汉语？学员一般只能照字面回答，是现代汉民族使用的语言，其实它是有严格的定义的，我说它是以北京语音为标准音，以北方话为基础方言，以典范的白话文著作为语法规范的普通话。学员还不知道现代汉语就是普通话！而普通话是教师的教学语言，就这一问题，我从三个方面讲了一节课，算是开篇。学员也开了眼界，知道学好专业知识的重要性。

端正了学习态度，大家的学习劲头就来了，每天学习很紧张，课排得满满当当的，还有口头的、书面的作业。当天的作业先由班干小组长检查，再向任课教师汇报。班级里学习气氛浓厚，大家都有一个共同的目标。有的学员家里孩子生病，就带信到家里让爱人带孩子去看病并照顾好。有的星期天回去后速回，能不过夜就不过夜。我们教师也看到学员的压力很大，就让他们课余时多到室外活动活动。学校办公室也经常了解学员的情况，组织学员搞些文娱活动，利用周六下午进行活动交流，取得了很好的效果。

七

四月一过，天气渐热，学员学习依然紧张有序。我的两个班现代汉语教学外松内紧，教学中要根据学员实际情况确定教学重点和难点，不时地还要听取学员的意见，进行修改，把我的讲课和学员的需要结合起来。讲句子成分时，有些学员状语和补语分不清，我就结合教材中的实例分析。讲句子时，个别学员单句复句也分不清，我只好将复句中的各种关系向学员们讲清楚，再请他们回过头来看，这样他们就明白了。学员对这样的讲授很感兴趣，课后我再布置作业让学员按要求进行句子分析，他们就感到很有趣了。特别是对后面的多重复句的分析，也不感到困难了。

到五月份，开"中学语文教学法"讲座，我讲学生也讲，有的学员体会也是很深的。我讲上课、备课的基本要求，学员也来讲自己的体会和做法，可以互相商讨，以求最佳效果。我讲语文老师上课的教态和板书，罗列了一些不好的样子，引得学员哈哈大笑。在讲板书时，我强调书写正确是基本要求，还要美观大方、大小得体、整齐清晰。我还对学员说，在黑板上你横写100个字，写完后你再看看你写的是不是在一条水平线上，还是上上下下歪七倒八。下课后不少学员试写，结果直摇头，自己笑自己。"修辞"讲座，我也采取较灵活的方式介绍各种辞格，有的举出例句请学员讲，如讲比喻，明喻和暗喻有什么不同，那何为借喻呢？这样比较式学习，学员反映印象深记得牢。我深感成人教学应采取灵活的教学方式，发挥学员的学习积极性，两个积极性总比一个积极性好。

此时，我又把我五岁的女儿，从三厂接到海门镇来上幼儿园，集体宿舍不好住了，学校就把四楼平台上的一间小房子给我住，这样我可以一边照顾女儿，一边更好地工作。晚上备课改作业常常到深夜。班上有事要处理，班干部也常到我的住处商量解决，只要上一层楼就行了。

八

五月前后，上级教育行政机关不断派人员、派干部，支持海师办学，先后有莎群、张崇玉夫妇从省里调来，还将陈祖仁同志从红旗中学调来，协助黄森书记工作。张崇玉老师善做学员的思想工作，也能很好地协助办公室孙淑老师安排工作，这样学校日常工作趋于正常，经常召开办公会议，研究解决各种问题。有时也开班主任联席会议，由班主任汇报班级工作情况、学员思想问题，以及商讨解决办法等。如学员反映晒衣晒被问题长期未能安排好，于是决定开放四楼大平台，拉绳立柱，便于学员晾晒，星期天在大操场也可晒被等，而原先顾及县中校容校貌，这些行为都是被禁止的。再如伙食问题，也能将学员意见反映给后勤部门，以便得到及时解决。这样下情上达，学员心情舒畅，便于他们集中精力搞好学习。与此同时，着眼于海师今后的发展，要在原教师进修学校的旧址上，去规划新海师的校舍，这也牵涉了一部分人员和精力。

九

到了六月下旬，各科教学培训进入尾声，学校统一安排结业考试。在教师统一指导下，学员按既定要求进行复习，既认真又紧张，准备最后一搏。学校坚持要求各班对学员进行思想动员，要大家放下包袱轻装前进。

这样结业考试顺利结束，教师阅卷，公布成绩，考试科目用百分计分，考查科目用及格良好表示，最后成绩汇总办公室，由办公室以此为据，填写结业证书，并报上级教育行政部门存档。

七月初，全校召开结业总结大会，由黄森书记主持并讲话。黄书记首先祝贺大家顺利完成培训学业，肯定大家克服困难、坚持学习，精神可嘉并取得了显著成绩。然后鼓励大家再接再厉，今后回到教学岗位，要忠诚党的教育事业，取得更大进步。接着学员代表王荣富发言，感谢学校领导关心，感谢教师辛勤教导，回去以后做出成绩报答母校的培养。我也作为教师代表简单说了几句，表了一个态，欢迎学员有机会再回母校看看，那时的新海师将更加美好！

会后，学员和老师到操场上，以班级为单位，拍结业照留念。

十

首期培训结束后，学员先回家休息，然后回各县报到，听候分配。我们则集中学习，总结半年来培训工作的方方面面，由黄森书记主持，办公室负责召集，一连两天进行讨论，结束时，学校宣布，地区教育局决定，海师全体同志赴如师学习，两校共同总结办学经验，各自取长补短，并制订下一轮培训计划。

7月17日，海师全体领导和办学人员赴如师。其中有黄森书记、陈祖仁、孙淑以及张崇玉、薛汉贤、张独明、黄继辉、薛凤新、尤世良，共9人。当时姚雨南老师因家事未能同去，叶宏宝老师家在无锡江阴，长时间未回去，故请假回家去了，也未能同行。

如师领导和教师，对我们表示了极大的热情，大家在一起互致问候，此时如师已成立了校革委会，葛书记兼革委会主任。接下来两校互相交流办学情况，海师黄书记先做介绍，希望从老大哥如师那里多学习些好的办学经验，把今后的轮训工作搞得更好。如师葛书记说得很谦虚，首先祝贺海师复办后首批培训取得圆满成功。然后他又说，两校交流，可取长补短，能把今后工作搞得更好。接着，进入对口交流，我和薛凤新老师，与如师语文教研组组长姚烺强老师对口交流，黄继辉老师和如师几位数学老师互相交流。办公室行政组也和如师的同志在讨论。通过交流，达到了相互了解、建立友谊、有益工作的目的。

结　语

以上是我在复办海师后参与首期教师培训的亲身经历，海师复办至今，已整整五十年了，当年我还是三十出头的中青年，如今已是耄耋老人，记忆尚可，身体也还康健，莫不大幸焉！

我20世纪60年代参加工作，那时的青年，哪里需要去哪里，拎起背包就出发。在海门工作二十年，青春年华基本上都献给了海师，怀揣一颗“忠诚党的教育事业”的初心，努力工作，后来在海师入党。前后算来，我在海师担任过五届班主任和近十年语文教研组组长工作，也带过普师、幼师的教育实习，练就了一身师范教育的基本功。当年顾浩在海门当书记时，曾来海师看我，他是我大学同学，我就对他说，我们都是师范出来的，你要多关心海师，多支持海师的工作，他说这是他分内的事啊，以后他又来过几次。后来，他调到江苏省委组织部去了。

1982年，联合国儿童基金会和我国教育部有一合作项目，即帮助我国创建一所四年制特殊教育师范学校，最后决定放在南京，并组建了筹建班子。南京是我的故乡，当时家人也盼我回去，参加筹建这所新型的全国第一所特殊教育师范学校。于是，我通过地区教育局联系省教育厅人事处，他们说很需要，可以接收。此时我再向学校打报告，学校表态没意见，支持我。直到1984年8月，我全家四口调回南京。

到南京后，即到南京特师报到，并参加后期筹建和开学准备工作。不久我被任命为南京特师首任教务主任，并负责制订四年制教学计划，和采购三万册教学图书等，这一切我都要从头做起。

1985年9月，首批全国招生的4个特师班、160名学生和2个在职培训班报到开学，我又开始了一段新的征程。

特殊教育相对于普通教育而言，即应用特殊教育方法，对特殊儿童进行教育，当然也包括对高智商、天才儿童的教育。南京特师也就是为这些特殊教育学校培养师资的。所以我们中师有普师、幼师、特师之分。

以后我校不断发展，也不断升格，现在已是全国唯一一所独立设置特殊教育专业的本科大学，校名即南京特殊教育师范学院，坐落于南京栖霞区神农路1号。

随着岁月逝去，我已于2001年退休，退休后还任退休党支部书记十年及校退协组织领导组成员，一心为老同志办事，为老同志服务。但我始终怀念的，还是海门师范的夜晚，那宽大的操场上，天空挂着的一轮弯弯的月亮。

作者简介：尤世良，1984年8月调离海门师范，后曾任南京特殊教育师范学院教务主任、教科研主任。

我在海师的美术教学生涯

沈鼎尧

1963年我从南京师范学院美术系毕业，毕业后先分到无锡市广瑞中学工作，20世纪70年代初，奉调至海门师范学校，直到退休。在海门师范三十多年的美术教学生涯中，我担任过美术教师、美术教研组组长、副校长，而今已年过八旬。回顾自己在海师的工作，我感慨万千，往事涌上心间。

1976年，南通地区教育局为了更好地全面贯彻党的教育方针，决定在海门师范学校创办美术专业班，培养小学美术教师。学校随之成立了美术教研组，由我担任美术教研组组长。

办班，首先要明确培养目标。在我的心目中，一个好的美术教师，要能教、能做、能写、能画，这样才能受到学生及家长的欢迎。据此，必须开设这样一些课程：一是专业基础，包括素描、色彩、国画、版画，以保证他们具备扎实的专业功底——能画；二是书法，以帮助他们——能写；三是实用的，如应用美术、手工制作，以培养他们的动手能力——能做；四是教材教法，以帮助他们用于教学，以后当个好老师——能教。如果课余还能搞些书画创作，以促进教学水平的提升，带动学生的创作热情，那是最好不过的了。

培养目标和课程设置既已明确，就要配备与之相适应的师资。为了更好地发挥教师各自的专长，提高我们整体的教学水平，我们对各位老师的任教科目做了分工。一般来说，新教师刚从高校毕业，对基础的专业课程比较熟悉，所以让他们执教素描、色彩、中国画等课程。陆李康老师，1974年从南京师范学院毕业分配来校，他的专业基础好，工作又有热情；汪锡霞老师，虽是普师毕业生中留校的但有美术特长，也都承担了相应的专业课程。张永华老师课余喜欢搞版画创作，就接任了版画课程；周晓莺老师擅长针织、布工，心灵手巧，立体构成、手工制作课就非她莫属了。后来，她参与省的手工教材的编写，做出了很好的成绩。余下的应用美术与美术教材教法等课程一直由我担任，直到退休。

美术教材教法课程是师范学校的专业课程，它不仅需要综合教育学、心理学、美学和美术各门类的理论与技法，还需要教学实践经验的支撑。经过研究，我把美术教学的一些理念、内容、方法分为“基本”的和“创造”的两步标准，以让学生分步达标。基本标准是：美当先——爱，法为本——会，理其中——懂，德常抓——惯（良好习惯），见第一——演示，闻提升——点拨，重在激发兴趣，培养动手能力。至于创造标准，我编了四句口诀：析元素——分析，择其要——概括，聚其优——聚合，变其某——发散，这样可以使我们的教学思路更加宽广，内容更加丰富多彩，真正形成一个“创造无限、精彩无限、成果无限、乐趣无限”的良好局面。

备课是教学的重要环节。备课应当以本（课本）为本，通过读文、识图，吃透教材，了解学生，然后提出要点，理清关系，列成表式提纲，确认无误以后再设计教案。“形、色、意、材、法”是美术作品共有的构成要素。我们的美术教学也总是围绕着这些要素进行。比如美育，许多老师上课总要问：“这幅画美吗？”学生齐答：“美！”然后就没有了下文。美在什么地方？为什么说是美的？我们怎样才能创造美？可能有些教师也没有很好思考过。其实美术作品的美就是指这件作品的形美、色美、意美、材美、法美等几个方面，因为这些方面符合了美的原理和法则，所以是美的。我们必须十分明确地告诉学生：美就在我们身边。只要我们能更加热爱自己的工作、学习和生活，也就一定能发现和创造出更多的我们所追求的艺术美。

上课，是教与学相对应的双边活动，教师的“讲、演、导”等一切教学手段都是以让学生“听懂、看清、做好”为目的的。所以，在教学的每一个环节中，教师都要十分机智地唤起学生的兴趣和主动。教，是对一些基本原理、法则及其应用途径的点拨、启发，而不是全部包办。所以，要重视引入新课、课堂小结、课后提示等环节，如引入一些有关课题情境的谜语、故事、诗文，或模拟征稿、展出、评奖游戏……这些都可以增加课堂的生气。

至于作业，则必须注重目的性、引导性、创造性。学生作业是教与学的共同成果，其中优秀的作品是学校教学的宝贵财富，应当集中留校，适时展出，它们可以引领同学不断进取。我曾把我校的学生作业带给南京师范大学的余乐孝教授看，他说：“我看到过的江苏师范学校的学生作业，你们学校是最好的。”

我的美术教材教法课，除了讲到备课、上课以外，还涉及听课、评课等。听课、评课也都要围绕教学的重点进行。听课要认真；评课要有理有据，评课是学习，是请教，也是研讨。

除了美术教材教法，我还执教过应用美术课，这门课历来以传统图案为基础。20 世纪 80 年代国际装潢设计行业盛行平面构成、立体构成、色彩构成等三大构成。我及时把其中的平面构成和色彩构成引入图案教学，形成造型、构成、色彩、技法等四个独立又密切配合的教学系列。

图案教学中的造型训练，历来是从对自然形的“写生、变化”开始的。其实，学生初学，对图案艺术知之尚少，所以写生易，变化难，这需要用较长一段时间的学习，才能慢慢领悟。首先，是用几何形通过透叠、切割、联合、消失、移位、重构等手法，变为具象的图案艺术形象；其次，再把自然形变化为具象的图案艺术形象；最后，又把具象的形象打散重构成为抽象的图案艺术形象。图案的造型、构成、色彩、技法都必须遵循形式美的原理、法则，以此获得更好的美感。

构成，就是将两个以上的形，按照一定的目标、原则，重新组合成为完整的图案作品。在构成教学中，我把平面构成中一些关于形的正与负，以及两形相遇时产生的分离、接触、覆叠、透叠、联合、减缺、差叠、重合等构成法则，引入传统的图案设计教学中，这极大地增加了图案艺术的创作手法和图案艺术的形式美感，提高了学生的图案设计能力。

色彩起着先声夺人的作用。色彩构成是探讨色彩配合的审美原理、法则及其规律的学说，它包含了物理、生理和心理的主动因素，所以它是科学，也是艺术。我把色彩教程分为三步：首先，分别进行色相、明度、纯度的推移练习，以便帮助学生全面、准确掌握它们的渐变规律和层次表现；其次，学习色彩的对比与调和理论，以掌握色彩最佳配合的原理和法则；最后，引用已知的色彩要素、色性以及色彩对比与调和的辩证法则，能动地表现作品的宾主、空间、虚实和主题色调的意境、情趣，使之更加完美。

构思在我们脑中的图案，必须通过一定的技法制作才能转化为现实的作品。由于工具材料的多样性，加上科技的不断发展以及设计者不同的审美追求，图案的制作技法也会永无穷尽。我把手绘技法（包括特殊技法）一一传授给学生，深受同学们的喜爱。

学校应用美术，包罗万象。海报、标语、会场布置、展览陈列、图表图版、宣传橱窗、黑板报、墙报的排版美化、封面设计、缮刻誊印、剪纸、纸花、幻灯、动画、文艺道具、舞台布景、环境布置等。经过30多年的教学积累，我已总结、编写出了《设计教程38讲》，其中包含了大量的学生优秀作业，现今看来还是十分鼓舞人心。

应用美术教学是培养心灵手巧全能美术教师的重要组成部分，可以帮助学生们一到岗位，就能立即投入工作，使学校马上有一个既新又美的育人环境，从而受到领导和老师的欢迎。

我校美术专业先后招收过高中毕业生二年制中师、初中毕业生三年制中师、初中毕业生五年制大专、中师毕业生二年制大专，他们毕业上岗，能教、能做、能写、能画，大多成了小学美术的教学骨干，许多人还被提拔成了中学教师。有几位教育局局长、学校校长明确对我说："你们学校的美术专业毕业生，有许多比高校的毕业生更为有用。"

20世纪80年代中期，全国小学美术课堂教学比赛在哈尔滨进行，我校首届美术班毕业生徐志敏代表江苏参赛，取得了总分第一的好成绩。

1983年8月，全国中师美术新编教材讲习会在苏州举行，我校受邀参会，带去的学生作业受到代表们的一致好评。

青出于蓝而胜于蓝。30多年来，我校美术专业的毕业生有千人，其中不乏画家、书法家、篆刻家、工艺美术师、教授、领导……他们分布在各地，大多是骨干、能手，为各地的教育事业作出了应有的贡献。

我热爱海门师范，更热爱海门师范的同事和同学们！

作者简介：沈鼎尧，高级讲师，曾任海门师范美术教研组长、副校长。

海师人和海师体育班

——难忘的海师记忆

葛明刚

岁月蹉跎，时光易逝，从 1973 年我来到刚刚复办的海门师范学校，至今，近五十个年头已过去了。在这半个世纪的人生中，我在海门师范工作了近三十年，差不多亲身经历了海门师范从复办、建设、发展到结束的全过程，我对这所学校有着深厚的感情。回忆起这前三十年的往事，虽然许多事情在记忆中已经变得模糊不清了，但我对一些人和事还是有着比较深刻的印象。

我的记忆中，最难忘的是海门师范的"人"，是海门师范的领导和同事。在学校复办初期和发展过程中，各地的人才陆续而来，并且在来到学校这个大家庭后，都称自己是"海师人"。这一群人在一起生活，一起工作，十分融洽，十分团结和协调，大家心往一处想，劲往一处使，竭尽全力为办好海门师范学校努力工作，并且在共同工作了多年以后，逐渐凝聚了一种精神，大家称之为"海师精神"。

学校复办初期，南通地区的师范学校，有南通师范、如皋师范和海门师范。海门师范范围小、人员少、条件差，是三所师范中的小弟弟。当时海门师范地处海门县茅家镇，这个地方虽然是县政府所在地，但也仅仅是一个普通的小镇。学校仅有的就是由海门县印刷厂留下来的几间破旧的厂房，教学条件十分简陋，连学校的牌子都没有地方挂。没有基础设施，没有教学条件，更没有人才，等于是白手起家复办学校。但海门师范的领导，带领全体教职员工，发扬"艰苦创业，团结协作，开拓创新，奋力拼搏"的"海师精神"，逐步把海门师范复办了起来，而且在后来的二十多年中，学校不断发展，在各个发展阶段，学校领导也是带领着这一群人，继续发扬着这种“海师精神”，不断开创海门师范发展的新局面，使得海门师范逐步在南通地区和江苏省师范系统有了一定的影响和知名度。

海门师范复办初期，当时是每周6天工作制，教师一般每周要上十五六节课，晚上还要坚持熬夜备课和批改作业；班主任更忙，每天除上课外，还和学生一起出早操，做课间操，组织课外活动，全身心地为学生服务。那时在学校工作的单身教师住的是集体宿舍，两三个教师住在一个房间内，有家庭的教师也就住一间十几平方米的平房。教师在一个小食堂用餐，到了吃饭时间，大家聚在一起聊聊天，显得很热闹。杨师傅烧的菜既有特色又好吃，大家都称他为“香师傅”。每周晚上有两次政治学习，全体教职员工坐在一起听读报纸，读报次数最多的是徐碧影老师和张崇玉老师，她们的普通话发音准确而且声音甜润，可与广播电台的播音员媲美。读报后还要讨论，大家发言也很积极，发言声音最响亮的是姚雨南和叶宏宝，他们有时候还会争论，甚至争到面红耳赤，但学习一结束，争论也就烟消云散。那时没有电视，然而教职工的业余生活并不枯燥，学校有教工文艺宣传队，由左飚老师带领，利用业余时间排练节目，还经常参加校内外演出，其中说唱节目中有一句台词“书记遇雨脱雨衣”，大家都印象深刻。教工有篮球队，经常练习打篮球，有时候还和学生篮球队进行比赛，篮球打得好的有倪剑达和谢文灿等；学校开运动会，教职工代表队和学生一起比赛，100米跑比赛中陆李康老师跑得最快。学校还经常有小型文艺活动，其中袁四安老师唱的俄罗斯歌曲《三套车》、张庐仙老师京剧《沙家浜》选段中沙奶奶的唱段、刘国基老师的笛子独奏和外语组老师的小合唱最受欢迎。当时虽然学校条件差，生活清苦，工作很忙，没有加班费，没有奖金，但大家和睦相处，全心全意做好工作，生活得非常充实也很快乐。

那时学生住在海门镇初中校内，睡的是大通铺，每天早晚都要在两校之间来回奔波，上课的教室是海门印刷厂留下的旧厂房，吃饭的地方是个草棚大厅。但学生们不怕条件差，生活艰苦，很珍惜得到的学习机会，学习都非常努力，因为他们知道能到海门师范学校学习是不容易的，也是很幸运的。

为了迅速改变学校面貌，陈祖仁校长经常亲临工地，检查、督促基建工程；总务部门的员工亲自动手搞教学器材设备；各教研组的老师们集中精力搞好教学工作，努力提高教学质量；班主任抓好学生的管理工作。各部门各司其职，井井有条。在学校建设的过程中，总务处陆正冲主任攀在篮球架上修理球架的镜头，给大家留下了深刻的印象；在承办首届江苏省中师生田径运动会期间，全校教职工个个全力以赴，夜以继日地工作；教务处丁兆雄主任，每天晚上12点，还要把一天的工作再检查一遍才放心；体育组陈志强老师负责运动会的后勤工作，有时候就睡在器材室过夜。这些人忘我的工作精神，我永远难以忘怀。

海门师范学校规模不大，但办学的专业和类型可不少，曾经举办过幼儿教育专业，外语专业，体育、音乐和美术专业；除了普师班以外，还办过教师函授班、短训班、培训班、大专班、农村班、干部高考补习班，还有研究生课程班等。在办学过程中，全体教职工尽心尽力，在各自的岗位上都作出了自己的贡献。渐渐地，学校里一幢幢楼房造了起来，各类教学设备逐步置办齐全，教师、学生的住宿条件也得到了改善，教育、教学的各项管理也逐步完善。学校各个方面，逐渐赶上了时代发展的步伐。后来，学校又和南通师范学校合并组建为南通高等师范学校，我退休以后，南通高等师范学校又升格为南通师范高等专科学校。但我最难以忘怀的，还是我在海门师范工作的那一段经历。

下面，我重点谈谈海门师范体育班的创办和发展的全过程。

来到海门师范的第三年，即1976年秋天，南通市教育局决定在海门师范办音乐、美术和体育专业班。当时学校刚刚复办，根本没有办艺体专业班的条件，就连前两年招生的普师班和培训班的学生还借住在海门县中校内，上课在海门印刷厂的旧厂房内，学生做操和上体育课还是借用的海门县体育场。当时体育组就我和史永根两位老师，音乐和美术也各只有两位老师，我真的不相信这三个专业能够办起来。但是海门师范的领导就是带着这群人，凭着那种不怕困难的“海师精神”，接下了这一任务，并全力以赴投入办班的各项工作中。经过努力，三个专业班不仅办起来了，而且办得很出色，尤其是体育班在江苏省和全国中等师范学校系统中，也具有一定的影响。

第一届体育班，一共招收了38名学生。这是一届两年制的春季班。学生都是来自南通地区各县，年龄从十七八岁到二十四五岁不等，文化程度有初中的，有高中的，体育基础更是参差不齐。

南通市教育局和学校都很重视办体育班，当年就调进了四位体育老师。有扬州师范学院体育系毕业的袁四安老师和邢晓白老师，还有从徐州地区调来的上海籍的范本昌老师和林志发老师。这样我们的体育专业教师增加到了 6 位，专业班的教学工作也就正常开始了。

开学后，我们面临的问题和困难一个接着一个。如文化课和专业课的课程设置问题、教学计划和教材问题、场地及器材设备问题、学生上课的服装问题、学生的伙食问题等，让我们忙乱了好一阵时间。经过学校领导的研究、协调，全体教职员工的共同努力，问题逐渐得到了解决，困难一个个克服，体育班也就生存了下来。其实，我们体育组的老师对办专业班和上体育专业班的课，也没有经验，也是摸索着前行。专业班要开十多门专业课程，每个老师都要兼教好几门课。我们摸着石头过河，通过教学实践，一步一步积累了经验，使得体育专业班的教学和管理工作逐步走上了正轨。

袁四安老师上的田径课，学生很欣赏，他的备课笔记写得认真仔细，技术动作做得规范，讲解生动形象，课后学生都抢着抄他的备课笔记。范本昌老师教篮球课，每课的基本技术教学后，几乎都安排有教学比赛，范老师也参与同学们的比赛，师生共同活动在一起，其乐融融。史永根老师既要上普师班的课，还要上体育班的武术课，任务很繁重，有时候备课要备到深夜，他教的太极拳很受学生欢迎。林志发老师教学体操、技巧课。林老师大学读的是文科，现在要上体育班的体操课，还真有些难为他了。体操课的主要内容是基本体操和技巧，林老师教学的方法多种多样，学生也很满意。邢晓白老师是个刚刚从大学毕业，只有二十几岁的年轻女老师，她除上体操课外，还要上人体解剖学课。因为没有《运动解剖学》教材，用的是《人体解剖学》教材，其中有一章“生殖系统”的内容，她就不好意思讲解了，就布置同学们自学。直到现在，还有许多体育班同学回忆起这件事，为此而发笑。我教学体育理论和田径。上课时，同学们有些怕我，原因大概有两点：一是教学态度比较严肃，二是我给同学们立规矩。当时社会上对体育教师有一些负面的评价，什么“四肢发达，头脑简单”，“懒散，邋遢”等。为了改变这种状况，我们从学生进入海门师范的校门开始，就对学生严格要求，规范他们的行为，使他们养成良好的行为习惯。比如上课前必须检查和整理好服装，整理好自己的容貌，不允许迟到等。因此同学们上我的课特别规矩。

体育班学生的学习和锻炼特别认真和刻苦。体育专业课程基本上都是用各位老师自己编写的教材，学生没有课本，上专业理论课时，学生都是不停地记笔记，上技术课后，都要认真撰写技术课回忆笔记，有时候还要抄录老师的备课笔记。到了晚自修就整理这些笔记资料。每个学期结束，体育班学生学习的记录本都有厚厚的一摞。学习体育技术和练习体育基本功时，学生更加刻苦。除了课上认真练习以外，每天的晨练是必不可少的，课外活动时间学生都在操场上，按照各自的需求进行锻炼，有的学生星期天还要加班加点练习。参加运动队训练的学生会付出更多。如中距离跑运动员黄菊香进行素质训练时，每分钟脉搏能达到 200 次以上，相当于专业运动员的训练水平。每个参加训练的学生对自己的要求都很严格，而且还能吃苦。有一次，冬天刚刚下过雪，短跑运动员刘丽参加 800 米训练比赛，跑到 400 米时，一只鞋子跑掉了，她就甩掉另一只鞋子，光着脚在煤渣跑道上跑完了全程。到达终点时，大家都给她鼓掌，很佩服她这种精神。

经过几年的教学和实践，体育专业班的各项管理，取得了经验并逐步形成了规范。如体育班招生考试办法及评分标准、教学计划、教学大纲，各科目教材内容、考核办法和评分标准等都被规范化，总体上形成了比较完整的一套体育班教学管理文件。专业的教学训练器材和教学设备也逐步有了改善，这样，体育班就有点样子了。

从 1976 年到 1982 年，学校两年制的体育班一共毕业三届学生，共 126 人。他们的教学基本功和能力，在中小学的实践中得到了锻炼和检验，并逐渐得到基层学校和社会的认可。

从 1982 年起，体育班开始招收应届初中毕业生，学制为三年，每年招生一个班。因此，在校的体育班学生，就逐渐形成了三个年级的规模。随着学校的发展，体育班学生不断增加，教师队伍也不断扩充，教学条件得到了改善，教学质量也逐渐提高，校内外的体育交流活动也更加频繁，海门师范体育班的影响力随之也不断扩大。到了 20 世纪 80 年代中期，海门师范体育班在省内外逐渐有了一点小名气。在后来的十几年时间里，海门师范和海门师范体育班迎来了高光时刻。

1986 年 5 月，学校承办了江苏省首届中师生田径运动会，开启了由一个学校承办省级田径运动会的先河。全省 35 所师范学校近一千人参加了这次运动会，运动会获得圆满成功。当月，江苏省中等师范学校在我校成立了中师体育中心组，并由我校体育老师担任了中心组副组长。

当年 8 月，体育班黄菊香、刘丽、周桂琴、黄卫兵、张兵、严向阳、黄兴业等 7 名学生，代表江苏省大学生代表团丁组参加了全国大学生运动会，并获得男子组前8名和女子组前6名的好成绩。

1987年,学校创办了体育函授班,为南通地区培训了200多名在职体育师资。1988年1月,学校新建的体育馆落成,同时举办了华东地区男子排球邀请赛。1988年11月,江苏电视台来学校拍摄专题纪录片《乡村体育师资的摇篮》,在江苏电视台播放。播放中的解说词是:江苏省海门师范学校增办体育专业班,十多年来,为乡村学校培养和输送了一批又一批合格体育师资。毕业于该校体育专业班的教师人数已占南通市体育教师总数的55.4%,海门师范学校为体育教师师资建设作出了贡献,被称为"乡村体育师资的摇篮"。1988年12月,学校承办了江苏省中师体育年会。1990年8月,丁兆雄老师出席了在庐山举行的全国首届体育教育论文报告会。1990年9月,学校荣获江苏省第12届运动会"群众体育工作先进集体"称号。1990年11月,学校承担了国家级《中等师范学校体育教学大纲》课题的研究,取得了研究成果,发表了《中等师范学校体育教学大纲》研究报告。课题组有葛明刚(负责人)、丁兆雄、潘健、袁四安、陈志强等,课题组代表还去北京参加了课题研究论文报告会。1992年2月,《人民日报》等十家新闻单位,来我校采访,并在《人民日报》对我校办体育专业班进行了报道。1992年3月7日,《中国体育报》以"体育人才库"为题,报道了我校办体育专业班的情况。1993年9月,我当选为全国中师体育研究会副理事长,并被国家教育委员会聘请为《中师体育教学大纲》审定委员会委员。1994年6月,全国中师体育研究会在我校举办首届年会,研究会理事长、人民教育出版社编审王占春教授为我校题词"乡村师范学校的一面旗帜"。

1994年7月,由纪光融老师培训的学校健美操代表队,代表江苏省参加全国中师生健美操比赛,邱晓强和陈晓昕获得健美操混合双人比赛二等奖。1996年7月,国家教委副主任柳斌来学校视察,观看了体育基本功表演。1996年12月原国家教委师范司司长金长泽来学校视察并参观体育成就展览室。

1996年11月,曹科枢老师参加江苏省中师青年教师体育教学基本功比赛并获得一等奖。1997年5月,学校又一次承办江苏省第四届中师生田径运动会。运动会的筹备时间仅有一个多月,在不影响正常教学秩序的前提下,各项筹备工作紧张而有序地进行。运动会也取得了圆满成功。这次运动会上,由陈竹林老师设计的大会会旗,沈鼎尧老师设计的大会会徽,刘国基老师谱曲的大会会歌和陈健老师编导的《跨越世纪》欢迎晚会文艺表演，都获得了与会者的一致好评。

1997 年 8 月，原来三年制中师体育班停止招生，调整为五年制体育专业，培养大专学历的体育师资；同年 10 月，南通市第七届运动会评选我校为“全民健身先进集体”；同年 11 月，中华人民共和国第八届运动会体育先进集体和先进个人表彰大会在上海举行，海门师范被评为“全国群众体育先进集体”；1998 年 12 月，全国中小学体育教育科研成果交流研讨会在上海举行，我校洪善庆老师领衔开发的计算机软件“HS 小型田径运动会管理系统”获得二等奖；1999 年 7 月，江苏省中师首届健美操比赛在盐城师范举行，由邢菊老师带领的学校代表队获得了一等奖和最佳编排奖。

1986 年到 1997 年期间，在江苏省中师举办的四届运动会上，海门师范体育班学生的比赛成绩，每一届都名列前茅，成绩骄人。体育组老师在上述各个年度的教学科研中都有喜人的成就。多人次在全国、全省获奖，数十篇文章在报刊、杂志上发表。

2005 年后，海门师范和南通师范一起并入南通高等师范学校，后来又升格为南通师范高等专科学校，原来的海门师范体育班，发展成了体育系，后来又成了体育学院，走上了更高的层级。

回首往事，我深深感到学校体育班在创办和发展的过程中，省教委师范处和南通市教育局领导给予了亲切关怀和大力支持，也得到了有关单位的鼎力协助。特别是省教委体卫艺处和省体委群体处的关心和指导。省教委体育卫艺处江俊浩处长、吴堂华副处长，省体委群体处丁明娟处长等多次来学校参加有关活动，指导体育工作。另外，学校体育班还得到了省内多所高校（如扬州师范学院体育系、南京师范学院体育系、江苏师范学院体育系、南京体育学院和华东水利学院体育教研室等）的支持和帮助。扬州师范学院体育系杨静义主任、南京师范学院体育系孙勇主任、江苏师范学院施惠彬主任和王家宏教授等都曾经亲自到学校来指导办好体育班的有关工作。

如今，海门师范学校原校址已经不复存在，剩下唯一的一幢原来的办公楼，现在是海门师范附属小学的办公场所。“海门师范附属小学”的名称，可能也会很快变更。我们这些“海师人”，对海门师范留下的就只有回忆了。

作者简介：葛明刚，曾任海门师范体育教研组组长，江苏省中师体育中心组副组长，省中专、中师高级职称评审委员会学科组组长，全国中师体育研究会副理事长、学术委员会副主任，国家《中等师范学校体育教学大纲》审定委员会委员。

最忆是海师

钱　瑛

幸得学海初相见，从此路途多暖春。我很庆幸自己在最美好的年纪走进海师，先做了2年学生，后留校工作9年，在海师留下11年芳华印记。海师于我有着别样的情结，这是我人生中的一段重要经历。离开海师快40年了，时常回味海师的往事，对校园的一草一木依旧牵念，对母校的崇敬与思念依然如故。时值通师高专120年校庆，母校约稿访谈，让我打开了记忆的闸门。那年辛苦终身事，未向光阴惰寸功。筚路蓝缕以启山林的岁月最是难忘，值得我们细细体会。今天，我想通过我的叙述，帮助大家更多地了解20世纪70年代这一特殊历史时期的海师，也深度了解我们这一代人。

一

海师自1962年7月停办，至1972年复办，荒芜了整整十年。“文化大革命”后期，中小学师资严重匮乏，需才孔急。1972年年初，省、地两级政府决定复办海门师范，并由黄淼和陈祖仁两位领导主持复校事宜。

复办初期，百废待兴。学校原来的教职员工均已离散，校园凋敝不堪，十分简陋。那时学校南边是一条河，沿河是一条马路(当时称通海中路)，马路对面是手帕厂，学校西边是附小，北边是印刷厂。校内只有一排平房用作教室，教室前面空出的一块泥地是我们的操场，上体育课、做广播操都在那里。教师办公挤在一间大教室。教师、学生的宿舍还是临时借在海门县中西北角的一幢老楼里，我们住在三楼。该大楼是中走廊，南边稍大一点的作我们的宿舍，三十几个人挤在一起，睡的是大通铺，上下床，背靠背。北边小一点的背阳房被隔成一个个小间，作为教师宿舍。

说起伙食，别有味道。那时学生的伙食费每月 12 元(每天 4 角)。一日三餐，自带碗筷，每桌 8 个人，围着一张方台子，也没凳子，站着吃饭。中午最多就两大盆菜，一荤一素，有时就一盆菜。早晚就更加简单。偶逢节日加菜，大家格外开心。餐厅原是一个破旧的大车间，屋顶漏雨，门窗漏风，北风呼号的寒冬在此用餐，别是一番滋味。尽管如此，大家对这种生活还是很满足，集体生活，温暖有爱，苦中有乐。

后来，在海门县政府的支持协调下，印刷厂陆续归还了部分地基校舍。由于收回的房子都是几十年的老屋，加之长期作为厂房车间使用，已经残缺破烂。学校师生在校领导的带领下，自力更生，艰苦奋斗，对校园、校舍进行大规模拆除修缮改建。师生一起上阵，亲自动手平整土地、敲砖搬瓦、绿化除草，挥汗如雨，热情高涨。尽管条件艰苦，还要进行大量的体力劳动，可我们非但不觉得累，反而感到充实和兴奋。与此同时，教育教学工作仍正常有序，有条不紊，各项活动生机勃勃。

艰难困苦，玉汝于成。现在回想起来这段艰苦创业的历史，既艰辛，也快乐。我亲身经历了海师艰难复校的日日夜夜，也亲眼看到了海师日新月异的巨大变化。海师的一草一木、一砖一瓦，依然历历在目。母校校庆之际，让我们共同记住那些时任校领导和中层干部的一班人：黄森、陈祖仁、莎群、蔡承岳、孙淑、李瑛。他们以拓荒、奉献的精神为重生的海师奠基铺路，他们懂教育、会管理，作风过硬、关爱师生，他们不仅是复办海师的设计者，更是脚踏实地、苦干实干的建设者和劳动者。

二

沧桑岁月，一道同风。时光留不住我们的青春岁月，唯一能留得住的是我们那些年最美好的记忆。1973 年秋季，海师招收第一批学生。是年 10 月，我们经过推荐、面试、笔试后进校学习。我们这一届一共招收了 150 人，启东、海门各 75 人。学制两年，第一年不分文理，混编成三个普师班。第二年分文理重新编班，两文一理，我在 73 级 2 班。第一年班主任是姚雨南，第二年是薛汉贤。

我们这一代人处于“文化大革命”的特殊年代，进校之前，都经历过艰苦的社会锻炼，招收学员时又要求有两年以上农村或工矿经历，所以普遍能吃苦，很勤奋，懂感恩，经得起摔打，个性坚毅，性情纯朴。政治思想素质也高，其中四分之一以上是党员。同学之间年龄差异很大，年龄小的初中毕业后刚刚到农村劳动锻炼了2年，只有十七八岁，年龄大的四十出头，几乎就是两代人。大家关系融洽，亲如兄弟姐妹。

我们班的班长顾宗元年龄最大，进校时已40多岁。进校之前，他是启东一个渔村的小学校长，因为在当地为渔民办教育、办实事，事迹突出，当选了第四届全国人大代表。施连桃同学是南通中学老三届高中毕业生，文化基础好，能力强。毕业之后，很快走上领导岗位，80年代初就担任启东县委副书记。朱玉兰同学是小龄生，她是海门包场镇的居民户，初中毕业后下乡插队。她虚心向农民学习，什么农活都干，样样带头。毕业之后，先到包场中学任教，不久就担任了公社副书记，30岁不满就担任海门县委副书记。还有徐永兵、黄本华、张建芳等，在校品学兼优，毕业后，相继走上了厅、处级领导岗位。

尽管同学之间年龄跨度很大，文化程度参差不齐，但共同点是求知欲望强烈，学习勤奋刻苦。由于“文化大革命”，多数人中学毕业后上山下乡，造成学业荒废，知识不成系统。大家非常珍惜来之不易的学习时光，普遍有一种“知识饥渴症”，这种强烈的求知欲，是我们这一代海师学子最旺盛的生命欲望，也终将伴随我们一生。

三

得遇良师，何其有幸。海师求学期间，我遇到了非常优秀的领导和老师。在海师，最早认识的是陈祖仁校长，他是海门的老教育人，德高望重，是抓教学管理的行家里手。这一时期，海师从一张白纸中艰难起步，陈校长作出了重大贡献，功不可没。他是内当家，也是设计师。从培养方案、教学计划、管理制度的制定，到师资、教材、后勤基建，都亲力亲为，殚精竭虑。他每天都扑在一线，校园内处处可看到他清瘦的身影。他尊重规律，实事求是，尊重教师，爱惜人才，同时他还利用他在教育界的影响力，奔走三县，协调各方，广揽名师。在不长的时间内，海师就拥有了一批好老师，各个学科都有带头人，这为日后海师的蓬勃发展奠定了坚实的基础。

海师刚复办时教师虽不多，但个个都非常优秀，令人钦佩。他们都是

“文化大革命”前的大学毕业生，一般是从南三县（南通、海门、启东）的重点中学调进来的，也有从外地调进来的。这些老师经受了多年的耽误和郁积，汇聚到海师后，激情和才智得到极大的释放。他们学识渊博、经验丰富、年富力强，他们甘为人梯、春风化雨、诲人不倦，他们满腔热忱、精益求精、一丝不苟。语文老师徐碧影、薛凤新、张崇玉，政治老师张独明，数学老师姚雨南、张独人，物理老师高志全，音乐老师李淑英，美术老师沈鼎尧，体育老师葛明刚，教育学老师程惠苏……这些名字一直在我心里闪光，这些老师也值得镌刻在海师的历史记忆中。

四

复办时期，海师规模迅速扩大，事业蒸蒸日上。1973 年招了 3 个班，1974 年招了 4 个班，1975 年开始，海师呈现了良好的发展态势。1976 年下半年，全国高考尚未恢复，海师便开始在往届高中毕业生中分文、理科招生，拓展办学。尤其是海师人以极大的勇气，白手起家，平地起楼，在师资紧缺、设施简陋、条件艰苦的情况下，毅然同时创办了音乐、体育、美术三个专业班。音体美三箭齐发，一飞冲天，在江海大地盛极一时，书写了奇迹般的辉煌，开创了乡村师范的艺体特色，声名远播，影响深远。1978 年之后，又陆续办起了英语班、幼师班，还承办了大专班。1979 年 5 月，学校正式更名为江苏省海门师范学校。仅仅七年时间，海师就进入了省级师范的行列。

学校办学理念先进，崇尚立德树人。那时，学校对学生的德行管得很严，学校通过课堂教学、主题班会、校友报告、演讲比赛、主题征文、参观访问、观看电影等各种方式，真正使“学高为师，身正为范”成为学生的价值追求和行为指南。校领导们还时常用诗意甚浓的言语勉励和鞭策我们，要树立理想，努力学习。当年，王德范老校长在大会上的赠言“大鹏一日同风起，扶摇直上九万里”激励了我们无数个日夜。陈祖仁老校长的话“有志之人立长志，无志之人常立志”犹在耳畔。

海师的培养目标很明确，就是培养小学老师。要求学生德智体美全面发展，说唱弹跳、琴棋书画，多能一专。这从我们所开设的课程中，也可以大体看出来。当时的课程设置口径宽、门类全，包括通识课程、文化基础课程、学科专业课程、艺术体育课程、技能训练课程，还开设了英语选修课，成立了古典文学、书法、摄影、舞蹈、生物、物理等十多个兴趣小组，配有专门的指导老师，来培养和发展学生的特长。学校对“三字一话”基本功训练尤其重视，抓得很紧很实。课程不分主科、副科，强调又红又专、全面发展、一专多能。在我们脑海中，各门功课都具有同等重要的地位，不厚此薄彼。

课余生活和社会实践活动也非常丰富。特别是学校组织的“学工”“学农”“学军”活动，真正体现了“工农兵学员”的特点，至今记忆犹新。那年“学军”，大家打起背包，带上简单的生活用品，长途步行到四甲部队。半夜拉练，接受严格的军事化训练。夏收时节，学校组织我们到农村学农、支农，与贫下中农同吃同住同劳动，由于大家都有过农村经历，干起农活，个个都是“熟练工”。参加生产队收麦时，尽管有的同学发烧、身体不适，有的手上已经磨出了泡，可没有一个人叫苦叫累，没有一个人退缩。教育见实习也留下深刻印象。我们这一届同学，除了进校之前当过民办教师或代课教师的，大多数人没有从教经历，因此感到很新鲜。我们班大实习安排在启东县东南中学，实习的是初中课程。教导主任蔡承岳是个老教育工作者，他亲自带队，同时配备海师的任课老师和实习学校的老师担任指导。每个同学正式上讲台之前，必须经过独立备课、小组讨论、试讲等环节，逐一过堂。经过两个月的实习，大家的教学能力有了很大的提高。

海师正是通过这种全面的课程教学和丰富的校内外活动，培养我们的综合素质，让我们既能拥有一个小学教师所应具有的各项专业技能，也能使我们成为一个德才兼备、全面发展的人。

五

1975 年 7 月，我毕业留校工作。随即就参加了学校组织的校内教师暑期培训。新学期开学，我接手当起了 74 级语文 2 班的班主任。巧合的是，我从同一教室的课堂走上了讲台。我和同学们是同龄人，亦师亦友。在这个进取向上的班级中，我与他们一起学习和成长，受益匪浅。

这个班有优秀的班干部队伍。他们思想作风正，学业成绩好，工作能力强，自然威信高。还有一批品学兼优的学生。他们自觉用“学为人师，行为世范”勉励自己，努力使自己在德、智、体诸方面全面发展。

班级有良好的班风、学风，共具思想和行为方面的稳定风格，同学们学习态度端正，目的明确，动力充足，方法得当，且学有所长，各具特色。

班级党支部、班委会和团支部，十分重视班级文化建设，从班级常规秩序的维护和建设、每个人对班级管理的制度认同、各种主题活动的开展等方面，潜移默化地涵养班级文化和精神。同学们在思想和行为上，自觉自律，充分发挥个性潜能和优势，形成了和谐共进的良好环境。

班级各项工作走在前列，被学校评为优秀团支部。南通地区教育局沈春生局长还亲临我们教室，参加了我们班的主题活动，充分肯定了班级文化建设的成果。

更可喜的是，同学们走上工作岗位后，也都相当出色。以顾裕岳、王华、方振达、俞飞达、徐鸿根、黄友鸣、杜文飞、万杏梅、刘德秀等为代表的许多人，有的成为地方党政机关的栋梁之材，有的成为南通基础教育的优质师资。

74 级 2 班学生成长成才的经历，只是海师生的一个缩影。那一代的海师生，确实普遍都很优秀。多年以后，无论是在政界、学界、商界，都有许多杰出人才。真可谓：桐花万里丹山路，雏凤清于老凤声。

六

1976 年下半年起，我负责海师团委工作。那些年，在学校党总支领导下，我们切实有效地开展了团的工作。

团委坚持以思想教育为核心，利用党课、团的“三会一课”和学校各种宣传阵地，积极引导学生树立正确的世界观、人生观和价值观。以创建“优秀团支部”为抓手，不断加强团组织的自身建设，组织团干部培训，发展新团员，向党组织推荐入党积极分子。我们还开展了一系列富有特色的主题活动，比如：

专题报告。我们邀请 74 级语文 2 班毕业生俞飞达，来校出席共青团第十次全国代表会议并作专题报告。他的演讲，让大家很受鼓舞。

歌咏大会。每逢五一劳动节和国庆节，我们都要组织歌咏活动，师生同台，深情讴歌。那年纪念毛主席诞辰 90 周年，师生们踏着厚厚积雪，去人民剧场演出的场景，至今难忘。

篝火晚会。为了纪念党的生日，我们请丁威老师设计制作了一个篝火，象征星星之火，可以燎原。全校师生围绕篝火，手拉手围成层层圆圈，载歌载舞，纵情欢乐。

火炬接力赛。一二·九运动纪念日，我们举行火炬接力赛，当晚，由陈祖仁校长发表讲话，并亲自发令。各班代表队的火炬手们早已在海门镇途经区域接棒点守候。熊熊燃烧的火炬，演绎的是先辈奋斗与牺牲，传递的是勇气和希望，连接的是团结和力量。师生们沿途呼啸呐喊，引来路人加油助威，交警认真维护秩序。场面声势浩大，激动人心。

游艺活动。每年我们都会组织一次全校性的游艺活动。活动当晚，教学楼灯火通明，精心布置各班教室，传统项目有乒乓球过桥、夹弹子、抢凳子、运气球、拍球过障碍、击鼓传花、猜谜、成语接龙、诗朗诵等。还有一个特别的游艺室，就是邮票展示室。朱湘涛书记十分重视师德教育，言传身教，率先垂范，他还是集邮爱好者，有一年我们把他收集到的近两千枚邮票，小心翼翼地装框挂上墙，供同学参观。邮票藏万家，方寸集天下。同学们通过邮票这个时代窗口，了解了丰富的文化信息。

游园览胜。这一活动在当时还是挺时尚和前卫的。春暖花开的时节，我们组织三好学生、优秀团员和优秀团干部去苏州游览四大名园。苏州园林被称为文人园，这些园林的主人都是“学富五车”之辈，他们向往自然山林的闲情逸致，凿池堆山，营建亭榭，莳花植木，构造了引人入胜的景象。语文班的学生熟习古诗古文，对比特别有兴致。秋天，我们还组织他们去无锡游览，镶嵌在太湖边的梅园、蠡园和鼋头渚三座名园，天造地设，让人叹为观止。同学们饱览了园林文化，也开阔了眼界。

学雷锋活动。每年 3 月 5 日都要举行“学雷锋，树新风”纪念活动。教工团支部组织积极分子在校内设摊，为学生免费提供缝纫修补、理发、搪瓷修补、收录机修理等服务。同时，他们还走上街头设点为市民服务。这些活动既融洽了师生关系，也赢得了社会的口碑。

创办《百花园》。为扩大宣传阵地，团委在办好广播站、黑板报的基础上，还创办了《百花园》。《百花园》是师生展示才华、传递情感的阵地，成为校园文化的一个品牌，传播影响力经久不衰。

1982 年 5 月，在全省中师和中专校优秀团委评选中，我校团委被团省委评为“优秀团委”，这是南通市同类学校中的唯一。这一殊荣，凝聚了全校师生的心血和智慧。那些年，团委工作得到各学科老师的热情支持，我要特别感谢丁威、沈鼎尧、陆李康、葛明刚、史永根、尤世良、谢文灿、俞学诗、蔡一新、王志刚、姚亚萍等老师。事隔多年，我一直铭记于心。

七

江山代有人才出，各领风骚数百年。我们那一代，在风云际会的年代抛洒青春，在广阔天地接受贫下中农再教育，历经艰辛和磨炼，从同龄人中突围而出，终于得到改变命运的机会，成了海师生。在校期间，同学们专业成长和发展得都很好。走上工作岗位后，认可度普遍很高。虽然学历只是中师，但是个人的综合素质和专业素养都很高。没过几年，许多人就成了所在单位的骨干，很多人走上了领导岗位。在一个群体里，如果成材比例远高于其他可比的对象，便可看出其特质和意义。

在海门，海师是名副其实的“最高学府”。当时，民间戏称“南师北师，不如海师”。究其原因，我认为：作为与众不同的群体，他们起点普遍比其他同龄人高，又通过进入海师学习深造，汲取了丰富的养分，积蓄了足够的能量，后来发展自然也较快。另一个原因是，他们发展的外部机遇特别好。“文化大革命”造成各行各业人才出现断层，青黄不接。海师毕业生作为当时地方的稀缺人才，受到社会的普遍欢迎。他们在历史的断层，填补了巨大的人才空缺，拥有了登上历史舞台施展抱负的绝好机会，成就了一代风流。

个人的命运与时代密切相关，不同时代的人经历与命运也各不相同。我们所处的虽是一个物质高度匮乏的年代，但也是一个充满理想、精神富足的年代，大家对理想的追求远远高于对物质的追求，对未来更是充满憧憬和豪情。相对于现在的大学生，我们那一代人的命运与经历颇有几分传奇色彩。

负重前行，可堪大任。其实，那一代人的成功不在知识，不在年龄，而在精神。这是一种深入底层社会、经历人生磨炼、洞悉人情世故、渴求改变现状而又坚韧不拔的精神。作为一个在特殊历史时期生活的特殊群体，经历和道路不可复制，但经验和精神却可以传承。

1984 年夏天，我调离海师，先后在海门县委宣传部、供销合作总社、卫生局、药监局等多个单位工作。几十年来，我能在不同岗位上做出一点成绩，完全得益于母校的培养和教育。无论身在何处，我都由衷地感谢老师，感恩母校，为“我是海师人”而自豪。

满目深情皆因您，初心不忘乐相知。海师，我的母校，对我来说，这是一个神圣的家园，她见证过我的成长，孕育过我的希望，我在这里奋斗，也从这里起航。离开海师后，每每经过校门口，我都会情不自禁地深情回望，校园里的每一个角落都珍藏着我的青春记忆和生命回响。如今，虽然有形的校园已经不再，但无形的精神家园一直是我，也是我们这一代人永远的心灵港湾！

作者简介：钱瑛，海门师范 1975 届毕业生，曾任江苏省海门师范学校党委委员、团委书记。

海师，我成长的摇篮

李　豪

江苏省海门师范学校至今已有120年的历史，多少仁人志士的成长都是从这所老校起步的。我与海师有着独特的缘分，对她怀有特殊的情感。一般来说，大多数学生入校读两三年书就离开了，而与众不同的是，母校赐给我一个特殊的待遇——毕业后又留校工作了六年半，我是她特别宠爱的孩子。

1976年年底传来一则好消息，海门师范要在南通地区的高中毕业生中招收音体美专业特长的学生。时任海门县正余公社文化站站长的我，闻讯后思想激烈地斗争着：自己虽然十分喜爱当下的这份文化工作，但若能再到海师学习，提升一下专业水平，岂不是更好？我从小就酷爱画画，于是决定去报考美术专业。就这样我立即着手准备，果断到公社报了名。

1976年12月，我先到海门县包场区招生点参加初考，合格后又到县城统一招生点（海门县中学）参加复试。经过两轮激烈的竞争，我终于幸运地胜出，海师下发了我的录取通知书。

1977年3月1日，春风拂面，鲜花盛开。在这生机勃勃的时节，我带着家乡领导与人民的重托，怀着喜悦的心情来到了海门师范学校。校门口一派热烈欢迎的气氛，彩旗林立，人声鼎沸！大门顶上五星红旗迎风招展，右侧“江苏省海门师范学校”的校牌格外醒目，两侧“热烈欢迎首届音体美学生入学”“热烈欢迎1976级新生入学”的大红标语十分显眼。报到的同学，随着陪同的亲朋好友一起簇拥着走进大门。校园跃动着年轻的身影，奏响了一曲和谐美丽的校园青春之歌。目睹这一切，我思绪翻滚：这是一所历史悠久的老牌名校，是光绪三十二年（1906年）创建的。多少年来，已培养了无数有志青年！今天我的人生新起点，将从这里开始。

入学一周后，在学校大餐厅举行了隆重的开学典礼。主持会议的陈祖仁副校长宣布开会议程，随后王德范校长做“开学典礼”动员报告。接着，各班代表分别发言，我代表本班第二小组的同学向大会表了决心，并向全校师生公示了入学后的学习规划。最后学校党总支朱湘涛书记做了指示。

大会后，班主任谢文灿老师组织并召开了班委会。班委会由七人组成：班长杨汉祥、副班长李豪、学习委员陈明朗、体育委员王凯平、文艺委员徐志敏、生活委员沈祖彪、通讯委员周伯平。全班40位同学分为四个学习组。第一组组长高则才，第二组组长陈桂华，第三组组长章庆雄，第四组组长陈君佑。班级组建了党小组，由杨汉祥、陈文兰、王凯平组成。还组建了班级团支部，选举产生了三位团支委：书记陈文兰、组织委员岑光荣、宣教委员钱健；全班为分四个团小组：第一小组组长朱明山，第二小组组长杨应琪，第三小组组长许筱琳，第四小组组长房健。组织机构建立后，班级正常开展教学活动。火车跑得快，全靠车头带！班主任谢文灿老师是一位德才兼备、发展全面的老师，共产党员，政治素质好、理论水平高、工作能力强，知识广博，且具有英语、文艺、体育等特长，会拉手风琴，在学校教职员工中具有很高威望。学校领导特地安排他担任首届美术班班主任，我们感到特别荣幸！谢老师很年轻，性格温和，待人诚恳，善于交流，与我们没有代沟，我们都喜欢与他在一起。

如何按照学校的总体要求，全面完成美术专业的各项学习任务，是摆在我们面前的首要问题。在谢老师的精心指导下，杨汉祥班长组织全体班委会成员，对此进行了认真的分析和讨论。

首先，共同分析了首届美术班的基本情况，感到当时班级的有利条件与不足因素并存。因为是首届，历史上没有先例，无现成路子，各方面都要从头开始。从学习的美术教材看，没有现成的，更谈不上系统性。各位同学的文化层次参差不齐，虽然具有高中文化，但都是往届生，原来学的知识都有些生疏了，从美术专业基础看也不够平衡。

但也有很多长处。如本届同学都经过了社会锻炼，有一定的实践经验，在学习宣传马列、毛泽东思想活动中，参与过专栏、墙报布置，写过横幅标语，参加过漫画、连环画、宣传画绘制等工作，有一定的美术和书法基础。尤其是年长一点的功底比较深厚，比较成熟。再由于是首届招生，实属千载难逢，大家都十分珍惜来之不易的学习机会，所以学习自觉性较强。

班委会在分析情况和统一思想后，就将计划落实于各项行动中。首先从抓规章制度开始，按《师范生守则》及学校的有关规定，步调一致，行动统一；严格执行作息制度，及时完成作业，按时参加各类活动；向解放军学习，向先进看齐，做到团结、紧张、严肃、活泼，当一名德智体全面发展的合格师范生。

对于美术专业学习，首先要解决教材问题。大家群策群力，动脑筋采取措施。除专业老师自编教材外，还设法借鉴大专院校专业范本，由同学们自己动手，轮流摹临刻写，油印成本。为提高学习效果，同学们认真上好每一节课，及时完成作业，充分利用每一节自修课消化知识。为了激发大家学习的自觉性，在专业老师的指导下，由学习委员陈明朗组织大家分小组进行人物头像素描写生，开始由本班、本组同学轮流当模特，后来发展到邀请兄弟班级同学也前来参加。这样做，既提高了美术专业技能水平，又增强了学习兴趣，更加深了同学间的友谊，效果很好。其次是端正学习态度，学习中大家体会到要取人之长，补己之短，主要是自我加压，所以每晚自习课大家都十分勤奋，根据个人的兴趣特点自行安排。有的临摹国画小品，有的临摹名人碑帖，有的设计图案，有的练写美术字，有的练习刻章，有的撰写文章，有的到画室进行静物、石膏塑像写生等。此外还充分利用星期日及业余时间到市场、公园进行速写，有的到野外进行水粉、油画写生等。

根据师范生的特点，我班还注重文体等多个方面能力的训练。文艺方面，每逢周六晚上，文艺委员徐志敏总要将预先印好的歌词发给同学们，然后一段段地教唱。有的同学还利用课外时间参加跑步、打球等体育活动。我喜欢乐器，特地向学校借了二胡、笛子，高兴时与几位同学一起练练……这些都活跃了班级的气氛！

我们美术班同学的体育素质也很好，深得任教体育的邢晓白老师的喜爱。邢老师年轻、清秀，中等个儿，短发，一双眼睛炯炯有神，有一股自内而外的严厉，笑起来又十分可亲。她尤其喜欢上我们班的体操与拳术课，多次表扬几位认真刻苦的同学，如岑光荣、袁文桂、施志淮、许筱琳、高则才等。学校运动会我们班的同学都积极参加，且获得多个项目的好名次，还创造了多个学校记录。如许筱琳同学的标枪、手榴弹成绩的校记录，连续保持了数年未被人打破。这是首届美术班学生的荣耀。

我们美术班通讯宣传工作也十分出色。美术宣传是我们的特长，那时学校的墙报、黑板报、宣传栏等基本上都是被我们班同学包了，学校团委的有线广播台节目中，经常能听到我们美术班的信息动态，其中杨汉祥、陈文兰、陈君佑、岑光荣、周伯平、房健、李岳等与我投稿较多。

由于我班同学的综合素质较高，所以每逢学校、班级举办活动，总是能大显身手。一次我班举办了周末晚会，特邀教导处领导、任课老师，各兄弟班班长、团支书前来观摩。杨班长先讲了开场白，接着表演了形式多样的节目：开始是男女声小组唱，接着我与蔡新同学表演相声《学雷锋、见行动》，晚会气氛趋于活跃，再由梅崇德同学表演口技《群鸟欢叫》，逗得大家开怀大笑。随后开始诗歌朗诵，再由高卫星、梅崇德、沈祖彪、江浏、蔡新与我表演小合唱《六老汉》。大家化了简妆，戴了老人帽，装了假胡子，束了阔腰带，手里拿着烟抢，一起弓着腰，摇摇摆摆地迈着老人步，边跑边唱"今天天气真正好……"那活泼可爱的表情、幽默风趣的动态再次博得了大家的阵阵笑声！最后女同学们还献上了灯谜节目。这次活动教工也献上了几个节目：谢文灿、左飚老师的手风琴合奏，陆李康老师的小提琴独奏，倪建达、郭建华等老师表演的小合唱《真是乐死人》《游击队之歌》，薛汉贤老师的诗朗诵等。师生同台表演，不仅锻炼了同学们的文艺才能，增强了师生之间的情感，还为兄弟班级引了路子，树了榜样。

对于学校的其他活动，我们美术班也都走在前列。在"学雷锋，见行动"活动中，我们班组织开展了"一对红"活动，即同学之间结成互帮互学的对子。如素描基础好但线描基础差的与相关同学结对；西画基础好但国画基础差的与相关同学结对；语文基础好但美术专业基础差的与相关同学结对；口头表达能力强但书面表达能力不够的与相关同学结对；性格活泼好动的与性格平和稳定的同学结对。

经过一段时间的磨合，美术班的班风明显提升。如性格温和的陈桂华同学与言行活泼的胡宝学同学结成"一对红"后，他俩一起晨间锻炼，一起完成作业，一起开展谈心活动。生活上陈桂华帮助胡宝学缝衣服、缝被子，学习上胡宝学指点陈桂华素描技能，大家都感到他俩各方面均有了进步！

我与许筱琳同学结成"一对红"后，我的进步很大，至今仍印象深刻，我十分感激她。当时正逢左飚老师教我们汉语拼音课，而这方面是我的薄弱环节，学起来比较吃力。我在拼音发声时，前鼻音与后鼻音分不清，翘舌音与平舌声也读不准。许晓琳听后十分耐心地给我讲解，并很清晰地为我发声示范。由于我习惯了错误发音，一时难以纠正过来，但她从不厌烦，而是鼓励我不要急，反复教我，最后我终于读准了，她这才满意地笑了。另外，她的素描基础好，大小块面、线条都美，三大面五大调都表现得很得体，这对我的促进很大。在她的影响下，我的素描成绩有了提高。而我的硬笔书法比较好，也影响了她，我的课堂笔记字迹工整，条理清楚，她经常拿过去仿临，她对我的毛笔行书也很羡慕，便让我给她讲解练习书法的基本要领。我们的共同点是都爱好语文，经常到阅览室看文学作品，切磋写作技艺。记得毕业考试时，薛汉贤老师出了两个题目让我们任选，我选了“红旗”，许筱琳选了“喇叭”。后来成绩揭晓了，我们两个人都得了高分——90分。实践证明“一对红”活动能结出丰硕成果！

我班章庆雄同学年长一点，大家十分尊重他，都喊他“老章”。老章国画基础好，待人很热情，经常跟同学们交流国画技法，许多同学在他的帮助下进步很快。后来老章的影响力大了，班委会安排他在全班作了国画技法讲座。陈明朗、钱跟东、徐志敏等同学速写技法好，带动了一批同学速写水平的提高，陈明朗还在班上谈了坚持速写的学习体会。高卫星、钱跟东、秦风祥、顾瑞祥、杨应琪等同学素描基础好，促使大家素描成绩不断进步，钱跟东也在班上谈了素描的学习体会。还有王志华、黄晓云、傅洪滔、李岳等同学，书法基础好，带动了大家书法水平不断上进。陈君佑、钱健、许筱琳、岑光荣、房健、李岳等同学语文基础好，写作能力强，带动了大家语文水平的不断提高。就这样，全班“一对红”活动发展为“一片红”活动了。

美术班“学雷锋，见行动”活动还体现关心同学上。一次，我由于连续吃了凉菜凉饭，导致胃痛不止。虽然学校张医师为我打针开药，但我仍然未能止住疼痛，停了五天课。后被老师同学知道了，班主任谢文灿老师、班长杨汉祥等同学分别前来探望，陈君佑、沈逸逵等同学连续几天为我送饭，沈祖彪同学送来了云片糕，高卫星同学送来了牛奶，还有陈文兰、徐志敏、许筱琳、陈桂华、黄晓云、陆燕芳、吉小荣等多位同学（原谅我已记不清有多少人了），分别买来食品、礼品送到我床边，亲切地慰问我，使我禁不住感动得流泪。这就是充满真诚的同学友情！美术班大家庭的温暖，至今让我难以忘怀！

还有一件令人记忆特别深刻的事，发生在1978年9月。上级党委发出号召：教育战线要输送一批优秀教育工作者，到祖国最需要的边疆——西藏去，支援他们搞好教育工作。接到通知后，我们学校迅速组织全校师生学习动员、组织报名等工作，我们美术班也掀起了报名的热潮，很多同学写了申请书。后来通过自己报名、家长同意、层层推荐，报上级教育部门批准，最后挑选到我们美术班高卫星及体育班陆建平同学赴藏工作。

这是一件十分光荣的事，全校上下都纷纷表示祝贺！他们向高卫星同学送来了贺信、贺词，认为这次援藏是实现新时期总任务的需要，是提高整个中华民族科学文化水平的需要，也是巩固国防、建设国防的需要。在欢送的日子里，尤其是与高卫星同学朝夕相处、一起学习生活的美术班老师和同学更是感慨万千，心潮起伏。大家在表示祝贺的同时，又流露了恋恋不舍之情。1978 年 8 月 30 日，学校召开了欢送大会。会上我受全体老师同学的委托，代表美术班致了欢送词，我的发言是发自内心的。因为高卫星同学与我们同学已有一年半时间，大家感情很深，都觉得他虽然年纪轻，但他的政治觉悟、思想品德、学习成绩以及各项活动中的表现都是冒尖的，且体格健壮、多才多艺、待人诚恳，是一个要强的硬汉子，深受老师、同学们的喜欢。现在因祖国的召唤，即将奔赴新的岗位，确实让大家依依不舍！临别之际，我们向他提出真诚的希望，希望高卫星同学“进一步认识这次赴藏支边工作的深远意义，它是提高整个中华民族科学文化水平的重要举措之一”，“您是我们美术班 40 位同学的杰出代表，到了那里要不辜负党和人民的重托，不忘海师对您的精心培养，继续保持和发扬母校的光荣传统，充分发挥自己的聪明才智，加强学习，努力工作，发光发热，争取更大进步！记住我们的老师与 39 位同学是您的坚强后盾，永远支持您的学习、工作。希望您将我们的心愿带给西藏人民，让我们在不同的岗位上，为着一个共同的目标，为中华民族的振兴而努力奋斗！”

时间犹如白驹过隙。丰富多彩的两年师范学习生活很快过去了。毕业前夕，学校举办了“海门师范首届美术班书画作品毕业展”，我与同学们一样，也创作了一幅作品。虽然作品还很稚嫩，不够成熟，但充满着活力，流露着青春的朝气，这是学校对我们美术专业学生学习成果的一次综合检验！毕业时美术班被学校评为“先进班级”，我被校团委评为“优秀共青团员”，并与岑光荣同学一起光荣地加入了中国共产党。同学们圆满完成了各项学习任务，即将奔赴各自的工作岗位。在校的时间虽然短暂，但海门师范学校首届美术班的老师、同学给我留下了不可磨灭的印象！我爱团结向上的美术班，我永远怀念这个班！

毕业后，我幸运地留校工作。一开始就分在学校教导处，这给我创造了继续跟随老师学习进修的得天独厚的条件，比首届美术班同学多学了六年半。

师范学校教导处的教务工作是知识面十分广泛、内容极其丰富，且质量要求极高的综合性工作。我边学习边工作，积极向师长们求教。根据工作需求，必要时我还到教室跟班听课，具体科目有美术、音乐、体育、外语等，了解了各专业知识的内涵，开拓了我的视野。

学校行政领导，教导处、总务处、各教研组领导，实施了学校导护制度，每周要出刊一期《值周简报》，发布在一块大黑板上。每周一，导护领导将值周情况整理成文，由我负责设计出刊公布，这一工作，促进了我的粉笔字、插图等技能的显著提高。

学校每周都有重大活动，如临时发通知公告、拉横幅、写标语、布置橱窗展览等，都成了我的常规工作任务。尔后我走上讲台，当了美术教师。此外，我还根据学校党政领导的指示，做了一系列党务、政务工作。

1985 年，随着改革开放的不断深入，社会各行各业急需文化艺术方面的应用人才，海师这架工作母机也积极向外输出教工队伍中的新鲜血液，一大批成员被外调工作，我也依依不舍地离开了母校。

转眼间，37 年过去了，回首在海门师范求学和工作的生活，我仍然思绪如潮，感慨万千……那是我人生最美好的时光，那里留有我不断进步的印迹。我感恩母校！感恩老师！我衷心希望母校越办越好，培养出更多更好的栋梁之材，恭祝 120 周岁的母校永远辉煌，永远年轻！恭祝我的师长、师友们岁月静好，幸福安康！

作者简介：李豪，海门师范学校 1977 级美术专业班学生，毕业后留校任教务员、教师。后调海门市交通局工作，任内勤秘书。又调海门市公安局工作，先后任政秘科科长、教导员、党支部书记、局党委委员、纪检组长（书记）兼政治处主任。现为中国楹联学会会员、江苏省美术家协会会员。

海门师范和我的教师培训生涯

张国强

1983年8月，我从苏州大学毕业后被分配到了海门师范学校。2005年8月，海门师范与南通师范合并为南通高等师范学校，海门师范成了永远的历史。在海门师范工作的22年间，我除去做了一年的班主任、五年半的校长办公室和教务部门负责人之外，其余的时间几乎都交给了教师培训事业。

1990年春季开学后，根据学校新的安排，我开始担任海门师范函授部主任。记得当时从前任手中接收到的全部家当就是4个饭碗、2双筷子、几块钱菜票和几斤饭票(均为招待各教师进修学校来人所备)。同时还被告知，如果到各县(市)教师进修学校去工作，要先在外边吃过饭，尽量不要麻烦人家。在接下来的深入调研过程中，我又进一步发现了当时的中师函授和幼儿园教师业余进修教育存在着诸多的问题。首先是现有的中师函授和幼儿园教师业余进修教学计划与小学、幼儿园的教育实际不相适应，师德修养和教学基本功训练缺失，语文和数学理论课的教学要求偏高；其次是各个进修学校普遍缺少史地、自然、心理学、教育学等学科的专职教师；再次是缺少统一的中师函授和幼儿园教师业余进修教材、统一的各学科教学计划，备课、命题、考试、监考、阅卷等关键环节缺乏规范；最后是缺乏经费保障，函授部和各个教师进修学校由财政拨付的经费入不敷出。

为了切实解决好上述问题，我在进一步充实调研数据、认真进行结果分析的基础上形成了书面报告，及时上报给南通市教委和江苏省教委师范教育处，受到了省教委师范教育处和市教委的高度重视。省教委师范教育处先后多次召开全省中师函授中心组成员(由各个大市中师函授部主任组成)会议，及时研究并颁发了《关于进一步改革和加强中师函授教育的意见》，明确提出了“适当调整现行教学计划和大纲”“提高学员入学起点文化水平”

“严格学籍管理和教学管理”及“进一步加强对函授教育的领导和业务指导”等一系列的具体要求。

在南通市教委的大力支持下，作为全市函授工作统筹管理业务部门的海门师范学校函授部，通过不厌其烦地拜访各个县(市)教育局的领导和人事主管部门，在不长的时间里帮助各个县(市)教师进修学校解决了史地、自然、心理学、教育学等学科专职教师的缺额问题。海门师范学校也在同期为函授部增加了语文、数学等主要学科的专职教师，配齐了史地(杨肖虎)、自然(黄剑)、教育心理学(施晓卫)等学科的专职教师以及专职教务管理员(陈艳)。

为了尽快解决缺少统一教材的问题，由我牵头，在学校领导和老师们的支持下，我们组织统筹了《南通市小学、幼儿园教师进修代用教材》的编写工作。截至 1993 年 9 月，先后编印了《语文基础知识》《文选与习作》《代数与初等函数》《几何》《史地》《自然》《教育学》《心理学》《小学语文教材教法》《小学数学教材教法》《算术理论》《师德修养和教学基本功训练》等 12 种代用教材，满足了全市中师函授和幼儿园教师业余进修的教材需求。参加这一套代用教材编写工作的海门师范学校教师包括：语文学科及师德修养和教学基本功训练：张国强、李鸿鸣、王茂恒；数学学科：曹一鸣、季伯明；史地学科：杨肖虎、樊玉生；自然学科：朱正刚、陆敏、戚益；教育心理学科：潘健、施晓卫；封面设计为陈祝林、沈鼎尧等。

为了有效规范中师函授和幼儿园教师业余进修学员的入学和毕业验证管理，我们根据省教委师范教育处的相关要求，在南通市教委教师培训管理部门的指导下，先后制定了《南通市中师函授和幼儿园教师业余进修入学考试与录取管理暂行办法》《南通市中师函授和幼儿园教师业余进修入学考试纲要(试行)》《南通市高中学历报考中师函授和幼儿园教师业余进修免试入学管理暂行办法》和《南通市中师函授和幼儿园教师业余进修学员毕业验证管理暂行办法》等一系列工作规范，为全市中师函授和幼儿园教师业余进修统一招生考试和录取、统一毕业验证和颁发证书奠定了坚实的基础。

为了提高中师函授和幼儿园教师业余进修各个学科的教学质量，我们根据江苏省中师函授和幼儿园教师业余进修各学科教学大纲以及南通市的实际情况，先后编制了全市统一的、涵盖中师函授和幼儿园教师业余进修各个学科的教学计划和考核要点，并通过在南通市教委主办的《教学与进修》

杂志上增设函授专辑的方式，印发至全市中师函授和幼儿园教师业余进修所有授课教师和参训学员手中，真正实现了中师函授和幼儿园教师业余进修各个学科的教学与考核有“法”可依、有章可循。与此同时，我们还在全市范围内分学科建立了由函授部指导教师牵头、各个教师进修学校授课教师参与的学科教学备课组，采用“轮流坐庄”的方式，在本学科统一组织教学之前进行集体备课，逐一梳理出各个学科教学内容中的重难点和注意点，协商确定了统一的教学进度和作业要求，为全面提升学科教学质量夯实了基础。

为了切实加强考试管理，严格整肃考风考纪，我们在统一命题、统一考试的前提下，要求每一位命题教师在认真签订保密协议的同时，按时编制出知识点覆盖、难易系数和试题类型等都基本等值的四套试卷（分别为统考和补考的 AB 卷），供每一次考试的主考在最后付印前随机抽取一套；我们按照国家级考试的规范，统一印制了试卷袋，统一设计了试卷密封区、双重密封条和密封装订程序；我们遴选工作认真负责的海门师范学校教研组长以上干部和学科骨干教师担任考点巡视员（每个考点两名），全程参与各个考点的考场布置、过程管理和试卷封装等关键环节的督察工作，重大考试采用跨县（市）交叉选派监考人员的方式进行；我们采用随机抽调各个教师进修学校任课教师担任阅卷人的方式及时组织统一阅卷，并为每个学科每一次统一阅卷指定了负责统一回答并解决阅卷过程中所遇问题的阅卷总召集人。

为了切实解决函授教育经费保障问题，我们先后多次向南通市教委、南通市财政局、南通市物价局等主管部门呈交了关于函授教育经费开支及其解决路径的书面报告，先后得到了“教材费由学员自理并适当收取考试费用”和“参照师范学校标准收取培训费用”的政策支持。在市教委的统筹下，经过与各个教师进修学校的充分协商，我们先后采用了“统一收费（函授部）、分项补助（教师进修学校）”和“统一收费（函授部）、按比例分配（教师进修学校）”的方法，从根本上解决了函授部和各县（市）教师进修学校函授教育经费入不敷出的老大难问题。

1992 年 12 月，海门师范函授部被江苏省教委评为“全省教师培训工作先进集体”。基本实现管理规范化、运营标准化的南通市教师培训工作迅速进入创新拓展的快车道。

从 1993 年开始，为了有效解决部分地区中师函授和幼儿园教师业余进修学员就近学习的问题，我们先后和通州市通海镇、通州市金沙镇、启东市吕四镇、海门市刘浩镇、南通市港闸区等地的教育行政管理部门或成人教育学校联合举办了10多个中师函授或幼儿园教师业余进修班；为了有效解决当时普遍存在的校办企业管理人员学历不达标问题，我们先后与启东市教育局校办工业公司、海门市教育局校办工业公司联合举办了面向校办企业管理人员的中师函授班。

从1995年开始，海门师范学校受南通市教育局的委托，承担了对全市民办教师内招班和中(幼)师学历培训(脱产)班进行业务指导与规范化管理的工作，“海门师范函授部”也因此更名为“海门师范培训部”。为了更加扎实、深入地做好新的工作，我们与启东市教师进修学校联合举办了中师学历培训(脱产)班和幼师学历培训(脱产)班，并在联合办学的过程中逐步形成了一整套标准化、规范化的教学管理、学生管理和后勤管理制度，为全面做好全市中(幼)师学历培训(脱产)班业务指导与规范化管理工作积累了经验，提供了保障。

为了全面提升全市教师进修系统任课教师的教学水平，我们先后在海门市、通州市和海安县等地举办了全市教师进修系统任课教师教学基本功(包括说课、注音、纠正错别字、毛笔字、钢笔字、粉笔字等)大赛。代表南通市教师进修系统任课教师参加苏北片(包括当时的徐州市、连云港市、淮阴市、盐城市、扬州市和南通市)教师进修系统任课教师教学基本功大赛的柯晓扬(通州)、冯小临(如东)、李高华(启东)分别获得了一、二、三等奖的第一名。

为了全面提升全市教师进修系统各类参训学员和海门师范学校在校学生的基本素养与能力，我们在省市语言文字和考试管理部门的大力支持下，先后成立了普通话水平等级培训测试站、全国计算机能力考试考点和全国公共英语水平考试考点，先后为全市8 228名中师函授学员、1 774名幼儿园教师业余进修学员、1 285名中师学历培训(脱产)学员、1 364名幼师学历培训(脱产)学员和3 325名海门师范学校在校学生提供了普通话水平等级测试、计算机能力考试和公共英语水平考试的考前辅导和考试管理服务。

为了丰富全市教师进修系统师生的文化和体育生活，我们先后在海门师范学校、通州市教师进修学校、海安县教师进修学校举办了全市教师进修系统教职工乒乓球联赛、全市教师进修系统学员排球联赛和全市教师进修系统学员文艺汇演，受到了市教育行政管理部门领导和教师进修系统师生的充分肯定。

随着国家对中小学教师学历达标标准要求的不断提升，从 1996 年开始，我们分别与南京师范大学、扬州大学和上海体育学院等高校合作，先后举办了文史、体育、计算机等专业的专科学历函授班以及体育、英语、综合文科专业的本科学历函授班，共有 558 名学员获得了专科学历文凭，199 名学员获得了本科学历文凭。1997 年至 1999 年，我们还在省教委师范教育处和省中师体育中心组的大力支持下，与上海体育学院联合举办了面向江苏省中等师范学校优秀体育教师的研究生课程班，共结业学员 46 名。

进入 21 世纪后，随着基础教育新课程改革的正式启动，海门师范学校先后被江苏省教育厅和南通市教育局指定为基础教育新课程骨干教师培训基地。为了圆满完成省教育厅和市教育局交付的基础教育新课程省、市级骨干教师培训任务，学校专门成立了由校长为组长、分管校长为副组长的基础教育新课程省、市级骨干教师培训项目领导组，并在学校培训部设立了由我为主任的项目办公室。在项目领导组的统一领导下，我们根据江苏省教育厅和南通市教育局的统一部署，精心制定了 2002—2005 年基础教育新课程骨干教师省、市级培训规划及其分学科实施方案，逐一明确了培训对象、培训目标、课程设置、师资配备、时间安排、后勤保障等各项培训任务，并在认真总结学历补偿教育管理经验的基础上，悉心修订了包括学员遴选、课程设计、讲师遴选、考勤管理、生活管理、结业管理等在内的一整套基础教育新课程骨干教师省、市级培训项目管理的规章制度。

为了确保基础教育新课程省、市级骨干教师培训项目的实施质量，我们组建了由课程专家、学科带头人组成的各培训学科学术指导小组，具体负责遴选每一门培训课程的授课教师，审核每一门培训课程的讲稿和多媒体课件。

在课程安排方面，我们把理论与技能培训模块中的“课堂教学艺术”和“教育科研”两个专题安排在学期中进行，并与“实践与考察”“课题研究”模块融为一体，做到“课堂教学艺术”课程与下校听课、评课相结合，“教育科研”课程与课题研究选题立项相结合，有效地增强了相应培训模块的实效性，受到了学员的普遍欢迎。

在培训效果考核环节，我们采取以学员所在区域为单位分组集中上汇报课的方式，对每一位参训学员的课堂教学水平进行全面考核。为了确保考核实效，我们除了统一调派校内教师插入各个考核小组外，还特别邀请了学员所在区域的学科教研员一起参与考核。通过课堂教学实践考核活动，不但扩大了骨干教师培训的影响力，还进一步加深了承担培训项目的机构与基层学校、地方教研机构之间的关系，密切了参训学员之间以及学员所在单位之间的关系。

截至2005年暑期，我们先后为全省培训了428名新课程“小学综合实践活动”和“小学体育与健康”学科骨干教师，为南通市培训了879名“小学语文”“小学数学”“小学英语”“品德与生活（社会）”“小学美术”“小学体育与健康”学科骨干教师和50名小学优秀班主任教师。先后组织考核团队分别深入全市320多所小学，听取了913位参训学员的学科教学汇报课或班级活动课；先后组织并指导参训学员撰写了924篇教育科研论文或课题研究报告。值得一提的是，小学美术学科骨干教师培训班的学员在艺术实践和教学考察过程中，自发地向安徽省黟县西递乡潭口小学和西递初级中学的贫困学生捐助了2 100余元人民币，并与多个贫困学生结成了解困对子，受到了黟县教育局和当地群众的高度评价，黟县电视台专门予以了报道，与此相关的两所学校还发来了感谢信。

由于组织落实、准备充分、管理精细、教学认真、服务热情，我们承担的所有基础教育新课程省、市级骨干教师培训项目，得到了各级教育行政管理部门和参训学员的普遍认可。2005年4月23日，我代表海门师范学校培训部在全省师资培训工作总结表彰大会上作了题为《管理和质量是师资培训的生命线》的经验介绍。

在海门师范的教师培训生涯中，我经历了太多太多难以忘怀的事情，有艰难，也有快乐，而更多的是攻坚克难后的成就感。所有这一切，都为我在此后的职业生涯中继续做好教师培训工作奠定了基础。也正因为如此，我要衷心感谢我心中永远的海门师范！衷心感谢曾经和我一起为了海门师范的教师培训事业，几乎放弃所有寒暑假和休息日，不惜披星戴月、不辞种种辛劳、常年东奔西走的各位老同事们！

作者简介：张国强，副教授，曾任海门师范校长办公室主任、教务处负责人、培训部主任，南通高等师范学校培训处处长，2014年3月退休。

岁月峥嵘 未来可期

——海师校办厂的前世今生

黄 剑

或许逝去了才会懂得珍惜,亦或许走得最快的总是最美的时光。在南通师范高等专科学校建校120周年之际,我作为海师校办厂的亲历者、奋斗者,不会忘记半个多世纪以来校办厂的创办、复办与发展的历程,更不会忘却校办厂曾经为学校教职工家属及子女就业、教师队伍的稳定、办学条件的改善以及教职工福利待遇的提高所做出的贡献。

校办工厂,当年也是学校工作的有机组成部分。早在1958年,学校为了贯彻上级勤工俭学的指示精神,创办了文化用品厂。厂址坐落在圩角河北端(后为海门铸钢厂厂址),厂名为“海门师范文化用品厂”。那时的校办厂设备简陋,只有一排向南茅屋,屋前有块空地用以晒干粉笔。厂里只有几个工人,主要生产粉笔和浆糊。当年黄思安同志为校办厂负责人,盛志冲为会计。学校逢有劳动课,相关班级会分批到工厂实践石膏碎块、炒煮、磨粉、烧制、晒收及包装等环节,工厂成了学生的劳动基地。1960年,月产“海狮”牌粉笔18 000盒,并制造浆糊,远销江苏、安徽、湖北、黑龙江等地。1962年5月,学校奉命停办,校办厂也就停止了生产。

1972年学校复办,1976年学校也复办了校办工厂,厂址设于校本部的东南角。说起校办厂的复办,不能忘记陈祖仁老校长。筹办化工厂时,对海师来说,跨出的每一步都是困难的。在陈校长的全力协调下,人员、资金、厂房、设备等逐一得到落实,并在当年投入生产。工厂主要生产化工用品,如胱氨酸、氟化氢钾、氟化氢铵、氟化钙等,产品受到用户的欢迎。起初,校办厂归属总务处,后来单独成为学校的一个部门,先后由物理老师陆正冲、化学老师张默庵同志负责。1984 年 2 月,校办厂化工车间被评为南通市先进集体,张默庵老师被评为先进工作者。下半年,学校任命张默庵老师为校办厂副厂长。

1986 年,校办厂扩建,整体迁至海门西郊五港河西边,并更名为"南通市试剂厂"。几年间,校办厂越办越兴旺。据初步统计,1984 年产值 20 万元,利润 5.6 万元,1985 年利润 7.02 万元,至 1988 年利润 12 万元,固定资产达 30 万元,并获得国家化工部颁发的化学试剂生产许可证,成为江苏省唯一生产氟化盐系列的专业厂家。其间,学校姚雨南校长直接分管,洪善庆、葛明刚老师也先后担任了校办厂的管理工作。

进入 90 年代,校办厂得到了进一步的发展。1990 年,学校委派党总支副书记龚振国同志兼任校办厂厂长,由我这个化学老师到工厂负责生产技术及研发工作。当年,根据市场需求又开发了氟化镍、氟铝酸钠、氟化思等新产品,产销两旺,获得利润 18 万余元。1992 年,学校总务处主任陆正冲同志兼任厂长,1994 年我担任副厂长。当年,我责任承包化工车间 30 万元利润,开发生产的氟化镁、氟化铅、氟化钡等产品通过北京某研究所质量认证,作为高科技产品供给美国、瑞士等国家,仅出口美国就达数十吨,年终实际获利 52 万余元。1995 年,校办厂职工已有 43 人,设有供销科、生产科、质检科、财务科,有 3 个车间和冲酸、锅炉 2 个小组,全厂有 20 多个试剂级产品,其中电解质氟化氢钾产销量占全国用量约四分之三,三四年间利润连年稳定在 20 万元左右。

1996 年,我担任校办厂厂长,我们全面开发了高纯无机氟化盐,其中氟化镍、氟化钴在铝合金表面处理行业的销量不断增加,同时,我们对老产品老工艺进行转型改造,在市场竞争不断加剧的情况下,想方设法降低成本,提高产品质量,向全面生产高纯氟化盐方向提升。五年间,年利润均稳定在 30 万元左右,在不影响教职工和工厂职工福利的情况下,大部分利润填补了以前项目的亏损和企业待摊费用。

2001 年,学校奉命进行校办厂改制,丁兆雄校长亲自挂帅,提出了改制目标:一是不让国有资产流失,二是稳定好教师队伍和维护好职工利益,三是尽量让校办厂的无形资产交到海师人的手里,并希望校办厂能继续健康发展。改制过程中将校办厂房地产剥离后负 40 万元作为零资产竞标,最后由我以 8 万元中标。

2001 年 6 月，学校顺利完成校办厂的改制工作，8 月底学校支持我成立了南通市通试试剂有限公司，全体通试人传承海师传统和精神，不辜负海师人的期望，继续履行校办厂的职责，尽量使用老职工，让他们平稳过渡直至全部退休，为稳定教师队伍和增加教职工福利作出了应有的贡献。五年半时间，公司年产值增至 300 万至 400 万，产品发展到 40 个品种，在完成厂房修建、设备更新、水泥场地建设等后，获得纯利 160 多万元。

2007 年，因国家对小化工企业进行整治，统一要求进化工园区，再加上企业发展的需要，校办厂搬迁至江苏省宿迁市，新厂区占地面积 20 亩，投资 560 万元，成立了宿迁市通试试剂有限公司。年产值由原 400 多万提高到 2 000 多万元，年利税达 500 多万元，由小微企业转型为小型企业。公司根据高纯无机氟化盐需求量小、品质要求高的特点，立足于往“小精”企业方向发展，通过十多年的努力，目前有部分产品及几种规格已达到高科技领域要求。在此期间，我前后资助十多万元用于海师“春华秋实”主题雕塑搬迁新校区后的底座安装费用。

我是一个师范人，更是一个海师人，我虽然已经从学校退休了，但我始终把公司作为校办厂来看待，力争做一个名副其实的海师校办厂的传承人。考虑到公司今后的长远发展，我又于 2019 年 9 月开始向甘肃张掖转移，进行第三次创业。现已成立了甘肃通试科技有限公司，立志让通试的高纯无机氟化盐产品不仅要在化学品质上而且在物理品质上达到国际高科技发展的要求，让“通试”向着她的谐音方向，真正通向世界，同时我也下决心要让企业紧跟南通师范高等专科学校的发展步伐，努力成为“小精特新”企业，并向百年企业迈进，实现长远发展，以此回报社会，回报母校。

作者简介：黄剑，笔名神剑，南通师范高等专科学校退休教师。曾任海门师范校办厂厂长，现任甘肃通试科技有限公司总经理，兼任通师高专教育发展基金会理事、全民阅读宿迁青少年阅读会顾问、宿迁市宿豫区诗词协会主席。

我在海师的几个瞬间

陈　健

人生的旅程就是这样，用大把的时间迷茫，在几个瞬间成长。时间顺流而下，生活逆水行舟，物换星移，悄无声息，蓦然回首才发现，我离开海门师范至今已有25个年头。曾经工作中的伙伴走动少了，往昔教导我们的老师长辈也都退休了，这是自然规律。我们既无法像时间那样坦荡豪迈，又无法像时间那样瞬息万变、冷漠无情。时光如梭，流年似水。但那些被岁月渲染过的情怀，几个成长的瞬间，终究会停留在记忆的深处。

舞蹈《长城魂》获省级比赛一等奖

1990年，江苏省教育厅有史以来第一次举行了中学生、中师生文艺调演（比赛）。选拔的过程相当严苛，预赛分苏南和苏北两个地区，只有在预赛中获得一等奖的节目才能够会师南京参加总决赛。由我担任主创编导的海门师范舞蹈《长城魂》在苏北片获得一等奖，而后再接再厉一举夺得总决赛的一等奖。这是海门师范在省级层面的第一个舞蹈一等奖。接着，该节目又被选中参加南京市的公演，时任中国共产党中共顾问委员会委员、原南京军区政委杜平将军和江苏省委书记、江苏省省长、江苏省人大常委会主任以及江苏省省级机关的许多部门领导都出席观看了演出。杜平同志还亲手将一只金光闪闪的奖杯授予我校的演员代表。江苏省电视台在当年9月9日晚上播映了《长城魂》等节目的演出实况。

1990年9月10日是我国第6个教师节，《长城魂》节目又被市教育局选去参加南通市庆祝教师节的文艺演出，同样受到了市级机关领导和广大观众的热烈欢迎。

体育基本功撷英《海之诗》

1993 年 11 月 16 日，江苏省中师校园文化建设研讨会在海门师范举行，学校准备了一台《海之诗》体育基本功撷英的演出。这台演出的准备经历了两个多月，由我从总体上构思编导整场演出。

《海之诗》体育基本功撷英是用舞台表演的形式展示海门师范体育班所有的专业科目，取得了很好的效果。江苏省电视台对此做了专门报道。

难忘 1995 年的两个参赛舞蹈

1995 年 5 月，江苏省首届"红杉树"中师生舞蹈大赛在徐州幼儿师范隆重开幕。海门师范准备的 2 个节目《希望的旅程》《血染的青春》在南通市 3 所师范选拔的基础上，轻松过关，双双入选总决赛。最后，双人舞《希望的旅程》在全省 34 所师范参与的共 82 个节目(所有舞蹈)中，获得创作第一名和双人舞类别甲组表演一等奖；三人舞《血染的青春》以精湛的表演获得了评委的一致好评，最后被组委会邀请参加颁奖晚会演出，节目排位在压轴的位置。本次颁奖活动，由江苏省电视台全程直播。

学校九十年校庆《光辉的旅程》

1996 年是海门师范成立 90 周年，学校成立了各类校庆组织，我负责创编开场的欢迎演出《光辉的旅程》。这方面留存下来的资料特别少，在落笔写此文的时候竟然连主持人是谁都忘记了，节目单也没有找到，但是有些事情是永远忘怀不了的。

领导老师的帮助鼓励。领导我们演出组的是吕静校长和王志刚主任(现为副校长)。吕静校长当初满足了我们创、编、演过程中所有的物质(场地、灯光、道具、服装的落实与费用)要求；王志刚主任协调组内外一切事务，监督排练和演出的整个过程，他经常召集我们演出组开会，就连最后一次彩排后，体育馆的灯都关了，他用我的小"金鸟"车发动后的尾灯组织开会，很好地布置和落实了正式演出的工作。

同事之间的相互合作。《光辉的旅程》剧组的所有编导老师来自学校的各个部门,艺术上由我牵头,行政上归王志刚主任领导,我们这个组织非常团结是演出成功的重要基础。前期的准备工作相当重要,主题、框架、形式、内容等要做一大堆的文案工作,这方面王茂恒、袁海生、王洪钟、虞淑娟老师动足了脑筋;从来自不同方向的一大堆文案中,最后组成一套总台本,文字的输入量非常巨大,在那个年代用打字比现在费劲多了,邢菊老师帮了很大的忙,从初稿到多次的修改,邢老师不厌其烦,力争最好,另外邢老师还兼带每次演出的音响工作,争取做到万无一失。至今我还保留着邢老师打印的第一份初稿。

江苏省第四届中师生运动会开幕式——跨越世纪

1997 年 5 月 14 日 19 点 30 分,江苏省第四届中师生运动会开幕式《跨越世纪》在海门人民大剧院隆重开场。开幕式得到省市领导的高度赞扬。

中师地理教学年会欢迎晚会——太阳·地球·生命

1998 年 5 月 17 日,华东片中师地理教学研讨会暨江苏省中师地理教学年会在海门师范召开,当日晚 7 点 30 分,学校在主题雕塑“春华秋实”前的广场上为代表们准备了欢迎晚会——太阳·地球·生命。这场表演在演出场地、主题确立以及内容、形式、舞美各方面都有重大突破和创新,得到了代表们的一致赞许。这是第一次和地理老师兼主持人姚亚萍老师的友好合作,也是我为海门师范所做的最后一场演出活动,两个月后我被特聘到苏州工作。

用现在的眼光去看 30 年前的作品,肯定是遗憾颇多,但铅笔的另一头为什么要装上橡皮,就是让我们在以后的工作中擦去过往的遗憾。海师 15 年无数个瞬间催促我成长,为此我要感谢学校领导对我的信任,给予我锻炼的平台;我要感谢老前辈葛明刚老师对我体育工作和专业成长上的教导帮助和扶持。当然我更要感谢海师期间如兄弟姐妹一般的同事们。

借通师高专 120 年校庆之际,晒自己昨天的故事,也算是对青春的回忆。我想青春不是人生的一段时间,而是心灵的一种状态;青春不是一个年纪的终结，而是永远有冲刺梦想的心情和挑战的勇气。只要心中有风，梦里有帆，就一定能够向着理想的彼岸前行。青春万岁。

作者简介：陈健，教授，特级教师，1983 年 7 月至 1998 年 8 月在海门师范任体育教师；1998 年至 2014 年任东吴外国语高等师范学校科研处副处长；2014 年至今，任苏州市吴中教学与教育科学研究室体育教研员。

悠悠海师情

黄学新

虽然在海门师范学校工作时间只有短短的四年，但留给我的记忆是人生中最深刻、最值得眷恋的……

1983年8月份，我从扬州师范学院中文系毕业，来到海门师范学校报到就职。那时的海师校园陈旧简朴，六位新教师挤在一起的宿舍也是在东南边一排低矮的平房里。但少年时代就对海师有着朦胧向往的情愫，大学毕业征求意见时又毫不犹豫地选择了海门师范，所以，对当时的工作生活环境没有半点的失落和抱怨……作为农村长大的孩子，小时候去一次县城都是一件渴望而又难以企及的事。记得在上初中的时候，有一次几个同学骑着比现在开着宝马车还要自豪的二十八寸自行车去县城玩，从三条桥出发到三厂的砂石路面像搓衣板似的一愣一愣，把屁股颠得好疼；而三厂到海门是平坦的柏油马路，第一次在柏油马路上骑车的感觉何止一个"爽"字可以形容，至今还记忆犹新。

1975年7月，我高中毕业回到家乡担任大队（现在称村）团支部书记，因工作需要到县城的机会也就多了，但每次到县城，我总要到海师那边转一转，看一看，因为在我心中，海师是海门的最高学府，无数次站在海师校门前遐想：将来能跳出农门，到海师工作哪怕打工该多好啊！也正因为有这样的情结，所以在大学毕业时，南通市有关部门负责人来扬州师范学院招录毕业生时，作为班干部他们专门征求了我的意见，我唯一不二的选择去海门师范，什么留校、去南通市（按当时我的条件完全有可能）想都没有想。

对海师的悠悠情结，除了青少年时代就对海师寄托着朦胧的人生梦想外，更是在海门师范工作的四年时间里，我拿到了人生的第一份工资，收获了爱情、家庭和孩子。担任普83(2)班的班主任，我拥有了作为一个人民教师的完整经历，收获了一批优秀学生展翅高飞的成功喜悦。当年一双双清澈、纯真、求知的眼神还是那么清晰地呈现在眼前，李向阳、俞国强、倪甫强、郁建文、陈美、张超、王思涛、孙蕴芳、张雪梅、蔡雪梅、倪倩、倪隽……五十个学生的名字、性格、特点如数家珍。

四年的教师经历是紧张的。当年海师的教风学风充分彰显“学高为师，身正为范”的师范特性，教师队伍汇聚了一大批德才兼备、学有专长的优秀教师，录取的学生也都是在海门中学前先行录取的高分学生。就我所在的语文组来说，朱文献老师在语法修辞领域在国内业界享有盛名，龚振国、顾永丰、吕静等老师备课认真严谨，讲课流畅自然，解答问题一语中的，都充分体现了一个优秀教师的能力和水平。在他们的影响带领下，我们一批新教师通过高密度的各类公开课进行观摩、示范、讲评等，也较快地进入了教书育人的状态。作为新教师，又当班主任，客观上的工作任务、外在压力和主观上的工作责任、内生动力，使我在海门师范工作的四年中一直感到紧张忙碌而又充实。上课、备课、批改作业、交流学习，每天像紧足发条的闹钟——准时准点又一刻不停。记得儿子出生的时间是 1985 年 10 月 2 号晚上十点多，晚上八点多我还在教室看学生上夜自习课，接到传达室电话（那时没有手机，甚至还不知道何为手机）通知后才匆匆赶到医院迎接儿子的出生。作为班主任，我们每天都会像对待自己的孩子一样关心、关注学生的学习、生活、身体和思想状况……三年的尽心付出，得到的回报是向社会输送了一批批合格的小学师资，并且又有一部分学生以后陆续在更高更广阔的舞台上演绎自己的精彩人生。

四年的教师经历是快乐的。从小对教师的崇拜使自己每天站在三尺讲台时的责任感和自豪感油然而生，看着学生解惑释疑后那种难以形容的神态，自己也有一种满满的成就感。良好的教风学风和适合中师特点的各类丰富多彩的活动，使教师之间、师生之间的关系既庄重得体又轻松活泼。那几年结婚后住在校内的还不多，我就住在校内的中心地带，东边是操场，前面一排基本上都是单身青年教师住的：周焕林、姚卫彬、陈情、潘健、曹一鸣、宋志豪，西边还有秦慧绒、许苓苓等，我家当时被他们称为青年教师俱乐部，生活上有什么事都会找到我家，星期天他们各自从家里带来什么好吃的也都汇聚到我家，他们相亲、谈恋爱也经常到我家，我家的儿子就是他们一起帮助带大的……

四年的教师经历，让我深悟传道、授业、解惑的思想内涵和逻辑关系，熟练掌握了发现问题、分析问题、解决问题的能力和水平，更铸就了为人师表、清廉正直的人格品行……这直接让我在以后三十多年从政生涯中受益匪浅，以至于在长期的行政管理工作中，很多人看了我处理问题的思路、方法、效果，听了我开会讲话的语言表达和总结概括，外行的人会说一番赞许的话，内行的人常常会问我“你以前当过老师吧”“你是教师出身吧”等。是呀，做过教师的就是不同，思路清晰，主题明确，表达流畅，用词精准……教师的经历为我带来无上荣耀。

离开海师近四十年，虽然根据南通全市教育布局和发展需要，原海门师范已经“转型升级”，记忆中的海门师范一草一木已经尘封，但我对海门师范学校的那份悠悠之情永存心中……

作者简介：黄学新，1983 年 8 月至 1987 年 7 月在海门师范任教，1987 年 8 月调至海门政府办公室工作，先后任海门市水利局副局长、市政府办公室副主任兼信访局局长、人力资源和社会保障局局长、党组书记等职。

春华秋实里的景观记忆

郁献军

谨以此文，敬献通师高专120周年庆典，并献给我深爱的母校——海门师范！

一条大河，从北三十里外的通吕运河分岔，波涛汹涌，南流不息，途穿通启河，仰顺着大雁南飞路，到了父辈们俗称“茅家镇”的地方，这条圩角河河面陡然开阔，镇子西南，在稍微窄向点的一段，建有那时的通海路通往母校海师的一座高大跨桥，桥面相对宽敞，形似飞虹。飞虹南半里，是清清的河水，犹如蟒蛇的身子，向东南顺势拐了个弯，形成了一片开阔的港湾。繁华的渔季，这里笛声催航，舟帆竞渡。港湾有岔，东连着那时还只是村野小河的东洲河，南边的沿岸尽是野芦荡，铸钢厂每日的浓烟白雾裹着鱼虾的气息，自这片港湾顺着圩角河一路南飘，汇入波涛汹涌的长江和浩渺无际的长空。“茅家镇”就是海门师范所在地的海门镇。海师不大，约莫四十亩地，小巧玲珑，校园四季应景，春华而秋实。这个校园分别被通海路、解放路和丁字街拐角长江饭店临着的静海路三路围合，其西紧邻附小。校门朝南，矗立于手帕厂的斜对面。通海路东头，转弯与静海路相连，那时有水泥窄桥通向东洲河南秀山农村的茫茫乡野，桥面上，可以看到广袤农田尽处的天边飘着的稀薄的云，时而聚，时而散。校东大操场北侧解放路当时是繁华的正大街，路宽大，秋雨梧桐叶落时，细风丝丝缕缕，满街花瓣滴露。

20世纪80年代的校门朝南向，高得巧致，大小不突兀，造型不张扬。立面两竖一横，是标准的仿苏构造，门帽如翼，周身面铺小米石，柱裙和门楣四周再撒以玻璃碎粒粉饰，门楣正面以三朵匾菱形交叉，辅以左右对称的线条做平面构成状，无疑介入了本土语言，这种入口构筑，也是七八十年代的流行式。其右两朵莲花壁灯高悬,“江苏省海门师范学校”竖匾浑穆遒劲,乃海门籍的一代大师吴昌硕嫡传的书画家王个簃亲题。二楼美 84 教室正对着这座看起来很是温馨的学校大门,开着门见着“山”,这山,便是学校入口的大门,课间时,在教室廊道这个位置,男女生喜欢袖手搭在栏上,俯瞰人进人出。

桂花开时,满园清香。鸟瞰校园,分有不同功能的三个空间区,每个地方总让人沉醉,之于我,教学区是“醉”得宁静、生活区是“醉”得休闲,而运动区是“醉”得销魂。“两纵五横”的道路,基本上构成了内部的交通骨架,同时分割了这些不同的区域。“两纵”靠东一纵的道路最长,北挨着印刷厂的教工宿舍,那是一排砖砌平房。早春二月,那门前柳絮洋洋洒洒地开始飘洒,散散地落在咫尺之南的女生宿舍小楼的后窗台。小花园三柳成荫,半掩住暖洋洋的阳光,留下了一片绿荫。教学区位于西南一小片,可以说是前庭,在那长满紫黄相间的海棠花、石榴和黄杨的区域,日日泛出的是沁人心脾的芬芳。而后庭位于校区东面,以东西穿插的两横道路为主干,遍布男女学生的宿舍、零星教工宿舍、食堂、小舞蹈平房、运动馆和大小操场。模糊印象里,这个食堂也兼具礼堂功能,是元老级前辈葛明刚老师称之为“草棚大厅”的地方。午饭间我们还可以看得见窗外那棵青翠欲滴且高耸的名贵银鹊树,这树,据说在南通地区也绝无仅有。食堂约在 1984 年下半年移到教学楼后面的位置,改成了“售卖”餐厅。新餐厅,其东西进深约有教学楼一半的距离,最西设有舞台,而南北区域正好成为教学楼在午前巳时阳光下的投影部分,所以,食堂外墙长满了耐阴植物。在知了的叫声里,裹着葱绿的饭香,爬山虎一路爬满了东墙,那一簇簇牵牛花从茂盛的藤蔓中探出头来,宛如一个个穿着花格衣裙的少女云舒般起舞弄姿。东西的中间横路,从教学楼后附小围墙直通大操场。宿舍区在路北,男生宿舍楼前是小操场,远远可以望见琴房后那棵巨高银鹊树形如锯齿的银叶,一朵朵,一串串,一簇簇。女孩们拎着水瓶从开水房婀娜迈出,夕阳下这般倩影独好。

“两纵”靠西一纵作为入校的主干道,约莫五六十米的样子,在南庭的教学区是条明确的景观中轴线。步经此路,昂首可望巍巍的教学楼,雁搏云霞,春来时,一路雁声北归途,那心底怎会不涌起一股淡淡的乡愁?

一轮泛着红晕的落日,昂首相望时周遭安静得极像一幅秋天的油画。教学楼,是物理空间的制高点,同时也是校园教育的“肝脏”机制所在地。这栋朝南的四层框架结构的高大建筑，因视觉进深较短，看起来显得很高大，气势雄壮。顶台东西各有一组铁质信号天线，头尖座大，犹如埃菲尔铁塔微缩版。教学楼横向三单元，东西两单元面积都不大，各自向南伸出，是相关的教研室，其余均为大教室。每层单元有这样的大教室两间。正中单元左右，各有楼道。教学楼的地面一律为米石水磨地，伸缩缝镶嵌铜条。大楼整体外墙刷素白石灰，时间长了总蒙灰，看起来呈灰白色，但是每层走廊的栏杆很润白突显，因为，每天课间时，男女生总喜欢袖手搭栏，特别是到了冬天，一下课抢着来，美美地晒上五分钟的太阳，再望望楼下流动的“芸芸众生”，心情煞美！久而久之，栏杆上缘变得既干净又光滑，而中间的华板透隙着几何光影的美，那是水泥预制构件做成的细瘦状的椭圆，再横向拼接，成为二方连续的图案，形如海棠一瓣。

树下听花语，痴她抱春华。海棠的片片花瓣，飘于悄然，落于无声，在我们匆匆赶去晨读教室的路面上点点片片，闪着晶露的光。教学楼下有块“丁”字微型小广场，“丁”字一“横”是扁长的东西一道，“丁”的一“竖”是中轴线尾巴短短的七八米，因为两边是花圃，从空间构造来讲，这铺满花瓣落叶的地，犹如校园文化的核心之腹。如果说教学楼是“观众席”，这里便是一方“舞台”——每天“芸芸众生”穿之而过、而停、而行，你、我、他乃至他们，既是一期期“教育影像”的“观众”，也是“芸芸众生”的“演员”。小小广场，“丁”字两侧花园郁郁葱葱，小草丛生。西边的雪松高昂，几棵参差不齐的乔木散栽着，黄杨在东花园边角团团簇簇，这时节，乃至到冷冬岁寒，这些只是绿化的配角，而那时最美的印象，应是“丁”字左右两边的白玉兰，东西各一，恰如翁妪顾盼，春来时，白玉兰花开，有白色的，有粉色的，无论春至春离，那份矜持、那份真挚、那份“不与争春”，总是你神圣的心中膜拜。

雨后复斜阳，缕缕的光芒尽情洒在“丁”字小广场，暖橙的光照在夏末时节，变得比盛夏温柔。实验楼张臂拥搂着丈许之高的那棵金石榴，一楼铁门每日“吱呀、吱呀”地关开，已将石榴树干磨透了一层皮。大叶黄杨扒搭在“丁”字西边花园的草上，海棠花数着夜，广玉兰懂了季，万类霜天，于是都读懂了秋天，就连风儿也放缓了匆匆的脚步，轻轻抚慰着即将离去的绿色，暖叶散着清香，风吹着悄然坠地，跌落一地嫣红。轴线之西便是这栋“L”形平面的三层实验楼，底层的大空间是阶梯教室。拐过来连着公厕的路面背阴长满了青苔，门前花园海棠醉卧，三两棵枇杷树繁茂的树桠上开满了浅浅的、淡黄色的小花朵。总共有三棵石榴，而靠近铁门那棵最高，有一丈许，在十月金秋的校园里，甚是夺眼，枝干奇崛，叶片清新，花红似火，果实金黄！记忆中，这座实验楼整体建筑白墙绿漆，底楼阶梯教室的阳光最为充足，前面四块能上下推拉活动的磁性黑板在那个年代是稀缺物，很先进！那是一个神奇的大教室，很多获奖的教学公开课，都是在这里预先被“围观”，一次次，一堂堂，凝聚着海师人的教学智慧和汗水。由此我想，这些斐然的成果是否可形容为殷实而熟透的榴果呢？这里的花园，若干年之后，改造成了“冠今园”，落成后这里的景观依然很美，先贤铜像深情凝视着“丁”字小广场，静闻鸟语花香，建设时原地保留的石榴群绽开了芬芳的笑意，在秋风中摇曳，绿意盎然中，黄澄澄金灿灿的榴果像燃烧的火焰，暗喻了百年教育成果，绘就了百年树人影像的秋实意境……

由上，沿着轴线，正大门、小广场和教学楼化为教学区的“景观节点”三剑客。从建筑面貌来讲，正大门和教学大楼为空间之实，小广场为虚，它既是一个过渡地带，又是一个如上所述校园文化核心所在——可控制全局。十二三年来，它和教学楼唇齿相依，与正大门遥相呼应。正大门、教学楼承载着老海师学子的空间记忆之实、小广场则承载着老海师学子的空间记忆之虚。这样，虚实相间浓缩了春华秋实之境，合为一抹难忘的海师景观记忆。

作者简介：郁献军，海门师范美 84 班学生，艺术设计学博士，高级工艺美术师，现为通师高专美术学院教师，兼任南京审计大学金审艺术设计学院特聘教授、南通大学艺术学院外聘教师、南通大学口述历史研究中心特聘研究员。

忆杨老

虞淑娟

2011 年，我所在的单位要求每个人写一篇阅读廉政教材《核算人生》的读后感，我写了一篇小文，因主题需要，文章的核心部分是回忆杨增辉老先生。我把无关的部分去掉，作为《海师故事》中的一篇。王志刚校长补充了一个细节，我放在这里：当年，杨老曾一次性交了 2 000 元的党费，这在 20 世纪 90 年代初绝对算是一笔巨款了。这篇小文有命题作文的痕迹，但情感和细节都是真实的。

1989 年 9 月，我去县城的海门师范学校读书。那是个特殊的年份，有些特殊的时代气氛对刚从闭塞的农村到一个也不见得多开放的小县城上学的我来说是体会不深的。如今再回忆，学校除了有让我大开眼界的丰富课程之外，政治思想工作抓得格外细致。每周都有固定的政治学习时间，主题厚重。我是班上的团支部书记，认真落实学校团委的统一部署，结合那个时候师范生基本素养的训练，在班上开展了很多丰富多彩的主题学习活动。同时还和同学们一起开展了不少校内外公益活动，作为团干部，吃苦耐劳，身先士卒。这是一段闪光的岁月，班级和个人获得过很多荣誉。

师范三年级，我 19 岁，学校团委成立了学生党校，每个班有 5 个“德才兼备”的学生参加，我有幸是其中之一。给我们上党课的是一个如今我仍不明白具体身份的老先生。只是听说他退休了，有军队背景，退休之后主动要求到学校来发挥余热。平时他不上课，主要是协助团委做学生思想工作。记忆真让人惭愧，写这篇文章的时候，我已经不记得他叫什么名字了。询问当年的学弟，学弟回复：杨增辉，多年前已去世。瞬间不免眼眶一热，二十多年了,杨老的形象和言行时常感念在心。

记得那时,杨老是各个班级主题班会的常客,他跟我们分享他的经历,告诉我们要做一个说真话做实事的人,要珍惜光阴,要有大的目标,尤其要不怕吃苦,要想到集体的利益,到最艰苦的地方去(比如到乡村小学教书)。他说这是他一生的坚持,到现在都如此。走在校园里,杨老始终挺直腰板、步伐稳健,远看貌似冷峻近遇又慈爱温和。六十多岁的人了,不显一丝老态,亦可说玉树临风。在校园里,两个时段会经常看到他,一个是学生晨练和吃早饭的时候,整个校园闹腾腾的,他时常帮忙碌的食堂师傅打饭菜,或者维持学生打饭排队的秩序。另一个时段是晚上,他比导护的老师睡得都晚,在校园四处巡视。杨老经常捡到学生的东西,广播里的寻物启事有不少是因他所播。还听说,无论多冷的天,他都坚持每天冲冷水澡。在我们心目中,他是一个有坚定信仰并勉力践行的人。

记忆里最深的还是杨老上党课的情景。记得那是在学校唯一的阶梯教室里,显然,和别的老师照章讲读不一样,每一堂党课他都做了最为精心的准备。他担心后排的同学看不到写在黑板上的粉笔字,为此他把每一段需要板书的字都用毛笔写在大大的白纸上,字遒劲有力,开张有度,再加上他声如洪钟,讲解精彩,整个课堂都充满了神圣感。我每每都心潮涌动,虽然知道自己无法到他那样的境界,也不可能有他如此激荡人心的阅历,但他身上散发出来的那种坚韧坦亮的气度给我树立了典范。

少年刚启智的时候,最爱想的问题就是"人生"了。越懵懂思考越显得热烈。杨老在校园里的身影成为构建我人生理解的重要资源。在那个乡村师范学校,我给散落在不同学习环境里的同学写信,买 8 分钱的邮票几乎是我唯一的零花钱用途。现在想来这多个维度的通信对我后来的精神成长助益良多,很可惜那些见证成长的信件都没保留下来。当年那个"又红又专"的我,信件格调上一定也是清清朗朗、明媚灿烂的,心底里相信:未来是美好的,只要努力,就可以让人生精彩。

1992 年的春夏之交,临近师范毕业了。我非常幸运地有了一个很难得的机遇——被保送到心仪的高校继续深造,读我喜欢的中文专业。记得当时班上有一个入党的名额,我是团支书,又是学生党校的积极分子,看起来这个名额给我是顺理成章的。可是,总不能什么机遇和荣誉都给我一个人。我跟班主任说,还是给别的同学吧,或许对他们找工作和将来的发展会有帮助。就这样，我和杨老遵循的信仰失之交臂。弦歌一堂，毕业茶话，我建议班主任老师请杨老来。很荣幸他来了。

印象真是深刻的。杨老简短的开场白之后说："今天我给大家用中文和俄文朗诵一段话，这是你们都熟悉的，和年青的你们共勉！"

杨老激情满怀，大家屏息聆听：

> 奥斯特洛夫斯基说过：人最宝贵的东西是生命。生命对人来说只有一次。因此，人的一生应当这样度过：当一个人回首往事时，不因虚度年华而悔恨，也不因碌碌无为而羞愧；这样，在他临死的时候，能够说，我把整个生命和全部精力都献给了人生最宝贵的事业——为人类的解放而奋斗。

是的，那是个美好的夜晚。

后来知道同届隔壁班的毕业茶话会也盛情邀请杨老了，他自然也去了。现在想来，也许不仅仅是我，他是我们那个年代师范校友共同的精神偶像。

班主任夏老师曾经跟我们说过，杨老是他认识的人中真正有信仰的人，好像是从童话里走出来的。19岁的我曾为夏老师的后半句"童话论"心有芥蒂，总觉得这么说杨老不够敬重。现在懂了，他也是在感慨杨老的纯粹是多么弥足珍贵！

二十多年过去了，今天写下这篇小文，念及一个我尊敬的长者。自己细微的人生不敢妄谈信仰，总算，正直为人，踏实做事还是做到了。

作者简介：虞淑娟，海门师范普89(2)班学生，后保送苏州大学中文系深造，1996—2001年回海师任教，现任《南京社会科学》副总编。

二、青葱年华

我班的首任辅导员

费新华

一切已经十分遥远，一切仿佛就在眼前。42 年前，地处海门县人民西路 83 号的原海门师范校园内，扬州师范学院南通分院中文系 77 级(5)班 59 位学生的人生从这里起航。

他们是 1977 年恢复高考制度后的首批大学生，是从全国 570 万考生中通过公平竞争，以 4.8%录取率录取的 27 万多学生中的一部分。他们历经了新中国成立后高考竞争最激烈的一次，也是参加考试人数创纪录的一次。

1978 年 4 月 25 日，怀揣着人生梦想，59 位学生从南通各地汇聚到海师。当时扬州师院南通分院的总部设在如皋师范，77 级(4)班、(5)班两个班级暂放在海师。这一天，在五班教室门口第一排，坐着一个三十多岁的青年，身材健美，体态匀称，白皙的面颊丰满红润，一双有穿透力的眼睛扫视着每一位报到的学生。当我刚跨入教室，他一看我便说："你叫费新华。"我说："是的，你怎么知道的?"他说："你们来校前，我已把你们的登记表看了几遍，把照片和名字都记牢。所以，你们一来我基本上都对得上号。"他，就是我们五班的第一任辅导老师——左飚。

我们这一届学生累积了从 1966 年到 1977 年的 12 届考生，同学间年龄相差很大，最大的 30 多岁，早已成家立业，生儿育女，最小的同学才 17 岁，未成年。同学中有的原来是企业职工、农村青年、插队知青、民办教师、退伍军人、应届高中生……大多数同学有比较丰富的社会阅历。大学生活，以自我管理为主，左老师看了每个人的简历，确定了班委的人选。我因为进校前曾任县属海门磷肥厂的政工员、厂党支委委员，所以左老师让我当班长，其他同学根据他们的实际情况也被安排了相应的职务：袁志冲为副班长，陆伯新为团支书，屈宝贤为学习委员，倪建斌为体育委员，黄永涛为生活委员，殷一萍为文娱委员。承蒙老师的厚爱、同学们的信任，我们这届班委从1978年4月入学一直干到1980年12月毕业，先后经历了五任辅导老师，但班委还是原班人马，难怪同学们称我们的班委姓“左”。

我们班的同学都深感上大学不容易，如久旱逢甘霖般珍惜宝贵的学习时光。但学中文的不开设外语课，教英语的左老师为满足同学们的要求，在我们班增加了英语课，由他执教。中断了10多年的英语学习，同学们又从ABCD开始，左老师不仅教字母，还教音标，这让同学们十分受用。正如黄永涛同学所说：“跟左老师学英语的时间虽然只有短短两个多月，但学英语的兴趣延续到了去如皋师范，没有老师教了，就听收音机学，最后去广播电视大学参加英语结业考试。一走上工作岗位，乡村英语教师奇缺，学校领导同意我任语文课班级的英语课由我上，有三位学生还在县级中学英语竞赛中获了奖。左老师开拓了我的视野，使我在以后的教师生涯中获益良多。”回忆这段时光，同学缪德和说：“我们班同学学英语不少属于零起步。左老师因人施教，采取分段分层教学，没基础的一个个教，逐个正音，耐心细致，基础好的继续提高，班里学英语的兴趣特别浓。”学外语不但使同学们终身受益，而且也惠及了自己的学生。

1978年9月第二学期开学，暂放在海师的两个班级合并到如皋师范，左老师另有重用不再担任我们班的辅导老师。虽然如此，我们班仍保持着“左家军”勤奋、笃学、厚德、卓越的优良传统。

左老师从南通大学第一任外语系主任，调到上海海事大学任外语系主任，几十年来从未离开过讲台，他荣获过全国五一劳动奖章，被中国翻译家协会授予“资深翻译家”称号。在左老师的影响下，(5)班同学大都成了南通各级各类学校的教学骨干，桃李遍天下。有的成了党政干部，为实现伟大的中国梦而努力奋斗。2018年4月，是77级五班同学入学40周年，我们班部分同学举办了一个“三校回忆之旅”活动。同学们从入学的第一所学校海门师范，到第二所学校如皋师范，再到终点站南通大学，一路参观一路回忆。左飚老师在百忙中抽时间参加了我们的终点站活动。他在演讲中说：“以利相交，利尽则散；以势相交，势败则倾；以权相交，权失则弃；以情相交，情断则伤；唯以心相交，方能成其久远。”这也点出了数十年来与同学们交往不断的根基。四十多年了，师生双方都发生了很大的变化，但唯一不变的是一颗“心”，它成了我们永远友好相处的一处精神圣地。

作者简介：费新华，扬州师范学院南通分院中文系77级(5)班校友。

二进海门师范

黄振飞

在微信同学群里看到同学转发的“海门师范校友录”，时间跨度从1906年创办时到2002年，我的姓名两次出现在校友录中，这不禁勾起我对母校的许多回忆。

海门师范是一所以培养小学教师为主的中等师范学校，20世纪60年代初因国家经济困难一度停办，1972年上半年开始复办。复办后举办了初中教师半年制的轮训班，开设政治专业一个班和语文专业两个班，校舍借在原海门县初级中学的一幢大楼里，学员来自南通、海门、启东三个县的现职初中教师，全部食宿在学校。我被选送到政治班学习，政治班的学员大多是农村民办初中的负责人，当年我27岁，是海门县三和公社一所中小学的负责人，还兼任初中理化教学，报到时我要求换到语文班，校长说这是你们公社选送的，不能调换，我只好安下心来在政治班学习。培训班分理论学习、教案讨论、上课实习三个阶段。当时理论学习的课程是研读马列著作四本书（马克思的《共产党宣言》《哥达纲领批判》、恩格斯的《反杜林论》、列宁的《国家与革命》）和毛主席的《中国共产党和中国革命》。学习的方法是老师做专题讲座，学员分组讨论，然后全班交流。给我们上课讲座的主要是班主任叶宏宝和张独明。培训班的第二个阶段是联系当时的形势和任务讨论初中政治课教案，当时的政治课很有时代特色，我们组讨论的教案是《如何认识党内的路线斗争》。第三阶段政治班到南通县金沙镇一所中学观摩教学，最后让我在这所学校为一个高一班上一节政治实践课。

半年一晃就过去了，时间虽短，收获匪浅，这是我第一次系统地接触高深的马列主义理论，虽然有的还似懂非懂，而且在教学实践中也用不到这些高深的政治理论，但对我本人政治理论修养的提高却有很大的帮助。

又一晃八年过去，到了1980年，党的十一届三中全会后开创的改革开放也进入第三个年头，全国各条战线百废待兴，教育改革和发展也迎来了新的春天。那时，海门师范公布了秋季招生计划，其中专门内招一批35周岁以下的在职民办教师进普师班，经过自愿报名、文化考试，择优录取，两年毕业后成为公办教师。一石激起千层浪，这一消息在民办教师中引起了强烈反响，大家纷纷报名。我时年正好35岁，也报了名，开始了复习备考。那时白天要完成正常的教学任务，复习备考只能安排在晚上，我常常挑灯夜读到深夜，大有一种背水一战，成败在此一举的劲头。暑假期间文化考试后，一直等待消息却无消息，曾一度认为没有希望了，可能泡汤了，因此常常彻夜难眠，一直到九月底才等到入学通知，我大喜过望，可见我当时是多么渴望有深造的机会。

我拿着录取通知书和户口转移证，满怀着许多新的希望第二次跨进海门师范的校门。从老师到学生，这是一次角色转换，这次角色转换来之不易，因为许多民办教师年龄大，收入低，家庭负担重，已不是求学读书的最佳时机，但为了获得一个城镇户口，也为了转换为公办身份，同时为了自己的文化知识和教学方法得到提升，大家都克服种种困难，暂时离开已经熟悉的讲台，来到新的课堂。

那时海门师范已搬回海门镇人民西路的原址，学校已经改造，兴建了许多新房子，校门口高高挂着著名书画家王个簃题写的“江苏省海门师范学校”校牌，校内西侧是新建的教学大楼，东侧前一排平房是教师宿舍，第二排平房是教务办公室，中间一排东西向的平房是学生大食堂，东侧北边是伙房、体操房、学生宿舍楼和教师宿舍。新的教学大楼和图书馆很气派，与旧的海门师范相比条件好多了。

我们这批同学入学前大多已结婚生子，上有老下有小，入学后失去了本来就不高的工资收入，都深知生活的辛苦，养成了吃苦耐劳的品行。学生都住集体宿舍，6到8人一间宿舍，生活用水如刷牙洗脸洗衣等都要到楼下露天水槽排队。吃饭10人一桌，没有凳子，站着吃饭。生活条件虽然简陋，但我们大多是农家子弟出身，不甚讲究，每逢星期日和节假日，许多路远的男同学骑自行车远行二三十公里回家，照顾家庭。集体生活充满乐趣。

我们这届民办教师共有250多人，分成五个班，其中三个美术班，两个音乐班，其实基础课程是相同的，就是副科专业不同，一个专修美术副科，一个专修音乐副科。我所在的(4)班是音乐班，女生32人，男生18人，我们男生常常自豪地标榜为沙家浜中的十八棵青松。同学间年龄差异大，最大的35岁，最小的只有20岁刚出头。文化基础也差异大，大多是老三届高中生，也有初中毕业的。在工作经历上也有差异，有的已在教育岗位上摸爬滚打了十多年，有的才刚走上教育岗位；有的是初中教师，有的是小学教师。学校教务部门根据这些特点，专门为我们设计了教学课程，在突出语文、数学、理化、史地等基础课的同时，还加设了现代汉语、汉语拼音、算术、教育心理学、现代教育学等理论联系实际的课程。在最后一个学期划出两个月时间让我们回原公社所在的学校上课实习。

学校生活中留下了许多师生之间亦师亦友、和谐相处的故事。我们的班主任顾俊刚大学毕业分配到海门师范，大家还是很尊重他的，背后称他为“我们的小老师”。他还执教我们的地理课，他没按照教材讲课，而是自编教材给我们讲述天文地理，从宇宙的起源、银河系太阳系的形成到地球四季变化等，我们听得上天入地、如入仙境。现代汉语老师朱文献把枯燥的咬文嚼字、遣词造句、语法修辞、标点符号讲得深入浅出、妙趣横生。他写得一手好字，板书十分规范，因为没有现成的教材，所以我们听课时都认真记了笔记。语文老师李鸿鸣年龄与我们相仿，他上古文时字字解释，句句分析，人物讲解得绘声绘色，至今我还记得他把蔺相如和廉颇的故事讲得活灵活现。上课时他有一个将粉笔头捏得粉碎的习惯，坐在前排的几位女同学上到语文课时就将收集到的粉笔头提前放在讲台上，李老师走上讲台发现这么多粉笔头，心领神会地微微一笑，台下的学生却是哄堂大笑。数学老师施志刚是位老教师，通常一边讲解，一边板书，等一黑板写满，也就到了下课时间，这也需要丰富的教学经验才能达到的效果。汉语拼音老师魏南江是位女老师，年轻漂亮，充满青春活力，说得一口流利标准的普通话，以播音速度朗读课文，声情并茂。考试时都要为学生朗读一段资料录音，我们的普通话都带有浓重的启海音，魏老师说只要努力了就行，让我们全员通过了，大家皆大欢喜。我们的音乐课有一个基本功项目——弹风琴，我们年纪大了，手脚协调性差，音乐老师不厌其烦手把手教我们，我们也利用课余时间到琴房反复苦练，考试时结结巴巴地演奏了一曲，最后也全员通过，大家终于松了口气。

学校生活是丰富多彩的，既有紧张认真规范的学习生活，也有适度的文化娱乐活动。由于同学们都有一段当教师的经历，具有一定的教学经验和活动能力，所以自治能力较强。第一学期学校举办联欢会，文艺委员陆秀萍亲自指挥排练合唱《绣红旗》，获得演出第一名。第二学期学校举办排球联赛，体育委员林海组织一支女子排球队，利用课余时间，刻苦训练，许多女同学手练得又红又肿仍坚持训练，最终赛出了水平拿到了奖牌。学校举办秋季运动会，体育委员发动大家根据各自的特长自选项目报名参赛，结果全班大部分同学参加，虽然跑不过、跳不过年纪轻的，但重在参与，增强了班级的集体荣誉感。学校组织普通话朗诵比赛、优秀作文比赛等活动，只要老师出任务，我们班的班干部都会组织同学认真落实，并且取得好成绩。记忆犹新的是李荣海同学写的一篇参赛作文《我的同学彭志林》，文中把人物描写得惟妙惟肖，十分传神，此文张贴在学校宣传栏里，引来许多同学驻足阅读，获得一致赞赏。

回望我两次走进海门师范学习的经历，虽然时代背景不同，但两次都让我得到了提高。第一次进校门我在政治理论素养上获得了提高，第二次进校门在专业知识和教学能力上获得了提高。记得我第二次进海师，入学报到的第一天，班主任找我谈话，他说看了我的档案，说我是全班年龄最大的，还当过兵，从教时间长，入学前担任一所中小学的校长，他要我当班长。我本想无官一身轻，一心只想把书读好，但看到班主任是刚大学毕业的新教师，不好意思推辞就接受了。我始终告诫自己是学生，当过老师的学生，更懂得如何尊重老师，我真心诚意地协助班主任开展班级工作。后来学校建立了学生党团组织和学生会组织，我又被选为班级党支部书记和学校学生会主席。临毕业那一年我还获得海门师范三好学生和江苏省优秀学生干部的光荣称号。这些学生职务和荣誉都是我入学时没想到的。

1982 年 7 月我们毕业了，在离别母校的前夜，学校为我们举办了师生广场聚餐，进校第一次吃饭能有凳子围桌而坐，也第一次配备了少量的酒，虽然是大锅菜、大锅饭，但大家互相举杯祝酒，吃得津津有味。想到明天就要离别母校，回到各自的老家，等待毕业分配，然后重新走上讲台，心里都很激动，有同学开玩笑地说“苟富贵，勿相忘”，有的诗兴大发，朗诵起徐志摩的《再别康桥》：“轻轻的我走了，正如我轻轻的来；我轻轻的招手，作别西天的云彩……”我们从一个半路出家的民办教师，经过两年的专业化学习，再次走上讲台，心里充实了许多。首先政治上更成熟了，立下了为教育事业奉献毕生精力的决心，我们班高秀琴、俞亚山两位同学还在校加入了中国共产党；同时我们夯实了文化知识基础，拓宽了眼界，提高了教学能力。大家从内心深处感谢政府为我们创造了再度深造的机会，感谢母校为我们搭建了良好的学习平台，感谢母校的老师兢兢业业为我们传道授业解惑，感谢我们的同学朝夕相处、相互帮助。

离校后，我分配到江心沙农场中心小学工作，一年后调到上海轻工业局工作，从此离开了教育岗位，与母校及同学少有联系。一直到2010年有同学打听到我的电话号码，与我取得了联系，接着又建立了微信同学群，通过微信陆陆续续找到了许多失去联络的同学，同学间的信息才不断畅通起来，目前已找到了41位同学。2012年4月，杨冠云、范宜章、陆秀萍三位同学分别联系海门、启东、南通的同学发起回母校聚会纪念毕业30周年活动，我也参加了这次聚会。

三十年过去，弹指一挥间，昔日的校园已经大变样，变得更美了，但校名已改了，经介绍才知海门师范早在2005年已并入南通师范高等专科学校。2017年再次回校聚会，已人去楼空，我们参加聚会的30多位同学在教学楼的花坛前合影，算是再一次留下对母校的纪念。去年我回乡时，途经母校看到母校的建筑都已被拆除，据说场地大部分划给了隔壁的海门师范附属小学，我内心不禁"咯噔"了一下，若有所失。

如今，我离开母校已有四十年，走南闯北到过许多地方，但不管在天涯海角，我始终忘不了我的母校，常常思念母校的老师，思念我的同学、我的同桌、我的室友、我的下铺……我的这批同学现今都已退休，大部分同学已是两鬓斑白的古稀老人，也有三位同学离开了人世，有的在异国他乡跟子女在一起，有的离开故土到其他城市生活，但大部分同学还是生活在故乡，大家不管走到哪里，只要一听到乡音，而且是在海门师范毕业或工作过的，就有了许多共同语言，这个共同语言就是：我爱我的母校——海门师范。最近我在网上搜索到"1928年海门县立师范学校校歌"，下载转发到同学微信群，让大家传唱，哼唱间独有一种历史厚重感。"求学识之广瞻，冀腹笥之便便。本革命之精神，其凌厉而无前。光我国兮我乡兮，於万斯年。"我想这首校歌不正是我们这一代代海师人进校求学的初衷吗？我们海师人将永远将此初衷薪火相传！

作者简介：黄振飞，海门师范1980级民办教师内招普师(4)班校友，高级经济师，曾任上海轻工业对外经济技术合作有限公司党委委员、工会主席。

那年那月的那些写生

——海门师范学校首届美术班学习琐忆

傅洪滔

在我求学的生涯中，有一所让我永远深爱着的学校——江苏省海门师范学校。是她将我引上了美术教育的航程，为我青年时期的“美术梦”插上了翅膀。

我是海门师范1977级首届美术班学生。进入这所学校实在不容易，入学机会不可小觑，在当时可是成千上万人羡慕的“农转非”。1974年，未足17岁的我已经高中毕业回乡务农，是一个地道的小农民，由于是农村户口，被美称为“回乡知青”。1976年年底，海门师范学校在全省开中等师范教育之先河，前瞻性地设置音、体、美专业班，并于1977年1月(春节前)开始首届专业班招生，招生时正值隆冬大雪。1977年3月(春节后)正式开班入学。那时，江苏省除了南京师范学院和南京艺术学院有美术系外，其余大、中专院校基本上没有艺术类专业，所以当时海门师范学校高瞻远瞩地开设美术教育专业实属罕见，我们也有幸成为南通市首批中小学美术教育的拓荒者。

做梦也想不到，已经回乡劳动两年多的我，又重新坐到了课堂上。这种久旱逢甘霖的学习机会实在太可贵了，大家都非常珍惜。

需要说明的是，海门师范学校前三届音体美专业录取的都是高中毕业生，且因师资缺乏只能逐届招生。前三届毕业之后改招初中毕业生。

当时的美术专业老师有沈鼎尧、陆李康、师铁岭、汪锡霞，后来为了充实师资，温克信、周晓莺、龚伟民三位老师先后加入。我们的班主任是英语老师谢文灿，兼教政治课，主要教授马克思主义哲学、毛泽东思想；教汉语言文学的是教务主任薛汉贤老师；教普通话语音课的是英语老师左飙；体育课有史永根老师和邢晓白老师。他们都是我们终生难忘的恩师。

那时各学科都没有师范专用课本，所有教材都是老师们自编的。我们美术专业遵循南京师范学院美术系课程设置，其中《实用美术》教材是由沈鼎尧、陆李康二位老师亲手编写、刻钢板、油印的。至于素描、色彩、中国画等课程的参考资料大多是由陆李康老师回上海老家时帮我们代买的。如果海门新华书店一旦有什么绘画技法、报头资料、优秀连环画之类的书籍都会被我们抢购一空。此外我们还自发订阅了《富春江画报》《江苏画刊》之类的杂志作为辅助。由于资料庞杂，大家都相互借用学习。

说实话，我们这一届同学都实实在在喜欢画画，但大多属于“原生态”自由发展，只有少数同学跟科班出身的老师学过些皮毛，整体基础偏薄弱。也有极个别遇见过大名家，还记得同学陈明朗指着当时最有名的油画《你办事我放心》告诉我们：“这是我彭彬叔叔和靳尚谊合作的。”我们听后对明朗同学羡慕不已。

由于我们的培养目标是毕业后担任中小学美术老师，所以所授专业课门类一应俱全，有素描、色彩、中国画、应用美术、书法等，形式有临摹、写生、创作。在短短的两年学制里要学好这么多专业课可谓不容易，何况大家的美术基础都不太好。

素描课开始了，分为两个画室四个小组。不少人对这种规范的“学院派”画法无从下手（只有高卫星、钱庚冬、陈明朗、王凯平、杨应琪、钱健、胡宝学等同学基础不错），但大家并不畏惧，因为每个小组都有一名老师“下水”带画，这种由老师陪着画的“引领”模式一直坚持到我们毕业实习。尤其让我们不能忘却的是，每逢画素描作业时画室里特别安静，即便同学之间需要交流也都是耳语，铅笔在纸上摩擦的沙沙声，清晰而有节奏，声音此起彼伏，煞是好听，老师同学们都沉浸其中。

那时候，学校很注重素描训练，因为徐悲鸿先生说过，“素描是一切美术造型的基础”。

为了打好素描基础，快速提升专业水平，除了正常开设的专业实训课以外，我们还以多种形式在课后挤时间弥补，有群体发起的，也有个人单行的，留下许多美好回忆。

画师生

开学不久，在一些同学的倡导下，大家迅速自发地组成晚自习写生小组，老师们也积极参加，每天晚上都有同学或老师轮流做模特。起先包括师铁岭老师只有六七个人围坐在画室前的一个角落，后来人数逐渐增多，并扩大为两个小组，大约一个星期，全班同学都行动起来，与白天正常上课一样。住校的专业老师们也兴致勃勃地参与写生，他们分坐在各小组，陪着我们一起画。第一个轮做模特的老师是师铁岭先生，有同学建议师老师就不必做了，因为大家知道做模特是很累的，但师老师却说："这个要公平，不能老是我画你们。"说完就坐到那把模特的"交椅"上，还故意振作一下精神，清清嗓门，逗得我们都笑了。这一次同学们画得特别认真，因为这是画老师，而且画的是素描老师。就这样每周从周日画到周五，除星期六和特殊情况外，从不停歇。记得第一年校运会期间，大家由于白天有一整天的比赛，晚上很疲劳，班主任谢文灿老师很心疼大家，建议好好休息一晚，但我们的晚间写生并没有停下，一切照旧，学生老师无人缺席。那一晚，老师们很感动，为了专业水平的提高，大家都拼了！

四十多年过去了，当时的写生场景仍历历在目，素描纸上发出的沙沙声仍声声悦耳……

画校长

那时的校长是陈祖仁先生。陈校长个儿高、脸长、鼻勾、目炯、言寡、神铄，深沉而智慧，看上去十分威严。他每日课间都会在校园内巡视，一旦看不见他的身影，十有八九是在办公室写材料，他是个闲不住的人。一个周六的晚上，画室不开放，没有电，我们的晚间写生无法进行。我夹着画板在校园内转悠着寻找写生对象，由于同学大多都在宿舍里，找了半天也没找着。后来看见老师办公室有一间亮着灯，一看是陈校长独自一人在写东西，当时就萌生了画他的念头。迫于他那严肃的外表却又不敢接近，但最终还是勇敢地推开了他的门，并恭敬地叫了他。他也招呼着我的名字，这让我很惊讶，全校这么多学生，校长竟然知道学生的姓名。陈校长的办公桌上堆满了文稿，摆放得很整齐。他问明我的来意后，显得有点歉意地说："可是我现在要写个会议报告啊！"言下之意就是：不是我不愿为你做模特，而是确实很忙。我说："不要紧，你写报告，我就坐这儿画个速写吧。"他慈祥地一笑："好吧，那你就画吧。"说完，他将桌上靠我这边的材料稍稍往旁边一挪，以免挡住我的视线，然后继续端坐在文件堆里写稿，我便开始专心地画起来。陈校长边写文稿边思考，即便停顿时也保留着原有的写作姿势，尽力地配合着我，生怕动作改变太大会影响我写生。我当即打心里感动，顿时心潮一涌：校长何止是在为我做模特，而是在用心成全一位学子的画画热情！大约20多分钟后，我告诉他速写完成了，直觉中他好像轻松了一下。他端起茶杯喝了一口笑着说："让我看看。"我便将画递给他，他一看立刻开心地笑了，用海门话说道："哈哈，还蛮像的！"当我离开办公室帮他关上门时，还听他自言自语地赞叹："哎——不错，不错！"第二天，我将画夹在画板上，放在讲台前黑板的下沿，展示显摆一下昨晚的成果，老师同学们一看，人人称奇："哎！陈校长！"但惊讶之余，更多的是佩服我的胆量，连老师们也说："哈哈！你胆子不小啊！"大家笑成一团。其实，当时只有与陈校长接触过的我才有真切感受，看上去很威严的陈校长确实是一位十分慈祥的长者、敬业的教育家！从那晚以后，我无论什么时候看见陈校长，都觉得他是一个很亲和的人。

后来我与陈校长又有过一次接触。那是我回海安实习期间的一个下午，传达室值班的花师傅到我的宿舍告诉我："你们校长找你来了。"我一愣："难道是陈校长？"我问："在哪里？"花师傅说："就在传达室。"我跑步到门口一看，果然是他老人家，当时心里的那个激动，可真像是孩子见到了家人！陈校长见到我后露出欣喜的笑容，他主动地与我握手："今天要来烦你了！"原来，他从海门来到海安车站下车后，便径直到我实习的海安县实验中学（那时叫五七中学）找我，让我陪他到海安一二四部队医院，去看望在此住院的陆思山主任。医院离学校很近，我陪着陈校长从门前的交运路向西走了一会儿就到了。探望结束后，我又为陈校长当向导，带他入住了当时的国营"交通旅社"。一路上，他与我有说有笑，关心我和同学们的实习情况，了解我的家庭状况，还问我是不是还像以前在学校一样到处写生，实习是否有困难需要学校帮助解决……谈了很多。我回到实习学校后感叹：一次普通的课后写生，竟让校长与我结下如此深厚的情谊！

画主任

这位主任很特别，他叫李瑛，管理学校后勤，当过兵，正常的穿着是退伍后的草绿色军装，国字脸、浓眉、圆目、黝黑、魁梧、力大无比、声若洪钟，立于校园犹如一座青铜塑像。在画画人的眼里，他属于形象高大、气宇轩昂的那一类，是写生、创作的极好形象。

先插叙一个小故事：记得我们入学不久，与学校北侧紧邻的海门印刷厂，在没有与校方商妥界址的情况下，一早悄悄地私下建造围墙，等到学校发现时围墙已经建得差不多了。这下可惹怒了李主任，开始李主任还在与他们严正地理论，让他们停工，可印刷厂却一味坚持。李主任大怒，呼啦一声，将地上一棵直径足有20厘米粗、5米左右长的连根大树干抱起，往肩上一扛，大吼一声，从10米开外飞奔向前，直捣刚砌的围墙，一下子围墙上就是方桌大的一个窟窿，来回几下，整个围墙全部倒下！吓得围观的同学大声惊呼："神力！神力！"从此，李主任的威猛形象便镌刻在我们脑海中。故此，想画李主任得先掂量掂量自己的胆量！

还是一个星期六的晚上，我发现寝室里少了几个平时特爱画画的同学，推测十有八九是去哪儿写生了，于是便在学校寻觅。那时候，要想找人是很容易的，除了学生宿舍是简易楼房，其他的都是平房。我走到学校大门内的西北侧老旧的教师生活区，在靠近一口老井的旁边，终于发现一间教师宿舍的门半掩着，缝隙里可以看到有几个人坐在小凳子上画画。我悄悄地凑近一看，原来是几个同学在画李主任。我赶紧跑步拿来画具，轻轻地走了进去。李主任正襟端坐在床边，头发梳理得很整齐，右手臂搁在床前的方桌上。方桌上杂放着六七个茶杯、搪瓷缸、小碗，里面倒有白开水，散发着淡淡的热气，那是李主任用来招待我们画画的同学的。他尽量让自己的头部靠着一盏悬挂着的25瓦的白炽灯，以确保脸部光线充足。我是迟来的，他轻轻地喊着我的姓名招呼我，让我自己找凳子，并示意我喝茶。想不到他也像陈校长一样对学生那么熟悉。我们边画边和他简单交流，他总是微笑着轻声细语地简要回答我们的问题，身体纹丝不动，始终保持稳定的姿势。这一次画的是头像写生，时长两个小时。画完后，他站起来伸展一下双臂放松一下身体，一一看过我们的写生，边看边微笑着稍做点评，"这张有点胖"，"这张脸上有点黑”……我们都暗笑，其实这就是他的特征。偶遇的一次写生，让我看到了李主任生活中的另一面，看似铁汉，内心却充满了柔情。毕业后我再也没见过李主任，但他的威猛形象和那晚写生所见的亲切笑容一直让我铭记心中。

画生活

生活是多彩多姿的。我们当时也并不局限于晚上素描写生。那时候音乐班经常在大饭堂内排练节目，一旦碰上他们在课间或下午的活动课排练，整个饭堂里都是围观的学生，而我们班的同学更多的是去画速写。去得早的可以站到前面画，迟去的只能站在后面的饭桌上，有的则站在窗台上。那时的大饭堂兼会堂功能，没有舞台和灯光，就是一个普通的大屋子。还记得第一次画排练场景是一个傍晚，我们才下课不久，突然几个同学飞奔至教室，拿起速写本又飞奔出去，其他人也不知道他们急急忙忙地去画什么，也飞速拿起速写本盲目紧随。到了饭堂一看，饭桌被移向两边，中间腾出一块空地作为排练场，原来是音乐班在排练秧歌剧《兄妹开荒》(还记得兄妹角色分别由钱荣泉、黄浙二位同学扮演)，随着音乐声起，女演员边舞边用清脆明亮的嗓音唱着：“雄鸡，雄鸡，高呀么高声叫……”她在排练场上翩翩起舞转了一圈，舞姿十分舒展优美。大家很是兴奋，激情地画着。由于平时动态速写画得很少，不少人对舞台速写很不适应，不得要领，方法也不对，无法画出舞姿的美感。回到教室，画得好的同学立即毫无保留地与我们交流：画舞台速写只要抓住几根动态线就可以了，另外就是重心、比例，外加舞姿和服饰特征，主要靠动作记忆和默写，可以画半成品，回来后再根据印象作简要补充。钱庚冬、陈明朗、徐志敏、顾瑞祥等同学都是班上的速写高手，他们还建议我们多看看陈玉先、董辰生的舞台速写。一时间，大家一有空就去图书室临摹《中国音乐》杂志中这两人的速写插图。

当然，体育活动、聚集聊天、星期天群体洗衣晾衣、女同学帮大家缝被子等，都是我们爱画的场景。校园内哪儿有活动，哪儿就有我们画速写的身影。

画风景

当时除了强化素描基础外，色彩练习也不含糊。第二年，我们开始学画色彩风景，以水粉为主。那时用的是盒装12色水粉颜料，支头很小，只有手指大。由于颜料宝贵，纸张难买，所以画幅都很小，通常是室内临摹名家作品。当然，如果碰到晴朗的天气，我们也时常会主动去户外写生。

记得1978年4月初的一个上午，天空透蓝，浮云如絮，和风轻拂，我带着色彩写生工具出了校门。学校的门前是一条东西方向的石子马路，是当时南通至启东的唯一交通道路，为安全起见，学校大门外的两侧与马路之间有一条“护校河”，马路南侧就是郊外。穿过马路，在手帕厂西侧不远处，沿着一条弯弯的羊肠小道向南走二百多米，来到一条东西流向的小河边。这里随处可见茅屋、猪舍、篱笆、杂树，还有金色的菜花、粉色的桃花、散养的白鹅……景色很美。我在一户农家的菜园旁边选好景色，找来两块砖，借着一棵桃树的阴影席地而坐。那时候没有便携画架，也没有胶带、喷水壶等工具，只能双腿夹住画板，用图钉别上一张32开的铅画纸，随即便开始了这次写生……农家的主人很热情，看我坐在地上还为我送来小凳子，而两只白鹅见到我这陌生人则“嘎嘎”地叫个不停……那时为了节省颜料，通常挤的颜色都不多，很快就被风吹干、吹裂了，因此，在写生的过程中总是要不停地往调色盒和调色板上洒水。正当我一边饶有兴致地写生一边忙碌的时候，谁知一阵东南风突然吹来，吹落一片桃花雨，花瓣儿纷纷扬扬，粘满了潮湿的颜料和调色板，清理时双手指尖沾满了颜料，连指甲缝里也嵌满了，当时好一阵气恼和埋怨，真是春风不识画画人，何必淘气乱摇树！几经折腾后终于完成了写生。光阴荏苒，数十年过去了……但现在想来，那情、那景，是一个多么值得回忆的美好时光。当时的那种烦躁心情犹如青春与春风的斗气，实在是幼稚可笑。倘若那张画还在的话，一定还留有那时春的气息！

写生的故事很多，美好的写生记忆远不止这些。

那时，一旦逢上星期天，街头巷尾、农贸早市、学校公园、商场店铺等都是我们常画的地方。看惯了的市民都知道：“这是海师美术班的画家！”

当然，还记得镇西北角复兴街狭长的南北石板深巷；解放路西端长满瓦楞草的百年民居群，由西向东古老的“五一桥”、新建的“七一桥”“八一桥”；

海门中学坑洼的泥土操场和长满梧桐树的南北林荫大道；支援大兴公社、新海公社农忙时的田间劳动；赴麒麟中学的冬季一周见习；星期天沿着圩角河徒步到长江边嬉水……那里都有我们的写生记忆。

……

四十多年过去了，往事如烟亦如风，岁月无声却有痕。虽然当年的海门师范学校因顺应时代发展已撤并、移迁、升格，学校的芳名也不再，但是我仍旧时常怀念她那朴素、苍老、充满历史沉积的容颜。当偶尔路过物非人非的学校旧址时，似乎看到了当年走过的足迹、师生的欢娱，心中总会泛起一丝幸福的感伤。

遥想当年的学生生活，既有青春芳华的沉香，也有师生情谊的永结，更有对母校的深爱和眷恋。当然，还有那些永不忘记的零零碎碎、风风火火的课后写生记忆……

作者简介：傅洪滔，海门师范首届（1977 级）美术班校友，海安市实验中学美术教师（退休），中学高级教师，南通市骨干教师，江苏省美术家协会会员。

海师芳华　美专印记

房　健

时间弹指一挥。45年前，我被江苏省海门师范学校美术专业班录取，不久前我去海门，专门前往海门师范旧址，原学校今天已不复存在。2005年江苏省南通师范学校和江苏省海门师范学校合并为南通高等师范学校。今年是南通师范高等专科学校建校120周年，南通师范高等专科学校作为中国师范教育三大源头之一，由原南通师范、南通女子师范、海门师范、如皋师范等四所百年师范先后合并而成。作为校友，我无比荣幸，深表祝贺！

我于1977年考入海门师范。当时还没有恢复高考，听县文化馆的张宝蔚老师告诉我，全县高校美术专业考试集中在县里统一进行。我早晨四点多钟从如皋县东陈公社范桥村骑了一辆自行车，赶了十多里路程来到县文化馆参加美术考试，考试内容并不复杂：一幅主题报头创作设计，一张人物动态速写，一个版面的美术字书写。我高中毕业回乡，在生产队参加集体劳动，当我接到海门师范美术专业的录取通知后非常兴奋，这是我人生中的转折点，农村娃也算是鲤鱼跳龙门了。当时农村师资十分缺乏，特别是音体美的专业老师更为奇缺。如皋全县中小学美术专业教师仅有一人，那就是南京师范学院美术系毕业的贲道立老师，当时他在我们东陈中学任教，高中时我就参加了贲老师组织的美术兴趣小组，画些素描、水彩，贲道立老师是我美术入门的启蒙老师。

那个年代，海门师范是江苏省除南京师范学院等少数几所高校外，师范学校中唯一开设美术专业的学校，南通江海平原上有一批青年跨进了海门师范的大门。后来据了解，海门师范首届美术专业班面向南通地区六县招生。当时，录取对象是插队知青、回乡青年、民办或代课老师中有美术专长的高中毕业生。海门师范首届美术专业录取的海安考生有涂玉龙、傅洪滔、胡宝学、梅从德、李岳、王凯平、黄晓云、吉小荣；如皋县有陈桂华、陈文兰、周绍琪、许筱琳、房健、高卫星、杨应琪；如东县有徐志敏、陈明朗、朱明山、钱跟东、顾瑞祥、曹旭豪；南通县有杨汉祥、陈锦佑、王志华、施志淮、袁文贵、岑光荣、高则才、陆燕芳；海门县有江浏、蔡新、钱健、沈祖彪、秦风祥、李豪；启东县有成进康、季臣、周伯平、沈逸逵、章庆雄等。海门师范给我们留下了深刻的记忆。

光绪三十二年(1906 年)，在海门茅镇东首的文庙举办“县立师范传习所”，后创办“民立师范学校”，成为师资培养的先声。中华人民共和国成立以后，海门师范学校为南通地区及周边崇明、沙洲等地基础教育师资的培养做出了贡献。1977 年，为了加强南通地区音体美基础教育，海门师范在普师班的基础上开设了音乐、体育、美术三个专业，美术专业班开设的课程主要有素描、国画、水彩、水粉、油画、应用美术(图案、剪纸等工艺美术)，学的内容很杂，目的是拓宽学员的知识面，为中小学美术教育服务。我们是海门师范美术班首届学生，班主任是谢文灿老师，曾教过我们的专业老师有沈鼎尧、陆李康、师铁岭、温克信、汪锡霞、周晓莺等，除此每周还开设两节语文课和体育课，由薛汉贤、左飚、邢晓白等老师授课。当时，学校整体教学条件并不理想，没有专业的画室，两间教室兼画室，课桌搬走再摆静物。人物写生模特很少找外面的人，绝大部分由同学轮流充当。笔墨纸张都不丰富，就是铅画纸、水彩纸和宣纸都很紧缺，叶筋、白云毛笔海门难以买到。当时我们没有美术教材，就连学校图书室也难以找到美术书籍，仅有南京师范学院的一本油印资料。后来这本资料由全班 40 位同学利用业余时间，轮流用钢板在蜡纸上一字一图地刻划下来，印成小册，也算是我们的教材吧。章庆雄同学有一本古籍绘画十八描，大家争相临摹。记得黄晓云同学不知从哪里找来一本邓石如的古籍隶书字帖，不少同学用四分钱一张的白纸裁下来影印成字帖。这些资料如今仍可在我的书橱中找到。当时学校的生活条件也不太好，早中晚餐 10 人一桌，一个木桶打饭、粥，两个瓷盘打菜，肉类、鸡蛋都很紧张，每月难得美餐一次。学校也没有浴室，夏季我们经常在学校门前的手帕厂边小河里以游泳代替洗浴。虽然大家生活艰苦，但师生热情很高，学习气氛浓厚。

老师们教学十分负责，上课非常敬业，同学们学习认真刻苦。老师每次上课都自备示范样本，课前做大量准备，先观摩，再示范，然后逐个进行面对面指导，这些我都记忆犹新。老师与同学相处于亲切和谐的温馨环境中，师生从年龄上讲，学生年龄大的三四十岁，有的比老师年龄还大，入学前就是中小学民办或代课教师，年龄小的仅有十七八岁，高中刚毕业。大家学习都很刻苦，晚自修的下课铃早就打了，但画室里同学们仍不为所动，伏案作画，老师们仍陪伴在同学身旁。师生间教学相长，生活上互相关心。早上6点锻炼起床，老师和学生一道跑步做操；课上学习绘画，老师与学生一道探讨画艺；运动场上，老师与学生一道练拳打球；晚会舞台上，老师与学生一道歌咏演唱；外出采风写生，老师与学生一道取景作画。四十多年前一幕幕的师生互动情景给我留下难忘的印象。

回首往事，40多年过去了。同学虽有聚会，难免不能到齐。也许有些老师和同学从毕业至现在都没有会过面，但师生情、同学情永存！海门师范首届美术班同学走上工作岗位后各奔东西，有的是中小学高级教师，有的是大学的教授学者，有的是不同行业的行家美工，有的是所在地有影响力和实力的书画家，有的是公务员队伍中的人民公仆……如今，大家都已过花甲之年，退休了，人生不同，但奉献相似，情谊永恒！

祝愿南通师范高等专科学校的明天更加美好辉煌！

作者简介：房健，海门师范1977级（首届）美术班校友，曾在如皋县委组织部、如皋县委办公室、南通市委办公室、港闸区政府、市农林局、市残联等单位工作，正处职。现为南通市江海文化研究会副会长、南通市江海书画研究院副院长。

考入海师开心地学，在美好中画

钱　健

1976年10月，“四人帮”被粉碎后，中央要求教育事业尽快恢复。不久，海门师范通知全南通地区广大高中毕业生可以报名考试入学。

12月23日下午，我在海门县天补中心校的分考场参加了海师美术专业的初级考试，也称第一级考试。考试内容是美术的基础理论与知识；然后再考对中国画的人物画像作品的准确临摹。每人一桌，不让划九宫格及不用尺等，可领用裁好的重宣纸。没带国画用具的可用水彩画用具。12月27日下午考生到海师报到，以参加本县报考生在海师考场的第二级考试，或称复试。交一斤二两粮票和六角钱，可临时住校。我所能确切追忆的部分情况是，次日上午早场主要考的是命题创作画。考试时间是两个半小时。根据主题要求显然需要较多的人物来体现；而谋意、构图、对各主要人物及群体的描绘、兼作画面整体性的调整等，在这点时间内是极难都做到的。所以，这内容范畴是既明确又足以拉开各考生水平的。下一场考试是人物慢写。考生的座位沿半圆的弧线排好，面对一位穿着长长棉大衣，右手掌握一杆锄头的站立的男性工友。考试时间是半小时。我捏着铅笔急速地将人物在画板上做了构图定位后，细画了他的头部和手部，又稍细地画了其衣领的局部、靠近我的那只鞋的局部、锄的头部。刚画完老师告诉大家时间就要到了。于是对其余的部分包括锄杆等我只是匆匆地略画了几笔。

下午，海师美术专业的陆李康老师召集考生们开了个会，说明本县的专业考试已经结束了。今天共有从县内几个分考场选出来的29名考生来参加了考试，但是，只能从中录取几个人。其他县的专业考试，由各位老师分别去那里查看和监考。会上还收取了多数考生有备而带来的绘画作品作为参考。

12 月 31 日，我在厂里上班，间接听说有关部门派人来做我的政审材料了。我猜测，可能是自己已通过了专业考试。后来，才大概地知道，是来人开了两场座谈会。第一场是向我的班组人员及负责人、科室与车间主任等，第二场是向厂长、党委书记、其他部门的领导们了解我的情况，思想、工作、生活、学习、品德等，无所不包。

1977 年的 1 月 1 日，我在天补中心校的分考场参加了县里统一布置的文化考核。考生主要为音乐、美术、体育和外语类的。上午考语政史地的综合知识，然后是写命题作文。作文题是《我们要干社会主义大农业》。因我多年在机械厂工作，对大农业几乎完全陌生，所以我一下子慌了，不知从何写起。所幸在绝望中想起大农业是需要机械化的，于是多联系了这一方面写写。午餐在校内小食堂自行购买解决。下午继续接受对我们的数理化知识的考核。另一批考生要明天才能被轮到来此参加各项考核。

3 月 1 日，海门师范学校首届美术专业班正式开学。全班有 40 位同学，年龄悬殊较大。年岁最大的是来自启东的章庆雄，大约 35 岁；最小的是海安来的高中毕业了才两年的傅洪滔，不足 20 岁。女同学只有 7 人。男女生中结了婚的有两三人。我 23 岁，和多数同学的入学年龄差不多。

我是从制造军用发动机的国营海门动力机械厂考入海师的。其他的同学在入学前大多也有工作：有的是民办或代课教师，有的是医生，有的务农、养蚕，兼做生产队的记工员或会计，有的从部队退役不久，还有的在学木匠什么的，等等。

沈鼎尧老师在课堂上介绍给中学生上不同美术课的程序、步骤和要求等，强调教师在开头的叙述、讲解、指导，不能超过 9 分钟；最好连同学们完成在纸上的布置定位在内，只用 8 分钟；大多数时间要让同学们集中注意力地作画；然后只是在悄悄地巡视中对共同性的问题给些提示和对不常见的情况个别辅导。我不知有多开心啊！在长长的檐廊下走过一间间教室，看到有理科班的同学老是趴在小桌上汗流浃背，抓耳擦鼻子地计算数学题，文科班的同学瞪着近视眼天天写作文，把词典都翻烂；我心里不免为之戚戚。庆幸自己选的专业太好。回到寝室，跳到床上就开心得打滚翻跟头。

1977 年 10 月，一些高校的美术类专业首次以统一考试、择优录取的方式招录人才。陈明朗率先决意去考大学，已收到了北京电影学院电影美术系的准考证。凭他的实力，应能考取。顾瑞祥和我等也有参加高考的想法。

但学校的统一答复是政策上要在中师毕业，又工作了两年后才能报考大学。我旋想自己应该在海师先打好基础，将来再考，把握更大些。此一念成真，我班的不少毕业生，都在后来先后读完了大学。

美术教师就是要善于从大自然、从生活中发现、提炼、表达和传播美。所以终日陶醉在美之中的美术教师的心境一般会比较清纯而愉快。我查了一些国画家和书法家的生平，发现他们普遍地比油画家和雕塑家的寿命长。这让我很沮丧，因为我不太喜欢国画，而喜欢油画和与之基本同类的画种，后来在海门县中的实习期间，则一心一意地画了些油画习作。

开学报到后的第一天，在老师的安排和指导下，钱庚冬、陈明朗、顾瑞祥和高卫星等同学和我把食堂大餐厅内向西的整一面有两层楼高的墙面上裱贴了白纸。顾瑞祥、钱庚东等各踩着木梯上去用柳炭条画出了一些人和物的轮廓。然后大家分别站着或爬上桌子或登上梯子，每人一片墙面，用罐装水粉颜料涂刷出各个人物，最后再统一风格和协调之。主旨是老师带着同学们向大家或招手或送书致意：欢迎你们来校学习。画面虽然只是简洁的提线敷色，但形象感人，色彩温暖，气氛很好，或者至少是给我们自己带来了信心。

素描作业尤其是中长期素描，自始至终需要聚精会神地观察对象而后细致描绘；但后者类型的作业极少，而未能把我养成一位坐如钟、静如木偶的人。教素描的师铁岭老师能敏锐地发现同学作业的问题何在并随时地拿笔示范。可惜我的素描不优秀，似乎不能引起老师的注意；又不算差，而难以多招来老师的亲自示范，所以我进步得不太快。

我最喜欢的课是景物写生课。我用心揣摩陆李康老师对取景和构图的意见。因为喜欢也就画得好一些，心情也就比硬着头皮也写不出像样的书法作业时要开心得多。有时在野外会写生到很晚才回校，但我一点都不觉得累。

1978 年，报纸上说中法两国文化交流的重要活动——“法国 19 世纪农村风景画展”来上海展览馆开展。法国政府破天荒地批准了一批代表了世界绘画巅峰的作品来华。我和傅洪滔、王凯平、陈明朗、梅崇德、胡宝学等和此刻未及回忆出的一批同学们利用周日和五一节假日，再请了一天半的假后，分别地从青龙港坐轮船直接去了上海；或先去浏河，再乘车到了上海。美术教研室把这次活动看作是一次校外课堂的教学，在课务上做了些微调，陆李康老师还借给我一架120的照相机。上海展览馆前的队伍很长，我想，队伍里至少一半的青年如果继续努力，都将是未来的艺术家。我还顺便认识了排在我后面的南通姑娘王惠琴。她后来嫁往斯洛文尼亚，在那里成了一位知名画家；再后来，成为南通大学的客座教授。不过，那以后我们从未有过联系，她也必定忘记了排队偶见的队友。在上海的展厅里，我把每一幅画作都拍摄了清晰的照片。可惜回来后，没有把它们都放大。在现场实物前的反复观摩和研究是最重要的。

美术专业很重视同学们对知识的运用。有机会的话，还会让一些同学去各处实践，我也参加过一次。1977年的冬日里，因海门县的王浩公社请求海师美术专业派人支援，班主任谢文灿老师安排章庆雄和我去那里做一些宣传工作。我们被安排住宿在通吕大运河以南的，离开村庄而孤零零却较为考究的一座旧式民房里（近日得友人相告，这是从前的大地主汤家苴的遗留庄园。此屋已在若干年前被拆除）。准备展览材料的场所则在运河北的一个把几间房屋打通而形成的大厅里。此处的运河上没有桥梁，但有一艘摆渡的小木船。摆渡时，船工大伯先在南岸边转动立桩上的轱辘，以把平时沉在水面下的铁丝拉紧而使之升出水面。卡住轱辘后，大伯领我们上船坐下。他坐在船头一侧，用一个前端有个豁口的木拉手不断地拉着铁丝让小船前进。到了对岸，大伯把这边岸上的轱辘放松，让铁丝沉入水面下以免绊着过往的船。清晨，天色阴沉而寒冷，轻飘薄雾的辽阔的大河上和两岸的旷野里，只有小船上渺小的我们三人。此情此景，足以用作毕业创作的题材，我终生难忘。

可惜的是，王浩公社的领导说，不用画画了（因一时没有足量的木材做大展板），就多写一些大横幅标语。还叫从前扎库的一个老人来做个彩色牌楼。不过才用芦秆和篾丝扎了个架子，就被人说成还是像从前烧给死人的纸门楼。书记只得摆摆手说：不弄了！于是，善写毛笔字的章庆雄就挑大梁了。他一口气写了满满一地的大小标语。乡下搞来的墨汁味道十分刺鼻，我半憋着气写了个美术字的横幅，就已被熏得眼泪都流出来了。写完，赶紧扔掉笔跑到屋外去大口换气。

全体老师还带我们这一届去南通工艺美术研究所学习和交流，并安排一天时间前往狼山写生。谢文灿、汪锡霞等老师还带领我们参观了海门手帕厂、印刷厂、三和公社、大兴镇、麒麟镇的乡村，参加了新海乡的“四夏”劳动等。班级还组织过文娱活动和对一些理论与知识的学习等。那是人人都很阳光的充实的积极向上的岁月，我总是感到我们被一切的美好包围着。

几十年来，我有时后悔我当初怎么放弃了继续教快乐的美术，而改教了别的科目！想念海师所有的师长们和同学们。

作者简介：钱健，南通大学文学院教授，1979 年海门师范美术专业毕业，后就读于武汉大学图书馆学院、苏州大学历史系、英国利汶语言中心学院，而后在英国罗伯特·戈顿大学信息与媒介学院、爱丁堡大学东亚学系、爱丁堡大学英语文学系、皇家苏格兰博物馆、清华大学历史系做研究。

上海师的“意外收获”

杨汉祥

我是海门师范第一届美术班学生，我妻子季美琴是海门师范第一届音乐班学生，我俩在海师毕业离校后的第二年年底喜结良缘，当这消息一传出，海师一些熟悉我俩的老师与同学都感到很意外，因为他们从没见过我俩在校时有过什么来往，更没有过任何亲密的举动，继而他们却猜测，我俩一定是在校时悄悄谈的恋爱。

其实老师与同学们感到“很意外”是正常的，而对我俩的“猜测”却不准确，因为我与妻子在校时确实没有谈过恋爱，当时俩人不但没有过任何接触，而且是属于互不相识的那一类，直到毕业后才真正相识，继而相知、相恋、相爱，最终结为夫妻。但有一点可以肯定，我俩这桩婚姻的基础在海师，尤其两年海师同届不同班的同学经历在其中所起的作用非常大。

当年我考进海师时已属于“大龄”学生了，况且还未找对象，照例应该在学校考虑找女朋友，但在校学生之间不准谈恋爱是当时学校的纪律规定之一，凭着我的基本觉悟，加上我是校内为数不多的学生党员，违反校规校纪的事我是绝对不会做的。再说，我上初中高中时都在“文化大革命”期间，文化及专业基础课都比较薄弱，加上后来又在部队服役多年，原先在校学的不少文化知识差不多都忘光了，而我们那一届师范的学制只有两年，所以在校时我必须争分夺秒去学习专业知识，不可能把时间和精力花在谈恋爱上。此外，当时我还担任美术班班长、专业班学生党支部的负责人，课余时间的工作以及其他社会活动格外多，以至也没有时间与机会去结交女朋友，所以直到毕业我仍然是单身。

毕业后我被分配在家乡一所中学当教师，而我妻子也回她老家一所小学工作，俩人过去就没有交往过，毕业后因相隔较远就更难有机会碰到。然而事情的转机在毕业后三个月的一天，我被学校安排去南通市区一所学校观摩中小学艺体教学公开课，在一次课间休息时，一位年轻漂亮的女教师突然来到我面前，她微笑着说出了我的姓名，并问我可认识她。我一时想不起她是谁，后仔细看看有点儿面熟，过了好一会才想起她曾是海师音乐班的一位女生，而她的姓名我确实不清楚。她接着报了自己的姓名，并调皮地对我说："你是堂堂美术的大班长，谁不认识你啊，当时学校很多同学都知道你的尊姓大名。"就这样我与她因是同届校友而正式结识了，当天俩人说了不少话，午休时又一起逛了附近的市人民公园，那次临别时我们互留了联络方式。

自南通市区一别后，我俩通过几次电话，也写过几封信，随着不断交往，我发现自己已经爱上了这位活泼可爱的姑娘，但想想自己的条件，开始我怎么也不敢向她表白。后来回想起她与我交往时的那种热情与真诚，尤其在闲聊以及通信时她不止一次地提及，在海师时听过我的演讲，看过我主持班上的一些活动，读过我在校刊以及市县报上发表的一些文章，她还知道我毕业后在全国及全省"反腐倡廉"漫画比赛中得过奖……这些虽然都是小事，但她的语气里却充满着佩服与敬仰，这让我陡增了很多自信与勇气。终于在当年底我不顾一切地向她表示了自己的爱慕之意，开始她觉得很突然，要我给她时间考虑考虑，后来在我再三"进攻"下，她终于答应了我的求爱。接下来我俩经过不到一年的"异地恋"，由于我的年龄不小了，俩人才匆忙结婚成家。

如今我与妻子的婚姻已经走过了四十多个年头，俩人一直相敬如宾、相亲相爱，家庭生活和谐美满，当年海师的老师与同学常在我俩的思念之中，各自在海师时的点点滴滴一直是俩人闲暇时的热门话题。多少年来，我俩也一直从内心感恩海师，因为在这两年的师范生涯中，海师给了我俩丰厚的文化与专业知识，教会了我俩很多做人做事的本领，尤其在毕业后还让我俩有了一个如此美好的"意外收获"。

作者简介：杨汉祥，1977 年至 1978 年在海师美术班学习；1979 年 1 月至 1981 年 7 月在通州区三余镇中学任教；1981 年 8 月至 2012 年 11 月先后在通州区委办、人大办、区纪委工作，现为通州区发改委退休干部。

一个“海师”学生的“悲”与“喜”

凌宗伟

20世纪70年代末到90年代的20年中，报考中等师范的大都是品学兼优的初中生，或者少数有志于从事教育事业的高中毕业生。只不过，我们那一批或许是个例外。大概是1977年的某一天，我正爬在生产大队的电线杆上安装低压输电线，突然大队广播里说要恢复高考，我还真有点不信。回到知青点，一起插队的同伴们都在议论这消息，我终于明白这不是“小道消息”，也就有点动心了。

第二天有几位中学老师让人带来口信，希望我回家时到学校去一下。回家后我立马一一拜访他们，他们的一致意见就是希望我能抓住机会参加高考，要不然像我这样家庭出身的人，想要回到镇上不知道要等到什么年月。想想也是，考就考吧。既然决定考了，那就要考取，于是拾起书本复习了一个月就参加预考了，我的中学是在“文化大革命”中度过的，凭那点东西参加高考，结果可想而知，语文考试的铃声结束了，我的作文刚刚写了一个题目。我跟我一个朋友从考场出来，一边跑一边笑着说：“看来今年不行了，明年再来吧。”

街坊邻居看到我们这样的情形说，凌家那个老三今天考试考疯了。没想到的是，十月份我居然还接到了参加统考的通知，考试结束了，许多同伴都拿到了通知书，但是我却迟迟没拿到，想想可郁闷了。到了年底，通知来了，我被南通县教师进修学校挂靠省海门师范学校中师班的“文科班”给录取了（后来知道，说是当时上面有要求要在考生中留下一批人在当地上中师，以填补当地中小学师资的不足），于是，我有幸成了恢复高考以后的第一批中师生，一个没有进过“海师”校门的“海师”中师生。

在校的十几个月虽然没有正规的教材，但这十几个月所接触的老师有几位原本就是“文化大革命”期间从其他师范学校或者教育出版部门下放下来的，其他几位不久也纷纷去了其他师范学院或大学。他们当中如教现代文学的宋建人老师近乎完美的板书、教古汉语的陈少松老师严谨的治学态度、教古代文学的唐明生老师的平和与耐心、教语音与音乐的邵冠慈老师一口标准的普通话与不厌其烦地辅导，以及美术老师沈超的拍照技术等，都给我以后的教学生涯带来了比较大的影响。刚恢复办学没有教材，只有老师编的讲义，我们的古文老师和古汉语老师很喜欢我，所以他们在刊物上发现了什么资料，尤其是古汉语方面的就会给我看，就这样我养成了一个抄书的习惯。几个月的中师生活我抄录的资料超过了一尺高。这为我以后参加高师函授时的两个半小时的古汉语考试只用了一个半个小时奠定了基础。哪个例句在书上的哪一页、第几行我都知道得清清楚楚，这读书、抄书的习惯成了我做教师的职业习惯。

只不过，我这中师与前后的中师不同的是，从学制和课程设置上看，我上的中师充其量类似于20世纪初的“高师速成班”。我上的是文科班，这也是我为什么成了中学语文教师的一个原因。

在做实习教师的几个月和做教师的最初几年，我对自己的要求是像那几位老师一样熟悉教材、熟悉教案。教案必须背得滚瓜烂熟，进教室，不带备课笔记，就一本教材、三支粉笔。上文言文教材都不带，课文也是背熟了的，我就希望自己能够成为一个“好老师”。现在回想起来，背教材、背教案也是一个老师走向成熟的重要一步。

我最初工作的石南初中是恢复中高考以后全南通县(现南通市通州区)考小中专最多的一所学校，当时那些品学兼优的学生大多选择了中师，成了我们这些老师的同仁，而这些同仁中有不少已经是基础教育界声名在外的优秀教师和教育管理者了。

有一篇《初中毕业上中师：教育之大幸与个人之不幸》的文章很火，作者认为，20个世纪末全国近400万学习成绩优异的初中毕业生，一方面“成了中国当代教育最坚固的基石”，另一方面他们“在这近乎固执的坚守中，他们自身的才华，却被他们从事的职业磨砺殆尽，成了中国当代最具悲情色彩的人物”。这话似乎不无道理。记得我们入学后一个多月，学校里又进了一个班的学员，挂的是南通师范专科学校的牌子，课程与老师与我们几乎无异，但他们是大专，我们是中师，而且他们的入学分数还比我们低几十分。要说悲，我们从入学那天起就很悲了。

我以为对具体的个体而言，“悲”或者“不悲”，其实只是一种感觉，一种态度而已。我认识的一些教育学者当中，有不少原本就是中师生。再说，我们班上的同学现如今也不乏专家学者及高校的专家教授，也有几位走上了县市一级党政机关领导岗位的。是不是可以退一步想想，这些人之所以能够成为学有专攻的学者，或许正是中师奠定的基础呢？当然，换个角度，即便是后来学历没有提升，从教的单位或者区域没有多大改变，但他们如果自己无怨无悔，也就无所谓“悲”与“不悲”了，至于社会与他者如何看待这样的问题，那又是另外一回事了。

作者简介：凌宗伟，海门师范南通县文科班1980年1月毕业。中学语文特级教师、中学高级教师，全国优秀校长，南通市第十届“园丁奖”获得者。现为江苏省教育学会教师教育委员会副秘书长、南通市中小学名师培养导师团导师。

短暂而难忘的海师求学岁月

郭 谦

岁月磨砺人，苦难磨砺人，悲喜磨砺人。1977 年高考制度恢复，12 届高中毕业生参加考试，史无前例，犹如千军万马过独木桥，那个时代的青年心底里最渴望的美梦就是能去大学深造，能达到 220 分录取分数线的人当然是凤毛麟角的尖子生。

在田间，我接到了江苏省海门师范学校（简称海师）的录取通知书，又悲又喜。喜的是：我 17 岁带着伤残下乡插队，挑粪担、踩水车、当河工……悲苦的日子要结束了；悲的是：我梦寐以求上大学的梦破灭了，海师并不是我心中理想的学校。尤其我刚进校一周，政治老师季建林告诉我，高考中我一条政治答卷题目，专政理论考题，采用了我在五七干校刚学的上海广播电台讲座的 8 条，非人民日报的 3 条，而被视为思想观念问题，扣了 25 分。我高考成绩为 279 分，如果不被扣这 25 分，应该为 304 分，达到了我报考南京大学的分数线。我与重点大学失之交臂，因当时的情况也与第二志愿南京师范学院无缘……入海师，是典型的“高分低录取”。

懊恼、伤心了几天，渐渐获知我们中文班曹子超、理科班马士高等人高考成绩都在三百分以上，很多人也在 280 分以上。与同学们接触不久，我觉得曹斌、顾诺之、顾军、高和清、张新民等同学思想成熟、沉稳，周建华、张彦武组织能力强，杨毅、汤宝遂、陈志遥、沈益新、崔锦堂、季伦钧、周华这几位在部队磨炼过的同学纪律严明、行事麻利。不少人有口才，作文水平高，张艳等人有艺术才华……我们班上的人藏龙卧虎、富有才华，是社会上未来的精英。我想不必后悔，还是珍惜时光、努力学习吧！

我们上学不在海门师范学校本部，是委托新近恢复的南通县师范学校培养的。因为百事荒废、百业待兴，当时各地中小学缺少教师，我们只上了一年半，就进行半年的实习了（实际上是到下面学校顶岗工作），也可以称为速成班。

难忘艰苦的学习环境。那时的学校设施、硬件无法与现在的中学比。学校离县城——金沙镇有五里多路程，若进城，需要向东拐弯途经水泥厂、城南老公安局，再到人民路东街。1979 年，学校北侧小河上搭建了一座木桥，后改为水泥桥，称为师范桥（现在为金沙的地标）。有了桥，我们北插县委第二招待所再进县城就近得多了。

学校有三排朝南的红瓦房，一排办公室，两排教职工宿舍，朝东的瓦房是学校简易食堂。办公室前有一排两层青砖的老教学楼（20 世纪 50 年代建），上下 8 个教室，东侧有一排两层的学生宿舍楼，每个房间住 12 名学生，上下铺。宿舍楼东边，有一个近似正方形的小操场，校东、校西都有一条小河环绕，整个学校占地 10 亩左右。

每天的饮食是早晚稀饭、馒头、酱菜，中午四菜一汤。那时是国家供给制，能解决温饱，对我们这代人来说已经感觉很幸福了。在我们眼中，觉得学校的教学条件还不错，因为周边的中小学校没有教学楼，学生学习的桌椅比我们的更破旧。我们这些学员不讲究学习条件，大家一门心思想学习，每天都沉浸在借来的图书中。

难忘老师。教现代文选课的宋建人老师是南通县语文教学名师，讲课精炼、清晰，深得同学们喜爱。教写作课的王言梅老师研究文学写作，我曾在他宿舍里看到过他在报刊发表的文章。宋建人老师一年后退休，接替他的王云波老师是大学中文系高才生，人比较随性和蔼，教学生动活泼。我的一篇作文《星空赋》得到了他的赏识、点评。正是他那次鼓励，让我对文学增添了学习的兴趣。

教古汉语的陈少松老师行事拘谨认真、一丝不苟。他爱人唐明生老师教古代文选，平易近人，讲解细致入微。“老夫子”凌宗伟同学与我是密友，对《古汉语》特别喜爱，学科成绩好，深得陈老师喜欢，他曾带我去拜访过陈老师夫妇，当面聆听指导。一年后，他们调到苏州大学任教，之后又到南京师范大学当教授，是省里的学科权威。

现代文选、古代文选等专业性学习增加了我传统文化的修养，虽然那时学的东西只有现在高中生文化程度，但对缺失传统文化教育的我们来说，那是一次历史性的补课，让我受益一生。我近二十年在文学上取得的成果可以说大都源自那时的学习。

教现代汉语的瞿汉忠老师教学朴实严谨，也出版过不少这方面的著作。教语音、地理的邵冠世老师，一口流利标准的普通话，嗓音清朗，是一个男中音歌手。想到他，耳边仿佛就会响起他在学校礼堂演唱的歌声，他后来成为南通县师范学校的校长。教政治的季建林老师政治水平高，讲课生动有趣，使我有一种亲近感，后来他去南通市党校任教授。教历史、书法的莫言君老师隶书写得特别棒，给我留下了很深的印象。学校曾举办学生书法展，凌宗伟写楷书，我写隶书，我们第一次参加书法作品展览。很多年后，我时常隔三岔五地写隶书、练字。2007 年，我在京正式从事书画学习、创作，还是从隶书起步的。海师的学习在我身上留下了根深蒂固的印记。

说起当时所学的教材，现在的学生可能不相信我们只有两种正式教材，一种是 1978 年 8 月扬州师范学院南通分院中文系编写的《现代作家和作品(上、中册)》，非正式出版物；另一种是 1978 年 5 月十三所院校中文系古代文学教研组协作编写的《中国古代文学作品选(上、下册)》(江苏人民出版社出版)，其余的学科用的都是教师临时自编的讲义油印稿。虽经累次搬家我都没有舍得把那两套书扔掉，现在它们是我保存念想的珍贵藏品。

我们班级 51 人，13 届学生。最早的“老三届”(66—68 届高中毕业生)，曹子超、高和清、孙汉文、韩平、顾钧、陈学昌、郁士成，我们称为大哥、大姐。他们最大年龄 33 岁，最晚的 77 届高中毕业生朱晓映，只有 16 岁。周建华、张彦武、王筱新、张艳、黄超英、陆洁、沈默等都是才华横溢的俊男美女，让人看了羡慕，见了喜欢。

我们同学之间关系非常和睦，大家互帮互敬。课外在操场上、宿舍里谈话的主题总是围绕着谈诗论文展开。顾诺之、张伟在入校前就是县委通讯组(写作班子)的秀才，为人谦虚，说话和气，与我平时交往也多。我曾与顾诺之多次结伴，从校西稻田小道，穿过两座独木桥，连续走四五里坑坑洼洼小路到七一厂(南通县光学仪器厂)门口公共汽车站台乘车回家。那时弯弯曲曲的小路，让人觉得很远很远，现在已变成金沙开发区的柏油大道，又直又宽，和那时简直有着天壤之别。同学之间也有所走动，我曾去过金西小学旁的张伟、张新民家做客，也到过石港镇凌宗伟、先锋镇马群生家串门……每次回忆师范校生活时，张艳在学校会演时漂亮的舞台形象就会浮现在眼前，朱晓映百灵鸟般的声音会在耳边回荡……在低沉、失意时，张新民同学作为镇分管文教的领导多次专程到我所在的中学，看望我、鼓励我，给了我拼搏的勇气和力量。崔锦堂调入教育局后也在暗中悄悄地帮衬过我，照顾过我。周建华、黄超英在我经济困难时帮我处理了一些图书，解了我的燃眉之急；曹斌、顾诺之在我搞文化活动时，伸出友谊之手，为我的成功助力、推进……点点滴滴的同学恩情我铭刻在心，永不忘怀。同学情深，同学谊贵。

1980 年 1 月毕业时，50 个同学参加拍摄了毕业照，凌宗伟因事没有参加。我没有拿到集体合照，俞跃进同学在微信上发给了我，让我感到弥足珍贵。2007 年我们同学毕业二十年周年纪念活动在金沙中学举办，只有 39 位同学参与，留下了合影。

虽然，我没有到过海门师范本部，但心底总有一种想回家看看的欲望。1988 年至 1991 年我参加南京师范大学函授，读教育学本科，同学潘健、吕静都是海师的教师，我与他们特别亲近，也曾相约去海师参观一番，因杂事干扰，几十年来未能成行。2018 年我到海门搞文化展览和捐赠，《海门日报》姜新主任问我为什么到海门搞活动，我告诉他的理由有二：第一，我是海师的学生，对海门有深深的情结；第二，我的同学曹斌在海门当过市委书记，提起海门就亲切。

海师中文班学习不足两年，对于人生来说是短暂的一瞬间，但却留下了不可泯灭的记忆。沧桑巨变，物是人非，遥想 42 年前的我们，正当青年，风华正茂，意气满盈。有趣的是，曾经荒僻的师范校后来变成县城（南通市通州区）的一环路中心，学校多次更名，但在老校东边小河的涟漪里我依稀可看到漂浮的记忆。

海门师范也与南通师范、如皋师范合并成南通师范高等专科学校。母校与时俱进，不断拓展、扩大、升级。我们的同学也在几十年的社会活动中，不断成长、进步，收获了不少殊荣。曹斌、顾诺之、张彦武成为南通市政界的领导，周建华、顾钧、黄超英、张新民、高和清、马群生、陈永祥、崔锦堂成为通州区部、局、镇领导，王筱新为区文史办主任，孙祖平为南通市宝隆房地产公司董事长，凌宗伟当过区教师进修校副校长，张伟曾是区教育局教科室领导，曹子超、季伦军、曹建平、孙国钧、倪卫兵、任慧龙、陆洁、俞跃进等人走上了学校领导岗位，周华是区党校高级讲师，张艳、刘惠菊、张学明、汤宝遂、汤元等人都是中学高级教师、学科骨干，大家都在各自的岗位上做出了优异的成绩。

同学中突出的人才有：凌宗伟为中学语文特级教师，出版了不少语文教学专著，在全国语文界声名鹊起，退休后，被邀请四处讲学。印辉博士2013年任教中外合作办学的西交利物浦大学，2016年当选加拿大与美国语言学协会（LACUS）理事会理事，为国际语言学专家。朱晓映先为南通大学外语系教授，后为华东师大博士生导师，出版了很多外语教学专著、译著，主编英语教材，硕果累累。

我们这班同学是我内心敬佩和思念的人，我为拥有这些优秀同学感到由衷的骄傲。他们过去的成功也是激励我前行的因素之一。毫无疑问，我们经历了特殊年代的风暴洗礼，在各条战线上为祖国的经济、文化、教育事业的繁荣做出了积极贡献。如今虽然大多数人已退休在家，但他们依旧关心祖国，为国家培养新的一代。我们这一代人不负时代，不负历史，也不负人民。

昔日的往事已成追忆，光阴没有浪费，我们也没有蹉跎人生。繁华盛世让日子不断甜蜜，夕阳照耀着我们，同学微信朋友圈相伴着我们，大家相互关怀、帮助，温暖彼此的人生。我相信，未来，我们同学的生活会更美满、幸福。

作者简介：郭谦，海门师范学校南通县师范文科班1979年毕业。作家、书画家、知名文化学者。

致我们逝去的青春

——贺母校通师高专一百二十年华诞

钱建国

在喜迎母校通师高专一百二十年华诞之际，我——一名42年前仅18岁即跨入海门师范的学生，既拿不出精美的贺礼，也没有炫目的业绩，此时此刻我唯有以笔为犁，向母校倾吐我澎湃的心声。

四十二年风雨漂泊，再回首我的海门师范生活，依然历历在目。那些伴随风雨吹打不蚀的青春记忆，深深地根植于心底。

1978年的秋天，国家恢复高考第二年，我们这批来自不同地域的不同年龄、不同学历、不同阅历的高考生离开家乡，踏入了海门师范学校的大门。曾记得当年的我，走进学校大门的第一感觉就是：好热闹啊！

看，学校人山人海，一张张陌生的脸，一双双好奇的眼，叽叽喳喳，指手画脚，谈论着师范的学习。

看，学校大门口高大挺拔的白杨，两侧五彩缤纷的鲜花，像卫兵一样保护着我们。

看，学校音乐班学生青春的倩影、美术班学生精彩的画卷、体育班学生矫健的步伐……

美丽的校园、可敬的师长、同学间的友情何曾忘怀！我有幸受到了一批师德高尚、学识渊博、治学严谨的专业型教师的热心教育；我有幸遇到了一批志同道合、怀揣体育梦想的团结互助的同学。何其有幸，母校给了我从事学校体育工作的基石，给了我从事体育教学的平台，让我的人生有了追求，有了目标，有了前进的动力，给了我永远的温暖，让我的一生精神富有。

回忆是对母校最好的纪念，我对海师有着莫名的思念，因为我在这里留下了青春的足迹，尤其让我终生难忘的是至尊至爱的老师。

我永远不会忘记教我“做人”的林志发老师和史永根老师：

林老师热爱学生，关心学生，对学生和蔼可亲，好似一个大家庭的大家长。他满腹经纶，才华横溢，给我们一种“柔性”的教育。从林老师那里，我学到了做人的道理，学到了好的教育方法，学到了如何做人民满意的体育教师。

史老师是一个有思想、有激情的教师，他工作严谨，时常告诉我们，体育教育要根据学生反馈的信息及时改进自己的教学方法，要经得起实践检验，既能教出特点，又让学生接受教育之道。

我永远不会忘记教我“做事”的袁四安老师和纪光融老师：

袁老师德才兼备，具有丰富的教育教学经验，他对体育的追求、对教育事业的执着、对工作的严谨态度以及他刻苦的钻研精神、精湛的语言表达和优美的动作示范深深地打动着我、鼓励着我、影响着我。

纪老师对学生是真心的爱，教学独辟蹊径，上体育课时常提起她当年在大学里奋斗的故事，性格豪爽的她，每一个细节、每一个要领，都要反复示范给我们看，她的一言一行强烈地吸引着我，在我的内心深处产生了一种动力。

我永远不会忘记教我“做学问”的葛明刚老师和邢晓白老师：

葛老师是一个有广博知识的教师，每节体育理论课他总是用研究的眼光备好每一堂课，深入仔细地领会体育理论教材的内容，认真研究学生的接受心理，想尽办法去拓宽学生的知识面；在课堂上他总是激情满怀地投入每一堂体育理论课，全力做到投入感情、投入智慧、投入人格、投入他的整个世界，让我感受到人格的魅力。

邢老师美丽、温柔，充满时代气息，在教授运动生理学课时声情并茂，形象生动，深入浅出，通俗易懂；讲授人体解剖课时，她旁征博引，学生有兴趣，长见识，使我从理论和实践等方面逐步领悟到了体育运动和人体生理关系的真谛，受益匪浅。

星移斗转，沧桑巨变，42 年时光弹指一挥间。在我心目中的母校，永远是科学知识的神圣殿堂和奋发向上的精神家园！令师生骄傲，令家长自豪，令社会景仰：

她是那样致力于文化的传播、学业的精进、人格的塑造、灵魂的升华；

她是那样崇尚奋斗，拒绝平庸，激励学子们以不断探索的精神去无所畏惧地进行拼搏；

她是那样以清纯的校风、严谨的教风和求真的学风，去熏陶和培育一代又一代渴求知识、渴望成才的莘莘学子！

1980 年暑假，我从师范毕业后荣幸地被分配到一所百年名校——如皋市白蒲中学。在那里，我用奋斗书写了青春最美的 13 年。这 13 年，我深深地体会到"教然后知不足，教然后知困"的内涵。"登堂"上课不易，"入室"传道授业解惑，随心所欲不逾矩，则更难了。于是，我给自己订下了"情操高、知识博、功底厚、教风实、教艺精"的奋斗目标，在成师之路上求索。从那时起，我为了提高自身的素质，节衣缩食地自费订阅了《中国体育报》《学校体育》《体育教学与训练》等十几种专业报刊，从中博采精华，且用三年的业余时间自学了体育理论、运动生理学、教育学、心理学等大学本科体育课程，获得了国家教育部颁发的"高中教师专业合格证书"。

光阴如梭，星移斗转。13 年间，我洒下的无数汗水也结出了丰硕的果实：所教的课被评为全市优秀体育课一等奖，所教的班体育达标率在 95% 以上，所带的男女足球队一直打到省里，男子队获江苏省季军，得意门生还被评为"江苏省体育优秀选手"，所输送的运动员入选江苏省、国家划船队，并在第六届全运会上获冠亚军……

"不须扬鞭自奋蹄。"1985 年，我在教体育的过程中发现当下独生子女有许多值得研究和探讨的问题。随后，我对本校 103 名 12～15 周岁的独生子女学生的生理、心理、生活和体质进行了为期三年的跟踪调查、测试、研究和科学细致的分析，总结和整理出一套改革时下体育教学的理论和实施办法，撰写了题为《从独生子女学生体质现状看中国学校体育改革走向》的长篇论文，1990 年该文经北京亚运会科学大会组委会评审正式录用，我也荣幸地应邀赴京参加了由亚洲 35 个国家和地区以及美国、苏联的 674 位代表出席的科学大会，成为我国出席亚运会科学大会唯一的中学体育教师，受到党和国家领导人万里、李铁映、伍绍祖、何振梁以及国际奥委会主席萨马兰奇、亚奥理事会领导、体育专家的亲切接见。成功的喜悦，使我增添了百倍的力量。1991 年年底，我将历时一年半耕耘的一篇论文《对高级运动员训练的系统研究》投寄给了西班牙巴塞罗那"第二届国际奥林匹克科学大会"组委会。第二年五月，大会组委会主席和国际奥委会副主席亲笔给我签发了论文录用通知及应邀赴西参加科学大会的通知，并充分肯定了该文的水平和价值。本届科学大会，我国受到邀请的仅有七位学者，其他六位均是我国国家体育科研机构的领导者和权威学者。《新华日报》在“人物新闻”专栏中还做了专题宣传报道。

在成功的面前，我并没有就此满足，而是志在更高层次的追求。1992年2月，一封书信又从异邦美国漂洋过海飞到了我的手中，寄信人是国际比较体育和运动研究会主席——威尔克斯拉尔夫，他正式通知，我报送的《试论体育暴力的形成与防范》这篇论文已被美国“第八届国际比较体育和运动科学大会”录用为大会报告论文，并盛情地邀请我出席6月在美国休斯敦举行的科学大会。

“不经一番寒彻骨，怎得梅花扑鼻香。”1993年年初的一天，时任南通市人民政府的徐燕市长从中央电视台新闻联播中获知我的报道，时过5月，作为人才我被调至南通教育局教育科学研究所从事教育科学研究工作。在这里我整整工作了32年，可以说，这32年我信守了“三做”宗旨：一做对党忠诚的人，做单位可信任的人，做家庭可依赖的人；二做有利于学校发展的事，做有利于教师发展的事，做有利于学生发展的事；三做对国家有用的学问，做对事业有用的学问，做对自身成长有用的学问。

时隔42年，我在专业发展上实现了新的超越，在学校管理上实现了新的突破，在学校体育研究上取得新的成就：先后曾被教育部、国家人事部评为“全国优秀教师”；被教育部、国家体委评为“全国优秀体育教师”；被教育部、国家人事部、国家劳动部、国家科学技术委员会、全国总工会评为“全国职工自学成才标兵”；被新华社等六个部门授予“中华英才金奖”；被世界名人研究会提名为“世界名人”，并被收入《世界名人大全》第十六集；被江苏省教育厅评为“江苏省学校体育先进工作者”“江苏省教育科研先进工作者”；被南通市人民政府评为“南通市专业技术拔尖人才”“南通市优秀大中专毕业生”“南通市跨世纪科学技术带头人”“南通市学科带头人”。其间，我还先后在《中国德育》《中国学校体育》《人民日报》《光明日报》《现代中小学教育》等报刊上发表论文400多篇。另外，主持承担国家和江苏省教育科学规划重点资助课题获国家一等奖。

中央电视台《新闻联播》与《中国教育报》《中国体育报》《中国学校体育》《新华日报》等新闻媒体曾分别报道过我的主要事迹。同时我也成为中国民主促进会、中国体育科学学会会员，《中国德育》《中国体育报》的特约记者，人民教育出版社体育教材的编著者,江苏省体育社会学理事,江苏省、南通市、崇川区三级人大代表,南通市委党风督查员,南通市纪律检查委员会监察员。

回首这42年走过的路,我最深切的体会和感悟是:珍惜好时代,不负好时光,做一个心中有梦、眼里有光、脑中有慧、脚下有路的体育教师。

做一个心中有梦的体育教师。人人都有自己的梦想,梦想是人走向成功的源动力。我的梦想就是做一位人民体育教师,去完成一代又一代人的体育梦。体育是强健体魄、磨砺意志、强盛生命力的代名词;教师是传播正能量、延续人类文明和智慧的工程师。这两个词语在一起就构成了我的职业体育教师生涯。我很幸运,1980年8月我成了一名光荣而神圣的中学体育老师。自那时起,我就在心中下定决心,坚定理想,誓用奋斗的青春为体育贡献一生;立下意愿,当一名让别人瞧得起的体育教师,做会思考的芦苇!

做一个眼里有光的体育教师。我从事教育事业42年,不管是在乡村工作,还是在市区工作,我的内心无比丰盈,精神十分富有。这一切,主要是因为在南通这方土地上以书为伴、与书为友,让我眼里有光,收获满满。42年我坚持每天读书不少于两小时,平时除了学习体育学科方面的专业理论外,在哲学、教育学、心理学、文化学以及文学和艺术等方面都有所涉猎。我常常用屈原的话来鼓励自己:“路漫漫其修远兮,吾将上下而求索。”是学习丰富了我的学识,夯实了我的文化底蕴,开阔了我的教育视野,提高了我的认知水平。

做一个脑中有慧的体育教师。教育科研是连接理论和实践的桥梁,是学习和探究的有机结合,是加速教师从“经验型”向“研究型”转换的最佳途径,是教师的教育素养转化为教学效果的中介和桥梁。自任教以来,我结合体育教学实际开展体育教育科研,采用适合自己特点的科研方法,选择有个人优势的课题,制定切合实际的研究方案,求真务实地开展研究工作;在学习中了解前沿的知识,在实践中掌握科研的方法,在反思中寻找教学的规律,在交流中形成教育的共识。我开始写稿,向报刊寄送,结果是不言而喻的。一次次失败,换来的是一次次坚持!能够到达山顶的有两种动物,一是雄鹰,靠自己的天赋和翅膀飞上去。另一种动物就是蜗牛,在向上攀爬的过程中,一定不会一帆风顺,但是,掉下来,再爬,掉下来,再爬,爬上山顶的蜗牛,眼中的风景和雄鹰是一样的。只要坚持就足以给自己留下令生命感动的日子。

做一个脚下有路的体育教师。美国著名诗人惠特曼在《有一个孩子向前走去》一诗中有这样一段话:“有一个孩子每天向前走去,他看见最初的东西,他就变成那东西,那东西就变成了他的一部分。”这首诗告诉我们:我们在校园里想成为什么样的人,将决定我们未来成为怎样的人。回顾自己42年的教育生涯,我之所以能够小有成绩皆离不开母校的给予。从教以来,我始终铭记着母校的“三以”:以学生为中心,蹲下身子,与学生一起探索真理,发现真理,鼓励学生超越之胆,培养学生超越之识,启迪学生超越之智,实现学生超越之功;以教材为中心,积极审视和批判体育教材,科学地处理加工体育教材,准确地自选体育教材,让体育教材成为学生积极发展的广阔策源地;以课堂为中心,引导学生进行体育的积累、生活的积累、情感的积累,奠基学生的生命成长。

海门师范,我永远的爱!我对海师有着莫名的思念,因为我在这里留下了青春的足迹,带走了美好的回忆。就像一部电影《神鞭》中的一句台词所说的一样:“辫剪了,神留着。”海门师范虽然由于时代发展的需要归并到了通师高专,但他那百年师范所传承下来的锲而不舍、孜孜以求的办学理念却还留着,它留在纸上,也留在我们这些海师学子的心中。我不由得记起一位诗人的两句诗:

为什么我的眼睛常含泪水,因为我对这片土地爱得深沉。

海门师范,我永远的爱!如今,我将步入老年之列,在感叹“时间到哪里去了”的同时,也衷心祝愿老师和同学们健康长寿,珍惜生命中的每个时刻,再过十年二十年三十年四十年愿我们再相会。

最后,再次感谢母校的培养和一直以来对校友们的关爱!祝福母校永攀高峰,再创辉煌,也祝愿学弟学妹们学业有成,成为母校为之骄傲的新一代通师高专人!

谨以此文“致我们逝去的青春”,贺母校通师高专一百二十年华诞!

作者简介:钱建国,海门师范体育专业80级校友,原南通市教科院研究员,全国优秀教师、优秀体育教师,江苏省学校体育先进工作者,南通市跨世纪科学技术带头人。现任中国体育科学学会会员、南通教育发展学院特聘教授、《中国德育》《中国体育报》特约记者,录入《世界名人大全》。

老仇兄弟与海门师范

仇汉江

我认识海门师范，可能要比其他同学早一点。

仇汉成是海师老师，也是我的大哥。他是 1976 年考入海师的，后来留校工作。我二哥仇汉军在海师校办厂工作，而我又是海师 82 级学生。这样的关系，在海师可能是极少见的。

初二暑假，我问同村小伙伴借了一双凤凉鞋，在海师度过了一个暑假。那时大哥的宿舍似乎在校园的东南角。从那时起，有些海师的老师不叫我姓名，而只叫老仇的兄弟。直到今天，有时候和王志刚老师等打乒乓球时，他们还是称呼我为“老仇的兄弟”。我上学的时候，好像王老师大学刚毕业。

大哥考海师时，我还在上小学。依稀记得，考试之前，他在通吕河工地上劳动。突然接到考试的通知，就赶回家，直接进考场，竟然考中了。上学那天，因为家里太穷，没有像样的衣服，就向堂兄借了一件新衣服，穿着就去海师报到了。

大哥考中海师，在附近还是很有影响的。父亲也多次去海师看望大哥，回来时都要炫耀几天。后来，我也考上了海师，父亲就更自豪了。在当时，一家能考中两个海师，出两个老师，在我们村三四百户人家中，那是绝无仅有的。更何况是穷人家里出了两个读书人呢，这让父亲得意了一辈子。

大哥上学时，有几个海师的同学曾来过我家。我记得有两个，其中一个就是现在实验小学的美术老师沈祖彪，另一个就是家住国强的曹老师。大哥的班主任好像是姚雨南老师。因为他回家一直提到姚老师。没想到后来姚老师也成了我的数学老师。大哥的字写得非常漂亮，就像字帖一般。我的海师毕业证书上的字就是他写的。后来大哥把二哥介绍到海师校办厂去了。这个校办厂是生产化工用品的，后来搬迁到城西。海师解决了我二哥的工作，这使得海师和我们的关系更深了一层。

在海师，大哥很关心我的生活，看到我穿着打补丁的衣服，就要带我去买滑雪衫。但是，我知道他也没有钱，就不肯去买，但被他说了好几次。没办法，只好去买了一件。二哥在校办厂攒到一点钱，就去学校后面的供销大厦里买了一只手表，我记得叫“琼花”。可以说，没有海师，我家在贫穷线上挣扎的时间会更长。现在，大哥二哥都退休了，我也退居二线了，海师也没有了。倒是有一个海师附小，还时时让人想到海师。但皮之不存，毛将焉附？将来海师附小恐怕也要改名了。海师终将只能藏在海师人的心中。

我考海师时，正值师范招收初中毕业生的第二届。父亲说，你如果考到海中，家里供不起你。所以我填中考志愿，就填了一个中师。分数出来后，还要选填通师、海师或如师。因为大哥在海师，所以毫不犹豫地就选择了海师。那时中师录取在海中之前，分数是相当高的。招收学习成绩优异的学生进师范，这是改革开放初期极有远见卓识的一个决策。

那时候进师范，不但要成绩优异，而且还要体检。身高体重都要检，包括面容是否端正。我记得有一个参加体检的男生，脸颊上有一个痦，痦上还有数根黑毛，据说就落选了。这确实不适合做老师。我初中毕业时又黑又瘦又矮。体检当天，头使劲往上一顶，头发刚刚碰到顶杆——160 厘米。体检的医生网开一面，让我顺利过关。

当年这一届海师就招了一个普师班、一个幼师班，还有一个体育班。每个班 40 人。我们班有男生 26 人，女生 14 人，都来自海门和启东。男生宿舍楼靠近东大门，临近海门体育场。男生分住在四个宿舍，分别是 105、205、206、207 室。女生宿舍楼在男宿舍楼的西侧。由于当时刚改革开放，我们绝大部分同学整整三年，男女生之间几乎没有怎么说过话。如果实在免不了要交流，三天前就要鼓足勇气，做心理准备。一开口就满脸通红，词不达意。不像现在老同学聚会，谈笑风生，挥洒自如。有女生说，没发现仇汉江还挺会说的。其实，不是我不会说，是我不敢说，那时看到女生就紧张。

进了海师，我们每月都有 15 元伙食补贴。现在看 15 元，那是一笔小钱。当时看 15 元，却是一笔巨款。师一时，我们是 10 人一桌，真的有“山的味道海的味道”，比家里不知要好多少倍。因为吃得好，所以我的个子就嗖嗖地蹿了上去，很快长到现在这么高。好像到了师二，就不拼桌吃饭了，而是发饭票了。我和朱洪同学合在一起吃。因为他认识食堂的一个师傅，食堂的个别师傅也有点认识我，所以，每次我们都能多打到一点饭菜。当时，这是一个秘密，只有我俩知道。

海师的生活是悠闲而快乐的。每天傍晚，都能听到悠扬的笛声，我觉得那简直就是一种享受。那是大我们一届的吉伟吹的。他跟刘国基老师学笛子，吹《姑苏行》《牧民新歌》，特别悦耳。我们天天听，都能把这个曲谱背下来了。后来我们也自学，竟然也能吹一点简单的曲子。但毕竟没有经过名师指点，不登大雅之堂。我们还学吹口琴，站在床边练，也自得其乐。但现在看来，那时能多学一门技艺，还是有用武之地的。晚上，我们都去上夜自习。在这个时间段，学校也搞些小活动。其中就有"听音乐猜歌名或曲名"。广播里只放那么两三节曲子，就要抢报曲名。我竟然也能猜中几首，并拿到数张书签。

晚自习时，我经常去阅览室看书。看了很多杂志，现在印象非常深刻的是阿城写的《棋王》。独特的视角，把我深深吸引。还有就是张承志写的《北方的河》，那种磅礴的气势，令人震撼。前者好像发表于《上海文学》，后者好像发表于《十月》。对我而言，当时的阅读量是很大的。图书馆里的书，看完一本立即再去借一本。最吸引我的就是金庸的长篇小说《书剑恩仇录》。陈家洛、无尘道长、赵半山、文泰来等武林高手的一举一动，至今都印在脑子里。只是这本书有上下两册，我先借到的是下册，等了半个月才借到上册。图书管理员是谢老师，特别和蔼，也认识我。幸好她帮我留意着，这上册才能尽快地落入我的手中。阅读这个习惯，直到今天我还保持着，每天必须看数页才能入眠。甚至今天还在海门图书馆、海门书城等地为全区小朋友讲四大名著，那种热情，追根溯源，也是海师赐予的。

在海师，学科学习任务虽不繁重，但很有专业性。例如语音、小学教材教法等，普高是不可能学的。当时我们普师班的班主任先是龚振国老师，后是顾永丰老师。所有的老师都特别有个性。龚老师写的字飘逸，顾老师写的字刚劲。五年前，我和顾老师还有一点接触，深深地为他认真严谨的教学风格所折服。教政治的黄正平老师上课特别生动，深入浅出，丝毫不感觉枯燥。教数学的姚雨南老师上课很风趣，经常炫耀他和陈景润是校友——也许是同学，记不清了。有时他先讲数学，讲着讲着就讲题外话，讲到下课时，才猛然省悟地说："噢，怎么下课了？"我们哈哈大笑，他也哈哈大笑。尽管是题外话，但我们很喜欢听。他在黑板上写字有一个特别之处，就是面向我们写。这可教会了我们一招，免得将来我们在前面写字，背后有同学做小动作。教物理的戚老师，有一次上课时让我们听音乐，刚播放，就说不好听，再听一首。又刚播放，又说不好听，再听一首。大家哈哈大笑。还有一个教物理的曹老师，年纪稍大一点，给我们做了很多实验。大概在十年前，我们在陈袁华儿子的婚礼上遇到了音乐老师刘国基，感觉刘老师一点都不老，倒是我们这些学生看上去比刘老师都老。教语音的魏南江老师教我们估计要花大力气。我们这些大部分从农村里来的孩子，普通话水平很差。个别同学通东话根深蒂固。魏老师让我们晚上对练口型，互查互纠，还是有效果的。老师们的这种认真、钻研、洒脱对我的影响一直延续到今天。

到了师二，有部分同学选修美术，部分同学选修音乐。我选修了音乐。当时有视唱、风琴、唱歌和音乐欣赏四项。刘国基老师要求我们视唱时“倒唱如流”。我没有音乐细胞，但看到小蝌蚪似的音符，倒也亲切，也能流畅地唱下去。有时音太高，刘老师就叫我们用假声。风琴过关是一项大工程，这叫“还琴”。有空我们就去靠近通海路的风琴房里练琴。中午或傍晚都要去抢位置，一练最少一个小时。有时练累了，就趴在琴盖上睡觉。在这样极其嘈杂的声浪中，竟然能睡着，也是一个本领。虽然后来在教学上风琴几乎没有用得着，但懂一点音乐，在学校工作中还是必需的。如果在音乐或美术方面有一项特别明显的特长，做老师就往往能脱颖而出。

我们班的同学也有个性。张兴兵不怕冷。到冬天，我们都穿滑雪衫了，他竟然还穿一件衬衫，格外引人注目。他跑得快，长得结实，身体素质好，耐寒抗寒。陶水平练武术，还练唱歌。吼两嗓子还是能让人一惊的。倪正辉练气功，半夜里坐在床上，屏息宁神，据他说，气沿着经脉周而复始。他们都是我同一个宿舍的，记得比较清楚。我和王锦成、沈健健结为三兄弟，经常去小饭店买一碗老白酒喝。他们练成了大酒量，倒是我，酒量越来越小，现在竟然看到酒都厌烦。上师范时，我还去启东同学家玩了一回。先后去了沈健健家、张兴兵家、高弘海家、周卫兵家。周卫兵的父亲是养蜂的，我第一次亲眼看到了蜂酿蜜，也第一次喝到了最纯的蜂蜜。当我们离开海师时，同学们相互留言，写了满满的一个本子。我记得最清楚的，就是王雨田给我写的四个字——“三思而言”。我很惊奇，平时我们几乎从不说话的女同学，竟然给我这么中肯的提醒。

在海师的三年中，经历过一次地震。大概在半夜，睡得正香的时候，突然间听到有人喊："地震了！"我从床上糊里糊涂地翻起来就逃。等到楼下时，看到同学们都已经到操场上了，都在紧张地谈论着，甚至有些人还衣衫不整。幸好震级不大，否则，我是一定难逃一劫了。找到大哥，简单地说了几句话之后，我还是回到同学群中。当时也不敢回宿舍，就去海门解放路上逛街。直到凌晨，听老师说，没大事了，我们才壮着胆子再去睡觉。第二天晚上在底楼音乐教室上音乐课时，有一个同学从楼上下来，走得急了，一阵咚咚咚的脚步声，吓得我们"轰"的一下都从教室里冲了出去。到了外面，才知道虚惊一场。这些事情，现在想起来，全是快乐。

一眨眼，三年过去了。1985 年 7 月，我们毕业了。尽管很舍不得离开校园，但铁打的营盘流水的兵，不得不糊里糊涂地走上了工作岗位。又一眨眼，三十六年过去了，我们都老了。女同学都到退休年龄了，男同学也即将退休。有年轻同事看到我师范毕业时的照片，再对我看了半晌，惊奇地说："原来你也是有头发的呀。"哈哈。现在，海门师范没有了，但它在海师人的心中永远都是那么年轻美丽。我们这个时代过去了。有人说，我们这个时代，是中国教育界最美好最有实力的时代。我相信是的。无论我们在工作岗位上做出了多少成绩，我们都不会忘记我们的根——江苏省海门师范学校。

作者简介：仇汉江，海门师范 82 级普师班校友，曾任海门实验学校附属小学副校长。

难以忘怀的校园“青春剧”

王　芳

提及南通师范高等专科学校，不得不想起并入其中的海门师范。我们跟海门师范，有着不解的情缘。2017 年 5 月，得知海门师范学校教学楼将要拆除的信息后，我们海师幼 83 班的师生利用周末，于 5 月 13 日母亲节来临之际，相约前来海门师范故地，再看她一眼。大家漫步在校园里，重拾当年的记忆，走进当年的教室，跟着老师一起朗诵着“永远的教室”！大家在教室里画着、唱着、跳着，合影留念，真心希望教室和校园等能够永远留存下来！眼前的教学楼即将被拆除，心中有诸多不舍！30 多年前在海门师范求学时的一件件往事，不由得涌上心头。

1983 年 9 月 4 日，天空中下着雨，我们五十位清一色的花季女孩由放不下心的家长带着，冒雨从南通各县赶往内心无比向往的学校“海门师范学校”，报到进入了幼师班。其中，我们十位姐妹由班主任蔡云芳老师带着被安排在“311”宿舍。三年的闺蜜生活像部校园青春剧，从此开始。当年，我们才十四五岁。

“狼”篇

开学后不久的一个晚上。我们晚自修结束陆续回到“311”宿舍，最后一位进来的海门籍同学滕惠群边说“狼来了”边把门和窗都关上。听到“狼”字，有几位同学先是一怵，可看到滕同学一副若无其事的样子，知道肯定不是那么回事了。另一位海门籍同学范菁华哈哈一笑：“海门话里的‘狼’就是天气‘冷’的意思！海门哪来什么狼呀。”打那起，两位海门籍姐妹和我们另几位北三县姐妹约定，平时一律用普通话交流。我还有幸戴上了学校配发的“推普员”红袖章。从声母、韵母、音节、朗读等方面开始，大家扎实学习理论知识和进行普通话练习。“普通话”的定义至今还可以背得滚瓜烂熟：以北京语音为标准音，以北方话为基础方言，以典范的现代白话文著作为语法规范的现代汉民族共同语。三年后工作时大家参加了教师基本功“普通话”等级测试，那真是驾轻就熟，多亏在母校练就的“童子功”。

“肥肉”篇

说实话，30 年前的肥肉品质比现在要好很多。进入“海师”第一年，当时是集体就餐，10 个人一桌。早餐是稀饭、酱菜和点心。午餐和晚餐都是大米饭加上荤菜、蔬菜等可口的菜肴。食堂里为每桌准备好两只圆木桶，里面装好热气腾腾的饭菜。到了就餐时间，我们 10 个姐妹合理分工，有的分饭，有的分菜，有的分筷子等。姐妹们围在圆桌周围，虽然都是站立的，但是吃着香喷喷的米饭，品尝着可口的菜肴，一个个心中乐开了花。在老家，这可是出门做客才有的待遇呀！教语文的王兴明老师告诉我们，适量食用肥肉能滋润女生皮肤、助胃肠消化等，对身体健康颇有益处。于是，我们姐妹们学着吃肥肉，开展吃肥肉比赛，分到碗里的肥肉尽可能吃下去。先前一看就害怕的肥肉，此时竟然越嚼越香，特别是一咬渗出的油，滑而不腻。冬天吃完肥肉，抹几下嘴唇顿时弹性十足，也不怕被寒风吹开裂了。大家都后悔先前白白扔掉了诸多肥肉。第二年，学校发放饭菜票，让我们自由挑选饭菜。我们宿舍的 10 个姐妹自由组合。我和杜雪梅合作，一个人排队打饭，一个人排队打菜。这样，有效节约了时间。另外，花同样的钱，两个人能吃到种类较多的菜品。饭菜票有结余，放假时，我们购买麻团、烧饼、油条等点心带回家，让家人一起分享。自己有种已经工作拿工资的感觉，可以为家庭作贡献了。

“山羊”篇

“山羊”就是“海师”体操房里，凳面上包海绵和皮的短高凳。今天这一课体育委员陈文波带着全班同学在体操房列队等待学习“跳山羊”。会是哪位老师呢？因为体育老师不止一位呀。上课铃声响过，体操老师“闪亮”登场——纪光融老师。我个头矮蹲在前排，只见纪老师先是讲解要领，然后示范，助跑、加速、踏板、腾空向前上方、撑臂分腿、借惯性挺胸展身、再收腹落地。一气呵成，连贯完美，人群里响起了掌声。以后我们还领略了纪老师高超优美的舞技。越是反差呈现的意外精彩，越能惊艳四座，我们惊叹纪老师身藏的那些初看发现不了的体育技能。再回说"跳山羊"，我们开始学分解动作，真是"看人挑担不吃力"，经过三次上课练习，还是有好多同学未能通过，就包括我们"311"宿舍的几位，更别提我这位小个子了。怎么办呢？体育委员陈文波每天下午第三节课会去田径队训练，我们就负责晚饭时给她打饭菜，待她吃完，歇了一阵，我们宿舍几位就一起来到体操房。陈文波教我们"跳山羊"，她似乎就是老师。老师课上说的，她不但全记住了，还能"举一反三"。她说先练习原地起跳，增强爆发力，再练横劈叉提高分腿柔韧性。她鼓励我说："个子小没事，别害怕。有踏板助跳，只要有爆发力，再高也能上，只要分腿柔韧性好，再宽的'山羊'也能过。"我下定决心去尝试一次，脑子里先过了一遍步骤，踩踏板时奋力一蹬，感觉自己飞了起来，紧接着用手一撑"山羊"顶面，纵身一跃竟然轻松而过。从对面练功镜中虽然只看到一瞬间，但自我感觉姿态应该还行吧。通过反复艰苦和科学的练习，我们是最先全员学会"跳山羊"的宿舍，幸亏我们宿舍有体育委员陈文波。

"地震"篇

谁会想到我们这儿平原地区也会有震感如此强烈的地震，而且还发生于在"海师"学习期间。那天夜里，大家都已甜甜地进入了梦乡。我比较"醒困"，但迷糊中一时也睁不开眼，感觉楼和床都在摇晃，天空中仿佛有种低沉的怪鸣声在穿越，让人有种窒息、压抑的恐惧。我终于在十几秒钟后惊醒睁开了眼，发现这根本不是梦。外面也传来嘈杂的声音，有老师和同学在喊"地震了"。这时房子又晃了几下。没有体会真不知道，这种特殊的"炫晃"，让人头晕恶心，失去方向感。大家赶紧套上衣裤鞋，滕同学说："我们没演练过地震疏散，就按消防逃生演练时的方法走。"于是我们赶紧撤离宿舍。为防踩踏，呈一字形经过"312"宿舍前面时，和汇入人流的同学一起，有序通过楼梯跑到楼前的空地上。有想得万无一失的同学说："万一楼被震塌倾倒，赶紧去前面路上吧。"路上已经有老师前来接应，我们被临时安置在体育馆。后来的情况是，睡意全无，体育馆成了带着稍许紧张却开心的海洋。顺便说句感谢的话，为了让出体育馆专供女生住，男生们是撤离到体育广场上去。幸好以后也没什么余震，学校恢复了往日和谐的教学秩序。

最后，我想用对那次地震的感悟作为这篇文章的结尾吧。如果说“311”宿舍是个小家，那么当你置身地震当晚的体育馆，以及以后走向社会，你会发现“家”还可以更大、更大……如果说从前的从前那“惊世一震”崩出一个无所不能的“孙悟空”，那么母校“海门师范”就是一个孕育无数杰出精英的摇篮。

作者简介：王芳，海门师范幼师班83级校友，如皋市白蒲幼儿园教师。

徜徉在那如歌岁月

卞惠石

提到海师，关于它的记忆便扑面而来。

37年前的1984年9月11日，我和其他两百多位青春年少的同学一起，开启了在海师的学习生涯。清晰记得第一次坐在教室的那种感觉：陌生的老师、陌生的同学，课桌上摆放着的白色搪瓷脸盆、牙缸、饭盆，红色的"江苏省海门师范学校普84(3)班"这几个字赫然醒目(从此，它们便伴随了我们三年的时光)……一切都让懵懂的我们感到新鲜和好奇。忐忑拘谨中，听到班主任老师宣布我为学习委员，又让我平添了几分激动与不安……

就这样，我们开始在海师接受全面而系统的准素质教育，学校开设了大量传统的文化课课程、体艺类课程、教育学心理学课程以及语数教学法课程，没有文理之分，没有主副之分；同时，我们也接受教学技能的培养，苦练"三字一话"：粉笔字、钢笔字、毛笔字和普通话。那时的我们，即便谈不上琴棋书画样样精通，也算得上各个方面多有涉猎的了。

班主任王兴明老师，当时是个刚从扬州师范学院毕业的年轻人，和我一样，是个地地道道的老海门，他的家，就在学校的体育场那边。他谈吐优雅，学识渊博，厚厚的如酱油瓶底似的镜片，让渴求知识的我们好生羡慕。他很快便和我们这群年龄比他小不了几岁的学生打成一片，而且亦师亦友的感情一直延续到了现在。我们班在各方面的表现都不错，作为班级男子篮球队队长的我，自然对拿下学校篮球比赛年级第一名是记忆犹新。我们班也组织了丰富多彩的班级活动：我们曾游南京，感受历史的厚重；我们曾登狼山，一览江城的秀姿；我们曾赴崇明，领略瀛洲的迷人；我们曾野炊长江边，夜宿茅草棚，等待一场绚烂的日出；我们曾骑行吕四港，徜徉在风景中，享受一次自由的远足……在这样一个积极向上、充满正能量和凝聚力的集体里生活，有良师指引,有益友陪伴,一路健康成长,对我来说无疑是幸运的,是受益终生的。

美好的时光总是转瞬即逝! 毕业后,我们四十二位同学大多回到了各自的家乡,为了实现自己的理想,埋头苦干在教育第一线。三十多年的磨炼,三十多年的耕耘,三十多年的奉献,在为国家育苗的同时,我们自己也获得了成长。我们中有 2 人离开了教育战线,进入了党政机关,成为有影响力的领导;有 1 人驰骋商海,造就了跨界的辉煌,成为有智慧的儒商;有 7 人通过进修提升,从事了初高中教育,成为行家里手,演绎了别样的精彩;大部分同学仍然坚守在小学教育阵地,成为业务骨干,成为基础教育的中坚力量!一个个的政商精英、教学名师,都得益于海师深厚底蕴的滋养,得益于老师们的精心栽培! 而今,光阴荏苒,三十多年的岁月如流远逝,我们都青丝渐白,皱纹渐深,但母校与师恩,却永难忘怀!

2017 年端午假期,我策划并组织了"毕业 30 年再相会"活动,来自通州、启东、海门的 33 位同学和班主任王兴明老师齐聚海师,在母校被拆除前,再一次也是最后一次和朝思暮想的母校深情拥抱。在原来的教室,"重温校园梦,共叙同学情",我们又重新做回学生,再一次聆听王老师为我们上的一堂语基课"什么是普通话"。特定的情境瞬间把大家带回到了三十四年前热气腾腾的课堂中,我们,依然是那群懵懂的青春少年! 那些年,我们一起走过的岁月,又历历在目:大饭堂里,十人一桌,每桌一大桶饭,一大盆汤,没有凳子,同学们都是站着吃饭,素朴清苦却知足;阶梯教室,座无虚席,重要讲座、基本功大赛,同学们屏息凝神、潜心专注,汲取知识的营养;宿舍楼前,一长排的盥洗池,同学们一边洗衣服一边嬉笑打闹,周遭洋溢着一片青春的气息……多想回到过去啊! 如果一切可以重来,我们定然会更加珍惜在母校的分分秒秒、点点滴滴! 然岁月更迭、世事变迁,母校的建筑将消失于大地,但在我们每个海师学子的心里,关于母校的记忆,将永远是丰满而温润的!

弦歌不辍,红烛不熄。在此,向母校——江苏省海门师范学校致敬! 向辛勤培育我们的王兴明老师、潘健老师、曹向东老师、程绍华老师、李继华老师、龚品兰老师……致敬!

作者简介:卞惠石,海门师范 84 级普师班校友,特级教师、正高级教师,曾任南通市海门区实验小学校长。

是记录也是回忆

徐　杰

斗转星移，物是人非，留存在脑海中的师范生活已经日渐远去。

印象最为深刻的就是在学生阅览室度过的青涩时光。

学生阅览室位于教学楼的四楼中间部位，属于学校的最高处。每天晚上都是灯光明亮、座无虚席。

说是阅览室，确实名副其实，有大量的报纸和杂志。报刊文摘、参考消息、中国剪报、中国体育报、中国青年报、中国教育报、中国环境报、足球报、读者、青年文摘、军事博览、舰船知识、知识就是力量、航空知识、中国青年、人民画报等。几乎每天晚上，我都会花时间把这些报刊浏览一遍。哪些是新的报纸，哪些是新的杂志，我一眼就能辨明，这种习惯延续了三年时间，以至于工作后仍然保持着这种状态。

日积月累、聚沙成塔、集腋成裘，这种兴趣和爱好一直不曾消失，成了我成长路上的重要抓手。

当前，教书的意义已经从知识核心时代转为素养核心时代，而素养的意义就在于培养和发展学生在真实的情景中解决复杂问题的综合能力，这种复杂的综合能力不是一门学科就能够完成的，是需要多学科、跨学科甚至是超学科的知识、能力共同协作完成的，这就需要我们的老师从全面育人、立德树人的角度来思考和定位教育的价值，而绝对不是简单地从学科教学的角度来完成教学任务，如果这样，即使是“教书匠”也算不上。

想当年，我们这批中师生，也是人中翘楚，在当下，为了更好地为中华民族伟大复兴增光添彩，我们就应该广泛地阅读，不仅是泛读报纸杂志，也要泛读信息化时代的多媒体类、多渠道的信息和知识，分门别类，记忆、理解、批评、创造并且化为自身发展的一部分，成为自身素养提升的重要方式。

当然，我们还可以读天地，读日月，读山水，开阔眼界，拓宽思维，沐浴我们的心灵。正所谓：腹有诗书气自华。只有这样，才能使自己更加丰盈和自信，更加游刃有余地行走在幸福的教育路上。这也是，我们不忘初心的一种体现。如果这样，我们就可以自豪地说，我是师范生！我是海师人！

记录以上回忆，愿共勉之。

作者简介：徐杰，海门师范普师 85 级校友，特级教师，江苏省基础教育教育指导委员会委员，长三角基础教育学科专家，晓庄学院客座教授，省小学科学骨干教师培育站主持人，科普作家。曾获全国小学科学优课评比一等奖、小学创造教育优质课评比一等奖。

怀想渐行渐远的海师

祝祖岗

离开海师已经32年了，依然清晰地记得学校的铃声，一段悠长舒缓的音乐，这像极了轻松愉快的师范生活，我很喜欢。乃至毕业数年后再次听见时，竟然会怔怔地站立好一会儿，回味回味。

随着城市和学校发展的需要，江苏省海门师范学校的版图和这段铃声一起，已经永远消失在人们的生活里。但是，我相信，凡是在海师生活过的每一个人，他们对海师如音乐铃一样的美好记忆，将会在各自的生命里不绝回响，日渐清晰。

师范三年，青春芳华。每一点细小的记忆都会镂刻在青葱的年轮里。

学校不大，站在教学楼上几乎能览尽学校的全貌。宿舍区似乎不比教学区小。每到夜自修结束，那里就会热闹起来。吹拉弹唱，呼朋引伴，有拉琴的，有清唱的，也有边弹边唱的，反正各种各样的声音都有。一直闹腾到熄灯为止。能统领这一切声响的是笛声。它们清脆悦耳的旋律几乎能拉开夜的帷幕。窗户里透出的灯光，像舞台的追光一样打在阳台上，也追在同学们青春勃发的背上。男生楼里有好几管笛子都非常了得，每晚我们都能享受到不同的曲目。这样嘈杂的声响里到底有多少位才艺四溢的师范生，我不得而知。但是，不少海师学生才艺加身倒是不争的事实。我们班有同学师范毕业后，就考取了中央美院全日制本科。

相比之下，教学区的声响就显得中规中矩了。每当夜自习伊始，广播站就开始播音，播报的内容早已忘记。只记得我写过的几首不像样的小诗被广播站播出过，一时间竟觉得播音同学的普通话字正腔圆，特别硬气。

播音结束后，就是各班练习“三字一话”的基本功时间。很多时候，我们都在书写着四种不同字体的软笔书法。相对于颜体的雄强圆厚、赵体的遒媚随性、欧体的严谨工整，我更喜欢柳体的均衡瘦硬、骨力遒劲。但是每一种字体都很难临摹好，总感觉达不到老师的要求。每次复看老师发下来的书法作业，红圈圈寥若晨星。当我把柳体写得稍微像样一些时，班上已经有不少同学的作品颇得王茂恒老师的夸赞了。王老师的书法在当时南通市书画界已经很有名气了。因此，他的肯定和赞许在大家的眼里就显得十分权威。有时，大家写写字也会没了兴致，就会恶作剧般地去查谁的墨汁臭气熏天失了墨香。一开始仗势很大，非要查个水落石出，结果往往不了了之。这样，一节练功课也就过去了一大半了。师范三年，我的书法成绩不太好，但是对软笔书法的热爱却悄悄形成了，毕业以后的好多年里，我一直坚持练习柳体书法。这为我后来获得江苏省教学基本功大赛一等奖打下了底子。

其实，夜自习课上最开心的"捣糨糊"，就是找个借口溜出去，爬到四楼的图书室去看书。那里有各种各样的书刊，《钟山》《小说界》《中篇小说选刊》等都是我喜欢的。图书室是由两个大教室打通的，排满了桌椅和书架，常常是人满为患。有些书借晚了就没有了，要等好几天才有可能借到。有时候借到一本自己喜爱的书，竟然舍不得一下子把它看完，总要在自己身边焐热几天才还回去。

学校各幢楼宇的间距很紧凑。和图书室遥相呼应的，是对面实验楼底楼的阶梯教室，那里常会有很多活动，报告会、诵读会、演讲比赛、汇报展示……我方唱罢你登台，阶梯教室的讲台成了同学们展示才学的地方。

阶梯教室里也常有教学界的大咖登场。印象最深的，是李吉林老师来给大家上示范课。那天，阶梯教室里加了不少凳子，但还是有人站着。在观摩课堂时，我有好几次差点要和上课的小学生一样，站起来回答提问，完全忘了自己作为观者的身份。

学校的实验楼里有很多好玩的东西。我们这批从农村里考出来的学生，初中的物理、化学都是纸上谈兵，到了海师的实验室看到那么多实验材料，如获至宝，就尝试着把初中里想做但没能做的实验都做了一遍。后来被指导老师发现了，告诫了几声，宽容地笑笑，也就过去了。

现在回想起来，那时候的海师有很多出类拔萃的老师。有"江北一支笛"的刘国基老师，有后来去北师大任教的数学老师曹一鸣博士，有语基专家朱文献老师……后来师范毕业后，才了解到社会影响力深远的黄正平、魏南江等不少响当当的专家都在海师任教过，可惜没有教过我们。

对我影响最深的是班主任袁海生老师。非常庆幸的是，他连续带了我们三年。那时候，他好像刚从南京师范大学毕业，又年轻又帅气。一开始，班里的女生都把他当作“周润发”一样的存在；班里的男生对袁老师更是崇拜，尤其对他潇洒俊逸的字体佩服不已，有人就专心临摹，后来竟可以以假乱真。三年里，袁老师带着我们一起办班刊、出板报，一起游历海门区域内的文化古迹，一起品读经典诗书。他在每一堂语文课上，都会旁征博引，侃侃而谈，常让我们觉得时间过得实在是太快了。袁老师的课上，我们获得了很多书本上没有的信息，这对一群刚从乡村出来的好学上进的半大孩子来说，会有多大的吸引力啊。

在他的影响下，同学们竟然都开始沉溺在阅读和表达的天地里，一发不可收拾。袁老师每周都要布置“随记”，相当于写一篇文章，但是体裁内容都不限。同学们天马行空，啥都乐意写，也写得很认真。因为大家都期待袁老师潇洒的字迹能留在自己的本子上，那一行行批语常常让大家如获至宝。就这样，同学们的笔力逐渐老道起来。三年时间里，我们班同学究竟看了多少书，未曾统计。但是，全班每一个同学都在省级刊物上发表过文章的印象，却记忆深刻。那时候，我和几个志趣相投的同学，私底下结了诗社，每天都要码不少文字，互相传阅，彼此欣赏。那股子文学青年的热乎劲儿，如同春风里茁壮成长的藤蔓，不会因为任何原因而枯萎，反而飞速长高，更加茂盛。师范二年级时，袁老师曾推荐我参加县里的一个征文比赛。在获奖者的座谈会上我才发现，只有我是学生。那天座谈时，有几个老先生在谈文学的使命、责任和担当，我竟然不知天高地厚地表达了“文学应该遵循人的心性”的观点。工作后，我也开始带学校的文学社，也是兴之所至，乐此不疲。后来，我带着学生去北京参加征文颁奖大会，代表学校去省里接受全国优秀校刊评比特等奖的证书时，才意识到这些收获都是当年师范求学时，老师在我们身上悄悄播撒的种子。

还记得，临近毕业时，我们宿舍商议了几个晚上，联名写信给江苏省教育厅，要求去边疆支援那里的教育工作。后来省里的回信直接寄给了学校校长室，表扬了我们的想法，同时安抚我们要扎根基层教育事业。边疆没有去成，学习生活依然充实。我们在学校围墙边那排低矮的琴房里一遍又一遍地练琴，在学校旁的体育场上一圈又一圈地跑操，在食堂简陋的舞台上如火如荼地参加“一二九”大合唱比赛，在体育器材室外的黑板上围看通报批评的告示，挤在学校的花坛里急急匆匆地拍个合影……这一幕幕场景是那样的普通自然，但确实就是我们的校园生活，朴实无华却弥足珍贵。

在这简单却快乐的三年师范生活中，我们越来越成熟，越来越沉着，我们迈着坚实的步伐，渐渐有了“老师”的样子。

作者简介：祝祖岗，海门师范普师 87 级校友，特级教师，全国新教育实验先进个人，江苏省小教专委会理事、优秀科技教育校长，南通市学科培训专家组成员、陶研会理事，南通大学学科基地导师，曾获得全国榜样教师提名奖、江苏省优课评比一等奖、班主任基本功大赛一等奖。

假如生活欺骗了你

肖　进

1986年9月1日，我带着父母的期盼和对未来的憧憬来到了江苏省海门师范学校。

很快我就爱上了这里的生活。犹记得，朱文献老师教我们语言学基础，每堂课都有他爽朗的笑声，至今他那洪亮的声音仿佛仍在耳畔回响；吕静老师教我们普通话，她非常注重“咬牙切齿”的发音，让我们把每个字、每句话都交代清楚，真正让我们知道好听的话是字正腔圆的；纪光融是我们的体育老师，对于我这个体育特困生来说，最难忘的是她搂着我学交谊舞，舞没有学会，但纪老师的认真留在了我心里。班主任潘健老师教的是教育学，现在想来，他比我大不了几岁，是那样的年轻而充满活力。由于教育学一周只有三节课，他能在课堂上与大家交流的机会并不多。但他有一个当好班主任的秘诀：要求班上每位学生每周都要写一篇周记。这是多么美妙的一种交流方式呀：对老师有建议可以写，对班级活动有点子可以写，遇到生活方面的困难也可以写……不仅仅是学生写，潘老师看完也接着写。事情简单，潘老师的批注也可能简单；事情复杂，潘老师写的也会多一点；你看着简单，潘老师看着重要，那么潘老师写的可能比你写的还要多。那个周记本上，我写字用的是黑色水笔，潘老师的批注为红色水笔，黑红相间，煞是好看。

进入师范后的第一个寒假前不久，我收到小姨从新疆给我寄来的一百元钱，让我买个录音机学英语用。我带着这笔“巨款”来到南通，刚出车站就遇到一对姐妹，妹妹手中还抱着一个孩子。她们楚楚可怜地告诉我，她们的钱包被小偷偷走了，问我能不能借给她们四块钱，四块钱可以给家里人发个电报，让他们寄钱过来。听罢我义愤填膺地问她们，在等待家人寄钱来的日子里，如何生活呢？她们没有作答。我毅然决定，录音机暂时不买了，听磁带不急在一时，学英语的方式也不止一种。我把六十块钱（当时我一年的生活费总额）借给了她们。她们千恩万谢，姐姐还要把身上的大衣脱下来抵押给我。我毫不犹豫地拒绝了：天气这么冷，怎么可以在这个时候拿走别人的御寒之物呢。她们给我留下了地址电话，是外省一家工厂。并告诉我，她们是这家工厂的工人，回去后就会把钱寄给我。我也留下了我的联系方式。

冬去春来，几个月悄然而过，这对姐妹却如同消失了一般，再无音信。我去邮局给地址上的那家工厂打电话，传达室的同志表示确有此人，当熟悉的声音响起在电话那头时，对方却冷冷地说自己从未向谁借过什么钱。

涉世未深的我深深陷入被欺骗的痛苦之中，不能与家人说起这件事，只能把它写在了周记里。未曾想到，我那亲爱的潘老师啊，他用一句话就让我释然了。潘老师在批注中写道："假如生活欺骗了你，请你不要怀疑全世界。"是啊，我只是被这个世界上的一个人欺骗了，但这个世界还是会有许许多多真诚的人，何况也许那对姐妹真有自己的难处，权当做了一回善事吧……

毕业后的我也成为一名教师，从小学一直教到中学，而后又从教师转行为律师，工作中也曾遇到被生活欺骗的学生当事人，在他们深陷悲观情绪不能自拔的时候，我都会像潘老师那般劝慰他们：不必悲伤，更不要心急，这只是人生的一堂课，假如生活欺骗了你，请不要怀疑全世界！相信吧，美好的日子终将会来临！

作者简介：肖进，海门师范普师86级校友，中学语文高级教师，现为南通市海门区司法局律师支部书记、江苏诚谨律师事务所合伙人律师。

遇见海师

顾彬斌

“人静的雨夜想起了她，我多想回到家乡，再回到她的……”听着歌，点燃一根烟，深吸一口，望着窗外喧闹的街道和来往的人群，思绪又回到了从前。

遇见海师，儿时之志。儿时母亲带我和妹妹随军来到父亲在海门四甲服役的部队，之后母亲也在当地一所小学里任教，我在读到小学三年级的时候，父亲转业到南通县物资局一处物资仓库任负责人，母亲也在离父亲单位不远的一所村小任教。儿时的我很调皮，学习成绩时好时差，记得母亲时常动之以情、晓之以理地教育和引导我，母亲在我五年级的时候因病去世，那时学校老师、家长、学生和当地群众自发排成长长的队伍送母亲的情景，我终生难忘。我至今还保留着母亲的备课笔记，里面工整有序的每一页都凝聚了母亲对待教育的忠诚和认真，儿时的我立志以后要做一名像母亲一样师德高尚的优秀教师。

遇见海师，感恩培育。1986 年 9 月我带着录取通知书和行李来到海师，看到学长们有礼有节地迎接和引带，我感受到了校园里教书育人、为人师表的浓郁气息，无不感到心里犹如春风吹过般温暖。随着到普 86(1)班报到，我认识了班主任潘健老师，那时的潘老师比我们大不了几岁，但身上的干练和才华，无不使我们敬重。在普师班就读了一段时间，热爱体育的我时常被室外操场上体育班那运动的激情和飒爽的身姿所感染，从而萌发了要转到体育班的想法，我把想法告诉了亦师亦友的班主任潘健老师，潘老师说：“木已成舟，还是在普师班好好学习吧。”主动总比被动强，要梦想成真，还需再努力，于是我写了一篇反映心声的文章，递交给当时的丁兆雄主任，文中讲到了对体育的热爱，讲到了母亲病重时，我参加运动会获奖情景的点滴……也许这封信感动了校领导，不久我补交了 80 元服装费，转到了体 86 班，遇到另一位班主任姜慧钧老师和一群体 86 的小伙伴们。

就读海师的三年，学习是严谨有序的。老师们谆谆教诲，精心地传帮带，无不体现传道、授业、解惑的教育精神，海师的教诲使我在教师生涯中受益匪浅，海师练就的素养伴我成长，使我在其他工作中也得益多多。在海师的三年，生活也是丰富多彩的。难忘室外篮球场南琴房传出的优雅琴声；难忘练功房幼师女神们的婀娜多姿；难忘体操房小帅哥们的龙腾虎跃；难忘江边班务活动我们踩着江水拍照嬉戏，望着长江时对今后人生的无限遐想；难忘周末两块砖间火苗的狂舞和脸盆里肉的飘香；难忘工人电影院看完电影逛个书店，听着磁带里传出动人的歌谣，跟着哼上两句的美好心情；难忘食堂里排队时的热热闹闹，把饭碗筷放进食堂西边橱里的叮叮当当；难忘打开水时路过西墙驻足观望一下黑板报；难忘四楼阅览室东阁楼里学生会办公室有条不紊的工作计划和条形桌上堆放的种种资料；难忘学生会例会大家的畅所欲言和踌躇满志；难忘学生会组织的手帕厂的实地参观和叠石桥"小香港"的社会实践；难忘学生会赴通师的对口交流和联谊活动；难忘学生会查夜时女神在被窝里拿电筒看书入迷，被查夜值班的敲门提醒时的惊叫；难忘周末操场上偶尔看到情窦初开的男女羞涩含情的眼神；难忘在小卖部买两个开口笑和着汽水打个牙祭；难忘油端子油炸出萝卜饼的香脆可口；难忘两位男生因事争吵，第三个男生的一句话而握手言和："我们以后会成为教师的，你们的行为对得起胸前的校徽吗？"难忘与曹向东老师一起为《艺体沙龙》创刊而努力，美 87 班石磊同学为杂志尽心尽力地设计排版；难忘楼梯间广播室里响起动人的歌声和学校相关精神的传达；难忘苗苗文学社出版的油墨香……流水账般的难忘，有你我他的影子，透着情述着意，记忆满满。

海师的故事里有你我他，我们都是主角，难忘那激情燃烧的海师岁月，海师的精神永存。遇见海师是我的缘，珍惜遇见。

作者简介：顾彬斌，海门师范体育专业 86 级校友，现任通州区商务局副局长。

海师岁月：积累人生的富矿

杨裕海

1991年9月，海门汽车站，一群热情洋溢的海师师兄师姐，指引我们前往海师的方向；海师校园内，又是热情洋溢的海师师兄师姐们，接过我们的行李，指引报到的方向……为期三年的海师生活，就此拉开帷幕。开学报到日的一幕幕，至今仍是记忆中挥之不去的幸福回忆。时光荏苒，昔日的母校——江苏省海门师范学校，已经归并至南通师范高等专科学校，并将迎来120周年校庆。

海师岁月，一个个闪亮的日子，连接起来，就是一段最美的历程；一个个美好的瞬间，汇聚起来，就是一份最美的记忆。我由衷感慨，海师岁月为我积累了弥足珍贵的人生富矿，让身为人父、身为教师、身为学校管理者的自己，汲取了受益终身的财富。海师岁月里积累的人生富矿，在我学习、工作、生活的每一个阶段、每一个日子里，弥散出融入骨子里的精神之光、文化之光……

管理富矿：团队，成长的摇篮

海师岁月，让我深深懂得，团队，是个人成长的摇篮。海师普91(3)班，是我海师生活的大家庭。施永新老师，是我们三年的班主任。我们班级的42名学生，分别来自启东、海门和通州，也就是俗称的“南三县”。我始终觉得，在这样一个班级里生活，是幸福而幸运的：初入海师的第一个夜自习，施老师让我们进行自我介绍，于是，彼此之间，迅速相识；初入海师的第一个周末，施老师带着我们走进狮山公园开展班级团建，于是，彼此之间很快熟络起来；在全班的加油呐喊声中，我参加了人生第一次，也是唯一的一次校运会，近乎休克地跑完了3 000米，为班级争得了宝贵的1分，尽管，比前面的一名整整慢了一圈;在施老师的统筹下,全班奉献了一台以《启航》为主题的毕业汇报演出,而我,也和同学搭档,献唱了一曲《对花》,尽管唱到高音处破了音,让我至今想想就难免尴尬;毕业最后一晚,当其他班级都已曲终人散的时候,我和同学们甘愿在灯光下,排完教室里最后一次桌椅,清扫并倒掉最后一次垃圾,然后回到宿舍,和男同学们,聚在宿舍前面的场地上,和施老师彻夜长谈,几乎到天明……团队,是成长最好的环境。因此,无论是在工作整整 26 年的乡村小学——和合小学,还是在工作刚满 2 年的直属小学——汇龙小学,作为学校管理者,我深知团队的重要。于是,我始终把建设"和达团队""汇馨团队"作为工作的重中之重,因为,我相信,一个向上向美的团队,一定可以给日夜操劳、身心疲累的每一个教师,带来家的温暖。

生活富矿:和谐,人际的真谛

海师岁月,让我深深懂得,和谐,是人际交往的真谛。班主任施老师,从中学转岗来到海师,我们是他的第一届海师学生。作风严谨的他,不苟言笑,但治班严谨的他,以充分信赖的态度,把班级管理的自主权充分赋予了我们自己。于是,我们自主制定了班级常规管理考核制度,围绕学校文明班级评比的基本要求,细化出台了班级管理常规。在这样的自主管理之下,一个利用眼保健操时间偷偷拿起毛笔练字的同学,都会赢来班干部直视的目光;班级检查小组会在学校进行宿舍内务整理检查之前,进入班级的每个宿舍,用挑剔的目光发现谁的被子没有叠成方块、叠出棱角……班级连年被评为学校文明班级,是至今想想都引以为荣的骄傲。当施老师升级做老爸的日子里,我们煞有其事地为他孩子的取名挖空心思,最后,还喜滋滋地评论,"翔宇"这个名字一定是受了咱们班宋云翔、黄晓宇两个同学姓名的影响而博采众长的结果。我们班的同学似乎和老师们都格外亲。一年级的时候,班上的女生几乎天天往教心理学的徐辉老师的宿舍跑,和徐老师打成一片。印象中,海师举行教师课堂教学竞赛,太多的老师都喜欢用我们班执教公开课。老师与学生之间,既保持着课堂上的师生关系,又维系着生活中的亲密无间;同学与同学之间,亲如兄弟姐妹,直到今天,我几乎还能记着每个同学的学号——1 号姜新娟、2 号郭晓红……人际和谐,人生的财富。因此,我始终以感恩之心,对待生命中的每一次遇见。2009—2010 学年度,受教育部港澳台事务办公室委派，我参加了内地与香港教师交流及协作计划。人在香港，面对的是全新的人际关系，考验你的角色定位和人格魅力，最终，我顺利履行好了“教学专家”“友谊使者”的双重角色。2020—2021学年度，我参加了长三角第11期中小学名校长培训班。在收获专业成长的同时，我还幸福地收获了“暖羊羊”的昵称……

师德富矿：师爱，力量的源泉

海师岁月，让我深深懂得，师爱，是成长力量的源泉。海师三年，我庆幸，遇到了太多关怀我的老师。宋为群老师教了我们三年的文选与写作。记忆中，性情温婉的她，用她别样的方式，显示着对我这个对语文情有独钟的学生的偏爱。她结合她对孩子的家庭教育经验，撰写了一篇教育随笔——《给女儿积累财富》，让我帮着誊写稿子，而我，则学习到了她敏锐的教育眼光、细腻的文字表达。教小学数学教材与教法的王志刚老师，会经常性地布置一些实用型、实战性的教学设计作业，而我的作业，也能经常得到表扬。这使得走上工作岗位之后就一直在和语文打交道的我暗想，如果一开始走的是数学这条道，也许有了老师的鼓励也能乐在其中。教我们心理学的徐辉老师，在我人生的低落时期，特意和我谈心，一边拿着画笔，美化着房间的墙壁，一边打开话匣，看似无意，实则有意地和我拉拉家常，谈谈人生。杨山老师是留校任教的体育老师，只教我们一个班体育，笑称我们班是他的“独苗苗”。体育一直是我的弱项。我应该感谢他，在进行体能测试的时候，让我在望而生畏的引体向上之外，有了敢于挑战的项目选择——曲臂悬挂。我自己都惊讶于自己的表现，在大家的凝视中，咬紧牙关，居然坚持了很长时间，获得了相对理想的分数。“表现不错，这考验的，不仅仅是力量，还有毅力!”简单的话语，说进了我的心坎里……教育无声，育人无痕。海师恩师们的教诲，让我在走上工作岗位之后，无论是从事教育教学还是学校管理，都习惯于用随风潜入夜、润物细无声的方式，给予别人爱的力量。我走上校长管理岗位的第一年，朋友转给我的一则微信，让我对爱有了更深的领悟。这是我曾经的一个学生的片言碎语：“从小到大，只遇到过一个能激励我的人，我小学的语文老师——杨老师……我成长了22年，对我好的人屈指可数。可能是我心窄，接受不了太多的人。但我的内心却特别充实光明。”有一次,我担任课堂教学竞赛评委。一位选手独自走上讲台,手忙脚乱地做着赛课的准备。我下意识地走上前去,默默地为她擦去了黑板上上一位参赛者留下的板书。我没有想到,小小的细节却让她倍感温暖。这更让我坚信,师爱,可以生长,可以传递……

教学富矿:学生,学习的主人

海师岁月,让我深深懂得,学生,是课堂学习的主人。南通教育,是全省乃至全国基础教育的高地。在南通“立学课堂”实践与探索的今天,蓦然回首,我发现,海师岁月里,老师们早就已经在一批又一批海师学子的心田播下了课改的种子:让学生在课堂中“立”起来。教我们数学的倪健老师,在我们师范一年级的时候,就做出了大胆的教学改革,布置我们围绕教材的一个章节展开自学,设计教案,尝试“兵教兵”“兵带兵”。我至今记得,周末,我埋头扎进了学校附近的海门新华书店,如饥似渴地翻阅着与任务相关的高中数学教学辅导书,为的是出色地完成这样的挑战性学习任务。教我们教育学的潘健老师,我至今记得他的第一堂教育学课意气风发的开场白:“改革需要人才,人才需要教育,教育需要教师,教师需要教育学。”就在他的课上,我们围绕“我看师范自费生现象”的热门话题,激情辩论,慷慨激昂;就在他的课上,我们围绕一次班队活动的设计要点,追根究底,集思广益。教心理学的徐辉老师、教政治的顾锐萍老师……几乎都习惯于让我们在课上进行板书展示,既挑战板书设计的能力,又展示粉笔字的基本功……理念的种子,经过岁月的沉淀,必定长成参天大树。作为海师毕业生,作为一代中师生,我和所有的校友都倍感自豪,因为,海师校友,遍布南通,已经成为南通教育中不可或缺的中流砥柱。

海师岁月,给我积累的,又岂止是这些人生的富矿!

感恩海师——在,或不在,永远留在心坎里;

感念海师——念,或不念,永远融在骨子里……

作者简介:杨裕海,海门师范普91(3)班学生,特级教师,启东市汇龙小学党支部书记、校长,内地与香港教师交流及协作计划优秀指导教师,江苏省小学语文骨干教师培育站主持人,南通市首届领航校长。

美丽的青春在海师

朱国军

翻飞的日历伴着匆匆的脚步，一转眼，从师范毕业已有 28 载。忆起几年前，一位去首都师范大学读博的朋友发了一篇追忆中师生活的文章，满满的回忆感，真是让人感慨许久……

现在回想起来，我们刚入师范的时候，也正是我们青春开始之时，而谆谆教导我们、忘我付出的老师们，许多也正是青春怒放之时，他们用自己美丽的青春哺育着我们成长。青春是美丽的，时隔这么多年之后，回想起来，还是显得那样绵长而又厚重。

难忘恩师情

打开记忆的闸门，昔日昔时昔景便会清晰地映入眼帘。特别是那一群可亲可敬的老师，近在眼前，呼之欲出，他们透着光亮，闪着光芒……

文选与写作老师中：袁海生老师幽默风趣，博学多才；宋为群老师漂亮温情，和蔼可亲；徐卫东老师普通话特别标准，声音胜似播音员。数学老师中：有简洁干练的倪健老师、讲解清晰的施永新老师、喜欢钻研的曹军老师。笑容可掬的严学捷老师教我们物理；严格认真的黄益如老师教我们化学；博学儒雅的朱文献老师教语基；语言生动的秦慧绒老师教现代汉语；文采飞扬的潘健老师教教育学；善解人意的徐辉老师教心理学；融贯古今的陈情老师教历史；睿智而博学的杨肖虎老师教地理；知识渊博的宋志豪老师教生物；英俊潇洒的王茂恒老师教书法；严肃但不失幽默的朱树友老师教体育；音乐老师开始是平易近人的龚品兰老师，后来是严格有爱的张庐仙老师；为人诚恳的倪春华是辅导员老师；还有在我们还未走上工作岗位，就教我们怎么上数学课的王志刚老师，他教小学数学教材教法，为我后来的数学教学打了一个很好的基础，记得第一次上公开课的成功，就源自王老师的教法；还有我们的老班教政治，是顾锐萍老师……在这一群优秀老师精心的培育下，我们完成了人生的第一次蜕变，真的从心底里感谢这一群可敬可爱的人！大部分老师因为多年未见，脑海里依然是他们年轻时的模样，真想把每个人的形象都永远定格在那一刻！

可以说，海门师范的三年学习生活，为我们的从教生涯奠定了良好的基础，成为我们人生的一笔财富。陪伴我们成长的班主任顾锐萍老师，三年如一日，她是我们成长的导师，也是我们心中的明灯！她负责且用心，一直指引我们向前进！

依然记得 1991 年 9 月刚进海师的第一个晚自习，顾老师首先进行了自我介绍，那年她才 35 岁，风华正茂，美丽又精干，刚刚送走了普 88(3)班，又成了我们普 91(2)班的班主任。她还介绍了 88(3)班的同学取得的成绩，并对我们提出了殷切的期望，接着又让每一位同学作了自我介绍，那时的她和蔼可亲，不时地穿插一些激励的话语，这样一下子拉近了我们师生的距离。

"三字一话"是师范生的必备基本功。刚从农村来的我们，普通话和写字都不行(在城里上学的同学要好些)。顾老师真是煞费苦心，她精心安排我们的训练，在她的严格要求下，同学们进步飞快！白天忙完一天的她，晚练功时间时常会出现在我们的教室里，有时晚上十点，宿舍熄灯了，她还会亲自到宿舍巡查一下，看看有没有异常情况，看看同学们有没有按时入睡。那时，他上小学的儿子彬彬可能就是一个人在家，上学时我没觉得什么，而现在想来，老师的行为是多么的无私和伟大。在顾老师的带领下，"团结和谐，你追我赶"的班风很快形成，普 91(2)班常规评比一直名列前茅，流动红旗从来没有流走过！

现在依然记得，1991 年的冬天来得特别早，12 月份就有了一次大降温，我们一批离家较远的同学没有带棉衣，因为家远，一时还拿不到，就在这个节骨眼上，顾老师从家里带来了棉衣、棉裤、棉鞋，分给穿衣单薄的同学，给我的是一件崭新的皮夹克，穿在身上真是暖到心里，可以说，这件皮夹克温暖了我整个冬天，这份记忆至今仍然珍藏在心底。

让我们受益最多的是顾老师的班级管理。那个年代，她在我们班干部会上就提出，班级管理要建设物质文化、制度文化和精神文化，可以说这种管理方式用在当下也不过时。普91(2)班的北面墙壁上,辟出了两个地方,一个成了德育天地,另一个成了学习园地。后面还有一块黑板报,都是每月一个主题,从开班到毕业,从未间断。记得第一期的学习园地,顾老师用心良苦,把88(3)班同学留下的优秀作品做了一次展示,那时真的吸引了我们无数的目光,我们在震撼的同时,也给我们带来了无穷的动力!每期的黑板报在宣传委员范成松的带领下,都有新的创意。有一次,才子丁锋在黑板报上原创了一首《蝶恋花》,脍炙人口,至今记忆犹新。每学期,顾老师都会和同学们一起制定一些规则,这些规则奖罚分明,先在班级试行,待完善之后就渐渐成为班级的制度文化,那个年代就想着用积分的方式来激励和鞭策人,真是难能可贵。工作后的我们也都模仿着去做,立竿见影,效果良好!顾老师教政治学科,讲话有气场,管理有方法,营造了一种浓浓的积极向上的氛围,形成了91(2)班独特的精神文化,影响着每一位同学的成长。

难忘同学情

前一段时间,班级微信群里同学在你一言我一语地一个个报着学号,时隔20多年,记忆仍然清楚准确。那时我就想,这不是其他原因,而是这段经历太难忘,这学号里蕴藏着深深的同学情!

我们普91(2)班共42名同学,17名男生和25名女生,组成了一个其乐融融的大家庭。尽管那时没有升学的压力,但是大家在学习上都你追我赶,争取成为最好的自己,有时周日也会有许多同学到教室看书学习。在生活上,大家都会自觉地互帮互助,如果哪位同学生病了,一起吃饭的同学一定会打一份送到宿舍。我们男生饭量大,有时一顿要吃上六两,每月学校发的32斤饭票到下旬就不够了,这时,我们就会私下里向女同学要一些饭票,而此时,女同学也会毫不吝啬地给我们一些。每位同学性格各异,都有着自己的兴趣爱好,现在提倡学生要个性化成长,这在那时的师范里就体现得淋漓尽致!

那个年代,还没有手机,我们也会自娱自乐,因而宿舍生活也是丰富多彩。我们是男生楼105宿舍,一共九位同学。有才华突出、交际甚广的丁锋;有字正腔圆、温文儒雅的王卫兵;有言语不多、乐于助人的陆永辉;张兵是我们的老大哥,他来自南通市区,见识较广;杨金辉年龄最小,长得很像明星林志颖;黄健潇洒帅气;陆凯华聪颖直率;袁国锋离家较近,经常回家。

海师三年，除下雨外，每天都要跑操。特别是冬天，天还没亮，喇叭里就响起了起床的音乐，有同学不肯起床，我们就会掀他被子，逼着他一起跑操；晚自习结束，回到宿舍，洗漱完毕后，就是大家交流的好时光，天南地北，无话不谈，白天的趣事是一方面，有时也会有同学为了寻找乐趣，添油加醋说些捕风捉影的事，特别是男女同学交往的事，更是讲得起劲！印象最深的是周日外出游玩，有同学回得比较晚，就会搞个恶作剧，在门的上面放个扫把，当他开门进屋时，扫把就掉在他的头上，这时宿舍里笑声一片。三年的宿舍生活，那时的欢声笑语，甚至有时的打打闹闹，现在想来，都成了一去不复返的美好回忆！

现在我工作生活在南京，几乎每周都能见到长江，而在上海门师范之前，我还没见过长江，当我们知道，海师离长江边不远时，后来便有了全班同学去江边野炊的事，时隔多年，仍然记得那次野炊时同学们的兴奋劲，野炊之后的篝火晚会，虽然没有麦克风，但同学们唱跳得依然很尽兴！

是的，上师范时的一个个活动，就像一颗颗珍珠，串联起来，就成了美丽而难忘的同学情！

在海门师范大门进门的主干道西侧，有一排命名为百花园的橱窗，临近毕业前一个月，我们班申请到了在百花园里做一次展览，大家精心策划，都想把班上最好的作品、最高的奖项呈现出来，由于在学校五项全能教学基本功大赛中，我获得过一等奖（一共评了两位），所以就单独帮我布置了一个橱窗，那天，我们十多位同学在顾老师的带领下，一直忙到凌晨才完成，起初大家还有说有笑的，但后来在看了前言和后记时，一个个都被这两段文字感动了，此时的我们已经隐隐感到离别的钟声已经敲响，心中涌起了一种别样的滋味。

后来就是排练毕业汇报演出了，记忆中我们班的海报很特别，在食堂前面用一些几何形木板组合成了一个图案，然后写上我们班的汇报主题，以及汇报时间与地点，大家都纷纷拍照留念，最后的汇报演出也很是精彩，充分展示了同学们的基本功和才能，由丁锋创作的诗朗诵，书写了我们奋斗三年的师范生活，集体朗诵的同时，还加上前台的情景表演，真是感人至深。值得一提的是，我们班的开场是由全班同学组成的鼓号队的表演，这是有心的班主任顾老师平时特意请人来给我们指导的，这项技能后来在工作后发挥了很大的作用，因为在20世纪90年代鼓号队在乡村刚刚兴起，而乡村学校苦于没有懂行的老师，顾老师真是有先见之明！毕业后，我冲在了前面，成立了鼓号队，带领当时的农村孩子，获得了市一等奖。每每想起，真的感谢顾老师！

师范生活虽已结束，但同学们情感依旧，毕业十周年，在丁锋和季爱华同学的筹划下，除了没有空来参加的同学，我们来到了海门师范相聚，其间，我们邀请了黄正平书记和班主任顾锐萍老师，相互交流中，同学们的情感依然很浓烈。尽管20周年未能如期相见，但在每个人的心里永远记着海师普91(2)班的名字，每个人永远记着91(2)班另外的41名同学！

难忘海师情

尽管在海师只生活了三年，但是这三年意义非凡，她是我们人生起步的地方，她为我们的教学生涯打上了亮丽的底色。更重要的是，海师让我们懂得了：给你一部历史，让你自己去翻阅；给你一种文化，让你自己去感受；给你一些时间，让你自己去安排；给你一个舞台，让你自己去表演；给你一些机会，让你自己去创造；给你一个期待，让你自己去成长。

"严勤诚活"的校风早已融入我们的血液，我现在所在的南师附中江宁分校，校风是"诚朴雄伟"，校训是"嚼得菜根，做得大事"。这两者真是不谋而合，有太多的相似之处！这永远激励着我们，诚朴做人，诚朴做事，诚朴做学问，向着前方的地平线迈进！向着卓越迈进！

在海师的一块大黑板上，曾经书写着"学高为师，身正为范"这八个苍劲有力的大字，当时在老师的教导下，知道这是为人师的标准，那时心想，我们要早日做到这八个字。工作20多年了才发现，要做到这八个字，我们还需不断实践！现在，我终于明白了"学无止境，教无止境"的道理！全国著名特级教师詹明道老先生有一次在跟我聊天时讲到，作为一名教师，如果做到了德艺双馨，就达到了做教师的最高境界！是的，这就是我们不断前进的方向！也是我们永远追求的目标！

作者简介：朱国军，海门师范普师91级校友，特级教师，正高级教师，南京师大附中江宁分校小学部校长、书记，江苏省中小学教师培训学会小数专委会理事、学术委员，荣获南京市"斯霞奖"、中青年拔尖人才等称号，全国优秀青年教师现场赛课一等奖。

求学海师的那些人和事

冯 军

二十余年前的海师三年，是历久弥新的存在。那些人和事恍若发生于昨日，历历在目。班主任沈如春，专业课老师沈鼎尧、陆李康、周晓莺、吴伟、施建中……文体课老师陈情、潘健、虞福美、史永根、曹科枢……我们的青春在老师们的悉心呵护下焕发出勃勃生机。

校园“百花”：沈如春

当年，海师校园的宣传文化长廊叫“百花园”。负责“百花园”布置的是我们的班主任沈如春老师。沈老师每个月都会花不少时间布置这条文化长廊，让“百花园”成为师生风采展示的户外展厅和怡悦身心的精神乐园。不过，要想布置好也绝非易事：一是内容要贴近师生生活实际，二是要展示师生教学风采，版式新颖、布局美观。沈老师对待“百花园”就像对待自己的“孩子”，一直那么用心，以至于大家一看到“百花园”就自然想到沈老师，沈老师也有了“沈百花”的美称。

布置“百花园”，沈老师会让美术班的同学“帮忙”，实际上就是美术专业学生在校园文化布置领域的见实习。我参与几次后，感觉每次“百花园”的布置都胜过编辑一期报刊，既要劳心又要劳力。正是有了这些难得的体验，让我工作以后，主职学校橱窗、展室布置时更加得心应手。

“百花园”的布置只是沈老师诸多工作的一小部分。班级管理才是他花心思最多的地方，因为咱们班有 46 个不让他省心的少男少女（27 女，19 男）。刚入学的时候，沈老师精心为我们设计了班徽，制作好，张贴在教室后面黑板上方正中间的位置，作为咱们班的“图腾”；为了引导同学们热爱画画，他给我们编了朗朗上口的团队口号“追求完美！我要画画！”这句口号一度成为我们宿舍的起床“号角”，时至今日，记忆犹新。毕业后，我无论是在中小学带美术社团抑或在教研部门搞项目，都喜欢起个响亮而特别的名字，设计个 logo，那都是受沈老师的直接影响。

在我们美 96 学生的心里，“沈百花”的含义不单单是沈老师对“百花园”的用心，而是沈老师对我们全体学生所倾注的一片苦心，此处的“花”可当动词看，叫他“千花”“万花”也不过分。他既是老师、班主任，更是兄长。入校时才十四五岁的我们，青春年少，不谙世事，惹了不少麻烦。沈老师的包容为我们营造了宽松的成长环境，让一群懵懂少年在不断磨炼中茁壮成长。

我们如东人总结出“海子牛精神”：能吃苦、能战斗、能攻关、能奉献。这些精神同样在沈如春老师身上得到充分体现，沈老师是名副其实的“海师牛”，身先士卒，任劳任怨，他是我们学生永远的榜样。

亦师亦友：吴伟

吴伟老师当年教我们班色彩，他虽是老师，却更像是我们的朋友。

一次写生课，吴老师让我做写生模特(可能因为我头发比较长，发型有点个性)，他也跟同学们一起写生，画的是明暗素描。上午几节课的时间，大家只画了大半。我因为下午第 2 节课后要参加学校田径队集训，怕头发太长影响训练，午休时抽空外出理了个发。这次理得比较彻底，一头长发剪成了寸头。我理好发一照镜子方想起自己的“模特”身份。

当我硬着头皮再次坐到大家面前时，大家都傻眼了，当然也包括吴老师。最后，大家凭借记忆完成了“写生”作业。吴老师开玩笑说：“幸好我们在你换形象之前请你做了模特，帮你留个纪念，否则以后会忘了你头发长的样子了。”然后，他在这幅素描作品上签名，并写上“长毛肖像”几个字，赠与我。这幅珍贵的作品经过几次搬运，已经不知去向。但作品的内容以及吴老师潇洒的签名，我一直印象深刻。

时隔多年，吴伟老师依然时常以朋友身份跟我这个曾经的学生隔空交流，一聊就是个把小时，我们聊美育话题，聊美术教师专业发展。他的“‘史观・美学・技法’三位一体教学理念”“陈师曾研究”以及对当前小学美术教育的深入思考对我从事的中小学美术研训工作启发很大。如今，在美育研究、专业发展领域均有建树的吴老师依然笔耕不辍，书画、篆刻作品频频入选国家、省市大展，他也加入了中国书法家协会、省美术家协会。像吴伟老师这样的师范老师对于学生的影响不仅有严谨踏实的治学态度，更有培根铸魂的美育精神。

体贴教练：黄卫兵

可能有人会问，一个美术生何来体育教练？我在小学时参加如东县几次运动会取得了不错的成绩，读初中时，被县少年体校录取，几年的培养让我掌握了一定的运动技能。

师范教育实行真正的素质教育。当年的海门师范，艺体教育是她的办学特色，学校注重学生全面发展。作为一名美术生，我们在美术学科专业、文化知识的学习之余，都积极参加学校组织的各类文体活动。师范一年级的运动会上，我用不太成熟的“背越式跳高”破了当时普师班的跳高纪录，被教练黄卫兵老师相中，选进了校田径队。

田径队是学校为了备战省、市级比赛而组建的训练队。每周六都安排了训练任务，临近大赛的前一个月，更是每天都安排了晨训和晚训，即使是雨天也无例外。我的专项是跳高，虽然我有点底子，但毕竟训练的时间短，技巧掌握得还不到位。黄老师根据我的特点，不厌其烦地纠正我的过杆技术，调整上杆节奏。

经过一个月时间的强化训练，技术看似已经过关，但还是出了点意外。那次训练的内容是赛前模拟，需要综合“上杆节奏”和“过杆技术”的内容。我一边默念着起跳三步节奏“哒——哒哒”，一边在头脑中反复模拟过杆动作；接着，我做了两次“抱膝跳”，保持适度紧张的状态；然后踮起脚，将目标高度尽量降低，调节比赛心理。接着根据事先测量好的步点和节奏，向跳高架方向跑去……

“哒——哒——哒——哒哒”黄老师一边喊着节奏，一边满眼期待地希望我能一次性过杆。但事与愿违，虽然我的上半身已经过杆，但因为收腿技术不完整导致整个人直接压到了铝合金跳高杆上，垂直向下……随着“啊”的一声，黄老师快步赶来，一脸焦急。我撩起上衣，发现后腰部蹭破了皮。黄老师一边询问“疼不疼”，一边安排队友送我去校医务室涂药。满以为是一次成功的试跳，想不到不仅以失败告终，还压折了当时学校仅有的两根铝合金跳高杆中的一根。年少的我对这件事一直耿耿于怀，觉得因为自己的过失枉费了黄老师一番心血，还损坏了公物。黄老师却没有一丝责怪，而是百般安慰和鼓励。海师三年，在黄老师的指导下，我的跳高水平不断提升，最终保持了校普师班跳高纪录，两次获得市级比赛冠军，在省级赛中也获得了名次。

海师三年的田径队集训，让我一个美术生也过足了“体育瘾”。从黄卫兵老师身上，我读到了海师体育人的真诚、宽容和谦逊。

……

海师三年的学习经历，我庆幸遇到了好老师、好同学、好校友，我的人生也因为有了诸多师友的鼓励和帮助而日渐丰满，限于篇幅我只能如电影蒙太奇手法列举几个片段，记录海师生活中与部分老师的交往，但全体老师的严谨真诚、踏实进取、睿智宽容的师范教育生态成全了我们这一代师范人。感恩海师，感恩一路相伴的老师和同学们。

作者简介：冯军，海门师范美96班学生，如东县教师发展中心电化教育科科长、中小学美术研训员。

琐忆中师时光

冷　莹

细数时光，原来我中师毕业已经整整25年。回忆起20世纪90年代的中师生活，我仿佛穿过了一条长长的时间隧道，记忆那头的一个个片段，真切、明亮。

当年的海门师范里，我们这帮孩子都是来自南通各地的初中毕业生，因为我自幼喜欢美术，就毫不犹豫地选择了海门师范的美术班。家乡海安离学校100多公里，放在现在不算远，但在当年必须要经南通转车，回家一趟要四五个小时，颇费周折，所以一学期或几个月才回家一次。这样在学校的时间就很长，日子过得很慢，这是后来再也没有过的感觉。

中师十分重视学生素质的培养，强调"一专多能"，学校对我们并不从升学的角度考核，而是以未来教师来要求，所以课程的涉猎面很广且偏重文科，开设了文选、思政、口语、朗诵、教育学、心理学等一系列的文科内容，在美术专业上素描、色彩、图案、史论、手工艺、国画、书法等课程都有开设，让学生全面了解美术学科的内容，以便为将来的从教生涯打好宽阔的基础。学校教育中处处体现师范性，大大的宋体字标语"学高为师，身正为范"，我至今记得是用红漆写在教室到食堂必经的路上。那时我们个个都觉得自己就快要走上讲台了，所以总有些"小大人"的样子。现在想起来，我们那时就是一群"为赋新词强说愁"的少年，因为没有太多压力，反而让我们对自己多了一份自我要求和约束。这种早到的自我意识觉醒，给我们的中师生活增添了更多的自由发展空间，所以我们也更加独立。

那时候，老师多住在学校或者离学校不远的地方，和学生接触的时间很多。当年班主任吴伟老师热爱国画与书法，受到他的影响，我后来也喜欢上国画与书法，私下里我们还将明代浙派山水画家吴伟的名号"吴小仙"赠送他。他给我们上课，管我们生活，做我们的思想工作，还带我们去舟山、宁波、绍兴一路云游写生，三年时光中，吴老师和我们结下了深厚的“革命友谊”。想想我们当年估计也不太好管，他又刚刚大学毕业，比我们大不了几岁，所以他在对我们的关切中，又有一份刻意的成熟，以便管住我们这群自以为长大了的孩子。

印象深刻的还有教我们美术史论的施建中老师，他平时不善言辞，总是在隔壁教室里画工笔，但讲起课来却眉飞色舞，十分投入。顾恺之、张僧繇这些名字都是在他反复念叨中被我记住的。可惜那时不像现在有清晰大图，很多作品只有教材小图，所以体会不出施老师阐述作品的精妙之处，但是这丝毫不影响施老师带有浓重启海方言的普通话讲课的热情，这个声音和场景也被刻在了记忆里。同样操一口启海方言的古典文学老先生，教我们《琵琶行》等经典诗文，带领我们诵读时，他的声音总是最响亮、最突兀，一时半会儿，先生抑扬顿挫的语调成了我们课后仿效的内容。记忆犹新的还有陆李康老师，他画得一手的好速写，神形兼备，让我们崇拜不已。沈如春老师教我们徒手写美术字，再大也不打格子，帮我们练就对字形的控制力。思政课上，吴丘林老师从不照本宣科，而是通过现实的案例，教我们如何做一个不盲从、会独立思考的人……当年的中师里，汇聚了一群优秀的老师，在我们那个最愿意学习的年龄，给了我们很多引领与帮助。

因为有充足的时间，三年里我们熟悉了校园的角角落落。三年中我把图书馆里想读的书都借来读了，虽然当时读书并不是很得法，也未必能都读懂，却很念想那种随性阅读的感觉。我和同窗好友还手工编绘诗集，自己配图，做成书的样子，上课时会偷偷传阅，下课时大声朗读，背下很多经典章句。教室外面花坛里的一棵树，好友说只要挠它的树干，就会花枝乱颤，我们总是在它的树干上做实验，看是否应验。周末不回家的日子，我们用教室的电视机调出《东京爱情故事》，以至于现在听到那首熟悉的主题曲，就会想起在教室里追剧的场景，以及赤名莉香那灿烂的笑容……

一晃 20 多年过去，我们都在各自的岗位上工作多年。中师毕业后，我有幸保送进徐州师范大学深造，本科毕业后考入中国美术学院攻读研究生，如今我从事美术教育研训工作，和当年中师打下的教育底色极有关联。回望自己的学习与工作历程，深深感受到当年这段相对宽松的中师生活给我带来的影响，她使我养成了独立思考的习惯，调动了自我成长的觉悟，坚定了经历刻苦就有收获的信心，这都成为我后来不断进取的原动力。如今，中师教育成为一个特定时期的样态，记载在中国现代教育发展史中，母校已经合并升格为南通师范高等专科学校。时过境迁，一切都在变化，唯一不变的是我心中对母校的怀念，对授业恩师的感谢，对那段青葱岁月最绵长的记忆！

作者简介：冷莹，海门师范美94班学生，1997年保送徐师大美术系学习，2006年中国美院国画系硕士毕业，现于浙江省教育厅从事美术教育研究，中国教育学会美术专业指导委员会常务理事，浙江省美术教育学会秘书长、美术家协会理事、人物画研究会理事，杭州师范大学硕士生导师。

最是华年堪回首

——海门师范普 92(2)班毕业基本功汇报演出琐忆

臧荣琪

如果说,师范三年我们一直在播种,那么我们可以说,我们一直在收获。

年轻的我们是那么深信:青春的梦想是未来真实的投影!明天,我们就要踏上来时路,去完成三年前一个坚实的许诺——去故乡耕耘属于我们的那一方沃土……

——这是 1995 年普 92(2)班毕业基本功汇报演出的开篇词,权作题记

当年忆,最忆是海师。绿茵场上拼斗志,狮山脚下绽新枝。何日遇故知?

忆从前,不觉泪如线。篝火夕阳长江畔,秋风潮头起波澜。能不忆当年?

恨错过,至今心犹寒。近前将军锁深院,遥望灯火已阑珊。再不似当年。

自海门师范毕业,其间曾有一次因为出差海门,前去夜访却见铁将军,未能一见,感慨万千,后来拟有《忆江南》三首,以纪此行。录之,再为题记

转眼间,已经 30 年过去了。30 年前的 1992 年 9 月 16 日,54 颗火热的青春之心从江海大地的四面八方汇聚狮山脚下,在长江之滨开启了自己崭新的篇章。从此,一艘名为普 92(2)的航船正式启航。在接下来的三年时光里,普 92(2)号航船在船长程绍华女士的带领下穿越风雨,劈波斩浪,载

着54名年轻的追梦者驶向远方。三年后,1995年4月16日,一台被命名为“收获”的演出让普92(2)号航船重回梦开始的地方。

这台基本功汇报演出距今已经过去了27年。然而,当熟悉的画面再次闪现之时,回忆的大幕也被徐徐拉开,当年海师生活的点点滴滴都在被一点点重现,熟悉的旋律里,满是难忘的青春。

汇报演出的地点在学校的饭厅。舞美是同学自主设计的。舞台上方挂着“一分耕耘一分收获”八个大字。大块的幕布背景上,最左边是“收获”二字上下排列,这是本次汇报演出的主题。随后是普92(2)班的巨幅班徽,这班徽是刚进校时我们自己设计的,已经陪伴我们三年了。环绕班徽并向右侧延伸的是“毕业基本功汇报演出”9个字的圆形贴纸,右边是老牛耕耘图。牛角弯弯,牛身五彩斑斓,寓意年轻的我们甘为孺子牛,无须扬鞭自奋蹄,在江海平原的这片沃土上耕耘绿色的希望。

汇报演出的主持人是赵海燕、朱建新。赵海燕是我们普92(2)班的班长。她是感情容易外露的性情中人。至今记得毕业之前的那个晚自习,她略带哽咽感谢班主任程绍华老师的场景。程老师身体不佳,不能过于激动,分别在即,同学们都一再克制,可是赵班长依然难以抑制自己的心情,对着程老师长篇告白,教室里一片啜泣。不过那是后话。这场汇报演出,她付出了很多,从节目策划到现场串联,堪称完美。

朱建新是妥妥的帅哥一枚,身材颜值双高。他当时坐在教室的最后排,却经常与坐在最前排的我走在一起,跟着我学说如皋话。他看上去是谦谦君子,书生气十足,然而骨子里也是争强好胜的。记得运动会他报名参加了三级跳远比赛,为了争取好名次,一直拉着我陪他一起去操场训练。这场演出,在聚光灯下,他无疑也是最为出彩的那一个。

《毕业歌》作为开场歌曲率先上场。这是演出阵容庞大的一个节目,40多名同学担任歌唱演员,指挥叶丹,钢琴伴奏刘建娟。“同学们,大家起来,担负起教育的重担……”原有的旋律,被填上了新词,道出了普92(2)学子的共同心声。毕业在即,回想来时的承诺,展望明日的天空,投身家乡教育的赤子之心激情澎湃。一张张稚嫩的面孔,许下了铿锵有力的誓言。这当中的绝大多数人,至今仍然在家乡的教育沃土上默默耕耘,不知在他们的耳畔,是否还萦绕着当初的旋律。

第二个节目是毛泽东诗词朗诵。《沁园春·长沙》开场:“独立寒秋,湘江北去，橘子洲头……”《忆秦娥·娄山关》继之：“西风烈，长空雁叫霜晨月……”最后是《沁园春·雪》：“数风流人物，还看今朝！”多年以后，暗自揣测节目编排之意——以《沁园春·长沙》开场，抒写同学少年风华正茂的意气，挥斥方遒指点江山的热情，再以《忆秦娥·娄山关》告诫我们未来奋斗路途的艰辛和“而今迈步从头越”的豪迈，最后以《沁园春·雪》作结，那是胜利的宣言，是对我们最美好的期许：在未来的教育之路上，数风流人物，必定有我普92(2)的身影。不知道彼时舞台上的樊裔华是否意识到她将成为普92(2)的一代天骄。如今的她，已经是江苏省特级教师，成为P92(2)的骄傲。这个节目的指导老师孙亚丽老师现在是南通市教师发展学院院长兼书记，感谢孙老师！

叶丹、施俊双人舞《小红花》开始表演了，欢快的鼓点声里，舞者叶丹犹如轻盈的蝴蝶在万花丛中翩翩起舞。青春是最美的雕琢师，每个人都有属于自己的花样年华。当年的击鼓少年“小胖”一直是班级的活跃分子，爱体育，爱运动。当年的他组织了一支班级足球队，经常率队与外班踢比赛。现如今对足球痴心不改的他正与他的启东老男孩一起征战绿茵场。

相声《地名学》是笑声最多的节目。表演者之一钱继东自诩是语言奇才。刚进学校不久，操着一口南通话的他竟然很快就学会了启海话。看着他每天与来自启东海门的同学用吴语交谈时的那种谈吐自如，你就不会惊讶于他在台上表演相声了。《地名学》是相声名家马季先生的作品。记得当初为了得其精髓，他每天都播放马季的原作，搞得整个教室欢声不断。另一位表演者季斌话语不多，会吹箫，能拉二胡，没想到最后是一段相声让我们重新认识了他。相声《地名学》演出之后，“我出去，你进来，咱俩伦敦”成了一时的流行语。

小组唱《夏夜圆舞曲》最惊艳的不是歌曲演唱，也不是钢琴伴奏，而是伴舞的出场。四对少男少女，牵手入场，在音乐声中跳起了华尔兹圆舞曲。男生衬衫领带，女生白色礼裙，演出舞台瞬间变身华丽舞池，每一次转身都会引发台下惊羡的声音。男才女貌，佳偶天成，也许这才是少年向往的青春时光。

在小品《转折》中，樊裔华饰演的周老师给山区的孩子捐款，一番充满激情的演说打动了由钱继东饰演的赌博青年。剧中的周老师，用爱打动路人，这份爱，是对教育的爱，对孩子的爱，更是对国家和民族的未来的爱。舞台中央的牌子上，“为希望工程献爱心”几个大字下方，一颗红心熠熠生辉。也许正是这份质朴的拳拳的爱，就像一颗种子悄然间落在心田，走上工作岗位的樊裔华在家乡教育的沃土上迅速成长，蜚声教坛。

二胡二重奏《赛马》是田进、高长军两位如东好友登台演奏的。关于田进同学，我们有过一段夜行的经历，从如皋县城徒步走到位于如东田进的家，估计每个亲历者都会终生铭记。青春年少，不知路途远近，一路走来，风景皆成往事。高长军是搭伙三年的伙伴。最记得是与他一起穷游海门。骑上自行车，环游海门，在建的海门港，闻名的三星镇，都曾留下我们的足迹，还曾经与他一起拜访他在气象局工作的老乡。他在学校选修电脑，能够以表形码输入法打字，会用 BASIC 语言编写程序，这些都是我们所不能企及的。陈华在一旁以梆子伴奏。陈华是启东人，当时是吹横笛的。但是为了节目效果，放弃了笛子，把梆子敲得有板有眼。

体育基本功《青春风采》，前滚翻、侧空翻、二人翻滚、倒立，队列、韵律操。体育基本功的展演当然少不了运动达人施俊。邵小锋、李思祥等也皆是披挂上阵。掀起高潮的却是陈娟、陈美玲等表演的韵律操。清脆的哨声，整齐的队列，欢快的舞步，伴随着激昂的旋律，活力四射的青春在舞台上迸射出耀眼的光芒。

儿童歌曲联唱《梦的追踪》由高丽娟、汤美萍等演唱，季咏梅、秦美华等伴舞。儿童是追梦的天使，教育是毕生的追求。舞台上飞扬的是童歌，心里怀揣着的是教育。无论演唱还是伴舞，在那一刻，都像天使一般，舞动着爱的翅膀。歌声里，是对未来的满满的憧憬。最后一个登场演唱的是瞿祝梅，她给大家带来的是《太阳花》。她平日里总是很温婉，说话从不大声。如果我告诉你，她也曾经是前文提及的夜行如东的一分子，很多人都不会相信的。到现在都能清晰地回忆起当年夜行的每一个细节：沿着跃进路一路东行，其间在新华书店门口还与一个拉面师傅攀谈了一会儿；丁北某段路上偶遇当地人；跨过县界的欢呼；一路的互相扶持；凌晨搭乘小卡车；到家前的相互约定（为了不让田进父母担心，约好不提一夜步行的事情）。现在想来，夜行的疲惫算得了什么，年轻人谁没有疯一回，也许这就是青春。

文化基本功《星光灿烂》，展示的是各项基本功。美术字、黑板报、粉笔字、毛笔书法、绘画、手工，季斌终于吹上了箫，陈美玲、高丽娟四手联弹。这里出场的很多都是大咖。展示书法的季国栋自不必说，他与樊裔华同为江苏省特级教师。这一对特级伉俪成为海师普92(2)的传奇佳话。

进行国画展示的陈春，成为杂文家。他对时事政治的针砭总能切中要害，出版的杂文集在业内也小有名气。记得当时流行给自己起一个笔名或字号，季国栋为“浮云”，陈春为“云鹰”，还有一位名为“冷月”的，总之感觉很有文艺范儿。王雷、王洪祥同样工于书法。当然，舞台上更多的人一直耕耘在乡村教育的第一线，恪守当初许下的青春诺言。一块块小黑板，一件件手工艺品，掌声中透出的是对三年苦修的肯定，更是对南通教育未来的憧憬。他们将从这里启航，点亮南通基础教育的星空。

由周红、包永艳、陈允泉、樊裔华创作的剪纸作品《群仙祝寿》登场了，当主持人问是怎么想到这个创意的，樊裔华说明年就是母校的90校庆，而那时我们已经毕业了，所以想以此作为对母校的深深祝愿。现如今，海师虽然已经成为历史，但是她永远不会消失，她只是融入了更为宏大的一段历史之中去了。今年，时值母校建校120周年，在这样特别的时刻，我们也因为身处那一段历史而骄傲。

话剧《雷雨》，老爷、侍萍分别由朱建新、丁祝玉饰演。丁祝玉性情直爽，平日里爱说爱笑，开朗活泼，刚刚在儿童歌曲联唱时演唱了一首《我的梅花鹿》，活像一只欢快的小鹿在密林深处、湖畔草地自由地奔跑嬉闹。而当她以侍萍的形象登场时，礼堂里顿时响起了一阵掌声。整场演出，她完全融进了角色，低眉垂眼，话音低沉，完全没有平时脆生生的可爱感了。同样没有想到温文儒雅的朱建新扮演起周朴园也是入情入境，很有名家名角的范儿。

吉他弹唱《明天会更好》，由王洪祥、邵小峰、潘银华三位文艺小帅哥自弹自唱。红尘滚滚三十载，归来仍是少年。“让我们的笑容，充满着青春的骄傲，让我们期待明天会更好！”当潘银华获得“启东市十佳校长”表彰时，不知在他的心里，是否还有当年熟悉的旋律。在南通教育的讲坛上，每个人都有一个属于自己的舞台。也许当初的少年已有斑斑白发，但不能忘的，是曾经共有的青春。

舞蹈《山里妹子正十八》同样令人耳目一新。一张张板凳竟然成为舞蹈道具，与年轻的“山里妹子”们一道讲述着青春的眷恋。山里的妹子由叶丹等人表演。叶丹后来留校工作，她有幸成为海门师范最后一段历史的见证者。

接着我们就迎来了整场演出的重头戏——诗朗诵《告别海师》。这是由同学自己创作的告别诗，后来发表于《师范教育》上。

这是毕业演出最后的华章，与第一个节目《毕业歌》相呼应，将演出推向了高潮。“别了，海师！轻轻地挥手，静静地凝望……静静地凝望，轻轻地挥手，挥手作别我眷恋的海师，海师，古老的海师，年轻的海师！挥不去师长期盼的目光，挥不去学友熟悉的声响，更挥不去一千多个日子美丽动人的故事……”随着伴奏音乐的响起，领诵赵海燕就红了眼圈。三年来的时光在诗歌里次第铺展，从入校的军训到彼此的熟悉，从江滨野炊的篝火到绿茵球场的驰骋，从赛场上的竞技到生活里的携手，从雏鹰向往着展翅翱翔到今日开启的一朝离别，浓浓的离愁被渲染，无限的未来被打开，离别的情、感谢的话都在诗里，千言万语都在这一瞬间喷薄而出。诗朗诵还在进行中，仿佛离别的钟声就已经敲响。

然而，要感谢的人太多了。最要感谢的是帮助我们成长并陪伴我们三年的班主任程绍华老师。程老师一直在海门师范任教，现已退休，普 92(2)是她作为班主任的唯一一届学生。我想，这“唯一”不正是我们的幸福吗？普 92(2)全体学生也会把她当成生命里的“唯一”。三年的师范生活，正值青春年少，正是生长拔节的关键。在这三年里，我们从“0”走向“1”，我们从“无”变为“有”，在我们成长的每一段路上，都有程老师的身影。再一次感谢程老师！毕业之后的历次班级聚会，程老师无论多忙，都会欣然前来，带着她惯有的微笑。每当此时，我想普 92(2)班每个人的心中总是暖融融的。

最是华年堪回首。一场汇报演出，就这样成了普 92(2)班所有人的共同回忆。

作者简介：臧荣琪，海门师范普 92(2)班学生，现任如皋经济技术开发区第三实验小学教师。

海师往事

赵晓欢

不知道从什么时候开始，在什么东西上面都有个日期，秋刀鱼会过期，肉罐头会过期，连保鲜纸都会过期，我开始怀疑，在这个世界上，还有什么东西是不会过期的？

——电影《重庆森林》

一

校园里的时光漫长又短暂。慢的是她把我们的回忆拉长，一点一点，在逝去的光阴里历久弥新；快的是她将我们的青春定格，一帧一帧，在远去的记忆里恍如昨日。

1999 年 9 月 18 日这一天，是我们这群愣头青跨进海门师范校园的日子。洗得发白的白衬衫，里面的打底蓝 T 恤领子高高翻起，为了凸显自己美术班的精准定位，顶着中考后近 3 个月没有剪过的头发，背着鼓鼓的行囊，我走进了这个陌生的校园。

那天天很蓝，在站台接我们的学长也很亲切，我们按部就班地报名、办饭卡、领生活用品，那时候的父亲很年轻，一如记忆里一般模样，扛着大包小包在宿舍里帮忙铺床、挂蚊帐，里里外外张罗间与一个个彼时尚显陌生的同学打着招呼，累了便在下铺的床沿边坐一会，顾盼间皆是喜悦。下午临走时，我从父亲的眼神里读出了些许慌乱与不舍，他故作轻松地对我说："帮你办了张 ic 卡（手机尚未普及时的电话卡），不要不舍得钱，每周记得给你妈打电话，一箱方便面帮你放床底了，不凑数（启海话：不巧的意思）的时候拿出来泡着吃。"

99 级美术班第一年的宿舍在老宿舍区的第一排三楼，我还记得当时站在 3 楼的阳台上目送楼下挥手而别的父亲。这么多年过去了，回过头去想，生活总是在这样的不经意间充满着仪式感，一个阶段的结束，一个阶段的开始，就如同剧本一般早早定格。

二

那一年我 17 岁，大概是从小没有怎么见过世面，也没有什么地域意识，对家乡启东的邻居海门毫无概念，反正都是出门上学，在我的脑海里可能海门和上海、北京之类的大城市一般无二，所以海门师范对于农村里考出来的我来说就显得异常的高大上。

五美九九是海门师范第一届五年制大专美术班，班上 40 个学生来自南通的六县一市。开学往教室这么一坐，自然而然也都熟稔了起来。北三县(海安、如皋、如东)的同学淳朴而又踏实，生活、专业、为人大多严谨又不失大气；南三县(启东、海门、通州)的同学奔放而又滑溜，生活态度如是，专业特点也如是，而南通的女孩子时尚秀气，男孩子帅气有余却略显抠门，甚至开学初一段时间我们差点都被“鸡腿大哥”的大气所蒙蔽。开学那一晚，也是我们这帮愣头青离开家的第一顿晚餐，南通的帅小伙秦杰带着宿舍里 8 个男生去吃饭，印着“WM99(五美九九)”字样的饭盆敲得叮当响，帅小伙大手一挥道：“今天我请大伙吃鸡腿。”于是乎，“鸡腿大哥”的称呼便不胫而走。但在海师的五年里，时间证明了秦胖子就请了这么一次鸡腿，更多时候是和我们抢吃一碗康师傅红烧牛肉面和“乡巴佬”茶叶蛋，如果校园里还有最后一包“红塔山”，那一定是藏在秦胖子被子下或床板上的某一处角落。

师范里的师生关系温暖而又融洽。黄小锁是我的同桌，因为关系好，一坐就是五年。我们两个人个子都挺高，被理所当然地安排在最后一排。我们合计着最后面的空间空着也是空着，于是让老师想办法又添了一张桌子靠墙放在身后，铺上毛毡，摆上笔墨纸砚，台灯这么一插，转过身俨然便是一个开放型的小工作室。课间时间短，我们练练小楷，夜自修的时间相对充裕，我们便临临古画，日子过得惬意，不禁让前排的同学羡慕不已。老师们经常会在课间到我们教室转悠，给予我们专业上的评点。他们偶尔也会来最后一排坐坐，手痒的时候便坐下来，一写就停不下来。我们非常享受和专业老师间的这种师生状态，老师不端着，我们也不矫情。

2002 年是世界杯年，我们搬到了主教学楼的 3 楼，中国队与巴西队比赛的那一晚夜自修结束，学校班级的灯火陆陆续续地熄灭，但我们班的七八个球迷却偷偷潜伏在教室的阴暗角落，10 点，整个教学楼都暗了下来，生活老师盛斌和往常一样一个教室一个教室地巡视，拿着电筒往教室里照着，当时的我们靠墙躲在桌子底下，感觉小心脏都要跳出来。前年，盛斌老师和马文娟老师来启东约见启东教育局招生办的领导，中午一起吃饭时还说起这件陈年旧事，在哄然大笑之余盛老师不禁说道："你以为那时候的我真没发现你们这几只猴精啊！"

转眼 20 年过去，当我们为人师，为人父母之后回过头去想，我们认可的师生关系应该是平等的、开放的、和谐的。而关于教育，卢梭在其名著《爱弥儿》中说道，什么是最好的教育？最好的教育就是无所作为的教育：学生看不到教育的发生，却实实在在地影响着他们的心灵。帮助他们发挥了潜能，这才是天底下最好的教育。

三

"学高为师，身正为范。"这块宣传牌安放在海门师范图书馆的北侧。和我们班男生处得最好的要数书法老师吴伟，老吴个子不高，人很清瘦，上学那会说实话看不出"年方几许"，戴个眼镜，下巴留的那一撮小胡子很是性感。他在老教学楼的四楼半有个仅仅 10 平左右的小阁楼，阁楼里只有一张长条桌和满屋子的书，墙上也都是老吴那些时日练笔的得意之作。老吴很勤奋。上课之余基本都把自己关在阁楼，喝喝茶、写写字，和我们几个天南海北地唠，小宝、小锁、老费，我们基本上没事就往阁楼里钻，闻着檀香、墨香夹杂的味道，心里有种莫名的优越感。老吴很博学。他的中国美术史课几乎没有人睡觉，在我们看来，他好像从来不备课，但又好像无时无刻不在备课。往讲台边一站，一本教材，一杯茶，然后就是一整课。他的课有自己独特的角度与味道，朝代、画家、作品、典故在他的课上能水到渠成地展开，他讲得生动有趣，我们听得也是心生向往。老吴的三观很正。我想我们这几个经常往他阁楼钻的小伙伴之所以后来的路走得顺，应该是受了老吴潜移默化的影响。老吴经常挂在嘴上的话："我不反对你们谈恋爱，20 多岁的小伙和小姑娘不谈恋爱倒不正常了,但是作为男人,要有责任感,要有担当。”

五美九九,吾美久久。正如老吴在我们毕业纪念册的留言一般。高等教育应该是一段历练,学生在这段历练中要具备自信,愿付出、负责任的品质,老师在潜移默化中应教会学生善于学习、知道感恩、懂得生活。在海师,如老吴这样的老师有很多,或者说海师的老师们都奉行着千教万教,教人求真;千学万学,学做真人的教育理念。而完成历练,于学生而言则是一场生命的蜕变。

四

我儿子今年15岁,仅仅比我刚上师范那会小2岁,也到了情窦初开的年纪,我们也经常拿他和老费的女儿苗苗说事,而每当这时候,儿子就会转移话题:“爸爸妈妈,你们当时在学校是怎么认识的?”

2003年暑期开学的那一天,我比往年返校都早,中午随便在海门街上糊弄了一口便往学校走,海门师范西侧有一条南北走向的光明路,那条路虽然不长,但店铺林立,道路两旁的梧桐树郁郁葱葱,走着也特有感觉。我们那个年代,还没有韩剧一说,但是在那天下午的某一个瞬间,在光明路的梧桐树下的那个不经意的侧目让我直接沦陷,就如同后来韩剧里各种角度的特写一般。那个瞬间应该是定格的,那个撑着遮阳伞听着随身听漫步在梧桐树下的女孩;那个瞬间肯定是定格的,那个脑海中电光火石闪过无数念头的自己一定是看上去不怎么聪明的样子。

校园爱情的剧本里,学长是有点优势的,尤其是稍有才华的学长。开学的第二周,我以美术班创作为由邀请女孩到画室拍摄一组蓝印花布为主题的写真,美其名曰艺术创作,并顺理成章地留下了联系方式。至于照片后来有没有变成油画作品,这个并不重要。

女朋友比我小两届,我在启东,她家在通州。我2004年毕业分配到了启东少直小学任教,同事没有一个人看好我们的爱情。那个年纪的我们除了逆反心理,就是坚信爱情。我每个月回一趟海师,带着女朋友满校园宣示主权,女朋友也经常来我学校。单位离家一共11里路,2004年那会儿的教师工资实在寒碜,所以家里给我买了辆自行车,虽然那时候的乡村小学普遍都有教工食堂和教工宿舍,但我还是喜欢每天迎着早霞来,披着晚霞归。我一直记得女朋友第一次来学校，那个夏天的傍晚，她坐在自行车的后座上，我说着学校里的鸡毛蒜皮，她安静地听，像极了电视里的韩国乡村爱情。

梁晓声在《人世间》里写道：“岁月的列车不为谁停下，命运的站台，悲欢离合，都是刹那。”这是我和我老婆的海师爱情故事，这样的故事很多，每天都在发生。不同的是有的人聚了又散了，而我们却依然相信爱情。

时光总是在这不经意的酸甜苦辣间走远，静下心来想要抓住一些东西时，你会发现他们已然模糊；而当你为自己的健忘而难以释怀时，他们又是如此地清晰：记得暴雨蹂躏过的校园，水漫过膝盖时的场景，男孩女孩们卷起裤管，穿着拖鞋往教室蹚时的欢呼雀跃；记得蝌蚪乐队演唱会的食堂，整个校园为我们疯狂，男孩女孩们高举双手，跟着音乐尽情呐喊；记得最后一年的水乡写生，坐在古街岸边，男孩女孩们默默创作，无暇顾及即将到来的分别。而正是那一年，最火的歌当是林俊杰的《江南》。

作者简介：赵晓欢，海门师范五美99班学生，先后担任启东市南阳小学副校长，启东市教育局团委书记、语委办副主任，现任启东市委、市政府接待办接待科科长，启东市青年美术家协会副主席。

三、悠悠心曲

知学不倦

丁士风

可亲可敬的兄长

1953年9月初的一个下午，我在读的海门县初级师范学校喜气洋洋，同学们奔走相告“新校长来了”！因为学校创办一年半来，只有挂名校长，现在真的来了校长怎不欢欣雀跃！为了跟新校长见面，大家自行带凳鱼贯进入操场西侧低矮的平房礼堂，坐得整整齐齐。

这时，教导主任管剑阁引着新校长步上礼堂泥墩讲台，待下面掌声稍缓便做介绍：“这位是新来的张校长，他安排好原在如皋学校的开学工作后就赶来了！”张校长30开外，中等单薄的个子，汗渍的白竹布衣裤，方正的脸上满是笑容，出口说道：“我叫张知学，一贯热爱教育工作，从今往后跟大家生活在一起，听党话，跟党走，共同努力办好学校，为培养又多又好的新中国建设人才而奋斗……”话虽不多，却句句动听，不啻是炎热天拂来一股舒爽的清风！

此后，张校长每天都要到各个教室听课，课间在操场上与学生一起活动、交谈。他气质儒雅，平易近人，了无半点“师道尊严”的影子。他出入办公室总手拿报刊，好学不倦；每当集会，他爱与下面的学生坐在一凳上，要讲话了才上讲台。他总以循循善诱的方式方法，引导学生进步思想，提高学业，强健身体。大家都将他视为可亲可爱的兄长！

可依可站的肩膀

平时，张校长举办读书讲座，鼓励学生利用课余时间阅读红色书籍、励志读物。由此，引发了我的写作激情。

谁知，我读师范二年级第一学期时，由写稿引起全校一场“轩然大波”。原来，上海出版的华东《青年报》发表了我写的小品文《支部书记的脸红了》。因上此报很难，又是海门第一篇，而且所有中学的班组都订阅了《青年报》，影响可大了，自然成了我校的一桩喜事。然而，也有人说这是暴露学校的问题，作者必定会挨“整”，我为此心生惶恐！岂料，张校长知道后安慰我，说：“我了解过，你写的事情属实。毛主席要求开展批评与自我批评，提高思想水平，这很好嘛！应该抛弃顾忌，继续努力。”压在心头的石块落了地！不久，我又在此报发表了稿子。

1954 年夏，海门县隆重举办中学生运动会，并出《会刊》。张校长是领导组成员，举荐我当特派记者。因第一期《会刊》以半版的篇幅刊载我写的新诗《做文能建国武能卫国的好青年》，颇有影响。当晚我进教室自习，张校长招我到他办公室，说有领导讲这“文能建国武能卫国”的提法“标新立异”，实质在批评。我心生委屈地说：“这是前天《中国青年报》社论中所提的。”在张校长“噢”的应声中，我直奔学校阅览室找到报纸递给了他。到了第二天晚上，张校长转告我，说：“这位领导看了报纸称赞你紧跟形势写作诗歌，很有鼓动力。”就这样，5 天运动会，我采写了新闻、特写等 10 篇稿子，全上了《会刊》。

要说张校长成为学生攀登可依可站的坚实肩膀，更多的是在我们毕业前的最后一个学期，也是当教师的实习期。学校创办《实习简报》，他要我写作实习感言作为《简报》的开篇。开始实习了，被分配到县实验小学高年级，我很是胆怯！张校长在给予鼓励的同时，精心指导我们先听好见习课，然后自行制订教案，让我们内部试讲，然后一一点评，再加工完善后才上讲台施教。通过雕琢锤炼，我们所上的课都获得成功，并顺利毕业从教。

可敬可颂的楷模

1959 年初，我由教育岗位调任县委宣传部主办的《海门文艺》执编。此时，张校长已担任县文教局副局长，与我前后办公室。他经常指导我组稿编辑、出版发行等方面的事宜。当年县委召开党代会，张校长精心写作了题为《万民齐欢唱》的诗歌，祝贺大会召开，并适时在《海门文艺》第三期开篇登载:“中国共产党,美名天下扬,为民谋幸福,温暖如太阳。海门党代表,人民好榜样,与民共呼吸,人称亲犹娘。群英会一堂,学习党主张,经验总结好,建设有保障。领导大发展,干群同商量,旧貌换新颜,万民齐欢唱!”足见张校长对共产党与海门人民无限的深情。

其间我才知道,张知学是海门人民教育事业奋勇的开拓者,又是进入社会主义时期富有建树的人民教育家。他出身于启东贫农家庭,以 4 年时间小学毕业;通过自学 17 岁当代课教师,由于教业优异,成为全县名师。抗战开始,他创办游击课堂,是坚持敌后教育的一面旗帜。海门解放,张知学被调来主持全县教育工作,为海门人民教育事业的恢复、发展、提高,以及全面普及作出了重要贡献。他著作两本《教学参考书》等,都被载入《海门县志》与《南通市志》。

张知学在海门干教育近 30 年,把自己最美好的年华都献给了这片热土。他 1977 年离休回启东,继续发挥余热。1986 年清明节上午,张知学为一所中学的学生作革命传统教育报告时,因突发脑出血倒在讲台上,不幸逝世。

作者简介:丁士风,海门初师 1952 级普师(甲)校友,中国民间文艺家协会江苏分会会员,南通市民间文艺家协会会员。

我的成长之路

赵云峰

我于 1978 年 12 月被海门县教师进修学校(挂靠江苏省海门师范学校)数理班录取。在校两年时间里,虽然没有系统学习小学数学方面的教材教法,但是老师们崇高的师德情操、无私的奉献精神时刻激励着我。

一

1978 年的 12 月,我被录取在海门师范数理专业班学习,学校明确,我们的毕业去向是面向中学。然而,正式分配时,我被安排到海门县刘浩乡五甲小学上数学,但我还是乐意接受安排。

我来自农村,那块沃土把执着追求和脚踏实地的精神植入我的生命——我坚信,要自强不息,要奋力拼搏。不管在哪个单位,从事哪门教学,只要埋下头来,任劳任怨,必能成为业务骨干,做出成绩,显出存在的价值。

因此成为一名优秀教师已成为我心中追求的目标。

五甲小学是黄海边上一所村小。执教的大多是本地人,到夜晚,常常孤零零地剩下我一个人住校。

农村的夜,黑沉沉的一片,寂静得吓人。但是我把这样的每一个夜晚,当作自己进修的最好时光。油灯下,我一遍遍记录着走上讲台的切身体会,一遍遍地演算着第二天上课时的习题(因当时在师范学习的是针对初中数理方面的教学指导),又一遍遍默诵着新设计的教案……

半年以后,乡里把我送到海门教师进修学校参加青年骨干教师培训,我十分珍惜这样的学习机会。不久,班里进行教材教法考试,我考了 97 分,是全班第一名。因此我被推荐在全班结业典礼上,上了一堂《角的认识》的汇报课，有人告诉我，两位县属重点小学的校长也来听课了，还频频点头。就在当年寒假，我意外地接到去当时南通地区的重点小学——海门师范附小工作的调令。

新的环境，我给自己制订了新的目标，老教师成了我学习的榜样，新教师成了我切磋的伙伴，不论是谁，只要在教学上比我有一分长处，就是我的一字之师。无论是节假日还是星期天，我都将时间用在教学上。

有天晚上，未婚的爱人请我去看电影，但被我请进了教室，听我上第二天教研活动的试教课。后来我爱人笑着说："我花钱买了两张电影票，结果当了两小时的义务小学生。"

就这样，经过1000多个日日夜夜的努力，1983年12月，在海门市首届青年教师优课评比中，我获得了第一名。

二

1983年我的第一篇论文在《湖南教育》发表后，到现在陆陆续续在省级以上教育报刊发表了250多篇，同时主编、参编教师教学用书30多本。有人问我，你是不是"才情"过人。其实我这个"才情"是用1.65米的身高、不足50公斤的体重换来的。

1984年，我接了一个三年级班，开学摸底考试，有10多人属于困难生。教师难，难就难在"差生"。

有一个学生是学校排球队主力队员，但每次数学考试总是不及格，被大家公认为四肢发达、头脑简单的"差生"。为了这，我也曾伤透了脑筋。但我尽可能为这个学生提高自信心，激发孩子的兴趣，挖掘孩子的潜能。一时间，我专门向体育教师请教有关打排球的知识，然后将"擦边、触网、出界"以及"吊球、勾球"等现象编成一道道数学题。每当与这孩子讨论这些题时，这孩子的目光中总闪烁着热情和兴奋，这种热情和兴奋成了这孩子后来获得学习数学乐趣的源泉。

就这样，经过三年多的努力，一个个"困难"学生都过了关，班级整体素质明显提高。其中有16名学生分别在市、省和全国数学竞赛中获了奖，平均成绩97.5分，创造了当年全县的最高成绩。

在江苏省教育厅发起的"教海探航"征文中，我写的《浅谈数学教学中情感与认知的和谐发展》《小学数学整体优化浅见》《培养青年教师教学水平初探》分别获得了 1992、1995 和 1996 年的一等奖。

一次又一次新的成功给我带来了新的挑战：向科研要质量。这些年来，我主持了省、市级课题 6 个，同时我还研读了《教育学》《教育心理学》《成功教育》《教育的理想与信念》《学会数学地思维》《思维教学》《教育的艺术》《大教学论》《给教师的建议》《解读教与学的意义》等几十本教育专著，摘录的教育资料达 100 多万字，并与一批青年教师签订了“青蓝合同”，带领他们结合工作实践，理性反省，归纳总结，写出了一篇篇经验论文刊登在教育刊物上，使青年教师认识到教育研究的特殊意义，品尝教育研究艰辛的滋味，感受到教育研究成功的乐趣。让每位青年教师懂得，我们要关注每一个孩子，尊重每一个孩子，欣赏每一个孩子，让每一棵幼苗都长成大树。当孩子们饥饿的时候，我们就是知识的面包；当他们过河的时候，我们就是架桥的跳板；当他们寒冷的时候，我们就是温暖的阳光。

三

我深深懂得个人的力量是有限的，只有在集体中，个人的能力才能获得全面发展。在走上全国优秀教师、特级教师、名教师之路上，我要感谢的人很多很多，感谢南京市拉萨路小学特级教师孙丽谷的激励，感谢江苏省教研室王林老师的指点，感谢海门师范附小历任校长的培育之恩，感谢苏州工业园区新城花园小学校长吴云霞的引领，还要感谢我妻子的无私奉献。

我爱人出身军人家庭，贤惠，识大体。我能取得的所有成功离不开她，她是我远航前的加油站、远航中的晴雨表、远航后的避风港。我爱人经常这样说：“爱一个人意味着为他的幸福而高兴，为他的事业一起努力。我得到过痛苦，但更多得到的是快乐。”

为了让我少分担些家务，上班回家后，她不顾上本不太好的身体，“承包”了买米、拖地、冲液化气等重活。有一天，她终于支持不住，住进医院。令我大吃一惊的是，医生竟然开出病危通知书，她被转进上海第一人民医院做了手术。

“特级”有尽头，教学无止境。有人问我：“别人最能学到你，可能又最学不到你的是什么？”其实我没有什么好说的，或许是爱因斯坦的那句话——

"人的差异在于业余时间"启发了我。

说明：此文根据2002年9月11日海门日报《穿云破雾，登峰无极——赵云峰"名特优"之路》（作者：王蛰翀、姜新）改写。

作者简介：赵云峰，海门师范78级数理班校友，特级教师，全国优秀教师，南通市首批名教师，曾任江苏省海门师范附属小学党支部书记、校长，南通市小学数学专业委员会副主任委员，其"读数学、画数学、说数学"的教学主张，在小学数学界产生了较大的影响。

师　缘

仲跻止

1978年秋季开学的那天，海门师范校园内的枫叶红了，梧叶渐渐泛黄，花圃里的菊花还在盛开，我们坐在美术班教室里也能闻到馨香，但是我们无暇去领略室外醉人的秋色，而是在全神贯注地画石膏几何体，耳边只听见铅笔与纸的摩擦声不断地从同学们的手下传出，虽然声音轻盈，但已深深地牵动了素描老师陆李康的心。他不断地在教室里来回走动，时而在同学的面前点拨几句，时而在同学的画上改上几笔，时而给画得精彩的同学一个微笑，时而给全班同学做阶段性的提示。到了晚自习的时候，我们仍然看到他的身影。一个星期后，这些场面一直在上演。有时中途也会有插曲，我画石膏头像画不下去了，他一针见血地指出我的头像没有画在结构上，画的是浮肉。严肃的表情让我不能接受，还未等我醒过神来，他便拿起铅笔为我作示范，一边画一边又用温柔的口气细讲要领。我再画第二张的时候，画面有了起色，但是有些地方还不到位。我请他帮我修改，他并未这样去做，而是坐在我身边教导我怎么改，为什么要这样改，目的是让我能真正学到画素描的技巧，不要再犯错。这种插曲在班上是常有的事。严格而具有亲和力的他，令我可尊可敬。

以后只要是学习上的问题，跑到教师办公室向他请教，他总是有问必答。日久天长，我便成了他办公室的“常客”，自然与其他老师也有了接触的机会，有时还勤快地帮忙“干活”。一个偶然的机会，在教师办公室，我看到沈鼎尧老师正在专心致志地“刻钢板”，旁边还有一台手动的滚式油印机，办公桌上摆放着一堆已经油印好的讲义。我出于好奇，翻开一看，竟然是《应用美术》教材。沈老师说，明天要上应用美术课啦，你负责把这些讲义分发给大家。事后我在想，沈老师真不容易，当时新华书店没有发行新的应用美术教材，沈老师却自己想方设法搜集各种资料独立编写，独自刻钢板，亲自油印，这需要花多少精力啊。难能可贵的是他还要抓紧备课，并亲自上阵，到班授课。第二天，他上的是图案课，我听得很入神，做了大量的课堂记录。他布置的课堂作业是画黑白的二方连续和四方连续图案。由于教学得法，同学们画的都符合要求，大家趁热打铁，课后又加班加点地完成自定的作业。沈老师对班主任讲，想不到一份普普通通的油印讲义，同学们有如此高的学习积极性，心里感到无比的欣慰。到了画色彩图案的时候，人人都拿出自己的看家本领，充分把它画精画细。我刚画好了两张，沈老师走过来反复看了一下，很幽默地说了一句，好玩不耐看。实际上我意识到自己的图案画得太粗糙，课后我专门向他请教，他说图案讲究黑白灰的关系和点线面的关系，要想耐看，就要有耐心、细心去表现，容不得你有半点的偷懒。过后，我根据他的范作琢磨了一番，并下笔临摹，悟出了其中的道理。第四次临摹练习时，课堂作业明显改观，但是沈老师说勾线还不流畅。于是在课外我又练习了一个多月的毛笔字，班上的同学见此后，说字写得不错，要想有新的突破，最好到海门手帕厂去看看，可能有收获。我迫不及待地去海门手帕厂看设计师们画的手帕图案以及厂里陈列的产品，这才让我真正感受到什么叫精细，什么叫图案。回到教室，借鉴海门手帕厂设计师们画图案的经验，再结合自己的想法，我静下心来连续画了三张，作为作业送给沈老师批改。到了第二次上图案课的时候，沈老师把我和其他几位同学的作业拿出来在全班进行点评，我暗自高兴，自己终于能画出精细的图案，汗水没有白流。一个学期下来，所画的图案几乎全部留校。

图案课结束不久，一转眼到了来年的春天，校园内外生机勃勃，桃红柳绿，莺歌燕舞，正是色彩写生的有利时机。我们跟随龚伟民老师外出进行风景写生，景点选在海门烈士陵园。龚老师毕业于中央美术学院，同学们看到他的色彩作品都很佩服。写生的时候个个都要目睹他色彩写生的风采。他从取景到打稿，再从色彩的调配到用笔，以及画面的刻画与调整，在写生的过程中都给我们做了深入细致的讲解。画到最后，他还要站起来，后退几步，眯着眼睛看整体的色彩效果，然后对局部做适当的处理。我从头看到尾，并学着他的模样对景写生，一天画下来，总算有了眉目。我请龚老师指点，他说色彩的纯度太高，可在纯度高的颜色里加点白色和其他浅色来调度，然后他又在调色板上专门做了演示，我尝试后，果真有效果。接着几天，龚老师又带我们去海门的江边、码头和农村写生。每到一处，他总要反复叮嘱大家，要不断走动去找景、选景，确定好色调等。在色彩写生过程中，他很有一套，个别问题个别处理，共性问题召集大家统一讲解，不放过任何的疑点，使我收获匪浅。白天写生已经够辛苦了，但是我和几个同学想不到这么多，吃过晚饭，又跑到海门大街上去画夜景，目的是为了练习手感，锻炼自己的写生能力。到了第二天还未正式上课的时候，龚老师早已把我们的色彩写生作业贴在教室里，供大家观摩、切磋。到了上课的时候，龚老师对每一幅色彩作业进行了精彩的点评和综合分析，并提出下次色彩写生的要求。经过几个星期的学习，技能得到提高后，很快由室外转向室内，进行色彩静物写生。那时我感到画色彩非常顺手，作业的效果一张比一张有意趣。这全得益于室外色彩写生打下的基础，更得益于龚老师的循循善诱的引导。日后与龚老师相遇时，往往聊到那段写生时期的师生之情，总感到十分开心。

在学习素描、色彩、应用美术期间，我们还兼学了语文、政治、地理、历史、体育、教材教法……课时也安排得满满的，而且所有任课老师都非常敬业，他们为了我们能学得“顺水顺风”，几乎把所有的精力都倾注在我们身上，让我终生难忘。由此，我对自己来海门师范求学曾做过反思。以前总觉得自己跟着老师多学点绘画技能，多学点文化课知识，将来走向社会也显得有才华，这是人之常情。后来在老师们默默奉献的精神熏陶下，我的想法有了转变，对师范教育也有了新的认识。我感到，一个学习美术专业的人，渴望多学点绘画技能，多学点文化课知识，将来能显出自己有才华，那是好事。而对于师范教育来说，关键不在于绘画方面的造诣有多深，不在于文化课知识方面的水平有多高，而在于通过它让自己的艺术素养得以提高，文化素质得以提升，达到一定的思想境界，说白了在于将来做教师要像恩师们那样能学会“做人”。说到“做人”，不得不提到教政治的李继华老师。李继华老师是我的班主任，不管是在政治课上，还是每个星期的班会课上，谈得最多的话题就是“教书育人”。他做班主任从不说空话、大话、假话，不做表面文章，做事非常实在，处处以身示教。早上，天还未亮，就到各个宿舍叫我们起床，到海门师范东边的体育场上看早操；平常和我们一起劳动、打扫卫生；同学生病了，亲自陪同去医院；有时我们用餐时，还到场了解大家是否吃饱；晚自习、星期天本是他休息的时间，但是他还要来巡视；一到晚上宿舍熄灯时刻，都要打着电筒查看一遍，看看同学们是否入睡；甚至秋凉了、冬天冷了，还不断督促我们添加衣服；经常召开任课老师的会议，了解我们的学习和生活状况，班级管理得井井有条。这种为人师表的精神，一直影响着我之后的成长与发展。

走向教师岗位后，我始终牢记老师们的教导，恪守“教书育人”的宗旨，时刻提醒自己要做一个合格的人民教师。在美术教育的道路上一直追求自己美好的理想，从未间断过，最终成为江苏省中学美术特级教师。

弹指一挥间，到了 1996 年秋季开学的那天，海门师范校园内的秋色依然令人陶醉，教师们的风采依然令人钦佩……他们的敬业精神深深地吸引了我的儿子仲清华，他也毅然来到海门师范求学，重走我所走的路。在老师们的精心培养下，他在美术班学习认真刻苦，学业成绩名列前茅，毕业后被学校保送至苏州铁道师范学院攻读本科。本科毕业之后经过自己的不懈努力，以优异的成绩考取中央美术学院油画系，并相继获得硕士和博士学位，后又成为清华大学美术学院的博士后。

今天南通师范、如皋师范、海门师范合并为南通师范高等专科学校，师范教育的力量显得更强大了。我想在未来，学校一定会培养出更多的合格人才。

作者简介：仲跻止，海门师范 78 级美术班校友，中学高级教师，美术特级教师，江苏省书法家协会会员，南通市专业技术拔尖人才，教学成果收录于中央教育电视台《中国基础教育》电视片，江苏教育电视台曾在专题片《点亮思维》特别报道。

感恩海师：给了我一把从事教师职业的“金钥匙”

陈永高

1978年金秋时节，我怀揣着对人生的美好梦想，带着录取通知书、粮油转移证以及必要的生活用品，乘坐公共汽车一路颠簸三个多小时，从启东偏远的乡村跨进了那个期待已久的“江苏省海门师范学校”大门，从此，便开始了当一名光荣的人民教师的漫漫旅程，至今已然44个春秋。

2021年11月，我偶尔得到消息：南通师范高等专科学校将开展建校120周年庆典活动，在海师校友中举行征文活动，我的思绪便一下子回到了久远的20世纪70年代末在海师求学的两年时光里，那时的我是一个初出茅庐的农村娃，高中毕业两年多，自幼喜欢书画，有幸参加县文化馆美术培训班，得到老师指点，又巧遇国家恢复高考，被录取于江苏省海门师范学校，成为海师美术班第二届学员。

一

进入海师美术班后发现，我们班39位学员中，在入学前各种“身份”的都有：知青、干部、工人、美工、代课老师、农民等，年龄差异也不小，大的近30岁，小的才18，那时的城乡差别特别明显，大多数同学来自县城或集镇，他们见多识广，美术功底扎实，知识面宽，家庭条件更是比我等农家子弟胜出一筹。在这样的班集体中，一开始我深感自卑，好在经过一段时间的相处，大家没有过多的另眼相看，欣慰的是我们这批学员每月有生活补贴，基本伙食有保障，这让我倍感温暖。更难能可贵的是，大家在班主任李继华老师，美术组老师沈鼎尧、陆李康、周晓莺、汪锡霞、龚伟民等先生的带领下，学习非常刻苦且认真。学校为了把我们培养成一名合格的中小学教师，除了开设美术专业及常规课程外，还特意安排了语文（重点学语音）、历史、地理等课。我们的任课老师不但教学认真负责，而且对我们一视同仁、以诚相待，有的老师在平时常与我们聊家常，讲自己的经历，有的对我们学习中的难题总是不厌其烦予以解决，老师间、师生间都十分友好。

时任校长陈祖仁先生等领导经常关心我们的学习、生活，校图书馆、阅览室是我们课余常去的地方，管理员谢老师每次都非常热情地为我们推荐书籍，我至今印象深刻。正是有这样一批致力于海门师范教育的校领导、老师，让我们沐浴着春风般的校园气息，把我们这些莘莘学子引入知识殿堂。我们白天上课，完成老师布置的作业，晚上常常把精力投入专业学习之中：画素描，练习书法，进行美术创作，有的还研修文学、英语等课程，大部分同学到了废寝忘食的地步。

我们这届同学经历过“文化大革命”，大多有参加过工、农业生产劳动的经历，对社会有一定的认识，那时正值国家百废待兴，急需社会主义建设人才之际，我们都有一个愿望，只有努力学好“本领”，才不会辜负党和人民的期望，所以，那时海师校园内的学习气氛是非常浓厚的。

二

经过两年海师美术班的学习生活，1980 年 8 月，我带着老师们的良好祝愿、同学们的深情厚谊、教育主管部门的殷殷嘱托，被分配到了离家特别近的一所乡级中学教美术，兼校办工艺美术厂产品设计。我面对基层学校美术教育一穷二白的现状，自费购买毛笔、墨汁、颜料等供学生使用，发动学生寻找废旧材料进行手工制作，使该校的美术课很快步入正轨。

四年后，我被调入县实验小学，学校安排我担任专职美术教师，这可是这所学校 60 年来从来没有过的，我深感自己肩上的责任和压力。每周 18 节课，还要承担每月一期校园黑板报的出版，为各科老师上教研课画挂图，为学校开展活动书写横幅、环境布置，组织指导每周一次的学生美术兴趣活动等，忙得我一点喘息的时间都没有。凭着年轻人的朝气和干劲，一项项工作踏实干，一件件事情认真做，白天来不及，晚上进行，不知有多少个节假日和夜晚都奉献在了自己的工作岗位上。我深知，作为一名美术教师，除了上好课，还要努力培养有美术特长的学生。当时，我对版画、漫画情有独钟，在开展学生兴趣组活动时，我到县文化馆里要来了小木板，自己买来一些木刻刀，教孩子们刻木刻，大家可来劲了，有几个孩子每天中午放学回家吃完饭就到学校刻木刻，慢慢地一幅幅带着稚嫩气味的木刻作品诞生了，大家可高兴啦，我把这些作品在学校里张贴，参加对外的比赛，向有关报刊投稿。不久，获奖、发表、入展的消息频频传来，学生高兴，家长高兴，学校领导也高兴。

于是，学校专门建起了橱窗，让我每月一期专门展示学生的书画作品。后来，每年一次的艺术节、体育节、科技节都有学生作品展，学校开展的县、市、省级的教研活动，美术也被列入公开课。1986 年六一节，我们启东实小学生的 30 件版画作品在南通市工人文化宫橱窗展出；1987 年六一节，启东实小的 91 件学生版画在启东县工人文化宫展出。美术这门在这之前一直被视为"副科""小三门""搭头课"的观念，在我和同事们的共同努力下，逐步得到了改变。这一时期我的第一批美术兴趣组成员从小学毕业后，对美术愈发热爱，有 3 位先后考入海师美术班学习，毕业后从事美术教育事业，成为我的师弟师妹。

随着教育改革的深入，我校的少儿版画特色得到了有关领导和专家的关注，1994 年 4 月，时任中国版画家协会副主席、中国少儿版画学会会长的李平凡先生从北京专程来启东实小参观、指导少儿版画教育；1999 年 5 月，上海市教委艺术教育委员会专家指导团成员、著名藏书票艺术家李家新先生来校参观，指导少儿版画，并在我校普及藏书票教育。此时的启东实小，少儿版画声名鹊起，在社会上也有了一定的影响，周边学校也纷纷尝试版画教学。在这种情况下，学校领导高屋建瓴，一个更宏伟的推进艺术教育计划逐步形成。

三

进入 21 世纪，启东实小的发展也步入快车道，办学规模不断扩大，最多时学校超过 100 个教学班级，我被安排担任学校教导处副主任，协同负责学校艺术教育。这时，我校的美术教师也逐步增至 13 人，他们大多毕业于海师美术班，大家工作很努力，也出了很多成绩。我进入启东实小领导班子后，做的第一件事就是建立"启东少儿版画苑"，同时出刊《少儿版画苑》小报,我们认识到,我校的少儿版画根植于启东“木屑花”这个肥沃的土壤,先后得到启东版画界前辈及启东版画院画师以及国内外较多版画家的大力帮助。《少儿版画苑》小报创刊后,许多专家纷纷来信来电表示祝贺,后来每月一期,如期出刊,至第二年,中国少儿版画研究会、中国中小学藏书票联合会便纷纷同我们协商,把小报作为他们的会刊,在全国开展版画、藏书票教育的学校中进行交流,达成共识后,启东实小的少儿版画便有了更大的作为。2002年,学校获授权,承办了“第三届全国中小学师生藏书票大展暨藏书票教学研讨会”,获得很大成功,此展在同年应邀赴南通师专美术馆展出,反响很大。

少儿版画苑的建立,大大促进了学校艺术教育的全面开花、结果。单就我校美术教育这一块,漫画、书法、剪纸、国画等特色齐头并进,由我执编的《校园漫画》在2005年1月也得以创刊,以后每两月一期,在全国交流,影响也很大。在后来的近二十年里,我们在美术教育这一领域有影响的活动一个接着一个。比如,2001年,江苏省“少儿漫画学术研讨会”在我校举行;2003年,由中国美术出版总社《儿童漫画》编辑部主办的“《儿童漫画》教学基地授牌仪式暨《童心慧眼》漫画集首发仪式”等相关活动如期举办;2005年,我校成功承办了“国际少儿版画邀请展暨少儿版画教学研讨会”;2008年,由我校牵头举办“广东顺德·江苏启东·日本山形少儿版画联展”,先后在三地分别展出;2010年,中日少儿版画联展暨少儿版画学术研讨会在我校举行;2012年,我校学生的100件书画作品赴启东全市11个乡镇巡回展览,每到一地,由我校一位老师上课或讲座,还安排学生现场创作版画、书法、国画等作品;2014年,我校书法教育先后成为省、全国特色学校,这里要特别感谢海师王茂恒先生,是他不辞劳苦大力倡导成立“海师校友书法联谊会”,让我有幸成为第一批会员,并积极推动学校书法教学。原海师的张国强等老师在组织、开展我们南通地区参加江苏省书法考级中措施有力、成效显著。我校先后两次承办海师校友书法联谊会书法作品展暨书法教学研讨会,得到了海师校友们的大力支持。2016年,启东市中小学国画教学现场会在我校举行。更可喜的是,我校的少儿版画于2017年12月荣获教育部命名的第二批全国中小学“中华优秀文化艺术传承学校”,这是我扎根启东实小带领大家开展少儿版画32年所取得的又一成果。现在我虽已退休,但启东实小少儿版画特色在大家的不懈努力下正在获得新的发展。

四

从海师美术班毕业42年来，我把人生的美好年华都奉献给了我所钟爱的艺术教育事业上，在我工作的启东实小，学校先后荣获全国、省、市艺术教育特色学校、省示范学校；成为全国藏书票教育特色学校、中小学藏书票艺术教育基地、全国漫画创作教学基地、江苏省漫画教育基地等。在这漫长的岁月里，我无不感念我的母校——江苏省海门师范学校，感谢在这所学校里遇到的良师益友，是你们让我明白学高为师、德高为范的含义，是你们的敬业精神激励我在工作、生活中克服一个又一个艰难险阻，做一个对事业、对社会有用的人。从海师毕业后，我多次回访母校，多次在不同场合见到曾经教过我的老师。在2016年我们美80毕业36年同学聚会上，沈鼎尧老师、陆李康老师、汪锡霞老师、龚伟民等老师一同参加，师生相聚，分外高兴，此情此景，历历在目。

回首过去，我们这届同学如今都已步入花甲之年，海师也因发展需要早于2005年并入南通高师，原址不复存在，然而海师的精神还在我们心中激荡，我们师生情谊、同学友谊永远不会变。我要感恩海师给了我一把从事教师职业的“金钥匙”，感谢一直以来支持和帮助我事业发展的领导、老师们！衷心祝愿南通师范高等专科学校越办越好，为国家教育事业发展输送更多的优秀毕业生。

作者简介：陈永高，1978年9月至1980年7月在海门师范美术班学习，曾任启东实验小学教导处副主任、艺术教育中心主任。

感受师恩　传递师训

——记海门师范魏南江老师

尤素敏

求学数十年，师从过的老师不计其数，海门师范学校的魏南江老师，却让我终身铭记，并时刻勉励着我做一名合格的人民教师。老师的人格魅力、老师的干练风采、老师的孜孜教诲都是我一生的财富，她是我职业生涯的启蒙者，更是我成长、成熟路上的导师。

尊　重

40 年前，我们这代人去海门师范上学时，虽然还没有用汽车送的，但因为大家年龄都还小，家长总得送到学校交给老师。我因为家庭人力和财力的限制，成了全班唯一没有家长送的学生。孤身一人扛着一个大大的木头箱子，经过三次转车，历时一天，来到海门师范“新生报到处”时，早已气喘吁吁。可接待的女老师知道情况后，操着一口标准的普通话说：“真不简单，我们就是要培养这样具有独立能力的学生。”声音清脆而又亲切，让那困扰了我一天怎么也驱赶不走的自卑感一下子烟消云散，转而从心里涌起一股自信，不由自主地将身体挺直了些。这位女老师就是我师范的班主任兼教语文的魏老师。也许因为我“没有家长送”，也许因为我的着装确实太“老土”，年终我成为为数不多的拿救济金的学生。可至今还清晰地记得，那一天晚上，魏老师像往常一样到教室“看自修”，过程中不经意地走到我课桌旁边轻声地说：“到办公室帮我捧一下作文本。”可当我走进办公室时，魏老师亲切地、小心翼翼地递给我 5 元钱，说：“学校给你的救济，让你妈妈给你做件新棉袄。”随即，不由分说地将一摞早就准备好的作文本放到我的手上。我的泪水不听使唤地掉了下来，但我知道这并非感动于5元的救济金，而是感动于细心的老师对一个贫困学生面子的尊重。

这成了我做教师时，很少当着众人的面指责孩子或家长，做园长时，从不揭教职工短处或不足的根本原因，那是因为我要将从老师那里享受到的尊重传递下去。

平　等

记忆里从来没有听到魏老师说：教育要平等，机会要均等。可老师的言行却时刻透视着平等对待每个学生的教育理念。三年的师范生活，全班40位同学，答问题的机会由“击鼓传花”来决定，班干部按学期或按月轮流着来做，各种表现的、竞赛的机会大都用抽签决定参加者，教室里的座位前后按同学们个子的高矮自己排，每个月调一次，在班级里魏老师主动沟通最多的却是从上一届同学中留下来的那位“姐姐”……真正表现了教育内容的平等、受教育的机会均等、享受教育资源的平等。

清楚地记得有一次，全班只能推选一位同学去参加学校的演讲比赛，按照惯例从4人小组人人参加的初赛开始，层层选拔后推出一位平时不太言语的同学做代表，大家都不太看好最后的结果，加之那几个演讲特长者又特别地想参加，可班干部征求老师意见时，老师毫不迟疑地说：“规则面前人人平等。”

每当我积极倡导“面向全体，平等公正”时，每当我极力地动员所有教师主动竞争“出头”“亮相”的机会时，每当幼儿园又一次出台“公平教育”的政策时，当我将“微观公平”作为专项课题逐级申报立项时，我心明如镜：老师“平等”教育的做法会影响我整个的教育人生。

诲人不倦

也就是那位参加演讲比赛的同学，从此住进了魏老师的单身宿舍，从一字一句修改演讲稿开始，到专门练习那几个总也吐不到位的字音，再到语气的变化，动作的设计与安排，整个演讲的风格讲究与服饰的协调等，直到捧回南通市大中专学生演讲比赛第二名的奖状后才搬回宿舍。

在这样公平的前提下，因为某个方面发展的不足，无偿地接受着魏老师的个别惠顾的同学不计其数。为了全班同学练好普通话，魏老师牺牲几天几夜的休息时间，将供同学们练习的近百个故事做成录音带在教室里循环播放。我还目睹着：当海安籍同学对普通话声母中的“n”和“l”分不清的时候，魏老师捏着鼻子讲解着要领；针对如皋籍学生发音时总也说不准的“第四声”，魏老师无数次用食指比画着“第四声”；因为我们年小不懂事而闹小矛盾时，老师没有批评，没有责怪，也没有追究谁是谁非，而是不动声色地在黑板上工工整整地写上了十个字：大事讲原则，小事讲风格。

还记得有一次作文课，魏老师忽然将一位同学请出门外。然后关上门，转过身来笑眯眯地说：“同学们，你们熟悉慧同学吗？”“熟悉！”同学们异口同声地回答。老师接着问：“你们说她今天穿的是什么颜色、什么式样的衣服？脚上穿的是皮鞋、布鞋，还是跑鞋？”这一问，大家都怔住了，谁也不吭声。过了一会儿，老师请那位同学走回教室，我们这才打量起来。她上身穿一件粉红色拉链衫、一条海蓝色的裤子和一双运动鞋。魏老师笑着对我们说：“这就叫仔细观察。”接着又讲了几个仔细观察的小故事，然后布置我们去观察校园的花草。这次我们看得更仔细了。对花圃里的每种花草，从它们的颜色到形状、生活习性及生活规律，都进行深入的观察，有的还翻查有关参考书。

我以及我幸运的同学们就是这样学会了“如何观察”，同时学会“怎样做教育”。

有人说，海师 81 级幼师班在南通地区影响不凡，当园长的多，评上特级教师的多，晋升为正高级的多……个人认为魏南江老师功不可没。

作者简介：尤素敏，海门师范 81 级幼师班校友，特级教师，曾任江苏省如皋师范学校附属小学幼儿园园长。

两代人的海师情

李向阳

这两天,“海师故事群”很热闹,这主要源于一份正在校对中的“1906 年起,海门师范校友录……”我也很关注,首先看看自己的班级在什么位置,名字有没有错。班上的同学的笑脸和往事随着名单地呈现在脑海中浮想联翩。但我最关注的却是另一个名字,李济生,我的父亲。

父亲是我们当地有名的小学老师,后来成了校长。从我记事起,父亲就自豪地和我说,他在海门师范读过书。我家离海门镇很近,大约 4 公里。每次父亲带我去海门镇上买菜或卖菜,都要经过海门师范的大门,然后到达东洲菜场或宏伟菜场,父亲对我指指里边的教学楼,充满了自豪。稍大一点后,我才知道,他们那届中师生不知何故似乎中途停办了,父亲没有毕业证书。

父亲去世得早,离开我们二十多年了,那年他 56 岁。根据时间推算,我在校友通讯录中从五十年代末往后搜寻,终于在 1960 级普师(4)班找到了他的名字。他比我整整早进校 23 年。

父亲几乎具备一个小学教师的所有优秀品质,这应该离不开海师精神的培育。他爱学生,爱学校,常常无偿为周边的孩子们补课,那时没有任何补课费,多的是一声声亲切的呼唤。他几乎什么课都教,语文、数学、音乐、美术、体育……他踩着脚踏风琴教学生唱歌,声音不好听,但音准节奏很好,他居然还会吹口琴,这大概是海门师范的传统特色项目,以至于我后来也成了一名吹口琴的高手。我从记事起就坐在父亲 28 杠大自行车前面的横档上,跟随他上学、放学。路上的时间是口算的黄金时刻,从简单的加减乘除,到行程类数学题,如:甲步行每小时走 5 公里,乙骑自行车每小时骑行 10 公里,甲先走了半小时,乙何时能追上,等等。到了学校,父亲上课,我就在小黑板上画画，或抱个皮球在操场上玩耍。这可能是父亲师范教育在自己儿子身上的最好实践。

实践证明，父亲的教育方法是科学有效的。我的学习成绩一直很好，是当时全公社有名的学霸，关键还不是埋头苦读书的那种，而是喜欢打球、唱歌，有时还打打架。初中时，任课老师、学校领导甚至公社书记都认识我，也喜欢我。到了中考时，需要填志愿，父亲毫不犹豫地说："你就报考海门师范，离家近，毕业后分到我的学校教书。"我当时还是个孩子，对此没有感性认识，一切听从安排，顺其自然。但这个消息被校领导和公社书记听到了，他们一起做父亲的工作，动员我报考海门中学，说以后可以上重点大学甚至清华北大。他们知道我家经济条件不好，表示愿意赞助我高中一直到大学的学费。然而，在这个问题上，父亲很固执，很坚决，他婉言谢绝了领导们的好意。让我考上海门师范，甩掉农村户口，早日捧上国家饭碗是他的全部梦想。中考成绩出来了，那年我考了 528.5 分，据说是以第二名的成绩被海门师范普师班录取的，这个成绩高出海门中学录取分数线 60 多分。

海门师范的学习生活似乎和那个中考成绩关系不大，现在想来，这是一个真正培养小学教师的学校该有的模样。英语课没有了(当时小学没有开设英语课)，一切与小学教育无关的课程几乎都没有了，高深的学术研究与我们关系不大。强基础、重运用，我们被为人师表、三字一话、音乐、美术、体育包围着。班主任黄学新老师是刚刚大学毕业的年轻教师，这是他带的第一个班，也是唯一的一个班，后来他调任海门县政府机关工作。他是一个温文尔雅、通情达理的谦谦君子。我们几个学生干部经常到他家改善伙食，抱着他的儿子小黄尚玩耍，听着师母严老师爽朗的笑声。

我的艺术天赋对我在海师的成长起到了很大的帮助作用。当时的美术老师沈鼎尧教我们素描和美术字，我良好的临摹能力让沈老师产生了要我转入美术班的冲动，可惜 83 年没有美术班，84 年才开始恢复招生(不知记忆是否准确)。留级的事是万万不可能做的。我留在了普师班，但美术基本功训练给我后来的工作带来了很大的帮助，无论在海师学习时担任"苗苗文学社"的美编，还是大学学习时到从事宣传工作时出黑板报、墙报，书写横幅标语，一直到我在高校艺术学院为艺术专业的学生开设平面设计课，以及设计高校的视觉识别系统，我都得心应手。

对我帮助最大的莫过于音乐了。海门师范的音乐教育是富有特色而且卓有成效的。乐理视唱、口琴与脚踏风琴是每个学生的必修课，此外根据每个人的不同特点，还可以选修其他乐器。龚品兰老师和丁威老师教我们声乐课，当时演唱《二月里来》时，丁老师说我光用嗓子喊，没有科学发声，不是唱歌的料，当然我有自知之明，个子太矮，看来只能学器乐。刘国基老师的笛子吹得好，引来一大群学生崇拜，我们班的胡品俞，隔壁班的王洪钟、彭燕飞都是学得小有成就的佼佼者，王洪钟还因此获得了保送上大学的机会。我也心血来潮，学了三个月，结果在练习《喜洋洋》快板的双吐音时，缺少刻苦精神，打了退堂鼓。丁威老师看我乐感不错，在检查我的风琴作业时，他总说我眉毛胡子一把抓，练习不刻苦，不像倪隽（我班同学）那样清晰流畅，但还是给了我不错的成绩，并教我吹起了单簧管，原来学校的管弦乐队差人，于是我成了学校管弦乐队的成员。

不知谁发现我有一些表演天赋，1986 年由海门师范承办的“江苏省首届中师生运动会”给了我在学校甚至全省大舞台亮相的机会。不仅仅是开幕式演出中管弦乐队的集体亮相，更难忘的是我与体育班丛武斌同学合作的一个哑剧《大力士与小帮手》，当时可以说是笑翻全场，轰动全校。以至于一年后我在大学里碰到了当年来海师参加运动会的一位泰兴师范的保送生，谈起往事仍津津乐道，不由两个人模拟合作一把，居然获得了当年高校文艺比赛小品组的第一名。

学校非常重视学生的全面成长和成才，并给予尽可能多的拓展机会，我就有幸得到了一次参与接待中国音乐家协会副主席、江苏省音乐家协会主席、著名作曲家沈亚威，和著名作曲家龙飞（太湖美曲作者）的机会，聆听他们对音乐艺术的见解，还合影留念。三十年后，我进军作曲领域，居然也成了中国音乐家协会的会员，不知这是不是一种约定。

三年的学习生涯很快结束了。海门师范培养的是又红又专、一专多能的毕业生。那时班上的同学年龄普遍在 19 岁左右，刚刚进入成人期，但从他们身上已经显露出各自即将喷发的潜能。如我们同宿舍的几个同学：张超，我们喊他教授，他善于思考，常常用哲人的眼光看待问题。果然，他后来考取了南京大学的社会学博士，现在成了江苏省文化艺术研究院院长，一个真正的研究员。王思涛，全班短跑最快，参加了省中师生运动会，还拿了奖，从他刻苦训练的模样可以看出他的毅力和决心。最后他用背英语字典的死功夫考取了南京大学哲学系的研究生，现在成了南京金陵科技学院马克思主义学院的党委书记、院长。我们班还有三位才女，她们都是“苗苗文学社”的骨干，写得一手好文章。个子最小的叫陈美，现在成了受到全国表彰的上海市特级教师，另外还有两个雪梅，张雪梅（通讯录中姓名遗漏）和蔡雪梅，一个成了一所职业院校的学报编辑，另一个成了一所小学的校长。事实证明，金子到哪儿都会发光。

我是同学们眼中的幸运儿。根据惯例，我们这群初出茅庐的青春少年将奔赴家乡各地成为小学教师，事实上也是这样，30多年过去了，班上的大部分同学仍然奋战在中小学教育的第一线，即将面临退休。但1986年的夏天，江苏省出台了选拔保送优秀中师生上大学的政策，我成了学校四个首届中师保送生之一。

父亲知道我被保送上大学的消息后，并没有喜出望外。在他的计划中，我应该是去他的小学教书的。我被保送到了扬州师范学院读本科，这当时在我们村（那时叫大队）甚至在整个乡都是破天荒的事。并且，按照与海门师范的协议，我大学毕业后将回海门师范工作。父亲的脸上挂满了荣耀，终于同意我上大学了。

不知什么原因，四个保送生，只有我一个人被保送到了政教系，读的是思想政治教育专业，其他三人都被保送到了中文系。难怪，当时的教育学老师潘健给我的毕业纪念册留言：经过四年马克思主义的学习，那个舞台上的李向阳会是一个什么模样呢？

得益于海门师范三年的科学化培养，我很快又成了大学校园里的一颗新星。扎实的美术基本功让我很快成为系学生会的宣传部部长，而良好的音乐素养又让我成为学校大学生艺术团的团长。无论是墙报、海报，还是乐队排练、话剧编排、文艺演出，我既是主要参与者，又是很好的带头人。海门师范实际上是大学生活的初级班，大学校园成为我们这群中师保送生充分展示才华的舞台。

大学临毕业时，时任扬州师范学院党委副书记的盛浩良找我谈话，他说：“学校团委已经五年没有留人了，你要好好干！”组织决定，让我留校工作。父亲得知后，默默无语，知道反对也没用，郁闷了很长时间。

我目前担任扬州大学音乐学院党委书记，扬州大学和已经合并的海门师范一样都即将迎来120周年校庆，音乐学院最近正紧张筹备“音乐学”专业认证工作，怎样培养一个好老师是专业认证的首要问题，一个崭新的“三字一话"实训室正在建设。忙碌中,我常常不由自主地想起了我们的海门师范。

作者简介:李向阳,中国音乐家协会会员,副教授,硕士生导师,国家高级职业指导师。海门师范普师83(2)班学生,1986年保送至扬州师范学院政教系学习,毕业后留校工作,现任扬州大学音乐学院党委书记。

母亲的珍贵海师记忆

谢松华

南通师范高等专科学校是中国师范教育三大源头之一，由原南通师范、南通女子师范、海门师范、如皋师范等四所百年师范先后合并而成，为南通乃至全国的师资培养和教育教学经验积累做出了卓越的贡献。2022 年，南通师范高等专科学校将走过 120 年光辉岁月。值得自豪的是，我的母亲曾是海门师范的学生，许多生动记忆值得永久珍藏和传叙。

我母亲有个响亮的姓名——茅一新。海门师范 1960 年 7 月 17 日、23 日分别签发了“本学期学习毛主席著作成绩显著”“本学期获得思想、读书、劳动三丰收，被评为三好学生”两张奖状颁予我母亲。两份发黄、边缘有些干裂但弥足珍贵的母校实物史料被精心地保存到今天，见证了母校海门师范从 1906 年建校逾百年的师资培养历史长河里对学生素养全面发展的注重，也记录了一代代海门师范学子珍惜机会、在艰苦的条件下勤勉求知的青春印迹。

1958 年 9 月 23 日至 24 日，时任国家副主席刘少奇视察南通。母亲作为才艺双全的海门师范女生被选入海门节目组参加 24 日在南通市工人文化宫举行的欢迎国家副主席视察南通的文艺演出。

据母亲介绍，巧合的是一个月前的 1958 年 8 月 5 日海门山歌剧团正式成立，剧种样式经多年打磨已成型。海门山歌唱腔沙里本土化，内容生活化，舞台动作编排很具表现力，在那个缺少文艺品种的年代，可谓风靡海门城乡。母亲与校外一位男演员合作表演的是改编自锡剧的海门山歌版《双推磨》，赢得了国家副主席刘少奇等领导及全体观众的热烈掌声。演出结束，刘少奇副主席等领导与全体演职人员合影留念。刘少奇副主席还热情地单独与母亲所在的《双推磨》两位男女演员合影留念。母亲灵活地问了一句:“刘副主席,我们能拿到刚拍的这张珍贵照片吗?”刘副主席点了点头,笑着看了看周围的人群,转身吩咐随访工作人员拿出了记录本,母亲写下了海门师范的通信地址,母亲在学校练就的一手隽秀好字也留在了那里。母亲说,考察团在文化宫参观了南通成果展板,召开了经济工作会议,刘副主席观看演出后,激励南通文艺界继续努力以取得更大的进步。

不久,海门选送节目组送来了一张由南通方面拍摄的文艺演出合影照片。又过了几天,母亲在学校又收到了寄来的照片,并第一时间汇报了班主任,班主任汇报了校长室。因为校方事先不知道会再来一个惊喜,所以,这一张寄来的照片着实轰动了全校。前后两张合影的拍摄角度、尺寸、质量还是有区别的,因为当时刘副主席的随行工作人员和专业摄影师均有在现场拍摄,母亲的收信寄出地址是北京。除了大合影,另一张就是母亲、另一位男演员与刘副主席的合影。

海门师范特别珍视这一荣誉,当时特地定制了一个玻璃橱窗,把两张照片斜靠在背板上展示,都没舍得用钉子。橱窗前,连续几天课间都挤满师生驻足观看。母校利用这一契机进一步鼓励全体同学扎实学习专业知识,苦练基本功,毕业后成为一名优秀的人民教师。

母亲这么优秀,但是在海门师范的经历只能算是在职脱产学习的性质。母亲在海门六匡卫星中学上初中时为学校学生会主席,学习、文体都很出色。有时学校老师外出开会,不管什么科目,作为学生的母亲都能华丽转身为老师角色登上讲坛。那时我父亲则与母亲同班,任班长。同班同学施望荷则初中毕业后上高中,后考入海门师范1959级普师(5)班,而我和妻子则是海门师范20世纪80年代的毕业生,施望荷也是我走上工作岗位的单位校长,彼此之间与海门师范交织着不解之缘。因为母亲兄弟姐妹四位由他们的母亲一人带着,所以1956年,母亲初中毕业为了减轻家里负担,支持弟弟读高中,就答应在所在地初中留校任教,而且第一年就任初三毕业班班主任,开始正式拿工资帮助她母亲持家。学校为了把母亲培养成学校的骨干中坚,多次推荐她在海门师范脱产学习,这使母亲的知识积累和业务能力实现了质的飞跃。

1977年后,海门师范陈祖仁校长总设计师一般地规划重建学校,八方招募优质师资,科学编制教材,制定学校远景目标,欣欣向荣的新海师在硬、软件和教学质量等年年上新台阶。语数外、音体美专业的毕业生,大批成长为特级教师、翻译家、全国美协会员、全国书协会员、作曲家……而此时的母亲也重新走上工作岗位，之前的情况丝毫没有影响到母亲对教育的渴望，海门师范的求学资历使她游刃有余，以后大部分时间一直担任着初三毕业班班主任并任教语文科目。

记得那是一个雪天，特别冷，我陪母亲去海门市区宏伟市场附近的一个小区，找到了热情和蔼的管剑阁校长，母亲让他出具了自己在海门师范的学习证明。我在一旁看着，管校长的字特别挺拔有笔锋，语句简明扼要，书写起承转合，一气呵成，最后签名盖章。那时的我已经从海门师范毕业工作了十年左右，看着母亲，再望望母亲虽已年迈但仍正气凛然的海师前辈，我对母校、老师肃然而生更沉沉的敬意。

这样，母亲就把在海师脱产学习的时间、下放务农的时间全部按政策给补上了，直到退休，教龄工龄已达四十年之久。母亲除了本文中的两张奖状，再也没有索取任何荣誉。她曾跟我们说："以往任命领导，大家谦让，上面就挑最优秀的上。现在大家要求上进，都争着当领导，就用不着跟同事争了。"她的教学质量年年领先，但是把所有的评先评优、调资机会都让给了别人，自己是最后一批转正公办教师的。母亲还告诉我们子女，她不会骑车，当年曾多次步行往返于海门师范与乡下家里之间。海门师范崇尚体育锻炼的教育理念锤炼出我们强健的体魄，在当年我们乡镇二十多所中小学教师工会越野长跑比赛中，母亲是老年组第一名，我是青年组第一名。父母亲和我们子女都是普通人员，可是我们凭着普通的工资收入，与父母亲一起勤俭节约，科学规划，在农村先后翻建了三次房屋。第三次建造楼房，我凭借在师范里所学的物理力学和当年培养的对建筑构造的兴趣，取得建房批复后，和母亲一起琢磨画图纸，一共设计了总计二十四间房、迷宫一样的四层高楼。暂时遗憾的是，父亲八十六岁了，他夹在书里珍藏的两张照片找了几次仍未找到，因为家里房间实在太多了，但可以肯定一定是藏得好好的。有着海门师范求学时积累的历史、地理知识和培养的科学探索兴趣，我传承了父母的收藏爱好，经过长期的积淀，目前保存了总计近四十万件各类收藏品，其中不乏属于南通各所师范历史的内容。

母亲以及记忆中的人物经历只是一个缩影，一代代海门师范人务实进取的精神、身正为范的品质正影响、激励着后人自信前行，他们的故事值得永久传颂。

作者简介:谢松华,海门师范83级普师班校友,现任南通市海门区树勋小学教师,校友公众号“海门师范的故事”“海门东方红”等自媒体编辑,《海门学校体育》编辑,先后获评江苏省、南通市、海门区学校体育宣传工作先进个人。

海鸥又在飞起

单　忠

海鸥不断地飞过来，这是我第一次看到海鸥。我的家坐落在海门县城东北三十公里的一个小镇上，无论是抗战还是解放战争时期，共产党在这个区域都有所活动，新中国成立后，我们乡的名称就是由解放战争时在这儿斗争的两名烈士的名字组成的，因此这儿差不多算是革命老区了。

海鸥飞近的时候，我有点迷惑了，难道往西三十公里的地方反而离大海近了？但是我没有时间去思考，晚上海门师范的面试就要开始，首先是画画，可是我从来没学过，因此下午带队的老师要带我们去拜见海门师范的美术教师，那是他的同学。

海鸥飞近的时候，我嗅出了海的味道。昨晚的画画是简单得不能再简单，可我能够肯定，我并不比阿 Q 画圆圈更加精彩。其他的面试，自己也没有任何把握。许多年以后，自己感到那时的感觉应该像庄子《盗跖》中的尾生："尾生与女子期于梁下，女子不来，水至不去，抱梁柱而死。"

暑假的前半段是忧郁的，如江南的梅雨，绵延不绝。后半段虽然收到了录取通知，但心情是忐忑的，海门师范是怎样的一个学校呢？竟然比省中的分数线还高出一大截！

从海门师范毕业的时候，我有幸同葛红兵一起被保送进扬州大学学习，我未必是班中最优秀的，但一定是最幸运的。葛红兵是五班的，跟我不在一个班，在保送阶段，有同学检举他有恋爱行为，校长办公室的周诚老师收到了这个检举信，周诚老师很喜欢文学，当时有一部历史小说在《钟山》发表，同时也喜欢打篮球，跟同样喜欢文学和篮球的我谈到这件事，我想他是想听听作为学生的我的意见。我说葛红兵是写诗的呀，葛红兵班里以前有一个叫李俊峰的，诗写得不错，但晚上十二点对着女生楼大喊，被学校认定精神出了问题开除了，周老师对没有保住李俊峰感到惋惜，他认为李俊峰精神未必有问题，而我为这个单亲家庭的老父亲心痛不已。

现在想来，当时没有海门师范宽松的环境，我们很难得到这样的发展。王志刚老师是我的班主任，教我们数学，那时候打球、课后看闲书用的时间比较多，我的数学作业做得极其马虎，考试成绩也不理想，但王老师对我很包容，从来没有责备过，倒是在他家吃饭不止一次，而且我去吃过饭的也不止王老师一家。

海门师范的课程，正经八百之外常常有些"私货"，王茂恒老师教我们语文，但他强调的是文史哲不分家，每次课上都饶有兴致地分析着小说的情节。朱文献老师的讲座讲的是吴方言的文字，使我知道吴方言是有文字系统的。还有老师讲平仄与押韵。不懂音韵学，怎么能理解唐诗宋词呢？

海门师范教我们规范化地使用语言，语言是双重性的，一方面语言有惊天地、泣鬼神的力量，不然今天我们何以知道李白、杜甫、曹雪芹？另一方面语言什么也不是，不然李白、杜甫、曹雪芹何以每天都有饿肚子的风险？但是，我们庆幸在海门师范接受了规范化的语言训练。

1991年秋我跟葛红兵在海门师范会过一面，那时他大学刚毕业重新回到海门师范，这次他的身份不再是学生而是教师，他有点声嘶力竭地对我说："看我又住进了我当年做学生时的这间房子！"通过努力，葛红兵在南京大学读完博士，十五年前，凭着随笔集《我的N种生活》在中国文坛声名鹊起，现在他自己带博士也已多年。

《百年孤独》中的奥雷良诺制作小金鱼，制完了溶化再制。我们的生活似乎在不断地出发中回到原点。我大学读的是马克思主义哲学，我自己把它扩充到整个西方哲学，挂一漏万是肯定的。但大学以后，我慢慢地又回到了自己的传统文化，儒家、道家、释家。佛说："放下。"经历了那么多年的风风雨雨，我们还有什么放不下的吗？

海鸥又在飞起，我在哪儿呢？海师与通师早已合并，组建了南通高等师范学校。但住在临近江边的海门招待所第一次看到海鸥的情景，总在眼前飞舞。为何我的眼里常含泪水？因为我对这片土地爱得深沉。

作者简介：单忠，海门师范普84(1)班学生，1987年保送扬州大学政教系学习，现在常熟外国语学校工作，中学高级教师。

同桌的你

俞劲梅

当日复一日的烦琐，重复成平淡无奇。

那些早已模糊了的旧照片，又会绚烂鲜活成一张张心灵的彩图。

而此刻，海师三年的三位同桌，正笑意盈盈地向我走来……

一

陆红，启东吕四人。

初见她时，齐肩发，平刘海，瓜子脸，白皮肤，明眸皓齿，轻盈苗条，活脱脱一大美人，又讲得一口标准的普通话，浑身上下都透着“洋气”。

而我，来自农村，其貌不扬，土得掉渣。

开学第一天，我坐在她身边浑身不自在，自卑到几乎不敢讲话。

好在我们很快找到了共同点，来自不同县市的我们居然讲着同一种方言——通东话（当时也叫吕四话或者江北话），于是我们便用方言交谈起来，这才发现，长得“林妹妹”似的她却十分热情开朗，能说会道。

得知她是“居民户”，她有姐姐和弟弟，她是刚动完阑尾炎手术来学校的……

没过几天我们就成了走路都要牵着手的好姐妹了。

陆红的声音甜甜的、脆脆的，没多久就被选去学校广播站做播音员了。她对这工作很是上心，总是要提前练读，尽管在我听来已经是“丁建华”（当时著名的电影配音演员）的水平了，但她还是一遍又一遍地读……

由于她走出了班级走向了学校，各种消息就自然灵通一些，于是我们又多了很多可谈论的话题，而谈得最多的是八卦。

记得有一次她问我:“你觉得我们班最帅的男生是谁?”

我就掰着指头,脑海里搜索着一张张青春逼人的脸,嘴里嘟囔着×××的身材最棒,×××的脸型最刚毅,××最有才气……

这时她冒出来一句:“我觉得刘×最帅,因为他的眼神最深邃。”我当时愣住了,看一个人还能看到眼神?那得多大功力呀,原来我读的是面,她读的是心哪!

我不禁又一次提高了仰视的角度。

毕业后,她跟刘×正式恋爱结婚,成为我们班唯一成功的一对。

尽管毕业二十年后的聚会上,我们一个劲地拷问他俩是不是上学那会儿就已经做好“地下工作”了,他俩都矢口否认,但我知道,这颗爱情的种子一定是在海师这片肥沃的土地上偷偷萌芽的……

二

徐健,启东决心人。人如其名,她是我们班的健美担当。俊俏的小脸,高挑匀称的身材,配上一“叔叔阿姨”头,阳光帅气!个性又好,整天笑声不断,还很爱帮助别人,因此可以说,男生女生,老师同学,没有一个不喜欢她的。

她的特长是“排球”,这是从母校中学带过来的,所以几乎是一入海师就进了学校排球队。

活动越来越多,名气也越来越大,偷偷喜欢她的隔壁班的男生为数不少,但入她眼的却寥寥无几。

我们的后面坐着班长单忠,每当他标新立异、高谈阔论的时候,我和徐健就立刻联合起来“攻击”他。这时的她思维敏捷,语击要害,对方一下子就哑了。

我最迷恋的是她那双手。每到晚自修做完功课之后,我就会把她的手舒展开来放在我的手上比较。她的手掌窄,手指特别细长,向上弹排球的时候会发出有节奏的“嘣嘣”声,十分悦耳。

追随着她的身影,我也积极地去参加班级女子排球队、女子篮球队。作为队长,她总能不厌其烦地跟我们讲手腕放松,手指用力,发球力量不够发不过网就用“虎口”发……

那时，她穿着两侧镶着两根白色竖条的红色运动服（那时是我们的校服）站在操场上，夕阳的余晖映照出微泛红晕的脸，手里的球快乐地舞蹈……

每次看到这个场景我就会发呆，幻想着自己还能再长高点儿，也能把一套普通的运动服穿得这么漂亮。但事实上，从进了海师后我就再也没有纵向发展过。但多年来一直保持着的锻炼习惯，应该就是从那个时候开始慢慢养成的。

三

沈阳，南通新联人。也许班主任王志刚老师是为了培养我们的情商吧，男女同桌开始了。而我的同桌沈阳偏偏是一个智商极高、情商极低的人。

说他智商高，是因为他有丰富的数学世界和物理世界，当我为一道题绞尽脑汁而毫无所得的时候，他早已辍笔而息，等着我去求救了。

说他情商低，是因为他从来都不会去揣摩别人的内心，不会投其所好，自己怎么想就怎么说，后果似乎跟他没有一点关系。

那是流行写情书的年代，别人写情书，要么摘取××诗人的佳句，要么自己杜撰美言，总是极力想把温暖和赞美传递给对方，讨得对方欢心。

而这位仁兄的情书打开方式往往是这样的："虽然你长得不好看，但是你善良、温柔、大方……"人家赵传唱《我很丑但是我很温柔》是自谦好，再普通的女孩都是希望别人说她是美的。所以他的情书石沉大海已经是最好的回复了。

阔别二十多年后的一次重逢，我们见到一个变瘦变漂亮到几乎认不出来的女同学，大家都赞美感慨不已。

当问到沈阳的时候，他淡淡地来一句："没什么变化呀，就是老了！"大家都惊诧于他怎么这么不会说话，而我却惊诧于二十多年，他居然一点都没有被社会这个大染缸所浸染。依然青衣素面，简单而直接。

风雨阳光的人生路上，年岁渐老的我们。总会梦想在某个时刻甩掉尘埃，远离喧嚣。

徜徉于世外桃源，与山花野石为伴，与闲云流水闲谈，找回童年时代的淳朴与真诚。

而他，沈阳，却一直都没有丢失过这份初心。也许最简单的才是最幸福的。

岁月静水流深，
海师，用三年的时间，
用艳丽的画笔描绘出我们最美的花样年华。
那些年，那些事，那些人，那些情……
回不去的是时光，回得去的是情缘。
师生情，同学情，一辈子！

作者简介：俞劲梅，海门师范普师专业 84 级校友，通州区金北学校教师，南通市优秀班主任。

我的母校，心中的灯塔

黄菊香

韶华易逝，白驹过隙。弹指一挥间，我离开母校海门师范已有34个年头。虽然随着南通师范高等专科学校的合并组建，刻有“江苏省海门师范学校”九个大字的校门不复存在，但无论学校经历多少更迭，海门师范依然是我记忆深处那个承载着懵懂的青春回忆，埋藏着最初教师梦想，令人敬仰也心神向往的地方。回顾我离开母校的三十余载，母校不仅是给予我无限心灵滋养的温暖港湾，也是引领我人生方向的闪亮灯塔。

海门师范面积不大，正对校门的教学楼是学校的主体建筑，上面刻写着“忠诚于人民的教育事业”几个大字，朴实无华的字眼直白地传递了学校的办学目标和精神内核。

我们班级的教室就在教学楼一楼的最东侧，班主任陈志强老师办公室离我们教室仅一路之隔。陈老师对班上每个学生都了如指掌，教室里有任何风吹草动，陈老师都会迅速出现在教室，并能迅速平息场面。还清楚记得，陈老师要求我们每个学期写总结。那时的我，仅把它当作一个普通的任务来完成而已，殊不知这个要求在潜移默化中让我养成了定期、不定期进行总结反思的好习惯并终身受益。

在我读书期间，海门师范体育专业拥有一批非常优秀的老师，如葛明刚、袁世安、袁永祥、丁兆雄、邢小白、邢菊、陈志强、俞晓和、江嘉、陈健、姜慧钧、纪光融、史永根等老师。其中，葛明刚老师最年长，业务强，有威望，德高望重，是体育组的领头人，我有幸接受了葛老师三年的训练和培养。

葛老师对学生宽严有度，教导有方，大家都非常尊敬他。为了提升我们的训练热情，葛老师除了让我们在学校隔壁少体校的田径场、学校教学楼的楼梯间进行训练外，还经常带我们去长江边训练。有了美景的陪伴，训练也不再枯燥乏味了。还记得一次训练间隙，我们正坐在江边的礁石上休息，突然一阵巨浪席卷而来，葛老师猛然起身，像老鹰护小鸡似的将我们带离岸边。一分耕耘一分收获，我们最终在江苏省中师生运动会和全国大学生运动会上取得了优异成绩，没有愧对老师与学校的辛勤培养。

读书的时候，校园不大，学生不多，老师们整天待在学校，即使不是任课老师，大家也都认识，老师和同学的关系都非常亲近。丁兆雄老师比我们年长几岁，长得又高又帅，业务又强，用现在的话说是“男神”一样的存在。在海门师范的三年里，我跟着老师们的引导一路走来，算是一个认真上进的学生，但对理想信念之类的远大追求还懵懵懂懂。有一天，丁老师约我谈话，进行入党的启蒙教育。我们就在校园里边走边聊，现在已记不起丁老师具体讲了些什么，只记得当时深深惊叹于老师渊博的知识与宽阔的眼界，让我对党员的敬佩之情更添一层，从此也埋下了理想的种子。

邢晓白老师是我们的体操老师，虽然身材娇小，但对同学们练习动作时的保护毫不惜力。

邢菊老师是我们的排球老师，知性优雅有亲和力，她不仅是一位好老师，还是一位知心姐姐，引导和帮助同学们走出困惑。

在海门师范体育组，每位老师都有自己的绝招和魅力，正是在这么一批优秀老师的带领下，在二十世纪八九十年代，海门师范体育班在江苏省中师界享有不错的声誉，至今我们都为自己曾是海师的学子感到骄傲和自豪。

在海门师范的三年时间，我充分感受到了学校以生为本的办学理念。有一次要去天津参加比赛，江嘉老师专门送我到南京和大部队会合。那时候交通远不如现在方便，坐车到南京单程要一天时间。江老师不辞辛劳地陪我共担旅途的劳累，对我百般叮咛、万般嘱咐，让从未出过远门的我少了分不安与担忧，多了分安心与感动。

在提高人才培养质量上，海门师范注重专业和师范的双向强化、共同提高，除了夯实学生的专业技能，还努力提升学生的综合素质，开设了很多强化师范生素养的课程，如音乐、书法、普通话、语文基础知识等。现在回想起来，仿佛就在昨日：为了能熟练地弹上一曲，同学们不惜翻窗进琴房；为了能改掉带有乡音的普通话，大家听着新闻联播反复练习，这些为提高同学们的教师素养打下了坚实的基础。

习近平总书记曾指出：“一个人遇到好老师是人生的幸运，一个学校拥有好老师是学校的光荣，一个民族源源不断涌现出一批又一批好老师则是民族的希望。”我庆幸自己不仅上了一个好学校，还遇到了这么多好老师。作为一个农民的孩子，得益于母校和老师们的栽培，我在毕业前夕光荣地加入了中国共产党，并被保送上了大学。我的人生之路，也从此被改写。李瑞清先生认为，师范教育的对象是为人师者，关系风化。因此，身为老师传授知识不应只是言传，更应注重身教。我想，海门师范和这里的老师们是这句话最生动的写照。

对母校的回忆是温馨而美好的，对母校的感激是真挚且无尽的。值此南通师范高等专科学校 120 周年校庆之际，仅以此回忆聊表感恩之情！衷心祝愿母校前程似锦，再谱新篇章，再创新辉煌！

作者简介：黄菊香，海门师范体 84 班学生，后保送南京师范大学体育系学习，毕业后留校工作，现任南京师范大学教师教育学院党委书记。

启　蒙

蒋晓春

最近正在做一个关于张謇的项目，遥想20世纪初，多少仁人志士教育救国，像黑暗中的一道光，照耀前程。母校从那时走来，已是两甲子。回望无数的人生节点，常忆起海门师范美好又纯粹的三年时光，像是历史长河中的偶然相遇，更是漫长人生的梦想启蒙。

1984年的那个夏天，初三班主任帮我报了个美术专业，事后告诉我，我是一头雾水，硬着头皮参加初试，36个考生只有12个复试名额，我排第11，离复试就剩3天，一个县有4个名额，复试科目其中两门专业“色彩”和“图案”，我压根就没碰过，临时请美术老师帮我抱了个佛脚，考完就考完了，丢到脑后，想来也是没我的份。一个多月后，我竟然先后收到两份录取通知书，一份是海安县中，一份是海门师范，那时候师范似乎是必然的选择，自己人生的行程就此改变。那年九月，我第一次坐长途客车，第一次出县城，新鲜又遥远，也像小鸟出巢，看着天空的方向。

海师是我味觉的启蒙。我记得学校食堂的菜已让我吃惊，有次打了一道菜，吃完了后问同学，什么菜能这么得好吃。同学告诉我是“红烧大肠”，从不吃大肠的我惊到了，这改变了我对美食的认知；1985年到吕四港写生，那巨大的直接从渔船上出炉的梭子蟹，一人一只，配上一瓶啤酒，是我关于浪漫美味最初的记忆；还记得海门镇上有个“长江饭店”，第一次下馆子，竟是我第一次分清楚包子和馒头的区别，那入口的美妙滋味飘到了20多年后的扬州，使我有兴趣专门研究《调鼎集》和《随园食单》，愿意花时间把“三间院”的文化餐饮做成了艺术，先后在国内外获奖，一时小有名气。我想，是海师让我感受到味觉便是烟火气，是生活；感受到把生活活成艺术，才是人生的味道。

海师是我艺术的启蒙。记得第一学年结束时，班上将专业突出的同学暑假招到学校集训，准备一个全国的美术师范生作品展。我满怀期待，却充满失望。一年后的暑假，那份遗落在大队书记灶台上布满灰尘的通知书才转到我手上，那一刻，我知道我错失了一次进阶的机会，也相信了自己对艺术有些许天分。毕业前和好友忠珉在教学楼走廊一起搞了个“现代书法双人展”，这次展览的基因一直延续，毕业后，也多次举办个展，我能一直看见当时的影子，这种坚持也算是没辜负自己对艺术天生的热情，2016 年，终是情怀使然，我创办了移动互联网艺术设计平台“艺厘米”，服务于艺术行业，这归于在海师与艺术的遇见。是的，是海师让我知道“诗意地理解生活，理解周围的一切”是多么的可贵。是海师让我知道：艺术可以遵循自己的内心，可以散发人性的光芒。

海师是我事业的启蒙。在校时，我不拘泥于学校的课程，周日常去镇上的新华书店溜达，便开始接触到书籍设计，心生欢喜，1986 年在南通看过一个日本设计的展览，特别喜欢。这份喜欢后来得以延伸，让我涉足过平面、室内、雕塑、建筑等各种设计，我主持过中国建设银行总行的视觉系统设计，主持过大大小小几十个文化场馆展陈设计，也办过几个设计个展，创办了几个设计公司。我喜欢面对不同主体设计的鲜活感，喜欢设计背后的文化承载，喜欢设计化繁就简的人生表达。我相信这种喜欢，源于海师给予我热爱的精神、自在的状态，让我喜欢另辟蹊径，特立独行，也让我幸运地把喜欢做成了自己的事业；或者这种天马行空的喜欢，不只是事业，也是人生最值得体会的价值所在。

海师是我思想的启蒙。我记得进校第一学年身高就蹿了 12 厘米，我相信那时候自己不只是快速长了身高，也长了见识。我记得在学校啃完了酸涩难懂的美学史；我记得我把我写小说的日子留在海师，一年要用几本作文本；我记得一个初中体育的后进生开始喜欢体育，加入了校篮球队；我记得我初识了情感的美好，懂得珍惜，知道感恩；毕业至今，虽然辗转实践各种行业，所幸，从小学、中学到大学，自己没离开教师的岗位，即使在项目上，也把知识和经验传授作为己任。是海师，让我用兴趣探索未来，让自卑的我收获了自信，让自由的我学会了自律，让自觉的我想活成自己；是海师，帮我埋下思想的种子：教会了我与人为善，教会了我授人以渔，教会了我向美而行。

我只是母校的一粒火种，感谢母校，感谢启蒙，没有在母校的“望见天涯路”，就没有人生的“灯火阑珊处”。母校历经停办、复办与合并，虽一路风雨兼程，但永远砥砺前行；您薪火相传，撒下的万千火种，汇聚成那道光，曾经、现在和未来，一定会为社会持续输出着自己的热情与天赋，不负苍生，不负传承。

作者简介：蒋晓春，海门师范84级美术班校友，2000年创办江苏银狐企业，2016创办艺厘米。

寻路者

张红霞

路

留在记忆深处的那条路，
长长的像铺展开的书轴子，
写满了我的回忆。

或长或短，或宽或窄，或是羊肠小道，或是宽阔的高速公路。留在记忆深处的那条路，长长的像铺展开的书轴子，写满了我童年的回忆。现早已修成了水泥路，但它曲曲弯弯一直萦绕在我的梦里。

那是一条普通的泥路，乡村的居民，依其相居相栖。我们这帮小屁孩常耐不住寂寞，从各小院小宅里大呼小叫地聚在一起追逐打闹。我虽是女孩，却是孩中之王，常带着小伙伴们玩耍、奔跑，活脱脱一群浑身散发着阳光气息的追风少年。

小时候，我去过最远的地方是启东的一个叫向阳村的小村庄，那还是坐父亲的那辆永久牌自行车去的，从早晨出发，到夕阳西下炊烟袅袅时才到了亲戚家。记不起转转弯弯到底走了多少路，也不知南北像是走迷宫。

1985 年那个夏天，当得知自己被海门师范录取时，便高兴得合不拢嘴，心里得意着再不愁去田地里耕种，再也不会蹲着干活，站起来眼冒金星。村里的大人，走在那条村路上，遇着我便满脸笑容地说着祝贺的话。那时，小小的胸膛里冒着自豪与兴奋，连每个毛孔和细胞都开心得冒泡。哈，终于跳出农门，踏上充满希望的吃皇粮之道。

那年8月31日，父亲车上满载着衣物，后座上坐着一个乐颠颠的我。我的脸上荡漾着笑意，朝着每个熟识的人问候。车越载越远，父亲的衣衫在夏天的骄阳下被汗水浸湿。渐渐地，莫名的情绪揪住了我的心，泪水模糊了双眼，像化不开的雾。就这样，带着兴奋，夹杂着不断弥漫着的依恋离开了那条村路。

辗转地，我们又乘上了车。车走走停停，我是第一次乘车，早已晕得不行。好不容易，车颠到了海门老汽车站。我跟在父亲身后，东瞧西看的，街上的一切都觉新奇，也不知拐了多少弯，终于进了海门师范。呀，学校真大，还有很多树。记得一幢楼房前，还有一个花坛姹紫嫣红的，中间有一尊少女的塑像。学校真美呀，引得我驻足观赏，如痴如醉！

不久，来自如皋启东等地方的同学也三三两两到齐了。后来被海师里的老师通知去教学楼的四楼面试。面试的内容有唱歌、跳舞、画画等。记得还有一项是做仰卧起坐，测试的女老师特别地热情，脸上一直洋溢着慈母般的笑。

后来才知道，那个女老师叫纪光融，在海师的三年，纪老师一直担任我们的体育老师，她的迪斯科跳得很是精彩。

我是班级里的体育委员，她特喜欢我，曾谈话让我学武术。那时的我觉着女孩子家还是学舞蹈好，现在心里一直觉得对不起老师的厚爱。更觉对不起的一次，是在操场的环形跑道上，远远地看到纪老师，心里特高兴。可不知怎么的，走近两三米远的距离，脑子里竟电光火石般地蹦出灯泡上的继电器，而后又突然缓过神来，恭恭敬敬地叫着“纪光融”。哎呀，太害臊啦，咋这样叫错了呢！顿时觉得浑身不自在，倒是我敬爱的纪老师，还是那么笑容可掬，让我安慰不少。

现在想想，那时候我们年幼无知，我们这些孩子就是在母校宽松的氛围里，在老师的关爱下成长起来的。

那时候上街溜达，音响里经常传来《每次走过这间咖啡屋》的歌声。与我逛街的友人哼起了这首歌，音质充满磁性，很好听。从歌声里，我总会嗅到咖啡的香，说实话，那时候，从未接触过这玩意儿，但那种香，从未品尝过的那种，一直让我迷醉在记忆里。

至于我们逛过的哪条街也记不清了。那是藏在记忆深巷里的青石板的那种，已触不可及，遥远得恍如隔世。但越是这样，越是牵着记忆越走越远。

在记忆中的海师离家也是遥远的。一般两三个星期方可回家一次。每次回家，我便从海师的饭堂里，打些包子或是面包之类的，带给家人品尝。每当这时，妹妹们的眼神里总是充满喜色，而这时也是我最自豪的时候，好像家里的能人一样。

那时的我，不管是快乐，还是遇上成长的烦恼，总是愿意跟家人倾吐。而每每踏上乡村那条路，我总喜欢加速奔跑，好像鸟儿归巢那般急切。

我们渐渐长大，这条路便变得越来越长。

小伙伴们成人后，便各奔东西。偶然回娘家，也不见他们的踪影。

我有几个海师好友，也从那条村路走过，曾冒着暑气过来看我。那种绵长的情意，回忆时带着蜜香流淌着，穿过风霜雨雪，温暖了我的岁月、我的记忆。

海师毕业后，我从幼教辗转改为小教，又多次调动工作单位。海师真是与我有缘。5 年前，我又调入海门师范附属小学任教，离海师一墙之隔。近得让我能触摸海师那亲切的脸庞。多少次，我在海师里漫步。这儿的建筑跟我们那时已有很大的变化。

时代在变迁，"海门师范学校"这个名称已永远地铭刻在海师人的心上。

海师里的老师是优秀的，大有教育家之风范，现在早已在各自的领域里展示着生命的价值；海师里的学生是幸运的，在各自的生活道路上追寻着幸福生活的梦想。

路，已不再是原来意义上的路了。

它是一种符号，牵着情感的红丝线。

它是你记忆中难忘的乡愁。

它是你青春的回响，是盛宴过后离别时的牵挂。

更是你穿越历史穿越时空的，永远的情怀……

作者简介：张红霞，海门师范幼师 85 级校友。

浓情岁月久　共叙海师情

张云飞

时光荏苒，岁月如梭，同窗共读，一生情缘。

四季轮回，三十六载，多少往事，历历在目。

轻轻打开相册，毕业照上一个个熟悉的面庞又唤起了尘封于我们心中的美好的回忆，那一张张熟悉的笑脸，那段永生难忘的青葱岁月……

1985年8月，时值懵懂之年的我考入了江苏省海门师范学校，全班的同学来自南通六县一市，共有35名同学，班主任是俞晓和老师。

当时，海门师范体育专业在南通地区颇有名气，时至今日，他们也都挑起了南通市的体育大梁，为我市成为体育之乡做出了巨大贡献。当时海师校风严谨，校园虽不大，但环境十分优美；每到夜晚，钢琴房练琴声此起彼伏；各班教室灯火通明，大家都在练"三字一话"基本功；每周活动众多，充分体现了文化育人、活动育人、实践育人、管理育人的办学理念。

老师们基本功扎实，专业水平高，教学认真，要求严格。葛明刚老师的体育理论课朴实实用；丁兆雄老师略带海安口音的篮球与运动生理学课给我留下了深刻的印象；陈健老师的体操与武术示范动作如行云流水；潘健老师的教育学课风趣幽默；戚益老师的运动力学教学轻松诙谐，尤其是班主任俞晓和老师在开班第一课讲的"你们都是佼佼者"那句话，激励着我们忠诚体育奋斗至今……这些虽然已经过去30多年，但回想起来，却一幕幕如在眼前。

当时的海师开设的课程很齐全，有音乐、美术、语言等，任教我们班的都是经验丰富的老师，记得任教我们运动医学的是聘请的二军大的退休老师，每一门功课都必须过关，否则不得毕业，如果不能顺利毕业是不能分配工作的（当时是包分配制度）。虽然那时条件艰苦，但我们很乐观，运动服与跑鞋能穿三年，十分珍惜，一般是上午第一、二节是文化基础，三、四节是专业技术课，下午一、二节是专业技术课或者专业理论课，三、四节是活动课程。如果自己不自觉就容易掉队。我们班是海门师范那几年招收的文化分数最高的一届，先文化划线，再考专业，要求很严格。由于条件有限，训练过后，我们都是洗冷水澡。天气稍冷，一边大吼着一边用冷水往身上浇；如果到了冬季则两三个人相约去操场对面的长江浴室享受一下，顺便在隔壁吃点鸡丝面、肉包子。那种味道现在再也尝不到了！如今我们聚会故地重游，一切早已物是人非了。

任教我们田径课的袁四安老师特别认真，每天六点钟就到学校了。他骑的是自行车。每当早上，一听到自行车支架声，我们便一骨碌爬起来，快速穿上运动服，奔向操场，不敢有丝毫懈怠。袁老师对我们的技术要求很严，动作示范必须正确到位，绝不允许出现错误，他还有一句口头禅："力气不是财，用掉还会来。""忽悠"我们每堂身体素质课都耗尽体能，毫不怠慢。我们都是农村来的孩子，深知老师的良苦用心，只要肯努力，一定会成功。

海师体育班的考试分为技术评定与成绩测试两大块，都是大学本科的毕业标准。我们那几届同学们的运动水平与理论水平都是很高的，许多优秀学生都被推荐到南京师范大学、苏州大学、扬州大学继续深造，也有不少同学参加省级、全国大学生比赛取得优异成绩。

海师三年，学校食堂也是我记忆中不可磨灭的一部分。食堂就在我们教学楼后面，体育班同学打饭比其他专业同学稍早，由于饭量大，菜打得多，后面同学经常吃不到。后来学校开设体育班窗口，才缓解了矛盾。有一阵子学校让我们自己蒸饭，出现了许多不和谐的场面，最后叫停了。初衷是好的，为了培养学生的劳动习惯，无奈体育班的学生太过"强势"。记忆中学校早上的"油点子"最好吃，中午的走油肉与大肉圆是我们的首选。在海师食堂，我第一次知道了啥叫"野鸡汤"，第一次吃到了不摘叶子的蒲芹炒肉丝，第一次知道了草头也能烧汤……

我们每学期都设有劳动周，每天都有晚自习，每天任务各不相同，"三字一话"是必须过关的。虽是体育班出身，我们写的字还是不错的。当时学校正在建体育馆，体 84、体 85、体 86 承担了体育馆的搬砖任务，建成之后体育馆开馆邀请了复旦大学等名校排球队来比赛，我们都参与其中的裁判工作，后来体育馆开设海天舞厅，体育班部分同学也参与了管理。

最开心的是周末，那时没有双休日，上六天课休息一天。周末学校也安排了很多活动，近处的同学也偶尔请假回家。我们几个要好的兄弟便相约早早地直奔工人文化宫，先来一场电影；兴之所至还可以来场通宵录像，全部是武打片，刺激着我们的感官；周日睡大懒觉，饭菜都是其他人带过来，草草扒几口；偶尔我们也会去江边游玩，那时没有自行车，我们便步行过去，出了学校大门往西再往南直走，经过好像是秀山乡（记不清了），再往南一点就到了。在江边有悠闲吃草的老牛，有密密麻麻满世界爬的蟛蜞。我们挖着蟛蜞，带点干粮，说说笑笑，玩得不亦乐乎。黄昏时分，对面崇明岛的灯塔亮了，给这愉快的一天又增加了一点浪漫的色彩……

同窗三载，友谊长存。三年之后我被保送苏州大学，后来分配到南通市体育局工作至今。同学们也各奔东西，在各自的岗位上展现自己的才华和能力。“海内存知己，天涯若比邻”，时间不会因为分开而淡了彼此之间的情谊。二十年同学聚会时，我们相约：每年聚会一次，听听久违的声音，看看久违的面孔，共叙离别的思绪，重温相聚的喜悦，留下美好的回忆。

悠悠岁月，三十六载时光，仿佛就在昨天。难忘那段青葱岁月，难忘那时海师时光……

作者简介：张云飞，海门师范体85班校友，南通市体育局副局长。

情由缘起　一往而深

叶宇红

韶光流转，盛事如约，通师高专，百余年的岁月几度芳华，往事历历，一朝缘起，情深如斯……

——题记

有哲人说：在每一个人的心灵深处，都藏着一幅美丽的图画，那是梦的希冀，那是生命最原始的印刻。

梦　启

从小的梦想就是当老师，初三那年，班主任根据往年录取中师的分数线，建议我考美术班。学校恰巧来了名海门师范毕业的美术老师——王蔚华。从此我争分夺秒地苦练基本功：素描、色彩、图案……终于成为海师美85班的一名学生，扔掉了“玉米子袋”（“玉米子袋”代表着艰辛的农村生活）。

进入海师，我有幸遇见了刚从南京师范大学毕业的班主任翟东平老师。从那时起，我迷上了色彩。跟着他，走遍海门老街，来到田间村头长江边写生……那时，师范的学习环境非常轻松，在这里我找到了自由生长的空气和土壤，找到了自己的兴趣所在。

我记得当时的课程设置也相当丰富，每个老师都给我留下了深刻印象，如今还历历在目，他们是：语文（葛建）、政治（姚卫彬）、历史（陈亚昌）、语基（秦慧绒）、音乐（张庐仙）、体育（纪光融、邢菊），等等。专业有素描（翟东平）、色彩（翟东平、李高华、陈竹林）、图案与小学美术教法（沈鼎尧）、美术鉴赏(李高华)、国画(陆李康、金锋)、书法(陆李康、张永华)、手工(周晓莺)、装饰画(陈竹林)、创作(张永华)。能在他们身上获取知识真的是荣幸,现在很多人羡慕我的爱好和特长,其实这些都和我的母校及遇到的良师有关。

缘 深

1988 年毕业,我回到了家乡——海门三和,当上了小学美术老师,摸着石头前行,我自己设计了备课笔记,开设了兴趣小组班……

1992 年,第一次执教天补片区的公开课《快乐的小鸟》,教室里“小鸟”叽叽喳喳的叫声,让我爱上了课堂……

1993 年进入江苏省海门师范附属小学工作,那是段艰辛而又美丽的登攀历程,已经记不清自己上了多少次的比赛课、研究课。从海门到南通,参加省赛,最终登上了全国比赛的舞台……

2009 年的夏天,专著《我的童画世界更美丽》出版了。

其间,我以实习带队老师身份重回海师,回到了自己曾经上课的教室。我把自己的教学主张,毫无保留地传授给了学弟学妹们。因此被海门师范外聘为优秀指导老师。

情 长

2014 年,我作为海门市海南小学教育管理集团副总校长,接受组织安排,带着满腔热情,回到了承载着我童年无数快乐与憧憬,扬起我教育之梦的地方——海门三和小学。学校正进行校园加固,作为校长,我力求“赋予校园一切物质存在的教育意义”。忆起李吉林老师“小学很小,但是很大;小学很浅,但是很深”的话,考虑到百年传承及众多外来民工子弟,我将高级灰确立为校园主色调。高级灰集大气、稳重、高雅于一体,就如一代一代和小学生百载默默无闻却步伐坚定的辛勤耕耘。

和美的校园层层润色,操场与教学楼的衔接处加了旗台,校门口修建了紫藤架,教室门口挖了一个小池塘,女厕所张贴了百蝶图,预示着毛毛虫都会化变成美丽的蝴蝶;男厕所里的海洋世界,预示着孩子们的世界宽广无边……

“小小中国馆”里，小导游会兴致勃勃地向你介绍家乡的风俗风情；操场上，会有人邀请你玩一玩独具魅力的体育游戏；舞台上，孩子们踩着官步，唱着《女驸马》；多功能教室里，和娃们侃侃而谈“锦绣贵州”“多彩云南”；笑脸墙上张张灿烂幸福的小脸……

想着这些，我恍然：那一个个荣誉称号、一项项大奖、一篇篇文章……仅仅是成长的外在标识，唯有心灵的超然纯净，才能抵达梦想的天堂。

眼下，母校将迎来120周年华诞，我又忆起那个生命原始的印刻，那个想过无数遍的自己内心深处的风景，话短情长，绘于笔下，凝于心灵……

尾　记

故校重游，多情最是教育，执着梦想追寻。教育兴邦，人文化成天下，立德树人永恒。

作者简介：叶宇红，海门师范美术专业85级校友，现任南通市海门区海南小学党支部书记，海南小学教育管理集团副总校长。

百年海师：两代人的精神家园

袁　峰

海门师范肇始于光绪三十二年(1906 年)的“县立师范传习所”，是一所名副其实的“百年老校”。海门师范的办学史同时也是一部艰苦创业的奋斗史，在其一百多年的历程中，数易其名，三次停办，又三次复办。自 1972 年复办以后，历经几代海师人的努力拼搏，在全省、全国的中师教育界创出了鲜明的办学特色，被誉为“江海平原上一颗璀璨的明珠”“乡村小学体育师资的摇篮”。非常有幸的是，我的家中有两代人曾在这里工作、学习过，百年海师培养了我们积极向上、坚毅正直的人格，也给我们的人生留下了终生难忘的记忆，我们都以自己是海师人为荣。可以说，百年海师是我家两代人的精神家园。

百年海师，是父母事业启航的地方，也是见证父母爱情的地方。

我的父亲袁振扬，1948 年 9 月至 1950 年 7 月在海门中学高中部就读，思想进步，一直担任学生干部。1950 年 8 月，父亲在原海中老师、时任海门县政府社教股负责人沈斌(新中国成立前以海中教员的身份从事党的地下工作，后于江苏省总工会离休)的推荐下参加工作，主要从事海门师范恢复重建的各项筹备事宜。当时，新生的人民政府为了发展教育事业，决定在 1934 年起停办的“海门县立乡村师范学校”的基础上，正式复办新的师范学校。在紧张筹备了一年以后，1951 年 8 月经苏北行政公署批准，正式成立“苏北海门初级师范学校”，承担启、海、通、如、崇(崇明)5 县小学师资的培养任务，我的父亲担任学校第一任团委书记兼政治教员。当时，正值新生的中华人民共和国初创阶段，各项建设百废待兴，父亲当年风华正茂，十七八岁的年龄有着使不完的劲。他以学校团委的名义组织各种宣传活动，发起了声援“抗美援朝”的义演、募捐等，同时还兼任政治教员。我记忆最深的是父亲讲述他平生第一次走上讲台的趣事。为了上好他人生中的第一课《当前的政治形势》，父亲精心准备，多方搜集资料，写了满满的教案设计，也进行了多次模拟讲课，可没有想到一走进教室，面对那么多渴望的眼神和比自己年纪大得多的学生的时候，脑子一下子就懵了，原来准备讲 40 分钟的内容不到 20 分钟就讲完了，怎么办呢？父亲灵机一动，拿出了笔记本，对着瞪大了眼睛的学生说："今天的政治形势就讲到这里，下面同学们可以把你心中最想要了解的问题告诉我，我先记下来，下节课我再向大家一一进行解答。"就这样，这余下的 20 分钟时间就在同学们踊跃的举手发言中、在父亲紧张的记录中度过了。父亲告诉我，要做一个好老师真难啊！在之后的日子里，他时时向老教师请教讲课的节奏、语音、语调、板书、问题设计等，终于用了不长的时间就可以熟练地把控课堂教学，成了最受学生欢迎的老师。父亲一生的事业是从海门师范启航的，他严谨的工作作风、扎实的文字功底，也是在海门师范锻炼出来的。后因工作需要父亲于 1958 年调去海门县委工作，历任县委办秘书、副主任、秘书组组长等职，又机缘巧合于 1989 年 9 月从海门县教育局局长任上调回海门师范担任党总支书记，回到了他一生事业开始的地方，那个曾让他激情燃烧的海门师范！

我的母亲丁华萍，原籍扬州市东关街，因双亲死于日寇的屠杀而孤身一人来通投靠亲戚，寄名给丁姓人家而取名。母亲从小天资聪颖，儿时生活在南大街长桥边舅父家的新新大剧院，从小耳濡目染，极具文艺天赋。1953 年 9 月，母亲在小学代课一年后由南通县教育部门安排，来到"苏北海门初级师范学校"接受正规的师范培训，被编入 53 级普师(乙)班。在海师学习期间，母亲十分好学，德智体全面发展，门门功课都是优秀，这为她成为一名优秀的小学教师打下了扎实的基础。特别是在学校团委组织的各项活动中表现活跃，还经常代表学校参加海门县的文艺会演，屡屡为学校争得荣誉。小时候，经常听父母的同辈人讲，当年母亲在海师时是一个文艺尖子，她表演的诗朗诵《当我看到这条红领巾的时候》声情并茂、听者动容，独幕剧《放下你的鞭子》坚毅刚强、催人泪下，在海门县的会演中都获得了一等奖。母亲对教师这一职业是十分热爱和用心的，她于 1956 年 7 月海师毕业后分配在南通县刘桥中心小学工作，1957 年与父亲结婚后调来海门，在父亲老家的瑞祥小学担任班主任，从母亲留下的一本瑞祥小学三年级的"班主任工作笔记"中可以看到，她在一个学期里对全班所有学生进行了家访，将 38 名学生的姓名、家庭地址、在家表现、存在的主要问题等清晰地加以记录,逐一列出教育对策;她制订的班务工作计划、中队辅导计划、每周工作计划详尽细致,记录的班级逐日工作,细致到路队纪律、班会内容、文艺活动教唱曲目、大扫除安排……当我海师毕业成为一名人民教师的时候,我就非常深刻地理解了,为什么父亲要在我当年刚入学海门师范的时候给我讲述他执教人生第一课时的"囧境",为什么当我看到母亲留下的"班主任工作笔记"时会涌起无尽的感动……这些对我来说都是人生中最深刻的教诲和力量啊!正是海门师范,铸就了他们的事业之基,见证了他们那个年代的爱情,也成了父亲心中永远的精神寄托!

百年海师,也是锻炼培养我成长发展的地方,更是我心中的精神家园。

1986 年 5 月,我在江苏省海门中学就读初三的最后一个学期,面对着"中考志愿表",我郑重地填上了第一志愿"江苏省海门师范体育专业"。当我把志愿表交给父亲签字的时候,父亲的眼睛湿润了,我知道那一刻他读懂了我的心!

进入海师以后,面对着近乎专业的专项运动训练,我们这些不是体校出身的学生都吃尽了苦头,第一个学期几乎掉了几层皮,基础力量薄弱必须反复练习,肌肉酸胀疼痛只能在晚上睡觉前用热水冲泡搓揉加快恢复,这样才能在第二天迎接新的考验,好在我们很快适应了。我们班的同学个人专项技术素质高是出了名的,朱晓霞、邓健、刘新国、周建斌、卞春芳等同学初中阶段就参加过全国、省市的田径比赛并取得过好成绩,王雨根、张宁、梅从铁等同学的篮球打得绝对漂亮,王强、王跃华、高红梅等女同学的排球水平也是很高的,启东、海门的男生则可以轻松组成一支排球队,挑战高年级的师兄绰绰有余。最精彩的是在刚入学的那年海师田径运动会上,身为一年级的小弟弟,居然在很多项目上击败了以专业水平高而著称的体 84 的大哥哥、大姐姐,一时间轰动全校,我们都以身为体 86 班的一员而骄傲!

学高为师,身正为范。海门师范优秀的教师群体,用他们正直向上的人格、渊博深邃的知识、循循善诱的教育,让我们用三年的时间在这里日积月累,脱胎换骨。难忘葛明刚老师严肃刚毅的表情之下,用他独创的一门《体育理论》只抽考一道题的方式,却让我们在忘我的背诵默记中牢牢记住了体育基础理论和教学法;难忘丁兆雄老师带领我们在海师操场西跑道上练习篮球裁判动作,他示范吹哨、手势、跑位时一招一式的潇洒利落;难忘袁四安老师教给我们那样标准的投掷动作、那样清晰的背越式跳高逆向教学法;难忘袁永祥老师看似轻松地一掷,标枪在空中划出那一道优美的弧线漂亮地扎在了几十米开外;难忘陈志强老师在第一次足球课时,出神入化地一下子将足球颠了百来下,然后告诉我们考试时颠60下是及格标准时同学们那惊呆了的表情;难忘曹向东老师给我们上《体育统计》时,风趣地对我们说:"上好我这个课,你们只要会阿拉伯数字就可以了!"回想海师三年,难忘的实在是太多了:体操、武术老师陈健的动作永远是那么飘逸潇洒,教排球的邢菊和俞晓和老师那标准的传垫扣发,音乐老师张庐仙一直会笑你们就只会唱那几首流行歌曲,只教了我们一年却让同学们难以忘记的优雅的邢小白老师,清瘦睿智的潘健老师永远是那么淡定儒雅,还有古文功底深厚的李鸿鸣老师朗诵《梦游天姥吟留别》时那老夫子的样子,最无奈的绝对应该是陈情老师了,当面对我们班历史考试成绩的时候那个模样至今令人难忘……

海师三年,正是我们这批同学十八九岁的年龄,刚从生活中的懵懂少年走进海门师范,在严父慈母般的老师的示范、教育和呵护下,逐渐形成自己的人生观价值观,逐渐走向成熟,成长为一名合格的人民教师,这其中倾注了众多师长的教诲和培养,今天想来还是如昨日般清晰而感动!

海师三年,让我知道了学识是需要靠自己不断地探索和学习才能积累起来的,所以多读书、勤专研、求创新是干任何一项工作都必须要有的态度;让我知道了热爱一项事业是需要持之以恒的,人生中所有遇到的挑战,只要努力了都是可以得到回报的;更让我懂得了坚毅正直、乐业友善的生活态度,应该是我们一辈子都应该记住的人生哲理!

难忘百年海师,永远是我心中的精神家园!

作者简介:袁峰,海门师范86级体育班校友,曾任海门市教育局党组副书记、副局长,海门市体育局局长,海门区接待办主任,现任江苏省江海博物馆馆长。

合家欢

——和海门师范先生们的35年情缘

张　松

南通师范高等专科学校正走过120年光辉历程，我成为其中的海门师范的学生，至今35年。在这占建校近三分之一的岁月里，很多先生，以及他们的下一代，延续着“坚苦自立，忠实不欺”的校训，和我结下了真善美的情缘，特以短文记之。

立　春

东风解冻

看着现在15岁的孩子，觉得真稚嫩。我就在那个年龄，走进江苏省海门师范的校门，门口王个簃先生题的校名，带着明显的篆书味道。

其实本来是进不了的。虽然文化成绩多了几十分，但是专业成绩不够一点，好在第一名没来，我就正好顶上。

进门就遇上沈鼎尧、陆李康、周晓莺三位先生，正站在教学楼前的雪松下面招呼新生，都是圆脸，笑眯眯的，这就是我对海门师范的第一印象，很好的印象，一直记着。还有一座雕塑，像一朵花，怒放的那种，下面托着叶子或是手掌，有着某种向上的力量。

一直往里，过教学楼，到大食堂，转向东是几排宿舍，穿过高大方正的体育馆，外面是一望无边的操场。好大啊，这是一个乡下孩子的感慨。即使以后我见过再多的大院、大学，依然觉得海门师范不小，这是一朵新芽初见的世界，这是一颗淳朴的心初觉的世界。

蛰虫始振

班主任老师的名字居然是4个字——端木志坚。虽然我知道有复姓，司马迁、诸葛亮、欧阳修……真人是第一次见到，而且他像我心目中的令狐冲，瘦瘦的，丰神俊秀，儒雅潇洒。以后又惊讶于他有7件衬衫，红橙黄绿青蓝紫，每天换一件。作为美术班的老师，端木先生真是太“燃”了，符合我们这一群学生的所有想象和期待。

2014年，时隔27年，我出任国家级开发区的纪委书记。为了打造纪检工作的品牌，到南通的大学里寻找设计师做形象设计(VIS)。端木先生已经成为高级工艺美术师、《中国设计年鉴》编委等，出版多部专著。他再次为学生示范，做出了“滨江清风”系列作品，廉政广告《墨斗篇》等入选全国性设计精品集。

端木先生50岁生日时，美87班全体赴南通为他祝寿，大家在酒店楼梯上合影，层层叠叠。水晶大吊灯的辉煌中，每个人的眼睛都是亮晶晶的。

毕业30年聚会前，我正在陕西省汉中市挂职常委、副县长扶贫，端木先生让我专门讲讲自己的酸甜苦辣。聚会时，丁兆雄、陆李康、陈竹林、沈如春、李高华等先生微笑倾听，像是回到我入学面试时那般的情境。

雨　水

鸿雁来

1987年入学后，印象中校长是姚雨南先生。他是海门人，德高望重，数学老师出身，也是教学管理的行家。作为学生，平时我们没有太多机会接触他，接触他大多是在全校性的活动上，听到他说着较为标准的普通话，激情洋溢地做各种动员，宣布各种决定。最初我们头脑中的领导干部形象，大抵就是姚先生。

1990年我成为海门县实验小学的教师。有一天宿舍里来了个小伙子，白白净净，中等身材，深秋了，还穿着白衬衫和薄薄的黑裤子。他脸型方正，动作利落，酷肖姚雨南先生，一问，正是姚先生小儿子姚海威。海威喜欢上了黄老师，而我喜欢黄老师的舍友季老师。后来，我们一起谈恋爱，差不多同时结婚，互相闹洞房。同时又发现，姚老师的大儿媳，和我妻子是同事，一位很善良的幼儿园老师。生活是神奇的，我和校长的距离，在他的两个儿子身上没有了，而且还成了多年不变的好友。

更神奇的是，姚先生的长孙姚翔，非常优秀的孩子，和我成为同事。他的婚礼，请我证婚。虽然姚先生英年早逝，但是福泽绵长，必将被时时追忆。

草木萌

另一位我尊敬的校长，是丁兆雄先生。南京师范大学教育学院党委书记黄菊香回忆："丁兆雄老师比我们年长几岁，长得又高又帅，知识渊博，眼界开阔，是'男神'一样的存在。邢菊老师是我们的排球老师，知性优雅，有亲和力，是一位知心姐姐，引导和帮助同学们走出困惑。"

人的体验大多是相似的。在校的时候，我和丁先生夫妇交往不多，直到我办公室里来了位小姑娘，自有一股英姿飒爽的气质，原来她是丁兆雄和邢菊先生的孩子丁娴娜，喜爱美术。自此，开始了家长和"老师"的交往。丁先生越来越忙，来学校的大多是邢先生，她十分重视孩子的教育，丁娴娜的每一点成长都凝聚着她的心血。直至孩子出版著作、出国留学，现在大展宏图，我们一直保持交往，分享孩子成长的喜悦。

春　分

玄鸟至

1989 年 9 月，袁振扬先生从海门教育局局长调任海门师范党总支书记，有一年时间，我得以常常见到他，因为我是学生会主席，受校团委管，他管校团委。

印象中的袁先生，敦厚质朴，脸被晒得黑黑的，总是带着笑容。我从未意识到他是大领导，就是因为他和蔼可亲，觉得是邻家大伯而已。事实上他工作作风严谨，文字功底扎实，擅长思想政治工作，在海门威信很高。

缘分更多地体现在袁先生儿子袁峰身上。1996 年，袁峰另有重用，他推荐我接任海门市教育局的音体美教研员。虽然我没有正式去局里上班即被调到政协，但是此后一直和袁峰互相勉励前进。他喜欢姜老师，结婚后请大家去他们家，应该是在师山新村，满屋的书和唱片。当时说起师母丁华萍，扬州人，极具文艺天赋，在海门师范时，曾主演独幕剧《放下你的鞭子》。

有趣的是，师母学习的普 53 级乙班，班主任是袁振扬先生。

袁峰现在江苏省江海博物馆任馆长，处级领导干部了。上周我们一起认真地看“西泠印社社员作品展”。

雷发声

在我工作的旅程中，足以称得上引路人的，施彦敏主席是其中之一，他的另一个身份是钱瑛先生的丈夫。钱先生曾任海门师范团委书记，以前和施主席的家，就在师范大门的西侧平房里，那里后来盖起来行政大楼，现在又拆了。钱先生对我们的影响，更多的是人生观和价值观，她讲过，七八十年代那批海门师范生的成功，不在知识和年龄，而在精神。这是一种深入底层社会、经历人生磨炼、洞悉人情世故、渴求改变现状又坚韧不拔的精神。经历和道路不可复制，但经验和精神却可以传承。

施主席任常委、组织部部长时，把我调到政协工作。过了 4 年，他也到政协任领导。有一次，他把我起草的文稿改了个密密麻麻，并且叮嘱为什么这样改，自己写个体会。这种被老师批作业的体验，让我从内心里把他当作先生，并且以他的经历来激励自己。

今天，我坐在海门区政协副主席的办公桌上写这篇文章，又忍不住去翻找他修改的文稿，体验着传承的意味。

谷　雨

萍始生

在实验小学教书的时候，有一位学生叫郁华璐，瓜子脸，大眼睛，喜欢素描。我很喜欢她，常常给她加难度辅导。后来知道他父亲是郁斌，海门中学老师，已调入政协办公室工作。等我到政协，他又调文化局，和我父亲是好朋友。

缘分就是这样神奇，有一天在交谈中突然发现，郁华璐是我的学生，而我是她母亲的学生；我和郁斌是同事，而郁斌的夫人宋为群是我的老师。宋先生在海门师范教我写作和现代汉语，性情温婉的她，有着独特细腻的教学风格。曾看到她写的随笔《给女儿积累财富》，体现了敏锐的教育眼光和细密的文学逻辑。郁斌先生是党外领导干部，也是颇有影响的诗人，其善良正直、善于学习的品质，影响了好多人，包括我。教书育人，就是这样细无声息，直达人心。

上次见到郁华璐的孩子，他一手抓着哈密瓜，一手拿着红番茄，奶声奶气地喊我："爷爷好！"一时百感交集。

拂奇羽

当美术老师的时候，还有一位学生叫黄尚。不错，第一次听到别人喊他，以为是叫"皇上"。这是位十分聪明的孩子，好动，所以被妈妈捉着练书法，因此我又成为老师的儿子的老师，辈分一会儿低，一会儿高。

黄尚妈妈是我妻子的老师严学捷先生，黄尚爸爸黄学新先生也是海门师范教师。严先生人如其姓，对学生是严管的。我妻子季娟是海门师范幼88班的学生，时常和我说起严先生的"严"，一般不许出校门，不许谈恋爱，对成绩和基本功的要求更是抓得很紧，不行就严肃批评。当然，她还说严中更有爱，比如严先生常常分批带学生回家包馄饨吃，让离家的孩子们感动多年。严先生后来到《海门日报》为新闻事业发展贡献力量，勇担当、乐助人。我们家和严先生家住一个小区，严先生对我也关怀备至，《海门日报》上看到关于我的报道，都会收集一份，发我信息。我的女儿要到英国爱丁堡大学读研究生时，她主动关心，把英国同学电话告诉我，反复叮嘱有困难一定找他们帮助，就像母亲一般。

季娟当了二十多年的幼儿园教师，多次在外面碰到家长和学生，她都会停下来聊好久。在他们的笑容里，我也体会到了爱的传承。

小　满

苦菜秀

许多海门人熟悉一位兼职节目主持人，舞台上光彩照人，反应敏捷，名叫王端懿。初到实验小学当音乐老师，她却只是羞涩的黄毛丫头。我们在一个办公室，常常开她玩笑："男朋友有了吗？"她家学渊源，父亲是王茂恒先生。

王先生左手烟，右手酒，酒放下，拿起笔，就是龙蛇起，满纸烟云。文章好，书法更好，才华横溢。2012年，他邀我参加海师校友书法联谊会，帮他组织活动。随着巡回展览,我们一起走了不少海师校友工作的地方。有一次到如皋师范交流,王志刚校长亲自陪同座谈参观,然后到一个教室,外面是密密的芭蕉,格子窗,光影摇曳,在宣纸上一挥而就:惠风和畅。

这几年王先生出来少了,我和他女婿赵觉新倒常见面。觉新有一家做颜料的公司,色彩缤纷,自然和美术生对路。

麦秋生

海门师范的先生们,于我来讲,都不是留在回忆录里缅怀的,许多都和我一起交往、生活,一起欢笑或是忧伤。成勇先生更是如此。

也许是年龄相近的缘故,我们两家来往甚多。成先生妻子朱晓蕾,文艺女青年,活泼开朗,两人都是音乐生,一个弹琴,另一个唱歌。我女儿张欲晓上小学起,就拜成先生为师弹钢琴,一级一级考下来,她居然从没有向我们叫过苦。成先生是上音高材生,擅长作曲、指挥,教小孩子是大材小用。成先生家女儿有点腼腆,眼睛特别大,一直跟在我女儿边上,晓晓姐姐、晓晓姐姐。记得女儿考大学的高水平艺术团,成先生送出了珍藏的小提琴,晓蕾老师在熙熙攘攘的考场外,一排自行车边上继续提点张欲晓的发声方法,其声其影,历历在心。

岁月不居,未来可期。与母校之情,在平凡的生活中延续。交往两代的,还有张国强、姚亚萍先生和张弛,史永根先生和史向前,俞学诗先生和俞晓琴等。一直关心我的师长有许多,比如陈情、吕静、倪健、徐超、戚益、袁海生、张永华等先生,数不清,正如我数不清父母对我的关爱有多少一样。

作者简介:张松,海门师范87级美术班校友,历任海门市政协秘书长、办公室主任、机关党组书记,海门经济技术开发区纪工委书记、管委会副主任,陕西省汉中市勉县县委常委、副县长,现任南通市海门区政协副主席。

生命中最美好的遇见

陈金飞

韶华易逝，白驹过隙，一转眼离开海门师范已有30个年头。随着南通师范高等专科学校的合并组建，母校的校舍不复存在，但“江苏省海门师范学校”这九个大字永远镌刻在我的心中。

一

1989年9月，一个农村娃踏入海门师范这个神圣的殿堂，遇见了一批好老师。

刚从大学毕业就担任我们班主任的夏云平老师，知识渊博，才华横溢，经常给我们朗诵他自己写的诗歌。那时的我，毕业于一所乡镇初中，没有读过几本课外书，对于文学鉴赏是一个地道的小学生。夏老师引领我们读名著，赏析诗歌散文，慢慢提升我们的文学素养。夏老师虽然刚担任班主任，但工作做得细致扎实，对学生关爱有加。记得第一学期的元旦，为了节省车费，我和几个同学在学校过，夏老师到宿舍里嘘寒问暖，还邀请我们到他的宿舍喝茶聊天，逼仄的阁楼里弥漫书香，我第一次感受到了精神生活的特别意义。

副班主任唐旭东，跟我们年龄相差不多，亦师亦兄亦友，课余时间跟我们交往很多，带领我们训练“三字一话”基本功，组织文艺活动、体育训练，89(2)班成为一个人才辈出的优秀集体跟唐老师的陪伴和付出分不开。毕业以后，唐老师和我们一直保持着联系，成了一辈子的兄长。

教普通话的魏南江老师，无论是穿着打扮、言行举止还是内涵气质，都是我们心中的女神。刚入校时，我的启海普通话一度让我羞于表达，后来发现其实我们这些从农村来的孩子大部分都不会说标准普通话。魏老师从基础拼音开始，突出难点重点，不厌其烦改造我们的方言，半年下来，我们摸到了门道，三年的勤学苦练，基本都脱胎换骨了。

教育学老师潘健，现在是二级教授了。潘老师给人感觉和蔼可亲，上课娓娓道来，很有专业范，科研水平特别高，现在可谓著作等身了，是海门师范一支笔，也是我科研道路上的精神指引。教育是门艺术，我深知，只有通过学术研究和反思才能促进深层次改善和提升教育行动。

数学老师曹一鸣，现在是全国著名专家，很荣幸曾是他的学生，聆听过他的授课。是曹老师激发我对数学和数学教学的兴趣，我还在海门师范期间参加了数学竞赛，取得了二等奖。还有很多老师，不一一数说，总之，是海门师范的老师夯实了我的专业素养，引领我走上小学数学教学之路，并成为照耀我前行的光束。我沐浴于这些明媚、温暖的光影中，努力汲取源源不断的力量去探寻数学课堂之美、教学之美。

二

毕业分配，回到家乡，任教于启东市圩角小学——一所普普通通的乡村中心小学，接手四年级的一个班，任教数学。泰戈尔说："上天完全是为了坚强你的意志，才在道路上设下重重的障碍。"工作刚满三年的我，被提拔到一所偏僻的村小任校长。迎接我的是老旧的校舍、泥泞的操场，一群淳朴天真却知识匮乏的孩子，几位满腔热情却年事已高的教师。我一个人挑起几副重担：校长、主任、数学老师。课余时间，我提着大大的涂料桶，召集老师和学生一起刷墙面。我成了名副其实的"刷墙校长"和"涂鸦校长"，从生疏到熟稔，从斑驳到平整，一面面新墙也见证了我的誓言：每天改变一点点，总会旧貌换新颜。

"外树形象，内练真功"，年轻的我追光逆行，有使不完的劲儿。白天，忙于大大小小的学校事务；夜晚，是属于我的清修时光。一个人，一间屋，一轮月，一盏灯，钻研教材，记录随感。365 个日子，20 多万字的摘抄，100 多篇教学随笔，10 多篇发表的文章……是我向光阴交上的答卷。有了勤奋与刻苦的浸润，有了理想与朝气的陪伴，我刚刚启程，便收获颇丰。回眸梳理，我无比感怀那段艰苦的村小工作经历，那儿成了我专业成长不可或缺的起点。

也是在那一年，我报名参加了村小组别教师优课评比，从乡镇选拔，到学片选拔，直至县里比赛，我一路过关斩将，最后获得一等奖。

2009 年，我被调入江苏省启东实验小学，又被遴选进全国著名特级教师蔡宏圣老师担岗负责的“南通市蔡宏圣名师工作室”，零距离接触名师，并得到他的耳提面命。蔡老师先进的教育理念、丰富的教学经验、高超的教学技能，像一盏明灯，照亮我前进的道路。蔡老师经常带领我们一起磨课。磨课的过程，其实就是研究和推敲、总结和反思的过程，虽然这个过程饱含艰辛，但也让人感受到幸福，体验到成功。

三

专业阅读夯实了我的学术底子。二十多年来，我从未间断过自己的专业阅读。我重点读三类书，哲学和方法论方面的书，教育心理学著作，数学教育类著作和刊物。长期持续深入的专业阅读，拓宽了我的教育视野，丰富了我的教育见解，深化了我的教育认知，推动了我的教育创新，为自身专业发展提供了丰富的学术土壤。

教学研究成就了我独特的执教风格。我积极倡导“智性课堂”，主张“为理解而教”，逐步形成了深刻而灵动的课堂教学风格。近年来，我在数学课堂教学中，努力把数学知识中的学习“点”，按照一定的规则和方法建立起关联——或是用“线”有机串成知识体系，或是把同类小“点”有机整合成大的“集合点”与“群”进行学习……以达到切实把握数学知识结构与内在关联、灵活解决数学问题、获取更为有效的数学学习策略、提升数学学习质量、享受数学学习过程、实现“智性学习”的目的。

课题研究凝练了我鲜明的教学主张。我从县级课题起步，一步一个脚印，到成功申报大市级课题，再到江苏省“十二五”“十三五”重点研究课题的立项，品尝开展研究的成功喜悦。随着课题研究的不断深入，我对于“智性学习”理论的理解，经历了“由知入至，由至而智”三个不同层面的循序渐进、螺旋上升的感悟。智性学习，既是一种教学主张、教育理念，也是一种基于对数学学科的理解、一种实现学生素养提升的教学策略。围绕主张形成了一批课题研究成果，在 2017 年省教学成果奖评选中获得一等奖。

四

真正的成长，是心灵不断净化的过程，是精神世界不断变得富足、充实的过程，是教育教学能力不断提高的过程。2016 年取得特级教师称号后，我没有停止前进的步伐，而是把它视为专业进阶的基石。2018 年我获得省“333”高层人才第二层次培养对象，同年遴选进入南通市名师一梯队成员，省领航名师小学数学项目组成员，获得正高级职称。2020 年，获得南通市“四有好教师”领衔人称号、省乡村骨干教师南通市级站领衔人、省名师工作室主持人、“苏教名家”培养对象。

回顾三十年的成长历程，是海门师范老师的教育，让我这个地道的农村娃自信满满地走上教育之路。是母校的老师教会我踏实做事学做真人，尊重他人敬畏知识，提升自己不断拾级而上。成长路上的痛苦与欢乐、彷徨与顿悟、努力与艰辛，霎时溢满而出。回望自己走过的成长之路，我充满感激的同时亦深深感悟：是海门师范给予我心灵的滋养，终究让教育成为我生命中最美好的遇见。我将铭记老师的教诲，笃行如初，行稳致远。

作者简介：陈金飞，海门师范普 89(2)班学生，特级教师，教授级高级教师，现任启东实验小学党总支书记、校长，江苏省中青年科技领军人才，首届“苏教名家”培养对象，江苏省名师工作室、名校长工作室主持人，小学数学骨干教师培育站主持人。

此生有幸遇良师

张　华

一个人可以选择工作单位，选择生活环境，选择故友挚交，有时却没法选择自己的老师，如果能遇到影响自己兴趣爱好甚至人生走向的老师，那真是莫大的幸运。

我就是这样一个幸运的人，在人生很多重要阶段，遇到了几位好老师。

很多人都羡慕我，有这么多的爱好和特长，其实这些都和我的经历，特别是遇到的几位良师有关。

说到音乐，首先感谢的是我当年就读海门师范时的班主任王洪钟老师。第一次见识王老师的风采是在我们开学不久，和任课老师中秋联欢的时候。那时王老师刚从大学毕业，是个毛头小伙儿，住在学校体育场门口的小楼里，我们联欢的地方就在他宿舍隔壁的阳台上。

那晚皓月当空、万里无云，新生们和任课老师都表演了不少节目，王老师的表演让我记忆犹新。他有点腼腆地说不会表演什么节目，就给大家吹一个曲子吧。于是，就拿起一支笛子吹了起来。

悠扬的笛声，在皎洁的月光下，和着阵阵清风，从王老师手中的笛子中慢慢飘出，委婉动听，跌宕起伏，渐渐弥漫在空中，一幅幅江南美景徐徐展开：杏花春雨，水波荡漾，杨柳依依，荷叶田田，一叶扁舟由近及远，在夕阳西下的炊烟里渐渐消失……很久以后，我才知道这首曲子叫《水乡船歌》。可以想象，对于一个没有任何音乐欣赏经验的农村孩子来说，这样的音乐所带来的体验简直难以形容，就像一个从来都是粗茶淡饭的农民，第一次品尝了精致的美食后所发出的惊叹和感慨。

那一晚，我被那支笛子彻底征服了。

在王老师的鼓励下，我们全班同学几乎都学起了各种各样的乐器，而我则选择了吉他。在我们那个小县城，教二胡、琵琶、洋琴这些传统乐器的老师一抓一大把，而会弹吉他的人却极少。一次偶然的机会，我看到一则吉他函授班的招生启事，就怀着激动的心情，从日常零用钱中抠出 50 元钱寄了出去。大约半个月后，我收到了一本油印教材和六盒录音带。从那以后，每到周末，同学们都出去逛街、看录像、看电影，而我则挎着吉他陶醉于音乐的世界。

我学习吉他的劲头儿近狂热。那时，凡是看到关于吉他方面的书，我都会毫不犹豫地买下，导致有些书直到现在还看不懂。天气最热的时候，汗水可以将吉他打湿。最冷的时候，同学们都进入了梦乡，我在吉他上无声地按着和弦。指肚开裂了，我用胶布裹好后继续练习。没有练习时间，就把原本选修音乐的练琴时间腾出来……就这样，借助函授，我从初级班，学到了中级班、高级班。天道酬勤，无数的汗水终于让我能在六弦琴上挥洒自如。我参加了学校的器乐比赛，破天荒地用吉他征服了评委。王老师又组建了班级乐队，经常排练并参加一些表演，一时间声名鹊起、小有轰动。

当时，对于我这个乐盲来说，能亲近音乐、喜欢音乐，完全是王洪钟老师的影响使然。说他教了吗？其实啥都没有教。说没有教吗？其实什么都教了。

而说起我的书法爱好，有一个人不能不提，他就是海门师范的王茂恒老师。

那时我刚考入海门师范，有了真正意义上的书法课。上第一节课时，有个儒雅清瘦的老师走上讲台，说要测试一下大家的书法基础，每个同学都临帖一页交上来。等到第二节课时，王老师把用红墨水批阅过的临帖作业发了下来，说道："大家看看得了几个红圈儿，每个红圈儿相当于 20 分。"大家都纷纷看向自己的作业本，大致都是三四个红圈儿。王老师随后说："得到 5 个红圈儿的同学举下手。"有两个同学举起了手，我是其中一个。王老师随即走下讲台，拿起我的作业本向大家展示一下，说："这个同学写得很好，5 个圈儿，就是 100 分，大家要向他学习！"他又走到另一个举手的同学跟前，看了下，说："你也 5 个圈儿，不过有一个没有画满，所以你 90 分，不错！"同学们笑作一团，都被他的这一波神操作惊艳到了。王老师又说道："我宣布，张华同学为我们班的书法课代表。"

事后我才知道，王老师是个才华横溢、不拘小节的大才子，在他的影响下，我才登堂入室，认认真真学起了书法。

在此之前，我要感谢两位老师。一位是我小学的数学老师张静修，他写得一手好字，我参加了他的书法兴趣小组，在我稍有进步的时候，张老师把我的作品挂上学校的宣传橱窗，这也是我人生第一次体验存在感。另一位是我初中的物理老师徐新明（上海知青），严格来说他算不上我书法老师，学校让他辅导我参加县里的一个书法比赛，他对此可能也并不擅长，从来没有（也可能没法）给我示范过一次，只给我一本《初中生书法字帖》，让我在报纸上反复临习其中的一幅行书作品，不管写得如何，他每次都表扬我。一次他给我三张很大的白纸，用浓重的上海口音说："这叫宣纸，蛮贵的，比赛个辰光就用这种纸，侬先适应下。"我怯怯地不敢下笔，生怕糟蹋了这些"蛮贵"的宣纸。后来徐老师带我去参加了书法比赛，我至今仍忘不了第一次进城，在烈日下跟着他在小县城穿街走巷的情景，那时的小心脏突突突地乱撞，对徐老师的感激崇拜之情溢于言表。

两位书法启蒙老师称不上专业，但正是因为他们，在那个十分偏远的乡镇，我才有在书法殿堂门口匆匆一瞥、怦然心动的机会。

回到正题，那时海门师范的学习生活环境非常宽松，对于我们这些初中毕业的农村孩子来说，真正找到了自由生长的空气和土壤。现在看来，真的很难再找到一种类似于中师教育的理想状态，既没有应试的压力，也没有升学的顾虑，要做的就是在完成通识教育的基础上，找到自己的兴趣所在，如饥似渴地遨游其中。当时还没有"素质教育"这个说法，却显然最具素质教育的特质和内涵，这可能也是那一代中师生人才迭出的主要原因吧。

海门师范毕业后，我被保送大专，幸运地走进如皋师范，开启了另一段迥然不同的求学之旅。

我就读的是如皋师范首届文科大专班，因在写作方面的先天不足，和其他同学比起来相形见绌。但是，写作又是必修课，这便给了我无尽的烦恼。半年过去，写作作业竟未完成一篇。

情况反映到班主任那里，班主任是汪政老师，是国内知名的文学评论家。一天傍晚在沿着操场跑道走向食堂的路上，他问我为何不读书，我说我不喜欢。他又说你为何不写作，我说我不会。汪老师轻叹一声，说他看过我的字，颇有功底。我未作声，当然，半个月后，也未见于行动。

一日，汪老师又约我周日上他家做客。

当我如约走进他家时，汪老师客厅的餐桌上已摆上一大摞字帖，魏晋唐宋元明清各代名帖应有尽有，我心中自是一惊。接下来的交流证实了我的猜想，汪老师也是此中高手。我内心十分明白，谈完书法，怕是要大谈特谈写作的重要性、必要性了吧。

然而他没有，只是淡淡地说了一句："去我书房看看吧。"

我跟着他走进书房，一下子惊呆了，这是有生以来对我少有的几次震撼之一。我已然走进了书的世界，偌大的书房被密密麻麻、铺天盖地的书占据着，书架上里外几层码着书，书桌上、椅子上、沙发上、地板上、电脑主机上全是书，在这之前，我绝不敢想象一个人会拥有那么多书。我徜徉其间，随手翻阅着，感觉到我的头在晕眩，手在颤抖。我不知道我是如何笨拙地离开汪老师家的，但是我清楚地记得当时的感叹，我是否应该改变一下读点书了。

在回去的路上，我就找了家书店买了几本书。此后的数十年，我如同开挂了一般，义无反顾一头扎进书海，买书、读书、写作一发不可收拾，直至成为我的立身之本、谋生之道，成为我生活中必不可少的重要部分。或许，汪老师早已忘了和一个普通师范生的这段交往，但对我而言，他家书房的那道门，无疑就是我人生的开悟之门、跃迁之门、得道之门。

如皋师范毕业后，我也为人师者，就试着把学生带到我简陋、杂乱而丰富的书房，我惊奇地发现，学生们眼神在发亮，呼吸也变得急促，我仿佛又穿越到汪老师当年的书房，看到了那个青涩幼稚的自己。我给学生们特殊的待遇，看中哪本书立马可以带走，但要求还书时做一个简单分享。借书的学生以喜人的势头在发展，于是家长们说他们的孩子遇上了一位真正懂得教育的好老师。

我哪敢掠人之美，这种书房教育源自汪老师，这是一种不言之教、不教之教，它的价值在于在学生精神生长的关键时期，唤醒他们的理想和能量，找到自己生命的意义和方向。

当然，我所经历的五年师范生活，还有很多难忘的恩师，如海门师范的朱文献、丁兆雄、潘健、王志刚、陈情、倪健、顾锐萍、朱树友、曹军、施永新、宋志豪、樊玉生、严学捷、王兴明等老师，如皋师范的陆志平、陆玉贤、徐晓华、何平、姚烺强、程然、方健华、杨建新、石高峰、季银泉、丛爱农等老师，他们给予了殷殷关怀和诸多教诲，见证我一步步走向成熟。

现在的老师们囿于应试体制，只能让步于标准化、规模化生产，很苦很累很无奈。而真正理想的师生关系，恰恰是亦师亦友，大家一起读书，一起聊天，一起运动，在很不像教育的教育中不知不觉改变并成就学生。

时光飞逝，岁月不居，一代代师范生正渐渐老去，当年为了甩掉“玉米子袋”、端上“铁饭碗”而走进师范学校大门的那些人，无意中做出的这个决定是何等明智，在师范学校这个特殊的环境里，遇到了那些有情怀、有才学、有信念的好老师，从此打下终身受益的人生底色。

天涯海角有尽处，唯有师恩无穷期。

感佩那个时代，感谢师范学校，感恩那些老师，此生幸事，莫过于此。

作者简介：张华，海门师范普师91级校友，1994年保送如皋师范首届文科大专班学习，江苏省作家协会会员，南通张謇研究中心副会长，海师校友书法联谊会理事长，现为南通市文化旅游局副局长、二级调研员，南通对口支援新疆伊宁县前方工作组组长。

感念海师

孙陈建

海师1993级有五个普师班，体育美术班各一个，一共七个班近四百名学子。三年时光转眼即逝了，似乎还没来得及做一场青春之梦。大家大多学成回乡，登上了乡村教育讲台。时至今天，已整整二十五年了。

这二十多年来，总会忍不住怀想起学习生活了三年的海师——越发感觉海师确是我人生中重要的地方。回望这二十五年历程，我做了六年小学教师，五年中学教师，之后改行做公务员至今，无论在哪个岗位，无论是什么角色，总感觉海师对我的影响一直深入血液。所以说，与海师的分离，只能是空间意义上的，在我的精神世界里，她一直给我力量。

这二十多年来，我仅在毕业十周年的五月回去过一趟。海师原校址转型成冠今中学，师范班已并入通师高专。我们在初夏的校园里流连，驻足宿舍和教室，努力寻觅当年的影子，追忆当年，用数码相机拍照留念，似乎回到了轻狂的年少时光。

海师三年，很多学富才高的老师给了我们文化知识和思想启蒙。尽管有的名字记不清了，但老师的模样常常浮现在眼前。在与老师的交往中，收获了弥足珍贵的师生情谊。毕业前夕，瞿卫星老师在我毕业纪念册上用行书写道："男儿生当舞帅旗，风雪志不移！"袁海生老师用楷体写道："唯大英雄能本色，是真名士自风流。"这样的箴言寄语，一直鞭策着我，一旦有点松懈，一想到恩师的手书，就不敢懈怠，唯有埋头往前。

海师三年，至今还记得一些生动而深刻的课堂：吕静老师的语言文字课铿锵有力、激情满怀；俞学诗老师的物理课深入浅出、幽默风趣；秦慧绒老师的口语课娓娓道来、情趣盎然；曹军老师的数学课思维缜密、妙趣横生；瞿卫星老师的教育学课专业深透、发人深思；赵燕玲老师的声乐课仙乐飘飘、如沐春风；王茂恒老师的书法课温文尔雅、笔力苍劲；袁海生老师的阅读与写作课旁征博引、纵横万里……我们五十五位伙伴在课堂上求知若渴，像喝着春雨的竹笋拔节再拔节，成长再成长。

现如今，也许“海师”这个名称，已经成为几代海师人记忆中的存在，但她蕴含着的包容、创新、务实、奋进等品质内核，已然成为几代海师学子的精神财富，永远激励我们不断前进。

作者简介：孙陈建，1996 年毕业于海门师范普师班，现任如东县社科联主席、南通市社科联常务理事、江苏省社科联理事、江苏省作家协会会员、中国法学会会员。

长成老师眼中的我

卢华萍

2022 年是我在美国乔治敦大学（Georgetown University）教书的第十年。乔治敦是一所一级研究型大学，学校最重视的是每个教授的学术成果。我喜欢做学术研究，但我更热衷于教书育人。随着时代和社会环境的改变，一代接一代的学生也总在改变。这要求一个老师不断地更新对学生的理解，并在这个基础上调整教材和教学方式。十年来，在教学方面，我总是在观察、反思和创新，这些都来自海师对我的影响。

我是海师 94(3)班的学生。海师三年，我最深刻的体验在于，师生关系在学生成长过程中具有极为重要的意义。做学生的总在有意无意地洞察老师对他的看法，老师是不是注意到他，理解他的背景和成长经历，用心去发现和激发他的天分，表达对他的高度期望等。这些都会对他有微妙但深刻的影响，慢慢地，他很可能会成为老师眼中的他。这是我当年作为学生在海师的感受，这也是为什么我现在作为大学老师也很关注我跟每一个学生的关系。

作为一个农村里来的相貌平平的女孩，我一开始是有点自卑的。我不觉得自己有什么天分，也没有多大的野心，认为三年毕业后当个小学老师就可以满足了。但我渐渐地改变了这个想法，我开始从我的几个老师的角度来重审自己以及未来。从我的班主任吴丘林老师说起吧。我不记得我是怎么当上班长的，我只记得吴老师对我一直很信任。他相信我的判断力，让我带领班级参加各种各样的活动，从不质疑我以班长的身份做的各种决定，这让我开始相信自己的能力。

有时候，一个学生是不是在学校有归属感完全取决于他的老师。除了吴老师之外，我在三年中非常有幸和三位女老师有深交。第一年是周淑平，第二年是朱晓蕾，第三年是虞淑娟。她们不仅仅是我的老师，她们更是我灵魂的好友，她们给了我自信，帮助我发现自我的潜力，鼓励我去想象和追求一个之前没有看见的未来。周淑平是我师范一年级的语文老师，我非常崇拜她。我喜欢听她分析课文，欣赏她的粉笔书法，模仿她的普通话。记得第一次期中考试我语文是最好的，所有科目加起来的总分也不错，排在全班第二名。我自己觉得特别满足，但是周老师的看法不同。排名公布的那一天，她对我说："你怎么才第二名呢？你完全可以拿第一的。"为了那句话，我整个下半学期更加勤奋了，期末真的排了第一。后来我发现其实我的期中排名也是第一，只是记分的那个学生把我的数学分（86）记错了（68）。多美好的一个错误！不然的话我可能不会有机会听到周老师表达她对我的高期望。

周老师离开海师让我很失落，就在那时候朱晓蕾老师来了。她和成勇老师刚到海师就成立一个声乐兴趣小组，我喜欢唱歌，所以大着胆子报了名。如果我没记错的话，面试的时候我唱了《大海啊故乡》。我其实没有什么音乐潜能，但是朱老师觉得我的乐感还不错，所以就收了我。我们这个小组大概有四五个人吧，是朱老师的第一批学生，她不仅教我们声乐，而且非常关注我们的个人成长。对我来说，跟她学声乐是次要的，学做人处事的智慧是主要的。她有很敏锐的洞察力，我要是有憋在心里的疙瘩，她一下子就能感觉出来，而且知道怎样帮我疏通，这对一个青春期的女孩来说十分重要。有一天晚上，我们小组的几个人在琴房跟她和成老师练声，我因为那几天心里郁闷，怎么都没法把我的曲子唱顺。朱老师提前结束了我们的练习，只让我一个人留下来。她关了灯，让我在黑暗中感觉胸腔中的那块障碍，启发我释放它。我在黑夜里深呼吸，感受自己生命的律动，心中的块垒任由如水的旋律冲刷、浸润直至溶解，当我顺利地哼唱完，整个人感觉也顺畅了，那是来自聪慧老师佛性般的启迪。最近几年，我每次开中国哲学课都会跟我的学生讲到这个事情，因为它充满了重要的寓意。

朱老师在海师教了一年就调去海门文化馆了，我又是失落。这时候我遇到了虞淑娟。一开始，她在我眼里是一个遥远的存在，我会远远地看她优雅地穿过校园，齐腰的长发充满诗意的想象。我喜欢文学（我当时的最爱是张爱玲），但我从来没觉得自己是个做作家的料，也没有想到会和虞老师有亲密的交往。算是我的好运吧，她到海师不久就接手了文学社，我呢，就在海师的最后一年当上了文学社的社长。虞老师相信自己的眼光，对每个人的潜质有信心。你如果自疑的话，她的热情和坚韧会让你重新获得力量。她认为文学的意义在于通过文字发现自己和理解自己，也通过文字建立和这个世界的联系，她是我遇到的老师中最有感染力的一个。我后来发现自己会有意无意地模仿她，跟她一起做文学社社刊《彼岸》让我有种再生的感觉。那是我在海师的最后一年，那一年值得回忆的经历大部分来自虞老师。无数个晚上，我们改稿子，谈文学，反思人生，一直到深夜。就那样，我长成了一个爱文字的女人。

作者简介：卢华萍，海门师范 94 级学生，1997 年保送徐州师范大学法政学院学习，2001 年赴北京大学哲学系读研，2004 年赴美攻读哲学博士。现任北美康德学会副会长、美国乔治敦大学(Georgetown University)哲学系副教授，主要研究早期近代哲学、认识论和科技哲学。

“精品老师”，您还好吗

程洁珺

近来，我迷上了微信里“海门师范的故事”。徜徉在故事里，我的思绪如悠悠云朵，飘到了海门师范，眼前浮现出教过我的一位位老师……

在我看来，他们个个“身怀绝技”：班主任秦慧绒老师口语特别好，给人物配音惟妙惟肖；数学老师洪善庆教我们立体几何，总是四两拨千斤，让几何图形对我们女生亦俯首称臣；音乐老师成勇，乃一帅气的钢琴王子，在教过我的众多老师中，令我记忆犹新的还有那可亲可敬的“化学老头儿”，化学老师姓陆，名敏，一个女性化的名字！当年，上第一堂化学课，他微笑着自我介绍，说到自己名字时，老师笑了，我们也笑了，因为和班上的一个女同学同名同姓，真是无巧不成书呀。陆老师高高的个子，略显瘦，头发微卷，中间还夹杂着几根银发，因为这几根银丝，我们私下里亲切地叫他“化学老头儿”。我们最喜欢“化学老头儿”孩子般的笑脸。不管你乖巧也好，调皮也罢，他总是笑眯眯的，让我们在课堂上如沐春风，原本艰涩的化学让我觉得一点也不难！

那时，我们也就十六七岁，正值青春年华，但又有些年少无知。茶余饭后，总喜欢打探老师们的“花边新闻”。当我们得知，这个“化学老头儿”还是92级(1)班的班主任(我是94级)，大家颇感诧异。因为，在我们印象中，能够当班主任的外表看起来应是满脸严肃、不苟言笑才对。

我上师范时，学校里沿袭了一个规定：每届学生毕业前夕，都要在学校大礼堂举行基本功汇报表演，让即将登上三尺讲台的学子接受领导的检阅、人民的挑选。基本功汇报表演，从各个方面展示我们师范生的风采：吹拉弹唱、琴棋书画、读写绘演，真可谓是十八般武艺，样样精通。虽然学校不做评比，但每个班主任都铆足了劲，想方设法办出自己的班级特色，全方位地展示学子们的风采。对于刚入学的我们来说,简直就是刘姥姥进大观园——大开眼界呢。

92级一共四个普师班,2至4班班主任都是精明能干的女强人,这三个班班次虽在后,但表演却在前,而且班班出彩。唯有92(1)班由一个一天到晚乐呵呵的"老腊肉"担当班主任,竟然安排压轴展示。"化学老头儿"打出的汇报口号是:"拿出来的就是精品!"啊,口气好大!我听着这句牛气冲天的话,想想化学老师那孩子般的笑脸,看看他那个"没人怕"的样子,怎么都感觉不出他懂艺术,他该不是在吹牛吧,我不禁暗暗地为他捏了一把汗。

终于等到表演的这一天,不知是不是陆老师的"豪言壮语"起到了广告效应,偌大的礼堂座无虚席。从舞美灯光,到节目编排,无一不是高大上的。我至今仍记得他们班展演的课本剧《寒号鸟》,演员们漂亮的服装、精彩的对白、丰富的表情、优美的形体,把这一故事演绎得淋漓尽致。"哆罗罗,哆罗罗,寒风冻死我,明天就垒窝",让我第一次感受到课本剧的无穷魅力。汇报表演后,好评如潮,师生们给出的评价是——堪和央视春晚相媲美!从此,我对"化学老头"刮目相看,由最先的尊敬转化为崇拜。"拿出来的就是精品!"老师用实际行动诠释了这句话的真正含义,也在我的心田默默地播下了"认真严谨"的种子。

后来,从我班主任口中得知,为了这台汇报表演,"化学老头"和他的学生们付出了艰辛的努力。为了让表演臻于完美,他们每天利用课余时间坐在电视机前,翻看中央电视台的春晚录像,揣摩人物的表演技巧,一遍不行再练一遍,就这样苦练了一个多月,终于迎来了基本功汇报表演的成功,真可谓"宝剑锋从磨砺出,梅花香自苦寒来"。

也就是从那时起,"拿出来的就是精品!"这句话在我的心里生根发芽,成为我的座右铭,我也一直践行着。上师范时,我积极参加了时政、书法、作文、语言文字等竞赛活动,把这句话奉为取胜秘籍的我屡创佳绩。同学们都夸我学习认真,其实我心里知道,都是陆老师的那句"拿出来的就是精品"给了我前行的力量!

如今,我也早已为人师,潜移默化中,"拿出来的就是精品",已然成为我的工作作风。每节课、每篇教案、每篇论文、每一项活动,我都力求做到"拿出来的就是精品",我这样要求自己,当然也这样要求我的孩子们。就这样,我所带的班级,年年被评为优秀班级。"拿出来的就是精品",就像"家风"一样传承给了我一届又一届的孩子们。去年教六年级，在一次单元练习中，要求写一篇习作：老师影响我的一句话。不少孩子都写到了这句话，因为我曾经深情而又自豪地给孩子们讲述了“精品老师”的故事，告诉孩子们，我的一位老师曾用实际行动告诉我：“拿出来的就是精品！”

每当我在工作中想要懈怠甚至想蒙混过关时，我的耳畔就回想起老师的话——拿出来的就是精品！时间如流沙，总在不经意间从我们指尖滑过。细细数来，和老师分别已近20年了，现在想来，我的“精品老师”应该退休了吧。多想找个机会我们师生再聚一聚，那时我一定要向“精品老师”汇报我的工作经历，感谢他，祝福他。

愿“精品老师”——陆老师，永远拥有孩子般的笑脸！

作者简介：程洁珺，海门师范普94(5)班学生，南通市通州区平潮小学语文教师，南通市德育工作骨干。

春暖花开

冯晓霞

春风拂过，吹皱了湖水，却吹不皱记忆的画面。

——题记

闲暇之余我也喜欢在“朋友圈”中逗留，但自己并不热衷于发微信。2月23日晚10点10分，我情不自禁码了几行字：自从进入“海师故事”公众号后，每晚必会关注有没有文章更新，即使没有，也会把读过的文字再读。其实，并非留恋旧文，怀念的是曾经的青葱岁月啊！

1994年9月，我踏进了海门师范的大门。与初中时代的校园相比，海师对初来乍到的学子有着太大的吸引力。严肃整饬的教学楼，琴声飞扬的艺术楼，欢声雷动的运动场，藤蔓绕梁的幽静长廊……

经过一阵忙乱之后，父母终于把我给安顿好，临走叮嘱：“一定要学会照顾自己，与同学和睦相处，珍惜良好的学习环境。”依依不舍地送至校门口，望着他们远去的背影，孤独的我特想哭。不过，也就落寞了一小会儿，回到宿舍没多久，已融入一片欢声笑语中。“芦稷吃哇？给你。”“咱们一起去打开水吧！”“你也是启东人，原来哪个学校的？”来自不同地区的十个女孩用她们的友善和热情在开学第一天就搭建了一座友谊的桥梁。

师范里的我身体素质还不错，从没去医院挂过号。可那个傍晚，我隐隐觉得人不舒服，晚自修时间，一个人躺在寝室里，恍惚之间，门被轻轻推开。“冯晓霞，你怎么样了？”班主任秦慧绒老师不是独自来看我，细心的她同时带上了校医。老师用手摸了摸我的额头，请校医给我量体温，的确体温偏高。校医给我打了一针后，老师却没急着走，她坐在对面的床沿上陪着我，轻声细语安慰我。观察了好久，确定我无异样，老师又替我掖好被角，反复叮咛:“闭上眼,好好睡一觉,明天就没事了。”头是胀的,心是暖的。门被合上的刹那,我憋了许久的泪水迫不及待淌了下来。父母不在身边,是老师的爱如春风,抚慰着学生的心灵。

有一个课间,同学告知秦老师找我,我顾不上疑惑,直奔办公室。“听说,你有一个小本儿,上面都是好词佳句……”老师笑眯眯地看着我。原来,秦老师准备给我一个小任务,为她的爱人朱老师的班级活动写一份主持稿。为了方便我搜集素材,她还特许我去教师阅览室查资料。海师的学生阅览室对我来说已经是一个好去处,边看边摘,怡然自得。教师阅览室里更是静谧,我小心地走动,小心地翻阅,不愿打扰爱读书的老师们。近日,整理旧照,不经意发现了自己在海师辩论会上的身影。望着曾经身穿红西装与反方唇枪舌剑的模样,我忍不住笑了,仿佛回到了那场没有硝烟的“战争”。照片没塑封,已经变模糊,可老师的话语、队友们的笑脸依然清晰。

2015 年 8 月 1 日,我们普 94(5)班三十多位同学回到海师聚会。久别重逢,老师竟然准确无误地一个一个喊出了我们的名字。“桃李满天下”的恩师呀,与其夸您记性好,不如深切感受您对每一位学生的殷切期待。“感恩的心,感谢有您。伴我一生,让我有勇气做我自己……”在熟悉得不能再熟悉的教室里,在动情的音乐和祝词中,我们把深深的三鞠躬献给恩师,那般虔诚,感动了自己。

视频录制是最后的环节,要求我们向恩师汇报这些年的情况。轮到我这个 19 号了,千言万语不知从何说起,只记得自己告诉恩师:虽然 18 年一直在一所乡镇小学任教,默默无闻,平平淡淡,可我从未忘记海师的校训和恩师的勉励,没有热烈的掌声,没有娇艳的鲜花,更没有崇高的荣誉,但就在那里,在纯洁可爱的孩子群中,我找到了属于自己的幸福。眼底湿漉漉,抬头见老师如往日一般露出微笑,她一定坚信我们每一个都会听话的,无论多少年,师生的心都在一起。

海师里有慈母般的秦老师,还有文艺青年虞老师,她是我们文学社的导师。三年级时,恰好赶上虞老师回母校执教。正如许多校友笔下描述的那样,淑女范儿的虞老师随意搭在肩上的麻花辫,长至脚踝的风衣,袅袅婷婷,本身就是诗意的化身。文学社的活动,大家都不舍得缺席,因为听虞老师的课从不觉累。她的声音很温柔,娓娓道来间自带气场,吸引我们爱上文学。她对于作品的解读视角独特,分析透彻,心悦诚服是必须的。难忘她给我们上的一课《人,诗意地栖居》,当年许是觉得仰望星空,凝视明月,泛波五湖,踏遍青山,即诗意;如今以为,常回家看看日渐年迈的双亲,听知心朋友倾诉生活的烦恼,给天真烂漫的学生多一点赞赏的目光,亦是诗意的情怀。老师,如此理解,可否?

虽一头扎进了文学社,也交不出像样的作业。郁闷的时候想想虞老师的话"慢慢写,理理思路,你能行的!"我当真在夜晚的琴房理思路,用铅笔把《银河水清浅》的草稿完成了。后来,《彼岸》上有了我的名字。老师还帮我投稿,此文又在《语文天地》发表。拿到稿费的那一天,我去供销商厦买了一瓶"玉兰油"。放到老师桌上时,她笑靥如花,愉快地接受了学生真诚的谢意。因为这篇文章,很长一段时间,我每天都会收到来自全国各地的信件。那几年,流行交笔友。

毕业前夕,学校为我们准备了精美的纪念册,我捧着它去请虞老师写赠言了。聪明如虞,她一定是注意到了我扉页的随想:"也许天空没有翅膀的痕迹,而我已经飞过。"所以虞老师的留言中有这么一句:"只要努力去干,会有痕迹留下。"

记忆,是绽放在心底的永远美丽的花。此刻,又想起了一年级时全班去江边野炊,浩浩荡荡的自行车队伍;想起了每逢周末,教室里循环播放的张信哲的歌;想起了运动会上,啦啦队队员声嘶力竭的呐喊声;想起了扬州瘦西湖畔,我们呼朋引伴,流连忘返……

在"海师故事"的留言区留心过这样一句:"每天欣赏着校友们的佳作,羡慕着他们的才情,心里其实也痒痒的,但就是缺乏动笔的勇气。"此言不假,瞬间引起了我的共鸣。写,还是不写?我同样纠结。如果说,离校20年后的我终于做了这个决定,鼓足勇气记录回忆,一定是以上两位恩师曾经给予的鼓励,温暖至今。

原本,我早已习惯了波澜不惊的轻松惬意的平凡小日子,但这一阵子,时常静静地,荡漾在回忆的渡口,盘点着逝去的流年。耳畔传来悦耳的旋律,是难得放假回来的女儿拿着手机轻轻哼唱:

春暖花开　这是我的世界
生命如水
有时平静　有时澎湃

穿越阴霾

阳光洒满你窗台

其实幸福

一直与我们　同在

文有高下，情无虚假。

以上文字，献给我敬爱的老师和可爱的同学们。

窗外，已是人间四月天，春暖花自开，我的世界里一直有你们。

作者简介：冯晓霞，海门师范普94(5)班学生，现在启东市国本小学工作。

风会记得一朵花的香

严　玥

2022年伊始，读了一些散文，从林清玄到汪曾祺到丁立梅，名家散文虽文风和叙述习惯不同，但有一点很明显的相似之处，就是由近及远的超群能力。从当下的一件小事一个小物件洋洋洒洒说开去，读者总能在文字中读到作家的过往，继而发现这些过往对作家日后生活产生的影响。我想，人生中那些重要的过往不光对作家们产生影响，对于每一个平凡的个体，亦是如此。

我是1995年进入海师的，班主任是刚从南京师范大学教育心理学专业毕业意气风发充满教育理想的“老瞿”。老瞿中等身材，小麦肤色，鼻梁上架一副重重的眼镜，按说这种面相应自带威严才对，许是对我们过于仁慈，养得我们个个胆儿肥得隔三岔五就要“上房揭瓦”。老瞿对我们的期待也是恰如其分的，有目标、多读书、多思考、多想想未来要如何度过这才是紧要的事，至于学校评比“标兵班级”这种小红旗我们是不奢望能拿到的。果不其然，在学校各种内务、清洁、纪律等打分评比中，我们可没少让老瞿“出风头”，我们这一届的其他班主任应该蛮感谢老瞿的，有老瞿的95(5)在，他们都不大担心自己的班级会在这种评比中垫底。

别看班里“窜天猴”们平日常常罔顾纪律，“上山摘桃”，真有事时还是会审时度势的。记得师范二年级的时候，瞿夫人临产，老瞿要去医院照顾几天。那几天，全班前所未有的安静规矩，连纪律检查的老师都怀疑自己走错了班级。那几天我们最大的期待莫过于医院传来的好消息，在现代通讯还没普及的年代，我们能做的只有等待。终于在第五天，下午的课即将结束时，我们在教室门口见到了老瞿的身影。老瞿风尘仆仆地走进教室，说是刚从医院赶回学校，第一件事先来班里“汇报”一下，母女平安。老瞿脸上抑制不住的笑意，班里爆发出经久不息的掌声，我们也都笑得恣意。时光过去了二十多年，当年那个刚降生的小婴儿如今已研究生毕业参加工作了，但这一幕还清晰地留在我的记忆中，那“师与生”之间发自内心的家人般的相互关爱让海师时光充满暖意。老瞿当年的“自由、自治”的理想对我产生了深远的影响，我从毕业以后一直践行至今。我的女儿今年读初一，我对她的要求也是“能自治，享自由”。让少年懂得自治与自由的关系，了解自由的前提，更好地自律、树立目标、踏实成长，这是老瞿对我的馈赠，希望也能成为我对女儿的馈赠。

海师还让我养成了一个终身受用的好习惯，那便是阅读和思考。帮助我养成这个好习惯的，是海师“苗苗文学社”的老师们。虞老师当年刚从苏大中文系毕业，腹有诗书的样子别有一种气场。还有自带儒雅气场的杨老师，当年拥有一众小迷妹。我们这一批很走运的文学社成员，每周六都得到文学社老师们的额外加餐，讲名家名作，谈写作体验，两节课的时间很快就过去了。那么多作家，那么多佳作，对于那时阅读眼界还相当有限的我简直应接不暇，感叹老师们怎么什么都读过了。震撼之余，更觉自己浅薄无知，发奋图强悄悄把老师们提及的作家作品记录下来，课余挨个学习。此后，我便成为学校阅览室的常客，但凡有时间就去那待着，如饥似渴地阅读。老师们不光提倡高效阅读，催交习作也是很勤的。我们写得勤，老师们指点得也勤，凡是习作皆有批改反馈，我们这一群稚嫩的娃娃，也就在老师们的不离不弃中进步了。现在想来，当年老师们是给自己增加了多大的工作量哦。许是勤能补拙，不才如我后来也经常有小文在《彼岸》发表。中师阶段后来有幸变成“铅字”的小文，为我毕业后能到南京师范大学继续读中文系积蓄了能量。

毕业很多年，受老师们影响养成的“阅读与思考”的习惯，即便在工作和家庭事务都繁忙的中年也一直保持了下来。时至今日，仍然有三天不读书觉得自己面目可憎之感。这几年，当年海师文学社的老师和同学们又陆陆续续汇聚到一起，创建了“山南水北”微信群和公众号，我们在这里以诗画以文字相会、交流，我们是彼此忙碌生活之外的倾听者与支持者，是照亮彼此的微光。

最后，借用作家丁立梅的散文《风会记得一朵花的香》来作为此文的标题。海师走过了 120 载春秋，一届届学子们来去如风，海师的滋养就像开在我们青春深处的花儿，在我们成年、成熟以后的日复一日里持续散发出悠远的清香。因着这股清香的熏染，我们的人生亦能活色生香起来。

作者简介：严玥，海门师范普师95(5)班学生，毕业后保送南京师范大学文学院中文系深造，现就职于江苏润环环境科技有限公司。

风从海上来

——琐忆陆李康老师

袁晨胧

序　曲

“栀子花，白兰花”“棕帮、藤帮修伐……”一阵阵吆喝夹杂着自行车链条的声响，在梧桐树的掩映下逐渐明朗，淡水路上的老教堂旁乌压压一片人。

“小阿弟，前头右打弯，好到复兴公园伐？插队农村阿是勒郎报到？”

家住徐家汇路338弄的康爷揣着书，径直地往家走去。刚下完雨，路面有点腌臜，上海就是这样，一到这个季节，雨是下不完的。老房子碰上潮湿天，楼梯的木板，倒是成了音不准的钢琴键，夹杂着邻里烧菜的味道，上楼时就能闻出哪家吃酸的，哪家放辣的……

今天是出发的日子，整理好该带的物件与家人的嘱咐，康爷拿着行李坐在了发往江北海门青龙港的船舱位置上，等待开启上山下乡的生活了。

如果上述文字是一个电影脚本，它的背景音乐应该是《自新大陆》吧！

一

秋雨一场，街面湿漉漉的。今天我经过中共一大会址附近，脑中瞬时产生上述联想，好玩的是串起了很多记忆的碎片。梧桐叶落飘转间，我想到了恩师康爷，想起了海门师范。

康爷就是我就读海门师范时的陆李康老师。这个“爷”是师爷、宗师级别的意思，故而成了我们班同学背后对他的共同尊称。当年上山下乡的小阿弟，如今确实是爷爷级了。康爷，插队海门三厂，后入南京师范大学读书，毕业入职海门师范，筹办美术教育专业。最后，走入大家的精神世界里，拓宽了二十世纪七十年代至今多少代海师学子的“大美育”素养。

康爷是个懂经爷叔，文史哲面面俱到，美术、音乐同修，小提琴拉得滴溜，是个十足的多面手。骨子里流淌着海派的洋气，专业性强，更对美术教育有独到的见地。

2006年，我刚进海门师范，康爷那学期教我们书法。康爷十分有耐心，极少批评人，但我少不更事，争强好斗，和同桌在他的课上当场“开战”，彻底把他惹毛。那天，他不光批评了我们，还写了一张纸条给班主任，讲赶紧换开座位，当时我对他很愤愤不平！后来他也不再追究，我从逆反到忏悔的过程中反而有了想与他亲近的念头。康爷回忆说起此事，这是他为数不多写纸条“告状”，同学们便哈哈大笑，我倒是享受他的“温而厉”式教育。

二

师范一进门，是一条笔直的主干道，路中央有个水池，池里又有一朵百合花式的大钢花，有六七米高，拔地而起看着挺高大，挡实了后道的景，有那么点北方照壁的味道。中间有十字形无槛水泥板桥相连，桥下有鱼有荷莲。平日里很多人会在上面走走，临水照花，且听风吟。可观，可玩，可追逐打闹，行走其间恰有闲庭漫步般的雅致。也听闻别的老师讲，那大雕塑叫——“托起明天的太阳”，雕塑下的景观布局是康爷的手笔！

水池右旁是个花园，园中一口老井，井两侧挨着好几面康定斯基风格的墙面，印象里和大雕塑的主题应是一致的。花园周围的花坛、长廊也是康爷的设计。

我们去上康爷的书法课，便会路过这个小花园，时不时南面琴房传来断断续续的琴声，悠悠扬扬不绝于耳。赶着上书法课的我们捧着瓶儿、罐儿、碟儿，熙熙攘攘……因为喜欢康爷的课，大家不愿迟到，水也一路滴答成音符，沿了一长廊。

三

第三年,我们的教室搬到了西边主体教学楼二楼,整楼苏联式四层工字型建筑,底楼花坛栽着银雀、紫荆、白玉兰等木种,当然还有几株大石楠,红红的果子引来了一些不常见的鸟雀相互追逐。春天,站在班级门口的阳台上,伸手即可摘到白玉兰。康爷特爱白玉兰,会让我们仔细观察每朵花的细节,捕捉纹理与色彩,用格物致知的方法去感受每个生命体的不同。“你未看此花时,此花与汝心同归于寂。”白玉兰、康爷,我也不知道校园里的白玉兰是不是康爷手栽,但我觉得,每当康爷欣赏此花时,肯定会意象勾连起上海。

那一年康爷的办公室搬到了教室对面楼上,那楼连着阶梯教室,墙上悬着一片藤萝。往后的辰光里,同学们会经常出入那楼,三层楼梯满面豆绿色瓷砖贴片,拾级而上每层景色各异,花香、墨香、松节油香……同学们去的次数多了,大概都能记得台阶的级数。康爷也总会在这里有求必应,答疑解惑。

2011 年我考编进入面试,由于笔试成绩一般,所以面试则需再加一鞭。康爷得知后,便主动约我到办公室,拿出特意为我准备的“秘籍”,我即在白纸上听一句写一句,满满当当记了好几张。还记得考试前一晚,康爷在电话里听我说课,为我指南,一字一句,仿佛就在昨晚……

四

先前上课,康爷偶尔会提及他小时候生活的旧城厢,石库门,老教堂,建国路上的梧桐树。美美与共,中与西的碰撞,是一种多元化美的结合。

我们也从夸美纽斯、席勒、康德到任伯年、吴昌硕、陈逸飞……在一堂堂他的课里发现美、感悟美、创造美,塑刻出自我独到的审美认知,并深深地影响了我们的未来。

花开花又落,据说我们是海师被合并后的第一届,但海师就像班级门口的白玉兰,最终成为同学们内心永恒的意象,花在,康爷在,同学们在,海师一直在。

今年的元宵节前又想起了康爷，就和同班好友约请康爷聚餐。我正好回上海办事，想必他肯定喜欢海派甜点，赶去国际饭店排队买现烤的蝴蝶酥。这个曾让贝聿铭抬头掉帽的建筑，虽已过百年，肯定也是康爷心中的“白月光”，门口挤满了人。当我把带有上海印记的蝴蝶酥呈到康爷手里时，他连连称赞我的用心，眉间充满了喜悦，说是送给了他满满的回忆，我也很开心。

海师的美术教育是康爷和大家的心头记挂，每位老师以流萤之力织出一张能量大网，笼盖于我们的心间，促我们成长。

康爷从踏进海门师范这块土地开始，到送走我们最后一届后荣休，立美、塑心、德高为范，都浓缩在每个学生的韶华里。当年康爷从青龙港上岸而来，他有力的足音化合成我们学生的福音……

追江赶海，风从海上来，
这风和煦，这风温润，
这风照拂着我们的梦想，
这风吹出了姹紫嫣红春满园，
植于心，赓续前行，一代又一代……

作者简介：袁晨胧，海门师范2006级美术班学生，现任启东市汇龙小学美术教师。

四、弦歌海师

印象海师

刘明远

我与海师的缘分还得从毕业分配说起。毕业前夕，作为班级团支部书记和唯一的学生党员，当时面临着三个去向选择：一是留校当辅导员，二是去省教院任教，三是到教育厅工作，最终我选择了到教育厅去。1984 年 8 月 23 日，我从南京师范大学教育系毕业分配至江苏省教育厅师范教育处工作。

当时的师范教育处，可谓是“兵强马壮，人丁兴旺”。吴大年、张行同志分别担任正、副处长，与孙征龙、马幸年、陈宗伟、张玉兰、刘明远共有 7 位同志，分别在南、北两间办公室办公。张行、陈宗伟和我在北边办公室，地点就在鼓楼广场附近的中央路 42 号一幢五层大楼的五楼西侧，办公电话也只有一部，还要与职业教育处一起共用。

在那个年代，师范教育处作为江苏省教育厅的业务处室，其主要职责是：负责统筹全省中小学教师队伍的规划与建设，重点是中小学教师和校长的在职进修以及小学幼儿园教师的职前培养。业务领域涉及的主要院校是：省、市教育学院 12 所，教师进修学校 70 余所，还有 36 所中等师范学校。所以，全处工作的分工大体为两个方面，南面办公室主要是负责师干训，即 80 多所教师进修院校的业务指导，北面办公室则是负责全省 36 所中师的宏观调控及部分的教育教学管理。把 7 个人一分为二，并明确张玉兰为内勤。由此，徐徐展开了我前后 16 年(1984—2000)在江苏省教育厅的工作生涯。那些岁月，我时常深入基层，与全省 36 所中师结下深厚情谊，一些重要的活动、重大的事件至今记忆犹新，那些激动人心、催人奋进的历史画卷依然历历在目，往事并非如烟。

值此南通师范高等专科学校建校 120 周年之际，我感慨良多，在此略叙二三件美好、深刻而又难忘的往事，一来致敬海门师范那段十分珍贵的历史，二来祈盼学校有更加美好的未来。以后如有机会，非常乐意再续“印象通师”“印象如师”！

两届盛会

1986 年 5 月 1—3 日，全省首届中师生田径运动会在海门师范举办，这是改革开放以后全省中师规模空前的第一届体育盛会。来自全省 36 所中师的 505 名运动员和 66 名教练员相聚海门，在“锻炼、竞技、拼搏、友谊”的大会宗旨指引下，体育健儿们在运动场上充分体现“更快、更高、更强”的奥运精神，彰显“少年强，则中国强”的时代意蕴，运动会取得了圆满成功，在省内外尤其是在全国中师界，产生了广泛而深远的影响。

为了办好这届运动会，时任江苏省教育厅体卫艺处的江俊浩处长、吴堂华副处长、杨明广科长以及师范教育处的张行处长、马幸年和陈宗伟科长等，多次深入海门师范学校，共同磋商办赛的相关组织事宜，并争取省、市、县体委、教育局多方支持与通力合作，师生总动员，人人齐上阵，确保运动会的精彩与成功。

接下来的全省中师生第二届田径运动会(1991 年 5 月)是在镇江师范举办的，与第一届间隔了整整五年的时间。记得是在第二届中师生田径运动会后的一次办公会议上，时任省教委分管体卫艺工作的副主任冒瑞林郑重提议：“应该定一个制度，中师生田径运动会，今后要每三年举办一届，因为中师的学制是三年，这样就能确保每一个中师生都能参与一届运动会。”于是，才有了全省中师生第三届(1994 年 5 月)田径运动会在运河师范的举办。

三年一届的惯例，第四届究竟由哪个师范学校来接手，在当时似乎是成了一个“谜一般”的敏感问题。随着国家“三级师范向二级师范”总体趋势的逐渐呈现，许多中师领导的工作重点是在考虑学校的未来走向，“前途堪忧、方向不明”，对于举办这样的全省性大型活动颇为犹豫与踌躇。当然，也有个别学校很有积极性，但运动场地不甚理想；有合适运动场地的个别学校，其积极性普遍不高。

怎么办？当时省教委师范教育处的三位领导，一致意识到：“制度”“规则”一旦确立，就不能随意被打破，三年一届的全省中师生田径运动会必须要按时而且还要高质量地举办。在"一切为了学生"这一信念的强烈驱动下，第四届全省中师生田径运动会于1997年5月15—17日再次在海门师范学校顺利举办。丁兆雄、黄正平、吕静、陈情、潘健等年富力强、勇于担当的"中师人"，他们以大局为重，顶天立地，敢作敢为，开拓进取，他们"忠诚、担当、干净、奉献"，"想做事、能做事、做成事、不出事"，在不到三个月的时间里圆满完成了从"筹备"到"举办"一届田径运动会的壮举，为全省中师的改革与发展，特别是体育教育工作作出了重大贡献。诚然，我们也不能忘记海师的历届老领导，如姚雨南、龚振国、朱文献、沈鼎尧以及袁振扬、秦汉清等同志的"传、帮、带"，特别是他们"学高为师，身正为范"的示范带头作用，确保了海师的薪火代代相传，事业的欣欣向荣、蒸蒸日上。

一本手册

德育工作如何落细落实，"两代师表、一起塑造"究竟应该在何处发力？为增强中师德育工作的针对性与实效性，海师人根据中师生的培养目标和学生身心发展的特点，率先从基础文明行为习惯的养成抓起。这一做法，也印证了如皋师范的老校长姚古渔先生早在1984年12月召开的一次全校性大会上明确指出的那样："什么是'师范'？何谓'老师'？我以为就是三个字'人样儿'。你们来读师范，就是来学当'人样儿'；师范学校的责任，就是要培养'人样儿'！"运用现在的话语体系，就是要教书育人、立德树人。

为此，黄正平等同志组织带领一班人，博采众长，潜心研究，从20世纪80年代中后期开始，根据不同场合、不同交往的对象，把礼仪分为20个门类，制定了《江苏省海门师范学校学生礼仪常规》《学生礼仪常规具体要求》，并汇编成《学生礼仪教育手册》；还争取到了省教委的专项经费，拍摄了中师生礼仪教育的专题录像片，为师范生的学习与模仿，特别是行为矫正，提供了丰富而翔实的宝贵资料，把礼仪教育生活化、具体化和序列化落到了实处，让师范生有礼可循，有礼可效，从而切实增强了礼仪教育的规范性与可操作性；再通过全校知识竞赛、示范表演、礼仪征文、演讲比赛等系列活动的持续深入开展，进一步强化了"人样儿"行为规范的落实，让学生在潜移默化中受到启迪、熏陶与感化，其实际效果十分显著。

"中师礼仪教育研究"课题获省级立项，《师范生礼仪教育读本》在全国中师使用，新加坡莱佛士书院陈德辉院长由教育部师范教育司中师处唐京伟处长专程陪同到海师进行深度交流。1998 年 12 月 11—13 日，全省中师德育工作现场会也在海师举行；1999 年 11 月 8—10 日，教育部师范教育司时任司长马立在山东淄博亲自召集召开全国中师德育工作经验交流会，海师的“探索德育新路，增强德育实效”在大会上做了专题发言，广受好评。

为此，省教委的陈万年、吴椿、周德藩等领导曾在不同场合多次提到并充分肯定海师的德育工作，尤其是对礼仪教育具有针对性、实效性、吸引力的举措与成效倍加赞赏。《中国教育报》《江苏教育报》《师范教育》等报纸杂志，也分系列介绍了海师的宝贵经验与具体做法，省内外兄弟学校参观学习者纷至沓来，俨然成了全国中师德育工作一道亮丽的“风景线”。

百万奖金

1998 年 8 月 24 日，《关于合作设立江苏省树勋师范教育科研奖协议书》在南京正式签订，甲乙双方的签字人分别为：南通市三建九分公司总经理毛云和先生，江苏省教委师范教育处处长杨九俊先生。

《协议书》文本上规定：“毛云和先生（甲方）决定用南通市三建九分公司的壹百万元人民币与江苏省教委合作，设立江苏省树勋师范教育科研奖，省教委责成师范教育处（乙方）负责各项具体事宜。”“树勋师范教育科研奖由南通市三建九分公司提供，从 1996 年起到 2005 年，每两年以不少于 20 万元人民币的金额用于奖励全省科研成果优异的师范教育工作者。”

毛云和先生系海门人，海门师范的荣誉校长。他是一位相当成功的企业家，更是一位热心助学的捐资人，曾为海师的校园建设前后捐赠了一千多万。正是海门师范丁兆雄校长、黄正平书记的牵线搭桥，才促成了这件功德无量、影响深远的大好事。在由陈万年（时任江苏省教委主任）、周德藩（时任江苏省教委副主任）任名誉理事长的 11 名江苏省树勋师范教育科研奖理事会成员中，他们俩与祭彦加（时任江苏省教委财务处处长）、邱坤荣（时任江苏省教委高教办主任）、杨九俊、鞠勤、刘明远（时任江苏省教委师范教育处正、副处长）等一起成为理事。全省其他 35 所中师以及相关本专科师范院校（4 所本科、6 所专科）的校级领导，无一人入选，由此可见他俩的重要贡献与独特作用。

1998 年 10 月 23 日，省教委发出《关于开展首届江苏省树勋师范教育科研奖评选工作的通知》，决定表彰奖励 1996—1997 年各级各类师范院校取得的师范教育改革发展研究项目和基础教育改革实验研究项目中的优秀成果；分设高等师范院校（含教育学院）和中等师范学校（含教师进修学校）两个评审组，每组各设一等奖 3 个，二等奖 5 个，三等奖 12 个，由省教委颁发荣誉证书和奖金，其中一等奖一万元，二等奖五千元，三等奖三千元。截至 1998 年 11 月底，全省共有 55 所师范院校（含教师进修院校）申报成果 127 项。

1999 年 4 月 19 日至 20 日，省教委在南京召开首届江苏省树勋师范教育科研奖评审会议，成立了由 20 位同志组成的评审委员会，对各校申报的成果进行了评审。在评审过程中，专家们根据“坚持标准，公正合理，保证质量，宁缺毋滥”的原则，严格按照评审程序进行操作，工作非常认真。经评审委员会无记名投票，南京师范大学许卓娅申报的《建构中国早期儿童音乐教育的理论及实践体系的研究》、南通师范学校朱嘉耀申报的《人格化师范教育研究》、高邮师范学校蒋树山申报的《〈小学教育学教程〉结构化教学改革》和无锡师范学校李复兴申报的《五年制师范素质教育理论与实践研究》等 4 项成果被评为一等奖，海门师范学校曹一鸣申报的《数学素质教育价值体系建构研究》等 12 项成果被评为二等奖，无锡教育学院姚鸿滨申报的《怎样写汉字》等 24 项成果被评为三等奖。

同年的 5 月 9 日，在南京古南都饭店召开的江苏省树勋师范教育科研奖理事会第一次全体会议上，省教委主任、名誉理事长陈万年饱含深情、语重心长、感慨万千地这样说道：“设立这个奖，是非常有远见、非常有意义的，一百万，不是一个小数字。科研兴教、科研强教，要十分重视学校的教育科研工作；各级各类教师专业水平的切实提高，必须有赖于科研水平的有效提升。评审、评奖不是目的，它是载体、手段与机制。为此，我们要特别感谢毛云和先生，也要特别感谢海门师范！”

作者简介：刘明远，研究员，曾任江苏省教育厅师范教育处副处长，南师大附属幼儿师范学校党总支书记、副校长，江苏省教师培训中心常务副主任、江苏教育行政干部培训中心副主任，江苏第二师范学院继续教育学院院长、成人教育研究所所长，现任江苏省教育学会常务理事、教师教育专业委员会理事长。

海师的“本科”往事

方圣若

年轻时的我曾就读于海门师范:1956 级速师(一年制)2 班和 1957 级普师(三年制)5 班,共读了四年,为此儿女们都笑称我是海门师范培养出来的四年制“本科生”。

1958 年前,崇明县属江苏省南通行政专署管辖(1958 年划给上海市)。1956 年海门师范面向崇明、启东、海门招收一年制速师班,约 300 余人六个班(崇明有近百人被录取)。当年我初中毕业,如愿进入了一年制速师班。1957 年速师班毕业,除少数分配工作外,其余大部分学生转入普师班(三年制)学习。故有“本科生”这个戏称。

虽然时光已过去了大半个世纪,但在海师求学时的那些记忆,深深镌刻在脑海深处,挥之不去!犹记得去学校报到那日,父亲用独轮车推着一只半旧的纸板箱和一个被包(一条被),步行 30 多里送我到海洪港乘船。船是无动力的木质行风船,全靠风力航行,在江面上颠簸了足足三个多小时才到达青龙港(现在崇海汽渡最快只需 10 分钟)。上岸后,我与一位同学花两毛钱拼叫了一部独轮车装上行李,再苦苦步行二十多里才抵达学校。

开学后我分在速师二班,班主任叫张锡钧,是学校的教导主任,我们亲切地叫他张主任。张主任虽不上我们的课,但从开学第一天起便利用班会、周会的时间对我们进行思想教育。要求我们热爱教育事业,在校学好各门功课,一专多能,做个全面发展的师范生。张主任对学生的生活也十分关心,特别是对我们这些外地学生。记得 1956 年的冬天特别冷,连续一周气温都在零下 10 ℃左右。一个周六的晚上,大雪纷飞,滴水成冰。张主任像往常一样撑着油布伞拿着手电筒(当时没通电),到我们学生宿舍巡查。发现我的床铺上没有垫被,便向我询问情况,我如实回答:家庭经济困难,开学时只带了一条被，天冷后由于交通不便，也无法回家拿被子。听闻后，张主任二话不说马上回住处拿了一条崭新的被子给我盖上。那一夜，我翻来覆去睡不着，感动得热泪盈眶。这条被我盖在身上，暖在心里。我誓要把老师对我的关心铭记在心，作为刻苦学习的动力，奋发努力，做一个合格的师范生。

1957 年速师毕业，除少数速师生分配工作外，大部分毕业生转普师班（三年制）继续学习。转入普师后，学校的办学条件没有质的变化，没有图书馆、教学楼、餐厅、大礼堂。教室是平房，上课、吃饭两用。办学条件虽简陋，但对我这个贫困农村出来的孩子来说不是问题。相反，进入普师后我更加刻苦、勤奋。在先生们的悉心指导、点拨下，我的文化、专业知识全面提高，还担任了班上的数学课代表。1959 年 7 月学校评三好学生，条件严苛：德、智、体全面发展，操行甲等，文化课及音、美、体成绩中有一门 3 分就不得获评。在此规定下，我还是被评上了班里为数不多的三好学生。

1960 年普师毕业，崇明的近百名学生全部留在海门待分配。当时学校给我两个选择：一是保送继续升学，二是分配工作。由于家庭困难等原因，我选择了后者，后来就分配留校工作。再后来，我便一直从事乡村教育工作，直至 1998 年退休，38 年的从教生涯转瞬而过。2017 年我荣获教育部、人力资源和社会保障部颁发的从事农村教育 30 年的荣誉证书，拿到这份沉甸甸的证书时，感到无比自豪，在海师求学时那一幕幕难忘的经历又涌上了心头！

作者简介：方圣若，1956 年 9 月至 1957 年 7 月海门师范速师（2）班学生，1957 年 9 月至 1960 年 7 月海门师范普师（5）班学生，1960 年 9 月至 1961 年 2 月留校，后曾任海门新河初中教师、麒麟中心小学教师、汤家乡鹤丰校校长、汤家乡成人教育中心校长、江滨乡成人教育中心校长，1998 年 9 月退休。

六十年前的那次辞别

庄葆森

2005 年海师与通师合并，组建南通高等师范学校，海师的历史也就此停顿了。不说“结束”。我想，说不定有朝一日，她还有复起的可能。因为在 20 世纪 60 年代初期，海师的历史就曾停顿过，虽时隔久远却记忆犹新。

1962 年恰值我们那届学生毕业的时间，缘于当时国家严峻的经济困难形势所迫，连这样一所时年享有“全国文教群英”荣誉的县级师范学校也不能免除停办的命运，其前途之叵测，堪令师生心有戚戚。之前已有停办之类的传言，到四、五月间，学校依然在按原有的秩序运行着。一、二年级上课归上课，毕业班学生实习归实习。在我们眼里，学校当局一副“风雨不动安如山”的笃定姿态，确实安定了人们忐忑的心情。

待我们实习归来，原来书声琅琅、弦歌阵阵、充满青春活力的海师校园，变得一片空洞寂寥。学弟学妹们已于前些日子各卷铺盖被打发回家了。张望着那留下的一排排空荡荡的教室和宿舍，每个人的心里无不有一种莫可言状的伤感。而我们能暂时获此厚待留在这里，则是为了完成最后一道程序“毕业考试”。据说，这是学校为学生们尽的最后努力，特意向上面争取到的最后福利，总算能使我们完整地修完中师三年的学业，让我们能有一纸富有含金量但不予分配工作的毕业证书，回见自己的父母。

是年六月初，我们终于领得一份镌有“海门师范学校”大印，并有两位副校长王德范先生和方际云先生潇洒行草书法签名章的毕业证书。那上面凝结着我们艰辛学习的汗渍，也饱含着青春年华的希望。看着它，我们心里多少都有了些宽慰。

怀着感恩的心，回身正想向母校行最后的注目礼，墨绿色的校门在来不及告别时，就悄然关上了……

作者简介:庄葆森,海门师范1959级普师(2)班校友,退休于海门文化馆。

历史的诗意与开启

袁炳飞

师范生活于我而言，不只是记忆，更是生活的组成；不是想来至关重要，而是重要到常常想起。

今尊师嘱，回顾曾经的师范学校及其学习生活，籍此致敬时代，致谢师友，也传递作为一位教育人的思绪。

远了，近了；近了，远了。思想本多疑。有人说，一切历史都是当代史，有人说一切历史都是思想史，有人说一切历史都是经济史，也有人说，一切历史都源自地理。曾经是否就是历史？历史是否就是曾经？过往的一切存在，无论物质抑或精神，都是偶然与必然的统一，都是一种价值性、选择性与主观性的存在。黑格尔说，存在即合理，在我看来，所谓存在的合理性，至少有一条不可漠视，那就是与之相伴的情境性与相对性，或者称之为历史性。

一

很有意思。

1979 年我从启东新生中学高中毕业考入普通中等师范。我的师范学校有三个名字：最为自然的是“启东师范学校”，校址在今天的启东市汇龙镇民乐中路 748 号，也即现在的启东市实验幼儿园和启东市残疾人联合会所在地。新中国成立初期启东确实创办过启东师范学校，但随后停办。1977 年恢复高考，为解决区域基础教育师资严重短缺的问题，国家实施师范生扩招政策，而当时的南通师范学校、如皋师范学校、海门师范学校已无法容纳扩招学生，启东因此设立了一个师范教育校区，我印象中的学校校牌就是“启东师范学校”，但这不是法定意义上的一所中等师范学校，它隶属江苏省海门师范学校，也即海门师范学校的启东校区。该校区前后招收了三届学生，77 级的中文大专 1 个班，78 级数理、数化各 1 个班，79 级文科、理科各 1 个班。我是 79 级文科班 60 名学生之一，也是启东师范学校的最后一届学生。

江苏省海门师范学校，我和我的同学们的毕业证书就是这样落款的，校长的签章是时任海门师范学校校长的王德范先生。但我和我的同学们在就学的两年里从未走进过海师校园。今日想来，那真是一种无法弥补的缺憾，而最大的缺憾，便是在启东师范学习的两年里，我竟然从未以此为憾，一直觉得那就是师范，那就是本有、当有、乐有的师范学习生活。而如此的感受，非我独有，似是同学们的共同体认。想及四十多年前党和国家的宏阔之举，想及母校领导与老师的倾情与智慧，我等自然深情满怀。当然，我也发现了自己当年思想观念与基础视域的版图局限。自然想及查理·芒格曾说过的一句大俗话，要得到你想要的某样东西，最可靠的办法是让你自己配得上它。人生不可重来，我们教育贯穿始终的关键使命是什么呢？切实有效地引导学生不断读懂自己、走出自我、打开视域，进而真正积极地去拥抱和建设自我与人类的未来世界。

南通师范高等专科学校，其前身是南通高等师范学校。2005 年 5 月，经江苏省教育厅批准，南通师范学校和海门师范学校合并组建南通高等师范学校，由此，南通高等师范学校也就成了我的母校。细细想来，工作以后，我与南通高师，尤其是与南通高师的老师们互动不少，关系密切，特别是有幸作为南通市中青年名师导师团成员、南通市名校长培养工作小组成员，多年跟随原通师校长朱嘉耀先生一起工作，真的受教甚多。在某种意义上，南通师范也是我职后的师范学校。

四十多年来，启东师范的学习生活，于我不是一种曾经、一段历史，而是一种相随与共生的深长缘分，一部充满情愫的、持续书写着的教育册页。1981 年师范毕业，我被分配到启东县聚南乡中心小学工作，1986 年 7 月，我由王鲍区教育辅导组教研员调至启东县教师进修学校第二附属小学任副校长。二附小的校址就是原启东师范学校所在地，只是其地域有所扩展，一址两用，即启东县教师进修学校与其第二附属小学。而且，我曾经的师范老师陆利丰、黄克白、彭少峰、黄慧等多位就在进修学校任职，我的班主任李锦希则任进修学校校长。再次与老师们朝夕相处，随时可请教、可交流，真是人生的一种诗意美好。1989 年 7 月，我调至江苏省启东实验小学工作，其后，所谓名校办民校一时兴盛，在市教育局的协调下，江苏省启东实验小学出资六百万促成启东教师进修学校迁址计划的顺利实施，在教师进修学校创办江苏省启东实验小学分校，后又调整为江苏省启东实验小学，2004 年，启东市第一实验小学创办，在这两校之间跨街建起了市区第一座天桥，于我而言，这种联通，不只是物理的，更是思想与精神的。

时光如梭，教育应时而变。但有两点却始终鲜活：那就是在师范学习时所打下的基础，以及对于师范母校的根的情意。如今，原启东师范学校的建筑已经改造一新，但校区东侧的一排行道树已经蔚为壮观，原来栽种在师范学校宿舍前的两株水杉树，拔地参天。自己有幸有机会尽力把它们保护了下来。现在，这两棵大树已然成为见证我们师范生活与启东教育变迁的可敬生命与文化标志。也因此，每每面对这根深叶茂的树，便自然想起两年的师范生活，自然想起树的文化意象，自然想起《太平广记》中的“相思木”，《山海经》中的圣木、建木、寻木与文玉树，也会自然想起电影《边寨烽火》中男主人公的树下独白：“有大青树的地方，就有爱情，就有好日子。”想起影片《刘三姐》结尾处对江边之树的特写。

二

一个人的期待总与其见识的广度、思想的高度成正比。

能上师范读书，那是时代之幸、青年之福，我是满满的庆幸与感恩。陈独秀曾言，青春如初春，如朝日，如百卉之萌动，如利刃之新发于硎，人生最宝贵之时期也。青年之于社会，犹新鲜活泼细胞之在身。尽管启东师范对于一个 16 岁青年的蓬勃之心来说，20 公里实在是离家太近，不仅没有地域的差异，更没有文化的迥然。更何况启东师范学校规模很小，办学时间很短，学制也只有两年。然即便如此，我依然欢喜，因为我遇见了一批好老师。

印度哲学家、教育家奥洛宾多曾有这样的洞见：世上没有什么东西是可以“教”的，教育的核心任务就是帮助成长的心灵去发掘其自身最可贵的东西，并让这些东西物尽其用。师范学习，无非两事，一是做人，学高为范，堪为人师；二是做事，胜任教育，不辱使命。我的老师们就是以教学的方式以人立人、立己成人。

师范两年，陆利丰、宋汉华、李锦希三位老师先后做我们文科班的班主任。陆老师儒雅，至今记得老师与同学们的首次见面："老师们好！同学们好！同事们好！"同学们讶异之际，陆老师望着我们说："三个称呼，其实是我对你们的认识，也是我的期待与目标，当然更希望成为我们共同的期待与目标。"是的，师范生就是准教师，对于刚刚跨入师范大门的学子而言，这一定位很必要也很重要；亦师亦友、教学相长，既是师生关系的理想状态，又是教学关系的经典表达，同学、互教、共进，该是怎样的一种教育教学之境呢；班级是一个集体、一个组织、一个小社会，要建设好、发展好，同心固然重要，协力更为关键。开学之后，我才了解，陆利丰老师本是我高中学校的一位主任，他的女儿陆亚楠还是我高中时的同班同学。很可惜，半年之后，陆老师不再教我们了。

宋汉华老师来自启东中学，他的热情、细致、周到、同理共情心让人感动。那时，我们有晨练、早读、夜修等制度，宋老师到班总是很早，每天晚上坚持巡查学生宿舍。同学们正值青春，精力充沛，恰似现代东方的小苏格拉底，喜欢找人讨论问题，唯一不同的就是苏格拉底喜欢把讨论地点选在室外，同学们则喜欢在熄灯以后的宿舍。如今想来，还别有意趣。围绕论题"为啥师范学校就配了门卫？"当时就讨论到安全、等级、品位、秩序、学生的自我定位等诸多方面，唯有对师范毕业的门卫老师的敬业精神、一手好字和和蔼温情，观点高度一致。《红楼梦》的讨论似乎不只一场，聚焦论题"林黛玉与贾宝玉究竟哪个好？"的讨论演变为争论，时间似乎退出，好像是三月，特别静，敲门声轻轻响起，宿舍顷刻安静，宋老师来了："明早晨练还可以讨论，再过一刻钟就是十点啦！"至今记忆犹新，好像过了好长好长的时间，静默终于被一位同学的追问打破："讨论黛玉、宝玉哪个好，前提是什么才叫好？好的标准呢？"那位同学叫李斌。"问得真好！带着思考入梦吧！"宋老师不知是没走，还是巡查了一圈又回来了。那晚，同宿舍八位同学，无人再言，一任思绪涌动在春夜。宋老师也很幽默，记得有一次学校承担乡村教师的集中研训，想利用假期，借用我们的宿舍。班干部征求意见时，有同学表示反对。后来，宋老师在班上笑着对同学们说："我们一直说学雷锋，现在可是把好事都送上门了！"从此，这句话成为宋老师的金句，也成了我们文科班日常生活中的名言。

李锦希老师教我们古代汉语，也是我们文科班的第三任班主任。李老师让我们懂得什么叫胸怀格局，什么叫底蕴积淀，什么叫内省自觉与文化浸润。第一次课堂见面，才写完课题，李老师便对同学们说："我的字很丑啊！自己曾经的老师很关心我，但我始终未真正动心用力。现在也练字，但丑已成习。如今，我每每接一新班，上第一课，都会说到自己的书写——人生都有阶段性，春播夏培，秋收冬藏，基础的东西务必从基础抓起。一手好字是一位好教师的基础之基础，机不可失，失不再来。"李老师对于我们的学习是有要求的，而且在那时的我们看来，很高！李老师语重心长："大家将来是要做教师的，有一问题务必真正理解，内化于心，并见之于行。这个问题就是教与学的关系，不要总认为现在是我教你学，自己学好就行。希望大家拥有一种转换机制，即我教你学也即我学你教，从我怎么教，想到你自己当如何学，更要自觉从自己怎么学，发现老师对学习内容与学习对象认识与理解的拿捏，为何这么教？应当怎么教？"印象特别深刻的是，李老师说，同学们这么努力，考试及格没问题，追求高分也没太大价值，应当以逼近通透为目的才好。在古代汉语的教学中，李老师其实一直在探索学科的教学之道，一直在启迪我们的教学智慧，尽管当时的教材是以单篇选文为基本体例的，但李老师的教学习惯，用今天的话语，则是大观念、专题性和项目化的，很注重我们在具体学习中的联系贯通、方略建构和内化表达。第一堂课，李老师就建议我们购置《古代汉语字典》，李老师又不局限于自己的学科，同时询问我们是否都备有《现代汉语词典》。李老师提醒我们，人的进化、人与人的差异，在很大程度上与其工具有关，工具不只是工具，也是老师，更是装备。真正厉害、真正专业的人就是工具装备能与自己的身心融为一体。我自己的第一本《现代汉语词典》(商务印书馆 1978 年第一版)就是李老师为我们集中采购的。有了这两本基础工具书之后，学校还进行过多次的专题学习与比赛活动，印象中，同学陈旭光有这样一项记录：一项检索，直接翻书不超过三次。

也许是因为启东师范从招生到停办，跨度只有短短四年，我们又是学校的最后一届，教师的流动性很大。但正所谓塞翁失马焉知非福，我们拥有了更多的老师，更添了一份对于教育与教师的理解与领悟。石华老师，干练简朴，行书书写是非同寻常的流畅舒展，清丽大气。板书起来，一如既往的条分缕析，结构化、系统化、简约化三位一体，每一堂课，至少一黑板。因为喜欢，便有同学反对一到下课就擦了板书，或者抢着去擦黑板，以便对照着石老师的粉笔字，借着黑板多学多练。

黄慧，我们的音乐老师，也是我们老师中最年轻的一位，帅气、活泼，又是真正专业的男高音。再加上乐于和同学们打成一片，所以，黄慧老师的宿舍也就成了我们男生一个经常光顾的活动地点。有两件事印象特深，一是我们发现黄老师穿的都是皮鞋，但似乎一共只有两双鞋。要知道，当时我们班上只有一位同学有皮鞋。因此就有同学私下感言，黄老师会玩也懒——两鞋换着穿，从不洗，最多是偶尔拿到太阳下晒一晒。黄老师怎么会玩，不必赘言，重要的还有鲜明观点："不会玩的，往往也不太会学；边学边玩很低级，学习像玩才高级。"今天想来，黄老师推崇和倡导的是否就是游戏化学习理念？另一件事，就是他吃惊于我们来自乡村的学生几乎都没有真正上过音乐课，竟没有一人真正会乐器。于是，黄老师为我们想了很多、做了很多。最让我们感觉美好的就是为了满足同学们的音乐爱好，为了培养我们的音乐素养，为了浓郁学校的校园文化，在学校支持下，通过学校广播系统，推出了每周一歌。《草原之夜》《军港之夜》《橄榄树》《祝酒歌》《洁白的羽毛寄深情》《我们的生活充满阳光》《浪花里飞出欢乐的歌》《达坂城的姑娘》等许多歌曲在课间、午间、晚饭前的校园里飞扬，同学们学着唱、跟着唱，成了校园的独特风景与时尚。在师范期间，我们学唱的歌曲或许超越了之前所有的音乐学习，而在当时，最积极响应黄老师倡导的，是施宏同学，他是我们那一届第一个购买乐器的人——一把小提琴，在当时真的价格不菲。

龚元希是我们的历史兼职老师。作为名校的高才生，其教学果然出手不凡。龚老师的课一周两节联排，每每从十多里远的建新中学赶来，习惯提一个鼓鼓的包，而拿出来的唯一物件，便是用纸包着的三五支粉笔。课上，不取教材，不翻教案，善于比较，长于叙事，从头至尾口若悬河、滔滔不绝。当然，其间总会有几次请同学们先行选择、提问或预测，总要求交流一下历史对于当下的启迪。

黄克白老师教授哲学，可谓人如学科、学科如人。理性、逻辑、雄辩、高冷，课时不多，但对同学们的要求很高。对于社会问题、庸常认知与粗陋观念少不了剖析、诘问和批判，在克白老师的课上，自有一种思想与思维的压力在。尽管我们当时觉得这一课程又难又无趣，但现在想来，才自愧学得太少、太浅、太零散，入职后之所以思想缺乏深度，理念缺乏品位，行动缺乏创建，与此不无关系。与之相映成趣的是陈佩芳老师的逻辑课堂，感觉更有意义、更多意趣。其中的主要原因，一是有诸多的经典案例，二是发现日常生活中的鲜活素材，三是近乎活学活用的训练。

彭少峰老师上我们的写作课。他书生意气，激情四溢。在写作教学上，别有智慧。刚开始，要求我们自由写，讲评时，以诸多名家名篇的精彩案例为基础，评析我们的文字。面对偌大的反差、信服的剖析，我的心常是悬着的：不被点评是遗憾，一旦点评是忐忑。一段时间后，同学们的习作水平似乎都上来了，更多表扬肯定，但也少不了批评，此时，总不免因为批评的直击要害、鞭辟入里而被炙烤、被激发。彭老师有名言："写作很重要，重要到可以区分你们未来事业的优秀与卓越。""写作问题，表面上是语言问题，本质上是思想问题。""没有好的阅读，哪来好的写作?"

三

文科班由13名女生、47名男生组成，只有陆春美同学来自县城。同学之间年龄差距大，不少同学入学之前就有企业、农业等从业或管理经历，我属于班上年纪小的那一批。1980年全国首次举行县级直接选举，因为年龄不足，选举日里，我等班里七位小兄妹便去看了一场电影。差异即资源，班上的徐桂平、林燕飞、陆逞翱、施燕华等大哥大姐真的比自己成熟、干练，面对困难、挑战，远比自己来得坚毅和坦然，日常学习中，也远比自己来得勤奋和扎实。而这无异是一种引领与带动，一种班级文化、学校文化的积极因子。现在想来，这是一种难得的幸运，身处其中，得到的关心、支持与帮助是多元、多维与多重的。

两年时间虽短，但值得记起的不少。第一学期，学校为我们开设了英语课程，因为有同学在中学没学过英语，即便学过也只有高中的两年，而且无论是师资，还是课时都难以令人满意，或许是因为其他更为具体或复杂的原因，在部分同学的要求下，经学校，应该是海门师范学校同意，随即停开。做出这一决定用时不长，此举赢得了同学们的欢迎。其时，自己尽管是文科班副班长，也参与了意见征询，但记忆中没有发表意见，不是不敢抑或不想，而是没有真正属于自己的意见。也就是说，作为一名师范生，我对于自己所学课程的要件与结构、意义与价值是不甚了解的。今天想来，这该是怎样的警示与启发呢？见识关乎价值与决定，课程学习力总是以价值认同为前提。

由此想及我们当下的师范教育课程建设，一是跟踪征询师范毕业生的意见建议十分重要；二是作为教学，课程的内涵、结构、价值与意义理应成为课程学习的重要篇章；三是作为学习者，必须培养对于课程认知的探究自觉，这不仅关乎学习的状态、效能，更关乎课程目标的理想实现；四是课程建设必须注重前瞻性与未来感、关键性与发展性的协同增值。

启东师范学校，有一图书馆，实际上是一个书库兼借阅室。图书馆只有一位姓查的老师负责日常工作。图书馆的书不多，但依自己当时的眼见，已是“琳琅满目”了：一是多数未见未读，二是更多古文古籍，三是名家名作不少。印象特别深，图书馆空间小，尽管学校师生原本不多，但一到借阅时间，图书馆里还真是人头攒动。查老师素朴典雅，懂书爱书，对同学关爱有加。她能记得我的阅读书单，她曾主动告诉我，苏联三位伟大的“斯基”作家（尼古莱·瓦西里耶维奇·果戈理·亚诺夫斯基、费奥多尔·米哈伊洛维奇·陀思妥耶夫斯基、尼古拉·阿列克谢耶维奇·奥斯特洛夫斯基）的作品，现在都有啦！陀思妥耶夫斯基的《卡拉马佐夫兄弟》刚上架。而真正给我启示的是查老师的委婉指引，十六七岁的年龄，是人生的诗歌小说季，我光顾的书架也与之相称。有一次，查老师笑着说：“你怎么看不起这一大片的书架，那些书也欢迎你啊！”望着文化、科学、教育、文字、语言类的书架，我说，不太喜欢，或许也难。查老师看着我，笑了：“你知道喜欢从哪儿来，自哪儿生吗？”我似乎读懂了老师戏谑的善意，似乎意识到了查老师的期待——不妨多看一些自以为不喜欢、很陌生，乃至存在阻隔的书籍。很可惜，查老师为我点了一盏灯，我却没有借着光亮前行。如今静心回望，除了一份对于查老师的由衷敬仰，更多的是一种人生醒悟：喜恶乃是思想的投射，思想的水位决定行动的津涯。喜好一旦成界，也就阻隔了正款款走来的另一片世界。也因此，认识喜好往往比有无喜好更重要。

刚来学校时，入夜常听到断断续续的跑调的喊叫，其后才知，校园后面有一所听障学校。此后才了解，那近乎噪音的喊叫，有两种可能：一是听障儿童在争论，二是听障儿童在阅读。前者很少，后者为主。其后的日子里，此声成了我的“心灵震撼”，成了我的“自勉号角”。那时，学校对于外来人员的管理没有现在那么严，我的教室是一间平房，又紧靠校园南北主干道，因此，常有听障儿童三三两两结伴而来，多懂事、好聪慧的孩子啊！来时，轻轻，笑意甜甜；别时，依依，欢欣满满。他们喜欢在我们的纸上写下“哥哥？”

“可以吗?”“再见!”“谢谢!”。他们充满好奇,好奇我们这些哥哥姐姐,好奇我们的学习生活,好奇他们不曾拥有的我们教室里再日常不过的一切。一本书,有孩子认识书名中的几个字,同学想把其中不会的一个字教给他们,却什么也不会做,面对自己的不知所措,作为一名准教师,不只是内生一种共情与愿景,更多的是对于个人教育力的内省;一架风琴,有孩子好奇我们在玩何种游戏,面对清澈明亮的双眸,有同学热情地为他们弹奏,面对他们的茫然若失,我们切切感受自己心中的那种怜惜与隐痛。特别感动的是为我们上课的老师,对那些听障儿童的包容与仁爱。从未有一位老师对靠在教室窗户口好奇观望我们上课的孩子采取过任何干预行动。也许这是母校老师赠与我们的一部生命教育学,而与听障儿童在一起的日子,也就成了我们自修“中国爱弥儿”的美好历程。

历史,不只会散轶,同时也在生长,且是更多思想的、文化的、精神的生长。是的,那匆匆岁月里的师范母校,未必完美,难以完美,也无须完美。

但我,喜欢我的师范母校,有您,真好!

作者简介:袁炳飞,1981 年 7 月海门师范普师班毕业,特级教师,全国优秀教师、优秀校长、十佳卓越校长、科研杰出校长,全国教育策划专委会学术委员、幸福教育学校联盟创始委员,江苏省小学教育专委会理事,南通市名校长、名师培养导师团副团长。

母校华诞　感恩有我

卢玉琪

分科风波

1979年10月我兴高采烈地跨进了海师的大门，成为一名师范生，被编排在普师(2)班。初来乍到，没有领会，待我们弄懂普师含义后，认识到：我们是恢复高考后的第一届普师，毕业后就是当小学教师。这下大家可不淡定了。首先要知道我们都是高中毕业考进的。对中师的文化基础知识，没有什么新鲜感。课本都是自编的简装白皮书或蓝面书，学起来没有兴趣。让我们去当光荣的小学教师觉得憋屈。其次，想想与我们同期的有英语专业班，同时招进如师的也是分科分专业的，我们普师毕业分配会吃亏。越想越别扭。于是产生了要求分科学习的诉求，强烈要求学校将我们分成专科班。要求一经提出普师班几乎是一呼百应。其中部分同学一起到校长室去申述，大有不达目标决不罢休的气势。这下，引起了校领导和班主任的高度重视。学校为此与有关部门进行了沟通。结论是不好改变招生计划，应继续办好普师班，并对学生做细致的思想工作。又是讲政策，又是讲计划。从政治思想上增强我们当小学教师的光荣感、使命感。坚定大家当一名光荣的小学教师的信念。班主任通过班委会、团支部做部分同学的思想工作，进行说服教育，要我们明确学习的目的。经过一番折腾，分科风波总算平息。同学们确立了当好一名光荣的小学教师的初心。毕业分配也如愿以偿，全部分配到小学当教师。直到毕业后，我们才意识到学校领导和班主任对我们无比宽容和关怀，丝毫没有计较我们当时的冲动和偏执。这次风波就像一阵风吹过，什么都没有发生一样。这也许是我们感恩母校海门师范的原因之一。

习惯养成永受益

母校老师们从要求分专科学习的事情中，体察到了我们的学习积极性和追求进步的热情，就因势利导，鼓励我们在学好普师专业的同时多看书，多进修，营造一种勤奋好学的良好氛围。在校时我们班有的参加了自学考试，有的参加了函授学习，有的听英语广播讲座课。大家一有空就去图书室，一走进图书室就如同淘金者发现了金矿，沙漠旅行者发现了水源。一周借一次书根本不够读。熄灯钟过后有的同学就在马路的灯下看书。勤奋好学、拼搏进取的班风逐渐形成，努力学习、追求进步的习惯就在这时养成，使我们受益至今。当时学的是中师，现在几乎都是大专本科以上的学历。普师不普通，而且人才济济。既有像教育部长江学者特聘教授、南京师范大学教育科学院院长顾建军这样出类拔萃的人才，也有冯彪、陆正中、丁春华这样的市局级的公务员，还有像施健、顾徐达这样的特级教师。基层学校校长、教导主任等骨干更是比比皆是。这印证了班主任施钟亮老师的话，你们是“文化大革命”后的第一届中师生，只要你们努力学习，认真工作，将来一定大有作为，不用几年后，校长主任肯定很多。当时的我们只以为是梦想。现在回想起来真正体会到了老师的远见与自信。归根结底，我们所有的成长，归功于母校对学生良好学习习惯的培养，归功于班主任施老师的循循善诱和因势利导。这是我们感恩的又一原因了。

悉心呵护胜亲情

在海师虽然只有两年的时间，但学校对我们的关心无微不至，生活上的一些细节足以让我们感受到慈母般的爱抚。刚进校时我们饭量较大，定桌定量根本吃不饱。学校安排我们自买饭票，等桌上分食完了再去食堂自助加餐，虽然比起现在的自助餐制落后一点，但那时对我们来说却是莫大的关心和爱护。

关心爱护不仅是生活层面的，更重要的是政治思想上的鼓励与支持。距离毕业不到两个月时，我们班冒出新闻，说是出现了小偷，并且传到了海门镇上。事情原来是这样的，这天早晨 5 点，海门手帕厂发生了偷窃事件，嫌疑人逃走了。我们班的男生宿舍与手帕厂职工宿舍在一起，同用一个厕所，刚巧我早上起身去上厕所，并且顺便打了一脸盆水回来洗脸，这时手帕厂的人就围到宿舍门口，叽叽喳喳，大概的意思指我就是小偷（如皋同学听不懂海门方言）。同宿舍同学和外面吵上了，准备去和他们理论，后来在班主任老师的劝说下才没有再闹腾。为此市公安局来校调查，我们才知道逃跑的小偷是小平头，而我理的也是小平头，就误把我当成小偷了。后来，公安局经过调查澄清了事实。但问题来了，我当时是普师班唯一的预备党员培养对象，这给党总支出了难题，要不要如期发展呢？在这关键时刻班主任施钟亮老师挺身而出，拍着胸脯说，卢玉琪没问题，我保证。党总支的姚主任也很自信地说："我们相信我们培养的人，应该吸收他为预备党员。"当我参加完入党仪式后，激动得热泪盈眶。试想当时要校党总支做出这样决定，需要多大的勇气啊！母校这样爱护与信任学生的意义又是何等的深远啊！这是我们感恩母校的又一原因吧！

作者简介：卢玉琪，海门师范81届普师2班校友，曾任如皋市高明镇成人教育中心学校校长、高明学校副校长。

这里曾留下深深屐痕

——难忘海师就学岁月

李培新

已到1978年年终时节，多少考生望眼欲穿，可那录取通知书却迟迟没有送达，该不是又一个肥皂泡吧。这一天终于来了，打开一看：海门师范高师语文班，说实在的，并不激动，唯一值得庆幸的是，这张小小的纸片毕竟还是改变了祖辈面朝黄土背朝天的命运，比起打了水漂的570万考生算是万幸。我已经跳出农门，是一名大学生了，不再交钱记工受窝囊气了。真有"犹恐相逢在梦中"的感觉啊！我在乡下务农前后十年，成了一个辛苦而不麻木的新型"闰土"，没有谁愿意在人生的暮年揭开伤疤给外人看，除非确有必要。四十年过去了，当年365日终年辛勤劳作还要倒挂的辛酸和苦涩，千军万马争相过"独木桥"的场景，至今仍历历在目。我落到了社会的最底层，但我没有消极沉沦，在苦难之中坚持学习与思考，生活与成长，憧憬与追求。繁重的劳作锻炼了我的筋骨和体魄，苦难和艰辛磨炼了我的意志和毅力，最底层的负重和高压，更加锤炼了我的坚忍、坚毅和坚强。苦难必有曲折，曲折自多历练，历练本身就成了传奇。

家里没有自行车，那时从东灶港到海门的公交班车一天只有二班，上下午各一班。1979年1月4日去海师报到的那天，我早早吃完中饭，独自背着二十多公斤的行李沿着新开凿的河道步行4公里到达车站，两岸是刚刚上工的村民，他们不时投来羡慕的目光。行李并不重，我边走边向他们打招呼，不过心里却时时惦记着那只装有食油的二二三乳剂玻璃瓶，生怕有什么闪失。学校规定新生报到必须带2斤食油，不过到现在我还不明白，此时已经1978年年底，我们户口已经迁出，1979年1月就开始供应了，为什么还要带食油去上学呢？那年头生产队社员的食油是根据出售的籽棉数量返销的，每人全年就4斤左右，此时已年终，新棉籽油还没有供应，这可是我家的全部家当，万万不能摔坏了。都说记忆或许会老去，但是我却坚信有些东西是永远不会老的。就像新年的钟声就快敲响，我们依然用自己的方式记录那些值得纪念的东西，无论是悲伤、痛苦、无奈、孤独，还是快乐、幸福、欢笑，至少这些都是我们最深切的感悟！曾经发生过的事多少会留下或深或浅的痕迹，只是雪花飘落，遇见光终会化清。悲伤铭刻着黑的过往，但是总会被时光的车轮带走，我们所能够做的是坚强面对，好好地把握当下。

报到处在学校大门右侧当中那排低矮破旧的平房里，负责接待的是一位身材魁梧的中年男教师，一脸严肃，人倒挺和蔼，第二天才知道他就是我们的班主任朱老师。到宿舍卸下行李过后，便去食堂交油，我小心翼翼地捧着从孩儿口中夺来的仅有的那些食油，交给那个师傅，他在手中颠了颠便说："这是油脚，不收！"理由很简单，太厚倒不下。天哪，我哪来那个本事造那么多油脚？冬天的棉籽油就是冻着倒不下，一番奚落，难道我是农民，就活该受冤屈！原本那份我是大学生带有荣耀感的骄傲心情此刻荡然无存，在他的眼里我还是个土包子。

海师，我们来了。土包子进殿堂了，带着蹉跎岁月留下的难忘记忆，带着对祖国、对社会、对家庭、对亲人、对朋友的那一份神圣的责任感，我走进了梦寐以求的校园。掏出录取通知书，拿出户口迁移证，梦想成真了；我们拥有一个零，一个孕育着无限大的零。就这样，我们将要在这里读书，在青葱的岁月里，我们曾失去了继续求学深造的机会，历经了生活的磨难，历史曾使我们的生命断裂，没想到现在我们可以理直气壮地在修补了自己的生命之后立即又以生命修补断裂的历史。这是一个颇具悲壮色彩的故事，但有故事总比没有故事好。因此我们读书总要比别人读得更好。"潮平两岸阔，风正一帆悬。"在平等竞争的起跑线上，有了绝对自由发挥的空间；人身依附下的人格扭曲不再，被官本位扼杀的智慧之花尽可自由绽放。当我们适应磁场重新定位之后，心智和潜能的核反应便开始了热量的巨大释放。刚放下扁担粪桶就走进灯光明亮的教室，恍如刘姥姥进大观园好不自在。开河挖沟、开荒割麦落下伤痕的粗糙双手，从此将挥斥方遒，描绘人生的美好蓝图；那熬夜看仓库的双眼，如今在图书室里捕捉最新最美的文字；听惯了鸡啼和队长催工哑嗓的双耳，现在传入的是老师抑扬顿挫的讲课声……

压抑了十年的渴望，终于有机会实现了。我们是不屈不挠的一代人，以顽强的毅力战胜了年龄带给记忆的困难，我们以近乎疯狂的渴望快速填补着知识的缺损。甘肃人民出版社出版的 804 页《汉语成语词典》个个会背；两周时间用 13 本练习本抄写一本《古汉语词典》的大有人在……感谢老师的教诲，当年百废待兴，各种书刊、资料奇缺，连印刷书本的纸张都紧缺，记得章老师布置了一篇《试论北魏孝文帝改革》的论文难倒了所有人，那时的海师图书馆别说北魏，即便是明清时代的史书资料也寥若晨星。老师们甚是辛苦，个个尽心尽责。薛汉贤老师连上两堂课得写 10 到 20 页讲稿，上课就捧上一叠讲稿，讲稿超万字，从查询、阅读到整理、书写，没有二十个小时是无法完成的，即便是书本上现成的资料，他还是重抄一遍，一点一滴甚是仔细，生怕有所遗漏。教古代汉语的薛凤新老师完全是另一种风格，每一堂课都带上三五本预先翻开的书，这样我们也轻松多了，他知识渊博，上课旁征博引，生动幽默，还不时插科打诨来一段诙谐段子："轿杠就在门背后！"说时还学着待嫁姑娘的嗲声嗲气腔，活灵活现，引得一片笑声；可是他布置思考的《醉翁亭记》里 21 个"也"的用法的问题我至今还没有弄明白，作业没有完成，有愧于老师。顾老师的用毛笔誊写作文是狠招，也是妙招，很管用，也很实用；龚老师对外国文学很熟悉，讲玛丝洛娃和聂赫留朵夫的故事惟妙惟肖，只可惜我们中的大多数都未读过原著，效果也大打折扣。相对而言听朱文献老师的课就自由开放些，气氛也活泼，有很多自由表达的空间，他言传身教，严谨治学至今难以忘怀；参加工作以后我又听了教育学院龚小莉教授的现代汉语课，两相比较发现虽然内容相同，但朱老师所用的例句大都是名家名著中的例句，足见其用心之良苦。政治课的那些名词术语至今说不上半点，倒是张老师的教育民主的风格还是留下深刻的印象。当年在宿舍里，在操场上，在海师的图书室，我们争论过历史哲学、宗教政治、戏剧音乐、艺术文化，无数思想的火花、人文的哲理，曾使我们变得敏锐、脱俗，读书使我们视野开阔。

从贫瘠的土地上走出来的我们谁都不会在意海师破旧散乱的校园和狭小的空间，我们需要的是知识，阅览室是我们唯一的好去处。那里的位子永远是紧张的，《收获》《钟山》《十月》书架上就只有一本，必须捷足先登，今天在你手，如果不是幸运，下次不知何时再能饱饱眼福。20 世纪 80 年代的中国是一个知识急剧传播、文化剧烈碰撞的时期。当时，中国社会突然从思想封闭的状态中走向开放，对于那个时代的年轻人来说，改变狭窄的精神生活的渴望要远远大于改变物质贫困生活的冲动，对知识的渴望成了那个年代校园生活的主旋律。刚刚受压抑的人突然见到那么多的新知识，所以学习起来如饥似渴，学术上也比现在更加自由。80 年代的大学生充满了对知识的渴望，大学校园弥漫着浓浓的书香气。当时的中国刚刚改革开放，商品经济的大潮还没有荡涤大学校园，大学校园如同一片净土，非常安宁。同学们思想也非常单纯，大家之间的交往也充满了真诚，生活简单而美好，这是个巨变的时代，是激情与温情交织、充满理想和梦想的时代，我们很荣幸经历了那个时代，这一段温暖的记忆永不磨灭。李谷一的一曲《乡恋》吹开了人们禁锢已久的心扉，邓丽君的《甜蜜蜜》、徐良的《血染的风采》和迟志强的《悔恨的泪》是那么的动人心弦。一台 25 寸的彩电播放日本电影《追捕》引来了全校师生的目光，那场面绝不亚于农村的广场电影。一切都是新鲜的，那个时代的年轻人，有着强烈的学习意识和动力。

在没有手机、电脑的年代，宿舍便是最快乐的避风港，最能享受自由的场所，晚自习过后 9 点到达宿舍，一天的学习生活结束了，白日里耳闻目睹的奇闻轶事终于可以尽情释放。星期一至星期四是我们宿舍最热闹的日子，简单的洗漱后便各自躺在自己的床上；电灯一灭，宿舍一片漆黑；故事会开始了，各种版本，千奇百怪，应有尽有；板凳的故事，锅盖的故事……黄正范的故事独占鳌头，也新奇。一般要在 10 点过后，才陆续入睡。星期五是比较忙碌的日子，各自得准备明天回家的事宜，给孩子买点什么，自行车得检查一番，也有的早早地将回家要带的衣物等绑在了车上，一切准备就绪，就差最后一件事：退伙食。归心似箭，星期六上午退了伙食，吃完中饭即刻启程，晚上就只有我一个无车留守族，茕茕孑立，形影相吊；星期天晚上是宿舍最忙碌的晚上，狭窄的走道上，赤裸的光背在昏黄的灯光下来回晃动、碰撞，洗澡啰！不一会儿水汽、汗气袅袅升腾弥漫了整个空间……这一夜是宿舍最平静的夜晚，没有太多的交流，三五分钟过后，鼻息声、鼾声此起彼伏……

想起共同经历过的点点滴滴，沉睡的记忆与情愫会涌上心头，即使四十三年过去，心动依旧。仍眷恋当年把录取通知书递给朱老师的那一幕，人生就此翻开新的一页，新奇，激动！此后再没有过那样的悸动。青春之美，无以复加。当韶华渐逝，回想青春时的故事，或欣慰或遗憾，但一切都永远地成为过去。从早晨八九点钟的太阳到最美不过夕阳红，一首讴歌、一曲悲怆！人生如梦！人生好似一场梦！记住不该忘掉的，忘掉不该记住的吧！过好今天，过好快乐的每天！过好明天，明天永远是希望！

作者简介：李培新，海门师范78级高师语文班校友。

忆夏日练风琴

周耀斌

时间:45 年前的 1977 年,中断十年的高考再启。

地点:曾经的海门县城人民西路 83 号,海门师范。

人物:从来自南通各地成千上万名考生中脱颖而出,38 位具有音乐天赋的学子成为海门师范首届音乐班录取的幸运儿。

叙事:忆夏练风琴。往事遥远却似在眼前,学习、实践、课余生活……满脑子充盈着,其中当年夏练风琴一幕尤为难忘。

夏天蚊子多。海门师范与手帕厂隔着人民西路相望,路北校园里琴房的前面是条小河。夜幕降临,雨后河面上此起彼伏的青蛙争鸣声响起,与练琴声、悠悠的笛声、教室里轻柔的夜读声交织在一起,组成一曲美妙的立体交响乐。

依着河畔的琴房灯光亮起,乌压压的蚊群比同学们更积极,从门、窗户蜂拥而入琴房报到。它们可不是来欣赏音乐的,这可怎么办?

那是个物资短缺实行计划经济的年代,人们十分注意爱护所穿的衣服,会在外衣的袖子外面套上一对"套袖"(也叫"包袖""箍袖"),一来不会弄脏衣袖,二来写字时避免袖子与桌子磨损,影响整件衣服的美观。为对付蚊子,这包袖就派上了用场,把它套在了腿上。然而,厉害的大蚊子还是可以刺过两层布料叮咬,一会儿工夫里面也全是汗水了。要是关上窗户、门,蚊子进不来,但闷热得又不行。点上蚊香,在下风的位置有点效果,但是蚊多势众,效果不大。于是我们只能学着适应了,弹琴时头可以动着打节奏,蚊子咬不了。右手弹琴,遇到休止符,可以甩掉叮在手上的蚊子;左边配和弦,感觉到蚊子来了,敲击键盘的幅度就大一点;双脚踩踏板,中间可以抽出单脚跺一下地面,震掉腿上的蚊子。但饿极了的特别顽固的蚊子,不怕皮肤渗出的有咸味的汗水，贴在上面照叮不误。因此只能扛着学会适应，发扬革命乐观主义精神，这样一想，由嗡嗡嗡蚊子陪着练琴也就不再是一件恼人的事情了。

大家可能会说，为什么不整个纱窗、纱门的。彼时非此时，那个生产力水平低下的年代，冬天冻疮烂皮肤，夏天蚊虫叮咬皮肤烂，是再正常不过的事情。被蚊子叮咬多了，好比接种了疫苗，也就一个红点子，不再起包了。用浪漫主义面对困难，提升自己的心理品质。

也就是在这样的学习环境中，海门师范老师不但毫无保留地传授给了我们知识，教会了我们获取知识的方法，而且激发了我们的创造潜能，尤其是老师们身体力行地把优良的师德潜移默化地根植于我们的血液。毕业四十多年来，我们以及一代代的学生中不断走出优秀教师、音乐理论工作者、歌唱家、词曲家、播音员……

这一切要感谢母校海门师范，感谢老师们，感谢那个蚊叮虫咬但依然练琴不辍的励志年代。

作者简介：周耀斌，海门师范1977级（首届）音乐班校友，中国音乐家协会会员、大众音乐协会会员、音乐著作权协会会员，南通市优秀教育工作者、艺术教育先进个人，海门市十佳文明教师、音乐学科带头人、海门山歌研究会会员。

一张奖状

姚锦发

一纸奖状
锁定我艺教生涯路
奠定我艺术之基石

母校即将迎来120周年的生日，值得祝贺、纪念！接到吴伟老师稿约，要我写点回忆与母校相关的文字，对于一直惯于向前冲，感觉仍在路上的我来说还真有点儿难。按下暂停键作回望，回望艺教生涯里的前半场，回到40年前的记忆里，搜索当年的母校生活，回忆青年时代的芳华，也确是件很有意义的事。打开压在箱底的五色证书，欣喜翻到了一张艰苦年代印有三面红旗的老款奖状，还真让人有点激动，让人回味，让人欣慰，让人感到丝丝的甜意。一纸证书乃吾人生重要驿站留下的足迹，勾起了我一长串回忆。

那是一张40年前的泛了黄还有些包浆感的奖状，是我在母校学习、生活状态的明证，可与当年的毕业证书媲美。

翻到这张奖状，映入眼帘的是那隽秀的行书字迹，仿佛老师又来到了我的面前，是那么的亲切，那么的慈祥，我深深感到这份证书的珍贵。因为那份奖状上的墨迹是出自当年任教我的专业老师——沈鼎尧先生之手。他是一位对美术教育事业充满着无限热情并作出了重要贡献的老师，他那严谨踏实的工作作风和在那艰苦岁月任劳任怨坚持办学的精神一直激励着我，对我成长为一名真正意义上合格的基础教育的美术老师有着巨大的影响，因为先生是研究基础美术教学法的顶级专家，是影响一方基础美术教育的功臣，在他身上散发着一股老黄牛般的坚韧气息，这些优秀品质可以说影响我终生。

翻到这张奖状，让我想起两年的师范学习成就我手上功夫的多位身怀绝技的专业老师，陆李康、龚伟民、曹志龙、周晓莺、李波等老师对我都有过不同课程、不同阶段和不同深度的教学指导。特别是陆李康老师，是他点亮了我专业学习的热情，从我还是一个农村的生产队长，一个地地道道的农民开始，从在一位挚友那里刚了解到素描是怎么回事开始，耐心细致地传授技艺，同时教我如何做人，让我艺术人生之路一直走到了今天。

翻到这张奖状，让我又回想起进入母校之前四年的社会生活。我是1976年7月高中毕业，18岁开始回乡踏上社会接受贫下中农再教育，当年的9月受组织安排，作为年轻干部培养选拔对象来到了当时的最后一批县"路线教育"工作队，进驻离家40里地外的县城所在地新海公社工作队工作。两年后又进一步接受组织的考验、安排，回到原生地当了两年的生产队队长。农村生活，农业劳动，春耕夏培；秋收秋播落实茬口；冬春季节兴修水利；上河挖泥做岸，我样样干过，深知农村生活的艰辛和不易。来到母校学习，完全改变了自己，改变了人生，换了一种活法。今天重见证书，证明自己这两年间专心学习，刻苦努力，没有辜负母校恩师和自己的期望。

翻到这张奖状，又让我想起教过我的多位文化基础课和教育学心理学学科的老师来。当时师范培养的目标是将我们培养成为一名合格的小学美术教师，不仅要求手上拥有专业功夫，还要有一定文化，要有一定素养。我这几十年一路走来的经历，其前方的目标也一直不断地在向前延伸。起始时想努力做一位合格的小学美术老师；但随着时间的推移和不断地学习成长，中途目标又设定为做一个有修养的画家老师，手上要有过硬的专业本领；再后来，又提升为要做一位艺术家老师，手上不仅要有过硬的本领，还得要有深刻的思想，更要有自己独特的具有深度的艺术追求，而不仅仅从书本到书本，做一个简单知识技能的倒卖者，要将书本的知识融到自己的血液里，铸就自己的思想、自己的艺术，再反哺给我的学生，让我的艺术本身去感动和影响我周围的人，我艺术的观众。回望四十多年来的学习、工作、生活、创作，我基本做到了。

翻到这张奖状，也让我想起当年常常转悠于校园，指缝间夹着香烟，一脸严肃紧锁眉头，戴着一副平板眼镜常常驻足凝视远方，整天为学校谋发展操劳一生的老校长陈祖仁先生那熟悉的身影；让我想起与我同龄的富有政治思想教育经验的班主任老师黄正平那深邃而凝视的目光；想起我语文老师王茂恒那深藏经典而优雅可亲的微笑;想起教语音的美女老师魏南江的干练教风;想起政治课老师张独明腋下挟着教本缓缓步入课堂那种先生的模样;想起心理学老师李继华在课堂上讲述巴甫洛夫高级神经活动“条件反射”学说时发出的洪亮嗓音;想起了体育老师袁世安矫健英俊潇洒的体魄和嘹亮的歌声;想起我们实习期间的片教学指导老师张新民先生,他在六月份的大热天里,每天骑着单车戴着草帽一身汗水赶到三厂的实习点,从教理、学理等方面与我们深入评课,探讨教法。甚至分析到教学过程中的小小细节,比如对我们上课时刚踏进教室,师生间问候语中学生问“老师好!”那语调过于沉长提出的批评,要求在教学过程中每一个细节都要精准到位,这使我们专业教学技能在短期内获得了较大提升,这种严谨的治教态度对我后来从教生涯产生了很大的影响。

翻到这张奖状,让我想起当时母校开展的丰富的校园活动。其中一次我班参加学校大合唱比赛的情景还历历在目。我们为参加比赛,特地邀请音乐专业张庐仙老师来班辅导,她认真地给我们反复排练,精益求精,花费了大量精力,给大家留下了深刻的印象。我们参赛的一曲《长征组歌》,唱出了我们美术班团结向上的力量,唱出了我们美术班学子的青春活力,唱响了伟大的长征精神。这里,还让我想起了在资源贫乏、条件艰苦的当年,在专业老师的耐心细致指导下,同学们群策群力,自己动手,自己装裱,自己布置,在校内做了多个形式的展览活动,树立了大家的专业信心,提高了大家的综合能力。特别是在毕业季,经全班同学的共同努力,在较短的时间里,大家纷纷拿出自己的得意之作,借用当时的县文化馆简易展厅,搞了一场前所未有的美术专业毕业作品展览,为在社会上树形象、促影响,尽了我们自己的一份力量。

翻到这张奖状,还让我想起了许多许多……

在母校短短的两年,打下了较为扎实的基础,特别是让我学会了学习,找到了人生奋斗的方向。在未来的岁月里,我边工作边继续学习,利用一切机会,不断寻访,不断补课,不断进取。一方面向内行学,向感兴趣的名家大师学,只要一有机会就往美术馆、博物馆里跑,努力锤炼自己的审美眼光,永葆一颗艺术童心;另一方面,为了岗位和生存的发展,需要进一步提升学历提高技艺,先后自费完成了专科、本科的学历进修,并自费参加国内顶尖专业机构的短期研修和中央美术学院的脱产学习,为完成自身的专业蜕变创造条件，以实现自己的艺术梦想，完成自己的艺术使命，在学习中探索、实践、成长。

艺无止境，我的探索还在路上！这里要感谢母校！感谢我的老师！让我拥有这张宝贵的奖状——一份特殊的礼物，为我开启美好的人生。

作者简介：姚锦发，海门师范80级美术班校友，原江苏联合职业技术学院海门分院高级讲师。本科毕业于南京师范大学美术系，进修于中央美术学院壁画系。江苏省美术家协会会员、江苏省美术教学研究会会员、江苏省中小学美术教材编委，南通市美术家协会理事、油画艺委会副主任，南通书法国画研究院、江海书画院特聘画家。

听　说

杨　谔

那天，吴伟兄邀我去他家坐坐。当龙井茶的清香漫溢开来的时候，他扔给我一支笔、两张纸，说："我说，你听，关键的记下来。感兴趣时把它写成一篇文章吧。"

以下是他的讲述：

事情发生在20世纪70年代。

海门师范老校长陈祖仁，原是海门麒麟中学校长，学历史出身，爱才惜才，他竭尽所能，"收留"过多位有才学但一时返不了城的知识青年，并给他们提供展示才华的舞台。每逢传统节日，考虑到那些来自五湖四海的年轻人会特别想家，陈校长便邀他们去自己家里过节，八月半去他家吃老鸭，那是铁定的节目。不久，陈校长调任海门师范，把爱才惜才的传统也带了过来。1976年，时任南通地区教育局局长的沈春生看到小学紧缺艺体师资，就与陈校长商定，让海门师范接下这个任务。当时南通地区的南通师范、如皋师范都有了自己的办学特色和强项，海门师范就借此契机，决定在"小三门"——音美体师资的培养上做出自己的特色。后来的历任校领导姚雨南、沈鼎尧、秦汉清、丁兆雄等，也继承并发展了这一特色。陈校长对办好美术班特别有信心，因为他看到美术教师虽然没有学生可带，可仍旧每晚在办公室用功到十点才休息。陈校长说："我们有这么好的老师，还怕教不好学生吗?"

首届美术班招生定在九月份，由于三个伟人的逝世，学生正式参加考试，入学报到时间一直拖到了当年的年底。美术班的学制是两年，这样一来学生实际学习时间便只有一年半。那个时候，教师拼命教，学生拼命学，可以用争分夺秒、没日没夜这八个字来形容。有时学生自学，并不需要教师在一旁，但教师还是会主动陪学。为了让学生充分了解小学生和小学教育实况，下小学实习的时间比较长，实习过程中，带队指导教师和学生是吃住在一起的。在课程设置方面，当年的海门师范也表现出了过人的远见和勇气，三个字：高起点。时任美术教研组组长的沈鼎尧老师带领全组成员访问南京师范大学美术系，办中师仿照高师的课程设置做计划。学校把培养的眼光不仅仅放在培养小学美术教师这一目标上，他们当然也考虑到学生们将来是要当小学美术教师的，所以特别重视学生综合素质的培养，学习的门类很全，尤其注重美感教育，还要求学生能用通俗的语言介绍、分析作品，传授技法。

筹备办班时，学校原有的教具、资料严重不足。陆李康老师是上海人，毕业于南师大美术系，对上海、南京两个大城市里的美术用品商店及相关书店比较熟悉，采购的任务就交给了他。就这样，教学用的画具、资料，有近85%是陆老师一次又一次拎回来的。为了买到精准的石膏像，他们追踪到了原产地江南常熟的黄市，最后用小船运了回来。陆老师有一次带学生去写生，了解到该地有教学资料卖，最后回校时，只顾了资料，反而把自己家里买的茶几忘记在码头上。那个时候，学校的上上下下，只有一个念头，就是把教学搞上去，办出自己的特色来。

第一届毕业生分出去后不久，社会反响非常好，后来就出现了兄弟姊妹一起来报考海师美术班的现象。多年后，不少学生不但成长为优秀的美术教师，有的还成了优秀的画家……

听完吴伟兄的讲述，我与他一时间相对无语："感叹亦嘘唏"，"相对如梦寐"。茶水续了几次，茶香也变得淡且远了，恍惚间，一切都变得有些缥缈起来。

那次谈话后不久，与同道小聚，我的座位与江海文化研究会副会长房健紧挨着，众人哄然举杯，酒瘾不大的我俩便私下闲聊。我说到了不久前在吴兄处听说的海师美术班往事，房会长突然动情地把酒杯往前一推，"腾"地一下子站了起来，紧握着我的手说：

"我就是海门师范首届美术班的学生，他说的那些全是真的！"

作者简介：杨谔，原名杨徐辉，海门师范81级普师班校友，现为中国书法家协会会员、中国散文学会会员、北京大学校友书画会学术导师、南通市书法家协会副主席、南通市文艺评论家协会副主席。

海师：永远的教育印记

马　建

海师，于我而言，不只是母校的称谓，更是一种难以忘却、植入灵魂的教育印记。

铸　魂

16岁，正是一个对世界充满好奇的懵懂年龄。1987年，我走进海师，分在普师(1)班，班主任是王兴明老师。又有王志刚、王茂恒、严学捷、陆敏等一大批好老师担任我们的课务，他们是“学高为师，身正为范”的榜样，正是他们引领我们这些少男少女拔节成长。记得我们班每月一次的人生规划论坛，是我们班53名同学受益终生的饕餮大餐，论坛主题涉及人生观、世界观、教育观等多个方面。多年后，回首我们八七(1)班同学的教育之路，这个人生规划系列论坛倡导的价值观深刻影响了我们的教育哲学追求：低调做人，踏实做事，孜孜不倦，终身成长！

健　体

海师对师范生强健体魄的要求，在南通三所师范学校中是非常有特色的。且不说成绩辉煌的体育班是面向全市招生的特色专业，就连我们普师班，对“野蛮其体魄”也是感同身受。毕业前的体育测试若不达标是拿不到毕业证书的，每位同学都要在体育场西侧看台的最高一级台阶为全校同学领操(实为广播操过关考核)，体育课内容涉及田径、舞蹈、体操等多项内容……而最令我们难忘的，还是每天早晨的锻炼。起床号一响，大家都要到操场去跑步，还要清点同学是否全部到位。就是在这样的严格要求下，师范三年成为我们身体素质突飞猛进的三年，感谢老师，感恩海师！

夯 基

将教育理念转化为教育实践，需要教师具备较强的实践智慧。海师对师范生实践能力的培养是全方位的。生物课上，我们解剖鲫鱼；物理课上，我们拼装简易收音机；20 世纪 80 年代末的计算机社团，我们徜徉于 B 语言的神奇世界中……长达一个月的分县区教育实习生活，我们收获满满；在海门实小那条青砖道路上，初涉教坛的我们追随张兴华校长投身教育实践改革，让青春激情飞扬……指向师范生教育教学实践能力的培养锻炼，铸就了一代师范生的良好素养，也为南通基础教育的辉煌夯实了基础。

毓 美

中等师范学校培养的是全面发展加个性特长的优秀人才。海门师范除了注重体育特长的培养，还十分注重师范生艺术审美能力的培育。江北笛王刘国基老师引领一大批学子学会了笛子演奏技巧，我虽未能得到他的真传，但也是乐此不疲，晚自习后总是在宿舍窗口来上一段。而 3 号宿舍楼一层和二层之间的平台，两位学兄悠扬的笛声，更是海师夜晚迷人的享受，靓丽的记忆！机会总是垂青于有准备的人的，在毕业季的双向选择中，我以一首笛子独奏《牧民新歌》得到评委老师的青睐，如愿进入心仪已久的百年名校石港小学。担任石港小学校长后，我更是将儿童的个性发展作为办学的重要目标，在“写字育人”的基础上，创造性地开设了拓印、篆刻、装裱、毛笔制作等传统文化系列社团，将学校特色建设引向深入，学校于 2018 年被教育部评为“全国中华优秀文化艺术传承学校”。

海师，是一条河，永远流淌在海师学子的血脉里！

海师，是一泓潭，永远滋润在海师学子的心田里！

海师，是一湾海，永远蓬勃在海师学子的灵魂里！

作者简介：马建，海门师范普 87(1)班学生，正高级教师，现任南通市通州区石港小学校长、书记,江苏省“333”人才培养对象、江苏省教育型校长培养对象,南通市首届“领航校长”。

海师忆痕

保　良

我的母校江苏省海门师范学校，曾是我人生中最快乐、最难忘的学习地方，是我增长知识技能、长大成人最重要的地方，也是改变了我人生轨迹的地方，我对母校寄托了无限美好的情感。回忆二十几年来屈指可数的经过母校门口时的瞬间经历，那都成了我记忆里不可磨灭的痕迹。然而多年前当我发现海师和通师合并的时候，我就开始隐隐觉得母校难保，看到校牌换成南通高师的时候，心里更是有一丝难以言表的酸楚。前年再次回到母校时，已然发现这里已经变成了海门市冠今中学，当时匆匆驻足校园看到熟悉的教学楼、食堂等建筑，我还暗自庆幸母校还在，虽然它已经改头换面，更换了主人，但至少它的建筑还在，我的念想还在，心里得到了些许欣慰和满足，可如今要面对的现实却是：母校建筑即将拆除，曾经熟悉的场景将从现实中抹去，宛若一位至亲的老人即将驾鹤西归，离我而去，心情真是忧伤之至。

是到了必须和母校道一声别，再看最后一眼的时候了。带着这样的想法，2017 年 6 月 3 日周六的下午我特意返回了朝思暮想、魂牵梦绕的海师。车到校门口时就已经看到了很多校友在校门口拍照和谈论着，我顾不上他们，径直将车开进了学校停车场，学校保安估计我是海师校友，也没有阻拦。走进校园，熟悉的环境一下子扑面而来，内心是满满的爱和亲情，犹如远游的孩子回到了母亲的怀抱，我真想大声喊一句："海师，我回来了！"

从停车场走到教学楼只有短短的几步，一下子映入眼帘的却是教学楼前的荒草与满地的建筑垃圾，刺耳的敲击声和玻璃的爆裂声一下子敲击了我的内心，还是来晚了，已经开始拆除门窗了，心情陡然沉重起来。这里曾是我当年发奋图强的学习福地，看看正在拆除的楼梯，还是老样子，一下子想起了当年的教室，赶紧冲进二楼的教室，站在教室中间，仿佛又回到了从前，眼前的教室空荡荡的，虽然门窗已经拆除，但基本上还是以前的模样，尤其是教室背后的黑板还是当年的墙面黑板，一点没变，想必这间教室已经经历了不知几届学生了，上面写满了各届校友的留言。想起这里是我三年文化学习和专业学习的场所，好多当年的老师的身影又浮现在眼前：班主任陈竹林老师那时还刚大学毕业不久，他是第一次当班主任，年轻气盛的他夏天总是留着长发，戴着墨镜，穿着花哨的短袖衬衣和短裤，全身到处透露着艺术家的前卫与锋芒，这样的时髦打扮甚至还引来了校长要他“为人师表”的批评，为此他带头和全班男生一起理了超短发，有几个同学甚至不满学校的批评和规定，理成了光头，最后不得不在大热天人人顶个帽子上课，今天想来也是很有意思的。陈老师的油画和水彩也总是令人眼前一亮，迎来同学们的啧啧称赞。陈老师对学生更是关怀备至，有谁生病了，他总是亲手在宿舍熬上一碗鲫鱼汤送到同学手里，让人心里暖乎乎的。素描老师陆李康认真精到的现场素描教学示范，力显扎实的基本功和稳健踏实的教学，让人心生敬意，多才多艺的他还时不时在晚自习时间躲在底楼图书室里拉上几曲小提琴，琴声悠扬，令人陶醉。手工老师周晓莺亲手制作的手工，工艺之细令人叹为观止。书法教师沈如春那句口头禅“很好！很好！”常成为我们课后的谈资，至今还有印象。教语文的薛老师是位长者，他讲课激情十足，尤其讲毛主席的诗词的时候，时常当场大声吟诵，声音传送很远，并一再夸赞毛主席的文才了不得！不得了！沈鼎尧校长的随手美术字和中国画的功夫更是令人心向往之。历史老师陈情时常和我们称兄道弟的情形还历历在目……

站在教室讲台的方位，我记起了当年自己是第一个上台试讲的学生。教室后门口是我当年的座位位置，在这里我设计的黑板报曾参加了全省中师美术基本功比赛并获一等奖。仍然是在这间教室，依稀记得毕业离校的最后一个夜晚，十二点钟以后，班主任给大家颁发了毕业证书，那场景依然让人黯然神伤。

教室的东西隔壁分别是美 87 教室和幼师 88 级教室，还记得幼师班的女生经常早上在教室前的过道里吊嗓子唱歌和弹琵琶的情形，动听的声音一直萦绕耳边，当年或许是幼师班里没有男生的缘故，她们班的女生总爱和我们班的男生交往，打得火热，以至于两个班常被人背后说三道四，流传一些小道消息！教学楼二楼最西边是大小两间画室，这里留下了我们苦练美术基本功的身影。为了提高专业水平，经常有同学放弃节假日，没日没夜地泡在画室画画，偶尔也有谈恋爱的同学在此幽会，记忆最深的是当年为了观看世界杯比赛，有同学在画室拿画板搭成一个密闭的小空间，躲在里面整夜看比赛。如今的画室早就不复存在，画室对面是教师小办公室，这里曾经收藏了我去苏州甪直画的一批色彩作业，如今也不知魂归何处。

教学楼东面一二层楼梯间有个狭小的空间，是当年的学校广播站，当时我是校广播站里的一名播音员，每天下午课后到晚自习之前的时间是我们进行广播的好时光。记得第一次播音时我把北京读成了“百京”，中央读成了“中烟”，引来大家的取笑，为此我还苦练了好一阵子的普通话。当年是流行歌曲火爆的时代，而流行歌曲往往要通过学校广播站播放，所以校广播站深受大家的喜欢，这也吸引了一些年轻老师的目光，每天点歌箱里总是满满的稿件，最火热的时候平均每五分钟就能让点歌箱爆满。其中印象最深的是晚饭时间在食堂搞现场点歌活动，我们利用无线话筒在食堂现场和学生互动并点歌，楼上广播室里几位同学紧张而快速地在几百首存储的卡带里找到歌曲即时播放，这在没有电脑和多媒体的时代，实在是很不容易的事，也让听歌的同学很惊讶和感动，造成了一时的轰动效应。当时每次听到喇叭里传来自己录制的开头曲和播报声音，心里总感觉自己很了不起，这样的工作持续了近两年时间直至毕业。如今进入楼梯间，再也看不到当年的设备和影子了，然而怀念之情却不减而增。

看到教学楼前面的花圃已经长满了荒草，原先的树木花草早已不翼而飞，这里曾是我们毕业时合影的地方，想必不止一届毕业生在此地合影，留下终生难忘的影像。教学楼南面的楼已经被综合实验楼代替，印象里记得以前好像是化学和科技实验楼，楼上有电脑房，楼下有个阶梯教室，学校团委也经常在那里搞一些活动，我曾经在这里参加了入学专业考试，也曾在这里参加了全校诗歌朗诵比赛，并以一首配乐诗朗诵《再别康桥》震惊全场，当场得到了夏云平老师的表扬。两座楼之间的西边有一个不大的花藤休憩走廊，站在这里让我想起了当年我们几个学生会的文艺骨干在此留下的合影，那时的我们风华正茂、团结作战，这些都是深刻而美好的回忆。

沿着小路往东看到了音乐楼，记得当年直到我们毕业还没有开建音乐楼，所以对它没有印象，那里当年好像是部分老师的宿舍，在那里我遇到了难以忘怀的杭高中退休的杨老师，他崇高的师德形象曾影响了我今后的教书育人。音乐楼的北面就是体育馆了，来到体育馆时，只见大门紧闭，记得上学那会儿体育馆刚建好不久，感觉里面空旷无比，好几次下雨天的体育课都是在里面进行的，体育馆每到周末晚间就向社会开放。体育馆的北门正对着当年的男生宿舍，东面是和海门市共用的体育场，只是现在通往体育场的大门紧闭。当年每到开学时的大热天，我就和同宿舍同学各拿一张草席睡在操场中间的草坪上谈天说地，度过难熬的夜晚。还记得当年由于新建体育馆，学校临时用排球网作为出入体育场的隔离装置，结果每到晚自习，总有人用美工刀割出几个洞，溜出去到录像厅看整夜的录像。回头看看宿舍楼，虽然当年的大致模样还在，但已经改造得面目全非了。记得我们住在二楼最东面的212宿舍，十二个人一间宿舍，拥挤不堪，每天一大早体育馆的大喇嘛正对着宿舍楼播放出操进行曲，每次都是把我们从睡梦中惊醒，真恨不得拿把钳子爬上去把电线剪了。宿舍楼西边门口设有传达室，有人负责看管，经常能看到传达室阿姨在宿舍门口卖油炸春卷来贴补生活。当时的宿舍有些破旧，铁架子床的弹簧软软的，睡上去，整个人就像被网兜兜住了一样。最东面的窗户还坏了几块玻璃，到了冬天北风吹来，整个宿舍像冰窖一样，只好用素描纸临时糊着应付一下，有好几次还遭了失窃。男生宿舍的西边是女生宿舍，不知何时已经被拆除，早已成了停车场，记得当年和同学偷偷溜进女生宿舍玩，向女生学习缝被子，结果玩到很晚而不能出去，只好在女生宿舍和女同学聊天打牌了一整夜，现在想来这段经历也是难得。

宿舍楼到食堂有一条短短的水泥路，那是我们每天必经的地方，每天上课、打开水、吃饭等都要经过那里，有时走过女生宿舍前还要故意放慢脚步，偷偷侧脸透过铁栅栏看看女生们在干什么，甚至吹几声哨子来引起她们的注意，并以此为乐。如今我依然看到了还留存了一段的当年的铁栅栏围墙，真是让人感慨万千。

宿舍的最西面是学校食堂，食堂就在教学楼后面，可见当年的学校是很拥挤的，食堂一直还在，如今正东门紧闭，木头上面剥落的油漆似乎诉说着过往的历史。通过食堂南门走进去，看到地上到处堆满了拆迁后的废旧物品，满目疮痍，让人唏嘘不已。记得当年的食堂里空荡荡的，很宽敞，很整洁，里面放了几十张圆桌，就是没有一张凳子，三年的学习我们都是站着吃饭的，据说这样吃饭是最健康的，有利于消化和环境卫生。每次一下课大家都是拿着搪瓷盆迫不及待地来到食堂打饭菜的窗口排队，希望能最早吃到饭菜。因为排队经常有学生吵架，尤其是体育班的学生，甚至故意将菜汤举过头顶泼洒在别人的身上或头上。印象深刻的是毕业时最后一餐后，少数体育班的学生将饭盆直接在食堂里乱扔。学校的伙食对我来说还算不错，可我总是觉得不够吃，尤其是那条肉（五花肉）和红烧鲢鱼，让人垂涎不已。而每个月的菜票总是半个多月就花光了，留下一堆饭票吃不掉然后换成馒头。记不得有多少次，没钱买菜票了，只好等大家快吃完时才去食堂打点米饭然后向师傅要点菜汤或者肉汤泡泡饭将就一顿，或者从家里带些熬好的猪油拌在饭里，再打上一份青菜，也吃得不亦乐乎。最惨的是彻底没钱买菜票时就去外面小店里买上一瓶红乳腐，和着开水泡饭吃上一段时期，现在想来真是艰苦。

食堂里最西面有个不算小的舞台，我居然看到了舞台最上方的红布幡子依然挂在那里，已经几十年了！这里曾是学校经常开展文艺表演的地方，不知打动了多少青年学子的心，我至今还记得袁四安老师那高亢嘹亮的男高音，引得无数学生叫好！而我们男生当年也曾以一曲自编自导的劲爆现代舞惊艳全场，让人至今难以忘怀。

在海师转了一圈下来，感觉太小太拥挤了，和我印象里的海师已经不一样了。突然想起校门还没仔细看，走到校门口，我一直在寻找过去的影子，还好，总体格局没有变化。原先放校牌的地方已经贴上了保安制度，木质校牌早已不知所踪，我只好拿出当年在校门口的照片来对比一下现在的站位，顺便再拍一张照片留作纪念。看看老照片上的校牌，感慨万分，记得当年学校布置校史展板时，是我从老师手里接过王个簃老先生亲手题写的"海门师范"四个苍遒有劲的字，还仔细端详了很久，爱不释手，并十分恭敬地将它装裱在展板上，如今想来，这样的机会真是太难得了，只可惜当年手里没有相机，不然可以留下王老的手迹了！

在海师的时间太短了，我一边转悠，一边回忆，一边用手中的相机和手机不停地记录着一切觉得值得留下的画面。我知道今天的拍摄意味着以后再也不会有机会看到母校的身影了，我只能在照片中寻找过去的记忆，过去的快乐和酸甜苦辣，真的感觉很惋惜。再见了海师，再见了母校。虽然你的身影逐渐消失，但你的精神却永远留存在每个海师学子的心里，相信有一天你还会以另一种姿态回来的！到时我还会来看你！

作者简介：保良，海门师范 88 级美术班校友。

长大后，我就成了你

樊裔华

近日，海门师范校友群里陆续发送优秀学长们谈海师记忆的文字，每晚睡前阅读，带着美好的回忆入梦，梦里都是少年时的样子。

记忆里，我好像还是那个穿着白色连衣裙，在学长的指引下拖着拉杆箱站在教学楼下仰望92(2)班的姑娘，三楼教室门口不知是哪位同学喊了一句：“又来了一个小丫头！”转眼间，30年了，碧玉年华的我们也早已过了不惑之年，岁月更迭，初心不改。海师的老师，海师的伙伴，海师的教育，让我长成了现在的样子。

柔软的力量

我们的班主任程绍华老师，认识她的人都知道，淡泊名利，与世无争。是的，师范三年，程老师真的是这样，从不刻意鼓动我们去和别人争长论短，但程老师的柔软也是一种力量，一种无形的力量！正是这无形的力量指引着我们在各自喜欢的领域里孜孜以求，我们班同学中有当选学生会主席的，有成功举办个人书法展的，有艺术特长突出留校任教的，有沉迷写作成就卓著的……记得师范三年级班干部推选，我担任团支部书记，季国栋同学担任团支部副书记，班主任分别找我们谈了话，和我谈话大抵是鼓励我好好干之类的，我揣测跟季国栋谈话更多的是安慰他之类的。后来才知道，班主任不仅安慰了他(因为他票数高，人气旺，但他常会带着一帮男生去看足球赛，还会帮同伴伸张正义等，所以甘愿到团支部副书记的岗位)，还嘱咐他多帮助我，说我性情直率、心直口快，工作中难免会碰壁，让他像兄长一般多帮着点。程老师就是这样，默默地关注、关心着我们每一个，像姐姐一般平等友爱，又如母亲一样呵护关切。

在程绍华老师身体不好、休息的日子里，同数学组的倪健老师代理我们的班主任，倪健老师身上的大气洒脱也影响着我们中的很多人，尤其是男孩子，和他一起谈古论今聊足球，俨然从师生关系转换为兄弟关系。

两位班主任，不同的性别，不同的个性，不同的柔软，同样的力量。回看我们班的同学，现大部分在基础教育领域辛勤耕耘(当然也有在政府部门、机关企事业单位的)，成为各单位乃至一个区域的中流砥柱。无论在哪个岗位上的我们，有追求但不强求，虽普通却不平凡。正如我的师傅严清先生(时任南通市教育学会副会长)在2013年写的《樊裔华印象》中所说："樊裔华像她上课时一样，从容淡定，既没有健谈的语锋，也没有矜持的冷淡。这让人想起周敦颐的《爱莲说》，不蔓不枝、中通外直、亭亭净植。"

我，是我们普92(2)班的一员，我们都是一样的。

幽默的智慧

一转眼，师范毕业已经27年了，但师范学习生活中的很多记忆却历久弥新，每每想起，都会忍不住嗤笑当年的幼稚。

师范二年级时，打"四十分"盛行，年少的我们沉迷其中，匆忙吃好午饭，把两个行李箱叠在一起当牌桌，就开始打牌，更有甚者4人盘腿坐在床上也能练上一局。一日中午，一局牌难分高下，以至于我们集体错过了上课时间。忐忑中，我们一个一个先后走进教室，那是戚益老师的物理课，估计他见我们间隔着走进来，心中有数我们干了什么，等第4个走进教室后，戚老师倏地快步走向教室门口向左张望，一本正经道："还有吗？还有的话一起进来好了！"全班哄堂大笑，我们4人一下子脸红到脖子根。老师虽没有正面批评，但他以他的方式警醒着我们，那以后，我们从没因为如此荒唐事而耽误学业。

还有一回，也是物理课上，戚益老师突然箭步向教室后方走去，走到最后一张桌子旁停下来，风轻云淡地说道："我们的物理书是一起订的吧，怎么你的这么厚！"原来这位仁兄正痴迷在小说中呢，见老师过来，匆忙中把物理书压了上去。

当年我们的老师中，像戚老师这样幽默风趣的还真不在少数，他们智慧的育人风格深深影响着我。走上教育教学岗位25年，我在学中做，在做中学，始终向着智慧型教师迈进。

严谨的态度

师范三年，我学得最好的科目是“语基”，即“语文基础知识”。现在想来，完全是“亲其师，信其道”的缘故。语基老师朱文献是崇明人，又曾在启东市东南中学任教过，是我父亲的老师，师爷爷级别的人物。所以，上到朱老师的课，亲切感便扑面而来，自然觉得朱老师的课字字珠玑，实际上也是如此。朱老师上课声音洪亮，笑声朗朗，谈笑间把词语间的细微差别讲得出神入化。语基课上，我的笔记格外详细，朱老师说：“上我的课，好好记笔记，课后把笔记上的内容按主题整理整理，就是一篇能够发表的小文章。”这个习惯一直跟随着我，这么多年来，每次培训或会议，我的笔记总是完整、详细，并穿插着感想。记得2002年秋天，我参加江苏省小学语文骨干教师培训班，一个多月的时间，白天听讲座如饥似渴，学习记录写满了一本A4大小近300页的笔记本；晚上和一起学习的同伴研讨交流，结合实际写感受，那个秋冬季节，我撰写的13篇大大小小的文章均成了铅字。工作至今我发表的百余篇教育教学论文，出版的《小学语文读写一体化》等3本专著，都是边实践边学习，边学习边思考的结果。

优秀的素养

进入了师范，才知道我的普通话具有鲜明的启海特色——没有翘舌音。在秦慧绒老师的语音课上，我们努力矫正，逐字逐句狠下功夫，每读一篇文章都要求自己口齿清楚，抑扬顿挫。后来在普通话等级考试中顺利通过一级乙等，怎不是那时在老师的指导下苦练的结果。听秦慧绒老师讲《小猴吃西瓜》，字正腔圆、绘声绘色，把猴子们抓耳挠腮对于吃西瓜到底是吃瓤还是吃皮的争论模拟得活灵活现，即使这么多年过去了，秦老师那独特的嗓音还时常在我的脑海里浮现。我曾经担任过5年大队辅导员，经常带着孩子们参加各种讲故事比赛，我辅导他们讲《小红帽》《不怕冷的大衣》《会爆炸的葡萄》等，荣获各种一等奖，这讲故事的基本功就来自当年的秦老师。我常想，如果我们的每一节课都能像讲故事一般生动有趣，那课堂该多么有吸引力！

师范二年级，学校开设朗诵主持社团，我报名参加了，辅导我们的是孙亚丽老师，孙老师有一种独特的仙女气质，深深吸引着我。她带着我们走近席慕蓉、舒婷，走近徐志摩、戴望舒、余光中；她和我们一起朗诵《一棵开花的树》《致橡树》《祖国啊，我亲爱的祖国》《再别康桥》《雨巷》《乡愁》……少年的心在诗歌中走向辽远的世界。师范毕业汇报演出时，孙老师还帮我们排练了《毛泽东诗词朗诵》，慷慨激昂的语音，燃烧着我们整个青春。工作以后，我被单位推荐参加各级诗朗诵、演讲比赛，多次获得一等奖的好成绩；课堂上，我为孩子们范读课文时，孩子们小眼放光的模样，不正是当年我们听孙老师为我们朗诵时的模样吗？

博大的情怀

我家的书柜里，摆放我发表文章的杂志那一仓，一本《海门师范》(创刊号)摆在最显眼的位置，封面已有些破旧，但在我心中却最为鲜亮。

那是师范三年级毕业前夕，教育学课上，潘健老师告诉我们一个消息，学校要创办一本杂志《海门师范》，希望大家积极投稿，如果稿子质量高，有希望发表在杂志的创刊号上。我根据潘老师教育学课上教授的内容，尝试撰写了我写作生涯中第一篇教育小论文《爱心、信心、童心——浅谈小学生的情感教育》，因为心中没底，不敢当面上交，趁着中午老师不在办公室，悄悄把文章放在潘老师的办公桌上。之后不久，我们就师范毕业了(毕业后，我和我们班的季国栋、钱继东、殷晓峰3位同学一起到南通教育学院继续攻读小学教育专业)。9月的一个上午，收到一封来自海门师范的信件，拆开大大的信封，竟然是《海门师范》(创刊号)，心儿怦怦，难道是我的文章发表了？几乎是颤抖着翻开杂志，潘健老师的一张便签夹在扉页："樊裔华同学，祝贺你的小论文在《海门师范》(创刊号)发表！希望你再接再厉，笔耕不辍，创作更多好文章！"我翻到目录，把论文题目和我的名字看了又看，不敢相信这竟然是真的！那一刻，我体会到一种努力的甜，仿佛看到了未来的方向。

毕业季，同学们都请老师写毕业留言。至今犹记文选老师王兴明在我的留言本上写下："古有樊梨花，今有樊裔华；一个跨战马，一个教小丫；同样是女杰，功劳耀华夏！"正是这样的鼓励和期望，激励着我敬业、勤业、乐业，做孩子喜爱、家长信任，社会放心的好教师，几十年如一日，初心不变。

师范三年，海师的诸多师长对我们倾囊相授，他们倾心尽力地培育着我们。他们以崇高的理想信念培育我们的理想信念，以高尚的道德情操培育我们的道德情操，以扎实的学识培育我们的教学基本功，以一颗仁爱的心培育我们育人的心……考上海师时，我们 15 岁，海师毕业时，我们 18 岁。我们把一生中最烂漫、最生动的时光留在了海师，海师也把她最美好、最深刻的教育给了我们。

忆海师，最忆 92(2)！

作者简介：樊裔华，海门师范普 92(2)班学生，特级教师，上海市普教系统第四期名师名校长工程“攻关计划”主持人，现任上海市松江区第三实验小学校长、党支部副书记，兼任松江区中山永丰实验学校校长。

永远的回忆

——海师普 92(2)母亲节里回母校

赵海燕

2017 年 5 月 14 日，在母亲节这个特殊的日子，我和美玲、娟、云丽相约去母校——海门师范看看。正如娟所说“我们是奔着回忆去的”。因为听说海师的教学楼等建筑将在 6 月 1 日开始拆除，所以我们普师 92(2)几个南通的同窗决定抓紧时间再回一次母校，追忆一下逝去的美好青春岁月，接着又和海门同宿舍的好姐妹微信联系这桩心事，她们都欣然相约在海师校园相见。

因为周日上午有孩子要上课外班，人到中年的我们就吃完早中饭，由娟开车前往心心念念的母校，也许就是想抓住机会，不留下遗憾吧！上午 11:56 分从南通出发，12:37 分就到达母校的大门口。虽然校门上方的大字已经拆除，但仍能清晰地看见“南通师范高等专科学校”的字样，我们上学那会儿学校名称应该是“江苏省海门师范学校”，不管母校叫什么名字，在每个海师学子的心中是“永远的海师”。

快到校门口，让娟开慢一点，让美玲摇下车窗赶紧抓拍一张海师母亲的照片。在明丽的午后，母校的大门、教学楼等建筑仍然是那样的壮观气派，还像 25 年前第一次站在海师门口看到的那样气宇不凡，就像一位慈祥的母亲在温柔地等待着她的孩子们的到来。

海师，普 92(2)的孩子在母亲节看您来啦！

车停在大门口，下车和传达室的师傅打招呼后，听说我们是赶在母校拆除校舍前回来看看的，师傅就热心地让我们把车开进校园。我就给班主任程绍华老师打电话，因为是临时仓促决定回母校看看，也不想惊扰恩师。当我问了老师在不在海门，等会儿去拜访她，程老师说马上到学校来和我们一起在校园里走走，我让恩师不要着急，因为海门的同学以为我们没这么快到还没来。我们走进干净整洁的校园，一切都那么熟悉那么亲切，满满的都是美好的回忆……

从教学楼那再熟悉不过的楼梯上去，到一二楼之间是原来的广播室，如今早就闲置在那儿，门开着，还能看到播音的一些设备和杂物，这儿承载了我很多的美好回忆。遥想当年曾和91级的一位学长主持播音每周日晚7:00的《学生论坛》，后来是和普92(1)的袁伟播这档海师当时"重量级"的节目，当时的编辑就是91级的学长丁锋……一切都那样静静地离去，但美好的回忆悄然绽放，永远不会凋谢。

最先赶来的是大姐美红和二姐春霞，上次见面还是20年同学聚会在南通碰面，一晃又近两年了，见了面又像当年上学每次回家后又回到宿舍一样的亲切，无话不谈，又说又闹……我们先在学校里转了一下，还在三楼的教室里看了一下，我还在地上找到一个黑板擦，把上次聚会班级的粉笔字擦去，找了一截橙红色的粉笔，郑重地写下：难忘海师！难忘普92(2)！大家都在追忆当年上课的情景，豪爽的娟在教室里清理了地面的杂物，非要让美玲来一段《水兵舞》，美玲不肯，最后拗不过众人的"夹击"，美玲就用手机放了音乐，在我们读了三年书、练了三年基本功的教室里，即兴跳了一段曼妙多姿的舞蹈，但说好不要外传，尊重主人的意愿，我也就把这段视频珍藏在我的手机里，藏在我们几个人的记忆深处吧！

这时，眼尖的云丽看到程老师来了，我们几个赶紧下三楼去迎接恩师，程老师和三姐丹差不多时间到，程老师还是那样和蔼可亲，穿着一条黑白色系的连衣裙，脚蹬一双橙黄色的平底短靴，看上去特别有精神。在印象中恩师总是穿着特别得体优雅的那种，上学那会儿，在我们这些从四面八方的农村小镇来海师上中师的16岁孩子眼中，年轻的班主任程老师是和女神画等号的，程老师面容清秀，秀外慧中，穿着得体，就连那种最难驾驭的鲜绿穿在我们程老师身上都是那么高雅脱俗，特有气质……每次见面，和恩师总有讲不完的贴心话，从恩师那儿得知她的宝贝女儿和女婿现在都在美国读博，想当年我们上学那会儿程老师女儿佳程还在上幼儿园，我们也常和小佳程一起玩。时间过得真快，恩师退休一年了，如今她还在学驾驶，我们还和她开玩笑，让她不要学了，学了又不好开到美国去，更何况任老师（程老师先生，我们的代理班主任)疼她也不会让她开车的,程老师说:“学费不好退,就硬着头皮学吧!也算打发时间。”恩师总是那么睿智和从容淡定,一接近就能感受到她那种一切尽在其掌握中的气场,现实生活里的她总是淡泊名利,与世无争……恩师的人品令我们无比钦佩,我们总是默默地把她作为学习的榜样,她给予我们的是一笔不菲的精神财富。丹是当时我们班留校的,进校门提到丹,门卫师傅都是熟识的。老七颖因为女儿在海中上高一,只有今天下午回家,她安顿好女儿就风风火火赶来了,一见面我就用久违的方言和她打招呼,我们一行九人继续参观校园,边走边聊,还不时用手机拍下一个个珍贵的镜头。

我们从教学楼底楼东边往北走,走到教学楼的东面,面向这幢我们记忆中印象最深刻的建筑,最上方“教学楼”三个字仍熠熠生辉,满墙碧绿的爬山虎很有生机地顽强生长着,阳光从天穹洒下,竟在镜头中幻化成绚烂的紫色光幕——这个画面会永远刻在我记忆的最深处,永远定格在这个瞬间……

走到教学楼的北边,就看到海师大饭厅的东边建筑了,原来洗碗的一长排水池早就拆除了,从东往西放眼望去,树影婆娑,一隅一朵艳丽的月季傲然怒放,也许它并不知道这儿即将被拆除,成为历史的尘埃……往里径直走去,从那个当年一天要进出好几回的大门进入,“谁知盘中餐,粒粒皆辛苦”几个大字映入眼帘,那个曾经热热闹闹、飘着饭菜香的大饭堂凌乱不堪,倒着的椅子、废弃的物品,连头顶的天花板都“千疮百孔”。昔日的基本功汇报就是在这儿进行的,西边的高高的大舞台也萧条冷寂,我眼前仿佛浮现当年我们普92(2)班毕业基本功汇报的情景,当年我班建新和祝玉两位同学表演的话剧《雷雨》可谓经典之作,全班同学表演的朗诵《别了,海师》仍历历在目:“别了,海师!静静地凝望,轻轻地挥手,挥手作别我眷恋的海师……”如今,一切都成了往事,但绝不是过眼烟云,一切的一切都深深埋藏在心里,等我们都老了,走不动了,仍会忆起这段美好的学生时代……

从大饭堂出来,往东走,当年我们住的宿舍楼早就拆除了,往东一点是后建的几幢学生公寓,但也闲置多时了,沿着以往往宿舍走的水泥路往东走,当年的橱窗好像都是后来重建的,更有格调了,还有1996年修的饮水思源“井”静静地坚守着脚下的一方圣土。当年的音乐楼还在,后来又新建了美术楼,体育馆也变大了,前面还有新的雕塑墙,当年音乐楼北面是一个空旷的水泥地的排球场,虽然我不太会打球,每逢星期天不回南通,就会和同伴们去打打球，我多半是凑热闹而已，但那丝毫不影响我的快乐。

走到学校最东边，体育馆的北面铺天盖地的爬山虎更是将思绪漫溢得一发而不可收。这个体育馆也承载着我很多美好的青春回忆，当年新生文艺汇演在这儿举行，当年纪光融老师编排的和伙伴们一起跳的一个什么舞蹈参加省里的比赛也是在这儿表演，名字已不记得了，只依稀记得丹好像是领舞，我只在里面凑凑数而已。学校很多大型活动都在这儿举行，逢到下雨就在这儿上室内体育课，印象还挺深的。

当年的操场也是和海门市人民体育场合用的，如今“铁将军”把门，我们只有从两扇铁门的缝隙中拍下当年军训、做了三年操、开校运动会的操场了……虽然是从铁门缝儿里拍的，但仍然是整洁明亮、勃勃生机，仿佛眼前还能浮现昔日军训的情景，还能想见当时有多不情愿早早出操，仿佛又见当年开运动会那热闹喧嚣、激情四射的场面……

校园里有我们太多的青春回忆，有我们太多的感人故事，我们在校园里流连驻足，不愿离去……最后，我们请那位热心的门卫师傅帮我们拍下珍贵的合影，算是为今天的追忆画上一个完满的句号。

海师，永远的母校，即将拆除的只是建筑，而您会永驻我们每个海师人的心中，成为一段美好且暖暖的回忆，直到永远……

作者简介：赵海燕，海门师范普92(2)班校友，现在南通市城中小学工作。

墙上·心里

陈阿兵

海门师范毕业的人，应该都记得八个字：学高为师，身正为范。这八个字就写在饭堂必经之路的墙上，时刻告诉我们一个合格的教师，除了要有扎实的专业知识、较高的文化水平外，更重要的是应有良好的道德素质。我在海门师范一共学习了五年，先是三年的美术中师班，然后是两年的首届“三二分段”美术大专班。五年，从一个农村初中毕业生到大专毕业生，坚定了我人生的信念和方向。

学高为师——阅读带我感知世界的博大

第一次进入阅览室，我惊讶于这里的寂静，震撼于自己的渺小。每次去阅览室，占座率都在80%以上，重要的是这里的氛围让我沉醉于书海，快乐的是每天的阅读让我充实。每次到了关门时间，都让我感叹时间太快，恋恋不舍。后来，我用图书馆每周的借书机会，借几本厚厚的书阅读，一有空就啃读。但我还是经常去阅览室，因为阅览室期刊报纸偏多，尤其是美术书法类的杂志报纸很多；图书馆的名著名篇较多，藏有不少经典的书籍，《鲁滨孙漂流记》《穆斯林的葬礼》等书籍给我留下了很深的印象。阅读让我视野渐广，思路拓宽，清晰地认识到自己只是沧海一粟，从而将这种认识转变成为我努力学习的动力。各种知识就像我人生中的灯塔，指引着我不断穿越前行。阅读给我带来的幸福享受延伸到书店，周末我便去人民路的新华书店看书，爱不释手的就买下来，反复阅读。每次仅留回家的汽车票费，其余的钱都贡献给书店了。有时买书动用了吃饭的钱，然后就早上只喝最便宜的粥，午餐和晚餐只吃饭和免费的汤。中师三年级办书法展的时候，我在序言中感谢学校给我们提供了一个最佳的阅读场所，创设了良好的阅读氛围，在这样的环境中，既感充实，又明不足，愈发启人心智，催人奋进。

身正为范——好老师是我坚守初心的力量

去年遇到带队来海安督导的丁兆雄校长，倍感亲切，谈起一个往事，丁校长已经淡忘，但却一直激励着我不怕苦、不畏难。教学楼西侧的男卫生间门口，有一个水泥砌成的自来水池，既是教学楼男生们如厕后洗手的地方，也是美术班学生清洗残余颜料的宝地，所以这个水池是整个学校使用频率最高的。9月份有一阵子水池经常堵塞，加上残余颜料的冲洗调配，水池里的水呈现出灰褐色，每每有人洗手，水都会从满满的水池里溢出，洒在地上，溅到鞋上。实在忍不住洗个手，很多人会弓着腰，踮着脚。水龙头刚刚有水出来，赶紧搓两下手走人，唯恐脏水溅到自己的衣服鞋子。更有甚者，竟然会扔半个吃剩的馒头漂浮在水面上，油花和泡酥的馒头味道难闻，让人不忍直视。有次从厕所出来，竟然发现有个人卷起袖子，捞出漂浮的馒头，抠出塞在下水口的杂物，然后放水洗净水池壁，定睛一看，心灵感受到最大的一次震撼，这人竟然是丁校长。干这样的事可以是清洁工，也可以是值日生，怎么能是我一直仰视的一校之长呢！确认我的眼睛没有骗我，我的嘴巴被震撼感染，愣在那里没有能说出一句话。丁校长向愣着的我笑了笑，说水池清洁大家都应保持，洗洗手臂放下袖子就走了……此后，看到水池塞了，我就撸起袖子清理堵塞物，似乎水池里的水也不咋脏了。以后我的学习以及工作生活，再也没遇到我感觉的难事，因为所有的堵塞，只要肯去清理，就一定会洁净。而我的学生，也从不跟我提难事，我相信，这是因为我的身上折射出丁校长的影子。虽然我有多次离开教育系统的机会，但正是这种榜样力量，让我一直坚守在教育岗位上。

千教万教，教人求真；千学万学，学做真人。只有懂得教育真谛的人，才能从每一句话、每一个举止中展现教育的智慧，传递求真的能量。让我幸福的是，在海门师范学习生活的五年，我把墙上的字印在心里，落实在行动上，让离开海门师范23年的我仍感幸福。

作者简介：陈阿兵，海门师范美94班、大美97班学生，现任共青团海安市委兼职副书记、海安市教育工会副主席。

行走在记忆中

王苏杰

记忆中，海门的街，线条清楚，即使在雨中也是。从东到西，直直几公里。

1999 年，临毕业前，细雨中，街头散步，不用伞，滋滋淋着。不寻什么感觉，间或抬抬头，与天空对视，与这座生活了三年的小城对视。

记得“七一桥”东首，有个服装店叫“城市猎人”，常在那儿买衣服。

记得狮山路，有一家“生活书报社”，我的“尼采”和“泰戈尔”都是在那儿淘的。

往东，就是电影院，看《勇闯夺命岛》，我们没有领到票，一美术班的哥儿们画了几张……

继续向东，到电视塔和文化广场，就是尽头了。

电视塔，太高，同宿舍的几个，沿着梯子爬到一半，就吓下来了。

文化广场，文学社的一伙儿人，曾步行去晃荡了一回。喝可乐，抽烟，聊天。

那一路，和傅彬彬做诗画展的时候，走了很多次，拍了很多照片。

从 1996 年到 2016 年，相逢二十年。再回海门，一路高速，一个多小时，就到了海门。然后就一路导航过去，二十年的变化，我已然不认识路了。

当看到熟悉的“人民西路 83 号”，却有了“近乡情更怯”的滋味。

进入校门。校园的格局大致未变。

在校园转了一圈。

校正门右手边是音乐楼，左手边是综合楼，紧靠着综合楼的是实验楼，有点旧了。

教学楼与综合楼相对，四层楼，一层六间教室，也是旧的。如今的窗户，换成铝合金的。那时还是木格的，擦窗户是顶顶麻烦的事。

教学楼的后面，是餐厅兼礼堂，红墙红瓦，大红砖的墙面上，匍匐着层层叠叠的爬山虎，甚是好看。只是，这次来的时候，正值隆冬，爬山虎，只剩下固执的老藤，犹如老人面孔上的皱纹。

再往北去，就是厨房和开水房，开水房的对面，隔着一条南北通道，是浴室。浴室连着宿舍区，我们当时住 2 号楼。起先是 302，后来搬到了 1 号楼的 214。我们 967 的 11 个男生，后来都住在 214 的。体育馆在 2 号楼的对面，东西大道的尽头，是东大门，连着大操场。出其东门，也就到了“外面的世界”，因为操场是和海门市共用的。从操场一直向北，到大街。

旧的宿舍楼，早已拆去。当时一层一个大洗漱间，夏天，男生，集体冲凉。大呼小叫，好不热闹。体育馆模样一点没变，玻璃，依然很受伤。

967 的教室，在三楼最东面，教室对面，有一个“耳房”，恰好遮住阳光。

当年，我们搞静态基本功汇报的时候，将耳房和教室连成一体。耳房的桌子上摆满了手工作品，学弟学妹们，流连其中。

当然，学校内，还有很多别致的景致。音乐楼前的走廊，宿舍区前面的画廊，都还是老样子。

以此图文，追念过往。

作者简介：王苏杰，1999 年毕业于海门师范普师专业，现任教于海安市李堡镇中心小学。

梦里花落知多少

倪玲玲

这次，我没有失约。心中一个声音淡淡地说了一句，去看看吧。不然，真的就不留痕迹了。反正也没什么其他安排，打完一个电话，就定下了去海师的日子。

怕堵车，起了个大早。到海师的时候才9点。

阳光下，我抬头看着她的门脸儿，属于我们的那个名字早已没有，取而代之的，是经过几番易主之后的新东家，某附属小学。但除了这个，一眼望去，她真的还是我心里的那个海师啊。

跟保安寒暄几句之后，我说我想进去看看，像是之前也有不少这样的访客吧，确认了我真的在这里读过书之后，笑眯眯地帮我开了大门。这样的场景，似乎在我的梦里也出现过，真的。

某学校只占用了海师食堂后面的一部分，远远地看见体育老师带着小朋友在做游戏，低低浅浅地飘来他们欢快的笑声。

空荡的教学楼前面，大块儿草地上开满了野花，一簇一簇的，看着竟有些感动。沧海桑田，世事变迁，只有你们这些小生灵不管不顾地绽放在每个春天，每个角落，只有你们依然装点着我们曾经优雅的海师。

关于海师的记忆，好像很简单。没有如饥似渴地泡在阅览室，实验室、音乐楼、体操房似乎都是只有上课的时候才会去光顾。看，当时的我就是这么不思进取，不干正事儿。但回想起来，那段岁月总是那么阳光灿烂，清风徐徐，紫藤花儿落了一地。

阳光真好。抬眼望去，教学楼上的爬山虎生机勃勃。它的茎和叶一直垂下来，在廊檐上，摇摇曳曳。

转角，是个很奇特的地方。

转身之间，似乎总有意想不到的事情会发生。

那些故事如花儿飘散在微风里，拾起，又埋没。

晃晃悠悠，转过三个楼梯弯儿，回到当年我们那个教室。

站在教室前的栏杆旁，记忆如电影，一帧一帧的画面，不断切换，支离破碎，带着旧旧的、微微泛黄的颜色。

第一天，我是坐着舅舅的摩托车来的，带着不多的行李，似乎不太高兴地站在校门口往里张望着。

傍晚班主任进教室点名，愣是没听到我的名儿。哦，原来他是重庆人，N 和 L 不分，巧了，我的三个声母可是为难他了。他白白净净，书生意气。

军训。小不点的脸晒成了当时特流行的熊猫雪糕，俩颜色特明显，逗乐了一群就差中暑的人。此刻，我又忍不住笑了。

分寝室。一屋子八个姑娘，看着都还挺顺眼，心情不错。我有个不良嗜好，见人不到半晌，心里已经替对方取好了绰号，总是和她（他）某个特征有联系，嗯，或许在不同情境下，（他）她可以有 N 个绰号。后来据不完全统计，我们班半数以上人的绰号是我给封的。现在，我们依旧如此称呼彼此。

记忆如潮水，有点关不住闸门。可我没想写那么多。

朋友圈里，我说我明天来海门拍照片，有空吗？你们都来了。我可没有感动啊，半点都没有。昨天就在转瞬，并没有那么远，这一首淡淡的歌，我们要一起慢慢唱。可是为什么，我的眼睛，像是被这四月的微风迷了眼。

说点别的吧。

当年的三字一话。

我才知道，原来“猪”，它叫“zhu”，不叫“zu”。后来，为了帮助海安来的劳委同学，我跟他做了同桌，师范三年可是跟“N”“L”较上劲儿了。不过因此很厚颜无耻地把晨起打扫包干区的光荣使命交给了我亲爱的“劳委”。但是，他每天坐在我旁边，很认真地叫我的名字，每次不到第三遍是叫不准的，我也是牺牲很大的。

这条路，每天都要来回走不下十趟。拎着热水瓶的，或是拿着饭盆儿的，或是从浴室湿着头发往寝室赶的，又或是拿着书准备去教室的，还有一些两手空空，就是在那儿等人的，都可以在这条路上看到。

海师虽小，却不失雅致。

当年，路的一侧，一道铁栏杆就是男生宿舍的屏障，还好上面爬满了绿植，豪放的体育班同学经常会很慷慨地秀出他们的好身材。另一侧则是海报画廊，经常贴满了美术班的作品，我最羡慕的就是会画画的人了。不能理解他们是怎么做到的。

隔着画廊，和音乐楼夹着的，是一个精巧的小花园。时常有文青在里面进行灵魂的碰撞，有艺术青年在那儿吹吹笛子口琴，写写生。所以我大概是绕着那儿走的人，只会远远地往那儿看几眼，心生羡慕。

如今的海师，破壁残垣上爬满了爬山虎，挺好的，不然，看着真是没了生气。

演技派顾大女神一来，还扎俩小辫儿，恍惚觉得她真的还是那个时候的她，我们也是那时候的我们。嗯，谁说不是呢？

食堂门口的紫薇花幽幽地开着。

食堂正门进去的左右两边儿，原来是两排自来水龙头。你想起当年你的饭友了吗？下雨天在那儿洗碗，可是得有人帮你撑着伞。天清气朗时，一边洗碗，一边聊着八卦，也是一种休闲娱乐啊。

食堂，还有礼堂的功能。记得 96 和 97 届的毕业汇报表演就在这里举行。到我们这一届就没有了。那时候，羡慕地看着他们最后半年都不用上课，实习实习，排练排练，草地上喝一杯，聊聊天；那时候，总觉得毕业遥遥无期，转眼就各奔东西了。

我睡门口第一张下铺。

闷热的午后，我意兴阑珊地铺着床单。对，我本想读高中的，妈妈坚持让我读了师范。面对着不是自己选择的一切，陌生的周遭，实在提不起精神。

有个小丫头很聒噪，皮肤很白，人小小的，脸上油油的，当时心里默念俩儿字，油面，小油面！

眼角斜看着还有一位，很秀气，文文静静的，戴着一副眼镜儿，父母一起送过来的，真幸福啊。不过她好像也不大开心。嗯，是这样的。

住我上铺的，就那小不点儿。看起来一副拽拽的样子，还好长得讨巧，可爱得很。

我的斜对角上铺，很勤快的一姑娘，上下扑腾个没完，后来是我的终极饭友，冬天她洗碗，夏天我洗。那几年，挽救了我长冻疮的手。

也忘了是怎么搭上的腔，这四个人一拍即合。开学时的那点落寞和无奈很快一扫而空了。

记忆犹新的一幕。每天清晨运动员进行曲疯狂地一浪高过一浪，预示着关大门的节点愈来愈逼近。我们也总是会踩准每一个点，一路狂奔一路互相从彼此手上蹭过小护士往自己脸上涂抹，在大门将要关闭前，闪身而入。简直一气呵成！

兜兜转转，聊个没完。

回到教学楼前。

记得以前，这个花廊上开的是紫藤花。现在是白色的小碎花，也是长得郁郁葱葱，开得热热闹闹。

青春，是我们每个人心尖上的那一朵花。你青春时，不知她为何物，你怀念她，大抵你已不再青春了。

Right，right，left，left，go！go！go！当年流行的兔子舞，现在听来似乎觉得太吵闹了。对啊，开学的第一个联谊会，我们就在一楼那里的某个教室，甩着马尾辫，恣意地跳着这个舞曲。

海师梦，青春梦，梦里花落知多少……

作者简介：倪玲玲，海门师范普师98级校友。

海师片段琐忆

江　徐

马尔克斯曾说:“生活不是我们活过的日子,而是我们记住的日子,我们为了讲述而在记忆中重现的日子。”

在我的青春时期,2002 年考入海师,2007 年毕业,五年流光驹驶,有太多难忘的人事与时刻。我只能以片段的形式将它们逐一追忆,就像翻阅一张张逐渐泛黄的青春相片……

教学楼前,有一个长条形的花坛,长着白玉兰、广玉兰、月季、含笑,还有别的什么花木,我已经想不起来。广玉兰是四季常青的,大朵的白花藏在油亮的绿叶丛中,一碗一碗的。白玉兰先开花。每年开花之前,白玉兰的花骨朵儿缀满枝头。春天的夜晚,下了夜自修,众人如同小鸟出窠般涌出教室。这个时候,我抬头望见玉兰水滴状的花骨朵儿,后面是霓虹映照着的红色的夜空。既觉得惊心动魄,同时又生发出宁静致远的意味。玉兰花开过之后,叶子才开始粉墨登场。那新叶,真是绿得让人眼前一亮,振奋人心,仿佛心里有什么东西在蠢蠢欲动着,仿佛一下子雨过天晴、云开雾散似的。

课间休息时,趴在教室门外的栏杆上发着呆,栏杆外的白玉兰与广玉兰好像触手可及。那两棵树赋予我灵感,写了一篇文章,投给《成才导报》。收到样刊,编辑还为小文配了一幅白玉兰的插图。

记忆最深的印象,是料峭春雨沿着这棵白玉兰流淌下来的样子。没有风,或者风轻雨微斜,半面树干被洇成深褐色,像一只巨大的水蛭吸附在树干上,悠缓地向外扩张身体,直至占领整个树干。课堂上,程绍华老师慢条斯理地讲解高深的高数,我透过窗,看几眼白玉兰——雨水正沿着树干细细流淌呢。有一次课间休息,程老师走过走道,爱抚地摸摸坐在座位上的我的头发,什么也没说,什么也没问,我也没抬头表示内心的震动和被温暖。

我的数学成绩一向不怎么好，程老师那天是为何呢？

与我们相处五年之久的班主任是何军老师，同样教数学。常常，很远就能听到何老师在课堂上的大嗓门——一条线段，向两端无限延伸……倘若听过他的课，就能领略他配以这句话的肢体语言——双臂贴着黑板，做无限延伸状……

某年，某个黄昏，何老师把我喊出宿舍，给我两只塑料饭盒，里面是刚煮好的狮子头和红烧鲫鱼。我一时不知道该说些什么，甚至忘了当时是否道一声感谢。除了我这个特困生学习成绩比较好之外，其他方面似乎并不突出，何老师又为何对我如此关爱？

还有虞福美老师，教过我们两个学期的语文和写作。人如其名，虞老师个子高挑，气质优雅，笑起来眼睛眯眯的，让人感觉亲切，又不乏飒爽。

虞老师喜欢穿高跟鞋，哪怕在操场上打羽毛球，也穿高跟鞋。“平跟鞋穿不惯的嗳。”她这样说的时候也是笑眯眯的。

身为语文课代表，我有机会去虞老师办公室，与之交流。有一次夜自修，她喊我去到办公室，只有我俩，以及两盏白亮亮的日光灯。相对而坐，聊了很久。“实际上，父母双全的孩子，也有他们的苦恼，如果父母总是争吵……像你这样，也有属于你的幸福……”

实际上我自己也是这种观念，并非自欺欺人，也不是自我安慰。能从一位师长口中听到与自己相契合而一般人不敢、不愿诉之于口的想法，心中一凛，更因对方的坦诚相待而倍感温暖。

有一天下课后，虞老师让我跟去车棚。她打开摩托车后备厢，取出两卷月饼，说中秋快到了，一卷给我，另一卷让我代劳送给其他班上的一位女生。虞老师还曾为我介绍过一份家教，傍晚和周日下午过去，辅导孩子作业。

有一段时期，对文学的喜爱，加上对现实的不满，让思想浅薄的我陷入极大的迷茫之中，借着文学概论的作业抒泄牢骚与焦虑。我说文学的力量是巨大的，同时也是极易苍白的，与现实总是格格不入。杨孝如老师批阅后写下一段话，当时，因为被勉励而心生暖意，也因为文字本身的美好而感动，多年后再次品读，越发为自己当初的偏激而觉得羞愧：云在肩头，文学引导我们直面阳光的同时，也让我们看到宇宙的浩渺与自身的柔弱。这种柔弱，应该是优质的柔弱，犹如少女光洁的额头折射出的太阳的光晕，细微，但温润而高贵。

不只是师范时期，十几年的学生时代，我有幸所遇到的都是很好的老师，他们的善言善行，他们的握谨怀瑜，有时哪怕只是一句鼓励的话语、一个肯定的神情，都让人铭记在心。青春时期的温暖记忆，有些，能够余韵终生。

时光是什么呢？

时光就像春天的雨水沿着玉兰树干涓涓汩汩地流淌下来。

站在光阴的此岸，依然能看见校园里的一草一木、一廊一亭。记得出早操回来时经过老宿舍楼，窗前爬山虎的浅绿色细蕊落了一地。走道对面的拐角处，有一口思源井。

记得综合楼外墙的那丛爬山虎，气势犹如瀑布，从高处倾泻而下。有一次去阶梯教室听讲座，竟瞧见爬山虎钻过墙缝，向内生长，似乎伸出两片绿色的小耳朵也要挤进来聆听。

记得饭堂入口处有一架紫藤，春日里垂下一嘟噜一嘟噜的淡紫色的花串。青春的人儿，漂亮的春花，相看两不厌。

记得校门口的喷水池，红鲤鱼在其中自在优游。记得教学楼尽头的公共电话机，谁没有因为心中思念使用过几张 IC 电话卡？

记得音乐楼传出来钢琴与手风琴的声音。那时候觉得弹钢琴简直像牙疼一样难熬，而如今甚是怀念那种难熬的感觉。

还有每个周日的傍晚，走过教学楼的走廊，教室广播里正传出每周一歌的歌曲，有一阵是“栀子花开，如此可爱，挥挥手告别欢乐和无奈……”有一阵是“我多想回到家乡，再回到她的身旁……”有一阵是“过完整个夏天，忧伤并没有好一些……”

时光如河，浮生如鱼，音乐和味道都可能成为记忆之门的触键。一首歌，对应一段时光；一种气息，对应一片氛围。

也依然能闻到中秋时节，弥散在校园里的桂花香。记得有一天，我将方格纸誊写好的投稿文章给校刊《彼岸》的主编送去时，她手掌心正托着几粒新摘的桂花……

点点滴滴，林林总总，一时无法全部忆起。还有大冬天的早晨，饭堂里软软糯糯的饭团、糍饭糕、皮蛋瘦肉粥，都让人怀念！

前两年，听闻学校拆即将拆除，我特意回去了一趟。春日的午后，一个人，以缅怀的心情走在无人的校园。教学楼还在，音乐楼还在，阅览室还在，宿舍楼还在，无声的建筑物都还在原位。可是整个校园已然荒无人烟，不再听到琅琅书声、叮咚琴声。结香花依旧香得没魂，蜜蜂依旧在上面嗡嗡。体育馆的大门已经贴上封条，爬山虎依旧在墙头。教室前面的花木通通都被移走，剩下空空如也的花坛，阳光照耀着光秃秃的泥土。

门卫好心提醒我，里面已是危楼，要小心。这让我暗自发笑——还不至于吧。可是当我踏上通向教室的楼梯，曾经每天上上下下好几趟的楼梯时，竟然情不自禁地小心翼翼起来，仿佛生怕惊醒什么，生怕一不小心塌陷了什么。会惊醒什么？又会塌陷了什么呢？而我竟妄想着去曾经的教室找寻当年的蛛丝马迹。理智很快提醒我——十年了！哪里还会有什么蛛丝马迹。

那天，走进空荡荡静悄悄的教室，明明只有我一人，却几欲屏住呼吸，说不清是怕惊醒什么。在墙角，看见某位校友落下的小黑板，冥冥中，上面的粉笔字应了那日的心情：楼上黄昏欲望休，玉梯横绝月如钩。芭蕉不展丁香结，同向春风各自愁。

想起考入海师后，第一个寒假，我才有机会读到各种书籍，第一次品读《红楼梦》。假若时光倒流，我会抓住机会，用那五年的时间充分利用学校的借书室，好好读些书。

如果时光倒流，我才不会让自己怀着忐忑的心情走进音乐教室。诚然，我天生五音不全，如果唱得好，那固然好，如果唱走调，那就一本正经地用严重走调的歌曲逗得同学们哄堂一笑，连漂亮的音乐老师都被逗乐，而不再板着脸。

如果时光倒流，我愿意利用午饭时间，去琴房练习牙疼般难熬的钢琴，并非为了应付考试，而是发自内心地去做好这件事。

如果时光倒流，我愿意每天早起，先去操场跑几圈。尽管毕业之前的一段日子这样做了，但总觉得远远不够。等到初夏召开运动会时，毛遂自荐参加五千米慢跑，于我而言便是小菜一碟。还要好好做早操，认真地伸臂踢腿，抖擞筋骨。

因为没有高考压力，相较而言，五年的师范生活轻松又丰富，幸免于高中生的题海战术。可如果时光能够倒流，我会珍惜五年的海师生涯，多看书，多运动，勇敢尝试各种事情，让青春岁月少一些遗憾。

操场西南角有一棵杨树，高大葱郁，不知道在那个角落站了多少个春夏秋冬。毕业之前的一天早上，我看到一只红色风筝挂在了杨树上。从那之后，它就一直待在了上面，任阴晴雨雪，枝叶枯荣。

那天，从即将拆除的校园退出后经过操场，竟然看到杨树上依然挂着一只风筝。虽然破败，依稀可辨出红色。十年了，还可能是当年那只风筝吗？而我却在心里自作多情地相信，它昼夜不飞去，经年守故林。

后来有一天，再次经过，校园最终被拆除，已成为几堆残垣废墟，连操场的塑胶跑道都已破损，好像再留在那里已属多余。远远望过去，唯有西南角那棵杨树，站在如今的废墟一旁。更远处，夕阳略显苍凉。

浮云一别，流水十年。在这十多年间，常常会因为某事的触机，忽然想起海师岁月的各种琐碎片段。比如开学时的那段军训时光，在操场树荫下休息，有一位同学很调皮，大概想跟那位憨傻的教官开个玩笑，也许是真的出于好奇与求知欲，问道："请问赵教官，那是什么树？"

我始终记得教官略做思索后给出的认真回答："那是，绿叶树。"

作者简介：江徐，海门师范 2002 级普师班校友，江苏省作协会员，自由撰稿人。

快乐永流传

——99 级的限量回忆

姜　钰

泛泛的《一个清晨和一个夜晚》在我心里点了一把火，那些难忘又快乐的瞬间竞相在脑海里奔涌……

五普 99 级文科有四个班，泛泛在一班，班主任是老冯，教物理的，男的，其实一点都不老，苏大刚毕业，二十三四岁，意气风发的三七开发型，鼻子上架一副黑框眼镜，爱穿一件很多口袋的马甲，面上一副不装事也不愁事的样子，满脸写满了"好说话"三个大字。专业是物理，课上得有点闷，不怪他，在文科班上物理能怎么样呢？他在课上会偶尔讲一下精心准备的笑话。为什么说是精心的呢？这笑话会在四个班里都表演一番。我们入校军训的那段时间，他就在训练场旁边的篮球区域活动，独自跳跃、跨步、投篮。对了，他是长得帅的，脸型偏圆，自带亲和力。这样的亲和力却接了 1 班，命运对这个年轻的小伙子做了什么啊？

我们是二班，紧挨一班，和他们共用一堵墙，老班是明眸皓齿的老赵，声音特别动听的音乐老师，好看是好看，但自带严厉，让我们不敢造次。她还有个免费助手，政教处主任"大吴"老师是她老公，很多时候吴老师会替她来"镇压"我们。吴老师这个宠妻狂魔对我们也是分外照顾。

三班四班也在同一层，不过隔了一个楼梯，班主任都是女的，好像一个是教化学的，一个是教政治的。可能一班二班互相窜班容易，莫名就觉得是亲兄弟，和三班四班交流没那么频繁，就稍稍有点疏远了。

话说憨老冯是"镇压"不了一班那帮刁钻的姑娘们的，尤其有几个特立独行的，现在想来也是自带"御姐"光环。她们来去一阵风，做了不少当时在校方看来大不敬，在学生眼中却勇气可嘉的事儿，很大程度上弥补了大部分乖小孩想做却没胆做的遗憾。现在想来，这样宽容的教育者是可敬可佩的，他的不“镇压”不如说是一种珍贵的保护。

时隔多年，讲起来仍忍俊不禁又懊恼自己的没有参与。

我有幸和其中一个姐们成了舍友，她睡我上铺，这个先天便利让我和这些大姐大们又近了一步，近距离感受了她们的恣意和快乐，以及少女怀春又不得的明媚忧伤。

这个小姐姐有个很炫酷的外号——“杰哥”。别看外号很刚，真人和外号是有强大的反差的。2002 年师范四年级（相当于大一）的时候，“杰哥”已经能无师自通地打扮自己了，她有双林忆莲那样的小眼睛，很迷人，一笑起来就弯弯的，嘴角上扬的弧度和单眼皮凑一块怎么看都像一弯月，又亮又拨动心弦。每个熄灯后的夜晚，查房前查房后，整个宿舍都在听她讲暗恋那个老师，说那个老师的眼睛很像桃花，超好看。她这哪里是暗恋啊，那么招摇的明恋，几乎人尽皆知了。桃花兄的夫人可也在我们学校当老师呢，这股子喜欢连夫人都知道的呀。她还信誓旦旦地说一定要在毕业离校前一晚叫上小师弟去“桃花”家窗下弹吉他，唱一整夜情歌！幸好她不会吉他，唱歌也不拿手，最终雷声大雨点小不了了之了。

那些努力学习的事儿几乎完全不记得了，也可能从来就不曾有过。但临考前的彻夜做小抄，以及打手电筒背小抄目录、喝速溶咖啡的日子，不会忘的。那是每个学期学习最勤奋的高光时刻！文科班要背诵的东西太多了，临时抱佛脚也都要讲技巧，恨不得烧高香能遇上个把监考仁慈的老师，让准备过的小纸条、桌面、抽屉柜们都能在夹缝中得以生存。监考老师们也被我们分成了三六九等，顶级是不食人间烟火的“灭绝师太”，让人闻风丧胆。也幸好学校会在考前两三天就公布考场和监考老师，让我们能在紧张的备考时间里有所侧重。

高等数学是我的弱项，有多弱呢？好像从来就没有及格过。那些 sin、cos 的公式向来都是它们认识我，我不认识它们，课后作业也都是抄的。师范四年级那次期末考试，垂死挣扎的我还抄了一页的公式带进了考场。好巧不巧，监考的正是那个教我们的高数老师，他火眼金睛，在我刚抽出那张公式纸，尚未来得及瞄一眼的时候，就以迅雷不及掩耳之速夺走了证据。那一瞬间我感觉天塌了，脑子里一片空白，我不应该在这里，我应该钻地缝里去。深深的惶恐很快包围住了我，何以面对江东父老？何以面对接下来的班主任约谈、全校广播通报批评等一系列丧心病狂的打压呢？我的眼泪就如滔滔黄河水，那时觉得一辈子的眼泪都要流光了。痛哭自己的一时糊涂！高数有什么好作弊的呢？横竖都是不会的，反正都是不及格的，何苦要做这个无用功呢！原本只是不及格，现在好啦，要钉在耻辱柱上了！幸好那个当了学生会主席的闺蜜对我不离不弃，一直陪在我身边给我壮胆，反反复复跟我说没事的，没人会注意的。

后来，出乎意料的是老班竟然轻描淡写就让这件事过去了，通报批评的人头里，也并没有人过度关注到我，这件事就那么悄默默地成了过去！5＋2专转本的考试时，高数依然是我短板，不过其余三门给了我勇气，弥补了不足，让我如愿去了省教院的英语系。

在此后很长的一段时间里，一旦我露出一丢丢无法抗压的苗头来，闺蜜总会笑呵呵地把我高数作弊被抓的事拿来鼓励我，她说那时候看我哭得山崩地裂的，以为会就此萎靡不振的，没想到我哭完就拉倒了，次日就翻篇该吃吃该喝喝了，由此可见，心大是天生的！

对呀，物以类聚人以群分。就会有那么一些人，平时鲜少联系，但只要一连线，总能迅速调整到同一频道，然后一拍即合，差也不出了，班也不上了，火速奔向同一个目的地。

前两年，另一闺蜜来南京出差，和我联系后突发奇想要去附近探望已调南京来的文学男神。男神远远看着气喘吁吁爬了好几层楼的我们俩，笑弯了眉。他还和在海师时一样，博学，腼腆，又笑容可掬。以为他忘了的，殊不知对几个活闹鬼如数家珍。提到那一年分班后给老师换教材事件，他更是笑得合不拢嘴。

文理分班后的一天，课间休息时，捣蛋的姐们把放在一班讲台上的教育心理学和二班讲台上的现代文学教材及教案整个调了个包。然后无比欢欣雀跃地翘首以盼两个老师发现之后的囧样。

结果，结果太出乎意料了，两位老师第二节课的时候，全程没有用到教材和教案，就那么口若悬河、滔滔不绝地讲了整整一节课。下课铃一响，夹起教材就跑了，完全没有发现教材调包的样子。

事隔多年，我和闺蜜求解。杨老师笑了："你们调包的动静那么大，我和顾老师在耳房休息呢，我恰好看到了一眼，就商量了下不拆穿你们呗！"一日为师是真的要终身为父的！枉费我们为那点雕虫小技兴奋了那么久。

还喜欢那个袁海生老师的写作课，太有趣了。大概他那会儿主职是校办公室主任，兼任了我们文科两个班的写作课。他上课的方式很奇特，那本厚厚的写作教材我怀疑他其实从来没有打开过，带来带去就是个形式。细数起来他给我们上了一学期的课，真正上满一个大课时的寥寥无几，他总是往讲台前一站，讲了几分钟后就会被电话或会议给叫走了，改为自习！然后我们无比默契又光明正大地看小说做杂事，一派和谐。一个学期他给我们布置了好几篇文章，不一样的主题，巧妙之处在于他布置的作文题总能让你有话可说，又能写出些深度来。零星可数的正经写作课，他就给我们讲文人骚客的野史，记忆犹新的是有一期写作主题是让我们写苏轼和小妾王朝云的续篇，有个姐们的文章标题惊艳到我了，她取了个很诗意、很浪漫的名字《如果云知道》，具体内容已经记不清了，但那个标题就在那个瞬间深刻在了在我的脑海里。

还有个现代汉语老师，男的，个儿不高，却要骑一辆 28 寸的大自行车。走路总是意气风发的，特别有气势，发型很酷。那会就人到中年的他莫名就让人觉得自信爆表。因为他总会不经意间甩一甩头发，就像飘柔的那个广告一样。他自信的样子很对那几个特立独行的姐们的胃口，她们总是假装求学的样子，光明磊落地跑去徐老师办公室，三四成群地去围攻他。我偶尔经过综合楼他们办公室时，总能看到他无比耐心地被围坐中间，孜孜不倦地说着感化纨绔子弟教书育人的良心话。他们愉悦的表情里，似乎是在传递宾主尽欢的意思。

伪文学青年是不好当的。《彼岸》文学社几经转手，从虞老师到杨老师，又传到了龚老师那里。龚老师也是个很有趣的人。如果说杨老师是男神，那龚老师绝对是另一股清流。在感叹彼岸文学社后继无人的同时，每见着我一次，就逮住我列书目给我，要求我看晦涩难懂的《百年孤独》《卡夫卡》之类的，还要我看完汇报心得体会给他！我总是答应得极快，然后脚底抹油溜得更快。好在他也不深究，也不失望，下一次见面依然会列新的书目给我。

还记得那两个特殊的夜晚吗？

一个是在疯迷了《蓝色生死恋》的电视剧之后的某个期末复习的深夜：因为报道当夜有流星雨，这让年少的我们摩拳擦掌蠢蠢欲动。内心的炽热和气温相得益彰，在黑夜的掩护下，三三两两爬上了顶楼，等流星雨。女生公寓夹在男生公寓楼的中间。前后两栋好像都是男生公寓，平时就有几个男生为了引起对面楼女生的注意，天天在盥洗室假装照镜子吹口哨。这下动静更大了，原本寂寥的深夜，忽然不知道谁开了个头，一声口哨就引来了大片回应。然后星星之火可以燎原的效应迅速发酵，值班的几个老师根本控制不了局面，很快请来了校领导，但是有什么用呢？男老师是不能进女生公寓的，女生公寓大门口聚集的男老师男领导们气急败坏地打电话到处召集女老师，手忙脚乱通知她们过来看好各自的班。

有个肥嘟嘟胖嘟嘟的男领导大抵是平时严肃惯了，向来说一不二的他估计也是头次遇到这么多男女生一起这么晚还不睡，不晓得从哪儿搞来个喇叭，站那声嘶力竭地咆哮着要严惩带头的人，绝不姑息之类的。然而，寡不敌众的他看不见摸不着那些个肇事的女孩们，除了干着急外，别无他法。

后来，丁校长也出动了！抑或是他浑厚的男中音安定又沉稳，肯定了我们的热情和亢奋，安抚了一颗颗热切的灵魂；抑或是我们各自的老班已经在赶来的路上了，热闹如潮水般退去，除了身体躺下但仍然雀跃的心跳无法控制，我们心照不宣地忘了谁爬上过楼顶。

次日之后咆哮领导挨个追查也未果，这还真是做人留一线，日后好相见。

再后来，毕业前一晚，要收拾行李离校了。那时已经不包分配，我准备好去南京继续读书，其余除了少数几个已经落实了工作，剩下的都前途未卜。毕业就面临失业的惶恐让大多数的我们就像炮仗，一触即燃。也是体育班带头的吧，不晓得是谁先从楼上的阳台往楼下空地上砸了一个盆。效仿的热潮来得又快又猛，不要的书啊、碗啊、盆啊……全在黑夜的掩护下砸下来了，那一声声回响是宣泄，是告别，更是对未来的迷茫。那时有多么迫切要逃离的地方，现在回想起来就有多么懊恼想再回去。然而，都回不去了，荒唐的人和事，还有青春，都回不去了。只有快乐，唯有快乐，在记忆里留存。

作者简介：姜钰，海门师范五普99(2)班校友，现就职于南京市江宁区人力资源和社会保障局。

魂牵母校　梦绕海师

李红霞

清晨书声琅琅，夜晚琴声悠悠；课上习字练画，课间徜徉书海。几度入梦，梦回母校，恍若昨天。

恍惚间，从海师毕业已近二十年。儿子已上初中，每每与儿聊天，母校生活的点点滴滴，成了我的谈资，惹得儿子非常好奇。今年春节，去海门走亲戚，儿子一定要到海师去看看。于是，我们一起来到母校，重温我的学生之旅。

走到校门口，二十年前的感觉扑面而来，带着些许温热，带着些许亲切，一切是那么熟悉。

儿子说："你们的学校不大嘛。"

"不，那是我心中最大的学校"。

记忆的闸门在这熟悉的暖意中拉开思绪。一个从未离家的丫头，离开闭塞的农村中学，离开生活在一起十几年的父母的庇佑，小心翼翼地来到一个陌生的城市，一个陌生的学校。带着一大摞行李，站在偌大的门口，看着林立的高楼，熙熙攘攘的人群，视界一下子被打开，不由惊呼，这个学校好大好大呀！可自己又是多么的渺小，孤寂之感陡然蔓延至全身。

爸爸带着我走到报名处询问，马上就有学姐出来带路，居然是熟悉的启海口音，心情一下放松起来。再侧耳倾听，身边同来报名的父母和同学们大多在用启海话交谈着。我不由感谢起爸爸妈妈的细心周全。

当初在填报志愿时，他们考虑到我胆小内向又不曾出过远门，毫不犹豫地选了海门师范。相同的语言让我乐意融入这样的学校生活。接下来学姐一会儿带着我们到缴费处交费，一会儿到生活用品处领物品，一会儿又带着我们参观了教学楼、摆满了钢琴风琴的音乐楼、宽大的体育馆等。

转过幢幢建筑，穿过长廊，七拐八拐，我俨然觉得自己像刘姥姥进了大观园，差点迷路了。当时，心里想着，以后自己将在这个美丽的校园里生活三年，一定要好好地记住每一个角落。

“妈妈，你的教室在哪儿？是九五(1)班吗？”儿子的叫声把我唤回遐想。

“走，就在西边第二幢楼。”

往日热闹的三层楼如今孤寂地站立在那里，虽然墙体的瓷砖因多年的风雨吹洗变得斑驳，但墙上粘贴的名人名言依旧，似乎这些古训已经牢牢地与这栋建筑融为了一体。走进二层楼最东边的教室，那是我生活了三年的地方。虽然，组数在变化，但是我的个子让我一直固定在第二横排的座位上。

我慢慢坐下来，看着眼前的讲台，仿佛又看到了一个又一个的老师在上面演绎他们的思想，诠释着对教育的理解。

至今记忆犹新的是王洪钟老师的语基课。

每次课上，我都被他字正腔圆的发音所吸引。只见他说话的时候，嘴唇全方位张合，带动脸颊的肌肉颤动，每个字的发音都让口腔张到极致，而那声音仿佛是从喉腔底下冒出来，深沉而有磁性。这让我这个平翘舌不分的启海人明白了，之所以自己发音比较平，是因为说话口型比较小，音准没有发到位。于是，开始对着镜子，想象王老师的口型，模仿练说普通话。现在想起自己当时夸张的口型不由得笑出声来。

在教室待了些许，我们下楼，往后走，便来到食堂。门口依然是两排水池。池中的瓷砖已经被时间冲刷掉了表面的釉质，露出斑斑点点的灰色，池上的龙头已经锈得转不动了。往里看，里面桌椅依旧，只是破乱不堪。

我站在打菜的窗口，停留了下来。这儿曾是最热闹的地方，第三节课铃声一响，大家就撒开脚丫往食堂赶。因为只一刹那的工夫，每个窗口前队伍就排成长龙。我小小的个子躲在队伍中，缓慢地随着队伍前行，有时好不容易轮到自己，要么菜凉了，要么喜欢吃的菜没了。

有时，因为体育课上提早那么几分钟下课，我们便小鸟似的奔到窗口，排在第一个等着里面的师傅开窗，那种自豪欣喜的感觉不亚于考试得了前几名。如今这里冷冷清清，让人心升繁华后的孤寂之感。

从食堂出来，我不由自主地走向东南角的音乐楼。漫步在通向音乐楼的廊道里，我轻轻地坐在了一旁的石凳上，就像二十年前一样。夜晚，校园里灯光闪亮，犹如白昼，身边的各个窗口飘出各自的琴声，混杂在一起，听不清什么曲调，却能感受到这里透着一股学习的热情。

我们班被安排在夜自修的第二节课练琴，所以我和好朋友早早地在这里候着。春日凉风习习，花草飘香，我叫不出名的绿色藤蔓从长廊上丝丝缕缕地挂下来，好像是少女柔柔的秀发，轻轻拂动，竟有万般妩媚。

我们很是享受这等待的时间。上课铃一打，我们便赶紧奔向自己的琴房，那是每个人的小天地，房门一关，便自由地弹着自己的心情，正确也好错误也罢，听着琴声慢慢从支离破碎到逐渐美妙，心中是那么的富有成就感。

那时，我们的班主任许苓苓老师经常来指导琴法。她修长的手指在琴上那么轻轻一抹一摁，美妙的琴音便从指尖流淌出来，让我霎时感受到这音乐和老师一样美丽……

此刻，虽然音乐楼的大门紧闭，但我抬头仰望这一个个窗口，依然能听到这里面流淌的青春的声音，依然能看到飘进一个个小房间的快乐的身影。

“妈妈，我已经参观好了你的学校。你有没有找到自己曾经的记忆？”

“找到了。”

是的，那点点滴滴的回忆恍如昨天。

我轻轻地挥一挥衣袖，带走所有的回忆，并留在无数的梦里。

作者简介：李红霞，海门师范普师95级校友。

小诗、田园和行板

——我的海师印象

王　敏

20 世纪 80 年代末 90 年代初，读中师是农村孩子的首选，考上中师意味着身份的改变，前途一片光明，意味着农村户口变城市户口，解决口粮问题，分配工作，进入干部编制。转眼，考上师范到现在满满当当的 34 年。因为我启蒙较早，在未满十八周岁的年纪走上小学教师工作岗位。师范三年，我的年龄在 15 岁到 18 岁，对于这个阶段，心智并未完全成熟，很多处在懵懵懂懂、似懂非懂时期。

我毕业后，在村小工作了 9 年。海门师范就在我工作的县城，工作以后每每路过，总要驻足凝望，也有几次校园里走过几遭。2005 年后，海师与通师合并，再后来，学校校舍一部分被邻近的海师附小使用。如今则是由于旧城改造，海门师范学校也未能逃脱城市化的热潮。据说，政府在讨论这块地块拆建的过程中，考虑到师范的因素，也要在新的建筑群里体现师范的记忆。可是，不管怎样，海门师范物的存在毕竟不可避免地走进历史的烟云。虽不胜惋惜，好在她以另一种状态和形式在新并入的通师高专里得到某种延续。

我的师范不是规模宏大的叙事，更多是小巧玲珑、小家碧玉的小诗。我的师范在一个小县城，县城的范围不大，与同一所县城的海门中学相差不多。这样的环境，也在某种程度上决定了学校的气质和特质。

记忆中，我们所有的活动都在教学楼、宿舍、操场、阅览室、体育馆等有限的空间里完成。一幢教学楼，四层，每层六个教室，白色瓷砖，镂空栏杆，带有 U 字形的走廊，两边是教师办公室。食堂、大礼堂、大会场合在一起，圆形的餐桌放上，就是食堂，把餐桌撤掉，在最短的时间内便可以改成搞活动的礼堂和开会的会场。

正是因为空间有限，注定了我们不可能撒开脚丫子，任性地到处游走。一些小的景致，倒成了印象比较深刻的地方。那操场边的小树林，阳光洒落进来，鸟儿叽叽喳喳，平添了许多生趣。看着枝叶扶疏，便可享受片刻的宁静。教学楼前有棵雪松，平时站在教学楼的阳台边望着远处发呆，眼光自然地落到这棵雪松身上，亭亭盖盖，郁郁葱葱，每每看到它，自己的身子也不由地下意识地挺直了起来。还有一座不锈钢的雕塑，像怒放的花朵，又像是浪花里飞溅而出的水珠，更是几只手掌向上合力托举的希望的明珠，每每看到，心里总是无名地涌动起某种感动、某种向上的力量。

曾经也在心里默默地估算过，学习生活了三年的师范学校，南北不超过200米，东西不超过250米，不大的地方，承载了全部三年的转承起伏、喜怒哀乐。在一小景，一小片段，在一枝一叶，在一门一棂之间，像一首隽永的小诗，久久在心田流淌。

记得当年离开校园时，每位同学都会在校门口留影，并不气派的校门，有一个白底黑字的校牌，为书法大家王个簃题写，王个簃先生是海门籍。以此为背景，证明了人生的起点。人生要从这里起步，迈向乡村教育的广阔天地。像一首刚刚开始序章的小诗，便一直吟咏至今，不绝如缕。

我的师范不是热闹繁华的过往，更多是不事喧哗、安静如素的田园。也许正是学校偏安一隅，没有大城市的喧嚣和繁华。二十世纪八九十年代改革开放的春风，在这里也没有掀起太大的涟漪。海门师范学校和海门这个小城镇一起，经历着似水深流、不惊波澜的日子。这样的环境，也让我们得以收得住心思，安得住心神，把更多的精力投入学习中去。

师范的课程有着自己的特点，学科广泛，涉及面广，但深度难度可能比不上全日制的高中。记得当年学的科目有语文基础知识（简称语基）、文选和写作（简称文选）、数学（包括代数、三角函数、立体几何、解析几何、微积分、数论等）、音乐（乐理、声乐、器乐等）、体育（田径、球类、武术等）、美术、政治、历史、地理、物理、化学、生物、生理卫生、心理学、教育学、教学法等大大小小20多门，如果归入大类的话，大致可归为基础知识类、艺体类、教学方法类等三个模块。

课程开设的广泛性体现了师范的育人导向，强调“一专多能”和全面发展，这与当前提倡的“五育并举”不谋而合。如今回过头来再看这些课程，还是觉得有某种欠缺，那就是英语科目的缺失。

师范的老师，是培育老师的老师，身上具有特别的气质。学高为师，身正为范，在他们身上得到最鲜活的体现。带了我们三年的班主任顾锐萍老师，那时刚从县中调来，高度敬业负责，管理严谨，在我们身上几乎倾注了全部的心血，几乎全天候陪伴我们，早上一起参加晨跑，晚上熄灯查完宿舍才回家，却很少有时间陪伴自己的儿子。我们班级学风上进，“文明班级”的流动红旗基本上一直挂在我们教室，做到了“流动红旗不流动”。班主任的先生黄正平老师学识渊博，对我们班级更是关爱有加，费了很多心神。每天总会到教室走上几圈，聊上几句，提点要求，他开玩笑地说自己是我们班的副班主任。有两位夫妻档老师的关怀引导，这是一种幸运。另外，身材高大、举止儒雅的朱文献老师，美丽端庄、具有天然亲和力的宋为群老师，戴着深度近视眼镜、圆脸短发精干的吕静老师……他们组成一个优秀的群体，引领着我们这群乡村教师的“预备队”加紧地充电，塑造着我们的精神、能力和知识的结构。

徜徉在精致的校园，遨游在知识的海洋。学校栏杆上的花谢了一季，又开了一嘟噜，水杉树叶凋零一地，绿色又披在身上。多少个晨昏，我们手捧书卷，孜孜矻矻地学习，多少个课堂，多少个晚自习，我们埋头攻读，依然保持着用功读书的好习惯。尽管读书好坏与升学无关，可是大家都不会关注这个，保持着优秀学子们共有的特点，如饥似渴，勤奋自勉。犹如一叶小舟，老师轻点长篙，向青草更青处漫溯，光影斑驳，时光清浅。

我的师范不是烹油着锦的青春，更多是起行有矩、静待花开的行板。青春是热烈的也是红火的，可是师范里的青春只能说是未完全绽放的“青春”，是青春的前期，未褪去青涩，未经有世事磨砺。如果要说是青春，那是懵懂的青春、含蓄的青春、欲扬还抑的青春。那些形式多样的活动，成了一道道靓丽的风景，成了一个个挥之不去的镜头，深深地烙在心底。

那时候的长江边还是人迹罕至的地方，秋阳正好，江水东流，江边成片成片泛黄的芦苇和野草，我们在其中垒起了石头，搁上了行军锅，捧来了柴火，分组做着可口的菜肴。每组做完后，互相串门品尝，时时有江鸟飞过，衔影掠江而去，幸甚至哉。我的很多同学也是在那一次，才直观地感受到，处在长江入海口的海门竟然离长江这么的近，是第一次如此近距离地拥江而叹。

三星镇在海门的西北角，有一个自然形成初具规模的家纺市场。一心只读圣贤书的我们对此知之甚少。两辆中巴车载着我们，道路哪有如今的平坦宽阔，大部分还是石子马路，一路颠簸，一路扬尘，真有种浩荡开拔、人在旅途之感。市场上琳琅的商品，来来往往的人群，让我们身处其中，触摸了市场经济的脉搏。

学校经常组织作文竞赛、演讲比赛、朗诵比赛，自己也曾参加过一次国家级大型活动的接待工作。可惜的是不像现在这么方便，随时可以把照片拍下来，能留下照片的少之又少，很多藏在了记忆的宝盒里，在人生的某个时刻，悄然地探出头来，引来溢满心肺的苍翠。

此外，师范"三操""三字一话"应该算得上是特有名词了。每天"三操"是指早饭前的早操、上午两节课后的课间操和下午两节课后的眼保健操。"三操"基本上雷打不动。每天早上铃声一响，大家如军人般起身到达操场。跑完步回来简单洗漱，便是早操和晨读。有时实在害怕晨跑，也会偷个小懒，跑着跑着就躲进西北角的小树林，第二圈时再出来跟上大部队。相对于晨跑的偷懒，早操和晨读则是要点名的，任何人都不敢缺席。"三字一话"指的是钢笔字、毛笔字、粉笔字和普通话，每天必练，而且还要比赛展示，把做老师的"看家本领"练得紧而又紧，实而又实。

至于那时候的食宿，也是颇有意思的。吃饭国家有补贴，饭票、菜票都有。男生往往不够吃，我们女生却能多出很多，可以毫不吝啬地支持男生。一日三餐，早餐稀粥、油条、馒头、麻球。中餐、晚餐米饭，各种蔬菜、荤菜，汤是免费的。晚上夜课结束，食堂还有面条卖，但是数量有限，需要排队购买，于是排队的事落到了几名身强力壮的男生身上。每次他们买到了面条都像打了胜仗似的，开心极了。学校住宿的条件比较简陋，紧挨着 10 张双层单人木板床，宿舍后面有一个突出的小间，用于存放物品。室友们相依为伴，相互帮衬，其乐融融。洗浴没有现成的浴室，上厕所要去公共卫生间，洗衣服纯手工搓洗。那些天晴的日子，阳台的栏杆上密密麻麻，全是被单被褥，楼下的空地上横七竖八地拉着各式晾衣绳，各式各样的衣服挂在其间，犹如万国博览会般壮观。

三年的时间就这样看似简简单单、平平淡淡地过去了，现在看起来，当时的学习、生活条件非常艰苦，却也给了我们丰富的馈赠，赋予了吃苦耐劳的品质、艰苦奋斗的勇气、勤俭节约的习惯。这些都是知识文化之外的收获，同时也播下了目标坚定、心态平和，笃行不怠、奋发进取，律己严格、坚持不懈的种子。从那时起，一辈子做小学教师、努力做一名优秀的人民教师就在我心底深深地扎下了根。

如今毕业31载再回首，师范生活历历在目，恍然如昨。如果要深刻追寻三年师范生活的意义，也许正像季节之于生命，时光不惊，岁月安好，不够惊天动地，不够壮丽豪迈。可是不经历春天，哪来秋的果实，没有年的光影，哪有树林的葱茏。是的，海门师范物的存在已经消失了，但精神的存在永恒，至少在我及我的这一辈的精神谱系里，永存。

作者简介：王敏，海门师范普88(3)班学生，特级教师，正高级教师，国家“万人计划”教学名师，江苏省乡村骨干教师培育站主持人、导师，南通大学乡村教师导师，现任南通市海门区东洲小学教育管理集团副总校长。

后　记

2022年是南通师范高等专科学校建校120周年，为更好回顾学校的发展历程，传承文化底蕴，营造喜庆、热烈的校庆氛围，激发广大师生员工团结奋进、再创辉煌的热情，学校决定编辑三部纪念文集，分别约请原南通师范、如皋师范、海门师范的校友执笔，以回顾三所师范不平常的办学历程。接到这个任务后，我们即成立了由王志刚、潘健、袁海生、王兴明、龚郑勇、杨山、吴伟等同志组成的《海师故事》编委会，编委会从纪念文集的名称、文集栏目、稿件来源等进行了多次讨论。随后，我们通过“海门师范的故事”微信公众号及其他多种渠道向广大海师校友发出约稿，到今年2月底，共收到来稿100余篇。之后，我们对来稿进行了认真的审读和修改。这里需要说明的是，很多校友的来稿不止一篇，很多校友随文附上了富有历史价值的照片，很多校友都是超过万字的长文，但限于篇幅，来稿不止一篇的我们只能选用一篇，照片也删去不用，长文我们也做了技术性的删减，也有些稿件由于体例等原因没有刊用，在此，我们恳切希望得到各位校友的理解。

另外，在编辑文集的过程中，广大校友或出点子，或找线索，他们对母校的关心和深情常常使我们感动；“海门师范的故事”微信公众号主编谢松华老师做了大量的工作。在此，我们一并表示衷心的感谢！由于编辑时间比较紧，《海师故事》可能还存在着这样或那样的不足，我们也希望广大校友及时指出，以使我们的工作做得更好。

《海师故事》编写组

2022年9月